D1145166

L'état du monde

Annuaire économique
géopolitique mondial

2003

Les Éditions du Boréal remercient le Conseil des Arts du Canada ainsi que
le ministère du Patrimoine canadien et la SODEC pour leur soutien financier.

Les Éditions du Boréal bénéficient également du Programme
de crédit d'impôt pour l'édition de livres du gouvernement du Québec.

ISBN 2-7646-0199-9
Dépôt légal : 4ᵉ trimestre 2002
Bibliothèque nationale du Québec

Diffusion au Canada : Dimedia
Imprimé au Canada

L'état du monde

**Annuaire économique
géopolitique mondial**

2003

Éditions La Découverte
Éditions du Boréal

4447, rue Saint-Denis
Montréal (Québec) H2J 2L2
www.editionsboreal.qc.ca

Rédaction

Coordination et réalisation
**Serge Cordellier, Béatrice Didiot,
Sarah Netter.**

Conseillers de la rédaction : **Bertrand
Badie, Jean-François Bayart,
François Constantin, François Gèze,
Alain Noël, Francisco Vergara.**

Rédaction

Mariam Abou Zahab, science
politique, IEP-CERI, INALCO.
Fariba Adelkhah, anthropologie
politique, CERI-Sciences Po.
Arnaud d'Andurain, directeur
des échanges à la Fondation
Europe-Asie (ASEF).
Aline Angoustures, historienne,
Centre d'histoire de l'Europe
du XXe siècle.
Benoît Antheaume, géographe, IRD.
Louis Arreghini, géographe, IRD.
Bertrand Badie, science politique,
IEP-Paris.
Karel Bartošek, historien.
Catherine Baulamon, OEG, Lyon.
Céline Bayou, La Documentation
française.
Saïda Bédar, CIRPES.
Roberte Berton-Hogge.
Jacques Bertrand, politologue,
Université de Toronto.
Nicolas Bessarabski.
Sophie Bessis, historienne-journaliste.
Diallo Bios, journaliste.
Pierre Boilley, historien, Université
Paris-I-Panthéon-Sorbonne, laboratoire
MALD (Mutations africaines
dans la longue durée).
Pierre-Yves Boissy, science politique,
Centre Marc Bloch, Université Paris-
IX-Dauphine.
Bernard Botiveau, politologue, CNRS
(IREMAM).
Xavier Bougarel, chercheur, CNRS.
Yves Bougon, CAD Press Agency
(Tokyo).
Paul Brennan, études irlandaises,
Université Paris-III-Sorbonne-Nouvelle.
Françoise Cayrac-Blanchard, science
politique, CERI.

Greg Chamberlain, journaliste.
Véronique Chaumet,
La Documentation française, Centre
de documentation internationale.
Cheong Seong-Chang, science
politique, Institut Sejong
(Corée du Sud).
Bertrand Chung, sociologie politique,
relations internationales.
Serge Cordellier, directeur de la
rédaction de l'annuaire *L'état
de la France* (Éditions La Découverte).
Jean-Marc Crevoisier, conseiller en
communication, département fédéral
de l'Économie (Suisse).
John Crowley, science politique,
CERI-Sciences Po.
Olivier Dabène, politologue.
Sophie Daviaud, doctorante
en sociologie politique, EHESS.
Mario Dehove, économiste,
Paris-XIII-Villetaneuse, Conseil
d'analyse économique.
Pascal Delwit, politologue, Institut
d'études européennes, ULB.
Noëlle Demyk, géographe, Université
Paris-VII-Denis-Diderot.
Myriam Désert, civilisation russe,
Paris-IV-Sorbonne.
Renaud Detalle, politologue,
CEFAS (Centre français d'archéologie
et de sciences sociales de Sanaa,
Yémen).
Ingolf Diener, sociologie et
anthropologie, Université
Paris-VIII-Saint-Denis.
Moncef Djaziri, politologue,
Université de Lausanne.
Bruno Drweski, historien politologue,
INALCO.
Anne Dulphy, historienne, École
polytechnique, CHEVS-Sciences Po.
Benoît Dupin, science politique,
CREPAO (Université de Pau et
des pays de l'Adour), CEAN.
Hervé Dupouy, géographe,
Civic Education Project (Moldavie).
Bernard El Ghoul, doctorant,
CERI-Sciences Po.
Akram B. Ellyas, journaliste,
La Tribune.
Maurice Engueleguele, politologue,
CNRS (CURAPP), Université d'Artois.
Michel Foucher, géographe.

Renée Fregosi, politologue, Université Paris-III (IHEAL), Université Paris-I-Panthéon-Sorbonne, présidente du CECIEC (Centre pour la coopération internationale et les échanges culturels).
Michel Fried, économiste.
Reinhold Gaertner, science politique, Université d'Innsbruck.
Pierre Gentelle, géographe, CNRS.
Philippe Gervais-Lambony, Université Paris-X-Nanterre, Institut universitaire de France.
Daniel Gomá Pinilla, histoire, Université de Barcelone.
Gérard Groc, historien sociologue, CNRS (IREMAM), IEP-Aix-en-Provence.
Pierre Grundmann, journaliste.
Claude Guibal, journaliste, *Libération*.
André Guichaoua, sociologue, Université Lille-I.
Janette Habel, politologue, Université de Marne-la-Vallée, IHEAL, CREALC.
Hervé Hamon, économiste, Université Paris-IX-Dauphine.
Bernard Hourcade, géographe, CNRS.
Béatrice Humarau, doctorante, CEAN.
Sophie Jouineau, science politique, IEP-Paris.
Amnon Kapeliouk, journaliste et essayiste.
Tristan Khayat, journaliste.
Théophile Kouamouo, journaliste.
Jérôme Lafargue, science politique, CREPAO (Université de Pau et des pays de l'Adour).
Frédérique Langue, historienne, CNRS.
Jorge Larrain.
Jean-Pierre Lavaud, sociologie, Université Lille-I.
Christian Lechervy, politologue, INALCO.
Jean-François Legrain, historien, CNRS, Maison de l'Orient (Lyon).
Vincent Legrand, relations internationales, Université catholique de Louvain (Belgique), CERMOC (Amman, Jordanie).
Gilles Lepesant, géographe, CNRS, Collège d'Europe.
Édith Lhomel, CEDUCEE, corédactrice en chef du *Courrier des pays de l'Est*, La Documentation française.
Lubomír Lipták, historien, Institut historique SAV (Bratislava).

Pierre-Jean Luizard, histoire contemporaine de l'islam, CNRS-GSRL (Groupe de sociologie des religions et de la laïcité).
Roland Marchal, sociologie politique, CERI.
Jean-Marie Martin-Amouroux, Institut d'économie et de politique de l'énergie (IEPE)-CNRS, Grenoble.
Giampiero Martinotti, journaliste, *La Repubblica*.
Diane Masson, politologue, consultante sur les Balkans.
Hervé Maupeu, sociologie politique, IFRA (Nairobi).
Patricio Mendez del Villar, économiste, CIRAD-CA.
Christine Messiant, sociologue, EHESS.
Éric Meyer, historien, INALCO.
Georges Mink, sociologue, sciences politiques, CNRS, IEP-Paris.
Stéphane Monclaire, politologue, Université Paris-I-Panthéon-Sorbonne.
Tazeen M. Murshid, ULB, SOAS.

Alain Musset, géographe, EHESS.
Jules Nadeau, politologue, consultant en affaires asiatiques, Montréal.
Ana Navarro Pedro, journaliste, *Público*.
Alain Noël, politologue, Université de Montréal.
Pierre-Yves Péchoux, géographe, CNRS.
Sandrine Perrot, doctorante, CEAN.
Liliane Petrovic, économiste.
Roland Pourtier, géographe, Université Paris-I-Panthéon-Sorbonne.
Henri Proulx, science politique, Université de Montréal.
Jean-François Prud'homme, politologue, Centre d'études internationales (El Colegio de México).
Patrick Quantin, politologue, CEAN.
Nadège Ragaru, politologue, IRIS, IEP-Paris.
Philippe Ramirez, ethnologue, CNRS.
Gilles de Rapper, ethnologue, CNRS-IDEMEC (Institut d'ethnologie méditerranéenne et comparative), Aix-en-Provence.
Élisabeth Robert, anthropologue, LAIOS (Laboratoire d'anthropologie des institutions et des organisations sociales), EHESS.
Jérémie Robert, science politique, CEAN.
Michel Roux, géographie/géopolitique, Université de Toulouse-Le-Mirail.
Olivier Roy, politologue, CNRS.
Régine Serra, Centre Asie ifri.
Vincent Simoulin, sociologie, Université Toulouse-I, LEREPS (Laboratoire d'étude et de recherche sur l'économie, les politiques et les systèmes sociaux).
Stephen W. Smith, journaliste, *Le Monde*.
Francis Soler, journaliste, *La Lettre de l'océan Indien*.
Fatiha Talahite, économiste, CNRS.
Yves Tomić, historien, Bibliothèque de documentation internationale contemporaine (BDIC), Université de Paris-X-Nanterre.
Comi Toulabor, politologue, CEAN.
Charles Urjewicz, historien, INALCO, École spéciale militaire de Saint-Cyr.
Francisco Vergara, économiste et statisticien.
Leïla Vignal, doctorante en géographie, Université d'Avignon.
Yann Vinh, doctorant, IEP-Paris, Groupe d'études sur le Vietnam contemporain.
Ibrahim A. Warde, politologue, Université de Harvard.
Jean-Daniel Weisz, science économique, Université Paris-XIII, Centre Marc Bloch.
Jean-Claude Willame, politologue, Université catholique de Louvain, Institut africain-CEDAF (Belgique).
Jasmine Zérinini-Brotel, politologue, Université Paris-I-Panthéon-Sorbonne.

La réalisation de *L'état du monde* bénéficie de la collaboration scientifique du Centre d'études et de recherches internationales (CERI) de Sciences Po.
Site : http://www.ceri-sciences-po.org

Statistiques

Francisco Vergara, avec la collaboration de Liliane Petrovic.

Cartographie

Bertrand de Brun, Claude Dubut, Martine Frouin-Marmouget, Anne Le Fur, Catherine Zacharopoulou.
AFDEC, 25, rue Jules-Guesde
75014 Paris - tél. : 01 43 27 94 39
fax : 01 43 21 67 61
e-mail : afdec@wanadoo.fr

Traductions

Ivan Bartošek (tchèque).
Béatrice Didiot (anglais).

Graphisme

Conception de la couverture, maquette intérieure et création typographique :

Jean-Marie Achard
11, boulevard des Batignolles - 75008 Paris
tél. : 01 43 87 50 59 - fax : 01 43 87 41 02
e-mail : achard.jm@wanadoo.fr

Les titres et les intertitres sont de la responsabilité de l'éditeur.

e vingt-deuxième millésime de *L'état du monde* paraît un an après les attentats contre le World Trade Centre et le Pentagone. Il est légitime de s'interroger sur les répercussions de ces attentats et des ripostes américaines sur l'ordre géopolitique mondial. La formule de *L'état du monde* se prête tout à fait à cette démarche. Cet annuaire a en effet été conçu, en 1980, pour dresser un état des lieux de la planète et analyser l'évolution des relations internationales. Il présentait déjà le souci de « trier, orienter, ouvrir des pistes par une méthode originale combinant les approches économiques, géographiques, démographiques, politiques et stratégiques ». Si le contexte international a beaucoup changé, l'esprit, le souci et la méthode sont restés les mêmes. Résolument didactique, cet ouvrage se veut un témoin des bouleversements grands et petits qui affectent l'époque. Pendant plus de deux décennies, *L'état du monde* aura en effet scruté et accompagné les grandes mutations de la planète. Depuis son lancement, l'annuaire et les collections qui lui sont liées ont mobilisé plus de 4 000 auteurs, spécialistes reconnus dans leur domaine : géographie, science politique, économie, sociologie, histoire, démographie, droit, philosophie politique… Ce réseau d'auteurs, d'une très grande richesse et largement internationalisé, s'est construit peu à peu, prenant appui sur des centaines d'équipes de recherche. Il représente une capacité collective d'analyse et d'étude hors pair, couvrant le monde entier.

La première partie de l'ouvrage (« Un monde en mutation ») accueille deux rubriques : *L'état des relations internationales* et *L'état de l'économie mondiale*. On y traite des grands enjeux et débats de la période, qu'ils concernent l'« unilatéralisme » des États-Unis et les transformations de leur modèle sécuritaire, le débat sur l'avenir des institutions de l'Union européenne ou les enseignements de la faillite du groupe Enron, emblématique d'un certain capitalisme « actionnarial ».

Outre le bilan de l'année pour « Tous les pays du monde » (deuxième partie), cet annuaire offre 85 pages d'annexes : tables statistiques mondiales, répertoire des organisations internationales et régionales, références de sites Internet et index.

Ce livre est complémentaire des autres sources d'information, notamment de la presse écrite et audiovisuelle, car il permet une lecture très décantée des faits. Publié simultanément à Paris et à Montréal, *L'état du monde*, au contenu totalement renouvelé chaque année, est un ouvrage à caractère véritablement international. Les règles de traitement de l'information qui président à sa réalisation (refus de favoriser un continent ou un pays par rapport aux autres, rigueur d'analyse et indépendance de jugement à l'égard des pouvoirs) permettent qu'il soit simultanément et intégralement traduit en plusieurs langues.

Si le contexte international a beaucoup changé, l'esprit, le souci et la méthode ont été conservés. Cet ouvrage résolument didactique se veut un témoin de notre époque.

Un monde en mutation

L'état des relations internationales
L'état de l'économie mondiale

Relations internationales

L'économie mondiale

Tous les pays du monde

*Voir aussi la liste
alphabétique des pays p. 672*

Proche et Moyen-Orient

Asie méridionale et orientale

Pacifique sud

Annexes

*85 pages
de documents complémentaires*

Présentation

Se repérer dans L'état du monde

L'*état du monde* est organisé en trois grandes parties.

Un monde en mutation

Ouvrant l'ouvrage, cette partie accorde toute leur importance aux grandes évolutions qui marquent notre temps. Elle a été conçue de manière à permettre une analyse plus complète de l'état des relations internationales, d'une part, et de l'état de l'économie mondiale, d'autre part.

1. L'état des relations internationales

Cette section propose des réflexions sur des sujets au cœur des débats relatifs à de grands enjeux internationaux (« 11 septembre », modèle sécuritaire américain, conférence de Johannesburg, avenir de l'Union européenne…), ainsi que des synthèses sur les conflits et sur l'activité des organisations internationales.

2. L'état de l'économie mondiale

Cette rubrique s'ouvre sur un « Tableau de bord de l'économie mondiale » qui procède à une analyse synthétique de la conjoncture de l'année 2001 et du premier semestre 2002 par ensembles d'États : pays industrialisés, pays en développement, pays en transition. Ce panorama global est complété par des études de conjoncture relatives aux matières premières et aux marchés financiers. On lira également des analyses très didactiques sur l'« affaire Enron » ou l'industrie du risque.

Tous les pays du monde

La deuxième partie du livre offre le bilan complet de l'année écoulée pour chacun des 226 États souverains et territoires sous tutelle de la planète. Les pays sont classés par continents et, à l'intérieur de ceux-ci, par « ensembles géopolitiques ». Ces derniers, au nombre de trente-huit, correspondent à des regroupements permettant des comparaisons et des rapprochements [*voir leur présentation pages 18-19 et 21*]. Pour chaque ensemble géopolitique sont présentées une carte commune, une synthèse statistique et une bibliographie sélective. Une rétrospective statistique (1980, 1990, 2000, 2001) ainsi qu'une bibliographie particulière sont en outre proposées pour vingt-cinq pays sélectionnés selon un critère tenant compte de la puissance économique, de la population, de la superficie et de la situation géopolitique.

Pour tous les pays, un article rédigé par un spécialiste dresse un bilan de l'année. Celui-ci analyse les principaux développements politiques, diplomatiques, économiques et sociaux de l'année écoulée. Chaque État souverain est en outre accompagné d'une fiche signalétique comportant de nombreux renseignements institutionnels, ayant trait à l'État, au régime, aux dirigeants, à la monnaie, aux langues parlées, etc.

Annexes

Cette section de quatre-vingts pages réunit diverses tables statistiques : Indicateur du développement humain (IDH), Produit intérieur brut (PIB), population mondiale. À cela s'ajoute un répertoire analytique très complet des organisations internationales et régionales. Une autre annexe est consacrée à une sélection de sites Internet par pays permettant au lecteur de poursuivre sa recherche. Enfin, un index très détaillé et hiérarchisé complète l'ensemble.

Les ensembles

géopolitiques

Abréviations utilisées dans les tableaux statistiques

A&NZ	Australie, Nouvelle-Zélande
AELE	Association européenne de libre-échange
Afr	Afrique
AfS	Afrique du Sud
Alena	États-Unis, Canada, Mexique
AmL	Amérique latine
AmN	Amérique du Nord
ArS	Arabie saoudite
Aus	Australie
Belg	Belgique
Bul	Bulgarie
Bré	Brésil
CAEM	Conseil d'assistance économique mutuelle
Cam	Cameroun
Can	Canada
CdI	Côte-d'Ivoire
CEE	Communauté économique européenne
CEI	Communauté d'États indépendants
Chin	Chine populaire
C+H+T	Corée du Sud, Hong Kong et Taïwan
Cor	Corée du Sud
CorN	Corée du Nord
Croa	Croatie
Dnk	Danemark
EAU	Émirats arabes unis
Esp	Espagne
Éth	Éthiopie
E-U	États-Unis
Eur	Europe occidentale
Fin	Finlande
Fra	France
Gre	Grèce
Guad	Guadeloupe
h	hommes
HK	Hong Kong
Indo	Indonésie
Irl	Irlande
Isr	Israël
Ita	Italie
Jap	Japon
Jord	Jordanie
Kén	Kénya
kgec	kilogramme équivalent charbon
Kow	Koweït
Mal	Fédération de Malaisie
Mart	Martinique
M-O	Moyen-Orient
Moz	Mozambique
Niga	Nigéria
Nor	Norvège
N-Z	Nouvelle-Zélande
Pak	Pakistan
P-B	Pays-Bas
Pbal	Pays baltes
PED	Pays en développement
PEst	Pays de l'Est[b]
PI	Pays industrialisés[c]
PIB[a]	Produit intérieur brut
PNB[a]	Produit national brut
PNS	Pays non spécifiés
Pol	Pologne
Por	Portugal
PPA	A parité de pouvoir d'achat
RD	République Dominicaine
RFA	République fédérale d'Allemagne
Rou	Roumanie
RTc	République tchèque
R-U	Royaume-Uni
Rus	Russie
Sing	Singapour
Slov	Slovénie
Srl	Sri Lanka
Som	Somalie
Sou	Soudan
Sui	Suisse
Taï	Taïwan
Thaï	Thaïlande
T&T	Trinidad et Tobago
TEP	tonne équivalent pétrole
Turq	Turquie
UE	Union européenne
Ukr	Ukraine
URSS	Union des républiques socialistes soviétiques
Vén	Vénézuela
Viet	Vietnam
Yém	Yémen
Zbw	Zimbabwé

a. Définition p. 25 ; b. Y compris l'ancienne Yougoslavie ; c. Pays de l'OCDE, sauf Turquie, Mexique et Corée du Sud.
Notations statistiques : •• non disponible ; – négligeable ou catégorie non applicable.

Les ensembles géopolitiques

Yves Lacoste
Géographe

Dans cet annuaire, on a choisi de regrouper en « ensembles géopolitiques » les deux cent vingt-six États souverains et territoires non indépendants qui se partagent la surface du globe. Qu'entend-on par « ensemble géopolitique » et quels ont été les critères de regroupement retenus ?

Contrairement à ce qui se passait encore au lendemain de la Seconde Guerre mondiale, plus aucun État ne vit aujourd'hui replié sur lui-même. Les relations entre États, en s'intensifiant, sont devenues plus complexes. Aussi est-il utile de les envisager à différents niveaux d'analyse spatiale.

– D'une part, *au niveau planétaire*. Il s'agit des relations de chaque État (ou de chaque groupe d'États) avec les grandes puissances : les États d'Europe occidentale, le Japon, les États-Unis et la Russie. Ces grandes puissances, qui entretiennent des rapports complexes sur les plans politique, économique et diplomatique, possèdent, pour certaines, des « zones d'influence » privilégiées. Il en est ainsi, par exemple, de l'Amérique latine pour les États-Unis, de la région Asie-Pacifique pour le Japon, et de son ex-empire pour la Russie.

– D'autre part, dans le cadre de chaque *ensemble géopolitique*. Définir un ensemble géopolitique est une façon de voir les choses, de regrouper un certain nombre d'États en fonction de caractéristiques communes. On peut évidemment opérer différents types de regroupement (par exemple : les « pays les moins avancés », les États musulmans, etc.). On a choisi ici – sauf exception lorsque l'ensemble contient des « États-continents » – des regroupements ayant environ trois à quatre mille kilomètres pour leur plus grande dimension (certains sont plus petits et quelques-uns plus grands).

Considérer qu'un certain nombre d'États font partie d'un même ensemble géopolitique ne veut pas dire que leurs relations sont bonnes, ni qu'ils sont politiquement ou économiquement solidaires les uns des autres (certains d'entre eux peuvent même être en conflit plus ou moins ouvert). Cela signifie seulement qu'ils ont entre eux des relations (bonnes ou mauvaises) relativement importantes, du fait même de leur proximité, des caractéristiques communes jugées significatives et des problèmes assez comparables : même type de difficultés naturelles à affronter, ressemblances culturelles, etc. Chaque État a évidement, au sein d'un même ensemble, ses caractéristiques propres. Mais c'est en les comparant avec celles des États voisins qu'on saisit le mieux ces particularités et que l'on comprend les rapports mutuels.

Ce découpage en trente-huit ensembles géopolitiques constitue une façon de voir le monde. Elle n'est ni exclusive ni éternelle. Chacun des ensembles géopolitiques définis dans cet ouvrage peut aussi être englobé dans un ensemble plus vaste : on peut, par exemple, regrouper dans un plus grand ensemble qu'on dénommera « Méditerranée américaine » les États d'Amérique centrale et les Antilles et ceux de la partie septentrionale de l'Amérique du Sud. Mais on peut aussi subdiviser certains ensembles géopolitiques, si l'on considère que les États qui les composent forment des groupes de plus en plus différents ou antagonistes : au sein de l'ensemble dénommé « Péninsule indochinoise », le contraste est, par exemple, de plus en plus marqué entre les États communistes (Vietnam, Laos…) et les autres.

On ne peut aujourd'hui comprendre un monde de plus en plus complexe si l'on croit qu'il n'y a qu'une seule façon de le représenter ou si l'on ne se fie qu'à une représentation globalisante. Les grandes « visions » qui soulignent l'opposition entre le *Centre* et la *Périphérie*, le *Nord* et le *Sud*, ce qu'on appelait hier encore l'*Est* et l'*Ouest*, sont certes utiles. Elles apparaissent cependant de plus en plus insuffisantes, parce que beaucoup trop schématiques. Il faut combiner les diverses représentations du monde.

Pour définir chacun des trente-huit ensembles géopolitiques, nous avons pris en compte les intersections de divers ensembles de relief comme les grandes zones climatiques, les principales configurations ethniques ou religieuses et les grandes formes d'organisation économique, car tous ces éléments peuvent avoir une grande importance politique et militaire.

En sus du découpage en trente-huit ensembles géopolitiques, un deuxième type de regroupement a été opéré, par continent ou semi-continent : Afrique, Proche et Moyen-Orient, Asie méridionale et orientale, Pacifique sud, Amérique du Nord, Amérique centrale et du Sud, Europe occidentale et médiane, Espace post-soviétique. On trouvera, en tête des sections correspondantes, des présentations géopolitiques de ces grands ensembles qui permettent d'en saisir à la fois l'unité et la diversité. - **Y. L.** ■

Les cartes

Plusieurs niveaux d'information

Chacun des États souverains et des territoires non indépendants étudiés dans l'ouvrage fait l'objet d'une représentation.

Cette édition comporte en outre des cartes des grands blocs géographiques qui structurent le classement des ensembles géopolitiques : « Afrique », « Proche et Moyen-Orient », « Asie méridionale et orientale », « Amérique du Nord », « Amérique centrale et du Sud », « Europe occidentale et médiane », « Espace post-soviétique ».

Afin de faciliter leur utilisation, une attention particulière a été portée au tracé des frontières, à la localisation des principales villes, ainsi qu'aux délimitations territoriales, administratives et politiques internes à chaque pays (régions, provinces, États, etc.).

En se référant aux p. 18-19, on prendra connaissance du découpage du monde en ensembles géopolitiques, auxquels correspondent les cartes de cet ouvrage *(liste en fin d'ouvrage, p. 674)*. - **Bertrand de Brun, Claude Dubut, Martine Frouin-Marmouget, Anne Le Fur, Catherine Zacharopoulou** ■

Légende pour la taille des villes

● plus de 10 000 000 habitants

● 5 000 000 à 10 000 000 habitants

● 2 500 000 à 5 000 000 habitants

● 1 500 000 à 2 500 000 habitants

● 750 000 à 1 500 000 habitants

• moins de 750 000 habitants

Les indicateurs statistiques

Francisco Vergara
Économiste et statisticien

Les définitions et commentaires ci-après sont destinés à faciliter la compréhension des données statistiques présentées dans la partie « Tous les pays du monde ».

On trouvera p. 20 la liste des abréviations et symboles utilisés dans les tableaux.

Démographie

• Le chiffre fourni dans la rubrique *population* donne le nombre d'habitants en milieu d'année. Les réfugiés qui ne sont pas installés de manière permanente dans le pays d'accueil sont considérés comme faisant partie de la population du pays d'origine. [*Source principale* : 3.]

• La *densité* est obtenue en divisant le nombre d'habitants par la superficie « terrestre » (estimation FAO) qui se distingue de la superficie « totale », laquelle prend différemment en compte certaines étendues d'eau (lacs, etc.) [*Sources principales* : 3 et 43.]

• L'*indice synthétique de fécondité* (ISF) indique le nombre d'enfants qu'une femme mettrait au monde, du début à la fin de sa vie, en supposant que prévalent, pendant chaque tranche d'âge de cette vie, les taux de fécondité observés pendant la période indiquée. [*Sources principales* : 3 et 6.]

• *Le taux de mortalité infantile* correspond au nombre de décès d'enfants âgés de moins d'un an rapporté au nombre d'enfants nés vivants pendant l'année indiquée. [*Sources principales* : 3 et 6.]

• L'*espérance de vie* est le nombre d'années qu'un nouveau-né peut espérer vivre (en moyenne) dans l'hypothèse où les taux de mortalité, par tranche d'âge, restent, pendant toute sa vie, les mêmes que ceux de l'année de sa naissance. [*Sources principales* : 3 et 6.]

• *La population urbaine*, exprimée en pourcentage de la population totale, en dépit des efforts d'harmonisation de l'ONU, est une donnée très approximative, tant la définition urbain-rural diffère d'un pays à l'autre. Les chiffres sont donnés à titre purement indicatif. [*Sources principales* : 6, 32.]

Indicateurs socioculturels

• L'*indicateur du développement humain* (IDH), exprimé sur une échelle allant de 0 à 1, est un indicateur composite. Voir définition et classement des pays p. 588 et p. 592-595. [*Source principale* : 39.]

• *Le taux d'analphabétisme* est la part des personnes ne sachant ni lire ni écrire dans la catégorie d'âge « 15 ans et plus ». [*Sources principales* : 22, 39, 36, 7 et 8.]

• *Le niveau de scolarisation* est mesuré par plusieurs indicateurs. *L'espérance de scolarisation* (inspirée de *l'espérance de vie*) mesure le nombre d'années d'enseignement auquel peut aspirer, pendant sa vie, une personne née pendant l'année si, pendant toute sa vie, prévaut le taux d'inscription par âge de cette année. *Le taux d'inscription dans le secondaire* mesure le nombre d'enfants inscrits dans le secondaire divisé par le nombre total d'enfants appartenant à la classe d'âge pertinente (qui varie d'un pays à l'autre). Est donné, pour presque tous les pays, le taux net qui ne comprend pas les adultes inscrits dans le secondaire et les enfants redoublants au-delà d'un certain âge.

Pour les pays en développement (PED), nous avons préféré au taux d'inscription dans le secondaire le taux d'inscription pour la tranche d'âge « 12-17 ans ». Pour l'ensemble des pays, le taux d'inscription au « 3ᵉ degré » (niveau universitaire) correspond au nombre

Attention, statistiques

Comme pour les éditions précédentes, un important travail de compilation de données recueillies auprès des services statistiques des différents pays et d'organismes internationaux a été réalisé afin de présenter aux lecteurs le plus grand nombre possible de résultats concernant l'année 2001.

Les informations – plus de 50 indicateurs – portent sur la démographie, la culture, la santé, les forces armées, le commerce extérieur et les grands indicateurs économiques et financiers. Pour les 25 États les plus importants au regard de leur puissance économique, leur population, leur superficie ou de leur situation géopolitique, les données pour 1980, 1990, 2000 et 2001 sont fournies, afin de permettre la comparaison dans le temps et de dégager certaines tendances. Dans les statistiques du « Commerce extérieur » présentées pour chacun de ces pays, les années 1974 et 1986 ont été retenues afin d'éviter les fluctuations les plus brutales, mais passagères, du prix du pétrole et du taux de change du dollar.

Les résultats de 2001 sont présentés pour tous les États souverains de la planète et pour onze territoires non indépendants.

Les décalages que l'on peut observer, pour certains pays, entre les chiffres présentés dans les articles et ceux qui figurent dans les tableaux peuvent avoir plusieurs origines : les tableaux, qui font l'objet d'une élaboration séparée, privilégient les chiffres officiels plutôt que ceux émanant de sources indépendantes (observatoires, syndicats…), et les données « harmonisées » par les organisations internationales ont priorité sur celles publiées par les autorités nationales.

Il convient de rappeler que les statistiques, si elles sont le seul moyen de dépasser les impressions intuitives, ne reflètent la réalité économique et sociale que de manière très approximative, et cela pour plusieurs raisons. D'abord parce qu'il est rare que l'on puisse mesurer directement un phénomène économique ou social : le « taux de chômage officiel », au sens du BIT (Bureau international du travail), par exemple, même lorsqu'il a été « harmonisé » par les organisations internationales, n'est pas un bon outil pour comparer le chômage entre pays différents. Et même lorsqu'on compare la situation d'un même pays dans le temps, il se révèle être un indicateur trompeur, tant il existe de moyens de l'influencer, surtout en période électorale.

Il faut aussi savoir que la définition des concepts et les méthodes pour mesurer la réalité qu'ils recouvrent sont différentes d'un pays à l'autre malgré les efforts d'harmonisation accomplis depuis les années soixante. Cela est particulièrement vrai pour ce qu'on appelle « impôts », « prélèvements », « dette publique », « subventions », etc. De minimes différences de statut légal peuvent ainsi faire que des dépenses tout aussi « obligatoires » partout apparaissent comme des « impôts » dans les comptes d'un pays et comme des « consommations des ménages » dans l'autre. - **Francisco Vergara** ■

d'étudiants divisé par la population ayant 20 à 24 ans. Dans les très petits pays, ce taux n'est pas toujours significatif dans la mesure où une part importante des universitaires étudie à l'étranger. Dans les pays développés, le taux en question peut refléter le caractère plus ou moins élitiste du système universitaire, voire une forme différente d'organisation de l'enseignement supérieur. [*Sources principales* : 5, 7 et 31.]

• *Livres publiés*. Selon les recommandations de l'UNESCO sur « la standardisation des statistiques internationales concernant la publication de livres (1964) », est considérée comme livre toute publication non périodique, de 49 pages au moins et disponible au public. [*Pour le détail, voir sources* : 7, 11 et 36.]

• L'indicateur « *Accès à Internet* », désigne le nombre d'usagers d'Internet ayant accès au réseau mondial pour 1 000 habitants. Les chiffres ont été calculées par l'Union internationale des télécommunications (UIT) pour son *World Telecommunication Development Report 2002*. [*Source* : 5.]

Armées

Les effectifs des différentes armées sont issus du rapport annuel *Military Balance*. Pour la plupart des pays, les « dépenses militaires » sont estimées d'après les budgets officiels de défense nationale. Les dépenses réelles peuvent être très différentes. [*Sources* : 5 et 45.]

Économie

La mesure de la production annuelle d'un pays ainsi que l'évaluation de son taux de croissance posent des problèmes philosophiques et statistiques complexes [*voir, à ce propos V. Parel, F. Vergara*, « Revenu national », *Encyclopaedia Universalis, 1996*]. Depuis la fin de la Seconde Guerre mondiale, les différents États tentent d'harmoniser les définitions et les méthodes utilisées dans leurs comptabilités nationales. Les comparaisons des données présentées ici n'en doivent pas moins être considérées avec précautions.

Les révisions des chiffres du PIB publiés par les différents pays depuis 1998 (ESA 93 et 95) ont probablement rendu certaines données (notamment les taux de croissance) moins comparables que par le passé. En matière de production d'ordinateurs et matériel assimilé, par exemple, la nouvelle manière américaine de calculer les indices des prix compte comme *augmentation de volume* non seulement le nombre d'unités supplémentaires produites, mais aussi l'accroissement de la vitesse de leurs processeurs et de la capacité des mémoires (ce sont les indices des prix dits « hédonistes »).

Ainsi, une progression identique de la production de portables de la dernière génération peut apparaître comme un accroissement de 12 % dans les chiffres américains mais de seulement 1 % dans les séries de la production industrielle suédoise.

• *Le produit intérieur brut* (PIB) mesure la richesse créée dans le pays pendant l'année, en additionnant la valeur ajoutée dans les différentes branches. Cela exige quelques compromis. La valeur ajoutée de la production paysanne pour l'auto-consommation ainsi que celle des « services non marchands » (éducation publique, défense nationale, etc.) sont incluses. En revanche, le travail au noir, les activités illégales (comme le trafic de drogue), le travail domestique des femmes mariées ne sont pas comptabilisés (un homme qui se marie avec sa domestique diminue ainsi le PIB).

• *Le produit national brut* (PNB) est égal au PIB, additionné des revenus rapatriés par les travailleurs et les capitaux nationaux à l'étranger, diminué des revenus exportés par les travailleurs et les capitaux étrangers présents dans le pays.

Afin de comparer le niveau de richesse atteint par les différents pays, leur PIB doit être exprimé dans une monnaie commune, généralement le dollar des États-Unis (US $). Trois méthodes sont habituellement employées pour convertir les PIB en dollars. Ce sont les PIB *à parité de pouvoir d'achat* (PPA) qui sont présentés dans les tableaux des pays et des régions. Voir définition et classement des pays p. 589 et 596-600. [*Sources* : 2 et 5 pour les PIB-PPA ; 5, 9 et 10 pour les PIB en monnaie courante.]

• *Le taux d'inflation* indique le pourcentage d'augmentation des prix des produits de consommation, pour le panier d'un ménage représentatif, défini différemment selon les pays. [*Sources principales* : 2, 10, 14, 19 et 30.]

• Par *population active*, on entend, au sens du BIT (Bureau international du travail), la population qui a travaillé – même seulement une heure – pendant la semaine de référence, ainsi que celle qui n'a pas « travaillé » mais était activement à la recherche d'un emploi et immédiatement disponible pour le prendre. Le « travail » en question n'a pas besoin d'être rémunéré. Il exclut cependant les activités illégales et les tâches ménagères du foyer. La population active indiquée dans les rétrospectives consacrées aux 25 pays les plus importants est classée en trois branches : agriculture, industrie et services. L'agriculture comprend la pêche et la sylviculture. L'industrie comprend la production minière, le bâtiment et travaux publics et la production d'eau, gaz et électricité (qui sont des *biens* et non des services, comme on le pense parfois). Les *services* comprennent tout le reste : transport, commerce, banque, assurance, édu-

Principales sources utilisées

1. Perspectives de l'emploi, juin 2002, OCDE.
2. Principaux indicateurs économiques, juillet 2002 (OCDE).
3. World Population Prospects. The 2000 Revision, ONU, février 2001.
4. Population and Vital Statistics, n° 1, 2002 (ONU).
5. Banque mondiale, World Development Indicators, 2002 (livre et CD-rom).
6. World Population Projections 1994-95 Edition, World Bank, 1995.
7. Annuaire statistique de l'UNESCO 1999.
8. UNCTAD Statistical Pocket Book, ONU, 1994.
9. Statistiques financières internationales, Annuaire 2001 (FMI).
10. Statistiques financières internationales, juillet 2002 (FMI).
11. « An International Survey of Book Production During the Last Decades », *Statistical Reports and Studies*, n° 26 (UNESCO).
12. Atlas de la Banque mondiale, 2002.
13. Perspectives économiques de l'OCDE, juin 2002.
14. Séries « Country Profile » et « Country Report » (The Economic Intelligence Unit).
15. Economic Survey of Europe, 2002, n° 1, Commission économique pour l'Europe (ONU).
16. Eurostat, Commerce extérieur, mai 2002.
17. Statistiques de la population active CD-rom 2001 (OCDE).
18. Statistiques trimestrielles de la population active, n° 1, 2002 (OCDE).
19. Bulletins périodiques des postes d'expansion économique (PEE) auprès des ambassades de France dans le monde.
20. Global Development Finance, 2002 (Banque mondiale).
21. Annuaire statistique du commerce international, 1998 (ONU).
22. Statistiques sur l'analphabétisme, Unesco, 2002.
23. CNUCED, Annuaire statistique du commerce et du développement, 2001 (CD-rom)
24. Direction of Trade Statistics, Yearbook 2001 (FMI).
25. Direction of Trade Statistics, juillet 2002, CD-rom (FMI).
26. Statistiques mensuelles du commerce extérieur, mai 2001 (OCDE).
27. Croissance et Emploi, Union européenne, 25.2.98 (CEE).
28. Annuaire de statistiques du travail 2001 (BIT).
29. Key Indicators of the Labour Market, BIT, 2001-2002.
30. Perspectives économiques mondiales, FMI, mai 2002.
31. Trends and Projections of Enrolment by Level of Education and by Age, UNESCO, 1993.
32. World Urbanization Prospects, ONU, 1999.
33. Le travail dans le monde, vol. IV, Bureau international du travail, 1989.
34. Le travail dans le monde, vol. IV, Bureau international du travail, 1989.
35. OCDE en chiffres 2002.
36. Statistical Digest, 1990, UNESCO.
37. Energy Yearbook 1998, ONU.
38. État de la population mondiale 2002, FNUAP, 2002.
39. Rapport sur le développement humain 2002, PNUD, 2002.
40. Trends in Developing Economies 1997, Banque mondiale.
41. World Metal Statistics Yearbook, 2002.
42. FAO Quarterly Bulletin of Statistics, 2002/2.
43. FAO Production Yearbook, 1999.
44. FAO Trade Yearbook, 1999.
45. Military Balance, The International Institute for Strategic Studies (IISS), Londres.
46. CEPAL, Preliminary Report, déc. 2001.

cation, police, etc. [*Sources principales* : 1, 13, 17, 18, 28, 29 et 40.]

• Le *taux de chômage* est le rapport entre le nombre de chômeurs et la population active, qui, bien que la définition de base soit la même, mesure des phénomènes assez différents dans chaque pays. Pour la plupart des pays développés, les chiffres indiqués sont ceux qui résultent de l'harmonisation partielle effectuée par l'UE et l'OCDE. Cette harmonisation ne permet néanmoins pas de comparer vraiment le niveau de chômage d'un pays à l'autre. Elle ne supprime pas non plus l'effet du « traitement social » du chômage. Pour les pays en développement, il a semblé préférable de ne pas mentionner les chiffres du chômage tellement leur interprétation est délicate. [*Sources* : 1, 2, 15, 17, 18 et 27.]

• *Dette extérieure*. Pour les pays en voie de développement, c'est la dette brute, publique et privée qui est indiquée. Pour certains pays, la dette est essentiellement libellée en dollars, pour d'autres, elle est libellée en francs (suisses et français), en marks, etc. L'évolution des chiffres reflète donc autant les fluctuations des taux de change que le véritable recours à l'emprunt net. [*Sources principales* : 5, 14, 15, 20 et 46.]

• Par *administrations publiques* on entend : 1. les administrations centrales tels l'État et, dans les pays où elle est nationale, la Sécurité sociale ; 2. les administrations locales : les communes, départements et régions, provinces, États fédérés, communautés autonomes… ; 3. les administrations supranationales, comme le Parlement européen, Eurostat, etc. Les statistiques de *dépenses, recettes, solde* ainsi que de *dette* des administrations publiques ne peuvent en aucun cas servir pour évaluer le poids de l'État. Ces chiffres ne prennent pas en compte de la même manière l'éducation des enfants et la protection sociale. Ces services, bien qu'obligatoires et réglementés dans tous les pays développés, sont dispensés (ou gérés) plutôt par les adminis-

trations publiques dans certains pays, plutôt par le secteur privé dans d'autres. Ce qui est compté est donc très variable d'un pays à l'autre. La « dette brute » des administrations publiques n'a aucun rapport avec la « dette extérieure » mentionnée dans les tableaux statistiques relatifs aux pays en développement. Un « solde » négatif ne signifie pas nécessairement que la nation ou le pays est en train de s'endetter. Le solde des administrations publiques indiqué est le solde dit « structurel », corrigé des variations conjoncturelles. [*Source principale* : 13.]

• Par *production d'énergie*, on entend la production d'« énergie primaire », non transformée, à partir de ressources nationales. Cependant, l'électricité d'origine nucléaire est comptée dans la production d'énergie primaire. La « *consommation* » d'énergie indiquée est celle dite « apparente », c'est-à-dire que le pétrole brut transformé sur place et exporté comme essence est considéré comme faisant partie de la consommation nationale. La consommation d'énergie par habitant est exprimée ici en tonnes d'équivalent-pétrole (TEP). Le taux de couverture désigne le rapport entre la production nationale et la consommation totale d'énergie, et peut être considéré comme un indicateur approximatif du dégré d'indépendance énergétique. [*Source principale* : 5 et 37.]

Échanges extérieurs

Pour les 25 pays faisant l'objet de rétrospectives statistiques, quatre indicateurs de base relatifs aux échanges extérieurs sont présentés : les importations de services, les importations de biens, les exportations de services et les exportations de biens telles qu'elles sont calculées dans les *balances de paiements*, en appliquant des méthodes communes adoptées par les pays déclarant leurs chiffres au FMI. Pour tous les pays sont par ailleurs présentées dans les tableaux statistiques consacrés aux ensembles géopolitiques les importations et les exportations de biens telles que les communiquent les *Douanes*. Les statistiques des Douanes ont l'avantage d'être très détaillées et rapidement disponibles. Elles ont le désavantage d'être moins significatives pour les comparaisons entre pays, les Douanes d'une nation reflétant son histoire particulière.

• *Commerce extérieur par produits.* Afin de comparer la composition du commerce extérieur d'un pays à l'autre et de suivre son évolution dans le temps, les marchandises ont été ici regroupées en grandes catégories se fondant sur la nomenclature internationale dite CTCI 2 (Classification type du commerce international). La rubrique « *produits agricoles* » est plus large que celle utilisée dans la classification de la population active et de la valeur ajoutée. Elle désigne, en plus des produits de l'agriculture, de la sylviculture et de la pêche, les produits des industries agricoles et alimentaires (elle comprend donc les rubriques 0 + 1 + 2 – 27 – 28 + 4 de la CTCI 2). La dénomination « *produits alimentaires* » désigne les mêmes produits moins les matières premières agricoles, à l'exception des oléagineux (rubriques 0 + 1 + 22 + 4). La dénomination « *produits manufacturés* » désigne, en plus des produits manufacturés au sens courant du mot, les produits chimiques, les machines et le matériel de transport, mais elle exclut les produits des industries agricoles et alimentaires, ainsi que les métaux non ferreux (5 + 6 + 7 + 8 – 68). L'appellation « *minerais et métaux* » ne comprend pas les métaux ferreux (27 + 28 + 68). L'appellation « *céréales* » ne comprend ni le soja ni le maïs. [*Sources* : 21, 26, 23 et 16.]

• *Commerce extérieur par origine et destination.* L'évaluation de la part des différents partenaires commerciaux des pays de l'Afrique au sud du Sahara, des petits pays des Caraïbes, et de quelques pays asiatiques (Myanmar, par exemple) pose des problèmes complexes. Certains de ces pays n'ont pas communiqué leurs chiffres

depuis très longtemps ; pour d'autres, les chiffres fournis sont douteux. Leur commerce est donc estimé d'après les statistiques de leurs partenaires.

Le découpage des régions et les noms qui leur sont donnés dans ces tableaux sont ceux utilisés par le Fonds monétaire international (FMI), dans son annuaire *Direction of Trade 2000*. Les découpages et les appellations sont donc différents de ceux retenus par *L'état du monde* dans son classement géopolitique, et ils diffèrent des regroupements utilisés par les Nations unies, la Banque mondiale (et le FMI lui-même dans d'autres analyses). Ainsi, les *pays en développement* (PED) comprennent la Chine, la Corée du Nord et tous les pays ex-socialistes. Sont compris aussi tous les pays « riches » de ces régions (Israël, etc.), mais ni la Grèce ni le Portugal. Le *Moyen-Orient* comprend l'Égypte et la Libye (qui ne sont donc pas classées en Afrique) ; il ne comprend ni le Pakistan ni l'Afghanistan. L'*Amérique latine* comprend le Mexique et les territoires européens de l'hémisphère occidental. L'*Asie* ne comprend ni la Turquie ni les ex-républiques soviétiques de ce continent [*Sources* : 13, 23, 24, 25 et 26.]

Sont désormais aussi présentés deux autres indicateurs concernant les relations avec l'étranger : le *solde des transactions courantes* (total des montants inscrits au crédit moins le total des montants portés au débit des postes des biens, services, revenus et transferts courants), qui indique si un pays est en train de dépenser plus qu'il ne gagne, et – pour les pays développés – la *position extérieure nette* (avoirs extérieurs moins engagements à l'égard de l'étranger), qui indique s'ils sont débiteurs ou créanciers nets à l'égard de l'extérieur ; il s'agit de la mesure du fardeau (ou du pécule) laissé aux générations futures. - F. V. ■

Un monde en mutation

L'état des relations internationales

Le « 11 septembre »
et la réaction
des États-Unis
représentent-ils
une étape
nouvelle dans
la globalisation ?
La compréhension
des relations
internationales
passe aussi
aujourd'hui
par l'analyse
des intégrations
régionales,
des négociations
internationales
et des formes
de gestion
des « biens
communs »
de l'humanité.
Sans oublier
l'action des
organisations
internationales
et les conflits
armés…

Un an après le « 11 septembre »

Bertrand Badie
Science politique, IEP-Paris

Les attentats islamistes perpétrés le 11 septembre 2001 contre le World Trade Centre de New York et contre le Pentagone à Washington auraient pu conduire à une remise à plat d'un jeu international qui était devenu incertain depuis la décomposition du système bipolaire. Face à de nouveaux enjeux, très éloignés des compétitions interétatiques traditionnelles (la responsabilité des attentats a été immédiatement attribuée au réseau Al-Qaeda dirigé par Oussama ben Laden depuis l'Afghanistan), de nouvelles formes de multilatéralisme auraient pu s'imposer. Les choix effectués ont été tout différents : l'hiver 2001-2002 a été dominé par une confirmation de l'unilatéralisme américain qui, du coup, a favorisé une série de réactions en chaîne conduisant à une véritable crispation du système international, accentuant sa fragmentation et son défaut de concertation. On est probablement entré dans une dangereuse logique de cercle vicieux, entretenant instabilités et conflits autour des mirages de l'unipolarité.

L'unilatéralisme est le principe par lequel un État impose ses choix à son environnement extérieur, au lieu de les concerter avec un autre partenaire (bilatéralisme) ou de les élaborer de façon collective au sein d'une organisation internationale (multilatéralisme). Son retour en force est clairement apparu dans les jours qui suivirent l'attaque contre le World Trade Centre. La résolution 1368 du Conseil de sécurité de l'ONU (Organisation des Nations unies), donnant immédiatement un blanc-seing aux États-Unis au nom du principe de légitime défense, en fut l'onction institutionnelle. Le mode de riposte, laissant peu de place à la concertation avec les alliés, en fut une traduction concrète. L'action militaire entreprise dès le 7 octobre en Afghanistan et surtout le choix d'Hamid Karzaï, très proche de Washington et de la firme américaine Unocal opérant dans les hydrocarbures, pour prendre la tête du nouveau gouvernement de Kaboul ont confirmé ces options. Il est très vite apparu que cet unilatéralisme n'était pas seulement une réaction forte destinée à faire oublier la vulnérabilité de la puissance américaine et à répondre au profond traumatisme de l'opinion : il s'agissait bien d'un choix stratégique mûrement réfléchi.

Un « axe du mal »

Trois orientations ont semblé le caractériser. D'abord, sa fidélité à une vision messianique et moralisatrice du jeu international. Le discours sur l'« état de l'Union », tenu le 29 janvier 2002 par George W. Bush, mettant en évidence un « axe du mal » réunissant l'Iran, l'Irak et la Corée du Nord, a confirmé la promptitude de l'administration américaine à renouer avec des schémas bipartisans que la disparition de la Guerre froide avait abolis. Tactiquement, une telle vision entretenait de façon quelque peu forcée un consensus minimal au sein de l'opinion américaine, permettant aux dirigeants en place d'en tirer un réel bénéfice politique. En deuxième lieu, les médiations multilatérales ont très vite été neutralisées : l'OTAN (Organisation du traité de l'Atlantique nord) fut sollicitée pour confirmer, par le biais de son article 5, sa solidarité avec les États-Unis, tandis que toute réforme en profondeur de l'Alliance atlantique perdait son caractère d'urgence. Les Nations unies, elles-mêmes, ne furent sollicitées que de façon minimale dans la gestion du conflit afghan, tandis que Washington donnait un tour de vis supplémentaire à son opposition à tout progrès substantiel des conventions internationales (sur l'environnement [protocole de Kyoto] ou sur la Cour pénale internationale [CPI], notamment). Enfin, la « guerre contre le terrorisme » devenait le principal point de référence de tout repositionnement diplomatique : la Russie de Vladimir Poutine y négocia sa liberté de manœuvre dans la guerre en Tchétchénie, la Chine les modalités de son entrée à l'OMC (Organisation mondiale du commerce), l'Inde ses nouveaux assauts contre la « menace pakistanaise », l'Arabie saoudite les conditions de son retour sur la scène internationale. À un multilatéralisme en trompe l'œil a ainsi succédé une internationalisation sélective, bilatéralement négociée avec l'hégémon.

L'unilatéralisme et la logique des intérêts nationaux

Cet unilatéralisme crispé a semblé marquer un retour en force de la logique des intérêts nationaux. L'« axe du mal » est apparu comme par hasard constitué des trois États déviants (*rogue states*) avec lesquels la puissance américaine entretenait les plus anciens contentieux, faits d'humiliations (la prise d'otages à l'ambassade de Téhéran [1979], puis l'opération de récupération manquée de Tabas), de duperies (mise en échec de l'accord de 1994 passé avec Pyongyang sur la non-prolifération nucléaire) ou de défis (d'un Saddam Hussein rescapé de la guerre du Golfe de 1991). L'intérêt stratégique était évident : face à l'instabilité menaçant l'Arabie saoudite, détentrice du quart des réserves mondiales de pétrole, le couple Iran-Irak attise les convoitises américaines en offrant un volume de réserves à peu près égal. Surtout, un tel jeu cisaille toute possibilité de polarisation alternative : face à une réactivation provoquée des liens entretenus par Washington avec Londres, puis avec la droite au pouvoir à Madrid et Rome, l'Union européenne (UE) perd l'essentiel de son autonomie d'action, tout comme la Russie et même la Chine, tandis que les régimes arabes alliés ont le plus grand mal à négocier bilatéralement le maintien des avantages obtenus naguère, à l'instar de l'Arabie saoudite et de l'Égypte, dont les dirigeants ont ainsi été affaiblis face à leurs opinions publiques.

Le jeu est pourtant risqué, parfois même belligène. L'opération militaire menée à la hâte au cours de l'automne afghan a conduit à un armistice entre seigneurs de la guerre plutôt qu'à une véritable reconstruction politique. En ont témoigné la fragilité du cessez-le-feu, le demi-échec de la Loya Jirga (assemblée traditionnelle) réunie en juin 2002, la difficulté d'inventer une nouvelle légitimité politique à Kaboul. Plus déterminante encore, la mise à bout à bout des bricolages bilatéraux consentis par les États-Unis a nourri une instabilité internationale majeure : pour rentrer en grâce, Riyad a dû produire à la hâte un plan de paix qui, pour recevoir l'aval de ses alliés arabes, réunis à Beyrouth (avril 2002), dut amener son auteur, le prince Abdhallah, à se rapprocher sensiblement de Bagdad. Les assurances dont ont cru pouvoir disposer, chacun de leur côté, Islamabad et New Delhi, ont favorisé une dangereuse montée de la tension à la frontière indo-pakistanaise. Au Pakistan, les rivalités internes, avivées par la répression anti-islamiste menée par le général Pervez Musharraf, ont accentué l'autonomie des milices et groupements armés musulmans agissant à la frontière du Cachemire hors du contrôle d'un État pakistanais plus que jamais affaibli. La nouvelle alliance consacrée par la création du Conseil OTAN-Russie (mai 2002) a tendu, de son côté, à réorienter l'Alliance atlantique d'un clivage Est-Ouest vers un clivage potentiel Nord-Sud ; elle allait avoir pour effet d'accroître la dépendance de Moscou, un peu plus inséré dans le giron de Washington.

Renforcement des déséquilibres au Proche-Orient

Associée à une perte d'autonomie de l'Union européenne, cette évolution a contribué à déséquilibrer un peu plus les rapports de forces, notamment au Proche-Orient où la solidité de l'alliance américano-israélienne n'avait déjà plus son équivalent du côté arabe, favorisant le déploiement de stratégies de « cavalier seul » au sein des États de la Ligue arabe, ainsi qu'un isolement certain de l'Autorité palestinienne. Dans ces conditions, le Premier ministre israélien Ariel Sharon a pu faire admettre par les États-Unis l'articulation de sa politique de répression dans les Territoires à la « guerre contre le terrorisme » ; de même a-t-il pu imposer, dans cet esprit, une politique d'affaiblissement systématique de l'Autorité palestinienne qui connut son point d'orgue avec l'encerclement du quartier général de son président Yasser Arafat à Ramallah (avril 2002). Ces initiatives – qui faisaient écho aux actions de « kamikazes » palestiniens contre des civils israéliens – ont notamment débouché sur des opérations militaires amples et violentes, en particulier celle dans la ville palestinienne de Jénine, qui fut condamnée par la Commission des droits de l'homme de l'ONU.

Cette militarisation croissante de la question palestinienne a semblé consacrer l'échec du processus de paix entamé par les accords d'Oslo (1993). Elle a surtout engagé une dangereuse désinstitutionnalisation, réduisant les effets d'autorité, de contrôle collectif et d'obéissance aux normes, précipitant les Palestiniens dans une situation d'anomie qui évoque précisément l'étude sociologique que Durkheim avait autrefois consacrée au suicide. Elle a favorisé la montée de nouvelles formes d'allégeance et d'identification dont les organisations islamistes, le Hamas et le Djihad, pourraient être les bénéficiaires ; elle risque de même de conduire à un éclatement de l'amorce d'organisation de la société civile palestinienne au profit de solidarités constituées sur la base de réseaux familiaux, sociaux et clandestins. La société israélienne en subit elle-même les contrecoups : à travers la mobilisation croissante des Arabes israéliens, la montée des comportements de désertion et l'exacerbation des sentiments de peur se traduisent alternativement par des violences antiarabes et des choix d'exil.

La nécessité d'un multilatéralisme renouvelé

On retrouve ainsi, derrière cette logique d'unilatéralisme crispé, un jeu de fragmentations en cascade allant en se renforçant. Les événements du 11 septembre révèlent en effet le rôle nouveau d'entrepreneurs de violence qui cherchent à mobiliser, au gré des défauts d'intégration sociale qui se manifestent à travers les échecs du développement, les inégalités de traitements réservés aux droits revendiqués, les décalages de culture ou de perception. Autant de dysfonctionnements qui laissent apparaître l'urgence d'une réponse multilatérale renouvelée, s'éloignant d'un modèle hérité de 1945, marqué encore de puissance et de logique politico-militaire, là où les enjeux internationaux mettent en exergue la sécurité humaine, la judiciarisation et le rôle des acteurs transnationaux. Cette orientation, cultivée aux Nations unies (Rapport sur la sécurité humaine du PNUD [Programme des Nations unies pour le développement] en 1994, CPI, Projet Global Compact [tentative de contractualisation entre organisations internationales et firmes privées], etc.), a souligné un décalage encore feutré entre Washington et la Maison de Verre : elle a pourtant annoncé de possibles tensions futures, à l'instar de celles qui ont accompagné l'adoption de la résolution 1422 du Conseil de sécurité de l'ONU relative à la CPI. D'autant que les États-Unis ont simultanément renforcé leur budget militaire, renoué avec le projet de bouclier antimissiles et avec la doctrine de la première frappe nucléaire.

En outre, cette version nouvelle de l'unilatéralisme avive, directement ou non, une chaîne impressionnante de conflits : Proche-Orient, Irak, Inde-Pakistan, auxquels s'adjoignent d'hypothétiques foyers yéménite, somalien, iranien, soudanais, indonésien (du fait d'Aceh, notamment), philippin (à travers la lutte contre le mouvement Abu Sayyaf), nord-coréen peut-être, alors que les impasses du conflit afghan ont suscité des risques de déstabilisation en Asie centrale. Cette « ligne de faille » n'est du reste pas innocente : elle rend manifeste l'expression identitaire des mobilisations qui sont sous-jacentes à tous ces conflits, alors que leurs vrais fondements devraient être recherchés dans leur propre histoire politique. Elle favorise ainsi les simplifications abusives de part et d'autre, comme pour légitimer les messianismes qui entrent en confrontation, alors qu'en réalité elle évoque les dangers associés à une mobilisation désinvolte et sans retenue des acteurs politico-diplomatiques de la région. Elle traduit aussi les risques d'une politique d'incitations ou de punitions sélectives qui s'opère au détriment d'un effort de concertation et de régulation internationales. ■

La transformation stratégique du modèle sécuritaire américain

Saïda Bédar
CIRPES

Les attentats du 11 septembre 2001 contre le World Trade Centre de New York et contre le Pentagone ont renforcé les thèses en faveur d'un ajustement stratégique des États-Unis à la « grande transformation » qu'est la globalisation. Cet ajustement prend la forme d'un remodelage de la « sécurité nationale » reposant sur de nouveaux rapports entre sécurité intérieure, sécurité extérieure et sécurité transnationale, entre civils et militaires, entre sphère privée et sphère publique.

La *homeland security* (sécurité territoriale) et le contre-terrorisme apparaissent comme les nouveaux critères de cette transformation stratégique. L'après-« 11 septembre » n'a certes fait qu'accélérer un processus engagé dès les années 1980, quand de nouveaux types d'engagements globaux – Initiative de défense stratégique antimissiles (IDS), contre-insurrections, luttes antiterroristes, contre la prolifération des armes de destruction massive, contre le narcotra-

fic, etc. – se sont superposés à l'affrontement classique entre les deux superpuissances. Les nouveaux critères stratégiques « métasécuritaires » impliquent une approche stratégique globale aboutissant à une intégration entre le politique, le militaire et le *law enforcement* (répression de la criminalité).

Or, la création du département (ministère) de la Sécurité territoriale (devant être mis en service pour janvier 2003) et d'un Commandement combattant, le Northern Command (octobre 2002), devant assurer la défense territoriale (*homeland defense*) et avoir pour aire de compétence les États-Unis, le Canada, les Caraïbes et à terme le Mexique, ont constitué une véritable révolution (ou plutôt une contre-révolution). L'acception de la « transformation stratégique » s'élargit en effet pour inclure une réforme des fondements constitutionnalistes de la république américaine : la légitimation de l'intervention militaire dans les affaires civiles (sécurité et droit) et la surveillance des citoyens – notamment par l'autorisation statutaire de l'espionnage à usage juridique.

« Réinventer le gouvernement »

Dans cette phase historique d'ajustement du système américain au système globalisé, la sécurité territoriale et la défense territoriale cristallisent des options sociales et des orientations sécuritaires et stratégiques qui ont été progressivement codifiées à partir des années 1970-1980 et résumées au début des années 1990 par la formule « réinventer le gouvernement ». La libéralisation et le désengagement de l'État fédéral en matière de financement des administrations et des infrastructures locales se sont accompagnés d'une reprise en main des affaires publiques et de l'application du droit selon un nouveau rapport public/privé, État/société civile et fédéral/local. Ainsi, la « fédéralisation » du crime (en trente ans, les crimes fédéralisés, c'est-à-dire relevant des cours fédérales et non plus seulement des juridictions des États fédérés, ont augmenté de 40 %) signifie une plus grande implication de l'échelon fédéral dans les pouvoirs de police, non seulement en termes opérationnels (la surveillance, le renseignement et l'investigation), mais aussi, plus globalement, en terme de contrôle social. Le département de la Sécurité territoriale est appelé à renforcer considérablement les prérogatives fédérales dans ces domaines. Autant par ses pouvoirs statutaires, budgétaires et exécutifs que par ses capacités normatives, voire symboliques, la sécurité-défense territoriale constitue un facteur potentiel de cohésion sociale et nationale, contribuant à la reproduction de l'identité collective par la désignation de l'ennemi et par la représentation des voies et moyens de la protection.

La sécurité-défense territoriale permet également un réajustement du système américain sur le plan éthico-juridique (la norme universelle pour réformer le constitutionnalisme américain), mais aussi du système mondial – par extension de la *lex americana*. La transnationalisation du *law enforcement* américain (action du FBI [Federal Bureau of Investigation] à l'étranger), la révision du droit de la guerre et l'extension potentielle de la qualification de criminel de guerre (*unlawful combatant*) à tout mouvement d'opposition armé [*voir encadré*] s'inscrivent, au nom de la lutte antiterroriste, comme une légitimation d'une pratique stratégique « hors droit », une « asymétrisation » de la stratégie à des fins de lutte anti-asymétrie (la surpuissance entraîne chez les adversaires potentiels des stratégies *asymétriques* de contournement « du faible au fort » : guérilla, prolifération, guerre de l'information, etc.). Cette asymétrisation de la stratégie étend le champ de la guerre dans des espaces sociaux jusqu'alors protégés par le politique et l'éthico-juridique : le droit humanitaire et les négociations diplomatiques ouvertes et *bona fide* (de bonne foi) qui évitent le recours à la force préemptive démesurée, et le droit des gens qui protège les individus de la limitation abusive de leurs libertés civiques. Le constitutionnalisme américain permet ce type d'ajustement, car il représente une institutionnalisation des rapports de forces sociaux, qui préserve l'ordre social dans sa substance tout en permettant une transformation adaptative des formes. En cas de « crise », les libertés civiques et les formes constitutionnelles – *due process* (les procédures « normales » – peuvent être limitées ou ignorées au profit de la préservation de la finalité.

Des implications importantes dans la vie civique et sociale

L'extension de la sécurité nationale à travers la sécurité-défense territoriale implique que les restrictions en termes de libertés civiques soient compensées par plus de sécurité et de bien-être. C'est cet idéal communautaire que George W. Bush a exprimé dans son discours de l'état de l'Union (29 janvier 2002) : « La *homeland security* rendra l'Amérique non seulement plus forte,

La légitimité de la guerre globale au terrorisme

La réponse juridique de l'exécutif américain aux attentats du 11 septembre 2001 a été un « ordre militaire » (*Military Order*), émis le 13 novembre 2001, établissant que la conduite des opérations militaires engagées et la prévention d'autres attentats terroristes justifiaient la détention de certains étrangers, et si nécessaire leur jugement pour violation du droit de la guerre par des commissions militaires plutôt que par des tribunaux fédéraux. Avant le 11 septembre, les auteurs des actes de terrorisme avaient été jugés comme criminels (*murder and other charges*) devant les cours fédérales. Le gouvernement américain a adopté le point de vue selon lequel les « terroristes » qui ont recours à des moyens non conformes au droit international de la guerre (non port de l'uniforme, non discrimination entre combattants et civils, etc.) sont des « combattants illégaux » et des criminels de guerre, et n'ont donc pas droit au statut de prisonniers de guerre selon les statuts des conventions de Genève. L'ordre du 13 novembre exclut l'intervention des cours fédérales et des États fédérés, mais également des juridictions étrangères et internationales. Les arguments avancés pour justifier le non recours à une juridiction internationale ont été la maîtrise des procédures, l'évitement des procès longs. Certains ont aussi évoqué l'exclusion de la peine de mort par les tribunaux internationaux. Les arguments avancés pour recourir à des tribunaux militaires ont été : le secret des informations et des sources ; la capacité des militaires à juger des combattants ; l'universalité du code militaire de justice américain procédant du droit universel de la guerre (article 18 du *Uniform Code of Military Justice*).

C'est le caractère universel de la qualification du « crime de guerre » et par là, du « terrorisme » qui légitimerait le consensus de la lutte antiterroriste globale, et les transformations stratégiques et éthico-politiques qu'elle implique. En effet, les autres critères d'intervention globaux, la lutte contre le narcotrafic, le crime organisé ou la prolifération des armes de destruction massive n'ont pas atteint ce niveau d'universalité. Les conventions internationales en matière de lutte antidrogue ou de limitation des armes de destruction massive n'ont pas de statut légal contraignant. Ainsi les conventions internationales de lutte antidrogue, mises en place à la fin des années 1980 et inspirées par le modèle américain, sont peu appliquées, alors que les conventions antiprolifération sont des « régimes » dont il suffit de ne pas faire partie pour échapper à leur contrainte. Le trafic de drogue a été déclaré illégal par différents traités internationaux, mais le commerce de drogue n'est pas considéré comme un crime international pour lequel il existerait une juridiction universelle comme il en existe pour la piraterie, le génocide et le crime de guerre. Si la position des États-Unis – qui n'ont pas ratifié le Protocole I de la convention de Genève de 1949 qui étend le droit humanitaire de la guerre aux conflits dans lesquels les gens se battent contre une occupation étrangère, contre des régimes racistes et pour leur droit à l'autodétermination – était adoptée par l'ensemble de la communauté internationale, tout mouvement d'opposition politique armé serait *de jure* considéré comme « combattant illégal » et criminel de guerre. - **S. B.** ■

mais également meilleure. La connaissance acquise dans le domaine du bioterrorisme améliorera la santé publique. Une police et des pompiers plus forts, cela implique des quartiers plus sûrs. Des contrôles aux frontières plus stricts aideront à combattre

Bibliographie

S. Bédar, *Infodominance et globalisation*, in « Guerre et stratégie », *Les Cahiers du Numérique*, vol. 3, n° 1-2002, Hermès, Paris, 2002.

S. Bédar (sous la dir. de), « Vers une "grande transformation" stratégique américaine ? Le débat stratégique américain 2000-2001 », *Cahiers d'études stratégiques*, n° 31, CIRPES, Paris, nov. 2001.

les drogues illégales. Et alors que le gouvernement travaille à améliorer la sécurité de notre territoire, l'Amérique continuera à dépendre des yeux et des oreilles des citoyens en alerte. »

Ce discours sur l'implication des citoyens dans la prise en charge de la sécurité nationale renvoie au modèle sécuritaire de la « participation citoyenne » et de l'« autocontrôle social » développé depuis la fin des années 1960 et devenu le modèle dominant aux États-Unis. La libéralisation et le désengagement de l'État fédéral en matière de financement local, l'augmentation de la misère et de la criminalité ont abouti à la formalisation de nouveaux modèles de contrôle social. Ceux-ci combinent le facteur coût (limiter les dépenses et externaliser les services vers les entreprises privées et les associations) et le facteur risque (éviter les émeutes urbaines et la contestation des classes moyennes). Le modèle sécuritaire que le pouvoir fédéral a largement contribué à diffuser par le processus de fédéralisation du crime, mais aussi par le financement de certains programmes et leur médiatisation, est celui du *community policing* – dont la version new-yorkaise du « zéro tolérance » est la plus répressive. Le *community policing*, c'est l'implication des policiers, au-delà de la répression de la criminalité, dans la sécurisation et l'accompagnement des initiatives citoyennes (les associations de quartier, les Églises, les rondes nocturnes des habitants, etc.). Le *community policing* se fonde sur une démonstration anthropogéographique de la relation supposée entre les signes de dégradation de l'environnement urbain et la délinquance (le mal attire le mal). Il formalise à partir de ce constat stratégique le « sentiment d'insécurité » : les signes de délabrement urbain, y compris la présence d'individus suspects, sont des signes de désengagement étatique et donc de déréliction sociale des espaces et de l'habitat.

L'implication citoyenne dans la sécurité, du *community policing* à la « guerre au terrorisme », parachève un modèle sécuritaire, un type de « gouvernance », qui permet la reproduction de l'hégémonie américaine tant à l'intérieur (consensus social) qu'au niveau global. Ce modèle, largement formalisé par les médias et par le discours politique, est renforcé par les nouvelles pratiques et techniques informationnelles et cognitives (surveillance ubiquitaire, cartographie, profilage, etc.) et par une pénétration institutionnelle accrue du renseignement au sein de la société. ■

De Rio à Johannesburg, repli sur le court terme et sur les intérêts catégoriels

Sophie Bessis
Historienne-journaliste

Dix ans seulement ont séparé la conférence des Nations unies sur le développement durable, qui s'est tenue à Johannesburg du 26 août au 4 septembre 2002, du « sommet de la Terre » (Conférence des Nations unies sur l'environnement et le développement – CNUED), réuni à Rio de Janeiro en juin 1992. Personne, alors, ne pouvait penser qu'il suffirait d'une décennie pour que soient oubliés à peu près tous les engagements pris au cours de cette assemblée que l'on crut un peu vite inaugurale d'un nouveau mode de gestion de la planète.

Au début des années 1990, le monde semblait en effet prendre conscience de la nécessité de sauver l'ensemble des écosystèmes terrestres qui donnaient des signes évidents d'épuisement, et la conférence de Rio reprenait à son compte la notion de développement durable, popularisée en 1987 par le rapport Brundtland, *Our Common Future*, pour en faire un programme d'action. Désormais, le développement ne se résumerait plus à une croissance économique prise comme une fin en soi, mais se devrait d'être socialement équitable pour renverser la tendance au creusement des inégalités mondiales, et écologiquement sage pour répondre aux besoins contemporains, sans compromettre la capacité des générations futures à satisfaire les leurs. Un épais « Agenda 21 » dressait la liste des initiatives à prendre pour rendre le XXIe siècle vivable pour tous. Deux conventions internationales, l'une sur la lutte contre le réchauffement climatique et la seconde sur la préservation de la biodiversité, étaient également adoptées, malgré la résistance des *lobbies* – pétrolier et pharmaceutique essentiellement – suceptibles d'en pâtir.

Le discours du développement durable

À partir de 1992, le développement durable a connu de fulgurantes avancées… dans les discours. Les dirigeants politiques en invoquent régulièrement les vertus, et nombre de firmes transnationales assurent s'y être converties. De fait, cette notion a été instrumentalisée au point de perdre tout contenu précis, ce qui a permis aux partisans de la poursuite d'une croissance de type « productiviste » – aux dépens des équilibres écologiques, économiques et sociaux mondiaux – de s'en faire les champions. Au nord de la planète, le développement durable s'est transformé en un marché prometteur de développement des technologies antipollution. Du coup, alors qu'au début des années 1990 c'étaient avant tout les États du Nord qui étaient incités à questionner le caractère prédateur de leur modèle de croissance, l'exigence de développement durable s'est, au fil des ans, surtout reportée sur les pays en développement. Ainsi, en matière de climat, le protocole de Kyoto verse au crédit des États industriels toute action de réduction des gaz à effet de serre qu'ils financeraient dans un pays du Sud. Quant aux inégalités mondiales d'accès aux ressources planétaires, elles ont cessé d'être une cause officielle de la non-durabilité du développement. Seule consolation pour les pays pauvres de la zone intertropicale, une convention internationale sur la désertification a été adoptée en 1994, sans pour autant bénéficier de financements additionnels.

La conférence convoquée par les Nations unies en 1997 à New York, pour tenter un bilan des efforts fournis cinq ans après le « sommet de la Terre », dressait un constat d'échec au vu du peu d'empressement des principaux États de la planète à respecter les engagements pris, au point qu'elle reçut l'appellation officieuse de « Rio moins cinq ». Par la suite, plusieurs réunions internationales ont tenté de transformer les promesses de Rio en mesures contraignantes, avec des effets mitigés.

En matière climatique, les États parties à la convention de 1992 sont parvenus à adopter en décembre 1997 le protocole de Kyoto, qui a fixé pour la première fois aux pays industriels l'objectif contraignant de réduire leurs émissions de gaz à effet de serre de 5,2 % d'ici 2008-2012 par rapport à leur niveau de 1990. Salué comme une victoire malgré la modestie de ses prétentions face à des prévisions climatiques alarmantes, le protocole risque cependant de ne pas atteindre son but depuis le refus de l'administration Bush de le ratifier, alors qu'avec 4 % de la population mondiale les États-Unis sont responsables de 20 % des émissions totales de gaz à effet de serre. Lors de la réunion des États parties à Marrakech en novembre 2001, les concessions faites à la Russie et au Japon en ont encore restreint l'impact, si bien que l'objectif de réduction a été ramené autour de 1 %-2 % par rapport au niveau de 1990. L'OCDE (Organisation de développement et de coopération économiques), pour sa part, a constaté que les émissions de gaz carbonique de ses pays membres ont crû de 6 % entre 1990 et 1998, prévoyant une augmentation de 33 % entre 2000 et 2020.

En matière de sauvegarde de la biodiversité, il a fallu attendre 1999 pour voir s'ouvrir des négociations internationales censées aboutir à la signature d'un protocole sur la biosécurité. Après l'échec de la conférence de Carthagène en 1999, un texte de compromis a été négocié à Montréal en 2000, mais, à la mi-2002, il n'avait pas encore été ratifié par un nombre suffisant de pays pour entrer dans les faits.

Des « responsabilités communes, mais différenciées »

Malgré le fait que la ratification du protocole de Kyoto devait y être solennellement proclamée, la conférence de Johannesburg ne s'est donc pas ouverte sous les meilleurs auspices. D'autant que d'autres problèmes de taille ont compromis sa préparation. Celui du financement d'abord. Depuis 1992, les pays du Sud n'ont touché aucun dividende de leur conversion plus ou moins sincère au développement durable et à la bonne gouvernance. Au contraire, l'aide publique au développement a baissé de 7 % en termes réels entre 1993 et 2001, passant de 0,32 % à 0,22 % du produit intérieur brut des pays donateurs de l'OCDE. Quant aux initiatives de réduction de la dette, elles sont demeurées trop modestes pour réalimenter les flux publics Nord-Sud. Or la conférence consacrée au financement du développement, réunie à Monterrey (Mexique) en mars 2002, ne s'est conclue sur aucun engagement daté, au grand dam des États du Sud qui plaident pour la fixation d'objectifs précis dans un domaine où les promesses ne sont guère suivies d'effets.

Une telle pingrerie est d'autant plus critiquée que le Nord est loin de la compenser par une ouverture de ses frontières aux produits en provenance du Sud. Au contraire, la multiplication des mesures protectionnistes et des subventions aux exportations contredit plus que jamais un credo libéral que les pays en développement sont pourtant sommés de respecter. Encouragés par la jurisprudence de l'Organisation mondiale du commerce (OMC) qui n'a cessé de privilégier l'ouverture commerciale par rapport au souci de tenir compte de l'environnement, ces derniers sont d'ailleurs prompts à ne voir dans les injonctions environnementales de leurs partenaires du Nord qu'une ruse supplémentaire pour freiner leur industrialisation et réduire ainsi les risques de concurrence. Enfin, dirigeants et ONG (organisations non gouvernementales) du Sud reprochent aux États du Nord de prêcher l'adoption de pratiques de développement durables, alors qu'eux-mêmes n'ont rien changé à leurs modes de production et de consommation, toujours aussi peu respectueux des équilibres écologiques et sociaux planétaires. En fait, aussi peu pressés que leurs homologues des pays industriels de prendre des engagements concrets en la matière, les dirigeants du Sud ont surtout vu dans la conférence de Johannesburg une occasion de réclamer une mise en œuvre financièrement chiffrée du « plan d'action du Millénaire », adopté en septembre 2000 sous l'égide des Nations unies, et qui promet de réduire de moitié la pauvreté d'ici 2015. On en est loin, puisque 40 % de la population mondiale vivait encore en 2002 avec moins de deux dollars par jour.

Foire d'empoigne et blocages d'initiatives

On comprend dès lors que les négociations préalables à la tenue de la conférence de Johannesburg aient pris l'allure d'une foire d'empoigne où les délégués gouvernementaux ont tenté de préserver des intérêts nationaux contradictoires, tandis que les ONG essayaient en vain de souligner que la réunion avait d'abord pour but d'appeler au respect des engagements pris dix ans plus tôt, à Rio. Dans la métropole sud-africaine, on n'en a jamais été aussi loin.

Dans le camp des États les plus riches, les États-Unis, le Canada, l'Australie et le Japon se sont attachés à bloquer toute tentative d'aboutir à des engagements concrets, notamment sur le plan financier mais aussi sur les questions énergétiques et sur la nécessité de rendre la mondialisation moins

inéquitable. Ils ont également refusé de rappeler, comme le souhaitaient les États du Sud, l'existence des « responsabilités communes mais différenciées » des différentes régions de la planète dans la dégradation des écosystèmes, pourtant mentionnées en 1992 par le préambule de la convention sur le climat. L'Union européenne (UE), plus souple sur ces dossiers, s'est jointe aux « durs » pour interdire toute critique de la pratique des subventions aux industries polluantes et aux exportations. Le Groupe des 77, regroupant l'ensemble des pays en développement, a freiné de son côté l'adoption de toute mesure en matière de respect des droits humains, culturels et sociaux, refusant entre autres toute référence aux normes de l'OIT (Organisation internationale du travail) sur le travail des enfants. Enfin, contrairement aux vœux des ONG, a été abandonnée toute mention explicite de la nécessité de respecter le principe de précaution et la règle du pollueur-payeur et de faire prévaloir, à l'OMC, les exigences de la sauvegarde de l'environnement sur celles de la croissance par le commerce. En net recul par rapport à la déclaration de Rio, le plan d'action soumis à la conférence de Johannesburg a donc pris l'allure d'une longue liste de bonnes intentions dépourvues de tout objectif contraignant chiffré et daté, et d'où ont été bannis les sujets susceptibles d'attiser les divergences Nord-Sud ou de suggérer que la sauvegarde des écosystèmes passe par une gestion plus sobre des ressources planétaires. Incapables de s'entendre sur des mesures globales, les participants se sont réfugiés dans la promotion des initiatives dites de type II, limitées à des actions de partenariat local entre partenaires gouvernementaux, associatifs et privés, et présentées comme autant d'avancées dans la voie du développement durable.

La frilosité de la conférence de Johannesburg illustre en fait l'ampleur du fossé qui sépare le tournant de 1990 du début du XXIe siècle. Alors qu'au sortir de la Guerre

Sites Internet

ONU (conférence de Johannesburg)
http://www.johannesburgsummit.org
PNUE (Programme des Nations unies pour l'environnement)
http:///www.unep.org
Convention biodiversité
http://www.biodiv.org/meetings/cop-06.asp
Enda (Environnement et développement du tiers monde)
http://www.enda.sn/forum2.htm
Rapports du GIECC (Groupement intergouvernemental d'étude des changements climatiques)
http://www.ipcc.ch/pub/reports.htm

froide, la communauté internationale semblait commencer à exister et prenait conscience à Rio des grands enjeux planétaires en tentant de les affronter grâce à une gestion moins prédatrice et plus solidaire des ressources communes, la réunion de Johannesburg a clos un nouveau cycle de rencontres internationales dans lesquelles ont prévalu le repli sur le court terme, la défense d'intérêts strictement catégoriels et nationaux et le triomphe de l'unilatéralisme chez les puissances du Nord comme du Sud. Le développement durable tel qu'il avait été défini a Rio a donc été oublié dans cet alarmant retournement de conjoncture. ■

Débat sur l'avenir de l'UE
La « méthode communautaire » en question

Mario Dehove
Économiste, Paris-XIII-Villetaneuse, CAE

Il aura fallu deux échecs cuisants – les conférences intergouvernementales (CIG) d'Amsterdam en 1997 et de Nice en 2000 – pour que les gouvernements des États membres de l'Union européenne (UE) admettent leur impuissance à en réformer les institutions et confient cette tâche à une Convention composée de personnalités indépendantes et présidée par l'ancien président français Valéry Giscard d'Estaing. Il aura fallu aussi que se rapproche l'échéance redoutable de l'élargissement (2004) de l'UE aux pays d'Europe centrale et orientale [*voir article p. 451*] et que s'affirme de plus en plus clairement le hiatus entre les ressources institutionnelles de l'Union – qui n'ont pratiquement pas changé depuis la création de la Communauté européenne par le traité de Rome (1957) – et les missions de plus en plus nombreuses et de plus en plus lourdes qui lui ont été confiées au fil des temps, et tout particulièrement par et après le traité de Maastricht (1992).

Comment, en effet, imaginer qu'un système institutionnel créé pour faire fonctionner un marché commun de six États membres et une ou deux politiques économiques communes puisse, plus de quarante ans après, promouvoir une politique étrangère commune partagée par quelque trente États, déjà unis, pour certains d'entre eux, par une monnaie unique et engagés dans la construction d'une défense commune ?

Ce qui est en cause – tant, d'ailleurs, dans cet abandon partiel par les gouvernements des États membres du monopole de la révision des traités, que dans ce sur quoi il est demandé à la Convention sur l'avenir de l'Union européenne d'élaborer des propositions –, c'est la « méthode communautaire » [voir encadré]. Faut-il l'abandonner ? Si oui, par quoi faut-il la remplacer ? Sinon, comment faut-il la réformer ?

Des signes d'épuisement

La méthode communautaire a réussi à l'Europe, même si la géopolitique – la Guerre froide – et l'économique – les Trente Glorieuses – lui ont été particulièrement favorables. Elle a largement contribué à lui apporter paix et prospérité. Elle continue à être efficace pour les anciennes grandes missions confiées à l'UE : la politique commerciale commune, la politique de la concurrence, la politique agricole. Si l'on y ajoute le relatif succès de la politique monétaire menée par la Banque centrale européenne [Artus, Wyplocz, 2002], on mesure le risque auquel l'Europe s'exposerait si elle venait à s'en détourner. Néanmoins, nombre d'indices suggèrent une usure.

L'opinion publique (hors celle des Britanniques) est toujours très majoritairement favorable à l'idée d'Europe, mais elle est de plus en plus critique à l'égard de ses institutions, auxquelles elle reproche une tendance centralisatrice excessive – et une insuffisance de démocratie directe. La construction européenne tend par ailleurs à se dissoudre dans une mondialisation qui la concurrence sur ses terres (libéralisation commerciale et globalisation financière) et lui emprunte certains de ses principes institutionnels – l'Organisation mondiale du commerce (OMC) et son Organe de règlement des différends (ORD). Son efficacité s'est aussi érodée au fil du temps avec l'augmentation du nombre d'États membres et à cause d'élargissements progressivement moins regardants sur la conformité de l'idéal européen des nouveaux membres – les pays du Nord – à la culture et aux traditions communautaires et, encore davantage, à ses finalités. Les organes de décision – la Commission comme le Conseil – y ont perdu de leur collégialité et ont tendu de ce fait à se dépolitiser.

Des missions de nature nouvelle

Mais les causes principales de l'obsolescence croissante de la méthode communautaire sont sans doute à rechercher ailleurs. Elles résident dans le fait que les missions que l'Union doit exercer au stade actuel de son intégration économique et des transferts de compétences, après l'Acte unique (1987) et l'achèvement du Marché unique (1993), sont d'une nature différente de celles que l'Union exerçait auparavant [Boyer, Dehove, 2001]. Elles sont plus gouvernementales que législatives. Elles font davantage appel au pouvoir de décision discrétionnaire (une des grandes prérogatives de l'exécutif dans les systèmes politiques démocratiques) qu'au pouvoir normatif du Parlement. Elles exigent aptitude à prendre des décisions rapides, en fonction des circonstances, capacité à imposer des arbitrages et de la cohérence entre les politiques, pouvoir de donner une légitimité à l'action par un travail constant et direct d'explication et de justification avec l'opinion publique.

Or la méthode communautaire et les institutions européennes en place, si efficaces

Qu'est-ce que la « méthode communautaire » ?

Depuis les traités de Westphalie du milieu du XVIIᵉ siècle, qui ont, pour mettre un terme aux guerres de Religion, inventé l'État-nation [*Dehove, 1997*], la théorie des relations internationales ne distingue que deux types principaux d'organisations institutionnelles entre les États : l'organisation internationale utilisant exclusivement la méthode diplomatique intergouvernementale et la fédération disposant de pouvoirs supranationaux. Certains théoriciens se sont attachés à montrer que la Communauté européenne (puis l'UE) relevaient de la première catégorie ; d'autres, de la seconde. En réalité, il faut regarder la méthode communautaire comme une synthèse pragmatique entre la méthode gouvernementale et la méthode supranationale, ce que d'ailleurs font de plus en plus les spécialistes [*Hix, 1998 ; Jachtenfuchs, 2001*].

Certaines institutions de l'Union disposent bien de prérogatives supranationales : la Commission, composée de commissaires désignés par les États membres mais obligés à l'indépendance, dispose du monopole de l'initiative des textes soumis au Conseil des ministres ; elle est aussi chargée de veiller au respect de leurs engagements par les États membres ; la Cour de justice des Communautés a le pouvoir de sanctionner les États membres lorsqu'ils manquent à leurs obligations et les institutions de l'Union lorsqu'elles outrepassent leurs pouvoirs ; les textes européens sont d'application directe, y compris les traités, sans qu'il soit nécessaire de les transcrire en droit national ; enfin, la majorité des décisions du Conseil des ministres dans ses différentes formations (ministres des Finances, des Affaires sociales, de l'Agriculture, etc.) sont désormais prises à la majorité qualifiée, même si celle-ci, en comparaison des modèles fédéraux, est pondérée (favorable aux grands États).

À ces traits supranationaux s'en opposent d'autres strictement intergouvernementaux. L'Union n'a pas d'administration d'exécution, celle-ci étant dans la quasi-totalité des domaines réservée aux États membres ; l'unanimité du Conseil est exigée pour des matières sensibles comme la fiscalité et les affaires sociales ; le Parlement a une légitimité encore réduite et est dépourvu de prérogatives fiscales ; le Conseil européen créé au début des années 1970, qui rassemble tous les six mois les chefs d'État et de gouvernement, prend des décisions par consensus et peut s'autosaisir, a conquis un pouvoir d'impulsion et d'arbitrage essentiel, supérieur à celui de la Commission et à son détriment.

Selon les domaines, cette méthode communautaire s'applique à des degrés divers. Elle est le plus complètement mise en œuvre dans tout ce qui touche aux

pour l'intégration structurelle et la convergence des politiques économiques, sont apparues inadaptées à ces nouvelles tâches. En témoignent l'échec de la Politique étrangère et de sécurité commune (PESC), l'insuffisance de la coordination des politiques budgétaires, le caractère constamment velléitaire de l'Union dans le domaine industriel et social. Que ce manque de réussite tienne au fait que, dans ces domaines, la méthode communautaire ne soit que très partiellement mise en œuvre n'est pas une explication : encore faut-il expliquer pourquoi ces matières lui sont réfractaires. En outre, les progrès inattendus de l'Europe de la défense après le « sommet » franco-britannique de Saint-Malo (décembre 1998), qui a permis à l'Union de commencer à créer une « force de projection », suggéraient que la méthode échanges de marchandises et de capitaux entre les États membres, dans certaines politiques communes (agriculture) et, depuis 1999, pour la monnaie unique. Elle est appliquée avec une intensité moins forte pour toutes les matières considérées comme très liées aux précédentes et susceptibles de les déstabiliser, comme les politiques budgétaires (la méthode communautaire est utilisée pour veiller au respect de disciplines strictes *via* le Pacte de stabilité et de croissance). L'intensité de son usage s'affaiblit davantage dans les domaines considérés plus périphériques encore par rapport au commerce, à la concurrence et la finance comme le domaine de la protection sociale (limitée à la simple coordination volontaire et optionnelle, c'est la « méthode ouverte de coordination »).

À l'autre extrême, les politiques considérées comme n'ayant pas d'effet direct sur les échanges entre les États membres, telles que la politique étrangère, la défense, la justice et la police, demeurent placées sous l'empire quasi exclusif de la méthode intergouvernementale.

Ces dispositifs institutionnels – qui sont avant tout des moyens et des instruments – ne suffisent cependant pas à définir complètement la méthode communautaire. Celle-ci ne peut être complètement saisie que si on la rapporte à ses finalités. Cet au-delà de la méthode communautaire,

c'est l'« esprit communautaire », une manière nouvelle, plus policée et plus civilisée d'exercer la souveraineté étatique [*Andréani, 1999 ; Kagan, 2002*]. Cette philosophie nouvelle, ou cette éthique inédite des relations entre les États, repose sur la conviction qu'il existe des équilibres mondiaux supérieurs à celui de l'anarchie de la société internationale actuelle, et que ces équilibres ne peuvent être atteints que si violence et puissance ne sont pas les seuls critères des relations entre les États.

Cet esprit communautaire est composé d'un subtil équilibre de défiance et de confiance, d'idéalisme et de réalisme, de cynisme et de loyauté, de volonté de comprendre l'autre et de s'en faire comprendre, de refus de l'obstruction et de l'humiliation et de recherche permanente du compromis et du respect mutuel. Il est le socle intellectuel ou culturel d'un nouvel art de la géopolitique, le livre non écrit d'une nouvelle manière de « se tenir » dans la société des États. L'invention pratique de cette sorte de citoyenneté étatique est sans doute plus difficile à saisir que les dispositifs institutionnels pourtant fort complexes dont l'Europe a le génie, mais la méthode communautaire n'a de sens et d'efficacité qu'au regard de l'esprit communautaire, comme l'esprit communautaire n'a d'existence et de réalité que par rapport à la méthode communautaire.
- M. D. ∎

intergouvernementale recouvrait un peu d'efficacité pour ces nouvelles missions et compétences.

Abandonner ou réformer la méthode communautaire ? Tel est le dilemme sur lequel la Convention sur l'avenir de l'Union européenne est invitée à se pencher.

Souverainistes et fédéralistes

L'abandon renvoie, en réalité, à deux

positions opposées. Celle des « souverainistes » qui tiennent l'UE pour une boursouflure bureaucratique dangereuse et plaident pour une Union réduite à une zone de libre-échange, complétée par une constellation de coopérations intergouvernementales aux contours variables selon les sujets. Soutenue par les gouvernements britanniques conservateurs [*Major, 1994*] et les États atlantistes du

Bibliographie

G. Andreani, « L'Europe des incertitudes », *Commentaires*, vol. 22, n° 85, Paris, 1999.

J.-L. Bourlanges, D. W. Martin, « Rééquilibrer et renforcer l'Union », texte adopté par le Parlement européen le 17 mai 1995.

R. Boyer, M. Dehove, « Du "gouvernement économique" au gouvernement tout court. Vers un fédéralisme à l'européenne », *Critique internationale*, n° 11, Paris, avr. 2001.

R. Boyer, M. Dehove, « Thèmes de l'intégration européenne "entre gouvernance et gouvernement" », *La Lettre de la régulation*, n° 38, 2001 (www.upmf-grenoble.fr/irepd/regulation).

M. Dehove, « L'Union européenne inaugure-t-elle un nouveau grand régime d'organisation des pouvoirs publics et de la société internationale ? », *L'Année de la régulation*, vol. 1, La Découverte, coll. « Recherches », Paris, 1997.

C. Grant, « Restoring leadership to the European Conseil », *Centre for European Reform Bulletin*, n° 23, Londres, avr.-mai 2002 (www.cer.org.ukinfo@cer.org.uk).

J. Fischer, « De la Confédération à la Fédération. Réflexion sur la finalité de l'intégration européenne », discours prononcé à l'université Humboldt de Berlin, 12 mai 2000 (http://www.amb-allemagne.fr/actualites/grands_themes/actualite.asp ?rub=dof).

S. Hix, « The study of the European Union II : the "new governance" agenda and its rival », *Journal of European Public Policy*, mars 1998.

M. Jachtenfuchs, « The governance approach to European integration », *Journal of Common Market Studies*, juin 2001.

R. Kagan, « Power and weakness », *Policy Review*, n° 113, juin-juil. 2002 (www.policyreview.org/juin02).

K. Lamers, W. Schäuble, *Réflexions sur la politique européenne*, CDU/CSU Fraktion des Deutschen Bundestages, Bonn, 1er sept. 1994.

J. Major, « Bâtir pour l'Europe un avenir qui fonctionne » (« The Future of the European Union »), discours prononcé à l'université de Leyde, 7 sept. 1994 (http://europa.eu.int/en/agenda/igc-home/msspeech/state-uk/major1.html).

J.-L. Quermonne, « L'Union européenne en quête d'institutions légitimes et efficaces », rapport du groupe sur la réforme des institutions européennes, *Commissariat général du Plan*, La Documentation française, Paris, 1999.

C. Wyplosz, « Politique monétaire de la Banque centrale européenne », *Conseil d'Analyse économique*, La Documentation française, Paris (à paraître).

nord de l'Europe, cette vision est néanmoins apparue en perte de vitesse, sans doute à cause de l'euro et de l'usage de leur puissance par les États-Unis. Elle s'accompagnerait nécessairement d'un recul – y compris économique – de l'intégration européenne.

L'abandon est aussi paradoxalement la position des fédéralistes aux yeux desquels la méthode communautaire n'était qu'une étape vers les États-Unis d'Europe. Il resterait alors à transformer la Commission en gouvernement, le Conseil européen en Sénat des États, le Parlement en Chambre des représentants, et à généraliser le recours à la majorité qualifiée. Et, éventuellement, à réserver cette fédération aux États européens les plus engagés dans la construction européenne. Ils formeraient son « noyau dur » autour duquel les autres États pourraient s'agglomérer avec des intensités variables, selon leur préférence. Cette vision de l'Europe portée traditionnellement par l'Allemagne [*Lamers, Schäuble*] et par la Commission et le Parlement européens, avec une vigueur un peu déclinante, recueille la sympathie traditionnelle des petits États qui y voient une protection contre le risque qu'ils estiment permanent d'un « directoire des grands ». Mais cette Europe fédérale paraît aujourd'hui trop en avance par rapport à l'intégration des peuples et elle se heurte à la résistance des gouvernements qui seraient, il est vrai, les grands perdants d'une telle évolution institutionnelle.

Entre l'intergouvernemental et le supranational

Reste donc la réforme de la méthode communautaire. Beaucoup de propositions ont été faites. Les plus complètes et les plus cohérentes ont été celles d'un groupe d'experts français présidé par Jean-Louis Quermonne [*1999*] et aussi, par-delà son apparent fédéralisme, de l'Allemand Joschka Fischer [*2000*]. Ces propositions visent, par-delà leurs différences, à donner une capacité d'action nouvelle à l'UE, un gouvernement spécifique autour d'un président de l'Europe, d'un Conseil des ministres permanent, d'une Commission repolitisée, d'une pratique généralisée de la majorité qualifiée, et d'un centre de gravité des États les plus europhiles. En fin de compte, elles cherchent, à travers une nouvelle synthèse entre l'intergouvernemental et le supranational, la formule qui pourrait donner à l'UE un exécutif lui permettant de réussir dans les nouvelles missions plus gouvernementales qui lui sont désormais confiées aussi bien que dans les anciennes compétences, plus législatives, jusqu'alors assumées. Il ne subsisterait plus alors que la question cruciale du chemin qui y mène : faut-il emprunter la voie plutôt supranationale (renforcement de la Commission), comme semblent le penser les fidèles de la méthode communautaire actuelle (tel le Français Jean-Louis Bourlanges, député européen), ou la voie plutôt intergouvernementale (renforcement du Conseil européen), comme le croient les Britanniques du New Labour sincèrement europhiles (comme Charles Grant, qui dirige un *think tank* proche de Tony Blair) ? Le diable continue de se cacher dans les détails. ■

Organisations internationales

2001

9-11 juillet. OUA. Adoption, lors du 37e « sommet » de l'Organisation de l'unité africaine (OUA) à Lusaka, de la Nouvelle initiative africaine visant au redressement socio-économique de l'Afrique, qui prend en octobre le nom de Nouveau partenariat pour le développement de l'Afrique (Nepad). L'OUA deviendra l'« Union africaine » lors de son ultime « sommet » à Durban (8-10 juillet 2002).

16-27 juillet. Climat. La 6e conférence des Nations unies sur les changements climatiques, réunie à Bonn (Allemagne), se conclut par l'accord donné par 180 pays à la mise en œuvre du protocole de Kyoto de 1997, malgré le refus des États-Unis de le ratifier.

20-22 juillet. G-7/G-8. Lors de leur 27e « sommet », les sept principaux pays industrialisés et la Russie, réunis à Gênes, adoptent le « plan de Gênes pour l'Afrique », qui soutient l'initiative africaine. Manifestations violemment réprimées entraînant la mort d'un manifestant.

31 août-8 septembre. Racisme. 3e Conférence mondiale contre le racisme, la xénophobie et l'intolérance, organisée par l'ONU à Durban (Afrique du Sud). Adoption d'une déclaration finale et d'un plan d'action contre le racisme, obtenus à l'arraché, après le retrait le 3 septembre des délégations américaine et israélienne protestant contre la mise en cause d'Israël.

12 septembre. OTAN. Pour la première fois de son histoire, l'OTAN (Organisation du traité de l'Atlantique nord) active l'article 5 prévoyant une clause de solidarité mutuelle. Le 4 octobre, les 18 États alliés de l'OTAN s'engagent à soutenir la riposte militaire des États-Unis aux attentats du « 11 septembre », qui démarre le 7 en Afghanistan.

12 octobre. ONU. Le prix Nobel de la paix est attribué à l'ONU et à son secrétaire Kofi Annan.

20-21 octobre. APEC. Le « sommet », qui réunit à Shanghaï les 21 pays de la Coopération économique en Asie-Pacifique (APEC), marque le rapprochement de Moscou, Pékin et Washington dans la lutte contre le terrorisme.

9-14 novembre. OMC. 4e conférence ministérielle de l'Organisation mondiale du commerce (OMC) à Doha (Qatar) : lancement d'un nouveau cycle de négociations dit Agenda du développement, compromis agricole sur le « retrait progressif des subventions à l'exportation », report à 2016 de l'application de l'accord sur la propriété intellectuelle (ADPIC) pour les pays les moins avancés (PMA) et adoption d'une déclaration sur l'accès aux médicaments génériques. La Chine entre à l'OMC le 11 décembre, puis Taïwan le 1er janvier 2002.

14 novembre. ONU-Afghanistan. Résolution 1378 du Conseil de sécurité prévoyant un gouvernement multiethnique intérimaire en Afghanistan. Le 20 décembre, l'ONU approuve l'Accord interafghan de Bonn signé le 5 et autorise le déploiement d'une Force internationale d'assistance et de sécurité (ISAF) à Kaboul et dans ses environs.

7-18 novembre. FMI-Banque mondiale. Réunis à Ottawa en assemblée annuelle restreinte à la suite des attentats du 11 septembre aux États-Unis, le Groupe des Vingt (membres du G-7 et principaux pays émergents) et le FMI s'engagent dans la lutte contre le financement du terrorisme.

29-30 novembre. CEI. Lors du 10e anniversaire de la Communauté des États indépendants (CEI) célébré à Moscou, les 12 pays membres affirment leur coopération dans la lutte contre le terrorisme et le soutien de la campagne américaine en Afghanistan.

5 décembre. FMI-Argentine. Le FMI refuse une nouvelle aide de 1,3 milliard de dollars à l'Argentine qui n'a pas respecté son programme de réformes économiques. L'État argentin en situation de faillite déclare l'état de siège le 19 décembre et le président Fernando de la Rua démissionne le 21.

14-15 décembre. UE. Le Conseil européen de Laeken décide la création d'une Convention sur l'avenir de l'Europe chargée de préparer la réforme des institutions en vue de l'élargissement aux dix nouveaux États membres ; celle-ci s'ouvrira le 28 février 2002, présidée par l'ancien président français Valéry Giscard d'Estaing. Accord sur la mise en œuvre d'un mandat d'arrêt européen en janvier 2004.

2002

1er janvier. ANSEA. Entrée en vigueur d'une zone de libre-échange entre les dix pays de l'Association des nations du Sud-Est asiatique.

1er janvier. Euro. Mise en circulation de l'euro dans les pays de l'Union monétaire européenne (le Danemark, la Suède et le Royaume-Uni n'en font pas partie).

31 janvier-4 février. 2e Forum social mondial. 32e Forum économique mondial. Réunis respectivement à Porto Alegre (Brésil) et à Washington, les deux forums se déroulent dans un contexte de critique de la politique américaine et des institutions financières internationales (crise financière argentine et dette des pays en développement).

12 février. TPIY. Ouverture au Tribunal pénal international pour l'ex-Yougoslavie du procès de l'ancien président yougoslave Slobodan Milosevic, inculpé de crimes de guerre, de crimes contre l'humanité (Kosovo, Croatie, Bosnie-Herzégovine) et de génocide (Bosnie-Herzégovine).

18 février. Mercosur. Sommet extraordinaire du Marché commun du sud de l'Amérique (Mercosur) – avec la Bolivie et le Chili –, débouchant sur un appel au FMI pour qu'il débloque une aide immédiate à l'Argentine.

12 mars. ONU. Résolution 1397, par laquelle le Conseil de sécurité, « attaché à la vision d'une région où deux États (Israël et la Palestine) vivraient côte à côte dans des frontières sûres et reconnues », demande la reprise des négociations.

18-22 mars. Développement. Conférence des Nations unies sur le financement du développement réunie à Monterrey (Mexique). Le communiqué final préconise le recours aux investissements privés et au libre-échange et ne fixe aucun engagement précis aux pays industrialisés.

7-19 avril. Biodiversité. Adoption d'un programme de lutte contre la déforestation à la 6e conférence sur la biodiversité à La Haye.

12 avril. Vieillissement. Lors de la 2e assemblée mondiale des Nations unies sur le vieillissement, à Madrid, 160 pays adoptent un Plan d'action international sur le vieillissement, concernant notamment les pays en développement.

24 avril. Conseil de l'Europe. La Bosnie-Herzégovine devient le 44e État membre.

8-10 mai. Enfants. Lors de la session extraordinaire de l'Assemblée générale de l'ONU consacrée aux enfants, adoption d'un plan d'action en 21 points pour la prochaine décennie.

20 mai. ONU-Timor oriental. Création de la Mission d'appui des Nations unies à Timor oriental (MANUTO) pour contribuer à la sécurité du nouvel État indépendant.

28 mai. OTAN-Russie. Le « sommet » de Rome, qui réunit les 19 pays membres de l'OTAN et la Russie, crée un Conseil OTAN-Russie habilité à prendre des décisions communes.

7 juin. OCS. « Sommet » de l'Organisation de coopération de Shanghaï (OCS) à Saint-Pétersbourg. Une charte de l'organisation est signée et il est décidé que l'OCS sera dotée d'un siège à Pékin. Accord sur une structure régionale de lutte contre le terrorisme basée au Kirghizstan.

10-13 juin. FAO. La déclaration finale du 2e « sommet » mondial de l'alimentation réitère l'objectif de 1996 : réduire de moitié le nombre de personnes sous-alimentées (de 800 à 400 millions) d'ici à 2015.

26-27 juin. G-8. Retranché à Kananaskis dans les Rocheuses canadiennes pour éviter les manifestations, le 28e « sommet » des principaux pays industrialisés a décidé d'intégrer à part entière la Russie au sein du G-8, en lui confiant la présidence du « sommet » de 2006. Adoption d'un « plan d'action pour l'Afrique », en soutien à l'initiative africaine du Nepad (Nouveau partenariat pour le développement de l'Afrique) et attribution de 20 milliards de dollars à la Russie pour sécuriser ses stocks d'armes.

1er juillet. CPI. Entrée en vigueur du traité de Rome (juillet 1998), instituant à La Haye une Cour pénale internationale (CPI), compétente pour juger les crimes de guerre, les crimes contre l'humanité et le crime de génocide. ∎

2001

11 juillet. Irak. Après le vote onusien du 3 juillet reconduisant le programme « Pétrole contre nourriture », Bagdad reprend ses exportations de pétrole après cinq semaines d'interruption. L'Irak protestait contre un plan anglo-américain visant à remplacer ce programme par des « sanctions intelligentes » prévoyant un assouplissement des restrictions commerciales à destination civile accompagné d'un contrôle militaire renforcé sur le pays.

14-16 juillet. Inde. Le « sommet » indo-pakistanais tenu à Agra n'aboutit à aucun accord sur la question du Cachemire, mais les deux parties acceptent de poursuivre le dialogue.

10 août. Israël-Palestine. À la suite d'un attentat-suicide qui a fait 18 morts israéliens, les autorités israéliennes ferment pour six mois la Maison d'Orient, siège officieux de l'OLP (Organisation de libération de la Palestine) à Jérusalem.

7 septembre. Nigéria. Violences opposant musulmans et chrétiens dans la ville de Jos. Les centaines de victimes de ces affrontements s'ajoutent à celles des vagues de violences communautaires qui ont gagné plusieurs régions du pays en 2001.

9 septembre. Afghanistan. Attentat-suicide contre le chef de l'Alliance du Nord (résistance anti-taliban) Ahmed Shah Massoud, qui décède.

11 septembre. États-Unis. Quatre avions civils sont détournés et utilisés pour attaquer New York et Washington. Deux d'entre eux détruisent entièrement le World Trade Centre à New York, un autre s'abat sur une aile du Pentagone à Washington et un quatrième s'écrase près de Pittsburgh. Au total, environ 3 000 personnes trouvent la mort lors de ces attentats, considérés par le gouvernement américain comme un « acte de guerre ». Ces attentats, attribués aux réseaux islamistes d'Oussama ben Laden (installé en Afghanistan), modifient la situation politique de l'Asie du Sud, de l'Asie centrale et du Proche et Moyen-Orient. Le Pakistan est sommé de se désolidariser des taliban au pouvoir en Afghanistan. Il déclare aussitôt s'aligner sur les exigences de Washington.

12 septembre. OTAN. Pour la première fois de son histoire, l'OTAN (Organisation du traité de l'Atlantique nord) active l'article 5 prévoyant une clause de solidarité mutuelle. Le 4 octobre, les 18 États alliés de l'OTAN s'engagent à soutenir la riposte militaire des États-Unis aux attentats du « 11 septembre », laquelle commence le 7 en Afghanistan.

28 septembre. Israël-Palestine. Premier anniversaire du déclenchement de la seconde *intifada* (*intifada al-Aqsa*).

7 octobre. Afghanistan. Les opérations militaires américaines en représailles aux attentats du « 11 septembre », appuyées par le Royaume-Uni, débutent en Afghanistan. Le régime de Kaboul devient la première cible de la « guerre contre le terrorisme ».

12 octobre. ONU. Le prix Nobel de la paix est attribué à l'ONU et à son secrétaire Kofi Annan.

1er novembre. Burundi. Mise en place d'un gouvernement de transition aux termes de l'accord d'Arusha (août 2000). N'ayant pas signé cet accord, les deux principaux mouvements rebelles, les Forces pour la défense de la démocratie (FDD) et les Forces pour la libération nationale (FNL), continuent les combats.

14 novembre. ONU-Afghanistan. Résolution 1378 du Conseil de sécurité prévoyant un gouvernement multiethnique intérimaire en Afghanistan. Le 20 décembre, l'ONU approuve l'Accord interafghan de Bonn signé le 5 et autorise le déploiement d'une Force internationale d'assistance et de sécurité (ISAF) à Kaboul et dans ses environs.

23-26 novembre. Népal. L'offensive des insurgés maoïstes rompt le cessez-le-feu en vigueur et fait près de 300 morts. Le roi du Népal, Gyanendra Shah, décrète l'état d'urgence.

29-30 novembre. CEI. Lors du 10e anniversaire de la Communauté des États indépendants (CEI) célébré à Moscou, les 12 pays membres affirment leur coopération dans la lutte contre le terrorisme et le soutien à la campagne américaine en Afghanistan.

13 décembre. Inde. Un attentat (non revendiqué) contre le Parlement indien fait 12 morts. L'Inde accuse le Pakistan de complicité terroriste. La tension entre les deux pays sera très vive.

13 décembre. ABM. Annonce par le président Bush du retrait américain du traité ABM de 1972 interdisant aux deux signataires (la Russie comme héritière de l'Union soviétique et les États-Unis) les systèmes de défense antimissiles balistiques. La Russie s'opposait à la dénonciation de ce traité voulue par Washington pour réaliser son « bouclier anti-missiles ». Il expirera après un préavis de six mois, le 13 juin 2002.

2002

31 janvier. Iran-Irak. Dans son discours de politique étrangère, le président américain George W. Bush s'élève contre l'Iran et l'Irak (ainsi que la Corée du Nord), qui selon lui forment, « avec leurs alliés terroristes », un « axe du mal menaçant la paix dans le monde ».

4 février. États-Unis. Le président Bush présente un projet de loi qui prévoit une hausse de 10 % des dépenses militaires, ce qui représente l'augmentation la plus importante depuis la présidence de Ronald Reagan (1981-1989).

12 février. TPIY. Ouverture au Tribunal pénal international pour l'ex-Yougoslavie du procès de l'ancien président yougoslave Slobodan Milosevic, inculpé de crimes de guerre, de crimes contre l'humanité (Kosovo, Croatie, Bosnie-Herzégovine) et de génocide (Bosnie-Herzégovine).

17 février. Philippines. Dans le cadre de la lutte antiterroriste, les États-Unis lancent une campagne contre le groupe Abu Sayyaf et contre l'implantation de groupes liés au réseau Al-Qaeda.

22 février. Sri Lanka. Conclusion d'un cessez-le-feu entre les Tigres de libération de l'Eelam tamoul (inscrits par les États-Unis sur leur liste des organisations terroristes) et les autorités sri-lankaises.

22 février. Angola. Jonas Savimbi, le chef historique du mouvement rebelle UNITA (Union nationale pour l'indépendance totale de l'Angola), est tué dans la province de Moxico au cours de combats contre les troupes gouvernementales. Un accord de cessez-le-feu est conclu le 4 avril et les combattants de l'UNITA sont rassemblés dans 35 camps où ils doivent être désarmés.

25 février. Congo (-Kinshasa). Début à Sun City (Afrique du Sud) des assises du dialogue intercongolais qui se solde, le 19 avril suivant, par le rapprochement du gouvernement de Joseph Kabila avec le Mouvement de libération du Congo (MLC de Jean-Pierre Mbemba) soutenu par l'Ouganda. Le Rassemblement congolais pour la démocratie (RCD d'Azarias Ruberwa), soutenu par le Rwanda, refuse l'accord.

27 février. Libéria-Sierra Léone-Guinée. Réunis à Rabat par le roi du Maroc Mohammed VI, les présidents guinéen, Lansana Conté, libérien, Charles Taylor et sierra-léonais, Ahmed Tejan Kabbah, signent un accord de paix et de bon voisinage. Une forte tension régionale subsiste cependant du fait de la poursuite des combats au Libéria entre les rebelles du LURD (Libériens unis pour la réconciliation et la démocratie) et les troupes gouvernementales, poussant, fin mai, plusieurs milliers de personnes à se réfugier en Sierra Léone.

27 février-2 mars. Inde. Après l'attaque d'un train qui transportait des pèlerins hindous revenant de la ville d'Ayodhya (dont la mosquée avait été rasée en 1992), des émeutes entre musulmans et hindous font plus de cinq cents victimes dans l'État du Gujarat. New Delhi lance une vague d'arrestations massive.

6 mars. Sahara occidental. Le roi Mohammed VI, en visite au Sahara occidental, réaffirme le caractère marocain de ce territoire. Les solutions proposées par l'ONU depuis 2001 n'ont pas abouti et les désaccords entre le Maroc, qui occupe le Sahara occidental, et l'Algérie, qui soutient le mouvement indépendantiste sahraoui (Front Polisario), obligent à un report du « sommet » de l'Union du Maghreb arabe (UMA) prévu pour juin 2002.

11 mars. Tadjikistan. Reconduction définitive de l'accord de réconciliation nationale, qui avait été conclu pour la première fois en 1997 entre le président Imamali Rahmanov et l'Opposition tadjike unie pour mettre fin à cinq années de guerre civile.

12 mars. Israël-Palestine. Résolution 1397, par laquelle le Conseil de sécurité, « attaché à la vision d'une région où deux États (Israël et la Palestine) vivraient côte à côte dans des frontières sûres et reconnues », demande la reprise des négociations.

27-28 mars. Israël-Palestine. Les États arabes présents au « sommet » de la Ligue des États arabes organisé à Beyrouth adoptent le plan de paix proposé par le prince héritier saoudien Abdallah (reconnaissance d'Israël si celui-ci se retire des territoires conquis en 1967 et reconnaît à son tour l'existence d'un État palestinien). Cette décision est immédiatement rejetée par Israël.

3 avril. Israël. Dans le cadre de l'opération *Rempart* (occupation temporaire des villes palestiniennes de Cisjordanie), l'armée israélienne entre dans Jénine et attaque le camp de réfugiés. Au terme des opérations militaires (11 avril), l'accès au camp est interdit et le nombre de victimes reste inconnu. Alors que les spéculations se multiplient sur d'éventuels crimes de guerre, le projet onusien de mise en place d'une mission d'experts échoue. Israël se retire des villes palestiniennes pour les réoccuper à partir de juin suivant et entreprend la construction d'un mur sur l'ancienne ligne de démarcation.

11 avril. CPI. La soixantième ratification par un État signataire du traité de Rome de 1998 portant statut de la Cour pénale internationale déclenche le processus de création de celle-ci. Le traité entrera en vigueur le 1er juillet suivant, marquant une nouvelle étape dans l'édification d'une justice pénale internationale.

12 avril. Géorgie. Ratification par le Parlement de l'accord de coopération militaire avec les États-Unis, qui avaient débloqué 65 millions de dollars pour moderniser l'armée géorgienne, notamment en équipant et en entraînant les unités chargées des opérations de sécurité dans la vallée de Pankissi.

30 avril. Autorité palestinienne. Le siège du quartier général du président Yasser Arafat, assigné à résidence à Ramallah depuis le 3 décembre 2001, est levé. Attaqué à plusieurs reprises, le bâtiment est à nouveau assiégé le 25 juin 2002, alors que Ramallah est déclaré par Israël « zone militaire fermée ».

24 mai. Russie/États-Unis. Au terme de la visite en Russie du président américain George W. Bush, Washington et Moscou décident d'instaurer un « partenariat stratégique » pour affronter ensemble les défis globaux, notamment la lutte contre le terrorisme international, et contribuer à résoudre les conflits régionaux. Par ailleurs, les parties reconnaissent des « intérêts communs » en Asie centrale et au Sud-Caucase où elles affirment vouloir maintenir la souveraineté et l'intégrité territoriale des États. Signature d'un traité de réduction des armement stratégiques offensifs : à partir de 2004, le nombre des têtes nucléaires devra être ramené dans une fourchette de 1 700 à 2 200. Le 14 juin, Moscou se retire du traité START II, les États-Unis ayant refusé de reconduire le traité ABM (sur les missiles antibalistiques) de 1972 afin de déployer sur leur sol un « bouclier antimissiles ».

28 mai. Russie-OTAN. Moscou et l'Alliance atlantique établissent à Rome les modalités d'un nouveau partenariat, notamment pour combattre la menace terroriste, en installant un Conseil OTAN-Russie.

30 mai. Algérie. Les élections législatives sont remportées par le FLN (Front de libération nationale, ancien parti unique, soutenant le chef de l'État). La veille du scrutin a été marquée par un nouveau massacre de 23 personnes, attribué aux Groupes islamiques armés (GIA).

17 juin. Soudan. Pressés par les États-Unis, le gouvernement soudanais et la guérilla sudiste de l'APLS (Armée populaire pour la libération du Soudan) entament une phase de négociation à Machakos (Kénya). Le 27 juillet suivant aura lieu une rencontre entre le président Omar al-Bechir et le chef de l'APLS John Garang.

29 juin. Corée du Nord-Corée du Sud. L'incursion d'un navire-espion nord-coréen en mer Jaune provoque un affrontement armé avec un patrouilleur sud-coréen, lequel est coulé le jour même de la demi-finale de la Coupe du monde de football que dispute l'équipe sud-coréenne. ■

Un monde en mutation

L'état de l'économie mondiale

LE RALENTISSEMENT DE LA CROISSANCE MONDIALE CONSTATÉ À PARTIR DU MILIEU DE L'ANNÉE 2000, DANS UN CONTEXTE DE DÉGRADATION PROLONGÉE DES MARCHÉS D'ACTIONS, A FAIT L'OBJET D'INTERPRÉTATIONS DIVERGENTES. LA REPRISE EST DEVENUE OBJET DE SPÉCULATIONS.

2001

16-27 juillet. Climat. La 6ᵉ conférence des Nations unies sur les changements climatiques, réunie à Bonn (Allemagne), se conclut par l'accord donné par 180 pays à la mise en œuvre du protocole de Kyoto de 1997, malgré le refus des États-Unis de le ratifier.

20-22 juillet. Gênes. Lors du « sommet » du G-7/G-8 des principaux pays industrialisés, les manifestations antimondialisation sont très violemment réprimées, faisant un mort.

Août-septembre. « Tampa ». Un cargo norvégien, le *Tampa*, secourt près de 400 naufragés qui tentaient de gagner l'Australie. Refusant de les accueillir en tant que demandeurs d'asile, ce pays propose la « solution Pacifique » : les réfugiés sont répartis dans des camps situés dans les îles, moyennant financement australien.

7 septembre. Argentine. Le FMI accepte d'augmenter un prêt accordé en décembre 2000, le faisant passer de 13,7 à 21,7 milliards de dollars.

17 septembre. Chine. Après quinze ans de négociations, la Chine est admise à l'OMC (Organisation mondiale du commerce).

20-21 octobre. APEC. Le « sommet » de la Coopération économique en Asie-Pacifique (APEC), tenu à Shanghaï, ouvre un nouveau cycle de négociations commerciales. La Chine y exclut la représentation taïwanaise.

23 octobre. Nepad. Lancement, lors d'un « sommet » extraordinaire des chefs d'État africains à Abuja (Nigéria), du Nepad (Nouveau partenariat pour le développement de l'Afrique). Ce projet de développement continental envisage des mesures d'envergure devant en grande partie être financées dans le cadre d'un nouveau partenariat avec l'Occident.

31 octobre. Canada/États-Unis. Le département américain du Commerce annonce des pénalités antidumping de 13 % contre l'industrie canadienne du bois d'œuvre.

2 novembre. Microsoft. La compagnie de logiciels informatiques Microsoft aboutit à un accord à l'amiable avec le département de la Justice américain, ce qui conclut trois années de procès. Le 18 mai 1998, le département d'État et 20 États fédérés avaient porté plainte pour pratique anticoncurrentielles. Avant d'être cassé par une cour d'appel, un jugement avait été rendu le 7 juin 2000 ordonnant le démantèlement de la firme.

5-6 novembre. 7e sommet de l'ANSEA. Lors du « sommet » de Brunéi qui réunit les pays de l'Association des nations du Sud-Est asiatique, ainsi que la Chine, le Japon et la Corée du Sud (ANSEA + 3), la Chine propose la création, dans un délai de dix ans, d'une zone de libre-échange Chine-ANSEA.

7-18 novembre. FMI-Banque mondiale. Réunis à Ottawa en assemblée annuelle restreinte à la suite des attentats du 11 septembre aux États-Unis, le Groupe des Vingt (membres du G-7 et principaux pays émergents) et le FMI s'engagent dans la lutte contre le financement du terrorisme.

9-14 novembre. OMC. La 4ᵉ conférence ministérielle de l'Organisation mondiale du commerce (OMC) à Doha (Qatar) décide du lancement d'un nouveau cycle de négociations dit « Agenda du développement », d'un compromis agricole sur le « retrait progressif des subventions à l'exportation », du report à 2016 de l'application de l'accord sur la propriété intellectuelle (ADPIC) pour les pays les moins avancés (PMA) et de l'adoption d'une déclaration sur l'accès aux médicaments génériques. La Chine entre à l'OMC le 11 décembre, puis Taïwan le 1ᵉʳ janvier 2002.

1ᵉʳ décembre. Argentine. La fuite des capitaux conduit le gouvernement à renforcer le contrôle des changes et à restreindre les retraits bancaires pour 90 jours. Le 5, le FMI suspend un versement de 1,3 milliard de dollars, considérant que l'Argentine ne respecte pas son programme de réformes économiques et qu'elle est de fait en cessation de paiement.

2 décembre. Enron. La faillite du premier groupe de distribution d'énergie aux États-Unis provoque une onde de choc. Elle révèle des trucages de compte et des manipulations diverses. Le cabinet d'audit Arthur Andersen, gravement mis en cause et inculpé pour destruction de pièces comptables, perd sa crédibilité et est démantelé. Cette affaire est une leçon de choses sur le « capitalisme actionnarial » [*voir article p. 67*]. En juillet 2002, la faillite de WorldCom, deuxième compagnie de télécommunications américaine (le plus important dépôt de bilan de l'histoire économique mondiale), révélera elle aussi des pratiques comptables frauduleuses. Ces affaires suscitent des doutes contagieux sur les comptes des grandes entreprises et dépriment encore davantage les marchés financiers.

19 décembre. Argentine. Le président Fernando de la Rua décrète l'état de siège pour faire face à l'extension des troubles sociaux (pillages de supermarchés), déclenchés par l'annonce d'importantes coupes budgétaires venant après cinq plans d'austérité successifs décidés depuis mars.

2002

1er janvier. ANSEA. Entrée en vigueur d'une zone de libre-échange au sein de l'ANSEA (services, capitaux et personnes).

1er janvier. Euro. Mise en circulation de l'euro dans les pays de l'Union monétaire européenne (le Danemark, la Suède et le Royaume-Uni n'en font pas partie, par choix politique). À la fin du premier semestre, l'euro sera pratiquement à parité avec le dollar.

7 janvier. Argentine. Suspension de la parité peso/dollar, correspondant à une dévaluation d'environ 29 %.

13 janvier. Japon-Singapour. Signature d'un accord de libre-échange entre les deux pays.

31 janvier-5 février. 2e Forum social mondial. Réuni à Porto Alegre (Brésil), le deuxième Forum social mondial se déroule dans le contexte de critiques de la politique américaine et des institutions financières internationales (crise financière argentine et dette des pays en développement). Fort succès de participation et fort écho médiatique. Au même moment se déroule à Washington le Forum économique mondial qui, d'habitude, se réunissait à Davos (Suisse).

18 février. Mercosur. « Sommet » extraordinaire du Marché commun du sud de l'Amérique (Mercosur) – avec la Bolivie et le Chili –, débouchant sur un appel au FMI pour qu'il débloque une aide immédiate à l'Argentine.

18-22 mars. Développement. Conférence des Nations unies sur le financement du développement réunie à Monterrey (Mexique).

Le communiqué final préconise le recours aux investissements privés et au libre-échange et ne fixe aucun engagement précis aux pays industrialisés.

20 mars. Protectionnisme. Entrée en vigueur aux États-Unis de l'imposition de taxes de 8 % à 30 % sur certaines importations d'acier, pendant trois ans. Le 24 juin suivant, l'Organe de règlement des différends (ORD) de l'OMC (Organisation mondiale du commerce) acceptera la demande de constitution d'un groupe spécial d'experts, formulée par la Chine, la Suisse et la Norvège conjointement avec l'Union européenne, la Corée et le Japon, afin d'examiner la légalité de ces mesures protectionnistes américaines.

7-19 avril. Biodiversité. Adoption d'un programme de lutte contre la déforestation à la 6e conférence sur la biodiversité à La Haye.

13 mai. États-Unis. Signature par le président Bush d'une loi sur l'agriculture, qui prévoit une augmentation des subventions d'environ 70 % sur dix ans. Ce *farm bill* s'ajoute à plusieurs autres mesures protectionnistes en contradiction avec les engagements du gouvernement américain en faveur de la libéralisation des marchés.

29 mai. Russie-Union européenne. L'UE accorde à la Russie le statut de « pays à économie de marché ».

6 juin. Russie/États-Unis. Washington accorde à la Russie le statut de « pays à économie de marché ».

10-13 juin. FAO. La déclaration finale du 2e « sommet » mondial de l'alimentation réitère l'objectif de 1996 qui n'a pas été tenu : réduire de moitié le nombre de personnes sous-alimentées (de 800 à 400 millions) d'ici 2015.

26-27 juin. G-8. Retranché à Kananaskis dans les Rocheuses canadiennes pour éviter les manifestations antimondialisation, le 28e « sommet » des principaux pays industrialisés décide d'intégrer à part entière la Russie au sein du G-8, en lui confiant la présidence du « sommet » de 2006. Adoption d'un « plan d'action pour l'Afrique », en soutien à l'initiative africaine du Nepad (Nouveau partenariat pour le développement de l'Afrique) et attribution de 20 milliards de dollars à la Russie pour sécuriser ses stocks d'armes. ■

Tableau de bord 2001-2002 de l'économie mondiale Quel type de reprise ?

Francisco Vergara
Économiste

Le ralentissement général de l'activité (qui avait débuté au milieu de l'année 2000) s'est aggravé en 2001-2002. La croissance mondiale – qui avait atteint 4,6 % en 2000 – est tombée à 2,3 % en 2001. Ce résultat n'a pas été si mauvais si on le compare aux taux des périodes similaires de ralentissement que l'économie mondiale a connues dans le passé (1,9 % en 1975, après le premier « choc pétrolier » ; 1,1 % en 1982 ; 1,5 % en 1991).

Ce sont les pays industrialisés qui ont connu le plus fort ralentissement ; leur taux de croissance s'est effondré, passant de 3,8 % à 0,9 %. La croissance des pays en développement (PED) a été moins affectée, diminuant seulement de 5,7 % à 4,0 %. Ces taux moyens cachent néanmoins des résultats très différents d'une région à l'autre. Ainsi l'Afrique a vu sa croissance s'accélérer légèrement, passant de 3 % à 3,7 %, tandis que l'Amérique latine voyait la sienne s'effondrer, tombant de 4 % à 0,7 %.

Bien que la croissance soit revenue au dernier trimestre 2001 et au début de 2002, les analystes restaient très divisés dans leur appréciation de cette reprise. Certains pensaient que la récession appartenait déjà au passé. C'est l'opinion qu'exprimait par exemple, dans son *Point de conjoncture internationale*, la Direction de la prévision du ministère français des Finances : « La récession de l'économie américaine se sera finalement révélée courte [...] le premier trimestre paraît bien sceller la fin du ralentissement mondial » (21 juin 2002). À la même époque, des voix moins optimistes craignaient que la reprise américaine ne

s'essouffle et que l'économie de ce pays ne connaisse une « deuxième chute » (*double dip*), entraînant avec elle les régions du monde qui comptaient sur le marché américain pour retrouver leur croissance [*voir encadré « La reprise américaine »*]. C'est ainsi, par exemple, que l'économiste en chef du géant financier Morgan-Stanley pouvait écrire dans un éditorial du *Financial Times* : « La correction des déséquilibres économiques accumulés pendant les années 1990 n'est pas encore achevée » (2 août 2002). Dans son *Rapport annuel*, la Banque des règlements internationaux (BRI) reconnaissait quant à elle que les experts n'étaient sûrs de rien : « En vérité, notre compréhension est limitée [...]. Les choses pourraient d'ailleurs très bien se passer, en engendrant leur dynamique propre, mais elles pourraient aussi prendre *un tour fâcheux...* » (8 juillet 2002, p. 151).

Les divergences d'appréciation ne portaient pas seulement sur la reprise. On s'interrogeait aussi sur la solidité d'un système financier international qui s'est lentement mis en place depuis une vingtaine d'années avec ses « nouveaux produits financiers », une grande liberté des mouvements internationaux de capitaux et un usage massif de l'informatique. Certains pensaient que ce système avait fait ses preuves en résistant, sans accroc majeur, à la succession de chocs spectaculaires subis depuis 2000 : effondrement des valeurs technologiques à partir d'avril 2000, forte correction boursière dans toutes les places du monde, attentats terroristes du 11 septembre aux États-Unis, crise financière de l'Argentine, etc. La BRI exprimait une telle conviction dans son *Rapport annuel* déjà cité : « Les systèmes de paiement et de règlement ont bien tenu, même dans des circonstances extrêmes telles que celles des attentats qui ont frappé le cœur financier de New York. Les flux de crédits, quant à eux, sont demeurés fluides […]. Les efforts accomplis depuis de nombreuses années en faveur de la stabilité financière commencent enfin à porter leurs fruits » (8 juillet 2002, p. 3-4). Contrairement à certains événements du passé – crise bancaire dans les pays nordiques, crise des *savings and loans* (les caisses d'épargne locales) aux États-Unis, crise du système bancaire au Japon – qui avaient exigé des plans de sauvetage par l'État, les banques semblaient bien résister.

D'autres voix moins optimistes, comme celle du secrétaire général de la CEPAL (Commission économique pour l'Amérique latine), exprimaient la crainte que les crises financières à répétition (crise dite « tequila » au Mexique en 1994-1995, crise asiatique de 1997, russe de 1998, argentine de 2001-2002) ne soient pas une simple « maladie infantile » mais un trait permanent du nouveau système financier.

En juin 2002, des dysfonctionnements commençaient à se manifester dans le système financier. Les flux de crédits vers des pays jusqu'alors considérés comme fondamentalement sains, tel le Brésil, s'interrompaient brusquement. Début août, le *Financial Times* craignait que les banques et les compagnies d'assurance ne commencent à sentir très sérieusement les conséquences des chutes des bourses et de l'augmentation des créances douteuses liées aux grandes faillites aux États-Unis (notamment celles d'Enron en décembre 2001 [*voir article p. 68*] et de WorldCom en juillet 2002), en Argentine et ailleurs.

Dans ce contexte de crise et d'interrogations relatives à la solidité du système financier international, les doutes et critiques fréquemment exprimés quant aux politiques appliquées par le Fonds monétaire international (FMI) recevaient un fort appui dans *La Grande Désillusion,* livre écrit au vitriol par Joseph Stiglitz, ancien économiste en chef de la Banque mondiale.

Pays industrialisés : les États-Unis ne sont pas plus dynamiques que l'Europe

Après une longue phase de croissance commencée en 1992, les pays industrialisés ont connu un ralentissement très abrupt en 2001 ; la croissance, qui était encore de 3,8 % en 2000 est tombée à 0,9 % en 2001. Il faut remonter au premier « choc pétrolier » pour trouver un freinage aussi brusque : la croissance moyenne de ces pays était alors passée de 6 % en 1973 à 1 % en 1974. La soudaineté de ce ralentissement s'explique principalement par la *synchronisation* des conjonctures, notamment celles des États-Unis et de l'Union européenne. Lors du ralentissement précédent, la conjoncture américaine était quelque huit trimestres en avance sur celle de l'Europe occidentale : 1991 avait été la plus mauvaise année pour les États-Unis, alors que l'Europe n'allait connaître la récession que deux ans plus tard. Dans le ralentissement de 2000-2001, la conjoncture américaine n'aura eu qu'un trimestre d'avance sur celle de l'Europe.

Tous les pays industrialisés ont été touchés, mais certains plus que d'autres. Les plus atteints ont été les nouvelles économies industrialisées d'Asie comme la Corée du Sud, Hong Kong [Chine], Singapour ou Taïwan. Ce groupe (qui cumule un PIB comparable à celui du Royaume-Uni ou de la France, ou encore de l'Italie) a vu son taux de croissance s'effondrer, passant de 8,5 % en 2000 à 0,8 % en 2001. La Corée du Sud, qui possède un marché intérieur de près de 50 millions de consommateurs, a le mieux résisté : son taux est passé de 9,3 % à 3 %. Taïwan et Singapour, en revanche, ont vu leur PIB se contracter en 2001 (leurs croissances passant respectivement de 5,9 % à – 1,9 % et de 10,3 % à – 2,1 %).

Des politiques contrastées face au ralentissement

Face au ralentissement général de la croissance dans le monde et devant les incertitudes concernant la reprise, des politiques économiques très différentes ont été adoptées selon les pays.

Les États-Unis, la Chine, l'Inde, la Corée du Sud et quelques autres pays ont réagi avec vigueur, appliquant des politiques monétaires et budgétaires relativement expansionnistes.

Aux *États-Unis*, par exemple, le taux d'intérêt sous contrôle de la Réserve fédérale (Fed, banque centrale) a été abaissé de 6,4 % en 2000 à 1,7 % au début de 2002, atteignant ainsi son niveau le plus bas depuis quarante ans (il s'agit d'un *taux négatif* si l'on tient compte de l'inflation qui est de l'ordre de 2,2 %). La baisse de son taux directeur par une banque centrale permet aux entreprises et ménages de réduire les intérêts qu'ils paient. Cela suppose cependant qu'ils puissent renégocier leurs lignes de crédit, ce qui n'est pas à la portée de tous. Les entreprises en difficulté, par exemple, ne peuvent renouveler leurs crédits qu'en acceptant des taux plus onéreux. Il s'ensuit que, lorsque les taux de la banque centrale diminuent, les taux d'intérêt effectivement pratiqués dans les contrats diminuent pour certains agents économiques et augmentent pour d'autres (les *spreads*, ou écarts par rapport au taux de référence, augmentent). Ainsi, alors que les taux de la Fed diminuaient de 6,4 % à 1,7 %, les taux d'intérêt moyen effectivement pratiqués dans les crédits à court terme passaient de 6 % à 1,8 %. Quant aux taux d'intérêt à long terme, ils ont à peine baissé, de 6 % à 5 %. Les taux d'intérêt moyens versés par les ménages au titre de leurs emprunts immobiliers ont diminué quant à eux de deux points de pourcentage.

La politique budgétaire américaine a été, elle aussi, très active, le gouvernement fédéral injectant, en plus des dépenses qui augmentent spontanément lorsque la conjoncture se détériore (les « stabilisateurs automatiques »), l'équivalent de 2 % du PIB en pouvoir d'achat supplémentaire dans l'économie (60 % sous forme de dépenses publiques nouvelles, 40 % sous forme de réduction d'impôts). Entre les premiers semestres 2000 et 2002, les dépenses fédérales ont ainsi augmenté, en monnaie constante, de 11 %, les quatre cinquièmes de cette augmentation allant à de nouvelles dépenses militaires.

Freinage très brutal aux États-Unis

Ensuite, ce sont les États-Unis qui ont connu le plus fort ralentissement. Leur croissance est passée de 3,8 % en 2000 à 0,3 % en 2001. Bien que la décélération ait été très brusque, la récession elle-même (la diminution du PIB) a été plutôt modérée. Cela explique que, pour l'année prise dans son ensemble, la croissance soit restée légèrement positive. (Au milieu des années 1970, la production s'était contractée pendant deux années consécutives [– 0,6 % en 1974 et – 0,4 % en 1975] ; en 1982, elle s'était contractée de – 2 % ; en 1991, de – 0,5 %.)

Malgré les attentats du « 11 septembre », le dernier trimestre 2001 a connu un début de reprise et au premier trimestre 2002 l'économie américaine a fortement rebondi, engendrant beaucoup d'espoirs, bien que les experts aient expliqué que l'investissement n'avait pas encore repris et que le sursaut était dû à la reconstitution des stocks et à des ventes exceptionnelles d'automobiles (des facteurs n'étant pas de nature à se répéter). Les résultats du deuxième trimestre, annoncés le 31 juillet 2002, ont jeté un froid sur ces espoirs. Les chiffres annonçaient une croissance très faible, inférieure à 0,3 % (1,1 % en rythme annuel).

À l'opposé des États-Unis, les pays de la *Zone euro* ont appliqué une politique timorée, ce qui leur a valu beaucoup de critiques. Le taux de base de la Banque centrale européenne (BCE) a seulement été abaissé de 4,8 % à 3,3 % entre 2000 et début 2002. Quant à la politique budgétaire (si l'on se fonde sur les soldes structurels calculés par l'OCDE – Organisation de coopération et de développement économiques), elle a été légèrement restrictive en 2001, ce qui signifie non seulement qu'il y a pas eu de dépenses supplémentaires *délibérées* (pour compenser le ralentissement), mais que la partie des dépenses qui augmente spontanément lors des ralentissements (comme les allocations chômage) a été comprimée. En 2002, l'injection moyenne de pouvoir d'achat supplémentaire devait être infime.

À l'été 2002, les pays de la Zone euro se trouvaient devant un dilemme. Au Conseil européen de Dublin, en 1996, ils ont signé un Pacte de stabilité et de croissance qui les engage à dégager un excédent budgétaire pendant les années de croissance et à contenir leurs déficits en dessous de 3 % en cas de ralentissement ou de récession. Or, pendant l'année 2001, le Portugal a dépassé cette limite et l'Allemagne s'en est approchée de très près. Avec la détérioration des prévisions, en juin et juillet 2002, s'est évanoui l'espoir de voir les comptes publics s'améliorer par le simple effet d'une reprise de la croissance. Plusieurs pays (dont l'Allemagne) allaient donc se trouver devant le difficile choix d'appliquer des politiques de restriction des dépenses publiques (en période de ralentissement et en année électorale) ou de violer le Pacte de stabilité.

Ce problème est cependant assez théorique. Certes, le Pacte de stabilité prévoit des sanctions économiques très précises pour les pays contrevenants, mais seulement au bout de nombreuses démarches, avertissements, réunions, délais, etc. Les sanctions semblent avoir été prévues non pas tant pour être appliquées automatiquement que pour donner des arguments aux gouvernements ayant à justifier l'application de politiques d'austérité devant leurs opinions publiques (« c'est l'Europe qui nous l'impose »). - **F. V.** ∎

Le même communiqué révisait à la baisse les chiffres de l'année précédente : la contraction du PIB aurait duré pendant trois trimestres consécutifs (et non pas un seul, comme on l'avait d'abord affirmé) et le taux de croissance pour l'ensemble de l'année 2001 aurait été non pas de 1,2 %, mais d'à peine 0,25 %.

Comme l'économie américaine, celle du Canada a connu une forte croissance en 1999 et 2000, suivie d'un brusque ralentissement en 2001. Mais, sous réserve de révision à la baisse, ce pays s'en est mieux sorti que les États Unis : la croissance y aura été supérieure d'un point de pourcentage pendant chacune des trois dernières années [*voir tableau 2*]. Comme l'économie américaine, l'économie canadienne a rebondi au premier trimestre 2002.

Moindre ralentissement dans l'Union européenne

Dans l'Union européenne, le ralentissement a été, malgré l'absence de politique expansionniste, beaucoup moins prononcé qu'aux États-Unis. Le taux de croissance est passé de 3,4 % en 2000 à 1,7 % en 2001, mais on n'a constaté aucun rebond au premier trimestre 2002. Les pays européens ont cependant enregistré des résul-

Tableau 1 Production mondiale par groupes de pays (taux de croissance annuel)						
	1970-80	1980-90	1990-2000	1999	2000	2001
Monde	4,2	3,4	3,2	3,6	4,6	2,3
Pays industrialisés	3,6	3,2	2,7	3,3	3,8	0,9
Pays en développement	5,5	4,1	5,6	3,9	5,7	4,0
Pays en transition[a]	5,0	2,9	− 3,1	3,6	6,6	5,0

a. Ex-URSS, Bulgarie, ex-Tchécoslovaquie, ex-Yougoslavie, Roumanie, Pologne, Hongrie et Albanie.
Source : FMI, *The World Economic Outlook* (WEO), Database, mai 2002.

Tableau 2 Pays industrialisés (taux de croissance annuel)						
	1970-80	1980-90	1990-2000	1999	2000	2001
États-Unis	3,2	3,2	3,2	4,1	3,8	0,3
Japon	5,1	4,1	1,4	0,7	2,2	− 0,4
Canada	4,4	2,8	2,8	5,1	4,4	1,5
Quatre « tigres »[b]	8,6	8,0	6,2	8,0	8,5	0,8
Royaume-Uni	1,9	2,7	2,3	2,1	3,0	2,2
Zone euro	3,1	2,4	2,1	2,7	3,4	1,7
Allemagne[a]	2,7	2,3	1,9	1,8	3,0	0,6
France	3,3	2,4	1,8	3,0	3,6	2,0
Italie	3,8	2,2	1,6	1,6	2,9	1,8

a. *Länder* de l'Ouest seulement jusqu'en 1990 ; b. Taïwan, Singapour, Hong Kong et Corée du Sud.
Source : FMI.

Tableau 3 Pays en transition (taux de croissance annuel)						
	1970-80	1980-90	1990-2000	1999	2000	2001
Europe de l'Est	• •	0,5[a]	0,6	1,7	3,7	3,0
Bulgarie	7,0	2,1	− 4,3	2,4	5,8	4,5
Rép. tchèque	• •	• •	1,6[b]	− 0,4	2,9	3,6
Hongrie	5,0	1,1	0,8	4,5	5,2	3,8
Pologne	4,7	− 0,2	3,6	4,1	4,1	1,1
Roumanie	5,6	0,8	− 1,7	− 1,2	1,8	5,3
Slovaquie	• •	• •	3,5[b]	1,9	2,2	3,3
Slovénie	• •	• •	4,2[b]	5,2	4,6	3,0
Pays baltes	• •	3,7[a]	− 3,4	− 1,6	5,5	6,1
CEI	• •	2,2[a]	− 4,5	4,4	8,3	6,2
Biélorussie	• •	4,1[a]	− 0,9	3,4	5,8	4,1
Russie	• •	2,2[a]	− 5,1	5,4	9,0	5,0
Ukraine	• •	2,5[a]	− 8,2	− 0,2	5,9	9,1
Total	5,0	2,9	− 3,1	3,6	6,6	5,0

a. Produit matériel net, ONU ; b. 1992-2000.
Sources : FMI et Commission économique pour l'Europe (ONU).

Tableau 4						
Pays en développement (taux de croissance annuel)						
	1970-80	1980-90	1990-2000	1999	2000	2001
Ensemble	5,5	4,1	5,6	3,9	5,7	4,0
Afrique[a]	3,6	2,4	2,4	2,6	3,0	3,7
Asie	5,1	6,9	7,5	6,1	6,7	5,6
Moyen-Orient[b]	6,4	2,7	3,9	1,0	5,8	2,1
Amérique latine	6,1	1,5	3,4	0,2	4,0	0,7

a. Non compris Égypte et Libye ; b. Y compris Égypte, Libye, Malte et Turquie.
Sources : FMI.

Tableau 5						
Inflation (taux annuel[a])						
	1970-80	1980-90	1990-2000	1999	2000	2001
Pays industrialisés	9,2	5,5	2,6	1,4	2,3	2,2
États-Unis	7,8	4,7	2,8	2,2	3,4	2,8
Japon	9,0	2,1	0,8	− 0,3	− 0,8	− 0,7
Canada	8,0	5,9	2,0	1,8	2,7	2,5
Union européenne	10,1	6,2	2,8	1,4	2,3	2,6
Royaume-Uni	13,7	6,0	3,3	2,3	2,1	2,1
Allemagne[b]	5,1	2,6	2,3	0,7	2,1	2,4
France	9,6	6,3	1,8	0,6	1,8	1,8
Italie	14,0	9,8	3,8	1,7	2,6	2,7
Pays en développement	19,5	43,4	25,0	6,9	6,1	5,7
Afrique[c]	14,7	17,5	28,8	12,3	14,2	12,6
Amérique latine	38,3	151,7	62,5	8,9	8,1	6,4
Asie	7,7	9,8	8,3	2,5	1,9	2,6
Pays en transition[d]	2,3	8,5	129,0	44,1	20,2	15,9
Moyen-Orient[e]	14,8	20,4	29,3	23,7	19,6	17,2
Monde	10,9	15,6	16,6	5,6	4,7	4,3

a. Taux officiels de croissance annuel de l'indice des prix à la consommation ; b. Länder de l'Ouest seulement jusqu'en 1990 ; c. Non compris Égypte et Libye ; d. Anciens pays socialistes y compris ex-Républiques de l'URSS + Turquie et Chypre ; e. Y compris Égypte et Libye. Source : FMI.

Tableau 6					
Dette extérieure totale (milliards de dollars)					
	1970	1980	1990	2000	2001
Ensemble PED[a]	72,8	609,4	1 458,4	2 492,0	2 442,1
Afrique[b]	6,9	60,9	176,9	215,8	208,9
Asie de l'Est et Pac.	11,2	94,1	274,0	633,0	604,3
Asie du Sud	12,3	37,8	129,5	165,7	159,3
Europe[c] et ex-URSS	5,0	75,6	219,9	499,3	485,9
Amérique latine	32,5	257,2	474,7	774,4	787,1
Moyen-Orient et Afrique du Nord	4,8	83,8	183,5	203,8	196,6

a. Pays en développement ; b. Afrique du Nord (Maroc, Algérie, Tunisie, Libye, Égypte) non comprise ; c. Pays européens n'appartenant pas à l'OCDE. Source : Banque mondiale.

Tableau 7
Produit intérieur brut par habitant[a]
(États-Unis = 100)

	1978	1988	1998	1999	2000	2001
États-Unis	100,0	100,0	100,0	100,0	100,0	100,0
Japon	63,1	75,2	75,7	73,8	73,2	73,6
Canada	81,1	85,6	77,7	78,5	78,5	79,8
Royaume-Uni	65,5	71,7	69,6	69,1	68,5	70,2
Zone euro	63,8	67,8	68,2	68,5	67,8	69,5
Allemagne[b]	65,8	70,1	73,6	73,2	72,5	73,6
France	75,2	76,0	68,2[c]	68,5[c]	67,8[c]	69,5[c]
Italie	63,7	71,4	71,6	71,1	70,5	72,3
OCDE	69,2	71,8	67,6	67,1	67,1	68,2

a. Les PIB sont calculés d'après la méthode des taux de change à parité de pouvoir d'achat (PPA, voir page 589) et tiennent compte de la révision à la baisse du taux de croissance américain pour 2001 ; b. Les chiffres ont été reconstitués par le Secrétariat de l'OCDE et concernent l'Allemagne dans ses frontières actuelles ; c.D'après les estimations de l'OCDE, la France aurait perdue, entre 1988 et 1998, 8 points de pourcentage en « pouvoir d'achat par tête » par rapport aux États Unis. La Banque mondiale évalue cette perte à 4 points seulement. Sources : Banque mondiale et OCDE.

Tableau 8
Production industrielle
(1995 = 100)

	1978	1988	1998	1999	2000	2001
États-Unis	69,3	85,1	117,6	121,9	127,4	122,5
Japon	62,2	93,5	99,0	99,7	105,4	97,8
Canada	61,3	90,6	110,5	116,7	123,1	119,6
Royaume-Uni	79,1	92,1	103,3	104,1	105,8	103,5
Zone euro	76,6	89,8	109,0	111,1	117,0	117,2
Allemagne	81,5	93,6	108,7	110,3	117,2	117,8
France	82,7	92,1	110,1	112,3	116,3	117,1
Italie	68,6	84,4	102,9	102,9	107,8	106,5
Tous pays industriels	71,8	90,5	108,3	110,4	115,8	111,5

Source : Eurostat et FMI.

Tableau 9
Emploi (1990 = 100)

	1977	1987	1999	2000	2001	2002[a]
États-Unis	73,7	90,0	106,9	108,3	108,1	106,5
Japon	82,7	91,5	100,1	99,8	99,3	97,1
Canada	74,7	92,2	108,8	111,6	112,9	111,4
Royaume-Uni	94,8	95,6	106,1	107,8	108,5	••
Zone euro	86,7	89,8	105,3	107,4	108,9	108,8
Allemagne	71,2	74,6	101,7	102,2	102,2	100,9
France	96,7	97,3	105,3	108,1	109,8	110,4
Italie	99,7	103,7	103,3	105,3	107,4	108,1
Pays industrialisés	80,7	90,6	104,5	105,8	106,2	105,1

a. Premier trimestre. Source : OCDE.

Tableau 10						
Taux de chômage (% de la population active)[a]						
	1977	1987	1998	1999	2000	2002[d]
États-Unis	7,1	6,2	4,5	4,2	4,0	5,8
Japon	2,0	2,8	4,1	4,7	4,7	5,4
Canada	8,0	8,8	8,3	7,6	6,8	7,7
Royaume-Uni	5,2	10,8	6,2	5,8	5,3	5,1[c]
Zone euro	5,3	10,6	11,0	9,4	8,5	8,3
Allemagne	3,9	6,3	9,3	8,4	7,7	8,1
France	5,2	10,7	12,0	10,7	9,3	9,2
Italie	7,2	12,1	11,9	11,3	10,4	9,0[d]
OCDE	5,2	10,8	6,8	6,6	6,2	6,9

a. Taux standardisés calculés par l'OCDE ; b. Mois de mai ; c. Mois de mars ; d. Mois d'avril.
Source : OCDE.

Tableau 11						
Exportations mondiales						
	1977	1987	1998	1999	2000	2001
Total monde (milliards $) dont (en% du total)	1 088	2 431	5 442	5 630	6 336	6 032
Pays industrialisés	67,0	71,4	67,4	66,4	63,1	63,6
Amérique du Nord[a]	15,3	14,5	16,5	16,7	16,7	16,4
Japon	7,5	9,5	7,1	7,4	7,6	6,7
Zone euro[b]	32,2	34,9	33,0	31,7	28,8	30,8
Pays en développement	33,0	28,6	32,6	33,6	36,9	36,4
Afrique[c]	4,3	2,6	1,7	1,7	1,9	2,1
Amérique latine	5,2	4,1	5,1	5,2	5,6	5,7
Asie	7,3	12,1	17,9	18,5	19,7	18,6
Europe[e] et Ex-URSS	• •	• •	5,2	5,0	5,4	5,8
Moyen-Orient[d]	10,6	3,8	2,8	3,2	4,2	4,2

a. États-Unis et Canada ; b. Somme des exportations des pays membres ; c. Non compris Égypte et Libye ;
d. Y compris Égypte et Libye ; e. Pays européens n'appartenant pas à l'OCDE. Source : FMI et OMC.

Tableau 12						
Commerce mondial de marchandises (dollars courants)						
	Exportations				Importations		
	Valeur 2001	Taux de croissance annuel			Valeur 2001	Taux de croissance annuel		
		1990-2000	2000	2001		1990-2000	2000	2001
Monde	6 162	6	13	− 4	6 439	7	13	− 4
Amérique du Nord[a]	994	7	13	− 6	1 410	9	18	− 6
Amérique latine	349	9	20	− 3	381	12	16	− 2
Union européenne[b]	2 290	4	3	− 1	2 335	4	6	− 2
Pays en transition	285	7	26	5	268	5	14	11
Afrique	141	4	28	− 5	134	3	5	1
Moyen-Orient	239	7	42	− 9	174	5	10	4
Asie[c]	1 671	8	18	− 9	1 544	8	23	− 7

a. États-Unis et Canada ; b. Somme des exportations (ou importations) des pays membres ; c. Y compris pays
industrialisés d'Asie (Japon, etc.). Source : OMC.

Tableau 13							
Commerce mondial de services (dollars courants)							
	Exportations				Importations		
	Valeur 2001	Taux de croissance annuel			Valeur 2001	Taux de croissance annuel		
		1990-2000	2000	2001		1990-2000	2000	2001
Monde	1 441	6	6	− 1	1 430	6	6	− 1
Amérique du Nord[a]	298	7	9	− 4	227	7	14	− 6
Amérique latine	58	7	11	− 4	72	7	12	2
Union européenne[b]	604	5	1	1	589	5	1	0
Pays en transition	55	••	10	10	57	••	18	11
Afrique	30	5	0	••	38	4	7	••
Moyen-Orient	31	8	15	••	56	4	10	••
Asie[c]	298	9	12	− 2	351	7	8	− 3

a. États-Unis et Canada ; b. Somme des exportations (ou importations) des pays membres ; c. Y compris pays industrialisés d'Asie (Japon, etc.). Source : OMC.

tats assez différents les uns des autres. Comme cela est devenu une habitude depuis une dizaine d'années, les meilleurs résultats ont été obtenus en Irlande, mais avec un taux de 6 % (contre 11,5 % l'année précédente). Hormis la Grèce, le Luxembourg et l'Espagne (croissances respectives de 4,1 %, 5,1 % et 2,8 %), tous les autres pays ont obtenu des résultats assez médiocres. Parmi les grands pays, la plus mauvaise performance a été enregistrée par l'Allemagne : sa croissance est tombée à 0,6 % et elle semblait pouvoir accuser un résultat tout aussi préoccupant en 2002. Le taux de croissance de l'Italie s'est situé à 1,8 % en 2001, mais cette moyenne annuelle cachait une stagnation totale à partir du deuxième trimestre 2001.

Le fort ralentissement américain d'une part, une performance européenne moins mauvaise, de l'autre, incitent à s'interroger sur la portée des discours à la mode opposant le « miracle » américain au « retard » européen et à réévaluer les performances respectives de ces deux versions du capitalisme. Pendant les sept années précédentes (de 1994 à 2001), le PIB par habitant de l'Union européenne a augmenté de 2,2 % par an. Au cours de la même période, celui des États Unis a crû à un rythme à peine plus soutenu : 2,4 %.

Cette petite différence pourrait d'ailleurs être due à des différences de méthode dans le calcul de l'indice des prix utilisé pour estimer la croissance en volume des produits des nouvelles technologies. Si l'on s'appuie sur les PIB à parité de pouvoir d'achat (PIB-PPA), qui sont – malgré tous leurs défauts – les meilleurs outils statistiques pour comparer la performance des pays [*voir encadré p. 589*], on constate que le niveau de vie européen s'est *légèrement amélioré* par rapport à celui des États-Unis au cours des années considérées [*voir tableau 7*].

Lentes évolutions au Japon

Au Japon, le produit intérieur brut s'est contracté pendant les trois derniers trimestres de 2001 pour rebondir ensuite au premier trimestre 2002, tiré par les exportations. Depuis la fin des années 1990, le PIB japonais est « monté » et « descendu », comme un « yo-yo », au gré de la demande extérieure et des injections de dépenses publiques, sans montrer une tendance claire à diminuer ou, à augmenter. En 2002, il se situait au même niveau qu'en 1997. Rappelons que les programmes de dépenses publiques exceptionnelles destinées à maintenir la demande ont fait passer le solde des administrations publiques d'un excédent de 1,9 % en 1992 à un déficit de 7 % en 2002 et que la dette publique est passée de 65 % du PIB à 143 % pendant la même période.

La situation générale est apparue se modifier très lentement, dans le sens d'un plus grand libéralisme, mais les réformes radicales promises par le gouvernement Koizumi, lorsqu'il a été élu en avril 2001, n'ont pas été réalisées. À la fin juillet 2002, le gouvernement a annoncé un revirement par rapport à sa politique prévue de réduction des dépenses et du déficit publics et s'est engagé dans une importante réduction d'impôts afin de stimuler la demande.

Les pays en développement

La croissance s'est ralentie dans la plupart des économies « émergentes », mais avec des résultats très variables.

Fidèle à l'exemple qu'elle donne chaque année depuis le début des années 1980, c'est l'Asie en développement qui a obtenu les meilleurs résultats. La croissance de cette zone importante, à l'origine de 22 % du PIB mondial (soit un peu plus que les États-Unis ou que l'Union européenne), ne s'est que faiblement ralentie, passant de 6,7 % en 2000 à 5,6 % en 2001. La Chine (avec un PIB désormais supérieur à ceux de l'Allemagne et du Japon réunis) n'a que très marginalement freiné sa croissance exceptionnelle, son taux ralentissant de 8 % en 2000 à 7,3 % en 2001. L'Inde, avec un PIB égal à 40 % de celui de la Chine, a pour sa part accéléré, passant de 4 % à 5,4 %. Parmi les grands pays de la région, seuls la Fédération de Malaisie (diminuant de 8,3 % en 2000 à 0,4 % en 2001) et Sri Lanka (de 6 % à 0,4 %) ont enregistré de très mauvais résultats.

Une des bonnes surprises de l'année 2001-2002 aura été la résistance de l'économie africaine face au ralentissement mondial. Le continent noir est même parvenu à améliorer sa croissance qui est passée de 3 % en 2000 à 3,7 % en 2001.

Mais cette croissance moyenne est restée trop faible pour qu'on puisse parler de décollage. Les pays africains sinistrés sont nombreux, les cas les plus frappants étant ceux du Congo (-Kinshasa), dont le PIB a décliné pour la sixième année consécutive, et, désormais, le Zimbabwé qui est entré, en 2002, dans sa quatrième année de recul du PIB.

Parmi les pays en développement, l'Amérique latine est la région qui a le plus souffert dans la période 2001-2002. Son taux de croissance est tombé de 4 % en 2000 à seulement 0,7 % en 2001. On ne peut que constater que les plus mauvais résultats ont été enregistrés par des pays – l'Argentine et le Mexique – considérés comme des « bons élèves » par le FMI et l'OCDE (l'Organisation de coopération et de développement économiques). Il est également significatif que nombre de pays d'Amérique latine ont appliqué – par conviction ou contraints par les marchés financiers – des politiques *fortement restrictives*. Au Mexique par exemple, le gouvernement central a réduit le déficit budgétaire de moitié en 2001, au moment même où le PIB du pays se contractait pendant cinq trimestres consécutifs. Au milieu de juillet 2001, l'Argentine (qui était dans sa troisième année de récession) s'engageait dans un programme choc appelé « déficit zéro », imposant à tous les échelons des administrations publiques de limiter leurs dépenses pour le reste de l'année au strict montant des recettes effectivement collectées. Cela n'a pas empêché la crise financière de s'aggraver et de s'étendre à l'Uruguay (en décembre 2001, l'Argentine a suspendu les paiements au titre de sa dette extérieure et, en janvier 2002, elle a abandonné la parité peso-dollar). L'argument le plus souvent avancé pour justifier ce type de politique est qu'il faudrait « envoyer un signal clair aux marchés financiers ». La logique – s'il en existe une – est la suivante : lorsqu'un ralentissement économique a lieu, les banques et autres investisseurs se trouvent

À propos de la reprise américaine

Au début de 2002, nombre d'analystes plaçaient leurs espoirs dans la reprise de la croissance américaine (ainsi que dans les exportations additionnelles qui devaient s'ensuivre pour les autres pays). Cela leur paraissait l'unique moyen pour sortir du ralentissement et de la récession. Aucune autre stratégie de croissance n'était proposée, ni dans les pays étroitement dépendants du marché américain comme le Mexique (dont 85 % des exportations sont tournées vers les États-Unis), ni dans l'Union européenne (qui n'y dirige pourtant que 9 % des siennes).

Cette stratégie s'appuyait sur une vision de la situation véhiculée par les rapports des institutions internationales, selon lesquelles la récession était terminée aux États-Unis. Ce pays devait retrouver son rythme de croissance de la fin des années 1990 et jouer à nouveau un rôle de locomotive pour le reste du monde. Telle était, par exemple, l'opinion de l'éditorialiste de l'OCDE (Organisation de coopération et de développement économiques) dans le numéro de juin 2002 de *Perspectives économiques de l'OCDE* : « Un raffermissement de l'activité est évident aux États-Unis… Un redressement progressif de l'investissement

des entreprises au second semestre de 2002 et en 2003 devrait soutenir la reprise. » Dans ses prévisions, l'OCDE s'attendait à une croissance de 3,4 % au second semestre 2002, qui s'élèverait progressivement pour atteindre 3,7 % au second semestre 2003 (p. VIII et IX, juin 2002).

Tous les avis n'étaient cependant pas aussi optimistes. Selon une autre opinion fort répandue, la croissance américaine – lorsqu'elle reprendra – serait nécessairement plus lente que celle des années 1990 en raison des déséquilibres s'étant accumulés et n'ayant pas été résorbés pendant la récession. Le premier de ces déséquilibres concerne les ménages américains : entre 1992 et 2001, leur consommation a augmenté de presque 4 % par an, tandis que leur revenu disponible ne progressait (comme le PIB) que de 3 %. Leur dette brute n'a ainsi cessé d'augmenter, passant de 88 % du revenu disponible en 1992 à 110 % en 2001. Cette forte progression aurait dû les inquiéter et les inciter à un comportement plus prudent, mais un ensemble de facteurs passagers les ont rassurés et incités à poursuivre leurs dépenses. Ainsi, la Bourse n'a cessé de monter jusqu'en mars 2000, augmentant la valeur apparente de leur patrimoine. La

avec un nombre croissant de mauvaises créances ; ils deviennent de plus en plus nerveux quant aux demandes de crédits sollicitées et réduisent leurs lignes de crédit. Les partisans de la thèse ici discutée pensent que les marchés financiers seraient capables de distinguer entre les « bons » et les « mauvais » débiteurs et que les pays en développement peuvent éviter d'être pénalisés s'ils fournissent des preuves qu'ils paieront, *coûte que coûte*. Pour ce faire, le meilleur signal à donner par un gouvernement est de montrer qu'il a le courage de

réduire ses dépenses lorsque les recettes diminuent.

Cette théorie a semblé se vérifier pendant la première année du ralentissement. Contrairement à la situation qui avait prévalu en 1997-1998, les capitaux semblaient en effet moins qu'auparavant adopter un comportement « moutonnier » ; on n'observait pas de phénomène de « contagion ». Au moment où l'on exigeait de l'Argentine des taux d'intérêt de 30 % à 40 % pour renouveler ses crédits, le Mexique et le Brésil réussissaient à emprunter moins cher dette, qui pouvait paraître lourde lorsqu'elle était rapportée au revenu disponible, semblait plus légère par rapport au patrimoine apparent, passant de 18 % de celui-ci en 1992 à 16,5 % en 2000. Lorsque la Bourse s'est effondrée, à partir de mars 2000, deux facteurs ont pris la relève. Le prix des logements (qui pèsent autant que les actions dans le patrimoine moyen américain : 37 %) a commencé à s'élever et les taux d'intérêt ont fortement chuté, soulageant d'autant le service de la dette. (Les hypothèques sur leurs logements comptent pour 70 % des dettes des ménages américains et, entre mars 2000 et mars 2002, les taux d'intérêt sur les hypothèques sont tombés de deux points de pourcentage.)

Un autre déséquilibre concerne la balance des échanges extérieurs. Depuis de nombreuses années, les États-Unis importent plus qu'ils n'en exportent. Or si, entre 1993 et 1997, le déficit extérieur annuel s'établissait autour de 1,5 % du PIB, il s'est par la suite emballé, passant à 3,5 % en 1999, puis à 4,5 % en 2000 et en 2001. Une partie croissante de l'épargne mondiale se dirige ainsi, chaque année, vers les États-Unis. Ainsi, les nonressortissants, qui possédaient à peu près 8 % du patrimoine américain en 1990, en

étaient propriétaires d'à peu près 20 % en 2000.

Dans le passé, les déséquilibres de ce genre s'étaient toujours creusés pendant les années de forte croissance pour se résorber ensuite pendant les récessions. Lors de ce ralentissement, cela s'est passé autrement : la dette des ménages a continué de progresser et le déficit extérieur est resté très élevé, avec une tendance à la hausse au deuxième trimestre de 2002.

Les déséquilibres de ce genre ne peuvent pas s'accroître indéfiniment. La BRI (Banque des règlements internationaux) écrivait ainsi, dans son *Rapport* de juillet 2001 : « Aux États-Unis, la demande globale a progressé trop vite et trop longtemps. La correction de ce genre d'excès s'est toujours traduite, depuis la Seconde Guerre mondiale, par une période de croissance inférieure à la norme, même lorsque l'inflation est maîtrisée » (p. 151). La même opinion était exprimée par Stephen Roach, économiste en chef de Morgan Stanley : « L'inévitable ajustement de la balance extérieure ne pourra se faire sans une importante compression de la consommation des ménages et une diminution correspondante des importations » (*Financial Times*, 2 août 2002). - F. V. ∎

qu'ils ne l'avaient fait l'année précédente. À partir de juin 2002, la situation a cependant brusquement changé et le Brésil a dû faire face à une interruption presque totale de ses lignes de crédit habituelles. Début août, on constatait que la « contagion » se répandait rapidement en Amérique latine.

Les pays en transition

Une des surprises les plus encourageantes de l'année 2001-2002 a été la résistance démontrée face à la détérioration de la conjoncture mondiale par les pays

dits « en transition » : les anciens pays socialistes d'Europe de l'Est et les ex-républiques de l'Union soviétique. La croissance moyenne globale de ces pays est passée de 6,6 % en 2000 à 5 % en 2001. Les meilleurs résultats ont été obtenus par les anciennes républiques de l'URSS, hors Russie. Le taux de croissance de ce groupe (revenu à une croissance positive depuis quatre ans) est passé de 7 % en 2000 à 8,8 % 2001. La Russie, beaucoup plus intégrée aux marchés occidentaux, a connu un ralentissement, mais elle a malgré tout

Sources

1. FMI, *Perspectives de l'économie mondiale*, avr. 2002. Disponible en anglais sur Internet au site FMI : **http://www.imf.org**

2. OCDE, *Perspectives économiques de l'OCDE*, Paris, juin 2002.

3. BRI (Banque des règlements internationaux), *Rapport annuel*, Bâle, juil. 2002. Disponible sur Internet en anglais et en français : **http://www.bis.org**

4. Commission économique pour l'Europe (ONU), *Economic Survey of Europe*, 2002, n° 1, mars 2002.

5. OMC, *Rapport annuel*, Genève, 2002. Disponible en anglais sur Internet : **http://www.wto.org**

6. Direction de la prévision (ministère de l'Économie et des Finances), « La reprise mondiale se met en place », *Point de conjoncture internationale*, Paris, juin 2002. Disponible sur Internet au site de l'INSEE : **http://www.insee.fr**

7. OFCE, « Perspectives 2002-2003 pour l'économie mondiale », *Lettre de l'OFCE*, 5 juil. 2002.

8. Banque mondiale, *Global Development Finance*, mars 2002.

9. FMI, *Global Financial Stability Report*, juin 2002.

maintenu un taux de 5 % (9 % l'année précédente). Ce pays de près de 150 millions d'habitants entrait, en 2002, dans sa quatrième année consécutive de croissance positive (après l'effondrement qui avait suivi la sortie du communisme) et était, si l'on croit le FMI, sur une pente de croissance annuelle de 5 %.

Les anciens pays communistes d'Europe de l'Est ont pour leur part bien résisté aussi au ralentissement occidental ; leur taux de croissance moyen est passé de 3,8 % en 2000 à 3,1 % en 2001, à l'exception de la Pologne dont le taux de croissance est tombé de 4,1 % en 2000 à seulement 1,1 % en 2001. ■

L'« affaire Enron », ou les dérives du capitalisme actionnarial

Michel Fried
Économiste

En décembre 2001, la faillite d'Enron, septième capitalisation boursière américaine, a modifié certains termes des débats relatifs à l'efficacité et aux contradictions du capitalisme de marchés financiers américains, devenu le modèle de référence des pays industrialisés. Ce modèle est articulé autour de quatre caractéristiques essentielles : un nouveau partage de la valeur ajoutée au détriment des salariés, à la suite de l'abandon du compromis « fordiste » entre les salariés et les actionnaires, une contrainte de rémunération des actionnaires sous forme de dividendes et surtout de plus-values boursières (« création de valeur actionnariale »), un mode de « gouvernement des entreprises » (gouvernance) qui place leurs dirigeants sous le contrôle des administrateurs et non plus sous le seul contrôle direct du marché (risque d'OPA – offres publiques d'achat – hostiles) et, enfin, un moindre recours aux crédits bancaires classiques au profit de financements des marchés d'actions et d'obligations (désintermédiation).

Enron avait été le symbole d'une double réussite : celle de la libéralisation des services publics (en l'occurrence celle de l'énergie) et celle de la création de valeur pour ses actionnaires. Trois mois avant sa faillite, seize des dix-sept analystes financiers américains spécialistes de la valeur recommandaient encore à l'achat l'action de cette entreprise. En 1985, à sa création, celle-ci était spécialisée dans le transport de gaz. Elle est devenue à partir de 1994 un géant mondial du *trading* (commerce) de l'énergie en s'appuyant sur une stratégie de croissance externe intensive.

La faillite d'Enron a révélé tout à la fois la soif d'enrichissement personnel de ses dirigeants, leur recours à des pratiques frauduleuses afin de masquer la détérioration des performances de l'entreprise et la défaillance généralisée des acteurs du système financier américain, y compris des instances de contrôle et de régulation [*voir encadré*].

Les fissures d'un système

Alors qu'en avril 2002 le secrétaire américain au Trésor Paul O'Neill considérait que l'« affaire Enron » ne signifiait pas la « faillite d'un système, mais celle d'une entreprise », les affaires de même nature se sont multipliées, culminant, en juillet 2002, avec la plus grosse faillite de l'histoire américaine, celle de WorldCom (61 000 salariés, deuxième opérateur américain de télécommunications longues distances et premier opérateur mondial de services Internet) qui a reconnu avoir frauduleusement gonflé ses bénéfices. Le président de la Réserve fédérale américaine (Fed), Alan Greenspan, a été dès lors conduit à déclarer que « le système [capitaliste américain] est fissuré, mais n'est pas cassé ». Afin d'apprécier la gravité des fissures, il est utile de se pencher sur les trois principes d'organisation de ce système.

Le premier d'entre eux est que les marchés de capitaux doivent être libéralisés et efficients afin qu'ils puissent remplir leur fonction principale : fixer le prix des actions, conformément (en principe…) à la valeur économique des entreprises. Contraire-

Une faillite riche en enseignements

Le chiffre d'affaires et les résultats de la société Enron avaient été artificiellement dopés par des pratiques frauduleuses : « importations » fictives (des États-Unis) d'électricité pour contourner les prix plafonds imposés par l'État de Californie, ventes fictives de pétrole, *via* des montages financiers (non illégaux, semble-t-il), à des filiales *ad hoc* de banques, etc.

L'ampleur de l'endettement, résultant notamment des besoins de financement des opérations de croissance externe, a été dissimulée par des pratiques d'ingénierie financière contestables. Ainsi, en six ans, plus de 9 milliards dollars de dettes ont été sorties du bilan et « logées » dans des sociétés créées à cet effet par les banques de l'entreprise (certains de leurs dirigeants ont été de plus accusés d'avoir investi, à titre personnel, dans ces sociétés). Par ailleurs, le commissaire aux comptes d'Enron, le cabinet Andersen, s'est vu reprocher d'avoir certifié ces opérations de déconsolidation. Il n'a cependant pas été condamné pour ce motif, mais pour dissimulation de pièces comptables. Bien que certains des actionnaires d'Enron aient été dédommagés, le préjudice causé à la réputation d'Andersen l'a acculé à la disparition.

Pour leur part, les administrateurs d'Enron ont été accusés non seulement de n'avoir pas vu ces pratiques frauduleuses (ou de les avoir couvertes), mais aussi de s'être montrés complaisants, notamment en permettant au directeur financier d'investir à titre personnel dans les sociétés *ad hoc* et en accordant aux 140 dirigeants

de l'entreprise, quelques semaines avant sa faillite, 744 millions de dollars en salaires, bonus et *stock options* (dont 73 millions de dollars pour le seul P-DG), alors que les indemnités de licenciement versées aux salariés ne se sont élevées qu'à 29 millions de dollars, soit 13 500 dollars par personne.

Le comportement des banquiers d'Enron a également été contesté. Outre les faits déjà évoqués, il leur a été reproché d'avoir organisé le placement des titres de la société et d'avoir consenti des lignes de crédit non garanties alors qu'ils ne pouvaient ignorer les difficultés de la société. Neuf banques ont même fait l'objet d'une plainte de l'université de Californie pour avoir fait monter artificiellement le cours de l'action.

Enfin, dans cette affaire, les diverses instances de régulation et d'information des marchés ont failli à leur mission. Les analystes financiers – qui ne pouvaient ignorer les difficultés de l'entreprise – auraient ainsi maintenu leurs recommandations favorables pour ne pas entraver les activités de banque d'affaires de leurs employeurs. Les agences de notation ont maintenu leur *rating* jusqu'à l'annonce publique des pertes. Enfin, la SEC (Securities Exchange Commission), autorité de contrôle de la Bourse, n'avait pas inspecté la société depuis 1997 et les autorités de contrôle bancaire ne l'avaient pas contrainte, du fait de ses activités de *trading*, à adopter un statut bancaire, ce qui l'aurait soumise à des obligations de couverture de ses risques et à une étroite surveillance. - M. F. ∎

ment aux idées reçues, la Bourse ne joue en effet qu'un rôle ponctuel dans le financement des entreprises, son apport net étant même négatif depuis le milieu des années 1980.

Deuxième principe : les mêmes établissements bancaires ont la capacité d'exercer simultanément leurs activités traditionnelles de crédit, peu rémunératrices, et des activités de banque d'affaires, fort rému-

Bibliographie

M. Aglietta, « Le capitalisme de demain », *Note de la Fondation Saint-Simon*, Paris, nov. 1998.

A. Brender, F. Pisani, *Les Marchés et la Croissance*, Économica, Paris, 2001.

O. Brossard, *D'un krach à l'autre. Instabilité et régulation des économies monétaires*, Grasset/Le Monde, Paris, 2001.

M. Fried, J.-P. Moussy, D. Plihon, « Valeur actionnariale et nouvelles formes de gouvernance », *Les Cahiers Lasaire*, Paris, mai 2001.

P. Geoffron, « Formes et enjeux de la transformation des modèles de corporate gouvernance », *Revue d'économie industrielle*, n° 82, Paris, déc. 1997.

P. Geoffron, « Quelles limites à la convergence des modèles de corporate gouvernance ? », *Revue d'économie industrielle*, n° 90, Paris, 4e trim. 1999.

P.-N. Giraud, *Le Commerce des promesses. Petit traité sur la finance moderne*, Seuil, Paris, 2001.

F. Lordon, « La création de valeur comme rhétorique et comme pratique », in *L'Année de la régulation*, vol. 4, La Découverte, Paris, 2000.

S. Montagne, « Retraites complémentaires et marchés financiers aux États-Unis », in *L'Année de la régulation*, vol. 4, La Découverte, Paris, 2000.

A. Orléan, *Le Pouvoir de la finance*, Odile Jacob, Paris, 1999.

J. Peyrelevade, *Le Gouvernement d'entreprise ou les fondements incertains d'un nouveau pouvoir*, Économica, Paris, 1999.

D. Plihon, *Le Nouveau Capitalisme*, Flammarion, coll. « Dominos », Paris, 2002.

J.-P. Robé, *L'Entreprise et le Droit*, PUF, coll. « Que sais-je ? », Paris, 1999.

C. Sauviat, « Enron, énorme défaillance des marchés », *Chronique internationale de l'IRES*, n° 74, Paris, janv. 2002.

nératrices. Cette confusion des deux métiers procurant un avantage concurrentiel aux banques qui la pratiquent avait été interdite pour des raisons prudentielles après la crise de 1929 (*Glass-Steagall Act* de 1932), mais cette interdiction n'était plus guère appliquée et avait été abrogée en 1999.

Enfin, la gestion des entreprises est tournée vers l'enrichissement des actionnaires. Le capitalisme actionnarial a succédé au capitalisme managérial. Ce dernier fut décrit dès 1932 par Adolf A. Berle et Gardiner C. Means comme un mode de gestion des entreprises au profit des managers tenant leur pouvoir de la séparation opérée entre la propriété d'un capital très dispersé et la direction des entreprises. Cette mutation est récente ; elle résulte du développement de la gestion collective par les investisseurs institutionnels et notamment par les fonds de pension (le faible montant des retraites du régime de base, fonctionnant en répartition [les cotisations servent directement à payer les retraites], a incité les employeurs, pour fidéliser leurs salariés, à créer des régimes de retraite complémentaire, les fonds de pension, fonctionnant par capitalisation [les revenus du placement sur les marchés des « cotisations » paient les retraites]). Depuis la loi ERISA (*Employee Retirement Income Security Act*) de 1974, ces derniers doivent rendre des comptes à leur mandants sur l'efficacité de leur gestion. Les investisseurs institutionnels ont donc fait pression sur les directions d'entreprises dans deux directions : la gouvernance des entreprises (implication des administrateurs dans la gestion) et le respect d'objectifs quantifiés de création de valeur pour les actionnaires. Ces objectifs, définis selon des méthodes plus ou moins sophistiquées, sont appréciés annuellement, voire trimestriellement.

Dans le modèle américain, l'instabilité des marchés financiers se répercute directement sur l'économie « réelle », provoquant des faillites en chaîne qui n'épargnent pas les plus grandes firmes. Non seulement leurs salariés supportent alors la perte de leur emploi, mais leur qualité d'actionnaires directs et indirects (par l'intermédiaire des systèmes d'épargne salariale et des fonds de pension) les expose aussi à la perte de leur épargne et de leur retraite. À la différence du modèle capitaliste classique, dans lequel la rémunération des actionnaires était la contrepartie du risque de l'entreprise, le capitalisme de marchés financiers a socialisé ce risque en le faisant assumer aussi par les salariés.

La réaction des pouvoirs publics

Les autorités américaines ont réagi aux affaires du type Enron en intervenant dans deux directions.

D'une part, elles ont « découvert » que l'autorégulation des acteurs et la pression du marché sur les entreprises ne suffisaient pas à garantir la bonne information des investisseurs. Un vaste programme de réforme a dû être lancé (notamment avec l'adoption en juillet 2002 du *Corporate Auditing Accountability Act*) afin de mettre un terme au climat de défiance généralisée à l'origine du krach rampant de la Bourse américaine. Selon l'indice Standard and Poor's, la capitalisation boursière des 500 premières sociétés cotées a reculé de 50 % entre mars 2000 (avant l'éclatement de la bulle financière des valeurs technologiques) et juillet 2002, ce que la révision des anticipations de profit des entreprises ne suffit pas à expliquer. La réforme des normes comptables,

le renforcement de l'action des autorités de contrôle des marchés et l'amélioration de l'intégrité des acteurs chargés de l'information publique sur les sociétés devraient contribuer à améliorer la transparence des entreprises

L'apport de ces réformes à l'efficience des marchés ne doit pas être surestimé. En effet, les théoriciens des bulles spéculatives ont montré que, du fait de l'incertitude fondamentale qui affecte les anticipations, il n'existe pas de relation unique entre la valeur boursière d'une entreprise et ses « fondamentaux » ; cette possibilité d'équilibres multiples explique l'existence récurrente de bulles spéculatives qui font obstacle à l'allocation optimale des capitaux par les marchés.

D'autre part, les dysfonctionnements de la gouvernance des entreprises américaines ont été mis en accusation : les incitations pour assurer le respect des intérêts des actionnaires (attribution de bonus, *stock options* et actions aux dirigeants et aux administrateurs indépendants) ont fonctionné de façon perverse en poussant les responsables à dissimuler la dégradation de la situation réelle de leurs entreprises. C'est pourquoi Alan Greenspan, dans son discours déjà cité, a fait de la réforme du « gouvernement d'entreprise » une « priorité essentielle ». En un mot, la seule discipline imposée par les marchés se révélant insuffisante, il s'est agi pour les pouvoirs publics de réformer le capitalisme américain afin d'éviter à court terme que le krach boursier rampant ne dégénère en une crise économique aussi grave que celle du premier choc pétrolier (1973-1974), et, plus fondamentalement, de le mettre en conformité avec le modèle libéral aujourd'hui dominant, celui du capitalisme de marchés financiers.

Ce modèle fait pourtant l'objet de critiques émanant aussi bien d'une partie des milieux d'affaires, qui dénoncent la « dictature des 15 % » (objectif de rentabilité des fonds propres exigé par les actionnaires), que des économistes hétérodoxes. La qualité et l'efficacité des stratégies d'entreprise induites par ce modèle sont mises en cause : réarbitrage constant des portefeuilles d'activités au profit des plus rentables à court terme, recentrage sur les cœurs de métiers parce que les actionnaires sont plus à même de diversifier leur portefeuille que les entreprises, réduction des capitaux investis allant des pratiques du type « zéro stock » et « juste à temps » au rachat par les entreprises de leur propres actions. Ces stratégies ont un coût économique et social important, car leur mise en œuvre expose les sociétés cotées à un risque conjoncturel accru, risque qu'elles font supporter à leurs salariés et aux entreprises partenaires.

Au moment où nombre de pays entreprennent de réformer la gouvernance de leurs entreprises, leurs systèmes de retraite, les relations banques-entreprises, leur marché du travail, etc., on ne peut que s'interroger sur l'efficacité et l'universalisme proclamés du modèle capitaliste de marchés financiers. Il faut souhaiter que les affaires du type Enron provoquent un approfondissement du débat sur le modèle économique souhaitable en réévaluant l'efficacité économique et sociale des systèmes, qui reposent davantage sur les financements bancaires, et en mettant en œuvre une gouvernance fondée, non pas sur l'intérêt exclusif des actionnaires, mais sur un compromis entre leur intérêt et celui des autres parties prenantes de l'entreprise (*stakeholders*), ceux des salariés en particulier. Le concept d'« intérêt social de l'entreprise », qui a survécu dans le droit commercial français, fournit de ce point de vue une piste de réflexion intéressante. ■

La montée en puissance d'une industrie financière de la gestion des risques

Hervé Hamon
Économiste, Université Paris-IX-Dauphine

De nombreux événements de natures très diverses (catastrophes écologiques ou industrielles, attentats, etc.) ont rappelé à quel point nos sociétés restent exposées aux aléas. Mais l'aléa ne se révèle pas seulement dans des événements spectaculaires ; il est aussi à l'œuvre au quotidien : un avion peut arriver en retard, le dollar peut « monter » alors que l'on est en séjour de tourisme aux États-Unis, etc. Naguère doté d'un statut d'exception, le risque tend ainsi à devenir banal, au fur et à mesure qu'il se loge dans les moindres interstices de la vie ordinaire, de telle sorte qu'on ne compte plus les situations et les comportements dits

« à risque ». C'est d'ailleurs ce qui a incité le sociologue allemand Ulrich Beck à évoquer, dès 1986, dans un livre à succès, *La Société du risque*.

Un tel phénomène peut certes s'expliquer par l'ampleur et la rapidité des mutations scientifiques et techniques, notamment dans les sciences de la vie et les technologies de l'information, ainsi que par les évolutions économiques engagées depuis les années 1980 (déréglementation, mondialisation, financiarisation), qui ont eu pour effet objectif de multiplier, diversifier et disséminer les risques. Il tient aussi, sans doute, au fait que la sensibilité au risque s'accroît quand le niveau de vie s'améliore, l'information s'affine, la durée de vie s'allonge… Enfin, d'un point de vue plus anthropologique, on peut avancer que la disparition des grandes utopies, le reflux du « sens de l'Histoire » et l'érosion de l'idée selon laquelle le monde serait à construire et à vouloir ont fait émerger une nouvelle culture du temps et de la durée, pour les individus comme à l'échelle sociale : dans un univers perçu comme incertain, demain peut toujours borner l'horizon d'un projet, mais c'est d'abord un champ sans cesse renouvelé, bien que délimité, d'opportunités et de menaces. Vu d'aujourd'hui, demain est risqué.

Que le futur soit aléatoire n'implique pas qu'il soit imprévisible : un risque a une certaine probabilité de se réaliser, sans quoi on ne pourrait prétendre le prévenir. Or, dans les sociétés développées, rien de ce qui a rang de réel, même simplement probable, ne saurait échapper à une « prise en compte » de nature économique. C'est ainsi que le traitement des risques, s'il revêt bien des formes, trouve aujourd'hui sa forme la plus achevée dans la gestion des risques, qui a ses institutions, ses techniques, ses praticiens, son savoir.

Deux grands mécanismes de gestion des risques méritent une attention particulière en raison des débats qu'ils suscitent et de l'importance de leurs enjeux : l'assurance et la finance des marchés dérivés.

Le poids des sociétés d'assurance

Dans son principe, l'assurance est un mécanisme simple, que résume bien la définition des Lloyd's : « La participation du grand nombre à l'infortune de quelques-uns. » Sa fonction est de *mutualiser les risques* (historiquement, au XIXᵉ siècle, l'assurance s'est développée avec le mouvement mutualiste) en utilisant la loi des grands nombres, et plus généralement les méthodes de l'analyse probabiliste. Il s'agit donc, quelle que soit sa forme, d'un rouage important de la socialisation.

C'est d'ailleurs pourquoi le débat est vif dans de nombreux pays, particulièrement en Europe, pour déterminer dans quelle mesure l'assurance doit être régie par des mécanismes publics ou marchands, relever de l'État-providence ou de l'initiative privée…

En 2000, les dix premiers groupes mondiaux d'assurance, qui employaient plus de 750 000 personnes, ont réalisé un chiffre d'affaires de 600 milliards de dollars, supérieur de 30 % à celui des dix premiers groupes de télécommunication et égal au triple de celui des dix premiers groupes aéronautiques ; par ailleurs, quatre des cinq plus grands groupes financiers européens étaient des compagnies d'assurance… Ces performances traduisent l'extension de l'assurance dommage, mais surtout de l'assurance vie, qui draine de plus en plus, dans le monde développé, les placements à long terme d'une population vieillissante soucieuse de capitaliser pour se prémunir des « risques de l'existence ». Ainsi le gérant de l'assurance Allianz a-t-il réussi, en avril 2001, une OPA (offre publique d'achat) sur la Dresdner Bank qui allait lui permettre, avec 18 millions de clients, d'entrer en force sur le marché naissant de la retraite par capitalisation en Europe.

Cependant, le développement de la capitalisation pourrait être affecté par les doutes que les faillites et les dissimulations comptables de grandes entreprises américaines, dont l'affaire Enron, société américaine qui a fait faillite en décembre 2001 [*voir article p. 68*], ont fait naître sur la valeur réelle de certains actifs financiers ; c'est notamment pourquoi, dans la tourmente boursière de l'été 2002, le cours des actions des compagnies d'assurance a particulièrement chuté en Europe.

Par ailleurs, l'assurance dommage tend désormais à rencontrer des limites, du fait de la prolifération de « nombreux risques », dont il est parfois difficile de quantifier la probabilité d'assurance, ou qui ont une proba-

Bibliographie

U. Beck, *La Société du risque. Sur la voie d'une autre modernité*, Aubier, Paris, 2001.

P. Peretti-Watel, *La Société du risque*, La Découverte, coll. « Repères », Paris, 2001.

Revue *Risques*, LGDJ, Paris.

Y. Simon, D. Lautier, *Marchés dérivés de matières premières et gestion du risque de prix*, Économica, Paris, 2001.

bilité d'assurance faible mais une taille excessive : entre 1998 et 1999, l'ouragan américain *George,* la tempête européenne *Lothar* et le typhon japonais *Bart* ont coûté 16 milliards d'euros aux assureurs et réassureurs ; quant au coût des attentats du 11 septembre 2001 contre le World Trade Centre de New York, il était estimé à 44 milliards d'euros au début 2002.

Le rôle central des marchés dérivés

L'activité économique est réputée favorisée par la flexibilité, mais elle a aussi besoin que les conditions de son développement dans le temps ne soient pas trop incertaines. Comment mettre en œuvre une stratégie de croissance qu'il faudra financer dans trois mois si, à cette date, la valeur des actifs financiers dont on dispose *risque* d'avoir diminué de 20 % parce que, par exemple, ces avoirs sont constitués d'actions dont le cours a baissé, ou parce qu'il s'agit d'obligations dont la valeur en raison d'une montée des taux d'intérêt, ou encore parce que le portefeuille détenu est libellé dans une monnaie étrangère dont le cours a baissé ?

L'activité économique nécessite donc qu'on puisse se protéger de certains risques. Lorsque ceux-ci ne peuvent être assurés, compte tenu de leurs particularités, l'analyse et la pratique économiques ont imaginé des mécanismes de *couverture des risques* revêtant la forme de mécanismes de marché. En effet, dès lors que les marchés de matières premières, les marchés d'actions, les marchés d'obliga-tions et les marchés des changes, tous indispensables à la production, sont des marchés à risque, pourquoi ne pas concevoir des marchés du... risque sur ces marchés, donc des marchés « dérivés » ? Cette option est au cœur de la « finance » moderne, discipline du traitement du futur.

Le premier marché dérivé a été le marché à terme du blé créé à Chicago à la fin du XIXᵉ siècle, pour répondre au refus des assureurs de l'époque d'assumer le risque de prix encouru par les marchands de grains en raison du caractère indivisible de ce risque (quand le prix du blé monte, il monte pour tous les acheteurs à la fois...). Le principe en est simple : un boulanger industriel, par exemple, redoutant une hausse du cours du blé dont il sait qu'il devra renouveler le stock dans six mois, achète au cours d'aujourd'hui, sur le marché à terme, un volume standard de blé livrable dans six mois. À l'échéance, ou le cours du blé a monté, conformément aux anticipations du boulanger, et celui-ci a évité une perte ; ou il a baissé, et le boulanger subit un simple manque à gagner, qui n'est pas une perte. Ainsi la couverture des risques élimine-t-elle le risque de gagner comme celui de perdre.

Par la suite, les marchés dérivés n'ont cessé de se sophistiquer. Conçus pour ceux qui ont une aversion pour le risque, ils ont dû, pour bien jouer leur rôle, s'ouvrir à ceux qui pratiquent une gestion dynamique du risque, autrement dit la spéculation. D'autre part, leur champ d'intervention s'est élargi des matières premières à la matière financière dès 1950, et surtout à partir de

1972, quand l'instauration du flottement des monnaies puis le recours à des politiques monétaires de régulation des taux d'intérêt et le mouvement de déréglementation financière ont avivé les risques financiers sur le cours des actions, les taux d'intérêt et les taux de change. Enfin, les produits dérivés des actifs physiques et surtout financiers ont proliféré à l'infini, grâce aux « innovations financières » des mathématiciens, devenant ainsi de plus en plus dérivés, donc de plus en plus abstraits. La Banque des règlements internationaux (BRI) estimait la taille des marchés dérivés en 1999 à 95 milliards de dollars, soit plus de trois fois le PIB mondial.

Finance « virtuelle », la finance dérivée ? Il est difficile de répondre, car le risque est par nature virtuel, mais la gestion du risque a de fortes implications réelles. En tout cas, finance fascinante, parce que très abstraite dans ses rouages, exotique par ses acteurs (les *golden boys*), et pour le moins paradoxale dès lors qu'elle a pour objet la coordination marchande de ceux qui veulent du risque et de ceux qui n'en veulent pas. Une évolution importante s'est produite lorsqu'il est apparu que les instruments dérivés pouvaient permettre de gérer d'autres risques que les risques financiers. Ainsi sont nés les *weather derivatives*, produits spécifiques qui permettent à ceux qui les achètent de se protéger contre des risques de température, d'enneigement, de pluviosité, etc. Demain, sans doute, d'autres champs d'application émergeront. Mais déjà, entre 1999 et 2001, le marché des dérivés climatiques a représenté 75 millions de dollars en Europe et 7 milliards de dollars aux États-Unis. Euronext, qui regroupe les places boursières de Paris, Amsterdam et Bruxelles et a créé un dérivé climatique avec Météo France, a estimé que ce marché pourrait atteindre 70 milliards de dollars dans le monde en 2005.

L'industrie financière du risque a donc de beaux jours devant elle. Le traitement de l'incertitude devrait mobiliser des ressources humaines et financières croissantes. Sauf si, bien sûr, les sociétés développées deviennent un jour tellement incontrôlables et radicalement incertaines que les risques, ayant cessé d'être identifiables et mesurables, ne sauraient plus être neutralisés ni transférés. ■

Marchés financiers
Conjoncture 2001-2002

Akram B. Ellyas
Journaliste, La Tribune

Baisse prolongée des marchés d'actions, sur fond de fort ralentissement de la croissance de l'économie américaine et de scandales boursiers, ainsi qu'une évolution de l'euro vers la parité avec le dollar ont été les faits marquants de la période.

Après le dégonflement brutal de la bulle des valeurs technologiques et de la croissance en 2000, les principaux marchés d'actions mondiaux, toujours influencés par les Bourses américaines, ont à nouveau connu une baisse généralisée en 2001. Celle-ci devait être elle-même suivie d'un troisième repli annuel en 2002 si un redressement spectaculaire des grands indices boursiers (ou des cours) n'intervenait pas durant le dernier tiers de l'année. Les reculs enregistrés ont été à la mesure des niveaux irrationnels – et déconnectés de toute réalité économique – atteints durant la période 1998-1999. Aux États-Unis, l'indice Dow Jones, principal indicateur du New York Stock Exchange (Nyse), a ainsi perdu 7,10 % à 10 021,5 points en 2001 et affichait un recul de 18 % à 8 186,31 points le 25 juillet 2002. La tendance a été plus lourde pour le Nasdaq, la Bourse électronique des valeurs technologiques et de croissance, dont l'indice composite a perdu 21,05 % à 1 950, 4 points en 2001 et avait encore reculé de 35 % à 1 240,09 points pour les sept premiers mois en 2002. La spirale baissière a aussi touché les marchés européens, Paris ayant perdu 21,97 % à

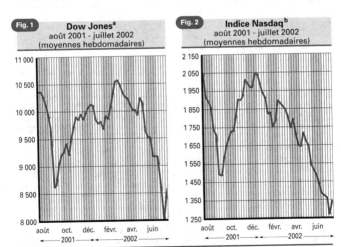

Fig. 1 **Dow Jones[a]**
août 2001 - juillet 2002
(moyennes hebdomadaires)

11 000
10 500
10 000
9 500
9 000
8 500
8 000

août   oct.   déc.   févr.   avr.   juin
◄——— 2001 ———►◄——— 2002 ———►

Fig. 2 **Indice Nasdaq[b]**
août 2001 - juillet 2002
(moyennes hebdomadaires)

2 150
2 050
1 950
1 850
1 750
1 650
1 550
1 450
1 350
1 250

août   oct.   déc.   févr.   avr.   juin
◄——— 2001 ———►◄——— 2002 ———►

a. Bourse de New York ; b. Indice des valeurs technologiques.

4 624,98 points en 2001 (– 25 % à la fin juillet 2002 à 3 149,72 points) tandis qu'à Londres l'indice FT-SE 100 (« Footsie ») avait reculé de 16,15 % à 5 217,4 points en 2001 (– 28 % à 3 965,9 points de janvier à juillet 2002).

Ces contre-performances, si elles ont confirmé le vieil adage boursier selon lequel « les arbres ne montent jamais au ciel et finissent toujours par ployer », ont eu trois raisons principales. La première est apparue liée de manière indubitable aux interrogations et spéculations relatives à la santé de l'économie américaine. Plus exactement, les investisseurs se sont interrogés durant une bonne partie de l'année 2001 sur l'existence ou non d'une récession aux États-Unis. Après que cette dernière a été confirmée – elle aurait débuté en mars 2001 –, le marché, tout en restant vendeur, n'a eu de cesse de distinguer les signes d'une reprise et de sa consolidation, laquelle est finalement rapidement intervenue (fin 2001), largement aidée par une politique très agressive de la Réserve fédérale américaine (Fed). Cette dernière a ainsi abaissé son taux « cible » à onze reprises en 2001 (de 6,5 % à 1,75 %). Le retour de la croissance américaine n'a cependant guère constitué un facteur haussier pour les Bourses occidentales, les investisseurs estimant que la valorisation des actions restait trop élevée en comparaison des perspectives de bénéfices des entreprises.

La deuxième raison de la déroute des marchés était bien entendu liée aux attentats du 11 septembre 2001. Après plusieurs séances erratiques, tous les grands marchés ont « touché le fond » le 21 septembre, avant de se reprendre de manière spectaculaire sans toutefois arriver à gommer les pertes enregistrées à partir de début janvier 2001. En réalité, les événements du 11 septembre ont eu un effet plus insidieux, de nombreux opérateurs des salles de marché ayant été profondément traumatisés par la destruction des tours du World Trade Centre, ce qui a pesé par la suite sur leurs stratégies d'in-

vestissement, les commentateurs n'hésitant pas à évoquer un « *blues* des survivants ».

Enfin, la cause principale de la débâcle des marchés au cours du premier semestre 2002 aura été la faillite du courtier Enron *[voir article p. 68]*. Tous les comptes des entreprises sont en effet devenus suspects, phénomène qui n'a épargné aucune place. Les États-Unis et l'Allemagne, pays qui a connu d'importants scandales liés à son Nouveau marché, ont été les plus touchés. Déstabilisant la Maison-Blanche, obligeant la Securities Exchange Commission (SEC, le gendarme boursier) à faire preuve de volontarisme, l'« enronite » s'est encore aggravée avec la faillite frauduleuse du géant des télécommunications WorldCom (près de 4 milliards de dollars de pertes masquées en 2001 et au premier semestre 2002). Persuadés de pouvoir être trompés en permanence, investisseurs particuliers mais aussi fonds mutuels et fonds de pension se sont donc largement retirés des Bourses en attendant la mise en place de règles moins permissives contre les fraudes comptables.

Sur le marché des changes, l'année 2001 aura été celle du roi dollar, le billet vert ayant pratiquement progressé en permanence par rapport aux autres devises, avec notamment un effondrement du yen au second semestre, ce qui a provoqué une importante crise régionale, la Chine et les pays du Sud-Est asiatique redoutant une explosion des exportations nippones. Au premier semestre 2002, la tendance s'est inversée, les déboires des marchés d'actions américains rendant les titres libellés en euros plus attrayants. En juillet 2002, la devise européenne (l'euro) est repassée en toute logique au-dessus de la parité avec le dollar, mais cette appréciation ne saurait faire oublier que le dollar reste de loin le « numéro un » mondial des monnaies de réserve (monnaies détenues par les banques centrales) ainsi que le principal moyen de paiement pour les échanges commerciaux. L'euro a toutefois gagné une position conséquente en termes de monnaie d'emprunt. ■

Énergie et combustibles
Conjoncture 2001-2002

Jean-Marie Martin-Amouroux
IEPE-Grenoble

Si, en juin 2002, le marché pétrolier a retrouvé son niveau de prix de juin 2001 (25 dollars le baril de Brent), l'année 2001-2002 a cependant été celle de tous les dangers. Contrairement à toute attente, les attentats du 11 septembre 2001 aux États-Unis n'ont pas interrompu l'inexorable effritement des prix, qui sont passés sous la barre des 20 dollars le baril au cours du second semestre 2001. Ni la forte demande saisonnière de fioul domestique à l'approche de l'hiver, ni l'annonce d'une reconstitution des stocks stratégiques aux États-Unis en octobre, ni l'annulation de quelques cargaisons saoudiennes et iraniennes au début de l'automne, ni les opérations militaires en Afghanistan n'ont été en mesure d'inverser les anticipations *bearish* (à la baisse) des opérateurs. D'autant que, en octobre 2001, le président vénézuélien Hugo Chavez menaçait d'une guerre des prix qui devait déboucher en 2002 sur un prix moyen brut de 5 dollars le baril ! Devant ce danger, les membres de l'OPEP (Organisation des pays exportateurs de pétrole), réunis à Vienne le 14 novembre 2001, se sont déclarés prêts à une nouvelle baisse de leur production, de 1,5 million de barils par jour (b/j), à la condition expresse que les autres pays producteurs diminuent leur production de 500 000 b/j. Oman a immédiatement répondu de façon positive et l'Angola, de façon négative ; la Norvège a accepté pourvu que la Russie s'engage. Devenu le plus zélé protagoniste d'une coopération avec l'OPEP, le Mexique s'est employé à rallier une Russie très réticente, qui a fini par accepter une réduction de 150 000 b/j. Ainsi, à compter de début janvier 2002, les prix ont retrouvé une courbe ascendante.

Moins de trois mois plus tard, ce n'était plus l'effondrement mais la flambée des prix qui menaçait le marché pétrolier. En intégrant dans l'« axe du mal » deux des plus grands pays pétroliers (Iran et Irak), le président américain George W. Bush a ravivé la crainte que certains pays arabes ne recourent à l'arme du pétrole comme moyen de pression sur la politique des États-Unis au Moyen-Orient. De la mi-mars à la mi-avril 2002, les événements se sont précipités : l'intervention dans les villes palestiniennes de l'armée israélienne, comportant des risques d'embrasement de tout le Moyen-Orient, la suspension de sa production par l'Irak, les grèves dans l'industrie pétrolière vénézuélienne puis le coup d'État raté contre H. Chavez ont incité les opérateurs à acheter et à gonfler leurs stocks. Dans la même période, à l'International Petroleum Exchange (IPE) de Londres, les prix ont oscillé entre 27 et 30 dollars le baril tandis que certains courtiers évoquaient un nouveau choc pétrolier.

Un tel événement n'a pas eu lieu, mais la stabilité des prix pétroliers, au début de l'été 2002, reposait toujours sur une réduction de la production mondiale de 4 à 5 millions b/j, principalement supportée par les pays du golfe Arabo-Persique. Les États-Unis, premiers importateurs, souhaiteraient réduire les risques en rééquilibrant le poids des divers fournisseurs. Cette perspective explique la « nouvelle alliance » esquissée en direction de la Russie, dont l'un des piliers est un partenariat énergétique à deux volets : des investissements occidentaux pour développer les vastes ressources pétrolières et gazières de la Russie ; la reconnaissance d'intérêts communs en Asie centrale et dans le Caucase, impliquant notamment l'installation de moyens d'évacuation des hydrocarbures de la région. En jouant la carte de la diversification, les États-Unis élargissent ainsi leur marge de liberté au Moyen-Orient, mais consolident également la Russie comme acteur central de l'approvisionnement énergétique mondial à l'ouest et à l'est (projets de gazoducs vers la Chine et la Corée).

Au-delà des risques ponctuels de flambée des prix, les marchés mondiaux de l'énergie demeuraient caractérisés par des capacités de production excédentaires tirant les prix à la baisse. Pour preuve, les prix « spot » du charbon vapeur (*steam coal*) à Rotterdam ont chuté de 10 dollars la tonne en moyenne entre mai 2001 et mai 2002. La croissance de la demande mondiale d'énergie est en effet devenue atone à compter du milieu de la décennie 1990. Celle de pétrole, par exemple, n'a pas dépassé 1,3 % par an entre 1996 et 2001,

Tableau 1
Consommation d'énergie primaire dans le monde[a]
(2001, Mtep)

	Combustibles solides	Pétrole et prod. pétrol.	Gaz naturel	Électricité primaire	Total
Amérique du Nord	591,7	980,7	574,7	291,4	**2 438,5**
Europe[b]	232,0	661,4	369,2	294,4	**1 557,0**
Asie - Pacifique[b]	151,2	299,4	91,6	96,3	**638,5**
Europe de l'Est et ex-URSS	293,3	254,5	527,7	100,7	**1 176,2**
Amérique latine	29,0	316,1	119,5	63,4	**528,0**
Asie en développement	965,5	662,0	168,6	97,8	**1 893,9**
Afrique	88,5	100,9	47,8	9,8	**247,0**
Moyen-Orient	7,8	190,5	169,5	1,2	**369,0**
Total	2 359,0	3 465,3	2 068,5	954,9	**8 851,8**

a. Les usages traditionnels du bois de feu ne sont pas inclus dans ce bilan ; l'électricité primaire comprend l'hydraulique, le nucléaire, la géothermie et les énergies non renouvelables transformées en électricité ; l'équivalence de cette dernière en tep (tonnes équivalent pétrole) est obtenue sur la base des coefficients retenus par l'AIE (Agence internationale de l'énergie) ; b. Pays membres de l'OCDE.
Source : Enerdata.

Électricité		
Pays	Milliards de KWh (TWh)	% du total
États-Unis	3 946,6	25,3
Chine	1 462,8	9,4
Japon	1 051,6	6,8
Russie	888,0	5,7
Canada	582,1	3,7
Total 5 pays	7 931,1	50,9
Allemagne	572,8	3,7
Inde	559,5	3,6
France	550,5	3,5
Royaume-Uni	380,8	2,4
Brésil	321,6	2,1
Corée du Sud	311,3	2,0
Italie	279,6	1,8
Espagne	237,3	1,5
Total monde	15 575,0	100,0

Pétrole brut		
Pays	Millions de tonnes	% du total
Arabie saoudite	414,2	11,7
États-Unis	353,1	9,9
Russie	348,1	9,8
Iran	188,1	5,3
Mexique	178,2	5,0
Total 5 pays	1 481,7	41,7
Vénézuela	174,0	4,9
Chine	164,8	4,6
Norvège	161,5	4,5
Canada	126,6	3,6
Irak	118,1	3,3
Royaume-Uni	118,4	3,3
Nigéria	111,7	3,1
Koweït	100,1	2,8
Total monde	3 551,5	100,0
dont OPEP	1 450,0	40,8

Énergie hydraulique		
Pays	TWh	% du total
Canada	331,5	12,7
Brésil	268,4	10,3
Chine	241,7	9,3
États-Unis	205,6	7,9
Russie	166,0	6,4
Total 5 pays	1 213,2	46,5
Norvège	120,9	4,6
Japon	97,0	3,7
Inde	80,0	3,1
Suède	79,3	3,0
France	78,5	3,0
Total monde	2 607,4	100,0

Gaz naturel		
Pays	Milliards de m^3	% du total
Russie	575,4	22,6
États-Unis	550,0	21,6
Canada	185,7	7,3
Royaume-Uni	112,9	4,4
Algérie	79,3	3,1
Total 5 pays	1 503,3	59,1
Pays-Bas	77,8	3,1
Indonésie	62,5	2,5
Iran	60,6	2,4
Norvège	56,6	2,2
Arabie saoudite	53,7	2,1
Total monde	2 544,4	100,0

Énergie nucléaire		
Pays	TWh	% du total
États-Unis	815,7	30,7
France	422,0	15,9
Japon	310,2	11,7
Allemagne	171,6	6,5
Russie	134,4	5,1
Total 5 pays	1 853,9	69,8
Corée du Sud	112,1	4,2
Royaume-Uni	91,2	3,4
Ukraine	77,1	2,9
Canada	76,7	2,9
Suède	71,9	2,7
Total monde	2 654,5	100,0

Charbon et lignite		
Pays	Millions de tonnes	% du total
Chine	1 320,1	27,5
États-Unis	1 017,3	21,2
Inde	341,1	7,1
Australie	326,4	6,8
Russie	270,0	5,6
Total 5 pays	3 274,9	68,2
Afrique du Sud	225,6	4,7
Allemagne	202,1	4,2
Pologne	163,9	3,4
Indonésie	94,0	2,0
Ukraine	85,5	1,8
Total monde	4802,6	100,0

Source : Enerdata.

tombant même à 0,9 % en 2000, à 0,2 % en 2001 et à 0,6 % en 2002, selon les prévisions de l'Agence internationale de l'énergie (AIE). D'abord imputée à la chute de la consommation dans les économies en transition, cette faiblesse paraissait de plus en plus liée à la réorganisation des appareils de production et à la diffusion des nouvelles technologies de l'information dans les économies industrialisées et dans certaines économies émergentes, comme la Chine. ■

Mines et métaux
Conjoncture 2001-2002

Akram B. Ellyas
Journaliste, La Tribune

En 2001 et au premier semestre 2002, le cours des métaux non ferreux ont tous été orientés à la baisse en raison de la stagnation de la demande mondiale et de l'augmentation générale des stocks. Habituellement considéré comme un indicateur avancé quant à l'état de l'économie américaine, le prix du cuivre a ainsi chuté de 20 % en 2001 et la tendance baissière s'est maintenue lors des six premiers mois de l'année 2002. De fait, le marché mondial des métaux a connu une situation inédite depuis 1982 : la demande globale est restée en baisse, aucun métal ne réussissant à tirer son épingle du jeu. Peu enclins à parier sur une reprise des cours avant le second semestre 2002, à condition toutefois que la croissance américaine retrouve son rythme de croisière, les investisseurs sont restés d'autant plus prudents que les inventaires ont explosé. Qu'il s'agisse des entrepôts du London Metal Exchange (LME) ou du Comex américain, la moyenne de la hausse des stocks de métal a dépassé les 100 % pour 2001 et les 70 % pour les premiers six mois de 2002. Les perspectives restaient peu enthousiasmantes, les productions – notamment d'aluminium, de nickel, de zinc et d'étain – étant largement supérieures à la demande malgré la multiplication des fermetures de sites jugés peu rentables. Dans le cas du zinc et du nickel, le renforcement annoncé des législations antipolluantes, en Europe mais aussi en Amérique du Nord, est aussi apparu comme un facteur baissier.

Si les non-ferreux n'ont guère été à l'honneur, tel n'a pas été le cas de l'or qui a retrouvé un peu de son éclat perdu au cours des cinq années précédentes, du fait de l'arrivée sur le marché de quantités importantes cédées par les grandes banques centrales. À la fin juillet 2002, l'once de métal jaune évoluait entre 310 et 320 dollars et, si de nombreux experts estimaient peu probable un niveau de 340 dollars, d'autres spécialistes insistaient sur le rôle retrouvé de valeur refuge. Avec un dollar en forte baisse par rapport à l'euro, l'effondrement des marchés boursiers et la baisse des rendements obligataires, les fonds d'investissements se sont logiquement reportés sur l'or, même si le mouvement n'a pas été massif. Les facteurs exogènes cités précédemment n'expliquent cependant pas à eux seuls le regain d'intérêt du marché pour le métal précieux. En 2001, le mouvement de consolidation du secteur s'est en effet poursuivi avec de nombreuses opérations de rapprochement, à l'image du rachat du producteur Normandy par Newmont. La diminution du nombre de producteurs et la fermeture tem-

Acier[a]		
Pays	Millions tonnes	% du total
Chine	127,0	15,0
Japon	106,4	12,6
États-Unis	102,0	12,1
Russie	59,1	7,0
Allemagne	46,4	5,5
Total 5 pays	441,2	52,1
Total monde	846,0	100,0

Bauxite[d]		
Pays	Milliers tonnes	% du total
Australie	53 285	38,6
Guinée	17 950	13,0
Brésil	13 224	9,6
Jamaïque	12 370	9,0
Chine	7 900	5,7
Total 5 pays	104 729	75,9
Total monde	137 899	100,0

Aluminium[b]		
Pays	Milliers tonnes	% du total
Chine	3 425	14,0
Russie	3 302	13,5
États-Unis	2 637	10,8
Canada	2 583	10,5
Australie	1 785	7,3
Total 5 pays	13 732	56,0
Total monde	24 521	100,0

Cadmium[e]		
Pays	Tonnes	% du total
Japon	2 467	12,8
Chine	2 368	12,3
Corée du Sud	1 879	9,7
Mexique	1 436	7,4
Canada	1 429	7,4
Total 5 pays	9 579	49,6
Total monde	19 307	100,0

Antimoine[c]		
Pays	Tonnes	% du total
Chine	92 440	76,2
Russie	12 800	10,5
Afrique du Sud	4 783	3,9
Tadjikistan	3 500	2,9
Australie	1 800	1,5
Total 5 pays	115 323	95,0
Total monde	121 388	100,0

Chrome[f]		
Pays	Milliers tonnes	% du total
Afrique du Sud	5 225	41,8
Kazakhstan	3 800	30,4
Inde	1 930	15,5
Zimbabwé	683	5,5
Brésil	276	2,2
Total 5 pays	11 914	95,4
Total monde	12 491	100,0

Argent[c]		
Pays	Tonnes	% du total
Pérou	2 669,5	15,1
Mexique	2 628,4	14,9
Australie	1 970,0	11,2
États-Unis	1 606,0	9,1
Chili	1 357,4	7,7
Total 5 pays	10 231,3	58,0
Total monde	17 637,0	100,0

Cobalt[g]		
Pays	Tonnes	% du total
Finlande	8 100	21,6
Zambie	4 665	12,4
Canada	4 393	11,7
Russie	4 000	10,7
Australie	3 473	9,3
Total 5 pays	24 631	65,7
Total monde	37 478	100,0

a. 2000 ; b. Production d'aluminium primaire ; c. Métal contenu dans les minerais et concentrés ; d. Poids du minerai ; e. Métal produit ; f. Minerais et concentrés produits ; g. Métal produit et métal contenu dans les sels de cobalt.

Cuivre[a]		
Pays	Milliers tonnes	% du total
Chili	4 739	34,8
États-Unis	1 340	9,8
Indonésie	1 047	7,7
Australie	869	6,4
Pérou	722	5,3
Total 5 pays	8 717	64,0
Total monde	13 616	100,0

Magnésium[d]		
Pays	Milliers tonnes	% du total
Chine	186,0	46,6
Russie	44,0	11,0
Norvège	40,7	10,2
États-Unis	40,0	10,0
Canada	38,0	9,5
Total 5 pays	348,7	87,3
Total monde	399,5	100,0

Diamants industriels naturels[b]		
Pays	Millions carats	% du total
Australie	14,7	26,4
Congo (-Kinshasa)	14,2	25,5
Russie	11,6	20,9
Afrique du Sud	6,5	11,7
Botswana	5,0	8,9
Total 5 pays	51,9	93,4
Total monde	55,6	100,0

Manganèse[a]		
Pays	Milliers tonnes	% du total
Chine	5 300,0	23,6
Afrique du Sud	3 271,3	14,6
Ukraine	2 781,0	12,4
Brésil	2 200,0	9,8
Australie	2 069,0	9,2
Total 5 pays	15 621,3	69,5
Total monde	22 461,3	100,0

Étain[a]		
Pays	Milliers tonnes	% du total
Chine	78,8	33,9
Indonésie	56,3	24,2
Pérou	38,2	16,4
Brésil	13,8	5,9
Bolivie	12,5	5,4
Total 5 pays	199,6	85,9
Total monde	232,4	100,0

Mercure[e]		
Pays	Tonnes	% du total
Russie	1 100,0	32,0
Espagne	1 094,0	31,8
Kirghizstan	575,0	16,7
Algérie	320,1	9,3
Chine	192,0	5,6
Total 5 pays	3 281,1	95,4
Total monde	3 438,8	100,0

Fer[bc]		
Pays	Millions tonnes	% du total
Chine	224	21,1
Brésil	195	18,4
Australie	168	15,8
Russie	87	8,2
Inde	75	7,1
Total 5 pays	749	70,5
Total monde	1 061	100,0

Molybdène[a]		
Pays	Milliers tonnes	% du total
États-Unis	37,6	28,6
Chili	33,5	25,5
Chine	28,2	21,5
Pérou	9,5	7,2
Canada	8,6	6,5
Total 5 pays	117,4	89,4
Total monde	131,3	100,0

a. Métal contenu dans les minerais et concentrés ; b. 2000 ; c. Poids des minerais ; d. Magnésium primaire raffiné ; e. Métal produit.

Nickel[a]		
Pays	Milliers tonnes	% du total
Russie	252,0	21,1
Australie	206,0	17,2
Canada	193,9	16,2
Nlle-Calédonie	117,6	9,8
Indonésie	84,8	7,1
Total 5 pays	854,3	71,4
Total monde	1 197,1	100,0

Titane[b]		
Pays	Milliers tonnes	% du total
Australie	1 327,0	30,9
Afrique du Sud	850,0	19,8
Canada	788,0	18,3
Ukraine	410,0	9,5
Norvège	348,5	8,1
Total 5 pays	3 723,5	86,7
Total monde	4 295,2	100,0

Or[a]		
Pays	Tonnes	% du total
Afrique du Sud	393,5	16,6
États-Unis	324,9	13,7
Australie	287,7	12,1
Chine	216,8	9,2
Canada	159,4	6,7
Total 5 pays	1 382,3	58,4
Total monde	2 368,5	100,0

Tungstène[a]		
Pays	Tonnes	% du total
Chine	26 900	82,2
Russie	3 000	9,2
Ouzbékistan	1 000	3,1
Portugal	735	2,2
Bolivie	550	1,7
Total 5 pays	32 185	98,3
Total monde	32 729	100,0

Platine[a]		
Pays	Tonnes	% du total
Afrique du Sud	120,3	72,6
Russie	33,3	20,1
Canada	7,3	4,4
États-Unis	3,2	1,9
Colombie	0,7	0,4
Total 5 pays	164,8	99,5
Total monde	165,6	100,0

Uranium[a]		
Pays	Tonnes	% du total
Canada	12 992	36,3
Australie	7 720	21,6
Niger	2 900	8,1
Ouzbékistan	2 350	6,6
Namibie	2 239	6,3
Total 5 pays	28 201	78,8
Total monde	35 781	100,0

Plomb[a]		
Pays	Milliers tonnes	% du total
Australie	714,0	24,0
Chine	599,2	20,1
États-Unis	432,8	14,5
Pérou	289,1	9,7
Mexique	153,9	5,2
Total 5 pays	2 189,0	73,5
Total monde	2 977,7	100,0

Zinc		
Pays	Milliers tonnes	% du total
Chine	1 572,1	17,7
Australie	1 518,0	17,1
Pérou	1 056,0	11,9
Canada	1 052,2	11,8
États-Unis	796,5	8,9
Total 5 pays	5 994,8	67,3
Total monde	8 902,9	100,0

a. Métal contenu dans les minerais et concentrés ; b. Dioxyde de titane contenu dans les minerais et concentrés.

poraire de certains sites étaient jugées par les investisseurs indispensables à un maintien de l'once à des niveaux supérieurs à 310 dollars. Dans cette optique, l'Australie, avec sa multitude de mines dirigées par des groupes familiaux et affichant les coûts de production les moins élevés du monde, fait désormais figure de nouvelle frontière. Tous les grands producteurs sont donc à l'affût d'un rachat, cela d'autant plus que la faiblesse du dollar australien présente le double avantage de faciliter les opérations d'acquisitions et de doper les exportations. Plus que tout autre opérateur, la stratégie australienne du géant sud-africain Anglogold est restée observée de près par le marché. Possédant des sites en Afrique du Sud considérés parmi les plus dangereux du monde, Anglogold a manifesté son intérêt pour les mines à ciel ouvert australiennes, bien plus productives et plus sûres pour les mineurs. De même, le producteur ne cachait pas son intention de réduire sa dépendance à l'égard de l'Afrique du Sud au nom d'un réalisme économique impitoyable : une bonne partie des mineurs du groupe sont en effet infectés par le virus du sida avec tout ce que cela implique, selon Anglogold, en terme de dépenses médicales et de baisse de productivité.

Le secteur des métaux semi-précieux, avec notamment le groupe platine, est revenu quant à lui à des niveaux de prix plus réalistes que ceux de l'année 2000, où les onces de platine et de palladium avaient avoisiné les 1 000 dollars. Avec, fin juillet 2002, une once respectivement à 530 dollars et 330 dollars, le marché de ces deux métaux indispensables à l'industrie automobile (pots catalytiques) a largement bénéficié d'une annonce du gouvernement russe envisageant à terme d'abandonner son monopole. Si une telle nouvelle venait à être confirmée, les tensions spéculatives, dues à l'absence d'informations en provenance de Russie (qui contrôle les deux tiers de la production mondiale), ne seraient plus qu'un mauvais souvenir. ∎

Céréales
Conjoncture 2001-2002

Patricio Mendez del Villar
Économiste, CIRAD-CA

Les récoltes céréalières 2001-2002 ont globalement connu une hausse de 1,3 %. La production de céréales secondaires a enregistré une hausse sensible de 3,3 %, tandis que les récoltes de blé et de riz ont reculé, respectivement de 0,3 % et de 0,7 %. La production mondiale de céréales a atteint, selon l'Organisation des Nations unies pour l'alimentation et l'agriculture (FAO), 1 884 millions de tonnes (y compris le riz usiné) contre 1 860 millions lors de la campagne 2000-2001. Ces résultats tiennent en partie à l'amélioration des conditions climatiques et à l'accroissement des ensemencements en céréales sèches, notamment dans certains pays de la CEI (Communauté d'États indépendants), en Extrême-Orient et en Amérique latine. Pour satisfaire les besoins de consommation, un nouveau prélèvement sur les stocks céréaliers mondiaux devrait être effectué. Les perspectives pour la campagne 2002-2003, bien que favorables, avec une augmentation de la production mondiale des céréales de 1,1 %, se situaient une fois encore en deçà des besoins estimés, en progression de 1,7 % par

Céréales (production)

Pays	Millions tonnes	% du total
Chine	404,1	19,5
États-Unis	325,3	15,7
Inde	230,6	11,1
Russie	83,6	4,0
France	60,5	2,9
Total 5 pays	1 104,2	53,2
Brésil	56,3	2,7
Indonésie	55,2	2,7
Allemagne	50,1	2,4
Canada	44,3	2,1
Bangladesh	41,2	2,0
Ukraine	38,8	1,9
Argentine	38,4	1,8
Vietnam	34,0	1,6
Australie	31,2	1,5
Thaïlande	30,1	1,4
Total monde	2 076,8	100,0

Céréales (exportations)[a]

Pays	Millions tonnes	% du total
États-Unis	87,4	32,1
France	32,7	12,0
Argentine	23,7	8,7
Canada	22,9	8,4
Australie	21,8	8,0
Allemagne	14,4	5,3
Chine	14,0	5,1
Thaïlande	6,2	2,3
Total monde	272,2	100,0

Céréales (importations)[a]

Pays	Millions tonnes	% du total
Japon	27,0	10,4
Mexique	14,1	5,4
Corée du Sud	12,8	4,9
Brésil	10,5	4,0
Égypte	10,1	3,9
Iran	9,9	3,8
Chine	9,5	3,6
Italie	8,5	3,3
Algérie	7,5	2,9
Indonésie	6,9	2,6
Total monde	259,8	100,0

Riz (paddy)

Pays	Millions tonnes	% du total
Chine	181,5	30,6
Inde	131,9	22,2
Indonésie	50,1	8,5
Bangladesh	39,1	6,6
Vietnam	31,9	5,4
Thaïlande	25,2	4,3
Myanmar	20,6	3,5
Philippines	13,0	2,2
Total monde	592,8	100,0

Blé

Pays	Millions tonnes	% du total
Chine	93,5	16,2
Inde	68,5	11,8
États-Unis	53,3	9,2
Russie	46,9	8,1
France	31,7	5,5
Allemagne	22,9	4,0
Ukraine	21,3	3,7
Canada	21,3	3,7
Total monde	578,9	100,0

Millet et sorgho

Pays	Milliers tonnes	% du total
Inde	16 922	19,4
Nigéria	13 816	15,8
États-Unis	13 506	15,5
Mexique	6 713	7,7
Chine	5 406	6,2
Soudan	2 971	3,4
Total monde	87 356	100,0

Maïs

Pays	Millions tonnes	% du total
États-Unis	241,5	39,9
Chine	115,8	19,1
Brésil	41,4	6,8
Mexique	18,6	3,1
France	16,5	2,7
Argentine	15,4	2,5
Inde	11,8	2,0
Italie	10,6	1,7
Total monde	605,2	100,0

a. 2000.

an, ce qui devrait se traduire par une nouvelle baisse des stocks mondiaux, d'environ 9 %. Le commerce mondial en 2001-2002 a progressé de 1,7 %, en raison de la baisse de la production de blé et de riz. Cependant, les prix internationaux sont restés relativement faibles, tendance qui s'est poursuivie durant le premier semestre 2002.

Nouvelle baisse des stocks mondiaux en 2002

En 2001-2002, la production mondiale de blé a été estimée par la FAO quasiment inchangée (582 millions de tonnes contre 583 millions de tonnes en 2000-2001). Cette stagnation a été due aux mauvaises conditions climatiques dans les principaux pays producteurs (Chine, Inde, États-Unis, Canada et Union européenne). En Afrique, notamment en Afrique du Nord, la production de blé a nettement progressé grâce à des meilleures conditions climatiques. De même, en Russie, la production a été une nouvelle fois exceptionnelle, avec une hausse de 36 %. Dans les pays de l'hémisphère sud, la production de blé en 2001 a également repris, dépassant la moyenne des cinq années précédentes, sauf en Argentine, en raison de la crise économique et politique.

La production de céréales secondaires a connu une nette augmentation (909 millions de tonnes en 2001 contre 877 millions de tonnes en 2000). La progression a été particulièrement sensible en Chine, au Brésil et en Europe de l'Est, notamment en Ukraine. En revanche, en Amérique du Nord, les récoltes ont reculé sous l'effet de la baisse des prix et de la sécheresse persistante. Les perspectives pour 2002 s'annonçaient favorables, sauf dans les pays d'Afrique subsaharienne et dans les pays du Mercosur (Marché commun du sud de l'Amérique), en raison des intempéries survenues au début de l'année 2002.

En 2001, pour la troisième année consécutive, la production de riz a reculé, tombant à 593 millions de tonnes de paddy (riz non décortiqué) contre 599 millions de tonnes

en 2000, soit l'équivalent de 397 millions de tonnes de riz usiné. La récolte chinoise, qui représente 30 % de la production mondiale de riz, a été la principale responsable de cette diminution. La faiblesse des cours a fortement démotivé les producteurs, qui se sont tournés vers des cultures plus rémunératrices comme les oléagineux et certaines céréales secondaires.

La consommation céréalière en 2001-2002 a progressé de 1,7 % contre 0,5 % seulement lors de la campagne précédente, atteignant ainsi 1 935 millions de tonnes contre 1 902 millions en 2000-2001. La faiblesse des cours mondiaux et l'abondance des disponibilités, dans des pays autres que les principaux pays exportateurs, ont contribué à cet essor. La part destinée à la consommation humaine directe, représentant un peu plus de la moitié de la consommation totale, devait s'établir à 970 millions de tonnes contre 967 millions de tonnes précédemment. Cette progression devait à peine maintenir le niveau de l'année précédente, avec une consommation par tête de 168 kg/an dans les pays en développement et de 134 kg/an dans les pays développés. L'utilisation des céréales pour l'alimentation animale a continué d'augmenter à un rythme de 2 % par an, notamment en Europe et en Asie, et pourrait, à terme, dépasser les utilisations globales pour la consommation humaine.

Les stocks mondiaux de céréales pour la campagne agricole se finissant en 2001 ont diminué de 7 % par rapport à leur niveau d'ouverture. En 2002, ils devaient se situer à 567 millions de tonnes, contre 623 millions en 2001, soit un recul de 9 %. Cette baisse aurait surtout été imputable à la chute des stocks de blé (12 %), tandis que la baisse des stocks de riz et des céréales secondaires se serait située entre 7 % et 7,5 %.

Progression des échanges céréaliers

En 2001-2002, les échanges mondiaux de céréales ont connu, grâce à la faiblesse des cours mondiaux, une hausse de presque 2 % par rapport à la campagne 2000-2001, s'élevant à 237,5 millions de tonnes contre 233 millions de tonnes.

Les importations de blé ont augmenté de 5,5 % en 2001-2002, atteignant 106 millions de tonnes contre 100,5 millions en 2000-2001. La demande d'importation en blé a progressé dans presque toutes les régions du monde, sauf en Amérique latine et en Europe de l'Est, en raison de la reprise de la production locale. Dans l'Union européenne, les importations de blé ont connu une hausse sensible en 2001-2002, avec 8 millions de tonnes contre 3,2 millions de tonnes lors de la campagne précédente, permettant de compenser la chute de la production, en particulier celle du blé fourrager. En Asie, les importations ont augmenté à cause du recul de la production chinoise.

Concernant les pays exportateurs, la reprise du commerce mondial de blé a surtout – fait nouveau – profité aux pays de l'Europe de l'Est, comme la Russie et l'Ukraine. En Inde et en Australie, les ventes ont également progressé. En revanche, la plupart des grands pays exportateurs excédentaires (États-Unis, Canada et Argentine) ont vu leurs ventes stagner, voire reculer.

Les échanges de céréales secondaires ont légèrement augmenté, atteignant 106,2 millions de tonnes contre 105,6 millions de tonnes en 2000-2001. Ce niveau, qui demeurait l'un des plus élevés de la décennie, pouvait même progresser en 2002-2003. La demande asiatique en 2002 a été plus importante que l'année précédente, notamment pour les importations de maïs et d'orge à destination de la Chine et de l'Indonésie. En Europe occidentale, les importations ont également repris, doublant presque par rapport à l'année précédente. Ailleurs, les achats ont reculé, notamment en Afrique du Nord et en Amérique latine.

Le commerce mondial du riz en 2001 n'a guère progressé par rapport à 2000, avec 24 millions de tonnes contre 23 millions de tonnes en 2000. La demande d'importation asiatique est restée relativement faible en raison de la reprise de la production dans les principaux pays importateurs de la région, notamment en Indonésie et aux Philippines. En revanche, les échanges rizicoles en 2002 pourraient s'élever à 25,5 millions de tonnes, à la suite d'un nouveau recul de la production de riz asiatique en 2001. Malgré cette reprise, les prix mondiaux ne devaient pas remonter, car les disponibilités, à l'instar du blé et du maïs, devaient être suffisantes.

Des prix au plus bas

En 2001, les prix mondiaux des céréales ont une nouvelle fois été orientés à la baisse, les importants excédents détenus par des pays autres que les principaux pays exportateurs ayant pesé sur les cours. Les perspectives en 2002 n'étaient guère encourageantes, en raison du redressement de la production céréalière et de la stagnation du commerce mondial prévue en 2002-2003. Les cours du blé sont restés à des niveaux inférieurs à ceux de la campagne précédente. Le prix du blé meunier s'est cependant maintenu grâce à une demande plus vigoureuse. Le blé États-Unis n° 2 (« Hard Winter ») est passé d'un prix moyen de 128 dollars la tonne FOB en 2000-2001 à environ 127 dollars la tonne FOB en 2001-2002. En Argentine, le prix du blé (« Trigo Pan ») a reculé, passant de 115 dollars la tonne FOB à 113 dollars la tonne FOB. Les prix du maïs ont en revanche mieux résisté ; le maïs États-Unis n° 2 (« Yellow ») est passé de 89 dollars la tonne FOB en 2000-2001 à environ 91 dollars la tonne FOB en 2001-2002. Pour le riz, la baisse a été générale. Le prix du riz thaï 100 % B est passé de 207 dollars la tonne FOB en 2000 à 178 dollars la tonne FOB en 2001. Les brisures thaï « Al super » sont passées de 143 dollars la tonne FOB en 2000 à 136 dollars la tonne FOB en 2001. Le riz US Grain Long 2/4 % est passé de 271 dollars la tonne FOB en 2000 à 264 dollars la tonne FOB en 2001.

En 2002-2003, peu de changements

Sites Internet

Arroz (portail d'information sur l'industrie rizicole)
http://www.arroz.com

Oryza (portail d'information sur l'industrie rizicole)
http://www.oryza.com

FAO (Organisation des Nations unies pour l'alimentation et l'agriculture)
http://www.cirad.fr/giews/french/smiar.htm

USDA (Secrétariat d'État américain à l'Agriculture)
http://www.fas.usda.gov/
http://www.fas.usda.gov/currwmt.html

Banque mondiale
http://www.worldbank.org/html/ieccp/pink.html

Michigan State University
http://www.aec.msu.edu/agecon/fs2/market_information.htm

CIRAD (Centre de coopération internationale en recherche agronomique pour le développement)
http://www.cirad.fr/publications/documents/produitstrop/home.html

Solagral-Resal (questions alimentaires, d'environnement et de développement).
http://europea.eu.int/comm/europeaid/projects/resal

étaient attendus dans le commerce mondial des céréales. La faiblesse des prix mondiaux, les plus bas depuis le début des années 1970, devait se maintenir, en raison des perspectives d'excédents importants dans les grands pays exportateurs, ainsi qu'en Europe orientale et en Asie du Sud. À plus long terme, ces excédents conjoncturels ne doivent pas masquer une situation alimentaire qui reste préoccupante, notamment dans les pays les plus pauvres, ce qui a été souligné une nouvelle fois, en juin 2002, lors du « sommet » mondial de l'alimentation de la FAO à Rome.■

Tous les pays du monde

États et ensembles géopolitiques

RÉDIGÉ PAR
LES MEILLEURS
SPÉCIALISTES, LE
BILAN DE L'ANNÉE
POUR TOUS LES
ÉTATS SOUVERAINS
DE LA PLANÈTE,
AINSI QUE POUR
LES PRINCIPAUX
TERRITOIRES SOUS
TUTELLE.
SOUS L'ANGLE
POLITIQUE,
ÉCONOMIQUE,
SOCIAL ET
DIPLOMATIQUE.
DES CARTES,
DE NOMBREUX
TABLEAUX
STATISTIQUES, DES
BIBLIOGRAPHIES
SÉLECTIVES,
DES FICHES
SIGNALÉTIQUES…

Par **Roland Pourtier**
Géographe, Université Paris-I

D'une architecture massive, située, pour l'essentiel, dans la zone intertropicale dont elle partage tous les climats, l'Afrique offre l'apparence d'une unité physique. Elle s'accroche à l'Asie par l'isthme de Suez, regarde vers l'Europe au-delà de la Méditerranée. Sur ses 30 millions de km^2 vivaient, en l'an 2001, 813 millions d'habitants, dont 636 au sud du Sahara. L'Afrique porte l'héritage d'une histoire marquée, à partir du XVIe siècle, par des relations dissymétriques avec l'Europe : traite des esclaves et colonisation. Depuis la période des indépendances, diversement acquises autour de 1960, les 54 États qui la composent s'efforcent de récupérer leur part d'initiative politique. Celle-ci est cependant étroitement limitée par les difficultés économiques et financières rencontrées par la plupart d'entre eux, contraints de se plier aux exigences des plans d'ajustement structurel (PAS) du FMI. Prise globalement, l'Afrique est le continent où les traits du sous-développement apparaissent les plus accusés, surtout au sud du Sahara où se trouvent des pays parmi les plus pauvres du monde. Famines, épidémies, dont celle du sida qui la touche plus cruellement que le reste de la planète, guerres particulièrement longues, les trois Parques semblent ne laisser aucun répit à l'Afrique, entretenant l'afro-pessimisme.

Ce tableau d'ensemble masque cependant la grande diversité d'une Afrique qu'il est préférable de décliner au pluriel tant les différences écologiques, les niveaux de développement économique, les dynamiques politiques créent des combinatoires contrastées. Au nord du Sahara, du Maghreb à l'Égypte, l'« Afrique blanche », intimement liée à l'histoire millénaire de la Méditerranée, demeure distincte du reste du continent. Même si le plus grand désert du monde n'a jamais été une barrière étanche, il a considérablement freiné les phénomènes de diffusion. La seule grande innovation devait être l'adoption de l'islam dans les espaces de contact avec le monde arabe : sahels d'Afrique de l'Ouest et des rivages de l'océan Indien.

Au sud du Sahara, on peut distinguer quatre grands types de milieux. Les savanes constituent des espaces ouverts, propices aux échanges autant qu'aux activités agropastorales. Là s'épanouirent autrefois royaumes et empires ; là une paysannerie laborieuse et des commerçants avisés constituent le socle d'un développement endogène possible. L'univers de la forêt, quant à lui, avec ses faibles densités humaines et ses horizons bornés, n'a connu dans le passé que des sociétés acéphales : les États, les villes sont d'origine exogène. Le succès des cultures « tropicales » (café, cacao, etc.) a favorisé les régions forestières littorales, sans les mettre à l'abri des aléas des économies de rente, comme l'a illustré la Côte-d'Ivoire et son « miracle » économique sans lendemain. Troisième type, les hautes terres, caractéristiques de l'est du continent, combinent, pour l'agriculture, les avantages de l'altitude et de sols volcaniques, mais ces atouts peuvent se retourner contre les hommes lorsque ceux-ci se trouvent confrontés au surpeuplement, comme c'est le cas pour les territoires de densités élevées de la crête Congo-Nil (Rwanda, Burun-

Afrique

L'AFRIQUE QUI VERRA LE JOUR DEMAIN S'ENFANTE DANS LES VILLES, DONT AUCUN POUVOIR N'A PU CANALISER LA VERTIGINEUSE CROISSANCE.

di…). Dernière configuration, l'Afrique du Sud, partagée entre milieux tempérés et tropicaux, tranche sur le reste de l'Afrique subsaharienne par l'importance de sa population blanche. Elle se distingue aussi par un niveau de développement sans commune mesure avec les autres pays, quand bien même la majorité des Noirs et des Métis vivent toujours dans un grand dénuement. La diversité des paysages naturels est considérable : désert de sable et de roc ; forêt primaire à l'exceptionnelle biodiversité ; vastes étendues encore parcourues, dans quelques espaces préservés, par les animaux sauvages, ou neiges du Kilimandjaro. Quant à la diversité humaine, elle semble infinie. Les langues, les cultures ethniques se comptent par milliers. La progression de l'islam et du christianisme n'a pas effacé un « animisme » aux manifestations multiformes. La contrepartie de l'ethnodiversité se lit dans les difficultés de construction d'États modernes toujours à la recherche d'un difficile équilibre entre citoyenneté et identités ethniques, d'autant que ces dernières font souvent l'objet de manipulations politiques.

À partir du milieu du XXe siècle, tous les pays d'Afrique ont été confrontés à la vague de fond d'une croissance démographique sans précédent. Même si celle-ci s'est ralentie, les projections affichaient encore un taux annuel de 2,23 % pour 2005-2010 ; un doublement de la population en une génération représente un énorme défi. La baisse de la fécondité, désormais bien engagée au Maghreb, s'est tout juste amorcée en Afrique noire. Certes, d'immenses espaces sont à peine peuplés, notamment dans la cuvette congolaise, mais les lieux où « la terre est finie » se multiplient, engendrant des tensions foncières. Parallèlement à la croissance de la population, le continent s'urbanise à un rythme très rapide. L'Afrique de demain s'enfante dans ces villes, dont aucun pouvoir n'a pu canaliser la croissance. Autre conséquence décisive pour son avenir : l'extrême jeunesse d'une population qui compte 60 % de moins de vingt ans. Depuis les années 1980, le secteur moderne de l'économie crée peu d'emplois, rejetant les jeunes citadins, au mieux vers des activités de survie dans le secteur informel, sinon dans une marginalité propice à la violence – quand les leaders politiques n'en font pas des miliciens ou des enfants-soldats.

Affaiblis par ces facteurs d'instabilité interne, les États africains ont du mal à s'affirmer dans une mondialisation reproduisant les schémas de la dépendance : les économies exportatrices de produits primaires, agricoles, miniers et pétroliers ne parviennent pas à se dégager du modèle rentier qui les assujettit aux marchés des pays consommateurs du Nord. L'Afrique compte peu dans l'économie mondiale ; elle a perdu de surcroît sa rente géopolitique depuis la fin de la Guerre froide. L'importance de l'aide humanitaire sous toutes ses formes révèle l'ampleur de la crise qui accompagne ses mutations. ∎

L'AFRIQUE COMPTE PEU DANS UNE ÉCONOMIE MONDIALE REPRODUISANT LES SCHÉMAS DE LA DÉPENDANCE ; ELLE A PERDU DE SURCROÎT SA RENTE GÉOPOLITIQUE DEPUIS LA FIN DE LA GUERRE FROIDE. L'IMPORTANCE DE L'AIDE HUMANITAIRE SOUS TOUTES SES FORMES RÉVÈLE L'AMPLEUR DE LA CRISE QUI ACCOMPAGNE SES MUTATIONS.

Repères

Les tendances de la période

*Par **Stephen W. Smith***
Journaliste, Le Monde

Treize ans après la chute du Mur de Berlin et la disparition de l'ordre mondial bipolaire, propice aux alliances avec des « régimes amis », l'Afrique, continent le moins développé de la planète, est sortie d'une éclipse géopolitique plus que décennale, à l'occasion du « sommet » des pays les plus riches, les 26 et 27 juin à Kananaskis, au Canada. Réapparaissant sur l'agenda international, autrement que sur le plan humanitaire, l'Afrique y a fait l'objet d'un « plan d'action » de la part du G-8 (G-7 + Russie). Ce plan prévoit que « la moitié ou plus » de l'augmentation de l'aide publique au développement (APD) promise en mars 2002, lors d'une conférence des Nations unies à Monterrey (Mexique), soit allouée à l'Afrique. Pour la période allant de 2002 à 2006, au moins 6 milliards de dollars supplémentaires devraient ainsi être consacrés au développement du continent africain. Celui-ci bénéficierait également, en grande partie, d'une réduction supplémentaire de la dette publique des pays pauvres, à hauteur de 1 milliard de dollars.

Ce sursaut, au nom du Nouveau partenariat pour le développement de l'Afrique (Nepad), est cependant apparu largement rhétorique. Au lendemain du « sommet » de Kananaskis, l'ONG britannique Oxfam a dénoncé les « cacahuètes jetées aux pauvres ». Non pas seulement en raison de l'insuffisance des moyens promis – aucunement en mesure d'induire en Afrique la croissance économique de l'ordre de 7 % pendant quinze années qui serait nécessaire, selon l'ONU, pour réduire de moitié l'extrême pauvreté –, mais aussi parce que ni les États-Unis ni l'Union européenne (UE) ne sont prêts à faire tomber le mur protectionniste empêchant l'importation des produits agricoles africains, seule véritable source de richesses du continent en dehors du pétrole. Au contraire, à la veille du « sommet » du G-8, le président américain George W. Bush a augmenté de 80 % les subventions à l'agriculture américaine. De leur côté, plusieurs pays européens – la France en tête – ont bloqué toute réforme de la Politique agricole commune (PAC) pouvant aller dans ce sens.

Toutefois, en entérinant, le 9 juillet 2001, lors du « sommet » de l'Organisation de l'unité africaine (OUA) à Lusaka (Zambie), le principe que le Nepad serait un « contrat » de développement fondé sur leur libre consentement aux exigences de la démocratie et de la « bonne gouvernance », les pays africains ont repris l'initiative, réinventant un langage susceptible d'être entendu par leurs bailleurs de fonds. L'invitation de quatre présidents africains (Algérie, Nigéria, Sénégal et Afrique du Sud) à Kananaskis a attesté ce retour sur la scène internationale. Et, quelle que soit l'insuffisance de l'aide consentie, les pays les plus industrialisés ont renouvelé l'engagement de principe d'assumer leurs responsabilités dans la lutte contre la « marginalisation » de l'Afrique. Au cours de la décennie 1990-2000, l'APD octroyée par les pays de l'OCDE (Organisation de coopération et de développement économiques) avait chuté de 29 %. Pendant la même période, l'aide perçue par l'Afrique était passée de 32 dollars par habitant et par an à 19 dollars.

Les attentats du 11 septembre 2001 aux États-Unis et la nouvelle matrice géopolitique qu'est la lutte antiterroriste engagée à l'échelle planétaire concourent à cette – toute relative – revalorisation de l'Afrique comme « enjeu global ». Si la dernière décennie du XXᵉ siècle s'est caractérisée par l'« abandon » de l'Afrique, et le retrait accéléré d'anciennes puissances coloniales, qui – comme la France – y étaient restées très investies, les intérêts communs du monde extérieur par rapport à l'Afrique – contrôles du prosélytisme

NI LES ÉTATS-UNIS NI L'UE N'ONT RENONCÉ AU PROTECTIONNISME EMPÊCHANT L'IMPORTATION DES PRODUITS AGRICOLES AFRICAINS.

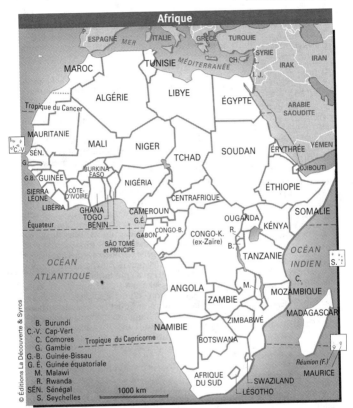

Afrique

B. Burundi
C.-V. Cap-Vert
C. Comores
G. Gambie
G.-B. Guinée-Bissau
G. E. Guinée équatoriale
M. Malawi
R. Rwanda
SÉN. Sénégal
S. Seychelles

1000 km

islamiste, de l'émigration, du blanchiment d'« argent sale », du trafic de drogue, des menaces épidémiques ou environnementales… – l'emportent désormais à la fois sur l'indifférence et sur les anciennes rivalités entre pays occidentaux. Dorénavant, l'Allemagne, par exemple, se reconnaît le besoin d'une « politique africaine », alors que, pour les États-Unis et pour la France, l'Afrique est davantage une source de périls potentiels qu'un pactole à se ravir mutuellement.

Sur cette toile de fond, une nouvelle division du travail se dessine entre puissances extra-africaines – États-Unis, France, Royaume-Uni, Portugal… mais, aussi, Allemagne, Japon ou ONU – et les puissances régionales ayant précisément émergé sur le continent, à la fin du XXe siècle, à la faveur du retrait des anciens rivaux de la Guerre froide (« l'Afrique aux Africains »). Les pays constituant les piliers du Nepad révèlent cette nouvelle donne de la politique continentale : davantage que l'OUA (rebaptisée en juillet 2002 « Union africaine »),

LA TENDANCE FORTE À LA CONSTITUTION DE « BLOCS RÉGIONAUX » EN AFRIQUE, À LA FAVEUR DU RETRAIT DES ANCIENS RIVAUX DE LA GUERRE FROIDE, Y INDUIT DES LUTTES INÉDITES POUR L'HÉGÉMONIE RÉGIONALE, COMME EN AFRIQUE AUSTRALE ENTRE L'AFRIQUE DU SUD ET L'ANGOLA.

des poids lourds régionaux – Algérie, Égypte, Nigéria, Afrique du Sud… – servent de relais au monde extérieur, lui-même regroupé dans de grands ensembles régionaux, dont l'UE, principal partenaire commercial et bailleur d'aides de l'Afrique. Cette tendance forte à la constitution de « blocs régionaux » en Afrique y induit des luttes inédites pour l'hégémonie régionale, comme en Afrique australe entre l'Afrique du Sud, géant économique de la région, et l'Angola, puissance militaire interventionniste (dans les deux Congos) et, à l'horizon de 2015, le plus important pays producteur de pétrole au sud du Sahara. Dans ce contexte, la reddition, après vingt-sept années de guérilla antigouvernementale, du mouvement rebelle de Jonas Savimbi (tué le 22 février 2002 par l'armée) a posé le problème de la pérennité de l'interventionnisme des Forces armées angolaises dans la région, qui était lié au combat contre l'UNITA (Union nationale pour l'indépendance totale de l'Angola) dans des pays voisins qui servaient à celle-ci de base arrière.

Au regard des nombreux conflits armés du continent, la nouvelle articulation entre le « global » et le « local » en Afrique n'a pas encore prouvé sa valeur opérationnelle. Ainsi, la guerre régionale au Congo (-Kinshasa) qui a opposé, à partir d'août 1998, les États dont l'alliance avait mis fin, en mai 1997, au régime du maréchal-président Mobutu Sese Seko, n'a-t-elle pas pris fin avec le déploiement, en décembre 1999, d'une Mission – d'interposition – des Nations unies au Congo (Monuc). Malgré la signature, en juillet 1999, des accords de paix de Lusaka, puis l'organisation d'un « dialogue intercongolais », en 2002 à Sun City (Afrique du Sud), la partition de fait de l'ex-Zaïre est demeurée une réalité (désormais « sanctifiée » par la présence des « casques bleus » de l'ONU) et la reprise des hostilités à grande échelle une menace permanente.

De même, malgré une médiation active de l'OUA, soutenue d'abord par la « communauté internationale », puis seulement par la France, aucune solution négociée n'a pu être apportée au conflit postélectoral à Madagascar, le président « sortant », Didier Ratsiraka finissant par abandonner la partie en juillet 2002 et gagner la France. En dépit des efforts conjugués de l'OUA et de l'UE, le dialogue entre le pouvoir et l'opposition au Togo n'a pas non plus abouti. Enfin, l'expérience ivoirienne a constitué un véritable contre-exemple, fondé sur un volontarisme bilatéral à mille lieues du « partenariat » collectif tel que le prône le Nepad. Seule la pression française sur la Côte-d'Ivoire a pu, en effet, y désamorcer, sans toutefois la régler, la crise née au sujet de la contestation de l'« ivoirité » de l'opposant et ancien Premier ministre Alassane Ouattara.

L'Afrique s'inscrit toujours dans une phase transitoire, entre la fin de la Guerre froide et l'avènement d'une nouvelle époque, qui lui assignera sa place comme enjeu sécuritaire dans un nouvel ordre international. En attendant, du fait de sa « marginalisation » mais, aussi, des blocages internes, l'écart entre le continent noir et le reste du monde ne cesse de se creuser. En 1980, selon les chiffres du PNUD (Programme des Nations unies pour le développement), les Africains étaient 22 fois moins riches que les Américains, alors que vingt ans plus tard, au tournant du millénaire, ils l'étaient 86 fois moins. ■

2001

9-11 juillet. OUA. 37ᵉ « sommet » de l'Organisation de l'unité africaine (OUA) à Lusaka, où est adoptée la Nouvelle initiative africaine (futur Nepad) [*voir 23 octobre*].

7 septembre. Nigéria. Violences opposant musulmans et chrétiens dans la ville de Jos. Les centaines de victimes de ces affrontements s'ajoutent à celles des vagues de violences communautaires qui ont gagné plusieurs régions du pays en 2001.

8 septembre. Afrique du Sud. Clôture à Durban de la Conférence mondiale contre le racisme, la xénophobie et l'intolérance, organisée par l'ONU. Les pays africains qui réclamaient des excuses officielles pour la traite négrière et le colonialisme n'ont pas obtenu gain de cause. L'esclavage a cependant été reconnu comme constituant un crime contre l'humanité.

2 octobre. Rwanda. Élection des 260 000 juges formant les 11 000 juridictions populaires gacaca inspirées de la justice traditionnelle rwandaise. Ces institutions, qui entreront en activité le 19 juin 2002, doivent permettre de juger les participants au génocide de 1994 et de favoriser la réconciliation des Rwandais.

23 octobre. Nepad. Lancement, lors d'un « sommet » extraordinaire des chefs d'État africains à Abuja (Nigéria), du Nepad (Nouveau partenariat pour le développement de l'Afrique). Ce projet de développement continental, parrainé par les présidents Abdoulaye Wade (Sénégal), Abdelaziz Bouteflika (Algérie), Olusegun Obasanjo (Nigéria) et Thabo Mbeki (Afrique du Sud), envisage des mesures d'envergure devant en grande partie être financées dans le cadre d'un nouveau partenariat avec l'Occident. Après plusieurs réunions internationales en Afrique au premier semestre 2002, le projet sera présenté aux chefs d'État du G-8 à Kananaskis du 26 au 27 juin 2002.

1ᵉʳ novembre. Burundi. Mise en place d'un gouvernement de transition aux termes de l'accord d'Arusha (août 2000). N'ayant pas signé cet accord, les deux principaux mouvements rebelles, les Forces pour la défense de la démocratie (FDD) et les Forces pour la libération nationale (FNL), continuent les combats.

14 novembre. Égypte. 23 des 52 personnes jugées pour homosexualité au Caire depuis juillet 2001 sont condamnées à des peines de 1 à 5 ans de prison pour « immoralité sexuelle ». Accusés et acquittés feront toutefois l'objet d'un nouveau procès, devant un tribunal civil cette fois.

27 novembre. Afrique du Sud. Accord d'alliance politique entre le Congrès national africain (ANC, au pouvoir), et le Nouveau parti national (NNP), héritier de la formation qui avait mis en œuvre l'apartheid. Le leader national du NNP, Martinus Van Schalkwyk, bénéficie ainsi du soutien de l'ANC pour accéder à la direction de la province du Cap occidental le 5 juin 2002.

18 décembre. Côte-d'Ivoire. Clôture du Forum de réconciliation nationale qui s'est tenu à Abidjan à partir du 9 octobre. Dans le même esprit se déroulera les 22 et 23 janvier 2002 à Yamoussoukro la première rencontre entre le président en titre, Laurent Gbagbo, ses prédécesseurs Henri Konan Bédié et Robert Guéï, ainsi que l'ancien Premier ministre Alassane Ouattara. Sur proposition du Forum de réconciliation nationale, ce dernier obtiendra, le 28 juin 2002, un certificat de nationalité ivoirienne (qualité qui lui était contestée).

16 décembre. Madagascar. Le premier tour de l'élection présidentielle déclenche une profonde crise politique. Le président sortant, Didier Ratsiraka, s'accroche au pouvoir tandis que le maire de la capitale, Marc Ravalomanana, se déclare élu dès le premier tour. Après une série de manifestations et de grèves, ce dernier s'autoproclame président de la République, tandis que D. Ratsiraka gagne son fief de Toamasina, d'où il organise une rébellion. Les troupes gouvernementales donneront rapidement l'avantage à M. Ravalomanana en contrôlant la totalité du pays début juillet 2002. M. Ravalomanana sera reconnu comme chef de l'État par la communauté internationale, alors que D. Ratsiraka fuira en France.

23 décembre. Comores. Adoption par référendum de la nouvelle Constitution du pays. L'ancienne République fédérale islamique devient ainsi l'Union des Comores. Chacune des trois îles jouit désormais d'une large autonomie.

Par **Benoît Dupin**
CREPAO, CEAN

29 décembre. Sénégal. Obsèques nationales à Dakar de l'homme de lettres et premier chef de l'État sénégalais (1960-1980), Léopold Sédar Senghor, décédé le 20 décembre à Verson (France).

2002

5 février. Congo (-Kinshasa). Le gouvernement belge présente ses excuses au peuple congolais pour l'assassinat du Premier ministre Patrice Lumumba en 1961.

7 février. Afrique de l'Ouest. Les actionnaires de la compagnie multinationale Air Afrique, réunis à Abidjan, votent à l'unanimité son dépôt de bilan.

22 février. Angola. Jonas Savimbi, le chef historique du mouvement rebelle UNITA (Union nationale pour l'indépendance totale de l'Angola), est tué dans la province de Moxico au cours de combats contre les troupes gouvernementales. Un accord de cessez-le-feu est conclu le 4 avril et les combattants de l'UNITA sont rassemblés dans 35 camps où ils doivent être désarmés. Leur situation précaire aggrave la famine menaçant le pays.

25 février. Congo (-Kinshasa). Début à Sun City (Afrique du Sud) des assises du dialogue intercongolais qui se solde, le 19 avril suivant, par le rapprochement du gouvernement de Joseph Kabila avec le Mouvement de libération du Congo (MLC de Jean-Pierre Mbemba) occupant le nord du pays et soutenu par l'Ouganda. Le Rassemblement congolais pour la démocratie (RCD d'Azarias Ruberwa), soutenu par le Rwanda, refuse l'accord.

27 février. Libéria / Sierra Léone / Guinée. Réunis à Rabat par le roi du Maroc Mohammed VI, les présidents guinéen, Lansana Conté, libérien, Charles Taylor et sierra-léonais, Ahmed Tejan Kabbah, signent un accord de paix et de bon voisinage. Une forte tension régionale subsiste cependant du fait de la poursuite des combats au Libéria entre les rebelles du LURD (Libériens unis pour la réconciliation et la démocratie) et les troupes gouvernementales, poussant, fin mai, plusieurs milliers de personnes à se réfugier en Sierra Léone.

6 mars. Sahara occidental. Le roi Mohammed VI, en visite au Sahara occidental, réaffirme le caractère marocain de ce territoire. Les solutions proposées par l'ONU depuis 2001 n'ont pas abouti et les désaccords entre le Maroc, qui occupe le Sahara occidental, et l'Algérie, qui soutient le mouvement indépendantiste sahraoui (Front Polisario), obligent à un report du « sommet » de l'Union du Maghreb arabe (UMA) prévu pour juin 2002.

11 mars. Zimbabwé. Robert Mugabe, à la tête du Zimbabwé depuis son indépendance en 1980, remporte le scrutin présidentiel avec 56,2 % des voix. L'élection, entachée d'irrégularités, s'inscrit dans une période de crise profonde.

11 avril. Tunisie. Explosion d'un camion- citerne devant la synagogue El Ghriba à Djerba (20 morts). L'attentat est revendiqué par le réseau terroriste Al-Qaeda.

3 mai. Somalie. Décès de Mohamed Ibrahim Egal, président de la République autoproclamée du Somaliland. Acteur principal de l'indépendance de ce territoire en 1960 puis de la vie politique somalienne, il avait par la suite déclaré à nouveau le Somaliland indépendant en 1991, le tenant ainsi à l'écart de la guerre des clans.

26 mai. Congo (-Brazza). Premier tour des élections législatives très perturbé dans la capitale et sa région par des combats opposant l'armée aux milices « Ninjas ». Le pays, doté d'une nouvelle Constitution (janvier 2002), parvient pourtant à organiser des élections à tous les niveaux. Le Parti congolais du travail (PCT) en sort vainqueur, de même que son chef, Denis Sassou Nguesso, réélu président au premier tour le 10 mars 2002.

26 mai. Tunisie. Lors d'un référendum, approbation à 99,52 % des voix du projet de réforme constitutionnelle qui permettra au président Zine el-Abidine Ben Ali de briguer un, voire deux autres mandats.

30 mai. Algérie. Les élections législatives sont remportées par le FLN (Front de libération nationale, ancien parti unique, soutenant le chef de l'État). La veille du scrutin a été marquée par un nouveau massacre de 23 personnes, attribué aux Groupes islamiques armés (GIA).

Afrique/Bibliographie sélective

J. F. Ade Ajayi, M. Crowder (sous la dir. de), *Atlas historique de l'Afrique*, Jaguar, Paris, 1988.

J.-F. Bayart, *L'État en Afrique, la politique du ventre*, Fayard, Paris, 1989.

CEAN, *L'Afrique politique*, Karthala (annuel).

J. Copans, *La Longue Marche de la modernité africaine, savoirs intellectuels, démocratie*, Karthala, Paris, 1990.

C. Coquery-Vidrovitch, *Afrique noire, permanences et ruptures*, Payot, Paris, 1985.

C. Coulon, D.-C. Martin (sous la dir. de), *Les Afriques politiques*, La Découverte, Paris, 1991.

A. Dubresson, J.-Y. Marchal, J.-P. Raison, « Les Afriques au sud du Sahara », *in* R. Brunet (sous la dir. de), *Géographie universelle*, vol. VI, Belin/RECLUS, Paris/Montpellier, 1994.

A. Dubresson, J.-P. Raison, *L'Afrique subsaharienne, une géographie du changement*, Armand Colin, Paris, 1998.

S. Ellis, *L'Afrique maintenant*, Karthala, Paris, 1995.

A. Glaser, S. Smith, *L'Afrique sans Africains. Le rêve blanc d'un continent noir*, Stock, Paris, 1994.

P. Hugon, *L'Économie de l'Afrique*, La Découverte, coll. « Repères », Paris, 1993 (nouv. éd. 1999).

J. Ki Zerbo, *Histoire de l'Afrique noire : d'hier à demain*, Hatier, Paris, 1972.

É. M'Bokolo, *L'Afrique au XXe siècle, le continent convoité*, Seuil, Paris, 1991.

J.-F. Médard, *États d'Afrique noire. Formations, mécanismes et crises*, Karthala, Paris, 1991.

P. Pélissier, *Campagnes africaines en devenir*, Arguments, Paris, 1995.

Politique africaine (trimestriel), Karthala, Paris.

R. Pourtier, *Afriques noires*, Hachette, Paris, 2001.

P. Vennetier, *Les Villes d'Afrique tropicale*, Masson, Paris, 1991.

7 juin. Afrique australe. La FAO (Organisation des Nations unies pour l'alimentation et l'agriculture) et le PAM (Programme alimentaire mondial) publient un rapport indiquant que 13 millions de personnes sont menacées de famine dans six pays d'Afrique australe (Lésotho, Malawi, Mozambique, Swaziland, Zambie et Zimbabwé).

8 juin. Mali. Pour la première fois, un président malien quitte ses fonctions de son plein gré. Alpha Oumar Konaré, chef de l'État sortant, ne s'est pas représenté à l'élection présidentielle du 12 mai et c'est Amadou Toumani Touré (opposition) qui lui succède. A. T. Touré, ancien militaire, avait mis fin par un coup d'État, en 1991, au règne du dictateur Moussa Traoré. Ce dernier a été gracié en mai 2002 par le président Konaré après onze ans de détention.

17 juin. Soudan. Pressés par les États-Unis, le gouvernement soudanais et la guérilla sudiste de l'APLS (Armée populaire pour la libération du Soudan) entament une phase de négociation à Machakos (Kénya). Le 27 juillet suivant aura lieu une rencontre entre le président Omar al-Bechir et le chef de l'APLS John Garang.

22 juin. Sénégal. L'équipe nationale sénégalaise quitte la Coupe mondiale de football en quart de finale, après avoir soulevé l'enthousiasme dans de nombreux pays africains.

8-10 juillet. OUA. Dernier « sommet » de l'OUA (Organisation de l'unité africaine) à Durban et avènement solennel à sa place de l'Union africaine (9 juillet), dont l'objectif est d'élargir la coopération continentale. ∎

Maghreb

Algérie, Libye, Maroc, Mauritanie, Tunisie

Algérie

Un pays épuisé par dix ans de violences

Dix ans après l'interruption de la transition démocratique, la société algérienne supportait toujours un degré inouï de violence quasi permanente. Cette transition, engagée en 1989, avait été suspendue en juin 1991, les pleins pouvoirs étant donnés à l'armée. Cela fut suivi en janvier 1992 par un coup d'État, après que les oppositions (et d'abord les islamistes du FIS [Front islamique du salut]) étaient arrivées largement en tête du premier tour des élections législatives. L'état d'urgence et la législation d'exception alors instaurés étaient encore en vigueur à l'été 2002 et les généraux à la tête de l'armée refusaient toute solution politique qui supposait une levée de l'état d'urgence et la tenue d'une conférence regroupant les forces politiques significatives afin de relancer le processus de légitimation et de démocratisation des institutions. N'ayant pas à rendre de comptes à un pouvoir politique civil n'existant que pour la façade, ils ne peuvent qu'être tenus pour responsables de la manière dont fut menée la répression, impuissante à réduire la violence terroriste (on parle de 200 000 morts, de milliers de personnes torturées et disparues, sans que la vérité ait été établie sur les atteintes graves aux droits humains perpétrées par les forces de sécurité, les milices armées par l'État ou

les groupes armés, les autorités entravant systématiquement toute mission ou commission d'enquête indépendante), ainsi que de la gestion catastrophique de l'économie et de la société.

En novembre 2001, lors de très graves inondations à Alger (733 morts, 170 disparus, des milliers de familles sinistrées, des dizaines de maisons démolies, près de 1,2 milliard de dinars de dégâts), les autorités ont ainsi été mises en cause pour avoir bouché des voies d'évacuation lors d'une opération antiterroriste. En Kabylie, où les émeutes n'ont pas cessé après les événements du printemps 2001 qui avaient fait officiellement 267 blessés dont 50 mortellement (à la suite de l'assassinat d'un lycéen dans une gendarmerie). Malgré un amendement de la Constitution reconnaissant tamazight (la langue berbère) comme langue nationale, le boycottage des élections législatives (30 mai 2002) par les *arouch* (assemblées traditionnelles) et les partis politiques (RCD [Rassemblement pour la culture et la démocratie] et FFS, dont les élus refusèrent d'organiser le scrutin) a été suivi à près de 100 %. Ces élections ont dans l'ensemble permis d'écarter l'ancienne coalition au pouvoir au profit de nouvelles clientèles moins compromises dans la politique d'éradication des islamistes, et remis l'ex-parti unique FLN à l'honneur (35,52 % des voix), dans une Assemblée ternie par un déficit de légitimité et comptant des islamistes « modérés ». Les conflits au sein du sérail n'ont pas pour autant cessé, les ma-

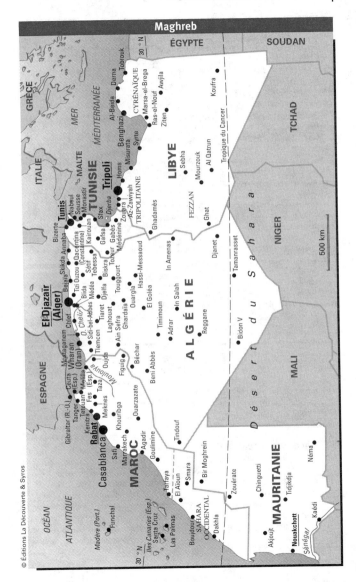

Algérie/Bibliographie

L. Addi, *Les Mutations de la société algérienne. Famille et lien social dans l'Algérie contemporaine,* La Découverte, Paris, 1999.

A. Brahimi, *Aux origines de la tragédie algérienne (1958-2000), Témoignage sur Hibz França,* Éd. Hoggar, Genève, 2000.

A. Charef, *Algérie, le grand dérapage,* Éd. de l'Aube, La Tour-d'Aigues, 1998.

M. Harbi, « Et la violence vint à l'Algérie », *Le Monde diplomatique,* Paris, juil. 2002.

M. Harbi, *Une vie debout, Mémoires politiques,* t. 1 : *1945-1962,* La Découverte, Paris, 2001.

L. Laribi, *Dans les geôles de Nezzar,* Paris-Méditerranée, Paris, 2002.

« L'Algérie 10 ans après le putsch, les droits humains : un bilan désastreux », *Algerie-watch,* 11 janv. 2002 (http://www.algeria-watch.org/mrv/2002/aw_dossier_2002.htm).

D. Malti, *La Nouvelle Guerre d'Algérie,* La Découverte, coll. « Sur le vif », Paris, 1999.

L. Martinez, *La Guerre civile en Algérie,* Karthala, coll. « Recherches internationales », Paris, 1998.

G. Meynier (sous la dir. de), *L'Algérie contemporaine. Bilan et solutions pour sortir de la crise,* L'Harmattan/Forum IRTS de Lorraine, Paris, 2000.

A. Rey-Goldzeiguer, *Aux origines de la guerre d'Algérie. 1940-1945, de Mers-el-Kébir aux massacres du Nord-Constantinois,* La Découverte, Paris, 2001.

H. Souaïdia, *La Sale Guerre,* La Découverte, Paris, 2001.

B. Stora, *La Guerre invisible : Algérie années 90,* Presses de Sciences Po, Paris, 2001.

F. Talahite, « Économie administrée, corruption et engrenage de la violence en Algérie », *Revue Tiers-Monde,* n° 161, PUF, Paris, janv.-mars 2000.

N. Yous, *Qui a tué à Bentalha ? Algérie : chronique d'un massacre annoncé,* La Découverte, Paris, 2000.

Voir aussi la bibliographie « Maghreb », p. 108.

jors de l'armée, qui dissimulent leur pouvoir derrière celui, formel, d'un chef de l'État choisi parmi les civils (Abdelaziz Bouteflika), n'entendant pas laisser celui-ci engranger les dividendes d'un règlement du conflit ni lui reconnaître la moindre marge de manœuvre pour gouverner.

Déclin du secteur public et privatisation de l'économie

Dans ce contexte, l'Algérie et l'Union européenne (UE, avec laquelle elle effectue 63 % de ses exportations et 57 % de ses importations) ont conclu un accord d'association devant déboucher sur une zone de libre-échange, malgré la protestation des organisations de défense des droits de l'homme, de partis politiques, des syndicats et du patronat (qui a demandé une réouverture des négociations avant ratification). Voulant surtout acquérir ainsi une crédibilité, les autorités, qui n'ont pas obtenu d'atténuation des modalités de « déprotection » industrielle, se sont rabattues sur une clause antiterrorisme acquise d'avance. L'Algérie s'est engagée à poursuivre des réformes (bancaire, fiscale, sur les droits de propriété) et des privatisations qu'elle n'avait pu mener lors du rééchelonnement de sa dette (1994-1998). Elle engrangeait alors de bons résultats macroéconomiques en contrepartie d'une austérité draconienne imposée à la population, tandis que le climat de terreur empêchait les revendications sociales de s'exprimer.

L'augmentation de la pauvreté, surtout dans les villes où vit 60 % de la population ; un taux de chômage dépassant 27 %, soit 2,3 millions de personnes, dont 70,7 % de moins de trente ans ; la pénurie de logements ; les difficultés croissantes d'approvisionnement en eau, cause d'émeutes quasi quotidiennes, et le retour de maladies comme la typhoïde ou la méningite ont provoqué une reprise des mouvements de revendication risquant de compromettre les résultats de la stabilisation macroéconomique (une augmentation des salaires et pensions a fait passer le taux d'inflation de 0,3 % à 4,1 %). Malgré une hausse des recettes tirées des hydrocarbures et de l'agriculture, la croissance est restée insuffisante en 2001, surtout dans l'industrie. Le déclin du secteur public (production en baisse de 0,7 %, effectifs de 2,5 %, investissements publics inférieurs à 6 % du produit intérieur brut) n'apparaît pas compensé par le développement du secteur privé (celui-ci ne crée que 700 emplois pour 1 000 détruits dans le secteur public). Certes, la majorité soutenant le gouvernement à l'Assemblée devait permettre à ce dernier de faire passer des lois urgentes jusqu'alors bloquées. Cela concernait le secteur des hydrocarbures, avec la priorité donnée à la valorisation de la ressource énergétique par l'attrait des entreprises étrangères les plus compétitives – au détriment d'une compagnie nationale (Sonatrach) perdant tout privilège par rapport à ses concurrents –, la privatisation en moins de deux ans de l'essentiel des 700 entreprises publiques – y compris les plus performantes –, ainsi que les engagements liés à l'accord d'association avec l'UE et à l'adhésion à l'OMC (Organisation mondiale du commerce) où l'Algérie a déposé sa candidature le 15 janvier 2002. Ces mutations devaient largement modifier la configuration des institutions et du droit interne algériens dans les années futures.

La contestation de ces décisions a tendu à se déplacer vers le terrain associatif. L'ex-

syndicat unique (Union générale des travailleurs algériens – UGTA), dont l'opposition à la libéralisation est apparue surtout

République algérienne démocratique et populaire

Capitale : Alger.
Superficie : 2 381 741 km².
Population : 30 841 000.
Langues : arabe (off.), tamazight (nationale depuis le 8.04.02), français.
Monnaie : dinar (au taux officiel, 100 dinars = 1,35 € au 30.4.02).
Nature de l'État : république unitaire ; l'islam est religion d'État.
Nature du régime : présidentiel. L'armée joue un rôle prépondérant. Une Assemblée de 380 membres a été élue le 5.6.97. Un Conseil de la Nation (Sénat) de 144 membres a été institué, en déc. 98.
Chef de l'État : Abdelaziz Bouteflika, président de la République (depuis le 15.4.99). Son directeur de cabinet, Larbi Belkheir, nommé par décret le 22.7.01, joue un rôle clé dans l'Exécutif.
Chef du gouvernement : Ali Benflis, qui a remplacé le 12.8.2000 Ahmed Benbitour (démissionnaire).
Ministre d'État chargé de l'Intérieur et des Collectivités locales : Yazid Zerhouni (depuis le 31.12.99).
Ministre d'État, ministre des Affaires étrangères : Abdelaziz Belkhadem (depuis le 26.8.2002).
Principaux partis politiques : *Représentés à l'Assemblée nationale :* Front de libération nationale (FLN, parti unique de 1962 à 1989) ; Rassemblement national démocratique (RND, fondé en févr. 97) ; Mouvement pour le renouveau national (MRN, islamiste) ; MSP (Mouvement de la société pour la paix, islamiste). *Partis ayant appelé au boycottage des législatives de mai 02 :* FFS (Front des forces socialistes) ; RCD (Rassemblement pour la culture et la démocratie), FIS (Front islamique du salut). Le FIS a été dissous par le pouvoir le 4.3.92 et ses dirigeants emprisonnés.
Échéances institutionnelles : élections locales (10.10.02).

formelle, a demandé à participer aux négociations avec l'OMC et annoncé qu'il ne cautionnerait pas une politique de désengagement total de l'État au profit de monopoles privés. Des syndicats autonomes moins enclins au compromis ont déposé une plainte contre lui auprès du BIT (Bureau international du travail), l'accusant d'entraver l'exercice des libertés syndicales. Le mécontentement, longtemps réprimé, n'est plus contenu par des organisations ayant perdu leur autonomie et décrédibilisées par les manipulations et les pressions clientélistes. Il explose de manière violente et incontrôlée sous forme d'émeutes et d'insurrections (parfois désespérées, comme les mutineries dans les prisons qui ont fait une cinquantaine de morts et plus de 150 blessés en avril-mai 2002).

Le recours au droit international permet de sortir un peu de l'enfermement d'un droit interne verrouillé par le gel des institutions démocratiques et l'état d'urgence. Inauguré par l'exemplaire mouvement des mères de disparus qui força le gouvernement à reconnaître (en 1998) l'existence de ces « crimes continus » (l'Algérie est le pays au monde où l'on recense le plus grand nombre de disparitions après enlèvements par les forces de sécurité), il a été relayé par le recours à des juridictions étrangères contre des tortionnaires. Malgré des résultats décevants, cela a ouvert une brèche permettant de lutter contre l'impunité dont jouissent les criminels d'hier et d'aujourd'hui : deux plaintes pour tortures et exécutions extrajudiciaires ont ainsi été déposées en France contre le général Khaled Nezzar (ancien ministre de la Défense), lequel a réagi par un procès en diffamation intenté contre Habid Souaïdia, l'auteur de *La Sale Guerre* (Éditions La Découverte). Ce procès, en juillet 2002, s'est transformé en procès politique du coup d'État et de ses conséquences. Ces recours judiciaires ont fait écho aux actions intentées contre des militaires français ayant torturé lors de la guerre d'indépendance algérienne (1954-1962).

Dénoncée par les souverainistes, cette extension du recours au droit est le contrepoids des règles imposées par la mondialisation qui, de fait, s'étendent bien au-delà des sphères commerciale et économique.
- Fatiha Talahite ∎

Libye

Changements de stratégies

La société libyenne est marquée par le changement. Les dirigeants ont ainsi opté pour une politique d'encouragement aux investissements étrangers. La situation géographique du pays, le prix compétitif de son énergie, ses infrastructures et sa relative stabilité politique sont, de plus, autant d'avantages pour les investisseurs. L'arrivée à la tête du ministère de l'Économie de Choukri Ghanem a été un autre changement. Docteur de l'université de Harvard, il est considéré comme l'un des plus grands experts économiques. Sous sa responsabilité, les observateurs s'attendaient à ce que se poursuive le processus de privatisation de l'économie, qui concerne notamment les deux cents plus grandes entreprises industrielles. Cette nomination symbolise la montée en puissance de la classe moyenne, soucieuse d'adaptation internationale, porteuse d'une vision moderniste de l'État et de la société et qui pourrait être l'allié politique de Mouammar Kadhafi dans le processus de transition engagé.

En 2001, la réforme de l'État a continué, avec la suppression de plusieurs ministères dont les compétences ont été transférées au niveau local. Cette mesure visait à diminuer le nombre des fonctionnaires (700 000 en 2000) et à lutter contre la corruption. Dans une société en pleine effervescence, dans laquelle le sentiment national est peu ancré, ces réformes risquaient de faire resurgir des conflits locaux. C'est pourquoi les autorités, après avoir décidé de décentraliser le ministère du Plan, ont fait marche arrière. Autre changement important, la municipalisation du pouvoir avait pour but de déconcentrer le pouvoir d'État, dans une optique à la fois de bonne gouvernance et de réduction des coûts.

La création d'associations a été encouragée. Plusieurs d'entre elles regroupent des femmes, pour qui la vie associative est une forme de mobilisation politique et d'intégration sociale. Ces organisations luttent contre les forces traditionnelles qui tentent de bloquer le processus d'émancipation des femmes, phénomène s'étant amplifié. Les femmes apparaissent d'ailleurs comme le fer de lance de la politique de modernisation sociale.

La proclamation de l'acte constitutif de l'Union africaine (UA), en mars 2001, a été l'un des événements majeurs de la politique étrangère libyenne. Les dirigeants ont ainsi inauguré une nouvelle approche, pragmatique. En effet, il ne s'agissait plus de réaliser à tout prix l'unité immédiate, mais de partir des réalités étatiques pour proposer aux Africains un nouveau schéma d'intégration, fondé sur les avantages comparatifs de la coopération économique, scientifique et culturelle. De la sorte, la Libye a renoué avec une tradition de sa politique africaine. Par ailleurs, elle cherchait à éviter l'encerclement par les États-Unis, qui se sont également engagés dans une politique de coopération en Afrique.

L'année 2001 a été marquée par un rapprochement franco-libyen, dans la perspective d'une coopération eurafricaine. Cela se concrétise notamment par la construction d'un gazoduc qui devrait permettre à la Libye d'acheminer son gaz naturel vers l'Europe. Ce projet, dans lequel les entreprises italiennes sont très actives, a été estimé à 5 milliards de dollars. Par ailleurs, les sanctions internationales ont amené les dirigeants libyens à prendre conscience de la nécessité d'une nouvelle approche diplomatique, caractérisée par la recherche de l'entente et de la collaboration. - **Moncef Djaziri** ■

Jamahirya arabe libyenne populaire et socialiste

Capitale : Tripoli.
Superficie : 1 759 540 km².
Population : 5 408 000.
Langue : arabe.
Monnaie : dinar libyen (au cours officiel, 1 dinar = 0,84 € au 30.4.02).
Nature de l'État : unitaire, officiellement « État des masses ».
Nature du régime : militaire.
Chef de l'État : de fait le colonel Mouammar Kadhafi, « guide de la Révolution » (depuis le 1.9.69).
Chef du gouvernement : Moubarak al-Chamekh (depuis janv. 2000).
Ministre de la Défense et chef des Armées : colonel Abou Bakr Younes Jaber.
Ministre de la Justice et de l'Intérieur : Abderrahman al-Abbar.
Ministre de l'Économie : Choukri Ghanem.
Ministre des Affaires étrangères : Abdel Rahman Chalgam.
Ministre de l'Unité africaine : Ali Abdessalam Triki.

Maroc

Épreuves diplomatiques

Les élections législatives programmées pour septembre 2002 s'annonçaient comme un événement important de l'année 2001-2002 car présentées comme l'aboutissement de la transition démocratique, dans laquelle le socialiste Abderrahmane Youssoufi s'était engagé, le 4 février 1998, en prenant la tête d'un « gouvernement d'alternance ». Après avoir, ce jour-là, juré sur le Coran de travailler « pour l'intérêt du pays » avec le roi Hassan II, qui lui avait demandé ce serment quelques heures avant de le nommer officiellement et de recevoir son allégeance formelle (*beyaa*), le Premier ministre a, de fait, présidé un « gouvernement de succession », Mohammed VI ayant pris

Maghreb

INDICATEUR	UNITÉ	ALGÉRIE	LIBYE
Démographie[a]			
Population	(millier)	30 841	5 408
Densité	(hab./km²)	12,9	3,1
Croissance annuelle (1995-2000)	(%)	1,8	2,1
Indice de fécondité (ISF) (1995-2000)		3,25	3,80
Mortalité infantile (1995-2000)	‰	50,0	27,8
Espérance de vie (1995-2000)	(année)	68,9	70,0
Population urbaine[c]	(%)	59,6	87,1
Indicateurs socioculturels			
Développement humain (IDH)[b]		0,697	0,773
Nombre de médecins	(‰ hab.)	1,00[f]	1,28[g]
Analphabétisme (hommes)	(%)	22,9	8,7
Analphabétisme (femmes)	(%)	41,6	30,6
Scolarisation 12-17 ans	(%)	59,3[i]	79,1[k]
Scolarisation 3e degré	(%)	14,8[f]	19,8[g]
Accès à Internet	(‰ hab.)	1,93	3,58
Livres publiés	(titre)	670[o]	26[p]
Armées (effectifs)			
Armée de terre	(millier)	107[q]	45
Marine	(millier)	7	8
Aviation	(millier)	10	23
Économie			
PIB total (PPA)[b]	(million $)	161 344	45 400[r]
Croissance annuelle 1990-2000	(%)	1,7	2,2
Croissance annuelle 2001	(%)	3,5	0,6
PIB par habitant (PPA)[b]	($)	5 308	8 583[r]
Investissement (FBCF)[d]	(% PIB)	24,7[e]	11,6[e]
Taux d'inflation	(%)	4,1	− 8,5
Énergie (taux de couverture)[c]	(%)	505,2	599,2
Dépense publique Éducation[f]	(% PIB)	6,0	7,1[o]
Dépense publique Défense	(% PIB)	6,8[s]	4,2
Dette extérieure totale[b]	(million $)	25 002	4 100[r]
Service de la dette/Export.[e]	(%)	33,1	••
Échanges extérieurs			
Importations (douanes)	(million $)	11 670	4 402
Principaux fournisseurs	(%)	UE 61,1	UE 64,7
	(%)	Fra 31,5	Ita 28,5
	(%)	PED[u] 20,0	Asie[v] 16,0
Exportations (douanes)	(million $)	20 403	11 260
Principaux clients	(%)	UE 65,1	UE 82,8
	(%)	PED[u] 17,3	Ita 39,8
	(%)	E-U 13,0	PED[u] 13,8
Solde transactions courantes	(% PIB)	11,3	12,8[c]

Définition des indicateurs, sigles et abréviations p. 23 et suivantes. Chiffres 2001 sauf notes. a. Derniers recensements utilisables : Algérie, 1998 ; Libye, 1995 ; Maroc, 1994 ; Mauritanie, 2000 ; Tunisie, 1994 ; b. 2000 ; c. 1999 ; d. 1999-2001 ; e. 1998-2000 ; f. 1998 ; g. 1997 ; h. 1995 ; i. 1990 ; k. 1991 ; m. 1992 ; o. 1996 ; p. 1994 ; q. Non compris forces paramilitaires (environ 181000 h.) ; r. Selon la CIA ; s. 4 % selon la

	MAROC	MAURITANIE	TUNISIE
	30 430	2 747	9 562
	68,2	2,7	61,5
	1,9	3,2	1,1
	3,40	6,00	2,31
	52,2	105,6	30,3
	66,6	50,5	69,5
	55,3	56,4	64,8
	0,602	0,438	0,722
	0,46[g]	0,14[h]	0,70[g]
	37,4	48,9	17,7
	62,8	69,3	38,1
	38,2[m]	20,1[k]	65,8[k]
	9,3[f]	5,5[f]	17,3[f]
	13,15	2,55	41,24
	918[o]	• •	720[o]
	175	15	27
	10	0,5	4,5
	13,5	0,15	3,5
	101 798	4 468	60 849
	2,2	4,0	4,7
	6,3	4,6	5,0
	3 546	1 677	6 363
	23,2[e]	22,3[e]	25,9
	0,5	4,7	1,9
	6,2	0,2[f]	92,8
	4,9[g]	4,3	7,6
	5,1[tb]	2,8[b]	1,7[b]
	17 944	2 500	10 610
	24,2	27,4	17,2
	12 218	678	10 067
	UE 60,2	UE 54,2	UE 70,1
	Fra 22,3	Fra 22,5	Fra 26,2
	Asie[v] 10,4	Asie[v] 15,0	Asie[v] 12,4
	8 453	500	6 627
	UE 60,4	UE 57,9	UE 78,9
	Fra 24,3	Jap 8,4	MO 7,1
	Asie[v] 16,2	Afr 11,8	Afr 2,5
	3,0	– 4,6	– 4,2

Banque mondiale ; t. 4,3 % selon la Banque mondiale ; u. Y compris pays de l'ex-CAEM (Conseil d'assistance économique mutuelle, ou Comecon) ; v. Y compris Japon et Moyen-Orient.

la relève dynastique après le décès de son père, le 23 juillet 1999. « Pour la première fois au Maroc, le gouvernement allait pouvoir organiser des élections transparentes, c'est sans doute l'acquis le plus important de cette transition démocratique », déclarait A. Youssoufi le 25 janvier 2002.

Dans l'attente de l'« heure de vérité » institutionnelle d'une succession au trône qui s'est accomplie sans heurt, le royaume chérifien a affronté, dans l'unanimisme traditionnel qui y entoure ces « causes sacrées », deux épreuves diplomatiques : la mise en demeure formulée, le 19 février 2002, par

Royaume du Maroc

Capitale : Rabat.
Superficie : 450 000 km², sans le Sahara occidental.
Population : 30 430 000.
Langues : arabe (off.) et berbère (trois dialectes différents), français.
Monnaie : dirham (au taux officiel, 1 dirham = 0,10 € au 31.5.02).
Nature de l'État : royaume.
Nature du régime : monarchie constitutionnelle de droit divin.
Chef de l'État : Mohammed VI, Commandeur des croyants (depuis juil. 99).
Premier ministre : Abderrahmane Youssoufi (depuis le 4.2.98).
Principaux partis politiques : *Gouvernement :* Union socialiste des forces populaires (USFP) ; Parti de l'Istiqlal (PI) ; Rassemblement national des indépendants (RNI) ; Mouvement national populaire (MNP).
Opposition : Union constitutionnelle (UC) ; Mouvement populaire (MP) ; Parti national démocrate (PND) ; Mouvement démocrate social (MDS).
Échéances institutionnelles : élections législatives (nov. 02) ; référendum d'autodétermination au Sahara occidental (a fait l'objet de nombreux reports).
Souveraineté contestée : Sahara occidental (266 000 km²), ex-colonie espagnole (jusqu'en 1975), disputé par le Front Polisario (mouvement indépendantiste sahraoui).

Maroc/Bibliographie

C. **Daure-Serfaty**, *Lettre du Maroc*, Stock, Paris, 2000.

J. **Derogy**, *Ils ont tué Ben Barka*, Fayard, Paris, 1999.

A. **Laâbi**, *Les rêves sont têtus. Écrits politiques*, Eddif/Paris Méditerranée, Casablanca/Paris, 2001.

F. **Layadi**, N. **Rerhaye**, *Maroc. Chronique d'une démocratie en devenir. Les 400 jours d'une transition annoncée*, Eddif, Rabat, 1998.

A. **Lopez**, *Confession d'un espion. Par le dernier témoin vivant de l'affaire Ben Barka*, Fayard, Paris, 2000.

B. **Lopez Garcia**, *Marruecos en trance. Nuevo rey. Nuevo siglo. Nuevo regimen ?*, Biblioteca nueva, Madrid, 2000.

A. **Marzouki**, *Tazmamart. Cellule 10*, Tarik/Paris Méditerranée, Casablanca/Paris, 2000.

J. **Mdidech**, *La Chambre noire ou Derb Moulay Chérif*, Eddif, Casablanca, 2000.

A. **Serfaty**, M. **Elbas**, *L'Insoumis. Juifs marocains rebelles* (entretiens), Desclée De Brouwer, Paris, 2001.

S. **Smith**, *Oufkir, un destin marocain*, Calmann-Lévy, Paris, 1999.

M. **Tozy**, *Monarchie et islam politique au Maroc*, Presses de Sciences Po, Paris, 1998.

J.-P. **Tuquoi**, *Le Dernier Roi. Crépuscule d'une dynastie*, Grasset, Paris, 2001.

P. **Vermeren**, *Le Maroc en transition*, La Découverte, Paris, 2001 (La Découverte/ Poche, 2002).

Voir aussi la bibliographie « Maghreb », p. 108.

le secrétaire général des Nations unies, Kofi Annan, de débloquer la situation concernant le Sahara occidental dont le Maroc dispute la souveraineté au Front Polisario depuis le milieu des années 1970 ; au printemps 2002, la crise paroxystique dans les relations israélo-palestiniennes, pour lesquelles le roi du Maroc, président du comité Al-Qods de l'Organisation de la conférence islamique (OCI), assume de longue date un rôle d'intermédiaire.

Constatant la « situation de blocage » au Sahara occidental, où les Nations unies ont établi à partir de 1991 une Mission pour l'organisation d'un référendum d'autodétermination (Minurso), K. Annan a soumis au Conseil de sécurité de l'ONU un rapport présentant quatre solutions alternatives : la tenue d'un référendum « sans l'accord des parties » ; l'autonomie du territoire au sein du Maroc et, au bout de cinq ans, un vote pour l'intégration ou l'indépendance ; l'« idée d'un partage territorial » ; le retrait de l'ONU,

dont la présence a déjà coûté un demi-milliard de dollars. À l'exception du projet d'autonomie suivi d'intégration, qui a été jugé « non négociable » par le Front Polisario et son principal allié, l'Algérie, aucune de ces solutions ne serait acceptable pour le trône alaouite, qui a lié son sort à la « récupération des provinces sahariennes ».

Forte solidarité avec les Territoires palestiniens

Le 23 octobre 2001, réagissant à la « deuxième *intifada* » en Palestine, le Maroc a rompu ses relations diplomatiques avec Israël. En mars 2002, l'occupation de la Cisjordanie par l'armée israélienne, et les morts civils provoqués par cette opération ont suscité une vive émotion dans le royaume. Le dimanche 7 avril 2002, à Rabat, plusieurs centaines de milliers de Marocains – un million, selon les organisateurs – ont participé à une marche de solidarité, à l'appel de l'ensemble des partis politiques, syndicats et or-

Bilan de l'année / Mauritanie

ganisations professionnelles. Le lendemain, en recevant au palais d'Agadir le secrétaire d'État américain Colin Powell, en route pour une mission de conciliation au Proche-Orient, Mohammed VI a accueilli le chef de la diplomatie américaine en lui demandant, avant même que les journalistes n'eussent quitté la salle d'audience : « Ne pensez-vous pas que vous auriez mieux fait de vous rendre en premier lieu à Jérusalem ? »

Également dans le souci d'incarner la cause palestinienne aux yeux de ses sujets, le roi du Maroc a reporté la célébration de son mariage en raison du « drame » vécu en Cisjordanie. Après avoir contracté, devant deux *adoul* (clercs religieux) au palais de Rabat, le 21 mars 2002, son union avec Salma Bennani, une informaticienne de 23 ans, des festivités étaient prévues, du 12 au 15 avril, à Marrakech. Malgré des préparatifs très avancés, et fort coûteux, ces noces ont été renvoyées à une « date ultérieure ». Célébrées en juillet suivant, elles ont consacré le « conte de fées » qu'est, pour l'opinion publique marocaine, l'avènement aux côtés du roi d'une « fille du peuple ». Née le 10 mai 1978 à Fès, fille d'un enseignant et orpheline de mère à l'âge de trois ans, Salma Bennani, élevée par sa grand-mère à Rabat et sortie major, en 2000, d'une grande école de la capitale, fait rêver le royaume.

Ayant inauguré son règne comme « le roi des pauvres », Mohammed VI assoit son image de monarque social, en mettant fin à un célibat qui, à 38 ans, commençait à constituer un problème : sur le plan dynastique, pour la pérennité du trône ; sur le plan religieux où, pour tout musulman et d'autant plus pour le « Commandeur des croyants », se marier signifie « parfaire sa foi ».

En 2001-2002, l'économie a souffert d'une quatrième année consécutive de sécheresse. Cependant, même si l'agriculture fait toujours vivre la moitié de la population active, la croissance n'a pas excédé 6,3 % et le taux d'inflation a été inférieur à 1 %. Les espoirs d'un avenir pétrolier pour le royaume se sont reportés des gisements autour de Talsint (Sud-Est), dont les réserves se sont révélées très en deçà des 10 milliards de barils imprudemment annoncés en août 2000 (sans qu'un nouveau chiffre officiel n'eût précisé leur véritable potentiel), sur la « Marge atlantique du Nord-Ouest africain », thème du 1er Salon du pétrole et du gaz du Maroc, qui s'est tenu du 7 au 11 avril 2002 à Marrakech, avec la participation d'une trentaine de pays et de plusieurs grandes compagnies pétrolières.

Tensions accumulées avec l'Espagne voisine

S'ajoutant au statut controversé de l'ancienne colonie du Sahara espagnol, aux questions de la pêche et de l'émigration clandestine, le dossier de la prospection pétrolière a alourdi le contentieux avec l'Espagne, suscitant, le 28 octobre 2001, le rappel de l'ambassadeur du Maroc à Madrid. Après avoir attribué, début octobre 2001, des zones de prospection au large du Sahara occidental à TotalFinaElf et à Kerr McGee (compagnie américaine), Rabat a pris ombrage de la décision du gouvernement espagnol du 27 décembre 2001 d'autoriser des forages autour des îles Canaries (archipel espagnol de l'océan Atlantique se situant au large de la côte marocaine). La tension entre les deux pays est encore montée lorsque Rabat a envoyé, en juillet 2002, des militaires sur l'îlot Leila (« Persil » en espagnol) – sans souveraineté établie –, déclenchant l'envoi de soldats espagnols pour les déloger. - **Stephen W. Smith** ∎

Mauritanie

Dissolution du second parti d'opposition

Après avoir mis un terme, en octobre 2000, à l'existence de l'Union des forces démocratiques (UFD, opposition), par la voix de Cheyakh ould Ely, ministre de la

Bilan de l'année / Mauritanie

Maghreb/Bibliographie

Annuaire de l'Afrique du Nord, IREMAM/CNRS-Éditions, Aix-en-Provence, Paris.

N. Beau, J.-P. Tuquoi, *Notre ami Ben Ali*, La Découverte, Paris, 1999.

T. Ben Brik, *Une si douce dictature… Chroniques tunisiennes*, La Découverte/Reporters sans frontières/Aloes, Paris, 2000.

J. Bessis, *Maghreb, la traversée du siècle*, L'Harmattan, Paris, 1997.

A. H. Boye, *J'étais à Oualata, le racisme d'État en Mauritanie*, L'Harmattan, Paris, 1999.

F. Burgat, A. Laronde, *La Libye*, PUF, coll. « Que sais-je ? », Paris, 1996.

J. Davis, *Le Système libyen : les tribus et la Révolution*, PUF, Paris, 1990.

M. Djaziri, *État et société en Libye*, L'Harmattan, Paris, 1996.

M. Djaziri, « La Libye : les élites politiques, la stratégie de "sortie" de crise et la réinsertion dans le système international », *in Annuaire de l'Afrique du Nord*, t. XXXVIII, CNRS Éditions, Paris, 2002.

A. B. Ellyas, *À la rencontre du Maghreb*, La Découverte/IMA, Paris, 2001.

M. S. O. Hamody, *Bibliographie générale de la Mauritanie*, Sépia-Centre culturel français de Nouakchott, Saint-Maur, 1995.

B. Hibou, *Les Marges de manœuvre d'un « bon élève » économique : la Tunisie*, Les Études du CERI, n° 60, Paris, déc. 99.

M. Kikhia, *Libya's Qaddafi. The Politics of Contradiction*, University Press of Florida, Gainsville, 1997.

C. et Y. Lacoste (sous la dir. de), *L'état du Maghreb*, La Découverte, coll. « L'état du monde », Paris, 1991. Éd. tunisienne : Cérès-Productions, Tunis, 1991 ; éd. marocaine : Éditions du Fennec, Casablanca, 1991.

C. et Y. Lacoste (sous la dir. de), *Maghreb. Peuples et civilisations*, La Découverte, coll. « Les Dossiers de L'état du monde », Paris, 1995.

R. Leveau, *Le Sabre et le Turban. L'avenir du Maghreb*, François Bourin, Paris, 1993.

P. Marchesin, *Tribus, ethnies et pouvoir en Mauritanie*, Karthala, Paris, 1992.

K. Mohsen-Finan, *Sahara occidental. Les enjeux d'un conflit régional*, CNRS-Éditions, Paris, 1997.

Monde arabe/Maghreb-Machrek (trimestriel), La Documentation française (pour les années 1998 à 2001).

G. Mutin, « Afrique du Nord, Moyen-Orient », *in* R. Brunet (sous la dir. de), *Géographie universelle*, vol. VIII, Belin/RECLUS, Paris/Montpellier, 1995.

T. Niblock, *« Pariah States » and Sanctions in the Middle East. Iraq, Libya, Sudan*, Lynne Reinner Publishers, Londres, 2001.

A. K. Ould Mohamed, *Mauritanie. Chroniques d'un débat dépassé*, L'Harmattan, Paris, 2001.

REMM (Revue du monde musulman et de la Méditerranée, semestrielle), Édisud, Aix-en-Provence.

Reporters sans frontières, *Tunisie, le livre noir*, La Découverte, Paris, 2002.

B. Stora, A. Ellyas, *Les 100 Portes du Maghreb*, L'Atelier, Paris, 1999.

M. Sy, *L'Enfer d'Inal. Mauritanie, l'horreur des camps*, L'Harmattan, Paris, 2000.

M. Villa Sante-De Beauvais, *Parenté et politique en Mauritanie. Essai d'anthropologie historique*, L'Harmattan, Paris, 1998.

Voir aussi les bibliographies « Algérie » et « Maroc », p. 100 et 106.

Communication, le gouvernement du président Maaouya ould Taya n'a pas hésité à interdire, le 2 janvier 2002, Action pour le changement (AC), l'autre principal parti d'opposition légale en Mauritanie. « Les dirigeants d'Action pour le changement tiennent au Parlement des discours violents et racistes qui cherchent à nous ramener à la situation de 1989, qui avait opposé la Mauritanie au Sénégal, où des centaines de nos compatriotes ont perdu vies et biens », devait justifier le ministre.

Pour la première fois, l'opposition avait pris part aux élections législatives tenues en octobre 2001. Même si la majorité est revenue au Parti républicain démocratique et social (PRDS, au pouvoir), l'opposition avait obtenu 11 sièges dont 4 à AC. En revanche, aux municipales d'octobre 2001, le PRDS n'avait concédé à l'opposition que 32 communes sur 216. C'est pour assurer sa réélection que le colonel ould Taya a écarté Ahmed ould Daddah (chef de l'UFD), l'avait affronté à la présidentielle de janvier 1992 et, en 2002, Messaoud ould Boulkheir (chef d'AC) qu'il redoutait visiblement à cause de sa popularité grandissante.

Sur le plan économique, la Mauritanie, soutenue par le groupe français Ballouhey, a remis en marche son usine des Grands Moulins (au prix de 8,7 millions €). La capacité de production de ces moulins est estimée à quelque 90 000 tonnes de farine et 60 000 tonnes de son. On s'interrogeait toutefois sur la possibilité d'atteindre de tels résultats, en sachant que le blé devrait être importé. Les boulangeries sont régulièrement dans la pénurie, d'où la montée fréquente du prix du pain. Un doute planait également sur les productions pétrolières. Les prévisions de l'*offshore* mauritanien, qu'on disait pouvoir produire jusqu'à 180 millions de barils par an, ont été revues à la baisse. Selon la compagnie australienne Woodside Petroleum, l'un des partenaires d'exploitation, la capacité réelle serait de 65 millions de barils. La compagnie italienne Agip s'est retirée du deuxième bloc d'investissement

République islamique de Mauritanie

Capitale : Nouakchott.
Superficie : 1 030 700 km^2.
Population : 2 747 000.
Langues : arabe (off.), français (off.), hassaniya, ouolof, pulaar, soninké.
Monnaie : ouguiya (100 ouguiyas = 0,40 € au 28.2.02).
Nature de l'État : république unitaire.
Nature du régime : officiellement civil depuis la dissolution du Comité militaire de salut national (CMSN) et l'organisation d'élections présidentielles (janv. 92 et déc. 97).
Chef de l'État : colonel Maaouya ould Sid'Ahmed Taya (depuis le 12.12.84).
Chef du gouvernement : Mohamed Lemine ould Bah ould Guig, qui a remplacé en janv. 02 Cheikh el-Avia ould Mohamed Khouna.
Ministre de la Défense : Kaba ould Elewa (depuis juil. 98).
Ministre des Affaires étrangères : Dah ould Abdi (depuis janv. 01).
Échéances institutionnelles : élection présidentielle (2010).

au début de l'année 2002. Le programme d'études sismiques concernant le permis de forer a été retardé. C'est finalement la société sud-africaine Energy Africa qui s'est substituée à Agip. **- Diallo Bios** ∎

Tunisie

Une réforme constitutionnelle sur mesure pour Ben Ali

La Tunisie a inauguré, le 26 mai 2002, une nouvelle étape de son histoire politique récente en approuvant par référendum une prochaine réforme de la Constitution, qui accentue jusqu'à la caricature le caractère présidentialiste du régime. Ce véritable « coup d'État constitutionnel », pour reprendre l'expression de l'opposition, a été officiellement entériné par 99,52 % des votants, ces derniers ayant atteint le taux record de 95,5 % des inscrits. Grâce à cette nouvelle loi fondamentale autorisant un nombre illimité de mandats présidentiels et repoussant l'âge de l'éligibilité du chef de l'État de 70 à 75 ans, le président Zine el-Abidine Ben Ali pourrait se représenter en 2004 et en 2009 et s'assurer ainsi – en principe – encore douze ans de règne sans partage. Il a également tenu à ce que figure dans cette réforme un article proclamant l'immunité pénale du chef de l'État, y compris au terme de ses mandats, pour tout acte commis pendant la durée de sa présidence, ce qui a provoqué l'indignation d'une société civile que la répression n'est pas parvenue à réduire au silence.

Bien que ce plébiscite relève d'un temps qu'on croyait révolu, il n'a pas suscité la moindre critique de la part des partenaires occidentaux de la Tunisie, qui se sont cantonnés dans un silence assourdissant au lendemain du 26 mai. Il est vrai que le président tunisien demeure un allié sûr dans la lutte contre le terrorisme islamiste, devenu depuis les attentats du 11 septembre 2001 aux États-Unis une priorité faisant plus que jamais passer à l'arrière-plan la défense du pluralisme et des droits humains.

République tunisienne

Capitale : Tunis.
Superficie : 163 610 km^2.
Population : 9 562 000.
Langue : arabe (off.), français.
Monnaie : dinar (1 dinar = 0,74 €
au 31.5.02).
Nature de l'État : république unitaire.
Nature du régime : à pouvoir
présidentiel fort.
Chef de l'État : Zine el-Abidine Ben Ali
(depuis le 7.11.87).
Premier ministre : Mohamed
Ghannouchi (depuis le 17.11.99).
**Ministre d'État, conseiller spécial
auprès du président de la
République :** Abdelaziz Ben Dhia.
Ministre de l'Intérieur : Hedi M'henni.
Ministre des Affaires étrangères :
Habib Ben Yahia.

Ce triomphe de Z. Ben Ali risquait pourtant de se révéler à terme une « victoire à la Pyrrhus ». La relative prospérité économique, sur laquelle reposent les fragiles équilibres sociaux du pays et la légitimité d'un régime qui a su améliorer le niveau de vie des citoyens, donnait des signes d'épuisement. Les effets cumulés d'une sécheresse prolongée et du ralentissement de l'activité mondiale, accentué après le « 11 septembre », ont des répercussions visibles sur une économie très ouverte sur l'extérieur. De surcroît, l'attentat perpétré le 11 avril 2002 contre la synagogue de Djerba et qui a coûté la vie à 20 personnes, dont 17 touristes, a compromis la saison touristique alors que le tourisme constitue une activité vitale pesant à hauteur de 7 % dans le PIB. La croissance, qui avait déjà donné des signes de ralentissement en 2001, aura atteint 5,0 % en 2002, pour des prévisions initiales de 4,9 %. Un tel taux ne permet pas de satisfaire une demande additionnelle d'emplois qui reste importante avec près de 80 000 nouveaux arrivants annuels sur le marché du travail. Les effets de la corruption au sommet, qui a pris de l'ampleur au cours des années précédentes, ont en outre mis à mal un secteur bancaire « plombé » par les créances irrécouvrables, commençant à décourager les investisseurs étrangers sur lesquels la Tunisie compte beaucoup pour dynamiser son économie. Enfin, le démantèlement de l'Accord multifibres relatif au commerce international des produits textiles risque de fermer partiellement le marché européen aux textiles tunisiens, première exportation du pays, tandis que l'accord de libre-échange signé en 1995 avec l'Union européenne (UE) place les agriculteurs et les industriels tunisiens en concurrence directe avec l'une des économies les plus puissantes et les plus subventionnées du globe.

Atteint par ce qui pourrait inaugurer un retournement de conjoncture, le consensus social tunisien risque de se fissurer et d'ôter ainsi à un régime proclamant qu'« on ne change pas une équipe qui gagne » l'essentiel de son argumentation. C'est alors que la politique pourrait reprendre ses droits et la Tunisie entrer dans une époque de fortes turbulences. - **Sophie Bessis** ∎

Afrique sahélienne

Burkina Faso, Mali, Niger, Tchad

Burkina Faso

Corruption endémique

La contestation du pouvoir du président Blaise Compaoré s'est poursuivie avec les manifestations organisées par le Collectif contre l'impunité réclamant la lumière sur l'assassinat, en 1998, du journaliste Norbert Zongo. Le troisième anniversaire de sa mort, le 13 décembre 2001, a été marqué par une grève générale à laquelle appelait aussi la Confédération générale du travail du Burkina (CGT-B). En février 2002, le pouvoir était encore accusé de plus d'une centaine d'exécutions extrajudiciaires, et le Réseau national de lutte anticorruption (RN-LAC) dénonçait, en mars 2002, l'importance et la progression de la corruption au sein de la police et de la gendarmerie, en accord avec le FMI qui demandait au pays, en mai 2002, d'intensifier la lutte contre ce fléau.

Les élections législatives du 5 mai 2002, au nouveau mode de scrutin proportionnel, se sont néanmoins déroulées dans le calme. 64 % des trois millions d'électeurs ont voté afin de pourvoir les 111 sièges de députés. Le Congrès pour la démocratie et le progrès (CDP), au pouvoir, a obtenu de justesse la majorité, avec

République du Burkina Faso

Capitale : Ouagadougou.
Superficie : 274 200 km².
Population : 11 856 000.
Langues : français (off.), moré, dioula, gourmantché, foulfouldé.
Monnaie : franc CFA (100 FCFA = 0,15 €).
Nature de l'État : république unitaire.
Nature du régime : présidentiel.
Chef de l'État : Blaise Compaoré (depuis le 15.10.87, réélu le 15.11.98).
Premier ministre, ministre de l'Économie et des Finances : Ernest Yonli (depuis le 7.11.2000, reconduit le 10.6.02).
Ministre d'État aux Affaires étrangères et à la Coopération régionale : Youssouf Ouédraogo.
Ministre d'État à l'Agriculture, à l'hydraulique et aux Ressources halieutiques : Salif Diallo.
Ministre de la Défense : Kouamé Lougué.
Ministre de l'Administration territoriale et de la Décentralisation : Moumouni Fabré.
Ministre de la Justice, garde des Sceaux : Boureïma Badini.

INDICATEUR	BURKINA FASO	MALI	NIGER	TCHAD
Démographie[a]				
Population *(millier)*	11 856	11 677	11 227	8 135
Densité *(hab./km²)*	43,3	9,6	8,9	6,5
Croissance annuelle (1995-2000) *(%)*	2,3	2,7	3,5	3,2
Indice de fécondité (ISF) (1995-2000)	6,89	7,00	8,00	6,65
Mortalité infantile (1995-2000) ‰	99,1	130,3	136,1	122,5
Espérance de vie (1995-2000) *(année)*	45,3	50,9	44,2	45,2
Population urbaine[c] *(%)*	18,0	29,4	20,1	23,5
Indicateurs socioculturels				
Développement humain (IDH)[b]	0,325	0,386	0,277	0,365
Nombre de médecins *(‰ hab.)*	0,04[g]	0,06[h]	0,03[f]	0,03[i]
Analphabétisme (hommes) *(%)*	65,1	49,6	75,5	47,0
Analphabétisme (femmes) *(%)*	85,1	63,9	91,1	64,2
Scolarisation 12-17 ans *(%)*	12,7[k]	12,8[k]	13,2[m]	26,4[k]
Scolarisation 3e degré *(%)*	0,9[g]	1,9[f]	0,6[g]	0,7[g]
Accès à Internet *(‰ hab.)*	1,72	2,57	1,07	0,49
Livres publiés *(titre)*	12[h]	14[o]	5[k]	••
Armées (effectifs)				
Armée de terre *(millier)*	5,6[p]	7,35	5,2	25[q]
Marine *(millier)*	••	••	••	••
Aviation *(millier)*	0,2	••	0,1	0,35
Économie				
PIB total (PPA)[b] *(million $)*	11 005	8 640	8 079	6 704
Croissance annuelle 1990-2000 *(%)*	4,2	3,9	1,8	3,4
Croissance annuelle 2001 *(%)*	5,7	0,1	5,1	8,9
PIB par habitant (PPA)[b] *($)*	976	797	746	871
Investissement (FBCF)[d] *(% PIB)*	26,9	21,6[e]	10,5[e]	17,0[e]
Taux d'inflation *(%)*	3,0	5,0	4,0	12,4
Énergie (taux de couverture)[c] *(%)*	2,9[f]	11,0[f]	35,0[f]	••
Dépense publique Éducation[f] *(% PIB)*	3,0	3,0	2,7	1,7
Dépense publique Défense *(% PIB)*	1,8[b]	1,1[b]	1,5	3,0
Dette extérieure totale[b] *(million $)*	1 332	2 956	1 638	1 116
Service de la dette/Export.[e] *(%)*	14,6	12,3	11,5	9,8
Échanges extérieurs				
Importations (douanes) *(million $)*	528	1 428	429	395
Principaux fournisseurs *(%)*	UE 40,5	UE 28,4	UE 43,3	UE 36,7
(%)	Fra 24,2	Fra 13,9	Afr 25,2	E-U 35,3
(%)	Afr 40,5	Afr 53,6	Asie[r] 10,0	Afr 13,7
Exportations (douanes) *(million $)*	159	169	247	83
Principaux clients *(%)*	UE 34,6	Asie[r] 35,2	Fra 33,5	UE 58,2
(%)	Afr 16,6	UE 21,5	Niga 30,4	E-U 7,0
(%)	Asie[r] 26,4	Afr 14,1	Asie[r] 20,4	PED[s] 33,8
Solde transactions courantes *(% PIB)*	− 15,9	− 11,4[b]	− 9,2[b]	− 11,2[b]

Définition des indicateurs, sigles et abréviations p. 23 et suivantes. Chiffres 2001 sauf notes. a. Derniers recensements utilisables: Burkina Faso, 1996 ; Mali, 1998 ; Niger, 1999 ; Tchad, 1993 ; b. 2000 ; c. 1999 ; d. 1999-2001 ; f. 1998-2000 ; f. 1998 ; g. 1997 ; h. 1996 ; i. 1994 ; k. 1991 ; m. 1990 ; o. 1995 ; p. Non compris gendarmerie (4200 h.) ; q. Non compris Garde républicaine (5000 h.) ; r. Y compris Japon et Moyen-Orient ; s. Y compris pays de l'ex-CAEM (Conseil d'assistance économique mutuelle, ou Comecon).

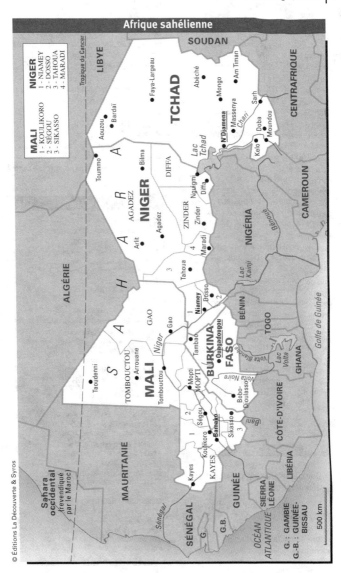

Afrique sahélienne

© Éditions La Découverte & Syros

57 sièges. L'opposition se partageait 54 sièges. L'Alliance pour la démocratie et la fédération-Rassemblement démocratique africain (ADF-RDA), de Hermann Yameogo (17 sièges) a dépassé, pour la première fois, le Parti pour la démocratie et le progrès (PDP) de Joseph Ki-Zerbo (10 sièges). Dix des treize partis représentés au Parlement n'y avaient jamais obtenu de siège.

L'épidémie de méningite qui avait occasionné plus de 1 600 morts entre mars et mai 2001 s'est reproduite en 2002 ; plus d'un millier de décès étaient à déplorer entre janvier et avril. La sécheresse avait engendré des famines sporadiques en avril 2001. L'année s'était pourtant soldée favorablement avec un taux de croissance de 5,7 %, principalement dû à la filière coton (plus de 60 % de la valeur des exportations), dont la production avait augmenté de 36 % avec 400 000 tonnes. Le début de l'année 2002 n'a cependant pas permis de concrétiser les espoirs nés de cette production record, l'effondrement des cours mondiaux et le déficit qui en a résulté menaçant la santé même de ce secteur. Malgré ces difficultés, le FMI a salué la « politique économique rigoureuse » du pays, et lui a accordé en avril 2002 un crédit de 7 millions de dollars au titre de la Facilité pour la réduction de la pauvreté et la croissance (FRPC), tout en acceptant un allégement de la dette de 195 millions de dollars. - **Pierre Boilley** ■

Mali

Deuxième élection présidentielle démocratique

L'élection présidentielle d'avril-mai 2002 – le président Alpha Oumar Konaré a achevé ses deux mandats de cinq ans autorisés par la Constitution – a conditionné la vie politique malienne à partir du début de l'année 2001. L'Alliance pour la démocratie au Mali (ADEMA), au pouvoir, peinait pour désigner son candidat : après des primaires contestées, Soumaïla Cissé était choisi en janvier 2001, mais deux autres leaders du parti, le Premier ministre Mandé Sidibé et El Madani Diallo, décidaient de se présenter aussi. Cette situation a abouti à la démission de M. Sidibé le 18 mars 2002 (remplacé par Modibo Keita), et à l'exclusion de l'ADEMA des deux dissidents. L'ancien président de ce parti, Ibrahim Boubacar Keita, fondait quant à lui son propre parti

République du Mali

Capitale : Bamako.
Superficie : 1 240 000 km².
Population : 11 677 000.
Langues : français (off.), bambara, sénoufo, sarakolé, dogon, peul, tamachaq (touareg), arabe.
Monnaie : franc CFA (100 FCFA = 0,15 €).
Nature de l'État : république parlementaire.
Nature du régime : présidentiel.
Chef de l'État : Amadou Toumani Touré, qui a succédé le 5.5.02 à Alpha Oumar Konaré.
Chef du gouvernement : Ahmed Mohamed ag Hamani, Premier ministre et ministre de l'Intégration africaine, qui a succédé le 9.6.02 à Modibo Keita, lequel avait remplacé en mars 02 Mandé Sidibé (démissionnaire).
Ministre des Affaires étrangères et des Maliens de l'extérieur : Lassine Traoré (nommé le 14.6.02).
Ministre des Forces armées et des Anciens Combattants : Mahamane Maïga (nommé le 14.6.02).
Ministre de l'Éducation nationale : Mamadou Lamine Traoré (nommé le 14.06.02).
Ministre de l'Économie et des Finances : Ousmane Issoufi Maïga (nommé le 14.06.02).
Ministre de la Justice, garde des Sceaux : Abdoulaye Ogotimbali Poudjougou (nommé le 14.6.02).

d'opposition, le Rassemblement pour le Mali (RPM), le 30 juin 2001. L'ancien chef de l'État de la transition, le général Amadou Toumani Touré, qui hésitait à se présenter, s'est porté candidat en mars 2001 après avoir demandé sa retraite de l'armée. Enfin, de nombreux chefs des 78 partis politiques du pays se présentaient, portant à 24 le nombre de candidatures. L'élection, tenue le 28 avril et le 5 mai 2002, s'est déroulée dans le calme et, bien qu'entachée d'irrégularités, a été validée par la Cour constitutionnelle. Avec une participation de seulement 38,3 % des inscrits, elle a vu, au premier tour, se détacher A. T. Touré (28,7 %), S. Cissé (21,32 %) et I. B. Keita (21 %). Au second tour, malgré une participation encore plus faible, A. T. Touré, soutenu par la coalition des partis d'opposition Espoir 2002 et par les candidats dissidents de l'ADEMA, est arrivé en tête, devenant le deuxième président élu du Mali démocratique.

Le Mali a fêté, en mars 2002, le sixième anniversaire de la fin de la rébellion touarègue. Ibrahim Bahenga, dernier chef rebelle, avait déposé les armes en septembre 2001, et, en juillet, la Commission nationale de lutte contre la prolifération des armes légères s'est félicitée de son bilan (20 000 armes restituées en trois ans).

Engagé sur la voie des privatisations (Air Mali, Énergie du Mali en 2000, ouverture des télécommunications au privé en octobre 2001), le pays connaissait des difficultés économiques : crise de la filière coton (endettement et baisse de 50 % de la production), croissance négative (– 2 %) en 2001. Il enregistrait néanmoins une production record de 51 tonnes d'or (premier secteur d'exportation). Le FMI lui accordait en juillet 2001 un prêt de 17,1 milliards de dollars au titre de la Facilité pour la réduction de la pauvreté et pour la croissance (FRPC). **- Pierre Boilley** ∎

Niger

Enracinement du pouvoir civil

Le président Mamadou Tanja a fêté, le 22 décembre 2001, le deuxième anniversaire de son arrivée au pouvoir, après avoir cédé la veille à Hama Amadou, son Premier ministre depuis cette date, la présidence du Mouvement national pour la société de développement (MNSD), ex-parti unique. Cet événement a marqué l'enracinement du pouvoir civil, après les deux coups d'État militaires de 1996 et 1999. Pour autant, le pouvoir restait fortement critiqué par l'opposition, regroupée au sein de la Coordination des forces démocratiques (CFD) et entraînée par Mahamadou Issoufou, président du Parti

République du Niger

Capitale : Niamey.
Superficie : 1 267 000 km^2.
Population : 11 227 000.
Langues : français (off.), haoussa, peul, zarma, kanuri, tamachaq (touareg).
Monnaie : franc CFA (100 FCFA = 0,15 €).
Nature de l'État : république unitaire.
Nature du régime : semi-présidentiel.
Chef de l'État : Mamadou Tanja, président de la République (depuis le 22.12.99).
Chef du gouvernement : Hama Amadou, Premier ministre (depuis le 31.12.99, reconduit le 17.10.01).
Ministre de la Défense nationale : Sabiou Dadi Gao (depuis le 5.1.2000).
Ministre de l'Intérieur et de la Décentralisation : Lawali Amadou (depuis le 17.10.01).
Ministre des Affaires étrangères, de la Coopération et de l'Intégration africaine : Aïchatou Mindaoudou (depuis le 17.10.01).
Ministre des Finances et de l'Économie : Ali Badjo Gamatié (depuis le 5.1.2000).
Ministre du Tourisme et de l'Artisanat : Rhissa ag Boula (depuis le 29.12.98).

Afrique sahélienne/Bibliographie

Amnesty International, *Tchad, des espoirs déçus,* EFAI, Paris, mars 1997.

P. Boilley, *Les Touaregs Kel Adagh. Dépendances et révoltes,* Karthala, Paris, 1999.

R. Buÿtenhuijs, *Transitions et élections au Tchad, 1993-1997,* Karthala, Paris, 1999.

« Burkina Faso », *Marchés tropicaux et méditerranéens,* n° 2685, Paris, avr. 1997.

CERDES, *Le Processus démocratique malien de 1960 à nos jours,* Éditions Donniya, Bamako, 1997.

P.-M. Decoudras, S. Abba, *La Rébellion touarègue au Niger : actes des négociations avec le gouvernement,* Travaux et documents CEAN, Bordeaux, 1995.

A. Deschamps, *Niger 1995. Révolte touarègue. Du cessez-le-feu provisoire à la paix « définitive »,* L'Harmattan, Paris, 2000.

G. Drabo, *Le Chemin des orages. Chroniques parues dans l'Essor (1991-1995),* Éditions Donniya, Bamako, 2001.

B. Issa Abdourhamane, *Crise institutionnelle et démocratisation au Niger,* CEAN, Bordeaux, 1996.

V. Kovana, *Précis des guerres et conflits au Tchad,* L'Harmattan, Paris, 1994.

M. S. Mekki, « Les nouvelles menaces au Sahel et le redéploiement stratégique de l'Algérie vers le sud », *L'Ouest saharien,* vol. 3, L'Harmattan, Paris, 2001.

D. Nebardoum, *Le Labyrinthe de l'instabilité politique au Tchad,* L'Harmattan, Paris, 1998.

R. Otayek, F. M. Sawadogo, J. P. Guingane, *Le Burkina entre révolution et démocratie,* Karthala, Paris, 1996.

I. B. Sidibé, « Mali : le remodelage de la politique étrangère autour de la démocratie et des droits de l'homme », *in* CEAN, *L'Afrique politique 2000,* Karthala, Paris, 2000.

« Tchad », *Marchés tropicaux et méditerranéens,* n° 2714, Paris, nov. 1997.

nigérien pour la démocratie et le socialisme (PNDS). Elle pointait la corruption de l'administration, les atteintes à la liberté de la presse (emprisonnement de journalistes, nouveau régime fiscal contre lequel les journaux et les radios privées ont fait grève en novembre et décembre 2001), et la mauvaise gestion des troubles universitaires qui ont amené la fermeture du campus pendant un an (jusqu'en février 2002). Le Premier ministre H. Amadou devait, en outre, faire face, début 2002, au banditisme résiduel au nord du pays, ainsi qu'à la persistante rébellion touboue des Forces armées révolutionnaires du Sahara (FARS), dont le chef Chahayi Barkayé avait pourtant été tué le 12 septembre 2001 par l'armée nigérienne.

H. Amadou pouvait néanmoins se réjouir de l'embellie économique et financière, mar-

quée par un meilleur climat social et une pluviométrie satisfaisante lors de la campagne agricole 2001-2002. Le taux de croissance est monté à 5,1 % en 2001 (contre 3 % en 2000), mais le grave déficit céréalier de l'exercice 2000-2001, qui avait entraîné des famines, n'a pas permis de contenir la hausse des prix (4,0 % d'inflation en 2001). Les finances publiques ont été marquées par la hausse du déficit budgétaire (7,5 % du PIB en 2001, contre 6,4 % en 2000). Le FMI s'est néanmoins félicité, en février 2002, de l'amélioration globale de l'activité économique, approuvant le versement de 11 millions de dollars au Niger au titre de la Facilité pour la réduction de la pauvreté et pour la croissance (FRPC).

Sur le plan international, le président M. Tanja s'est rendu en Algérie en janvier

2001 et au Maroc en mai suivant. Il a condamné avec fermeté, en septembre 2001, « la violence aveugle » des attentats du 11 septembre aux États-Unis et jugé « normales » les opérations militaires américaines en Afghanistan. Le Niger a été le 56e pays à ratifier, en mars 2002, les statuts de la Cour pénale internationale (CPI).
- **Pierre Boilley** ∎

Tchad

Reprise du dialogue avec les rébellions

La vie politique tchadienne a été marquée en 2001-2002 par l'élection présidentielle et les troubles qui en ont découlé. Six candidats se sont présentés contre le président Idriss Déby, le 20 mai 2001. Malgré les dénonciations de fraudes massives et la démission de plusieurs membres de la Commission électorale nationale indépendante (CENI), I. Déby a obtenu 67,35 % des suffrages, devançant largement ses six adversaires, dont Ngarlejy Yoringar (Fédération action pour la République, 13,9 %) et Wadal Abdelkader Kamougué, président de l'Assemblée nationale et chef de l'Union pour le renouveau et la démocratie (URD, 5,1 %). Ces résultats ont été vivement contestés par l'opposition, dont les six leaders ont été arrêtés avec leurs directeurs de campagne, et les manifestations qui se sont ensuivies ont été dispersées brutalement. Le président Déby n'en a pas moins formé un nouveau gouvernement en août 2001, reconduisant le Premier ministre sortant Nagoum Yamassoum. I. Déby a par ailleurs obtenu, au cours des mois suivants, des succès dans les crises liées aux mouvements de rébellion : en septembre 2001, la Coordination des mouvements armés et partis politiques de l'opposition du Tchad (CMAP) se déclarait ouverte au dialogue et ses représentants rencontraient le président Déby

le 15 décembre suivant à Abéché ; le Mouvement pour la démocratie et la justice au Tchad (MDJT), principal mouvement rebelle tchadien, décidait lui aussi d'engager des négociations de paix qui débouchaient, le 7 janvier 2002, sur un accord suivi en février de l'amnistie des rebelles. Le MDJT reprenait pourtant les hostilités le 28 mai 2002.

En novembre et décembre 2001, la frontière tchado-centrafricaine a été le théâtre de vives tensions, après la fuite dans le sud du Tchad de l'ancien chef d'État-Major de l'armée centrafricaine, le général François Bozizé, et de ses partisans armés, accusés par Bangui de fomenter un coup d'État. Une nouvelle discorde est née en mars 2002

République du Tchad

Capitale : N'Djamena.
Superficie : 1 284 200 km².
Population : 8 135 000.
Langues : français (off.), arabe (off.), sara, baguirmi, boulala, etc.
Monnaie : franc CFA (100 FCFA = 0,15 €).
Nature de l'État : république parlementaire.
Nature du régime : présidentiel.
Chef de l'État : général Idriss Déby (depuis le 4.12.90, élu le 3.7.96 et réélu le 20.5.2001), président du Mouvement patriotique du salut (MPS).
Chef du gouvernement : Nagoum Yamassoum, Premier ministre (depuis le 14.12.99, reconduit le 11.8.01).
Président de l'Assemblée nationale : général Wadal Abdelkader Kamougué (depuis le 10.5.97).
Ministre des Travaux publics, des Transports, de l'Habitat et de l'Urbanisme : Mahamat Saleh Ahmat (depuis le 13.8.01).
Ministre de la Promotion économique et du Développement : Mahamat Ali Hassane (depuis le 14.12.99).
Ministre des Affaires étrangères : Mahamat Saleh Annadif (depuis le 20.5.97).
Ministre de l'Intérieur et de la Sécurité : Abderahmane Moussa (depuis le 14.12.99).

lorsque le Tchad a accusé Abdoulaye Miskine, ex-lieutenant du chef rebelle tchadien assassiné Laokein Bardé, réfugié avec ses hommes en Centrafrique depuis quatre ans, d'avoir exécuté onze ressortissants tchadiens, la Centrafrique se voyant accusée de le protéger.

En janvier 2002, le Tchad a obtenu du FMI une augmentation de 7 millions de dollars des crédits disponibles – portant le total du programme de Facilité pour la réduction de la pauvreté et pour la croissance (FRPC) à 60 millions de dollars –, et un *satisfecit* de la Banque mondiale l'avancement rapide de l'oléoduc Tchad-Cameroun. - **Pierre Boilley** ■

Afrique extrême-occidentale

Cap-Vert, Gambie, Guinée, Guinée-Bissau, Libéria, Sénégal, Sierra Léone

Cap-Vert

Manne des bailleurs de fonds

La rafraîchissante exception démocratique capverdienne s'est globalement confirmée au premier semestre 2002. La très courte victoire du socialiste Pedro Pires, lors du second tour de l'élection présidentielle (11-25 février 2001) – il n'a été élu qu'avec 12 voix d'avance sur son principal challenger, le libéral Carlos Veiga –, n'a pas fondamentalement menacé les équilibres institutionnels.

Les négociations financières avec les bailleurs de fonds internationaux ont été l'une des principales priorités du nouveau gouvernement. Le 10 juillet 2001, Cap-Vert et Portugal ont signé deux accords de coopération financière : le premier prévoit l'octroi à Praïa d'une aide budgétaire de 16,4 millions €; le second porte sur l'ouverture d'une ligne de crédit de 25 millions de dollars destinée au remboursement de la dette du pays envers Lisbonne. Le 5 avril 2002, le FMI a accordé au pays un crédit de 11 millions de dollars sur trois ans, au titre de la Facilité pour la réduction de la pauvreté et pour la croissance (FRPC). L'institution financière, qui se félicitait de l'amélioration

République du Cap-Vert

Capitale : Praïa.
Superficie : 4 030 km^2.
Population : 436 000.
Langues : portugais (off.), créole.
Monnaie : escudo cap-verdien
(100 escudos = 0,87 € au 31.3.02).
Nature de l'État : république unitaire.
Nature du régime : parlementaire.
Chef de l'État : Pedro Pires,
qui a succédé le 11.2.01
à Antonio Mascarenhas Montero.
Chef du gouvernement :
José Maria Neves, qui a succédé
le 1.2.01 à Carlos Veiga.
Ministre des Affaires étrangères et des Communautés : Manuel Inocêncio Sousa (depuis le 1.2.01).
**Ministre de la Justice
et de l'Administration interne :**
Cristina Fontes (depuis le 1.2.01).

de la situation macroéconomique du Cap-Vert, tablait sur un taux de croissance de 2,5 % en 2002, de 3,5 % en 2003 et de 4,5 % en 2004 (après 3,0 % en 2001). - **Théophile Kouamouo** ■

Gambie

Victoire électorale de Yaya Jammeh

Alors que le scrutin présidentiel du 18 octobre 2001, remporté par le président sortant, Yaya Jammeh (ex-putschiste de 37 ans s'affichant pieux musulman), avec près de 53 % des voix face à quatre adversaires, a été jugé « globalement correct » par les observateurs du Commonwealth, les élections législatives du 17 janvier 2002 ont été l'objet de nombreuses contestations. Le Parti démocratique uni (UDP) du principal opposant Ousainou Darboe avait décidé de boycotter les législatives, pour protester contre des « fraudes ». Le parti au pouvoir, l'Alliance patriotique pour la réorientation et la reconstruction (APRC), a ainsi obtenu 43 sièges sur 45. Sur le plan économique,

République de Gambie

Capitale : Banjul.
Superficie : 11 300 km².
Population : 1 337 000.
Langues : anglais (off.), ouolof, malinké, peul, etc.
Monnaie : dalasi
(100 dalasis = 7,21 € au 31.5.01).
Nature de l'État : république unitaire.
Nature du régime : parlementaire, une nouvelle Constitution a été adoptée par référendum le 8.8.96.
Chef de l'État : Yaya Jammeh (depuis le 22.7.94, élu le 26.9.96, réélu le 18.10.01).
Secrétaire d'État chargé des Affaires présidentielles : Edward Singhateh (depuis le 7.3.97).
Secrétaire d'État à l'Intérieur : Lamin Bajo (depuis le 15.3.2000).

l'année 2000-2001 a été marquée par la situation préoccupante de la filière arachidière, mais aussi par l'octroi, le 6 décembre 2001, par le FMI d'un crédit de 4 milliards de dollars, dernière tranche d'une ligne débloquée en 1998 dans le cadre de la Facilité pour la réduction de la pauvreté et pour la croissance (FRPC). - **Théophile Kouamouo** ■

Guinée

Levée des obstacles à un troisième mandat pour L. Conté

L'organisation, le 11 novembre 2001, d'un référendum constitutionnel visant à permettre de lever une disposition limitant à deux les mandats du chef d'État – laquelle empêchait le président Lansana Conté de se présenter à l'élection présidentielle de 2003 – a largement érodé le crédit international du régime guinéen. Le concert de condamnations diplomatiques – avec, en première ligne, la France et l'Union européenne (UE) – n'a pas empêché le pouvoir de proclamer la victoire du « oui » avec 98,36 % des suffrages et une participation de 87,20 %, quand bien même la majorité des observateurs présents à Conakry s'accordaient à estimer la participation faible. Les élections législatives, fixées au 27 décembre 2001 et que la majorité des partis d'opposition avait déjà décidé de boycotter, ont finalement été reportées *sine die*.

Alors que l'UE lançait des consultations pouvant amener les Quinze à interrompre leur coopération avec Conakry et que les relations avec le FMI semblaient se compliquer, la Guinée trouvait toutefois en l'administration américaine une alliée. En effet, Washington qui partageait l'animosité de Conakry envers le président libérien Charles Taylor a accordé, le 12 avril 2002, un allégement de la dette d'un montant de 22 millions de dollars et approuvé, pour la deuxième année consécutive, l'éligibilité de

Bilan de l'année / Guinée / Guinée-Bissau

République de Guinée

Capitale : Conakry.
Superficie : 245 860 km².
Population : 8 274 000.
Langues : français (off.), malinké, peul, soussou, etc.
Monnaie : franc guinéen (1 000 francs = 0,55 € au 31.12.01).
Nature de l'État : république unitaire.
Nature du régime : présidentiel.
Chef de l'État et ministre de la Défense : Lansana Conté (depuis le 5.4.84, élu le 19.12.93, réélu le 14.12.98).
Chef du gouvernement : Lamine Sidimé (depuis le 13.3.99).
Ministre des Affaires étrangères : Mahawa Bangoura Camara (depuis le 12.6.2000).
Ministre de l'Administration territoriale et de la Décentralisation (Intérieur) : Moussa Solano (depuis le 13.3.99).
Échéances institutionnelles : élection présidentielle (2003).

la Guinée à l'Acte sur la croissance et l'opportunité en Afrique (AGOA), offrant aux produits locaux des conditions favorables d'exportation vers les États-Unis.

Au premier semestre 2002, le front guinéen de la vaste « guerre des diamants » se déployant également en Sierra Léone et au Libéria, sur fond de déstabilisation réciproque par guérillas armées interposées, s'était plutôt calmé, l'essentiel des combats se déroulant désormais au Libéria. L'impact de la tenue, le 27 février à Rabat, d'un « sommet » réunissant les présidents Conté, Tejan Kabbah de Sierra Léone et C. Taylor du Libéria a été diversement apprécié, l'opposition guinéenne s'accordant à penser que L. Conté ne respecterait pas ses engagements envers ses voisins.

L'opposant Alpha Condé, libéré en mai 2001 après deux ans et demi d'emprisonnement pour « atteinte à la sûreté de l'État », a proposé début mars 2002 à ses homologues opposants du continent de s'en-

gager à voter des lois d'amnistie protégeant les anciens dictateurs, afin de les encourager à quitter le pouvoir. **- Théophile Kouamouo** ■

Guinée-Bissau

Durcissement du pouvoir présidentiel

L'exécution, fin 2000, de l'ancien chef d'État-Major de l'armée Ansumane Mané, qui était entré en rébellion contre le pouvoir du président Kumba Yala, élu en décembre 1999, n'a pas permis de calmer durablement la vie politique du pays. Le 24 octobre 2001, le Parlement a retiré sa confiance au chef de l'État – dont le parti, avec 38 députés sur 94, ne disposait pas de la majorité absolue –, accusé de piétiner la légalité constitutionnelle. Entre autres dérapages, K. Yala a limogé unilatéralement une vingtaine de juges, menacé les fonctionnaires de licenciements, et ses opposants de représailles physiques. Face à cette escalade,

République de Guinée-Bissau

Capitale : Bissau.
Superficie : 36 120 km².
Population : 1 227 000.
Langues : portugais (off.), créole, mandé, etc.
Monnaie : franc CFA (100 FCFA = 0,15 €).
Nature de l'État : république unitaire.
Chef de l'État : Kumba Yala, président de la République (depuis le 16.1.2000).
Chef du gouvernement : Faustino Imbali, qui a succédé le 20.3.01 à Caetano N'Tchama, lequel avait remplacé le 29.3.2000 Francisco Fadul.
Ministre de l'Administration intérieure : Antonio Artur Sanha (depuis le 20.2.99).
Ministre de l'Économie : Rui Duarte de Barros (depuis le 4.2.01).

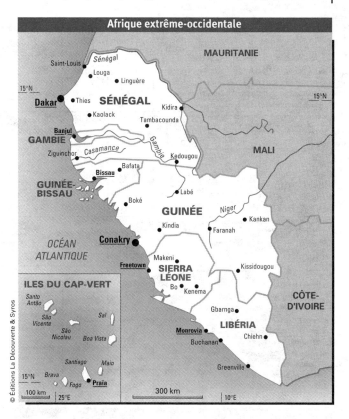

Afrique extrême-occidentale

© Éditions La Découverte & Syros

la Fédération internationale des ligues des droits de l'homme (FIDH) a dénoncé le 30 janvier 2002 la « radicalisation des pratiques politiques » dans le pays, demandant notamment la libération de João Vaz Mane, vice-président de la Ligue bissau-guinéenne des droits de l'homme.

Malgré tout cela, l'Union européenne, dont les entreprises sont présentes dans le secteur de la pêche, et le gouvernement de Bissau ont signé, le 1er avril 2002, un accord de coopération financière de 80 millions €

sur une période de cinq ans. **- Théophile Kouamouo ■**

Libéria

Proclamation de l'état d'urgence

La proclamation par le président Charles Taylor, le 8 février 2002, d'un état d'urgence en vigueur « tant que les circonstances

INDICATEUR	CAP-VERT	GAMBIE	GUINÉE	GUINÉE-BISSAU
Démographie[a]				
Population *(millier)*	437	1 337	8 274	1 227
Densité *(hab./km²)*	108,3	133,7	33,7	43,6
Croissance annuelle (1995-2000) *(%)*	2,3	3,1	2,1	2,1
Indice de fécondité (ISF) (1995-2000)	3,56	5,20	6,27	5,99
Mortalité infantile (1995-2000) ‰	55,6	125,3	124,2	130,8
Espérance de vie (1995-2000) *(année)*	68,9	45,4	46,5	44,1
Population urbaine[c] *(%)*	60,6	31,8	32,1	23,3
Indicateurs socioculturels				
Développement humain (IDH)[b]	0,715	0,405	0,414	0,349
Nombre de médecins *(‰ hab.)*	0,17[g]	0,04[h]	0,13[i]	0,17[g]
Analphabétisme (hommes) *(%)*	15,0	54,7	44,9[b]	44,5
Analphabétisme (femmes) *(%)*	33,0	69,4	73,0[b]	75,4
Scolarisation 12-17 ans *(%)*	45,4[k]	40,9[m]	18,8[m]	25,5[k]
Scolarisation 3e degré *(%)*	• •[f]	1,9[h]	1,3[h]	0,5[h]
Accès à Internet *(‰ hab.)*	27,46	13,46	1,87	3,26
Livres publiés *(titre)*	10[p]	14[q]	• •	• •
Armées (effectifs)				
Armée de terre *(millier)*	1	0,8	8,5	6,8[r]
Marine *(millier)*	0,1	• •	0,4	0,35
Aviation *(millier)*	0,1	• •	0,8	0,1
Économie				
PIB total (PPA)[b] *(million $)*	2 144	2 149	14 696	905
Croissance annuelle 1990-2000 *(%)*	6,3	3,9	4,0	0,7
Croissance annuelle 2001 *(%)*	3,0	5,8	2,9	4,0
PIB par habitant (PPA)[b] *($)*	4 863	1 649	1 982	755
Investissement (FBCF)[d] *(% PIB)*	20,0[e]	17,8[e]	20,2[e]	15,8[e]
Taux d'inflation *(%)*	3,7	4,0	6,8	5,0
Énergie (taux de couverture)[c] *(%)*	• •	• •	4,2[f]	• •
Dépense publique Éducation[f] *(% PIB)*	4,4	4,9	1,8	• •
Dépense publique Défense *(% PIB)*	2,7[b]	3,2[b]	1,5	1,6
Dette extérieure totale[b] *(million $)*	327	471	3 388	942
Service de la dette/Export.[e] *(%)*	9,2	8,5	16,8	20,9
Échanges extérieurs				
Importations (douanes) *(million $)*	275	371	749	91
Principaux fournisseurs *(%)*	UE 82,9	UE 35,5	UE 45,9	UE 44,9
(%)	Por 48,4	Asie[u] 37,0	Asie[u] 20,1	Asie[u] 21,2
(%)	PED[v] 11,4	Afr 15,7	Afr 13,6	Afr 17,5
Exportations (douanes) *(million $)*	15	26	887	139
Principaux clients *(%)*	UE 86,1	UE 63,5	UE 44,6	Asie[u] 55,3
(%)	Por 52,7	Asie[u] 11,4	PED[v] 26,8	AmL 40,8
(%)	E-U 10,5	Afr 7,0	PNS[w] 17,0	UE 2,7
Solde transactions courantes *(% PIB)*	− 11,6[b]	− 11,5[b]	− 5,5[b]	14,6[b]

Définition des indicateurs, sigles et abréviations p. 23 et suivantes. Chiffres 2001 sauf notes. a. Derniers recensements utilisables : Cap-Vert, 1990 ; Gambie, 1993 ; Guinée, 1996 ; Guinée-Bissau, 1991 ; Libéria, 1984 ; Sénégal, 1988 ; Sierra Léone, 1985 ; b. 2000 ; c. 1999 ; d. 1999-2001 ; e. 1998-2000 ; f. 1998 ; g. 1996 ; h. 1997 ; i. 1995 ; k. 1990 ; m. 1991 ; o. 1986 ; p. 1989 ; q. 1984 ; r. Non compris gendarmerie (2000 h.) ; s. Selon la CIA ;

	LIBÉRIA	SÉNÉGAL	SIERRA LÉONE
	3 108	9 662	4 587
	32,3	50,2	64,1
	7,1	2,5	1,5
	6,80	5,57	6,50
	111,4	62,4	165,4
	48,1	52,3	37,3
	44,3	46,7	36,0
	• •	0,431	0,275
	0,02[h]	0,09[f]	0,07[g]
	28,8	51,8	49,3[b]
	60,9	71,4	77,4[b]
	27,6[o]	30,0[k]	26,6[k]
	7,3[f]	3,6[f]	1,4[h]
	• •	10,35	1,44
	• •	42[q]	16[q]
	12,5	8	3
	0,5	0,6	0,2
	0,5	0,8	• •
	3 350[s]	14 386	2 467
	• •	3,4	– 7,6
	• •	5,7	5,4
	1 150[s]	1 510	490
	• •	19,0[e]	5,4[e]
	• •	3,0	6,0
	12,2[f]	57,0	• •
	• •	3,5	1,0
	5,6[tb]	1,1	1,2
	2 032	3 372	1 273
	• •	16,4	34,7
	4 492	1 967	387
	Asie[u] 53,6	UE 49,1	UE 61,5
	UE 34,4	Afr 21,8	Afr 9,3
	Ex-CAEM 5,4	Asie[u] 17,1	Asie[u] 14,6
	753	842	68
	UE 76,4	UE 41,2	E-U 9,1
	RFA 47,6	Afr 24,1	UE 68,0
	PED[v] 13,6	Asie[u] 14,5	Afr 5,0
	– 10,2[b]	– 7,1[b]	– 18,6[b]

t. 1,2 % selon la Banque mondiale ; u. Y compris Japon et Moyen-Orient ; v. Y compris pays de l'ex-CAEM (Conseil d'assistance économique mutuelle, ou Comecon) ; w. Pays non spécifiés.

l'ayant justifié existeront » a confirmé ce que plusieurs observateurs relevaient depuis avril 2001 : la reprise de violents combats dans le comté de Lofa, situé au nord du pays, à la frontière avec la Guinée et la Sierra Léone, et d'où C. Taylor avait lancé, en 1990, la rébellion armée qui, sept ans plus tard, le porterait au pouvoir après une légitimation par les urnes. Cette annonce a provoqué une certaine fébrilité, faisant craindre, notamment, pour le sort des populations déplacées, dont un certain nombre refluait dans la capitale Monrovia. Le 12 février, le Fonds des Nations unies de secours d'urgence à l'enfance (UNICEF) se montrait préoccupé par les risques d'une remobilisation des enfants-soldats. Le même jour, le journal indépendant *Analyst*, qui avait critiqué la mesure d'état d'urgence, était fermé et trois de ses journalistes interpellés. À la mi-2002, les observateurs considéraient comme envisageable l'arrivée des rebelles à Monrovia, après plusieurs incursions dans des agglomérations rapprochées.

Le flou qui entourait cette situation, ainsi que le mystère enveloppant le mouvement Libériens unis pour la réconciliation et la dé-

République du Libéria

Capitale : Monrovia.
Superficie : 111 370 km².
Population : 3 108 000.
Langues : anglais (off.), bassa, kpellé, kru, etc.
Monnaie : dollar libérien (100 dollars = 1,88 € au 31.3.02).
Nature de l'État : république unitaire.
Nature du régime : présidentiel.
Chef de l'État : Charles Taylor (élu président le 19.7.97).
Ministre des Affaires étrangères : Monie Captan.
Ministre de la Justice : Eddington Varmah.
Ministre de la Sécurité nationale : Philip Kammah.
Échéances institutionnelles : élection présidentielle (2004).

mocratie (LURD), menant l'insurrection, a fini par rendre sceptiques certains observateurs à Monrovia. Ces derniers jugeaient probable que le gouvernement de l'ancien seigneur de guerre C. Taylor ait encouragé la création du LURD, afin de donner une image de petit pays agressé et d'apitoyer l'opinion internationale, dans le but final de provoquer l'assouplissement des sanctions internationales contre le Libéria. En effet, en raison de son soutien au Front révolutionnaire unifié (RUF), sanguinaire mouvement rebelle sierra-léonais, Monrovia s'est vue marginalisée par l'ONU, qui a décrété un embargo relatif au commerce des diamants et incluant des restrictions aux déplacements des autorités libériennes, dont ceux de C. Taylor. Ces sanctions ont été reconduites en mai 2002.

Inquiété par des allégations du quotidien américain *Washington Post* selon lesquelles son gouvernement serait en relation d'affaires avec des membres du réseau terroriste d'Oussama ben Laden, Al-Qaeda, C. Taylor a semblé vouloir donner des signes de bonne volonté en rencontrant, le 27 février à Rabat, ses homologues et ennemis de la Sierra Léone, Ahmed Tejan Kabbah, et de la Guinée, Lansana Conté.
- **Théophile Kouamouo** ∎

Sénégal

Fléchissement de l'euphorie populaire

Avec les élections municipales et régionales du 12 mai 2002, le gouvernement d'Abdoulaye Wade a achevé la mise en place des institutions prévues par la Constitution adoptée le 7 janvier 2001. Sa formation politique, le Parti démocratique sénégalais (PDS, libéral), en a profité pour finir d'asseoir sa suprématie sur la vie politique, après la victoire historique de son chef lors de l'élection présidentielle de février et mars

2000, et le raz de marée de ses partisans lors des élections législatives du 29 avril 2001. Elle a toutefois essuyé plusieurs revers dans de grandes villes. Deux ans après l'alternance – l'élection d'A. Wade avait mis fin à quarante ans d'hégémonie du Parti socialiste (au pouvoir depuis l'indépendance) –, plusieurs observateurs notaient une certaine désillusion de la population. De nombreux mouvements sociaux et grèves sont venus rappeler au pouvoir la permanence de la misère – plus de 65 % de la population vit en dessous du seuil de pauvreté et le pays occupe la 154e place sur 173 selon l'indicateur du développement humain (IDH). L'organisation désastreuse des campagnes de commercialisation de l'arachide, principale culture de rente du pays en 2001 et 2002, a exaspéré et appauvri les agriculteurs. L'échec de la privatisation de la Société nationale d'électricité (Sénélec), d'abord cédée à l'entreprise canadienne Hydro-Elyo-Québec, puis pro-

République du Sénégal

Capitale : Dakar.
Superficie : 196 200 km².
Population : 9 662 000.
Langues : français (off.), ouolof, peul, sérère, dioula, etc.
Monnaie : franc CFA (100 FCFA = 0,15 €).
Nature de l'État : république unitaire.
Nature du régime : présidentiel, multipartite.
Chef de l'État : Abdoulaye Wade (depuis le 19.3.2000).
Chef du gouvernement : Mame Madior Boye, qui a succédé le 3.3.01 à Moustapha Niasse, lequel avait remplacé le 3.4.2000 Mamadou Lamine Loum.
Directeur du cabinet présidentiel : Idrissa Seck (depuis le 3.4.2000).
Ministre d'État aux Affaires étrangères : Cheikh Tidiane Gadio (depuis le 3.4.2000).
Ministre de l'Intérieur : général Mamadou Niang (depuis le 3.4.2000).

posée à l'opérateur français Vivendi, qui n'en a finalement pas voulu, a entraîné une hausse de 18 % des prix de l'électricité, décision qui a irrité ménages et milieux d'affaires.

Malgré cette situation intérieure plutôt morose, le président Wade a multiplié les initiatives diplomatiques. Les 16 et 17 octobre 2001, il a organisé une rencontre à Dakar afin d'exhorter ses pairs du continent à signer un pacte africain contre le terrorisme, après les attentats du 11 septembre 2001 aux États-Unis ; son projet a été rejeté, les autres chefs d'État proposant plutôt de ratifier une résolution de l'OUA (Organisation de l'unité africaine) déjà existante et allant dans ce sens. Dans le cadre du projet de mise en place du Nouveau partenariat pour le développement de l'Afrique (Nepad), lancé avec les présidents Thabo Mbeki, d'Afrique du Sud, Olusegun Obasanjo, du Nigéria, et Abdelaziz Bouteflika, d'Algérie, A. Wade a organisé à Dakar une rencontre entre plusieurs chefs d'État africains et des représentants de grandes firmes multinationales, afin d'inciter ces derniers à investir en Afrique. Le chef de l'État sénégalais s'est également singularisé par ses prises de position sur la réparation des crimes du colonialisme – à laquelle il s'est opposé –, ainsi que sur la réélection controversée de Robert Mugabe (9-10 mars 2002), le chef de l'État zimbabwéen, que la plupart de ses pairs ont adoubé. Enfin, l'arrivée en quart de finale de la Coupe du monde de football de l'équipe sénégalaise (juin 2002) a gonflé de fierté la population.
- **Théophile Kouamouo** ■

Sierra Léone

Nouveau départ ?

La réélection du président sortant Ahmad Tejan Kabbah, lors du scrutin du 14 mai 2002, a été saluée par une explosion de joie à Freetown et a été unanimement saluée par la communauté internationale, qui l'a qualifiée d'« aussi transparente que possible » dans un pays sortant de dix années d'une guerre civile atroce, laquelle a causé la mort de plus de 200 000 personnes. Crédité de 70,3 % des suffrages, A. T. Kabbah, ancien haut fonctionnaire du système des Nations unies âgé de 70 ans, a très vite formé un gouvernement où sa formation politique, le Parti du peuple sierra-léonais (SLPP), majoritaire au sein de la nouvelle Assemblée nationale, tenait le haut du pavé. La présidentielle du 14 mai a également constitué un test de popularité pour le Front révolutionnaire unifié (RUF), ancien mouvement rebelle sanguinaire, créé pour l'occasion par les anciens maquisards de Foday Sankoh – qui devait être jugé pour crimes contre l'humanité. Or, celui-ci n'a obtenu que 1,73 % des suffrages, confirmant que le souvenir des exactions du RUF, passé maître dans l'art d'amputer les membres de ses victimes, enfants compris, demeurait vivace. Si Johnny-Paul Koroma, ancien chef d'une junte militaire, n'a obtenu que 3 % des suffrages, son score au sein de l'armée (plus de 70 %) n'a pas contribué à rassurer les observateurs redoutant une

République de Sierra Léone

Capitale : Freetown.
Superficie : 71 740 km².
Population : 4 587 000.
Langues : anglais (off.), krio, mende, temne, etc.
Monnaie : leone (1 000 leones = 0,53 € au 31.5.02).
Nature de l'État : république unitaire.
Nature du régime : démocratique.
Chef de l'État et ministre de la Défense : Ahmad Tejan Kabbah (élu le 17.3.96, réélu le 14.5.02).
Ministre des Affaires étrangères : Momodou Koroma (depuis le 22.5.02).
Ministre de l'Intérieur : Hinga Norman (depuis le 22.5.02).

Afrique extrême-occidentale/Bibliographie

D. C. Bach, A. Kirk-Greene (sous la dir. de), *États et sociétés en Afrique francophone,* Économica, Paris, 1993.

F. Barbier-Wiesser (sous la dir. de), *Comprendre la Casamance,* Karthala, Paris, 1994.

D. Cruise O'Brien, « Difficile transition en Afrique : au Sénégal, une démocratie sans alternance », *Le Monde diplomatique,* Paris, avr. 1993.

M. Devey, « La Guinée après la tentative de coup d'État, une passe difficile », *Marchés tropicaux et méditerranéens,* n° 2640, Paris, juin 1996.

M. C. Diop (sous la dir. de), *Sénégal, trajectoires d'un État,* Codestria, Dakar, 1992.

A. Enders, *Histoire de l'Afrique lusophone,* Chandeigne, Paris, 1994.

T. Lubabu, « Freetown presque tombée entre les mains du RUF », *L'Autre Afrique,* n° 75, Paris, janv. 1999.

M. Martins, « Le conflit en Guinée-Bissau : chronologie d'une catastrophe », *in* CEAN, *L'Afrique politique 1999,* Karthala, Paris, 1999.

R. Otayek, « Démocratie, culture politique, sociétés plurales : une approche comparative à partir de situations africaines », *Revue française de science politique,* vol. 47, Paris, juin 1997.

W. Zartman, *Governance as Conflict Management : Politics and Violence in West Africa,* Brookings Institute Press, Washington, 1997.

nouvelle intrusion des « hommes en tenue » dans le jeu politique.

Des inquiétudes demeuraient quant à la solidité du processus de retour à la paix : la question de la réinsertion des anciens combattants du RUF, dont on craignait qu'ils se reconvertissent dans le grand banditisme ; le destin de la Mission des Nations unies en Sierra Léone (Minusil), dont on ne savait trop, à la mi-2002, si ses 17 500 soldats resteraient ou partiraient ; ainsi que la reprise des combats au Libéria. Le retour des réfugiés et des déplacés dans leurs villages, souvent détruits, ainsi que le manque de fonds pour une aide alimentaire dont l'objectif serait de couvrir leurs besoins des premiers mois préoccupaient fortement les organisations humanitaires, craignant des émeutes de la faim difficilement gérables.

Fort de son programme mettant notamment l'accent sur la lutte contre la corruption, le président Kabbah croyait pouvoir relever les nombreux défis d'un pays qui, malgré ses énormes richesses – notamment le diamant –, était classé par le PNUD (Programme des Nations unies pour le développement) comme le plus pauvre du monde. **- Théophile Kouamouo** ∎

Golfe de Guinée

Bénin, Côte-d'Ivoire, Ghana, Nigéria, Togo

Bénin

Manœuvres pour la présidentielle de 2006

Après la réélection organisée de Mathieu Kérékou à la présidence de la République en mars 2001, les « grandes manœuvres » politiques ont commencé. L'ancien président Nicéphore Soglo, atteint par la limite d'âge, était hors course pour la présidentielle de 2006, de même que le président Kérékou que la Constitution empêchait aussi de briguer un troisième mandat. Le champ était dégagé pour de potentiels successeurs qui affichaient leurs ambitions : à savoir, du côté de la mouvance présidentielle, le ministre d'État faisant office de Premier ministre, Bruno Amoussou, et, du côté de l'opposition, le président de l'Assemblée nationale, Adrien Houngbédji. Si l'électorat de N. Soglo, ancien allié d'A. Houngbédji dont le parti est divisé en deux courants antagonistes, semblait acquis au président de l'Assemblée, en revanche, le soutien de M. Kérékou à son Premier ministre était incertain, le « Caméléon » regardant plutôt du côté de son ancien ministre des Finances, Abdoulaye Bio Tchané, originaire de la même région que lui, pendant que son grand financeur, l'homme d'affaires Séfou Fagbohoun, lorgnait vers l'opposition. La justice, qui n'avait jamais inquiété ce dernier pour ses nombreux scandales financiers, a toutefois écroué, en janvier 2002, une quarantaine de magistrats pour surfacturation de leurs actes. Fait remarquable, le parti de N. Soglo, la Renaissance du Bénin, a réussi à préserver son unité en destituant sa très controversée présidente, Rosine Soglo, l'épouse de Nicéphore, lors de son congrès extraordinaire de septembre 2001.

Pendant ce temps, on assistait à une dégradation très nette du climat social marqué, en février 2002, par des grèves répétées dans la fonction publique et dans

République du Bénin

Capitale : Porto Novo.
Superficie : 112 622 km².
Population : 6 446 000.
Langues : français (off.), adja-fon, yoruba, pila-pila, goun, dendi, sonika.
Monnaie : franc CFA (100 FCFA = 0,15 €).
Nature de l'État : république unitaire.
Nature du régime : présidentiel.
Chef de l'État et du gouvernement : général Mathieu Kérékou (élu en mars 96, réélu le 22.3.01 dans le cadre d'élections contestées).
Ministre d'État chargé de la Coordination du gouvernement, du Plan et du Développement ainsi que de la Prospection : Bruno Amoussou (depuis le 22.6.99).
Ministre de la Défense nationale : Pierre Osho (depuis le 14.5.98).
Ministre de l'Intérieur, de la Sécurité et de l'Administration territoriale : Daniel Tawéna (depuis le 14.5.98).
Ministre des Affaires étrangères et de l'Intégration : Antoine Idji Kolawolé (depuis le 14.5.98).

les trois degrés de l'enseignement dont les agents avaient du mal à « voir dans leur assiette » les 6 % de croissance affichés pour l'année 2001. L'hémicycle n'a pas été épargné par cette ambiance délétère. L'opposition, dominante, en alliance tactique avec des députés de la mouvance présidentielle, a bloqué le vote du budget 2002, finalement promulgué par ordonnance par M. Kérékou le 6 février 2002. La guerre de tranchée qu'ont entamée les proches du chef de l'État, à la suite du départ du ministre des Finances Abdoulaye Bio Tchané (nommé le 15 février directeur Afrique du FMI), donnait le sentiment d'un pays qui s'ennuie avec un Kérékou III ne sachant pas vraiment quoi faire de son pouvoir et se montrant incapable d'endiguer le flot de faux billets de 10 000 FCFA qui a envahi le pays au cours du deuxième trimestre 2002. **- Comi Toulabor** ∎

Côte-d'Ivoire

Vers la paix sociale ?˙

Après plusieurs reports, le Forum de réconciliation nationale a clôturé ses travaux le 18 décembre 2001 à Abidjan. Ouvert le 9 octobre, outre les plus de 750 représentants du monde politique et de la société civile, il a réuni surtout les quatre principaux protagonistes de la crise ivoirienne : le président Laurent Gbagbo, son prédécesseur Henri Konan Bédié (rentré au pays le 15 octobre 2001 après 22 mois d'exil à Paris), le général putschiste Robert Gueï (qui a créé le 25 février 2001 son propre parti, l'Union pour la démocratie et la paix en Côte-d'Ivoire – UDPCI) et l'ancien Premier ministre Alassane Dramane Ouattara (dont le rejet de la candidature aux élections présidentielle et législatives de 2000 pour « nationalité douteuse » avait conduit la Côte-d'Ivoire au bord de la guerre civile).

Dans un souci d'apaisement, le Forum

a préconisé de voter une loi d'amnistie pour tous les auteurs de crimes et délits qui auront fait acte de repentance, condamné les coups d'État et toute forme non légale d'accession au pouvoir, recommandé à la justice la réouverture du dossier du charnier de Yopougon, cette banlieue populaire d'Abidjan où 57 corps ont été découverts en octobre 2000 après l'élection de L. Gbagbo (le bilan officiel faisait état de 303 victimes). Il a également demandé l'acceptation des résultats des législatives et de la présidentielle de 2000 toujours contestés par A. Ouattara, et d'harmoniser certaines dispositions de la Constitution d'août 2000 sous l'égide d'un comité de juristes. Par ailleurs, il a reconnu la nationalité ivoirienne d'A. Ouattara et a suggéré la formation d'un gouvernement d'union nationale élargi à toutes les sensibilités politiques significatives. Pour consolider les acquis du Forum et établir un calendrier de suivi, les quatre « frères ennemis » de la crise se sont retrouvés les 22 et 23 janvier 2002 à Yamoussoukro.

Cependant, malgré d'incontestables avancées du Forum, la question de l'éligibilité d'A. Ouattara aux hautes fonctions de l'État a continué d'alimenter le débat, amplifié par des rumeurs entourant la mission relative à la modernisation de l'état civil confiée à l'Office national d'identification (ses travaux ont démarré le 11 juin 2002). Dans le même temps, la loi foncière rurale, promulguée en décembre 1998, ne cessait de rencontrer des difficultés d'application, en dépit de la mise en place d'une commission idoine en décembre 2001.

Cela n'a pas empêché les états-majors des différents partis de se mettre en ordre de bataille en vue des élections des conseils généraux et des conseils de district (chargés de gérer respectivement les régions et les départements) du 7 juillet 2002. Ces élections locales, pour lesquelles la Commission électorale indépendante avait placé très haut la barre d'éligibilité des candidats, apparaissaient d'une importance capitale

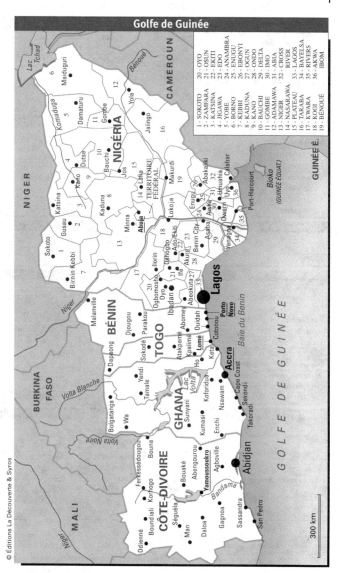

Golfe de Guinée

1 - SOKOTO
2 - ZAMFARA
3 - KATSINA
4 - JIGAWA
5 - YOBE
6 - BORNO
7 - KEBBI
8 - KADUNA
9 - KANO
10 - BAUCHI
11 - GOMBE
12 - ADAMAWA
13 - NIGER
14 - NASARAWA
15 - PLATEAU
16 - TARABA
17 - KWARA
18 - KOGI
19 - BENOUÉ
20 - OYO
21 - OSUN
22 - EKITI
23 - ONDO
24 - ANAMBRA
25 - ENUGU
26 - EBONYI
27 - OGUN
28 - ONDO
29 - DELTA
30 - IMO
31 - ABIA
32 - CROSS RIVER
33 - LAGOS
34 - BAYELSA
35 - RIVERS
36 - AKWA IBOM

INDICATEUR	UNITÉ	BÉNIN	CÔTE-D'IVOIRE
Démographie[a]			
Population	*(millier)*	6 446	16 349
Densité	*(hab./km²)*	58,3	51,4
Croissance annuelle (1995-2000)	*(%)*	2,7	2,1
Indice de fécondité (ISF) (1995-2000)		6,10	5,10
Mortalité infantile (1995-2000)	*‰*	87,7	89,0
Espérance de vie (1995-2000)	*(année)*	53,5	47,7
Population urbaine[c]	*(%)*	41,5	45,8
Indicateurs socioculturels			
Développement humain (IDH)[b]		0,420	0,428
Nombre de médecins	*(‰ hab.)*	0,06[g]	0,09[h]
Analphabétisme (hommes)	*(%)*	46,5	44,4
Analphabétisme (femmes)	*(%)*	75,4	59,7
Scolarisation 12-17 ans	*(%)*	21,9[k]	45,7[k]
Scolarisation 3e degré	*(%)*	3,4[f]	7,3[f]
Accès à Internet	*(‰ hab.)*	3,88	4,28
Livres publiés	*(titre)*	84[p]	••
Armées (effectifs)			
Armée de terre	*(millier)*	4,5	6,8[r]
Marine	*(millier)*	0,1	0,9
Aviation	*(millier)*	0,15	0,7
Économie			
PIB total (PPA)[b]	*(million $)*	6 212	26 100
Croissance annuelle 1990-2000	*(%)*	4,8	2,6
Croissance annuelle 2001	*(%)*	5,8	– 0,9
PIB par habitant (PPA)[b]	*($)*	990	1 630
Investissement (FBCF)[d]	*(% PIB)*	18,4[e]	15,3[e]
Taux d'inflation	*(%)*	3,8	4,4
Énergie (taux de couverture)[c]	*(%)*	78,9	98,7
Dépense publique Éducation[f]	*(% PIB)*	2,6	4,2
Dépense publique Défense	*(% PIB)*	1,7	0,9
Dette extérieure totale[b]	*(million $)*	1 599	12 138
Service de la dette/Export.[e]	*(%)*	10,6	25,0
Échanges extérieurs			
Importations (douanes)	*(million $)*	1 600	3 073
Principaux fournisseurs	*(%)*	UE 33,5	UE 40,6
	(%)	Afr 13,1	Afr 27,2
	(%)	Asie[t] 46,8	Asie[t] 16,1
Exportations (douanes)	*(million $)*	198	3 827
Principaux clients	*(%)*	Asie[t] 40,3	UE 43,8
	(%)	AmL 16,7	Afr 32,5
	(%)	UE 26,6	E-U 8,3
Solde transactions courantes	*(% PIB)*	– 7,7[b]	– 2,4

Définition des indicateurs, sigles et abréviations p. 23 et suivantes. Chiffres 2001 sauf notes. a. Derniers recensements utilisables : Bénin, 1992 ; Côte-d'Ivoire, 1998 ; Ghana, 2000 ; Nigéria, 1991 ; Togo, 1998 ; b. 2000 ; c. 1999 ; d. 1999-2001 ; e. 1998-2000 ; f. 1998 ; g. 1995 ; h. 1996 ; i. 1993 ; k. 1991 ; m. 1990 ; o. 1997 ; p. 1994 ; q. 1992 ; r. Non compris Garde présidentielle (1100 h.), gendarmerie (4400 h.) et Milice

Côte-d'Ivoire / Bilan de l'année

	GHANA	NIGÉRIA	TOGO
	19 734	116 929	4 657
	86,7	128,4	85,6
	2,2	2,7	3,3
	4,60	5,92	5,80
	68,6	88,1	83,1
	56,3	51,3	51,3
	37,9	43,1	32,8
	0,548	0,462	0,493
	0,06[h]	0,19[i]	0,08[g]
	18,9	26,5	26,6
	35,7	42,6	56,0
	53,0[m]	32,0[k]	59,7[m]
	1,3[o]	4,0[o]	4,0[f]
	1,94	1,76	10,74
	28[q]	1 314[g]	••
	5	62	9,0
	1	7	0,2
	1	9,5	0,25
	37 913	113 663	6 526
	4,3	2,9	1,2
	4,0	4,0	2,7
	1 964	896	1 442
	22,6[e]	23,4[e]	20,0[e]
	33,0	18,9	6,8
	77,9	204,9	73,9
	4,0	0,7[g]	4,5
	0,6	4,5[sb]	2,0[b]
	6 657	34 134	1 435
	20,8	7,5	7,5
	2 943	10 845	1 367
	UE 31,1	UE 43,6	Afr 38,7
	Afr 33,3	Asie[t] 31,3	Asie[t] 32,1
	Asie[t] 18,4	E-U 9,5	UE 23,9
	1 867	20 758	421
	UE 40,0	E-U 40,1	UE 11,8
	Afr 24,4	PED[u] 29,6	Asie[t] 28,1
	E-U 9,7	UE 25,3	Afr 36,3
	– 4,0	– 0,2	– 9,7[b]

(1500 h.) ; s. 1,6 % selon la Banque mondiale ; t. Y compris Japon et Moyen-Orient ; u. Y compris pays de l'ex-CAEM (Conseil d'assistance économique mutuelle, ou Comecon).

pour les partis désireux de jauger leur poids sur le terrain. À l'issue du scrutin, le parti de L. Gbagbo a remporté 19 départements sur 58, le PDCI (Parti démocratique de Côte-d'Ivoire, ancien parti unique) 18, celui d'A. Ouattara 10, suivi des indépendants avec 5 départements et R. Gueï avec 3. Par ailleurs, on a noté, à partir de mai 2002, le positionnement des grands partis en vue de la présidentielle d'octobre 2005, pour laquelle H. Konan Bédié surtout, en reprenant les rênes du PDCI (Parti démocratique de Côte-d'Ivoire) en avril 2002, ne cachait pas ses ambitions.

En renouant avec la paix sociale, le pays a retrouvé ses bailleurs de fonds bilatéraux et multilatéraux traditionnels après avoir été, à partir de 1998, privé de leurs aides. En février et mars 2002, le Japon et la France lui ont apporté leur soutien de 366 559 € et de 183 millions €. La Banque mondiale et le FMI ont repris leur coopération suspendue pour cause de mauvaise gouvernance

République de Côte-d'Ivoire

Capitale : Yamoussoukro.
Superficie : 322 462 km².
Population : 16 349 000.
Langues : français (off.), baoulé, dioula, bété, sénoufo.
Monnaie : franc CFA (100 FCFA = 0,15 €).
Nature de l'État : république unitaire.
Nature du régime : parlementaire
Chef de l'État : Laurent Gbagbo, président de la République (depuis le 22.10.2000).
Premier ministre chargé de la Planification et du Développement : Pascal Affi N'Guessan (depuis le 24.1.01).
Ministre de l'Intérieur et de la Décentralisation : Émile Boga Doudou (depuis le 24.1.01).
Ministre des Affaires étrangères : Abdoudramane Sangaré (depuis le 24.1.01).
Ministre de la Défense et de la Protection civile : Moïse Lida Kouassi (depuis le 24.1.01).

en octroyant, début février 2002, un prêt de relance économique de 240 millions de dollars, toutefois conditionné par l'apurement par Abidjan de ses arriérés de paiement qui s'élevaient à 40 millions de dollars. Aussi, pour être en règle avec les institutions de Bretton Woods, le gouvernement a-t-il dû puiser dans les caisses d'assurance et de prévoyance quelque 90 milliards de FCFA et aggraver la pression fiscale. D'autant que la libération des 400 millions € promis par l'Union européenne ainsi que des 150 millions de dollars de la Banque africaine de développement (BAD) était soumise aux mêmes conditions d'apurement.

Sur le front social, la Côte-d'Ivoire a connu, à partir de la mi-février 2002, des grèves liées à des revendications salariales et aux conditions de travail. Différentes corporations de la fonction publique ainsi que des producteurs de coton étaient régulièrement dans la rue. Agitant la carotte et le bâton, le gouvernement a déclaré ne pouvoir les satisfaire qu'en l'an 2003, tout en accordant une aide de 1,3 million € aux victimes des violences qui avaient marqué la présidentielle d'octobre 2000. L'ouverture, les 30 mai et 3 juin 2002, de la série de procès des auteurs de la tentative de putsch contre L. Gbagbo de janvier 2001 a permis de tester la loyauté de l'armée soupçonnée d'indiscipline.

Artisan d'un lobbying efficace auprès de ses homologues africains, L. Gbagbo a réussi à faire élire son compatriote Amara Essy dans le fauteuil de secrétaire général de l'OUA (Organisation de l'unité africaine) lors de son sommet de juin 2001 en Zambie. Il s'est rendu le 4 décembre de la même année à Ouagadougou pour apaiser les inquiétudes de Blaise Compaoré, dont les concitoyens ont souvent été pris pour cibles dans la « crise de l'ivoirité ». Il a foulé à deux reprises le sol français en juin et en décembre 2001, pour raffermir ses relations avec Paris dont le soutien lui restait indispensable. - **Comi Toulabor** ■

Ghana

Le président Kufuor trouve ses marques

Le président John Aggyekum Kufuor, qui semblait avoir trouvé ses marques depuis son élection en décembre 2000, a procédé le 12 octobre 2001 à un premier remaniement de son gouvernement qui a affecté une douzaine de ministères. Il a précisé ses intentions en matière d'audit de l'ancien régime, « plaçant dans le collimateur » de la croisade anti-corruption une dizaine de sociétés d'État, le plus souvent dirigées par des amis de l'ancien président Jerry Rawlings, comme la Ghana National Petroleum Corporation de Tsatsu Tsikata, l'un des plus puissants alliés de l'ancien régime. Le président Kufuor a ainsi fait interrompre, le 12 mars 2002, le procès que celle-ci lui avait intenté. Il a également remplacé les têtes des principales unités de l'armée par des généraux proches de lui.

Le 21 février 2002, le ministre des Finances Yaw Osafo-Maafo a présenté au Parlement le projet de loi de finances 2002 comme un « budget de stabilité et de crois-

⬤ République du Ghana

Capitale : Accra.
Superficie : 238 537 km².
Population : 19 734 000.
Langues : anglais (off.), akan, ewe, mossi, mamprusi, dagomba, gonja.
Monnaie : cedi (1 000 cedis = 0,14 € au 30.4.02).
Nature de l'État : république unitaire.
Nature du régime : présidentiel.
Chef de l'État et du gouvernement : John Agyekum Kufuor (depuis le 28.12.2000).
Ministre de la Défense nationale : Kwame Addo-Kufuor (depuis janv. 01).
Ministre de l'Intérieur : Malik Yakubu Alhassan (depuis janv. 01).
Ministre des Affaires étrangères : Hackman Owusu-Agyemang (depuis janv. 01).

sance ». Le prix d'achat de la tonne de cacao aux producteurs y a été augmenté de 41 %, le taux de croissance fixé à 4,5 % (4,0 % en 2001), l'inflation se situant à 33 %. Les infrastructures, l'agriculture, la santé, l'éducation et la sécurité ont constitué les postes de dépenses prioritaires. L'allégement de 3,7 milliards de dollars de la dette extérieure, consenti début mars 2002 par les bailleurs de fonds internationaux, dans le cadre de l'initiative de la Banque mondiale et du FMI pour les pays pauvres très endettés, a permis de dégager des ressources destinées à financer ces priorités. Cet allégement a été l'une des conséquences de l'accord de rééchelonnement intervenu le 12 décembre 2001 entre Accra et le Club de Paris. Dans le même temps, en novembre 2001, les États-Unis et le Ghana ont signé deux accords de subvention d'un montant de 6,7 millions de dollars, destinés à l'assistance budgétaire et au secteur énergétique.

Une fois encore, à partir de décembre 2001, le nord-est du pays s'est embrasé du fait d'affrontements interethniques sanglants marqués notamment par le meurtre, en mars 2002, d'Andani II, chef du clan Adani. Le mois suivant, le ministre de l'Intérieur, Malik Yakubu, accusé d'avoir poussé à ces affrontements, a dû démissionner. Le projet de loi sur la réconciliation nationale soumis au Parlement en octobre 2001 a suscité la passion des Ghanéens qui ont demandé qu'elle concerne tous les gouvernements ayant porté atteinte d'une manière ou d'une autre aux droits de l'homme et pas seulement l'ère Rawlings (juin-sept. 1979 et 1981-2000), caractérisée par des exécutions capitales (juin 1979), assassinats extralégaux, emprisonnements arbitraires, etc.

Sur le plan international, après son voyage très critiqué au Togo le 13 janvier 2001, jour de la célébration du 34e anniversaire de la prise de pouvoir dans le sang du général Étienne Gnassingbé Éyadéma, le président Kufuor a tenté d'entretenir de bons rapports avec ses voisins francophones de la sous-région comme le Burkina Faso, la Côte-d'Ivoire et, bien sûr, avec l'incontournable Nigéria, avec lequel il comptait mettre en place une monnaie commune destinée à être étendue, par la suite, à tous les pays de la CEDEAO (Communauté économique des États de l'Afrique de l'Ouest). Ses véritables premières sorties internationales ont été effectuées en mai 2001 au Maroc et à Valence (Espagne) lors du « sommet » de la BAD (Banque africaine de développement), puis, en novembre suivant, à Paris où J. A. Kufuor a rencontré plusieurs personnalités du monde politique et économique français. À Sidney, au sommet du Commonwealth en mars 2002, il a lancé un appel à ses concitoyens résidant en Australie pour qu'ils apportent leur concours à l'édification du pays. Enfin, du 5 au 8 juin, il s'est rendu en Allemagne pour discuter de coopération et de développement, ainsi que de l'effacement à hauteur de 3,8 millions € de la dette ghanéenne. - **Comi Toulabor** ■

Nigéria

Crispations préélectorales

La perspective d'élections générales en 2003 aux niveaux local, régional et fédéral a sans doute largement contribué au regain de tensions dans la vie politique et sociale nigériane en 2001-2002. En décembre 2001, l'assassinat du ministre de la Justice Bola Ige, dans des circonstances non élucidées, faisait craindre une dérive particulièrement violente du jeu politique. Les conflits répétés entre le président Olusegun Obasanjo (au pouvoir depuis 1999) et le Parlement, dont les deux chambres sont pourtant composées majoritairement de membres du parti présidentiel, le PDP (Parti démocratique du peuple), se sont toutefois limités au cadre constitutionnel. Le vote du budget 2002 a été long et mouvementé, le Sénat exigeant une vérification

INDICATEUR	UNITÉ	1980	1990	2000	2001
Démographie[a]					
Population	million	64,3	86,0	113,9	116,9
Densité	hab./km²	70,6	94,4	125,0	128,4
Croissance annuelle	%	3,0[f]	3,0[g]	2,7[h]	2,6[i]
Indice de fécondité (ISF)		6,9[f]	6,5[g]	5,9[h]	5,4[i]
Mortalité infantile	‰	120,9[f]	101,7[g]	88,1[h]	78,5[i]
Espérance de vie	année	47,2[f]	50,3[g]	51,3[h]	52,1[i]
Indicateurs socioculturels					
Nombre de médecins	‰ hab.	0,11	0,19[q]	0,19[r]	••
Analphabétisme (hommes)	%	55,2	40,4	26,5	26,5
Analphabétisme (femmes)	%	78,5	61,9	42,6	42,6
Scolarisation 12-17 ans	%	23,5[s]	39,9[t]	32,0[u]	••
Scolarisation 3e degré	%	2,7	4,2	4,2[v]	4,0[e]
Téléviseurs	‰ hab.	6	36	68	••
Livres publiés	titre	1 324	2 213	1 314[w]	••
Économie					
PIB total	milliard $	43,2	73,5	106,3[c]	113,7[b]
Croissance annuelle	%	2,0[k]	2,5[m]	3,8	4,0
PIB par habitant (PPA)	$	607	764	858[c]	896[b]
Investissement (FBCF)	% PIB	22,7[o]	18,5[p]	23,4[c]	22,7[b]
Recherche et Développement	% PIB	0,09[x]	0,09[x]	••	••
Taux d'inflation	%	10,0	7,4	6,9	18,9
Population active	million	29,5	38,5	49,1[c]	50,3[b]
Agriculture	%	54,0	43,0	37,7[w]	33,3[y]
Industrie	% 100 %	8,0	7,0	7,5[w]	••
Services	%	38,0	50,0	54,8[w]	••
Énergie (taux de couverture)	%	281,0	212,2	215,4[d]	204,9[c]
Dépense publique Éducation	% PIB	6,2[z]	0,9	0,8[A]	0,7[w]
Dépense publique Défense	% PIB	1,5[t]	1,8	4,5	4,5[B]
Dette extérieure totale	milliard $	8,9	33,4	29,2[c]	34,1[b]
Service de la dette/Export.	%	5,2[o]	23,1[p]	6,8[c]	4,3[b]
Échanges extérieurs		**1974**	**1986**	**2000**	**2001**
Importations de services	milliard $	3,55[C]	1,11	4,17[d]	3,48[c]
Importations de biens	milliard $	9,68[C]	3,14	9,21[d]	8,59[c]
Produits alimentaires	%	9,6	16,1	17,5[v]	19,6[d]
Produits manufacturés	%	70,2	79,6	77,2[v]	74,6[d]
dont machines et mat. de transport	%	35,2	38,1	35,1[v]	34,1[d]
Exportations de services	milliard $	0,56[C]	0,25	0,88[d]	0,98[c]
Exportations de biens	milliard $	12,37[C]	5,08	8,97[d]	12,88[c]
Produits énergétiques	%	93,0	93,1	95,6[v]	97,0[d]
Produits agricoles	%	6,1	5,4	3,6[v]	0,5[d]
Produits manufacturés	%	0,2	••	1,1[v]	2,8[d]
Solde des transactions courantes	% du PIB	− 4,9[D]	2,5[E]	17,0	-0,2

Définition des indicateurs, sigles et abréviations p. 23 et suivantes. a. Dernier recensement utilisable : 1991 ; b. 2000 ; c. 1999 ; d. 1998 ; e. 1997 ; f. 1975-1985 ; g. 1985-1995 ; h. 1995-2000 ; i. 2000-2005 ; k. 1980-1990 ; m. 1990-2000 ; o. 1979-1981 ; p. 1989-1991 ; q. 1989 ; r. 1993 ; s. 1975 ; t. 1985 ; u. 1991 ; v. 1996 ; w. 1995 ; x. 1987 ; y. 2000, estimation FAO ; z. 1981 ; A. 1994 ; B. 1,6 % selon la Banque mondiale ; C. 1977 ; D. 1977-84 ; E. 1985-96.

préalable des deux exercices budgétaires précédents. En octobre 2001, le Parlement a rejeté le projet de loi électorale du président qui souhaitait limiter la participation électorale en 2003 aux trois partis enregistrés en 1998, à savoir le PDP (large vainqueur de toutes les élections de 1999), l'APP (Parti de tous les peuples) et l'AD (Alliance pour la démocratie), dont la popularité reste limitée aux régions yorouba du Sud-Ouest). En juin 2002, la Commission électorale indépendante (Inec) a finalement autorisé trois nouveaux partis : le NCP (Parti de la conscience nationale), l'UNDP (Parti uni et démocratique du Nigéria) et le NDP (Parti national démocratique). Les fondateurs de ces mouvements ont été pour la plupart transfuges du PDP, opposés à une candidature du président sortant.

À un an de ces échéances électorales, la vie politique était dominée, comme ce fut le cas lors de l'élection présidentielle de 1999, par la question des équilibres ethnorégionaux au sein de la fédération. S'estimant marginalisées par le pouvoir fédéral en place, les élites originaires du Nord ont commencé à se mobiliser dès la fin de l'année 2001, pour réclamer l'élection de l'un des leurs à la magistrature suprême. Cela n'a pas empêché le président Obasanjo (un Yorouba du Sud-Ouest) d'annoncer officiellement, le 25 avril 2002, son intention de se représenter. Aucun de ses adversaires potentiels ne s'était, à la mi-2002, officiellement déclaré. Parmi eux figurent des vétérans de la politique nigériane, comme Abubakar Rimi (gouverneur de l'un des États du Nord pendant la Seconde République, entre 1979 et 1983) et Muhammadu Buhari, chef de la junte militaire au pouvoir entre 1983 et 1985). Des rumeurs persistantes faisaient également état du rôle joué par Ibrahim Babangida, un autre ancien dictateur (au pouvoir entre 1985 et 1993), dont l'influence et la popularité sont restées importantes au Nord. Principal soutien financier de la campagne élec-

torale d'O. Obasanjo en 1999, I. Babangida épaulait désormais l'UNDP, l'un des trois partis nouvellement créés.

En plus de la frénésie préélectorale, l'administration Obasanjo a dû faire face à une recrudescence des antagonismes ethnorégionaux. Après un début d'année 2001 relativement apaisé, des conflits ont éclaté en juin et juillet, puis de nouveau aux mois de septembre et d'octobre, dans les États de Nasarawa, de Bénoué et du Plateau, provoquant à chaque fois la mort de plusieurs centaines de personnes. En février 2002, ce fut au tour de la capitale économique, Lagos, de connaître des violences sporadiques à caractère ethnique. Celles-

République fédérale du Nigéria

Capitale : Abuja.
Superficie : 923 768 km².
Population : 116 929 000.
Langues : anglais (off., utilisée dans tous les documents administratifs) ; 200 langues dont le haoussa (Nord), l'ibo (Sud-Est), le yorouba (Sud-Ouest).
Monnaie : naira (au taux officiel, 100 nairas = 0,95 € au 30.4.01).
Nature de l'État : république fédérale (36 États).
Nature du régime : démocratie.
Chef de l'État : Olusegun Obasanjo, président de la République (depuis le 29.5.99).
Ministre des Finances : Adamu Ciroma (depuis juin 99).
Ministre des Affaires étrangères : Sule Amido (depuis juin 99).
Ministre de l'Intérieur : S. M. Afolabi (depuis juin 99).
Principaux partis politiques : Parti démocratique du peuple (PDP, majoritaire à l'Assemblée nationale) ; Parti de tous les peuples (APP) ; Alliance pour la démocratie (AD).
Échéances institutionnelles : élections générales (2003).
Contestation territoriale : la presqu'île de Bakassi (revendiquée par le Nigéria et le Cameroun, objet d'un litige devant la Cour internationale de justice de La Haye depuis 1994).

Nigéria/Bibliographie

K. Amuwo, D. C. Bach, Y. Lebeau (sous la dir. de), *Nigeria during the Abacha Years (1993-1998). The Domestic and International Politics of Democratization*, IFRA, Ibadan, 2001.

D. C. Bach (sous la dir. de), *Régionalisation, mondialisation et fragmentation en Afrique subsaharienne*, Karthala, Paris, 1998.

P. A. Beckett, C. Young (sous la dir. de), *Dilemmas of Democracy in Nigeria*, Rochester Studies in African History and the Diaspora, University of Rochester Press/Boydell & Brewer, Rochester (É-U), 1997.

D. Bevan, P. Collier, J. W. Gunning, *The Political Economy of Poverty, Equity and Growth : Nigeria and Indonesia,* Oxford University Press, Oxford, 1999.

T. Forrest, *Politics and Economic Development in Nigeria,* Westview Press, Oxford, 1995 (2e éd.).

B. Humarau, « D'une transition à l'autre : classe politique et régimes militaires au Nigéria », *in* CEAN, *L'Afrique politique 1999*, Karthala, Paris, 1999.

D. H. James, *Nigeria to 2000. After the generals ?,* The Economist Intelligence Unit, Londres, 1993.

LARES/Club du Sahel, *Les Perspectives commerciales entre le Nigéria et ses voisins,* OCDE, Paris, 2000.

A. Momoh, S. Adejumobi (sous la dir. de), *The National Question in Nigeria. Comparative Perspectives,* Ashgate, Aldershot, 2001.

E. E. Osaghae, *Crippled Giant. Nigeria since Independence,* Hurst & Co, Londres, 1998.

M.-A. Pérouse de Montclos, « Pétrole et conflits communautaires au Nigéria », *Afrique contemporaine,* n° 190, La Documentation française, Paris, 1999.

R. T. Suberu, *Federalism and Ethnic Conflict in Nigeria,* Institute of Peace Press, Washington, 2001.

Voir aussi la bibliographie « Golfe de Guinée », p. 138.

ci se sont produites non loin du quartier d'Ikeja, où, au cours du mois précédent, l'explosion d'une réserve de munitions militaires avait entraîné la mort de plus de 1 000 personnes.

Le gouvernement fédéral a répondu à ces flambées de violence en s'appuyant sur l'armée. Dans l'État de Bénoué, en réponse à l'assassinat de 19 soldats, celle-ci s'est rendue coupable du massacre d'au moins 200 civils tiv (population majoritaire dans cet État). Dans ce cas comme dans celui d'Odi (village de la région du Delta du Niger, rasé par l'armée en octobre 1999 dans des circonstances similaires), l'administration Obasanjo s'est montrée réti-

cente à ouvrir une enquête approfondie sur les dérives de l'armée. La presse nigériane d'opposition a vu dans cette réticence la preuve du manque d'autorité présidentielle sur une hiérarchie militaire ayant exercé le pouvoir entre 1983 et 1999.

Les tensions religieuses ont été, quant à elles, relativement contenues depuis 2001. Toutefois, les *Ossama riots* (« émeutes Oussama »), intervenues après les attentats du 11 septembre 2001 aux États-Unis, ont exprimé le soutien de certains groupes islamistes au chef terroriste Oussama ben Laden et leur rejet de la diplomatie nigériane soutenant les États-Unis. Elles ont ravivé les tensions entre musulmans et chrétiens, entraînant la mort d'une centaine de personnes à Kano, la grande ville économique du Nord. Par ailleurs, l'application de la *charia* (législation islamique) dans onze États a continué d'inquiéter les populations chrétiennes de la fédération. Le président Obasanjo refusait toujours d'intervenir sur ce dossier. En octobre 2001, la condamnation à mort par lapidation d'une femme enceinte jugée coupable d'adultère, au nom de la *charia*, a toutefois provoqué une mobilisation de l'opinion internationale. Safiya Hussaini a finalement été graciée par une cour d'appel en mars 2002.

Économie : conjoncture internationale défavorable

Dans le domaine des réformes économiques, l'administration Obasanjo tardait à marquer des points significatifs. Certes, le programme de privatisation a progressé avec la concrétisation, en novembre 2001, de la vente de la Nitel (la compagnie nigériane de télécommunications), bien que celle-ci ait fait l'objet de vives critiques de la part du Parlement. Le gouvernement pouvait également se prévaloir de l'élévation significative du taux d'utilisation des capacités productives (44 % en 2001 contre 25,8 % en 1999). Toutefois, le taux de croissance du PIB est resté en deçà des prévisions (4,0 % en 2001 et pas plus de 2 % prévus pour 2002), affaibli par un contexte international instable, en particulier depuis le 11 septembre. L'économie a ressenti négativement la chute du prix du baril de pétrole au dernier trimestre 2001 (passant au-dessous de la barre des 20 dollars) alors que l'administration Obasanjo avait bénéficié jusque-là de la courbe ascendante des cours mondiaux.

Les autorités ont également dû faire face à une augmentation de l'inflation (20 % au premier trimestre 2002). L'entrée dans la période préélectorale et l'annonce par le gouvernement, en avril 2002, d'un dépassement significatif des dépenses inscrites au budget 2002 faisaient craindre un renforcement de cette tendance. En conséquence, le naira a continué à s'affaiblir par rapport au dollar : si, en mars 2002, le taux de change officiel était de 116 nairas pour un dollar, il plongeait à 139 nairas pour un dollar sur le marché des changes parallèles.

En somme, les évolutions des grands indicateurs économiques n'ont pas permis une amélioration sensible du niveau de vie des Nigérians. De plus, le budget 2002 a accordé la priorité au ministère de la Défense, la Santé et l'Éducation connaissant de nouvelles restrictions. La promesse présidentielle faite en 1999 d'une distribution stable de l'électricité à la fin 2001 n'a pas été honorée.

Dans le Delta du Niger, les populations s'estimant marginalisées s'adressent désormais moins à l'État qu'aux compagnies pétrolières. En juillet 2002, des groupes de femmes se sont joints aux jeunes de la région, prenant en otages les employés de Shell et réclamant un meilleur accès de leurs villages aux infrastructures de base (eau, électricité). Ailleurs dans la fédération, l'insatisfaction populaire face aux réformes économiques s'est manifestée à l'annonce, en janvier 2002, d'une hausse de 18 % du prix du carburant à la pompe. La grève immédiatement lancée par la confédération syndicale NLC (Nigerian Labour Congress) a été largement suivie dans les grandes villes du pays.

Sur ce dossier, depuis plusieurs années le pouvoir nigérian est soumis aux fortes pressions du FMI, qui considère la dérégulation du secteur pétrolier comme une réforme économique prioritaire. Les relations entre l'institution financière et Lagos ont d'ailleurs été quelque peu chaotiques : entamées fin 2001, les négociations en vue d'un nouveau programme de prêts ont été interrompues début 2002.

Pour soutenir l'économie, le président Obasanjo attendait beaucoup du Nepad (Nouveau partenariat pour le dévelop-

Golfe de Guinée/Bibliographie

Y. Agboyibo, *Combat pour un Togo démocratique*, Karthala, Paris, 1999.

D. Bailly, *La Réinstauration du multipartisme en Côte-d'Ivoire*, L'Harmattan, Paris, 1995.

T. Bierschenk, J.-P. Olivier de Sardan (sous la dir. de), *Les Pouvoirs au village : le Bénin rural entre démocratisation et décentralisation*, Karthala, Paris, 1998.

P. Bocquier, S. Traoré, *Urbanisme et dynamique migratoire en Afrique de l'Ouest*, L'Harmattan, Paris, 2000.

W. J. Campbell, *The Emergent Independent Press in Benin and Cote-d'Ivoire*, Hardcover, Londres, 1998.

C. Chavagneux, *Ghana, une révolution de bon sens*, Karthala, Paris, 1997.

« Côte d'Ivoire : la tentation ethnonationaliste », *Politique africaine*, n° 78, Karthala, Paris, juin 2000.

P. David, *Le Bénin*, Karthala, Paris, 1998.

J. Y. Degli, *Togo : la tragédie africaine*, Nouvelles du Sud, Ivry-sur-Seine, 1996.

D.-B. S. Dzorgbo, *Ghana in Search of Development. The Challenge of Governance, Economic Management and Institution Building*, Ashgate, Aldershot, 2001.

Der Li Van *et alii*, *Building Sustainable Peace : Conflict, Conciliation and Civil Society in Northern Ghana*, Oxfam Working Papers Series, Londres, 1999.

J. Establet, *Mathieu Kérékou : l'inamovible président du Bénin*, L'Harmattan, Paris, 1997.

B. Gbago, *Le Bénin et les droits de l'homme*, L'Harmattan, Paris, 2001.

P. Hountondji, S. Amin, *Économie et Société : le Bénin d'hier à demain*, L'Harmattan, Paris, 2000.

A. O. Goba, *Côte-d'Ivoire : quelle issue pour la transition ?* L'Harmattan, Paris, 2000.

F. Kandjhis-Offoumou, *Procès de la démocratie en Côte-d'Ivoire*, L'Harmattan, Paris, 1997.

P. D. Nandjui, *Connaissance du Parlement ivoirien*, L'Harmattan, Paris, 2000.

P. Noudjenoume, *La Démocratie au Bénin : bilan et perspectives*, L'Harmattan, Paris, 1999.

C. Piot, *Remotely Global. Village. Modernity in West Africa*, University of Chicago Press, Chicago/Londres, 1999.

F. Teal, *The Ghanaian Manufacturing Sector 1991-1995. Firm Growth, Productivity and Convergence*, Centre for the Study of African Economies, Oxford, 1998.

C. Toulabor (sous la dir. de), *Le Ghana de J. J. Rawlings. Restauration de l'État et renaissance du politique*, Karthala, Paris, 2000.

W. Zartman, *Governance as Conflict Management : Politics and Violence in West Africa*, Brookings Institute Press, Washington, 1997.

J. Ziegler, R. Ouédraogo (sous la dir. de), *Démocratie et nouvelle forme de légitimation en Afrique : les conférences nationales du Bénin et du Togo*, IUED, Genève, 1997.

Voir aussi la bibliographie « Nigéria », p. 136.

pement de l'Afrique), qu'il a lancé avec les présidents algérien Abdelaziz Bouteflika, sénégalais Abdoulaye Wade et sud-africain Thabo Mbeki. Le premier « sommet » du Nepad s'est tenu à Durban le 9 juillet 2002, en même temps que l'Organisation de l'unité africaine (OUA) tenait son dernier « sommet » (8-10 juillet), laissant la place à la nouvelle Union africaine.

Le Nigéria s'est également signalé sur le plan diplomatique par son rôle dans la crise zimbabwéenne. Après s'être longtemps refusé à sanctionner la politique du président Robert Mugabe, O. Obasanjo s'est résolu à approuver, en mai 2002, l'exclusion du Zimbabwé des institutions du Commonwealth. - **Béatrice Humarau** ■

Togo

Lassitude et fatalisme

Les élections législatives anticipées fixées au 10 mars 2002 ont été reportées *sine die*, après deux précédents reports. En dépit des médiations des « facilitateurs » internationaux, le contentieux n'a cessé de s'alourdir entre l'opposition et la mouvance présidentielle qui avaient signé, le 29 juillet 1999, l'Accord-cadre de Lomé (ACL), censé résorber la crise politique née de l'élection contestée du dictateur Étienne Gnassingbé Éyadéma (au pouvoir depuis 1967), le 21 juin 1998. En effet, le Comité paritaire de suivi (CPS), espace de dialogue institué entre les différentes parties à la crise, s'est trouvé paralysé à la suite de l'emprisonnement, le 3 août 2001, de Me Yawovi Agboyibor, l'un des principaux signataires de l'ACL, alors même que l'arrêt de la cour d'appel de Lomé du 10 janvier 2002 annulait les poursuites pour diffamation engagées contre lui par le Premier ministre Kodjo Agbéyomé et ordonnait sa libération. L'opposition ayant fait de cette libération un préalable non négociable à toute reprise des activités du CPS, la situation restait bloquée. D'autant que le pouvoir a tenté, le 8 février 2002, un passage en force pour modifier unilatéralement le code électoral ainsi que la composition de la Commission électorale nationale indépendante (nomination, le 15 mai 2002, de sept magistrats proches de la tête de l'État), au mépris des réactions des Nations unies et des États-Unis, ainsi

que des sanctions de l'Union européenne, laquelle s'est beaucoup impliquée dans la résolution de la crise et dans son financement (interrompu le 31 mai 2002). Si avec la libération de Me Agboyibor, intervenue le 14 mars 2002, il y a eu une reprise du dialogue au sein du CPS, celui-ci s'est définitivement interrompu à Paris début mai.

La mise au ban du pays par les principaux bailleurs de fonds internationaux devait avoir de lourdes incidences structurelles sur une économie présentant toutes les caractéristiques d'une économie de guerre. Le voyage du général Éyadéma à Paris, le 24 novembre 2001, ainsi que ceux, plus fréquents, de son ministre des Affaires étrangères et de la Coopération, Koffi Panou, à Bruxelles et à Washington n'ont pas convaincu ces capitales, attachées à la bonne gouvernance et au respect des droits de l'homme. Alors que le versement des traitements des agents de l'État avait plusieurs

République du Togo

Capitale : Lomé.
Superficie : 56 000 km².
Population : 4 657 000.
Langues : français (off.), éwe, kotokoli, kabiyé, moba.
Monnaie : franc CFA (100 FCFA = 0,15 €).
Nature de l'État : république unitaire.
Nature du régime : parlementaire.
Chef de l'État : général Étienne Gnassingbé Éyadéma (depuis le 13.1.67, élections contestées le 25.8.93 et le 21.6.98).
Chef du gouvernement : Messan Kodjo Agbéyomé (depuis le 29.8.2000).
Ministre de la Défense et des Anciens Combattants : général Assani Tidjani (depuis le 1.1.98).
Ministre de l'Intérieur, de la Sécurité et de la Décentralisation : général Sising Akawilou Walla (depuis le 18.6.99).
Ministre des Affaires étrangères et de la Coopération : Koffi Panou (depuis le 8.10.2000).

mois de retard, que la corruption des barons du régime se poursuivait et que la presse était soumise à des saisies à répétition, les Togolais vivaient dans la lassitude et le fatalisme. La démission du Premier ministre, le 27 juin 2002, et son violent réquisitoire contre le régime ont réveillé le pays. **- Comi Toulabor** ■

Afrique centrale

Cameroun, Centrafrique, Congo (-Brazza),
Congo (-Kinshasa), Gabon, Guinée équatoriale,
São Tomé et Principe

Cameroun

Incertitudes économiques et sociales

L'économie camerounaise a connu un recul inquiétant en 2001 : croissance de 5,3 %, inflation de 2,8 %, déficit de la balance commerciale, explosion de la pauvreté (touchant plus de 56 % de la population) et incapacité du gouvernement à débloquer les fonds destinés aux pays pauvres très endettés (PPTE), 400 milliards FCFA, faute de projets éligibles. La revue trimestrielle *FMI-Banque mondiale*, au Cameroun du 27 février au 14 mars 2002, attribuait cette situation à la persistance d'une politique fiscale sans rendement, à la mauvaise gouvernance et à la corruption. Les pouvoirs publics étaient confrontés à la fois à des critiques pointant les effets pervers des privatisations (pénurie d'électricité, non-respect des engagements par plusieurs repreneurs) et à la pression des institutions de Bretton Woods en faveur de l'accélération de ces dernières (eau, télécommunications, CDC-agroalimentaire [Cameroon Development Corporation]), de la libéralisation des secteurs portuaire et forestier, de la réforme

République du Cameroun

Capitale : Yaoundé.

Superficie : 475 440 km².

Population : 15 203 000.

Langues : français et anglais (off.), bassa, douala, ewondo et boulou (Fang-Beti), feefée, medumba et ghomalu (Bamiléké), mungaka (Bali), foulbé et arabe (langues régionales et nationales).

Monnaie : franc CFA (100 FCFA = 0,15 €).

Nature de l'État : république unitaire décentralisée.

Nature du régime : semi-présidentiel, multipartisme.

Chef de l'État : Paul Biya (depuis le 6.11.82).

Chef du gouvernement : Peter Mafany Musonge, Premier ministre (depuis le 19.9.96).

Ministre d'État chargé des Relations extérieures : François-Xavier Ngoubeyou (depuis le 27.4.01).

Ministre d'État délégué à la Présidence chargé de la Défense : Laurent Esso (depuis le 27.4.01).

Ministre d'État chargé de l'Économie et des Finances : Michel Meva'a Meboutou (depuis le 27.4.01).

des secteurs sociaux (éducation, santé, lutte contre le VIH [virus de l'immunodéficience humaine, déclencheur du sida] et de la lutte contre la corruption. L'achèvement du programme gouvernemental triennal appuyé par la Facilité pour la réduction de la pauvreté et pour la croissance (FRPC, nouveau dispositif de financement établi avec le FMI en 1998), ainsi que le déblocage de la troisième partie du crédit d'ajustement structurel (CASIII) de 57 milliards FCFA en étaient largement tributaires.

Avec la recrudescence de la criminalité urbaine, la préparation des élections municipales et législatives de juin 2002 a dominé l'actualité sociale et politique. Ces dernières ont mobilisé l'Observatoire national des élections (Onel, créé le 6 décembre 2000 pour superviser et contrôler les opérations électorales), les partis politiques : le Rassemblement démocratique du peuple camerounais (au pouvoir), qui a procédé à un renouvellement spectaculaire de ses candidats, redoutant un vote sanction l'année de la célébration des vingt ans de pouvoir de Paul Biya ; l'Union nationale pour la démocratie et le progrès (UNDP) et l'Union des populations du Cameroun (UPC), qui ont tenu leurs congrès respectifs, dont les enjeux essentiels étaient la démocratisation des procédures, le renforcement de la cohésion interne et l'adoption de stratégies concernant leur appartenance à la coalition gouvernementale, et les autres formations de l'opposition parlementaire (Front social démocrate – SDF –, Union des démocrates du Cameroun – UDC –, Mouvement pour la défense de la République – MDR –, etc.) espérant tirer un profit électoral de l'incertitude économique et sociale, ainsi que la société civile. Initialement prévu pour le 23 juin 2002, ce double scrutin a été reporté le jour même au 30 juin 2002 par le président Biya en raison de carences graves en matière d'organisation (distributions sélectives des cartes d'électeurs, absences d'urnes et de bulletins de vote tant dans la capitale que dans les provinces, bureaux de vote restés fermés dans différentes circonscriptions,…), révélant les dysfonctionnements administratifs et la crise de gouvernabilité que traverse le pays. Ces élections se sont soldées par une victoire contestée du Rassemblement démocratique du peuple camerounais.

Le rayonnement international du pays s'est enrichi par son élection comme membre non permanent du Conseil de sécurité de l'ONU, le 1er janvier 2002, et par la victoire de l'équipe nationale de football, le 10 février 2002, lors de la coupe d'Afrique des nations. - **Maurice EnguelegUele** ∎

Centrafrique

Sanglante tentative de coup d'État

Après trois mutineries, en 1996 et 1997, Bangui a connu, en 2001, une sanglante tentative de coup d'État et, pendant six jours, une bataille de rue entre fidèles du président Ange-Félix Patassé et partisans du chef d'État-Major de l'armée, le général François Bozizé. Le coup d'État a eu lieu dans la nuit du 27 au 28 mai 2001, lorsque des conjurés se réclamant de l'ancien chef de l'État André Kolingba se sont lancés à l'assaut de la résidence présidentielle. Défaits avec l'aide d'une centaine de soldats libyens, envoyés par le colonel Mouammar Kadhafi et maintenus par la suite sur place, ainsi que d'un demi-millier de rebelles congolais appartenant à la faction de Jean-Pierre Mbemba, venus de l'autre rive du fleuve Oubangui, les assaillants et leurs présumés complices de l'ethnie yakoma (le groupe minoritaire auquel appartient l'ancien président, qui a pris la fuite après avoir revendiqué le putsch) ont fait l'objet de sanglantes représailles. Un député de l'opposition, Théophile Touba, a été décapité, et son neveu abattu à bout portant.

Pendant plusieurs semaines, le rétablissement de l'ordre a pris l'allure d'une « chasse aux Yakoma ». Environ 50 000 ha-

Bilan de l'année / Centrafrique

bitants de Bangui ont fui au Congo (-Kinshasa) et trente-deux personnalités se sont réfugiées à l'ambassade de France. Sa tête mise à prix, A. Kolingba s'est replié en Ouganda. Ouvert le 15 février 2002, le procès des auteurs présumés du putsch a été renvoyé, le 12 mars, « à une date ultérieure », les avocats de la défense ayant décidé de boycotter « une parodie de justice ».

Limogé le 26 octobre 2001, puis sommé de s'expliquer, le 3 novembre, sur son implication dans le putsch manqué devant une instance extrajudiciaire, le général Bozizé s'est opposé *manu militari* au mandat d'amener. Jusqu'à sa fuite au Tchad, le 9 novembre 2001, ses partisans ont livré bataille aux forces loyalistes à Bangui, soumis au feu d'artillerie lourde des deux côtés. Le refus d'extradition des autorités tchadiennes, ainsi que des incidents frontaliers ont lourdement pesé sur les relations bilatérales entre les deux pays, même si le 10 avril 2002, lors d'une vi-

République centrafricaine

Capitale : Bangui.
Superficie : 622 980 km².
Population : 3 782 000.
Langues : français, sango.
Monnaie : franc CFA (100 FCFA = 0,15 €).
Nature de l'État : république unitaire.
Nature du régime : présidentiel, multipartisme.
Chef de l'État : Ange-Félix Patassé (depuis le 20.10.93).
Premier ministre (également en charge de la Défense) : Martin Ziguélé, qui a succédé le 1.4.01 à Anicé George Dologuélé.
Ministre de l'Intérieur : Théodore Biko (depuis le 1.4.01).
Ministre des Affaires étrangères : Agba Otipko Mezode (depuis le 1.4.01).
Ministre de la Justice, garde des Sceaux : Marcel Metefara (depuis le 1.4.01).
Échéances institutionnelles : élections législatives (2003) et présidentielle (2005).

© Éditions La Découverte & Syros

500 km

INDICATEUR	CAMEROUN	CENTR-AFRIQUE	CONGO (-Brazza)	CONGO (-Kinshasa)
Démographie[a]				
Population *(millier)*	15 203	3 782	3 110	52 522
Densité *(hab./km2)*	32,7	6,1	9,1	23,2
Croissance annuelle (1995-2000) *(%)*	2,3	2,1	3,0	2,6
Indice de fécondité (ISF) (1995-2000)	5,10	5,30	6,29	6,70
Mortalité infantile (1995-2000) ‰	87,3	101,2	72,1	90,6
Espérance de vie (1995-2000) *(année)*	50,0	44,3	50,9	50,5
Population urbaine[c] *(%)*	48,1	40,8	61,7	30,0
Indicateurs socioculturels				
Développement humain (IDH)[b]	0,512	0,375	0,512	0,431
Nombre de médecins *(‰ hab.)*	0,07[g]	0,03[h]	0,25[h]	0,07[g]
Analphabétisme (hommes) *(%)*	16,9	39,1	11,8	25,8
Analphabétisme (femmes) *(%)*	29,2	63,4	24,1	48,2
Scolarisation 12-17 ans *(%)*	53,0[m]	25,0[m]	••	37,9[m]
Scolarisation 3e degré *(%)*	5,2[f]	2,0[f]	7,5[o]	1,4[f]
Accès à Internet *(‰ hab.)*	2,96	0,53	0,18	0,11
Livres publiés *(titre)*	22[p]	••	••	64[q]
Armées (effectifs)				
Armée de terre *(millier)*	11,5[s]	3[t]	8	79[u]
Marine *(millier)*	1,3	••	0,8	0,9
Aviation *(millier)*	0,3	0,15	1,2	1,5
Économie				
PIB total (PPA)[b] *(million $)*	25 334	4 355	2 491	36 877[f]
Croissance annuelle 1990-2000 *(%)*	1,4	1,7	1,4	– 6,7
Croissance annuelle 2001 *(%)*	5,3	0,0	3,3	– 4,4
PIB par habitant (PPA)[b] *($)*	1 703	1 172	825	765[f]
Investissement (FBCF)[d] *(% PIB)*	17,8[e]	9,9	29,5	4,8[w]
Taux d'inflation *(%)*	2,8	3,7	– 0,5	299,0
Énergie (taux de couverture)[c] *(%)*	198,4	7,8[f]	1 955,4	102,3
Dépense publique Éducation[f] *(% PIB)*	2,6	1,9	4,7	••
Dépense publique Défense *(% PIB)*	1,4	3,7[b]	2,4	8,4[b]
Dette extérieure totale[b] *(million $)*	9 241	872	4 887	11 645
Service de la dette/Export.[a] *(%)*	22,5	17,6	2,0	1,6[x]
Échanges extérieurs				
Importations (douanes) (million $)	2 146	148	1 041	824
Principaux fournisseurs *(%)*	UE 55,6	UE 38,9	UE 46,8	Afr 45,9
(%)	Afr 20,3	Afr 19,4	Asie[y] 16,6	UE 34,7
(%)	E-U 9,6	PNS[z] 30,6	E-U 9,3	Asie[y] 10,8
Exportations (douanes) (million $)	2 681	212	2 782	1 029
Principaux clients *(%)*	UE 62,0	UE 75,8	Asie[B] 63,0	UE 76,0
(%)	Asie[y] 25,0	Belg 60,7	E-U 17,8	E-U 14,7
(%)	Afr 6,3	PED[A] 14,7	UE 12,8	Asie[y] 6,7
Solde transactions courantes (% PIB)	– 2,3	– 7,3[b]	15,2[b]	– 6,7

Définition des indicateurs, sigles et abréviations p. 23 et suivantes. Chiffres 2001 sauf notes. a. Derniers recensements utilisables : Cameroun, 1987 ; Centrafrique, 1998 ; Congo (-Brazza), 1996 ; Congo (-Kinshasa), 1984 ; Gabon, 1993 ; Guinée équatoriale, 1994 ; São Tomé et Principe, 1991 ; b. 2000 ; c. 1999 ; d. 1999-2001 ; e. 1998-2000 ; f. 1998 ; g. 1996 ; h. 1995 ; i. 1994 ; k. 1991 ; m. 1990 ; o. 1997 ; p. 1979 ; q. 1992 ; r. 1983 ; s. Non compris gendarmerie (9000 h) ; t. Non compris gendarmerie (1000 h.) ; u. « Ce pays est l'objet de conflits armés depuis 1997 (nombreuse forces "irrégulières") » ; v. Ces taux de croissance exceptionnels s'expliquent par

	GABON	GUINÉE ÉQU.	SÃO TOMÉ ET PRINC.
	1 262	470	140
	4,9	16,7	146,0
	2,6	2,7	2,0
	5,40	5,89	4,65
	87,7	107,7	50,0
	52,4	50,0	64,0
	80,3	47,0	46,0
	0,637	0,679	0,632
	0,23[i]	0,25[g]	0,47[g]
	20,2[b]	7,2	15,0[k]
	37,8[b]	24,0	38,0[k]
	• •	• •	• •
	8,1[f]	1,8[m]	• •
	12,24	1,92	60,00
	• •	17[r]	• •
	3,2	1,1	• •
	0,5	0,12	• •
	1	0,1	• •
	7 672	2 560	247
	1,6	20,8	1,8
	1,5	46,5[v]	4,0
	6 237	5 600	1 792
	30,5[e]	61,3[e]	38,4[e]
	2,6	12,0	9,3
	1 109,6	8 919,6[f]	3,8[f]
	3,3	1,8	3,6
	2,4	1,7	1,0[c]
	3 995	248	316
	15,9	0,4	32,0
	1 433	324	55
	UE 77,7	E-U 26,2	UE 63,8
	Fra 61,8	UE 53,1	E-U 21,3
	PED[A] 11,3	Afr 12,0	PED 13,1
	3 625	1 721	12
	E-U 43,6	UE 35,4	UE 64,1
	UE 26,6	C+H+T[C] 32,5	Por 16,9
	Asie[y] 13,0	E-U 24,9	PED[A] 23,9
	− 1,1	− 3,3[b]	− 15,8[b]

l'expansion de l'extraction pétrolière. ; w. 2000-2001 ; x. 1996-1998 ; y. Y compris Japon et Moyen-Orient ; z. Pays non spécifiés ; A. Y compris pays de l'ex-CAEM (Conseil d'assistance économique mutuelle, ou Comecon) ; B. Non compris Japon et Moyen-Orient ; C. Chine, Hong Kong, Taïwan.

site à N'Djamena, le président Patassé a déclaré que « les nuages [étaient] dissipés ».

Sur le plan économique, la banqueroute de la société cotonnière (Socadetex), incapable de recueillir la récolte de la campagne 2001-2002 (environ 20 000 ton-nes), a privé le pays des recettes de son troisième produit d'exportation, après les diamants et le bois. Dans la fonction publique, les arriérés de salaires atteignaient trente mois. Cependant, après la signature d'un accord intérimaire, le 10 octobre 2001, le gouvernement centrafricain espérait conclure avec le FMI, avant la fin 2002, un programme triennal de redressement. - **Stephen W. Smith** ∎

Congo (-Brazza)

Un régime en quête de légitimité

La transition de la guerre à la paix et le retour à la vie normale ont constitué aussi bien les objectifs des programmes d'aide internationaux que les thèmes d'un débat public renaissant timidement grâce au rétablissement des consultations électorales abandonnées durant dix ans.

La croissance économique a dépassé 3,3 % en 2001. L'année 2001-2002 a été marquée par la reprise d'activités non pétrolières telles que la construction, l'exploitation forestière, les transports et le commerce – les recettes pétrolières représentant néanmoins encore 95 % des exportations et 75 % des recettes de l'État. L'approvisionnement a été nettement amélioré et a permis de diminuer les prix à la consommation.

Les dépenses du gouvernement ont largement dépassé les prévisions à cause du coût d'opérations liées à la gestion politique du contexte post-conflictuel : relations avec les milices (qu'il faut « acheter » ou combattre), recrutement de fonctionnaires, organisation du « dialogue national » et financement des opposants fraîchement ralliés au régime… Ces dépassements ont alourdi le service de la dette extérieure.

La Banque mondiale a approuvé en mai 2002 l'attribution d'un crédit de 40 millions de dollars pour un projet de reconstruction d'urgence, la priorité étant donnée aux routes et aux établissements scolaires. Le programme gouvernemental de démobilisation et de réinsertion de quelque 10 000 anciens combattants, conjugué à l'impact des réformes structurelles – qui ont été retardées en 2001 –, est orienté vers la réduction de la pauvreté.

La quête de légitimité du régime issu par la force de la guerre civile de 1997 a débouché sur un cycle électoral complet (comme en 1992) qui a débuté par un référendum constitutionnel (adopté à 88 % des suffrages exprimés, le 20 janvier 2002), et une élection

République du Congo

Capitale : Brazzaville.
Superficie : 342 000 km².
Population : 3 110 000.
Langues : français (off.), lingala et kikongo (nationales), autres langues du groupe bantou.
Monnaie : franc CFA (100 FCFA = 0,15 €).
Nature de l'État : république unitaire.
Nature du régime : présidentiel, multipartisme.
Chef de l'État : Denis Sassou Nguesso (depuis oct. 1997).
Ministre à la Présidence, chargé du cabinet du chef de l'État (équivalent du gouvernement) **et du contrôle d'État :** Gérard Bitsindou (depuis le 12.1.99).
Ministre à la Présidence, chargé de la Défense nationale : Itihi Ossetoumba Lekoundzou (depuis le 12.1.99).
Garde des Sceaux, ministre de la Justice : Jean-Martin Mbemba (depuis le 12.1.99).
Ministre des Affaires étrangères, de la Coopération et de la Francophonie : Rodolphe Adada (depuis le 2.11.97).
Ministre de l'Intérieur, de la Sécurité et de l'Administration du territoire : gén. de brigade Pierre Oba (depuis le 2.11.97).

présidentielle (gagnée, avec près de 90 % des voix dès le premier tour, par le président sortant Denis Sassou Nguesso, le 10 mars 2002). Des législatives et des élections locales et municipales sont venues compléter l'ensemble. Les législatives (26 mai et 23 juin 2002) ont confirmé la domination du parti du président (Parti congolais du travail – PCT –, ancien parti unique) et de ses alliés. Tous ces scrutins se sont déroulés dans un pays occupé par des troupes étrangères (angolaises), secoué par une guérilla et surtout en l'absence des grandes figures de l'opposition (l'ancien président Pascal Lissouba, l'ancien Premier ministre Bernard Koléllas, etc.). La validité de leur organisation, et surtout la signification qui peut leur être attribuée, ont conduit les observateurs indépendants à s'interroger sur la sincérité de la compétition. Les conditions de ces élections ont suscité de fortes réticences du côté de l'opposition interne et le plus crédible des challengers de la présidentielle, André Milongo, avait appelé au boycottage de cette élection avant de revenir dans le jeu des législatives.
- Patrick Quantin ∎

Congo (-Kinshasa)

Le dialogue intercongolais : un jeu de dupe ?

Au moment où débutait le dialogue intercongolais, passage obligé vers le retour de la paix au Congo (-Kinshasa), la situation géopolitique était la suivante : la partie septentrionale et l'est du pays – ou du moins les principales agglomérations – restaient contrôlés par des troupes rebelles soutenues par les forces armées ougandaises (Ituri et Nord-Kivu surtout) et rwandaises (Kisangani, Sud-Kivu et Maniéma). Les violences, les pillages et les atteintes aux droits de l'homme y étaient plus largement répandus qu'ailleurs. En outre, Goma, chef-lieu de la rébellion prorwandaise, a été le théâtre, en janvier 2002, d'une éruption dévastatrice du volcan Nyiragongo qui a fait plusieurs centaines de victimes.

Identifié comme la première étape du processus de paix au Congo (-Kinshasa) par l'accord de cessez-le-feu de Lusaka (10 juillet 1999), le dialogue intercongolais a fini par se matérialiser le 25 février 2002 à Sun City, en Afrique du Sud, après une première tentative infructueuse à Addis-Abéba en octobre 2001. Les 360 participants étaient supposés représenter les cinq composantes de la vie sociopolitique congolaise de l'époque : les deux grands mouvements d'opposition armés – le Mouvement de libération du Congo (MLC) de Jean-Pierre Mbemba, soutenu par l'Ouganda ; le Rassemblement démocratique congolais (RCD-Goma) d'Azarias Ruberwa, soutenu par le Rwanda ; l'opposition politique non armée – comprenant plus d'une quinzaine de partis politiques ; la société civile (un peu moins de 80 représentants), et le gouvernement congolais. Tous étaient considérés en théorie comme ayant un statut égal dans les débats. Pilotée par l'Afrique du Sud, pays d'accueil du dialogue, et suivie de près par la France, le Royaume-Uni et la Belgique, la rencontre était censée aboutir à une réconciliation nationale à travers la recomposition d'une armée nationale intégrée, l'instauration d'un nouvel ordre politique, l'élaboration d'une constitution de transition et l'organisation d'élections.

Fondamentalement, ce fut bien la question du partage du pouvoir et surtout celle de la légitimité du président Joseph Kabila pendant la période de transition qui hanta tous les débats. Celui-ci refusait en effet de se situer à égalité par rapport aux autres délégations et ne se sentait pas lié par la disposition 5.2 de l'accord de Lusaka qui précise que « tous les participants aux négociations intercongolaises jouiront du même statut ». Son argumentation était simple et logique : le président congolais devait rester en place comme chef de l'État jusqu'à ce que des élections aient lieu, pour pouvoir, comme le précisa l'un de ses ministres, « garantir l'unité nationale et l'intégrité territoriale dans un moment où le pays est envahi et occupé ».

Le crédit de J. Kabila sur la scène internationale

Il est vrai que le gouvernement congolais et, à travers lui, son président bénéficiaient d'un avantage politique sur tous les autres « dialoguistes ». En manifestant vis-à-vis de l'extérieur une volonté d'aboutir à une « réconciliation nationale », J. Kabila avait, à l'inverse de son père Laurent-Désiré Kabila (assassiné en janvier 2001), incontestablement obtenu une quasi-légitimité internationale. Les bailleurs de fonds et les institutions financières internationales considéraient que son gouvernement donnait des gages sérieux dans la gestion financière et économique de son pays (diminution de

République démocratique du Congo

La République du Zaïre a été rebaptisée le 17.5.97 République démocratique du Congo par Laurent-Désiré Kabila, après la chute du régime de Mobutu Sese Seko.

Capitale : Kinshasa.

Superficie : 2 345 409 km².

Population : 52 522 000.

Langues : français (off.), lingala, swahili (véhiculaires), diverses langues locales.

Monnaie : franc congolais (100 francs congolais = 2,11 € au 31.12.2000).

Nature de l'État : république unitaire.

Nature du régime : L.-D. Kabila s'est arrogé les « pleins pouvoirs jusqu'à l'adoption d'une Constitution », lors de sa prestation de serment, le 29.5.97. À l'été 98 a éclaté une rébellion militaire.

Chef de l'État et du gouvernement : Joseph Kabila, qui a succédé à Laurent-Désiré Kabila (assassiné le 16.1.01).

Congo (-Kinshasa)/Bibliographie

C. Braeckman, M.-F. Gros, G. de Villers *et alii, Kabila prend le pouvoir,* Complexe/Éd. du GRIP, Bruxelles, 1998.

M. E. Gruénais, F. Mouanda Mbambi, J. Tonda, « Messies, fétiches et lutte de pouvoirs entre les "grands hommes" du Congo démocratique », *Cahiers d'études africaines,* n° 137, EHESS, Paris, 1995.

O. Lanotte, C. Roosens, C. Clément, *La Belgique et l'Afrique centrale de 1960 à nos jours,* Complexe/Éd. du GRIP, Bruxelles, 2000.

L. Monnier, B. Jewsiewicki, G. de Villers, *Chasse au diamant au Congo-Zaïre,* Institut africain/L'Harmattan, Tervuren/Paris, 2001.

I. Ndaywel é Nziem, *Histoire du Zaïre. De l'héritage ancien à l'âge contemporain,* Duculot, Louvain-la-Neuve, 1997.

H. Nicolaï, P. Gourou, Mashini Dhi Mbita Mulengha, *L'Espace zaïrois. Hommes et milieux,* CEDAF/L'Harmattan, Bruxelles/Paris, 1996.

F. Reyntjens, *La Guerre des Grands Lacs. Alliances mouvantes et conflits extra-territoriaux en Afrique centrale,* L'Harmattan, Paris, 1999.

F. Reyntjens, S. Marysse, *L'Afrique des Grands Lacs, Annuaire 1999-2000,* Centre d'études de la région des Grands Lacs d'Afrique/L'Harmattan, Anvers/Paris, 2000.

T. Turner, *Ethnogenèse et nationalisme en Afrique centrale. Aux racines de Patrice Lumumba,* L'Harmattan, Paris, 2000.

G. de Villers, J. Omasombo, E. Kennes, « République démocratique du Congo. Guerre et politique », *Cahiers africains,* nos 47-48, Institut africain/CEDAF/L'Harmattan, Tervueren/Paris, déc. 2001.

G. de Villers, J.-C. Willame, « République démocratique du Congo. Chronique politique d'un entre-deux-guerres », *Cahiers africains,* nos 35-36, Institut africain/CEDAF/L'Harmattan, Tervueren/Paris, déc. 1998.

J.-C. Willame, « Banyarwanda et Banyamulenge. Violences ethniques et gestion de l'identitaire au Kivu », *Cahiers africains,* coll. « Zaïre, années 90 », vol. 6, n° 25, L'Harmattan/Institut africain, Paris/Bruxelles, 1997.

J.-C. Willame, *L'Odyssée Kabila. Trajectoire pour un Congo nouveau ?,* Karthala, Paris, 1999.

Voir aussi la bibliographie « Afrique centrale », p. 150.

l'inflation, augmentation des recettes, efforts d'orthodoxie dans le contrôle des dépenses publiques, mesures législatives relatives à l'autonomie de la Banque centrale, rédaction d'un nouveau code minier et d'un nouveau code des investissements). Des négociations discrètes, réunissant notamment la Belgique, les institutions financières internationales et le gouvernement congolais, ont précisément eu lieu peu avant et pendant la rencontre de « dialogue inter-congolais ».

Cette « inégalité de fait » était inacceptable pour les mouvements d'opposition armés et une partie de l'opposition politique non armée. Pour les deux mouvements d'opposition armés, et en particulier pour le RCD-Goma, une « table rase » s'imposait. Il n'y avait ni institution ni personnalité ni animateur légitime de la transition et tous les postes étaient vacants, y compris, bien entendu, celui de la présidence de la République. Les participants au dialogue devaient désigner un nouveau président de la République. Selon le RCD-Goma, le président devait être encadré de deux vice-présidents, d'un Premier ministre et de trois vice-premiers ministres.

Le MLC proposait, quant à lui, non pas un vice-président, mais quatre vice-premiers ministres. Enfin, l'opposition non armée était incapable de présenter une position commune, sinon les candidatures d'opposants historiques aux postes de Premier ministre ou de chef de l'État (Étienne Tshisekedi, Kamanda wa Kamanda, André Boboliko, Arthur Zahidi Ngoma et François Lumumba).

La rencontre de Sun City était-elle dès lors condamnée à l'échec total sur le plan politique ? Cela semblait peu probable eu égard aux pressions française, britannique et sud-africaine, en particulier, et à l'obligation de résultat auxquelles les parties congolaises en conflit se sentaient malgré tout tenues. À deux jours de la fin officielle des travaux, le président sud-africain Thabo Mbeki a tenté de lever le blocage politique en proposant une ébauche de plan intitulée « schéma de la transition », dans lequel tous les dialoguistes pourraient, pensait-il, trouver leur place en termes de partage du pouvoir. Selon ce plan, il était question de créer un Conseil d'État où chaque composante serait représentée et qui gérerait la transition (celle-ci durerait entre 24 et 30 mois et s'achèverait avec la tenue d'élections).

En coulisse cependant, des négociations informelles avaient lieu, depuis le début du dialogue, entre le gouvernement congolais et l'une des factions armées, celle de J.-P. Mbemba, sans doute affaibli par une perte de crédit auprès de l'Ouganda qui, plus alors que le Rwanda, cherchait une issue honorable à la guerre. Ces négociations ont finalement abouti, après un prolongement d'une semaine du dialogue. Un « accord de gouvernement », au terme duquel J. Kabila resterait le président de la transition et où le chef du MLC deviendrait Premier ministre, est intervenu le 19 avril 2002, soit le jour où devait se clôturer officiellement un dialogue intercongolais qui n'avait finalement pas réussi à mettre toutes les parties d'accord sur un schéma de transition. Ce « coup de théâtre », finalement accepté par les « parrains » étrangers de l'accord de Lusaka (Belgique, France et Royaume-Uni), a en définitive décrédibilisé un dispositif péniblement mis en place pendant près de deux ans afin d'aboutir à un consensus politique général. Il a encore conforté l'image d'ouverture – et donc la légitimité – de J. Kabila, qui a finement joué la partie. Surtout, il a isolé le second mouvement armé, le RCD-Goma, et, à travers lui, le Rwanda, qui refusait avec obstination de mettre un terme à l'occupation du Sud-Kivu et de son principal bastion dans l'est du pays, Kisangani. Trois mois plus tard, J. Kabila et son homologue rwandais Paul Kagame annonçaient la conclusion d'un accord de cessez-le-feu (signé et prenant effet le 30 juillet 2002) devant mener à la paix mais très difficile d'application.
- **Jean-Claude Willame** ∎

Nouveau recul économique

L'économie gabonaise a connu un nouveau recul (croissance de – 1,2 % au second semestre 2001), lié particulièrement à l'importance d'une dette extérieure s'élevant à 4 milliards de dollars, avec un service représentant 40 % à 45 % des revenus de l'État – essentiellement pétroliers –, soit 600 millions de dollars. La gestion orthodoxe des finances publiques à laquelle s'est plié le gouvernement après l'accord avec le FMI d'octobre 2000 a freiné les investissements publics, augmentant les ravages de la pauvreté qui affecte 62 % de la population, et abouti à plusieurs mouvements de grève (postes et télécommunications, télévision, Université). Les pouvoirs publics devaient aussi faire face à la pression des institutions de Bretton Woods en faveur d'une accélération des privatisations et de la diversification des revenus du pays.

Bilan de l'année / Guinée équatoriale

Afrique centrale/Bibliographie

F. Bankounda, « Congo-Brazzaville : une septième Constitution pour quoi faire ? », *Politique africaine*, n° 81, Karthala, Paris, mars 2001.

R. Bazenguissa-Ganga, *Les Voies du politique au Congo. Essai de sociologie historique*, Karthala, Paris, 1997.

F. Bernault, *Démocraties ambiguës en Afrique centrale. Congo-Brazzaville, Gabon, 1940-1965*, Karthala, Paris, 1996.

J. F. Clark, « The Neo-Colonial Context of the Democratic Experiment of Congo-Brazzaville », *African Affairs*, vol. 101, Oxford University Press, Oxford, avr. 2002.

J. E. Clark, D. E. Gardinier (sous la dir. de), *Political Reform in Francophone Africa*, Westview Press, Boulder, 1997. Voir notamment l'article de J. Takougang, « Cameroon : Biya and Increment Reform ».

G. Courade (sous la dir. de), *Le Désarroi camerounais ; l'épreuve de l'économie-monde*, Karthala, Paris, 2000.

M. Engueleguele, « L'explication du vote dans les systèmes politiques en transition d'Afrique subsaharienne. Éléments critiques des théories symboliques et perspectives de développement », *Polis/Revue camerounaise de science politique*, vol. 9 (n° spéc.), Yaoundé, 2000-2001.

M. Engueleguele, « Opinion publique et sondage au Cameroun », *Revue internationale des sciences sociales*, Eres, Ramonville-Saint-Agne, sept. 2001.

G. Faes, S. Smith, *Bokassa Ier, un empereur français*, Calmann-Lévy, Paris, 2000.

R. Fegley, *Equatorial Guinea : an African Tragedy*, Peter Lang Verlag, Berne, 1990.

FIDH, *Congo-Brazzaville : saisir l'opportunité d'une paix durable*, Paris, avr. 2000.

« Les nouveaux territoires technologiques » (dossier), *Enjeux. Bulletin d'analyses géopolitiques pour l'Afrique centrale*, n° 7, Fondation Paul Ango Ela, Yaoundé, avr.-juin 2000.

J. P. Ngoupandé, *Chronique de la crise centrafricaine de 1996-1997. Le syndrome Barracuda*, L'Harmattan, Paris, 1997.

A. D. Olinga, « Politique et droit électoral au Cameroun : analyse juridique de la politique électorale », *Polis*, vol. 6, n° 2, GRAP, Yaoundé, 1998.

M. É. Owona Nguini, « Juristes-savants, droit de l'État et État de droit au Cameroun », *Polis*, vol. 6, n° 2, GRAP, Yaoundé, 1998.

R. Pourtier, *Le Gabon*, 2 vol., L'Harmattan, Paris, 1989.

P. Quantin, « Congo : les origines politiques de la décomposition du processus de libéralisation (août 1992-décembre 1993) », *in* CEAN, *L'Afrique politique 1994*, Karthala, Paris, 1994.

P. Quantin, « Congo : transition démocratique et conjoncture critique », *in* J.-P. Daloz et P. Quantin, *Transitions démocratiques africaines : dynamiques et contraintes*, Karthala, Paris, 1997.

J. Roitman, G. Roso, « Guinée équatoriale : être *off shore* pour rester national », *Politique africaine*, n° 81, Karthala, Paris, mars 2001.

« Rupture, Solidarité, Congo-Brazzaville. Dérives politiques, catastrophe humanitaire, désirs de paix », *Rupture*, n° 1, Karthala, Paris, 1999.

L. Sindjoun (sous la dir. de), *La Révolution passive au Cameroun : État, société et changement*, Codesria/Karthala, Paris, 1999.

« Transports et intégration régionale en Afrique centrale » (dossier), *Enjeux. Bulletin d'analyses géopolitiques pour l'Afrique centrale*, n° 10, Fondation Paul Ango Ela, Yaoundé, janv.-mars 2002.

Voir aussi la bibliographie « Congo (-Kinshasa) », p. 148.

Une relative décrispation politique est intervenue avec l'organisation des élections législatives des 19-23 décembre 2001, 26 mai et 9 juin 2002 (partielles). Ce scrutin s'est soldé par une large victoire du Parti démocratique gabonais (au pouvoir), suivie de la formation d'un gouvernement d'ouverture (27 janvier 2002), intégrant notamment Paul Mba Abessole du Rassemblement national des bûcherons (RPG, opposition), à la tête duquel avait été reconduit Jean-François Ntoutoume Emane.

Le président Omar Bongo s'est efforcé de compenser l'incertitude interne par la poursuite de ses médiations régionales (crises congolaises, centrafricaine, tchadienne et des Grands Lacs). - **Maurice Engueleguele** ■

Guinée équatoriale

Maintien d'une croissance élevée

Profitant d'une croissance soutenue, le gouvernement de Candido Muatetema Rivas a augmenté de 15 % les salaires des agents de l'État. L'incertitude politique (rumeurs de complot, arrestations d'opposants, violations des droits de l'homme, interrogations sur l'état de santé du président Teodoro Obiang) et sociale (vague de xénophobie, corruption généralisée, pauvreté affectant 75 % de la population) s'est aggravée. Le pays a renforcé ses relations régionales avec le Nigéria. - **Maurice Engueleguele** ■

République gabonaise

Capitale : Libreville.
Superficie : 267 670 km².
Population : 1 262 000.
Langues : français (off.), langues du groupe bantou.
Monnaie : franc CFA (100 FCFA = 0,15 €).
Nature de l'État : république unitaire.
Nature du régime : présidentiel, multipartisme.
Chef de l'État : Omar Bongo (depuis le 28.11.67).
Premier ministre : Jean-François Ntoutoume-Émane (depuis le 26.1.99).
Vice-premier ministre, ministre de l'Aménagement du Territoire : Emmanuel Ondo Methogo (depuis le 27.1.02).
Vice-premier ministre, ministre de la Ville : Antoine de Padoue Mboumbou Miyakou (depuis le 27.1.02).
Ministre des Affaires étrangères, de la Coopération et de la Francophonie : Jean Ping (depuis le 26.1.99).
Ministre de l'Intérieur, de la Sécurité publique et de la Décentralisation : Idriss Ngari (depuis le 27.1.02).
Ministre de l'Économie, des Finances, du Budget et de la Privatisation : Paul Toungui (depuis le 27.1.02).

République de Guinée équatoriale

Capitale : Malabo.
Superficie : 28 050 km².
Population : 469 000.
Langues : espagnol, français (off.), langues du groupe bantou, créole.
Monnaie : franc CFA (100 FCFA = 0,15 €).
Nature de l'État : république unitaire.
Nature du régime : présidentiel, s'appuyant sur le Parti démocratique de Guinée équatoriale (PDGE, parti unique de fait).
Chef de l'État : Teodoro Obiang Nguema Mbasogo (depuis le 3.8.79).
Premier ministre : Candido Muatetema Rivas, qui a succédé le 26.2.01 à Angel Serafin Seriche Dugan.
Vice-premier ministre : Ignacio Milam Tang (depuis le 26.2.01).
Ministre de l'Économie et des Finances : Baltasar Engonga Edjo (depuis le 27.2.01).
Échéances institutionnelles : élections législatives (2003).

São Tomé et Principe

Crise institutionnelle

L'extrême précarité économique (surendettement de l'État, ravages de la pauvreté, tensions avec le FMI) n'a pas empêché la tenue d'élections législatives anticipées transparentes le 3 mars 2002. Ce scrutin n'a pas mis fin à la crise institutionnelle ouverte par le refus de l'ancienne majorité parlementaire de voter la confiance au gouvernement d'Evaristo de Carvalho (25 septembre 2001). En l'absence de nouvelle majorité, le président Fradique de Menezes a formé le 8 avril 2002 un gouvernement dirigé par Gabriel Costa et intégrant les trois principaux partis du pays (Mouvement démocratique des forces du changement/Parti de la convergence démocratique – MDFC/PCD –, Mouvement pour la libération de São Tomé et Principe – MLSTP – et la coalition Ue-Keladji).
- **Maurice Engueleguele** ∎

République démocratique de São Tomé et Principe

Capitale : São Tomé.
Superficie : 960 km².
Population : 140 000.
Langues : portugais (off.), créole, ngola.
Monnaie : dobra (1 000 dobras = 0,12 € au 31.5.02).
Nature de l'État : république unitaire.
Nature du régime : parlementaire, multipartisme.
Chef de l'État : Fradique de Menezes, (élu le 29.7.2001), qui a remplacé Miguel Trovoada.
Premier ministre : Gabriel Costa, qui a succédé le 8.4.02 à Guilherme Posser da Costa.
Ministre des Affaires étrangères : Patrice Trovoada (depuis le 26.9.01).
Ministre de la Défense et de la Sécurité : Luis Maria Ceita Tavares d'Almeida (depuis le 26.9.01).

Afrique de l'Est

Burundi, Kénya, Ouganda, Rwanda, Tanzanie

Burundi

Mise en application du traité de paix

Signé le 28 août 2000 à Arusha (Tanzanie), sous l'égide du médiateur Nelson Mandela, au terme de deux années de négociations entre les différentes parties en conflit, l'accord de paix pour le Burundi est enfin entré en vigueur le 1er novembre 2001. La mise en place d'un gouvernement de transition avait été précédée, en octobre, de l'envoi d'un contingent de 700 militaires sud-africains chargé de la sécurité des personnalités de l'opposition lors de leur retour au Burundi. Pour la plupart, celles-ci avaient quitté le pays au lendemain du coup d'État de 1996 qui avait porté au pouvoir Pierre Buyoya, battu lors des élections de 1993

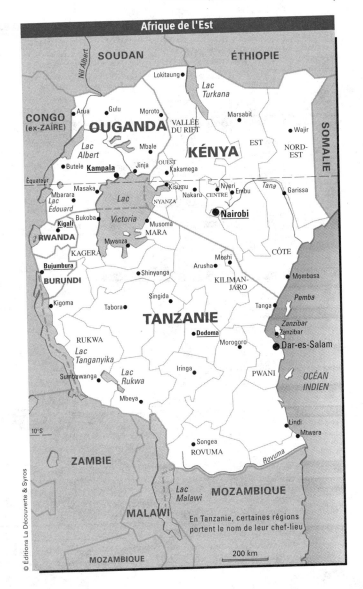

Afrique de l'Est

SOUDAN • ÉTHIOPIE

Nil Albert

Lokitaung

Lac Turkana

CONGO (ex-ZAÏRE)

Arua • Gulu • Moroto • Marsabit

OUGANDA • Wajir

VALLÉE DU RIFT

Lac Albert • Mbale • KÉNYA • EST • NORD-EST

SOMALIE

Butele • **Kampala** • Jinja • OUEST Kakamega

Équateur • Masaka • Kisumu • Nyeri • Embu *Tana* • Garissa

Nakuru • CENTRE

Lac Édouard Mbarara

Lac Victoria Bukoba • NYANZA

Kigali Musoma • **Nairobi**

RWANDA • MARA

KAGERA • Mwanza • CÔTE

Bujumbura Shinyanga • Moshi

BURUNDI Arusha • Mombasa

Kigoma • Singida • KILIMAN-JARO • *Pemba*

RUKWA • Tabora • Tanga

TANZANIE Zanzibar • **Zanzibar** • Dar-es-Salam

Lac Tanganyika **Dodoma** • Morogoro

Sumbawanga • *Lac Rukwa* • Iringa • PWANI • OCÉAN INDIEN

Mbeya

10°S • Lindi • Mtwara

Songea

ZAMBIE • ROVUMA • *Rovuma*

MOZAMBIQUE

Lac Malawi • MOZAMBIQUE

MALAWI

En Tanzanie, certaines régions portent le nom de leur chef-lieu

200 km

© Éditions La Découverte & Syros

MOZAMBIQUE

INDICATEUR	UNITÉ	BURUNDI	KÉNYA
Démographie[a]			
Population	(millier)	6 502	31 293
Densité	(hab./km²)	253,2	55,0
Croissance annuelle (1995-2000)	(%)	0,9	2,3
Indice de fécondité (ISF) (1995-2000)		6,80	4,60
Mortalité infantile (1995-2000)	‰	120,0	64,7
Espérance de vie (1995-2000)	(année)	40,6	52,2
Population urbaine[c]	(%)	8,7	32,2
Indicateurs socioculturels			
Développement humain (IDH)[b]		0,313	0,513
Nombre de médecins	(‰ hab.)	0,06[g]	0,13[h]
Analphabétisme (hommes)	(%)	43,0	10,5
Analphabétisme (femmes)	(%)	58,0	22,7
Scolarisation 12-17 ans	(%)	29,1[i]	62,6[k]
Scolarisation 3e degré	(%)	1,0[f]	1,5[f]
Accès à Internet	(‰ hab.)	0,88	15,98
Livres publiés	(titre)	••	300[m]
Armées (effectifs)			
Armée de terre	(millier)	40[q]	20,0
Marine	(millier)	••	1,4
Aviation	(millier)	••	3
Économie			
PIB total (PPA)[b]	(million $)	4 021	30 752
Croissance annuelle 1990-2000	(%)	− 1,9	1,7
Croissance annuelle 2001	(%)	3,3	1,1
PIB par habitant (PPA)[b]	($)	591	1 022
Investissement (FBCF)[d]	(% PIB)	9,4	13,1[e]
Taux d'inflation	(%)	8,0	0,8
Énergie (taux de couverture)[c]	(%)	17,0[f]	82,6
Dépense publique Éducation[f]	(% PIB)	3,9	6,6
Dépense publique Défense	(% PIB)	7,4	2,9[b]
Dette extérieure totale[b]	(million $)	1 100	6 295
Service de la dette/Export.[e]	(%)	41,0	22,1
Échanges extérieurs			
Importations (douanes)	(million $)	145	3 848
Principaux fournisseurs	(%)	UE 36,6	Asie[t] 42,2
	(%)	Asie[t] 27,3	UE 24,5
	(%)	Afr 28,4	E-U 16,4
Exportations (douanes)	(million $)	54	2 208
Principaux clients	(%)	UE 29,2	Afr 34,5
	(%)	Sui 23,0	UE 32,9
	(%)	PNS[u] 16,2	Asie[t] 22,5
Solde transactions courantes	(% PIB)	− 7,2[b]	− 3,2

Définition des indicateurs, sigles et abréviations p. 23 et suivantes. Chiffres 2001 sauf notes. a. Derniers recensements utilisables : Burundi, 1990 ; Kénya, 1999 ; Ouganda, 1991 ; Rwanda, 1991 ; Tanzanie, 1988 ; b. 2000 ; c. 1999 ; d. 1999-2001 ; e. 1998-2000 ; f. 1998 ; g. 1993 ; h. 1995 ; i. 1991 ; k. 1990 ; m. 1994 ; o. 1996 ; p. 1987 ; q. Non compris gendarmerie (5500 h.) ; r. Non compris gendarmerie (6000 h.) ; s. 1989 ;

	OUGANDA	RWANDA	TANZANIE
	24 023	7 949	35 965
	121,9	322,2	40,7
	2,9	8,5	2,6
	7,10	6,20	5,48
	106,5	121,9	81,3
	41,9	39,4	51,1
	13,9	6,1	31,7
	0,444	0,403	0,440
	0,04[g]	0,04[g]	0,04[h]
	21,8	25,5	15,4
	42,0	38,3	32,1
	45,5[k]	36,4[k]	52,7[i]
	2,2[f]	0,9[i]	0,7[f]
	2,66	2,52	8,34
	288[o]	207[p]	172[k]
	55	49-64[r]	23
	••	••	1
	••	1	3
	26 839	8 024	17 606
	6,7	0,1	2,9
	4,9	6,2	5,1
	1 208	943	523
	16,6[e]	15,1[e]	15,5[e]
	4,6	3,5	5,2
	22,2[f]	7,7[f]	94,9
	1,6	3,7[s]	2,1
	3,0[b]	4,7[b]	1,5
	3 409	1 271	7 445
	23,3	22,5	17,8
	965	277	1 658
	Afr 54,6	Afr 34,8	Asie[t] 38,8
	UE 19,3	UE 22,0	UE 24,9
	Asie[t] 17,9	PNS[u] 22,8	Afr 22,1
	313	121	703
	UE 58,8	UE 38,0	Asie[t] 33,9
	Afr 7,4	PED[v] 23,4	UE 35,4
	Asie[t] 13,2	PNS[u] 30,7	Afr 21,7
	– 8,4	– 0,4[b]	– 1,6

t. Y compris Japon et Moyen-Orient ; u. Pays non spécifiés ; v. Y compris pays de l'ex-CAEM (Conseil d'assistance économique mutuelle, ou Comecon).

par Melchior Ndadaye, le candidat du Frodébu (Front pour la démocratie au Burundi, à dominante hutu). Domitien Ndayiseye, l'un des dirigeants du Frodébu, a été nommé vice-président de la République et devait prendre le relais du président Buyoya au terme d'une période de dix-huit mois. Cette seconde période, d'une durée équivalente, devait s'achever par l'organisation d'élections communales et législatives en 2003, puis présidentielle en 2004. Le 10 janvier 2001, la nouvelle Assemblée nationale de transition a porté à sa présidence le président du Frodébu, Jean Minani. De son côté, le Sénat de transition, installé le 4 février 2002, a élu à sa tête Libère Bararunyeretse,

République du Burundi

Capitale : Bujumbura.
Superficie : 27 830 km².
Population : 6 502 000.
Langues : kirundi, français, swahili.
Monnaie : franc burundais (100 francs = 0,12 € au 31.5.02).
Nature de l'État : république unitaire.
Nature du régime : présidentiel.
Chef de l'État : major Pierre Buyoya, président de fait depuis le putsch du 25.7.96, confirmé dans ses fonctions pour une période de dix-huit mois par l'accord de paix d'Arusha (entré en vigueur le 1.11.01).
Vice-président : Domitien Ndayiseye (Frodébu).
Ministre des Relations extérieures et de la Coopération : Térence Sinunguruza (Uprona).
Ministre de l'Intérieur et de la Sécurité : Salvator Ntibabose (Frodébu).
Ministre de la Justice, garde des Sceaux : Fulgence Dwima Bakana (Frodébu).
Ministre de la Défense nationale : général-major Cyrille Ndayirukiye.
Échéances institutionnelles : l'accord de paix d'Arusha (28.8.2000) prévoit un cadre institutionnel de transition s'achevant avec la tenue d'élections législatives et présidentielle (programmées pour 2003-2004).

de l'Union pour le progrès et l'unité nationale (Uprona, parti proche du président Buyoya, à dominante tutsi).

Au vu des progrès effectués, la table ronde des donateurs, organisée à Genève en décembre 2001, a promis le déblocage de 830 millions de dollars pour réduire le service de la dette, pour appuyer les programmes de développement prioritaires et combattre le sida.

Pour autant, la question centrale du cessez-le-feu avec les diverses composantes de la rébellion hutu, qui avait été finalement laissée de côté dans l'accord de paix d'Arusha, n'était toujours pas réglée, malgré les timides ouvertures apparues lors des négociations organisées en Afrique du Sud en avril 2002.

En mai 2002, près de 50 000 personnes sur les 350 000 réfugiés encore installés en Tanzanie figuraient sur les listes du HCR (Haut Commissariat des Nations unies pour les réfugiés) comme volontaires pour le rapatriement et le retour de plusieurs centaines d'entre eux était organisé. À l'inverse, un communiqué sévère, publié le 25 avril 2002 par le comité de suivi et de mise en application de l'accord de paix d'Arusha, a mis en cause l'inaction du gouvernement burundais sur la question des « prisonniers politiques », la « réhabilitation des sinistrés », les réformes de l'administration et de l'armée, la création de l'unité spéciale chargée de protéger les institutions de transition qui remplaceraient le contingent sud-africain, etc. Toutefois, dans ce contexte difficile, le gouvernement démontrait une capacité de travail collectif indéniable. - **André Guichaoua** ∎

Kénya

Dernier tour de piste pour le président Moi

Les grandes manœuvres de la succession du président Daniel Arap Moi (au pouvoir depuis 1978) ont commencé. Celui-ci a en effet annoncé qu'il quitterait ses fonctions présidentielles à la fin de son mandat, (décembre 2002) ne renonçant pas pour autant à toute responsabilité publique. À la mi-mars 2002, le président a procédé à une refondation du parti au pouvoir, la KANU (Union nationale du Kénya). Cette cérémonie à grand spectacle visait à entériner la fusion entre la KANU et le NDP (Parti démocratique national), l'organisation politique concentrant le vote luo (importante ethnie de l'ouest du Kénya). D. Arap Moi en a profité pour faire accepter une nouvelle charte de la KANU, lui conférant de très importants pouvoirs à l'intérieur du parti mais également sur les parlementaires investis. Il s'est ainsi doté de leviers afin de garder une influence sur les sommets de l'État. La

République du Kénya

Capitale : Nairobi.

Superficie : 582 640 km².

Population : 31 293 000.

Langues : anglais (off.), swahili (nat.), kikuyu, luo, luhya, kamba.

Monnaie : shilling kényan (100 shillings = 1,36 € au 31.5.02).

Nature de l'État : république, membre du Commonwealth.

Nature du régime : présidentiel, multipartisme.

Chef de l'État et du gouvernement : Daniel Arap Moi, président de la République, commandeur en chef des Forces armées (depuis le 22.8.78).

Vice-président : George Muthengi Saitoti (nommé à nouveau le 2.4.99 après quatorze mois de vacance du poste).

Secrétaire du Cabinet et chef de la Fonction publique : Sally Kosgey (depuis mars 01).

Ministre des Affaires étrangères : Marsden Madoka (depuis le 22.11.01).

Ministre des Finances : Chris Obure (depuis le 22.11.01).

Échéances institutionnelles : élections législatives et présidentielle (déc. 02).

nouvelle équipe dirigeante de la KANU est apparue débarrassée des vieux cadres trop impliqués dans les scandales du régime, comme le vice-président George Saiboti, au profit des « jeunes Turcs » locaux.

La Kanu semblait avoir de fortes chances de remporter les prochaines élections générales, fixées à décembre 2002, le tracé des circonscriptions lui étant très favorable ; Déjà, en 1997, la KANU avait remporté la majorité des sièges avec moins d'un tiers des voix. L'enregistrement sur les listes électorales mené durant le premier trimestre de 2002 a permis d'exclure du vote de nombreux jeunes (en ne distribuant pas l'indispensable carte d'identité). Plus de 250 000 Nairobiens ont été accusés de double enregistrement sur les listes. De plus, les bailleurs de fonds ne s'entendent guère pour développer un programme de surveillance des élections.

L'opposition demeurait divisée, comme en 1992 et 1997. Deux forces s'en dégageaient. L'Alliance nationale pour le changement rassemblait le Parti démocratique de Mwai Kibaki, le Ford Kenya de Kijana Wamalwa et le NPK (Parti national du Kénya) de Charity Ngilu. Leur programme économique, présenté en avril 2002, marquait le passage d'un libéralisme strict à une social-démocratie plus humaine. Pour autant, ce trio avait du mal à enthousiasmer les foules qui attendaient de connaître son candidat à la présidentielle. Une seconde coalition de partis d'opposition s'est formée. À la fin 2001, Simeon Nyachae, un ancien ministre des Finances, a pris la direction de Ford People et s'est allié à Paul Muite, le leader du parti Safina. Ce groupe semblait jouir de moyens importants qu'il souhaitait mettre au service d'une campagne électorale menée au plus près du terrain. Il restait à voir si cette stratégie réussirait à contrecarrer le populisme du président Moi.

Pour autant, l'état de l'économie ne favorise ni la redistribution ni les grandes promesses. Le retour des pluies a amélioré le résultat du secteur agricole mais, depuis

1997, la croissance est demeurée inférieure à 2 % (1,1 % en 2001), niveau très insuffisant pour compenser la croissance démographique. Le thé est resté la première source de revenus du pays (35 milliards de shillings), mais le deuxième pays acheteur, le Pakistan, connaissait lui-même une crise économique grave. L'horticulture (21 milliards de shillings) est menacée par l'interventionnisme croissant d'un État souhaitant obtenir davantage de revenus de l'un des rares secteurs prospères de l'économie. En effet, le tourisme a observé une légère croissance à partir de 1999, mais la réintroduction des visas, en mars 2001, a entraîné une baisse de 15 % de la fréquentation de la côte. - **Hervé Maupeu** ∎

Ouganda

Verrouillage politique

Le président ougandais, Yoweri Museveni, réélu à une forte majorité en mars 2001, a procédé à un remaniement ministériel sans surprise. Il s'est à nouveau entouré de ses plus fidèles alliés, dont certains compromis dans des affaires de corruption ou censurés par l'ancien Parlement. Ces nominations ont confirmé le ferme maintien qu'il entendait conserver sur la vie politique ougandaise. Parallèlement, les violences politiques contre l'opposition se sont accentuées. Depuis les scrutins présidentiel et législatif de mars et juin 2001, les arrestations se sont poursuivies dans le proche entourage du rival électoral de Y. Museveni, le colonel Kiiza Besigye. Craignant pour sa sécurité, ce dernier a choisi de s'exiler aux États-Unis à la fin août 2001.

L'intransigeance de Y. Museveni envers les partis politiques était désormais contestée par une opposition plus prompte à la résistance, ainsi que par l'aile progressiste du Mouvement (organisation pivot du régime).

Afrique de l'Est/Bibliographie

R. Banégas, *Ouganda : un pays en mutation au cœur d'une zone de fractures*, Les Études du CERI, n° 4, Paris, sept. 1995.

R. Banégas (sous la dir. de), « L'Ouganda, nouvelle puissance régionale ? », *Politique africaine*, n° 75, Karthala, Paris, oct. 1999.

Centre d'étude de la région des Grands Lacs d'Afrique (Université d'Anvers), *L'Afrique des Grands Lacs. Annuaire 2000-01*, L'Harmattan, Paris, 2001.

J.-P. Chrétien, *L'Afrique des Grands Lacs*, Aubier, Paris, 2000.

J.-P. Chrétien, *Le Défi de l'ethnisme : Rwanda et Burundi, 1990-1996*, Karthala, Paris, 1997.

F. Constantin, C. Barouin (sous la dir. de), *La Tanzanie contemporaine*, IFRA/Karthala, Paris, 1998.

« Géopolitique d'une Afrique médiane », *Hérodote*, n°s 86-87, Paris, 3e-4e trim. 1997.

H. Maupeu (sous la dir. de), *L'Afrique orientale. Annuaire 2001*, L'Harmattan, Paris, 2002.

F. Grignon, G. Prunier (sous la dir. de), *Le Kénya contemporain*, Karthala, Paris, 1998.

A. Guichaoua (sous la dir. de), *Les Crises politiques au Burundi et au Rwanda 1993-1994*, Université de Lille/Karthala, Lille/Paris, 1995 (2e éd.).

H. B. Hansen, M. Twaddle (sous la dir. de), *Developing Uganda*, James Currey, Londres, 1998.

J. Lafargue. *Contestations démocratiques en Afrique. Sociologie de la protestation au Kénya et en Zambie*, Karthala, Paris, 1996.

C. Le Cour Grandmaison, A. Crozon (sous la dir. de), *Zanzibar aujourd'hui*, IFRA/Karthala, Paris, 1998.

F. Le Guennec-Coppens, D. Parkin (sous la dir. de), *Autorité et pouvoir chez les Swahili*, IFRA/Karthala, Paris, 1998.

C. Legum, G. Mmari (sous la dir. de), *Mwalimu. The Influence of Nyerere*, James Currey, Londres, 1995.

R. Lemarchand, *Burundi : Ethnic Conflict and Genocide*, Woodrow Wilson Center Press and Cambridge University Press, Washington/Cambridge, 1996 (rééd.).

« Les politiques internationales dans la région des Grands Lacs », *Politique africaine*, n° 68, Karthala, Paris, déc. 1997.

D. C. Martin (sous la dir. de), *Nouveaux langages du politique en Afrique orientale*, IFRA/Karthala, Paris, 1998.

H. Maupeu, F. Grignon (sous la dir. de), « Kénya : un contrat social à l'abandon », *Politique africaine*, n° 70, Karthala, Paris, juin 1998.

G. Prunier, B. Calas (sous la dir. de), *L'Ouganda contemporain*, Karthala, Paris, 1994.

F. Reyntjens, *La Guerre des Grands Lacs. Alliances mouvantes et conflits extra-territoriaux en Afrique centrale*, L'Harmattan, Paris, 1999.

M. Rutten, A. Mazrui, F. Grignon (sous la dir. de), *Out for the Count. The 1997 General Election and Prospects for Democracy in Kenya*, Fountain Publishers, Kampala, 2001.

Voir aussi la bibliographie « Rwanda », p. 160.

Un projet de loi visant à restreindre les partis politiques et à contrôler leur implantation au niveau local a été adopté en mai 2002.

Pendant les débats, plusieurs ténors du Mouvement se sont dégagés de la ligne directrice dictée par Y. Museveni, se déclarant favorables à une plus grande ouverture politique. Ces divergences au sein même de l'organisation laissaient entrevoir l'âpreté de la lutte politique s'annonçant pour la succession de Y. Museveni qui, selon les termes constitutionnels, devrait quitter le pouvoir en 2006.

Au niveau régional, le lent désengagement de la plus grande partie des troupes ougandaises du Congo (-Kinshasa), au premier semestre 2001, mettait un terme à une présence à la fois coûteuse et impopulaire pesant sur l'image extérieure de l'Ouganda.

Les relations entre le Rwanda et l'Ouganda, gravement affectées depuis les affrontements de leurs armées à Kisangani (à trois reprises entre 1999 et 2000), ont connu une nouvelle dégradation en 2001. D'un côté, Y. Museveni a accusé Kigali d'avoir

République de l'Ouganda

Capitale : Kampala.
Superficie : 236 040 km².
Population : 24 022 000.
Langues : anglais (off.), kiganda, kiswahili.
Monnaie : shilling ougandais
(1 000 shillings = 0,59 € au 31.05.02).
Nature de l'État : unitaire décentralisé, reconnaissant l'existence des anciens royaumes restaurés (Constitution de 1995).
Nature du régime : présidentiel de type populiste (régime du « Mouvement » – Mouvement de résistance nationale), s'apparentant à une « démocratie à la base » sans partis. Ce régime a été reconduit par référendum, à une très large majorité, en juil. 2000, mais les pressions en faveur du multipartisme se faisaient de plus en plus fortes.
Chef de l'État : Yoweri Museveni (depuis le 29.1.86, élu en 1996, réélu en mars 01).
Chef du gouvernement : Apollo Nsibambi (depuis le 5.4.99).
Troisième vice-premier ministre et ministre des Affaires étrangères : James Wapakhabulo.
Ministre de la Défense : Amama Mbabazi.

soutenu la campagne présidentielle de son opposant, de l'autre, le Rwanda soupçonnait Kampala d'accueillir les dissidents et déserteurs rwandais. Au plus fort des tensions, en avril et octobre 2001, les deux pays annonçaient en coulisse l'imminence de la guerre. À la suite d'une médiation britannique, les deux chefs d'État se sont rencontrés à Londres le 6 novembre 2001 puis en février 2002 sur leur frontière commune, pour tenter d'éviter un conflit qu'aucun des deux anciens alliés n'avait les moyens d'engager.

Le rapprochement avec le Soudan, amorcé depuis les accords de Nairobi de décembre 1999, s'est, en revanche, concrétisé par l'engagement du président Omar al-Bechir d'interrompre son parrainage de la rébellion ougandaise de l'Armée de résistance du Seigneur (ARS, nord du pays) dès août 2001. En mars 2002, Kampala et Khartoum ont signé un accord autorisant l'armée ougandaise à mener une opération militaire « limitée » au Sud-Soudan pour y détruire les bases arrière de l'ARS. La difficile normalisation des rapports entre les deux pays incitait cependant à rester prudent quant aux perspectives de paix pour le Nord, en proie à l'insécurité depuis seize ans. - **Sandrine Perrot** ∎

Rwanda

Un régime toujours très défensif

La clarification politique opérée au début de l'année 2000, et qui avait débouché sur l'accession à la présidence de la République du général-major Paul Kagame, sur le renouvellement du Premier ministre et celui du bureau de l'Assemblée nationale, a produit des effets paradoxaux. D'un côté, l'apparente stabilité des institutions et le renouvellement progressif du cadre politique au niveau local (tenue d'élections communales en février-mars 2001 et désignation

Rwanda/Bibliographie

Assemblée nationale, *Enquête sur la tragédie rwandaise (1990-1994),* Kiosque de l'Assemblée nationale, Paris, déc. 1998 (http ://www.assemblee-nationale.fr/2/dossiers/rwanda/sommaire.htm).

D. De Lame, *Une colline entre mille, ou le calme avant la tempête. Transformations et blocages du Rwanda rural,* Musée royal d'Afrique centrale, Tervuren, 1996.

J.-F. Dupaquier *et alii, La Justice internationale face au drame rwandais,* Karthala, Paris, 1996.

A. Guichaoua (sous la dir. de), *Les Crises politiques au Burundi et au Rwanda 1993-1994,* Université de Lille/Karthala, Lille/Paris, 1995, 2e éd.

« Les historiens et le travail de mémoire », *Esprit,* Paris, août-sept. 2000.

R. Omaar, A. de Waal (sous la dir. de), *Rwanda, Death, Despair and Defiance,* African Rights, Londres, 1995 (rééd.).

G. Prunier, *Rwanda 1959-1996. Histoire d'un génocide,* Dagorno, Paris, 1997.

« Rwanda-Burundi 1994-1995. Les politiques de la haine », *Les Temps modernes,* n° 583, Paris, juil.-août 1995.

J.-C. Willame, *Les Belges au Rwanda, le parcours de la honte. Commission Rwanda, quels enseignements ?,* GRIP/Complexe, Bruxelles, 1997 (*voir.* http: //www.senate.be).

Voir aussi bibliographie « Afrique de l'Est », p. 158.

des instances de base en mars 2002) démontraient la volonté de se conformer au calendrier qui, avec l'organisation d'élections législatives nationales, mettrait fin en 2003 au régime de transition instauré en 1994 sous la domination du FPR (Front patriotique rwandais). De l'autre, les autorités paraissaient incapables de relâcher l'emprise autoritaire qu'elles exercent sur toutes les sphères de la vie publique.

Ainsi, le discours présidentiel du 7 avril 2002, marquant la commémoration du génocide de 1994, a une nouvelle fois été l'occasion de proférer des menaces envers tous les opposants avérés et potentiels, de l'intérieur et de l'extérieur. Elles se sont aussitôt traduites par l'arrestation, le 19 avril, de l'ancien président Pasteur Bizimungu, accusé d'atteinte à la sûreté de l'État. À l'étranger, les plus importants mouvements d'opposition ont créé, le 27 mars 2002, une Alliance pour la démocratie et la réconciliation nationale regroupant des opposants anciens, majoritairement hutu, et la plupart des fugitifs récents, principalement d'anciens cadres tutsi, civils et militaires, du nouveau régime.

En outre, le président a dénoncé notamment l'action du Tribunal pénal international pour le Rwanda (TPIR), qui envisageait de lancer des mandats d'arrêt contre des officiers du nouveau régime accusés d'avoir commis des crimes de guerre ou des crimes contre l'humanité en 1994. La France, où est instruite une enquête sur les auteurs présumés de l'attentat du 6 avril 1994, qui coûta la vie aux présidents rwandais et burundais et qui servit de déclencheur à la guerre, était également visée.

Dans ce contexte, les lenteurs de la justice nationale et internationale apparaissaient de plus en plus manifestes. Sur les quelque 120 000 prisonniers accusés de participation au génocide, moins de 7 000 avaient été jugés par les tribunaux rwandais début mai 2002. À Arusha, le TPIR s'enlisait aussi dans les procédures.

Sur le plan international, l'isolement régional du Rwanda, dont les troupes occupaient de larges territoires du Congo

(-Kinshasa), s'était renforcé en 2001-2002. La rupture avec l'ancien allié ougandais était consommée. En avril 2002, la Coopération est-africaine (EAC) avait une nouvelle fois repoussé la demande d'adhésion du pays. Parmi les bailleurs de fonds internationaux, qui maintenaient un important effort financier, la pression s'était accentuée en faveur d'un désengagement militaire du Congo (-Kinshasa) et de la mise en place d'un vaste

République du Rwanda

Capitale : Kigali.
Superficie : 26 340 km².
Population : 7 949 000.
Langues : kinyarwanda, français, anglais, swahili.
Monnaie : franc rwandais (au taux officiel, 100 francs = 0,23 € au 31.5.02).
Nature de l'État : république unitaire.
Nature du régime : présidentiel (avec une forte composante militaire). Tolérées après la prise de pouvoir du Front patriotique rwandais (FPR), en juil. 94, les activités politiques des partis autres que le FPR ne sont plus autorisées depuis févr. 95.
Chef de l'État : général-major Paul Kagame (depuis le 17.4.2000).
Ministre de la Défense et de la Sécurité nationale : colonel Emmanuel Habyalimana.
Premier ministre : Bernard Makuza (depuis le 9.3.2000).
Ministre des Affaires étrangères et de la Coopération régionale : André Bumaya (depuis le 19.3.2000).
Échéances institutionnelles : le cadre institutionnel de transition défini par la Constitution du 10.6.91 et les accords d'Arusha du 4.8.93 couvrait une période de cinq ans. Mis en place avec les seules composantes associées à la victoire militaire du FPR (juil. 94), les équilibres qu'il instaurait ont rapidement été considérés comme dépassés. Le 11.6.99, les partis politiques siégeant au Parlement et le gouvernement prolongeaient la période de transition de quatre ans, et se proposaient d'organiser des élections générales en 2003.

programme régional de démobilisation. À la mi-mai 2002, le massacre à Kisangani de plusieurs dizaines de Congolais par les troupes du Rassemblement démocratique congolais (RCD-Goma), mouvement de rébellion soutenu par le Rwanda, suscitait une ferme condamnation de l'Union européenne, et les Nations unies relançaient le débat sur la démilitarisation de la zone occupée *de facto* par l'armée rwandaise. Une vive polémique s'était alors engagée avec les autorités rwandaises. Le 30 juillet 2002, pourtant, P. Kagame signait avec le président du Congo (-Kinshasa), Joseph Kabila, un accord de cessez-le-feu à effet immédiat, destiné à ramener la paix dans la région mais très difficile à mettre en œuvre.

Le démarrage des ambitieux programmes de relance et de modernisation économiques élaborés par le gouvernement (exploitation du gaz méthane du lac Kivu, informatisation généralisée…) demeurait conditionné par les progrès en faveur de la paix dans la sous-région et la capacité du régime à franchir les échéances politiques de l'année 2003. - **André Guichaoua** ∎

Tanzanie

Accord politique à Zanzibar

L'accord signé le 10 octobre 2001 entre le parti au pouvoir (Chama Cha Mapinduzi, CCM) et le principal parti d'opposition (Front civique uni, CUF) a semblé avoir mis fin aux tensions politiques dans l'archipel semi-autonome de Zanzibar. Le CUF a abandonné son boycottage institutionnel entamé en 1995 et a reconnu la légitimité d'Amani Karume, le président de Zanzibar élu en novembre 2000 et dont la candidature électorale avait été imposée par le CCM. En contrepartie, le pouvoir a promis la formation d'une commission électorale indépendante, la nomination de membres du CUF dans la haute fonction publique et un accès équitable aux médias gouvernementaux pour tous les partis politiques. Une commission d'enquête a été formée pour faire la lumière sur le décès d'une trentaine de personnes lors d'affrontements entre la police et des membres de l'opposition en janvier 2001. Des élections partielles devaient être organisées en 2003 dans les circonscriptions laissées vacantes par le boycottage du CUF. La fin de la crise politique, qui a permis une reprise de l'aide de l'Union européenne à destination de l'archipel et un essor des activités touristiques, devait favoriser un retour à la croissance de l'économie zanzibarite.

Sur le plan national, les importantes réformes économiques entreprises à partir de 1995 par le président Benjamin Mkapa ont été largement récompensées par les bailleurs de fonds. Après quatre ans d'efforts et d'âpres négociations avec le FMI

République unie de Tanzanie

Capitale : Dodoma.
Superficie : 945 090 km².
Population : 35 965 000.
Langues officielles : swahili (nat.), anglais.
Monnaie : shilling tanzanien (au taux officiel, 100 shillings = 0,11 € au 31.5.02).
Nature de l'État : république, union de Zanzibar et du Tanganyika.
Nature du régime : présidentiel, multipartisme.
Chef de l'État : Benjamin Mkapa, président de la République (depuis nov. 95, réélu en 2000).
Vice-président : Ali Mohammed Sheni (depuis 2002).
Président de Zanzibar : Amani Abeid Karume (depuis nov. 2000).
Premier ministre : Frederick Sumaye (depuis nov. 95).
Ministre des Affaires étrangères : Jakaya Kikwete.
Ministre des Finances : Basil Mramba.
Ministre de la Défense : Philemon Sarungi

et la Banque mondiale, la Tanzanie a obtenu, en novembre 2001, plus de 3 milliards de dollars de remise de la dette. Dès 2003, le paiement des intérêts annuels devrait passer de 193 à 116 millions de dollars. Mais les améliorations macroéconomiques – une croissance de 5,1 % en 2001 et un taux d'inflation ramené à un chiffre (5,2 %) – n'avaient encore que peu de répercussions positives sur les conditions de vie de la population. C'est pour remédier à ces insuffisances et à de nombreuses critiques que le président Mkapa a fait de la lutte contre la pauvreté sa priorité, et qu'il a obtenu en septembre 2001 un prêt de la Banque mondiale de 1 milliard de dollars pour effectuer des réformes dans les domaines de la santé et de l'éducation. La démission, en novembre 2001, du ministre du Commerce et de l'Industrie Iddi Simba, champion de la rigueur budgétaire et poids lourd du CCM, a pu être vue comme un certain changement d'orientation de la part du gouvernement.

Sur le front extérieur, la situation est restée tendue avec le voisin burundais. Le gouvernement de Bujumbura accusait toujours la Tanzanie de servir de sanctuaire aux groupes de rebelles hutus, et les incursions de l'armée burundaise dans les camps de réfugiés de Tanzanie entraînaient de vives protestations de la part de Dodoma. Les relations avec le Royaume-Uni ont subi une légère crispation à la suite d'un incident interne au gouvernement britannique. En mars 2002, Claire Short, la secrétaire travailliste au Développement international avait en effet décidé de bloquer le versement à la Tanzanie de 10 millions de livres au titre de l'aide au développement pour sanctionner Dodoma d'avoir acheté un système militaire britannique de contrôle aérien dont le Premier ministre Tony Blair avait lui-même autorisé l'exportation, mais que C. Short jugeait trop cher (28 millions de livres) et superflu pour un pays pauvre. **- Jérémie Robert ■**

Afrique du Nord-Est

Djibouti, Érythrée, Éthiopie, Somalie

Djibouti

Observatoire du golfe d'Aden

Avant le 11 septembre 2001 (date des attentats ayant frappé les États-Unis), la situation djiboutienne restait caractérisée par des relations tendues avec l'Éthiopie du fait de différends commerciaux sur l'utilisation du port de Djibouti – désormais vital pour Addis-Abéba – et d'un désaccord radical sur la crise somalienne ; enfin, par des rapports dénués de confiance avec les donateurs. La donne économique n'était guère plus radieuse car la réforme du dispositif militaire français a entraîné une forte compression des dépenses des expatriés et donc des rentrées fiscales.

Le changement de situation internationale a permis au gouvernement de reprendre la main et d'escompter d'importants bénéfices financiers comme ce fut le cas en 1990-1991 lors de la guerre du Golfe : Djibouti apparaissait désormais comme une base militaire essentielle pour la surveillance du golfe d'Aden et des activités islamistes en Somalie. La présence d'un contingent allemand de 3 900 hommes constituait une bouffée d'oxygène pour l'économie. Les principaux opposants emprisonnés ont été amnistiés et libérés avant les élections législatives fixées à décembre 2002. L'ancien mouvement insurgé afar, conduit par Ahmed Dini, devait également y participer. - **Roland Marchal** ∎

République de Djibouti

Capitale : Djibouti.
Superficie : 23 200 km².
Population : 644 000.
Langues : arabe, français, afar et issa.
Monnaie : franc Djibouti (rattaché au dollar, 100 francs = 0,60 € au 31.5.02).
Nature de l'État : république unitaire.
Nature du régime : présidentiel autoritaire.
Chef de l'État : Ismaël Omar Guelleh, président de la République (depuis le 7.5.99).
Premier ministre : Dileita Mohamed Dileita, qui a succédé le 4.3.01 à Barkat Gourad Hamadou.
Ministre des Affaires étrangères et de la Coopération internationale, chargé des Relations avec le Parlement : Ali Abdi Farah (depuis mai 99).
Ministre de l'Intérieur : Abdallah Abdillahi Miguil (depuis mai 99).
Ministre de la Défense nationale : Ougoureh Kifleh Ahmed (depuis mai 99).

Érythrée

Crispation politique

Début juin 2001, quinze cadres importants du Front populaire de libération de l'Érythrée (FPLE, parti unique) ont, pour la première fois, exprimé publiquement leurs

INDICATEUR	DJIBOUTI	ÉRYTHRÉE	ÉTHIOPIE	SOMALIE
Démographie[a]				
Population *(millier)*	644	3 816	64 459	9 157
Densité *(hab./km²)*	27,8	37,8	64,5	14,6
Croissance annuelle (1995-2000) *(%)*	3,0	2,7	2,5	3,6
Indice de fécondité (ISF) (1995-2000)	6,10	5,70	6,75	7,25
Mortalité infantile (1995-2000) ‰	116,6	89,3	114,8	122,3
Espérance de vie (1995-2000) *(année)*	45,5	51,5	44,5	46,9
Population urbaine[c]*(%)*	83,1	18,4	17,2	27,1
Indicateurs socioculturels				
Développement humain (IDH)[b]	0,445	0,421	0,327	••
Nombre de médecins *(‰ hab.)*	0,14[g]	0,03[g]	0,03[h]	0,04[i]
Analphabétisme (hommes) *(%)*	23,9	31,8	51,8	64,0[k]
Analphabétisme (femmes) *(%)*	44,5	54,4	67,7	86,0[k]
Scolarisation 12-17 ans *(%)*	23,2[m]	••	21,1[k]	10,3[o]
Scolarisation 3e degré *(%)*	0,3[f]	1,2[f]	1,0[f]	2,5[i]
Accès à Internet *(‰ hab.)*	5,13	2,62	0,39	••
Livres publiés *(titre)*	••	106[p]	240[q]	••
Armées (effectifs)				
Armée de terre *(millier)*	8[r]	170	250	••[s]
Marine *(millier)*	0,2	1,4	••	••
Aviation *(millier)*	0,2	0,8	2,5	••
Économie				
PIB total (PPA)[b] *(million $)*	1 503	3 428	42 975	4 300[t]
Croissance annuelle 1990-2000 *(%)*	− 1,8	3,1[u]	3,0	••
Croissance annuelle 2001 *(%)*	2,0	6,4	7,8	••
PIB par habitant (PPA)[b] *($)*	2 377	837	668	490[t]
Investissement (FBCF)[d] *(% PIB)*	12,3[e]	31,5[e]	15,8[e]	••
Taux d'inflation *(%)*	1,8	15,1	− 7,1	••
Énergie (taux de couverture)[c] *(%)*	••	••	94,2	••
Dépense publique Éducation[f] *(% PIB)*	3,6[q]	5,0	4,3	0,5[o]
Dépense publique Défense *(% PIB)*	4,0	31,5[b]	6,8[v]	4,5[b]
Dette extérieure totale[b] *(million $)*	262	311	5 481	2 562
Service de la dette/Export.[e] *(%)*	3,9	1,4	13,9	••
Échanges extérieurs				
Importations (douanes) *(million $)*	629	500	1 634	343
Principaux fournisseurs *(%)*	Asie[w] 46,7	Ita 17,4[f]	Asie[w] 53,3	Afr 41,2
(%)	UE 30,9	EAU 16,2[f]	UE 23,6	Asie[w] 30,0
(%)	Afr 13,3	ArS 14,6[f]	Ex-CAEM[x] 5,1	UE 7,0
Exportations (douanes) *(million $)*	197	20	443	126
Principaux clients *(%)*	Som 44,8	Sou 27,3[f]	UE 30,9	M-O 91,5
(%)	Yem 19,2	Eth 26,6[f]	Asie[w] 41,3	Yém 16,7
(%)	Fra 13,2[f]	Jap 13,2[f]	Afr 22,1	UE 2,1
Solde transactions courantes *(% PIB)*	− 6,5[b]	− 34,2[b]	0,3[b]	− 5,8[f]

Définition des indicateurs, sigles et abréviations p. 23 et suivantes. Chiffres 2001 sauf notes. a. Derniers recensements utilisables : Djibouti, 1960 ; Érythrée, 1984 ; Éthiopie, 1994 ; Somalie, 1987 ; b. 2000 ; c. 1999 ; d. 1999-2001 ; e. 1998-2000 ; f. 1998 ; g. 1996 ; h. 1994 ; i. 1997 ; k. 1990 ; m. 1992 ; o. 1985 ; p. 1993 ; q. 1991 ; r. Non compris gendarmerie (1200 h.) ; s. Diverses forces armées servent les factions militaires qui contrôlent les régions depuis l'effondrement du pouvoir central en 1991. ; t. Selon la CIA ; u. 1992-2000 ; v. 8,8 % selon la Banque mondiale ; w. Y compris Japon et Moyen-Orient ; x. Y compris républiques de l'ancienne Yougoslavie.

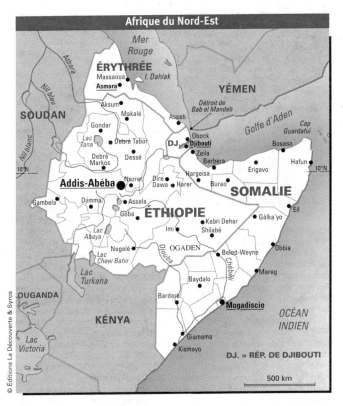

Afrique du Nord-Est

© Éditions La Découverte & Syros

critiques contre la direction de l'État et demandé l'instauration d'un gouvernement fondé sur la Constitution adoptée en 1997 mais jamais mise en vigueur, ainsi qu'une transition démocratique. Après plusieurs mois de polémiques, onze de ces dissidents ont été arrêtés (septembre 2001) et d'autres opposants moins connus, notamment des leaders étudiants et des journalistes, ont subi le même sort dans les mois suivants. L'ambassadeur italien Antonio Bandini, qui avait exprimé l'émotion de l'Union européenne (UE) face à ces événements, a été expulsé le 28 septembre, provoquant une mini-crise diplomatique avec l'Europe.

Le 10 janvier 2002, un nouveau parti politique, le Front populaire de libération de l'Érythrée/Parti démocratique, interdit à l'instar de toutes les autres organisations politiques, a vu le jour à l'étranger, mais les espoirs d'une issue politique à la crise semblaient fragiles tant les arrestations se multipliaient et le débat devenait radical et personnalisé.

Au niveau économique, la baisse substantielle des dépenses militaires (–40 % en

Bilan de l'année / Éthiopie

État d'Érythrée

Capitale : Asmara.
Superficie : 121 144 km².
Population : 3 816 000.
Langues : tigrinya (off.), arabe (off.), tigré, afar, bilein, etc.
Monnaie : nakfa (taux officiel, 100 nakfas = 7,40 € au 28.6.02).
Nature de l'État : unitaire.
Nature du régime : présidentiel à parti unique.
Chef de l'État et du gouvernement : Issayas Afeworki (depuis le 24.5.93).
Ministre de la Défense : Sebhat Ephraïm (depuis 1994).
Ministre des Affaires étrangères : Ali Saïd Abdallah (depuis août 2000).

2001) liée à la paix retrouvée a permis pour la première fois une forte croissance du PIB (6,4 % en 2001 et une prévision de près de 11 % en 2002). L'engagement de la communauté internationale, dicté par la volonté de voir respecté l'accord de paix signé avec l'Éthiopie en décembre 2000 (après deux ans de guerre), constituait également un facteur très positif pour une reprise économique.

Les suites des attentats du 11 septembre 2001 aux États-Unis laissaient augurer une consolidation du régime, à la fois à cause de la situation de l'Érythrée sur la mer Rouge, de son laïcisme militant et des éventuels besoins logistiques des forces américaines, dont la liberté d'action dans le golfe d'Aden devenait plus limitée. Surtout, Asmara, sous haute surveillance internationale, a accepté, comme Addis-Abéba, une décision non dénuée d'ambiguïté sur la délimitation des frontières dans le cadre de l'accord de paix avec l'Éthiopie. **- Roland Marchal** ∎

Éthiopie

Durcissement du régime

La crise au sein du Front populaire de libération du Tigré (FPLT), organisation pivot de la coalition de partis gouvernant l'Éthiopie depuis 1991, s'est considérablement aiguisée à partir du printemps 2001. Elle a provoqué des mobilisations significatives contre le pouvoir du Premier ministre Mélès Zenawi et de ses alliés dans la région du Tigré, au sein de l'appareil d'État – notamment dans l'armée – et dans d'autres composantes importantes de la coalition. Face à cette fronde, la réaction des partisans du Premier ministre a été particulièrement vigoureuse.

D'une part, au nom de la lutte contre la corruption, de nombreux dirigeants contestataires ont été emprisonnés. Ce fut le cas de l'ancien ministre de la Défense, Siye Abraha, et de son entourage. D'autre part, autant au niveau des organisations politiques que de l'appareil d'État, les destitutions se sont multipliées alors que des proches de M. Zenawi obtenaient les postes de responsabilité. Ainsi un nouveau chef d'État-Major a-t-il remplacé le général Tsadkan Gebre Tensaye, jugé trop timoré dans son soutien à l'équipe dirigeante. Le Comité exécutif du FPLT a été remanié. Le président de la République Negaso Gidada, au rôle pourtant essentiellement protocolaire, a été écarté pour avoir trop ouvertement critiqué le contrôle du FPLT sur les autres partis de la coalition et remplacé, le 8 octobre, par Girma Wolde Giorgis, bien qu'âgé de 76 ans et de santé fragile.

La dissidence politique la plus apparente semblait ainsi vaincue, mais ses causes demeuraient. La campagne anticorruption épargnait trop d'alliés du Premier ministre pour être crédible ; l'opposition, toujours très active à l'étranger, soulignait les liens réels ou imaginaires qu'entretiendrait la nouvelle équipe avec l'Érythrée. La mobilisation contre le régime se nourrissait aussi de la critique de la position officielle sur le contentieux territorial avec ce pays. Cette question devait être réglée par une Commission de démarcation des frontières, mise en place lors de la signature de l'accord de paix de décembre 2000. Le 13 avril 2000, cette dernière a rendu un avis plutôt favorable à Addis-Abéba, même si la situation de la ville de Badme restait confuse.

Au niveau économique, l'Éthiopie a bénéficié d'une attention accrue des donateurs. Grâce à une réduction significative du budget militaire (6,8 % du PIB en 2000-2001 contre 13 % en 1999-2000), ce pays est devenu le 24e à bénéficier d'une réduction substantielle de sa dette : 1,9 milliard de dollars (soit 47 % de la dette publique) au niveau des engagements multilatéraux, auxquels s'ajoutaient 375 millions de dollars de l'Italie et 210 millions de la Banque africaine de développement (BAD). L'Union européenne a fait un don de 480 millions de dollars devant permettre de développer le secteur des transports et de consolider le programme de lutte contre la pauvreté. La Banque mondiale avait, quant à elle, déboursé 688 millions de dollars durant l'année fiscale 2000-2001.

Au niveau régional, le rapprochement avec le Soudan s'est confirmé par l'utilisation faite par l'Éthiopie de Port-Soudan, à compter de décembre 2001, et par la multiplication des missions d'hommes d'affaires soudanais en Éthiopie. Cette intégration régionale, fondée sur des intérêts économiques convergents, n'en demeurait pas moins surprenante du fait de la nature du régime à Khartoum et de la position du Soudan sur le dossier somalien. En effet, Khartoum a reconnu le gouvernement national transitoire (GNT) issu de la conférence d'Arta à Djibouti et, même si ce soutien est devenu très formel, il ne pouvait que trancher par rapport à l'hostilité radicale du gouvernement éthiopien. Addis-Abéba reprochait au GNT ses liens avec un certain nombre d'États ou d'organisations caritatives islamiques ou islamistes de la péninsule Arabique et son incapacité à limiter l'appui logistique aux mouvements d'opposition armée agissant dans le sud de l'Éthiopie.

Après les attentats du 11 septembre

République démocratique fédérale d'Éthiopie

Capitale : Addis-Abéba.
Superficie : 1 097 900 km².
Population : 64 459 000.
Langues : amharique, oromo, tigrinya, guragé, afar, somali, wälayta, etc.
Monnaie : berr (au taux officiel, 1 berr = 0,13 € au 31.1.02).
Nature de l'État : république fédérale.
Nature du régime : autoritaire.
Chef de l'État : Girma Wolde Giorgis, qui a remplacé le 8.10.01 Negaso Gidada.
Premier ministre : Méles Zenawi (depuis le 23.8.95). Il détient l'essentiel des pouvoirs.
Ministre de la Défense : gén. Abadula Gemeda (depuis le 8.10.01).
Ministre des Affaires étrangères : Mesfin Seyoum.

2001 aux États-Unis, Addis-Abéba a tenté de convaincre Washington d'intervenir contre le GNT, puis s'est assagi, participant, au sein de l'organisation régionale IGAD (Autorité intergouvernementale pour le développement), à une énième tentative de résolution de la crise somalienne. L'Éthiopie désirait toujours marginaliser le président du GNT, Abdigassem Salad Hassan, et une partie de ses alliés, soupçonnés d'entretenir de trop troubles relations avec les milieux fondamentalistes musulmans.

La crise somalienne et la politique d'Addis-Abéba ne facilitaient pas les relations avec la petite république de Djibouti, pratiquement dernier soutien international d'un GNT affaibli et discrédité au niveau interne. Cependant, les deux voisins devaient faire preuve de réalisme : en 2000-2001 plus de 4 millions de tonnes d'importations éthiopiennes avaient transité par Djibouti. Aussi, malgré les accusations réciproques, un accord sur l'utilisation du port et la création d'une zone franche éthiopienne était finalement signé en avril 2002. - **Roland Marchal** ■

Bilan de l'année / Somalie

Afrique du Nord-Est/Bibliographie

A. Abbay, *Identity Jilted or Reimagining Identity ?*, Red Sea Press, Lawrenceville (NJ), 1998.

C. Besteman, *Unraveling Somalia : Race, Violence, and the Legacy of Slavery (Ethnography of Political Violence)*, University of Pennsylvania Press, Philadelphie, 1999.

M. Bradbury, R. Marchal, K. Menkhaus, *Human Development Report on Somalia*, UNDP, Nairobi, 2001 (2ᵉ éd.).

W. Clarke, J. Herbst, *Learning from Somalia : the Lessons of Armed Humanitarian Intervention*, Westview Press, Boulder (CO), 1997.

« Corne de l'Afrique », *Cahiers d'études africaines*, Paris, juin 1997.

S. Fourrière, « Érythrée-Éthiopie : un an de guerre », *Afrique contemporaine*, n° 190, La Documentation française, Paris, 1999.

J. Hammond, *Fires from Ashes : a Chronicle of the Revolution in Tigray, Ethiopia 1975-1995*, Red Sea Press, Lawrenceville (NJ), 1998.

R. Marchal, *Commerce et guerre en Somalie*, Karthala, Paris, 1997.

R. Marchal, *Mogadiscio dans la guerre civile : rêves d'État*, Les Études du CERI, n° 69, Paris, oct. 2000.

R. Marchal, « La Somalie, nouvelle cible de justice illimitée ? », *Politique africaine*, n° 84, Karthala, Paris, déc. 2001.

R. Marchal, C. Messiant, *Les Chemins de la guerre et de la paix*, Karthala, Paris, 1997.

T. Negash, Kjetil Tronvoll, *Brothers at War. Making sense of the Eritrean-Ethiopian War*, James Currey, Londres, 2001.

J.-L. Péninou, « Une paix en trompe l'œil : les ambitions cachées d'Addis-Abéba », *Le Monde diplomatique*, Paris, juil. 2000.

D. Pool, *From Guerrillas to Government : the Eritrean People's Liberation Front*, James Currey, Londres, 2001.

D. Styan, « Chroniques de la guerre érythréo-éthiopienne », *Politique africaine*, n° 77, Karthala, mars 2000.

R. Trivelli, « Divided histories, opportunistic alliances. Background notes on the Ethiopian-Eritrean war », *Afrika Spectrum*, n° 3, 1998.

J. Young, *Peasant Revolution in Ethiopia. The Tigray People's Liberation Front, 1975-1991*, Cambridge University Press, Cambridge, 1997.

Somalie

Décomposition du GNT

Malgré le plébiscite de la Constitution au Somaliland (Nord-Ouest, printemps 2001), la communauté internationale restait réservée sur ce vote en faveur de la sécession de ce territoire. De plus, la transition vers un système politique moins dépendant des clans suscitait une crise durable. Souffrant d'une mauvaise santé, le président du So-maliland Mohamed Ibrahim Egal est mort le 3 mai 2002. Le vice-président, Dahir Riyale Kahin, a repris la présidence jusqu'aux élections prévues pour 2003.

Le Puntland (nord-est de la Somalie) était, jusqu'à l'été 2001, la seule région de la Somalie à avoir échappé à des affrontements d'ampleur. Le refus d'Abdullahi Yusuf Ahmed d'abandonner la présidence du Puntland au terme de son mandat, les aides fournies par le gouvernement national de transition (GNT) à ses opposants, le jeu éthiopien contribuaient à radicaliser les enjeux, entraînant des affrontements armés et surtout une impasse politique, malgré une médiation de la société civile locale et de la diaspora. En mai 2002, A. Yusuf Ahmed reprenait militairement le contrôle de tout le Puntland.

À Mogadiscio, le GNT, issu de la conférence de réconciliation nationale d'Arta (mai-septembre 2000), malgré le soutien diplomatique djiboutien, l'aide financière de pays arabes et les pressions des Nations unies, se révélait incapable de répondre aux espérances les plus modestes de la population. Outre la prévarication des aides qui lui avaient été octroyées, ses seules actions d'ampleur ont été de participer aux combats dans la région de Kismayo (sud) pendant l'été 2001 et de soutenir en sous-main toutes les tentatives de déstabilisation des zones encore calmes du pays.

Le 28 septembre 2001, après les attentats perpétrés le 11 aux États-Unis, l'organisation fondamentaliste somalienne al-Itehaad al-Islaamiyya était mise à l'index par Washington et, le 7 novembre, la principale compagnie somalienne, al-Barakaat, voyait ses avoirs gelés et une partie de son personnel arrêtée sous l'accusation d'avoir financé *via* al-Itehaad le réseau du chef terroriste Oussama ben Laden, soupçonné d'avoir organisé les attentats. Six mois plus tard, aucune preuve ne permettait d'accréditer les accusations américaines.

La nouvelle donne internationale a eu plusieurs conséquences. D'une part, elle a rappelé l'importance du rôle joué par les islamistes dans la constitution du GNT et a légitimé *a posteriori* l'opposition de l'Éthiopie à ce dernier, ainsi que son appui à certaines factions pourtant déconsidérées, et ses actes de déstabilisation.

Ce soudain regain d'intérêt de la communauté internationale pouvait laisser augurer une nouvelle dynamique politique. En l'espace de quelques semaines, pourtant, il était devenu clair que les États-Unis ne souhaitaient pas se réinvestir militairement ou diplomatiquement dans ce dossier. L'Union

Somalie

L'État s'est effondré en janv. 91. Le pays a ensuite été partagé entre différentes régions contrôlées avec plus ou moins d'efficacité par des factions militaires. L'ancienne colonie britannique (Nord-Ouest) a fait sécession et a repris son nom d'avant l'indépendance, le Somaliland.
Capitale : Mogadiscio.
Superficie : 637 660 km^2.
Population : 9 157 000.
Langue : somali.
Monnaie : shilling somalien (1 000 shillings = 0,12 € au 28.6.02).
Principaux chefs politiques : Mohamed Ibrahim Egal, « président du Somaliland » depuis mai 93 (réélu le 23.2.97) ; Hussein Mohamed Aydiid élu « président de la Somalie » par ses partisans le 7.8.96, en succession de son père décédé ; Jama Ali Jama, élu président du Puntland en nov. 01 (une élection non acceptée par le président sortant Abdullahi Yusuf Ahmed) ; Abdigassem Salad Hassan, élu président au terme de la conférence d'Arta (27.8.2000) ; colonel Hassan Mohamed Nur « Shatigadud », chef de l'Armée de résistance rahanweyn (RRA) contrôlant Bay et Bakool.

européenne, et notamment l'Italie, a exprimé peu à peu sa très grande déception face au GNT et le besoin d'une réconciliation, mais sans prendre d'initiative significative.

La gesticulation militaire occidentale laissait les pays voisins de la Somalie seuls en charge d'une résolution de cette crise, alors que ces derniers étaient particulièrement divisés sur la solution, manquaient comme les autres acteurs internationaux d'une bonne connaissance du dossier et d'une vision des solutions possibles. Une nouvelle conférence avait été annoncée pour le second semestre 2002, accélérant la décomposition du GNT sans donner plus de crédibilité aux anciennes factions ou au nouvel « État » autoproclamé dans le sud du pays aux frontières particulièrement contestées. - **Roland Marchal** ∎

Vallée du Nil

Égypte, Soudan

Égypte

Perte d'influence sur l'échiquier proche-oriental

La perte d'influence de l'Égypte sur la scène proche-orientale a été le fait marquant de l'année 2001-2002. Depuis janvier 2001 et l'échec des négociations de Taba (Sinaï), prolongement du « sommet » de Camp David (été 2000) entre Yasser Arafat, Ehud Barak et Bill Clinton, l'Égypte a perdu son rôle de médiateur privilégié du processus de paix israélo-palestinien. Le Premier ministre israélien Ariel Sharon a critiqué, dès son élection en février 2001, le soutien de l'Égypte à Yasser Arafat, tandis que l'administration Bush a cherché, après les attentats islamistes du 11 septembre contre les États-Unis, de nouveaux appuis dans la région. Cette politique a culminé avec l'initiative de paix du prince héritier saoudien Abdallah, qui a complètement pris de court les autorités égyptiennes. Vexé, le président Hosni Moubarak a refusé de se rendre au sommet de la Ligue arabe, en mars 2002 à Beyrouth, où a été adoptée la proposition saoudienne de normalisation des relations entre les pays arabes et Israël en échange d'un retrait israélien jusqu'aux frontières de 1967. En juin 2002, une visite de H. Moubarak aux États-Unis, puis le discours de George W. Bush appelant à la création d'un État palestinien provisoire ont montré l'étendue des divergences entre les autorités américaines et égyptiennes. Soucieuse de retrouver sa place sur l'échiquier proche-oriental, l'Égypte a pourtant réservé un accueil plutôt positif aux propositions américaines, alors qu'elle les jugeait encore inacceptables quelques jours plus tôt.

Grand écart entre dirigeants et population

Cette position en porte à faux risquait d'aggraver le fossé qui s'est creusé depuis le début de la deuxième *intifada* (septembre 2000) entre les dirigeants égyptiens et la population, qui se sent prisonnière des accords de paix conclus avec Israël en 1978 à Camp David. En avril 2002, l'opération militaire israélienne *Rempart* en Cisjordanie a provoqué des manifestations de soutien aux Palestiniens dans toutes les universités du pays (régie par la loi d'urgence depuis l'assassinat d'Anouar al-Sadate en 1981, l'Égypte ne tolère les manifestations qu'à l'intérieur de lieux clos). Face à la répression policière, la colère contre l'occupation israélienne s'est couplée d'un ressentiment croissant contre le gouvernement égyptien, accusé de sabrer les espoirs démocratiques du peuple. Des affrontements au Caire et à Alexandrie ont fait un mort et des centaines de blessés. Le mécontentement à l'encontre des autorités a également été nourri par des scandales internes. Le plus grave a été l'incendie accidentel d'un train mal entretenu qui effectuait la liaison entre Le Caire et Assouan en mars 2002 (331 morts selon le bilan officiel, mais plus d'un millier selon des sources médicales).

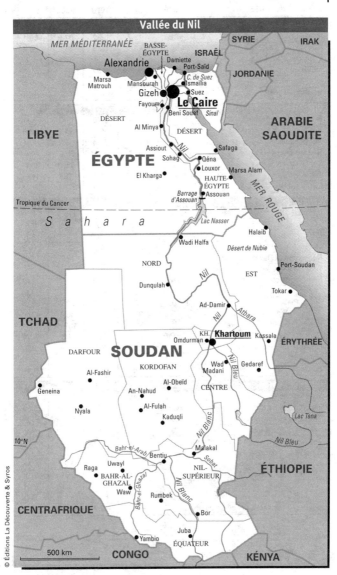

Vallée du Nil

MER MÉDITERRANÉE
BASSE-ÉGYPTE
SYRIE
IRAK
Alexandrie
Damiette
Port-Saïd
ISRAËL
Marsa Matrouh
Mansourah
C. de Suez
Ismailia
JORDANIE
Gizeh
Suez
Fayoum
Le Caire
Beni Souef
Sinaï
DÉSERT
Al Minya
DÉSERT
ARABIE SAOUDITE
LIBYE
ÉGYPTE
Assiout
Safaga
Sohag
Qéna
Louxor
El Kharga
HAUTE-ÉGYPTE
Marsa Alam
MER ROUGE
Barrage d'Assouan
Assouan
Tropique du Cancer
Sahara
Lac Nasser
Halaib
Wadi Halfa
Désert de Nubie
NORD
EST
Port-Soudan
Dunqulah
Tokar
TCHAD
Ad-Damir
KH.
Khartoum
Kassala
ÉRYTHRÉE
Omdurman
SOUDAN
DARFOUR
KORDOFAN
Wad Madani
Gedaref
CENTRE
Al-Fashir
An-Nahud
Al-Obeïd
Geneina
Al-Fulah
Lac Tana
Nyala
Kaduqli
Nil Bleu
Bahr-el-Arab
Bentiu
Malakal
Uwayl
NIL-SUPÉRIEUR
ÉTHIOPIE
Raga
BAHR-AL-GHAZAL
Sobat
Waw
Rumbek
Nil Blanc
CENTRAFRIQUE
Bor
Juba
Yambio
ÉQUATEUR
500 km
CONGO
KÉNYA

© Éditions La Découverte & Syros

INDICATEUR	UNITÉ	1980	1990	2000	2001
Démographie[a]					
Population	million	43,7	56,2	67,9	69,1
Densité	hab./km²	43,9	56,5	68,2	69,4
Croissance annuelle	%	2,5[f]	2,2[g]	1,8[h]	1,7[i]
Indice de fécondité (ISF)		5,2[f]	4,2[g]	3,4[h]	2,9[i]
Mortalité infantile	‰	123,0[f]	68,9[g]	50,8[h]	40,5[i]
Espérance de vie	année	55,3[f]	62,5[g]	66,3[h]	68,3[i]
Indicateurs socioculturels					
Nombre de médecins	‰ hab.	1,07	0,76	1,60[e]	••
Analphabétisme (hommes)	%	46,3	39,6	32,7	32,8
Analphabétisme (femmes)	%	75,4	66,4	55,1	55,1
Scolarisation 12-17 ans	%	20,7[q]	54,2[r]	60,9[s]	••
Scolarisation 3e degré	%	16,1	15,9	25,0[e]	38,8[d]
Téléviseurs	‰ hab.	32	107	189	••
Livres publiés	titre	1 486[t]	1 366	2 215[u]	••
Économie					
PIB total	milliard $	55,6	131,6	215,9[c]	232,5[b]
Croissance annuelle	%	5,2[k]	3,5[m]	5,1	3,3
PIB par habitant (PPA)	$	1 360	2 509	3 439[c]	3 635[b]
Investissement (FBCF)	% PIB	27,1[o]	26,6[p]	21,7	21,2
Recherche et Développement	% PIB	••	2,11[v]	1,88[c]	1,93[b]
Taux d'inflation	%	20,5	22,2	2,8	2,4
Population active	million	14,3	18,3	23,7[c]	24,4[b]
Agriculture	% ⎫	45,7	39,0	31,3[e]	29,8[d]
Industrie	% ⎬ 100 %	20,3	20,7	22,2[e]	22,3[d]
Services	% ⎭	34,1	40,1	46,5[e]	47,9[d]
Énergie (taux de couverture)	%	214,0	171,3	137,3[d]	131,4[c]
Dépense publique Éducation	% PIB	5,3[w]	3,9	4,6[x]	4,7[u]
Dépense publique Défense	% PIB	12,8[f]	3,2	3,2	3,0
Dette extérieure totale	milliard $	19,1	33,0	29,0	32,5
Service de la dette/Export.	%	12,3[o]	21,6[p]	11,0[c]	8,4[b]
Échanges extérieurs		**1974**	**1986**	**2000**	**2001**
Importations de services	milliard $	1,45[y]	3,01	6,45[c]	7,51[b]
Importations de biens	milliard $	4,04[y]	7,17	15,16[c]	15,38[b]
Produits alimentaires	%	44,3	30,0	28,4[u]	21,8[d]
Produits manufacturés	%	40,1	52,1	60,6[u]	59,0[d]
dont machines et mat. de transport	%	18,0	25,4	25,6[u]	26,2[d]
Exportations de services	milliard $	1,60[y]	3,36	9,49[c]	9,80[b]
Exportations de biens	milliard $	1,97[y]	2,63	5,24[c]	7,06[b]
Produits agricoles	%	64,9	22,9	75,9[u]	18,1[d]
dont Coton	%	47,5	5,1	3,1[u]	3,1[d]
Produits énergétiques	%	8,5	51,2	37,3[d]	29,5[d]
Solde des transactions courantes	% du PIB	– 9,6[z]	– 3,2[A]	– 1,0	– 1,0

Définition des indicateurs, sigles et abréviations p. 23 et suivantes. a. Dernier recensement utilisable : 1996 ;
b. 2000 ; c. 1999 ; d. 1998 ; e. 1997 ; f. 1975-1985 ; g. 1985-1995 ; h. 1995-2000 ; i. 2000-2005 ;
k. 1980-1990 ; m. 1990-2000 ; o. 1979-1981 ; p. 1989-1991 ; q. 1960 ; r. 1985 ; s. 1991 ; t. 1976 ; u. 1995 ;
v. 1996 ; w. 1981 ; x. 1994 ; y. 1977 ; z. 1975-84 ; A. 1985-96.

L'année 2001-2002 a aussi été marquée par une vague d'affaires judiciaires à sensation, qui ont permis à l'État de s'ériger en défenseur des valeurs morales et religieuses. Un terrain jusque-là occupé par son principal adversaire, la confrérie interdite, mais tolérée, des Frères musulmans, dont 17 membres (étiquetés indépendants) sont entrés au Parlement après les législatives de l'automne 2000. Le procès de 52 homosexuels présumés, ou celui du militant des droits de l'homme égypto-américain Saad Eddine Ibrahim ont sérieusement terni les relations entre Le Caire et Washington. Mais en encourageant leur médiatisation les autorités ont surtout cherché à détourner l'attention de la population des graves problèmes rencontrés par le pays (crise économique, corruption, etc.). Plusieurs procès ont également visé les islamistes, même si la Gama'a al-Islamiya, principal groupe armé du pays, a confirmé début 2002 qu'elle renonçait à la prise du pouvoir par la violence. En revanche, les attentats du 11 septembre ont montré l'importance de l'organisation égyptienne al-Jihad dans les réseaux d'Oussama ben Laden, qui a puisé dans ses rangs plusieurs de ses bras droits. Le chef présumé des pirates de l'air du 11 septembre, Mohammed Atta, était lui-même égyptien.

Crise économique aiguë

Sur le plan économique, confrontée à une crise chronique des liquidités, aggravée par deux ans de ralentissement de la croissance (de 3,3 % en 2001, contre 5 %-6 % de 1995 à 1999) et par la flambée du dollar, l'Égypte a renoncé à la politique d'ancrage de la livre au dollar instaurée en 1991. Après un glissement *de facto* de la livre, le gouvernement a annoncé une première dévaluation (–6,4 %) en août 2001. Jugée trop faible par les experts, elle a encouragé la spéculation. L'écart entre le taux de change officiel et le marché parallèle a atteint des sommets après les événements du 11 septembre, lesquels ont durement affecté les trois principales sources de revenus du pays : le tourisme, le pétrole et le canal de Suez. L'Égypte a prévenu fin 2001 qu'il lui manquait trois milliards de dollars pour boucler son budget, soit un déficit public estimé de source indépendante à 5,6 % du PIB (officiellement 4,9 %). Une nouvelle dévaluation (–8,4 %), en décembre 2001, a réduit les pressions sur la livre, qui s'est stabilisée

République arabe d'Égypte

Capitale : Le Caire.
Superficie : 1 001 449 km^2.
Population : 69 080 000.
Langue : arabe.
Monnaie : livre égyptienne (au taux officiel, 1 livre = 0,24 € au 31.5.02).
Nature de l'État : république.
Nature du régime : présidentiel.
Chef de l'État : Hosni Moubarak, président de la République (depuis le 6.10.81, reconduit le 26.9.99).
Premier ministre : Atef Ebeid (depuis le 5.10.99).
Ministre des Affaires étrangères : Ahmad Maher (depuis le 15.5.01).
Ministre de l'Intérieur : Habib al-Adli (depuis le 17.11.97).
Ministre de la Défense : maréchal Muhammad Hussein Tantawi (depuis mai 91).
Principaux partis politiques : *Gouvernement :* Parti national démocratique. *Opposition légale :* Néo-Wafd (libéral) ; Parti du travail (islamiste, suspendu en mai 2000) ; Rassemblement progressiste unioniste (marxistes et nassériens) ; Parti des Verts égyptiens ; Parti de la Jeune Égypte ; Parti démocratique unioniste ; Parti nassérien. *Illégaux :* Parti communiste égyptien ; les Frères musulmans – non autorisés à constituer un parti politique ni à se reconstituer comme association – ont participé à la vie politique formelle sous le couvert du Parti du travail ; à partir de 1994, certains de leurs dirigeants ont fait l'objet de poursuites judiciaires pour complicité avec les groupes islamistes clandestins ; al-Jihad ; al-Gama'a a al-islamiya (principaux groupes islamistes radicaux).

Égypte/Bibliographie

G. Amin, *Whatever Happened to the Egyptians ?* AUC Press, Le Caire, 2000.

S. Barraclough, « Al-Azhar between the Government and the Islamists », *The Middle East Journal,* vol. 52, n° 2, Washington, print. 1998.

A. Basbous, *L'Islamisme, une révolution avortée,* Hachette Littératures, Paris, 2000.

S. Ben Néfissa, « Les partis politiques égyptiens entre les contraintes du système politique et le renouvellement des élites », *REMMM (Revue des mondes musulmans et de la Méditerranée),* nos 81-82, Édisud, Aix-en-Provence, 1998.

B. Boutros-Ghali, *Le Chemin de Jérusalem,* Fayard, Paris, 1997.

Égypte-Monde arabe, CEDEJ, Le Caire (semestriel).

Emerging Egypt 2002, Oxford Business Group, Le Caire, 2002.

S. Gamblin (sous la dir. de), *Contours et détours du politique en Égypte. Les élections législatives de 1995,* L'Harmattan/CEDEJ, Paris/Le Caire, 1997.

A. Gresh, D. Vidal, *Les 100 Portes du Proche-Orient,* Éd. de l'Atelier, Paris, 1997.

G. Kepel, *Jihad : expansion et déclin de l'islamisme,* Gallimard, Paris, 2001.

E. Kieule, *A Grand Delusion. Democracy and Economic Reform in Egypt,* Tauris, Londres, 2001.

à un cours contre dollar de 4,62 à la fin du premier semestre 2002. Mais la crise a laissé des traces. L'État a vu s'alourdir la charge liée au remboursement de sa dette extérieure (29 milliards de dollars) ; les entreprises ont peiné à se procurer des devises pour payer leurs fournisseurs ; les citoyens ont été frappés par une hausse sensible du chômage (environ 15 % de la population active) et de l'inflation sur les biens de consommation (prévision de + 4 % pour 2002, contre + 2,5 % en 2000-2001).

L'Égypte devait désormais accélérer son programme de réformes structurelles, notamment sur le terrain des privatisations et des exportations. C'était la condition posée par les bailleurs de fonds pour verser les 10 milliards de dollars promis lors d'une conférence des donateurs organisée par la Banque mondiale, en février 2002 à Charm el-Cheikh. C'est aussi une condition du succès de l'accord d'association signé en juin 2001 avec l'Union européenne (UE), après cinq ans de négociations acharnées. Il devrait déboucher sur la création d'une zone de libre-échange dans les douze ans.
- **Claude Guibal** ■

Soudan

Bonnes volontés ambivalentes

La nomination du sénateur John Danforth, le 6 septembre 2001, comme représentant spécial américain pour le Soudan n'augurait pas de profonds changements dans la crise soudanaise, mais les conséquences des attentats du 11 septembre 2001 aux États-Unis allaient démontrer le contraire.

Le gouvernement soudanais n'a pas reproduit les mêmes erreurs qu'en août 1990, où ses porte-parole avaient acquiescé à l'occupation du Koweït par l'Irak ou, en juin 1995, lorsque certains avaient déploré l'échec de l'attentat contre le président égyptien Hosni Moubarak à Addis-Abéba. Cette condamnation du terrorisme et, rapidement, celle du chef de réseau clandestin Oussama ben Laden étaient pourtant problématiques à plusieurs égards. Le richissime saoudien avait séjourné de 1991 à 1996 à Khartoum, y avait construit une part de son organisation, tout en consolidant un régime alors notoirement isolé internationalement. Surtout, il était douteux que les relations entre O. ben Laden et Khartoum se fussent achevées alors.

Néanmoins, cette prise de position a rapidement valu au Soudan (fin septembre) la levée des sanctions onusiennes décidées après le refus de Khartoum de livrer les auteurs de l'attentat de juin 1995 à Addis-Abéba. Certes, les sanctions unilatérales américaines demeuraient en vigueur, mais Washington se félicitait d'une coopération dans le renseignement pour le moins inattendue, débutée dès l'été 2000 mais qui portait soudainement ses fruits. La question de la guerre au Sud-Soudan (commencée en 1983) demeurait toutefois incontournable pour la diplomatie américaine.

La visite du sénateur J. Danforth au Soudan, en novembre 2001, a débouché sur l'établissement de quatre conditions destinées à vérifier la bonne volonté des protagonistes soudanais : la fin des bombardements contre des cibles civiles, le cessez-le-feu dans les monts Noubas (dans la partie méridionale du Nord-Soudan), la mise en place d'une commission d'enquête sur la pratique de l'esclavage (affectant surtout les populations situées à la frontière entre Nord- et Sud-Soudan) et la mise en place de zones de tranquillité pour effectuer des vaccinations. Le 19 janvier 2002, la mesure la plus spectaculaire, le cessez-le-feu, était entérinée au terme de négociations menées à Bürgenstock (Suisse), ainsi que les deux dernières conditions. Malheureusement, l'arrêt des bombardements n'était pas à l'ordre du jour comme l'a démontré l'accident de Bie (Nil-Supérieur), où, le 20 février, un hélicoptère a mitraillé des civils attendant une distribution alimentaire, faisant 24 morts et remettant en cause la poursuite de l'effort américain.

Un cessez-le-feu général semblait peu probable, faute de négociations sur une solution globale, un choix que J. Danforth n'avait pas fait au printemps 2002, préférant encore s'appuyer sur les médiations en cours. D'autre part, chaque protagoniste

pouvait utiliser cet accord de paix limité pour redistribuer ses troupes et mener des opérations militaires dans d'autres régions. Ainsi, au printemps, le gouvernement lançait une offensive d'ampleur dans le nord du Bahr al-Ghazal, alors que les forces sudistes concentraient leurs efforts sur les zones pétrolifères dans l'ouest de l'État du Nil-Supérieur.

En effet, la dynamique politique lancée par J. Danforth entraînait une recomposition de l'échiquier politique sudiste, malgré l'échec de la conférence d'Abuja, ajournée en novembre 2001, qui visait pour la première fois à rassembler toutes les tendances politiques du Sud-Soudan. Le 5 janvier 2002, les mouvements de Riek Machar et de John Garang ont fusionné, mettant (provisoirement ?) un terme à une division vieille de onze ans et consolidant l'aspiration à l'au-

République du Soudan

Capitale : Khartoum.
Superficie : 2 505 810 km².
Population : 31 809 000.
Langues : arabe (off.), anglais, dinka, nuer, shilluck, etc.
Monnaie : livre soudanaise (100 livres = 0,40 € au 31.5.02).
Nature de l'État : le Soudan est doté d'un système fédéral, dont la réalité est contestée.
Nature du régime : dictature, menant une guerre civile sanglante, notamment dans le Sud, et interdisant toute activité politique en dehors de ses propres institutions.
Chef de l'État et du gouvernement : général Omar Hassan Ahmed al-Bechir (depuis le 30.6.89, élu en mars 96).
Président du Parlement : Ahmed Ibrahim al-Taher (depuis le 5.2.01).
Ministre de l'Intérieur : général Abdel Rahim Mohamed Husein (depuis le 9.3.98).
Ministre de la Défense : Bakri Hasan Saleh (depuis le 23.2.01).
Ministre des Affaires étrangères : Mustapha Osman Ismaël (depuis le 9.3.98).

Bilan de l'année / Statistiques

INDICATEUR	UNITÉ	ÉGYPTE	SOUDAN
Démographie[a]			
Population	*(millier)*	69 080	31 809
Densité	*(hab./km²)*	69,4	13,4
Croissance annuelle (1995-2000)	*(%)*	1,8	2,1
Indice de fécondité (ISF) (1995-2000)		3,40	4,90
Mortalité infantile (1995-2000)	‰	50,8	85,9
Espérance de vie (1995-2000)	*(année)*	66,3	55,0
Population urbaine[c]	*(%)*	45,0	35,2
Indicateurs socioculturels			
Développement humain (IDH)[b]		0,642	0,499
Nombre de médecins	*(‰ hab.)*	1,60[g]	0,09[h]
Analphabétisme (hommes)	*(%)*	32,8	29,7
Analphabétisme (femmes)	*(%)*	55,1	52,3
Scolarisation 12-17 ans	*(%)*	60,9[i]	28,3[k]
Scolarisation 3e degré	*(%)*	38,8[f]	7,3[f]
Accès à Internet	*(‰ hab.)*	9,30	1,76
Livres publiés	*(titre)*	2 215[m]	138[o]
Armées (effectifs)			
Armée de terre	*(millier)*	320[p]	113
Marine	*(millier)*	19	1,5
Aviation	*(millier)*	29	3
Économie			
PIB total (PPA)[b]	*(million $)*	232 539	55 886
Croissance annuelle 1990-2000	*(%)*	4,0	5,2
Croissance annuelle 2001	*(%)*	3,3	5,4
PIB par habitant (PPA)[b]	*($)*	3 635	1 797
Investissement (FBCF)[d]	*(% PIB)*	21,9	14,9[e]
Taux d'inflation	*(%)*	2,4	5,0
Énergie (taux de couverture)[c]	*(%)*	131,4	110,8
Dépense publique Éducation	*(% PIB)*	4,7[m]	3,7[f]
Dépense publique Défense	*(% PIB)*	3,0	6,1[b]
Dette extérieure totale[b]	*(million $)*	28 957	15 741
Service de la dette/Export.[e]	*(%)*	9,7	6,6
Échanges extérieurs			
Importations (douanes)	*(million $)*	21 635	1 750
Principaux fournisseurs	*(%)*	UE 31,5	UE 33,7
	(%)	Asie[q] 22,7	Asie[r] 44,7
	(%)	E-U 18,6	M-O 15,7
Exportations (douanes)	*(million $)*	5 927	2 080
Principaux clients	*(%)*	UE 45,6	Asie[q] 83,3
	(%)	Asie[q] 18,7	C+H+T[s] 42,5
	(%)	E-U 14,4	UE 10,2
Solde transactions courantes	*(% PIB)*	– 1,0[b]	– 4,9

Définition des indicateurs, sigles et abréviations p. 23 et suivantes. Chiffres 2001 sauf notes. a. Derniers recensements utilisables : Égypte, 1996 ; Soudan, 1993 ; b. 2000 ; c. 1999 ; d. 1999-2001 ; e. 1998-2000 ; f. 1998 ; g. 1997 ; h. 1996 ; i. 1991 ; k. 1990 ; m. 1995 ; o. 1980 ; p. Non compris Défense antiaérienne (75000 h.) et forces paramilitaires (325000 h.) ; q. Y compris Japon et Moyen-Orient ; r. Non compris Moyen-Orient ; s. Chine, Hong Kong, Taïwan.

Soudan/Bibliographie

C. Aid, *The Scorched Earth : Oil and War in Sudan,* Londres, 2001 (*voir :* http://www.christian-aid.org.uk/indepth/).

J. M. Burr, R. O. Collins, *Requiem for the Sudan. War, Drought and Disaster Relief on the Nile,* Westview Press, Boulder (CO), 1995.

S. Hale, *Gender Politics in Sudan : Islamism, Socialism and the State,* Westview Press, Boulder (CO), 1998.

S. Hutchinson, « A Curse from God ? Religions and Political Dimensions of the Post-1991 Rise of Ethnic Violence in South-Sudan », *The Journal of Modern African Studies,* Cambridge University Press, Cambridge, vol. 39, n° 2, 2001.

S. Kulasika, *Southern Sudan, Political and Economic Power. Dilemma and options,* Minerva Press, Londres, 1998.

« Le Soudan : échec d'une expérience islamiste ? » (dossier), *Politique africaine,* n° 66, Karthala, Paris, juin 1997.

R. Marchal, « Des contresens possibles de la globalisation : une comparaison de l'évergétisme au Soudan et au Somaliland », *Politique africaine,* n° 73, Karthala, Paris, mars 1999.

R. Marchal, « Le Soudan au cœur du conflit érythréo-éthiopien », *Politique africaine,* n° 74, Karthala, Paris, juin 1999.

A. Mosely Lesch, *The Sudan-Contested National Identities,* Indiana University Press, Indianapolis, 1999.

T. Niblock, *Pariah States and Sanctions in the Middle East,* Lynne Rienner, Boulder (CO), 2001.

D. Petterson, *Inside Sudan : Political Islam, Conflict and Catastrophe,* Westview Press, Boulder (CO), 1999.

G. Prunier, « Une nouvelle diplomatie révolutionnaire : les Frères musulmans au Soudan », *Islam et sociétés au sud du Sahara,* n° 6, Paris, 1992.

A. de Waal, « Vers la paix au Soudan ? », *Politique africaine,* n° 85, Karthala, Paris, mars 2002.

todétermination peu goûtée par la médiation américaine. Pourtant, le doute demeurait sur les intentions réelles des dirigeants sudistes, sans doute aussi ambivalents sur un règlement que bien des membres du régime à Khartoum.

Si le gouvernement soudanais capitalisait sur sa modération affichée, les divergences internes restaient significatives comme l'ont montré certains incidents militaires, le maintien en détention du leader islamiste Hassan al-Tourabi et la répression contre une presse indépendante de plus en plus dynamique. La marginalisation des partis politiques nord-soudanais s'est également poursuivie. En fait, le gouvernement comptait sur le pétrole pour se donner les moyens financiers, politiques et militaires d'obtenir un règlement favorable. En effet, le Soudan continuait de bénéficier de son adhésion aux standards du FMI et de la permanence de sa production pétrolière (230 000 barils/jour en 2001, 250 000 prévus en 2002 et environ 290 000 en 2003). Un tel développement signifiait une croissance soutenue dans ce secteur, ainsi qu'une amélioration des finances publiques dopées par les quelque 450 millions de dollars de revenus pétroliers. - **Roland Marchal** ∎

Afrique sud-tropicale

Angola, Malawi, Mozambique, Zambie, Zimbabwé

Angola

Une paix gagnée par les armes : espoir et incertitudes

Le 4 avril 2002 a marqué une date historique pour l'Angola, avec l'accord de cessation des hostilités signé entre les Forces armées angolaises (FAA) et celles de la rébellion de l'UNITA (Union nationale pour l'indépendance totale de l'Angola), dont on peut espérer qu'il tiendra, contrairement aux précédents (1991 et 1994).

L'année 2001 a vu une course de vitesse entre deux mouvements par rapport au conflit : celui de la société civile, autour des Églises notamment, pour s'opposer à la guerre menée par les deux camps et à la « solution militaire » du gouvernement, et pour demander l'ouverture de négociations avec l'UNITA et l'instauration d'un dialogue national ; et celui de la direction du pays pour « annihiler militairement et politiquement » la rébellion et éliminer son chef, Jonas Savimbi, afin de ne pas renégocier le protocole de Lusaka de 1994.

Des négociations après la mort de Savimbi

L'accord signé après l'élimination de J. Savimbi, lors d'affrontements le 22 février 2002, a consacré une victoire stratégique pour les FAA, acquise à la fois grâce à un effort de guerre redoublé – soutenu par l'ONU sous la forme des sanctions imposées à l'UNITA –, par les aides discrètes à

cet effort de guerre fournies par divers pays et entreprises, et par l'abandon de l'aide humanitaire à la population des zones de rébellion. Alors que l'UNITA menait des actions de terreur pour montrer sa force, recruter et garder sous sa coupe les populations, la quasi-fermeture des frontières et une stratégie systématique de la terre brûlée envers la guérilla et les populations l'accompagnant, bombardées et affamées, ont permis aux FAA, à partir de l'été 2001, de resserrer le cercle. Fin 2001, la multiplication des captures, désertions, redditions de populations, de soldats, puis de responsables – sortis presque nus et squelettiques des zones de combat – témoignait de la violence de cette offensive finale. C'est alors, en décembre, que le président angolais, José Eduardo dos Santos, énonça – en même temps qu'il autorisait la communauté internationale à « entrer en contact » avec l'UNITA – les « trois scénarios » possibles pour J. Savimbi : la capture, le « retour au protocole de Lusaka » sous forme de reddition, ou la mort. Et c'est après l'élimination physique de J. Savimbi qu'il finit par déclarer un cessez-le-feu et qu'une négociation fut engagée.

Les pourparlers ont commencé dans l'Est, sans observateurs nationaux ou internationaux, et seulement avec des dirigeants militaires puis politiques de l'UNITA sur le terrain, en position d'extrême vulnérabilité et qui furent tenus dans l'isolement jusqu'à la signature du mémorandum d'accord. Celui-ci, qui a évité à l'UNITA une « an-

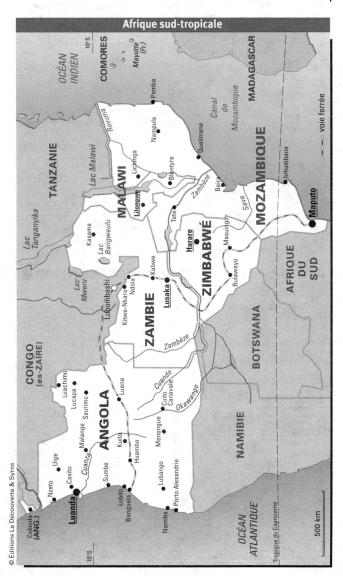

Afrique sud-tropicale

INDICATEUR	UNITÉ	ANGOLA	MALAWI
Démographie[a]			
Population	*(millier)*	13 527	11 572
Densité	*(hab./km²)*	10,9	123,0
Croissance annuelle (1995-2000)	*(%)*	2,9	2,4
Indice de fécondité (ISF) (1995-2000)		7,20	6,75
Mortalité infantile (1995-2000)	‰	126,2	139,8
Espérance de vie (1995-2000)	*(année)*	44,6	40,7
Population urbaine[c]	*(%)*	33,6	23,7
Indicateurs socioculturels			
Développement humain (IDH)[b]		0,403	0,400
Nombre de médecins	*(‰ hab.)*	0,08[g]	0,03[h]
Analphabétisme (hommes)	*(%)*	44,0[f]	25,0
Analphabétisme (femmes)	*(%)*	72,0[f]	52,4
Scolarisation 12-17 ans	*(%)*	38,6[m]	51,8[m]
Scolarisation 3e degré	*(%)*	0,8[f]	0,2[f]
Accès à Internet	*(‰ hab.)*	4,44	1,73
Livres publiés	*(titre)*	22[k]	117[p]
Armées (effectifs)			
Armée de terre	*(millier)*	120	5,3
Marine	*(millier)*	2,5	••
Aviation	*(millier)*	8	••
Économie			
PIB total (PPA)[b]	*(million $)*	28 726	6 336
Croissance annuelle 1990-2000	*(%)*	0,7	3,5
Croissance annuelle 2001	*(%)*	••	− 0,5
PIB par habitant (PPA)[b]	*($)*	2 187	615
Investissement (FBCF)[d]	*(% PIB)*	30,2[e]	11,6[e]
Taux d'inflation	*(%)*	152,6	27,2
Énergie (taux de couverture)[c]	*(%)*	574,9	25,3[f]
Dépense publique Éducation[f]	*(% PIB)*	2,6	4,6
Dépense publique Défense	*(% PIB)*	19,2[b]	1,0
Dette extérieure totale[b]	*(million $)*	10 146	2 716
Service de la dette/Export.[e]	*(%)*	21,4	12,5
Échanges extérieurs			
Importations (douanes)	*(million $)*	3 371	621
Principaux fournisseurs	*(%)*	UE 38,2	Afr 74,3
	(%)	Asie[r] 28,7	AfS 39,7
	(%)	E-U 8,9	Asie[r] 9,3
Exportations (douanes)	*(million $)*	6 734	480
Principaux clients	*(%)*	E-U 44,3	UE 30,9
	(%)	UE 25,5	Afr 23,5
	(%)	Asie[r] 26,7	E-U 15,4
Solde transactions courantes	*(% PIB)*	− 0,1[b]	− 30,8[b]

Définition des indicateurs, sigles et abréviations p. 23 et suivantes. Chiffres 2001 sauf notes. a. Derniers recensements utilisables : Angola, 1970 ; Malawi, 1998 ; Mozambique, 1997 ; Zambie, 1990 ; Zimbabwé, 1992 ; b. 2000 ; c. 1999 ; d. 1999-2001 ; e. 1998-2000 ; f. 1998 ; g. 1997 ; h. 1993 ; i. 1989 ; k. 1995 ; m. 1990 ;

	MOZAM-BIQUE	ZAMBIE	ZIMBABWÉ
	18 644	10 649	12 852
	23,8	14,3	33,2
	2,3	2,5	1,9
	6,30	6,05	5,00
	136,7	93,6	65,0
	40,6	40,5	42,9
	39,0	39,5	34,6
	0,322	0,433	0,551
	0,03[i]	0,07[k]	0,14[k]
	38,8	14,3	6,7
	70,0	27,4	14,5
	28,3[o]	60,7[m]	94,9[o]
	0,5[f]	2,7[f]	6,7[g]
	0,74	2,35	7,33
	••	••	232[o]
	9,5	20	35
	0,6	••	••
	1	1,6	4
	15 101	7 868	33 270
	5,6	− 0,2	1,5
	12,9	5,2	− 8,4
	854	780	2 635
	29,6[e]	16,0[e]	15,0[e]
	9,0	22,5	76,7
	101,2	93,4	81,8
	2,9	2,3	10,8
	3,6[b]	1,8	6,1[q]
	7 135	5 730	4 002
	16,0	28,0	29,2
	1 429	1 166	1 709
	Afr 42,5	AfS 65,2	AfS 42,0
	UE 13,6	Asie[r] 8,5	UE 13,2
	PNS[s] 23,8	UE 9,8	Asie[r] 11,2
	688	804	1 937
	Afr 20,9	Asie[r] 20,2	UE 31,8
	UE 55,4	UE 18,0	Afr 31,2
	Asie[r] 9,1	Afr 43,5	Asie[r] 22,5
	− 20,3[b]	− 1,9	− 2,8[b]

o. 1992 ; p. 1996 ; q. 5 % selon la Banque mondiale ; r. Y compris Japon et Moyen-Orient ; s. Pays non spécifiés.

nihilation » ou une reddition humiliante, capitalise sur la victoire : il aborde les seules questions militaires et équivaut à l'application stricte par la rébellion des exigences du protocole de Lusaka, mais sous le seul contrôle du gouvernement et sans interférence ou médiation internationales. La phase politique annoncée n'est pas définie dans le mémorandum, le gouvernement entendant la réduire au minimum : à ses yeux, « il n'y a rien à négocier » [*voir encadré*].

Face à sa déroute militaire, l'UNITA ne s'est ni effondrée ni fragmentée en bandes de « seigneurs de guerre ». Elle s'est vite reconstituée dans sa grande majorité (notamment 80 % des députés élus en 1992) autour de la direction provisoire formée dans la guérilla et qui a avalisé l'accord militaire. Elle a envoyé, dans le respect de l'ordre, dès la mi-mai 2002, presque tous ses ef-

République d'Angola

Capitale : Luanda.
Superficie : 1 246 700 km².
Population : 13 527 000.
Langues : portugais (off.), langues du groupe bantou : umbundu, kimbundu, kikongo, quioco, ganguela (« nationales »).
Monnaie : kwanza (100 kwanzas = 2,60 € au 31.5.02).
Nature de l'État : république unitaire.
Nature du régime : semi-présidentiel.
Chef de l'État et du gouvernement : José Eduardo dos Santos (depuis le 20.9.79).
Ministre de la Défense : Kundi Paihama (depuis janv. 99).
Ministre de l'Intérieur : Fernando « Nandô » da Piedade Dias Dos Santos (depuis janv. 99).
Ministre des Affaires étrangères : João Miranda (depuis janv. 99).
Échéances institutionnelles : élections annoncées pour 2004.
Souveraineté contestée : dans le Cabinda, divers mouvements indépendantistes, dont plusieurs FLEC (Front de libération de l'enclave de Cabinda).

Un mémorandum d'accord uniquement militaire

Le mémorandum d'accord négocié entre les FAA (Forces armées angolaises) et la direction militaire de l'UNITA (Union nationale pour l'indépendance totale de l'Angola) à Luena, et signé à Luanda le 4 avril 2002, a été élaboré sur la base du plan du gouvernement agréé par le président angolais le 13 mars 2002. Il s'intitule « mémorandum d'accord *complémentaire au protocole de Lusaka* » (1994).

Sa proposition « unique » au chapitre de la réconciliation est l'amnistie. Pour ce qui est de la démilitarisation et du désarmement de l'UNITA, qui constituent l'essentiel de l'accord, il prévoit le rassemblement des quelque 50 000 hommes reconnus à l'UNITA, ainsi que de leurs familles (300 000), dans plus de 30 cantonnements, qui seront intégralement pris en charge (logistique, alimentation, santé, ordre) par les FAA. Une commission militaire mixte, comprenant un représentant de l'ONU et un délégué de chaque membre de la troïka de parrainage (Portugal, Russie, États-Unis), présidera à cette phase. Il n'y aura cependant pas de force de l'ONU pour veiller à son application mais seulement une trentaine d'observateurs (7 000 hommes en 1994). La durée du processus a été fixée à 262 jours. Seuls quelque 5 000 hommes seront intégrés à l'armée nationale, dont un certain nombre d'officiers. 40 gradés entreront dans la police. Par rapport aux accords précédents, le poids de l'UNITA dans les forces de l'ordre nationales (armée, polices, défense civile) est réduit. De plus, le mémorandum ne mentionne pas la question du désarmement général d'une population massivement armée.

Pour la phase politique (qui n'est pas l'objet de ce mémorandum), c'est le plan du 13 mars émanant du gouvernement qui fait office de « feuille de route » et qu'il mettra en œuvre si aucun obstacle ne se présente. Ce plan prévoit simplement la mise en application des dispositions politiques et administratives du protocole de Lusaka non accomplies, c'est-à-dire ce que le gouvernement retient de ses obligations pendantes : la nomination de gouverneurs et d'administrateurs ainsi que d'ambassadeurs de l'UNITA. La question de la représentation de l'UNITA, entre la direction qui a signé l'accord et l'UNITA-Rénovée seule reconnue jusqu'alors, est éludée.

Le rôle de la communauté internationale est limité à l'aide humanitaire d'urgence, la réinstallation et la réinsertion sociale des populations et la conférence de donateurs. Elle perd son rôle de médiateur.

Selon l'esprit de ce plan et diverses déclarations de gouvernants, il s'agit de refermer la page de la guerre sans autre forme de débat, par réintégration dans l'État et dans la société, jusqu'à des élections que le gouvernement se chargera d'organiser quand il jugera les conditions réunies. Aucune « solution politique » impliquant un cadre formel de concertation n'était à l'ordre du jour. Aucun « dialogue national », « inclusif », ouvert aux forces civiles et religieuses qui s'étaient exprimées pour la paix, et que les dernières déclarations des responsables de l'ONU jugeaient nécessaire, n'a été envisagé. À la mi-mai 2002, le gouvernement a cependant décidé que la Commission conjointe – qui conformément au protocole de Lusaka devait présider à l'ensemble des accords de paix – reprendrait ses fonctions pour la phase politique, celle-ci restant cependant sans substance. - **C. M.** ∎

fectifs dans les camps de regroupement et cherchait à se reconvertir en une organisation purement politique, entravée cependant dans cette ambition par l'existence de l'UNITA-Rénovée que le gouvernement avait reconnue depuis 1998 comme son seul interlocuteur, et qui tente de préserver sa place. Mais le principal obstacle réside, comme pour toutes les forces de l'opposition civile, dans l'absence de « solution politique » à l'horizon, et ce alors que l'État, l'économie, les médias, etc. demeuraient aux mains du pouvoir jusqu'à des élections dont lui seul entendait maîtriser le calendrier.

Outre le problème de la guerre dans l'enclave de Cabinda, où aucun règlement n'était engagé à la mi-2002, le premier défi est de réussir la réinsertion des 50 000 soldats de l'UNITA, alors que le gouvernement, qui s'est réservé le contrôle total de la démilitarisation, n'avait pas les moyens de l'assurer. L'autre problème est économique et social : au terme de ce conflit, un tiers de la population a été déplacé. La réinstallation de celle-ci, des soldats, du demi-million de réfugiés à l'étranger n'est possible que si un gigantesque programme de reconstruction est mis en œuvre à partir de fonds internationaux et nationaux, et s'il est orienté vers les besoins des populations et arrive à ses destinataires.

Un régime peu enclin à évoluer

Or, à la mi-2002, on n'entrevoyait aucun changement fondamental du mode de gouvernement. Pendant l'année 2001, des centaines de millions de dollars ont encore été soustraits au budget de l'État ; les détournements, les privatisations au profit de proches du pouvoir se sont poursuivis ; les atteintes aux conditions de vie des populations ont été nombreuses – avec l'expulsion en juillet 2001 de milliers de résidents d'un quartier de Luanda et l'appropriation de terres paysannes. La confusion du parti dominant, le MPLA (Mouvement populaire de libération de l'Angola) et de l'État restait la règle, et les interventions pour neutraliser

et domestiquer la presse et les partis d'opposition ont continué. L'ambition gouvernementale – sous la direction renforcée du président cumulant toujours l'essentiel des pouvoirs (parti, présidence, gouvernement, armée) – de garder la maîtrise totale d'un processus de paix sans « solution politique » pouvait cependant rencontrer la résistance de mouvements civiques et sociaux enhardis par la paix, voire susciter une contestation dans les rangs du parti-État et au sein des forces armées, alors que la redistribution des pouvoirs, des places et des richesses liée à la fin de la guerre et à la perte des conditions d'impunité et d'arbitraire que celle-ci assurait était un important facteur d'instabilité.

La communauté internationale, qui a accompagné le gouvernement dans l'option militaire et aidé à la victoire, pourrait désormais être plus exigeante en matière de droits et de démocratie, mais l'accord l'a rétrogradée à une place marginale et ses pressions sont restées fortement tempérées par ses intérêts pétroliers, par les partenariats déjà noués avec le pouvoir, par les perspectives d'accès à la « reconstruction » et par le rôle de puissance régionale qu'elle a prêté à l'Angola après ses interventions dans les conflits des deux Congo (qui duraient toujours à la mi-2002). **- Christine Messiant ■**

Malawi

Persistance des tensions politiques

Bakili Muluzi, chef de l'UDF (Front démocratique uni) et président de la République, a été soumis à de vives pressions de la part des donateurs internationaux pour qu'il se sépare des ministres corrompus. L'une des principales victimes du remaniement ministériel de janvier 2001, Brown Mpinganjira, pourtant l'un des fondateurs historiques de l'UDF, n'a pas hésité à af-

République du Malawi

Capitale : Lilongwé.
Superficie : 118 480 km².
Population : 11 572 000.
Langues : anglais, chichewa.
Monnaie : kwacha (au taux officiel, 100 kwachas = 1,62 € au 31.12.01).
Nature de l'État : république unitaire.
Nature du régime : présidentiel parlementaire.
Chef de l'État et du gouvernement : Bakili Muluzi (depuis le 17.5.94, réélu le 15.6.99).
Ministre de l'Agriculture : Leonard Mangulama (depuis le 1.3.2000).
Ministre des Affaires étrangères : Lilian Patel (depuis le 1.3.2000).
Ministre de l'Intérieur : Mangeza Maloza (depuis le 1.3.2000).

firmer que B. Muluzi avait profité de l'aubaine pour se débarrasser des gêneurs. En effet, la popularité du chef de l'État a fortement décru. Sa réélection controversée de juin 1999, sa volonté d'amender la Constitution pour pouvoir se présenter une troisième fois (prochaine élection présidentielle en 2004) alors qu'il ne le peut légalement pas, ainsi que la répression de l'opposition ont écorné son image. Cela a encouragé B. Mpinganjira à créer un groupe de pression, la NDA (Alliance démocratique nationale). Cette nouvelle organisation a attiré rapidement de nombreux parlementaires inquiets des dérives autoritaires du président. B. Mpinganjira et quelques autres ont finalement été emprisonnés en octobre 2001, pour complicité dans une tentative déjouée de coup d'État (mars 2001). Bien qu'ils aient été rapidement relâchés, leur arrestation a marqué les esprits et attisé les rumeurs, comme l'isolement de B. Mpinganjira pour parvenir plus facilement à l'empoisonner.

Une élection parlementaire partielle, mettant aux prises l'UDF et le principal parti d'opposition, le MCP (Parti du congrès malawite), a dû être repoussée en raison de

violents affrontements entre militants. La presse n'a pas été non plus épargnée : le rédacteur en chef d'un quotidien, The Dispatch, son imprimeur et quatre vendeurs ont ainsi été détenus pour avoir posé la question de la succession de B. Muluzi. Il reste que le pouvoir a pu compter sur les divisions qui ont semé le trouble parmi les cadres dirigeants du MCP. La lutte pour le leadership y a été rude entre John Tembo et Gwanda Chakuamba, l'adversaire malheureux de B. Muluzi lors des deux dernières élections présidentielles. Et ce ne sont pas les protestations répétées des Églises protestantes qui ont paru déranger l'UDF. Ce dernier a pu compter, par ailleurs, sur le soutien des donateurs, apparemment satisfaits des premiers efforts de lutte contre la corruption. Au surplus, la décision de la Banque africaine de développement (BAD) d'alléger la dette a redynamisé une économie moribonde. Seul le gouvernement danois, fatigué selon ses dires, de l'intolérance politique régnant au Malawi, n'avait prévu aucune aide dans son budget 2002. - **Jérôme Lafargue** ∎

Mozambique

Apaisement de la scène politique

Les dirigeants du Frelimo (Front de libération du Mozambique) sont entrés dans une course à l'investiture dont ils n'avaient pas l'habitude. En effet, le président Joaquim Chissano n'allait finalement pas être le candidat de l'ancien parti unique à l'élection présidentielle de 2004. Pour la première fois, différents postulants et leurs courants étaient apparus à cette occasion, faisant craindre des dissensions problématiques au sein du parti. Ils ont finalement désigné Armando Guebuza, chef du groupe parlementaire du Frelimo, comme candidat à la présidentielle. Rompant petit à petit avec son passé, le Frelimo s'est aussi dessaisi de son monopole sur les symboles nationaux en acceptant que sa majorité au Parlement adopte, le 21 mars 2002, un nouvel hymne national qui ne soit plus un chant à sa gloire.

La Renamo (Résistance nationale du Mozambique), principal parti d'opposition, a de son côté organisé son premier congrès national en novembre 2001, s'éloignant un peu plus de son passé guérillero. Son leader, Afonso Dhlakama, a poursuivi la réorganisation du parti en plaçant de nouveaux cadres à des postes clés, tel Joaquim Vaz, nouveau secrétaire général nommé fin 2001. La Renamo se concentrait ainsi sur les prochaines échéances électorales, abandonnant les recours et protestations relatifs aux résultats des élections législatives et présidentielle de 1999 et réagissant peu à la lourde condamnation à vingt ans de prison des cinq meneurs de la manifestation de novembre 2000 à Montepuez (province de Cabo Delgado).

L'enquête sur l'assassinat, à la même période, du journaliste Carlos Cardoso a abouti à l'inculpation de six personnes impliquées dans un scandale bancaire dénoncé peu avant sa mort par la victime. En décembre 2001, le gouvernement a d'ailleurs commencé à prendre des mesures pour lutter plus efficacement contre la criminalité et la corruption qui touchent particulièrement l'administration, mais affectent aussi le secteur bancaire en proie à plusieurs scandales et dont la restructuration a été engagée.

Malgré cela, la croissance de l'économie s'est largement redressée, atteignant 12,9 % en 2001. Le déficit de la balance commerciale a également été diminué de moitié grâce aux exportations d'aluminium de la nouvelle usine Mozal, en voie d'extension malgré la grève des salariés de la fonderie en octobre 2001.

Au sud, les liens économiques avec l'Afrique du Sud se sont resserrés, notamment dans le secteur des transports et communications qui a connu une croissance de 44,9 % en 2001. Au centre du pays, l'in-

---

République du Mozambique

Capitale : Maputo.
Superficie : 783 080 km².
Population : 18 644 000.
Langues : portugais (off.), macualomué, maconde, chona, tonga, chicheua…
Monnaie : metical (au taux officiel, 10 000 meticals = 0,45 € au 31.5.02).
Nature de l'État : république.
Nature du régime : présidentiel pluraliste.
Chef de l'État : Joaquim Alberto Chissano (depuis le 4.1.87, élu le 29.10.94, réélu le 5.12.99).
Premier ministre : Pascoal Mocumbi (depuis le 16.12.94).
Ministre de l'Intérieur : Almerino Manhenje.
Ministre des Affaires étrangères et de la Coopération : Leonardo Roberto Simão.
Ministre de la Défense nationale : Tobias Dai.
Échéances institutionnelles : élections municipales (2003) et générales – présidentielle et législatives – (2004).

---

dustrie sucrière est parvenue, malgré les inondations, à atteindre en 2001 son niveau de production le plus élevé depuis dix-huit ans (+ 72 %).

Le pays a également bénéficié d'une augmentation générale de l'aide internationale, ainsi que de plusieurs mesures de réduction de sa dette. Pourtant, la population, confrontée en 2001 à une inflation de 9 %, n'a pas vu sa situation s'améliorer. De graves fléaux sanitaires continuaient de la frapper. Ainsi, 12,1 % des Mozambicains entre 15 et 49 ans étaient séropositifs selon des estimations gouvernementales de fin 2001. Par ailleurs, les inondations ont créé des conditions durablement propices au développement d'une épidémie de choléra et à une extension de la malaria. En 2001, cette dernière aura touché plus de 280 000 personnes, faisant environ 1 200 morts.
- Benoît Dupin ■

Zambie

Renouvellement politique de façade

L'année 2001 a été marquée par les soubresauts dus à l'élection présidentielle de décembre. Frederick Chiluba, président sortant et leader du MMD (Mouvement pour la démocratie multipartite), a fini par abandonner l'idée de faire amender la Constitution pour se présenter une troisième fois, mais a tout fait pour contrôler sa succession. Le nouveau chef de l'État, Levy Mwanawasa, entré en fonctions le 2 janvier 2002, était en effet l'un de ses fidèles. Le scrutin a été entaché de nombreuses irrégularités et déclaré illégitime par un rapport d'observation de l'Union européenne (février

République de Zambie

Capitale : Lusaka.
Superficie : 752 610 km².
Population : 10 649 000.
Langues : anglais (off.), langues du groupe bantou.
Monnaie : kwacha (au taux officiel, 1 000 kwachas = 0,25 € au 31.5.02).
Nature de l'État : république unitaire.
Nature du régime : présidentiel, multipartisme.
Chef de l'État (également en charge de la Défense) : Levy Patrick Mwanawasa, qui a succédé le 2.1.02 à Frederik Titus Chiluba.
Chef du gouvernement : Enoch Kavindele, vice-président, qui a succédé le 4.5.01 à Christon Tembo.
Ministre de l'Intérieur : Lackson Mapushi.
Ministre des Affaires étrangères : Katele Kalumba.
Échéances institutionnelles : élections présidentielle et législatives (2006).
Contestation territoriale : Province de l'Ouest, ancien protectorat britannique (Barotseland), peuplé par des Lozi réclamant l'application de l'accord de 1964 (reconnaissance de droits de représentation politique en échange de l'annexion).

2002). Selon les organisations internationales présentes, l'adversaire principal de L. Mwanawasa, Anderson Mazoka, candidat de l'UPND (Parti uni pour le développement national), l'aurait emporté avec plus de 30 % des suffrages. Or, la Cour suprême a déclaré L. Mwanawasa vainqueur avec 29,16 % des voix contre 27,15 % à A. Mazoka. Les élections législatives, qui se sont tenues en décembre 2001, ont vu la victoire du MMD (68 sièges) devant l'UNDP (48 sièges). À l'issue du scrutin, huit partis se trouvaient représentés au Parlement.

F. Chiluba était pourtant presque parvenu à ses fins, lorsqu'au mois de mars 2001 il avait reçu l'accord du MMD pour se présenter une nouvelle fois. Cependant, dès le mois d'avril, plusieurs dirigeants du parti et huit ministres, sous la direction du chef du gouvernement Christon Tembo, créaient un groupe visant à contrecarrer les velléités du président sortant. Appuyés par des ecclésiastiques, des syndicalistes, des juristes et des membres de l'opposition, ils ont mené un combat finalement victorieux, en dépit d'un remaniement ministériel, début mai, qui a coûté sa place à C. Tembo (remplacé à la tête du gouvernement par le vice-président Enoch Kavindele). Au cours de cette période troublée, la police n'a pas hésité à tirer sur les participants d'un meeting de ce groupe, tuant l'un d'entre eux, et plusieurs journalistes ont été inquiétés, sinon emprisonnés. F. Chiluba s'est finalement décidé (août 2001) à désigner L. Mwanawasa comme candidat du MMD. La campagne a été marquée par la formation de nombreux partis, dont l'un a défrayé la chronique, le FFD (Front pour la démocratie et le développement), en raison de l'assassinat, en juin 2001, dans des circonstances confuses, de l'un de ses membres, Paul Tembo, ancien directeur de campagne de F. Chiluba. En dépit des très bons scores obtenus lors d'élections partielles à Lusaka, le FFD et son candidat C. Tembo n'ont pas joué le rôle d'outsider escompté, laissant cette place à A. Mazoka, l'un des rares hommes politiques épargnés par les accusations de corruption.

De vieilles connaissances se sont retrouvées dans le nouveau cabinet ministériel (toujours dirigé par E. Kavindele) – certaines parmi les plus controversées –, alimentant l'idée que le nouveau président ne serait qu'une marionnette au service de F. Chiluba. Mais le 11 mars 2002, le ministre de l'Information Vernon Mwaanga a été démis de ses fonctions. Il s'agirait d'une mesure disciplinaire visant indirectement F. Chiluba, demeuré chef du MMD et qui menait en sous-main une politique de déstabilisation du président Mwanawasa. La situation économique, jugée déplorable par les opposants, n'incitait pas à l'apaisement. D'importantes inondations ont détruit des milliers d'hectares de récolte en 2001, menaçant de disette plusieurs centaines de milliers de personnes, tandis que, selon les estimations des donateurs, plus de 80 % des Zambiens vivaient au-dessous du seuil de pauvreté. Les bailleurs de fonds internationaux n'ont pas rechigné à fournir des subsides. Le feuilleton de la privatisation du secteur minier a pourtant attesté de l'incurie du gouvernement qui, après avoir accéléré le processus, l'a brusquement ralenti mi-2001 à la suite, notamment, de graves accusations de corruption. **- Jérôme Lafargue** ∎

Zimbabwé

Passage en force

L'événement de l'année 2001-2002 au Zimbabwé a été l'élection présidentielle des 9 et 11 mars 2002, le gouvernement s'étant exclusivement concentré sur son propre maintien au pouvoir aux dépens des intérêts nationaux. Les textes de loi restreignant les libertés politiques se sont succédé à partir d'avril 2001. Finalement, en janvier 2002, le Parlement a voté la Loi sur l'ordre public et la sécurité (*Public Order and Security*

Act), la Loi sur l'accès à l'information et la protection de la vie privée (*Access to Information and Protection of Privacy Act*) et modifié la Loi électorale (*Electoral Act*), renforçant ainsi les pouvoirs de la police, proscrivant les réunions publiques, interdisant toute critique du président et restreignant la participation de la société civile à la vie politique. Dans le même temps, les exactions des milices du parti présidentiel, la ZANU-PF (Union nationale africaine du Zimbabwé-Front patriotique), se sont multipliées : tabassages et enlèvements de militants du seul parti d'opposition, le MDC (Mouvement pour la démocratie et le changement), assassinats... Enfin, le pouvoir judiciaire, désormais soumis au régime, a poursuivi des responsables de l'opposition pour « haute trahison ».

C'est dans ce contexte qu'a eu lieu l'élection présidentielle, après l'expulsion des observateurs de l'Union européenne (UE), mais en présence de ceux de l'OUA (Organisation de l'unité africaine), du Commonwealth et de la SADC (Communauté de développement de l'Afrique australe). La stratégie du pouvoir, outre les violences et intimidations, a consisté à supprimer 30 % des bureaux de vote dans les zones où dominait le MDC (grandes villes et sud du pays), rendant ainsi impossible le bon déroulement du scrutin dans les délais. Malgré la prolongation du scrutin de 24 heures,

République du Zimbabwé

Capitale : Harâré.
Superficie : 390 580 km².
Population : 12 852 000.
Langues : anglais, shona, ndebele.
Monnaie : dollar Zimbabwé (au taux officiel, 100 dollars = 2 € au 31.3.02).
Nature de l'État : république unitaire.
Nature du régime : présidentiel.
Chef de l'État et du gouvernement : Robert G. Mugabe (Premier ministre depuis 1980 et président depuis le 31.12.87).

Afrique sud-tropicale/Bibliographie

J.-L. Balans, M. Lafon (sous la dir. de), *Le Zimbabwé contemporain,* Karthala/IFRA, Paris, 1995.

M. Cahen, « Mozambique : l'instabilité comme gouvernance ? », *Politique africaine,* n° 80, Karthala, Paris, déc. 2000.

J. Cilliers, C. Dietrich, *Angola's War Economy. The Role of Oil and Diamonds,* Institute for Security Studies, Pretoria, 2000.

J.-P. Dalloz, J. D. Chileshe (sous la dir. de), *La Zambie contemporaine,* Karthala, Paris, 1996.

P. Gervais-Lambony, *L'Afrique du Sud et les États voisins,* Armand Colin, Paris, 1997.

Global Witness, *All the President's Men,* Londres, 2001.

M. Hall, T. Young, *Confronting Leviathan. Mozambique since Independence,* Hurst and Co, Londres, 1997.

T. Hodges, *Angola from Afro-Stalinism to Petro-Diamond Capitalism,* James Currey/Indiana University Press, 2001.

D. Jouanneau, *Le Mozambique,* Karthala, Paris, 1995.

B. Lachartre, « Élections municipales et démocratisation au Mozambique », *Politique africaine,* n° 75, Karthala, Paris, oct. 1999.

J. Lafargue, *Contestations démocratiques en Afrique. Sociologie de la protestation au Kénya et en Zambie,* Karthala, Paris, 1996.

J. Lafargue, « La centralité au péril de l'engourdissement. L'État zambien à la recherche d'une recomposition aléatoire », *in* D. Darbon (sous la dir. de), *L'Après-Mandela. Enjeux sud-africains et régionaux,* Karthala/MSHA, Paris/Talence, 1999.

R. Marchal, C. Messiant, *Les Chemins de la guerre et de la paix - Fins de conflit en Afrique orientale et australe,* Karthala, Paris, 1997.

C. Messiant, « Angola 1974-1999 : de la guerre d'indépendance à la guerre civile et régionale », *in* M. H. Aranjo Carreira (sous la dir. de), « De la révolution des œillets au troisième millénaire », *Travaux et documents,* n° 7, Université Paris-VIII, 2000.

C. Messiant, « Angola : enfin la paix. Soulagement et inquiétudes », *Politique africaine,* Karthala, Paris (à paraître).

« Patrimonialism and Petro-Diamond Capitalism : Peace, Geopolitics and the Economics of War in Angola », *Review of African Political Economy,* vol. 28, n° 90, déc. 2001.

obtenue dans la confusion par le MDC, une large partie des électeurs n'a donc pas pu voter et le président sortant Robert Mugabe a été déclaré élu avec 56 % des voix contre 42 % à Morgan Tsvangirai. On estimait que 50 % des électeurs de la capitale n'avaient pas pu voter ; mais les Harariens ont élu massivement un maire MDC aux élections municipales tenues elles aussi les 9-10 mars.

La communauté internationale a diversement réagi. Les États-Unis, le Royaume-Uni et plus timidement l'Union européenne ont déclaré les élections frauduleuses. En revanche, l'OUA et la SADC ont reconnu la « légitimité » des résultats et la plupart des États africains, au premier rang desquels l'Afrique du Sud, ont adopté une attitude soit réservée, soit de soutien au régime de R. Mugabe. La ZANU-PF, en se présentant comme promoteur de la réforme agraire « contre les colonialistes blancs » (les Zimbabwéens blancs étaient environ 50 000 en 2002, contre 70 000 en 2000), a donc su mettre l'Afrique de son côté, provoquant d'ailleurs une crise au sein du Commonwealth dont le Zimbabwé a finalement été suspendu pour un an.

Le MDC, malgré la répression accrue

depuis les élections, a contesté légalement les résultats et évité les violences. Mais, dès la mi-mars, de nouvelles attaques de fermes commerciales ont eu lieu et un fermier blanc a été tué alors que R. Mugabe déclarait vouloir accélérer la « redistribution » des terres. La fuite en avant paraissait donc devoir continuer, aggravant encore une situation économique déjà catastrophique : l'inflation atteignait 116,7 % en mai 2002, le cours du dollar zimbabwéen a continué de chuter, le taux de chômage (plus de 60 % en mai 2002) a augmenté. Le plus dramatique a lieu cependant en zone rurale où le mouvement d'invasions de fermes commerciales, toujours encouragé par le gouvernement, ajouté aux effets de catastrophes climatiques, a provoqué la crise la plus grave jamais connue dans le pays : la famine a menacé une large partie de la population (plusieurs millions de personnes devraient bénéficier d'une aide alimentaire internationale) et le Zimbabwé devrait importer (s'il en a les moyens) plus d'un million de tonnes de céréales en 2002. **- Philippe Gervais-Lambony** ∎

Afrique australe

Afrique du Sud, Botswana, Lésotho, Namibie, Swaziland

Afrique du Sud

Le sida, catastrophe sanitaire, séisme politique

Au début des années 1990, l'Afrique du Sud est parvenue à démanteler l'arsenal des lois et autres règlements – grands et petits – qui régissaient le système de l'apartheid, certes au prix d'une lutte opiniâtre et de fortes pressions internationales, mais dans un climat dont chacun s'accorde à croire qu'il aurait pu être bien pire. La nouvelle Afrique du Sud est devenue – depuis la présidence de Nelson Mandela (1994-1999) – une démocratie multiraciale pourvue d'un gouvernement et d'un Parlement issus d'élections libres, dotée d'une vraie opposition parlementaire, de médias ignorant la censure, d'un pouvoir judiciaire indépendant et d'une société civile qui sait se faire entendre. L'Afrique du Sud est donc un pays où il fait globalement mieux vivre qu'avant 1990, où la population – toutes communautés confondues – bénéficie de droits libellés dans une Constitution – sans doute la plus libérale qui soit au monde – qui protège tout un chacun quels que soient sa race, son genre, sa langue, son handicap, sa religion et son orientation sexuelle. C'est enfin un pays dont les initiatives diplomatiques sont apparues à la fois redoutées et remarquées sur le continent. L'Afrique du Sud a coparrainé avec le Sénégal le Nepad (Nouveau partenariat pour le développement de l'Afrique), dont l'objectif est de troquer des financements substantiels venant des pays du Nord contre l'assurance de respecter les principes de bonne gouvernance.

INDICATEUR	UNITÉ	1980	1990	2000	2001
Démographie[a]					
Population	million	29,1	36,4	43,3	43,8
Densité	hab./km²	23,8	29,8	35,5	35,9
Croissance annuelle	%	2,4[f]	2,0[g]	1,6[h]	0,8[i]
Indice de fécondité (ISF)		4,8[f]	3,6[g]	3,1[h]	2,9[i]
Mortalité infantile	‰	70,2[f]	57,7[g]	58,2[h]	59,2[i]
Espérance de vie	année	55,8[f]	59,3[g]	56,7[h]	47,4[i]
Indicateurs socioculturels					
Nombre de médecins	‰ hab.	0,55[q]	0,61[r]	0,56[s]	••
Analphabétisme (hommes)	%	22,4	17,8	13,7	13,7
Analphabétisme (femmes)	%	25,2	19,7	15,0	15,0
Scolarisation 12-17 ans	%	••	••	••	••
Scolarisation 3ᵉ degré	%	4,1[t]	13,2	18,5[e]	17,2[d]
Téléviseurs	‰ hab.	68	104	127	••
Livres publiés	titre	3 849[u]	••	5 414[v]	••
Économie					
PIB total	milliard $	178,1	291,5	381,1[c]	402,4[b]
Croissance annuelle	%	1,5[k]	1,4[m]	3,4	2,2
PIB par habitant (PPA)	$	6 459	8 282	9 051[c]	9 401[b]
Investissement (FBCF)	% PIB	26,4[o]	18,8	14,9	14,8
Recherche et Développement	% PIB	0,89[w]	0,86[x]	0,62[y]	••
Taux d'inflation	%	14,2	14,3	5,4	5,7
Population active	million	10,3	13,6	16,7[c]	17,0[b]
Agriculture	%	17,0	14,0	11,4[v]	9,6[z]
Industrie	% 100 %	35,0	32,0	32,8[v]	••
Services	%	48,0	54,0	55,8[v]	••
Énergie (taux de couverture)	%	111,9	125,6	131,1[d]	131,7[c]
Dépense publique Éducation	% PIB	5,4[A]	5,9	6,8[s]	6,1[d]
Dépense publique Défense	% PIB	3,8[w]	3,8	1,6	1,8
Dette extérieure totale	milliard $	••	••	23,9[c]	24,9[b]
Service de la dette/Export.	%	••	••	12,2[c]	10,0[b]
Échanges extérieurs		**1974**	**1986**	**2000**	**2001**
Importations de services	milliard $	1,66[B]	2,90	5,72	5,21
Importations de biens	milliard $	8,56[B]	11,13	27,32	25,68
Produits agricoles	%	9,8	10,1[w]	9,0[v]	6,7[d]
Produits énergétiques	%	0,3[C]	0,7[w]	8,4[v]	8,4[d]
Produits manufacturés	%	79,5	86,2[w]	77,8[v]	69,1[d]
Exportations de services	milliard $	1,40[B]	2,05	4,89	4,66
Exportations de biens	milliard $	8,30[B]	18,33	31,64	30,64
Produits agricoles	%	38,0	20,9	11,9[v]	16,3[d]
Produits énergétiques	%	0,8	14,8	8,9[v]	7,7[d]
Minerais et métaux	%	26,3	25,6	8,0[v]	9,5[d]
Solde des transactions courantes	% du PIB	− 0,2[D]	1,6[E]	− 0,4	− 0,1

Définition des indicateurs, sigles et abréviations p. 23 et suivantes. a. Dernier recensement utilisable : 2001 ; b. 2000 ; c. 1999 ; d. 1998 ; e. 1997 ; f. 1975-1985 ; g. 1985-1995 ; h. 1995-2000 ; i. 2000-2005 ; k. 1980-1990 ; m. 1990-2000 ; o. 1979-1981 ; p. 1989-1991 ; q. 1978 ; r. 1987 ; s. 1996 ; t. 1970 ; u. 1974 ; v. 1995 ; w. 1985 ; x. 1991 ; y. 1993 ; z. 2000, estimation FAO ; A. 1986 ; B. 1976 ; C. Sous le régime d'apartheid, les données sur l'énergie n'étaient pas publiées ; D. 1976-84 ; E. 1985-96.

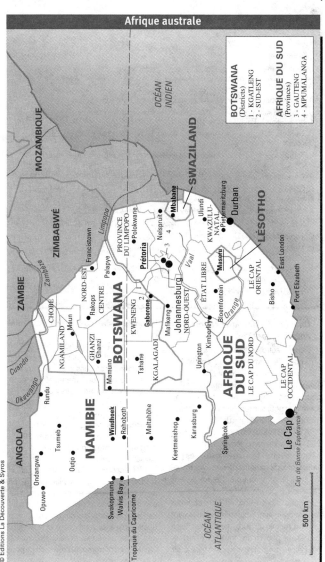

Afrique australe

BOTSWANA
(Districts)
1 - KGATLENG
2 - SUD-EST

AFRIQUE DU SUD
(Provinces)
3 - GAUTENG
4 - MPUMALANGA

© Éditions La Découverte & Syros

Afrique du Sud/Bibliographie

« Afrique du Sud : les débats de la transition », *Revue Tiers-Monde*, n° 159, PUF, Paris, juil.-sept. 1999.

B. Antheaume, « L'Afrique du Sud revisitée », in H. Nicolaï, P. Pélissier, J.-P. Raison (sous la dir. de), *Un géographe dans son siècle. Actualité de Pierre Gourou*, Karthala, Paris, 2000.

A. Christopher, *The Atlas of Changing South Africa,* Routledge, Londres, 2001.

D. Darbon (sous la dir. de), *L'Après-Mandela. Enjeux sud-africains et régionaux,* Karthala/MSHA, Paris/Talence, 1999.

D. Darbon, V. Faure, « La nouvelle Afrique du Sud », *Hérodote*, nᵒˢ 82-83, La Découverte, Paris, 1997.

V. Faure (sous la dir. de), *Dynamiques religieuses en Afrique australe,* Karthala, Paris, 2000.

P. Gervais-Lambony, *L'Afrique du Sud et les États voisins,* Armand Colin, Paris, 1997.

P. Gervais-Lambony (sous la dir. de), « L'Afrique du Sud recomposée », *Géographie et cultures,* n° 28, L'Harmattan, Paris, 1998.

J. Kane-Berman, *South African Survey,* SAIRR, Johannesburg, 2001-2002.

« L'Afrique du Sud », *L'Espace géographique,* t. 28, n° 2, Belin, Paris, 1999.

G. Lory, *L'Afrique du Sud,* Karthala, Paris, 1998.

C. Moutout, *Défi sud-africain. De l'apartheid à la démocratie, un miracle fragile,* Autrement, Paris, 1997.

S. Nuttall, C-A. Michael (sous la dir. de), *Senses of Culture. South African Culture Studies,* Oxford University Press, Oxford, 2000.

Voir aussi la bibliographie « Afrique australe », p. 198.

Un bilan économique et social encourageant

Dans un autre registre, le gouvernement de la nouvelle Afrique du Sud est parvenu à susciter la confiance des institutions et autres agences de notation internationales pour sa politique économique, d'inspiration libérale, et pour ses résultats macroéconomiques : réduction de son déficit budgétaire (2 % en 2001), inflation modérée (5,7 % en 2001), balance des paiements légèrement déficitaire, etc. Mais, au chapitre des privatisations de certains de ses avoirs productifs, le gouvernement – fondé sur l'alliance tripartite ANC-SACP-Cosatu (Congrès national africain, Parti communiste sud-africain, Confédération des syndicats d'Afrique du Sud) – ne souhaitait pas brader son pouvoir de régulation et ne manifestait aucun empressement à faire jouer la concurrence ou à se plier à la dictature des marchés.

Le gouvernement a également obtenu l'approbation de la majorité de la population pour améliorer certains services essentiels comme les raccordements aux réseaux d'eau, de téléphone et d'électricité, les soins de santé primaires aux femmes enceintes et aux enfants jusqu'à l'âge de six ans ou la construction de logements destinés aux pauvres (48 % de la population en 2000). A également été approuvé le projet de légalisation de l'avortement.

L'élite politique du pays a semblé parfois ignorer les difficultés des plus démunis en manifestant une soif excessive d'enrichissement, comme à l'occasion de la signature de gigantesques contrats d'armements destinés à renouveler l'équipement lourd des forces aériennes et navales du pays. Cette forme corrompue d'exercice du pouvoir s'observe aussi aux niveaux provincial et local – la Constitution les plaçant sur un pied d'égalité avec le pouvoir national – à travers des dépenses d'équipement somptuaires et des politiques empreintes de clientélisme ou de népotisme.

Répondre aux aspirations de la majorité de la population constitue un objectif difficile à atteindre quand les emplois formels se perdent par dizaines de milliers – notamment dans les industries minières (la production d'or est passée de 1 000 à 400 tonnes entre 1970 et 2000) ; quand les industries manufacturières, surtout textiles, doivent s'ouvrir à la mondialisation ; quand les taux de chômage – tant général (passé de 26 % en 2000 à 29 % en 2001) que spécifique (celui des jeunes Noirs entre 20 et 29 ans atteignant 52 %) – ne cessent de croître.

Certes, des efforts ont été engagés, qui se lisent dans les orientations données à certaines politiques publiques, comme celles fondées sur la discrimination positive en faveur des personnes issues des communautés historiquement défavorisées (*affirmative action* et *black empowerment* souvent traduits par « équité »), mais sans résultats rapides. Ils sont même parfois apparus contre-productifs quand les promotions ne se font pas sur la base de la compétence, retardant d'autant les transformations à mettre en œuvre.

Négation persistante des causes du sida par les autorités

Le problème le plus grave et suscitant le plus de controverses n'était pas celui de la criminalité, dont les chiffres – un moment non publiés pour d'obscures raisons de classifications statistiques – sont demeurés très élevés (20 000 meurtres annuels), mais celui de la pandémie du sida. Les estimations semblent irréelles, mais – en l'état des connaissances – les études les plus sérieuses considéraient que plusieurs millions de Sud-Africains dans la force de l'âge mourraient dans les dix ans à venir. Les orphelins

se comptent déjà par centaines de milliers, sans qu'on sache comment résoudre le problème de leur insertion future dans une société déstructurée depuis longtemps par les migrations d'hommes seuls allant travailler en ville ou à la mine. Plus prosaïquement, les cimetières sont pleins : en 2002, seuls 7 des 33 cimetières de Johannesburg pouvaient encore accueillir des sépultures.

République d'Afrique du Sud

Capitale : Prétoria.

Superficie : 1 221 037 km².

Population : 43 792 000.

Langues : zoulou, xhosa, afrikaans, sotho du Nord, anglais, tswana, sotho du Sud, tsonga, venda, swazi, ndebele (inscrites dans la Constitution et citées par nombre de locuteurs).

Monnaie : rand (1 rand = 0,11 € au 31.5.02).

Nature de l'État : république unitaire composée de 9 provinces dotées de constitutions.

Nature du régime : mixte présidentiel-parlementaire.

Chef de l'État : Thabo Mbeki, président de la République (depuis le 16.6.99).

Vice-président : Jacob Zuma (depuis le 17.6.99).

Ministre de la Défense : Patrick Lekota (depuis le 17.6.99).

Ministre des Affaires étrangères : Mme Nkosazana Dlamini-Zuma (depuis le 17.6.99).

Ministre de l'Intérieur : Mangosuthu Buthelezi (depuis le 27.4.94).

Ministre des Finances : Trevor Manuel (depuis le 4.3.96).

Ministre de la Santé : Mme Manto Tshabalala-Nsimang.

Principaux partis politiques : Congrès national africain (ANC, au pouvoir) ; Parti communiste sud-africain (SACP) ; Imkatha Freedom Party (IFP, zoulou) ; Parti démocratique libéral (de Tony Leon, faisant figure de chef de l'opposition) ; Nouveau parti national (NNP, ex-Parti national au pouvoir pendant l'apartheid) ; Mouvement démocratique uni (UDM, localisé dans l'ex-Transkei) ; Congrès panafricaniste (PAC) ; Front de la liberté (FF, afrikaner).

INDICATEUR	UNITÉ	AFRIQUE DU SUD	BOTSWANA
Démographie[a]			
Population	*(millier)*	43 792	1 554
Densité	*(hab./km²)*	35,9	2,7
Croissance annuelle (1995-2000)	*(%)*	1,6	1,6
Indice de fécondité (ISF) (1995-2000)		3,10	4,35
Mortalité infantile (1995-2000)	‰	58,2	73,9
Espérance de vie (1995-2000)	*(année)*	56,7	44,4
Population urbaine[c]	*(%)*	51,7	49,8
Indicateurs socioculturels			
Développement humain (IDH)[b]		0,695	0,572
Nombre de médecins	*(‰ hab.)*	0,56[g]	0,24[h]
Analphabétisme (hommes)	*(%)*	13,7	24,7
Analphabétisme (femmes)	*(%)*	15,0	19,3
Scolarisation 12-17 ans	*(%)*	••	89,8[m]
Scolarisation 3e degré	*(%)*	17,2[f]	3,5[f]
Accès à Internet	*(‰ hab.)*	70,06	15,41
Livres publiés	*(titre)*	5 418[i]	158[o]
Armées (effectifs)			
Armée de terre	*(millier)*	41,8[q]	8,5
Marine	*(millier)*	5	••
Aviation	*(millier)*	9,25	0,5
Économie			
PIB total (PPA)[b]	*(million $)*	402 380	11 508
Croissance annuelle 1990-2000	*(%)*	1,7	5,3
Croissance annuelle 2001	*(%)*	2,2	7,1
PIB par habitant (PPA)[b]	*($)*	9 401	7 184
Investissement (FBCF)[d]	*(% PIB)*	15,6[e]	21,0[e]
Taux d'inflation	*(%)*	5,7	7,2
Énergie (taux de couverture)[c]	*(%)*	131,7	••
Dépense publique Éducation[f]	*(% PIB)*	6,1	9,1
Dépense publique Défense	*(% PIB)*	1,8	5,5[b]
Dette extérieure totale[b]	*(million $)*	24 861	413
Service de la dette/Export.[e]	*(%)*	11,5	2,3
Échanges extérieurs			
Importations (douanes)	*(million $)*	28 697	2 276
Principaux fournisseurs	*(%)*	UE 43,4	AfS 76,6
	(%)	Asie[s] 32,4	Eur 9,2[c]
	(%)	E-U 11,4	Zbw 3,9[c]
Exportations (douanes)	*(million $)*	26 082	2575[b]
Principaux clients	*(%)*	UE 41,1	R-U 66,5[c]
	(%)	Asie[s] 21,1	AfS 10,4[c]
	(%)	Afr 17,0	Zbw 2,4[c]
Solde transactions courantes	*(% PIB)*	− 0,1	11,2[b]

Définition des indicateurs, sigles et abréviations p. 23 et suivantes. Chiffres 2001 sauf notes. a. Derniers recensements utilisables : Afrique du Sud, 2001; Botswana, 1991; Lésotho, 1996; Namibie, 1991; Swaziland, 1996 ; b. 2000; c. 1999; d. 1999-2001; e. 1998-2000; f. 1998; g. 1996; h. 1994; i. 1995; k. 1997; m. 1992;

	LÉSOTHO	NAMIBIE	SWAZILAND
	2 057	1 788	938
	67,8	2,2	54,5
	1,7	2,1	2,0
	4,75	5,30	4,80
	108,1	78,5	86,9
	51,2	45,1	50,8
	27,2	30,4	26,1
	0,535	0,610	0,577
	0,05[i]	0,29[k]	0,15[g]
	26,8	16,6	18,7
	6,1	18,1	20,6
	73,8[o]	83,4[p]	73,7[o]
	2,0[f]	7,3[f]	5,1[f]
	2,32	25,17	13,73
	••	193[o]	••
	2	9	••
	••	••	••
	••	••	••
	4 133	11 300	4 694
	3,8	4,2	3,1
	2,9	2,7	1,6
	2 031	6 431	4 492
	43,1	23,6[e]	20,3[e]
	7,8	9,2	7,5
	••	24,4	••
	13,0	8,1	6,1
	4,0[b]	3,6[rb]	1,5[c]
	716	313	262
	10,8	2,9[d]	2,3
	681	1 610	879
	AfS 81,0[c]	AfS 84,3[k]	AfS 88,8[c]
	Asie[s] 13,0[c]	RFA 2,0[k]	UE 5,6[c]
	UE 2,8[c]	E-U 4,1[k]	Jap 0,6[c]
	250	1 367	881
	AfS 52,6[c]	R-U 43,0[f]	AfS 72,0[c]
	AmN 47,0[c]	AfS 26,0[f]	UE 14,2[c]
	UE 0,2[c]	Esp 14,0[f]	Moz 3,7[c]
	– 17,4[b]	4,4	-2,9[b]

o. 1991; p. 1990; q. Non compris services médicaux militaires (5500 h.); r. 2,7 % selon la Banque mondiale; s. Y compris Japon et Moyen-Orient.

Les politiques publiques relatives au sida sont donc apparues en décalage notoire avec l'état des connaissances scientifiques. La position officielle – en particulier celle du président de la République, Thabo Mbeki, appuyé de toute sa conviction par sa ministre de la Santé, le Dr Manto Tshabalala-Nsimang – apparaissait clairement révisionniste car marquée par la dénégation, notamment quand elle s'obstinait à affirmer que l'origine du virus du sida était à chercher dans la pauvreté et les mauvaises conditions de vie des populations et que le lien entre le VIH (virus de l'immunodéficience humaine) et la maladie du sida ne serait donc pas clairement établi. En conséquence, et malgré plusieurs décisions de justice, les antirétroviraux, que certaines firmes pharmaceutiques avaient proposé de fournir sous une forme générique (après un combat d'arrière-garde sur les droits de propriété), n'étaient toujours ni autorisés ni disponibles, sauf sur des sites d'essai pilote en nombre très limité.

Les mauvaises raisons d'une telle obstination étaient sans doute à rechercher dans le coût économique que représenterait l'accès généralisé aux antirétroviraux. Même si l'on observait un infléchissement de cette politique à la mi-2002, chacun s'accordait à penser qu'il s'agissait là d'un calcul à courte vue ne prenant pas en compte la perte à venir de générations souvent formées et productives.

Historiquement, les épidémies ont toujours été à la source d'ondes de choc secouant les pouvoirs en place. Le politique et la santé publique ont désormais partie liée, en Afrique du Sud, et la pandémie du sida sera vraisemblablement le sujet d'affrontements dans l'avenir. En 2002 (année sans échéance électorale majeure), les principales figures de l'ANC allaient pouvoir compter leurs partisans à l'aune de cette seule question. Des affrontements devraient opposer, d'une part, l'autorité nationale et les autorités provinciales (souvent aux mains du même parti) et, d'autre part, deux des trois composantes gouvernementales, notamment l'ANC et la Cosatu, dont les positions sur les politiques de santé publique étaient clairement divergentes, la confédération syndicale voyant ses troupes décimées par la pandémie. - **Benoît Antheaume** ■

Botswana

Les difficultés de l'industrie du diamant

Malgré ses bons résultats, Debswana, la compagnie nationale de diamants, propriété commune du gouvernement botswanais et de la multinationale sud-africaine De Beers, s'est trouvée confrontée à des problèmes croissants. Cela résultait notamment de la concurrence accrue et parfois déloyale (diamants de synthèse ou gemmes illégalement extraites de régions en guerre), mais aussi de la proportion toujours plus importante de ses salariés atteints par le sida. La campagne de communication internationale engagée par le président Festus Mogae depuis Londres en mai 2001 n'en a pas moins pris pour thème les succès du Botswana dans la gestion de sa ressource en diamants avec pour devise « Des diamants pour le développement ».

Sur le chemin de cette course aux moyens du développement, jusqu'ici assez exemplaire, la réserve animalière du Kalahari central apparaissait comme un enjeu de taille pour le développement du tourisme et surtout dans la perspective de l'exploitation de son sous-sol réputé riche en diamant et uranium. Le déplacement forcé, vers 63 villages créés pour eux, des habitants traditionnels de cette région, les derniers chasseurs-cueilleurs San (ou Bochimans), s'est terminé en mars 2002 (seules quelques personnes demeurant). Le procès que certains d'entre eux ont intenté au gouvernement pour leur permettre de retourner chez eux n'avait pas encore abouti.

Les 2 400 réfugiés namibiens qui avaient fui les violences de la crise sécessionniste ayant enflammé leur région de Caprivi en 1998 voyaient, quant à eux, leur sort se régler : le 11 avril 2002, un accord a été signé entre le Botswana et la Namibie prévoyant leur prochain rapatriement. - **Benoît Dupin** ■

République du Botswana

Capitale : Gaborone.
Superficie : 600 372 km².
Population : 1 554 000.
Langues : setswana, anglais.
Monnaie : pula (au taux officiel, 1 pula = 0,18 € au 31.5.02).
Nature de l'État : république unitaire, avec une Assemblée nationale et une Assemblée des chefs traditionnels.
Nature du régime : présidentiel, multipartisme partiel.
Chef de l'État et du gouvernement : Festus Mogae, président de la République (depuis le 1.4.98, réélu le 16.10.99).
Vice-président, ministre de l'Administration et du Service public : général Sertse Ian Khama (depuis le 1.4.98).
Ministre de l'Intérieur et du Travail : Thebe Mokgame.
Ministre des Affaires étrangères : lieut-gén. Mompati Meraphe.
Échéances institutionnelles : élections présidentielle et législatives (fin 2004).

Lésotho

État de famine

Fin avril 2002, le Premier ministre, Pakalitha Mosisili, a déclaré officiellement le Lésotho en état de famine. Ce pays, qui ne compte que 9 % de terres arables, souffre de déficits structurels de nourriture. Ceux-ci sont aggravés par des difficultés économiques accrues, ainsi que par la fragilité de la population (un tiers est séropositif et le taux de chômage est supérieur à 30 %). Le secteur textile, principal employeur du pays, a pourtant été dynamisé par une aug-

Royaume du Lésotho

Capitale : Maseru.

Superficie : 30 350 km².

Population : 2 057 000.

Langues : sesotho, anglais.

Monnaie : loti (au taux officiel, 1 loti = 1 rand sud-africain = 0,11 € au 31.5.02).

Nature de l'État : monarchie.

Nature du régime : parlementaire, multipartisme intégral (depuis 1993).

Chef de l'État : roi Letsie III (depuis le 7.2.96).

Chef du gouvernement : Pakalitha Mosisili, Premier ministre, également en charge de la Défense, du Service public et du Plan (depuis le 23.5.98).

Ministre de l'Intérieur : Motsoahae Thomas Thabane.

Ministre des Affaires étrangères : Mohlabi Tsekoa.

---

mentation de 50 % de ses exportations en direction des États-Unis. L'autre moteur de l'économie qu'est le Complexe hydroélectrique des Hautes Terres s'est trouvé, à partir de fin 2001, au centre d'un procès pour corruption, dans lequel des compagnies de travaux publics européennes chargées de sa réalisation (le français Spie Batignolles et le britannique Balfour Beatty notamment) ont été mises en accusation.

Le pays comptait beaucoup sur les élections du 25 mai 2002 pour retrouver la confiance des investisseurs étrangers et assainir une situation politique ternie par les désordres consécutifs aux législatives de 1998. Ces élections n'ont pas remis en cause la stabilité retrouvée du pays ni l'hégémonie du parti au pouvoir, le Congrès du Lésotho pour la démocratie (LCD). Celui-ci a conservé la majorité à l'Assemblée avec 77 sièges sur 120 et son chef, P. Mosisili, est resté Premier ministre. La dissidence de 27 députés du LCD, en octobre 2001, n'a pas payé puisque leur nouvelle formation, le Congrès du peuple du Lésotho (LPC), n'a gardé que 5 sièges. La dose de

proportionnelle introduite dans le mode de scrutin avait toutefois permis de diminuer la frustration de nombreux partis, qui étaient dorénavant dix à être représentés au Parlement. Pourtant, bien que reconnus par les observateurs internationaux, les résultats ont été contestés par le Parti national Basotho (BNP, principale formation d'opposition), qui a obtenu 21 sièges par compensation proportionnelle. **- Benoît Dupin** ∎

Namibie

Un horizon légèrement éclairci

La Namibie n'a pas suivi le Zimbabwé de Robert Mugabe : le président Samuel

République de Namibie

Capitale : Windhoek.

Superficie : 824 790 km².

Population : 1 788 000.

Langues : ovambo, afrikaans, anglais, khoi.

Monnaie : dollar namibien (au taux officiel, 1 dollar = 1 rand sud-africain = 0,11 € au 31.5.02).

Nature de l'État : république unitaire.

Nature du régime : parlementaire, multipartisme avec un parti dominant, la SWAPO (Organisation du peuple du Sud-Ouest africain, trois quarts des élus au Parlement).

Chef de l'État : Samuel Nujoma, président (depuis le 21.3.90, réélu le 8.10.94 et le 1.12.99).

Chef du gouvernement : Hage Geingob, Premier ministre (depuis le 21.3.90, reconduit le 19.3.2000).

Ministre de l'Intérieur : Jerry Ekandjo (depuis le 19.3.2000).

Ministre de la Défense : Erikki Nghimtina (depuis le 11.12.97).

Ministre des Affaires étrangères : Theo Ben Gurirab (depuis le 21.3.90 et, depuis le 11.12.97, d'un ministère élargi à l'Information et à la Radio-Télédiffusion).

Échéances institutionnelles : élections présidentielle et législatives (fin 2004).

Afrique australe/Bibliographie

D. Compagnon, B.T. Mokopakgosi (sous la dir. de), *Le Botswana contemporain*, Karthala/IFRA, Paris/Nairobi, 2001.

A. de Coquereaumont-Gruget, *Le Royaume de Swaziland*, L'Harmattan, Paris, 1992.

R. Dale, *Botswana's Search for Autonomy in Southern Africa*, Greenwood Press, Westport, 1995.

I. Diener, *Namibie. Une histoire, un devenir*, Karthala, Paris, 2000.

I. Diener, O. Graefe (sous la dir. de), *La Namibie contemporaine : les premiers jalons d'une société post-apartheid*, Karthala/UNESCO/IFRA, Paris/Ibadan, 1999.

P. Du Toit, *State Building and Democracy in Southern Africa : Bostwana, Zimbabwe and South Africa*, United States Institute of Peace Press, Washington DC, 1995.

J.-C. Fritz, *La Namibie indépendante. Les coûts d'une décolonisation retardée*, L'Harmattan, Paris, 1991.

P. G. Forster, B. J. Nsibande (sous la dir. de), *Swaziland : Contemporary Social and Economic Issues*, Ashgate, Aldershot, 2000.

K. Good, *Realizing Democracy in Botswana, Namibia and South Africa*, Africa Institute of South Africa, Prétoria, 1997.

J. D. Omer-Cooper, *History of Southern Africa*, David Philip, Cape Town, 1994 (2e éd.).

B. Radibati, « Swaziland Today : Law and Politics Under King Mswati III », in CEAN/CREPAO, *L'Année africaine 1992-1993*, Bordeaux, 1993.

R. Southall, T. Petlane (sous la dir. de), *Democratization and Demilitarization in Lesotho : the General Elections of 1993 and its Aftermath*, Africa Institute of South Africa, Prétoria, 1995.

S. J. Stephen, *A Short History of Lesotho : from the Late Stone Age until the 1993 Elections*, Morija Museum and Archives, Morija, 1993.

Voir aussi la bibliographie « Afrique du Sud », p. 192.

Nujoma a renoncé à un quatrième mandat, le Premier ministre, Hage Geingob, a dit « non » à l'occupation de fermes et ses forces militaires ont quitté le Congo (-Kinshasa).

La fin de la guerre civile en Angola au printemps 2002, avec participation namibienne depuis fin 1999, a fait cesser les exactions des soldatesques (Forces armées congolaises – FAA, UNITA – Union nationale pour l'indépendance totale de l'Angola, forces namibiennes) au Nord-Est. Le climat de suspicion persistait toutefois dans la bande de Caprivi, où 128 prisonniers inculpés de haute trahison (sécession) attendaient toujours leur procès.

Mais l'exemple du président zimbabwéen, R. Mugabe, a joué : autoritarisme agressif de S. Nujoma s'en prenant aux homosexuels, aux Blancs et aux autres « forces antipatriotiques » ; autocélébration des dignitaires comme héros de la guerre de libération ; apathique lutte contre la corruption ; appels à une deuxième « libération », et attribution systématique des postes de direction aux camarades de la SWAPO (Organisation des peuples du Sud-Ouest africain), parti hégémonique. Intolérant, le gouvernement a lancé le boycottage à partir de mars 2001 du *Namibian*, seul journal critique qui n'est aux ordres ni du pouvoir ni de l'opposition (abonnements résiliés, fin des annonces publicitaires).

Les moyens de la lutte contre le sida (espérance de vie de 42 ans en 2002 contre 60 ans en 1990), sur fond de fort endettement public et en l'absence de prêts préférentiels – refusés au pays classé « à revenu moyen » –, demeurent une question lancinante, l'extrême inégalité condamnant la majorité de la population, très démunie. L'État mise sur les prospections de diamants pour se remettre à flot, sur 12 000 nouveaux emplois dans le secteur du textile à Windhoek (capitaux venant de la Fédération de Malaisie, de Singapour et de Taïwan) et sur l'activité du corridor transkalaharien aboutissant à Walvis Bay pour faire baisser le chômage (autour de 40 %). Le relèvement de l'Angola, pays très riche mais aujourd'hui exsangue et en proie à la famine, constitue un espoir économique concret à la fois pour la Namibie et pour tout le sous-continent.

Retour du refoulé colonial, le chef suprême des Herero a saisi la justice américaine pour obtenir réparation de deux compagnies, ainsi que l'État allemand. **- Ingolf Diener ∎**

Swaziland

Proclamation de l'état d'urgence

L'état d'urgence a été décrété fin juin 2001 par le roi Mswati III, qui se trouvait ainsi en mesure de museler plus facilement une opposition illégale (interdite) mais active. Mario Musuko, leader du Mouvement démocratique uni du peuple (Pudemo), ac-

---

Royaume du Swaziland (Ngwane)

Capitale : Mbabane.
Superficie : 17 360 km^2.
Population : 938 000.
Langues : swazi, anglais.
Monnaie : lilangeni (au taux officiel, 1 lilangeni = 1 rand sud-africain = 0,11 € au 31.5.02).
Nature de l'État : monarchie.
Nature du régime : parlementaire, absence de multipartisme (depuis 1973).
Chef de l'État : roi Mswati III, depuis avr. 86 (également ministre de la Défense depuis avr. 87).
Chef du gouvernement : prince Sibusiso Dlamini, Premier ministre (depuis juil. 96).
Vice-premier ministre : Arthur Khoza.
Ministre de l'Intérieur : prince Sobandla (depuis le 20.11.98).
Ministre des Affaires étrangères et du Commerce : Albert Shabangu (depuis le 20.11.98).

---

cusé de sédition, a été emprisonné en octobre 2001. Le pays était, par ailleurs, menacé par une crise économique en partie due aux difficultés des deux principaux employeurs du pays (usines de papier et d'électroménager) et à de mauvaises récoltes agricoles qui ont provoqué un début de famine touchant au moins 200 000 personnes en mars 2002. **- Benoît Dupin ∎**

Océan Indien

Comores, Madagascar, Maurice, Réunion, Seychelles

Comores

Nouvelle Constitution

Après une énième tentative de coup d'État le 19 décembre 2001, le processus de transition institutionnel s'est poursuivi de façon assez chaotique. Une nouvelle Constitution a été adoptée, fin 2001, instaurant un système fédéral baptisé Union des Comores, doté d'un président fédéral et d'un président pour chacune des trois îles (Anjouan, Mohéli, Grande Comore). Après de nombreuses péripéties, le président sortant Assoumani Azzali a démissionné de ses fonctions pour se présenter à la présidence de l'Union des Comores. À Moroni, un gouvernement d'union nationale de transition a été mis en place avec l'opposition, sous la direction du Premier ministre et président par intérim Ahmada Madi « Boléro ». En mars 2002, des élections primaires ont sélectionné trois candidats pour l'élection à la présidence de l'Union : A. Azzali, Mahamoud Mradabi et Saïd Ali Kemal. Ces deux derniers ont finalement boycotté le scrutin fin avril, assurant la victoire d'A. Azzali, mais la Commission nationale électorale a refusé d'homologuer son élection en prétextant des irrégularités. Après une minicrise politique et l'intervention d'un médiateur de l'Organisation de l'unité africaine (OUA), une nouvelle Commission électorale a été mise en place et a entériné la victoire d'A. Azzali, début mai. Parallèlement ont été élus les présidents d'Anjouan (Mohamed Bacar) et de Mohéli (Mohamed Saïd Fazul), puis celui de la Grande Comore (Abdou Soulé El-

Union des Comores

Capitale : Moroni.
Superficie : 2 170 km².
Population : 727 000.
Langues : comorien (voisin du swahili), français.
Monnaie : franc comorien (100 francs = 0,20 € au 31.5.02).
Nature de l'État : république fédérale. Après qu'un mouvement séparatiste a réclamé l'indépendance de l'île d'Anjouan, une nouvelle Constitution a été adoptée (fin 2001) transformant la « République fédérale islamique des Comores » en une « Union des Comores » dotée d'un pouvoir fédéral et accordant une large autonomie administrative à chaque île – Anjouan, Grande Comore, Mohéli – (un président et un gouvernement pour chacune). Des problèmes de répartition des compétences opposent cependant le gouvernement de l'Union à ceux des îles.
Nature du régime : présidentiel.
Chef de l'État, président de l'Union des Comores depuis le 14.4.02 : colonel Assoumani Azzali, également en charge de la Défense (depuis le 30.4.99).
Vice-président en charge des Finances, du Budget, de l'Économie, du Commerce extérieur, des Investissements et des Privatisations : Caabi el-Yachroutu (depuis le 5.6.02).
Ministre d'État en charge des Relations extérieures : Mohamed Elyamine Soefou (depuis le 5.6.02).

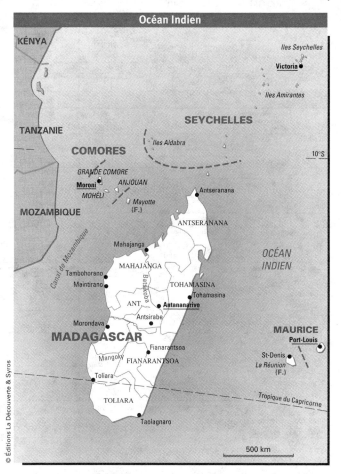

© Éditions La Découverte & Syros

bak). Un nouveau bras de fer s'est alors engagé entre A. S. Elbak et A. Azzali. La lenteur de ce processus institutionnel a retardé le déblocage des fonds promis par la Banque mondiale ; toutefois, une mission du FMI s'est rendue à Moroni début mai 2002. - **Francis Soler**■

Madagascar

La plus grave crise depuis l'indépendance

Le premier tour du scrutin présidentiel du 16 décembre 2001 a précipité la Grande Île dans la plus grave crise poli-

INDICATEUR	UNITÉ	COMORES	MADA-GASCAR
Démographie[a]			
Population	(millier)	727	16 437
Densité	(hab./km²)	326,0	28,3
Croissance annuelle (1995-2000)	(%)	2,9	2,9
Indice de fécondité (ISF) (1995-2000)		5,40	6,10
Mortalité infantile (1995-2000)	‰	76,3	100,2
Espérance de vie (1995-2000)	(année)	58,8	51,6
Population urbaine[c]	(%)	32,6	29,0
Indicateurs socioculturels			
Développement humain (IDH)[b]		0,511	0,469
Nombre de médecins	(‰ hab.)	0,07[g]	0,11[h]
Analphabétisme (hommes)	(%)	36,6	25,8
Analphabétisme (femmes)	(%)	51,1	39,4
Scolarisation 12-17 ans	(%)	41,3[m]	34,4[m]
Scolarisation 3e degré	(%)	1,0[f]	2,3[f]
Accès à Internet	(‰ hab.)	3,44	2,13
Livres publiés	(titre)	••	119[h]
Armées (effectifs)			
Armée de terre	(millier)	••	13
Marine	(millier)	••	0,5
Aviation	(millier)	••	0,5
Économie			
PIB total (PPA)[b]	(million $)	886	13 041
Croissance annuelle 1990-2000	(%)	1,3	1,7
Croissance annuelle 2001	(%)	1,9	6,7
PIB par habitant (PPA)[b]	($)	1 588	840
Investissement (FBCF)[d]	(% PIB)	11,4[e]	13,8[e]
Taux d'inflation	(%)	5,0	5,0
Énergie (taux de couverture)[c]	(%)	0,0[f]	9,0[f]
Dépense publique Éducation[f]	(% PIB)	3,9[i]	1,9
Dépense publique Défense	(% PIB)	••	0,8[b]
Dette extérieure totale[b]	(million $)	232	4 701
Service de la dette/Export.[e]	(%)	4,9	13,2
Échanges extérieurs			
Importations (douanes)	(million $)	77	1 139
Principaux fournisseurs	(%)	Fra 29,2	UE 36,1
	(%)	Afr 21,1	Fra 24,1
	(%)	Asie[t] 29,5	Asie[t] 46,4
Exportations (douanes)	(million $)	37	936
Principaux clients	(%)	UE 47,0	UE 52,7
	(%)	Fra 20,2	E-U 27,7
	(%)	PED[u] 20,6	Asie[t] 14,0
Solde transactions courantes	(% PIB)	0,1[b]	− 7,3[b]

Définition des indicateurs, sigles et abréviations p. 23 et suivantes. Chiffres 2001 sauf notes. a. Derniers recensements utilisables ; Comores, 1991 ; Madagascar, 1993 ; Maurice (île), 2000 ; Réunion (île de la), 1999 ; Seychelles, 1987 ; b. 2000 ; c. 1999 ; d. 1999-2001 ; e. 1998-2000 ; f. 1998 ; g. 1997 ; h. 1996 ; i. 1995 ; k. 1971 ; m. 1990 ; o. 1992 ; p. Non compris forces paramilitaires (250 h.) ; q. Forces paramilitaires seulement

	MAURICE	RÉUNION	SEY-CHELLES
	1 171	732	81
	576,7	292,5	181,0
	0,8	1,7	1,1
	2,00	2,30	1,85[b]
	18,5	9,0	15,0
	70,7	73,8	71,4
	41,1	69,6	62,9
	0,772	••	0,811
	0,85[i]	••	1,32[h]
	11,9	13,8	44,0[k]
	18,3	10,0	40,0[k]
	57,9[m]	••	••
	7,3[f]	••	••
	131,67	••	112,50
	80[h]	69[o]	••
	••	••	0,200[p]
	•• •q	••	••
	••	••	••
	11 882	3 400[f]	1 001
	5,3	2,3[r]	2,4
	6,7	••	– 1,0
	10 017	4 800[f]	12 508
	24,8	17,5[h]	34,8[e]
	4,4	••	6,2
	1,6[f]	6,4[f]	••
	4,0	14,8[s]	6,0
	1,8[b]	••	1,8
	2 374	••	163
	14,1	••	4,7
	2 426	2 509	530
	Asie[t] 39,5	UE 76,4	UE 25,7
	UE 34,6	Fra 62,5	Asie[t] 23,7
	Afr 17,5	Asie[t] 13,9	E-U 36,3
	1 544	202	214
	UE 68,2	Fra 67,3	UE 73,7
	E-U 17,4	Afr 13,0	E-U 10,3
	Afr 8,1	Asie[t] 9,2	Asie[t] 13,7
	– 0,8[b]	••	– 9,7[b]

(1600) ; r. 1988-1995 ; s. 1993 ; t. Y compris Japon et Moyen-Orient ; u. Y compris pays de l'ex-CAEM (Conseil d'assistance économique mutuelle, ou Comecon).

tique qu'elle ait connue depuis son accession à l'indépendance trois décennies plus tôt. Ce scrutin a illustré le large désaveu des citadins envers le président sortant Didier Ratsiraka, dont le régime miné par la prévarication avait perdu toute crédibilité à leurs yeux. Toutefois, si le résultat officiel du scrutin (46 % pour M. Ravalomanana et 40 % pour D. Ratsiraka) donnait l'avantage à Marc Ravalomanana, un riche homme d'affaires maire de la capitale Antananarivo, devant le candidat sortant, il a été contesté par l'opposition. Dès sa proclamation le 25 janvier 2002, une grève générale a été déclenchée et des manifestations quotidiennes ont eu lieu durant des semaines dans la capitale et dans plusieurs villes du pays pour réclamer le départ de D. Ratsiraka. Ne voulant rien savoir, ce dernier s'est accroché au pouvoir en réclamant la tenue d'un second tour de scrutin, ce que refusait son rival qui esti-

République de Madagascar

Capitale : Antananarivo.
Superficie : 587 040 km².
Population : 16 437 000.
Langues : malgache, français.
Monnaie : franc malgache (1 000 FMG = 0,15 € au 31.5.02).
Nature de l'État : république unitaire.
Nature du régime : présidentiel.
Chef de l'État : Marc Ravalomanana (sorti vainqueur du premier tour de l'élection présidentielle du 16.12.01 mais dont le score a été contesté par le président sortant, Didier Ratsiraka, jusqu'en juil. 02, date à laquelle celui-ci a quitté le pays).
Chef du gouvernement : Jacques Sylla (depuis le 26.2.02).
Ministre des Affaires étrangères : général Marcel Ranjeva (depuis le 14.5.02).
Ministre de la Sécurité publique : général Augustin Amady (depuis le 14.5.02).
Ministre de la Défense nationale : général Jules Mamizara (depuis le 14.5.02).

mait, d'après ses décomptes, avoir gagné dès le premier tour.

M. Ravalomanana s'est alors autoproclamé président de la République et s'est progressivement installé au pouvoir, avec le soutien de la population et des Églises chrétiennes, dans la capitale et dans sa province environnante. Il a créé son propre gouvernement et évincé les ministres de D. Ratsiraka, qui se sont réfugiés pour beaucoup avec celui-ci à Toamasina (est du pays). Pourtant une partie de la hiérarchie militaire est demeurée fidèle au président sortant. Une majorité de gouverneurs de province ont également maintenu leur soutien à D. Ratsiraka et ont proclamé l'indépendance de leur région. Le pays se trouvait dans une situation de dualité de pouvoir où aucun des deux camps ne pouvait prétendre contrôler l'ensemble de l'île. Toutefois, à partir de juin 2002, le rapport de force s'est infléchi petit à petit au profit de M. Ravalomanana. Les tentatives des partisans de M. Ravalomanana pour reprendre du terrain à leurs adversaires (qui avaient isolé la capitale par des barrages routiers en province) ont obtenu des résultats. Les affrontements, qui ont fait quelques dizaines de morts, ont provoqué la démission des gouverneurs des provinces de Mahajanga et de Tulear.

Devant ce risque réel de guerre civile ou de dérive vers des affrontements interethniques (entre Merina – habitants des hauts plateaux du centre – soutenant M. Ravalomanana et certains côtiers fidèles à son adversaire), la communauté internationale s'est mobilisée pour tenter de les réconcilier en cherchant une issue pacifique au conflit. Une première réunion à Dakar, tenue sous l'égide de l'OUA (Organisation de l'unité africaine), a abouti à un accord mi-avril 2002 entre les deux présidents rivaux. Mais aucun des deux ne l'a ensuite mis en œuvre à son retour à Madagascar. Une seconde rencontre, toujours à Dakar (9 juin 2002), n'a débouché sur aucun accord. Finalement, les États-Unis ont décidé de reconnaître le président Ravalomanana fin juin.

La France en a fait autant début juillet, tandis que les troupes de M. Ravalomanana occupaient les zones tenues par les partisans de D. Ratsiraka et que ce dernier fuyait le 7 juillet son pays pour la France.

Cette longue crise politique avait déjà mis le pays à genoux début juin 2002. Une étude du PNUD (Programme des Nations unies pour le développement) tablant sur un retour à la normale fin mai 2002 pronostiquait une récession de – 10 % pour 2002. Tous les secteurs de l'économie ont été touchés, mais ce sont les entreprises textiles de la zone franche industrielle, premier bassin d'emploi de l'île et deuxième poste en termes de recettes d'exportations, qui ont le plus souffert. Fin avril 2002, 50 000 salariés du textile (soit près de la moitié des effectifs) se trouvaient en chômage technique, sans revenus.

De son côté, la compagnie nationale Air Madagascar se trouvait en quasi-faillite, tandis que l'ensemble des véhicules poids lourds étaient bloqués par les barrages routiers. Les banques ne savaient plus à quel saint se vouer car, du fait de la dualité du pouvoir politique, la banque centrale ne fonctionnait plus. Dans l'agro-industrie la collecte des productions provinciales était impossible. Le tourisme se trouvait totalement sinistré et le taux d'occupation des hôtels avait vertigineusement chuté. Au plan international, le pays était *de facto* en cessation de remboursement de sa dette auprès de ses bailleurs de fonds.- **Francis Soler**∎

Maurice

Le retour du chômage

Très supérieur à la moyenne de ces dix dernières années, le taux de croissance du PIB mauricien en 2001 (+ 6,7 %) n'a cependant pas été suffisant pour absorber la main-d'œuvre nouvellement arrivée sur le marché du travail. Touchant 48 000 personnes (8,9 % de la population active), le chômage est devenu la principale préoccupation du Premier ministre Aneerood Jugnauth et de son vice-premier ministre Paul Bérenger. De ce fait, leur gouvernement a prévu d'augmenter fortement les dépenses de développement (+ 66 %), afin de financer de gros travaux d'infrastructure (logements sociaux, construction d'une cybercité…). Il tablait aussi sur le Bureau des investissements, créé en 2001 pour attirer les investisseurs privés, mais déjà plusieurs dirigeants d'organisations patronales mauriciennes critiquaient la lourdeur administrative de cet organisme étatique. Toutefois, pour financer ces dépenses, le gouvernement a dû augmenter la TVA (taxe à la valeur ajoutée) pour l'année fiscale 2002-2003.

Au plan politique, les attentats du 11 septembre 2001 aux États-Unis ont eu un effet surprenant à Maurice. Le président de la République, Cassam Uteem (musulman), s'est opposé à certaines dispositions de la loi antiterroriste présentée, début 2002, par le gouvernement au Parlement de Port-Louis, estimant que ces passages révélaient une soumission aveugle de Maurice à la volonté des États-Unis. Son attitude renvoyait plus généralement au malaise de la communauté musulmane, dont il s'est fait un ardent défenseur tant à Maurice qu'à l'étranger. Finalement, C. Uteem a donné sa démission et a

été remplacé, le 25 février 2002, par Karl Offman, un dirigeant du Mouvement socialiste mauricien (MSM), parti du Premier ministre.

Au plan diplomatique, le gouvernement s'inquiétait surtout des répercussions de la crise politique à Madagascar sur ses industries textiles délocalisées dans ce pays.
- **Francis Soler** ∎

Réunion

Croissance démographique et chômage

L'innovation institutionnelle envisagée par le gouvernement de Lionel Jospin pour le département français d'outre-mer (DOM) de la Réunion (création d'un second département dans l'île) a été abandonnée à la suite d'une vive opposition locale. Les mauvais scores de la gauche réunionnaise aux élections municipales de mars 2001 ont sonné le glas de ce projet. Toutefois, assuré du soutien du Parti communiste réunionnais (PCR), dont le leader Paul Vergès préside le conseil régional de l'île, L. Jospin est arrivé en tête du premier tour de la présidentielle dans l'île, le 21 avril, avec 38,91 % des suffrages. L'écrasante victoire du président sortant Jacques Chirac, face au chef du Front national (extrême droite), Jean-Marie Le Pen, au second tour (5 mai), a donné des ailes à la droite locale qui s'est unie derrière le nouveau maire de Saint-Denis, René-Paul Victoria, pour ravir au socialiste Michel Tamaya son siège de député aux législatives de juin 2002. La gauche a finalement perdu deux sièges (ne conservant que deux députés : Huguette Bello et Christophe Payet) au profit de la droite (trois députés : R. P. Victoria, Bertho Audifax et André Thien Ah Koon).

Au-delà de ces joutes, les principaux défis de l'île demeuraient la démographie et le chômage. Selon l'INSEE (Institut national de la statistique et des études économiques), la Réunion devrait d'ici 2020 compter 933 000 habitants pour une superficie de 2 510 km². En outre, le rythme de croissance de la po-

Maurice

Capitale : Port-Louis.
Superficie : 2 045 km².
Population : 1 171 000.
Langues : anglais, créole, français, langues indiennes.
Monnaie : roupie mauricienne (au taux officiel, 100 roupies = 3,52 € au 31.5.02).
Nature de l'État : république unitaire.
Nature du régime : démocratie parlementaire.
Chef de l'État : Karl Offman, qui a remplacé le 25.2.02 Cassam Uteem (démissionnaire).
Chef du gouvernement : Aneerood Jugnauth (depuis le 19.9.2000).
Vice-premier ministre et ministre des Finances : Paul Bérenger (depuis le 19.9.2000).

Océan Indien/Bibliographie sélective

Annuaire des pays de l'océan Indien XII, 1990-1991, Presses du CNRS, Paris, 1992.

G. Belorgey, G. Bertrand, *Les DOM-TOM*, La Découverte, coll. « Repères », Paris, 1994.

J.-L. Guebourg, *La Grande Comore*, L'Harmattan, Paris, 1994.

La Lettre de l'océan Indien (hebdomadaire), Indigo Publications, Paris.

J.-C. Lau Thi Keng, *Interethnicité et politique à l'île Maurice*, L'Harmattan, Paris, 1991.

« Madagascar », *Politique africaine,* , n° 52, Éd. Ambozontany/Karthala, Paris, déc. 1993.

P. Perri, *Comores : les nouveaux mercenaires*, L'Harmattan, Paris, 1994.

J. Ravaloson, *Transition démocratique à Madagascar*, L'Harmattan, Paris, 1994.

Y. Salesse, *Mayotte, l'illusion de la France. Propositions pour une décolonisation*, L'Harmattan, Paris, 1995.

P. Vérin, *Les Comores*, Karthala, Paris, 1994.

pulation active dépasse les capacités du marché de l'emploi. La Réunion demeurait la région française enregistrant le plus fort taux de chômage (36,5 % en mars 2000).

Depuis la Loi d'orientation du 15 novembre 2000, l'assemblée régionale de la Réunion dispose d'une plus grande autonomie en vue de faciliter l'insertion de l'île dans son environnement régional et ses exportations. Un centre d'intelligence économique devait être créé auprès du conseil régional sous la conduite de l'Agence pour la diffusion de l'information technologique (ADIT), afin d'effectuer un travail de veille sur les économies des pays de la zone. Et un premier programme de coopération avec les Comores a été mis en chantier. - **Francis Soler**■

Seychelles

Grave crise financière

Réélu au scrutin présidentiel anticipé de septembre 2001, le président France-Albert René semblait tenté, en juin 2002, d'organiser des élections législatives anticipées afin de couper l'herbe sous le pied de l'opposition. Car la situation économique de l'archipel ne s'est pas améliorée avec sa réélection, mettant l'opposition en situation d'emporter les scrutins prévus pour 2003. La pénurie de devises est devenue chronique

et le gouvernement de Victoria refusait toujours aux citoyens se rendant à l'étranger d'emporter autant de devises qu'ils le désiraient. Cette situation alimentait le change parallèle et renforçait les pressions du FMI pour une dévaluation de la roupie. Mais le

République des Seychelles

Capitale : Victoria.
Superficie : 450 km^2.
Population : 81 000.
Langues : créole, anglais, français.
Monnaie : roupie seychelloise (au taux officiel, 1 roupie = 0,19 € au 31.5.02).
Nature de l'État : république unitaire.
Nature du régime : présidentiel.
Chef de l'État et du gouvernement : France-Albert René (depuis le 5.6.77, réélu en 93 et le 22.3.98).
Vice-président et ministre des Finances et des Transports : James Michel.
Ministre des Affaires étrangères, du Plan et de la Coopération : Jérémie Bonnelame (depuis juil. 97).

président René y résistait farouchement. En attendant, le gouvernement accumulait les arriérés de paiement auprès de ses fournisseurs et bailleurs de fonds. Et les Seychelles étaient interdites de parole à l'OUA (Organisation de l'unité africaine) pour non-paiement de cotisation. - **Francis Soler**■

Par **Bernard Hourcade** 207
Géographe, CNRS

Le Moyen-Orient désigne une région dont les limites ont varié avec le temps et selon les spécialistes. Pour les Britanniques il se situait entre l'empire des Indes et le Proche-Orient ; pour les Américains, le Middle-East va de la Mauritanie au Pakistan ; parfois cette expression désigne les mondes arabe, turc et persan. Le Proche et Moyen-Orient comprend ici les pays situés entre la Méditerranée et l'Indus. C'est le cœur du monde musulman.

Cet ensemble de 330 millions d'habitants et 15 États, plus un État palestinien émergent, comprend, de part et d'autre du golfe Persique, les « pays du pétrole », nombreux, désertiques et faiblement peuplés. À l'est se situe le monde indo-iranien, avec 230 millions d'habitants et deux grands États, l'Iran, sur le haut plateau, et le Pakistan, étiré le long de l'Indus. À l'ouest, en bordure de la Méditerranée, le Proche-Orient (ou « Levant ») ne compte que 30 millions d'habitants, mais constitue un carrefour des cultures et un espace de conflits. Le Moyen-Orient est désertique, avec de faibles densités de population, sauf quand l'eau est abondante le long des grands fleuves (Indus, Tigre et Euphrate) et dans les provinces caspiennes de l'Iran, ou quand l'histoire y amène des populations déplacées, notamment au Proche-Orient (de Damas à Israël) et dans les Territoires palestiniens. Après le pétrole, l'eau sera probablement l'un des enjeux majeurs de la région. Les États sont tous, sauf l'Iran, de création très récente, avec des frontières héritées des Empires ottoman, persan, russe et des Indes britanniques, qui ont été le prétexte des deux guerres du Golfe – Irak-Iran (1980-1988) et du Koweït (1990-1991) – et qui divisent de nombreux peuples (Kurdes, Azéris, Turkmènes, Ouzbeks, Tadjiks, Baloutches, Pachtounes, Yéménites et Palestiniens).

Le rôle unificateur de l'islam et des langues arabe et persane ne doit pas cacher la grande hétérogénéité du Proche et Moyen-Orient. Le Liban en est un exemple, avec le partage du pouvoir entre les communautés sunnite, chiite et chétienne maronite. Dans la péninsule Arabique, les divisions tribales jouent un grand rôle et les communautés immigrées (Indiens, Pakistanais, Philippins, Sri-Lankais ou Bangladais) représentent plus de 8 millions de personnes. En Syrie, les minorités religieuses ou non arabes constituent 35 % de la population. En Irak, les Kurdes forment le quart et les chiites plus de la moitié de la population ; dans l'Iran chiite vivent 15 % de sunnites et 50 % de populations non persanes ; en Afghanistan, les Pachtounes cohabitent difficilement avec les Tadjiks, les Hazaras, les Ouzbeks ou les Baloutches. Au Pakistan, le pays est divisé entre Pendjabis au sud, Ourdous au nord, Pachtounes et Baloutches à l'ouest.

Certaines populations transfrontalières sont très nombreuses, comme les Azéris (18 millions, dont 11 en Iran et 3 à Téhéran). Les Kurdes (25 millions de personnes) vivent sur un territoire divisé entre l'Irak, l'Iran, la Turquie, la Syrie et même l'Azerbaïdjan, avec en plus une nombreuse diaspora en Europe (Allemagne,

Proche et Moyen-Orient

Une identité en mutation

Par **Bernard Hourcade**
Géographe, CNRS

Suède). Ils entretiennent une forte tradition politique et, depuis les années 1980, privilégient la lutte pour une forme d'autonomie dans le cadre de ces divers États. Le cas des Palestiniens (5 millions), dont le Territoire autonome dépend de l'issue du conflit avec Israël, demeure le plus aigu et le plus délicat, combinant les situations de populations locales divisées par des frontières, de réfugiés et de diaspora.

La contrebande de produits agricoles, industriels, d'importation ou même d'armes est devenue la règle le long des frontières qui divisent ces populations. Le trafic de drogue est un enjeu stratégique majeur dans la région depuis que l'Afghanistan est le premier producteur mondial d'opium. La principale route d'exportation vers l'Europe *via* la Turquie passe par l'Iran, où sont effectuées 80 % des saisies mondiales d'héroïne. Le trafic d'héroïne a déjà corrompu la vie sociale et politique de plusieurs États. La relance de la culture de l'opium en 2002, après la chute des taliban, confirme que l'éradication de la drogue sera très longue, tant les enjeux financiers et politiques sont importants.

Malgré le renforcement des identités ethno-culturelles et l'actualité des conflits liés à l'islam, au pétrole et à l'échec du processus de paix, de nouvelles dynamiques sociales, culturelles et politiques pourraient prochainement jouer un rôle majeur au Proche et Moyen-Orient, en relation avec le développement des grandes villes, la construction d'une nouvelle culture urbaine moderne et l'affirmation, notamment en Iran, du rôle politique des jeunes et des femmes issus des générations post-communistes et post-islamistes.

Le Proche et Moyen-Orient est, en outre, largement ouvert sur le plan international, du fait des héritages impérialistes, du pétrole, de l'existence d'Israël, mais également de son histoire religieuse et des pèlerinages qui lui sont liés. Judaïsme, christianisme et islam ont ici leur origine, sans compter le zoroastrisme et le bahaïsme. Jérusalem cumule les identités, les revendications et les intérêts. La Mecque, qui accueille 5 millions de musulmans en pèlerinage chaque année, confère à l'Arabie saoudite une situation privilégiée dans le monde islamique, tandis que Mashhad, avec 12 millions de pèlerins par an confirme la première place occupée par l'Iran dans le monde chiite.

Depuis le premier gisement découvert en 1908 à Masjed Soleyman, le pétrole et le gaz naturel ont placé la région au centre des conflits d'intérêts des puissances industrielles. Les « majors » ont constitué un « État dans l'État » et favorisé les interventions étrangères, et des guerres ont bouleversé plus d'un pays du Moyen-Orient. Avec 46 % des exportations mondiales de pétrole et 60 % des réserves prouvées de pétrole, cette région est vouée à demeurer longtemps encore un enjeu majeur de la géopolitique mondiale. La présence militaire américaine en Arabie saoudite (à partir de 1991) fait désormais partie des données politiques structurelles de la sécurité régionale. Elle souligne encore plus l'énormité des budgets militaires et le suréquipement des forces armées locales, à l'exception de celles de l'Iran et de l'Irak (guerres, embargos). À l'ouest, Israël est soupçonné depuis longtemps d'avoir une capacité nucléaire militaire ; au centre, on prête à l'Irak et à l'Iran des programmes balistiques et d'armes de destruction massive, tandis qu'à l'est le Pakistan est devenu en 1999 le premier pays musulman à détenir la bombe nucléaire. ∎

Repères

Du Pakistan au Proche-Orient arabe, l'année 2001 aura confirmé la grande réactivité de la région à la puissance américaine depuis la seconde guerre du Golfe (1990-1991). Les attentats perpétrés le 11 septembre sur le sol américain ont, en effet, représenté un tournant géopolitique et imposé jusqu'à nouvel ordre une grille de lecture façonnée par la globalisation et faisant de l'islamité l'essence de sociétés pourtant culturellement et politiquement fort différentes, et ce au détriment des facteurs internes expliquant les différences dans les réponses apportées à ces événements d'un genre nouveau.

Au cœur de la riposte américaine, les effets déstructurants ne se sont pas fait attendre. Durement éprouvé par plus de vingt ans de guerre ininterrompue, l'Afghanistan déplorait, à la fois, de nombreuses victimes frappées par les bombardements, le déplacement de plusieurs millions de réfugiés vers le Pakistan et vers l'Iran, et des dégâts économiques considérables. Un gouvernement intérimaire imposé et ne tenant guère compte des équilibres locaux ne risquait pas d'apaiser les conflits entre des populations d'origines ethnique, religieuse et linguistique différentes. Le Pakistan, qui avait contribué à installer, sans opposition de la part de Washington, le régime des taliban, a accompli sous l'autorité d'un Pervez Musharraf, surveillé par ses généraux, un virage politique à 180 degrés, en vue de faciliter l'intervention américaine. Mais le risque qu'il soit débordé par les mouvements islamistes les plus radicaux, et qu'il ne puisse écarter la menace d'une guerre nucléaire avec l'Inde, en fait un allié douteux pour la Maison-Blanche dans sa tentative de sécuriser

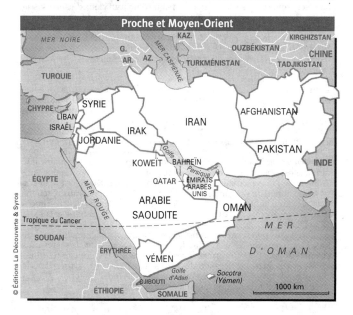

Proche et Moyen-Orient

MER NOIRE · KAZ · KIRGHIZSTAN · G. AR. · AZ. · MER CASPIENNE · OUZBÉKISTAN · TURKMÉNISTAN · CHINE · TADJIKISTAN · TURQUIE · CHYPRE · SYRIE · AFGHANISTAN · LIBAN · ISRAËL · IRAK · IRAN · PAKISTAN · JORDANIE · Golfe · KOWEÏT · BAHREÏN · INDE · Persique · QATAR · ÉMIRATS ARABES UNIS · ÉGYPTE · MER ROUGE · ARABIE SAOUDITE · OMAN · Tropique du Cancer · MER D'OMAN · SOUDAN · ÉRYTHRÉE · YÉMEN · Golfe d'Aden · Socotra (Yémen) · 1000 km · DJIBOUTI · ÉTHIOPIE · SOMALIE

© Éditions La Découverte & Syros

Par **Bernard Botiveau**
Politologue, CNRS (IREMAM)

LES ATTENTATS
DU 11 SEPTEMBRE
ONT REPRÉSENTÉ
UN TOURNANT
GÉOPOLITIQUE ET
IMPOSÉ UNE GRILLE
DE LECTURE
FAÇONNÉE PAR
LA GLOBALISATION
ET FAISANT
DE L'ISLAMITÉ
L'ESSENCE DE
SOCIÉTÉS POURTANT
CULTURELLEMENT
ET POLITIQUEMENT
FORT DIFFÉRENTES.

l'acheminement des hydrocarbures de la Caspienne et, plus largement, pour les équilibres stratégiques incluant des relations normalisées avec la Russie.

Dans le monde arabe proche-oriental, le véritable contrecoup du 11 septembre semblait encore à venir. À l'été 2002, deux incertitudes majeures demeuraient, quant au sort de la Palestine et de l'Irak, et des interrogations existaient concernant chacun des autres pays de la région. Après une année et demie d'*intifada* (soulèvement), la société palestinienne est épuisée par la répression d'un gouvernement israélien d'union nationale, dont le chef, Ariel Sharon, soutenu par la majorité d'une population traumatisée par des attentats à répétition, a entrepris de détruire méthodiquement ce qui reste des institutions de l'Autorité palestinienne. Il a en cela bénéficié de l'inaction d'une Europe qui ne parvient pas à définir une politique commune en dépit de ses investissements dans le processus d'Oslo, et surtout de la bienveillance de l'administration Bush ; celle-ci n'a en effet fixé à Israël qu'une limite : ne pas fermer définitivement la porte à la mise en place d'un État palestinien démilitarisé et de dimensions réduites. Il en allait de la réussite de l'attaque vraisemblablement programmée de l'Irak, dont l'économie est pourtant dévastée par un embargo vieux de onze ans, la Maison-Blanche voulant voir disparaître définitivement Saddam Hussein et son régime.

Ces plans guerriers révèlent aussi la précarité politique des sociétés arabes. L'Arabie saoudite et ses voisins du Golfe bénéficient encore de la prospérité du pétrole, mais leur économie rentière parvient de moins en moins à absorber les nouveaux diplômés. Les princes régnants commencent à percevoir les risques de l'immobilisme politique et à pratiquer des ouvertures. C'est le cas du Bahreïn qui, au sortir de plusieurs années de contestation, a organisé des élections municipales au printemps 2002. Quant à la monarchie saoudienne, elle mesure, à l'impact de mouvements populaires qui ont fait du chef d'Al-Qaeda, Oussama ben Laden, leur héros, la profondeur des ressentiments devant l'absence de représentativité réelle du système politique. Signe du malaise politique dans l'ensemble de la région, aucun pays n'a échappé en 2001 et 2002 à de violentes manifestations de soutien aux Palestiniens réoccupés, lesquelles pourraient devenir bien plus violentes en cas d'attaque américaine de l'Irak. Les sociétés civiles de ces pays qui peuvent mieux communiquer, notamment par l'intermédiaire de médias comme *Al-Jazeera*, la chaîne télévisée du Qatar, tentent de s'organiser mais s'exposent toujours plus aux réactions de classes dirigeantes surarmées et sur leurs gardes. En témoignent les procès rouverts en Syrie ou encore les difficiles débats sur la privatisation et la sécurité au Liban.

De plus en plus perçu par Washington comme une menace égale à celle de l'Irak, l'Iran cherche à rester à l'écart du conflit. L'amélioration de ses revenus pétroliers depuis 1999 lui permet de respirer, mais le pays, dont les réformes politiques se sont essoufflées sous les coups des conservateurs, reste dans le collimateur de l'Amérique, qui a refusé une nouvelle fois, en octobre 2001, son entrée à l'OMC (Organisation mondiale du commerce). ∎

2001-2002 / **Journal de l'année**

2001

1er juillet. Israël. À la suite de la plainte pour crime contre l'humanité déposée au mois de juin 2001 contre le Premier ministre israélien Ariel Sharon pour sa responsabilité dans les massacres des camps de Sabra et Chatila au Liban (1982), le parquet de Bruxelles ouvre une instruction.

11 juillet. Irak. Après le vote onusien du 3 juillet reconduisant le programme « Pétrole contre nourriture », Bagdad reprend ses exportations de pétrole après cinq semaines d'interruption. L'Irak protestait contre un plan anglo-américain visant à remplacer ce programme par des « sanctions intelligentes » prévoyant un assouplissement des restrictions commerciales à destination civile accompagné d'un contrôle militaire renforcé sur le pays.

5 août. Liban. Près de 200 militants chrétiens, dont deux ténors de l'opposition à la présence syrienne au Liban, sont arrêtés. La répression violente menée à l'encontre d'étudiants lors d'une manifestation de soutien, est dénoncée par le patriarcat maronite, le leader de la communauté druze et différentes ONG. Ces événements ouvrent une crise politique entre le président Émile Lahoud, soutenu par Damas, et le Premier ministre Rafiq el-Hariri.

8 août. Iran. Mohammad Khatami prête serment dans le cadre de son deuxième mandat de président.

10 août. Israël-Palestine. À la suite d'un attentat-suicide qui a fait 18 morts israéliens, les autorités israéliennes ferment pour six mois la Maison d'Orient, siège officieux de l'OLP (Organisation de libération de la Palestine) à Jérusalem.

9 septembre. Afghanistan. Attentat-suicide contre le chef de l'Alliance du Nord (résistance antitaliban) Ahmed Shah Massoud, qui décède.

11 septembre. États-Unis. Les attentats commis contre le World Trade Centre et le Pentagone, attribués aux réseaux islamistes d'Oussama ben Laden (installé en Afghanistan), modifient la situation politique régionale. Le Pakistan est sommé de se désolidariser des taliban au pouvoir en Afghanistan. Il déclare aussitôt s'aligner sur les exigences de Washington.

28 septembre. Israël-Palestine. Premier anniversaire du déclenchement de la seconde *intifada* (*intifada* al-Aqsa).

7 octobre. Afghanistan. Les opérations militaires américaines en représailles aux attentats du « 11 septembre », appuyées par le Royaume-Uni, débutent en Afghanistan. Le régime de Kaboul devient la première cible de la « guerre contre le terrorisme ».

8 octobre. Qatar. La chaîne de télévision *Al-Jazeera*, qui émet de Qatar, diffuse un message dans lequel Oussama ben Laden assure que « l'Amérique ne vivra jamais en sécurité. »

13 novembre. Afghanistan. Les forces d'opposition de l'Alliance du Nord entrent dans Kaboul, alors que le régime des taliban s'effondre. Une conférence sur la reconstruction de l'Afghanistan, réunissant les différentes tendances s'ouvre le 4 décembre 2002.

30-31 décembre. Conseil de coopération du Golfe (CCG). Lors du 22e « sommet » du CCG à Mascate (Oman), les six États membres (Arabie saoudite, Bahreïn, Émirats arabes unis, Koweït, Oman, Qatar) décident de la mise en place d'une union douanière en 2005, du renforcement de leur défense commune et de l'association progressive et non politique du Yémen à l'organisation.

2002

31 janvier. Iran-Irak. Dans son discours de politique étrangère le président américain George W. Bush s'élève contre l'Iran et l'Irak (ainsi que la Corée du Nord), qui selon lui forment, « avec leurs alliés terroristes », un « axe du mal » « menaçant la paix dans le monde ».

14 février. Bahreïn. Poursuivant les réformes engagées depuis un an, l'émir Hamad se proclame roi et Bahreïn devient une monarchie constitutionnelle.

27-28 mars. Israël-Palestine. Les États arabes présents au « sommet » de la Ligue arabe organisé à Beyrouth adoptent le plan de paix proposé par le prince héritier saoudien Abdallah (reconnaissance d'Israël si celui-ci se retire des territoires conquis en 1967 et reconnaît à son tour l'existence d'un État palestinien). Cette décision est immédiatement rejetée par Israël.

Par **Bernard El Ghoul**
Doctorant, CERI

2001-2002 / **Journal de l'année**

Proche et Moyen-Orient/Bibliographie sélective

P. Bocco, M.-R. Djalili (sous la dir. de), *Moyen-Orient : migrations, démocratisation, médiations,* PUF, Paris, 1994.

B. Botiveau, J. Césari, *Géopolitique des islams,* Économica, Paris, 1997.

K. A. Chaudry, *The Price of Wealth. Economies and Institutions in the Middle East,* Cornell University Press, Ithaca (NY), 1997.

Collectif, *Crise du Golfe et ordre politique au Moyen-Orient,* CNRS-Éditions, Paris, 1994.

G. Corm, *Le Proche-Orient éclaté,* La Découverte, Paris, 1988.

G. Corm, *Le Proche-Orient éclaté - II. Mirages de paix et blocages identitaires,* La Découverte, Paris, 1997.

G. Corm, *L'Europe et l'Orient,* La Découverte, coll. « La Découverte/Poche », Paris, 2002.

P. Fargues, *Générations arabes. L'alchimie du nombre,* Fayard, Paris, 2000.

B. Ghalioun, *Islam et politique. La modernité trahie,* La Découverte, Paris, 1997.

A. Gresh, D. Vidal, *Les 100 Portes du Proche-Orient,* L'Atelier, Paris, 1996.

Les Cahiers de l'Orient (trim.), Paris.

« Les partis politiques dans les pays arabes. 1. Le Machrek », *REMMM (Revue du monde musulman et de la Méditerranée),* nos 81-82, Édisud, Aix-en-Provence, 1997.

Monde arabe/Maghreb-Machrek (trim.), La Documentation française, Paris.

Revue d'études palestiniennes (trim.), diff. Éd. de Minuit, Paris.

J. Roberts, *Visions and Mirages. Middle East in a New Era,* London Mainstream Publishing, Édimbourg, 1995.

G. Salamé (sous la dir. de), *Démocraties sans démocrates. Politiques d'ouverture dans le monde arabe et islamique,* Fayard, Paris, 1994.

J. et A. Sellier, *L'Atlas des peuples d'Orient. Moyen-Orient, Caucase, Asie centrale,* La Découverte, Paris, 2002 (nouv. éd.).

Voir aussi les bibliographies « Égypte » et « Turquie », p. 174 et 544.

3 avril. Israël. Dans le cadre de l'opération *Rempart* (occupation temporaire des villes palestiniennes de Cisjordanie), l'armée israélienne entre dans Jénine et attaque le camp de réfugiés. Au terme des opérations militaires (11 avril), l'accès au camp est interdit et le nombre de victimes reste inconnu. Alors que les spéculations se multiplient sur d'éventuels crimes de guerre, le projet onusien de mise en place d'une mission d'experts échoue. Israël se retire des villes palestiniennes pour les réoccuper à partir de juin suivant et entreprend la construction d'un mur sur l'ancienne ligne de démarcation.

25 avril. Arabie saoudite/États-Unis. La visite rendue par le prince héritier saoudien Abdallah au président George W. Bush à Crawford (Texas) marque l'amélioration des relations entre les deux pays, tendues depuis les attentats du 11 septembre 2001. Abdallah cherche à s'assurer du soutien américain à la création d'un État palestinien dans le cadre d'une conférence de paix régionale.

30 avril. Autorité palestinienne. Le siège du quartier général du président Yasser Arafat, assigné à résidence à Ramallah depuis le 3 décembre 2001, est levé. Attaqué à plusieurs reprises, le bâtiment est à nouveau assiégé le 25 juin 2002, alors que Ramallah est déclaré par Israël « zone militaire fermée ».

Juin. Afghanistan. Une Loya Jirga (Grand Conseil traditionnel) réunit toutes les composantes politiques et communautaires du pays. Elle élit Hamid Karzaï comme président de l'Autorité de transition devant mener l'Afghanistan aux élections prévues dans un délai de deux ans.

24 juin. Israël-Palestine. Le président américain George W. Bush réaffirme son soutien à la création d'un État palestinien, mais avec « de nouveaux dirigeants et de nouvelles institutions ». Le président Yasser Arafat est directement visé. C'est une victoire pour le Premier ministre israélien Ariel Sharon. ∎

Croissant fertile

Autonomie palestinienne, Irak, Israël, Jordanie, Liban, Syrie

Autonomie palestinienne

Une guerre de délégitimation

Par une habile exploitation des attentats du 11 septembre, le Premier ministre israélien Ariel Sharon a convaincu Washington de ranger la guerre menée dans les territoires palestiniens dans la catégorie de la « lutte contre le terrorisme international ».

Nées à l'occasion de la répression sanglante de manifestations condamnant la vi-site d'A. Sharon (alors chef de l'opposition de droite) sur l'esplanade de la mosquée Al-Aqsa de Jérusalem fin septembre 2000, les violences de la « seconde *intifada* » constituaient la réplique inéluctable des Palestiniens à la fermeture de toute perspective politique. Une habile opération israélienne de communication sur la scène internationale était pourtant parvenue à faire passer les « propositions » faites par le Premier ministre israélien d'alors, Ehud Barak,

Les institutions de l'Autonomie palestinienne et leurs compétences

Selon la « déclaration de principes » du 13 septembre 1993 et l'accord de Washington du 28 septembre 1995, l'organe suprême de l'Autonomie palestinienne est un Conseil d'autonomie de 88 membres élus au suffrage universel direct par la population palestinienne des Territoires autonomes et occupés, ainsi que de Jérusalem-Est.

Le président de l'Autorité exécutive est lui aussi élu au suffrage universel direct, en même temps que les membres du Conseil (20 janvier 1996). Les membres de l'Autorité exécutive, dont 80 % doivent être membres du Conseil, sont, quant à eux, choisis par le président et approuvés par le Conseil.

Les compétences territoriales du Conseil s'étendent aux seules zones A et B [*voir p. 214*] mais ne sauraient concerner les Israéliens de passage dans ces zones. Délé-guées par Israël, ces compétences comprennent la plupart des domaines civils, à l'exception de ce qui ressortit au statut final et qui reste à négocier (Jérusalem, colonies, frontières, réfugiés) et de toute autre matière expressément réservée (eau). Le Conseil n'a, par ailleurs, aucune compétence en matière de défense, pas plus que de politique étrangère. Seule l'Organisation de libération de la Palestine (OLP) se voit habilitée à conduire des négociations et à signer des accords pour le compte du Conseil dans les seuls domaines économiques, culturels et scientifiques, Yasser Arafat étant à la fois président de son Comité exécutif et président de l'Autorité exécutive, tandis que les 88 membres du Conseil sont membres de droit du Conseil national palestinien (CNP). La tenue d'une élection présidentielle était prévue pour le début 2003. - J.-F. L. ∎

Les Territoires autonomes et occupés

À partir de la fin de la guerre des Six Jours (juin 1967), l'État hébreu a exercé *de facto* sa souveraineté sur la totalité de la Palestine mandataire. Israël s'est ainsi approprié l'ensemble des terres destinées, par le plan de partage de l'ONU de 1947, à constituer un État arabe palestinien : bande de Gaza sous administration militaire égyptienne depuis 1949 (un million de Palestiniens environ en 1997 et 7 000 colons répartis dans 16 implantations) et Cisjordanie annexée par le royaume hachémite de Jordanie en 1950 (1,8 million de Palestiniens et plus de 400 000 Israéliens dans quelque 195 colonies, Jérusalem-Est comprise). Israël a également conquis le Golan syrien (annexé le 14 décembre 1981 ; 16 000 Syriens, druzes pour la plupart ; 17 000 colons environ répartis dans 33 implantations) et la péninsule du Sinaï (restituée à l'Égypte dans le cadre du traité de paix du 26 mars 1979, consécutif aux accords de Camp David).

♦ **Jérusalem-Est annexée.** Dès le 27 juin 1967, le gouvernement israélien a étendu les limites municipales occupées et déclaré que « la loi, la juridiction et l'administration de l'État [d'Israël] » s'y exerçaient. La « Loi fondamentale » du 30 juillet 1980 a fait de Jérusalem, « entière et réunifiée », la « capitale d'Israël ». La plupart des quelque 210 000 Palestiniens y ont néanmoins refusé la nationalité israélienne. À partir du printemps 1993, l'accès à la ville comme à Israël a été interdit à tout Palestinien des Territoires occupés ou autonomes non détenteur d'un permis spécial. Le 26 décembre 1994, la Knesset a adopté une loi interdisant à l'Autorité palestinienne d'y

exercer de quelconques activités officielles.

♦ **Territoires autonomes et occupés.** L'accord intérimaire signé à Washington le 28 septembre 1995 a défini trois statuts pour des zones distinctes :

– **une zone A** représentant, au terme des divers redéploiements, 18,2 % de la superficie de la Cisjordanie, qui comprend les sept grandes cités palestiniennes (Jénine, Qalqiliya, Tulkarm, Naplouse, Ramallah, Bethléem et Hébron), Jérusalem-Est annexée étant exclue ainsi qu'une importante partie d'Hébron. Le retrait israélien de ces villes s'est effectué fin 1995, à l'exception d'Hébron, dont l'évacuation partielle n'a eu lieu que le 17 janvier 1997. Ces villes, auxquelles s'ajoutent des villages évacués en 1998 et 2000, relèvent d'un statut comparable à celui des zones autonomes de la bande de Gaza et de Jéricho, objets d'un premier redéploiement en mai 1994. L'Autorité palestinienne s'y trouve chargée de l'ensemble des pouvoirs civils et de police ;

– **une zone B** qui comprend la quasi-totalité des villages palestiniens de Cisjordanie, soit 21,8 % de sa superficie. L'Autorité palestinienne n'y est dotée que des pouvoirs civils et d'une partie des pouvoirs de police, l'armée israélienne y conservant la responsabilité de la sécurité et un droit permanent et unilatéral d'intervention ;

– **une zone C**, enfin, soit quelque 60 % de la superficie de la Cisjordanie (au statut comparable à celui des quelque 15 %-20 % non évacués de la bande de Gaza), qui comprend les zones non peuplées, les zones dites « stratégiques » et les colonies. Elle demeure sous le contrôle exclusif d'Israël. - **J.-F. L.** ∎

Le calendrier des accords

♦ **9 septembre 1993.** L'OLP reconnaît Israël et son droit à l'existence ; le 10, Israël reconnaît l'OLP comme le « représentant du peuple palestinien ».

♦ **13 septembre 1993.** Négociée à Oslo depuis plusieurs mois en secret, la « déclaration de principes sur les arrangements intérimaires d'autonomie » est signée à Washington par Israël et l'OLP, sous le parrainage des États-Unis et de la Russie. Le texte définit les grandes lignes d'une autonomie appelée à s'exercer durant les cinq années à venir dans l'attente d'un règlement final.

♦ **29 avril 1994.** Le « protocole sur les relations économiques » entre Israël et l'OLP est signé à Paris. Il prévoit une intégration des deux économies.

♦ **4 mai 1994.** Le premier accord (dit « Gaza-Jéricho d'abord » ou « Oslo I ») sur les modalités de l'autonomie palestinienne, qui était censée entrer en vigueur au plus tard le 13 décembre 1993, est signé au Caire. Il est quasi immédiatement suivi du redéploiement de l'armée israélienne dans la bande de Gaza et hors de Jéricho. Israël transfère alors une partie de ses pouvoirs civils, deux accords complémentaires étant signés les 29 août 1994 et 27 août 1995.

♦ **28 septembre 1995.** Un nouvel accord intérimaire (dit « de Taba » ou « Oslo II ») portant sur l'ensemble des modalités de la mise en œuvre de l'autonomie et son extension géographique à la Cisjordanie est signé à Washington. Les grandes villes palestiniennes, à l'exception d'Hébron, sont évacuées.

♦ **15 janvier 1997.** Signature à Erez d'un « protocole sur le redéploiement à Hébron ». 80 % de la ville passe en zone A.

♦ **23 octobre 1998.** Signature à Wye Plantation (États-Unis) d'un mémorandum établissant un nouveau calendrier pour les redéploiements prévus par l'accord de Taba et jamais réalisés. Le processus est gelé dès janvier 1999.

♦ **4 septembre 1999.** Signature à Charm el-Cheikh (Égypte) d'un nouveau « mémorandum » rééchelonnant les redéploiements jamais réalisés. La signature de l'accord de paix définitif, qui aurait dû avoir lieu au plus tard le 4 mai 1999, est prévue pour le 20 septembre 2000.

♦ **11-24 juillet 2000.** Un « sommet » israélo-palestinien convoqué à Camp David par le président américain Bill Clinton échoue à jeter les bases d'un accord sur le statut permanent.

♦ **21-27 janvier 2001.** Échec de nouvelles négociations israélopalestiniennes convoquées à Taba (Égypte) par B Clinton. - **J.-F. L.** ■

Palestine/Bibliographie sélective

H. Agha, R. Malley, « Camp David, the Tragedy of Errors », *The New York Review of Books*, août 2001 (http://www.nybooks.com/articles/14380).

D. Billion, A. Gresh, *Actualités de l'État palestinien,* Complexe, Bruxelles, 2000.

M. Bishara, *Palestine/Israël : la paix ou l'apartheid ?,* La Découverte, Paris, 2001.

B. Botiveau, *L'État palestinien,* Presses de Sciences Po, Paris, 1998.

L. Bucaille, *Générations intifada,* Hachette, Paris, 2002.

F. Débié, S. Fouet, *La Paix en miettes. Israël et Palestine (1993-2000),* PUF, Paris, 2001.

A. Dieckhoff, *Israéliens et Palestiniens, l'épreuve de la paix,* Aubier, Paris, 1996.

V. Féron, *Palestine(s), les déchirures,* Kiron-Éd. du Félin, Paris, 2001.

B. Kodmani-Darwish, *La Diaspora palestinienne,* PUF, Paris, 1997.

H. Laurens, *La Question de Palestine,* t. 1 : *1799-1922. L'invention de la Terre sainte,* t. 2 : *1922-1947. Une mission sacrée de civilisation,* Fayard, Paris, 1999 (t. 1), 2002 (t. 2).

J.-F. Legrain, « Retour sur les accords israélo-palestiniens (1993-2000) », *Maghreb-Machrek,* n° 170, La Documentation française, Paris, oct.-déc. 2000.

Ligue internationale pour le droit et la libération des peuples, *Le Dossier Palestine. La question palestinienne et le droit international,* La Découverte, Paris, 1991.

G. Malbrunot, *Des pierres aux fusils : les secrets de l'Intifada,* Flammarion, Paris, 2002.

S. Mishal, A. Sela, *The Palestinian Hamas. Vision, Violence and Coexistence,* Columbia University Press, New York, 2000.

N. Picaudou, « La Palestine en transition. Crise du projet national et construction de l'État », *Les Annales de l'autre islam,* n° 8, INALCO, Paris, 2001.

T. Reinhart, *Détruire la Palestine ou comment terminer la guerre de 1948,* La Fabrique, Paris, 2002.

Voir aussi les bibliographies « Proche et Moyen-Orient », « Croissant fertile » et « Israël », p. 212, 232 et 228.

aux « sommets » de Camp David (juillet 2000) et de Taba (janvier 2001) pour des ouvertures jusque-là jamais pratiquées mais méprisées par un président palestinien, Yasser Arafat, qui stratégiquement n'aurait pas voulu de la paix. Des témoignages d'acteurs ou de témoins américains ou européens l'ont ensuite démontée : à l'inverse des Palestiniens, Israël n'avait jamais eu l'intention de se soumettre au droit international.

Mais l'*intifada* s'est aussi révélée être un piège permettant d'attribuer aux Palestiniens la responsabilité de la sortie du champ politique et du recours à la violence. Ainsi E. Barak n'a-t-il eu de cesse de délégitimer son interlocuteur dans les négociations, accusant Y. Arafat de double langage et, tour à tour, de manipuler sa population et de ne pas parvenir à la dompter. Il rendait en même temps, par un usage de plus en plus intensif de la force, la « désescalade » toujours plus difficile. Ariel Sharon, devenu Premier ministre au printemps 2001, n'a fait que poursuivre et intensifier cette politique.

Parmi les dizaines de « liquidations extrajudiciaires » menées par l'armée israélienne à l'encontre de dirigeants palestiniens, plusieurs ont ainsi tout particulièrement contribué à la radicalisation de l'*intifada*. L'assassinat, en août 2001, d'Abu Ali Mustafa, secrétaire général du Front populaire de libération de la Palestine (FPLP), a remobilisé les forces d'opposition nationalistes et a été suivi par l'assassinat, revendiqué par le Front populaire, du ministre israélien du Tourisme Réhavam Zeevi, ouvrant ensuite un nouveau cycle de représailles. Après l'assassinat, en novembre 2001, à la veille d'une « médiation » américaine, de Mahmud Abu Hunud, l'un des responsables de Hamas, le principal mouvement islamiste palestinien a multiplié ses attentats-suicides. Au sein du Fatah, l'organisation fondée par Y. Arafat, sont apparus certains groupes décidés à intensifier la lutte armée contre Israël. À la suite de l'assassinat, en janvier 2002, de l'un de leurs initiateurs, Raed Karmi, ces groupes se sont développés et ont désormais eu recours aux attentats-suicides (avec des volontaires masculins et féminins), jusque-là pratiqués par les seuls groupes islamistes.

Israël a travaillé à faire de Y. Arafat une cible légitime en le rendant systématiquement responsable des violences anti-israéliennes, nationalistes comme islamistes. Il a été isolé dans son quartier général de Ramallah, assiégé puis bombardé, et son élimination physique a même été envisagée. Avec l'utilisation massive des forces aériennes, navales et terrestres, les incursions israéliennes répétées dans la bande de Gaza et en Cisjordanie et la réoccupation temporaire de la quasi-totalité des zones autonomes de Cisjordanie (avril puis juin 2002) se sont traduites par la destruction quasi totale des infrastructures de l'Autorité palestinienne (ministères, casernements des forces de sécurité, etc.) et des pertes humaines considérables : quelque 1 500 morts palestiniens en dix-huit mois (500 morts israéliens).

En dépit de l'adoption par le Conseil de sécurité de l'ONU de plusieurs résolutions perçues comme favorables aux Palestiniens, dont l'une mentionnant pour la première fois « deux États, Israël et la Palestine, [vivant] côte à côte », la communauté internationale a globalement confirmé sa politique de non-intervention tandis qu'Israël maintenait son refus de respecter le droit international, exploitant le nouveau discours antiterroriste américain. Une initiative saoudienne, ensuite adoptée par le « sommet » de la Ligue des États arabes réunie à Beyrouth en mars 2002, a elle-même été immédiatement écartée comme simple manœuvre : elle proposait une normalisation totale des relations avec Israël en échange du retrait de tous les territoires arabes et palestiniens occupés. Par ailleurs, en juin, Israël réoccupait la quasi-totalité de la Cisjordanie sans se fixer de date de retrait, tandis que la construction d'un mur sur l'ancienne ligne de démarcation était lancée. En juillet, l'assassinat par Israël du chef de la branche armée de Hamas à Gaza suscitait de nouvelles violences.
- **Jean-François Legrain** ∎

Irak

De l'échec des sanctions « intelligentes » à l'« axe du Mal »

En Irak, la dixième année après la seconde guerre du Golfe (1991) a été dominée par les attentats du 11 septembre aux États-Unis et par la guerre contre les taliban en Afghanistan.

Depuis le rejet par Bagdad en 1999 de la résolution 1284 de l'ONU qui proposait à l'Irak une suspension des sanctions en échange du retour des inspecteurs de l'ONU chargés de contrôler le désarmement du pays et expulsés le 16 décembre 1998, il n'y avait plus de politique internationale claire concernant l'avenir des sanctions (embargo notamment) et du contrôle de l'armement irakien. L'échec des « sanctions intelligentes » (notion introduite par la nouvelle administration américaine en 2001) qui prétendaient viser le seul régime irakien et non plus la population irakienne a été consacré par la reconduction technique pour cinq mois, le 3 juillet 2001, du pro-

Bilan de l'année / Irak

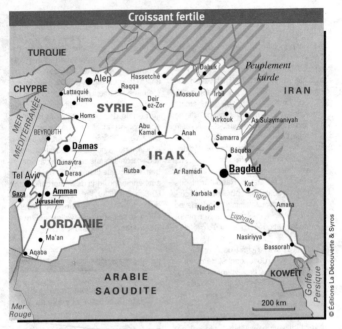

Croissant fertile

© Éditions La Découverte & Syros

gramme humanitaire de l'ONU « Pétrole contre nourriture » (permettant à l'Irak d'exporter des quantités importantes de brut). L'opposition de la Russie au vote par les Nations unies des « sanctions intelligentes » proposées par Washington avait, en effet, fait échouer un compromis élaboré par les États occidentaux et approuvé par la Chine.

La pression s'est intensifiée après le 11 septembre. À partir de novembre, les accusations américaines se sont succédé contre l'Irak, suspecté de développer des armes de destruction massive. Le président américain George W. Bush a affirmé son intention de faire aboutir une nouvelle version des « sanctions intelligentes ». À cet effet, une liste révisée des produits et services soumis à l'embargo a été mise à l'étude. Le 28 novembre, « Pétrole contre nourriture »

a cependant à nouveau été reconduit pour 180 jours.

Fanfaronnades irakiennes après le « 11 septembre »

La question des sanctions a été affectée par la nouvelle donne internationale. Le président Saddam Hussein a été le seul dirigeant arabe à ne pas avoir condamné les attentats du 11 septembre, tout en niant toute implication de l'Irak. Selon lui, « les Américains ont récolté les épines semées par leurs dirigeants dans le monde entier ». La télévision irakienne a déclaré : « Le cowboy américain récolte les fruits de ses crimes contre l'humanité. C'est un jour noir pour l'histoire de l'Amérique, qui goûte l'amertume de la défaite, après ses crimes et son mépris pour la volonté des peuples à mener une vie libre et décente. » Contrairement aux dirigeants iraniens et arabes, l'Irak a mis en exergue la « leçon » que les terroristes ont infligée à l'« arrogante » Amérique. Le journal *Babel*, dirigé par Oudaï, le fils aîné de S. Hussein, a suggéré que la « main d'Israël » était responsable des attentats. Bagdad a ensuite été accusé par Washington d'être à l'origine des lettres envoyées aux administrations américaines contenant des bacilles de charbon. Toutefois, de l'aveu même des responsables américains, aucun lien n'a pu être mis en évidence entre l'Irak et les attentats.

Le 7 octobre 2001, S. Hussein a dénoncé les bombardements américains sur l'Afghanistan. *Babel* a fait le rapprochement entre les frappes « contre le peuple afghan » et les raids américano-britanniques contre le « peuple irakien » (effectués sans l'aval de l'ONU et destinés au départ à faire respecter les zones d'interdiction de survol décrétées unilatéralement par Londres et Washington, puis élargis à d'autres objectifs). À partir de novembre, les avertissements américains répétés à S. Hussein ont abouti à accréditer l'idée que la prochaine cible américaine serait l'Irak. Le 28 novembre, le Premier ministre britannique Tony Blair a annoncé l'entrée dans la « phase 2 de l'action contre le terrorisme ». À partir de décembre, Washington a assuré désormais vouloir en finir avec S. Hussein. Le 20 décembre, l'Amérique a choisi officiellement de nouvelles cibles. La résolution 1368 de l'ONU (12 septembre 2001) permet la légitime défense contre les auteurs des attentats et ceux qui les soutiennent. Selon Washington, aucun nouveau mandat de l'ONU n'était donc nécessaire pour frapper d'autres pays après l'Afghanistan. Israël a manifesté son soutien à une « phase 2 de la lutte antiterroriste » devant inclure l'Irak. Aux États-Unis, les partisans de la solution militaire ne jugeaient plus nécessaire de lier formellement Bagdad aux attentats pour attaquer l'Irak. Dans son discours sur l'état de l'Union, le 29 janvier 2002, le pré-

sident Bush a désigné les nouveaux ennemis de l'Amérique et affirmé que « la Corée du Nord, l'Iran et l'Irak, ainsi que les mouvements terroristes qu'ils soutiennent », constituaient un « axe du mal, armé pour menacer la paix du monde ». Toutefois, le lendemain, Washington a déclaré ne pas

© Éditions La Découverte & Syros

INDICATEUR	UNITÉ	CISJOR-DANIE	CISJORDANIE ET GAZA	GAZA
Démographie[a]				
Population	(millier)	2 118[g]	3 311	1 193[h]
Densité	(hab./km²)	375,5	551,8	3314,0
Croissance annuelle (1995-2000)	(%)	4,3	3,8	4,3
Indice de fécondité (ISF) (1995-2000)		4,92	5,99	7,30
Mortalité infantile (1995-2000)	‰	26,4	24,0	24,0
Espérance de vie (1995-2000)	(année)	72,5	71,4	71,3
Population urbaine[c]	(%)	••	••	94,5[i]
Indicateurs socioculturels				
Développement humain (IDH)[b]		••	••	••
Nombre de médecins	(‰ hab.)	••	0,50[f]	••
Analphabétisme (hommes)	(%)	••	••	••
Analphabétisme (femmes)	(%)	••	••	••
Scolarisation 12-17 ans	(%)	••	••	••
Scolarisation 3e degré	(%)	••	••	••
Accès à Internet	(‰ hab.)	••	18,12	••
Livres publiés	(titre)	••	114[p]	••
Armées (effectifs)				
Armée de terre	(millier)	••	••[r]	••
Marine	(millier)	••	••	••
Aviation	(millier)	••	••	••
Économie				
PIB total (PPA)[b]	(million $)	3 100[u]	4 210[u]	1 110[u]
Croissance annuelle 1990-2000	(%)	••	1,6[v]	••
Croissance annuelle 2001	(%)	••	*[w]	••
PIB par habitant (PPA)[b]	($)	1 924[u]	1 319[u]	1 031[u]
Investissement (FBCF)[d]	(% PIB)	••	35,9[e]	••
Taux d'inflation	(%)	••	2,2	••
Énergie (taux de couverture)[c]	(%)	••	••	••
Dépense publique Éducation[f]	(% PIB)	••	••	••
Dépense publique Défense	(% PIB)	••	••	••
Dette extérieure totale[b]	(million $)	••	108[ku]	••
Service de la dette/Export.[e]	(%)	••	••	••
Échanges extérieurs				
Importations (douanes)	(million $)	••	1 872[B]	••
Principaux fournisseurs	(%)	Isr	Isr 77,2[f]	Isr
	(%)	Jord	Jord 2,4[f]	••
	(%)	••	RFA 1,4[f]	••
Exportations (douanes)	(million $)	••	326[c]	••
Principaux clients	(%)	Isr 70,3[o]	Isr 96,0[f]	Isr 69,2[E]
	(%)	Jord 29,1[o]	Jord 2,3[f]	Jord 25,1[E]
	(%)	••	Egypt 0,4[f]	••
Solde transactions courantes	(% PIB)	••	– 16,7[f]	••

Définition des indicateurs, sigles et abréviations p. 23 et suivantes. Chiffres 2001 sauf notes. a. Derniers recensements utilisables : Cisjordanie, 1997 ; Cisjordanie et Gaza, 1997 ; Gaza, 1997 ; Irak, 1997 ; Israël, 1995 ; Jordanie, 1994 ; Liban, 1970 ; Syrie, 1994 ; b. 2000 ; c. 1999 ; d. 1999-2001 ; e. 1998-2000 ; f. 1998 ; g. « Non compris quelques 180 000 colons israéliens de la "rive droite" ainsi qu'un nombre similaire installés à Jérusalem Est. » ; h. Non compris quelques 7000 colons israéliens. ; i. 1995 ; k. 1997 ; m. 1990 ; o. 1991 ; p. 1996 ; q. 1992 ;

	IRAK	ISRAËL	JORDANIE	LIBAN	SYRIE
	23 584	6 172	5 051	3 556	16 610
	53,9	299,3	56,8	347,6	90,4
	2,7	2,4	2,9	2,0	2,6
	5,25	2,93	4,69	2,29	4,00
	91,7	6,3	26,6	20,0	26,9
	58,7	78,3	69,7	72,6	70,5
	74,0	91,1	73,6	89,3	54,0
	• •	0,896	0,717	0,755	0,691
	0,55[f]	3,85[f]	1,66[k]	2,10[k]	1,30[c]
	44,7	3,0	4,6	7,6	11,2
	76,4	7,2	15,3	19,0	38,4
	55,4[m]	• •	• •	72,9[m]	54,8[o]
	13,0[f]	48,6[f]	19,5[k]	38,2[f]	6,1[f]
	• •	230,49	40,91	85,80	3,61
	• •	2 310[q]	511[p]	• •	598[q]
	375[s]	120	85	70,0	215[t]
	2	6,5	0,54	0,83	6
	30	37	15	1	40
	57 000[u]	125 481	19 380	18 647	57 561
	• •	5,2	4,8	7,2	5,0
	• •	− 0,6	4,2	1,3	3,5
	2 484[u]	20 131	3 966	4 308	3 556
	• •	18,6	26,1	22,9[e]	20,0[e]
	• •	1,1	1,8	0,0	1,0
	457,5	3,3	5,9	2,9	189,5
	• •	7,7	6,3[k]	2,1	2,8[k]
	9,7[xb]	8,9[b]	6,9[yb]	3,6	5,6[zb]
	130 000[cu]	38 000[u]	8 226	10 311	21 657
	• •	• •	12,5	18,3[A]	5,9
	3 148	36 752	4 340	6 665	6 199
	UE 51,6	UE 39,1	Asie[C] 34,5	UE 42,1	UE 31,5
	Fra 19,4	E-U 20,7	UE 39,4	Asie[C] 23,8	Asie[C] 25,6
	Asie[C] 17,8	Asie[C] 13,9	E-U 8,5	Ex-CAEM 7,8	PNS[D] 21,8
	9 376	29 827	1 474	817	5 644
	E-U 60,6	E-U 36,5	PED[F] 70,0	M-O 32,6	UE 59,2
	UE 29,8	UE 26,9	M-O 31,4	UE 28,9	PED[F] 34,0
	Asie[C] 3,1	PED[F] 23,0	E-U 14,9	E-U 10,2	M-O 15,5
	• •	− 1,6	0,4	− 18,6[b]	5,8[b]

r. Forces paramilitaires seulement (35 000 h.) ; s. Non compris Défense antiaérienne (17 000 h.) ; t. Non compris Défense antiaérienne (60 000 h.) ; u. Selon la CIA ; v. 1994-2000 ; w. Les estimations varient entre − 10 et − 16 % ; x. 5,5 % selon la Banque mondiale ; y. 9,2 % selon la Banque mondiale ; z. 7 % selon la Banque mondiale ; A. 1995-1997 ; B. Chute de 31 % depuis 1999 ; C. Y compris Japon et Moyen-Orient ; D. Pays non spécifiés ; E. 1994 ; F. Y compris pays de l'ex-CAEM (Conseil d'assistance économique mutuelle, ou Comecon).

Irak/Bibliographie

A. Arnove (sous la dir. de), *Iraq under Sanction - The deadly Impact of Sanctions and War*, South End Press, Cambridge (Massachusetts), 2000.

A. et P. Cockburn, *Out of the Ashes - The Resurrection of Saddam Hussein*, Harper Perennial Edition, New York, 2000.

C. Kutschera, *Le Défi kurde ou le rêve fou de l'indépendance*, Bayard Éditions, Paris, 1997.

P.-J. Luizard, *La Formation de l'Irak contemporain. Le rôle politique des ulémas chiites à la fin de la domination ottomane et au moment de la création de l'État irakien*, CNRS-Éditions, Paris, 2002.

P.-J. Luizard (sous la dir. de), « Mémoires d'Irakiens. À la découverte d'une société vaincue », *Maghreb-Machrek*, n° 163, La Documentation française, janv.-mars 1999.

P.-J. Luizard, *La Question irakienne*, Fayard, Paris (à paraître).

A. Michel, F. Voyer (sous la dir. de), *Irak, la faute* (préface et introduction d'A. Gresh), Le Cerf, Paris, 1999.

Voir aussi les bibliographies « Proche et Moyen-Orient » et « Croissant fertile », p. 212 et 232.

avoir de plan imminent d'attaque contre l'Irak. Moscou a récusé vivement la conception de Washington d'un « axe du Mal », tandis que Bagdad rejetait les accusations américaines.

Les seuls liens visibles avec le chef des réseaux d'Al-Qaeda, Oussama ben Laden, en Irak ont été, au Kurdistan, l'émergence de « taliban kurdes » : Jund al-islam, une scission du Mouvement de l'unité islamique, a répondu à l'appel au *Jihad* (« guerre sainte » dans cette acception) des taliban afghans et a déclaré la guerre aux partis laïques kurdes dans la région de Halabja, frontalière avec l'Iran. Les milices des deux grands partis kurdes (Parti démocratique du Kurdistan – PDK – et Union patriotique du Kurdistan – UPK) les ont éliminés de la zone en octobre-novembre 2001.

Après ben Laden, Saddam ?

Face aux menaces américaines, Bagdad a répondu d'abord par le défi, puis par une politique de contacts tous azimuts. Amr Moussa, le chef de la Ligue arabe, s'est rendu à Bagdad (18 au 21 janvier 2002). Dès la fin février 2002, l'Irak a cherché à renouer avec l'ONU, tout en continuant à exiger la fin des sanctions. Le 7 mars, des pourparlers entre le secrétaire général des Nations unies, Kofi Annan, et l'Irak sur le retour des inspecteurs de l'ONU, interrompus durant un an, ont repris à New York. Izzat Ibrahim, vice-président du Conseil de commandement de la Révolution, a fait une tournée régionale pour gagner le soutien arabe face à Washington. Au sommet arabe de Beyrouth (27-28 mars), l'Irak s'est réconcilié avec le Koweït et l'Arabie saoudite, alors que les relations avec la Syrie étaient en voie de complète normalisation. Le 1er avril, S. Hussein a glorifié les kamikazes palestiniens et, le 10 avril, Bagdad a suspendu ses exportations de pétrole, estimées à 1,6 million de barils quotidiens, pour une période d'un mois par solidarité avec les Palestiniens.

Selon un rapport du Pentagone, révélé le 13 mars 2002, en vertu de la nouvelle doctrine nucléaire américaine soutenue par le Royaume-Uni, l'Irak « fait partie des pays pouvant faire l'objet d'une attaque atomique dans des circonstances immédiates, potentielles ou imprévues ». Les réunions de l'opposition irakienne patronnée par Washington n'avaient toujours pas donné de résultats probants, amoindrissant les chances d'un scénario afghan en Irak. Contrairement aux crises précédentes entre les États-Unis et S. Hussein, tous les pro-

tagonistes semblaient cette fois persuadés que Washington attaquerait l'Irak. C'est dans ce contexte que le Conseil de sécurité de l'ONU a toutefois adopté le 14 mai 2002, à l'unanimité, la résolution 1409 permettant au gouvernement irakien d'importer plus facilement des produits à usage civil, en fonction d'une liste établie par l'ONU, qui sera régulièrement révisée. Bagdad a accepté cette résolution deux jours plus tard.
- Pierre-Jean Luizard ■

République d'Irak

Capitale : Bagdad.
Superficie : 434 924 km².
Population : 23 584 000.
Langues : arabe, kurde, syriaque (off.), turkmène, persan, sabéen.
Monnaie : dinar (au taux officiel, 1 dinar = 3,43 € au 31.5.02). Le taux officiel est celui imposé pour les transactions autorisées par l'ONU ; il n'a aucun autre usage.
Nature de l'État : « État arabe », avec statut d'autonomie pour une partie du Kurdistan accordée en 1974.
La zone au nord des anciennes lignes de front de 1991 vit une situation de quasi-indépendance, depuis la création d'une « zone de protection » pour les Kurdes (résolution 688 du Conseil de sécurité de l'ONU, 5.4.91). Le 4.10.92, les partis kurdes ont proclamé l'État fédéral.
Nature du régime : autoritaire, dominé par le parti Baas et le clan des Takriti.
Chef de l'État : Saddam Hussein, président de la République (depuis le 16.7.79), Premier ministre (depuis le 29.5.94), maréchal, chef suprême des forces armées, président du Conseil de commandement de la Révolution, secrétaire général du parti Baas.
Chef du gouvernement : Saddam Hussein. Ses deux fils Oudaï et Qusay jouent aussi un rôle important.
Ministre des Affaires étrangères : Naji Sabri.
Principaux partis politiques : Baas (seul parti légal, nationaliste arabe), parti Da'wa et Assemblée supérieure de la Révolution islamique en Irak (islamistes chiites), Parti communiste, Parti démocratique du Kurdistan (PDK, de Massoud Barzani), Union patriotique du Kurdistan (UPK, de Jalal Talabani), Congrès national irakien.
Contestation territoriale : la nouvelle frontière entre le Koweït et l'Irak n'a été acceptée par Bagdad que le 10.11.94, une partie de l'opposition continuant à la refuser.

Israël

Destruction des institutions de l'Autorité palestinienne

À bien des égards, l'année 2001-2002 aura été la plus terrible dans l'histoire tourmentée des relations entre Israéliens et Palestiniens. Le feu vert donné par le président américain, George W. Bush, au Premier ministre israélien, le général Ariel Sharon (« un homme de paix », selon son expression), et à ses généraux pour agir à leur gré dans les territoires palestiniens a été la principale cause de cette crise sans précédent en Terre sainte.

La « guerre contre le terrorisme », à savoir contre l'*intifada* dont le but était de mettre fin à l'occupation et à la colonisation des Territoires occupés, est devenue très vite une campagne ouverte dirigée contre l'Autorité nationale palestinienne et ses institutions. Il s'agissait en effet d'une guerre écrasant tout un peuple sans moyens de se défendre, face à une armée hypersophistiquée, l'une des plus puissantes au monde, qui utilisait de considérables moyens tout en violant constamment les conventions internationales. La colonisation des Territoires occupés s'est accélérée sous le gouvernement Sharon. Pour le Premier ministre, il s'agissait de défendre la patrie. Il ne voyait, selon ses dires, aucune différence entre Tel-Aviv et Netsarim, une minuscule colonie isolée dans la bande de Gaza.

INDICATEUR	UNITÉ	1980	1990	2000	2001
Démographie[a]					
Population	million	3,8	4,5	6,0	6,2
Densité	hab./km²	182,5	218,9	292,9	299,3
Croissance annuelle	%	2,0[f]	2,7[g]	2,4[h]	2,0[i]
Indice de fécondité (ISF)		3,3[f]	3,0[g]	2,9[h]	2,7[i]
Indicateurs socioculturels					
Nombre de médecins	‰ hab.	2,49[q]	4,58[r]	3,85[d]	••
Scolarisation 2e degré	%	72,9	85,4	86,5[e]	88,5[d]
Scolarisation 3e degré	%	29,4	33,5	45,9[e]	48,6[d]
Téléviseurs	‰ hab.	232	259	335	••
Livres publiés	titre	1 907	2 214	4 608[t]	••
Économie					
PIB total	milliard $	30,7	62,7	113,4[c]	125,5[b]
Croissance annuelle	%	3,5[k]	4,6[m]	6,4	− 0,6
PIB par habitant (PPA)	$	7 908	13 450	18 576[c]	20 131[b]
Investissement (FBCF)	% PIB	23,4[o]	20,0[p]	17,8	18,1
Recherche et Développement	% PIB	••	2,25	4,40[b]	4,48[u]
Taux d'inflation	%	130,9	17,1	1,1	1,1
Population active	million	1,5	1,8	2,6[c]	2,7[b]
Agriculture	% ⎫	6,2	4,1	2,3[c]	2,2[b]
Industrie	% ⎬ 100 %	32,0	27,8	24,8[c]	24,0[b]
Services	% ⎭	61,8	67,5	72,9[c]	73,9[b]
Taux de chômage (fin année)	%	4,8	9,6	8,3	••
Énergie (consom./hab.)	TEP	2,21	2,60	3,13[d]	3,03[c]
Énergie (taux de couverture)	%	1,8	3,6	3,3[d]	3,3[c]
Aide au développement (APD)	% PIB	••	••	••	••
Dépense publique Éducation	% PIB	7,9	6,3	7,5[v]	7,7[d]
Dépense publique Défense	% PIB	20,3[w]	12,9	8,9[c]	8,9[b]
Solde administrat. publiques	% PIB	••	••	••	••
Dette administrat. publiques	% PIB	••	••	••	••
Échanges extérieurs		**1974**	**1986**	**2000**	**2001**
Importations de services	milliard $	1,09	3,24	12,35	12,51
Importations de biens	milliard $	5,06	9,73	34,19	30,94
Produits alimentaires	%	13,5	9,2	6,2[c]	5,9[b]
Produits énergétiques	%	14,9	8,1	5,8[c]	9,1[b]
Produits manufacturés	%	55,2	75,9	83,4[c]	81,3[b]
Exportations de services	milliard $	1,14	3,11	14,34	11,32
Exportations de biens	milliard $	2,03	7,89	30,84	27,40
Produits agricoles	%	18,3	12,8	4,9[c]	3,9[b]
Produits manufacturés	%	75,3	84,4	93,2[c]	94,1[b]
dont machines et mat. de transport	%	5,5	19,0	32,5[c]	35,5[b]
Solde des transactions courantes	% du PIB	− 6,6[x]	− 1,7[y]	− 1,3	− 1,6
Position extérieure nette	milliard $	••	− 17,3[z]	− 45,4[c]	− 83,3[b]

Définition des indicateurs, sigles et abréviations p. 23 et suivantes. a. Dernier recensement utilisable : 1995 ;
b. 2000 ; c. 1999 ; d. 1998 ; e. 1997 ; f. 1975-1985 ; g. 1985-1995 ; h. 1995-2000 ; i. 2000-2005 ; k. 1980-1990 ;
m. 1990-2000 ; o. 1979-1981 ; p. 1989-1991 ; q. 1981 ; r. 1993 ; t. 1992 ; u. 2001 ; v. 1994 ; w. 1985 ;
x. 1975-84 ; y. 1985-96 ; z. 1991.

Oublier les accords d'Oslo

Au printemps 2002, A. Sharon a pratiquement mis fin aux accords d'Oslo, seule base de règlement de paix entre Palestiniens et Israéliens. Le plan qu'il entendait leur substituer, à la satisfaction de la droite nationaliste au pouvoir, visait à détruire l'Autorité palestinienne et à créer dans les Territoires des enclaves isolées les unes des autres, à la tête desquelles il placerait des Palestiniens collaborateurs. L'intention de remplacer par une nouvelle direction palestinienne celle démocratiquement élue en janvier 1996, sous supervision de quelque 700 observateurs du monde entier, est apparue comme un acte colonialiste exemplaire. A. Sharon avait d'ailleurs essayé, vingt ans plus tôt, à la veille de l'intervention qu'il allait lancer au Liban, de le réaliser, mais en vain.

Une fois élu en février 2001, A. Sharon a fait détruire, en guise de représailles pour les attentats-suicides de « kamikazes » palestiniens contre des militaires, des colons et des civils israéliens, une grande partie des infrastructures de l'Autorité palestinienne. En été 2002, presque tous les centres, les bureaux et les casernes des différentes institutions de sécurité étaient déjà détruits. Des commandants de ces forces ainsi que de l'*intifada* ont été arrêtés et plusieurs tués. Des leaders politiques ont été sommairement exécutés. Ce fut le cas du secrétaire général du Front populaire de libération de la Palestine (FPLP), Abu Ali Mustafa, une figure historique du mouvement national palestinien, tué dans son bureau à Ramallah par un missile d'hélicoptère Apache. Le FPLP a réagi en tuant à Jérusalem le ministre israélien du Tourisme, Réhavam Zeevi, chef d'un parti fasciste, Moledet, prônant l'expulsion des habitants arabes de la Palestine.

Pour délégitimer l'Autorité palestinienne, le général Sharon a attaqué systématiquement son président, Yasser Arafat, en déclarant non seulement qu'il n'était plus un partenaire d'Israël mais qu'il était un « chef terroriste ». Il a ordonné à toute personnalité officielle de couper tout contact

État d'Israël

Capitale : Jérusalem (état de fait, contesté au plan international).

Superficie : 20 325 km² ; Territoires occupés : Golan (1 150 km², annexé en 1981), Cisjordanie (5 879 km², dont l'enclave autonome de Jéricho et la zone A autonome depuis 1995 [*voir p. 214*]), Gaza (378 km², dont 336 km² pour la zone autonome palestinienne et 42 km² pour les colonies juives). Jérusalem-Est (70 km²) a été annexée en 1967.

Population : 6 172 000.

Langues : hébreu et arabe (off.) ; anglais, français, russe.

Monnaie : nouveau shekel (1 nouveau shekel = 0,22 € au 30.4.02).

Nature de l'État : Le pays est divisé en six districts administratifs.

Nature du régime : démocratie parlementaire combinée à une administration militaire dans les Territoires occupés.

Chef de l'État : Moshé Katzav (depuis le 31.7.2000).

Premier ministre : Ariel Sharon (Likoud), qui a succédé le 7.3.01 à Ehud Barak (travailliste).

Ministre des Affaires étrangères et vice-premier ministre : Shimon Pérès (travailliste).

Ministre de la Défense : Binyamin Ben-Eliezer (travailliste).

Principaux partis politiques : *Coalition au pouvoir* (78 sur 120 députés à la Knesseth) : Likoud (droite nationaliste) ; Parti travailliste ; Shass (orthodoxe séparade) ; Israël Ba-Aliya (immigrants russes) ; Parti unifié de la Thora (orthodoxe ashkénaze) ; Parti national religieux (sioniste de droite) ; Un seul peuple (syndicalistes). *Opposition :* Meretz (sioniste de gauche) ; Parti du centre ; Shinoui (centriste laïque) ; Hadash (communiste) ; Bloc de l'Union nationale (ultranationaliste) et d'Israël Beitenou ; Balad (arabe nationaliste) ; Mouvement arabe pour le renouveau (pro-OLP) ; Ra'am (musulman nationaliste).

Carte : p. 219 et 226-227.

avec lui. À la suite de chaque attentat palestinien, avant que les auteurs ne soient connus, le Premier ministre a systématiquement dénoncé la responsabilité de Y. Arafat. En décembre 2001, il a interdit au président de l'Autorité palestinienne de quitter la ville autonome de Ramallah, ce qui l'a empêché, par exemple, d'assister à la messe de minuit de Noël à Bethléem : sa chaise habituelle dans l'église de la Nativité était couverte d'un keffieh. Y. Arafat n'a pas non plus pu se rendre au « sommet » de la Ligue des États arabes à Beyrouth, en mars 2002.

Humilier Yasser Arafat

Lorsque l'armée israélienne a envahi toute la Cisjordanie le 29 mars 2002, en re-présailles à un attentat meurtrier d'un « kamikaze » islamiste du Hamas en Israël (29 morts) – attentat condamné par Y. Arafat –, celui-ci est devenu prisonnier sous ordres de A. Sharon dans deux chambres de son bureau du quartier général, à Ramallah. Le *raïs* (président) a subi, pendant cette « arrestation » qui a duré environ trois mois, toutes sortes de harcèlements et d'humiliations (interruptions fréquentes de l'eau, de l'électricité, du téléphone). Le gouvernement Sharon a plusieurs fois connu des débats invraisemblables concernant l'expulsion – ou même l'assassinat – du leader palestinien.

L'assaut donné à toutes les villes, villages et camps de réfugiés en Cisjordanie, fin mars 2002 (opération *Rempart*), était des-

1947-Le plan de partage de l'ONU

Damas · — LIBAN — SYRIE — Haïfa · — *Lac de Tibériade* — MER MÉDITERRANÉE — Naplouse · — Tel-Aviv · — *Jourdain* — Jéricho · — Amman · — Gaza · — **Jérusalem** — Hébron · — *Mer Morte* — Beersheba · — **PALESTINE** — JORDANIE — ÉGYPTE

État arabe
État juif
Zone sous administration internationale

50 km

1948-1967

Damas · — LIBAN — SYRIE — Haïfa · — *Lac de Tibériade* — MER MÉDITERRANÉE — Naplouse · — CISJORDANIE — Tel-Aviv · — Jéricho · — Amman · — Gaza · — **Jérusalem** — Hébron · — *Mer Morte* — Beersheba · — JORDANIE — ÉGYPTE

Territoires conquis par Israël
Administration égyptienne
Cisjordanie réunie à la Transjordanie en 1950

50 km

tiné à semer la terreur parmi la population palestinienne. Pendant plus d'un mois, les soldats de l'État hébreu ont détruit des maisons et des biens, arrêté des milliers d'hommes, des femmes aussi. Le sommet de l'horreur a eu lieu au camp de réfugiés de Jénine où des soldats ont commis différents crimes de guerre (utilisation de « boucliers humains », interdiction aux secours médicaux d'intervenir). Des bulldozers ont complètement rasé le centre de la cité – 150 maisons, quelques-unes avec leurs habitants. À Ramallah, l'infrastructure de la société civile palestinienne a été détruite. À Naplouse, l'ancienne Casbah a été très endommagée et une centaine de personnes ont été tuées.

Alors que l'Autorité palestinienne et le

Hamas étaient presque parvenus à un accord de cessez-le-feu unilatéral, une nouvelle escalade militaire israélienne eut lieu dans la nuit du 22 au 23 juillet. Une bombe d'une tonne, guidée au laser, fut larguée par un F 16 sur un immeuble situé dans un quartier populaire de Gaza, afin de tuer un chef militaire du Hamas, Salah Chéhadé, faisant 14 morts, dont une dizaine d'enfants.

C'est A. Sharon, par sa « visite provocatrice » (comme l'a signalé le rapport de la commission internationale présidée par l'ex-sénateur américain George Mitchell) sur l'esplanade des mosquées dans la vieille ville de Jérusalem, à la fin de septembre 2000, qui a provoqué la colère des Palestiniens, l'*intifada* et l'arrêt du processus de

Israël/Bibliographie

J. Alia, *Étoile bleue, chapeaux noirs, Israël aujourd'hui*, Grasset, Paris, 1999.

« Armée et nation en Israël : pouvoir civil, pouvoir militaire », *Les Notes de l'IFRI*, n° 10, IFRI, Paris, 1999.

Atlas historique d'Israël, par les correspondants du *New York Times*, Autrement, Paris, 1998.

J.-C. Attias, E. Benbassa, *Israël imaginaire*, Flammarion, Paris, 1998.

M. Benvenisti, *Jérusalem, une histoire politique*, Actes Sud/Solin, Arles, 1996.

A. Dieckhoff, « Israël : une identité nationale en crise », *Problèmes politiques et sociaux*, La Documentation française, n° 855, Paris, avr. 2001.

A. Dieckhoff, *L'Invention d'une nation. Israël et la modernité politique*, Gallimard, Paris, 1993.

F. Encel, *Le Moyen-Orient entre guerre et paix, géopolitique du Golan*, Flammarion, Paris, 1999.

C. Enderlin, *Le Rêve brisé : histoire de l'échec du processus de paix au Proche-Orient*, Fayard, Paris, 2002.

I. Greilsamer, *La Nouvelle Histoire d'Israël, essai sur une identité nationale*, Gallimard, Paris, 1998.

« Israël, une nation recomposée », *Les Cahiers de l'Orient*, n° 54, Paris, 2e trim. 1999.

A. Kapeliouk, « Les antécédents du général Sharon », *Le Monde diplomatique*, Paris, nov. 2001.

A. Kapeliouk, « Retour sur les raisons de l'échec de Camp David », *Le Monde diplomatique*, Paris, févr. 2002.

A. Kapeliouk, « Jénine, enquête sur un crime de guerre », *Le Monde diplomatique*, Paris, mai 2002.

A. Kapeliouk, *Rabin. Un assassinat politique. Religion, nationalisme, violence en Israël*, Le Monde-Éditions, Paris, 1996.

C. Klein, *La Démocratie d'Israël*, Seuil, Paris, 1997.

C. Klein, *Israël, État en quête d'identité*, Casterman/Giunti, Paris, 1999.

A. Michel, *Racines d'Israël : 1948, plongée dans 3 000 ans d'histoire*, Autrement, Paris, 1998.

S. Pérès, *Le Voyage imaginaire*, Éditions n° 1, Paris, 1998.

D. Vidal, *Le Péché originel d'Israël*, L'Atelier, Paris, 1998.

Voir aussi les bibliographies « Proche et Moyen-Orient », « Croissant fertile » et « Palestine », p. 212, 232 et 216.

paix. Dès qu'il est devenu Premier ministre, quelques mois plus tard, il a tout fait pour éviter la reprise de pourparlers de paix. A. Sharon a demandé un arrêt de feu total pendant sept jours, sans donner d'assurances pour la suite. Lorsque le « sommet » arabe de Beyrouth a adopté le plan de paix saoudien qui proposait de normaliser les relations avec Israël en échange de la restitution des Territoires occupés aux Palesti-

niens et à la Syrie, A. Sharon, partisan célèbre du Grand Israël, a dit « non », car il voulait et la paix et les Territoires. Les frappes israéliennes se sont poursuivies, les attentats palestiniens aussi. Une nouvelle condition à l'allure d'exigence coloniale a été avancée : réformer et démocratiser l'Autorité palestinienne avant le commencement des pourparlers de paix dans lesquels il ne voulait pas voir Y. Arafat.

Un mur de séparation

Ensuite a été décidée la création d'une ligne fortifiée de « séparation » entre la Cisjordanie et Israël, une sorte de frontière « de défense contre les kamikazes ». Cette ligne imposée aux Palestiniens annexait déjà de fait, à la mi-juillet 2002, 15 % de leur territoire. Les travaux avaient commencé en juin 2002. À l'intérieur des zones palestiniennes, le bouclage des villes, des villages et des camps de réfugiés s'est resserré, conduisant à l'asphyxie de la vie économique et sociale. Le chômage atteignait 50 % en Cisjordanie et 75 % à Gaza.

L'économie israélienne s'est dégradée dangereusement avec l'intensification des opérations militaires et des attentats palestiniens. Le tourisme, l'une des principales ressources de l'économie nationale, en a énormément souffert. Le chômage a atteint le taux record de 10,5 % à l'été 2002. Un habitant sur cinq et un enfant sur quatre vivaient en dessous du seuil de pauvreté (en progression de 10 % sur un an). L'inflation a été de 6,3 % au cours du premier semestre 2002, alors que l'objectif fixé par le gouvernement pour toute l'année était de 2 % à 3 % seulement. De nouvelles charges et taxes ont été imposées non seulement sur les personnes défavorisées, mais aussi sur les classes moyennes. Or, les recettes fiscales ont baissé à cause de la crise. Le marasme économique apparaissait plus profond que dans tous les pays occidentaux.

Les constructions dans les colonies existantes et la création de nouvelles agglomérations dans les territoires palestiniens sont très coûteuses, mais les montants sont gardés secrets. À cela s'ajoutent l'effort budgétaire en matière militaire et les conséquences de l'occupation quant à la croissance. Avec cette crise sécuritaire et économique, il n'est pas surprenant que l'immigration en Israël ait baissé d'un tiers par rapport à l'année précédente. - **Amnon Kapeliouk** ■

Jordanie

Vives inquiétudes

La seconde *intifada* (soulèvement) palestinienne, qui a éclaté en septembre 2000, préoccupait la Jordanie, partagée entre des impératifs stratégiques envers les États-Unis et une opinion publique en colère contre Israël et son soutien américain. Cette colère s'est exprimée par plusieurs vagues de manifestations, notamment au printemps 2002, à la suite d'une offensive militaire israélienne en Cisjordanie. Alors que les sensibilités populaires étaient favorables à une rupture des relations diplomatiques avec Israël, le gouvernement a argué de la nécessité de leur maintien afin de garantir un accès à l'aide en faveur des Palestiniens.

Depuis la dissolution du Parlement en juin 2001, le pays vivait dans l'absence d'activité parlementaire. Les élections législatives, qui avaient été prévues pour l'automne 2001, ont été reportées *sine die* au motif, dans un premier temps, que l'installation de l'équipement informatique permettant d'éviter la fraude électorale n'était pas achevée

Royaume hachémite de Jordanie

Capitale : Amman.
Superficie : 89 000 km².
Population : 5 051 000.
Langues : arabe (off.), anglais.
Monnaie : dinar (au taux officiel, 1 dinar = 1,50 € au 31.5.02).
Nature de l'État : monarchie.
Nature du régime : constitutionnel.
Chef de l'État : roi Abdallah ibn Hussein (depuis févr. 99).
Chef du gouvernement : Ali Abu al-Ragheb (depuis juin 2000, reconduit en janv. 02).
Chef de la Cour royale : Fayez al-Tarawneh.
Ministre des Affaires étrangères : Marwan al-Muasher.

et, dans un second temps, qu'une campagne électorale centrée sur la situation en Cisjordanie pouvait engendrer des débordements. C'est ainsi que environ 80 lois provisoires ont été adoptées sans approbation parlementaire.

Après avoir condamné les attentats du 11 septembre 2001 contre le World Trade Centre et contre le Pentagone américains, la Jordanie a accordé son soutien aux États-Unis dans leur campagne contre le terrorisme. Elle s'inquiétait cependant que celle-ci frappe un pays arabe, notamment l'Irak, ce qui risquait d'accroître le mécontentement populaire.

Profitant du contexte international et de l'absence de Parlement, le gouvernement a accentué la pression sur ses opposants. Une nouvelle loi provisoire contre le terrorisme a été adoptée en octobre 2001, imposant des restrictions aux médias et aux particuliers dans leurs critiques à l'encontre du gouvernement et des personnalités officielles, et permettant le recours à des chefs d'accusation tels que l'« atteinte à la réputation de l'État ». En mai 2002, l'ancienne députée Toujan Faisal a ainsi été condamnée à une peine d'emprisonnement de 18 mois, avant d'être graciée par le roi en juillet.

De nouvelles émeutes ont éclaté en janvier 2002, à Ma'an, révélant, au-delà de l'élément déclencheur (la mort suspecte d'un jeune homme dans un bureau de la police), l'acuité des problèmes de chômage et de pauvreté. Le roi Abdallah ibn Hussein a encouragé son gouvernement à améliorer l'économie du pays et le niveau de vie de la population, dans le cadre de la politique de libéralisation et de privatisation prônée par le FMI (Fonds monétaire international), afin de lutter contre le mécontentement populaire qui profite à l'opposition islamiste. À cette situation s'est ajouté le climat « post-11 septembre », qui a fait chuter les recettes du tourisme et les investissements étrangers. - **Vincent Legrand** ∎

Liban

Pressions de toutes parts

Trois grands dossiers hérités de l'année précédente, la tension dans le sud du pays, les relations avec la Syrie et la crise économique, ont marqué l'année 2001-2002 au Liban, avant que les conséquences des attentats du 11 septembre 2001 aux États-Unis ne focalisent toutes les attentions.

Le nouveau gouvernement issu de la victoire écrasante de la liste de Rafiq el-Hariri aux élections législatives de septembre 2000 s'est efforcé de maîtriser la crise économique sur laquelle avait achoppé l'action de l'équipe précédente. R. Hariri a obtenu, fin février 2001, des promesses d'aide financière internationale au cours de la conférence « Paris 1 ». La crise s'est pourtant amplifiée, et la TVA (taxe à la valeur ajoutée), introduite le 1er février 2002, n'a pas suffi à la résoudre.

République libanaise

Capitale : Beyrouth.

Superficie : 10 400 km². Dans le Liban sud, la bande de territoire occupée pendant vingt-trois ans par Israël a été évacuée le 24.5.2000.

Population : 3 556 000.

Langues : arabe, français.

Monnaie : livre libanaise (au taux officiel, 1 000 livres = 0,71 € au 31.5.02).

Nature de l'État : république unitaire à base communautaire. Les accords de Taef (oct. 89) ont prévu une déconfessionnalisation des institutions.

Nature du régime : parlementaire.

Chef de l'État : général Émile Lahoud (depuis le 24.11.98).

Premier ministre : Rafiq el-Hariri (depuis sept. 2000).

Vice-premier ministre : Issam Farès.

Ministre de l'Intérieur : Elias el-Murr.

Ministre de la Défense : Khalil Hraoui.

Ministre de la Culture : Ghassan Salamé.

Ministre des Affaires étrangères : Mahmoud Hammoud.

Beyrouth n'a pas pu réunir une autre conférence de donateurs, en partie à cause de la tension continue dans le sud du pays.

Le Hezbollah (chiite) a en effet confirmé sa volonté de continuer d'en découdre avec Israël autour du nouveau point de fixation des « fermes de Chebaa » (occupées par Israël) dans la zone frontalière. Le 3 janvier 2001, le Hezbollah a de nouveau bombardé des positions israéliennes dans cette zone contestée. La tension est montée tout au long de l'année, jusqu'aux bombardements israéliens de stations de radar syriennes au Liban le 15 avril et le 1er juillet.

La contestation de la tutelle syrienne sur le pays a pris une ampleur inédite avec l'accueil qu'a réservé une foule de près de 100 000 chrétiens au patriarche maronite Nasrallah Boutros Sfeir, de retour des États-Unis le 27 mars 2001. Pris au dépourvu, le gouvernement a annoncé en juin suivant un retrait partiel des troupes syriennes, avant d'opérer dans des rafles dans les milieux chrétiens antisyriens en août.

Ces questions ont été totalement redéfinies à l'automne par les conséquences régionales des attentats du « 11 septembre », dont l'un des auteurs a été identifié comme libanais. La première conséquence immédiate de l'événement a été le report d'un an du « sommet » de l'Organisation internationale de la francophonie, qui devait se tenir en octobre 2001 à Beyrouth. L'essentiel de la diplomatie libanaise s'est consacré à amortir le choc pour le pays, en se disant solidaire, sous conditions, de la « guerre contre le terrorisme » menée par Washington. Le Premier ministre Hariri a ainsi parcouru le monde pour expliquer le refus du Liban de geler les avoirs du Hezbollah malgré les appels répétés des États-Unis et de leurs alliés, arguant de la nécessité de ne pas confondre terrorisme et « résistance légitime ».

C'est dans ce contexte tendu qu'a été assassiné le « chef de guerre » prosyrien Élie Hobeika, le 24 janvier 2002, alors que les préparatifs du « sommet » de la Ligue arabe, fixé à fin mars 2002, battaient leur

plein. La rencontre a finalement été maintenue, entourée d'exceptionnelles mesures de sécurité, et la Ligue arabe a endossé la proposition du prince héritier d'Arabie saoudite Abdallah relative au conflit israélo-palestinien, devenue « initiative de paix arabe », malgré la tiédeur de la Syrie. La riposte de Damas a été une exceptionnelle montée des tensions dans le Sud aux premiers jours d'avril 2002 alors qu'Israël envahissait les principales villes palestiniennes. Seule la visite à Damas du secrétaire d'État américain Colin Powell, le 15 avril 2002, a pu faire baisser la tension. - **Tristan Khayat** ■

Syrie

Maigres changements

Après deux ans d'exercice du pouvoir, le président syrien, Bachar el-Assad, ne

République arabe syrienne

Capitale : Damas.
Superficie : 185 180 km^2 (incluant le plateau du Golan, dont l'annexion par Israël en 1981 n'est pas reconnue au plan international).
Population : 16 610 000.
Langue : arabe.
Monnaie : livre syrienne (au taux officiel, 100 livres = 9,49 € au 31.5.02).
Nature de l'État : république « démocratique, populaire et socialiste ».
Nature du régime : présidentiel autoritaire, appuyé sur un parti dirigeant, le Baas.
Chef de l'État : Bachar el-Assad (depuis le 17.7.2000).
Chef du gouvernement : Moustafa Miro (depuis mars 2000).
Vice-président : Abd el-Halim Khaddam.
Ministre des Affaires étrangères : Farouk el-Charah.
Ministre de la Défense : Moustafa Tlass.
Revendication territoriale : le Golan, occupé par Israël depuis 1967, qui l'a annexé en 1981.

Croissant fertile/Bibliographie

A. Abu Odeh, *Jordanians, Palestinians and the Hashemite Kingdom in the Middle East Peace Process*, US Institute of Peace, Washington, 1999.

S. Al Khazendar, *Jordan and the Palestine Question*, Ithaca Press, Reading, 1997.

R. Bocco (sous la dir. de), *Le Royaume hachémite de Jordanie : identités sociales, politiques de développement et construction étatique en Jordanie, 1946-1998*, Karthala/CERMOC, Paris/Amman/Beyrouth, 2000.

R. Bocco, G. Chatelard (sous la dir. de), *Jordanie, le royaume frontière*, Autrement, Paris, 2001.

R. Bocco, B. Destremeau, J. Hannoyer, *Palestine, Palestiniens. Territoire national, espaces communautaires*, Éditions du CERMOC, Beyrouth, 1997.

L.-J. Duclos, *La Jordanie*, PUF, coll. « Que sais-je ? », Paris, 1999.

S. Heydemann, *Authoritarianism in Syria : Institutions and Social Conflict 1946-1970*, Cornell University Press, Ithaca (NY), 1999.

H. Hourani (sous la dir. de), *Islamic Movements in Jordan,* Sindbad Publishing, Amman, 1997.

Jordanies (revue), Éditions du CERMOC, Amman.

F. Kiwan (sous la dir. de), *Le Liban aujourd'hui*, CNRS-Éditions, Paris, 1994.

M. Lavergne, *La Jordanie*, Karthala, Paris, 1996.

« Le Liban dix ans après la guerre » (n°spéc. dir. par B. Rougier, E. Picard), *Monde arabe/Maghreb-Machrek*, n° 169, La Documentation française, Paris, juil.-sept. 2000.

I. Maffi, R. Daher, *Patrimony and Heritage Conservation in Jordan*, CERMOC, série « Document du CERMOC », n° 10, Amman, 2000.

V. Perthes, *The Political Economy of Syria under Assad*, I. B. Tauris, Londres, 1997 (nouv. éd.).

É. Picard, *Lebanon, the Shattered Country*, Holmes & Meier, New York, 1996.

Politique et État en Jordanie 1946-1996, Actes du colloque international des 24-25 juin 1997, CERMOC/IMA, Éditions du CERMOC, Beyrouth, 1997.

A. Renon, *Géopolitique de la Jordanie*, Complexe, Bruxelles, 1996.

K. Salibi, *Histoire de la Jordanie*, Naufal, Paris, 1996.

S. Valter, *La Construction nationale syrienne : légitimation de la nature communautaire du pouvoir par le discours historique*, CNRS-Éditions, Paris, 2002.

Voir aussi les bibliographies « Irak », « Israël » et « Palestine », p. 222, 228 et 216, ainsi que la bibliographie sélective « Proche et Moyen-Orient », p. 212.

semblait avoir choisi ni la voie de l'ouverture politique ni celle de véritables réformes économiques.

Après quelques mois de relative liberté d'expression, la fermeture politique amorcée à partir de février 2001 s'est accélérée avec l'arrestation de dix personnalités de l'opposition démocratique au cours de l'été 2001 : le 9 août, le député Maamoun al-Homsi qui avait réclamé la création d'une Commission parlementaire des droits de l'homme ; le 1er septembre, l'ancien militant communiste Ryad Turk (libéré en mai 1998 après dix-sept ans d'isolement), pour avoir appelé à une « rupture » avec les années de « dictature » ; le député indépendant Ryad Seif, arrêté le 7 septembre après avoir repris les réunions de son cercle de débats politiques. Parmi les sept autres personnes arrêtées figuraient l'économiste Aref Dalila et des militants des droits de l'homme. La plupart des procès devaient avoir lieu devant des tribunaux d'exception, dont les jugements sont sans appel. Les deux premiers, ceux de R. Seif et de M. al-Homsi, ont abouti, au printemps 2002, à leur condamnation à cinq ans de prison chacun, alors que le procès de R. Turk s'ouvrait le 28 avril. Malgré la grâce présidentielle accordée à l'automne 2001 à près de 250 prisonniers politiques, leur nombre restait estimé à près de 600 personnes.

Les changements intervenus au sein de la sphère gouvernementale semblaient pour leur part vouloir inaugurer une ouverture. En particulier, le remaniement ministériel du 10 décembre 2001 a modifié l'équipe qui avait été mise en place en mars 2000 sous le défunt président Hafez el-Assad. Le Premier ministre, Moustapha Miro, a conservé son poste ainsi que les personnalités clés du régime de H. el-Assad, en particulier Moustafa Tlass (ministère de la Défense) et Farouk al-Charah (Affaires étrangères). Cependant, de nombreux portefeuilles ont été confiés à des personnalités indépendantes, sans lien avec le Baas, parti au pouvoir. C'est notamment le cas du nouveau ministre de l'Économie et du Commerce, Ghassan Rifaï, ancien haut fonctionnaire de la Banque mondiale, ou de celui des Finances, l'économiste Mohammad al-Atrach. Le ministère de l'Intérieur a été confié au général Ali Hammoud, jusqu'alors à la tête des principaux services secrets, afin de lutter contre la corruption et l'incompétence, ce qu'a manifesté la mise à pied de 23 officiers début 2002.

Ce gouvernement allait devoir prouver sa capacité à répondre aux difficultés profondes que connaissait le pays sur le plan économique (chômage atteignant 20 % de la population active, avec près de 300 000 nouveaux demandeurs d'emploi chaque année). Cependant, si la croissance est redevenue positive en 2001 (environ 3,5 %) avec une inflation de 1 %, la véri-

table modernisation de la Syrie restait à venir. Certains signes semblaient l'annoncer, comme sa candidature à l'OMC (Organisation mondiale du commerce) en octobre 2001, ce qui impliquerait une très importante mise à niveau de la législation économique et financière syrienne. Le même type de réformes structurelles était exigé dans le cadre des négociations d'association avec l'Union européenne. Or, celles-ci étaient toujours bloquées par la partie syrienne au printemps 2002. La loi sur la supervision bancaire (création d'un Conseil monétaire), adoptée en mars 2002, ouvrait cependant la voie à la création d'un secteur bancaire privé.

Sur la scène extérieure, le nouveau président a mis ses pas dans ceux de son père. Si le gouvernement syrien a fermement condamné les attentats terroristes du 11 septembre 2001 aux États-Unis, il a critiqué la riposte américaine en Afghanistan – au motif qu'elle n'était pas menée sous l'égide de l'ONU – et dénoncé le « terrorisme israélien » à l'encontre des Palestiniens. Au Liban, la Syrie maintenait sa tutelle politique et la présence de ses troupes armées, malgré un redéploiement de celles-ci dans la région de Beyrouth au printemps 2002.

Enfin, dans le contexte très tendu du conflit israélo-palestinien, la Syrie n'a cessé de rappeler sa vision d'un règlement de paix globale – impliquant notamment la restitution du plateau du Golan à la Syrie –, que ce soit au Conseil de sécurité de l'ONU (dont elle est membre non permanent pour deux ans depuis le 1er janvier 2002), au « sommet » de la Ligue arabe de Beyrouth (27-28 mars 2002), ou sur son sol, où le gouvernement a autorisé à compter de la mi-mars, fait rarissime, des manifestations quasi quotidiennes de soutien à l'*intifada* (soulèvement palestinien).
- Leïla Vignal ■

Péninsule Arabique

Arabie saoudite, Bahreïn, Émirats arabes unis, Koweït, Oman, Qatar, Yémen

Arabie saoudite

Remises en question

Le royaume d'Arabie saoudite a connu une année 2001-2002 particulièrement mouvementée, marquée par le besoin d'ouverture et les conséquences des attentats du 11 septembre 2001 aux États-Unis. Au cours des deux premiers trimestres 2001, le prince héritier Abdallah, homme fort du régime depuis l'embolie cérébrale du roi Fahd en 1995, a impulsé une série de mesures politiques, économiques et sociales visant à poursuivre les réformes. Il a notamment fait évoluer le rôle et le statut du Conseil consultatif dans le sens d'un véritable organe législatif. En mai 2001, huit compagnies internationales ont été sélectionnées pour participer à l'ouverture en aval du secteur pétrolier et gazier (depuis cette annonce, les négociations se sont enlisées faute d'une volonté suffisante) ; des « comités ouvriers », embryons de représentation syndicale, visant à assurer la « saoudianisation » des emplois ont été créés au sein d'entreprises de plus de cent personnes. Tandis que le taux de croissance s'établissait à 2,2 % sur l'année, le déficit budgétaire pour 2001 s'est élevé à 6,6 milliards de dollars (12 milliards de dollars prévus pour 2002) et la dette intérieure pour l'année 2001 (environ 100 % du PIB, soit 169,5 milliards de dollars) est demeurée une préoccupation majeure pour le gouvernement. Sur le plan international, le royaume a usé de toute son influence au sein de l'OPEP (Organisation des pays exportateurs de pétrole) ; il a normalisé ses relations avec l'Iran en signant un « accord de sécurité » en avril 2001 et a vigoureusement dénoncé la situation faite aux Palestiniens.

Les événements survenus aux États-Unis ont créé une conjoncture nouvelle. Patrie d'origine d'Oussama ben Laden, milliardaire issu d'une grande famille saoudienne d'origine yéménite et fondateur du réseau terroriste Al-Qaeda accusé d'avoir causé les attentats du 11 septembre, l'Arabie saoudite est devenue la cible de toutes les critiques et spéculations. Le royaume, gardien des deux Lieux saints de l'islam – La Mecque et Médine –, propagateur d'un islam rigoriste – le wahhabisme – et défenseur des causes musulmanes dans le monde, s'est vu accusé d'encourager l'extrémisme et le terrorisme. En outre, Riyad s'est trouvé directement visé par la « liste noire » établie par Washington, regroupant individus, institutions financières et fondations islamiques soupçonnés d'être liés au terrorisme. Dans ce contexte, les relations saoudo-américaines ont atteint le point le plus critique de leur histoire, entraînant retrait de capitaux du marché américain et retour massif d'étudiants saoudiens. Les tensions entre les deux pays ne se sont apaisées que lors de la visite du prince Abdallah au président américain George W. Bush le 25 avril 2002. Invoquant le rôle de l'Afghanistan dans la « protection et l'entraînement de terroristes », l'Arabie saoudite, seul pays à avoir soutenu

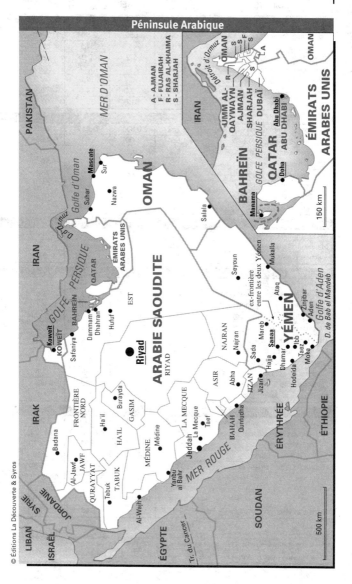

Péninsule Arabique

A - AJMAN
F - FUJAIRAH
R - RAS AL-KHAIMA
S - SHARJAH

© Éditions La Découverte & Syros

INDICATEUR	ARABIE SAOUDITE	BAHREÏN	ÉMIRATS ARABES U.	KOWEÏT
Démographie[a]				
Population *(millier)*	21 028	652	2 654	1 971
Densité *(hab./km²)*	9,8	944,6	31,7	110,6
Croissance annuelle (1995-2000) *(%)*	3,5	2,2	2,0	2,5
Indice de fécondité (ISF) (1995-2000)	6,15	2,63	3,17	2,89
Mortalité infantile (1995-2000) ‰	25,0	16,4	12,0	12,3
Espérance de vie (1995-2000) *(année)*	70,9	72,9	74,6	75,9
Population urbaine[c] *(%)*	85,1	91,8	85,5	97,5
Indicateurs socioculturels				
Développement humain (IDH)[b]	0,759	0,831	0,812	0,813
Nombre de médecins *(‰ hab.)*	1,66[g]	1,00[g]	1,81[g]	1,89[g]
Analphabétisme (hommes) *(%)*	16,4	8,8	24,7	15,7
Analphabétisme (femmes) *(%)*	31,8	16,8	20,1	19,7
Scolarisation 12-17 ans *(%)*	59,8[h]	59,8[h]	71,6[h]	75,9[i]
Scolarisation 3e degré *(%)*	19,4[f]	25,9[f]	13,3[f]	19,2[g]
Accès à Internet *(‰ hab.)*	13,44	198,87	339,24	101,47
Livres publiés *(titre)*	3 900[k]	40[k]	293[m]	196[o]
Armées (effectifs)				
Armée de terre *(millier)*	75[p]	8,5	59	11
Marine *(millier)*	15,5	1	2	2
Aviation *(millier)*	20	1,5	4	2,5
Économie				
PIB total (PPA)[b] *(million $)*	235 563	10 053[c]	48 855[f]	31 351
Croissance annuelle 1990-2000 *(%)*	2,0	4,6	4,9	3,5
Croissance annuelle 2001 *(%)*	2,2	3,3	5,0	2,7
PIB par habitant (PPA)[b] *($)*	11 367	15 084[c]	17 935[f]	15 799
Investissement (FBCF)[d] *(% PIB)*	17,2	13,7[e]	27,9[r]	12,0
Taux d'inflation *(%)*	– 1,4	– 0,2	2,2	2,5
Énergie (taux de couverture)[c] *(%)*	528,5	119,3	483,1	603,2
Dépense publique Éducation[f] *(% PIB)*	7,5[g]	3,7	2,0	6,5
Dépense publique Défense *(% PIB)*	16,3	6,4[b]	5,9[b]	9,8[b]
Dette extérieure totale[b] *(million $)*	26 300[w]	2 700[w]	12 600[w]	6 900[w]
Service de la dette/Export.[e] *(%)*	••	••	••	••
Échanges extérieurs				
Importations (douanes) *(million $)*	36 878	3 725	41 781	5 207
Principaux fournisseurs *(%)*	UE 34,4	UE 24,5	Asie[x] 52,0	Asie[x] 23,9
(%)	Asie[x] 34,3	Asie[x] 53,2	UE 31,9	UE 49,1
(%)	E-U 17,7	E-U 12,8	E-U 6,9	E-U 19,1
Exportations (douanes) *(million $)*	72 085	8 742	41 468	11 980
Principaux clients *(%)*	Asie[x] 58,1	Asie[x] 25,5	Asie[x] 72,7	Asie[x] 65,9
(%)	UE 14,8	UE 4,7	UE 5,6	UE 15,6
(%)	E-U 18,3	PNS[A] 60,4	PNS[A] 14,5	E-U 16,8
Solde transactions courantes *(% PIB)*	8,7	1,4[b]	13,3[g]	24,0

Définition des indicateurs, sigles et abréviations p. 23 et suivantes. Chiffres 2001 sauf notes. a. Derniers recensements utilisables :
Arabie saoudite, 1992 ; Bahrein, 1991 ; Émirats arabes unis, 1995 ; Koweït, 1995 ; Oman, 1993 ; Qatar, 1997 ; Yémen, 1994 ;
b. 2000 ; c. 1999 ; d. 1999-2001 ; e. 1998-2000 ; f. 1998 ; g. 1997 ; h. 1991 ; i. 1990 ; k. 1996 ; m. 1993 ; o. 1992 ; p. Non compris
Défense antiaérienne (16000 h.) ; q. Non compris Garde royale (6400 h.) et personnels étrangers (3700 h.) ; r. 1997-1998 ; s. 1995-

Bilan de l'année / **Arabie saoudite**

	OMAN	QATAR	YÉMEN
	2 622	575	19 114
	12,3	52,3	36,2
	3,3	2,0	4,2
	5,85	3,70	7,60
	26,6	13,6	73,8
	70,5	68,9	59,4
	82,4	92,3	24,5
	0,751	0,803	0,479
	1,33[f]	1,26[g]	0,20[f]
	19,1	19,2	31,5
	36,5	16,3	73,2
	72,3[h]	80,1[h]	••
	8,0[g]	25,9[f]	10,4[f]
	45,75	65,57	0,89
	7[k]	209[k]	••
	25[q]	8,5	49
	4,2	1,73	1,5
	4,1	2,1	3,5
	33 898	10 616	15 634
	4,5	6,5	4,3
	6,5	7,2	3,3
	13 356	18 789	893
	••	31,9[s]	24,4[e]
	– 2,6	– 0,7	11,9
	643,6	325,0	645,0
	3,9	3,3[f]	6,7
	10,0[u]	11,7[b]	7,8[v]
	6 267	13 100[w]	5 616
	12,9	••	4,0
	5 795	4 036	2 740
	Asie[x] 63,4	UE 47,5	Asie[x] 47,5
	UE 23,8	Asie[x] 37,2	UE 23,7
	E-U 5,8	E-U 9,2	E-U 7,4
	12 039	12 980	3 854
	Asie[y] 92,6	Asie[x] 78,8	Asie[y] 83,6
	C+H+T[z] 22,5	Jap 43,3	UE 2,5
	M-O 18,7	PNS[A] 9,9	E-U 5,5
	16,9[b]	0,0	20,7[b]

1997 ; t. 1994 ; u. 15,3 % selon la Banque mondiale ; v. 6,1 % selon la Banque mondiale ; w. Selon la CIA ; x. Y compris Japon et Moyen-Orient ; y. Non compris Japon et Moyen-Orient ; z. Chine, Hong Kong, Taïwan ; A. Pays non spécifiés.

officiellement le régime des taliban à Kaboul (avec les Émirats arabes unis et le Pakistan), a rompu ses relations avec les taliban dont il avait financé la lutte avec l'aide des services américains et pakistanais.

Le prince Abdallah a dû contrecarrer toute tentative de récupération et d'amplification par l'opposition islamiste, et redonner à une opinion publique américaine et occidentale majoritairement hostile l'image d'un pays stable et modéré. Début décembre 2001, il a prononcé, devant les principaux dignitaires religieux du pays, un discours à la teneur politique remarquée, prêchant l'apaisement, le refus de toute « outrance », et la volonté d'être « l'exemple à suivre » pour tous les musulmans du monde, précisant qu'il en allait de « l'intérêt de la patrie ». Son plan de paix, dans lequel il a appelé tous les pays arabes à reconnaître Israël si ce dernier se retirait des territoires conquis après la guerre de 1967, et reconnaissait à son tour l'existence d'un État pa-

---

Royaume d'Arabie saoudite

Capitale : Riyad.
Superficie : 2 149 690 km².
Population : 21 028 000.
Langue : arabe.
Monnaie : riyal (1 riyal = 0,28 € au 31.5.02).
Nature de l'État : royaume.
Nature du régime : monarchie absolue.
Chef de l'État et du gouvernement : roi Fahd bin Abdulaziz al-Saoud (depuis juin 82).
Vice-président du Conseil des ministres : prince Abdallah bin Abdulaziz al-Saoud.
Ministre de la Défense : prince Sultan bin Abdulaziz al-Saoud.
Ministre de l'Intérieur : prince Nayef bin Abdulaziz al-Saoud.
Ministre des Affaires étrangères : prince Saoud al-Faysal bin Abdulaziz al-Saoud.
Contestation territoriale : contentieux avec les ÉAU sur le tracé de la frontière terrestre.

lestinien, a été adopté par les États arabes présents au « sommet » de la Ligue arabe, organisé à Beyrouth les 27-28 mars 2002. Ce plan a immédiatement été rejeté par Israël. - **Bernard El Ghoul** ∎

Bahreïn

Poursuite des réformes institutionnelles

Dans le cadre de sa marche vers l'établissement d'une monarchie constitutionnelle (devant remplacer la monarchie absolue) à travers la Charte nationale plébiscitée en février 2001, l'émir Cheikh Hamad bin Issa s'est décrété le 14 février 2002 et a annoncé la prochaine tenue d'élections municipales et législatives. Les municipales, organisées les 9 et 15 mai 2002, ont vu une large victoire des candidats conservateurs islamistes. Quant aux

Royaume de Bahreïn

Capitale : Manama.
Superficie : 678 km².
Population : 652 000.
Langue : arabe.
Monnaie : dinar (1 dinar = 2,83 €
au 31.5.02).
Nature de l'État : royaume.
Nature du régime : monarchie
constitutionnelle.
Chef de l'État : roi Cheikh Hamad
bin Issa al-Khalifa (depuis le 6.3.99).
Chef du gouvernement :
Cheikh Khalifa bin Salman al-Khalifa
(depuis 1971).
Ministre de la Défense :
Cheikh Khalifa bin Ahmad al-Khalifa.
Ministre de l'Intérieur :
Cheikh Mohammed bin Khalifa
bin Hamad al-Khalifa.
Ministre des Affaires étrangères :
Cheikh Mohammed bin Moubarak
al-Khalifa.
Échéances institutionnelles :
élections législatives (oct. 02).

législatives, elles étaient prévues pour le 24 octobre 2002. Le roi a dû maintenir un équilibre délicat afin de protéger les intérêts de sa famille, de ne pas mécontenter les conservateurs, et d'éviter la naissance de foyers de contestation populaire. La répression des manifestations pour l'emploi au mois de janvier 2002 a quelque peu terni ces efforts.

À la suite des attentats du 11 septembre 2001 aux États-Unis, Manama a connu la seule manifestation anti-américaine du Golfe, à l'impact très limité. Bahreïn, allié fidèle de Washington, a confirmé sa disponibilité à servir de base stratégique aux troupes américaines et à mener la lutte contre les réseaux financiers terroristes, ce qui lui a valu l'octroi du statut privilégié d'« État ami hors OTAN – Organisation du traité de l'Atlantique nord ».

Le royaume, dont la souveraineté sur les îles Hawar a été confirmée en mars 2001 par la Cour internationale de justice, a totalement normalisé ses relations avec Qatar. - **Bernard El Ghoul** ∎

Émirats arabes unis

Trente ans d'existence

Les Émirats arabes unis (EAU) ont fêté leurs trente ans d'existence le 2 décembre 2001, dans une ambiance marquée par les attentats du 11 septembre 2001 aux États-Unis, par la santé fragile de Cheikh Zayed, et par l'affirmation du pouvoir de son fils, Cheikh Khalifa, prince héritier d'Abu Dhabi, pressenti comme prochain président de la fédération.

Malgré le ralentissement d'activité consécutif aux attentats du 11 septembre 2001 (au niveau touristique notamment), Dubaï a continué de créer l'événement en inaugurant le premier « gouvernement électronique » du Golfe visant à mettre en ligne une série de services administratifs et gouvernementaux, en développant la zone franche

Émirats arabes unis (EAU)

Capitale : Abu Dhabi.
Superficie : 83 600 km².
Population : 2 654 000.
Langue : arabe.
Monnaie : dirham (1 dirham = 0,29 €
au 31.5.02).
Nature de l'État : fédération réunissant
sept émirats (Abu Dhabi, Dubaï,
Sharjah, Ajman, Umm al-Qaywayn,
Ras al-Khaima, Fujayrah).
Nature du régime : monarchies
absolues.
Chef de l'État : Cheikh Zayed
bin Sultan al-Nahyan, émir d'Abu Dhabi
(depuis déc. 71).
Chef du gouvernement : Cheikh
Maktoum bin Rachid al-Maktoum,
émir de Dubaï.
Ministre de la Défense : Cheikh
Mohammed bin Rachid al-Maktoum.
Ministre de l'Intérieur : lieut.-gén.
Mohammed Saïd al-Badi.
Ministre des Affaires étrangères :
Cheikh Rachid bin Abdallah al-Nuaymi.
Contestations territoriales : litige avec
l'Iran sur les îles Tomb (Grande Tomb
et Petite Tomb) et sur Abu Mussa ;
contentieux frontaliers avec l'Arabie
saoudite.

réservée aux nouvelles technologies, et en
lançant le projet du Dubai International Financial Center afin de faire de l'émirat la nouvelle plaque financière de la région. Abu
Dhabi a poursuivi, à son rythme, les privatisations des secteurs clés de l'eau et de
l'électricité.

Les Émirats, seul pays (avec l'Arabie
saoudite et le Pakistan) à avoir soutenu politiquement le régime des taliban à Kaboul,
ont rompu leurs liens avec ceux-ci dès le
22 septembre 2001, après le refus des taliban de livrer le chef terroriste Oussama
ben Laden. Situés dans la ligne de mire de
Washington, les EAU ont dû renforcer leurs
lois sur le blanchiment d'argent. Le pays a
affirmé son soutien à la coalition internationale contre le terrorisme, tout en appelant
à un règlement rapide et juste de la question israélo-palestinienne et à une levée des
sanctions contre l'Irak. Les EAU ont continué à rechercher des soutiens arabes dans
le différend qui les oppose à l'Iran sur les
îles Tomb et Abu Mussa. - **Bernard El
Ghoul** ∎

Koweït

Crise politique et économique

Les quatre mois de convalescence à
Londres de l'émir Cheikh Jaber, ainsi que
les dissensions internes à la famille régnante
empêchant tout plan de succession, n'ont
fait qu'aggraver la crise politique et souligner la vacuité du pouvoir.

Le Parlement a continué de s'opposer
au projet gouvernemental d'ouverture en
amont du secteur pétrolier (Kuwait Project),
dans un climat de règlement de comptes visant plusieurs ministres. La mauvaise situation économique a poussé le gouverne-

État du Koweït

Capitale : Koweït.
Superficie : 17 811 km².
Population : 1 971 000.
Langue : arabe.
Monnaie : dinar (1 dinar = 3,50 €
au 31.5.02).
Nature de l'État : émirat.
Nature du régime : monarchique.
Chef de l'État : Cheikh Jaber al-Ahmed
al-Jaber al-Sabah (depuis 1977).
Chef du gouvernement : Cheikh Saad
al-Abdallah al-Salim al-Sabah
(depuis 1978).
Ministre de la Défense : Cheikh Jaber
al-Moubarak al-Hamed al-Sabah.
Ministre de l'Intérieur :
Cheikh Mohammed al-Khaled
al-Hamed al-Sabah.
Ministre des Affaires étrangères :
Cheikh Sabah al-Ahmed al-Jaber
al-Sabah.
Échéances institutionnelles :
élections législatives (2003).

ment à institutionnaliser une aide pour faire face à la hausse du chômage, d'autant plus que la production pétrolière du pays a été réduite de près d'un tiers après une explosion intervenue début février 2002 dans un complexe du nord du pays. L'assassinat, le 20 mars 2001, d'une féministe koweïtienne, propriétaire de l'hebdomadaire *Al-Majales* et première femme journaliste du pays, ainsi que celui d'un ressortissant canadien, tombé sous les balles d'un inconnu en octobre 2001, n'ont fait que fragiliser la situation intérieure et l'image internationale du Koweït.

Les islamistes ont profité des attentats du 11 septembre 2001 aux États-Unis pour se faire entendre, ce qui a amené les autorités à se distancier très nettement de la mouvance islamiste, tout en affirmant leur soutien à la coalition internationale contre le terrorisme et aux actions américaines dans la région. Les velléités de Badgad qui, sporadiquement, revendique le Koweït comme partie intégrante de son territoire et menace de revenir sur sa reconnaissance de l'émirat, ainsi que la question toujours en suspens des « prisonniers et disparus » de la seconde guerre du Golfe (1990-1991) ont entretenu les tensions entre les deux pays. Cependant, un signe de détente est intervenu à la suite de l'engagement de l'Irak à respecter l'intégrité territoriale du Koweït, lors du « sommet » de la Ligue arabe à Beyrouth les 27 et 28 mars 2002. Par ailleurs, le Koweït a accepté le principe d'un retour de la main-d'œuvre jordanienne dans le pays. - **Bernard El Ghoul** ■

Oman

Lutte contre la corruption

Dans le cadre d'un plan de lutte contre la corruption, le sultan Qabous a pris des mesures sans précédent (création d'un tribunal administratif, arrestation de hauts fonctionnaires) visant à restaurer la confiance. Afin de réduire les dépenses pu-

Sultanat d'Oman

Capitale : Mascate.
Superficie : 212 457 km^2
Population : 2 622 000.
Langue : arabe.
Monnaie : riyal (1 riyal = 2,77 €
au 31.5.02).
Nature de l'État : sultanat.
Nature du régime : monarchie absolue.
Chef de l'État et du gouvernement :
Sultan Qabous bin Saïd al-Saïd
(depuis 1970), également ministre des
Affaires étrangères et de la Défense.
Ministre délégué à la Défense :
Badr bin Saoud bin Hareb al-Bousaïdi
(depuis le 5.11.96).
Ministre de l'Intérieur :
Ali bin Hammoud bin Ali al-Bousaïdi
(depuis le 5.11.96).
**Ministre délégué aux Affaires
étrangères :** Youssef bin Alaoui
bin Abdallah.

bliques et de se conformer aux exigences de l'OMC (Organisation mondiale du commerce), le gouvernement a décidé de concrétiser la privatisation de secteurs clés (eau, électricité, postes et télécommunications), dont le sixième plan quinquennal (2001-2005) avait déjà prévu les étapes de réalisation. Les autorités ont décidé de faire passer la production pétrolière à 1 million de barils/jour avant 2005 et la politique d'« omanisation » des emplois est demeurée l'une de leurs priorités. Mascate a démenti un rôle de base arrière dans la guerre menée, à la suite des attentats du 11 septembre 2001 aux États-Unis, par la « coalition internationale antiterroriste » contre le régime taliban en Afghanistan (fin 2001), malgré la présence sur son territoire de plus de 20 000 soldats britanniques dans le cadre d'opérations militaires conjointes. Le sultanat a cependant apporté son soutien à Washington dans sa lutte contre le terrorisme, tout en s'inquiétant des développements du conflit israélo-palestinien. - **Bernard El Ghoul** ■

Qatar

Al-Jazeera, « CNN du monde arabe »

Les travaux d'élaboration de la nouvelle Constitution se sont poursuivis sous l'impulsion de l'émir Cheikh Hamad.

Le début de la guerre menée par la « coalition internationale antiterroriste » contre le régime taliban en Afghanistan, le 7 octobre 2001, a marqué un tournant pour la chaîne d'information *Al-Jazeera*, entrée dans sa cinquième année d'existence. Seule autorisée par les taliban à filmer les zones sous leur contrôle, accusée par Washington de se faire le porte-parole des terroristes, *Al-Jazeera*, qui a diffusé à plusieurs reprises des messages du chef terroriste Oussama ben Laden, a contribué à redessiner le paysage médiatique arabe et international, en concurrençant la chaîne américaine *CNN*. Qatar, qui accueille une importante base américaine, a assuré Washington de son soutien à la lutte contre les réseaux terroristes. Malgré les attentats du 11 septembre 2001 aux États-Unis et après de longues incertitudes, le maintien et la bonne tenue du sommet de l'OMC (Organisation mondiale du commerce) à Doha en novembre 2001, dans des conditions d'accès et de sécurité draconiennes, ont été un succès pour l'émirat, de même que la signature du projet « Dolphin » visant à fournir en gaz Abu Dhabi et Dubaï. **- Bernard El Ghoul** ■

Yémen

Sous l'œil soupçonneux de Washington

L'après « 11 septembre 2001 » a accentué les ambiguïtés et difficultés de la position du Yémen dans la lutte antiterroriste internationale. Le pays n'échappait toujours pas à ses démons et les affrontements tribaux, les enlèvements et les bombes em-

État du Qatar

Capitale : Doha.
Superficie : 11 000 km^2.
Population : 575 000.
Langue : arabe.
Monnaie : riyal (1 riyal = 0,29 € au 31.5.02).
Nature de l'État : émirat.
Nature du régime : monarchie absolue.
Chef de l'État : Cheikh Hamad bin Khalifa bin Hamad al-Thani (depuis le 27.6.95), également ministre de la Défense.
Chef du gouvernement et ministre de l'Intérieur : Cheikh Abdallah bin Khalifa bin Hamad al-Thani.
Ministre des Affaires étrangères : Cheikh Hamad bin Jasem bin Jaber al-Thani.

République du Yémen

Capitale : Sanaa.
Superficie : 454 000 km^2.
Population : 19 114 000.
Langue : arabe.
Monnaie : riyal (au taux officiel, 100 riyals = 0,62 € au 30.4.02).
Nature de l'État : république issue de l'union du Yémen du Sud et du Yémen du Nord en 1990. La décentralisation entamée en 2001 vise à contrôler les tendances centrifuges nourries par le tribalisme et les identités régionales.
Nature du régime : présidentiel, introduction du bicaméralisme en 2001 par référendum constitutionnel.
Chef de l'État : maréchal Ali Abdallah Saleh, président de la République (depuis le 22.5.90, réélu le 23.9.99).
Vice-président : général Abderabu Mansur al-Hadi (depuis oct. 94).
Président du Conseil : Abdulqader Bajammal (depuis le 4.5.01).
Vice-président du Conseil et ministre des Finances : Alawi al-Salami (depuis le 4.5.01).
Échéances institutionnelles : élections parlementaires (avr. 03) ; en mai 02, un débat s'est ouvert pour retarder les élections des conseils locaux prévus pour avr. 03.

Péninsule Arabique/Bibliographie

« L'Arabie saoudite et la péninsule après le 11 septembre : défis et enjeux d'une région en crise », *Monde arabe/Maghreb-Machreck*, n° 174, La Documentation française, Paris, 2002.

J. Chelhod (sous la dir. de), *Arabie du Sud*, 3 vol., Maisonneuve et Larose, Paris, 1997 (nouv. éd.).

A. H. Cordesman, *Bahrain, Oman, Qatar and the UAE : Challenges of Security*, Westview Press, Boulder (CO), 1997.

O. Da Lage, *Géopolitique de l'Arabie saoudite*, Complexe, Bruxelles, 1996.

F. Dazi-Heni, « Des processus électoraux engagés dans les monarchies du Golfe : les cas du Koweït et du Qatar », *Monde arabe/Maghreb-Machrek*, n° 168, La Documentation française, Paris, avr.-juin 2000.

R. Detalle, (sous la dir. de), *Tensions in Arabia : the Saudi-Yemeni Fault Line*, Nomos, Baden Baden, 2000.

R. Detalle, « Frontières externes et délimitation interne du Yémen », *Chroniques yéménites*, CEFAS, Sanaa, 2001.

J.-P. Doumenge, C. Lochon, V. Bodon (sous la dir. de), *Regards sur le Maghreb, le Moyen-Orient et l'Asie centrale*, CHEAM/La Documentation française, Paris, 1999.

P. Dresch, *A History of Modern Yemen*, Cambridge University Press, Cambridge, 2001.

B. Dumortier, *Géographie de l'Orient arabe*, Armand Colin, Paris, 1997.

M. Fandy, *Saudi Arabia and the Politics of Dissent*, Macmillan, Londres, 1999.

F. G. Gausse III, « The Gulf Conundrum : Economic Change, Population Growth and Political Stability in the GCC States », *The Washington Quarterly*, vol. 20, n° 1, hiv. 1997.

E. Ghareeb, I. al-Abed (sous la dir. de), *Perspectives on the United Arab Emirates*, Trident Press, Londres, 1999.

F. Heard-Bey, *Les Émirats arabes unis*, Karthala, Paris, 1999.

B. Kodmani-Darwish, M. Chartouni-Dubarry (sous la dir. de),*Les États arabes face à la contestation islamiste*, Armand Colin, Paris, 1997.

E. J. Kostiner, *Middle East Monarchies. The Challenge of Modernity*, Lynne Rienne Publishers, Boulder (CO), 2000.

H. Labrousse, « Le règlement du conflit des îles Hanish », *Défense nationale*, n° 2, Paris, févr. 1999.

B. Le Cour Grandmaison, *Le Sultanat d'Oman*, Karthala, Paris, 2000.

F. Mermier, R. Leveau, U. Steinbach (sous la dir. de), *Le Yémen contemporain*, Karthala/CEFAS, Paris, 1999.

Middle East Policy, Middle East Policy Council, Blackwell, Oxford (http ://www.mepc.org/journal).

G. Sick, L. Potter (sous la dir. de), *The Persian Gulf at the Millenium : Essays in Politics, Economy, Security and Religion*, St Martin's Press, New York, 1997.

M. A. Tetreault, *Stories of Democracy : Politics and Society in Contemporary Kuwait*, Columbia University Press, New York, 2000.

The Middle East Journal, The Middle East Institute, Washington.

O. Winckler, « The Immigration Policy of the Gulf Cooperation Council States », *Middle Eastern Studies*, vol. 33, n° 3, Londres, juil. 1997.

Voir aussi la bibliographie sélective « Proche et Moyen-Orient », p. 212.

ployées pour communiquer avec le pouvoir ont continué de rythmer la vie politique. Pour éviter une nouvelle ostracisation, comme après 1990, lorsque le Yémen avait été accusé de soutenir l'Irak, le président Ali Abdallah Saleh a immédiatement condamné les attentats aux États-Unis et sommé les représentants des partis de s'abstenir de toute manifestation intempestive. Cette solidarité affichée s'est traduite par des arrestations, la fermeture d'une université privée islamiste et un contrôle étroit des étrangers résidant au Yémen, qui n'ont cependant pas suffi à convaincre les diplomates américains. Après avoir désigné le Yémen comme une cible, Washington a fini par reconnaître en lui un allié, et les deux pays ont signé un accord de coopération lors de la visite du président Saleh à Washington en novembre 2001.

La population et le Parlement ont pourtant exprimé leur rejet des bombardements contre l'Afghanistan. En essayant d'arrêter deux membres supposés du réseau terroriste Al-Qaeda en décembre 2001, les forces spéciales yéménites se sont heurtées à une vive résistance tribale, qui a fait 22 morts et permis la fuite des suspects. L'échec de cette opération et certaines réticences à coopérer comme promis avec Washington ont ravivé le souvenir des tergiversations yéménites au cours de l'enquête sur l'attentat contre le destroyer *USS Cole* à Aden en octobre 2000. La visite du vice-président américain Dick Cheney, en mars 2002, a été l'occasion d'annoncer l'envoi d'experts américains en contre-terrorisme. Ces experts très discrets interviennent dans la formation et l'équipement des militaires comme des fonctionnaires de l'immigration. L'ambassade américaine a été visée par des attentats mineurs et a attiré de nombreuses manifestations, au printemps 2002, pour dénoncer l'offensive israélienne en Palestine. Cette mobilisation a reçu l'appui des autorités, qui ont organisé la collecte de fonds pour les Palestiniens.

Les consultations de l'automne 2001 pour réviser la loi électorale ont tourné court et le gouvernement a recouru à sa majorité parlementaire pour faire passer son projet, dénoncé par une opposition incapable de mobiliser les nombreux mécontents. Créé en novembre 2001, le Forum des fils du Sud a dénoncé la discrimination contre les habitants de l'ancien Yémen du Sud. Face à l'ampleur du mouvement, le président Saleh a dû promettre plus d'équité. Les six monarchies membres du Conseil de coopération du Golfe (CCG) ont concédé au Yémen, candidat à l'adhésion, la participation à des instances mineures (sport). L'économie a souffert de l'effondrement du tourisme et le projet d'exploitation du gaz naturel est resté en suspens faute de marché à l'export. Fin juillet 2001, la hausse de 70 % du prix du diesel, retardée depuis plusieurs années, n'a pas entraîné les protestations attendues. Les exportations de pétrole brut maintiennent le pays à flot mais ne suffisent pas à contrer la paupérisation croissante de la population, qui paie le coût social d'un ajustement structurel illusoire. La modernisation de l'armée échappe largement à l'austérité budgétaire, alors que le pays a réglé tous ses problèmes de frontières. **- Renaud Detalle** ■

Moyen-Orient

Afghanistan, Iran, Pakistan

Afghanistan

Un pays à reconstruire après l'effondrement des taliban

L'année 2001 a marqué un retournement complet de la situation en Afghanistan débouchant sur une internationalisation du conflit et une quasi-mise sous tutelle du pays par la communauté internationale.

En juin 2001, le scénario qui avait prévalu chaque année depuis la montée en puissance des taliban (fondamentalistes pachtounes) en 1994-1995 s'était répété : ceux-ci massaient des troupes dans la région du Nord-Est pour attaquer le bastion tenu par l'Alliance du Nord du commandant Ahmed Shah Massoud. Mais cette fois, la part des combattants étrangers avait augmenté : outre les troupes d'Al-Qaeda et des volontaires pakistanais, le Mouvement islamique d'Ouzbékistan (MIO) avait renoncé à sa campagne annuelle au Kirghizstan et s'était engagé militairement contre le commandant Massoud. Les combats ne furent toutefois pas concluants. Il a semblé, après coup, que l'offensive devait être lancée après l'attentat programmé pour assassiner A. S. Massoud, lequel n'intervint que le 9 septembre.

Les attentats du 11 septembre 2001 aux États-Unis ont été attribués à Oussama ben Laden, chef du réseau terroriste Al-Qaeda installé en Afghanistan auprès des taliban. Et, soudain, les États-Unis se sont considérés comme en état de guerre non seulement contre Al-Qaeda, mais aussi contre les taliban. Après quelques tentatives formelles d'obtenir la livraison d'O. ben Laden par le chef taliban Mollah Omar, Washington a préparé une offensive militaire qui avait deux objectifs : la destruction d'Al-Qaeda et celle du régime taliban. Si le premier but restait aléatoire dans la mesure où les chefs de l'organisation pouvaient quitter le territoire afghan, la réalisation du second était impérative pour dissuader tout autre pouvoir de fait ou de droit, dans le monde, de donner refuge à des terroristes. Washington devait donc s'assurer un relais militaire et politique en Afghanistan. L'Alliance du Nord remplissait la première condition et partiellement la seconde. Les États-Unis ont immédiatement pris contact avec elle, tout en cherchant une « carte » pachtoune, qu'ils ont trouvée en la personne de Hamid Karzaï, membre d'une grande famille pachtoune de Kandahar. La première mesure du gouvernement américain a été de négocier le soutien des pays voisins de l'Afghanistan. Les pays d'Asie centrale ont immédiatement offert l'utilisation de leur territoire comme base arrière ; l'Iran a, quant à lui, laissé faire. Le point le plus sensible était évidemment le Pakistan, soutien inconditionnel des taliban. Au pied du mur, le général Pervez Musharraf a accordé son soutien total à Washington pour éviter d'être pris en tenailles entre les États-Unis et l'Inde. Mais cette volte-face a entraîné des tensions, notamment à l'intérieur des services de

Moyen-Orient

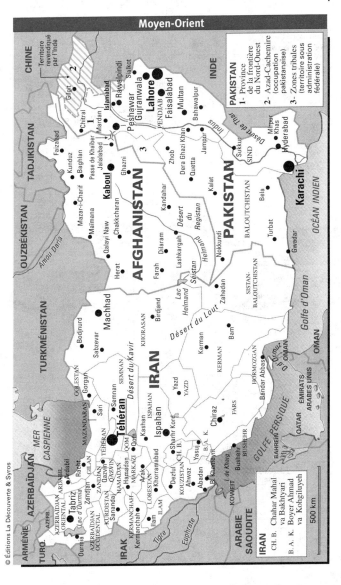

© Éditions La Découverte & Syros

PAKISTAN
1- Province de la frontière du Nord-Ouest
2- Azad-Cachemire (occupation pakistanaise)
3- Zones tribales (territoire sous administration fédérale)

IRAN
CH. B. Chahar Mahal va Bakhtyari
B. A. K. Boyer Ahmad va Kohgiluyeh

CHINE
Territoire revendiqué par l'Inde
TADJIKISTAN
OUZBÉKISTAN
TURKMÉNISTAN
INDE

Gilgit
Faizabad
Chitral
Kunduz
Baghlan
Mazar-i-Charif
Maimana
Qalayi Naw
Chakkcharan
Herat
Dilaram
Farah
Lashkargah

Passe de Khaïber
Jalalabad
Kaboul
Ghazni
AFGHANISTAN
Désert du Registan
Séistan
Lac Helmand
Nokkundi

Rawalpindi
Sialkot
Islamabad
Peshawar
Mardan
Lahore
Gujranwala
PENDJAB
Faisalabad
Multan
Bahawalpur
Dera Ghazi Khan
Zhob
Kandahar
Quetta
Kalat
Bela
Turbat
BALOUTCHISTAN
Gwadar
Jampur
Sukkur
Mirpur Khas
Hyderabad
SIND
Karachi
Désert de Thar
Indus
OCÉAN INDIEN

Bodjnurd
Sabzevar
Machhad
KHORASAN
Birdjand
Zahedan
SISTAN-BALOUTCHISTAN
Kerman
KERMAN
Bam
Désert du Lout
HORMOZGAN
Bandar Abbas
D. d'Ormuz
OMAN
Golfe d'Oman

ARMÉNIE
TURQ.
AZERB.
AZERBAÏDJAN
Ardabil
AZERBAÏDJAN ORIENTAL
Tabriz
Lac d'Ourmia
Ourmia
AZERBAÏDJAN OCCIDENTAL
KURDISTAN
Sanandaj
KERMANCHAH
Kermanchah
Ilam
ILAM
IRAK
MER CASPIENNE
Racht
GILAN
ZANDJAN
Zandjan
Qazvin
QAZVIN
HAMADAN
Hamadan
Arak
MARKAZI
LORESTAN
Dezful
KOUZISTAN
Ahwaz
Abadan
Khorramabad
Téhéran
TÉHÉRAN
Qom
QOM
Kashan
SEMNAN
Semnan
Désert du Kavir
ISPAHAN
Ispahan
Shahr Kord
CH. B.
B. A. K.
Yassuj
Yazd
YAZD
Chiraz
FARS
BUSHEHR
Bushehr
Bandar-e Busheyr
Ile de Kharg
IRAN
KOWEÏT
BAHREÏN
QATAR
GOLFE PERSIQUE
ÉMIRATS ARABES UNIS
OMAN
Amou Daria
Sari
MAZANDARAN
Gorgan
GOLESTAN

ARABIE SAOUDITE
Tigre
Euphrate

500 km

INDICATEUR	AFGHANI-STAN	IRAN	PAKISTAN
Démographie[a]			
Population *(millier)*	22 474	71 369	144 971
Densité *(hab./km²)*	34,5	44,0	188,1
Croissance annuelle (1995-2000) *(%)*	2,6	1,7	2,7
Indice de fécondité (ISF) (1995-2000)	6,90	3,20	5,48
Mortalité infantile (1995-2000) ‰	164,7	44,0	95,3
Espérance de vie (1995-2000) *(année)*	42,5	68,0	59,0
Population urbaine[c] *(%)*	21,5	61,1	36,5
Indicateurs socioculturels			
Développement humain (IDH)[b]	• •	0,721	0,499
Nombre de médecins *(‰ hab.)*	0,11[g]	0,85[h]	0,57[g]
Analphabétisme (hommes) *(%)*	48,4[b]	16,0	41,8
Analphabétisme (femmes) *(%)*	78,1[b]	29,5	71,2
Scolarisation 12-17 ans *(%)*	15,5[i]	59,8[k]	17,0[i]
Scolarisation 3e degré *(%)*	1,9[g]	18,3[g]	3,6[g]
Accès à Internet *(‰ hab.)*	• •	6,23	3,45
Livres publiés *(titre)*	2 795[i]	15 073[h]	124[m]
Armées (effectifs)			
Armée de terre *(millier)*	• •	325[o]	550
Marine *(millier)*	• •	18	25
Aviation *(millier)*	• •	45	45
Économie			
PIB total (PPA)[b] *(million $)*	21 000[p]	374 582	266 159
Croissance annuelle 1990-2000 *(%)*	• •	4,5	3,9
Croissance annuelle 2001 *(%)*	• •	5,1	3,4
PIB par habitant (PPA)[b] *($)*	965[p]	5 884	1 928
Investissement (FBCF)[d] *(% PIB)*	• •	20,5[e]	15,3
Taux d'inflation *(%)*	• •	11,7	3,8
Énergie (taux de couverture)[c] *(%)*	39,4[f]	221,4	73,7
Dépense publique Éducation *(% PIB)*	1,5[i]	4,6[f]	2,7[g]
Dépense publique Défense *(% PIB)*	14,5[f]	7,5[qb]	5,8[bc]
Dette extérieure totale[b] *(million $)*	5 500[hp]	7 953	32 091
Service de la dette/Export.[e] *(%)*	• •	18,8	25,3
Échanges extérieurs			
Importations (douanes) *(million $)*	718	17 662	10 376
Principaux fournisseurs *(%)*	Asie[r] 53,3	UE 34,7	Asie[r] 63,8
(%)	Ex-CAEM[s] 19,2	Asie[r] 25,7	UE 16,8
(%)	UE 5,8	Ex-CAEM[s] 10,2	E-U 5,6
Exportations (douanes) *(million $)*	89	25 796	9 170
Principaux clients *(%)*	Asie[r] 50,7	Asie[r] 58,4	Asie[r] 37,3
(%)	UE 25,0	UE 20,4	UE 26,3
(%)	Ex-CAEM[s] 8,2	PNS[t] 14,9	E-U 23,9
Solde transactions courantes *(% PIB)*	• •	5,4	– 1,2

Définition des indicateurs, sigles et abréviations p. 23 et suivantes. Chiffres 2001 sauf notes. a. Derniers recensements utilisables : Afghanistan, 1979 ; Iran, 1991 ; Pakistan, 1998 ; b. 2000 ; c. 1999 ; d. 1999-2001 ; e. 1998-2000 ; f. 1996 ; g. 1997 ; h. 1996 ; i. 1990 ; k. 1991 ; m. 1994 ; o. « Non compris 125 000 "gardiens de la Révolution" (Pasdarans) » ; p. Selon la CIA ; q. 2,9 % selon la Banque mondiale ; r. Y compris Japon et Moyen-Orient ; s. Y compris républiques de l'ancienne Yougoslavie ; t. Pays non spécifiés.

renseignement de l'armée pakistanaise – l'ISI continuant un temps à soutenir les taliban –, ainsi qu'une vague de manifestations dans les écoles religieuses pakistanaises, surtout en zones pachtounes.

Sept semaines de guerre

La stratégie d'O. ben Laden et des taliban a été de faire monter la tension et d'attendre l'attaque américaine, en espérant un enlisement rapide de l'action militaire en parallèle avec une opposition croissante de l'opinion publique au Pakistan et dans le monde arabe. Les États-Unis ont positionné des troupes et des avions en Ouzbékistan, au Tadjikistan, au Kirghizstan et au Pakistan. L'opération aérienne, déclenchée le 7 octobre, s'est accompagnée d'envois de conseillers et de commandos auprès de l'Alliance du Nord et des autres commandants opposés aux taliban. Il a fallu plusieurs semaines pour que la coordination se mette en place, mais, début novembre, les forces du Nord ont lancé une série d'attaques terrestres, bien coordonnées avec l'aviation américaine. Le dispositif taliban s'est effondré en quelques jours dans tout le nord du pays, ses troupes désertant massivement. Mazar-i-Charif est tombé le 10 novembre, puis Kaboul, pris sans combat trois jours plus tard, les héritiers d'A. S. Massoud s'imposant comme les véritables maîtres du nouveau pouvoir. Les combattants arabes d'Al-Qaeda, le Mouvement islamique d'Ouzbékistan et les volontaires pakistanais ont opposé une résistance désespérée, mais se sont trouvés totalement isolés au milieu d'une population hostile : repliés sur Kunduz, ils ont été décimés par les bombardements américains. Après leur reddition, les survivants se sont révoltés dans la prison de Qala-i-Jhangi près de Mazar-i-Charif, ce qui a entraîné à nouveau des centaines de victimes (25 novembre). Kandahar a opposé une brève résistance, mais après l'arrivée de troupes américaines sur l'aéroport à la fin du mois de novembre, les dernières forces talibanes se sont éparpillées et Mollah Omar s'est enfui.

Pour la coalition internationale antiterroriste, le bilan de l'opération aura été plutôt positif par rapport aux objectifs : le régime des taliban a été détruit et Al-Qaeda mis en fuite, mais ni Mollah Omar ni O. ben Laden n'ont été capturés. Des groupes de combattants étrangers ont continué de mener des combats résiduels dans les provinces de Paktya et Nangrahar, amenant Washington à maintenir ses troupes et à mener des opérations ponctuelles.

République d'Afghanistan

Une situation institutionnelle confuse a prévalu après la chute du régime mis en place par l'URSS, le 27.4.92. Cette situation a été marquée par une guerre civile entre factions, qui s'est poursuivie après la prise de Kaboul par les taliban le 26.9.96. À la suite des attentats du 11.9.01 aux États-Unis, Washington a lancé une offensive contre le régime des taliban, qui abritait le réseau terroriste Al-Qaeda. Après la chute des taliban (nov. 01), la communauté internationale a soutenu la mise en place d'un nouveau pouvoir multiethnique et l'ONU a déployé une Force internationale d'assistance et de sécurité (ISAF).

Capitale : Kaboul.

Superficie : 647 497 km².

Population : 22 474 000.

Langues : pachtou, dari, ouzbek, etc.

Monnaie : afghani (au taux officiel, 1 000 afghanis = 0,35 € au 31.5.02).

Nature de l'État : république.

Nature du régime : autorité de transition issue de la Loya Jirga réunie en juin 02, en attendant les élections devant se tenir d'ici deux ans. Jusqu'à l'établissement d'une nouvelle Constitution, celle de 1964 est appliquée.

Président de l'Autorité de transition : Hamid Karzaï (depuis le 13.6.02).

Vice-présidents : général Mohammed Qasim Fahim, Karim Khallili et Haji Abdul Qadir (assassiné le 6.7.02).

Bilan de l'année / Afghanistan

Afghanistan/Bibliographie

J.-P. Digard, *Le Fait ethnique en Iran et en Afghanistan*, CNRS-Éditions, Paris, 1988.

G. Dorronsoro, *La Révolution afghane : des communistes aux taleban*, Karthala, coll. « Recherches internationales », Paris, 2000.

P. Frison, *L'Afghanistan post-communiste*, La Documentation française, Paris, 1993.

W. Maley (sous la dir. de), *Fundamentalism Reborn : Afghanistan and the Taliban*, Hurst & Company, Londres, 1998.

S. A. Mousavi, *The Hazaras of Afghanistan*, St. Martin's Press, Londres, 1998.

F. Nahavandi, *L'Asie du Sud-Ouest : Afghanistan, Iran, Pakistan*, L'Harmattan, Paris, 1991.

A. Rashid, *L'Ombre des talibans*, Autrement, Paris, 2001.

A. Rashid, *Taliban*, Tauris, Londres, 2000.

O. Roy, *The Lessons of the Soviet-Afghan War*, Adelphi Paper, HSS, Londres, 1991.

Voir aussi la bibliographie sélective « Proche et Moyen-Orient », p. 212.

Sur le plan politique, malgré l'opposition de la nouvelle administration Bush à la politique de «*nation-building*» (« reconstruire une nation »), Washington a dû s'engager dans la recherche d'une solution politique de long terme. Il fallait à l'évidence trouver une alternative crédible au régime taliban. Or, la chute de Kaboul passé aux mains de l'Alliance du Nord (composée surtout de Tadjiks, d'Ouzbeks et de Hazaras) risquait de recréer le déséquilibre ethnique qui avait conduit à la victoire des taliban en 1996. Les Pachtounes, qui ont toujours tenu le pouvoir politique, se sentaient en effet exclus du nouveau pouvoir. L'Union européenne et l'ONU se sont engagées dans la voie de la reconstruction politique et économique du pays. Une réunion à Bonn des principales forces afghanes, sous l'égide de l'ONU, s'est conclue par l'accord du 22 décembre 2001 choisissant H. Karzaï comme Premier ministre de l'autorité intérimaire, et réservant aux héritiers d'A. S. Massoud la part du lion (Défense, Affaires étrangères et Intérieur). Une Loya Jirga (Grand Conseil traditionnel réunissant toutes les composantes politiques et communautaires du pays) a été convoquée début juin 2002,

sous la présidence de l'ancien roi Zaher Chah, afin de désigner une autorité de transition multiethnique, devant administrer le pays jusqu'à la tenue d'élections. Sans surprise, H. Karzaï a été élu président de cette autorité. Une Force internationale d'assistance et de sécurité (ISAF), sous l'égide de l'ONU et sous commandement britannique puis turc, remplaçant Washington dans la fonction de maintien de l'ordre, s'est déployée à Kaboul début janvier 2002. Une réunion des donateurs, à Tokyo le 4 janvier, a décidé d'une sorte de plan Marshall pour l'Afghanistan, étalé sur cinq ans, sans cependant qu'une autorité centrale n'ait été désignée pour coordonner cette aide, massive dans son annonce (5 milliards de dollars). Cette forte intervention de la communauté internationale a permis de geler les conflits internes en Afghanistan, mais tout dépendait désormais des Afghans eux-mêmes. Or, malgré la situation économique catastrophique, un retour massif de réfugiés s'est spontanément effectué. La chute des taliban et l'intervention internationale, perçues favorablement par la population, ont en effet suscité l'espoir d'une reconstruction rapide du pays. - **Olivier Roy** ∎

Iran

Poursuite des affrontements factionnels

Sitôt entré dans son second mandat, en août 2001, le président Mohammad Khatami a vu son action gouvernementale limitée par la poursuite des affrontements factionnels. Conformément à leur tactique habituelle, les conservateurs ont mis sous pression judiciaire les journaux et les députés réformateurs. Quant à ces derniers, ils sont demeurés d'autant plus divisés qu'ils s'interrogeaient déjà sur le candidat qu'ils présenteraient pour succéder à M. Khatami en 2005, la Constitution limitant à deux le nombre des mandats présidentiels. La démission du ministre de la Culture, Ataollah Mohadjerani, en 2000, a ainsi été interprétée comme une « mise en réserve » de la République, mais il pourrait être concurrencé par l'ancien ministre de l'Intérieur Abdollah Nouri, toujours en prison mais demeuré très populaire pour avoir fait front lors de son procès. Néanmoins, les luttes factionnelles et l'obstruction des conservateurs, si elles ont paralysé le gouvernement, n'ont pas remis en cause la relative libéralisation du régime, malgré le maintien de la répression à l'encontre du Mouvement national de libération (MNL). En particulier, de nouveaux journaux ont été créés pour remplacer les titres interdits les années précédentes et la réforme de la justice reste à l'ordre du jour (limitation de la détention provisoire, interdiction de la torture). À plusieurs reprises, le Guide de la Révolution, Ali Khamenei, est intervenu pour calmer le jeu, notamment le 15 janvier 2002 en graciant Hossein Loqmanian, le député réformateur de la ville de Hamadan, ou en envoyant un message de condoléances après le décès d'Ezatollah Sahhabi, le leader historique du MNL, le 15 avril suivant. L'émotion, jusqu'au sein de la classe dirigeante, qui a accompagné la disparition de celui-ci témoignait d'ailleurs d'une inévitable réconciliation entre l'islamisme et le nationalisme.

Plus que sur l'orientation politique du pays, les affrontements factionnels portent sur l'équilibre des pouvoirs entre les institutions du régime. Les conservateurs, forts de leur audience au sein de la magistrature et du Conseil des gardiens de la Constitution, remettent en cause les prérogatives d'un Parlement qui leur a échappé. Le 4 janvier 2002, l'ayatollah Hassan Sanei, l'une des principales autorités religieuses, a toutefois rappelé les droits de celui-ci dans une intervention remarquée. Le grand bénéficiaire de ces conflits constitutionnels est le Conseil de la défense de la raison d'État, présidé par Hachemi Rafsandjani, le prédécesseur de M. Khatami, et dont les membres ont été renouvelés : instance d'arbitrage entre le Conseil des gardiens de la Constitution et le Parlement, il tend à se substituer à celui-ci et à légiférer, en contrepoint de son rôle consultatif auprès du Guide. Cette évolution a suscité de nombreuses critiques de la part des députés.

Les aléas de la vie politique paraissaient de plus en plus déconnectés des préoccupations de la société. La mobilisation des supporters de l'équipe nationale de football, lors des matches de qualification pour la Coupe du monde, a ainsi pris une tournure contestataire (octobre-novembre 2001). De plus en plus organisés, les mouvements de grève se sont multipliés dans l'industrie et dans l'enseignement. Le redécoupage administratif des provinces a provoqué des tensions croissantes, voire des émeutes comme dans le Khorassan. En outre, les conflits de compétences entre maires nommés et conseils municipaux élus enveniment la vie locale et en paralysent la gestion.

Nombreux pourparlers après les attentats aux États-Unis

Ce sont pourtant les problèmes de politique étrangère et de politique économique qui ont alimenté les principales discordes au sein de la classe dirigeante. Les atten-

INDICATEUR	UNITÉ	1980	1990	2000	2001
Démographie[a]					
Population	*million*	39,1	58,4	70,3	71,4
Densité	*hab./km²*	24,1	36,0	43,4	44,0
Croissance annuelle	*%*	3,8[f]	2,9[g]	1,7[h]	1,4[i]
Indice de fécondité (ISF)		6,3[f]	5,0[g]	3,2[h]	2,8[i]
Mortalité infantile	*‰*	99,5[f]	62,6[g]	44,0[h]	35,9[i]
Espérance de vie	*année*	57,8[f]	64,3[g]	68,0[h]	69,7[i]
Indicateurs socioculturels					
Nombre de médecins	*‰ hab.*	0,34[q]	0,32[r]	0,85[s]	• •
Analphabétisme (hommes)	*%*	38,8	27,5	16,8	16,0
Analphabétisme (femmes)	*%*	61,4	45,6	30,7	29,5
Scolarisation 12-17 ans	*%*	46,7[t]	51,6[u]	59,8[v]	• •
Scolarisation 3e degré	*%*	4,5[t]	10,0	17,6[s]	18,3[e]
Téléviseurs	*‰ hab.*	51	66	163	• •
Livres publiés	*titre*	3 027[w]	5 567	15 073[s]	• •
Économie					
PIB total	*milliard $*	111,7	211,0	349,6[c]	374,6[b]
Croissance annuelle	*%*	2,8[k]	4,0[m]	4,9	5,1
PIB par habitant (PPA)	*$*	2 856	3 878	5 570[c]	5 884[b]
Investissement (FBCF)	*% PIB*	20,0[o]	16,8[p]	19,6[c]	19,7[b]
Recherche et Développement	*% PIB*	0,15[x]	• •	0,49[y]	• •
Taux d'inflation	*%*	20,6	9,0	12,6	11,7
Population active	*million*	11,7	15,8	19,3[c]	19,7[b]
Agriculture	*%* ⎫	39,1	26,4	22,1[z]	23,0[s]
Industrie	*%* ⎬ 100 %	26,1	28,3	31,4[z]	30,7[s]
Services	*%* ⎭	34,8	45,3	46,4[z]	45,7[s]
Énergie (taux de couverture)	*%*	208,1	267,5	229,9[d]	221,4[c]
Dépense publique Éducation	*% PIB*	7,5	4,1	4,1[z]	4,6[d]
Dépense publique Défense	*% PIB*	• •[A]	6,0	6,1	7,5[B]
Dette extérieure totale	*milliard $*	4,5	9,0	10,4[c]	8,0[b]
Service de la dette/Export.	*%*	4,1[o]	3,5[p]	24,7[c]	11,4[b]
Échanges extérieurs		**1974**	**1986**	**2000**	**2001**
Importations de services	*milliard $*	5,77[C]	2,28	2,46[c]	2,30[b]
Importations de biens	*milliard $*	13,86[C]	10,59	13,43[c]	15,21[b]
Produits alimentaires	*%*	18,4	12,7[u]	18,1[e]	14,3[c]
Produits manufacturés	*%*	74,7	82,4[u]	70,7[e]	• •
dont machines et mat. de transport	*%*	40,5[D]	29,3[E]	35,5[e]	• •
Exportations de services	*milliard $*	2,65[C]	0,24	1,22[c]	1,38[b]
Exportations de biens	*milliard $*	24,72[C]	7,17	21,03[c]	28,35[b]
Produits énergétiques	*%*	97,3	95,8	75,7[d]	82,5[c]
Produits agricoles	*%*	1,2	1,6	7,8[d]	6,2[c]
Produits manufacturés	*%*	1,2	2,5	16,5[d]	• •
Solde des transactions courantes	*% du PIB*	3,1[F]	0,7[G]	12,6	5,4

Définition des indicateurs, sigles et abréviations p. 23 et suivantes. a. Dernier recensement utilisable : 1996 ; b. 2000 ; c. 1999 ; d. 1998 ; e. 1997 ; f. 1975-1985 ; g. 1985-1995 ; h. 1995-2000 ; i. 2000-2005 ; k. 1980-1990 ; m. 1990-2000 ; o. 1979-1981 ; p. 1989-1991 ; q. 1981 ; r. 1988 ; s. 1996 ; t. 1975 ; u. 1985 ; v. 1991 ; w. 1977 ; x. 1984 ; y. 1994 ; z. 1995 . A. Les estimations pour 1985 varient entre 7,7 % (Banque mondiale) et 18 % (The Military Balance) ; B. 2,9 % selon la Banque mondiale ; C. 1976 ; D. 1970 ; E. 1980 ; F. 1976-84 ; G. 1985-96.

tats du 11 septembre 2001 aux États-Unis ont reposé avec acuité la question des relations irano-américaines. Téhéran a témoigné de sa compassion à l'égard des victimes, mais cette ouverture a vite été contrariée : d'une part, les États-Unis, soupçonnant l'Iran d'abriter des membres du réseau terroriste Al-Qaeda et d'armer les Palestiniens (arraisonnement par les forces israéliennes du *Karine-A* chargé d'armes, le 3 janvier 2002), ont placé celui-ci dans l'« axe du mal » ; de l'autre, la République islamique s'est inquiétée de voir l'armée américaine s'implanter au Pakistan, en Afghanistan et en Asie centrale, même si son intervention a eu l'avantage de renverser le régime honni des taliban, en Afghanistan, et de permettre la participation au pouvoir de l'Alliance du Nord. Des pourparlers ont lieu entre les deux pays, mais nourrissent de furieuses polémiques entre des factions dont aucune ne peut laisser aux autres le règlement de ce vieux différend diplomatique. La crise afghane a également entraîné de nombreuses consultations entre l'Iran et l'Union européenne, y compris avec le Royaume-Uni, bien que Téhéran ait refusé l'accréditation d'un nouvel ambassadeur britannique, vraisemblablement à titre de représailles indirectes contre Washington. Elle a également consacré une certaine identité de vues avec la Russie, en dépit du contentieux relatif au statut de la mer Caspienne.

Le conflit israélo-palestinien a représenté une autre épreuve pour la diplomatie iranienne. Violemment dénoncée par Washington et Jérusalem pour son refus des accords d'Oslo, celle-ci a néanmoins fait preuve de modération en s'enfermant dans un silence embarrassé faute de pouvoir soutenir le président de l'Autonomie palestinienne Yasser Arafat, en appelant à la retenue le Hezbollah libanais et en renonçant dans les faits à utiliser l'arme du pétrole. Le rapprochement avec l'Arabie saoudite s'est ainsi vu confirmé, bien que Téhéran n'ait pu formellement approuver le plan de paix du prince Abdallah. C'est néanmoins avec la Chine et la République sud-africaine que l'Iran a enregistré ses plus nets succès diplomatiques.

République islamique d'Iran

Capitale : Téhéran.
Superficie : 1 648 000 km².
Population : 71 369 000.
Langues : persan (off.), kurde, turc, baloutche, arabe, arménien…
Monnaie : rial (au taux officiel, 1 000 rials = 0,13 € au 31.5.02).
Nature de l'État : république islamique.
Nature du régime : à la fois théocratique (primauté du gouvernement du jurisconsulte) et démocratique (élection du Parlement et du président de la République).
Chef de l'État : Ali Khamenei, Guide de la Révolution (depuis juin 89).
Chef de l'Assemblée pour la défense de la raison d'État : Ali Akbar Hachemi Rafsandjani (depuis mars 97).
Président de la République, chef du gouvernement : Mohammad Khatami (depuis le 3.8.97, réélu le 8.6.01).
Porte-parole du Conseil de surveillance de la Constitution : ayatollah Ahmad Djannati.
Président du Parlement : Mehdi Karroubi (depuis juin 2000).
Président de l'Assemblée des experts : ayatollah Ali Meshkini.
Partis politiques : Parti du front de la participation islamique (secr. gén. par intérim : Mohammad Reza Khatami) ; Organisation des modjahedin de la Révolution islamique (secr. gén. : Mohammad Salamati) ; Serviteurs de la Reconstruction (secr. gén. par intérim : Hossein Marashi) ; Association des clercs combattants (secr. gén. : Mehdi Karroubi) ; Société du clergé combattant (secr. gén. : Mahdavi Keni) ; Heyat-e motalefeh (secr. gén. : Habibollah Asgaroladi) ; Parti de la solidarité (secr. gén. : Ebrahim Asgharzadeh) ; Front de l'alliance de la ligne de l'imam et de la guidance (secr. gén. : Mohammad Reza Bahonar). *Opposition en exil :* Organisation des modjahedin du peuple (sans réelle audience en Iran).

Iran/Bibliographie

F. Adelkhah, *Être moderne en Iran*, Karthala, coll. « Recherches internationales », Paris, 1998.

D. Brumberg, *Reinventing Khomeini. The Struggle for Reform in Iran*, University of Chicago Press, Chicago/Londres, 2001.

S. Chubin, *Whither Iran ? Reform, Domestic Politics and National Security*, Adelphi Paper 342, International Institute for Strategic Studies, Londres, 2002.

P. Clawson, M. Eisenstadt, E. Kanovsky, D. Menashri, *Iran under Khatami. A Political Economic and Military Assessment*, Washington Institute for Near East Policy, Washington, 1998.

T. Coiville, *Perspectives Iran*, Nord-Sud Export, Paris, 2002.

J.-P. Digard, B. Hourcade, Y. Richard, *L'Iran au xxᵉ siècle*, Fayard, Paris, 1996.

B. Hourcade, *Iran, nouvelles identités d'une république*, Belin, Paris (à paraître).

B. Hourcade, H. Mazurek, M.-H. Papoli-Yazdi, M. Taleghani, *Atlas d'Iran*, La Documentation française, Paris, 1998.

E. Kanovsky, « Iran's Economic Morass. Mismanagement and Decline under the Islamic Republic », *The Policy Paper*, n° 44, Washington Institute for Near East Policy, 1997.

F. Khosrokhavar, O. Roy, *Iran : comment sortir d'une révolution religieuse ?*, Seuil, Paris, 1999.

D. Minoui (sous la dir. de), *Jeunesse d'Iran. Les voix du changement*, coll. « Hors série. Monde », n° 126, Autrement, Paris, avr. 2001.

Z. Mir-Hosseini, *Islam and Gender. The Religious Debate in Contemporary Iran*, Princeton University Press, Princeton, 1999.

P. C. Salzman, *Black Tents of Baluchistan*, Smithsonian Institute Press, Washington, 2000.

E. Sanasarian, *Religious Minorities in Iran*, Cambridge University Press, Cambridge, 2000.

Voir aussi la bibliographie sélective « Proche et Moyen-Orient », p. 212.

Les réformes de libéralisation économique font désormais l'objet d'un assez large consensus théorique, mais leur mise en œuvre a fourni le prétexte de quelques-uns des affrontements factionnels les plus durs. La modernisation de la loi sur les investissements directs étrangers, les contrats pétroliers de *buy-back*, la fixation du taux d'intérêt de base, l'audit des fondations islamiques et de la Radio-télévision ont donné lieu à de graves conflits, en même temps qu'éclataient des affaires de corruption (scandale de la compagnie pétrolière publique Petropars, mise en cause d'un certain Jazaeri-Arab dans un trafic d'influence compromettant une cinquantaine de députés). Jusqu'alors aucun pas décisif n'a été franchi. Les principales échéances ont été la nouvelle tentative d'unification des taux de change du rial et la limitation des subventions aux produits de base (dont la farine, l'huile, le sucre, l'essence) s'élevant à plus de 10 % du PIB.

Embellie économique sur fond de mécontentement populaire

Grâce à la bonne tenue des cours pétroliers, la situation économique est restée favorable en 2001 (5,1 % de croissance, balance commerciale excédentaire, reconstitution des réserves de change, appréciation du rial, réduction de la dette extérieure à 8 milliards de dollars), en dépit d'une inflation réelle d'au moins 20 %. Cette embellie n'a cependant permis ni la remise à niveau des moyens de transport aérien, de l'appareil industriel et des capacités d'extraction du pétrole, ni l'embauche des 800 000 nouveaux demandeurs d'emploi arrivant chaque année sur le marché du travail. La dégradation des conditions de vie des Iraniens est l'un des grands défis auxquels est confrontée une République islamique qui se voulait sociale. L'augmentation des suicides d'étudiants et des divorces en est un symptôme. Se posent des problèmes inédits de déscolarisation, de pauvreté urbaine, de toxicomanie, de prostitution, de santé et d'hygiène publiques, d'émigration et notamment de « fuite des cerveaux », qui entrent pour beaucoup dans le mécontentement populaire sans que celui-ci prenne la forme d'une contestation politique organisée faute de mouvement d'opposition crédible. - **Fariba Adelkhah** ■

Pakistan

Dans l'œil du cyclone

Les attentats du 11 septembre 2001 aux États-Unis ont brisé l'isolement international du Pakistan qui a retrouvé son statut d'allié privilégié des États-Unis en rejoignant la coalition antiterroriste mise en place par ceux-ci. L'abandon du soutien au régime des taliban en Afghanistan a marqué l'échec de la politique de « profondeur stratégique » menée depuis vingt ans par le pays. Le général Pervez Musharraf a justifié son virage à 180 degrés au nom de la relance de l'économie, de l'intégrité et de la cohésion du pays, de la sécurité de l'armement nucléaire et de la protection des intérêts pakistanais au Cachemire.

Les conséquences du soutien à la coalition antiterroriste

L'effondrement rapide des taliban a pris de court et désorienté les mouvements extrémistes religieux qui les soutenaient et qui

ont été privés de leur base arrière. Les milliers de Pakistanais, pachtounes pour la plupart, qui étaient allés combattre les Américains, se sont sentis trahis par des taliban prompts à abandonner le combat ; beaucoup ont disparu et des centaines d'autres ont été capturés dans le nord de l'Afghanistan. Le directeur des services de renseignements de l'armée (ISI) et le chef d'État-Major adjoint, dont les sympathies pour les taliban étaient notoires, ont été mutés. Craignant d'être abandonnés par l'*establishment* militaire et de perdre leurs sources de financement, les groupes extrémistes sont devenus agressifs. Les attentats perpétrés le 1er octobre 2001 à Srinagar, le 13 décembre 2001 contre le Parlement de New Delhi et le 14 mai 2002 contre un camp militaire au Cachemire, attribués au Jaish-e Mohammad (Armée du prophète Mohammed) et au Lashkar-e Taiba (Armée des purs), groupes menant le *jihad* (« guerre sainte ») au Cachemire, ont entraîné un regain aigu de tension avec l'Inde et la reprise, en mai 2002, des affrontements sur la ligne de contrôle, faisant craindre le déclenchement d'une guerre totale et le recours à l'arme nucléaire.

Le référendum-plébiscite entaché d'irrégularités organisé le 30 avril 2002, et qui – avec un taux de participation ne dépassant probablement pas 10 % – a légitimé le maintien de P. Musharraf à la présidence pour cinq ans, a quelque peu entamé sa crédibilité et semé le doute quant à son intention de rétablir la démocratie. L'opposition, toujours aussi fragmentée et dont le gouvernement, soucieux d'empêcher le retour au pouvoir du Parti du peuple pakistanais (PPP), manipulait les dissensions, ne parvenait toutefois pas à mobiliser la population pour les élections législatives fixées à octobre 2002. Le nombre de sièges à l'Assemblée nationale et aux assemblées provinciales a été augmenté de 50 % ; 60 sièges ont été réservés aux femmes et 25 aux technocrates à l'Assemblée nationale ; ces réformes avaient pour but de garantir qu'au-

INDICATEUR	UNITÉ	1980	1990	2000	2001
Démographie[a]					
Population	million	81,2	109,8	141,3	145,0
Densité	hab./km²	105,4	142,4	183,2	188,1
Croissance annuelle	%	3,1[f]	2,7[g]	2,7[h]	2,5[i]
Indice de fécondité (ISF)		6,3[f]	6,0[g]	5,5[h]	5,1[i]
Mortalité infantile	‰	127,5[f]	108,9[g]	95,3[h]	86,5[i]
Espérance de vie	année	52,0[f]	55,9[g]	59,0[h]	61,0[i]
Indicateurs socioculturels					
Nombre de médecins	‰ hab.	0,29	0,46	0,57[e]	••
Analphabétisme (hommes)	%	59,5	50,7	42,5	41,8
Analphabétisme (femmes)	%	86,1	79,9	72,1	71,2
Scolarisation 12-17 ans	%	11,7[q]	12,5[r]	17,0[s]	••
Scolarisation 3e degré	%	1,7[q]	2,9	3,5[t]	3,6[e]
Téléviseurs	‰ hab.	11	26	131	••
Livres publiés	titre	1 143	••	124[u]	••
Économie					
PIB total	milliard $	55,9	150,6	248,6[c]	266,2[b]
Croissance annuelle	%	6,0[k]	3,5[m]	3,9	3,4
PIB par habitant (PPA)	$	676	1 394	1 845[c]	1 928[b]
Investissement (FBCF)	% PIB	17,3[o]	17,3[p]	15,6	14,7
Recherche et Développement	% PIB	0,77[v]	0,83[r]	••	••
Taux d'inflation	%	11,9	9,1	4,4	3,8
Population active	million	29,3	38,5	50,2[c]	51,7[b]
Agriculture	% ⎫	52,7	51,1	47,3[d]	47,3[c]
Industrie	% ⎬ 100 %	20,3	19,8	17,1[d]	17,1[c]
Services	% ⎭	26,8	28,9	35,0[d]	35,0[c]
Énergie (taux de couverture)	%	82,4	79,1	73,4[d]	73,7[c]
Dépense publique Éducation[f]	% PIB	2,0	2,6	3,0[t]	2,7[e]
Dépense publique Défense	% PIB	6,2[r]	6,9	5,7	5,8
Dette extérieure totale	milliard $	9,9	20,7	33,9[c]	32,1[b]
Service de la dette/Export.	%	17,6[o]	22,7[p]	29,4[c]	26,8[b]
Échanges extérieurs		**1974**	**1986**	**2000**	**2001**
Importations de services	milliard $	0,44[w]	1,20	2,15[c]	2,25[b]
Importations de biens	milliard $	2,20[w]	6,00	9,52[c]	9,90[b]
Produits alimentaires	%	23,2	17,8	20,3[d]	16,4[c]
Produits énergétiques	%	13,8	14,2	16,0[d]	20,8[c]
Produits manufacturés	%	47,2	61,1	54,1[d]	51,1[c]
Exportations de services	milliard $	0,28[w]	0,83	1,37[c]	1,38[b]
Exportations de biens	milliard $	1,17[w]	3,21	7,67[c]	8,74[b]
Produits agricoles	%	43,9	32,1	15,4[d]	14,4[c]
dont céréales	%	26,1	9,2	7,4[d]	7,2[c]
Produits manufacturés	%	52,2	65,5	83,9[d]	84,1[c]
Solde des transactions courantes	% du PIB	− 4,1[x]	− 3,4[y]	− 3,6	− 1,2

Définition des indicateurs, sigles et abréviations p. 23 et suivantes. a. Dernier recensement utilisable : 1998 ;
b. 2000 ; c. 1999 ; d. 1998 ; e. 1997 ; f. 1975-1985 ; g. 1985-1995 ; h. 1995-2000 ; i. 2000-2005 ;
k. 1980-1990 ; m. 1990-2000 ; o. 1979-1981 ; p. 1989-1991 ; q. 1975 ; r. 1985 ; s. 1990 ; t. 1996 ; u. 1994 ;
v. 1982 ; w. 1976 ; x. 1975-84 ; y. 1985-96.

cun parti n'obtiendrait la majorité et de mettre en place des assemblées dévouées au président. Par ailleurs, les électorats séparés pour les minorités non musulmanes ont été supprimés. L'amendement constitutionnel envisagé en vue d'instaurer un « équilibre des pouvoirs » visait à institutionnaliser le rôle politique de l'armée par le biais du Conseil national de sécurité habilité à contrôler le Premier ministre élu.

Escalade des violences confessionnelles

Malgré ses promesses, le gouvernement n'est pas parvenu à rétablir l'ordre ni à garantir la sécurité des citoyens et la situation n'a cessé de se dégrader à partir de la fin de 2001. Des attaques contre une église de Bahawalpur (Pendjab), fin octobre, et contre une mosquée chiite de Rawalpindi peu après ont fait chacune une quinzaine de victimes.

Cédant aux pressions de la communauté internationale, P. Musharraf a interdit, le 12 janvier 2002, cinq groupes religieux – Lashkar-e Taiba, Jaish-e Mohammad, Sipahe Sahaba Pakistan (Armée des compagnons du prophète Mohammed du Pakistan), Tehrik-e Jaafria Pakistan (Mouvement chiite-Pakistan) et Tehrik-e Nifaz-e Shariat-e Mohammadi (Mouvement pour l'application de la charia). Les quelque 2 000 personnes arrêtées ont toutefois été rapidement remises en liberté. Après une brève accalmie, les violences confessionnelles ont connu une escalade à partir de la fin janvier 2002, ce qui tendait à démontrer que la capacité de nuisance des groupes extrémistes n'avait pas été affectée. Outre des dignitaires religieux sunnites et chiites, plusieurs dizaines de médecins chiites ont été assassinés à Karachi et, le 25 avril 2002, l'explosion d'une bombe dans une mosquée chiite de Bhakkar (Pendjab) a causé la mort de douze femmes et enfants. La détermination des autorités à lutter contre les groupes « jihadistes » et sectaires semblait freinée par le soutien qui leur était apporté par des

membres des services de renseignements, ainsi que par le souci de ne pas donner l'impression d'abandonner la cause cachemirie et la crainte des représailles, menace réelle comme en a témoigné l'assassinat du frère du ministre de l'Intérieur Moinuddin Haider.

Les étrangers jusque-là épargnés ont été pris pour cible. L'assassinat du journaliste

République islamique du Pakistan

Capitale : Islamabad.
Superficie : 803 943 km².
Population : 144 971 000.
Langues : ourdou, anglais (off.) ; pendjabi, sindhi, pachtou, baloutchi.
Monnaie : roupie pakistanaise (au taux officiel, 100 roupies = 1,77 € au 31.5.02).
Nature de l'État : république fédérale islamique.
Nature du régime : militaire.
Chef de l'Exécutif : général Pervez Musharraf (au pouvoir depuis le 12.10.99, investi président de la République le 20.6.01).
Ministre de l'Intérieur : Moinuddin Haider (gén. à la retraite).
Ministre des Affaires étrangères : Abdus Sattar.
Ministre des Finances : Shaukat Aziz.
Principaux partis politiques : *Partis laïques :* Parti du peuple pakistanais (PPP, social-démocrate) ; Parti national du peuple (NPP, socialiste) ; Ligue musulmane du Pakistan (PML, libérale). *Partis régionaux : baloutche :* Jamboori Watan Party (JWP) ; *pathan :* Parti national Awami (ANP) ; Parti national populaire pachtou (PKMAP) ; *Immigrés indiens musulmans dans le Sind :* Mouvement national unifié (MQM) ; *Partis de religieux :* Rassemblement des oulémas de l'islam (JUI) ; Rassemblement des oulémas du Pakistan (JUP). *Partis religieux :* Jamaat-e Islami (JI, fondamentaliste sunnite).
Contestations territoriales : anciennes principautés de Junagadh et de Jammu et Cachemire, administrées par l'Inde, qui revendique l'Azad-Cachemire, administré par le Pakistan.

Pakistan/Bibliographie

M. Abou Zahab, « Pakistan : les hoquets de l'histoire », *Politique internationale*, n° 94, Paris, hiv. 2001-2002.

M. Abou Zahab, « Pakistan : vers une démocratie militaire ? », *Politique étrangère*, n° 2, IFRI, Paris, 2002.

S. Akbar Zaidi, *Issues in Pakistan Economy*, Oxford University Press, Karachi, 1999.

R. Akhtar, *Pakistan Yearbook*, East & West Publishing Co, Karachi-Lahore.

M. Boivin, *Le Pakistan*, PUF, coll. « Que sais-je ? », Paris, 1996.

S. Harrison, P. H. Kreisberg, D. Kux (sous la dir. de), *India & Pakistan. The First Fifty Years*, Cambridge University Press, Cambridge, 1999.

C. Jaffrelot, *Le Pakistan*, Fayard, Paris, 2000.

C. Jaffrelot (sous la dir. de), *Le Pakistan, carrefour de tensions régionales*, Complexe/ CERI, Paris, 1999.

C. Jaffrelot, *Pakistan. Nationalism without a Nation ?*, Manohar/Zed Books, Dehli/Londres, 2002.

Mahbub ul-Haq Human Development Center, *Human Development in South Asia 2001*. Oxford University Press, Karachi, 2001.

O. Roy, « Pakistan, un nouvel "État voyou" ? », *Politique internationale*, n° 86, Paris, hiv. 1999-2000.

I. Talbot, *Pakistan. A Modern History*, Hurst & Company, Londres, 1998.

M.-J. Zins, *Pakistan. La quête de l'identité*, La Documentation française, Paris, 2002.

Voir aussi les bibliographies « Proche et Moyen-Orient » et « Inde et périphérie », p. 212 et 280.

américain Daniel Pearl en janvier 2002, l'attaque contre un temple protestant américain d'Islamabad en mars et l'attentat de Karachi qui a coûté la vie à onze techniciens français le 8 mai ont été attribués à des militants extrémistes liés à des membres du réseau terroriste d'Oussama ben Laden Al-Qaeda réfugiés au Pakistan. Omar Saeed Sheikh – dirigeant de Jaish-e Mohammad responsable de l'enlèvement de D. Pearl et lié à certains des auteurs des attentats du « 11 septembre » – a été condamné à la peine de mort, le 15 juillet 2002, et trois autres personnes à vingt-cinq ans d'emprisonnement.

La méfiance traditionnelle de la population envers les États-Unis s'est transformée en ressentiment lorsque la présence d'agents du FBI (Federal Bureau of Investigation), entre autres dans les aéroports, est devenue visible. Celle-ci a été dénoncée comme une atteinte à la souveraineté pa-

kistanaise. Après avoir tenté de minimiser l'étendue de sa collaboration avec Washington dans le domaine de la sécurité, le gouvernement a été contraint de reconnaître la participation d'Américains aux opérations menées sur le territoire pakistanais contre des membres présumés d'Al-Qaeda. L'un des raids, mené à Faisalabad (Pendjab), a permis l'arrestation, en mars 2002, d'Abu Zubaidah, un adjoint d'O. ben Laden. Mais ce sont surtout les incursions dans les zones tribales semi-autonomes – et notamment au Waziristan à partir d'avril 2002 – dans le cadre d'opérations contre des *madrassas* (écoles religieuses) qui ont provoqué la colère de la population locale, laquelle a riposté par des tirs de roquettes. Cette réaction a été exploitée par les partis religieux, et surtout par le Jamiat-e ulama-e islam (JUI, parti d'oulémas et principal soutien des taliban) bien implanté dans les régions pachtounes.

Par ailleurs, les 600 000 Pakistanais au

moins vivant aux États-Unis ont subi de plein fouet le contrecoup des attentats du 11 septembre. Plus de 200 d'entre eux ont été incarcérés ; de nombreux autres ont perdu leur emploi ou ont été victimes d'agressions racistes ou de discrimination religieuse. Le Pakistan a également été déçu par la réticence des États-Unis à intervenir dans le conflit du Cachemire comme médiateur ou à faire pression sur l'Inde pour qu'elle retire ses troupes massées à la frontière.

Nouveaux gestes de la part des donateurs

La relance tant espérée de l'économie s'est fait attendre. Les exportations, notamment de produits textiles, ont fortement baissé et de nombreuses usines ont dû licencier leur personnel. Les sanctions imposées après les essais nucléaires de 1998 ont été levées, mais la dette extérieure n'a pas été annulée, le Club de Paris l'a simplement rééchelonnée à un taux plus avantageux sur une durée de trente-huit ans avec une période de grâce de quinze ans. Le FMI a approuvé, en décembre 2001, un prêt de 1,3 milliard de dollars à un taux d'intérêt de 0,5 % et dont le déblocage devait s'échelonner sur trois ans dans le cadre d'un programme de Facilité pour la réduction de la pauvreté et pour la croissance (FRPC). Quant à la Banque mondiale, elle a accordé, fin avril 2002, un prêt de faveur d'un milliard de dollars en reconnaissance des efforts accomplis par le Pakistan pour assainir son économie.

Les nouveaux prêts, destinés en priorité à l'éducation et à la santé, ont été assortis de conditions draconiennes, notamment la suppression des subventions aux produits agricoles ainsi qu'au gaz et à l'électricité et l'application de la *General Sales Tax* (GST, sorte de taxe à la valeur ajoutée appliquée aux produits de consommation) de 15 % à des produits de première nécessité, mesures qui affectent en premier lieu les 40 millions de personnes vivant en dessous du seuil de pauvreté. Un compromis a enfin été trouvé pour la taxe sur les revenus agricoles, réclamée de longue date par les donateurs. Quelque 20 000 agriculteurs dont le revenu imposable est supérieur à 80 000 roupies y seront soumis. L'agriculture, qui subissait toujours les effets de la sécheresse, a connu une croissance négative en 2001, la production de riz et de coton étant particulièrement affectée.

Les réserves de change ont atteint, début 2002, le sommet historique de 5 milliards de dollars. Ce chiffre incluait les dépôts en devises dans les banques commerciales, lesquels ont connu une augmentation sans précédent après le « 11 septembre » grâce aux transferts de fonds des émigrés. Ceux-ci, pris de panique à la suite des enquêtes du FBI sur le système du *hundi* (transfert par les réseaux informels de changeurs), tant aux États-Unis que dans les Émirats arabes unis, ont massivement rapatrié leurs avoirs au Pakistan par le biais des banques.

L'investissement privé est demeuré très bas, désormais peu encouragé par l'attentat perpétré à Karachi le 8 mai 2002.
- **Mariam Abou Zahab** ∎

Asie méridionale et orientale

Par **Pierre Gentelle**
Géographe, CNRS

L'Asie, concept d'origine coloniale longtemps resté vide de sens pour les pays se partageant ce vaste territoire, désignait jadis un champ exotique d'affrontements européens. Ces mêmes pays semblent avoir désormais pris conscience d'appartenir à une partie du monde pouvant faire jeu égal avec d'autres parties, comme l'Amérique ou l'Europe. Le cas de la Russie demeure à part, puisqu'elle est à la fois asiatique par son extension d'un bout à l'autre de la Sibérie et européenne par son histoire et sa culture.

Les limites de l'Asie méridionale et orientale sont floues. Au nord, le monde des steppes se lie sans solution de continuité à la Sibérie. À l'ouest, la mer Caspienne ne suffit pas à isoler l'Asie de l'Europe ; le monde persan (Iran, Afghanistan et Tadjikistan) est partagé entre l'Asie centrale et le Moyen-Orient. On peut dessiner plusieurs Asie : Asie arctique, Asie moyenne ou tropicale ; Asie des moussons et Haute Asie…

On peut aussi voir l'Asie comme un ensemble de plateaux et de plaines, pluvieux ou désertiques, entourant l'immense môle du Tibet et du Tian Shan, d'où rayonnent tous les grands fleuves asiatiques (Amou Daria, fleuve Jaune [Huang He], Yangzijiang, Mékong, Brahmapoutre, Gange, Indus…). Deux traits originaux doivent être soulignés : la continuité climatique de la façade orientale, de la Mandchourie à la Cochinchine, sans zone aride ; l'ancienneté de la vie de relations, routes des steppes, de la soie, des épices, du bouddhisme…

L'Asie est une géographie surprenante. Développés dans des contextes naturels allant des montagnes sèches, des plateaux glacés et des pentes abruptes jusqu'aux deltas humides, luxuriants, et aux forêts de plus en plus surexploitées, six États réunissent la moitié de la population mondiale, avec des concentrations d'une extrême densité : Chine, Inde, Indonésie, Pakistan, Bangladesh, Japon, par rang démographique. Chacun d'eux, cependant, contient, dans de grands espaces vides, des peuples mal intégrés, des cultures minoritaires. De petits États subsistent aux côtés des colosses démographiques et de quelques États moyens aux traditions culturelles bien affirmées (Vietnam, Corées, Philippines, Thaïlande). L'ensemble asiatique est évidemment traversé de rivalités internes et de conflits de voisinage. Des régions entières sont soumises à des conflits endémiques : Tibet, Cachemire, Tamil Nadu, Bengale, Birmanie, plusieurs îles indonésiennes. Nombre de minorités doivent être protégées. C'est pourquoi l'on voit se multiplier divers regroupements fondés sur la volonté de préparer des négociations dans des cadres régionaux, sans compter les unions à caractère économique. L'Asie méridionale et orientale est donc en mouvement. On y distingue clairement, dans chacun des États, une appropriation croissante des formes modernes de l'économie. Cette « modernisation » entraîne un indivi-

DES RÉGIONS ENTIÈRES
SONT SOUMISES
À DES CONFLITS ENDÉMIQUES :
TIBET, CACHEMIRE, TAMIL
NADU, BENGALE, BIRMANIE,
PLUSIEURS ÎLES INDONÉSIENNES.

dualisme qui favorise autant l'ascension sociale que le maintien des privilèges. La primauté donnée à l'enrichissement, le faible niveau général des protections sociales colorent la forme asiatique du développement économique et montrent que, à l'exception du Japon, l'Asie dans son ensemble n'a pas trouvé son modèle.

Autant les situations à l'intérieur de l'Asie sont diverses, autant certains problèmes sociaux sont ressemblants. Le travail des enfants n'est pas moindre dans les pays bouddhistes que dans les autres. La situation des femmes reste délicate, quels que soient les morales, les religions et les régimes politiques. Le mythe d'une Asie « calme et sereine » ne correspond pas à la réalité. Les difficultés que rencontrent les diverses sociétés à entrer dans la modernité sous la forme actuelle de la mondialisation ne paraissent pas diminuer.

SIX ÉTATS RÉUNISSENT LA MOITIÉ DE LA POPULATION MONDIALE, AVEC DES CONCENTRATIONS D'UNE EXTRÊME DENSITÉ : CHINE, INDE, INDONÉSIE, BANGLADESH, JAPON, PAR RANG DÉMOGRAPHIQUE.

Au point de vue géopolitique, l'Asie méridionale et orientale est partagée entre deux géants qui ne se comprennent guère, l'Inde et la Chine. La première gère au plus près les problèmes de sa croissance. Elle est encadrée par deux États musulmans le Pakistan et le Bangladesh. La Chine, pour sa part, élargit avec rapidité le fossé de puissance qui la sépare du reste de l'Asie. Grâce à sa croissance économique nouvelle, encouragée par des investissements venant du monde entier, elle construit une puissance militaire sans égale dans la région, fondée depuis 1964 sur l'armement nucléaire et, plus récemment, sur le développement d'une marine visant à disposer d'une force de projection outre-mer.

Les transformations rapides des aires métropolitaines en construction, les réseaux routiers, la multiplication des industries ne suffisent pas à arracher la majorité des populations de l'Asie méridionale et orientale à la prégnance de l'effort physique. Des centaines de millions de personnes n'ont de contact qu'épisodique avec le moteur ou la roue, avec la force électrique ou le chauffage au gaz dans la vie quotidienne. Les secteurs modernes ne concernent pas l'ensemble de la population, sauf au Japon.

L'existence disséminée de populations vivant à l'écart de l'agitation créatrice des grandes villes maintient vivants, en harmonie avec la nature, des paysages traditionnels parmi les mieux domestiqués. L'Asie orientale et méridionale présente les contrastes les plus extrêmes quant aux situations vécues par ses habitants. Les différences de potentiel qui existent entre des communautés qui occupent de vastes régions et les citadins des grandes villes se réduisent-elles alors que la majorité des économies sont en croissance ? Les riziculteurs du Bangladesh, les pêcheurs du Kerala, les ouvriers des plantations malaises, les pasteurs du Tibet, les écobueurs des montagnes indochinoises, les éleveurs mongols, les cueilleurs de thé de l'Assam, les plongeurs des mers chaudes, les forestiers de Mandchourie, et partout les spécialistes du colportage et de l'échange continuent pour l'essentiel de vivre à l'écart. Ils se trouvent à grandes distances culturelles des employés de Singapour, des dockers de Shanghaï et de la foule des classes moyennes réunies dans le fonctionnement des unités urbaines, et, plus encore, des membres des classes supérieures des mégapoles japonaises. ∎

Repères

Inde et périphérie
Asie du Nord-Est
Péninsule
indochinoise
Asie du Sud-Est
insulaire

Par **Arnaud d'Andurain**
Fondation Europe-Asie (ASEF)

*L*e concept de « grand marché asiatique », le discours « asiatiste » (la promotion des prétendues « valeurs asiatiques »), les mécanismes d'intégration régionale mis en place en Asie du Sud-Est (ANSEA – Association des nations du Sud-Est asiatique) et, dans une moindre mesure, en Asie méridionale (SAARC – Association de l'Asie du Sud pour la coopération régionale) ont buté contre des crises économiques (crise asiatique de 1997-1998, crise endémique du Japon, affectant toute l'Asie), des nationalismes concurrentiels (Chine et Inde), et des crises politiques (Indonésie, Pakistan, Philippines), déstabilisantes bien au-delà des frontières nationales. Celles-ci restent extrêmement sensibles, parce que souvent récentes, parfois contestées et fragiles.

Plus aucun pays d'Asie (si ce n'est les « royaumes ermites » que sont le Myanmar et la Corée du Nord) ne conteste la nécessité de l'ouverture au monde au plan des échanges économiques. L'intégration régionale a, dès lors, relayé ce besoin. Ainsi le concept de « régionalisme ouvert » a-t-il sous-tendu les mesures de facilitation des échanges de l'ANSEA. Depuis la crise de 1998, toutefois, l'intégration se veut plus défensive, comme en témoignent les projets régionaux d'organisation monétaire : à une première proposition (japonaise) d'un Fonds monétaire asiatique (FMA) qui aurait relayé le FMI, a succédé en mai 2000 (réunion des ministres des Finances d'Asie orientale) l'« initiative de Chiang Maï », suggérant un système pour limiter les écarts de change entre les monnaies de la région. Mais l'inéluctable ouverture ne peut se limiter à l'économie. Le développement des technologies de l'information et des moyens de transport entraîne une intensification des échanges et une mise en réseau progressive des sociétés civiles en Asie (les ONG – organisations non gouvernementales – y exercent une influence croissante).

Pourtant, et notamment à compter de 1998, les projets intégrateurs sont ralentis, voire ont été contrecarrés par de multiples initiatives nationales. D'une part, la Chine et l'Inde, aux ambitions trop vastes pour le caractère limité des enceintes régionales, privilégient souvent le bilatéralisme (et dans certains cas l'unilatéralisme). D'autre part, après que l'ANSEA s'est montrée incapable de gérer la crise de 1998 et de redynamiser la région, la confiance n'a plus régné entre partenaires, et la défense des intérêts nationaux a poussé à œuvrer chacun pour soi. On assiste ainsi à des négociations en vue d'accords de libre-échange bilatéraux, tendance à laquelle cède même le Japon, pourtant fervent défenseur du multilatéralisme. Plus généralement, les difficultés et tensions ont mis en lumière les limites du régionalisme asiatique fondé sur la recherche du consensus davantage que sur un système de règles et de normes.

La crise de 1998 et l'affaiblissement de l'ANSEA ont ouvert la voie à la formule de concertation élargie dite « ANSEA + 3 » (Chine, Corée du Sud, Japon). Concept plus large, mais encore exclusif (les pays d'Asie méridionale, et notamment l'Inde, n'y participent pas), elle peut être l'embryon d'une intégration de toute l'Asie orientale, mais aussi bien marquer le déclin de l'ANSEA en tant que telle. Peu à peu, la Chine est devenue le point focal des processus d'intégration régionale. De puissance isolée qu'il convenait d'intégrer, elle est devenue une puis-

LES STRUCTURES INTER-RÉGIONALES DE DIALOGUE (APEC ET ASEM) ONT MARQUÉ LE PAS DEPUIS QUE L'ASIE A PERDU UNE PARTIE DE SON POUVOIR D'ATTRACTION.

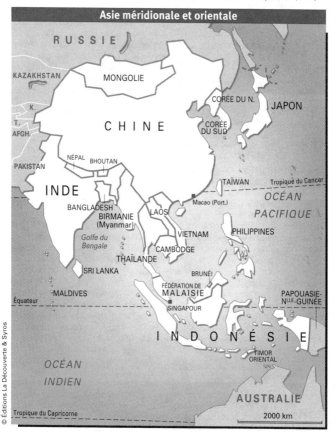

Asie méridionale et orientale

sance intégrante à laquelle tous les pays d'Asie se réfèrent. Son admission au sein de l'Organisation mondiale du commerce (OMC) a confirmé le choix d'une participation active et normalisée aux échanges.

On notera enfin que les structures interrégionales de dialogue que sont l'APEC – Coopération économique en Asie-Pacifique – (entre Asie orientale et Amérique) et l'ASEM (Rencontre Asie-Europe) ont également marqué le pas depuis que l'Asie a perdu, avec la crise de 1998, une partie de son pouvoir d'attraction. Leur faible niveau d'institutionalisation en fait toutefois des instruments utiles en raison de leur souplesse et de leur caractère informel.

APRÈS LE
« 11 SEPTEMBRE »
ET LA DEMANDE
MONDIALE DE
SÉCURITÉ, L'IMAGE
D'UN ÉTAT FORT
RÉGALIEN SORT
RENFORCÉE
EN ASIE, AU
DÉTRIMENT DE
L'INTÉGRATION
RÉGIONALE.

Dans le domaine de la sécurité, le Forum régional de l'ANSEA (ARF, seule instance de dialogue multilatéral existant dans ce domaine en Asie orientale où la sécurité collective demeure un concept étranger) s'est montré impuissant face à ce que certains ont décrit comme la « balkanisation » de l'Indonésie. En Asie méridionale, la SAARC n'a pas davantage pu prévenir l'aggravation des tensions entre l'Inde et le Pakistan au lendemain des essais nucléaires de 1998.

Le développement des arsenaux militaires, l'avènement de moyens balistiques de portée plus longue et plus précise (Chine, Inde, Pakistan, Corée du Nord) ont répondu à la fois à un sentiment accru d'insécurité, à une réémergence des contentieux cachés (mais non résolus) par deux décennies de croissance euphorique, et aux réflexes nationalistes et aux ambitions de puissance réveillés par la fin de la Guerre froide. La relation avec les États-Unis, « gendarme de l'Asie » depuis plus de cinquante ans, connaît aussi des évolutions étonnantes. L'Inde, qui fut le chantre du non-alignement, avant de devenir une puissance nucléaire, s'est considérablement rapprochée de Washington depuis la visite du président Clinton (mars 2000) et se distingue en ne s'opposant pas au projet de « bouclier antimissile » américain, dans lequel elle a vu la mise au rebut à terme des régimes de contrôle qui lui sont défavorables (TNP – Traité de non-prolifération nucléaire – et TICE – Traité d'interdiction complète des essais nucléaires –) et l'accès éventuel à des technologies lui permettant d'équilibrer la supériorité stratégique chinoise. La Chine, à l'inverse, ne pouvait que contester un projet américain qu'elle estimait destiné principalement à la contenir. Dans ce débat, les autres pays de la région (Corée du Sud, pays de l'ANSEA) étaient partagés entre la crainte de heurter Pékin et la nécessité d'un maintien de la garantie américaine en matière de sécurité dans la région. Aucune solution n'était encore prévisible dans les zones de crise de l'Asie. Les attentats du 11 septembre 2001 aux États-Unis, et la « guerre contre le terrorisme », ont au contraire largement accentué le sentiment de vulnérabilité de la région, soulignant et amplifiant l'existence d'une menace islamiste asiatique. Ils ont également eu pour conséquence un nouvel activisme politico-militaire des États-Unis dans la région, davantage au nom d'une logique défensive que pour policer ou amender tel ou tel conflit local. Cette nouvelle priorité américaine ne s'est pas traduite par une véritable politique asiatique. Certes, la réduction des foyers du terrorisme islamiste n'a pas été contestée en Asie, et a même été largement soutenue par l'ensemble des pays de la région, mais les soutiens ont souvent été dictés par l'opportunisme et n'ont pas été dénués d'effets pervers. Ainsi, la montée des tensions entre l'Inde et le Pakistan au lendemain de l'intervention en Afghanistan, a démontré à quel point la recherche de solutions aux « nouvelles menaces » pouvait alimenter des conflits vieux de cinquante ans. De même, en plaçant la Corée du Nord sur l'« axe du mal », Washington n'a guère facilité la patiente politique de dialogue entreprise par la Corée du Sud. Pour leur part, les régimes autoritaires d'Asie se sont trouvés soudainement justifiés par une demande mondiale de sécurité, au détriment des processus d'intégration régionale.■

2001

15 juin. OCS. Réunis à Shanghaï, les dirigeants du Groupe de Shanghaï (Chine, Russie, Kazakhstan, Kirghizstan, Tadjikistan et Ouzbékistan, nouveau membre admis) signent un traité de coopération contre le terrorisme dans la région. Le Groupe de Shanghaï devient l'« Organisation de coopération de Shanghaï ».

1er juillet. Chine. À l'occasion du 80 e anniversaire du Parti communiste chinois (PCC), le président Jiang Zemin annonce l'ouverture du Parti aux forces entrepreneuriales.

13 juillet. Chine. Pékin est choisie pour les jeux Olympiques de 2008.

13 juillet. Népal. À la demande du nouveau roi Gyanendra Shah, l'armée lance une offensive massive contre la guérilla maoïste : on dénombre 160 victimes parmi les « rebelles ».

14-16 juillet. Inde. Le « sommet » indo-pakistanais tenu à Agra n'aboutit à aucun accord sur la question du Cachemire, mais les deux parties acceptent de poursuivre le dialogue.

16 juillet. Chine-Russie. Signature à Moscou d'un traité d'amitié et de coopération sino-russe, sans réelle signification.

23 juillet. Indonésie. Megawati Sukarnoputri est nommée chef de l'État indonésien, après qu'Abdurrahman Wahid a été destitué pour incompétence.

3 août. Thaïlande. Le Premier ministre Thaksin Shinawatra, accusé d'avoir dissimulé des revenus alors qu'il était vice-premier ministre en 1997, est acquitté et retrouve les pleins pouvoirs.

4-5 août. Corée du Nord-Russie. Les entretiens à Moscou entre Vladimir Poutine et Kim Jong-il aboutissent à un accord sur le financement par la Russie de la modernisation de la voie ferrée Séoul-Moscou.

10 août. Cambodge. Adoption de la loi créant un tribunal spécial pour juger les anciens chefs Khmers rouges. Faute de garanties suffisantes, les Nations unies renoncent à participer à la mise en place de ce tribunal.

3-5 septembre. Corée du Nord-Chine. Jiang Zemin se rend à Pyongyang au lendemain de la reprise annoncée des pourparlers entre les deux Corées.

4 septembre. Corée du Sud. Démission collective du gouvernement sud-coréen après le vote de défiance du Parlement à l'égard de la politique d'ouverture vers la Corée du Nord prônée par le ministre de la Réunification Lim Dong-won.

17 septembre. Chine. Après quinze ans de négociations, la Chine est admise à l'OMC (Organisation mondiale du commerce). Son adhésion est formalisée lors de la conférence de Doha en novembre 2001. Respectivement le 11 décembre et le 1er janvier, l'adhésion de la Chine et celle de Taïwan sont effectives.

1er octobre. Bangladesh. Au terme des élections législatives, l'ancien Premier ministre Khaleda Zia (Parti national du Bangladesh, PNB) reconquiert le pouvoir.

1er octobre. Cachemire. Attentat-suicide contre le Parlement du Cachemire indien, faisant 38 morts et près de 60 blessés. L'opération est revendiquée par le mouvement de guérilla islamique Jaish e-Mohammad.

20-21 octobre. APEC. Le « sommet » de la Coopération économique en Asie-Pacifique (APEC), tenu à Shanghaï, aboutit à l'adoption d'une déclaration contre le terrorisme international et ouvre un nouveau cycle de négociations commerciales. La Chine y exclut la représentation taïwanaise.

29 octobre. Japon. La Diète vote la loi dite « antiterroriste » autorisant pendant deux ans les Forces d'autodéfense japonaises à agir hors du périmètre national et à utiliser les armes pour protéger toute personne sous leur responsabilité. Le 9 novembre, des navires japonais sont envoyés dans l'océan Indien pour apporter un soutien logistique et médical à la coalition internationale en Afghanistan.

3 novembre. Singapour. Élections législatives reconduisant au pouvoir le Parti de l'action du peuple, qui dirige le pays depuis 1965.

5-6 novembre. 7e sommet de l'ANSEA. Le « sommet » de Brunéi qui réunit les pays de l'Association des nations du Sud-Est asiatique, ainsi que la Chine, le Japon et la Corée du Sud (ANSEA + 3), confirme le malaise asiatique face à la campagne américaine en Afghanistan. La Chine propose la création, dans un délai de dix ans, d'une zone de libre-échange Chine-ANSEA.

Par **Régine Serra**
Centre Asie ifri

17 novembre. Philippines. L'insurrection des partisans de Nur Misuari fait environ 160 morts. Nur Misuari, ancien chef du mouvement séparatiste du Front moro de libération nationale (MNLF) et gouverneur du Mindañao, perd son poste lors de l'élection du nouveau gouverneur et s'enfuit en Fédération de Malaisie. Le 8 janvier 2002, la Malaisie l'extrade vers Manille.

23-26 novembre. Népal. L'offensive des insurgés maoïstes rompt le cessez-le-feu et fait près de 300 morts. Le roi du Népal, Gyanendra Shah, décrète l'état d'urgence.

1er décembre. Taïwan. Les élections législatives sont remportées par le Parti progressiste pour la démocratie (DPP) du président Chen Shui-bian (indépendantiste). Le Kuomintang (KMT) perd pour la première fois la majorité au Yuan législatif (Assemblée).

13 décembre. Inde. Un attentat (non revendiqué) contre le Parlement indien fait 12 morts. L'Inde accuse le Pakistan de complicité terroriste. La tension entre les deux pays se ravive.

2002

1er janvier. ANSEA. Entrée en vigueur d'une zone de libre-échange au sein de l'ANSEA (services, capitaux et personnes).

13 janvier. Japon-Singapour. Signature d'un accord de libre-échange entre les deux pays.

21-22 janvier. Japon. Tokyo accueille la Conférence internationale pour la reconstruction de l'Afghanistan.

3 février. Cambodge. Premières élections locales organisées dans le pays, qui confirment la position dominante sur la scène politique du Parti du peuple cambodgien (PCC) du Premier ministre Hun Sen (plus de 60 % des suffrages).

12 février. Indonésie. Conclusion d'un accord entre les communautés chrétienne et musulmane des Moluques (en conflit depuis 1999), qui engage les deux parties à une entente cordiale.

13-21 février. Inde. Les résultats des élections régionales dans les quatre États du Pendjab, d'Uttarkhand, de Manipur et d'Uttar Pradesh (le plus peuplé de l'Union) marquent un net recul pour le BJP (Parti du peuple indien, nationaliste hindou), formation du Premier ministre, Atal Bihari Vajpayee. Le parti du Congrès, conduit par Sonia Gandhi, remporte les États du Pendjab, du Manipur et d'Uttarkhand.

17 février. Philippines. Dans le cadre de la lutte antiterroriste, les États-Unis lancent une campagne contre le groupe Abu Sayyaf et contre l'implantation de groupes liés au réseau Al-Qaeda.

22 février. Sri Lanka. Conclusion d'un cessez-le-feu entre les Tigres de libération de l'Eelam tamoul (inscrits par les États-Unis sur leur liste des organisations terroristes) et les autorités sri-lankaises.

27 février-2 mars. Inde. Après l'attaque d'un train qui transportait des pèlerins hindous revenant de la ville d'Ayodhya (dont la mosquée avait été rasée en 1992), des émeutes entre musulmans et hindous font plus de cinq cents victimes dans l'État du Gujarat. New Delhi lance une vague d'arrestations massive.

14 avril. Timor oriental. Xanana Gusmao, ancien chef de la résistance à l'occupation indonésienne, est élu président de la République. Timor oriental, sous administration de l'ONU depuis 1999, devient un État indépendant le 20 mai suivant.

4 mai. Vietnam. La Russie restitue la base militaire de Cam Ranh avant la date expiratoire de 2004, pour des raisons financières.

6 mai. Myanmar. Aung San Suu Kyi, dirigeante de la Ligue nationale pour la démocratie (LND, opposition) et lauréate du prix Nobel de la paix 1991, assignée à résidence depuis septembre 2000, est remise en liberté.

7 juin. OCS. La tension entre l'Inde et le Pakistan domine les débats du « sommet » de l'Organisation de coopération de Shanghaï (OCS), tenu à Saint-Pétersbourg. La création d'une structure régionale de lutte contre le terrorisme basée au Kirghizstan est décidée. Avec un siège à Pékin et la signature d'une charte, l'organisation s'institutionnalise.

2001-2002 / **Journal de l'année**

Asie méridionale et orientale/Bibliographie sélective

Asia Yearbook 2001, Far Eastern Economic Review, Hong Kong, 2001.

S. Boisseau du Rocher, *L'ASEAN et la construction régionale en Asie du Sud-Est,* L'Harmattan, Paris, 1998.

D. Camroux, J.-L. Domenach (sous la dir. de), *L'Asie retrouvée,* Seuil, Paris, 1997.

S. Chan, C. Clark, D. Lam, *Beyond the Developmental State : East Asia's Political Economy Reconsidered,* St Martin, New York, 1998.

S. Collignon, J. Pisani-Ferry, Yung Chul Park, *Exchange Rate Policies in Emerging Asian Countries,* Routledge, Londres, 1999.

J.-L. Domenach, *L'Asie en danger,* Fayard, Paris, 1998.

F. Godement, *Dragon de feu, dragon de papier. L'Asie a-t-elle un avenir ?,* Flammarion, Paris, 1998.

P. Gouroux, *La Terre et l'Homme en Extrême-Orient,* Flammarion, Paris, 1972.

F. Joyaux, *Géopolitique de l'Extrême-Orient* (2 vol.), Complexe, Bruxelles, 1991.

J. W. Morley *et alii, Driven by Growth : Political Change in the Asia-Pacific Region,* M. E. Sharpe, New York, 1999.

G. Myrdal, *Asian Drama,* Pantheon Books, New York, 1968.

L. W. Pye, *Asian Power and Politics. The Cultural Dimension of Authority,* Harvard University Press, Cambridge, 1985.

J. Sellier, *Atlas des peuples d'Asie Méridionale et orientale,* La Découverte, Paris (2001).

G. Tan, *The End of the Asian Miracle ? Tracing Asia's Economic Transformation,* Times Academic Press, Singapour, 1999.

H. Tertrais, *Asie du Sud-Est : enjeu régional ou enjeu mondial,* Gallimard, coll. « Folio », Paris (à paraître).

1er-3 avril. Fédération de Malaisie/OCI. Les ministres des Affaires étrangères de l'Organisation de la conférence islamique (OCI), réunis à Kuala Lumpur en session spéciale pour traiter de la lutte antiterroriste, clarifient le qualificatif « terroriste » et appellent, à propos de la crise israélo-palestinienne, à des sanctions contre Israël.

31 mai. Corée du Sud-Japon. Début de la Coupe du monde du Football, coorganisée par les deux pays.

25 juin. Chine. La visite du sous-secrétaire d'État américain à la Défense, Peter Rodman, ouvre les négociations sur la reprise du dialogue militaire entre la Chine et les États-Unis, interrompues depuis l'incident de l'avion espion américain EP-3 en avril 2001. Pékin annonce l'achat de huit nouveaux sous-marins russes.

26 juin. Fédération de Malaisie. Le Premier ministre Mahathir bin Mohamad confirme qu'il quittera ses fonctions en octobre 2003, après vingt et un ans de règne. Son successeur désigné est le vice-premier ministre et ministre de l'Intérieur Abdullah Ahmad Badawi.

29 juin. Corée du Nord-Corée du Sud. L'incursion d'un navire-espion nord-coréen en mer Jaune provoque un affrontement armé avec un patrouilleur sud-coréen, lequel est coulé le jour même de la demi-finale de la Coupe du monde de football que dispute l'équipe sud-coréenne. Les mois de mai-juin ont, par ailleurs, été marqués par une nette augmentation du nombre de réfugiés nord-coréens demandant asile auprès de représentations diplomatiques étrangères en Chine pour rejoindre Séoul. Les pourparlers amorcés parallèlement entre la Corée du Nord et les États-Unis, après une période de forte tension, semblaient progresser à l'été 2002. ∎

Inde et périphérie

Bangladesh, Bhoutan, Inde, Maldives, Népal, Sri Lanka

Les vicissitudes du processus démocratique

En dépit des tentatives de l'opposition (Parti national du Bangladesh, BNP) pour faire tomber le gouvernement dirigé par la Ligue Awami (AL), celle-ci est parvenue à achever son mandat. Elle a transmis le pouvoir à un gouvernement intérimaire, en juillet 2001, pour qu'il organise des élections législatives le 1er octobre. L'AL a enregistré un score historiquement bas (62 sièges sur 300), mais a élargi sa base électorale (avec 40,2 % des suffrages exprimés contre 37,5 % en 1996, l'AL est devenue la première formation non coalisée du pays). La coalition victorieuse, réunissant le Jamaat-i-Islami, l'Islami Oikya Jote et une faction du Jatiya Party (Naziur), dirigée par le BNP, a recueilli 214 sièges et obtenu 47 % des voix contre 42,1 % en 1996.

Selon les observateurs, ces élections se sont tenues en toute liberté et régularité, avec un taux de participation de 74,9 %. Des irrégularités ont toutefois été relevées dans certaines circonscriptions (intimidations, violences, entraves au vote).

La neutralité du gouvernement intérimaire a été mise en cause : un nombre très élevé de fonctionnaires (1 500) ont été remplacés ; l'armée a expulsé des agents électoraux et interdit l'accès des bureaux de vote à des observateurs accrédités. Le juge Latifur Rahman, conseiller en chef du gouvernement intérimaire, a été soupçonné de partialité du fait de la présence de personnalités politiques dans son cabinet pendant la période de sélection. L'institution du gouvernement intérimaire pourrait disparaître si elle apparaît politisée et transgressant sa mission, ce qu'elle a fait en mettant les bases militaires du pays à la disposition des forces américaines après les attentats du 11 septembre.

Le rôle de la Commission électorale a aussi été mis en cause. Son responsable s'est arrogé le poste de chef du Conseil de sécurité mis en place pour veiller au bon respect de l'ordre et de la loi. Par ailleurs, on a fermé les yeux sur les dépassements des dépenses de campagne et les pots-de-vin. Enfin, les personnes endettées, qui n'auraient pas dû pouvoir présenter leur candidature, ont été autorisées à rééchelonner leurs traites. La réputation de la Commission électorale a aussi souffert lors des élections municipales (25 avril 2002). Le faible taux de participation (entre 5 % et 15 %) a ainsi été attribué aux intimidations et à la peur. Les irrégularités ont été massives et l'AL a boycotté ces scrutins.

Les controverses partisanes, obstacles au développement

La détermination du gouvernement du nouveau Premier ministre, la begum Khaleda Zia, à harceler l'opposition a assuré sa quasi-neutralisation au Parlement. C'est pourquoi l'opposition a eu recours à l'agitation populaire, ne respectant pas son

Bilan de l'année / **Bangladesh**

Bangladesh/Bibliographie

Bangladesh High Commission, *Bangladesh Today,* bulletin mensuel, Londres.

Economic Intelligence Unit, *Country Profile : Bangladesh, 2000-2001,* Londres, 2000.

K. Jacques, *Bangladesh, India and Pakistan : International Relations and Regional Tensions in South Asia,* St Martin's Press, « International Political Economy Series », New York, 2000.

Janomot, hebdomadaire, Londres.

T. M. Murshid, « Bangladesh National Party Wins 2001 Elections », *EIAS Bulletin,* vol. 5, n°s 10-11, European Institute for Asian Studies, Bruxelles, oct.-nov. 2001.

M. Rashiduzzaman, « Bangladesh in 2000 : Searching for Better Governance », *Asian Survey,* vol. XLI, n° 1, University of California Press, Berkeley, janv.-fév. 2001.

H. Rounaq (sous la dir. de), *Bangladesh : Promise and Performance,* University Press Limited, Dacca, 2000.

R. Sobhan, D. Bhattacharya, *Bangladesh Development Debates. Perspectives from Policy Dialogue : Macroeconomic Issues, Governance and Regional Perspectives,* Pathak Shamabesh, Dacca, 2001.

Voir aussi la bibliographie « Inde et périphérie », p. 280.

engagement préélectoral de renoncer à la politique de grève (*hartal*) et de non-coopération parlementaire. Les débats parlementaires sont donc restés ternes et les commissions parlementaires peu productives.

En juin 2002, l'AL a rejoint la Chambre. Elle a en effet considéré que le budget allait « contre le peuple », les impôts payés par les pauvres ayant augmenté, tandis que ceux concernant les riches diminuaient. De plus, l'AL a estimé inconstitutionnelle la démission à laquelle le président de la République, A.Q.M. Badruddoza Chowdhury, a été acculé, le 21 juin 2002, par le BNP qui lui reprochait sa neutralité. A.Q.M. Badruddoza Chowdhury avait refusé de se laisser entraîner dans la controverse partisane sur les mérites respectifs des anciens présidents Zia ur-Rahman (époux de Khaleda Zia, assassiné en 1981) et Sheikh Mujibur Rahman (père du Premier ministre précédent, Sheikh Hasina Wajed, assassiné en 1975) durant la guerre de libération. Le BNP, qui cherche à fonder sa légitimité sur le culte de Zia, a « mal pris » la chose, car continuant de considérer A.Q.M. Badruddoza Chowdhury comme l'un des siens. L'initiative per-

mettait aussi de préparer au *leadership* Tarique Rahman, le fils de Khaleda Zia, nommé secrétaire du parti le lendemain.

Le gouvernement BNP a pris des mesures audacieuses pour combattre la pollution. Dès janvier 2002, l'utilisation des sacs en plastique a été proscrite. Ils bouchaient les systèmes d'évacuation des villes, diminuaient la fertilité des sols, libéraient à la combustion des gaz toxiques et représentaient des risques pour la santé. Les industries du jute et du papier pourraient s'en trouver dopées.

Le nouveau gouvernement était cependant encore loin d'avoir mis en œuvre ses promesses électorales : réserver aux femmes un quota de sièges au Parlement, séparer les pouvoirs législatif et exécutif, abroger la loi de sécurité publique, créer une Commission des droits de l'homme, accorder leur indépendance aux médias détenus par l'État, mettre en place une commission indépendante de lutte contre la corruption et nommer un médiateur. De nombreux donateurs, comme la Banque mondiale et le FMI, ont fait du respect de certains de ces engagements, de l'amélioration de l'ordre public et de l'observation

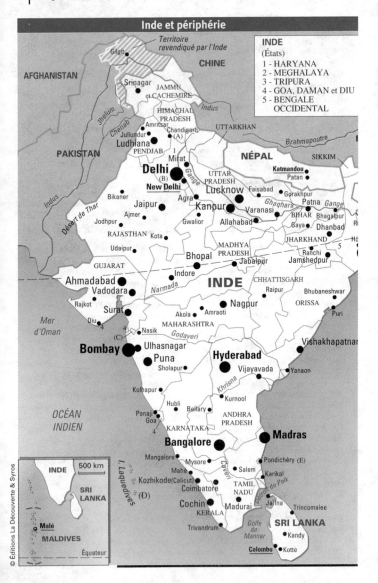

Inde et périphérie

INDE
(États)
1 - HARYANA
2 - MEGHALAYA
3 - TRIPURA
4 - GOA, DAMAN et DIU
5 - BENGALE OCCIDENTAL

AFGHANISTAN

CHINE

Territoire revendiqué par l'Inde

Gilgit

Srinagar

JAMMU et CACHEMIRE

HIMACHAL PRADESH

Amritsar

Jullundur

Ludhiana

PENDJAB

Chandigarh (A)

UTTARKHAN

NÉPAL

SIKKIM

Brahmapoutre

Katmandou

Patan

Mirat

Delhi (B)

New Delhi

UTTAR PRADESH

Lucknow

Faisabad

Gorakhpur

Patna

Gange

PAKISTAN

Bikaner

Jaipur

Agra

Kanpur

Varanasi

Ghaghara

BIHAR

Bhagalpur

Dhanbad

Ajmer

Gwalior

Allahabad

Gaya

JHARKHAND

Jodhpur

RAJASTHAN

Kota

Udaipur

Désert de Thar

MADHYA PRADESH

Ranchi

Jamshedpur

Bhopal

Jabalpur

GUJARAT

Indore

INDE

CHHATTISGARH

Ahmadabad

Vadodara

Narmada

Raipur

Bhubaneshwar

ORISSA

Rajkot

Surat

Diu

Nagpur

Akola

Amraoti

Puri

Mer d'Oman

Nasik

MAHARASHTRA

Godaveri

Vishakhapatnan

Bombay (C)

Ulhasnagar

Puna

Sholapur

Hyderabad

Vijayavada

Yanaon

Kolhapur

Khrisna

Hubli

Beltary

Kurnool

OCÉAN INDIEN

Panaji

Goa

KARNATAKA

ANDHRA PRADESH

Bangalore

Madras

Mangalore

Mysore

Caveri

Pondichéry (E)

Salem

Karikal

Mahe

Kozhikode(Calicut)

Coimbatore

TAMIL NADU

Détroit de Palk

Jaffna

Trincomalee

Cochin

Madurai

KERALA

Golfe de Mannar

SRI LANKA

Trivandrum

Kandy

Colombo

Kotte

INDE

500 km

SRI LANKA

Malé

MALDIVES

Équateur

I. Laquedives (D)

© Éditions La Découverte & Syros

Bilan de l'année / Bangladesh

(Territoires)
A - CHANDIGARH
B - DELHI
C - DADRA ET
   NAGAR HAVELI
D - LAKSHADWEEP
   (Iles Laquedives)
E - PONDICHÉRY
F - ANDAMAN-
   NICOBAR

CHINE

BHOUTAN

ARUNACHAL PRADESH

Itanagar

Thimphu

NAGALAND

Dispur

ASSAM

INDE

Shillong

Imphal

Rangpur

MANIPUR

Dacca

Agartala

Tropique du Cancer

ajshali

MIZORAM

Khulna

Chittagong

owrah

Barisal

BIRMANIE
(MYANMAR)

BANGLADESH

Calcutta

Golfe
du Bengale

OCÉAN
INDIEN

Iles Andaman

Port Blair

(F)

Iles Nicobar

Bananga

500 km

de la loi leurs conditions à l'octroi de nouvelles aides financières. De fait, les politiques publiques visant au développement du pays sont très fortement marquées par la pression des bailleurs de fonds. Du point de vue interne, ces pressions n'apparaissent pas toujours comme engendrant le développement. C'est pourquoi aucun accord de prêt n'a pu être conclu avec le FMI. À l'initiative de celui-ci, le Bangladesh a réduit de 30 milliards de takas le budget annuel alloué au développement (l'organisation prônait une coupe supplémentaire de 60 à 70 milliards de takas, ce qui aurait compromis la pour-

République populaire du Bangladesh

Capitale : Dacca.
Superficie : 143 998 km^2.
Population : 140 369 000.
Langues : bengali, anglais (off.).
Monnaie : taka (100 takas = 1,84 €
au 31.5.02).
Nature de l'État : république.
Nature du régime : démocratie
parlementaire. Le Premier ministre
détient le pouvoir exécutif.
Chef de l'État : Jamiruddin Sircar,
qui a remplacé le 22.6.02
A. Q. M. Badruddoza Chowdhury
(contraint à la démission), lequel avait
succédé à Shahabuddin Ahmed.
Chef du gouvernement : begum
Khaleda Zia, qui a succédé le 10.10.01
à Sheikh Hasina Wajed. Conformément
à la Constitution, à l'issue de son
mandat, Sheikh Hasina Wajed avait
remis la démission de son
gouvernement le 15.7.01. Jusqu'aux
élections générales (oct. 01), le pays
avait été confié à un gouvernement
intérimaire neutre sous la tutelle
du président de la République.
**Ministre des Finances
et de la Planification :** Saifur Rahman.
Ministre des Affaires étrangères :
Morshed Khan.
Ministre du Commerce : Amir Khosru
Mahmud Chowdhury.
Principaux partis : BNP (Bangladesh
Nationalist Party) ; Ligue Awami ;
Jamaat-I-Islami ; Jatiya Party.

suite des projets en cours). De plus, le FMI souhaitait que le taka, indexé sur plusieurs devises, protégé de la volatilité des marchés, flotte librement.

Pressions internationales renforcées

Dacca a satisfait aux autres exigences : réduction du nombre de fonctionnaires, diminution des dépenses publiques, privatisation des entreprises d'État. Le ministère de l'Intérieur a cependant embauché 6 000 nouveaux fonctionnaires dans la police. Des négociations avec les donateurs internationaux visaient à réformer le régime de protection sociale.

Le gouvernement a été également fermement invité à exporter le pétrole national vers l'Inde : l'octroi d'aides par le FMI et la Banque mondiale en dépendait. La compagnie américaine Unocal s'est passée de l'autorisation du gouvernement pour adopter un protocole d'accord avec le gouvernement du Bengale occidental, initiative perçue comme un défi à la souveraineté nationale. Unocal a proposé de construire un pipeline d'un milliard de dollars pour relier le gisement de Bibiyana (nord-est) à New Delhi. La population réclamait d'abord la garantie que le pétrole restant suffise aux besoins internes. Au printemps 2002, le pétrole vendu par la compagnie bangladaise Petrobangla coûtait 20 cents le pied cube (100 pieds cubes = 2,83 m³), alors que celui exploité par des compagnies internationales qui appliquent le principe du partage des coûts de production, revenait à 1,2 dollar le pied cube. Le Bangladesh payait ainsi 15 millions de dollars mensuels à Unocal pour disposer de 5,66 millions de m³ de pétrole par jour, épuisant ses réserves en devises.

Le gouvernement a finalement décidé de remplir ses obligations financières *via* l'augmentation des impôts et la baisse des dépenses publiques. 15 % du budget a été alloué à l'éducation (soit une hausse de + 14,2 %). Plus de la moitié est allée à l'école primaire et à l'éducation de masse, pour réformer l'éducation prodiguée dans les *madrassah* (écoles coraniques), après les inquiétudes internationales sur le rapport entre éducation confessionnelle de basse qualité et montée de l'intolérance religieuse (même si, au Bangladesh, l'adhésion à l'islam radical n'est pas très forte). L'éducation des filles a aussi été déclarée prioritaire.

Le Bangladesh continue d'être confronté aux défis de la démocratisation et de la mise en place d'un « agenda national » fondé sur le consensus. Contre toute attente, la croissance a été de 4,8 % en 2001-2002 et devait monter à 6 % en 2002-2003 (bénéficiant d'une inflation stabilisée à 1,8 %).
- Tazeen M. Murshid ■

Bhoutan

Politique de préférence nationale

En 2001-2002, les mesures de « préservation de l'identité nationale » ont été renforcées, dans le cadre de la politique dite « Une nation un peuple ». En décembre 2001, 12 000 des 100 000 Bhoutanais d'origine népalaise réfugiés au Népal depuis 1990 avaient été recensés en vue de leur rapatriement. En avril 2002, le Bhoutan

Royaume du Bhoutan

Capitale : Thimbou.
Superficie : 40 077 km².
Population : 2 141 000.
Langue officielle : dzong-ka (dialecte tibétain). Autre langue : népali.
Monnaie : ngultrum (au taux officiel, 100 ngultrums = 2,17 € au 31.5.02).
Nature de l'État : monarchie unitaire.
Nature du régime : constitutionnel.
Chef de l'État : Jigme Singye Wangchuck (roi depuis 1972).
Chef du gouvernement et ministre des Affaires étrangères : Jigme Y. Thinley.
Ministre de l'Intérieur : Thinlay Gyamtsho.

n'avait toujours pas donné suite à cette démarche. Les autonomistes assamais établis dans le sud du pays ne se sont soumis que partiellement à l'injonction de Thimbou leur demandant de quitter le pays avant le 31 décembre 2001. - **Philippe Ramirez** ■

Inde

Équilibre précaire

Sur le plan de la politique intérieure, l'année 2001-2002 a confirmé la situation de « stabilité précaire » de la coalition au pouvoir. L'alliance formée par le regroupement hétéroclite de partis rassemblés derrière le Bharatiya Janata Party (BJP, nationaliste hindou) semblait avoir trouvé son équilibre dans un fonctionnement *a minima*. En effet, depuis son arrivée au pouvoir à l'automne 1999, cette coalition a recherché un *modus operandi* lui permettant de gérer les contradictions inhérentes au regroupement de partis ayant des idéologies et des objectifs politiques très divers. Elle semble l'avoir finalement trouvé, mais celui-ci reposait sur l'absence de réformes sur le plan politique et dans le domaine économique. Cette inaction a été particulièrement sensible concernant le dossier du Cachemire. Le Premier ministre, Atal Bihari Vajpayee, avait obtenu des forces armées indiennes une interruption des opérations contre les mouvements insurgés opérant au Jammu et Cachemire à l'occasion du Ramadan, fin 2000. Cette mesure, initialement valable un mois, a été reconduite jusqu'en mai 2001 mais n'a pas été accompagnée de mesures permettant une avancée politique entre le gouvernement central et les membres de l'All Parties Hurryiat Conference (APHC). K. C. Pant, un haut fonctionnaire à la retraite proche du BJP, a été délégué par le Centre pour entamer un dialogue avec les mouvements militants mais les conditions de sa mission, notamment la médiatisation de celle-ci, n'ont conduit à aucun progrès.

Toute avancée au Cachemire semblait dès lors liée à la tenue des élections régionales, fixées à l'automne 2002.

L'insurrection s'est en effet poursuivie mais la tendance était à une augmentation des attaques contre la minorité hindoue du Jammu et à une diminution de celles ayant lieu dans la vallée de Srinagar. Le gouvernement indien y a dénoncé une tentative de polarisation des deux communautés principales de l'État, hindous et musulmans, à l'initiative des groupes insurgés mais aussi des services secrets pakistanais. Les contradictions internes à l'APHC se sont manifestées sur la question des élections à l'assemblée régionale, faisant apparaître chez certaines de ses composantes la possibilité d'un revirement vers les autorités indiennes sous la forme d'une participation au scrutin. L'APHC a finalement pris la décision de former sa propre commission électorale et d'organiser des élections parallèles, mais les tensions se sont poursuivies et l'un des leaders modérés de l'APHC, Abdul Ghani Lone, a été assassiné en mai 2002. Pour le BJP comme pour les acteurs régionaux, la tenue de ces élections représentait une possibilité de relance du dialogue politique, hors relations avec le Pakistan.

Défaites électorales répétées pour le BJP

D'autres élections régionales ont eu lieu en février 2002, dans les États du Pendjab, de l'Uttar Pradesh, du Manipur et de l'Uttarkhand. Tandis que, dans les trois premiers États, il s'agissait d'élire une assemblée régionale pour succéder à celle sortante, l'Uttarkhand élisait, lui, sa première assemblée depuis sa création en novembre 2000. L'État avait, depuis lors, été gouverné par le BJP, qui détenait une majorité de sièges dans les circonscriptions issues de l'Uttar Pradesh ayant servi à former le nouvel État. Les électeurs, qui dénonçaient l'inaction des deux gouvernements BJP s'y étant succédé depuis novembre 2000 et des phénomènes de cor-

INDICATEUR	UNITÉ	1980	1990	2000	2001
Démographie[a]					
Population	million	688,9	844,9	1 008,9	1 025,1
Densité	hab./km²	231,7	284,2	339,3	344,8
Croissance annuelle	%	2,1[f]	1,9[g]	1,7[h]	1,5[i]
Indice de fécondité (ISF)		4,7[f]	3,9[g]	3,3[h]	3,0[i]
Mortalité infantile	‰	118,0[f]	86,2[g]	72,5[h]	64,7[i]
Espérance de vie	année	53,9[f]	58,8[g]	62,3[h]	64,2[i]
Indicateurs socioculturels					
Nombre de médecins	‰ hab.	0,37	0,41[q]	0,41[r]	• •
Analphabétisme (hommes)	%	45,4	38,1	31,6	31,0
Analphabétisme (femmes)	%	73,5	64,1	54,6	53,6
Scolarisation 12-17 ans	%	25,1[s]	36,6[t]	43,8[u]	• •
Scolarisation 3ᵉ degré	%	5,2	6,1	6,9[v]	7,2[e]
Téléviseurs	‰ hab.	3	32	78	• •
Livres publiés	titre	12 708	11 660	11 903[v]	• •
Économie					
PIB total	milliard $	459,2	1 189,2	2 252,3[c]	2 395,4[b]
Croissance annuelle	%	5,8[k]	5,0[m]	4,0	5,4
PIB par habitant (PPA)	$	668	1 400	2 258[c]	2 358[b]
Investissement (FBCF)	% PIB	19,1[o]	22,4[p]	24,0	24,0
Recherche et Développement	% PIB	• •	0,74	0,64[w]	0,62[v]
Taux d'inflation	%	11,4	9,0	4,0	3,8
Population active	million	299,5	360,6	440,4[c]	450,8[b]
Agriculture	% ⎫	69,8	69,1	61,6[w]	59,6[x]
Industrie	% ⎬ 100 %	13,2	13,6	17,1[w]	• •
Services	% ⎭	17,0	17,3	21,3[w]	• •
Énergie (taux de couverture)	%	91,7	93,0	86,9[d]	85,3[c]
Dépense publique Éducation	% PIB	2,8	3,7	3,1[w]	3,0[v]
Dépense publique Défense	% PIB	3,5[t]	2,7	3,1	3,2
Dette extérieure totale	milliard $	20,7	83,6	98,2[c]	99,1[b]
Service de la dette/Export.	%	10,5[o]	30,3[p]	15,3[c]	12,5[b]
Échanges extérieurs		**1974**	**1986**	**2000**	**2001**
Importations de services	milliard $	1,05[s]	3,95	19,91	27,57
Importations de biens	milliard $	4,95[s]	15,69	55,32	51,55
Produits alimentaires	%	19,7	7,0	4,6[v]	5,2[e]
Produits énergétiques	%	28,0	15,1	29,3[v]	24,3[e]
Produits manufacturés	%	34,2	66,8	48,8[v]	50,0[e]
Exportations de services	milliard $	0,84[s]	3,23	18,33	23,54
Exportations de biens	milliard $	4,67[s]	10,25	43,13	47,52
Produits agricoles	%	38,5	30,0	21,1[v]	19,8[e]
Minerais et métaux	%	11,1	7,9	3,6[v]	3,1[e]
Produits manufacturés	%	49,5	56,8	72,1[v]	74,0[e]
Solde des transactions courantes	% du PIB	− 0,7[y]	− 2,1[z]	− 0,9	− 0,5

Définition des indicateurs, sigles et abréviations p. 23 et suivantes. a. Dernier recensement utilisable : 2001 ;
b. 2000 ; c. 1999 ; d. 1998 ; e. 1997 ; f. 1975-1985 ; g. 1985-1995 ; h. 1995-2000 ; i. 2000-2005 ;
k. 1980-1990 ; m. 1990-2000 ; o. 1979-1981 ; p. 1989-1991 ; q. 1988 ; r. 1993 ; s. 1975 ; t. 1985 ; u. 1990 ;
v. 1996 ; w. 1995 ; x. 2000, estimation FAO ; y. 1975-84 ; z. 1985-96.

ruption rampante, ont massivement voté en faveur de son opposant, le parti du Congrès-I. Ce désaveu du BJP et de ses alliés a aussi marqué les scrutins au Pendjab et en Uttar Pradesh.

Dans le premier État, l'alliance du BJP et de l'Akali Dal (B), parti membre de la coalition gouvernementale nationale et représentant traditionnel de la communauté sikh, a été éconduite au profit du parti du Congrès. Des deux partenaires, le BJP est celui qui a enregistré la plus grande perte de sièges par rapport aux précédentes élections. En Uttar Pradesh également, le parti nationaliste hindou a été désavoué sans ambiguïté par les électeurs. Alors qu'il dirigeait la coalition gouvernementale sortante, il a ainsi été relégué, dans cet État, au rang de troisième parti avec 88 sièges, derrière le Samajwadi Party (SP, 143 sièges) et le Bahujan Samaj Party (BSP, 98 sièges). Le BJP a tout de même réussi à se maintenir au pouvoir en se rapprochant du BSP, avec lequel il avait déjà gouverné cet État de manière chaotique en 1997.

Ce résultat, qui constitue un signe important de la perte de crédibilité du BJP dans le plus gros État de l'Union, confirme aussi la difficulté à gouverner un État polarisé à la fois sur des fractures religieuses et de castes. Les relations communautaires y demeurent effectivement sensibles, notamment du fait d'acteurs comme la Vishwa Hindu Parishad, l'une des composantes de la nébuleuse nationaliste hindoue, qui a tenté de raviver la mobilisation de la communauté hindoue autour de la question d'Ayodhya. Ce n'est que par intervention de dernière minute du Premier ministre et par la médiation de l'une des figures les plus respectées de l'hindouisme qu'elle a accepté de ne pas entamer, le 15 mars 2002, la construction du temple à Ram sur le site de l'ancienne mosquée de Babur détruite par des fanatiques hindous le 6 décembre 1992.

Le Premier ministre, dont la stature et l'image de modéré avaient largement per-

mis la formation de la coalition en activité, a paru affaibli par ces échecs répétés du BJP et par l'âge. De plus, le spectre du

Union indienne

Capitale : New Delhi.

Superficie : 3 287 590 km².

Population : 1 025 096 000.

Langues : outre l'anglais, langue véhiculaire, 15 langues officielles (assamais, bengali, gujarati, hindi, kannada, cachemiri, malayalam, marathi, oriya, pendjabi, sanscrit, sindhi, tamoul, telugu et ourdou).

Monnaie : roupie indienne (au taux officiel, 100 roupies = 2,17 € au 31.5.02).

Nature de l'État : république fédérale (28 États, 7 territoires de l'Union).

Nature du régime : démocratie parlementaire.

Chef de l'État : Abdul Kalam, qui a succédé le 18.7.02 à Kocheril Raman Narayanan.

Chef du gouvernement : Atal Bihari Vajpayee (depuis le 18.3.98).

Ministre des Affaires étrangères : Jaswant Singh (depuis le 5.12.98).

Ministre de l'Intérieur : Lal Krishna Advani (BJP).

Ministre de la Défense : George Fernandes.

Principaux partis politiques :
Au pouvoir au plan national : Bharatiya Janata Party (BJP, nationaliste hindou) ; DMK (Dravida Munetra Kazhagam, parti régionaliste tamoul) ; Samata Party (parti régional implanté au Bihar et dans l'est de l'Uttar Pradesh) ; Shiromani Akali Dal (SAD, parti régional pendjabi) ; Biju Janata Dal (issu d'une scission du Janata Dal en Orissa) ; Shiv Sena (au pouvoir au Maharashtra) ; Lok Shakti (issu d'une scission du Janata Dal au Karnataka).
Au pouvoir au plan régional : Congrès-I ; Janata Dal (promotion des basses castes) ; CPI-M (Parti communiste de l'Inde-marxiste) ; Telugu Desam Party (Andhra Pradesh) ; Conférence nationale du Cachemire (intégrationniste, Cachemire).

Contestation territoriale : Azad-Cachemire, administré par le Pakistan.

Carte : p. 268-269.

Inde/Bibliographie

J. Assayag, *Inde, désirs de nations*, Odile Jacob, Paris, 2001.

J. Assayag, *Sept clés pour comprendre l'Inde*, Odile Jacob, Paris, 2000.

J.-A. Bernard, *De l'empire des Indes à la République indienne : de 1935 à nos jours*, Imprimerie nationale, Paris, 1994.

F. Grare, *Les Ambitions internationales de l'Inde à l'épreuve de la relation indo-pakistanaise*, Les Études du CERI, n° 83, Paris, févr. 2002.

G. Heuzé, *Entre émeutes et mafias, l'Inde dans la mondialisation*, L'Harmattan, Paris, 1996.

G. Heuzé, M. Selim (sous la dir. de), *Religion et politique dans l'Asie du Sud contemporaine*, Karthala, Paris, 1998.

C. Jaffrelot, « Inde. De l'acclimatation du modèle anglais à la fin de la démocratie conservatrice », *in* C. Jaffrelot (sous la dir. de), *Démocraties d'ailleurs*, Karthala, coll. « Recherches internationales », Paris, 2000.

C. Jaffrelot, *La Démocratie en Inde. Religion, caste et politique*, Fayard, Paris, 1998.

C. Jaffrelot, *Les Nationalistes hindous. Idéologies, implantation et mobilisation des années 1920 aux années 1990*, Presses de Sciences Po, Paris, 1993.

C. Jaffrelot (sous la dir. de), *L'Inde contemporaine de 1950 à nos jours*, Fayard, Paris, 1996.

« L'Inde », *Pouvoirs*, n° 90, Seuil, Paris, 1999.

« L'Inde, une vision du XXIe siècle », *Revue des deux mondes*, Paris, sept.-oct. 2001.

C. Markovits (sous la dir. de), *Histoire de l'Inde moderne, 1480-1950*, Fayard, Paris, 1994.

J.-L. Racine (sous la dir. de), « La question identitaire en Asie du Sud », *Purushartha*, n° 22, EHESS, Paris, 2000.

M.-C. Saglio-Yatzimirsky, *Population et Développement en Inde*, Ellipses, Paris, 2002.

D. Vidal, G. Tarabout, É. Meyer (sous la dir. de), « Violences et non-violences en Inde », *Purushartha*, EHESS, n° 16, Paris, 1994.

A. Virmani, « L'Inde, une puissance en mutation », *Problèmes politiques et sociaux*, n° 866, La Documentation française, Paris, nov. 2001.

Voir également les bibliographies « Océan Indien » et « Inde et périphérie », p. 206 et 280.

communalisme a été agité tout au long de l'année 2001 par son parti, à travers le projet de loi POTO (*Prevention of Terrorism Ordnance*), perçu par l'opposition comme un instrument contre la minorité musulmane.

Graves affrontements communautaires au Gujarat

Les émeutes communautaires qui ont touché le Gujarat fin février 2002 ont, elles aussi, porté un coup à la coalition gouvernementale et, au-delà, au respect du sécularisme affiché par le BJP. Intimement liées à l'agitation à propos d'Ayodhya, puisque l'incident de départ visait des pèlerins hindous s'y étant rendus pour célébrer la cérémonie de la « première pierre », ces émeutes ont été les plus graves depuis celles qui avaient eu lieu dans le même cadre en décembre 1992 et janvier 1993. Les actes de violence au Gujarat, qui se sont poursuivis de manière sporadique jusqu'en juin, ont fait plus de 900 morts, essentiellement musulmans, et ont provoqué l'installation de 100 000 membres de cette même communauté dans les camps de réfugiés, à la suite de la destruction de leurs habitations. Le rôle partisan de la police de l'État et les ordres pour le moins ambigus du chef du gouvernement (BJP) Narendra Modi ont provoqué une grave crise intérieure. Plusieurs membres de la coalition gouvernementale au Centre ont menacé de la quitter devant le blanc-seing accordé à N. Modi. L'opposition a également tenté de récupérer la situation en provoquant de houleux débats au Parlement central, mais n'a pas réussi à faire passer la motion de censure votée en avril 2002.

Le Gujarat est ainsi devenu un enjeu crucial, non seulement pour la survie de la coalition gouvernementale, mais aussi pour le BJP. Il s'agissait, avant son alliance avec le BSP en Uttar Pradesh, du dernier État qu'il dirigeait. Des élections y étaient prévues en 2003 et la carte communautaire faisant apparaître une polarisation antimusulmane pouvait laisser espérer une victoire du BJP.

Sur le plan des relations extérieures, le durcissement du gouvernement s'est manifesté par le maintien de la tension bilatérale avec le Pakistan. Sur le plan intérieur, cette politique trouvait à se justifier par la poursuite de l'insurrection armée menée au Cachemire par des groupes infiltrés en provenance du Pakistan, et en particulier par les deux attentats qui ont pris pour cible l'assemblée régionale de Srinagar en octobre 2001 et le Parlement à New Delhi en décembre suivant. Ces violences, qui se sont produites dans le contexte de la lutte contre le terrorisme islamique orchestrée par les États-Unis après les attentats du 11 septembre sur leur sol, ont conduit les autorités indiennes à déployer leur armée le long de la frontière internationale avec le Pakistan. Cette mobilisation, datant du 16 décembre 2001 et dont le coût a été estimé à 600 millions de dollars par jour, avait pour but, selon le gouvernement indien, de

contraindre son voisin à mettre fin au terrorisme transfrontalier et à lui remettre les vingt activistes les plus recherchés. La situation apparaissait totalement bloquée, le président pakistanais ayant déclaré ne pas pouvoir livrer ces hommes en l'absence d'un traité d'extradition entre les deux pays et ayant proclamé, le 12 janvier 2002, l'interdiction de cinq mouvements extrémistes, dont deux actifs au Jammu et Cachemire. Les deux pays se trouvaient ainsi dans une position difficile, du fait de la présence américaine dans la région depuis l'après-« 11 septembre » et de la pression exercée par Washington. L'Inde ne pouvait réellement envisager la possibilité d'une guerre avec le Pakistan, tandis que celui-ci se trouvait contraint de faire des gestes de bonne volonté et de lutter contre les ennemis de Washington, aussi utiles qu'ils aient pu lui être par le passé.

Redéfinition de la coopération indo-américaine

L'un des faits marquants, sur le plan des relations extérieures, a effectivement été le réengagement américain dans la région. Alors que l'administration Bush paraissait initialement plus en retrait que celle de Bill Clinton, notamment sur le dossier du Cachemire, la campagne en Afghanistan a fait renaître l'intérêt américain pour la région. Après un premier temps de flottement marqué par un revirement envers le Pakistan, qui, bien que justifié d'un point de vue tactique, a choqué les autorités et l'opinion publique indiennes, ces événements ont aussi permis une rediscussion de la nature des liens américano-indiens. La coopération dans le domaine militaire et la lutte contre le terrorisme étaient deux pôles autour desquels les relations bilatérales semblaient en voie de se développer. Pour Washington, il s'agissait de ne pas perdre, par son rapprochement à visées opérationnelles avec le Pakistan, les bénéfices d'une possible coopération avec l'Inde. Il n'était pourtant pas question de créer une grande alliance indo-américaine, New Delhi souhaitant avant tout conserver son indépendance en matière de politique extérieure.

Le refus de s'aligner sur la politique d'un autre grand pays a d'ailleurs été manifeste tout au long de l'année 2001, dans la poursuite du rapprochement de l'Inde avec la Chine et dans l'intensification des relations avec la Russie. Avec son voisin du Nord, les discours antagonistes qui avaient entouré les essais nucléaires de mai 1999 ont laissé place à une volonté de coopération, en premier lieu dans le domaine économique mais aussi sur les questions épineuses de la délimitation de la frontière commune et du partage des eaux du Brahmapoutre. Avec la Russie, la coopération sur le dossier sensible du nucléaire civil a semblé progresser, avec le lancement de la construction d'une centrale nucléaire au Tamil Nadu et surtout avec un rapprochement d'intérêt pour l'Afghanistan post-taliban.

Résultats économiques favorables

Dans le domaine économique, la croissance s'est maintenue à un taux de 5,4 % en 2001, un peu en deçà de la moyenne depuis 1990. De bons résultats agricoles (+ 5,7 % officiellement), ajoutés à un faible taux d'ouverture commerciale ont permis de surmonter une conjoncture mondiale difficile. Le FMI tablait sur une croissance pour 2002 légèrement supérieure à 5,8 %. L'érosion maîtrisée de la valeur de la roupie et la consolidation des réserves de change ont permis de poursuivre la gestion prudente des équilibres extérieurs. Cette stabilité a contribué à la reprise des investissements étrangers avec un flux net de 3,6 milliards de dollars en 2001. Il convenait toutefois de tempérer ce résultat honorable. D'une part, cette reprise a compensé le retard pris en 2000. D'autre part, la base régionale des investissements tend à se réduire, particulièrement au profit de New Delhi, qui en captait les deux cinquièmes en 2001, loin devant le Maharashtra (un cinquième).

Enfin, l'importance des « rétro-investissements » effectués par des industriels indiens locaux ou par la diaspora, transitant par l'île Maurice pour raison fiscale, n'a pas décru.

Les finances publiques ont fait moins bonne figure, en l'absence de réelle volonté gouvernementale de faire face au problème. Avec une croissance industrielle convalescente (+ 2,5 %), le gouvernement n'a pas eu d'autre choix que d'augmenter les impôts de la peu nombreuse classe moyenne des salariés. Le contexte social fut d'autant moins favorable à la réalisation de réformes internes, que le contexte politique semblait indiquer qu'elles n'auraient pas lieu.
- **Jasmine Zérinini-Brotel** ∎

Maldives

Stabilité politique et économique

Le petit État des Maldives a continué de jouir, en 2001-2002, d'une stabilité politique assurée par les réseaux de fidélité tissés par le président Maumoon Abdul Gayoom, dont la longévité politique excède celle de tous les autres chefs d'État asiatiques en exercice (les prochaines élections étaient prévues en octobre 2003). La situation éco-

République des Maldives

Capitale : Male.
Superficie : 298 km².
Population : 300 000.
Langues : divehi, anglais.
Monnaie : rufiyaa (au taux officiel, 100 rufiyaas = 8,32 € au 31.5.02).
Nature de l'État : république composée de 19 »atolls administratifs ».
Nature du régime : présidentiel. Il n'y a pas de partis.
Chef de l'État et du gouvernement : Maumoon Abdul Gayoom (depuis le 11.11.78).
Ministre des Affaires étrangères : Fathulla Jameel.

nomique du pays restait très dépendante du tourisme international (60 % des ressources en devises, le reste étant assuré par l'exportation des produits de la mer), mais il a moins souffert que ses voisins des conséquences économiques des attentats du 11 septembre 2001 aux États-Unis (5 % de croissance en 2001). Mais la croissance démographique élevée (3 % par an) pouvait poser à terme de sérieux problèmes d'emploi. - **Éric Meyer** ■

Népal

L'armée à l'assaut de la guérilla maoïste

Le 4 juin 2001, le roi Gyanendra Shah a succédé à son frère Birendra, tué avec neuf membres de la famille royale dont le prince héritier, auquel la responsabilité de l'incident a été officiellement attribuée. Critiqué pour son incapacité à réduire l'insurrection maoïste, le Premier ministre Girija Prasad Koirala (Nepali Congress) a dû céder la place, le 22 juillet 2001, à un autre dirigeant du parti, Sher Bahadur Deuba. Le lendemain, la direction du Parti communiste népalais (maoïste) acceptait un cessez-le-feu et le lancement de pourparlers avec des représentants du gouvernement. Les trois rencontres tenues entre août et novembre 2001 ont porté sur les trois principales revendications maoïstes : abolition de la monarchie, élection d'une Assemblée constituante, formation d'un gouvernement de coalition provisoire.

Le 21 novembre, les maoïstes ont dénoncé le refus de concessions du gouvernement et ont appelé à la reprise des hostilités. Le 23 et le 26 novembre, plusieurs attaques d'envergure ont été lancées, touchant pour la première fois l'armée royale. Le 26 novembre, le roi, sur proposition du gouvernement, a proclamé l'état d'urgence prévu par la Constitution et permettant de restreindre les libertés publiques. L'armée,

Royaume du Népal

Capitale : Katmandou.
Superficie : 140 797 km^2.
Population : 23 593 000.
Langues : népali (off.), maithili, bhojpuri (dialectes hindi), néwari, tamang, etc.
Monnaie : roupie népalaise (au taux officiel, 100 roupies = 1,36 € au 31.5.02).
Nature de l'État : monarchie.
Nature du régime : parlementaire.
Chef de l'État : roi Gyanendra, qui a succédé le 4.6.01 à Birendra Shah (assassiné le 1.6.01).
Chef du gouvernement : Sher Bahadur Deuba (Premier ministre, ministre de la Défense et des Affaires étrangères), qui a remplacé le 22.7.01 Girija Prasad Koirala.
Ministre de l'Intérieur : Khum Bahadur Khadka.

qui n'était jusque-là pas intervenue dans le conflit, a été mobilisée avec comme mission de venir à bout de la guérilla. D'après les informations disponibles, qui provenaient presque exclusivement des forces armées, celles-ci sont intervenues dans une cinquantaine des 75 districts népalais, ne subissant de revers importants que lors de l'attaque par les maoïstes du chef-lieu d'Acham (Ouest), le 17 février 2002.

Menacé de censure par des députés de son propre parti, Sher Bahadur Deuba a, le 22 mai 2002, obtenu du roi la dissolution de la Chambre des représentants.

La circulation des biens et des personnes étant libre entre les deux pays, le Népal est intervenu à plusieurs reprises auprès de l'Inde en 2002 pour lui demander d'interdire l'utilisation de son sol par les rebelles. Katmandou a également obtenu le soutien de la Chine, des États-Unis et du Royaume-Uni afin de mettre fin à un conflit qui a fait 3 000 morts en six ans. La mauvaise mousson de 2001 ainsi que l'impact de l'insécurité sur le tourisme et l'industrie ont ralenti la croissance, qui devait se situer autour de 5 % en 2002. - **Philippe Ramirez** ■

INDICATEUR	BANGLADESH	BHOUTAN	INDE
Démographie[a]			
Population *(millier)*	140 369	2 141	1 025 096
Densité *(hab./km²)*	1078,4	45,6	344,8
Croissance annuelle (1995-2000) *(%)*	2,1	2,6	1,7
Indice de fécondité (ISF) (1995-2000)	3,80	5,50	3,32
Mortalité infantile (1995-2000) ‰	78,8	62,9	72,5
Espérance de vie (1995-2000) *(année)*	58,1	60,7	62,3
Population urbaine[c]*(%)*	24,0	6,9	28,1
Indicateurs socioculturels			
Développement humain (IDH)[b]	0,478	0,494	0,577
Nombre de médecins *(‰ hab.)*	0,20[g]	0,16[h]	0,41[i]
Analphabétisme (hommes) *(%)*	47,1	38,9[b]	31,0
Analphabétisme (femmes) *(%)*	69,5	66,4[b]	53,6
Scolarisation 12-17 ans *(%)*	19,9[k]	10,7[k]	43,8[k]
Scolarisation 3e degré *(%)*	4,8[f]	0,3[p]	7,2[g]
Accès à Internet *(‰ hab.)*	1,14	3,62	6,82
Livres publiés *(titre)*	••	••	11 903[p]
Armées (effectifs)			
Armée de terre *(millier)*	120		1100
Marine *(millier)*	10,5	} •• [q]	53
Aviation *(millier)*	6,5		110
Économie			
PIB total (PPA)[b] *(million $)*	209 928	1 136	2 395 376
Croissance annuelle 1990-2000 *(%)*	4,9	5,9	5,6
Croissance annuelle 2001 *(%)*	4,5	5,9	5,4
PIB par habitant (PPA)[b] *($)*	1 602	1 412	2 358
Investissement (FBCF)[d] *(% PIB)*	23,1	41,9[e]	24,1
Taux d'inflation *(%)*	1,8	5,0	3,8
Énergie (taux de couverture)[c] *(%)*	80,7	145,0[f]	85,3
Dépense publique Éducation[f] *(% PIB)*	2,4[p]	3,4[g]	3,0[p]
Dépense publique Défense *(% PIB)*	1,5	5,6[b]	3,2
Dette extérieure totale[b] *(million $)*	15 609	198	99 062
Service de la dette/Export.[e] *(%)*	9,0	5,2	16,1
Échanges extérieurs			
Importations (douanes) *(million $)*	8 969	315	49 183
Principaux fournisseurs *(%)*	Asie[s] 63,9	Inde	Asie[s] 48,4
(%)	C+H+T[t] 13,6	Autres	UE 24,1
(%)	UE 9,4	••	E-U 8,3
Exportations (douanes) *(million $)*	5 736	112	44 578
Principaux clients *(%)*	UE 41,3	Inde 94,5[f]	Asie[s] 37,6
(%)	E-U 29,6	Autres 5,5[f]	UE 23,6
(%)	Asie[s] 8,9	••	E-U 20,6
Solde transactions courantes *(% PIB)*	– 1,9	– 27,5	– 0,5

Définition des indicateurs, sigles et abréviations p. 23 et suivantes. Chiffres 2001 sauf notes.
a. Derniers recensements utilisables : Bangladesh, 1991 ; Bhoutan, 1969 ; Inde, 2001 ; Maldives (îles), 1995 ;
Népal, 1991 ; Sri Lanka, 2001 ; b. 2000 ; c. 1999 ; d. 1999-2001 ; e. 1998-2000 ; f. 1998 ; g. 1997 ;
h. 1995 ; i. 1993 ; k. 1990 ; m. 1992 ; o. 1991 ; p. 1996 ; q. Forces paramilitaires (1000 h.) ;

	MALDIVES	NÉPAL	SRI LANKA
	300	23 593	19 104
	999,5	165,0	295,6
	3,0	2,4	1,0
	5,80	4,83	2,10
	46,4	82,6	22,9
	65,4	57,3	71,6
	26,0	11,6	23,3
	0,743	0,490	0,741
	0,40[h]	0,04[f]	0,37[c]
	3,2	39,4	5,5
	3,1	74,8	10,7
	70,3[m]	33,4[k]	62,3[o]
	••	3,0[f]	5,3[g]
	37,04	2,54	7,85
	••	••	4 115[p]
			93
	} ••[r]	} 46	18
			10
	1 238	30 573	68 330
	7,6	5,0	5,2
	4,9	5,3	0,4
	4 485	1 327	3 530
	32,6[e]	19,2	25,7
	3,7	2,4	14,0
	••	87,4	58,8
	3,9	2,5	3,4[p]
	9,5[b]	0,9[b]	5,3[b]
	207	2 823	9 066
	4,0	7,1	9,2
	489	1 604	6 645
	UE 8,9	Asie[s] 73,9	Asie[s] 72,0
	Asie[s] 84,5	AmL 15,4	E-U 3,0
	Sing 23,7	UE 4,9	UE 16,5
	276	634	4 929
	AmL 37,5	E-U 31,2	E-U 38,3
	E-U 34,0	Inde 30,7	UE 27,8
	Asie[s] 17,0	UE 17,9	Asie[s] 20,4
	– 10,9	– 4,4	– 3,4

r. Forces paramilitaires seulement (5000 h.) ;
s. Y compris Japon et Moyen-Orient ; t. Chine,
Hong Kong, Taiwan.

Vers un nouveau processus de négociation pour la paix ?

Entre septembre 2001 et avril 2002, la situation politico-militaire à Sri Lanka s'est trouvée profondément modifiée par la convergence d'une contrainte internationale – la pression exercée par les États-Unis sur les mouvements terroristes à la suite des attentats du 11 septembre 2001 sur leur territoire – et d'une contrainte interne – la victoire aux élections législatives anticipées de décembre 2001 de l'opposition de droite (Parti national uni, UNP). Le premier facteur a obligé les Tigres de libération de l'Eelam tamoul (LTTE) à consentir, fin décembre 2001, une trêve dans la lutte armée ponctuée d'attentats terroristes qu'ils mènent de-

République démocratique socialiste de Sri Lanka

Capitale : Colombo (Parlement et centre administratif à Kotte).
Superficie : 65 610 km².
Population : 19 104 000.
Langues : cingalais et tamoul (off.), anglais (semi-off.).
Monnaie : roupie sri-lankaise (au taux officiel, 100 roupies = 1,11 € au 31.5.02).
Nature de l'État : république unitaire (évolution fédérale en projet).
Nature du régime : démocratie présidentielle.
Chef de l'État : Mme Chandrika Kumaratunga, présidente de la République (depuis le 12.11.94, réélue le 21.12.99).
Premier ministre : Ranil Wickramasinghe, qui a succédé le 12.12.01 à Ratnasiri Wickramanayake.
Ministre des Finances : K. N. Choksy (depuis le 12.12.01).
Ministre des Affaires étrangères : Tyronne Fernando (depuis le 12.12.01).
Sécessionnisme : depuis le début des années 1980, un mouvement insurrectionnel tamoul affronte les forces gouvernementales.

Inde et périphérie/Bibliographie

K. M. De Silva, *Reaping the Whirlwind : Ethnic Conflict, Ethnic Politics in Sri Lanka,* Penguin Books, New Delhi, 1998.

F. Durand-Dastès, « Mondes indiens », *in* R. Brunet (sous la dir. de), *Géographie universelle,* vol. VIII, Belin/RECLUS, Paris/Montpellier, 1995.

O. Fuglerud, *Life on the Outside. The Tamil Diaspora and Long-distance Nationalism,* Pluto Press, Londres, 1999.

M. Hutt (sous la dir. de), *Nepal in the Nineties, Versions of the Past, Visions of the Future,* Oxford University Press, Delhi, 1994.

A. Jeyaratnam Wilson, *Sri Lankan Tamil Nationalism,* Hurst & Company, Londres, 2000.

É. Meyer, *Sri Lanka entre particularismes et mondialisation,* La Documentation française, Paris, 2001.

É. Meyer, « Sri Lanka ou les tribulations d'une »vieille démocratie »», *in* C. Jaffrelot (sous la dir. de), *Démocraties d'ailleurs,* Karthala, coll. « Recherches internationales », Paris, 2000.

L. Paul, *La Question tamoule à Sri Lanka,* L'Harmattan, Paris, 1998.

L.-E. Rose, *The Politics of Bhutan,* Cornell University Press, Ithaca (NY), 1977.

A. C. Sinha, *Bhutan : Ethnic Identity and National Dilemma,* Reliance Publication House, New Delhi, 1991.

A. Shastri, A. J. Wilson (sous la dir. de), *The Post-Colonial States of South Asia,* Macmillan, Houndmills, 2001.

Voir aussi les bibliographies « Pakistan », « Inde » et « Bangladesh », p. 256, 274 et 267.

puis les années 1980 pour l'indépendance de la partie à majorité tamoule de l'île (le Nord et l'Est). Ils ont signé, en février 2002, un accord de cessez-le-feu, préliminaire à des négociations avec les autorités de Colombo sous l'égide d'intermédiaires norvégiens qui avaient repris leur médiation interrompue l'année précédente. Le second facteur a créé une situation inédite de cohabitation : la présidente Chandrika Kumaratunga, leader de l'Alliance populaire de gauche (réélue pour cinq ans en décembre 1999), qui s'était enlisée dans une politique belliciste à l'instigation de son entourage, a perdu les élections législatives et a dû prendre pour Premier ministre son rival Ranil Wickramasinghe, leader de l'UNP, qui avait fait campagne pour une solution négociée du conflit, dont il dénonçait le coût incompatible avec la poursuite du développement du pays. Cette cohabitation a, pour la première fois, conduit les deux principaux partis cingha-

lais à cesser de faire de la surenchère et à s'engager dans un processus de négociation, mais elle risquait d'éclater si aucun résultat tangible n'était obtenu.

La population civile, toutes communautés confondues, a accueilli avec enthousiasme ce progrès vers la paix, et la reprise de la circulation des personnes et des marchandises réalisait un début de réconciliation nationale. Mais ce processus risquait d'achopper sur la question du statut futur des régions tamoules : le leader des LTTE, Velupillai Prabhakaran, continuait en effet de réclamer l'indépendance, moyennant quelques concessions à la communauté musulmane de langue tamoule – nombreuse dans l'est du pays – jusqu'alors traitée en ennemie. L'intransigeance des LTTE rejoignait celle des nationalistes cinghalais soutenus par une fraction politisée du clergé bouddhiste ; les thèmes nationalistes cinghalais ont été repris par le Janata Vimukthi

Peramuna (JVP, « Front de libération du peuple »), parti révolutionnaire cinghalais réapparu sur la scène électorale après avoir été décapité à la suite de la répression de l'insurrection qu'il avait provoquée en 1989. Enfin, l'Inde a refusé d'héberger les négociations (devant désormais se tenir en Thaïlande) car elle restait fondamentalement hostile à toute formule qui aboutirait à créer un nouvel État en Asie du Sud ou à porter atteinte à ses intérêts stratégiques ; elle semblait, en revanche, disposée à appuyer une solution fédérale accordant une large autonomie aux régions tamoules.

La croissance de l'économie, environ 5 % par an au cours des années 1990, s'est fortement ralentie, descendant à moins de 1 % en 2001, la chute des profits tirés du tourisme ayant contribué à ce mauvais résultat. Les indices de la qualité de la vie restaient théoriquement élevés, mais ne prenaient pas en compte la situation de plus en plus précaire dans les zones de conflit. Une économie de guerre s'est mise en place, offrant des emplois et des profits faciles. Les dépenses publiques liées à la défense ont progressé en une décennie de 11,2 % à 17,7 % dans le budget, tandis que les dépenses sociales déclinaient de 11,2 % à 9,8 %. Le retour à une paix durable impliquerait une réorientation économique et rendrait possibles la reprise des investissements dans les régions du Nord et de l'Est et le rapatriement des capitaux et des talents de la diaspora tamoule (plus de 500 000 personnes installées dans les pays développés d'Europe, d'Amérique et d'Asie). - **Éric Meyer** ■

Asie du Nord-Est

Chine, Corée du Nord, Corée du Sud, Japon, Mongolie, Taïwan

Chine

La « grande ouverture » ?

Une succession d'événements clés, en 2001-2002, a montré que la Chine poursuivait sa mutation, suivant son calendrier propre et affichant un grand optimisme sur la maîtrise des défis qu'elle s'est donnés. Nomination pour l'organisation des jeux Olympiques de 2008, admission à l'OMC (Organisation mondiale du commerce) en décembre 2001, gestion pragmatique de sa relation avec les États-Unis – dans un contexte de solidarité internationale après les attentats du 11 septembre 2001 –, et coopération active avec les pays de l'ANSEA (Association des nations du Sud-Est asiatique) étaient autant d'éléments concourant à « normaliser » le statut international du pays. De nombreuses incertitudes pesaient toutefois sur l'avenir de ce pays.

Les réformes économiques et la restructuration d'un ensemble économique étatique ont, en effet, un coût, que les dirigeants chinois mesurent sans pour autant le maîtriser. Ceux-ci ont toujours pris soin de justifier les petits pas des réformes par la nécessité d'anticiper leurs conséquences

KAZAKHSTAN

RUSSIE

L. Balkhach

BAYAN-ÖLGIY

Ulaangom

HOVSGÖL

UVS

Mörön

Altay

Hovd

DZAVHAN

ARHAN

Karamay

Uliastay

Yining

Urumqi

HOVD

KIRGHIZSTAN

Qitai

Altay

GOVI-ALTAY

TADJI-KISTAN

Kashi (Kashgar)

Aksu

Turpan

Barkol

BAYAN-HONGOR

Kuqa

Tarim

Shache (Yarkand)

XINJIANG

Lop Nur

PAKISTAN

Hotan

Yutian

Yumen

Jiuquan

Zhangye

Wuwei

QINGHAI

Xining

C H I N E

Golmud

Lac Qinghai

Garyarsa

XIZANG

Lanzhou

(RÉGION AUTONOME DU TIBET)

Yushu

Nagqu

Yushu

NÉPAL

Xigazê

Lhassa

Chengdu

INDE

SICHUAN

BHOUTAN

Kunming

Provinces

Régions autonomes (5)
GUANGXI
MONGOLIE INTÉRIEURE
NINGXIA
XINJIANG
XIZANG (TIBET)

YUNNAN

BIRMANIE

Simao

Zones municipales
BEIJING (PÉKIN)
SHANGHAI
TIANJIN
CHONGQING

VIETNAM

LAOS

Mékong

＊ Zones économiques spéciales

THAÏLANDE

Yangzi

© Éditions La Découverte & Syros

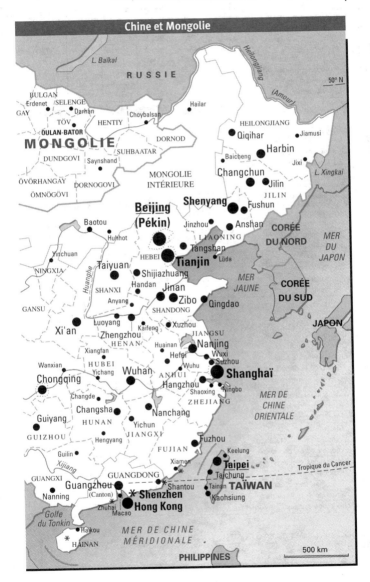

Chine et Mongolie

Statistiques / Rétrospective

INDICATEUR	UNITÉ	1980	1990	2000	2001
Démographie[a]					
Population	million	998,9	1 155,3	1 275,1	1 285,0
Densité	hab./km²	107,1	123,9	136,7	137,8
Croissance annuelle	%	1,4[f]	1,3[g]	0,9[h]	0,7[i]
Indice de fécondité (ISF)		2,9[f]	2,2[g]	1,8[h]	1,8[i]
Mortalité infantile	‰	52,0[f]	48,3[g]	41,4[h]	36,5[i]
Espérance de vie	année	65,9[f]	67,7[g]	69,8[h]	71,2[i]
Indicateurs socioculturels					
Nombre de médecins	‰ hab.	0,91	1,54	1,68	• •
Analphabétisme (hommes)	%	22,0	13,6	8,4	7,9
Analphabétisme (femmes)	%	47,8	33,1	23,7	22,9
Scolarisation 12-17 ans	%	67,0[q]	40,9[r]	43,7[s]	• •
Scolarisation 3ᵉ degré	%	1,7	3,0	6,1[e]	6,2[d]
Téléviseurs	‰ hab.	5	156	293	• •
Livres publiés	titre	12 493[t]	40 265	110 283[u]	• •
Économie					
PIB total	milliard $	455,5	1 582,8	4 566,3[c]	5 019,4[b]
Croissance annuelle	%	9,3[k]	9,3[m]	8,0	7,3
PIB par habitant (PPA)	$	464	1 394	3 643[c]	3 976[b]
Investissement (FBCF)	% PIB	27,8[o]	26,2[p]	36,1	36,3
Recherche et Développement	% PIB	• •	0,74[s]	0,83[c]	1,00[b]
Taux d'inflation	%	6,0	3,1	0,4	0,7
Population active	million	538,7	672,3	749,6[c]	756,8[b]
Agriculture	% ⎫	68,9	53,9[s]	47,4[c]	46,9[b]
Industrie	% ⎬ 100 %	18,5	19,2[s]	17,7[c]	17,5[b]
Services	% ⎭	12,6	26,9[s]	34,9[c]	35,6[b]
Énergie (taux de couverture)	%	102,7	103,5	99,4[d]	97,1[b]
Dépense publique Éducation	% PIB	2,5	2,3	2,2[v]	2,3[u]
Dépense publique Défense	% PIB	4,9[r]	3,5	5,4	5,3[w]
Dette extérieure totale	milliard $	5,8[x]	55,3	154,2[c]	149,8[b]
Service de la dette/Export.	%	9,0[y]	11,6[p]	9,0[c]	7,4[b]
Échanges extérieurs		**1974**	**1986**	**2000**	**2001**
Importations de services	milliard $	2,02[z]	2,28	31,59[c]	36,03[b]
Importations de biens	milliard $	16,88[z]	34,90	158,73[c]	214,66[b]
Produits agricoles	%	10,6[A]	14,8	10,1[e]	8,8[d]
Minerais et métaux	%	22,0[A]	2,6	4,8[e]	5,0[d]
Produits manufacturés	%	61,3[A]	79,8	77,2[e]	80,7[d]
Exportations de services	milliard $	2,51[z]	3,83	26,25[c]	30,43[b]
Exportations de biens	milliard $	21,13[z]	25,76	194,72[c]	249,13[b]
Produits agricoles	%	42,4	16,2	8,6[e]	7,8[d]
Produits énergétiques	%	16,3	8,4	3,8[e]	2,8[d]
Produits manufacturés	%	47,5	71,4	85,3[e]	87,3[d]
Solde des transactions courantes	% du PIB	1,8[B]	0,0[C]	1,9	1,7

Définition des indicateurs, sigles et abréviations p. 23 et suivantes. a. Dernier recensement utilisable : 2000 ; b. 2000 ;
c. 1999 ; d. 1998 ; e. 1997 ; f. 1975-1985 ; g. 1985-1995 ; h. 1995-2000 ; i. 2000-2005 ; k. 1980-1990 ; m. 1990-2000 ;
o. 1979-1981 ; p. 1989-1991 ; q. 1960 ; r. 1985 ; s. 1991 ; t. 1978 ; u. 1996 ; v. 1995 ; w. 2,3 % selon la Banque mondiale ;
x. 1981 ; y. 1982-1984 ; z. 1982 ; A. 1975 ; B. 1982-84 ; C. 1985-96.

sociales : aux contestations occidentales sur les atteintes aux libertés, Pékin a toujours argué que la nourriture du corps restait prioritaire par rapport à la nourriture de l'esprit. Mais la restructuration accélérée des secteurs d'activité étatiques (ne représentant plus que 40 % du paysage industriel) laisse sur le bord du chemin des millions de personnes, et de nombreux observateurs, aussi bien chinois qu'occidentaux, guettent l'explosion sociale. Le chômage urbain oscillait en 2001 dans une fourchette allant de 3 % (taux officiel) à 8 % selon certains économistes chinois. Mais d'autres estimations portaient le taux de chômage de la population urbaine active à 15 %-18 %, et même à 30 % en y incluant la population sans emploi fixe.

Floraison de mouvements sociaux

Des grèves majeures ont ainsi éclaté dans le Nord-Est, l'ancienne Mandchourie qui avait développé, avec l'aide soviétique, d'importants complexes sidérurgiques. La restructuration de la sidérurgie, secteur d'État en faillite, a fait de Daqing et Liaoyang deux sites industriels sinistrés. La contestation sociale s'est développée de façon régulière sur tout le territoire ; attentats ou crimes désespérés en ont été les expressions les plus violentes. Les autorités locales ont souvent dissimulé l'étendue des laissés-pour-compte et des manifestations aux autorités centrales par crainte de sanctions à leur égard. À l'usine de Tiehejin à Liaoyang, au cours de l'hiver 2002, la contestation a été si massive que les meneurs ont été emprisonnés : mais ce mouvement a tenté de se structurer, usant du droit à la défense et réclamant les nouveaux emplois promis.

Au-delà de ces mouvements sociaux dans certains secteurs étatiques, l'accroissement criant des inégalités avait également de quoi inquiéter : l'appauvrissement du monde paysan, l'une des forces créatrices et motrices du Parti communiste chinois (PCC), s'accélère à mesure que les

villes s'enrichissent. En 2001, seulement 10 % à 15 % du budget de l'État restait alloué au monde agricole, alors que Hu Angang, économiste chinois réputé, affirmait

République populaire de Chine

Capitale : Pékin (Beijing)
Superficie : 9 596 961 km².
Population : 1 284 972 000.
Langues : mandarin (*putonghua*, langue commune off.) ; huit dialectes avec de nombreuses variantes ; 55 minorités nationales avec leur propre langue.
Monnaie : renminbi (*yuan*) ; (au taux officiel, 1 yuan = 1 renminbi = 0,12 € au 13.6.02).
Nature de l'État : « république socialiste unitaire et multinationale » (22 provinces, 5 régions « autonomes », 4 grandes municipalités : Pékin, Shanghaï, Tianjin et Chongqing).
Nature du régime : démocratie populaire à parti unique : le Parti communiste chinois (secrétaire général : Jiang Zemin, depuis le 24.6.89).
Chef de l'État (au 11.7.02) : Jiang Zemin, président de la République (depuis le 29.3.93).
Premier ministre (au 11.7.02) : Zhu Rongji (depuis mars 98).
Président de l'Assemblée nationale populaire (Parlement) (au 11.7.02) : Li Peng (depuis mars 98).
Vice-président (au 11.7.02) : Hu Jintao.
Président de la Conférence consultative du peuple (chargé de l'idéologie) (au 11.7.02) : Li Ruihuan.
Problèmes de souveraineté territoriale : Taïwan est considérée par la Chine continentale comme une province devant un jour revenir à la mère patrie. Les archipels de la mer de Chine du Sud (Spratly, Paracels, Macclesfield, Pratas) font l'objet de revendications multiples. Les îles Senkaku, sous administration japonaise, sont revendiquées par Pékin. L'Inde et la Chine revendiquent mutuellement des territoires frontaliers, respectivement l'Aksaï Chin et l'Arunachal Pradesh.
Carte : p. 282-283.

à l'Assemblée populaire de mars 2002 que le revenu moyen des paysans avait chuté de moitié depuis 1978, marquant le plus grand décalage de revenus enregistré depuis l'avènement de la Chine populaire.

On assistait également, de façon beaucoup plus marquée en 2001-2002, au développement d'un nouveau marché du travail, celui du « marché à bras » par lequel les exclus de la croissance se vendent à la tâche, contrastant avec l'émergence d'une classe moyenne dynamique. Ce climat de tensions et de désespoirs sociaux se révèle propice à la floraison d'une nébuleuse mafieuse se développant souvent avec la complicité des officiels.

Le Parti à l'épreuve

La campagne anti-corruption qui devait venir à bout du troisième grand mal chinois en 2001 était loin d'avoir atteint ses objectifs. À Shenyang, le maire et son adjoint ont été condamnés à mort en mars 2002 pour détournement de fonds et liens avec la mafia locale. Les exécutions capitales – dorénavant par injection – pour motif de corruption aggravée se sont multipliées, mais il est apparu de plus en plus transparent que le phénomène n'était pas seulement le fait de quelques individus isolés, mais qu'il avait un caractère plus systémique. Si, depuis le début de la campagne, les condamnations avaient touché symboliquement de hauts cadres, les autorités centrales n'ont pas souhaité aller plus avant dans l'examen des circuits de cette corruption, restée protégée par la « machine-parti ». Les populations locales ont bien saisi ces dysfonctionnements et il est devenu de plus en plus difficile pour le Parti de rester crédible localement.

Le cas des élections de village est en cela révélateur. Lancée en 1987 et révisée en 1998 (avec garantie de la confidentialité du vote et mise en place de primaires pour sélectionner les candidats), la Loi sur les comités de villages visait surtout à améliorer les relations entre les cadres locaux et les villageois, et à relégitimer le PCC auprès de sa base rurale. Le scandale électoral intervenu dans le village de Shilaoren (Shandong) en janvier 2002 a illustré la forte méfiance existant entre la base et les cadres : face aux candidats imposés par les cadres dirigeants locaux et les confiscations de cartes d'électeur, les villageois ont, dans une grande majorité, choisi d'apposer sur leur bulletin le nom de leur favori, conduisant cependant celui-ci en prison.

La grande réforme du Parti, annoncée par le président Jiang Zemin à l'occasion du 80e anniversaire du PCC en juillet 2001, pourrait creuser encore davantage l'écart avec la base, un danger que le même Hu Angang a souligné à l'Assemblée populaire de mars 2002. La Chine compte quelque 600 millions de paysans dont les revenus sont bloqués depuis le milieu des années 1980 et qui pâtiront les premiers des contraintes qu'imposeront les règles de l'OMC. La mutation du Parti annoncée par Jiang Zemin devait entériner l'adhésion des nouvelles forces entrepreneuriales chinoises, les capitalistes jusque-là bannis. Justifiant sa décision par la primauté de la loyauté au Parti sur la notion de propriété, Jiang Zemin a amorcé ainsi la transformation d'un Parti populaire en un « parti des forces sociales montantes », reflétant certes la réalité chinoise d'une nouvelle classe moyenne fortement mobile, mais « sacrifiant » la base historique ouvrière et agricole, un mouvement qualifié par nombre d'observateurs de mutation en « parti élitiste ».

L'entrée à l'OMC : levier stratégique régional

La Chine semblait bien en pleine évolution, portée par une volonté féroce d'intégration dans le système international, dont son accession à l'OMC représente une belle victoire et en même temps un défi de poids. Si l'entrée dans l'organisation devrait permettre la montée en puissance des entreprises chinoises sur le marché mondial, favoriser certains secteurs industriels, no-

Bilan de l'année / Chine

tamment celui du textile, elle devrait aussi frapper de plein fouet le monde paysan, déjà souffrant, et aggraver de façon générale une situation sociale déjà tendue. La mise en conformité de la réglementation intérieure, la faiblesse du système de protection sociale apparaissaient déjà comme deux obstacles majeurs que la Chine devrait surmonter pour respecter ses engagements prometteurs.

Mais, en adhérant à l'OMC, la Chine poursuit également des ambitions strictement régionales. La crise asiatique de 1997-1998 lui avait permis de montrer un profil haut et coopératif : elle avait su tenir son engagement de ne pas dévaluer sa monnaie et s'allier ainsi la reconnaissance de ses voisins méridionaux. Saisissant l'occasion de son entrée à l'OMC et profitant de la faiblesse économique du Japon, elle proposait à l'ANSEA, à l'occasion d'une tournée en Asie du Sud-Est du Premier ministre Zhu Rongji, en octobre 2001, l'impensable : des accords de libre-échange. Officiellement, ces accords étaient suggérés pour amortir l'effet d'une concurrence chinoise nouvelle, mais la manœuvre restait surtout politico-stratégique : en devançant son rival nippon sur le terrain des accords de libre-échange, la Chine marquait le territoire sud-est asiatique et infligeait à son grand voisin un camouflet inattendu.

La Chine prétend de façon de plus en plus affirmée à devenir cette puissance régionale incontournable. Membre de toutes les organisations régionales, elle y montre une grande ouverture au dialogue tout en poursuivant une politique de blocage sur certains dossiers clés, la question de Taïwan notamment. Il est néanmoins frappant de constater que Pékin a lancé le débat économique au sein du triangle du nord-est de l'ANSEA + 3 (Chine, Corée du Sud, Japon), qu'elle a proposé des réflexions autour du régionalisme dans le cadre de la Rencontre Asie-Europe devant se tenir à l'automne 2002 (ASEM), qu'elle a accepté de coopérer avec le Japon en avril 2002 sur l'en-

quête autour du bateau espion, supposé nord-coréen, coulé dans les eaux japonaises par les forces maritimes nippones, mais ayant en toute vraisemblance fait une escale en Chine auparavant. Par ailleurs, les incursions sous divers motifs dans les zones économiques exclusives de ses voisins, la volonté de contrôle de la circulation maritime et aérienne dans le détroit de Taïwan, l'initiative de l'OCS (Organisation de coopération de Shanghaï réunissant la Russie et cinq républiques d'Asie centrale frontalières), qui lançait déjà en juin 2001 une campagne contre le terrorisme régional, constituaient autant de signes d'une véritable montée en puissance.

Un pas vers les États-Unis

Après avoir entretenu des relations très tendues avec les États-Unis au moment de l'arrivée au pouvoir de l'administration Bush en mars 2001, suivie par l'incident entre un avion espion américain et un croiseur chinois, et les déclarations américaines de soutien à Taïwan, la Chine s'est montrée moins véhémente dans ses critiques et a su rééquilibrer la relation, soutenant verbalement la campagne internationale contre le terrorisme lancée après les attentats du 11 septembre 2001 aux États-Unis – dans les faits, prétextant de cette campagne pour justifier une répression déjà bien engagée au Xinjiang contre les mouvements ouïghours séparatistes dits « terroristes » – et accueillant le président George W. Bush au « sommet » de l'APEC (Coopération économique en Asie-Pacifique), en octobre 2001. L'objectif recherché, au-delà d'un combat affiché contre l'unilatéralisme américain, serait la mise en place d'un duopole sino-américain.

L'aptitude de la Chine à participer au dialogue au sein des organisations multilatérales et à se montrer coopérative ne devait cependant pas faire oublier son autre aptitude à contourner habilement les obligations trop contraignantes.

Ces évolutions majeures sont certes le fait d'un leadership engagé. À l'automne

Bilan de l'année / Chine

Chine/Bibliographie

M.-C. Bergère, *La Chine de 1949 à nos jours*, Armand Colin, Paris, 2000 (nouv. éd.).

Dictionnaire de la civilisation chinoise, Encyclopaedia universalis/Albin Michel, Paris, 1998.

J.-L. Domenach, *Chine : l'archipel oublié*, Fayard, Paris, 1992.

J.-L. Domenach, P. Richier, *La Chine 1949-1985* (2 vol.), Imprimerie nationale, Paris, 1987.

C. Eyraud, *L'Entreprise d'État chinoise. De l'« institution totale » vers l'entité économique ?*, L'Harmattan, Paris, 1999.

P. Gentelle (sous la dir. de), *L'état de la Chine*, La Découverte, coll. « L'état du monde », Paris, 1989.

P. Gentelle (sous la dir. de), *Chine, peuples et civilisations*, La Découverte, « Les Dossiers de L'état du monde », Paris, 1997.

« Géopolitique en Chine », *Hérodote*, n° 96, La Découverte, Paris, 1er trim. 2000.

F. Godement (sous la dir. de), *Chine/États-Unis : entre méfiance et pragmatisme*, Les Études de La Documentation française, Paris, 2001.

F. Joyaux, *La Tentation impériale. Politique extérieure de la Chine depuis 1949*, Imprimerie nationale, Paris, 1994.

D. M. Lampton (sous la dir. de), *The Making of Chinese Foreign and Security Policy in the Era of Reform*, Stanford California Press, Californie, 2001.

N. R. Lardy, *China's Unfinished Economic Revolution*, Brookings Institute Press, Washington (DC), 1998.

P. Link, A. J. Nathan, *The Tiananmen Papers*, Public Affairs, New York, 2001.

F. Mengin, *Trajectoires chinoises : Taïwan, Hong Kong et Pékin*, Karthala, coll. « Recherches internationales » (CERI), Paris, 1998.

J.-L. Rocca, *L'Évolution de la crise du travail dans la Chine urbaine*, Les Études du CERI, n° 65, Paris, avr. 2000.

A. Roux, *La Chine au xxe siècle*, Sedes, Paris, 1999.

Voir aussi la bibliographie sélective « Asie méridionale et orientale », p. 265, ainsi que la bibliographie « Asie du Nord-Est », p. 304.

2002, à l'occasion du XVIe congrès du Parti, le successeur de Jiang Zemin devait être désigné, mais aussi ceux de Zhu Rongji, Premier ministre, et de Li Peng, président du Parlement, tous trois ayant atteint la limite d'âge de soixante-dix ans. Jiang Zemin pourrait toutefois, comme l'avait fait son prédécesseur Deng Xiaoping, conserver la présidence de la Commission des affaires militaires. Pour la première fois, l'appareil exécutif de la Chine devait renouveler en même temps, à la prochaine Assemblée nationale populaire de mars 2003, ses trois postes clés, dont les titulaires sortants étaient aussi parmi les sept membres du Comité permanent du Bureau politique. Le choix des prochaines élites dirigeantes allait déterminer la voie sur laquelle s'engagera la Chine. En même temps que le Parti engageait sa réforme, toujours controversée, il devait aussi se doter d'une nouvelle équipe dirigeante. Certains noms étaient évoqués tout au long de cette période : le dauphin pour la présidence du Parti, déjà désigné par Deng Xiaoping, serait Hu Jintao, qui a fait une tournée européenne en octobre 2001, a reçu le président Bush en février 2001 et a effectué une tournée aux États-Unis en mai 2002. Jiang Zemin appuierait la candidature de son bras droit, Zeng Qinghong. Le poste de Premier ministre semblait pouvoir revenir à un « libéral », Wen Jiaobao. Mais les luttes de clan devaient se confirmer jusqu'au XVIᵉ congrès. En tout état de cause, l'adhésion de la Chine à l'OMC ne devait pas faire reculer le programme des réformes économiques, mais la nouvelle équipe dirigeante aurait pour tâche principale de donner à l'État chinois les structures nécessaires à ses ambitions internationales. **- Régine Serra** ∎

Corée du Nord

Nouvelle stratégie de survie

L'année 2002 en Corée du Nord a notamment été marquée par le 60ᵉ anniversaire, le 16 février, de Kim Jong-il, « numéro un » du régime, le 90ᵉ anniversaire de Kim Il-song (le 15 avril), président défunt en 1994, le 70ᵉ anniversaire de la création de l'armée populaire (le 25 avril) et le festival artistique et de gymnastique Arirang (29 avril-29 juin). Ces événements ont donné aux autorités l'occasion de souligner la légitimité du régime et de glorifier la direction de Kim Jong-il. Ce dernier a multiplié ses inspections de l'armée après l'arrivée du président George W. Bush à la Maison-Blanche en 2001, surtout en raison de la détérioration des relations américano-nord-coréennes.

La situation alimentaire du pays en 2002 semblait s'être aggravée en raison de la diminution de l'aide internationale à la suite de la fin de la guerre en Afghanistan. Selon l'ONU, la moitié de la population restait en état de sous-alimentation.

Le refroidissement des relations américano-nord-coréennes a entraîné un gel des liens entre les deux Corées. Cependant, la visite à Pyongyang, début avril 2002, de Lim Dong-won, envoyé du président sud-coréen Kim Dae-jung, a marqué la reprise des contacts publics entre les deux États. Ceux-ci se sont mis d'accord sur les échanges de familles séparées, qui se sont réalisés fin avril et début mai, et l'ouverture de discussions sur une coopération économique. Selon Lim Dong-won, Kim Jong-il était prêt à relancer la politique de rapprochement avec Séoul.

L'administration Bush a proposé, en juin 2001, aux autorités de Pyongyang des négociations, notamment sur le programme nucléaire, les missiles et la réduction du nombre des armes conventionnelles. La Corée du Nord a fait savoir qu'elle ne discuterait pas avec les États-Unis tant que Washington poserait unilatéralement des conditions liées à l'arsenal militaire nord-coréen. Les autorités de Pyongyang ont pourtant tenté de se réconcilier avec l'administration Bush, en condamnant le terrorisme au lendemain des attentats islamistes du 11 septembre 2001. Le discours de G. Bush du 29 janvier 2002, désignant des États – l'Iran, l'Irak, la Corée du Nord – comme appartenant à l'« axe du mal », a cependant encore aggravé les relations entre Washington et Pyongyang.

République populaire démocratique de Corée

Capitale : Pyongyang.
Superficie : 120 538 km².
Population : 22 428 000.
Langue : coréen.
Monnaie : won (au taux officiel, 1 won = 0,46 € au 28.6.02).
Nature de l'État : république unitaire.
Nature du régime : communiste, parti unique (Parti du travail de Corée, PTC).
Secrétaire général du Parti du travail de Corée : Kim Jong-il (depuis le 8.10.97).
Président de la Commission de la défense nationale (CDN) : Kim Jong-il (depuis le 9.4.93).
Chef de l'État : Kim Yong-nam, président du présidium de l'Assemblée populaire suprême (depuis le 5.9.98).
Chef du gouvernement : Hong Song-nam, Premier ministre (depuis le 5.9.98).
Ministre des Affaires étrangères : Paek Nam-sun (depuis le 5.9.98).
Carte : p. 295.

Bilan de l'année / Corée du Sud

Face à l'intransigeance américaine, la Corée du Nord a décidé de resserrer ses liens avec la Russie et la Chine et d'améliorer ses relations avec des États européens. La rencontre de Kim Jong-il avec le président russe Vladimir Poutine en août 2001 à Moscou, avec le secrétaire général du Parti communiste chinois Jiang Zemin en septembre suivant à Pyongyang, l'établissement de relations diplomatiques avec l'Union européenne (UE) en mai 2001 ont symbolisé la nouvelle stratégie de survie du régime, qui ne pouvait résoudre le problème de la pénurie alimentaire sans une aide extérieure.
- **Cheong Seong-Chang** ■

Corée du Sud

De nombreux facteurs de déstabilisation

La période allant de l'été 2001 au printemps 2002 a été difficile et conflictuelle en Corée du Sud, aussi bien en politique intérieure qu'extérieure. Sur le plan interne, à l'approche de l'élection présidentielle prévue pour décembre 2002, la vie politique a été caractérisée par la tension permanente entre les principaux partis. Sur le plan diplomatique, depuis l'élection de George W. Bush, le climat de discorde a perduré avec Washington à propos de la politique de réconciliation de Kim Dae-jung à l'égard de la Corée du Nord. La position hostile du président Bush encourageait les forces conservatrices sud-coréennes opposées au rapprochement avec le Nord. Quant à l'économie, après une année de récession, elle a donné des signes de redressement à partir du début 2002.

Un président gravement décrédibilisé

À compter de la mi-2001, le président Kim Dae-jung a perdu sa crédibilité, aussi bien sur le plan de la compétence que de la moralité. Début 2001, il avait présenté un projet de réforme du système de santé crucial pour le pays, mais en juin on s'est aperçu qu'il manquerait 4 milliards de dollars parce que les coûts financiers avaient été mal évalués. Au bout du compte, cette affaire a conduit à une forte hausse des tarifs de l'assurance maladie au détriment des usagers. Par ailleurs, en juillet 2001, le gouvernement de Kim Dae-jung a décidé d'ouvrir une enquête sur 23 quotidiens soupçonnés de fraudes fiscales. La décision en soi n'était pas forcément mauvaise, dans un pays où les grands groupes de presse se sont enrichis en servant fidèlement la dictature militaire pendant trente ans. C'est pourquoi cette initiative a été soutenue par une partie de l'opinion, mais elle a finalement échoué, le président Kim cherchant davantage une soumission de la grande presse à sa propre autorité qu'une véritable réforme.

C'est dans ce climat que le Parti démocrate (gouvernemental) a perdu, en octobre 2001, trois élections partielles. Du fait de sa rupture avec son partenaire de coalition, l'Union libérale démocrate, deux mois auparavant, il est devenu minoritaire au Parlement. Cette situation a provoqué une crise interne au sein du Parti démocrate : Kim Dae-jung s'est vu reprocher de s'entourer exclusivement de sa garde rapprochée. Finalement, il a dû démissionner de la présidence du parti en novembre 2001.

Ses adversaires de l'opposition ont, eux, continué à l'attaquer sur un terrain bien plus glissant, celui de la corruption. Déjà au cours de l'année 2001, différentes révélations avaient mis en cause l'entourage du président. À partir du début 2002, il s'est agi de l'implication directe de ses trois fils. Pour ne pas gêner Roh Mu-hyon, le candidat officiel du parti à l'élection présidentielle, Kim Dae-jung a quitté le parti le 6 mai. Le 9, il a fait lire par son directeur du cabinet une déclaration dans laquelle il demandait pardon à son peuple. Toutefois, il ne semblait pas devoir en être quitte à si bon compte.

L'économie s'est nettement améliorée. Début mai 2002, les experts tablaient sur

Bilan de l'année / **Corée du Sud**

un taux de croissance de 6 % pour l'année en cours. Ce redressement était essentiellement dû à la hausse de la consommation et certains économistes redoutaient en conséquence un effet d'inflation. Aussi la Banque de Corée a-t-elle fait savoir qu'elle envisageait d'augmenter les taux d'intérêt.

En ce qui concerne la restructuration des conglomérats, un changement des règles du jeu a été imposé aux trente premiers groupes du pays, notamment en matière d'endettement, de multiplication du nombre des filiales et de publication des comptes. Globalement, ces nouvelles contraintes ont incité les conglomérats à mettre en œuvre une restructuration qui a surtout permis d'éviter la transmission des difficultés financières d'une société aux autres filiales du groupe. La structuration des conglomérats était cependant loin d'être achevée. Le pays devait continuer à faire face à la périlleuse combinaison de la faiblesse globale de l'économie et de la fragilité des grandes entreprises et du secteur financier.

La politique de réconciliation du président Kim Dae-jung à l'égard de la Corée du Nord s'est trouvée dans l'impasse lorsque le président Bush a clairement montré son hostilité à cette démarche lors de sa rencontre avec le président sud-coréen à Washington en mars 2001. Dès lors, la Corée du Nord a réagi avec scepticisme au processus de réconciliation, malgré quelques tentatives du président Kim pour le relancer.

Or, brusquement Kim Jong-il, dirigeant du Nord, a fait savoir qu'il souhaitait transformer l'anniversaire de la Libération nationale, le 15 août, en célébration de la réconciliation, avec la participation d'une délégation du Sud. Mais le projet a échoué. Quelques participants sud-coréens, contrairement à ce qui avait été convenu, se sont rendus à Mankyongdae, lieu de naissance du « grand leader » Kim Il-song. L'opposition sud-coréenne a immédiatement exploité l'affaire pour évincer du gouvernement Lim Dong-won, ministre de la Réunification et architecte de la politique de réconciliation,

en votant sa démission. Néanmoins, sur proposition du Nord, une réunion au niveau ministériel a eu lieu le 15 septembre pour relancer le chantier du réseau ferroviaire devant relier Séoul et Shineuju (nord-ouest de la Corée du Nord), ainsi que la coopération économique.

Hostilité persistante de Washington à la réconciliation

Le 29 janvier 2002, le président Bush a déclaré que la Corée du Nord appartenait à l'« axe du mal ». Ce discours a provoqué un grand émoi parmi la population sud-coréenne. Lors de sa visite en Corée du Sud le 19 février suivant, le président américain a toutefois affirmé qu'il soutenait la politique de réconciliation de Kim Dae-jung et qu'il

République de Corée

Capitale : Séoul.
Superficie : 99 484 km^2.
Population : 47 069 000.
Langue : coréen.
Monnaie : won (1 000 wons = 0,87 € au 31.5.02).
Nature de l'État : république.
Nature du régime : démocratie présidentielle.
Chef de l'État : Kim Dae-jung, président (depuis le 25.2.98).
Premier ministre : Chang Sang, qui a remplacé le 11.7.02 Lee Han-dong.
Ministre de la Défense : Lee Jun (depuis le 11.7.02).
Ministre des Affaires étrangères et du Commerce international : Choi Sung-hong (depuis le 29.1.02).
Ministre de l'Administration et des Affaires intérieures : Lee Keun-shik (depuis le 29.1.02).
Ministre des Finances et de l'Économie : Jin Nyum (depuis le 7.8..2000).
Principaux partis politiques : Parti démocrate [du millénaire] (Han Hwa-gap depuis nov. 02) ; Union démocrate libérale (Kim Jong-pil) ; Grand Parti national (Soe Chung-won depuis mai 02).
Carte : p. 295.

INDICATEUR	UNITÉ	1980	1990	2000	2001
Démographie[a]					
Population	million	38,1	42,9	46,7	47,1
Densité	hab./km²	386,1	434,2	473,4	476,7
Croissance annuelle	%	1,5[f]	1,0[g]	0,8[h]	0,7[i]
Indice de fécondité (ISF)		2,6[f]	1,6[g]	1,5[h]	1,5[i]
Mortalité infantile	‰	26,5[f]	13,1[g]	7,9[h]	7,1[i]
Espérance de vie	année	66,0[f]	70,9[g]	74,3[h]	75,5[i]
Indicateurs socioculturels					
Nombre de médecins	‰ hab.	0,59	0,80	1,30[c]	••
Analphabétisme (hommes)	%	3,2	1,6	0,9	0,8
Analphabétisme (femmes)	%	11,1	6,6	3,6	3,4
Scolarisation 12-17 ans	%	59,2	83,7[q]	85,5[r]	••
Scolarisation 3ᵉ degré	%	14,7	38,6	60,4[s]	67,7[e]
Téléviseurs	‰ hab.	165	210	364	••
Livres publiés	titre	10 921	35 837	30 487[s]	••
Économie					
PIB total	milliard $	115,8	380,7	821,7	862,9
Croissance annuelle	%	8,6[k]	5,2[m]	9,3	3,0
PIB par habitant (PPA)	$	3 037	8 880	17 380	18 125
Investissement (FBCF)	% PIB	31,5[o]	36,2[p]	28,4	27,1
Recherche et Développement	% PIB	••	1,92[t]	2,47[c]	2,68[b]
Taux d'inflation	%	28,7	8,6	2,3	4,1
Population active	million	14,4	18,5	22,0	22,2
Agriculture	% ⎫	34,0	17,9	10,9	10,3
Industrie	% ⎬ 100 %	27,8	35,4	28,1	27,4
Services	% ⎭	38,2	46,7	61,1	62,3
Énergie (taux de couverture)	%	23,4	24,2	16,8[d]	17,6[c]
Dépense publique Éducation	% PIB	3,6	3,4	3,4[u]	4,1[d]
Dépense publique Défense	% PIB	5,0[o]	4,2	2,8	2,8
Dette extérieure totale	milliard $	29,5	35,0	130,3[c]	134,4[b]
Service de la dette/Export.	%	19,2[o]	10,0[p]	24,6[c]	10,9[b]
Échanges extérieurs		**1974**	**1986**	**2000**	**2001**
Importations de services	milliard $	1,19[v]	3,93	33,42	33,13
Importations de biens	milliard $	8,40[v]	29,83	159,08	137,98
Produits alimentaires	%	13,2	5,7	3,7	••
Produits énergétiques	%	15,4	15,9	23,7	24,1
Produits manufacturés	%	45,0	59,2	55,8	59,8
Exportations de services	milliard $	1,53[v]	5,28	30,53	29,60
Exportations de biens	milliard $	7,81[v]	34,13	175,95	151,37
Produits agricoles	%	10,9	5,5	2,6	2,6
Produits manufacturés	%	74,5	86,2	85,4	89,9
dont machines et mat. de transport	%	15,1	31,3	58,2	57,6
Solde des transactions courantes	% du PIB	– 3,5[w]	0,8[x]	2,7	2,0

Définition des indicateurs, sigles et abréviations p. 23 et suivantes. a. Dernier recensement utilisable : 1995 ; b. 2000 ; c. 1999 ; d. 1998 ; e. 1997 ; f. 1975-1985 ; g. 1985-1995 ; h. 1995-2000 ; i. 2000-2005 ; k. 1980-1990 ; m. 1990-2000 ; o. 1979-1981 ; p. 1989-1991 ; q. 1985 ; r. 1990 ; s. 1996 ; t. 1991 ; u. 1995 ; v. 1976 ; w. 1976-84 ; x. 1985-96.

Corée du Sud/Bibliographie

F. Caillaud, A. Queval (sous la dir. de), *République de Corée. Mutations et enjeux*, La Documentation française, Paris, 1997.

Economic Intelligence Unit, *South Korea - Country Report*, Londres, 1er trim. 2002.

Korea Economic Institute, *Korea's Economy 2002*, Washington, mars 2002.

Korea Focus (bimestriel), Korea Foundation, Séoul.

Korea National Commission for UNESCO, « Korea Thought in the 20th Century », *Korea Journal*, Séoul, vol. 40, n° 2, été 2000.

OCDE, *Corée*, coll. « Études économiques de l'OCDE », n° 17, Paris, sept. 2001.

Revue de Corée (semestriel), Commission nationale coréenne pour l'UNESCO.

The Korea Herald (quotidien en anglais), Séoul.

Yong-Chool Ha, « South Korea in 2001 », *Asian Survey*, University of California Press, Berkeley, janv-févr. 2002.

Voir aussi la bibliographie sélective « Asie méridionale et orientale », p. 265, ainsi que la bibliographie « Asie du Nord-Est », p. 304.

était prêt à ouvrir le dialogue avec la Corée du Nord, mais en rejetant d'emblée toute concession. Ce discours ambigu a laissé les Coréens perplexes.

Néanmoins, les résultats de la visite en Corée du Nord de Lim Dong-won, émissaire du président Kim Dae-jung, en avril 2002, ont été jugés positifs même par les Américains. Quant au gouvernement sud-coréen, il évoquait à nouveau la visite de retour de Kim Jong-il à Séoul.

Les relations entre la Corée du Sud et les États-Unis ont été également marquées par l'affaire du contrat de l'avion de combat F-15. L'enjeu commercial en était important (4 milliards de dollars), aussi les Américains ont-ils présenté le contrat d'achat de cet avion comme un enjeu de l'alliance entre les deux pays. D'ailleurs, beaucoup pensaient que les discours négatifs des Américains sur la politique de réconciliation étaient une forme de pression liée à ce contrat. Or, le gouvernement penchait plutôt pour le chasseur français *Rafale*. Après de longues hésitations, Séoul s'est résigné en avril à acheter des F-15 au nom de la primauté de l'alliance américaine.

Les relations avec le Japon ont été une fois de plus mises à l'épreuve par l'affaire du manuel d'histoire destiné aux lycéens japonais. Selon les historiens coréens, ce manuel comporterait au moins 35 distorsions de faits ou d'interprétations. Mais, malgré la demande de corrections exprimée par le gouvernement coréen, les autorités nippones ont autorisé le manuel. En guise de riposte, Séoul a suspendu les échanges culturels et a décidé de s'opposer à la candidature du Japon au Conseil de sécurité de l'ONU.

En mai-juin 2002, la Corée du Sud a co-organisé avec le Japon la Coupe du monde de football (son équipe est parvenue en demi-finale), investissant 6 milliards de dollars dans la manifestation. Les retombées économiques semblaient devoir en être faibles, mais le pays espérait récolter quelques bénéfices en termes d'image, ainsi que le renforcement de sa cohésion nationale. - **Bertrand Chung** ■

Japon

Au milieu du gué

Porté en avril 2001 à la tête du gouvernement par une vague réformiste, le populaire Koizumi Junichiro s'est vite heurté à

INDICATEUR	UNITÉ	1980	1990	2000	2001
Démographie[a]					
Population	million	116,8	123,5	127,1	127,3
Densité	hab./km²	318,9	338,8	348,7	349,3
Croissance annuelle	%	0,8[f]	0,4[g]	0,3[h]	0,1[i]
Indice de fécondité (ISF)		1,8[f]	1,6[g]	1,4[h]	1,3[i]
Indicateurs socioculturels					
Nombre de médecins	‰ hab.	1,35[q]	1,70	1,90[d]	••
Scolarisation 2e degré	%	92,9	96,8	••	••
Scolarisation 3e degré	%	30,5	29,6	44,9[e]	43,9[d]
Téléviseurs	‰ hab.	538	611	725	••
Livres publiés	titre	35 590	45 430	56 221[s]	••
Économie					
PIB total	milliard $	1 161,2	2 493,3	3 394,4	3 470,4
Croissance annuelle	%	4,1[k]	1,2[m]	2,2	− 0,4
PIB par habitant (PPA)	$	9 944	20 183	26 755	27 303
Investissement (FBCF)	% PIB	31,4[o]	31,6[p]	26,0	25,8
Recherche et Développement	% PIB	2,29[q]	2,96	2,94[c]	2,98[b]
Taux d'inflation	%	7,8	3,1	− 0,8	− 0,7
Population active	million	56,5	63,8	67,7	67,5
Agriculture	%	10,4	7,2	5,0	4,9
Industrie	% 100 %	35,3	34,1	31,2	30,5
Services	%	54,2	58,7	63,7	64,6
Taux de chômage (fin année)	%	2,0	2,1	4,7	5,4[t]
Énergie (consom./hab.)	TEP	2,97	3,55	4,04[c]	4,07[c]
Énergie (taux de couverture)	%	12,5	17,2	21,3[d]	20,2[c]
Aide au développement (APD)	% PIB	0,30[u]	0,31[v]	0,28	0,23
Dépense publique Éducation	% PIB	5,7	3,5[w]	3,5[x]	3,5[d]
Dépense publique Défense	% PIB	1,0[y]	1,0	1,0	1,0
Solde administrat. publiques	% PIB	− 5,5[z]	0,7[A]	− 7,4	− 6,7
Dette administrat. publiques	% PIB	51,5	64,6	123,5	132,8
Échanges extérieurs		**1974**	**1986**	**2000**	**2001**
Importations de services	milliard $	17,68[B]	36,22	116,86	108,25
Importations de biens	milliard $	62,00[B]	115,23	342,80	313,38
Produits agricoles	%	26,5	25,0	15,4[b]	15,8
Produits énergétiques	%	40,1	30,9	20,3[b]	20,1
Minerais et métaux	%	13,6	10,3	6,0[d]	5,5[b]
Exportations de services	milliard $	11,77[B]	23,25	69,24	64,52
Exportations de biens	milliard $	79,16[B]	206,42	459,51	383,59
Machines	%	21,2	35,3	48,6[d]	47,8[b]
Matériel de transport	%	24,2	28,4	20,4[d]	21,0[b]
Métaux et articles métalliques	%	24,7	8,7	6,3[d]	5,5[b]
Solde des transactions courantes	% du PIB	0,9[C]	2,7[D]	2,5	2,2
Position extérieure nette	milliard $	12,5[E]	181,0	1157,9[b]	1363,0

Définition des indicateurs, sigles et abréviations p. 23 et suivantes. a. Dernier recensement utilisable : 2000 ; b. 2000 ; c. 1999 ; d. 1998 ; e. 1997 ; f. 1975-1985 ; g. 1985-1995 ; h. 1995-2000 ; i. 2000-2005 ; k. 1980-1990 ; m. 1990-2000 ; o. 1979-1981 ; p. 1989-1991 ; q. 1981 ; s. 1996 ; t. Mai 2002 ; u. 1982-1983 ; v. 1987-1988 ; w. 1992 ; x. 1994 ; y. 1985 ; z. 1980-1982 ; A. 1990-1992 ; B. 1977 ; C. 1977-84 ; D. 1985-96 ; E. 1980.

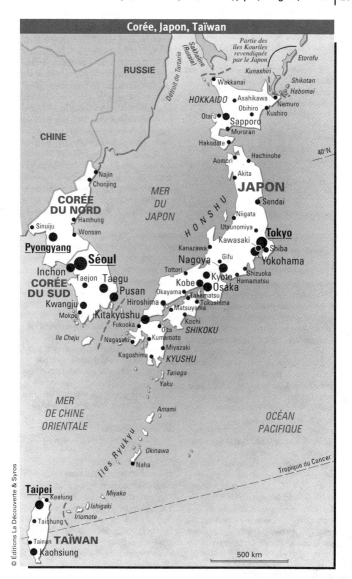

Corée, Japon, Taïwan

RUSSIE

Détroit de Tartarie

Sakhaline (Russie)

Partie des îles Kouriles revendiquée par le Japon

Etorofu

Kunashiri

Shikotan

Habomai

CHINE

HOKKAIDO

Wakkanai

Asahikawa

Obihiro

Kushiro

Nemuro

Otaru

Sapporo

Muroran

Hakodate

Hachinohe

Aomori

40° N

Najin

Chonjing

Akita

MER DU JAPON

JAPON

Sendai

CORÉE DU NORD

Hamhung

Niigata

Sinuiju

Wonsan

Utsunomiya

Pyongyang

Kanazawa

Kawasaki

Tokyo

Shiba

Nagoya

Gifu

Yokohama

Séoul

Tottori

Kyoto

Shizuoka

Inchon

Kobe

Hamamatsu

CORÉE DU SUD

Taejon

Taegu

Okayama

Osaka

Takamatsu

Tokushima

Pusan

Kwangju

Hiroshima

Matsuyama

Mokpo

Kitakyushu

Kochi

SHIKOKU

Ile Cheju

Fukuoka

Oita

Nagasaki

Kumamoto

Miyazaki

Kagoshima

KYUSHU

Tanega

Yaku

MER DE CHINE ORIENTALE

Amami

OCÉAN PACIFIQUE

Iles Ryukyu

Okinawa

Naha

Tropique du Cancer

Taipei

Keelung

Miyako

Ishigaki

Taichung

Iriomote

Tainan

TAÏWAN

Kaohsiung

500 km

HONSHU

© Éditions La Découverte & Syros

Bilan de l'année / Japon

l'opposition de ceux que les médias ont surnommés les « forces de la résistance ». L'année politique a été dominée par une lutte larvée entre les partisans de réformes structurelles sans concessions – le Premier ministre soutenu par les « Jeunes Turcs » du Parti libéral-démocrate (PLD) – et les « gardiens du temple ». « Si le parti me résiste, je n'hésiterai pas à le briser » avait déclaré Koizumi Junichiro peu de temps après son arrivée à la tête du pays. C'est finalement le PLD qui aura eu raison du sémillant Premier ministre. Après un an de gouvernement, sa popularité a dégringolé, passant de 80 % à moins de 50 % dans les sondages d'opinion.

D'avril à septembre 2001, Koizumi Junichiro avait multiplié effets d'annonce et mesures spectaculaires visant à réformer en profondeur un système en crise. Mais la multiplication des dépôts de bilan – dont celui du quatrième groupe de supermarchés, Mycal – et l'augmentation du chômage ont relancé le débat sur la légitimité d'une politique économique et sociale d'inspiration néolibérale. De même, la mise en place d'un mode de gouvernement surplombant les factions du PLD, où le Premier ministre et ses équipes « gouverneraient » et dirigeraient la haute administration, a provoqué des réactions violentes des hiérarques du parti, notamment des représentants de la puissante faction Hashimoto. Les projets de loi sur la privatisation des Postes et sur l'« état d'urgence » (afin de faire face à une attaque du territoire par une armée ennemie) ont provoqué de vifs débats au sein de la coalition. À l'automne, le Premier ministre opérait un virage stratégique, se rapprochant d'Aoki Mikio et Koga Makoto, leaders des « forces de la résistance ». Sans véritable base politique, Koizumi Junichiro était obligé de composer, notamment sur les dossiers des réformes des « établissements publics spéciaux » (régies publiques et établissements semi-publics) ou du financement de la protection sociale.

Jeu de quilles politique

Le départ forcé de Tanaka Makiko, la ministre des Affaires étrangères qui incarnait dans l'opinion la ligne réformatrice du gouvernement, a plongé la politique japonaise dans la tourmente. Chute du taux de popularité du gouvernement Koizumi, réapparition du jeu des factions au sein du PLD, dissensions entre les partenaires de la coalition, notamment entre le parti bouddhiste Komeito et les partisans du Premier ministre, multiplication des scandales, etc. Tout cela a encore contribué à décrédibiliser le parlementarisme japonais. La haute administration se trouvait également fragilisée par une série de scandales. La crise dite de la « vache folle » (ESB, encéphalopathie spongiforme bovine) – dont le premier cas a été détecté en septembre 2001 – a souligné les dysfonctionnements de la machine administrative en général, en particulier ceux des ministères de l'Agriculture et de la Santé. L'opposition ouverte entre Tanaka Makiko et les hauts fonctionnaires du ministère des Affaires étrangères, manipulés en coulisses par le très controversé Suzuki Muneo (président de la commission de l'administration du Parlement), s'est réglée par le renvoi simultané des protagonistes. La ministre, qui voulait réformer le ministère au pas de charge, s'est heurtée aux lobbies de toutes sortes et a été « démissionnée » en même temps que son vice-ministre (haut fonctionnaire). Le parlementaire Suzuki Muneo, très influent dans la distribution de l'aide publique à l'Afrique et à la Russie, a finalement été arrêté pour ses malversations.

Cette affaire a ouvert la boîte de Pandore. Soupçonné de corruption, Endo Toshio, le gouverneur de la préfecture de Tokushima, a été arrêté en mars 2002. Sato Saburo, l'ancien bras droit du politicien Kato Koichi, a été interpellé le même mois dans une affaire de fraude fiscale à grande échelle. Son ancien chef, l'un des ténors de la politique japonaise et allié du Premier ministre, a ainsi été contraint de démissionner du PLD. La députée socialiste Tsujimoto Kiyomi, qui incarnait le renouveau de la politique et était souvent présentée comme la voix des réseaux militants et citoyens, est également tombée, victime d'une affaire de détournement des salaires d'assistants parlementaires. (Plusieurs parlementaires, dont Tanaka Makiko, ont fait l'objet de la même accusation.) Outre les scandales politico-financiers de Kato Koichi et de Suzuki Muneo, la révélation de la liaison adultérine du secrétaire général du PLD, Yamasaki Taku, avec une jeune femme de 29 ans proche de la secte Moon a renforcé les sentiments hostiles à l'égard du PLD. En avril-mai 2002, deux élections partielles sur trois (sénatoriale de Niigata, élection du gouverneur de Tokushima et législative de Wakayama) ont vu la défaite des candidats de ce parti.

Chômage : le phénomène nippon

Cette crise du politique est intervenue dans un environnement économique et social de plus en plus dégradé. Le PIB japonais a baissé de 1,2 % lors du dernier trimestre de 2001 – le troisième trimestre consécutif de baisse pour la première fois depuis neuf ans – et a enregistré une chute de 0,4 % sur toute l'année. Le chômage est devenu une véritable préoccupation nationale. Même si les chiffres s'étaient améliorés en 2002 (5,4 % de la population active), les prévisions fixaient à court terme une remontée à hauteur de 6 %. La situation est particulièrement difficile pour les jeunes diplômés et les salariés de 40-50 ans. Le nombre des chômeurs (3,44 millions selon les catégories officielles en janvier 2002) s'élèverait, de fait, plutôt à six millions. Selon les estimations du ministère du Travail, un diplômé d'université sur quatre aurait renoncé à chercher un emploi. Depuis les années 1980, le nombre de *freeters* (ces jeunes qui vivent de petits boulots, changent souvent d'emploi et ne sont pas comptabilisés comme chômeurs) a été multiplié par trois, dépassant désormais les deux millions.

Les régions, en particulier Osaka et Okinawa, sont plus touchées par le chômage que Tokyo. Les secteurs qui représentaient la force des économies régionales, BTP, distribution, crédit mutuel, etc., souffrent des restructurations. La politique gouver-

Japon (Nihon Koku)

Capitale : Tokyo.
Superficie : 377 750 km^2.
Population : 127 335 000.
Langue : japonais.
Monnaie : yen (100 yens = 0,85 € et 0,85 dollar au 10.7.02).
Nature de l'État : monarchie constitutionnelle (l'empereur n'a qu'un pouvoir symbolique ; il est le garant de la continuité et de l'unité de la nation).
Nature du régime : parlementaire. Le pouvoir exécutif est détenu par un gouvernement investi par la Diète.
Chef de l'État : Akihito, empereur (depuis le 7.1.89).
Chef du gouvernement : Koizumi Junichiro, qui a succédé le 26.4.01 à Mori Yoshiro.
Ministre des Finances : Shiokawa Masajuro (faction Mori).
Ministre de l'Économie, du Commerce et de l'Industrie (METI) : Hiranuma Takeo (faction Eto-Kamei).
Ministre des Affaires étrangères : Kawaguchi Yoriko.
Ministre de l'Éducation, de la Culture, des Sports, de la Science et de la Technologie : Toyama Atsuko.
Principaux partis politiques : *Gouvernement :* Jiminto (Parti libéral-démocrate, PLD, conservateur) ; Shin-Komeito (Nouveau Parti de la justice, lié à la secte Soka Gakkai) ; Hoshuto (Parti conservateur, né d'une scission du Parti libéral en mai 2000) ; *Opposition :* Kyosanto (Parti communiste) ; Minshuto (Parti démocratique, réformateur) ; Jiyuto (Parti libéral) ; Shaminto (Parti social-démocrate, ex-Parti socialiste).
Contestation de souveraineté : « Territoires du Nord », c'est-à-dire les quatre îles Kouriles (en japonais : Kunashiri, Habomai, Shikotan et Eterofu) annexées par l'URSS en 1945.
Carte : p. 295.

Japon/Bibliographie

Y. Bougon, « Le Japon par lui-même-2. Réapprendre la Chine », *Critique internationale,* n° 5, Presses de Sciences Po, Paris, aut. 1999.

J.-M. Bouissou, G. Faure, É. Seizelet, *Japon, le déclin,* Complexe, coll. « Espace international », Bruxelles, 1996.

J.-M. Bouissou (sous la dir. de), *L'Envers du consensus. Les conflits et leur gestion dans le Japon contemporain,* Presses de Sciences Po, Paris, 1997.

R. Boyer, P. Souyri (sous la dir. de), *Mondialisations et régulations. Europe et Japon face à la singularité américaine,* La Découverte, Paris, 2001.

R. Boyer, T. Yamada, *Japanese Capitalism in Crisis : A Regulationist Interpretation,* Routledge, Oxford, 2000.

M. Freyssenet, A. Mair, K. Shimizu, G. Volpato, (sous la dir. de), *Quel modèle productif ? Trajectoires et modèles industriels des constructeurs automobiles mondiaux,* La Découverte, Paris, 2000.

F. Hérail (sous la dir. de), *Histoire du Japon,* Horvath, Le Coteau, 1990.

O. Hideo, *Power Shuffles and Policy Processes : Coalition Government in Japan in the 1990s,* Japan Foundation Center, Tokyo, 2000.

R. J. Hrebenar *et alii, Japan's New Party System,* Westview Press, Boulder (CO), 2000.

M. Jolivet, *Homo Japonicus,* Picquier, Arles, 2000.

D. Keene, *Emperor of Japan : Meiji and his World, 1852-1912,* Columbia University Press, New York, 2002.

W. Masuda, *Japan and China : Mutual Representations in the Modern Era,* St. Martin's Press, Oxford, 2000.

H. Okamura, *Corporate Capitalism in Japan,* St. Martin's Press, Oxford, 2000.

P. Pons, *Misères et Crime au Japon du XVIIe siècle à nos jours,* Gallimard, Paris, 1999.

K. Postel-Vinay, *Le Japon et la Nouvelle Asie,* Presses de Sciences Po, Paris, 1997.

K. Postel-Vinay, Y. Bougon, « Le Japon par lui-même-1. Repenser l'histoire », *Critique internationale,* n° 1, Presses de Sciences Po, Paris, aut. 1998.

J.-F. Sabouret (sous la dir. de), *L'état du Japon,* La Découverte, coll. « L'état du monde », Paris, 1995 (nouv. éd.).

K. Yoshihara, *Globalization and National Identity : the Japanese Alternative to the American Model,* Falcon Press, Kuala Lumpur, 2002.

Voir aussi la bibliographie sélective « Asie méridionale et orientale », p. 265, ainsi que la bibliographie « Asie du Nord-Est », p. 304.

nementale de soutien à l'emploi et l'injection de 350 milliards de yens (près de 3 milliards €) de fonds publics se sont révélées bien inefficaces. Les milieux syndicaux et patronaux se sont faits les avocats d'une politique nationale de partage du temps de travail (*work-sharing*). Mais celle-ci reste conçue uniquement comme un outil de rationalisation économique au profit des grands groupes industriels. Ce sont no-

tamment les entreprises de l'électronique grand public qui ont introduit le « partage » du temps de travail, diminuant les heures travaillées pour réduire les coûts salariaux.

Les conséquences sociales, encore difficiles à évaluer, semblaient graves. Depuis le milieu des années 1990, le nombre des suicides a dépassé les 30 000, la part de la génération des 50-59 ans ayant fortement augmenté. Au sein des pays développés,

Bilan de l'année / Japon

le Japon détient le triste record du plus fort taux de suicides chez les moins de 20 ans et les plus de 50 ans.

La politique de réformes structurelles a donc fait l'objet de vifs débats. Alors que le Premier ministre s'était félicité à l'automne du dépôt de bilan du groupe de distribution Mycal – « un signe que les réformes progressent » –, il a infléchi sa position fin décembre 2001, inquiet des effets sociaux et politiques de la multiplication des faillites. Le premier groupe japonais de supermarchés Daiei a ainsi bénéficié de la mobilisation des acteurs politiques, de l'Agence des services financiers, du METI (ministère de l'Économie, du Commerce et de l'Industrie, ex-MITI) et du gouvernement pour éviter ce qui aurait été l'une des plus grosses faillites de l'après-guerre. Le sauvetage *in extremis* de cette entreprise par ses trois principales banques pour un montant de 520 milliards de yens a montré que l'économie japonaise subissait toujours la « main visible » du politique. En mars 2002, un ensemble de mesures était adopté visant à combattre la déflation et à éviter coûte que coûte une crise bancaire. Mais les opposants à Koizumi Junichiro – et à son ministre néolibéral en charge de l'économie et de la politique fiscale Takenaka Heizo – continuaient de réclamer une relance budgétaire et une injection de fonds publics dans un système bancaire fragilisé par plus de 39 000 milliards de yens de créances douteuses. Les pannes et problèmes à répétition du système informatique du nouveau groupe financier Mizuho – résultat de la fusion à partir d'avril 2002 de Fuji, Dai-Ichi Kangyo et Nihon Kogyo (Banque industrielle du Japon) et premier établissement bancaire mondial avec 14,5 milliards de yens de capitaux et plus de 30 millions de comptes – ont souligné l'extrême fragilité de ces mastodontes qui faisaient la force de l'économie japonaise.

C'est donc à un véritable casse-tête que les concepteurs de la politique économique du gouvernement devaient s'attaquer. La mise en œuvre des réformes structurelles provoque automatiquement une déflation de 1 % à 2 % mais tenter de la combattre signifie que le gouvernement ne pourra pas entreprendre les réformes nécessaires.

La multiplication des mauvaises nouvelles ne devait pas faire oublier les performances microéconomiques des entreprises de l'archipel. Les trois premiers groupes automobile japonais ont connu des résultats exceptionnels en raison de la baisse du yen, de l'extension du marché américain et des effets positifs des baisses de coûts. Au cours de l'exercice 2001-2002, Toyota a amélioré son résultat net de 33 %, Honda de 53 % et Nissan de 21 %.

Soutien à l'alliance antiterroriste internationale

Fidèle à son image d'homme politique pro-américain, Koizumi Junichiro s'est aligné sur Washington dans la guerre américaine contre les réseaux terroristes. Soucieux de ne pas essuyer les mêmes critiques qu'en 1991 lors de la seconde guerre du Golfe (1991) – où Tokyo avait pratiqué la « diplomatie du chéquier » –, une partie des dirigeants japonais a tenu à ce que le pays soit présent aux côtés des membres de l'alliance internationale antiterroriste. Des unités des forces d'autodéfense (*Jieitai*) ont ainsi été dépêchées dans l'océan Indien afin de ravitailler les troupes américaines et occidentales. Soucieux de ne pas aborder directement la question sensible de la révision de l'article 9 de la Constitution – impossibilité de reconstituer une armée –, le Premier ministre a fait voter un texte de loi antiterroriste autorisant la présence de « soldats » japonais sur un théâtre d'opérations armées.

Les attentats du 11 septembre 2001 aux États-Unis ont en effet provoqué au Japon, pour la première fois depuis la fin de la Seconde Guerre mondiale, un débat ouvert et passionné sur la question centrale du réarmement et du droit à disposer d'une armée. Le gouvernement Koizumi a levé un tabou en adoptant trois projets de loi sur l'état d'urgence, visant à permettre au Japon de répliquer en cas d'agression armée sur son sol. Les pays voisins, la Chine populaire et les deux Corées, s'inquiétaient de cette « remilitarisation » du Japon alors que la diplomatie nippone à l'égard de la région n'avait jamais semblé aussi atone. Les deux visites de Koizumi Junichiro au temple shintoïste de Yasukini – où reposent les criminels de guerre japonais – en août 2001 et en avril 2002 ont ajouté au climat d'incompréhension entre les trois grandes puissances de l'Asie du Nord-Est.

La montée en puissance de la Chine suscite une certaine inquiétude parmi l'opinion publique japonaise alors que de plus en plus de dirigeants souhaitaient utiliser l'aide publique au développement (APD) comme levier pour faire pression sur le gouvernement chinois. L'organisation conjointe de la Coupe du monde de football par Tokyo et Séoul aura peut-être ouvert une nouvelle page dans les relations nippo-coréennes. En avril 2002, plus de 200 révisions ont été apportées aux manuels scolaires d'histoire du secondaire, tenant compte des remarques des pays voisins sur l'histoire des relations de l'Archipel avec l'Asie. Le gouvernement de Séoul a reconnu certaines avancées tout en regrettant certains manques, notamment sur la question des femmes dites « de réconfort » (les esclaves sexuelles utilisées par l'armée impériale). Enfin, la question des disparus japonais (enlevés lors de raids nord-coréens) continuait de peser sur les relations avec le régime de Pyongyang. À la mi-décembre 2001, la Croix-Rouge décidait de suspendre ses recherches alors que la police japonaise perquisitionnait le siège de la puissante association des Coréens du Nord établie au Japon (Chosen Soren), dans le cadre d'une enquête sur les faillites des institutions financières nord-coréennes de l'archipel. Fin décembre 2001, pour la première fois depuis la fin de la guerre, un bateau espion nord-coréen était coulé par un navire des

Forces d'autodéfense japonaises. Fin mai 2002, les relations sino-japonaises traversaient une période de tensions, alors que Tokyo exigeait que cinq réfugiés nord-coréens, qui avaient tenté de se réfugier au consulat nippon de Shenyang (Chine), soient relâchés et renvoyés dans un pays tiers. Ils ont finalement été renvoyés en Corée du Sud *via* les Philippines. - **Yves Bougon** ■

Mongolie

Intensification des réformes économiques

Les conditions climatiques ont été très dures pour la troisième année consécutive. Après un été extrêmement sec, l'hiver 2001-2002 a été très rude avec des températures de – 40 °C la nuit dans certaines provinces. Les pertes dans l'élevage, principal atout

Mongolie

Capitale : Oulan-Bator.
Superficie : 1 565 000 km^2.
Population : 2 559 000.
Langues : mongol (off.), dialecte kazakh, russe, chinois.
Monnaie : tugrik (au taux officiel, 1 000 tugriks = 0,98 € au 30.4.02).
Nature de l'État : république unitaire.
Nature du régime : ancien régime communiste devenu démocratie parlementaire (Constitution de 1992).
Chef de l'État : Natsagiin Bagabandi (depuis le 18.7.97, réélu le 20.5.01).
Premier ministre : Nambariin Enkhbayar (depuis le 26.7.2000).
Ministre de l'Intérieur : Tsendiin Nyamdorj.
Ministre des Affaires étrangères : Luvsangiin Erdenechuluun.
Ministre de la Défense : Jügderdemiin Gürragchaa.
Échéances institutionnelles : élections législatives (été 2004).
Carte : p. 282-283.

économique dans les campagnes, ont été énormes et plusieurs personnes sont décédées. La Croix-Rouge internationale a annoncé que la situation risquait de s'aggraver et que l'afflux de paysans vers les villes augmenterait.

Le gouvernement de Nambariin Enkhbayar, du Parti révolutionnaire du peuple mongol (PRPM, ex-communiste), a poursuivi ses réformes pour faire face à la crise économique. La politique de privatisation des entreprises d'État s'est maintenue malgré un certain ralentissement concernant pour la première fois le secteur énergétique.

Oulan-Bator a cherché, à compter de la mi-2001, à se rapprocher des pays occidentaux, notamment des États-Unis, pour ne plus dépendre exclusivement de l'aide économique de la Russie et de la Chine. La signature d'importants accords commerciaux lors de la visite du Premier ministre russe Mikhaïl Kasianov, en mars 2002, a cependant montré que les relations avec Moscou demeuraient essentielles pour les autorités mongoles. - **Daniel Gomá Pinilla** ∎

Taïwan

Changement de parti dominant

Les élections législatives du 1er décembre 2001 ont constitué une victoire déterminante pour le président Chen Shuibian, lui-même élu en mars 2000. Sa formation, le Parti progressiste pour la démocratie (DPP), a remporté le plus grand nombre de sièges (87 sur 225), sans toutefois que cela lui confère la majorité au Yuan législatif. Grand perdant, le Kuomintang (KMT), au pouvoir à Taïwan de 1945 à 2000, est passé de 123 sièges à seulement 68. Les quelques partis minoritaires se sont partagé les 70 autres.

Chen Shui-bian, ne disposant jusque-là que du tiers des 220 sièges de l'Assemblée, avait eu, au début de son mandat, des difficultés à faire accepter plusieurs éléments

de son programme électoral, telle sa promesse d'arrêter la construction de la quatrième centrale nucléaire. Désormais à la tête du parti dominant, le président a immédiatement demandé aux autorités de Pékin de respecter la volonté populaire.

**Taïwan
« République de Chine »**

Capitale : Taipei.
Superficie : 35 980 km².
Population : 22 370 000.
Langue : chinoise (mandarin, taïwanais, hakka).
Monnaie : dollar de Taïwan (100 dollars = 3,04 € au 4.7.02).
Nature de l'État : république.
Nature du régime : démocratie semi-présidentielle.
Chef de l'État : Chen Shui-bian, président de la République (élu le 18.3.2000).
Vice-présidente : Annette Lu Hsiu-lien.
Chef du gouvernement : Yu Shyi-kun, qui a remplacé le 21.1.02 Chang Chun-hsiung.
Ministre de la Défense : Tang Yiau-ming (depuis le 21.1.02).
Ministre des Affaires étrangères : Eugene Chien (depuis le 21.1.02).
Ministre de l'Intérieur : Yu Chen-hsien (depuis le 21.1.02).
Taïwan et la Chine : officiellement, Taïwan considère qu'elle incarne la continuité de la Chine après avoir perdu le continent à la suite de l'installation du régime communiste. La Chine populaire, n'ayant jamais renoncé à l'unité du pays, considère, quant à elle, que Taïwan a vocation à lui revenir. L'ONU ne reconnaît qu'une seule Chine, celle de Pékin.
Contestations de souveraineté : plusieurs archipels de la mer de Chine méridionale (Spratly, que Taïwan contrôle en partie), des Paracels, des Macclesfield et des Pratas. Ces archipels sont également revendiqués par la Chine et, pour certains, par divers autres États encore (Vietnam, Fédération de Malaisie, Philippines et Brunéi).
Carte : p. 295.

INDICATEUR	UNITÉ	CHINE	CORÉE DU NORD
Démographie[a]			
Population	(millier)	1 284 972	22 428
Densité	(hab./km²)	137,8	186,3
Croissance annuelle (1995-2000)	(%)	0,9	0,8
Indice de fécondité (ISF) (1995-2000)		1,80	2,05
Mortalité infantile (1995-2000)	‰	41,4	45,1
Espérance de vie (1995-2000)	(année)	69,8	63,1
Population urbaine[c]	(%)	31,6	60,0
Indicateurs socioculturels			
Développement humain (IDH)[b]		0,726	••
Nombre de médecins	(‰ hab.)	1,68	2,97[h]
Analphabétisme (hommes)	(%)	7,9	1,0[i]
Analphabétisme (femmes)	(%)	22,9	1,0[i]
Scolarisation 12-17 ans	(%)	43,2[k]	••
Scolarisation 3ᵉ degré	(%)	6,2[f]	••
Accès à Internet	(‰ hab.)	26,00	••
Livres publiés	(titre)	110 283[p]	••
Armées (effectifs)			
Armée de terre	(millier)	1600[q]	950
Marine	(millier)	250	46
Aviation	(millier)	420	86
Économie			
PIB total (PPA)[b]	(million $)	5 019 395	17 035[r]
Croissance annuelle 1990-2000	(%)	10,1	− 2,1[t]
Croissance annuelle 2001	(%)	7,3	••
PIB par habitant (PPA)[b]	($)	3 976	765[u]
Investissement (FBCF)[d]	(% PIB)	36,6	••
Taux d'inflation	(%)	0,7	••
Énergie (taux de couverture)[c]	(%)	97,1	92,0
Dépense publique Éducation[f]	(% PIB)	2,3[p]	••
Dépense publique Défense	(% PIB)	5,3[vb]	13,9[wb]
Dette extérieure totale[b]	(million $)	149 800	12 000[s]
Service de la dette/Export.[e]	(%)	8,4	••
Échanges extérieurs			
Importations (douanes)	(million $)	258 756	2 836
Principaux fournisseurs	(%)	Asie[x] 60,7	Jap 40,4
	(%)	UE 12,4	Chin 21,9
	(%)	E-U 8,8	UE 8,9
Exportations (douanes)	(million $)	316 617	874
Principaux clients	(%)	Asie[x] 48,5	Asie[x] 55,9
	(%)	E-U 24,4	UE 6,7
	(%)	UE 15,1	Ex-URSS 6,2
Solde transactions courantes	(% PIB)	1,7	••

Définition des indicateurs, sigles et abréviations p. 23 et suivantes. Chiffres 2001 sauf notes. a. Derniers recensements utilisables : Chine, 2000 ; Corée du Nord, 1993 ; Corée du Sud, 1995 ; Hong Kong, Chine, 2001 ; Japon, 2000 ; Macao, 1991 ; Mongolie, 2000 ; Taiwan, 2000 ; b. 2000 ; c. 1999 ; d. 1999-2001 ; e. 1998-2000 ; f. 1998 ; g. 2001 ; h. 1995 ; i. 1990 ; k. 1991 ; m. 1992 ; o. 1997 ; p. 1996 ; q. Non compris forces en charge

	CORÉE DU SUD	HONG-KONG[D]	JAPON	MONGOLIE	TAÏWAN
	47 069	6 961	127 335	2 559	22 370
	476,7	7031,0	349,3	1,6	617,4
	0,8	2,0	0,3	1,0	0,9
	1,51	1,17	1,41	2,70	1,40[g]
	7,9	4,2	3,5	65,8	5,9[b]
	74,3	79,1	80,5	61,9	75,6[b]
	81,2	100,0	78,7	63,0	74,7[h]
	0,882	0,888	0,933	0,655	• •
	1,30[c]	1,32[h]	1,90[f]	2,43[f]	1,50[b]
	0,8	3,1	• •	0,9	4,4[b]
	3,4	10,4	• •	1,1	4,4[b]
	84,0[m]	• •	• •	85,5[m]	99,4[g]
	67,7[o]	27,4[o]	43,9[f]	24,8[f]	77,1[g]
	510,68	458,61	454,71	15,63	336,97
	30 487[p]	• •	56 221[p]	285[m]	36 546[g]
	560	• •	148,7	7,5	240
	60	• •	44,2	• •	62
	63	• •	45,4	0,8	68
	821 652	170 964	3 394 373	4 277	386 000[s]
	6,2	4,4	1,4	− 1,8	6,4
	3,0	0,1	− 0,4	1,1	− 1,9
	17 380	25 153	26 755	1 783	17 394[s]
	27,7	26,1	26,0	28,0	21,5
	4,1	− 1,6	− 0,7	8,2	0,0
	17,6	0,3	20,2	78,0[f]	• •
	4,1	2,9[h]	3,5	6,2[o]	4,1[b]
	2,8	• •	1,0	2,0[b]	5,6[b]
	134 417	48 100[c]	• •	859	40 000[s]
	16,1	• •	• •	5,2	• •
	141 096	204 285	359 452	674	122 866
	Asie[x] 60,0	Asie[x] 79,1	Asie[x] 55,8	Asie[x] 32,5	Jap 31,4
	E-U 15,6	Chin 42,5	E-U 17,6	Rus 25,2	E-U 14,8
	UE 10,4	UE 9,7	UE 12,2	UE 7,1	Cor 5,5
	149 836	175 398	404 914	465	107 237
	Asie[x] 49,9	Asie[x] 56,6	Asie[x] 42,6	Chin 44,4	E-U 22,5
	E-U 20,5	E-U 20,8	E-U 29,8	E-U 27,8	HK 21,9
	UE 12,8	UE 14,4	UE 15,6	Rus 6,4	Jap 10,4
	2,0	7,4	2,2	− 16,7	6,7

des missiles stratégiques (100000 h.) ; r. 31352 millions de dollars selon Madison (L'économie mondiale : une perspective millénaire, OCDE, 2001) ; s. Selon la CIA ; t. 1973-1998 ; u. 1480 dollars selon Madison (L'économie mondiale : une perspective millénaire, OCDE, 2001) ; v. 2,3 % selon la Banque mondiale ; w. 18,8 % selon la Banque mondiale ; x. Y compris Japon et Moyen-Orient ; y. Chine, Hong Kong, Taïwan.

Asie du Nord-Est/Bibliographie

K. J. Bayasakh, « Mongolian Foreign Policy in the Changing World », *China Report*, vol. 36-1, Institute of Chinese Studies, New Delhi, janv.-mars 2000.

Cheong Seong-Chang, *Idéologie et système en Corée du Nord. De Kim Il Sung à Kim Jong Il*, L'Harmattan, Paris, 1997.

Cheong Seong-Chang, « Kim Jong-il's Military-First Politics : the Existing Conditions and the Essence », *Vantage Point*, vol. 24, n° 8, Séoul, 2001.

Cheong Seong-Chang, « La Corée du Nord et ses rapports avec ses grands voisins », *Hérodote*, n° 97, La Découverte, Paris, 2000.

Cheong Seong-Chang, « Stalinism and Kimilsungism : a Comparative Analysis of Idedogy and Power », *Asian Perspective*, vol. 24, n° 1, Séoul, 2000.

Ching Cheong, *Will Taiwan break away ? The Rise of Taiwanese Nationalism*, World Scientific, Singapour, 2001.

Courrier de la Corée (hebdomadaire), The Korea Herald.

P. Gentelle, P. Pelletier, « Chine, Corée, Japon », *in* R. Brunet (sous la dir. de), *Géographie universelle*, vol. V, Belin/RECLUS, Paris/Montpellier, 1994.

F. Godement (sous la dir. de), *Chine, Japon, ASEAN : compétition stratégique ou coopération ?*, Les Études de la Documentation française, Paris, 1999.

F. Nixson, B. Suvd, P. Luvsandorj, B. Walters (sous la dir. de), *The Mongolian Economy : a Manual of Applied Economics for a Country in Transition*, Edward Elgar, Cheltenham, 2000.

R. Pomfret, « Transition and democracy in Mongolia », *Europe-Asia Studies*, vol. 52, n° 1, Glasgow, janv. 2000.

A. J. K. Sanders, « Mongolia », *in The Far East and Australasia 2001*, Europa Publishers, Pittsburgh, déc. 2000.

D. S. Suh, C. J. Lee (sous la dir. de), *North Korea after Kim Il Sung*, Lynne Rienner Publishers, Boulder (CO), 1998.

J. Taylor, *The Generalissimo's Son, Chiang Ching-kuo and the Revolutions in China and Taiwan*, Harvard University Press, Cambridge (Mass.), 2000.

J. Thévenet, *La Mongolie*, Karthala, Paris, 1999.

Voir aussi les bibliographies « Chine », « Corée du Sud » et « Japon », p. 288, 293 et 298.

Après une attente de douze ans, Taïwan a fait son entrée à l'OMC (Organisation mondiale du commerce), le 1er janvier 2002 – trois semaines après la Chine populaire. Les analystes étaient divisés sur les bénéfices à en retirer. Pour certains, l'intégration à une structure internationale était essentielle pour ce gouvernement diplomatiquement très isolé. On s'entendait aussi sur le fait que davantage de produits de haute technologie pourraient être exportés vers les marchés étrangers. Mais le secteur de l'agriculture, déjà fortement subventionné, comme ce qui concerne la culture du riz, ris-

quait d'être déstabilisé à court terme par l'entrée de produits étrangers moins coûteux. Le secteur bancaire s'attendait aussi à des réformes profondes.

Entre-temps, les dirigeants de la Chine populaire ont adouci le ton vis-à-vis de leur « province rebelle ». La consultation du 1er décembre n'a donné lieu à aucune menace ni à aucune inflation verbale. Le vice-premier ministre de Chine populaire, Qian Qichen, a peu après invité les membres du DPP, qui lui avaient semblé pour la plupart défavorables au projet d'indépendance de la province insulaire, à se rendre sur le Continent. Toujours à Pékin, le Premier ministre Zhu Rongji a publiquement déclaré, au début de l'année lunaire (février 2002), qu'il fallait reprendre le dialogue avec Taïwan. D'autre part, une délégation de policiers de Taïwan est allée rencontrer ses homologues pour discuter de problèmes communs. De simples touristes ont été acceptés pour la première fois sur l'île.

Pékin a toutefois continué à exiger, sans aucun compromis, que Taïwan reconnaisse le principe d'une seule Chine. Par ailleurs, la décision d'ajouter la mention « émis à Taïwan » sur la couverture des passeports de la République de Chine, ainsi que d'autres gestes renforçant l'identité taïwanaise plutôt que chinoise ont irrité les continentaux. À la suite de pressions de Pékin, le président Chen Shui-bian n'a pas pu se rendre à Shanghaï pour le sommet d'octobre 2001 de l'APEC (Coopération économique en Asie-Pacifique).

Querelles politiques mais intégration économique : 50 000 compagnies de Taïwan demeuraient établies sur le Continent dont 20 000 à Shanghaï. Les autorités taïwanaises redoutent cet exode économique constant vers le Continent.

En visite à Pékin, les 21-22 février 2002, le président américain George W. Bush s'est montré plus favorable à Taïwan que son prédécesseur Bill Clinton, réaffirmant l'appui de son gouvernement à l'Acte de Taïwan de 1979 (qui régit les rapports entre Washington et Taipei), et insistant sur l'idée d'un règlement pacifique entre les deux parties. L'administration Bush avait précédemment permis au président Chen Shui-bian et à la vice-présidente Annette Lu de séjourner brièvement sur le territoire américain. Exceptionnellement, le ministre de la Défense Tang Yiau-ming a pu obtenir un visa pour se rendre à une conférence en Floride et y rencontrer le sous-secrétaire d'État à la Défense, Paul Wolfowitz. D'importantes ventes d'armes étaient également prévues.

Triste rappel du tremblement de terre de magnitude 7,6 qui avait fait 2 378 morts en 1999, un autre fort séisme de 6,8 a frappé l'île le 31 mars 2002, faisant 5 morts et plus de 200 blessés à Taipei. Autre tragédie, le 25 mai 2002, un appareil de China Airlines en route vers Hong Kong s'est écrasé, faisant 225 morts. Il s'agit du quatrième accident grave en dix ans pour cette compagnie.

Le gouvernement de Chen Shui-bian avait désormais comme grande urgence de s'attaquer à la récession. Les exportations ont nettement chuté en 2001. Le chômage a atteint un niveau sans précédent de plus de 5 %, problème susceptible de s'aggraver avec l'entrée à l'OMC. Les deux facteurs externes les plus déterminants sont demeurés les investissements sur le Continent et la reprise économique aux États-Unis. - **Jules Nadeau** ■

Péninsule indochinoise

Cambodge, Laos, Myanmar, Thaïlande, Vietnam

Cambodge

Consolidation du pouvoir en place

Dix ans après la signature des accords de paix de Paris, 5 millions d'électeurs ont désigné, à la proportionnelle et pour la première fois le 3 février 2002, leurs chefs de communes, leurs adjoints et les conseils communaux (5 à 11 membres). En présence d'une centaine d'observateurs étrangers, huit partis politiques, dont cinq non représentés au Parlement, étaient en lice. Si le scrutin a mis un terme au pouvoir local sans partage du Parti du peuple cambodgien (PPC) du Premier ministre Hun Sen, celui-ci n'en a pas moins recueilli plus de 60 % des voix et emporté 98,5 % des 1 621 communes du royaume, alors que près de 90 % des inscrits se sont exprimés. Son partenaire de la majorité gouvernementale après l'accord politique du 13 novembre 1998 a, pour sa part, subi un net revers. Il s'est imposé dans 10 communes, perdant 8 points par rapport aux suffrages obtenus aux législatives de 1998. Cet échec du Funcinpec (Front uni national pour un Cambodge indépendant, neutre et coopératif), emmené à partir de juillet 2001 par le prince Sirivudh, le frère du roi Norodom Sihanouk, a conforté les ambitions de Hun Sen pour les législatives de juillet 2003. Le Funcinpec (également parti du prince Ranariddh, président de l'Assemblée nationale) apparaissait dans une impasse en voulant se présenter comme une solution de rechange sans compromettre la coalition gouvernementale.

Le pays sort difficilement de son passé violent. Ainsi, faute de garanties d'impartialité suffisantes, l'ONU a renoncé, en février 2002, après quatre ans et demi de négociations, à contribuer à l'instauration du tribunal spécial pour juger les anciens chefs khmers rouges, prévue par loi promulguée en août 2001 par le roi. De plus, en dépit de la déclaration commune signée par le PPC et le Funcinpec en faveur d'un processus

Royaume du Cambodge

Capitale : Phnom Penh.
Superficie : 181 035 km^2.
Population : 13 441 000.
Langues : khmer, français, anglais, vietnamien.
Monnaie : riel (au taux officiel, 1 000 riels = 0,28 € au 30.4.02).
Nature de l'État : monarchie unitaire.
Nature du régime : parlementaire.
Chef de l'État : Norodom Sihanouk Varman (à nouveau proclamé roi le 24.9.93).
Chef du gouvernement : Hun Sen (Parti du peuple cambodgien, PPC).
Ministres de l'Intérieur et de la Sécurité nationale : Sar Kheng (PPC) et You Hockry (Funcinpec).
Ministres de la Défense : général Tea Banh (PPC) et Sar Sisowath Sirarath (Funcinpec).
Ministre des Affaires étrangères et de la Coopération internationale : Hor Nam Hong (PPC).

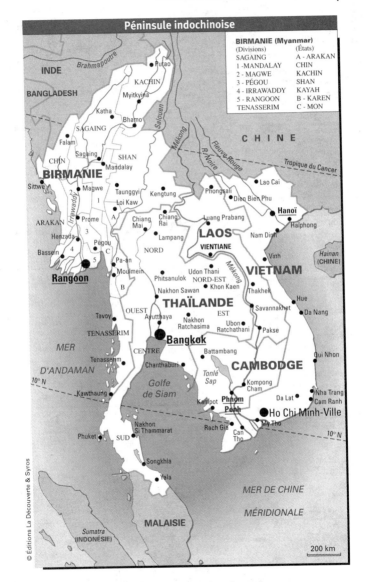

Péninsule indochinoise

BIRMANIE (Myanmar)

(Divisions)	(États)
SAGAING	A - ARAKAN
1 - MANDALAY	CHIN
2 - MAGWE	KACHIN
3 - PÉGOU	SHAN
4 - IRRAWADDY	KAYAH
5 - RANGOON	B - KAREN
TENASSERIM	C - MON

© Éditions La Découverte & Syros

200 km

INDICATEUR	UNITÉ	CAMBODGE	LAOS
Démographie[a]			
Population	(millier)	13 441	5 403
Densité	(hab./km²)	76,1	23,4
Croissance annuelle (1995-2000)	(%)	2,8	2,4
Indice de fécondité (ISF) (1995-2000)		5,25	5,30
Mortalité infantile (1995-2000)	‰	83,4	96,6
Espérance de vie (1995-2000)	(année)	56,5	52,5
Population urbaine[c]	(%)	15,6	23,0
Indicateurs socioculturels			
Développement humain (IDH)[b]		0,543	0,485
Nombre de médecins	(‰ hab.)	0,30[f]	0,24[g]
Analphabétisme (hommes)	(%)	20,0	34,7
Analphabétisme (femmes)	(%)	41,8	65,2
Scolarisation 12-17 ans	(%)	••	47,8[h]
Scolarisation 3e degré	(%)	1,0[f]	2,6[f]
Accès à Internet	(‰ hab.)	0,74	1,77
Livres publiés	(titre)	••	88[o]
Armées (effectifs)			
Armée de terre	(millier)	90[q]	26
Marine	(millier)	3	••
Aviation	(millier)	2	3,5
Économie		°	
PIB total (PPA)[b]	(million $)	17 379	8 317
Croissance annuelle 1990-2000	(%)	5,4	6,0
Croissance annuelle 2001	(%)	5,3	5,2
PIB par habitant (PPA)[b]	($)	1 446	1 575
Investissement (FBCF)[d]	(% PIB)	15,8	21,4
Taux d'inflation	(%)	− 0,6	8,0
Énergie (taux de couverture)[c]	(%)	4,0[f]	62,6[f]
Dépense publique Éducation[f]	(% PIB)	5,5	2,4
Dépense publique Défense	(% PIB)	6,1[b]	1,1
Dette extérieure totale[b]	(million $)	2 357	2 499
Service de la dette/Export.[e]	(%)	2,1	7,4
Échanges extérieurs			
Importations (douanes)	(million $)	2 183	864
Principaux fournisseurs	(%)	Thaï 23,5	Thaï 52,0
	(%)	C+H+T[v] 21,0	Viet 26,5
	(%)	Sing 18,6	C+H+T[v] 6,8
Exportations (douanes)	(million $)	1 603	548
Principaux clients	(%)	Asie[u] 17,6	UE 20,1
	(%)	E-U 57,6	Asie[u] 59,9
	(%)	UE 23,1	PNS[w] 16,5
Solde transactions courantes	(% PIB)	− 6,6	− 7,2

Définition des indicateurs, sigles et abréviations p. 23 et suivantes. Chiffres 2001 sauf notes. a. Derniers recensements utilisables : Cambodge, 1998 ; Laos, 1995 ; Myanmar (Birmanie), 1994 ; Thaïlande, 2000 ; Vietnam, 1999 ; b. 2000 ; c. 1999 ; d. 1999-2001 ; e. 1998-2000 ; f. 1998 ; g. 1996 ; h. 1989 ; i. 1990 ; k. 1992 ; m. 1997 ; o. 1995 ; p. 1993 ; q. « Non compris forces "provinciales" (45000) » ; r. Non compris forces

MYANMAR (BIRMANIE)	THAÏLANDE	VIETNAM
48 364	63 584	79 175
73,6	124,5	243,2
1,5	1,3	1,4
3,30	2,10	2,50
92,2	25,4	40,1
55,8	69,6	67,2
27,3	21,3	19,6
0,552	0,762	0,688
0,30f	0,37g	0,48f
10,9	2,7	4,4
19,0	5,9	8,3
25,3i	37,0j	47,0k
6,2m	30,1f	10,7f
0,21	55,61	4,93
3 660p	8 142g	5 581p
325r	190	412
10	68	42
9	48	30
49 038	388 792	156 759
6,3	4,4	7,1
4,8	1,8	4,7
1 027	6 402	1 996
12,4s	22,1	27,3
15,0	1,7	0,1
108,1	54,7	127,4
1,2t	4,7	2,8m
7,8b	2,0b	5,3
6 046	79 675	12 787
5,3	18,8	8,8
2 809	62 057	16 818
Asieu 93,3	Asieu 64,7	Asieu 78,3
Sing 16,5	E-U 11,6	C+H+Tv 15,5
C+H+Tv 24,4	UE 12,2	UE 10,7
2 817	65 112	14 154
Asieu 57,7	Asieu 54,0	Asieu 48,7
E-U 16,2	E-U 20,3	UE 27,5
UE 14,0	UE 16,1	E-U 7,2
− 0,1b	5,4	1,7

paramilitaires (100250) ; s. 1997-1999 ; t. 1994 ; u. Y compris Japon et Moyen-Orient ; v. Chine, Hong Kong, Taïwan ; w. Pays non spécifiés.

électoral sans violence en mai 2001, une vingtaine de candidats et de militants de l'opposition ont été assassinés. Le mouvement d'opposition des Combattants cambodgiens pour la liberté (CFF), qui s'était fait connaître le 24 novembre 2000 lors d'un assaut sanglant (8 morts) contre des bâtiments publics de la capitale, a été démantelé et ses partisans emprisonnés après deux procès en juin et octobre 2001. Dans ce contexte, le Parti de Sam Rainsy (PSR), en gagnant 13 communes, est devenu, *de facto*, la deuxième force politique du pays.

En consolidant le pouvoir en place, les Cambodgiens n'ont pas tenu rigueur à leurs dirigeants de la lenteur des réformes du système judiciaire et de l'administration, des retards dans la démobilisation des forces armées (30 000 en 2002), de l'endettement massif (deux tiers du PIB) et du peu d'efficacité de la lutte contre la corruption ou la déforestation. Il est vrai que Phnom Penh a renoué avec la croissance (+ 5,3 %) et continuait de bénéficier d'une aide internationale importante (611 millions de dollars pour 2001-2002). - **Christian Lechervy** ∎

Laos

Un Parlement rajeuni mais sans influence

Deux millions et demi de Laotiens se sont rendus aux urnes, le 24 février 2002, pour renouveler les 109 sièges de leur Parlement. Tous les 166 candidats, sauf un, faisaient partie du Parti populaire révolutionnaire du peuple lao (PRPL), au pouvoir depuis vingt-six ans. Malgré les 62 nouveaux élus, plus jeunes, ayant fait de plus longues études et comptant plus de femmes en leur sein, peu de changements politiques semblaient engagés dans ce petit pays pauvre conservant l'un des derniers régimes communistes de la planète.

Le Laos a été, en 2001, le deuxième plus important producteur d'opium (201 tonnes), comptant aussi le deuxième taux le plus élevé de toxicomanes. Dans son rapport de 2001 sur les droits de la personne, le secrétariat d'État américain a dressé un bilan négatif pour ce pays. Le ministère des Affaires étrangères a répliqué en accusant les États-Unis d'avoir déversé 3 millions de bombes sur le Laos pendant les années 1960 et 1970 (« guerre du Vietnam »), violant ainsi les droits civiques de millions de Laotiens.

Deux Australiens, Kerry et Kay Danes, ont été relâchés en octobre 2001 après dix mois de détention à la suite des pressions diplomatiques exercées par Canberra. Le couple, accusé d'implication dans une affaire de pierres précieuses disparues, avait été condamné à sept ans de réclusion lors d'un procès expéditif.

Olivier Dupuis, membre du Parlement européen, et quatre activistes d'une organisation italienne ont été, quant à eux, libérés le 9 novembre 2001 après avoir effectué deux semaines de prison pour avoir protesté contre la détention sans procès de manifestants prodémocratiques laotiens.

L'économie est demeurée stagnante, et dépendante de l'aide internationale et de dons de compatriotes expatriés. En décembre 2001, l'ONU a lancé un projet de trois ans visant à nourrir 70 000 enfants. La Banque asiatique de développement (BAsD) a accordé un prêt supplémentaire de 45 millions de dollars. - **Jules Nadeau** ∎

République démocratique populaire lao

Capitale : Vientiane.
Superficie : 236 800 km².
Population : 5 403 000.
Langues : lao, dialectes (taï, phoutheung, hmong).
Monnaie : kip (au taux officiel, 1 000 kips = 0,11 € au 30.04.02).
Nature de l'État : république unitaire.
Nature du régime : communiste.
Chef de l'État : Khamtay Siphandone (depuis le 24.2.98).
Chef du gouvernement : Boungnang Vorachith, qui a succédé le 15.3.01 à Sisavat Keobounphanh.
Vice-premier ministre : Thoungloun Sisoulith
Ministre de l'Intérieur : major Asang Laoli.
Ministre de la Défense : Douangchai Phichit (depuis le 15.3.01).
Ministre des Affaires étrangères : Somsavath Lengsavath.

Myanmar

Libération de Aung San Suu Kyi

Après dix-neuf mois d'assignation à résidence, Aung San Suu Kyi a été libérée sans condition le 6 mai 2002, recouvrant une liberté d'action qui lui avait été accordée de 1989 à 1995. Cet élargissement a résulté des pourparlers secrets entamés, en septembre 2000, entre la junte et la principale dirigeante de l'opposition. Facilités par le diplomate malaisien Tan Sri Razali, ces échanges ont permis d'instaurer une certaine confiance entre les parties. Soucieuses de montrer leur bonne volonté à la communauté internationale, les autorités militaires de Rangoon avaient également libéré, en août 2001, 250 prisonniers politiques, dont le président (Aung Shwe) et le vice-président (Tin Oo) de la Ligue nationale pour la démocratie (NLD). En recevant par trois fois le nouveau rapporteur spécial de l'ONU sur les droits de l'homme, Sergio Pinheiro, et en autorisant l'Organisation internationale du travail (OIT) à installer un fonctionnaire de liaison afin de contribuer à l'élimination rapide du travail forcé, les autorités ont repris langue avec l'ONU. Près de 1 500 prisonniers politiques, dont 800 de la NLD et 17 de ses parlementaires élus en 1990, restaient toutefois incarcérés. Une réalité qui explique que le pays ait de nouvelle fois été condamné par la Commission des droits de l'homme de l'ONU, en avril 2002 à Genève, pour « violations systématiques » des droits de l'homme.

Si la NLD avait retrouvé un espace d'expression, il était difficile de savoir si une véritable transition politique avait débuté. Le ton entre l'opposition et le Conseil d'État pour la paix et le développement (SPDC) a changé, mais le triumvirat composé des généraux Than Shwe, Maung Aye et Khin Nyunt semblait bien installé au pouvoir. Le 7 mars 2002, en accusant de trahison la fille de Ne Win (91 ans), Sandar Win, son mari Aye Zaw Win et ses fils, la junte s'est débarrassée de la famille d'un homme malade dont l'influence s'était prolongée bien au-delà de son retrait en 1988, après vingt-six ans de pouvoir. Cette conjuration prise pour prétexte, le responsable de la police, le commandant en chef de l'armée de l'air et le commandant de la région militaire des Trois Frontières ont été limogés, le 9 mars 2002. Peu avant, en novembre 2001, le troisième secrétaire du SPDC, le général Win Myint, trois vice-premiers ministres et trois ministres avaient, eux aussi, été relevés de leurs fonctions. Ce remaniement gouvernemental, le plus important en quatre ans, a certes écarté du centre de décision des militaires corrompus et des septuagénaires, mais a aussi renforcé la centralisation du pouvoir. La nomination, le 20 décembre, de dix nouveaux commandants de régions militaires, plus jeunes, non membres du SPDC, a complété cette recomposition.

En 2001, la situation économique n'a cessé de se dégrader. L'inflation s'est accélérée (15 %). Le kyat a atteint son plus bas niveau, perdant en un an 70 % de sa valeur par rapport au dollar. Pour relancer l'économie et asseoir son pouvoir, le SPDC comptait bien peu d'alliés. Si la visite du Premier ministre thaïlandais, les 19 et 20 juin 2001, a permis de rapprocher les points de vue, distendus pendant les années de primature démocrate, de nombreux différends demeuraient, tels ceux liés à la présence de 560 000 travailleurs clandestins birmans dans le royaume, le manque d'efficacité de la lutte antidrogue – le Myanmar était le premier producteur mondial d'opium (60 %)

en 2001 et exportant de plus en plus d'amphétamine – et les droits de pêche. Le Myanmar poursuit néanmoins lentement son intégration régionale, comme en ont témoigné la visite officielle de la présidente indonésienne (août 2001), la première rencontre des ministres des Finances de l'ANSEA (Association des nations du Sud-Est asiatique) à Rangoon ou encore les contacts avec les dirigeants du sous-continent indien – visites du ministre des Affaires étrangères indien (février 2001), une première depuis 1986, et du chef de l'État pakistanais (mai 2001). À court terme, la République populaire de Chine demeurait le plus important partenaire étranger. Le déplacement du président Jiang Zemin (12-15 décembre 2001) a confirmé l'« amitié fraternelle » entre les deux pays et les intérêts économiques croissants de Pékin (troisième partenaire commercial, 100 millions de dollars d'investissement). Néanmoins, c'est avec la Russie qu'a été signé un nouvel accord de coopération militaire (100 millions de dol-

Union de Myanmar (ou Union de Birmanie)

Capitale : Rangoon.
Superficie : 676 552 km^2.
Population : 48 364 000.
Langues : birman, anglais, dialectes des diverses minorités ethniques.
Monnaie : kyat (au taux officiel, 1 kyat = 0,16 € au 31.5.02).
Nature de l'État : dominé par les Birmans au détriment des minorités ethniques (Shan, Karen, Kachin, Môn…) partisanes d'une fédération.
Nature du régime : dictature militaire.
Chef de l'État : général Than Shwe (au pouvoir depuis 1992), président du Conseil pour la paix et le développement (SPDC), depuis nov. 97. Également ministre de la Défense.
Vice-président : général Maung Aye.
Ministre de l'Intérieur : colonel Tin Hlaing.
Ministre des Affaires étrangères : Win Aung.

lars), à l'heure où était livrée une dizaine de Mig-29. Une polémique s'esquissait autour d'un projet de fourniture d'un réacteur nucléaire de recherche russe, dont la construction pourrait débuter en 2005.
- **Christian Lechervy** ■

Thaïlande

Édification d'un pouvoir autoritaire

Le Premier ministre Thaksin Shinawatra (52 ans), parvenu à la tête du gouvernement en février 2001, ne cachait pas son ambition de rester au pouvoir pendant dix ans. Après le non-lieu controversé dont il a bénéficié en août 2001 dans une affaire de dissimulation frauduleuse de son patrimoine, il s'est employé à consolider la majorité absolue dont il disposait au Parlement. Pourtant cette dernière n'a pas été menacée lors des élections partielles successives qui se sont tenues entre 2001 et 2002, notamment celle du 3 mars 2002 où 14 sièges étaient à pourvoir à la suite d'invalidations pour fraudes. S'appropriant toujours un peu plus de pouvoir, le chef du gouvernement, après avoir pris le contrôle du Seritham (Parlement), en juin 2001, a décidé de fusionner son parti, le Thai Rak Thai (TRT, « Les Thaïs qui aiment les Thaïs »), fondé le 14 juillet 1998, avec celui du général Chavalit Yongchaiyuth, le Chart Thai (36 députés), créé en 1990. Dans le même temps, le seul député représentant le Thin Thai a rejoint à son tour le TRT. La fusion du TRT avec le Parti du nouvel élan (NAP) a eu pour but de démontrer à l'opinion internationale la stabilité politique du pays, de convaincre les investisseurs étrangers de (re)venir (– 26 % en 2000) et de permettre au TRT de s'implanter dans toutes les provinces du royaume, notamment dans les provinces du Nord-Est et le Sud. Dès lors, le remaniement limité du gouvernement, le 8 mars 2002, avant celui annoncé pour le mois d'octobre, avait pour objectif d'agréger un nouveau venu à la majorité, le Chart Pattana et ses 28 députés.

Enrichissements personnels et muselage des médias

Cette évolution de la coalition a suscité de nombreuses critiques contre le Premier ministre, dont le nom figurait sur la liste des personnes les plus riches du monde, publiée par le magazine *Forbes*, laissant craindre le rôle considérable de l'argent dans la vie politique. Cependant, cette stratégie a isolé le Parti démocrate et son président depuis huit ans, Chuan Leekpai. Affaibli par la maladie, ce dernier a annoncé son retrait de la vie publique en 2003. De fait, l'opposition apparaissait paralysée et dans la quasi-impossibilité dorénavant de déposer une motion de censure. C'est ainsi que seuls 15 des 35 membres du gouvernement ont pu être visés par la première d'entre elles, le 22 mai.

Si certains parlaient déjà de « dictature parlementaire » dénonçant les dérives autoritaires du pouvoir, l'opinion publique continuait majoritairement de soutenir le chef du gouvernement (70 % d'opinions favorables). À son actif figuraient, en effet, la consultation médicale à 30 bahts, la création d'une banque populaire, l'octroi d'un million de bahts à chaque village et l'adoption d'un moratoire de paiement des dettes du secteur agricole. Mais la légalisation des casinos, la mauvaise gestion des conflits au ministère de la Santé, la mutation de plusieurs dizaines de hauts fonctionnaires, le projet de loi visant à limiter les rassemblements publics ou encore les tergiversations du gouvernement à l'occasion de la mise en place d'organes de régulation (audiovisuel, télécommunications), sans parler des décisions de la Commission électorale – qui a définitivement invalidé deux élus alors que 66 personnes étaient incriminées –, faisaient peser bien des critiques sur la gestion gouvernementale. Le roi Rama IX lui-même a exprimé publiquement ses reproches et dénoncé l'ego de certains dirigeants. Parmi

Bilan de l'année / Thaïlande

les transgressions les plus graves, on retiendra également le choix de promouvoir des hommes politiques « yees » (de l'interjection anglaise *yuck*-beurk) au gouvernement alors que M. Thaksin avait promis de s'en garder. De même, la prolongation du contrat d'exploitation pétrolière accordé à la compagnie britannique Harrod's Energy, la précipitation à mettre en œuvre avant le 1er octobre 2002 la réforme administrative, ainsi que les révélations répétées de trafics et pots-de-vin, ou encore les baux sur certains terrains accordés à des étrangers pour une durée de 99 ans ont terni l'image du pouvoir.

Au-delà des polémiques, il apparaissait que les réformes promises lors de la campagne électorale (lutte contre la corruption, réforme de l'éducation en dépit de la démission du ministre en juin 2001, assainissement du système bancaire…) n'avaient pas été mises en œuvre. Thaksin Shinawatra a également inauguré des relations houleuses avec les universitaires, ainsi qu'avec la presse locale et internationale. L'expulsion d'un correspondant de la *Far Eastern Economic Review* (de Hong Kong), l'interdiction d'un numéro de *The Economist* (de Londres) et les accusations d'ingérence dans la gestion des médias témoignaient de ce climat dégradé. Pour y remédier, le gouvernement a décidé de mettre au pied un Centre d'information pour l'amélioration de la compréhension de l'opinion publique visant à ne laisser diffuser par les médias d'État que des informations « positives ».

Le mariage du prince héritier Maha Vajiralongkorn avec Mom Sriras, sa concubine depuis 1993, est apparu comme une mise en scène qui a alimenté les rumeurs sur la succession royale. Pendant ce temps, le Premier ministre s'activait sur la scène diplomatique, notamment en Asie. À peine élu, il s'est rendu en visite officielle au Laos, au Cambodge et au Myanmar (juin 2001), puis à Brunéi, à Singapour et en Chine populaire (août), au Cambodge, aux Philip-

pines (octobre), au Japon (novembre), aux États-Unis (décembre), en Indonésie (janvier 2002) et en Inde (novembre 2001 et février 2002). Si ces déplacements ont constitué autant d'occasions de préparer l'accueil par la Thaïlande du « sommet » de l'APEC – Coopération économique Asie-Pacifique – (16-17 décembre 2003) et de promouvoir la tenue d'un dialogue sur la coopération entre pays asiatiques (« Asia Cooperation Dialogue »), certains y ont vu également l'occasion de promouvoir les intérêts de ses entreprises (vente d'un satellite à l'Inde).

En premier lieu, ces échanges ont été l'occasion de débattre avec les pays voisins de coopération économique, de lutte contre l'immigration clandestine et de trafic de stupéfiants. En voulant renouer le

Royaume de Thaïlande

Capitale : Bangkok.
Superficie : 514 000 km².
Population : 63 584 000.
Langues : thaï (off.), chinois, anglais.
Monnaie : baht (100 bahts = 2,51 € au 31.5.02).
Nature de l'État : monarchie unitaire.
Nature du régime : constitutionnel.
Chef de l'État : roi Bhumibol Adulyadej, Rama IX (depuis le 10.6.46).
Premier ministre : Thaksin Shinawatra, qui a succédé le 9.2.01 à Chuan Leekpai.
Vice-premier ministre et ministre de la Défense : gén. Chavalit Yongchaiyudh.
Ministre des Affaires étrangères : Surakiart Sathirathai.
Ministre de l'Intérieur : Purachai Piemsomboon.
Principaux partis politiques : Les Thaïs qui aiment les Thaïs (Thai Rak Thai) ; Parti de la nation thaïe (Chart Thai) ; Parti du nouvel élan (NAP) ; Parti de la force religieuse (Palang Dharma) ; Parti de l'action sociale (Kit Sang Khom) ; Parti du développement national (Chart Pattana) ; Parti démocrate.

INDICATEUR	UNITÉ	1980	1990	2000	2001
Démographie[a]					
Population	million	46,0	54,7	62,8	63,6
Densité	hab./km²	90,1	107,1	122,9	124,5
Croissance annuelle	%	2,1[f]	1,5[g]	1,3[h]	1,1[i]
Indice de fécondité (ISF)		3,5[f]	2,3[g]	2,1[h]	2,0[i]
Mortalité infantile	‰	56,9[f]	33,9[g]	25,4[h]	20,8[i]
Espérance de vie	année	63,1[f]	68,2[g]	69,6[h]	70,8[i]
Indicateurs socioculturels					
Nombre de médecins	‰ hab.	0,15	0,23	0,37[q]	••
Analphabétisme (hommes)	%	7,5	4,6	2,9	2,7
Analphabétisme (femmes)	%	17,4	10,5	6,1	5,9
Scolarisation 12-17 ans	%	34,0[r]	35,3[s]	37,0[t]	••
Scolarisation 3ᵉ degré	%	14,7	16,7	25,4[e]	30,1[d]
Téléviseurs	‰ hab.	22	108	284	••
Livres publiés	titre	2 419	7 289	8 142[q]	••
Économie					
PIB total	milliard $	68,9	213,2	369,6[c]	388,8[b]
Croissance annuelle	%	7,9[k]	3,9[m]	4,6	1,8
PIB par habitant (PPA)	$	1 476	3 835	6 135[c]	6 402[b]
Investissement (FBCF)	% PIB	27,1[o]	38,9[p]	22,1	23,3
Recherche et Développement	% PIB	••	0,14[u]	0,12[c]	0,10[e]
Taux d'inflation	%	19,7	6,0	1,6	1,7
Population active	million	24,4	31,7	36,4[c]	36,8[b]
Agriculture	% ⎫	70,8	64,0	48,5[c]	48,8[b]
Industrie	% ⎬ 100 %	10,3	14,0	18,4[c]	19,0[b]
Services	% ⎭	18,9	22,0	33,1[c]	32,2[b]
Énergie (taux de couverture)	%	49,0	59,9	55,9[d]	54,7[c]
Dépense publique Éducation	% PIB	3,4	3,6	4,7[q]	4,7[d]
Dépense publique Défense	% PIB	4,2[s]	2,5	1,9[c]	2,0[b]
Dette extérieure totale	milliard $	8,3	28,1	79,7	67,0
Service de la dette/Export.	%	19,6[o]	15,4[p]	21,8[c]	16,3[b]
Échanges extérieurs		**1974**	**1986**	**2000**	**2001**
Importations de services	milliard $	0,63[r]	1,85	15,46	14,93
Importations de biens	milliard $	2,85[r]	8,41	56,19	54,62
Produits agricoles	%	8,9	11,4	7,9[v]	7,9[c]
Produits énergétiques	%	19,8	13,5	6,8[v]	9,7[c]
Produits manufacturés	%	57,9	66,4	80,1[v]	77,2[c]
Exportations de services	milliard $	0,60[r]	2,30	13,87	12,88
Exportations de biens	milliard $	2,18[r]	8,80	67,89	63,20[b]
Produits agricoles	%	74,1	52,7	33,7[v]	20,0[c]
Minerais et métaux	%	9,8	3,1	0,6[v]	1,0[c]
Produits manufacturés	%	13,2	42,7	73,1[v]	73,9[c]
Solde des transactions courantes	% du PIB	– 5,3[w]	– 4,9[x]	7,6	5,4

Définition des indicateurs, sigles et abréviations p. 23 et suivantes. a. Dernier recensement utilisable : 2000 ; b. 2000 ; c. 1999 ; d. 1998 ; e. 1997 ; f. 1975-1985 ; g. 1985-1995 ; h. 1995-2000 ; i. 2000-2005 ; k. 1980-1990 ; m. 1990-2000 ; o. 1979-1981 ; p. 1989-1991 ; q. 1996 ; r. 1975 ; s. 1985 ; t. 1990 ; u. 1993 ; v. 1995 ; w. 1975-84 ; x. 1985-96.

Thaïlande/Bibliographie

C. Dixon, *The Thai Economy*, Routledge, Londres, 1999.

S. Dovert, (sous la dir. de), *Thaïlande contemporaine*, L'Harmattan/IRASEC, Paris/Bangkok, 2001.

A. Dubus, N. Revise, *Armée du Peuple, armée du Roi. Les militaires face à la société en Indonésie et en Thaïlande*, L'Harmattan/IRASEC, Paris/Bangkok, 2002.

B. Formoso, *Identités en regard : destins chinois en milieu bouddhiste thaï*, CNRS-Éditions, Paris, 2000.

B. Formoso, *Thaïlande : bouddhisme renonçant, capitalisme triomphant*, La Documentation française, Paris, 2000.

X. Galland, *Histoire de la Thaïlande*, PUF, coll. « Que sais-je ? », Paris, 1998.

K. Hewison, *Political Change in Thailand : Democracy and Participation*, Routledge, Londres, 1997.

P. Pasuk, C. Baker, *Thailand's Boom and Bust*, Silkworm Books, Chiang Mai, 1998.

S. Sulak, *Loyalty Demands Dissent*, Parallax Press, Bangkok, 1998.

Voir aussi la bibliographie « Péninsule indochinoise », p. 316.

contact avec Rangoon, le Premier ministre thaïlandais a entrepris une tâche difficile. Au même moment, la presse birmane et un manuel pour les écoles primaires formulaient des critiques contre la monarchie et les Thaïlandais. Comment, dans ce contexte, parler sereinement du rapatriement d'une centaine de milliers de réfugiés répartis dans dix camps le long de la frontière, ou se convaincre que Rangoon mettra toute son énergie pour faire cesser, en 2003, la production de drogue par les Was « rouges » (ethnie appelée ainsi à cause de la couleur de ses coiffes), et ce grâce aux 20 millions de bahts alloués par Bangkok ? Face à ces difficultés, la Thaïlande a proposé aux États-Unis de conduire une opération militaire contre les trafiquants de cette zone, source de financement du terrorisme. Néanmoins, pour la première fois depuis une décennie, un membre de la famille royale thaïlandaise s'est rendu en visite au Myanmar.

Le budget de l'État sacrifié à la croissance

Allié fidèle des États-Unis, Bangkok a décidé d'engager ses forces armées dans les opérations lancées en Afghanistan, à l'hiver 2001-2002, pour faire tomber le régime des taliban. Les effets néfastes des attentats du 11 septembre 2001 aux États-Unis sont apparus pour l'heure limités. Le pays a enregistré dix millions de visiteurs en 2001, un record. Le tourisme constitue la première source de devises, contribuant à maintenir la croissance annuelle (+ 1,8 %). Les exportations ayant diminué en 2001 (–6,4 %), la croissance a été tirée par une politique économique expansionniste impliquant l'augmentation de la dette publique (65 % du PIB) et l'explosion des déficits publics (+ 90 %). La demande intérieure est demeurée ralentie par la lenteur du rythme de restructuration des banques et des entreprises. Valorisant son inflation limitée (+ 1,8 % en 2001) et constatant que l'idée de zone de libre-échange asiatique n'avançait pas plus que la zone d'investissement régionale (Asean Investment Area), la Thaïlande cherchait à établir des accords de libre-échange bilatéraux avec ses principaux partenaires commerciaux (Japon, États-Unis, Union européenne, Inde…) pour pérenniser sa prospérité. - **Christian Lechervy** ∎

Péninsule indochinoise/Bibliographie

A. Acharya, *The Quest for Identity : International Relations of Southeast Asia,* Oxford University Press, Oxford, 2000.

P. Brocheux (sous la dir. de), *Du conflit d'Indochine aux conflits indochinois,* Complexe, Bruxelles, 2000.

M. Bruneau, C. Taillard, « Asie du Sud-Est », *in* R. Brunet (sous la dir. de), *Géographie universelle,* vol. VII, Belin/RECLUS, Paris/Montpellier, 1985.

J. C. Buhrer, C. B. Levenson, *Aung San Suu Kyi, demain la Birmanie,* Picquier, Arles, 2000.

D. Chandler, *S-21 ou le crime impuni des Khmers rouges,* Autrement, Paris, 2002.

D. Chapman, *Karenni : la guerre d'un peuple en Birmanie,* F. Hazan, Paris, 1999.

A. Clements, *Birmanie totalitaire,* L'Esprit frappeur, Paris, 2000.

J. Funston, *Government and Politics in Southeast Asia,* Institute for Southeast Asian Studies, Singapour, 2001.

M. Gravers, *Nationalism as Political Paranoia in Burma : an Essay on the Historical Practice of Power,* Londres, 1999.

B. Hours, M. Selim, *Essai d'anthropologie politique sur le Laos contemporain : marché, socialisme et génies,* L'Harmattan, Paris, 1997.

B. Kiernan, *Le Génocide au Cambodge : race, idéologie et pouvoir,* Gallimard, Paris, 1998.

C. Lechervy, N. Régaud, *Les Guerres d'Indochine (xe-xxe siècle),* PUF, coll. « Que sais-je ? », Paris, 1996.

D. Murphy, *One Foot in Laos,* John Murray, Londres, 2000.

P. Richer (sous la dir. de), *Crises en Asie du Sud-Est,* Presses de Sciences Po, Paris, 1999.

P. Richer, *Le Cambodge : une tragédie de notre temps,* Presses de Sciences Po, Paris, 2001.

J. Sell, *Whispers at the Pagoda : Portraits of Modern Burma,* Orchid Press, Bangkok, 1999.

H. Tertrais, *La Piastre et le Fusil. Le coût de la guerre d'Indochine 1945-1954,* Comité pour l'histoire économique et financière de la France, Paris, 2002.

Voir aussi les bibliographies « Thaïlande » et « Vietnam », p. 315 et 319.

Vietnam

Une continuité sans changement

Àgé de 61 ans, né dans une famille de l'ethnie tay, ingénieur sylvicole formé en URSS et président de l'Assemblée nationale depuis 1992, Nong Duc Manh a été élu comme nouveau secrétaire général du Parti communiste vietnamien (PCV) lors du 9e congrès d'avril 2001. Alors que son profil atypique avait pu laisser augurer d'une accélération dans le rythme des réformes, aucun bouleversement majeur n'est intervenu. Au sein du PCV, le processus décisionnel est resté entravé par la nécessité du consensus, et, au pays des « Cent Familles », cette contrainte se trouvait encore renforcée par le contexte d'ouverture économique multipliant les conflits d'intérêts.

Une violente répression, doublée d'un effort gouvernemental pour améliorer les conditions de vie sur les hauts plateaux du Sud, a mis fin aux mouvements de protestation des minorités qui avaient éclaté au début de l'année 2001. Près d'un millier de personnes ont cependant franchi la frontière avec le Cambodge, où elles ont été rassemblées dans des camps situés au nord-est du pays et administrés par le Haut Commissariat des Nations unies pour les réfugiés (HCR). Si certains de ces « Montagnards » sont finalement rentrés au Vietnam, plus souvent librement ou sous la contrainte des autorités cambodgiennes, quelque 900 d'entre eux ont obtenu un visa pour les États-Unis.

À travers plusieurs grands procès, la vie politique vietnamienne a été marquée par la lutte contre la corruption et par l'« affaire Nam Cam », du nom du chef d'un réseau de gangstérisme ayant bénéficié de protections de la part des plus hautes autorités de l'État. Compromis, Trân Mai Hanh, membre du Comité central du PCV et directeur général de la radio officielle *La Voix du Vietnam*, a ainsi été expulsé de la liste des candidats aux élections législatives qui se sont tenues le 19 mai 2001. Sur le plan social, la publication du premier *Rapport sur le développement humain au Vietnam* (mai 2002 pour l'édition française), suscité par le PNUD (Programme des Nations unies pour le développement), permet de constater la persistance de la famine et de la pauvreté en même temps que l'accroissement des écarts de richesse entre les villes et les campagnes et entre les différentes provinces du pays.

Lent développement du secteur privé

Fin 2001, le taux de croissance s'établissait à + 6,8 % selon les sources officielles et à + 4,7 % selon les estimations de la Banque mondiale. La balance commerciale affichait un déficit de 900 millions de dollars (contre 1,186 milliard de dollars l'année précédente). Si les ventes de pétrole (premier poste à l'exportation), de riz et de café (pour ces deux produits, le Vietnam était en 2001 deuxième exportateur mondial) ont connu une augmentation en volume, celle-ci n'a pu suffire à compenser les pertes en valeur dues à la baisse des prix sur le marché mondial. Alors qu'en 2001 l'investissement direct étranger avait marqué l'ébauche d'une reprise, la tendance ne s'est pas confirmée et, à la fin du premier semestre 2002, le montant des projets ayant obtenu leur licence s'élevait à 473,5 millions de dollars (soit 44 % de moins que l'année précédente à la même période). Par ailleurs, le Vietnam poursuivait la mise en place d'un train de réformes visant au développement du secteur privé. En décembre 2001, plusieurs amendements ont été apportés à la Constitution de 1992, légitimant dorénavant la contribution du secteur privé au développement d'une « éco-

---

République socialiste du Vietnam

Capitale : Hanoi.

Superficie : 333 000 km².

Population : 79 175 000.

Langues : vietnamien (langue nationale), langues des ethnies minoritaires (khmer, cham, thai, sedang, miao-yao, chinois).

Monnaie : dong (au taux officiel, 10 000 dongs : 0,72 € au 31.3.02).

Nature de l'État : république, refondée le 2.7.76, après la réunification du pays.

Nature du régime : communiste, parti unique (Parti communiste vietnamien, PCV).

Chef de l'État : Tran Duc Luong, président depuis le 24.9.97 (réélu le 24.7.02).

Premier ministre : Pham Van Khai (depuis le 29.9.97).

Ministre des Affaires étrangères : Nguyen Duy Nien (depuis le 28.1.2000).

Ministre de l'Intérieur : Le Minh Huong (depuis le 6.11.96).

Ministre de la Défense : Pham Van Tra (depuis le 29.9.97).

Secrétaire général du Parti : Nong Duc Manh, qui a succédé le 22.4.01 au général Le Kha Phieu.

Revendications territoriales : archipels des Spratly et des Paracels (mer de Chine méridionale), également revendiqués par les autres États riverains.

Statistiques / Rétrospective

INDICATEUR	UNITÉ	1980	1990	2000	2001
Démographie[a]					
Population	million	53,0	66,1	78,1	79,2
Densité	hab./km²	162,8	203,0	240,1	243,2
Croissance annuelle	%	2,1[f]	2,1[g]	1,4[h]	1,3[i]
Indice de fécondité (ISF)		5,2[f]	3,7[g]	2,5[h]	2,3[i]
Mortalité infantile	‰	76,4[f]	51,7[g]	40,1[h]	33,6[i]
Espérance de vie	année	57,3[f]	63,8[g]	67,2[h]	69,2[i]
Indicateurs socioculturels					
Nombre de médecins	‰ hab.	0,24	0,40	0,48[d]	••
Analphabétisme (hommes)	%	6,7	5,5	4,5	4,4
Analphabétisme (femmes)	%	19,2	13,1	8,6	8,3
Scolarisation 12-17 ans	%	21,0[q]	46,8[r]	47,0[s]	••
Scolarisation 3ᵉ degré	%	2,1	1,9	7,9[e]	10,7[d]
Téléviseurs	‰ hab.	34	39	185	••
Livres publiés	titre	1 274	••	5 581[t]	••
Économie					
PIB total	milliard $	••	65,1	145,2[c]	156,8[b]
Croissance annuelle	%	5,9[k]	6,6[m]	5,5	4,7
PIB par habitant (PPA)	$	••	••	1 874[c]	1 996[b]
Investissement (FBCF)	% PIB	••	11,4[p]	27,4	28,9
Recherche et Développement	% PIB	••	••	••	••
Taux d'inflation	%	25,2	67,0	- 1,7	0,1
Population active	million	25,6	33,6	39,8[c]	40,4[b]
Agriculture	% ⎫	67,5	74,7[u]	71,5[v]	67,4[e]
Industrie	% ⎬ 100 %	11,8	12,1[u]	12,6[v]	12,5[e]
Services	% ⎭	20,7	13,3[u]	15,8[v]	20,0[e]
Énergie (taux de couverture)	%	93,8	101,2	126,2[d]	127,4[c]
Dépense publique Éducation	% PIB	••	2,0	2,9[w]	2,8[e]
Dépense publique Défense	% PIB	19,4[r]	6,4	3,0	5,3
Dette extérieure totale	milliard $	0,0[x]	23,3	23,3[c]	12,8[b]
Service de la dette/Export.	%	••	7,5[y]	10,0[c]	7,5[b]
Échanges extérieurs		**1974**	**1986**	**2000**	**2001**
Importations de services	milliard $	••	••	3,04[c]	3,25[b]
Importations de biens	milliard $	1,28	1,12	10,57[c]	14,07[b]
Produits agricoles	%	47,1	10,4	8,2[d]	8,6[c]
Produits alimentaires	%	41,6	4,9	2,6[d]	3,0[c]
Produits pétroliers	%	••	••	9,5[d]	••
Exportations de services	milliard $	••	••	2,49[c]	2,70[b]
Exportations de biens	milliard $	0,40	0,49	11,54[c]	14,45[b]
Produits agricoles	%	18,7	47,9	24,4[d]	21,2[c]
Produits alimentaires	%	8,6	34,1	21,3[d]	17,7[c]
Produits pétroliers	%	••	••	13,1[d]	••
Solde des transactions courantes	% du PIB	- 1,8[A]	- 5,5[B]	1,6	1,7

Définition des indicateurs, sigles et abréviations p. 23 et suivantes. a. Dernier recensement utilisable : 1999 ;
b. 2000 ; c. 1999 ; d. 1998 ; e. 1997 ; f. 1975-1985 ; g. 1985-1995 ; h. 1995-2000 ; i. 2000-2005 ;
k. 1980-1990 ; m. 1990-2000 ; o. 1979-1981 ; p. 1989-1991 ; q. 1960 ; r. 1985 ; s. 1992 ; t. 1993 ; u. 1991 ;
v. 1995 ; w. 1996 ; x. 1981 ; y. 1990-1992 ; z. 1986 ; A. 1984 ; B. 1985-96.

Vietnam/Bibliographie

Z. Abuza, *Renovating Politics in Contemporary Vietnam,* Lynne Rienner Publishers, Boulder (CO), 2001.

P. Brocheux, *Ho Chi Minh,* Presses de Sciences Po, Paris, 2000.

P. Brocheux, D. Hémery, *Indochine, la colonisation ambiguë, 1858-1954,* La Découverte, Paris, 2001.

Centre national des sciences sociales et humaines, *Rapport sur le développement humain au Vietnam 2001. Le doi moi et le développement humain,* Éditions politiques nationales, Hanoi, 2002.

W. J. Duiker, *Ho Chi Minh, a Life,* Hyperion, New York, 2000.

P. Gubry (sous la dir. de), *Population et développement au Vietnam,* Karthala/Centre français sur la population et le développement, Paris, 2000.

M. Lavigne, *Économie du Vietnam. Réforme, ouverture et développement,* L'Harmattan, Paris, 1999.

P. Papin, *Histoire de Hanoi,* Fayard, Paris, 2001.

A. S. de Sacy, *Le Vietnam, le chagrin de la paix,* Vuibert, Paris, 2002.

O. Salemink (sous la dir. de), *Diversité culturelle au Vietnam : enjeux multiples, approches plurielles,* UNESCO, Paris, 2001.

M. Tauriac, *Vietnam, le dossier noir du communisme de 1945 à nos jours,* Plon, Paris, 2001.

R. Templer, *Shadows and Wind, a View of Modern Vietnam,* Little, Brown and Compagny, Londres 1998.

H. Tertrais, P. Moreau, *Le Vietnam grandeur nature,* Barthélémy, Avignon, 2002.

C. A. Thayer, R. Amer, *Vietnamese Foreign Policy in Transition,* Institute for Southeast Asian Studies, Singapour, 1999.

B. de Tréglodé, *Héros et Révolution au Vietnam,* L'Harmattan, Paris, 2001.

Vietnam coopération investissement, Hanoi (bimensuel, en français).

Voir aussi la bibliographie « Péninsule indochinoise », p. 316.

nomie de marché à orientation socialiste ». Dans le même sens, des mesures visant à restructurer le secteur bancaire et les entreprises publiques ont commencé à être appliquées, se heurtant toutefois à de fortes pesanteurs. Le Vietnam a continué à bénéficier de la confiance des donateurs d'aide (2,4 milliards de dollars pour 2002).

Sur la voie de l'intégration

Pour l'ANSEA (Association des nations du Sud-Est asiatique), le 1er janvier 2002 était l'échéance fixée pour l'entrée en vigueur de l'AFTA (*ASEAN Free Trade Area*) instaurant une zone de libre-échange au sein de laquelle les droits de douane n'excèdent pas 5 %. Compte tenu de son retard économique, le Vietnam a bénéficié d'un report d'échéance jusqu'en 2006 pour l'application des mêmes tarifs. C'est cependant l'accord commercial bilatéral avec les États-Unis, officiellement entré en vigueur le 10 décembre 2001, qui aura marqué l'avancée la plus significative sur la voie de l'intégration. Fondé sur les normes de l'OMC (Organisation mondiale du commerce), cet accord devrait ouvrir au Vietnam les portes du marché américain avec une baisse moyenne des droits d'entrée de 40 % à 3 % pour ses exportations. Les relations entre les deux pays sont cependant demeurées tendues, le Vietnam dénonçant les pressions exercées par les États-Unis sur les questions relatives aux droits de l'homme. Par ailleurs, en décembre 2001, les restrictions imposées aux exportations de poisson-chat ont illustré la difficulté à pénétrer le marché américain. Après que, le 27 décembre 2001, a été posée la première borne frontalière entre le Vietnam et la Chine (conformément aux accords signés en 1999 sur la délimitation de la frontière terrestre), des voix se sont élevées à l'intérieur du pays et dans la diaspora vietnamienne pour dénoncer des concessions territoriales trop importantes. La visite à Hanoi du président chinois Jiang Zemin (27 février-1er mars 2002) a fait suite à celle de Nong Duc Manh à Pékin (30 novembre-4 décembre 2001). Fin 2001, la Chine, deuxième client du Vietnam, absorbait 9,4 % de ses exportations tandis qu'elle lui fournissait 10,1 % de ses importations officielles (auxquelles s'ajoute une importante contrebande transfrontalière). L'intensité de ces relations ne devait cependant pas oblitérer la persistance des revendications territoriale

vietnamiennes sur les archipels Paracel et Spratly en mer de Chine méridionale. Pour échapper à un face-à-face trop contraignant avec la Chine, le Vietnam a continué à diversifier ses relations. Si, le 4 mai 2002, la Russie a définitivement quitté la base navale de Cam Ranh – en passe d'être transformée en centre touristique –, elle restait officiellement un « partenaire stratégique ». Lors de sa visite à Hanoi (27-28 avril 2002), le Premier ministre japonais Koizumi Junichiro s'est engagé à maintenir voire à augmenter le montant de l'aide japonaise malgré les difficultés économiques nippones.

Sur la voie de l'intégration, la prochaine étape restait l'adhésion à l'OMC ainsi que la définition de la place du Vietnam au sein de la zone de libre-échange entre l'ANSEA et la Chine, qui, en vertu des accords signés lors du sommet ANSEA+3 (ANSEA + Chine, Japon et Corée du Sud), à Brunéi en novembre 2001, devait se mettre en place sous dix ans, donnant accès à un marché de près de 2 milliards de personnes. **- Yann Vinh** ◼

Asie du Sud-Est insulaire

Brunéi, Indonésie, Fédération de Malaisie, Philippines, Singapour, Timor oriental

Intense activité diplomatique

Un an après avoir accueilli le sommet de l'APEC (Coopération économique en Asie-Pacifique), le sultanat de Brunéi a organisé celui de l'ANSEA (Association des nations du Sud-Est asiatique) les 5-6 novembre

2001 et a pris pour deux ans la présidence du Conseil de coopération économique du Pacifique. Ce calendrier diplomatique a été complété, en 2001, par les visites des premiers ministres chinois (mai) et thaïlandais (août), puis des présidents indonésien (août), philippin (août) et vietnamien (novembre). Afin de remédier à un taux de chômage croissant (vraisemblablement 10 %

Sultanat de Brunéi (Negara Brunei Darussalam)

Capitale : Bandar S. B.
Superficie : 5 770 km².
Population : 335 000.
Langue : malais.
Monnaie : dollar de Brunéi (1 dollar = 4,24 FF et 0,57 € au 28.6.02).
Nature de l'État : sultanat.
Nature du régime : monarchie absolue (les partis sont interdits depuis 1988).
Chef de l'État et du gouvernement : Paduka Seri Badinga Sultan Haji Hassanal Bolkiah Muizzaddin Waddaulah (depuis 1968), également ministre de la Défense et des Finances (depuis 1998).
Ministre de l'Intérieur et conseiller spécial du sultan : Isa Awang Ibrahim.
Ministre des Affaires étrangères : prince Haji Mohammed Bolkiah.

d'inactifs réels) et à une crise source de manifestations violentes inédites et de grèves d'ouvriers immigrés, le gouvernement a doublé ses investissements (610 milliards de dollars) et créé une agence d'État de développement économique. La perspective de doubler la production d'hydrocarbures (800 000 barils/jour) d'ici 5 à 6 ans laissait présager un retour à la prospérité, facilité par le règlement de la faillite de la société financière Amedeo.- **Christian Lechervy** ∎

Indonésie

Un nouveau gouvernement peu audacieux

De janvier à juillet 2001, le gouvernement central a été paralysé par les allégations de corruption formulées à l'encontre du président Abdurrahman Wahid, qui ont abouti à la destitution de ce dernier le 23 juillet 2001, remplacé par la vice-présidente Megawati Sukarnoputri. Aux yeux de nombreux Indonésiens, l'ancienne opposante et fille du pré-

sident Sukarno (1949-1966), Megawati, a enfin obtenu le poste que l'Assemblée consultative du peuple lui avait refusé en octobre 1999, au lendemain des premières élections libres et démocratiques organisées dans le pays depuis 1955, malgré le nombre de sièges obtenus par son parti (Parti démocratique indonésien-Combat, PDI-P). La coalition de partis islamistes qui avaient soutenu la candidature d'A. Wahid contre celle de Megawati lui a accordé son appui, obtenant l'élection de l'un des siens, Hamzah Haz, à la vice-présidence. Megawati s'est trouvée à la tête d'une coalition intégrant les partis islamistes et le Golkar (ancien parti gouvernemental sous la dictature de Suharto), mais excluant l'ancien parti du président Wahid (Parti de l'éveil national – PKB –, musulman conservateur). De plus, elle a redonné un rôle important aux forces armées et aux technocrates.

L'économie a montré les signes d'un certain rétablissement, mais les réformes ont été lentes. Malgré une reprise de la croissance (3,3 % en 2001), l'Indonésie continuait de traverser une période critique. L'équipe chargée par Megawati de ce domaine a redonné confiance aux marchés, contribuant ainsi à une remontée de la valeur de la roupie. Le FMI a repris ses engagements en septembre 2001, débloquant le prêt de 400 millions de dollars qui avait été suspendu en réponse à la stagnation des réformes sous A. Wahid. Quelques mois plus tard, cependant, le cours de la roupie baissait à nouveau, tout comme le sentiment d'optimisme face aux résultats du gouvernement Megawati. À la fin de l'année 2001, la dette extérieure de l'Indonésie s'élevait à 142 milliards de dollars, une somme équivalente à 85 % du PIB estimé pour 2001. *Via* le Club de Paris, les créanciers de l'Indonésie ont accepté de rééchelonner 5,4 milliards de dollars de cette dette en avril 2002, mais les perspectives d'amélioration de la situation économique restaient minces. La privatisation des entreprises publiques continuait d'avancer

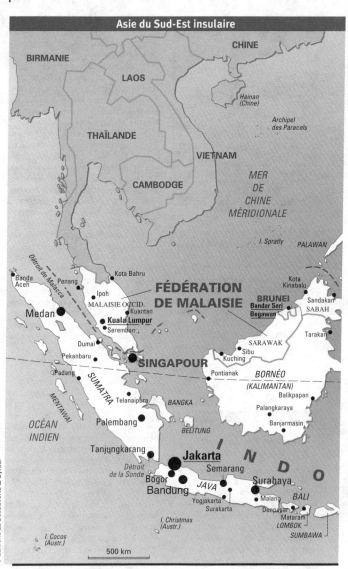

Asie du Sud-Est insulaire

CHINE

BIRMANIE

LAOS

Hainan
(Chine)

Archipel
des Paracels

THAÏLANDE

VIETNAM

MER
DE
CHINE
MÉRIDIONALE

CAMBODGE

I. Spratly   PALAWAN

Kota Bahru

Banda
Aceh   Penang

Kota
Kinabalu

FÉDÉRATION
DE MALAISIE

Ipoh
MALAISIE OCCID.   Kuantan

BRUNEI
Bandar Seri
Begawan

Sandakan
SABAH

Medan

Kuala Lumpur
Seremban

Tarakan

Dumai

SARAWAK
Sibu

Pekanbaru

SINGAPOUR   Kuching

Padang   SUMATRA

Pontianak   BORNÉO
(KALIMANTAN)

MENTAWAI

Telanaipura   BANGKA

Balikpapan

Palangkaraya

OCÉAN
INDIEN

Palembang

BELITUNG

Banjarmasin

I   N   D

Tanjungkarang

Jakarta

O

Détroit
de la Sonde   Bogor
Bandung

Semarang

Surabaya

O

JAVA

Malang   BALI

Yogjakarta
Surakarta

Denpasar
Mataram
LOMBOK

I. Christmas
(Austr.)

SUMBAWA

I. Cocos
(Austr.)

500 km

Détroit de Malacca

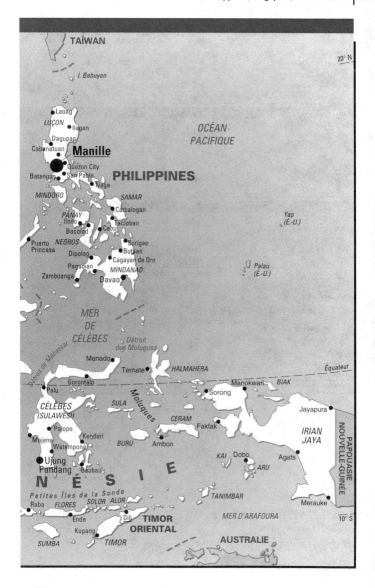

INDICATEUR	UNITÉ	1980	1990	2000	2001
Démographie[a]					
Population	million	150,3	182,5	212,1	214,8
Densité	hab./km²	83,0	100,7	117,1	118,6
Croissance annuelle	%	2,2[f]	1,7[g]	1,4[h]	1,2[i]
Indice de fécondité (ISF)		4,4[f]	3,3[g]	2,6[h]	2,3[i]
Mortalité infantile	‰	97,6[f]	64,2[g]	48,4[h]	39,5[i]
Espérance de vie	année	54,4[f]	61,4[g]	65,1[h]	67,3[i]
Indicateurs socioculturels					
Nombre de médecins	‰ hab.	0,08[q]	0,14	0,12[c]	••
Analphabétisme (hommes)	%	20,9	13,2	8,2	7,8
Analphabétisme (femmes)	%	40,5	27,4	18,0	17,3
Scolarisation 12-17 ans	%	36,3[r]	58,9[s]	60,1[t]	••
Scolarisation 3e degré	%	3,8	9,2	11,3[u]	11,3[e]
Téléviseurs	‰ hab.	20	61	149	••
Livres publiés	titre	2 181	2 480	4 018[u]	••
Économie					
PIB total	milliard $	129,0	347,9	598,7[c]	640,3[b]
Croissance annuelle	%	5,4[k]	3,7[m]	4,8	3,3
PIB par habitant (PPA)	$	870	1 952	2 892[c]	3 043[b]
Investissement (FBCF)	% PIB	22,7[o]	27,3[p]	17,9	17,0
Recherche et Développement	% PIB	0,47[v]	••	0,07[w]	••
Taux d'inflation	%	18,5	7,9	3,8	11,5
Population active	million	58,6	78,3	99,3[c]	101,8[b]
Agriculture	%	55,9	55,9	43,2[c]	45,1[b]
Industrie	% } 100 %	13,2	13,7	17,8[c]	17,5[b]
Services	%	30,2	30,2	38,9[c]	37,4[b]
Énergie (taux de couverture)	%	215,2	174,0	167,2[d]	166,3[c]
Dépense publique Éducation	% PIB	1,7	1,0	1,3[u]	1,4[d]
Dépense publique Défense	% PIB	2,4[s]	1,4	1,0	0,9
Dette extérieure totale	milliard $	20,9	69,9	150,8[c]	141,8[b]
Service de la dette/Export.	%	17,0[x]	35,3[p]	30,4[c]	25,3[b]
Échanges extérieurs		**1974**	**1986**	**2000**	**2001**
Importations de services	milliard $	5,00[q]	4,26	15,01	15,73
Importations de biens	milliard $	16,54[q]	11,94	40,37	35,91
Produits alimentaires	%	15,0	7,2	8,8[e]	10,5[d]
Produits manufacturés	%	66,0	68,0	72,8[e]	68,9[d]
Minerais et métaux	%	11,6	10,0	3,6[e]	3,4[d]
Exportations de services	milliard $	0,45[q]	0,84	5,21	5,73
Exportations de biens	milliard $	23,35[q]	14,40	65,41	59,97
Produits agricoles	%	24,6	21,3	16,0[e]	15,8[d]
Produits énergétiques	%	70,2	54,8	24,6[e]	19,3[d]
Produits manufacturés	%	0,8	18,8	42,1[e]	44,1[d]
Solde des transactions courantes	% du PIB	− 3,9[y]	− 2,5[z]	5,2	4,5

Définition des indicateurs, sigles et abréviations p. 23 et suivantes. a. Dernier recensement utilisable : 2000 ; b. 2000 ; c. 1999 ; d. 1998 ; e. 1997 ; f. 1975-1985 ; g. 1985-1995 ; h. 1995-2000 ; i. 2000-2005 ; k. 1980-1990 ; m. 1990-2000 ; o. 1979-1981 ; p. 1989-1991 ; q. 1981 ; r. 1975 ; s. 1985 ; t. 1990 ; u. 1996 ; v. 1982 ; w. 1994 ; x. 1981-1983 ; y. 1981-84 ; z. 1985-96.

lentement. Enfin, l'Agence de restructuration bancaire ne parvenait toujours pas à revendre les prêts non performants et les avoirs dont elle avait pris le contrôle à la suite de la crise financière de 1997.

Conflits internes : avancées peu convaincantes

Les conflits internes ont continué de dominer la scène politique. Le conflit à Aceh restait le plus sérieux de tous. Les efforts pour faire respecter une « pause humanitaire » entre le gouvernement et le Mouvement pour l'indépendance d'Aceh ayant échoué, le président Wahid avait abandonné les mesures conciliatrices envers ce mouvement séparatiste et donné son accord à une nouvelle opération militaire en avril 2001. La présidente Megawati a confirmé cette politique et donné encore plus de liberté aux militaires pour écraser le mouvement. Seule une nouvelle loi accordant une autonomie spéciale élargie à Aceh pouvait potentiellement améliorer la situation. Issue d'une initiative du gouverneur et de l'Assemblée législative d'Aceh, cette loi a créé la « région spéciale de Nanggroe Aceh Darussalam » (en vigueur depuis janvier 2002). La majorité des pouvoirs ont été décentralisés au profit du gouvernement provincial, auquel reviennent aussi 80 % des revenus de l'exploitation du gaz naturel et du pétrole de la région. La loi islamique (charia) y était en application. Malgré ces concessions, la recrudescence de la violence donnait peu d'espoir de résoudre le conflit dans un futur rapproché.

Le conflit en Irian Jaya (Papouasie occidentale) ne semblait guère plus encourageant. À la suite de deux congrès appuyant massivement l'indépendance du territoire et la formation d'un présidium, A. Wahid avait ensuite reculé face aux critiques de l'opposition. En échange, il avait appuyé une initiative du gouvernement provincial d'Irian proposant une autonomie spéciale très semblable à celle d'Aceh et renommant la province du nom de « Papua ». Megawati a poursuivi cette initiative et encouragé l'adoption

de cette loi, qui est aussi entrée en vigueur en janvier 2002. Malgré un niveau de violence inférieur à celui du conflit acehnais, peu d'observateurs se montraient optimistes. Le présidium a rejeté l'autonomie spéciale et, en réponse, le gouvernement a réprimé ses activités et ses membres ont été cités

République d'Indonésie

Capitale : Jakarta.

Superficie : 1 904 400 km^2.

Population : 214 840 000.

Langues : bahasa Indonesia (off.) ; 200 langues et dialectes régionaux.

Monnaie : roupie indonésienne (au taux officiel, 1 000 roupies = 0,12 € au 31.5.02).

Nature de l'État : république.

Nature de régime : présidentiel ; l'armée conserve un rôle important.

Chef de l'État : Megawati Sukarnoputri, présidente de la République, qui a remplacé le 23.7.01 Abdurrahman Wahid (dit « Gus Dur »), destitué.

Ministre coordonnateur des Affaires économiques : Dorodjatun Kuntjoro-Jakti.

Ministre de la Défense : Matori Abdul Djalil.

Ministre des Affaires étrangères : Hassan Wirayuda.

Commandant en chef de l'armée : amiral Widodo.

Principaux partis politiques : Parti démocratique indonésien - Combat (PDI-P) ;

Golkar (Golongan Karya, fédération de « groupes fonctionnels ») ; Parti de l'éveil national (PKB, musulman conservateur) ; Partai Persatuan Pembangunan (PPP, Parti unité développement, coalition musulmane) ; Parti du mandat national (PAN, musulman réformiste).

Échéances institutionnelles : élections législatives (2003) et présidentielle (2004).

Contestations de souveraineté : mouvements sécessionnistes papou (OPM, Organisi Papua Merdeka) et acehnais (GAM, Gerakan Aceh Merdeka à Sumatra nord).

Indonésie/Bibliographie

B. Anderson, « Indonesian nationalism today and the future », *New Left Review*, n° 235, Verso, Londres, mai-juin 1999.

E. Aspinall, H. Feith et G. Van Klinken (sous la dir. de), *The Last Days of President Suharto*, Monash University, Clayton, 1999.

R. Bertrand, « Indonésie : la *Reformasi* au village », *Critique internationale*, n° 8, Presses de Sciences Po, Paris, été 2000.

P. Carey, « Tearing a Nation apart », *The World Today*, Londres, mars 2000.

F. Cayrac-Blanchard, S. Dovert, F. Durand, *L'Indonésie, un demi-siècle de construction nationale*, L'Harmattan, Paris, 2000.

A. Feillard, *Islam et armée dans l'Indonésie contemporaine : les pionniers de la tradition*, L'Harmattan, Paris, 1995.

A. Feillard, R. Madinier, « Entre traditionalisme et modernisme : l'expression politique de l'islam en Indonésie », *in* F. Cayrac-Blanchard, S. Dovert, F. Durand (sous la dir. de), *Indonésie. Un demi-siècle de construction nationale*, L'Harmattan, Paris, 2000.

W. R. Hefner, *Civil Islam : Muslims and Democratization in Indonesia*, Princeton University Press, Princeton, 2000.

R. Lowry, *The Armed Forces of Indonesia*, Allen & Unwin, St. Leonards, 1996.

J.-L. Maurer, « Corruption, développement économique et changement politique : le facteur KKN dans la crise indonésienne », *Nouveaux cahiers de l'Institut universitaire d'études du développement*, n° 9, Genève, 2000.

J.-L. Maurer, « Indonésie : une mue douloureuse », *Politique internationale*, n° 86, Paris, hiv. 1999-2000.

F. Michel, *L'Indonésie éclatée mais libre : de la dictature à la démocratie, 1998-2000*, L'Harmattan, Paris, 2000.

G. Robinson, « Rawan Is as Rawan Does : The Origins of Disorder in New Order Aceh », *Indonesia*, n° 66, Ithaca (NY), oct. 1998.

A. Schwarz, *A Nation in Waiting : Indonesia's Search for Stability*, Westview Press, Boulder (CO), 2000 (2e éd.).

A. Schwarz, J. Paris, *The Politics of post-Suharto Indonesia*, Council on Foreign Relations Press, New York, 1999.

Voir aussi la bibliographie « Asie du Sud-Est insulaire », p. 334.

en justice. Les forces armées ont continué d'intimider les Papous soupçonnés d'appuyer l'indépendance, et des membres des forces armées ont même été impliqués dans l'assassinat, en novembre 2001, du président du présidium papou, Theys Eluay.

Certaines autres situations de crise se sont améliorées durant l'année 2001-2002. Après plusieurs affrontements entre chrétiens et musulmans dans la région de Poso (Sulawesi Tengah – Centre), un accord de paix a été signé en décembre 2001. Inspirés par cette initiative, musulmans et chrétiens des Moluques, en conflit depuis 1999,

ont également signé une déclaration de paix à Malino en février 2002.

Faible lutte contre la corruption

Dès la fin du régime autoritaire de Suharto en 1998, on avait critiqué le manque de volonté politique de ses successeurs pour enrayer la corruption. La présidente Megawati a semblé, à son tour, peu encline à s'attaquer sérieusement au problème, choisissant comme procureur général M. A. Rachman, qui avait dirigé sans grand résultat une équipe d'investigation sur les violations des droits de la personne commises lors des massacres

Bilan de l'année / Indonésie

intervenus à Timor oriental à l'été 1999, après que la population de ce territoire indonésien s'était massivement prononcée en faveur de l'indépendance, lors d'un référendum d'autodétermination officiel. Néanmoins, début 2002, quelques initiatives ont été prises, dont la plus marquante a été l'arrestation du président de l'Assemblée législative, Akbar Tanjung, également le chef du parti Golkar. Celui-ci a été accusé de corruption liée à des fonds de l'Agence de logistique nationale, Bulog. En mars 2002, le président de la Banque centrale indonésienne, Sjahril Sabirin, a été condamné à trois ans de prison pour détournement de fonds à des fins politiques. Ces actions pouvaient refléter une volonté plus forte d'enrayer la corruption, mais certains observateurs y voyaient surtout des mesures purement symboliques alors que la corruption atteignait presque tous les niveaux de l'élite politique et économique du pays.

De plus, le gouvernement semblait peu déterminé à s'attaquer de front au clan Suharto. Aucune accusation de corruption n'a été portée contre celui-ci, malgré de forts soupçons quant à l'origine de son énorme fortune. Après de multiples hésitations à citer en justice le président Suharto, la Cour suprême a annulé tout procès contre lui en raison de sa « faible santé ». Seul Tommy Suharto, le plus jeune fils de l'ancien dictateur, a été cité en justice en 2000, mais a disparu après l'annonce de la sentence. Il a d'abord été condamné à dix-huit mois de prison pour corruption mais ce jugement a également été annulé. Dans l'intervalle, le juge Syafiuddin Kartasasmita, qui avait présidé le procès, était assassiné en juillet 2001. Après une poursuite de plusieurs mois, la police a finalement mis la main sur Tommy qui a été accusé d'avoir commandité cet assassinat et d'être responsable de plusieurs attentats à la bombe.

Les conséquences des attentats du 11 septembre 2001 aux États-Unis ont dominé les relations étrangères de l'Indonésie. Megawati a été le premier chef de gouvernement à visiter la Maison-Blanche après

les événements et a immédiatement déclaré le soutien de l'Indonésie à la lutte contre le terrorisme. Malgré des manifestations de groupes islamistes durant les mois suivants, le gouvernement a maintenu sa politique et a collaboré à la recherche d'individus reliés aux réseaux terroristes. Les relations avec Singapour se sont refroidies après les déclarations de l'ancien Premier ministre, Lee Kuan Yew, dénonçant, en février 2002, l'Indonésie comme un lieu où se cacheraient de nombreux terroristes. Or même si quelques Indonésiens, surtout à l'extérieur du pays, ont été liés au réseau terroriste, on ne trouvait aucune preuve de la présence d'une cellule terroriste liée à Al-Qaeda sur son sol.

Timor, toujours un sujet délicat

Les relations avec d'autres pays se sont, en revanche, améliorées. En juillet 2001, A. Wahid a été le premier chef d'État indonésien à visiter l'Australie depuis vingt-six ans. Les rapports entre les deux pays se sont ainsi réchauffés après la détérioration qu'ils avaient connue à la suite des massacres à Timor oriental en 1999, l'Australie ayant dirigé l'intervention des casques bleus dans le territoire. En 2002, Megawati a pris des mesures concrètes pour mettre en place un tribunal chargé d'enquêter et de citer en justice les responsables du massacre, répondant ainsi aux nombreuses critiques de ses partenaires étrangers. De plus, elle s'est rendue à la cérémonie marquant la naissance de l'État indépendant de Timor oriental le 20 mai 2002. Cette visite a été très critiquée par les parlementaires indonésiens, dont les protestations ont empêché le président timorais Xanana Gusmao de se rendre en visite en Indonésie à la fin mai en geste de réconciliation. Enfin, les relations diplomatiques avec la Chine se sont aussi beaucoup développées, marquant un changement de la relation de distance établie par le régime Suharto. **- Jacques Bertrand** ∎

Fédération de Malaisie

Contre le terrorisme international

Le Premier ministre Mahathir bin Mohamad a rapidement condamné les extrémistes responsables des attentats du 11 septembre 2001 aux États-Unis, tout en visant les formations de l'opposition tendant à s'islamiser dans son propre pays. Il a cependant dû faire preuve d'habileté pour ne pas froisser la susceptibilité de la population locale, aux deux tiers musulmane, qui conservait une attitude critique vis-à-vis de la politique américaine.

À la suite de ces événements, 62 suspects ont été arrêtés par la police, en vertu de la Loi sur la sécurité interne (détention illimitée sans procès). Les rapports du Premier ministre se sont donc améliorés avec l'administration de George W. Bush, à la recherche de tous les appuis contre le terrorisme. Une manifestation publique a cependant été organisée, le 13 octobre 2001, contre les opérations américaines en Afghanistan.

Le Dr Mahathir a célébré le vingtième anniversaire de son poste de Premier ministre, un record de longévité politique en Asie. L'affaire du procès contre Anwar Ibrahim, son dauphin jusqu'en 1998, qui lui a valu de nombreuses critiques à l'étranger, a été reléguée au second plan par la communauté internationale après le 11 septembre 2001. Les élections législatives dans le vaste État de Sarawak, le 27 septembre suivant, s'est soldée par une grande victoire pour l'Organisation nationale des Malais unis (UMNO) du Premier ministre (60 sièges sur 62). Le Parti islamique malais (PAS) et le Parti de la justice nationale (le Keadilan, dirigé par l'épouse d'Anwar Ibrahim, Wan Azizah) n'ont pas gagné un seul siège de plus, signe de la baisse de popularité des deux plus importants partis d'opposition. L'électorat chinois du Parti de l'action démocratique (DAP) s'est désolidarisé du PAS parce que celui-ci militait pour un État islamique.

Le sultan Salahuddin Abdul Aziz Shah, qui dirigeait la fédération depuis 1999, est décédé de complications cardiaques en novembre 2001. Selon un système de rotation parmi les familles royales, chacun des sultans et rajahs des neuf États occupe le trône pour une période de cinq ans. Le douzième monarque de la fédération, le rajah Tuanku Syed Sirajuddin, d'éducation britannique, a prêté serment le 13 décembre 2001.

Plus de 2 000 immigrés illégaux indonésiens ont incendié leur camp et le quartier avoisinant à Pekan Nenas (Johore), le 5 décembre 2001. Le gouvernement déclarait en avoir arrêté plus de 150 000 en 2001, une estimation en forte augmentation par rapport à l'année précédente. Les nombreuses rafles dans l'État de Sabah (Bornéo), justifiées par la lutte contre la criminalité et le terrorisme, ont suscité les protestations de l'Indonésie et des Philippines voisins.

Comme ce fut le cas pour les autres pays de la région, le ralentissement économique n'a pas épargné la Malaisie en 2001. Le ministère des Finances, dirigé par le Dr Ma-

Fédération de Malaisie

Capitale : Kuala Lumpur.
Superficie : 329 750 km².
Population : 22 633 000.
Langues : malais, chinois, anglais, tamoul.
Monnaie : ringgit (1 ringgit = 0,28 € au 31.5.02).
Nature de l'État : monarchie fédérale.
Nature du régime : constitutionnel.
Chef de l'État : sultan Salahuddin Abdul Aziz Shah (depuis le 27.2.99).
Chef du gouvernement : Datuk Seri Mahathir bin Mohamad, Premier ministre (depuis le 16.7.81).
Vice-premier ministre et ministre de l'Intérieur : Abdullah Ahmad Badawi (depuis le 10.12.99).
Ministre de la Défense : Najib Tun Razak (depuis le 10.12.99).
Ministre des Affaires étrangères : Syed Hamid Albar (depuis le 10.12.99).

hathir lui-même, a annoncé des mesures de redressement représentant 7 milliards de dollars, incluant des diminutions d'impôts. L'indice des sans-emploi (3,7 % en 2001) était le plus élevé depuis dix ans. Malgré tout, la croissance, qui n'a atteint que 0,4 % en 2001, devait, selon les prévisions, dépasser 5 % en 2002, et les réserves de devises ont augmenté de façon rassurante (33 milliards de dollars début 2002). - **Jules Nadeau** ∎

Philippines

Pauvreté, corruption et insurrections

En dépit de la reprise de la croissance (+ 3,4 %) et d'une inflation de moins de 4 % en 2001, un nombre croissant de Philippins ne cessent de s'appauvrir. Preuve de ces carences économiques, le 4 novembre 2001 puis le 21 janvier 2002, 35 millions de personnes ont été privées d'électricité pendant plusieurs heures à Luzon après la rupture de lignes à haute tension mal entretenues. La production industrielle a diminué (– 1,9 %), les investissements étrangers se sont contractés (– 37 %), le chômage a augmenté, et la dette de l'État s'est envolée (+ 50 % de 1998 à 2000, 57,1 % du PIB en 2001), alors que, selon les sources officielles, 39,6 % des habitants vivaient déjà avec moins d'un dollar par jour. En dépit d'un programme ambitieux de lutte contre la pauvreté, très peu a été fait ; pire, on a observé une aggravation de la misère rurale, phénomène accroissant le retard économique des Philippines vis-à-vis de ses voisins de l'ANSEA (Association des nations du Sud-Est asiatique). Criante dans les zones musulmanes autonomes du sud de l'archipel (71 %), la misère alimente la pérennité des rébellions identitaires et communistes.

Misant sur une progression durable des revenus, le gouvernement s'est engagé dans une réduction des déficits budgétaires et une accélération des programmes de privatisation. Pour « gagner la guerre contre la pauvreté en dix ans », il lui fallait également lutter contre la corruption. Une tâche bien difficile à l'heure où, faute de preuves, la Cour anticorruption a refusé à l'État le droit de confisquer 600 millions de dollars appartenant à la famille de l'ancien dictateur Ferdinand Marcos (1965-1986) et où l'ancien président de la République Joseph Estrada (« Erap »), incarcéré après avoir été accusé de s'être approprié 80 millions de dollars, demeurait populaire. Bien que les rumeurs de coup d'État aient recommencé à circuler, la présidente, Gloria Macapagal Arroyo, semblait elle aussi satisfaire ses concitoyens, y compris les plus pauvres (57 %). Pour gouverner, elle pouvait s'appuyer sur sa victoire électorale lors des élections législatives du 14 mai 2001, qui lui a donné un avantage de deux sièges au Sénat, et une majorité, plus large, bien qu'hétéroclite, à la Chambre des représentants.

Convaincue qu'il ne peut y avoir de développement économique durable et de restauration de la règle de droit dans un pays

---

République des Philippines

Capitale : Manille.
Superficie : 300 000 km².
Population : 77 131 000.
Langues : tagalog, anglais.
Monnaie : peso philippin (au taux officiel, 100 pesos = 2,14 € au 31.5.02).
Nature de l'État : république unitaire.
Nature du régime : démocratie présidentielle.
Chef de l'État : Gloria Macapagal Arroyo, qui a remplacé le 20.1.01 Joseph Estrada (démissionnaire).
Vice-président et ministre des Affaires étrangères : Teofisto Guingona (depuis le 6.2.01).
Ministre de l'Intérieur et de l'Administration locale : Jose D. Lina Ja (depuis le 22.1.01).
Ministre de la Défense : gén. Angelo T. Reyes (depuis le 19.3.01).

INDICATEUR	UNITÉ	BRUNÉI	INDO-NÉSIE	MALAISIE (FÉDÉR. DE)
Démographie[a]				
Population	(millier)	335	214 840	22 633
Densité	(hab./km²)	63,5	118,6	68,9
Croissance annuelle (1995-2000)	(%)	2,2	1,4	2,1
Indice de fécondité (ISF) (1995-2000)		2,80	2,60	3,26
Mortalité infantile (1995-2000)	‰	9,6	48,4	11,6
Espérance de vie (1995-2000)	(année)	75,5	65,1	71,9
Population urbaine[c]	(%)	71,6	39,9	56,7
Indicateurs socioculturels				
Développement humain (IDH)[b]		0,856	0,684	0,782
Nombre de médecins	(‰ hab.)	0,85[g]	0,16[h]	0,66[i]
Analphabétisme (hommes)	(%)	5,4	7,8	8,3
Analphabétisme (femmes)	(%)	11,9	17,3	15,9
Scolarisation 12-17 ans	(%)	81,6[k]	60,1[m]	67,7[k]
Scolarisation 3e degré	(%)	11,3[f]	11,3[i]	11,4[i]
Accès à Internet	‰ hab.)	104,48	18,62	239,50
Livres publiés	(titre)	45[o]	4 018[g]	5 843[g]
Armées (effectifs)				
Armée de terre	(millier)	3,9[p]	230	80
Marine	(millier)	0,9	40	12,5
Aviation	(millier)	1,1	27	8
Économie				
PIB total (PPA)[b]	(million $)	5 398[f]	640 345	211 019
Croissance annuelle 1990-2000	(%)	• •	4,2	7,0
Croissance annuelle 2001	(%)	• •	3,3	0,4
PIB par habitant (PPA)[b]	($)	16 779[f]	3 043	9 068
Investissement (FBCF)[d]	(% PIB)	• •	15,7	24,3
Taux d'inflation	(%)	• •	11,5	1,4
Énergie (taux de couverture)[c]	(%)	1 258,6	166,3	172,1
Dépense publique Éducation[f]	(% PIB)	4,4	1,4	4,6[i]
Dépense publique Défense	(% PIB)	5,8[b]	0,9	3,1[b]
Dette extérieure totale[b]	(million $)	• •	141 803	41 797
Service de la dette/Export.[e]	(%)	• •	29,1	5,6
Échanges extérieurs				
Importations (douanes)	(million $)	1 330	36 991	75 380
Principaux fournisseurs	(%)	Asie[u] 76,1	Asie[u] 68,3	Asie[u] 63,7
	(%)	E-U 8,6	UE 11,7	E-U 15,9
	(%)	UE 12,5	E-U 7,4	UE 12,5
Exportations (douanes)	(million $)	3 331	65 963	89 173
Principaux clients	(%)	Asie[u] 78,9	Asie[u] 62,3	Asie[u] 59,3
	(%)	Jap 40,7	E-U 15,0	E-U 20,2
	(%)	E-U 12,0	UE 13,6	UE 13,5
Solde transactions courantes	(% PIB)	• •	4,5	8,2

Définition des indicateurs, sigles et abréviations p. 23 et suivantes. Chiffres 2001 sauf notes. a. Derniers recensements utilisables : Brunéi, 1991 ; Indonésie, 2000 ; Malaisie (Fédération de), 2000 ; Philippines, 2000 ; Singapour, 2000 ; Timor oriental, 1990 ; b. 2000 ; c. 1999 ; d. 1999-2001 ; e. 1998-2000 ; f. 1998 ; g. 1996 ; h. 1994 ; i. 1997 ; k. 1991 ; m. 1990 ; o. 1992 ; p. Non compris forces paramilitaires britanniques et

	PHILIP-PINES	SINGA-POUR	TIMOR ORIENTAL
	77 131	4 108	750
	258,7	6734,3	51,3
	2,0	2,9	− 2,6
	3,64	1,60	4,35
	34,4	4,9	135,0
	68,6	77,1	47,5
	57,7	100,0	••
	0,754	0,885	••
	1,23[g]	1,63[f]	••
	4,4	3,6	••
	4,7	11,2	••
	71,9[k]	87,4[m]	••
	27,8	43,8[i]	••
	25,93	363,09	••
	1 507[g]	••	••
	67	50	8[q]
	24	4,5	••
	16	6	••
	300 136	93 846	389
	2,9	7,9	*[r]
	3,4	− 2,1	18,3
	3 971	23 356	528
	18,1	30,8	••
	6,1	1,0	0,0
	48,3	0,3	••
	3,2	3,1[s]	••
	1,7	4,9[b]	••
	50 063	9 700[t]	••
	12,7	••	••
	35 727	116 018	237
	Asie[u] 66,3	Asie[u] 64,6	••
	E-U 18,4	E-U 16,5	••
	UE 9,6	UE 11,8	••
	34 643	121 717	4
	Asie[u] 50,9	Asie[u] 63,1	••
	E-U 28,1	E-U 15,4	••
	UE 17,1	UE 13,4	••
	6,3	23,3	− 74,6

Gurkhas (3750); q. Forces des Nations Unies; r. Le PIB a baissé de 35 % en 1999 et a ensuite augmenté de 15 % en 2000; s. 1995; t. Selon la CIA; u. Y compris Japon et Moyen-Orient.

fragilisé par le banditisme, le terrorisme et les insurrections, l'administration Arroyo a doté la police et l'armée de moyens budgétaires exceptionnels. Il est vrai qu'à Manille on a assisté à une recrudescence des enlèvements contre rançons de riches sino-philippins mais également de ressortissants étrangers. En province, si l'accord de cessez-le-feu, signé le 22 juin 2001 à Tripoli, avec le Front islamique moro de libération (MILF) puis celui portant sur ses modalités (Kuala Lumpur, 7 août suivant) ont relancé le processus de paix, ils n'ont pas mis un terme à la violence armée. L'éviction, soutenue par le pouvoir central, de Nur Misuari à la tête du Front moro de libération nationale (MNLF) et de la région autonome du Mindañao musulman (ARMM) s'est conclue, en novembre 2001, par une révolte meurtrière faisant plus de cent morts. L'arrestation, le 24 avril 2002, puis l'extradition par les autorités malaisiennes du dirigeant musulman poursuivi par la justice n'ont pas mis fin aux tensions. Avec le Front national démocratique (communiste), les négociations étaient également dans l'impasse depuis l'assassinat par les rebelles, en juin 2001, de deux membres du Congrès. La solution militaire n'a pas apporté plus de résultat.

Manille s'est montrée un allié fidèle des États-Unis après les attentats du 11 septembre 2001 sur leur sol. Comme s'y était engagée à Washington la présidente Arroyo (14-18 novembre 2001), les Philippines ont appuyé sans réserve la lutte contre le terrorisme international. Dans cette perspective, G. M. Arroyo a signé, lors de son déplacement à Pékin (28-31 octobre 2001), des accords de coopération particuliers et a renforcé ses échanges de police avec la Fédération de Malaisie, Singapour et l'Indonésie.

L'offensive d'envergure entreprise par l'armée contre le sanctuaire des séparatistes musulmans d'Abu Sayyaf n'a pas permis de venir à bout des 300 combattants installés dans l'île de Basilan. Soupçonné d'entretenir des liens avec le réseau Al-Qaeda d'Oussama ben Laden, le mouvement Abu Sayyaf, inscrit sur la liste des organisations considérées comme terroristes par les autorités américaines, est devenu l'objectif militaire principal des forces armées philippines et des conseillers américains les épaulant. En janvier 2002 et pour une période de six mois, Washington a déployé 4 000 hommes dont 2 700 à Luzon pour des manœuvres conjointes contre les mouvements rebelles. L'opération *Balikatan* (« côte à côte ») a offert aux militaires philippins une assistance technique nouvelle, une aide matérielle de 150 millions de dollars et une mise en commun du renseignement. Cette vaste opération militaire a bénéficié d'un large soutien des Philippins, mais ne pouvait être apparentée à une réinstallation durable des GI's qui avaient quitté le pays en 1992. - **Christian Lechervy** ∎

plaindre des règles électorales très contraignantes, des fréquentes menaces de poursuites judiciaires et de découpages discutables de la carte électorale. La récession, le chômage, la présence de nombreux travailleurs étrangers et les difficultés de la couche la plus défavorisée de la population n'ont pas réussi à attirer plus de votes à une opposition elle-même encore très divisée. Chee Soon Juan a été lui-même défait et accusé de diffamation. L'année précédente, J. B. Jeyaretnam, opposant politique de longue date, avait été forcé d'abandonner son poste de député après avoir été déclaré insolvable, à la suite d'une condamnation en diffamation.

Consécutivement aux attentats du 11 septembre 2001 aux États-Unis, la police de Singapour a arrêté treize terroristes présumés dont certains auraient été entraînés dans les camps de l'organisation armée Al-Qaeda en Afghanistan. Selon l'in-

Des élections sans surprise

Avec pour toile de fond une conjoncture économique très difficile, les élections législatives du 3 novembre 2001 n'ont ménagé aucune surprise. Le Parti de l'action du peuple (PAP) a conservé le même nombre de sièges (82 sur 84). Dans ce véritable balayage électoral, le parti solidement établi au pouvoir depuis 1965 a même amélioré son score en nombre de voix (75 % au lieu de 65 % lors des précédentes législatives). Ces résultats étaient prévisibles puisque les partis d'opposition n'avaient présenté des candidats que dans 29 des 84 circonscriptions. La promesse de rénover plus rapidement les tours d'habitation des circonscriptions qui votaient « dans le bon sens » ont aussi favorisé le parti majoritaire.

Dans l'opposition, le Parti démocratique de Singapour (SPD) du dissident bien en vue Chee Soon Juan a continué de se

République de Singapour

Capitale : Singapour (cité-État).
Superficie : 618 km².
Population : 4 108 000.
Langues : anglais, chinois, malais, tamoul.
Monnaie : dollar de Singapour (1 dollar = 0,60 € au 31.5.02).
Nature de l'État : république unitaire.
Nature du régime : parlementaire autoritaire (un parti dominant).
Chef de l'État : S. R. Nathan (depuis le 1.9.99).
Chef du gouvernement : Goh Chok Tong, Premier ministre (depuis le 27.11.90).
Ministre émérite : Lee Kuan Yew (qui fut Premier ministre pendant 31 ans, de 1959 à 1990).
Vice-premier ministre : Lee Hsien Loong.
Vice-premier ministre et ministre de la Défense : Tony Tan.
Ministre de l'Intérieur : Wong Kan Seng.
Ministre de la Justice et des Affaires étrangères : S. Jayakumar.

terprétation d'une vidéo qui a été saisie, ils préparaient des attentats contre des cibles américaines sur place. Dans un pays où 15 % de la population est malaise (musulmane), et où les relations interethniques demeurent particulièrement délicates, la nouvelle risquait de susciter la méfiance au sein de la majorité chinoise.

La récession qu'a connue la Cité du Lion en 2001 (– 2,1 %) a été la plus grave depuis l'indépendance en 1965. Malgré des mesures gouvernementales énergiques, le ralentissement a été particulièrement sévère par rapport à la croissance à deux chiffres enregistrée en 2000. Les exportations de produits électroniques ont souffert de la mauvaise conjoncture internationale. Le taux de chômage (5 %) a été le plus élevé depuis quinze ans. Le début 2002 laissait toutefois percevoir des signes concrets de redressement. **- Jules Nadeau** ∎

Timor oriental

Naissance d'un État

Les élections du 30 août 2001 ont été une réussite démocratique pour le territoire de Timor oriental, encore administré par l'ONU. 91 % des électeurs ont élu dans le calme une Assemblée constituante de 88 membres. 12 des 16 partis en lice y étaient représentés. Bon premier, le Fretilin (Front révolutionnaire de Timor oriental indépendant), parti de la résistance à l'occupation indonésienne pendant vingt-quatre ans, a remporté 55 sièges avec 57 % des suffrages, laissant loin derrière le Parti démocratique (8,7 %, 7 sièges) et le Parti social-démocrate – PSD – (8,2 %, soit 6 sièges), mais sans toutefois obtenir la majorité des deux tiers qui lui aurait permis d'imposer ses vues. Regroupant la résistance civile des années 1980 et 1990, le Parti démocratique et le PSD seraient soutenus par José Alexandre dit « Xanana » Gusmao, populaire héros de la lutte pour l'indépendance

opposé à toute hégémonie du Fretilin. Par ailleurs, 26 % des membres de la nouvelle assemblée étaient des femmes. Après avoir longtemps hésité, X. Gusmao avait accepté, le 25 août, d'être candidat à la Présidence en se plaçant au-dessus des partis.

Un gouvernement a été formé le 20 septembre 2001 avec pour moitié des ministres venant du Fretilin. Le Premier ministre, Mari Alkatiri, secrétaire général du Fretilin issu de la minorité musulmane de Timor oriental, ne cachait pas ses désaccords avec X. Gusmao. José Ramos-Horta a conservé la charge des affaires étrangères qu'il assurait dans l'organe gouvernemental de transition.

La Constitution, préparée par des consultations aussi larges que possible, a été adoptée le 22 mars 2002. Le régime instauré est de type parlementaire ; le président est élu pour cinq ans (seulement deux mandats consécutifs possibles) et il n'y a pas de religion officielle. La Constituante est devenue la première Assemblée nationale.

Timor oriental

Capitale : Dili.
Population : 750 000.
Superficie : 14 475 km².
Langues : tetun, portugais (off.), indonésien.
Monnaie : dollar É.-U. (1 dollar = 1 € au 10.7.02).
Nature de l'État : république unitaire.
Nature du régime : démocratie parlementaire. .
Chef de l'État : José Alexandre « Xanana » Gusmao, élu pour cinq ans le 14.4.02.
Ministre des Affaires étrangères : José Ramos-Horta.
Premier ministre, également en charge de l'Économie et du Développement : Mari Alkatiri (Fretilin).
Ministre des Finances : Fernanda Mesquita Borges.
Ministre de la Justice : Ana Maria da Silva Pinto (Fretilin).

Asie du Sud-Est insulaire/Bibliographie

M. Barrault, *Brunei Darussalam,* Éd. Michel Hetier, Verneuil-sur-Seine, 1998.

S. Bassey, *The Changing Phases of Malaysian Economy,* Pelanduk Publications, Subang Jaya, 1999.

R. Blanadet, *Les Philippines,* PUF, coll. « Que sais-je ? », Paris, 1997.

R. Brown, *The State and Ethnic Politics in Southeast Asia,* Routledge, Londres, 1994.

M. Bruneau, C. Taillard, « Asie du Sud-Est », *in* R. Brunet (sous la dir. de), *Géographie universelle,* vol. VII, Belin/RECLUS, Paris/Montpellier, 1995.

G. Defert, *Timor-Est, le génocide oublié. Droit d'un peuple et raison d'État,* L'Harmattan, Paris, 1992.

C. George, *Singapore, The Air-Conditioned Nation,* Landmarks Books, Singapour, 2000.

J. Giri, *Les Philippines : un dragon assoupi ?,* Karthala, Paris, 1997.

J. Gomez, *Self-Censorship : Singapore's Shame,* Think Centre, Singapour, 2000.

P. Hainsworth, S. McCloskey (sous la dir. de), *The East Timor Question. The Struggle for Independence from Indonesia,* I. B. Tauris, Londres/New York, 1999.

Jae-Seung Lee, *Building an East Asian Economic Community,* Les Études du CERI, n° 87, Paris, mai 2002.

M. Jan, G. Chaliand, J.-P. Rageau, *Atlas de l'Asie orientale,* Seuil, Paris, 1997.

F. Joyaux, *L'Association des nations du Sud-Est asiatique,* PUF, coll. « Que sais-je ? », Paris, 1997.

R. de Koninck, *L'Asie du Sud-Est,* Masson, Paris, 1994.

D. Lombard, *Le Carrefour javanais. Essai d'histoire globale,* EHESS, Paris, 1990.

A. Messager, *Timor oriental, Non-assistance à un peuple en danger,* L'Harmattan, Paris, 2000.

R. S. Milne, D. K. Mauzy, *Malaysian Politics under Mahathir,* Routledge, Londres, 1999.

P. Richer (sous la dir. de), *Crises en Asie du Sud-Est,* Presses de Sciences Po, Paris, 1999.

W. Sachsenröder, U. E. Frings, *Political Party Systems and Democratic Development in East and Southeast Asia,* vol. 1, Ashgate, Aldershot, 1998.

G. Saunders, *A History of Brunei,* Oxford University Press, Oxford, 1994.

G. Silliman (sous la dir. de), *Organizing for Democracy : NGOs, Civil Society and the Philippine State,* University of Hawaii Press, Honolulu, 1998.

South East Asian Affairs (annuel), Institute of South East Asian Studies, Singapour

J. Taylor, *East Timor : the Price of Freedom,* Zed Books, Londres, 1999.

D. G. Timberman (sous la dir. de), *The Philippines : New Directions in Domestic Policy and Foreign Relations,* ISEAS, Singapour, 1998.

« Timor : les défis de l'indépendance », *Lusotopie 2001,* Karthala, Paris, 2002.

Voir aussi la bibliographie « Indonésie », p. 326.

L'élection présidentielle a été fixée au 14 avril suivant. En février, après de nouvelles hésitations, X. Gusmao avait confirmé sa candidature, finalement présentée par neuf partis. Il a été élu triomphalement avec 82,7 % des voix, distançant facilement son seul rival, Francisco Xavier Do Amaral (Association démocratique sociale), qui avait été président neuf jours en 1975, entre la décolonisation portugaise et l'invasion indonésienne. Le nouveau président a souligné la nécessité de consolider le multipartisme et d'opérer une réconciliation entre Timorais, indispensable à l'unité nationale. Une commission a été créée en février 2002 sur le modèle sud-africain, pour établir la vérité sur les crimes commis sous l'occupation indonésienne. L'armée indonésienne bloquait ce processus qui sanctionnerait certains de ses généraux dans le contexte d'un contentieux toujours lourd avec Jakarta. Parmi les 250 000 Est-Timorais emmenés comme otages à Timor occidental (Indonésie) durant les sanglantes représailles au vote pour l'indépendance exprimé par les habitants de Timor oriental à l'été 1999, 80 000 se trouvaient encore dans des camps de Timor occidental en 2002.

Le 20 mai, Timor Loro S'ae (Est) a ac-cédé à la pleine indépendance dans l'enthousiasme et sous le regard approbateur de la communauté internationale. La nouvelle présidente indonésienne, Megawati Sukarnoputri, était venue congratuler les Timorais. La tâche apparaissait immense : reconstruction, éducation, consolidation des institutions. Très pauvre, Timor n'est pas sans ressources : la production agricole s'est redressée et un traité a été signé avec l'Australie, le 20 mai 2002, pour l'exploitation conjointe du pétrole et du gaz en mer de Timor, soit un revenu de 7 milliards de dollars sur dix-sept ans à partir de 2004. Les réserves sont importantes et les taxes devraient couvrir les dépenses gouvernementales d'ici 2006. L'action de l'ONU a été un succès et l'aide étrangère était destinée à se poursuivre.- **Françoise Cayrac-Blanchard** ■

Bilan de l'année / Timor oriental

Avant d'être une région, le Pacifique sud est d'abord un océan, pas n'importe lequel : l'Océan majeur de la planète, le « Grand Océan », comme l'ont surnommé les navigateurs. Pourtant, cet océan n'a rien de… pacifique et il compte autant, voire plus de tempêtes que les autres. Divers cataclysmes comme les secousses telluriques dont il est le siège, ou les cyclones et tsunamis qu'il engendre comptent parmi les plus violentes catastrophes naturelles au monde. L'océan Pacifique couvre environ 180 millions de km², soit le tiers de la planète (510 millions de km²). Il s'étire dans sa plus grande largeur – des Philippines à Panama – sur près de la moitié de la circonférence du globe (17 500 km). Il se répartit dans un rapport 40/60 entre les hémisphères nord et sud. Espace incommensurable, le Pacifique constitue aussi une gigantesque machine thermique stockant l'énergie solaire et dissolvant plus de la moitié du volume du gaz carbonique dont l'émission est consécutive à l'activité humaine. D'une certaine manière, il détient, dans son aptitude à réguler les changements perceptibles dans le climat mondial – malgré les phénomènes exceptionnels de type El Niño –, la clé du devenir de l'humanité. Mais le Pacifique sud est aussi un espace fait d'îles et plus encore d'archipels comptant au total sept millions d'habitants, dont quatre et demi pour la seule Papouasie-Nouvelle-Guinée, essaimés sur 550 000 km² de terres émergées prolongées en 1976 d'une zone de souveraineté maritime (dite Zone économique exclusive ou ZEE) de 30 millions de km².

Le Pacifique sud d'aujourd'hui résulte d'une histoire complexe, faite de la rencontre d'éléments culturels multiples et souvent très anciens. Les savants des siècles derniers l'ont découpé en trois grandes aires géographiques : la Mélanésie (« îles noires »), Papouasie-Nouvelle-Guinée, îles Salomon, Vanuatu, Nouvelle-Calédonie, Fidji ; la Polynésie (« îles nombreuses »), un vaste triangle qui va de Hawaii au nord à l'île de Pâques à l'est et jusqu'à la Nouvelle-Zélande à l'ouest et qui comprend les îles Cook, Niue, la Polynésie française, les Samoa américaines, le Samoa, Tokelau, Tonga, Tuvalu et Wallis et Futuna ; la Micronésie (« îles petites »), située sur ou au nord de l'équateur et incluant les îles Mariannes du Nord, Guam, Palau, les États fédérés de Micronésie, les îles Marshall, Nauru et Kiribati.

Premières peuplées, les îles de Mélanésie sont restées fidèles à une organisation sociale souple, faite de clans et de tribus de petites tailles, d'idéologie égalitaire, réunis les uns aux autres par des systèmes d'échange complexe. Les Polynésiens, venus plus tard, ont bâti des sociétés hiérarchiques quasi féodales, avec parfois de véritables royaumes transinsulaires, comme celui des Tonga dont l'organisation sociale et les symboles sont ceux des gens de pirogues, qui permirent la conquête du triangle polynésien. Alors que les Mélanésiens ont préféré des sociétés horizontales, les Polynésiens ont construit en général des sociétés verticales à chefferies fortes, où les classes ressemblaient presque à des castes. Plus au nord, les Micronésiens, s'ils présentent des liens culturels plus marqués avec leurs proches voisins de l'Asie du Sud-Est et des Philippines, n'ont pourtant pas été isolés du reste du monde polynésien ou mélanésien, ce dont témoignent les traditions orales, les faits linguistiques et les vestiges archéologiques. Mais toutes ces sociétés du Pacifique sud ont un air de parenté. Elles se fondent sur des traditions maritimes, l'échange généralisé, et pratiquent toutes la culture des tubercules.

Le Pacifique sud est aussi une perception subjective qui alimente les représentations mentales. Pour les Occidentaux, le Pacifique sud est fait de clichés (paradis, cocotiers, vahinés, etc.) et il véhicule du mythe. À cette vision quelque peu idyllique s'oppose la perception des insulaires, plutôt fondée sur la culture, la recherche du lien, la connexion, le réseau, la proximité et parfois aussi l'enfermement et l'isolement douloureusement ressentis, qu'exacerbe souvent le rôle considérable joué par les Églises, quelles que soient leurs obédiences. Le facteur qui crée les plus forts contrastes est l'inégal niveau de développement économique. Son originalité dans le Pacifique sud tient à ce qu'il est fortement corrélé au statut politique des différentes entités d'une part, et à leur mode de participation aux échanges internationaux de l'autre.

Les États indépendants – une situation acquise entre 1962 et 1980 – se trouvent en situation d'isolement et de marginalité et sont en général les plus pauvres. Leurs échanges avec l'extérieur sont d'un poids médiocre. À l'inverse, les territoires sous la dépendance des États-Unis, de la France, voire de la Nouvelle-Zélande sont parmi les plus riches et les plus développés et largement ouverts sur l'extérieur, encore que des interprétations différentes en ressortent : si l'indépendance « appauvrit », elle conduit aussi à une meilleure maîtrise des besoins socio-économiques et à un meilleur équilibre de l'écologie insulaire alors que la « richesse » ne fait que masquer l'extraordinaire spirale d'exclusive dépendance que vivent certains territoires avec leur métropole. Deux États échappent à toute classification : la Papouasie-Nouvelle-Guinée, véritable « colosse » dans la région, pourvue d'un grand territoire, d'une large population en accroissement rapide, de ressources minières (or), d'une agriculture vivrière et de plantations, et Nauru, île corallienne soulevée, État phosphatier rentier, parmi les plus riches du monde par habitant, mais devenu à l'issue d'un siècle d'exploitation forcenée une coquille vide. Il est réduit à accueillir contre subsides les demandeurs d'asile dont l'Australie ne veut pas.

En tant que région, le Pacifique sud existe à travers deux institutions de coopération. La plus ancienne est la Communauté du Pacifique (ex-CPS, Commission du Pacifique sud), dont le siège est à Nouméa et qui a été créée en 1947 par les six puissances extérieures qui administraient alors la région. Progressivement, toutes les entités – souveraines ou non – de la région y ont adhéré à égalité de droits et de devoirs, tandis que les Pays-Bas, le Royaume-Uni et les États-Unis s'en retiraient par étapes. L'action de la CP en matière de développement, de santé, de protection de l'environnement et de réglementation des pêches est largement reconnue. En plus de l'Australie et de la Nouvelle-Zélande, pays indépendants de longue date, l'accession à la souveraineté internationale de nombreuses entités a

LES SOCIÉTÉS DU PACIFIQUE SUD SE FONDENT SUR DES TRADITIONS MARITIMES, L'ÉCHANGE GÉNÉRALISÉ, ET PRATIQUENT TOUTES LA CULTURE DES TUBERCULES.

Pacifique sud/Bibliographie sélective

B. Antheaume, J. Bonnemaison, *Atlas des îles et États du Pacifique sud,*
RECLUS/Publisud, Paris, 1988.

B. Antheaume, J. Bonnemaison, « Océanie », *in* R. Brunet (sous la dir. de),
Géographie universelle, vol. VII, Belin/RECLUS, Paris/Montpellier, 1995.

A. Bensa, J.-C. Rivière, (sous la dir. de), *Le Pacifique : un monde épars. Introduction
interdisciplinaire à l'étude de l'Océanie,* L'Harmattan, Paris, 1998.

« Blood ont the Cross » (dossier constitué par D. Robie), *Pacific Journalism Review,*
Asia Pacific Network, University of the South Pacific, Suva, 2001.

J. Bonnemaison, *La Géographie culturelle,* Éditions du Comité des travaux historiques
et scientifiques, Paris, 2001.

J. Bonnemaison, *Les Fondements géographiques d'une identité, l'archipel de Vanuatu,
essai de géographie culturelle* ; livre I, *Gens de pirogue et gens de la terre* ; livre II,
Les Gens des lieux, ORSTOM, Paris, 1996-1997.

H. C. Brookfield, D. Hardt, *Melanesia : a Geographical Interpretation of an Island
World,* Methuen, Londres, 1971.

S. Dinnen, A. Ley (sous la dir. de), *Reflections on Violence in Melanesia,* Hawkin Press,
Annandale, Australie, 2000.

B. Gille, P.-Y. Toullelan, *De la conquête à l'exode. Histoire des Océaniens
et de leurs migrations dans le Pacifique,* Éd. Au vent des îles, Tahiti, 1999.

P. Grundmann, J.-J. Portail *et alii, L'Océanie et le Pacifique.* Sélection du Reader's
Digest, « Regards sur le monde », Paris, 1999.

K. Howe *et alii, Tides of History : the Pacific Islands in the Twentieth Century,*
University of Hawaii Press, Honolulu, 1994.

E. Huffer, *Grands hommes et petites îles,* IRD, Paris, 1998.

E. Huffer, Asofou So'o (sous la dir. de), *Governance in Samoa,* Asia Pacific Press,
ANU, Canberra, 2000.

V. Lal Brij *Fiji before the Storm : Elections and and the Politics of Development,*
Asia Pacific Press, ANU, Canberra, 2000.

« Pacific Islands Yearbook », *Pacific Islands Monthly,* PO Box 1167 Suva, Fiji.

S. Tcherkézoff, F. Douaire-Marsaudon, *Le Pacifique-Sud aujourd'hui. Identités
et transformations culturelles,* CNRS-Éditions, Paris, 1997.

R. G. Ward, E. Kingdom (sous la dir. de), *Land, Custom and Practice in the South
Pacific,* Cambridge University Press, Cambridge, 1995.

Voir aussi la bibliographie « Australie », p. 344.

toutefois conduit à créer en 1971 un Forum du Pacifique sud (siège Suva), où
les problèmes économiques, mais aussi politiques, peuvent être débattus.
La meilleure représentation actuelle du Pacifique sud, c'est un mélange de
formes désuètes héritées du XIXᵉ siècle et l'espoir de formes nouvelles qu'annoncent les enjeux du XXIᵉ siècle. Mais l'aspect « hors du temps » de la région
ne la préserve plus des luttes pour l'accès aux ressources – foncières aux îles
Salomon ou celles que procure le pouvoir politique aux Fidji. La pauvreté, la
marginalité et le manque de viabilité de nombre d'États insulaires témoignent
de la fragilité de la région et de la déconnexion progressive, dans le contexte
de la mondialisation.■

2001

6 août. Nauru. Après Tonga en 1999 et Kiribati en 2000, Nauru refuse l'accréditation au correspondant de l'AFP (Agence France Presse), le Néo-Zélandais Mike Field, pour couvrir le Forum des îles du Pacifique. M. Field est connu pour ses articles sans complaisance (en particulier un article sur le blanchiment d'argent et les liens entre Nauru et la mafia russe) envers ces pays qui l'ont décrété *persona non grata*.

Août-septembre. « Solution Pacifique ». Un cargo norvégien, le *Tampa*, secourt près de 400 naufragés qui tentaient de regagner l'Australie. Refusant de les accueillir en tant que demandeurs d'asile, ce pays propose la « solution Pacifique » : les réfugiés sont répartis dans des camps situés dans les îles, moyennant financement australien. La majorité d'entre eux est transférée à Nauru et en Papouasie-Nouvelle-Guinée. Ces camps vont grossir jusqu'à accueillir plusieurs milliers de personnes, essentiellement originaires du Moyen-Orient. La Nouvelle-Zélande accueille 131 réfugiés sur les 400 du *Tampa*.

10 novembre. Australie. Le Premier ministre libéral John Howard, qui a axé la campagne sur un discours anti-immigration, remporte de justesse les élections législatives, les travaillistes limitant les pertes.

2002

15 février. États fédérés de Micronésie. Signature historique d'un accord d'assistance mutuelle de surveillance des eaux territoriales entre les États fédérés de Micronésie, les îles Marshall et Palau, en vue de lutter contre la pêche et l'immigration illégales.

2-5 mars. Commonwealth. Réunion des États du Commonwealth à Coolum (Australie). Fidji, qui avait été suspendu après le coup d'État de mai 2000, fait un retour remarqué au sein de l'organisation.

9 avril. OCDE. Toujours sur la « liste noire » de l'Organisation de coopération et de développement économiques (OCDE), les îles Marshall, Nauru et Vanuatu, considérés comme des paradis fiscaux, sont menacés de sanctions.

20 avril. Niue. 800 votants élisent 20 représentants lors des élections générales. Les élus sont toutefois dans l'incapacité de désigner un Premier ministre, trois factions se disputant le pouvoir. Young Vivian sera finalement nommé le 2 mai en remplacement de Sani Lakatani.

2 mai. Vanuatu. À l'issue des élections générales, des réserves sont émises quant à la sincérité des résultats. En effet, on dénombre 127 000 votants, ce qui constitue 20 000 votants supplémentaires par rapport aux projections de la Commission électorale.

23 mai. Polynésie française. Un avion de tourisme disparaît dans les îles Tuamotu avec, à son bord, les dirigeants du parti autonomiste Fetia Api : Boris Léontieff, Arsen Tuairau et Lucien Kimitete.

3 juin. Vanuatu. Edward Natapei (Vanuaaku Pati) est reconduit dans ses fonctions de Premier ministre.

10 juin. Nouvelle-Calédonie. Après sept mois de conflit interethnique au cours desquels sont morts deux jeunes Kanaks, Petelo Motofou, d'origine futunienne, est la troisième victime.

13 juin. « Solution Pacifique ». La plupart des réfugiés de la « solution Pacifique » sont déboutés de leur demande d'asile. Seuls 32 Afghans l'obtiennent.

15-25 juin. Papouasie-Nouvelle-Guinée. Les élections générales s'achèvent de manière chaotique dans la région des Southern Highlands : meurtres, vols et destructions des urnes.

7 juillet. Lord Howe. Un destroyer de la Royal Navy, le *Nottingham*, est sérieusement endommagé après avoir heurté un récif.

17-19 juillet. Fidji. La situation inconstitutionnelle provoquée par l'éviction des travaillistes du gouvernement n'étant toujours pas réglée, la réunion du Groupe des États ACP (Afrique, Caraïbes, Pacifique) se déroule à Nadi, dans une atmosphère tendue. ∎

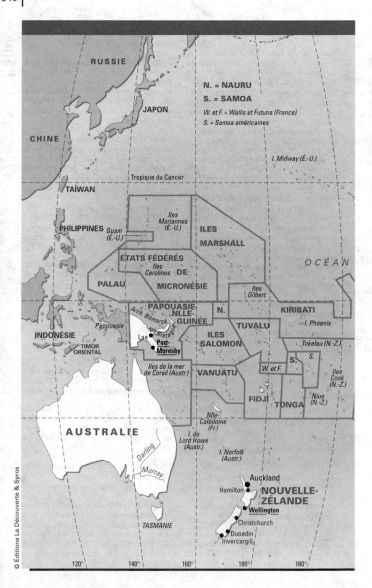

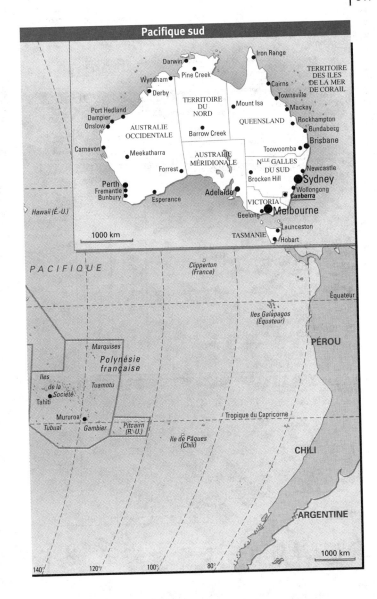

Pacifique sud

Iron Range

Darwin
Pine Creek
Wyndham
Derby

TERRITOIRE
DES ILES
DE LA MER
DE CORAIL

Cairns
Townsville

Port Hedland
Dampier
Onslow

TERRITOIRE
DU
NORD

Mount Isa

QUEENSLAND

Mackay
Rockhampton
Bundaberg
Brisbane

Carnavon

AUSTRALIE
OCCIDENTALE

Barrow Creek

Meekatharra

AUSTRALIE
MÉRIDIONALE

Toowoomba

Forrest

N^LLE GALLES
DU SUD

Newcastle

Brocken Hill

Sydney

Perth
Fremantle
Bunbury

Esperance

Adelaïde

Wollongong
Canberra

VICTORIA

Hawaii (É.-U.)

Geelong

Melbourne

Launceston

1000 km

TASMANIE

Hobart

PACIFIQUE

Clipperton
(France)

Équateur

Iles Galápagos
(Équateur)

PÉROU

Marquises

Polynésie
française

Iles
de la
Société
Tahiti

Tuamotu

Mururoa
Tubuai
Gambier
Pitcairn
(R.-U.)

Tropique du Capricorne

Ile de Pâques
(Chili)

CHILI

ARGENTINE

1000 km

140°   120°   100°   80°

INDICATEUR	UNITÉ	1980	1990	2000	2001
Démographie[a]					
Population	million	14,6	16,9	19,1	19,3
Densité	hab./km²	1,9	2,2	2,5	2,5
Croissance annuelle	%	1,2[f]	1,5[g]	1,1[h]	1,0[i]
Indice de fécondité (ISF)		2,0[f]	1,9[g]	1,8[h]	1,8[i]
Indicateurs socioculturels					
Nombre de médecins	‰ hab.	1,79	2,30[q]	2,50[d]	••
Scolarisation 2e degré	%	69,7	78,6	87,0[s]	88,9[t]
Scolarisation 3e degré	%	25,4	35,5	76,3[t]	79,9[d]
Téléviseurs	‰ hab.	381	522	738	••
Livres publiés	titre	5 563	2 603	10 835[u]	••
Économie					
PIB total	milliard $	145,6	294,7	492,8	503,0
Croissance annuelle	%	3,6[k]	3,1[m]	3,2	2,4
PIB par habitant (PPA)	$	9 913	17 271	25 693	25 949
Investissement (FBCF)	% PIB	25,7[o]	22,9[p]	22,5	21,0
Recherche et Développement	% PIB	0,95[v]	1,31	1,66[t]	1,51[d]
Taux d'inflation	%	9,0	7,3	4,5	4,4
Population active	million	6,7	8,5	9,7	9,9
Agriculture	% ⎫	6,5	5,5	4,9	4,8
Industrie	% ⎬ 100 %	30,9	25,1	22,0	21,2
Services	% ⎭	62,6	69,4	73,1	74,1
Taux de chômage (fin année)	%	6,1	6,7	6,3	6,3[w]
Énergie (consom./hab.)	TEP	4,79	5,13	5,57[d]	5,69[c]
Énergie (taux de couverture)	%	122,3	180,2	204,8[d]	196,6[c]
Aide au développement (APD)	% PIB	0,53[x]	0,40[y]	0,27	0,25
Dépense publique Éducation	% PIB	5,2	4,9	5,1[s]	4,8[d]
Dépense publique Défense	% PIB	2,7[z]	2,1	1,9	1,9
Solde administrat. publiques	% PIB	– 1,7[A]	– 1,7[B]	– 0,2	1,7
Dette administrat. publiques	% PIB	25,9[C]	22,6	23,4	24,4
Échanges extérieurs		**1974**	**1986**	**2000**	**2001**
Importations de services	milliard $	3,73	7,68	18,08	16,69
Importations de biens	milliard $	10,69	24,46	68,75	61,64
Produits énergétiques	%	8,4	4,6	5,8[c]	8,1[b]
Produits manufacturés	%	74,4	80,8	84,5[c]	72,5[b]
dont machines et mat. de transport	%	34,4	42,9	47,1[c]	46,6[b]
Exportations de services	milliard $	1,89	4,77	18,39	16,12
Exportations de biens	milliard $	10,91	22,64	64,04	63,67
Produits agricoles	%	49,1	39,9	29,2[c]	25,9[b]
dont céréales	%	15,9	11,8	5,8[c]	••
Produits miniers	%	33,1	42,8	26,9[c]	••
Solde des transactions courantes	% du PIB	– 3,2[D]	– 4,7[E]	– 4,0	– 2,6
Position extérieure nette	milliard $	••	– 72,8	– 210,1	– 210,0

Définition des indicateurs, sigles et abréviations p. 23 et suivantes. a. Dernier recensement utilisable : 2001 ; b. 2000 ; c. 1999 ; d. 1998 ; e. 1997 ; f. 1975-1985 ; g. 1985-1995 ; h. 1995-2000 ; i. 2000-2005 ; k. 1980-1990 ; m. 1990-2000 ; o. 1979-1981 ; p. 1989-1991 ; q. 1985-1996 ; q. 1991 ; s. 1995 ; t. 1996 ; u. 1994 ; v. 1981 ; w. Mai 2002 ; x. 1982-1983 ; y. 1987-1988 ; z. 1985 ; A. 1980-1982 ; B. 1990-1992 ; C. 1988 ; D. 1975-84 ; E. 1985-96.

Bilan de l'année / **Australie**

Australie

Haro sur les immigrés illégaux

L'Australie a découvert la « cohabitation » politique et le populisme. À Canberra, la coalition conservatrice Parti libéral-Parti national d'Australie dirige le gouvernement fédéral depuis 1996. Le Premier ministre John Howard a, en effet, remporté en 2001 sa troisième victoire électorale consécutive, en axant sa campagne sur un discours anti-immigration « clandestine ». En revanche, au niveau régional, à partir de 2002, les six États et deux territoires du pays ont été administrés par des gouvernements travaillistes (Parti travailliste australien, ALP). Depuis la première réélection de J. Howard en 1998, les travaillistes, très modérés, ont remporté toutes les élections locales, confirmant leurs équipes en place en Nouvelle-Galles du Sud (1999) et au Queensland (2001) et prenant le pouvoir aux conservateurs en Tasmanie (1998), dans le Victoria (1999) et, en 2001, en Australie occidentale, dans le Territoire de la capitale australienne, et, de façon encore plus inespérée, dans un bastion conservateur tenu par la coalition pendant vingt-trois ans, le Territoire du Nord. Le Labor a achevé son grand chelem en emportant, en avril 2002, l'Australie méridionale. L'ALP n'est toutefois pas parvenu à remporter les élections fédérales de novembre 2001, alors que tous les sondages, début 2001, donnaient une avance confortable à l'opposition et à son leader, Kim Beazley.

Dès son élection en 1996, J. Howard, dans la tradition néolibérale anglo-saxonne, a accéléré la relance économique en poursuivant des réformes déjà largement entamées par des travaillistes très pragmatiques : rigueur budgétaire, privatisations, désengagement de l'État, dérégulation, baisse des taux d'intérêt (montés à 17 % sous gestion travailliste). Mais l'Australie, pays à forte tradition sociale, a découvert en même temps la *social dislocation* (fracture sociale). En juillet 2000, le gouvernement a mis en place une taxe de 10 % sur les biens et services (*Goods and Services Tax*, GST). Enfin, les pays occidentaux ont enregistré un ralentissement généralisé de leur activité en 2001.

Lors des législatives anticipées de 1998, les électeurs avaient lancé un sérieux avertissement à J. Howard, en se tournant vers les partis d'opposition : l'ALP, toute proche de retrouver le pouvoir, et le parti d'extrême droite xénophobe One Nation de Pauline Hanson. La députée du Queensland avait perdu son siège, gagné en 1996, mais son parti avait obtenu 8,43 % des voix au niveau national.

Commonwealth d'Australie

Capitale : Canberra.
Superficie : 7 682 300 km².
Population : 19 338 000.
Langue : anglais (off.).
Monnaie : dollar australien (1 dollar australien = 0,55 € et 0,54 dollar des États-Unis au 11.8.02).
Nature de l'État : fédération de six États et deux territoires.
Nature du régime : démocratie parlementaire de type britannique.
Chef de l'État : Mgr Peter Hollingworth, gouverneur général représentant la reine Elizabeth II, qui a succédé le 29.6.01 à William Patrick Deane.
Chef du gouvernement : John Howard (depuis le 11.3.96).
Ministre des Affaires étrangères : Alexander Downer.
Ministre de la Défense : Robert Hill.
Ministre des Finances : Peter Costello.
Principaux partis politiques : *Gouvernement (coalition) :* Parti libéral ; Parti national d'Australie. *Opposition :* Parti travailliste australien (ALP) ; Parti des démocrates australiens ; Verts ; One Nation.
Territoires externes et sous administration : île de Norfolk, Territoire des îles de la mer de Corail, Lord Howe [Océanie] ; îles Cocos, îles Christmas [océan Indien] ; îles Heard et MacDonald ; île Macquarie [Antarctique].
Carte : p. 340-341.

Australie/Bibliographie

S. Bambrick (sous la dir. de), *The Cambridge Encyclopedia of Australia*, Cambridge University Press, Cambridge, 1996.

P. Grimshaw *et alii*, *Creating a Nation 1788-1990*, McPhee Gribble, Ringwood, 1994.

P. Grundmann, *Australie*, Hachette, « Guide bleu Évasion », Paris, 2000 (nouv. éd.).

P. Grundmann, J.-J. Portail *et alii*, *L'Australie et la Nouvelle-Zélande*, Sélection du Reader's Digest, « Regards sur le monde », Paris, 1998.

P. Kriesler (sous la dir. de), *The Australian Economy : The Essential Guide*, Angus & Robertson, Sydney, 1997.

G.-G. Le Cam, *L'Australie et la Nouvelle-Zélande*, Presses universitaires de Rennes, Rennes, 1996.

X. Pons, *Le Multiculturalisme en Australie*, L'Harmattan, Paris, 1996.

X. Pons, C. Smit (sous la dir. de), *Le Débat républicain en Australie*, Ellipses, Paris, 1997.

J.-C. Redonnet, *L'Australie*, PUF, coll. « Que sais-je ? », Paris, 1994.

Voir aussi la bibliographie sélective « Pacifique sud », p. 338.

Six mois avant les élections de 2001, K. Beazley semblait assuré de l'emporter. Mais J. Howard a compris qu'il ne gagnerait pas les élections au centre. Il a pris en compte l'émergence du fort sentiment nationaliste, anti-immigration, xénophobe et anti-Aborigène incarné par P. Hanson. D'un côté, il a marginalisé P. Hanson en minimisant les alliances électorales au niveau national avec son parti ; de l'autre, il a adopté une partie du discours et de la politique de l'ancienne députée du Queensland. Il a poursuivi la politique de la coalition envers les Aborigènes, refusant les gestes symboliques de réconciliation et a concentré l'essentiel de sa stratégie électorale sur les demandeurs d'asile dits « clandestins ».

L'affaire du « Tampa »

Fin août 2001, J. Howard a saisi l'affaire du *Tampa* pour reprendre la main face aux travaillistes. Fin août 2001, le *Tampa*, un porte-conteneurs norvégien, avait secouru 438 *boat people*, en majorité afghans, dans les eaux indonésiennes, puis s'était ancré au large du territoire australien de l'île Christmas (océan Indien), à 1 500 kilomètres du continent australien. L'Australie n'a pas autorisé le débarquement des demandeurs d'asile naufragés et le capitaine du bateau, Arme Rinnan, a refusé de reprendre la mer avec ses passagers. J. Howard a alors chargé les forces armées australiennes d'intervenir et 34 commandos armés de fusils d'assaut ont abordé le cargo. Après négociations, les demandeurs d'asile ont été transférés sur un bateau de la marine australienne et conduits en Nouvelle-Zélande et à Nauru.

J. Howard savait qu'il jouait sur du velours. Depuis la fin de la Seconde Guerre mondiale, l'Australie a accueilli 600 000 réfugiés, en majorité européens et indochinois. En 2001, 75 bateaux ont accosté sur des terres australiennes, et débarqué 4 175 « clandestins » musulmans, provoquant la fureur de la population. La méfiance de la majorité des Australiens « anglos » envers les populations dites « ethniques » s'est désormais concentrée sur les « faux réfugiés ». Pourtant, la législation australienne est la plus sévère du monde occidental. Les réfugiés sont emprisonnés sans recours judiciaire dans des centres de détention isolés au cœur du désert, pendant que leurs demandes d'asile sont examinées par les services de l'immigration. Plusieurs milliers de réfugiés, hommes, femmes et enfants, sont ainsi emprisonnés, parfois pendant plusieurs années, dans des conditions très difficiles. Révoltes, émeutes, évasions, tentatives de suicide sont devenues courantes et l'opinion publique australienne est exaspérée.

Le 11 septembre 2001, J. Howard était à Washington. Il n'a pas hésité à faire le lien entre le « terrorisme international » et les «*boat people*» afghans, iraniens et irakiens. Canberra a ordonné à la marine d'interdire désormais les côtes et les eaux territoriales australiennes aux bateaux de réfugiés, en utilisant les armes si nécessaire. Les « clandestins » interceptés sont renvoyés dans le pays d'où ils viennent ou dans l'un des pays qui a accepté de participer à la « solution Pacifique » de l'Australie : Nauru et la Papouasie-Nouvelle-Guinée ont conclu un contrat avec Canberra, selon lequel ils acceptent d'accueillir les réfugiés pendant que leurs demandes d'asile sont examinées par les autorités internationales. Les travaillistes soutenaient globalement cette politique.

En novembre 2001, J. Howard a finalement remporté les élections législatives. Les travaillistes ont limité les pertes, mais One Nation a perdu la moitié de ses électeurs (4,4 % des suffrages). K. Beazley a démissionné et a été remplacé à la tête de l'ALP par Simon Crean, son ancien adjoint. Les travaillistes ont décidé de ne pas remettre fondamentalement en cause la politique des conservateurs en matière d'immigration clandestine.

Lors des élections dans les États (étalées tout au long de l'année), les Australiens ont globalement fait confiance aux travaillistes pour mettre en œuvre des politiques moins ultralibérales que celles des conservateurs, et pour préserver et développer des services publics qu'ils jugent indispensables (éducation, santé, transports).

Début 2002, les révoltes de demandeurs d'asile clandestins se sont amplifiées dans les camps de Woomera, Port Hedland et Curtin, en Australie méridionale et occidentale. Malgré un début de mobilisation d'une partie très minoritaire de l'opinion publique, J. Howard a maintenu sa politique de « détention obligatoire » et de défense des eaux territoriales australiennes pour « dissuader les trafiquants de chair humaine ».

Un pays perçu comme « fermé » par la communauté internationale

Cette politique a rempli tous ses objectifs : aucun bateau n'a accosté en Australie en 2002 et J. Howard en a retiré un fort taux d'approbation. Mais une partie de l'opposition s'est radicalisée, se tournant vers les Greens (Verts), qui ont doublé leur représentation au Sénat fédéral en 2001, et l'Australie s'est retrouvée avec un gros problème d'image sur la scène internationale. Un an après les jeux Olympiques de Sydney (septembre 2000), le « pays sympa » était devenu la « forteresse Australie ». La confiance des Australiens envers leur Premier ministre ne semblait pas ébranlée pour autant. Celui-ci bénéficiait de la nette reprise de l'économie ; les taux d'intérêt sont demeurés les plus bas depuis trente ans (4,75 % en juin 2002), le chômage était de nouveau à la baisse (6,2 % en mai 2002 contre 6,7 % pour 2001) et l'immobilier se trouvait en plein « boom » (+ 16 % en 2001). Enfin, le dollar australien, qui s'était effondré, remontait la pente (1 dollar australien valait 78 cents É.-U. en 1996, 50 cents en 2001, 54 cents en août 2002).

L'Australie bénéficiait, depuis dix ans, d'un des taux de croissance les plus élevés parmi les pays développés (2,4 % en 2001, 3,8 % prévus en 2002 et 4 % en 2003). Mais l'inflation était aussi l'une des plus fortes (2,9 % prévus en 2002, après une poussée à 4,4 % en 2001), ainsi que le déficit de la balance des paiements (3,5 % du PIB).
- **Pierre Grundmann** ■

Nouvelle-Zélande

Une diplomatie très active

S'appuyant sur de bons indicateurs macroéconomiques (croissance et inflation à 2,7 %, chômage à 5,4 %), le gouvernement

INDICATEUR	AUSTRALIE	FIDJI	Nlle-CALÉ-DONIE
Démographie[a]			
Population *(millier)*	19 338	823	220
Densité *(hab./km²)*	2,5	45,0	12,0
Croissance annuelle (1995-2000) *(%)*	1,1	1,2	2,2
Indice de fécondité (ISF) (1995-2000)	1,77	3,20	2,60
Mortalité infantile (1995-2000) ‰	5,4	19,6	7,2
Espérance de vie (1995-2000) *(année)*	78,7	68,4	74,0
Population urbaine[c]*(%)*	84,7	48,6	75,5
Indicateurs socioculturels			
Développement humain (IDH)[b]	0,939	0,758	• •
Nombre de médecins *(‰ hab.)*	2,50[f]	0,48[g]	1,85[h]
Espérance de scolarisation[f] *(année)*	• •	• •	• •
Scolarisation 3e degré *(%)*	79,8[g]	13,6[g]	4,9[g]
Accès à Internet *(‰ hab.)*	372,31	18,25	111,48
Livres publiés *(titre)*	10 835[k]	401[k]	• •
Armées (effectifs)[*] •			
Armée de terre *(millier)*	24,2	3,2	• •
Marine *(millier)*	12,5	0,3	• •
Aviation *(millier)*	14,05	• •	• •
Économie			
PIB total (PPA)[b] *(million $)*	492 850	3 790	4 641
Croissance annuelle 1990-2000 *(%)*	3,5	2,5	1,6
Croissance annuelle 2001 *(%)*	2,4	0,0	• •
PIB par habitant (PPA)[b] *($)*	25 693	4 668	21 820
Investissement (FBCF)[d] *(% PIB)*	22,3	12,7[e]	• •
Recherche et Développement *(% PIB)*	1,51[f]	• •	• •
Taux d'inflation *(%)*	4,4	5,0	• •
taux de chômage *(fin d'année) (%)*	6,7	• •	• •
Énergie (consom./hab)[c] *(TEP)*	5,690	0,329[f]	2,767[f]
Énergie (taux de couverture)[c] *(%)*	196,6	14,1[f]	7,2[f]
Dépense publique Éducation[f] *(% PIB)*	4,8	5,5[p]	10,7[i]
Dépense publique Défense *(% PIB)*	1,9	2,1[b]	• •
Solde administrat. publiques *(% PIB)*	1,7	• •	• •
Dettes administrat. publiques *(% PIB)*	24,4	• •	• •
Dette extérieure totale[b] *(million $)*	• •	136	• •
Échanges extérieurs			
Importations (douanes) *(million $)*	66 851	761	976
Principaux fournisseurs *(%)*	Asie[q] 49,3	A&NZ 58,6	Fra 49,0
(%)	UE 22,5	Asie[q] 31,5	A&NZ 17,5
(%)	E-U 18,4	UE 5,2	Asie[q] 17,8
Exportations (douanes) *(million $)*	63 419	625	511
Principaux clients *(%)*	Asie[q] 64,5	Aus 19,6	Asie[q] 46,4
(%)	UE 11,8	E-U 28,6	UE 41,8
(%)	E-U 9,6	Asie[q] 23,8	Fra 24,9
Solde transactions courantes *(% PIB)*	– 2,6	– 4,4	• •

Définition des indicateurs, sigles et abréviations p. 23 et suivantes. Chiffres 2001 sauf notes. a. Derniers recensements utilisables : Australie, 2001 ; Fidji (îles), 1996 ; Nouvelle-Calédonie, 1996 ; Nouvelle-Zélande, 2001 ; Papouasie-Nlle-Guinée, 2000 ; Salomon (îles), 1986 ; b. 2000 ; c. 1999 ; d. 1999-2001 ; e. 1998-2000 ; f. 1998 ; g. 1997 ; h. 1996 ;

	Nlle-ZÉLANDE	PAPOUASIE-Nlle-GUINÉE	SALOMON
	3 808	4 920	463
	14,2	10,9	16,5
	0,9	2,3	3,4
	1,97	4,60	5,60
	6,6	69,0	24,0
	77,2	55,6	67,4
	85,7	17,1	19,2
	0,917	0,535	0,622
	2,30c	0,07f	0,14i
	10,5	8,5	••
	62,6g	2,3f	••
	280,70	28,07	4,33
	••	122m	••
	4,5	3,8	••
	1,98	0,4	••
	2,8	0,2	••
	76 884	11 698	737
	2,8	4,8	2,7
	2,4	− 3,4	− 3,0
	20 070	2 280	1 648
	12,9	13,7o	••
	1,11g	••	••
	2,7	10,0	7,0
	5,4	••	••
	4,770	0,183f	0,128f
	83,3	479,2f	••
	7,2	••	3,8m
	1,4	0,9	••
	0,5	••	••
	44,6	••	••
	••	2 604	155
	13 353	1 143	115
	Asieq 37,5	A&NZ 54,3	Asieq 52,7
	Aus 21,9	Asieq 37,5	E-U 7,1
	UE 18,7	E-U 2,2	A&NZ 33,8
	13 456	2 698	86
	Asieq 41,6	Asieq 34,9	Asieq 89,4
	UE 14,2	Aus 23,9	E-U 3,1
	E-U 15,1	Ex-CAEMr 33,4	UE 5,1
	− 3,2	7,5	− 14,3

i. 1995 ; k. 1994 ; m. 1991 ; o. 1997-1999 ; p. 1992 ; q. Y compris Japon et Moyen-Orient ; r. Y compris républiques de l'ancienne Yougoslavie.

travailliste a mené, durant l'année 2001, une politique visant à concilier sa base électorale et les milieux d'affaires. Le Premier ministre Helen Clark a présenté un budget prévisionnel pour 2002 qui insistait sur la notion de développement (niveau de vie, capital humain, etc.). Elle a par ailleurs pris des mesures libérales, notamment en matière de déréglementation commerciale. Cependant, la défection de ses alliés politiques (Parti de l'alliance et Verts) et des sondages favorables ont décidé le gouvernement à anticiper les élections générales au 27 juillet 2002.

La diplomatie néo-zélandaise, dirigée par Phil Goff, a gardé une ligne offensive, critique et impliquée. En août 2001, elle accusait le Japon d'utiliser son aide au développement pour faire du *lobbying* vis-à-vis du moratoire sur la pêche à la baleine. En janvier 2002, elle réitérait ses sévères critiques à l'égard de la France, du Royaume-Uni et du Japon pour leurs transports de déchets nucléaires dans la région. En mars 2002, H. Clark, en visite officielle aux États-Unis, réaffirmait une position antinucléaire, refusant l'accès des ports néo-zélandais aux navires nucléaires américains.

Le gouvernement des îles Tonga a fait

Nouvelle-Zélande

Capitale : Wellington.
Superficie : 268 676 km².
Population : 3 808 000.
Langues : anglais, maori.
Monnaie : dollar néo-zélandais (1 dollar = 0,51 € au 31.5.02).
Nature de l'État : unitaire.
Nature du régime : parlementaire.
Chef de l'État (nominal) : reine Elizabeth II, représentée par un gouverneur, Sir Michael Hardie Boys (depuis le 23.3.96).
Chef du gouvernement : Helen Clark (depuis le 10.12.99).
Ministre des Affaires étrangères : Phil Goff.
Territoires : îles Cook et Niue (libre association), Tokelau (sous administration).

INDICATEUR	UNITÉ	KIRIBATI	MARSHALL	MICRO-NÉSIE
Démographie[a]				
Population	(millier)	84	52	126
Densité	(hab./km²)	115,1	303,0	179,3
Croissance annuelle (1995-2000)	(%)	1,4	1,4	2,6
Indice de fécondité (ISF) (1995-2000)		4,20	5,70	5,00
Mortalité infantile (1995-2000)	‰	60,0	63,0	20,0
Espérance de vie (1995-2000)	(année)	60,4	67,5	65,5
Population urbaine[c]	(%)	38,7	71,3	28,1
Indicateurs socioculturels				
Développement humain (IDH)[b]		• •	• •	• •
Nombre de médecins	(‰ hab.)	0,29[f]	0,35[g]	0,57[c]
Analphabétisme (hommes)	(%)	• •	40,0[k]	9,0[m]
Analphabétisme (femmes)	(%)	• •	40,0[k]	12,0[m]
Scolarisation 12-17 ans	(%)	• •	• •	• •
Scolarisation 3e degré	(%)	• •	• •	• •
Accès à Internet	(‰ hab.)	25,00	12,86	33,78
Livres publiés	(titre)	• •	• •	• •
Armées (effectifs)				
Armée de terre	(millier)	• •	• •	• •
Marine	(millier)	• •	• •[p]	• •[p]
Aviation	(millier)	• •	• •	• •
Économie				
PIB total (PPA)[b]	(million $)	76[q]	102	266
Croissance annuelle 1990-2000	(%)	3,2	− 1,6	1,7
Croissance annuelle 2001	(%)	1,8	0,6	0,9
PIB par habitant (PPA)[b]	($)	916[q]	1 970	2 110
Investissement (FBCF)[d]	(% PIB)	• •	• •	• •
Taux d'inflation	(%)	2,5	2,0	2,6
Énergie (taux de couverture)[c]	(%)	• •	• •	• •
Dépense publique Éducation[f]	(% PIB)	11,4[h]	8,8	• •
Dépense publique Défense	(% PIB)	• •	• •	• •
Dette extérieure totale[b]	(million $)	8	69	86
Service de la dette/Export.[e]	(%)	8,8	68,4[w]	31,7[w]
Échanges extérieurs				
Importations (douanes)	(million $)	64	68,2[b]	12,3[c]
Principaux fournisseurs	(%)	E-U 7,7	E-U 61,4	E-U 43,9[c]
	(%)	Asie[y] 37,1	Jap 5,1	Aus 19,8
	(%)	Aus 28,2	A&NZ 5,5	Jap 12,5
Exportations (douanes)	(million $)	38	7,3[b]	2,1[c]
Principaux clients	(%)	Asie[z] 87,6	• •	Jap 83,1[c]
	(%)	Jap 45,8	• •	• •
	(%)	AmL 3,9	• •	• •
Solde transactions courantes	(% PIB)	4,4	14,3	2,8[b]

Définition des indicateurs, sigles et abréviations p. 23 et suivantes. Chiffres 2001 sauf notes. a. Derniers recensements utilisables : Kiribati, 1996 ; Marshall (îles), 1999 ; Micronésie (États fédérés de), 1994 ; Nauru, 1996 ; Palau, 2000 ; Samoa, 1991 ; Tonga, 1986 ; Tuvalu, 1991 ; Vanuatu, 1989 ; b. 2000 ; c. 1999 ; d. 1999-2001 ; e. 1998-

	NAURU	PALAU	SAMOA	TONGA	TUVALU	VANUATU
	13	20	159	99	10	202
	596,0	42,6	56,2	138,1	396,7	16,6
	1,9	2,2	0,0	1,4	0,3	2,7
	2,10	2,60	4,51	4,15	3,60	4,59
	41,0	20,0[c]	29,8	23,0	22,0	32,5
	66,7	69,5[c]	68,5	71,3	70,5	67,2
	100,0	72,1	21,4	37,4	42,2[g]	19,8
	••	••	0,715	••	••	0,542
	••	••	0,34[h]	0,44[i]	••	0,12[i]
	••	••	0,4	1,6[h]	••	43,0[o]
	••	••	0,3	1,3[h]	••	52,0[o]
	••	••	••	••	••	••
	••	••	7,8[f]	••	••	0,4[f]
	••	••	16,67	10,18	••	27,36
	••	••	••	••	••	••
	••	••	••	••	••	••
	••	••[p]	••	••	••	••
	••	••	••	••	••	••
	59[q]	••	857	225[q]	12[q]	552
	••	••	3,0	2,9	••	1,8
	••	••	5,1	2,6	••	4,0
	4 917[q]	••	5 041	2 273[q]	1 160[q]	2 802
	••	••	••	16,5[r]	50,7[s]	27,3[t]
	4,0	••	1,5	7,0[f]	1,8	2,0
	••	3,6[f]	4,3[f]	••	••	••
	••	••	3,2[u]	4,8[v]	••	9,3
	••	••	••	••	••	••
	33[q]	••	197	58	••	69
	••	••	6,6	9,9	••	1,1
	28	11,0[c]	263	75	15	166
	Aus 49,4	E-U[x] 57,9[i]	Asie[y] 33,3	A&NZ 43,8	Fidj 60,9	Asie[y] 57,1
	UE 8,0	Jap 13,5[i]	A&NZ 31,2	Asie[y] 41,3	A&NZ 22,4	Jap 26,3
	Asie[y] 18,4	••	E-U 29,4	E-U 7,0	Viet 7,5	A&NZ 23,2
	10	63,3[c]	73	20	1	52
	N-Z 28,6	••	Aus 64,8	Jap 40,2	UE 79,8	Asie[y] 74,2
	Aus 23,6	••	E-U 11,8	E-U 40,5	RFA 32,9	Jap 14,2
	Asie[y] 42,8	••	Asie[y] 20,5	UE 3,2	PED 18,0	E-U 19,3
	••	••	3,4[b]	– 8,2	2,7[h]	– 2,1

2000 ; f. 1998 ; g. 1995 ; h. 1996 ; i. 1997 ; k. Moyenne hommes femmes 1995 ; m. 1980 ; o. 1979 ; p. Dépend des Etats-Unis pour sa défense ; q. Selon la CIA ; r. 1990-1992 ; s. 1996-1998 ; t. 1993-1995 ; u. 1990 ; v. 1992 ; w. 1997-1999 ; x. Y compris Guam ; y. Y compris Japon et Moyen-Orient ; z. Non compris Japon et Moyen-Orient.

l'objet de blâmes. Le 9 février 2002, la famille royale était accusée de corruption et d'immobilisme. Le 12 février, P. Goff déclarait que la Nouvelle-Zélande allait s'assurer que son aide au développement ne serait pas « subvertie par la corruption ».

Enfin, la Nouvelle-Zélande, qui a joué un rôle majeur dans la signature du traité de paix de juin 2001 mettant fin à la guerre civile aux Salomon (sur l'île de Guadalcanal), s'est engagée auprès du gouvernement local pour restaurer l'ordre et la loi. Bridget Nichols, haut commissaire adjointe en poste, a été trouvée poignardée à son domicile le 17 mars 2002. Elle rédigeait un rapport sur l'état des lieux en matière d'insécurité et de restauration de l'autorité de l'État. - **Louis Arreghini** ∎

États indépendants de Mélanésie

♦ **Fidji.** Le Premier ministre intérimaire Laisenia Qarase a gagné les élections générales de septembre 2001. Son Parti nationaliste a totalisé 32 sièges contre 27 pour le Parti travailliste. Il a formé un gouvernement sans les travaillistes, bien que la Consti-

tution oblige à un partage du pouvoir au prorata des sièges. Le 15 février 2002, la cour d'appel jugeait la décision de L. Qarase inconstitutionnelle, le verdict a été confirmé par la Cour suprême le 24 avril. Le 18 février 2002, George Speight, auteur du coup d'État de mai 2000, était condamné à mort, peine commuée en prison à vie. - **L. A.** ∎

♦ **Papouasie-Nouvelle-Guinée.** En avril 2002, le rapport d'enquête sur la répression des manifestations estudiantines de juin 2001 contre le programme de privatisation a mis en cause les dirigeants étudiants et non la police, dont les tirs avaient fait quatre morts. Le 9 mars 2002, des forces loyalistes mataient une nouvelle révolte militaire à Wewak. Le gouvernement a maintenu son programme de privatisation. Le 27 mars 2002, le Parlement autorisait l'élaboration d'une législation qui ouvrait la voie à un référendum sur l'indépendance sur l'île sécessionniste de Bougainville. Les élections générales de juillet 2002 ont été pa-

République des Fidji

Capitale : Suva.
Superficie : 18 274 km².
Population : 823 000.
Langues : fidjien, anglais, hindi.
Monnaie : dollar fidjien (au taux officiel, 1 dollar = 0,50 € en 31.5.02).
Nature de l'État : la Constitution entrée en vigueur le 1.7.98 garantit aux Fidjiens 23 des 71 sièges du Parlement, 23 autres aux Indiens, le solde restant ouvert à tous les autres candidats quelle que soit leur appartenance ethnique.
Nature du régime : démocratie parlementaire.
Chef de l'État : Ratu Josefa Iloilo.
Chef du gouvernement : Laisenia Qarase, nommé Premier ministre par intérim le 5.7.2000 (élu le 7.9.01).
Ministre des Affaires étrangères : Kaliopate Tavola.

Papouasie-Nouvelle-Guinée

Capitale : Port Moresby.
Superficie : 461 691 km².
Population : 4 920 000.
Langues : pidgin mélanésien, anglais, 700 langues locales.
Monnaie : kina (au taux officiel, 1 kina = 0,29 € au 30.4.02).
Nature de l'État : unitaire.
Nature du régime : parlementaire.
Chef de l'État (nominal) : reine Elizabeth II, représentée par un gouverneur, Silas Atopare (depuis le 14.11.97).
Chef du gouvernement : Sir Mekere Morauta (depuis le 14.7.99).
Ministre des Affaires étrangères : John Waiko (depuis nov. 01).
Sécessionisme : un accord a été signé, le 26.1.01, prévoyant la tenue, dans les quinze ans à venir, d'un référendum d'autodétermination pour l'île séparatiste de Bougainville.

ralysées par la situation chaotique prévalant dans la région des Southern Highlands. - **L. A.** ∎

♦ **Salomon (îles).** Le 17 décembre 2001, Allan Kemakeza gagnait les élections générales. Il a inclus dans son cabinet d'anciens miliciens impliqués dans le conflit civil des deux années précédentes (île de Guadalcanal). Des milices armées noyautaient

Îles Salomon

Capitale : Honiara.
Superficie : 28 446 km².
Population : 463 000.
Langues : pidgin mélanésien, anglais.
Monnaie : dollar des Salomon (au taux officiel, 1 dollar = 0,20 € au 31.10.01).
Nature de l'État : monarchie.
Nature du régime : constitutionnel.
Chef de l'État (nominal) : reine Elizabeth II, représentée par un gouverneur, John Ini Lapli (depuis le 7.7.99).
Chef du gouvernement : Allan Kemakesa, Premier ministre, qui a succédé le 5.12.01 à Manasseh Sogavare.
Ministre des Affaires étrangères : Danny Phillip.

la police et entravaient la justice. Menacés, les observateurs internationaux quittaient un à un leur poste. Des ressortissants étrangers ont été assassinés en février et mars 2002. L'action de l'État était complètement paralysée. - **L. A.** ∎

♦ **Vanuatu.** En 2001, le Vanuatu a accueilli une partie des touristes qui s'étaient détournés de ses voisins en crise. Lui-même souffrait cependant d'un manque de cohésion nationale et d'instabilité chronique. Le Premier ministre Edward Natapei (Va-

République de Vanuatu

Capitale : Port-Vila.
Superficie : 12 189 km².
Population : 202 000.
Langues : bislamar, anglais, français.
Monnaie : vatu (au taux officiel, 100 vatus = 0,78 € au 31.5.02).
Nature de l'État : république unitaire.
Nature du régime : démocratie parlementaire.
Chef de l'État : John Bani (depuis le 24.3.99).
Chef du gouvernement : Edward Natapei, qui a succédé le 13.4.01 à Barak Sope.
Ministre des Affaires étrangères : Alain Mahé.

nua'aku Pati), au pouvoir à partir d'avril 2001, semblait avoir assez d'envergure pour conserver son poste jusqu'aux élections de mai 2002. L'Union européenne (UE) appréciait cette relative stabilité et a octroyé, en février 2002, 14 millions de dollars au Vanuatu pour financer des projets de développement. - **L. A.** ∎

États indépendants de Micronésie

♦ **Kiribati.** La vente de passeports et de permis de résidence, principalement aux

République de Kiribati

Capitale : Bairiki.
Superficie : 728 km².
Population : 84 000.
Langue : anglais.
Monnaie : dollar australien (1 dollar = 0,60 € au 31.5.02).
Nature de l'État : république unitaire.
Nature du régime : démocratie parlementaire.
Chef de l'État et du gouvernement : Teburoro Tito (depuis le 30.9.94, réélu le 28.11.98), également ministre des Affaires étrangères.

ressortissants chinois, a rapporté 1,3 million de dollars à l'archipel en 2001. En août, le gouvernement de Kiribati a accordé à la Chine une licence de pêche dont le montant était tenu secret. - **L. A.** ∎

♦ **Marshall (îles).** En avril 2002, les îles Marshall ont rejeté l'offre de financement des États-Unis, qui accompagnait le renouvellement du pacte de libre association.

République des îles Marshall (RIM)

Capitale : Dalap-Uliga-Darrit.
Superficie : 180 km².
Population : 52 000.
Langue : anglais.
Monnaie : dollar des États-Unis
(1 dollar = 1 € au 10.7.02).
Nature de l'État : république indépendante depuis le 21.10.86 en libre association avec les États-Unis, qui gardent la responsabilité de la Défense.
Nature du régime : démocratie parlementaire.
Chef de l'État : Kessai Note
(depuis le 10.1.2000).
Ministre des Affaires étrangères : Gerald Zackios.

L'enveloppe, qui comprenait le prix de la location de l'île de Kwajalein pour la base d'interception de missiles, était moins avantageuse que celle octroyée aux États fédérés de Micronésie. - **L. A.** ∎

♦ **États fédérés de Micronésie.** Une année de négociations sur le pacte de libre association avec les États-Unis a permis de rapprocher quelque peu les points de vue lors d'une réunion à Honolulu le 6 avril 2002. La demande de dotation des États fédérés de Micronésie était de 79 millions de dol-

États fédérés de Micronésie

Capitale : Palikir.
Superficie : 700 km².
Population : 126 000.
Langue : anglais.
Monnaie : dollar des États-Unis
(1 dollar = 1 € au 10.7.02).
Nature de l'État : république fédérale indépendante depuis le 3.11.86 en libre association avec les États-Unis, qui gardent la responsabilité de la Défense.
Nature du régime :
démocratie parlementaire.
Chef de l'État et du gouvernement : Leo Falcam (depuis le 2.3.99).
Vice-président : Redley Killion.
Ministre des Affaires étrangères : Ieske Iehsi (depuis le 29.3.01).

lars fixes par an. Les États-Unis ont proposé 72 millions de dollars, diminués d'un million de dollars par an pendant vingt ans. En juillet 2002, une tempête tropicale a dévasté l'île de Chuuk, causant la mort de 47 personnes. - **L. A.** ∎

♦ **Palau.** Principale ressource de l'archipel, la fréquentation touristique de Palau a chuté de 26 % aux lendemains des at-

République de Palau (également appelée « Belau »)

Capitale : Koror.
Superficie : 490 km².
Population : 20 000.
Langues : anglais, palauen.
Monnaie : dollar des États-Unis
(1 dollar = 1 € au 10.7.02).
Nature de l'État : république indépendante depuis le 1.10.94 en libre association avec les États-Unis, qui gardent la responsabilité de la Défense.
Nature du régime :
démocratie parlementaire.
Chef de l'État et du gouvernement : Tommy Remengesau, également ministre des Affaires étrangères, qui a succédé le 6.3.01 à Kuniwo Nakamura.

tentats islamistes du 11 septembre 2001 survenus à New York et Washington. Le président Tommy Remengesau s'est rendu au Japon pour promouvoir Palau comme destination touristique. - **L. A.** ■

♦ **Nauru.** L'Australie a envoyé ses demandeurs d'asile en provenance du Moyen-Orient à Nauru, moyennant finances. Aux 400 naufragés recueillis par le cargo *Tampa* et acheminés à Nauru en septembre 2001,

République de Nauru

Capitale : Yaren.
Superficie : 21 km².
Population : 13 000.
Langue : anglais.
Monnaie : dollar australien
(1 dollar = 0,60 € au 28.6.02).
Nature de l'État : république unitaire.
Nature du régime :
démocratie parlementaire.
Chef de l'État et du gouvernement :
à partir des élections du 8.4.2000, on a assisté à un chassé-croisé entre René Harris (qui avait succédé le 27.4.99 à Kinza Clodumar) et Bernard Dowiyogo. R. Harris a été reconduit à la présidence, mais une motion de censure l'a aussitôt déposé au profit de B. Dowiyogo. Ce dernier a été déposé à son tour, le 30.3.01 au profit de son rival.

se sont ajoutés 1 400 réfugiés, qui attendaient d'être fixés sur leur sort dans les camps installés à Nauru. - **L. A.** ■

États indépendants de Polynésie

♦ **Samoa.** En 2001, la croissance des Samoa a atteint 5,1 %, tirée par le secteur manufacturier, la construction, la pêche et les services. La Banque asiatique de développement (BAsD ou ADB en anglais) a mis en garde les îles Samoa contre les pressions

État indépendant des Samoa

*Par un vote du Parlement (4.7.97),
les « Samoa occidentales » (ancien nom
officiel) ont pris le nom d'État
indépendant des Samoa.*
Capitale : Apia.
Superficie : 2 842 km².
Population : 159 000.
Langues : samoan, anglais.
Monnaie : tala (au taux officiel,
1 tala = 0,32 € au 31.5.02).
Nature de l'État : formellement
monarchie constitutionnelle.
Nature du régime :
démocratie parlementaire.
Chef de l'État : Malietoa Tanumafili
(roi depuis le 5.4.63).
Chef du gouvernement :
Tuilaepa Sailele Malielegaoi
(depuis le 23.11.98, réélu le 4.3.01).
Également ministre des Affaires
étrangères.

inflationnistes (l'inflation est passée de 1 % à 4 %) et la détérioration de la balance des paiements. - **L. A.** ■

♦ **Tonga.** Au tournant de 2001, le royaume de Tonga traversait une période

Royaume de Tonga

Capitale : Nuku'Alofa.
Superficie : 699 km².
Population : 99 000.
Langues : tongien, anglais.
Monnaie : pa'anga (au taux officiel,
1 pa'anga = 0,50 € au 31.5.02).
Nature de l'État :
monarchie héréditaire.
Nature du régime : constitutionnel.
Chef de l'État : roi Taufa'ahau
Tupou IV (depuis le 5.12.65).
Chef du gouvernement : prince
'Ulukalala Lavaka Ata, qui a succédé le
3.1.2000 au baron Vaea de Houma.
Également en charge des Affaires
étrangères.

de turbulences politiques qui ont terni son image. En novembre 2001, à la suite d'une campagne xénophobe, le gouvernement annonçait des mesures d'expulsion massive de ressortissants chinois. En février 2002, la presse locale faisait état de comptes bancaires secrets du roi. Akilisi Pohiva, militant pour la démocratie et directeur de presse, a été emprisonné pour faux et usage de faux. Le royaume a ensuite dû faire face à des allégations de corruption de la part de la diplomatie néo-zélandaise. Le mouvement d'A. Pohiva a gagné sept des neuf sièges réservés aux « roturiers » lors des élections législatives du 7 mars 2002. - **L. A.** ■

♦ **Tuvalu.** En décembre 2001, Tuvalu a accueilli une station de surveillance du niveau de la mer qui devrait permettre de déterminer si l'archipel souffre ou non de l'effet de serre. Le 13 décembre, le Parlement portait au fauteuil de Premier ministre Koloa Talake en remplacement de Faimalaga

Tuvalu

Capitale : Funafuti.
Superficie : 26 km².
Population : 10 000.
Langues : tuvalien, anglais.
Monnaie : dollar australien
(1 dollar = 0,60 € au 31.5.02).
Nature de l'État : unitaire.
Nature du régime : parlementaire.
Chef de l'État : (nominal) reine Elizabeth II, représentée par un gouverneur, Tulaga Manuella (depuis le 21.6.94).
Chef du gouvernement : Koloa Tulake, qui a succédé le 13.12.01 à Faimalaga Luka.

Luka, lâché par ses partisans. En janvier 2002, VeriSign, un acteur majeur du commerce des registres Internet, a acquis les droits sur le suffixe géographique de Tuvalu (.tv). - **L. A.** ■

Territoires sous contrôle de la France

♦ **Nouvelle-Calédonie.** En décembre 2001, le FLNKS (Front de libération nationale kanak et socialiste) n'a pas réussi à choisir entre Roch Wamytan (Union calédonienne) et Paul Néaoutine (Palika) pour sa présidence. Au premier tour de la présidentielle, le 21 avril 2002, le président sortant Jacques Chirac (RPR) a obtenu 49 % des voix et Lionel Jospin (PS) 25 %. Au second tour (5 mai), J. Chirac a recueilli 80,4 % des suffrages, contre 19,6 % à Jean-Marie Le Pen (Front national). Lors des législatives (9 et 16 juin suivants), les deux sièges de députés sont allés à Jacques Lafleur et Pierre Frogier (tous deux sous étiquette de l'Union pour la majorité présidentielle – UMP).

Principale exportation de ce Territoire à souveraineté partagée, le nickel a connu une année morose. Mais le géant minier canadien Inco n'a pas remis en cause les investissements prévus dans le Sud. Falconbridge allié à la SMSP (Société minière du Sud Pacifique), entreprise détenue par la province Nord, a aussi maintenu ses investissements, malgré un conflit syndical ayant abouti au saccage des locaux de la SMSP et à la destruction de documents stratégiques en février 2002. À partir de décembre 2001, la commune de Mont-Dore a été le théâtre de vives tensions. Le conflit, qui a fait deux morts, trouve ses racines dans l'installation d'une communauté wallisienne à Saint-Louis, sur les terres d'une chefferie kanak. Mais les chefferies Wamytan et Moyatea s'affrontaient aussi pour le contrôle de ces terres. En janvier 2002, la France a enclenché une procédure de classement du lagon calédonien sur la liste du patrimoine de l'UNESCO (Organisation des Nations unies pour l'éducation, la science et la culture), suscitant une polémique politique et scientifique sur le Territoire. - **L. A.** ■

♦ **Polynésie française.** Lors de la session budgétaire du 20 septembre 2001, le président du gouvernement de la Polynésie Gaston Flosse (RPR) a annoncé la mise en place de nouvelles taxes, destinées à financer des fonds pour l'environnement, la santé et l'entretien du réseau routier. Une spectaculaire réconciliation a eu lieu entre G. Flosse et Alexandre Léontieff, son rival du parti indépendantiste Tavini Huiraatira (Front de libération de la Polynésie), après l'annonce de son retrait de la politique. Le 11 avril 2002, Lucette Taero, du parti autonomiste Tahoeraa Huiraatira (branche polynésienne du RPR), a été réélue présidente de l'Assemblée territoriale. Un électeur sur deux ne s'est pas déplacé lors du premier tour du scrutin présidentiel le 21 avril 2002. Au premier tour, les Polynésiens ont voté à 62,4 % pour Jacques Chirac (RPR) et à 24,6 % pour Lionel Jospin (PS). Les indépendantistes ont prôné l'abstention au premier tour. Au second tour, J. Chirac a recueilli 87,8 % des suffrages, contre 12,2 % à Jean-Marie Le Pen (Front national). Michel Buillard et Émile Vernaudon (Union pour la majorité présidentielle – UMP) ont conquis leur siège de député au terme des législatives des 9 et 16 juin suivants. - **L. A.** ■

♦ **Wallis et Futuna.** Lors des élections territoriales du 21 mars 2002 et du scrutin présidentiel des 21 avril et 5 mai 2002, la droite a réaffirmé sa domination (Jacques Chirac a recueilli 50,6 % des suffrages au premier tour et 92,2 % au second). Victor Brial a obtenu son siège de député dès le premier tour des législatives de juin suivant. Le 2 avril 2002, l'unique hebdomadaire de ce territoire d'outre-mer (TOM), *Te Fenua Fo'ou*, a cessé de paraître après une interdiction des autorités locales. - **L. A.** ■

Territoires sous contrôle des États-Unis

♦ **Guam.** Ce territoire américain non incorporé, qui tire 60 % de ses revenus du tourisme, a vu sa récession économique s'aggraver après les attentats du 11 septembre 2001 contre les États-Unis. Cependant, Guam a reçu, comme chaque année, des fonds d'aide civile et militaire des États-Unis, malgré des menaces de coupes.

♦ **Marianne du Nord.** Le ticket républicain Juan N. Babauta-Diego T. Benavente a gagné des élections controversées en novembre 2001. J. N. Babauta, devenu gouverneur, signait le 7 février deux documents octroyant à cet État associé autonome un total de 11 millions de dollars de fonds fédéraux américains.

♦ **Samoa américaines.** Le 15 janvier 2002, l'Assemblée générale de l'ONU a accepté de retirer ce territoire américain non incorporé de la liste des pays à décoloniser à la suite d'une demande du gouvernement territorial.

Les îlots inhabités de **Howland**, **Baker** et **Jarvis** sont revendiqués par Kiribati.

Les atolls de **Johnston**, **Wake** et **Midway** sont sous administration militaire des États-Unis.

Hawaii est le cinquantième État de l'Union. - **L. A.** ■

Territoires sous souveraineté néo-zélandaise

♦ **Cook (îles).** Le 11 février 2002, Robert Woonton (Parti de la nouvelle alliance) obtenait le poste de Premier ministre grâce à une motion de censure écartant Terepai Maoate (Parti de l'alliance démocratique). Le recensement de 2001 a fait apparaître une dépopulation de cet État autonome associé de 5,6 % par rapport à 1999.

♦ **Niue.** Cet État autonome associé a fermé son activité de banques *offshore* mais conservé son lucratif registre de firmes internationales. Chaque député a retrouvé son siège lors des élections générales du 20 avril 2002.

♦ **Tokelau.** Territoire insulaire néo-zélandais, Tokelau a pris en charge son administration locale en mai 2001, prélude à une future forme d'indépendance-association. - **L. A.** ■

Territoires sous souverainetés diverses

♦ **Pitcairn.** En 2001, la communauté isolée de ce territoire britannique d'une cinquantaine d'habitants a été déstabilisée par une affaire de mœurs.

♦ **Norfolk.** Cette île d'environ 2 500 habitants est un territoire fédéral autonome australien.

♦ **Lord Howe.** Cette île aux 350 résidents permanents est un « territoire extérieur » australien.

♦ **Territoire des îles de la mer de Corail.** Ces îles inhabitées sont aussi un « territoire extérieur » australien.

Les îles **Galápagos** sont administrées par l'Équateur. Le 16 janvier 2001, le naufrage du cargo *Jessica* y a provoqué une marée noire. L'archipel avait déjà beaucoup souffert du phénomène climatique *El Niño* en 1997-1998.

L'île de **Pâques** (Rapa Nui) est sous souveraineté chilienne. - **L. A.** ■

Par **Alain Noël** | 357
Politologue, Université de Montréal

L'arrivée au pouvoir de Vicente Fox en juillet 2000 et de George W. Bush en janvier 2001 a donné lieu à un rapprochement significatif entre le Mexique et les États-Unis. Au début de septembre 2001, à l'occasion d'une visite très fructueuse de V. Fox, G.W. Bush a déclaré que son pays n'avait « pas de relations au monde plus importantes » que celles qu'il entretenait avec le Mexique, au risque d'irriter le Canada, qui demeurait le premier partenaire commercial des États-Unis. La relative tiédeur de la réaction mexicaine aux attentats du 11 septembre aux États-Unis et l'implication immédiate du Canada ont un peu modifié la situation. Tout en refusant de parler formellement d'un « périmètre de sécurité » nord-américain, le Canada a accepté de faire plusieurs pas dans cette direction, par le biais d'ententes et de discussions sur les frontières, l'immigration, la sécurité et la défense. À terme, ces discussions devraient nécessairement impliquer le Mexique.

Sur le plan économique, l'intégration entre les trois pays continuait malgré tout de progresser. Plus de sept ans après son entrée en vigueur, en janvier 1994, l'Accord de libre-échange nord-américain (ALENA) est devenu une donnée fondamentale de la vie politique au Mexique, comme au Canada et aux États-Unis, entre lesquels une entente bilatérale, l'Accord de libre-échange Canada/États-Unis (ALE), avait déjà été conclue en janvier 1989. L'ALENA engage les trois pays de l'Amérique du Nord à respecter un ensemble de règles économiques communes. En plus de libéraliser les échanges de biens et de services, l'accord réglemente les investissements, la propriété intellectuelle, les barrières non tarifaires et les marchés publics. Dans la plupart des domaines, la discrimination en faveur des firmes nationales n'est plus possible. Il s'agit en quelque sorte d'une constitution économique, établissant les droits du capital sur tout le continent. L'ALENA est accompagné de deux accords de coopération dans les domaines de l'environnement et du travail.

Avec l'ALE puis avec l'ALENA, le commerce entre le Canada et les États-Unis a connu une progression spectaculaire : de 1989 à 1999, les exportations du Canada vers les États-Unis ont augmenté de 169 % et les importations du Canada en provenance des États-Unis de 149 %. Déjà importante, la dépendance du Canada face au marché américain s'est considérablement accrue. Les exportations vers les États-Unis, qui représentaient 15 % du produit intérieur brut (PIB) canadien en 1989, étaient passées à 32,6 % en 1999. La part de la production canadienne de marchandises exportée aux États-Unis est devenue plus grande que celle consommée sur place. Les accords de libre-échange ont certainement joué un rôle dans cette évolution, puisque la situation était stable lors de la décennie précédente et qu'elle n'a pas évolué de la même façon avec les autres partenaires commerciaux du Canada.

Avec l'ALENA, le Mexique a connu une évolution semblable, sur une période encore plus courte. De 1994 à 1999, les échanges

APRÈS LE « 11 SEPTEMBRE », DES DISCUSSIONS SUR LES FRONTIÈRES, L'IMMIGRATION, LA SÉCURITÉ ET LA DÉFENSE ONT CONTRIBUÉ À RAPPROCHER LES ÉTATS-UNIS ET LE CANADA.

Amérique du Nord

Par **Alain Noël**
Politologue, Université de Montréal

DES DISCUSSIONS SE POURSUIVAIENT SUR L'ÉLARGISSEMENT DE L'ENTENTE AUX DEUX AMÉRIQUES, ET SUR L'INTÉGRATION MONÉTAIRE, UNE IDÉE TRÈS CONTROVERSÉE INTRODUITE PAR DES CANADIENS ET DES MEXICAINS DANS LA FOULÉE DE LA ZONE EURO.

avec les États-Unis et le Canada ont presque doublé. Le commerce extérieur (près de 18 % du PIB avant la signature de l'ALENA) représentait plus de 30 % du PIB en 1997. Les exportations vers les États-Unis, en particulier, ont contribué de façon indéniable à la croissance de l'économie mexicaine. Pour les États-Unis, dont l'économie dépend moins du commerce extérieur, l'impact a été moins remarquable. Les déficits commerciaux se sont accrus avec les deux partenaires de l'ALENA, avec sans doute des conséquences négatives pour l'emploi dans certains secteurs. Dans un contexte de croissance rapide et de recul sensible du chômage, ces effets sectoriels sont toutefois apparus relativement marginaux.

En termes de croissance, de productivité et de revenus, les bilans demeuraient difficiles à établir parce qu'il n'est pas vraiment possible d'isoler l'effet spécifique de l'intégration continentale. Dans les trois pays, le début des années 1990 a été marqué par une croissance lente et un niveau élevé de chômage. Les salaires réels n'ont guère progressé et la distribution des revenus s'est détériorée. Au Mexique, en particulier, la crise économique de décembre 1994 a été très dure, avec une très importante dévaluation du peso et une chute brutale de la production nationale et des salaires réels. À la fin de la décennie, la forte croissance de l'économie américaine a entraîné dans son sillage les économies de ses voisins, notamment par le biais du commerce intrafirme, très important à l'intérieur de l'ALENA. Les effets de la croissance sur les revenus demeuraient toutefois incertains, la progression des échanges n'assurant pas celle du niveau de vie. Dans les trois pays, les inégalités demeuraient importantes. Au Mexique, la croissance a surtout bénéficié aux États du Nord.

L'ALENA ne concerne cependant pas que le commerce. Les mécanismes de résolution des conflits commerciaux demeurent en fait relativement faibles. En signant cet accord, les trois partenaires renonçaient surtout à certaines de leurs traditions interventionnistes, pour accorder un rôle accru au marché. À court terme, cette réorientation politique n'a pas provoqué le nivellement social que craignaient certains. Mais les pressions en faveur de la privatisation, de la déréglementation et d'une remise en cause de certaines politiques sociales sont réelles et elles pourraient, dans les années à venir, imposer des contraintes significatives aux acteurs sociaux et politiques.

Quoi qu'il en soit, l'ALENA est devenu une réalité incontournable. Au-delà de son impact économique, celui-ci contribue à faire avancer l'idée d'une certaine communauté de destin entre les trois pays de l'Amérique du Nord. Sans effacer entièrement une histoire faite de relations difficiles, l'intégration continentale multiplie les points de contact et intensifie les rapports. Les accords de coopération dans le domaine du travail et de l'environnement, par exemple, aussi limités soient-ils, ont permis de tisser des liens institutionnels entre les syndicats et les mouvements sociaux des trois pays, qui, de plus en plus régulièrement, discutent de questions d'intérêt commun.

Par **Alain Noël** | 359
Politologue, Université de Montréal

Amérique du Nord/Bibliographie sélective

A. S. Bailly, G. Dorel, J.-B. Racine *et alii*, « États-Unis, Canada », *in* R. Brunet (sous la dir. de), *Géographie universelle*, vol. IV, Belin/RECLUS, Paris/Montpellier, 1994.

K. Banting, G. Hoberg, R. Simeon (sous la dir. de), *Degrees of Freedom : Canada and the United States in a Changing World*, McGill/Queen's University Press, Montréal, 1997.

R. Blank, *It Takes a Nation : A New Agenda for Fighting Poverty*, Princeton University Press, Princeton, 1997.

B. Campbell, M. T. Gutierrez Haces, A. Jackson, M. Larudee, *Pulling Apart : The Deterioration of Employment and Income in North America Under Free Trade*, Canadian Centre of Policy Alternatives, Ottawa, 1999.

C. Deblock, S. F. Turcotte (sous la dir. de), « Le projet des Amériques sept années plus tard », *Études internationales*, vol. XXXII, n° 4, Institut québécois des hautes études internationales, Québec, déc. 2001.

C. F. Doran, A. P. Drischler (sous la dir. de), *A New North America : Cooperation and Enhanced Interdependence*, Praeger, Westport (Conn.), 1996.

R. M. Earle, D. Wirth, *Identities in North America. The Search for Community*, Stanford University Press, Stanford, 1995.

J. R. MacArthur, *The Selling of Free Trade : Nafta, Washington and the Subversion of American Democracy*, Hill & Wang, New York, 2000.

G. Mace, J.-P. Thérien (sous la dir. de), *Foreign Policy and Regionalism in the Americas*, Lynne Rienner, Boulder (CO), 1996.

W. A. Orme, *Understanding NAFTA : Mexico, Free Trade and the New North America*, University of Texas Press, Austin, 1996.

C. Paraskevopoulos, R. Grinspun, G. E. Eaton (sous la dir. de), *Economic Integration in the Americas*, Edward Elgar, Cheltenham (R-U), 1996.

S. F. Turcotte (sous la dir. de), *L'Intégration des Amériques. Pleins feux sur la ZLEA, ses acteurs, ses enjeux*, Fides/La Presse, Montréal, 2001.

S. Weintraub, *NAFTA at Three : A Progress Report*, Center for Strategic and International Studies, Washington (DC), 1997.

M. Weir, *The Social Divide : Political Parties and the Future of Activist Governement*, Brookings Institution Press, Washington (DC), 1998.

Voir aussi les bibliographies « Canada », « États-Unis » et « Mexique », p. 368, 374 et 380.

Même dans un contexte de croissance économique plus lente, l'intégration demeurait à l'ordre du jour au début de l'année 2002. Des discussions relatives à deux grands dossiers se poursuivaient : l'élargissement de l'entente à l'ensemble des Amériques, souhaitée par le Canada et le Mexique mais que les législateurs américains refusaient encore d'entériner, et l'intégration monétaire, une idée beaucoup plus controversée introduite par des économistes et des hommes d'affaires du Canada et du Mexique, dans la foulée de la création de la Zone euro. Progressivement, l'idée d'une intégration plus sociale et plus démocratique faisait aussi son chemin. En janvier 2002, par exemple, la Commission de coopération environnementale de l'ALENA publiait son premier bilan et parlait d'une « crise généralisée » commandant des changements rapides dans les politiques publiques des trois pays.■

*Par **Alain Noël** et **Henri Proulx***
Science politique, Université de Montréal

2001

16 juillet. Mexique. La loi sur les droits et culture indigènes, rejetée par l'Armée zapatiste de libération nationale (EZLN), est ratifiée par seize des trente et un États du Mexique, condition requise pour tout amendement à la Constitution.

4-7 septembre. États-Unis/Mexique. En visite d'État à Washington, le président mexicain Vicente Fox souhaite parvenir à un accord qui permettrait de régulariser la situation des trois à six millions de Mexicains vivant clandestinement aux États-Unis. Le président américain George W. Bush se déclare ouvert à un accord, mais les démocrates s'y opposent.

11 septembre. États-Unis. Quatre avions civils sont détournés et utilisés pour attaquer New York et Washington. Deux d'entre eux détruisent entièrement le World Trade Centre à New York, un autre s'abat sur une aile du Pentagone à Washington et un quatrième s'écrase près de Pittsburgh. Au total, environ 3 000 personnes trouvent la mort lors de ces attentats, considérés par le gouvernement américain comme un « acte de guerre ».

7 octobre. États-Unis. Par des bombardements, les États-Unis et le Royaume-Uni amorcent l'offensive militaire contre l'Afghanistan dont le régime des taliban est étroitement lié au réseau Al-Qaeda d'Oussama ben Laden, auquel sont imputés les attentats du « 11 septembre ».

7 octobre. Mexique. Sur l'initiative de Vicente Fox, les huit partis représentés au Congrès et au Sénat s'engagent à appuyer des politiques d'assainissement des finances publiques et la déréglementation dans les secteurs des télécommunications et de l'énergie.

15 octobre. États-Unis. Le bureau du leader de la majorité démocrate au Sénat, Tom Daschle, reçoit une lettre contaminée au bacille du charbon (*anthrax*). D'autres lettres contaminées circuleront et feront des victimes, notamment chez les employés des postes.

23 octobre. Canada. Le Premier ministre du Québec, Bernard Landry, et le grand chef des Cris, Ted Moses, annoncent un accord de principe historique, qui offre aux Cris la maîtrise de leur développement économique et une contribution gouvernementale de 3,5 milliards de dollars sur une période de cinquante ans.

31 octobre. Canada/États-Unis. Le département américain du Commerce annonce des pénalités antidumping de 13 % contre l'industrie canadienne du bois d'œuvre.

27 novembre. Mexique. La Commission nationale des droits de la personne publie un rapport qui reconnaît la responsabilité des gouvernements du Parti révolutionnaire institutionnel (PRI) pour les violations des droits de la personne durant la répression des guérillas d'extrême gauche pendant les années 1970.

2 décembre. États-Unis. Faillite de la société énergétique Enron, qui détenait 20 % du marché des actions en énergie (gaz naturel et électricité) aux États-Unis et en Europe Le cabinet d'audit Andersen sera inculpé pour destruction de pièces comptables [*voir article p. 67*].

2002

15 janvier. Canada. Jean Chrétien annonce un remaniement ministériel. John Manley devient vice-premier ministre, le député William Graham succède à ce dernier aux Affaires étrangères et le ministre de la Santé, Allan Rock, obtient le portefeuille de l'Industrie.

4 février. États-Unis. Le président Bush présente un projet de loi qui prévoit une hausse de 10 % des dépenses militaires, ce qui représente l'augmentation la plus importante depuis la présidence de Ronald Reagan (1981-1989).

24 février. Mexique. Roberto Madrazo, ancien gouverneur de l'État de Tabasco, est élu président du Parti révolutionnaire institutionnel (PRI).

9 mars. Mexique. Arrestation du chef du cartel de la drogue de Tijuana, Benjamin Arellano Felix, et confirmation de la mort de l'autre homme fort, son frère Ramon.

20 mars. États-Unis. Le Sénat approuve une loi réformant le financement des partis politiques (interdiction du *soft money* et hausse de la limite sur les dons de *hard money*).

20 mars. Canada. Stephen Harper, 42 ans, est élu à la tête de l'Alliance canadienne, l'opposition officielle à la Chambre des communes.

9 avril. Mexique. Pour la première fois de son histoire, le Sénat se prévaut de son autorité sur les voyages du président pour interdire à Vicente Fox de quitter le pays et d'effectuer

Amérique du Nord

une visite aux États-Unis et au Canada, estimant que le président néglige les problèmes intérieurs du pays au profit de sa politique de rapprochement avec les États-Unis.

13 mai. États-Unis. Signature par le président Bush d'une loi sur l'agriculture qui prévoit une augmentation des subventions d'environ 70 % sur dix ans. Ce *farm bill* s'ajoute à plusieurs autres mesures protectionnistes en contradiction avec les engagements du gouvernement américain en faveur de la libéralisation des marchés.

24 mai. États-Unis. Le président Bush et le président russe, Vladimir Poutine, signent un traité de réduction des armes nucléaires.

2 juin. Canada. Jean Chrétien congédie son ministre des Finances, Paul Martin, lequel amorce ouvertement sa campagne en vue de remplacer Jean Chrétien à la tête du Parti libéral du Canada et du gouvernement.

10 juin. Mexique. Vicente Fox signe la loi fédérale de transparence et d'accès à l'information publique gouvernementale, illustrant son souhait de lutter contre la corruption au sein de l'État.

26-27 juin. Canada. Sommet du G-8 à Kananaskis. La situation au Proche-Orient, le projet de Nouveau partenariat pour le développement de l'Afrique (Nepad) et l'aide au désarmement de la Russie sont à l'ordre du jour. ■

INDICATEUR	UNITÉ	CANADA	ÉTATS-UNIS	MEXIQUE
Démographie[a]				
Population	(millier)	31 015	285 926	100 368
Densité	(hab./km²)	3,4	31,2	52,6
Croissance annuelle (1995-2000)	(%)	0,9	1,1	1,6
Indice de fécondité (ISF) (1995-2000)		1,60	2,04	2,75
Mortalité infantile (1995-2000)	‰	5,5	7,6	31,0
Espérance de vie (1995-2000)	(année)	78,5	76,5	72,2
Population urbaine[c]	(%)	77,0	77,0	74,2
Indicateurs socioculturels				
Développement humain (IDH)[b]		0,940	0,939	0,796
Nombre de médecins	(‰ hab.)	2,10[c]	2,80[c]	1,70[c]
Espérance de scolarisation[f]	(année)	15,0	15,5	11,5
Scolarisation 3e degré	(%)	58,3[f]	77,0[f]	18,4[f]
Accès à Internet	(‰ hab.)	435,27	499,51	34,87
Livres publiés	(titre)	19 900[g]	68 175[g]	6 183[g]
Armées (effectifs)				
Armée de terre	(millier)	18,6[h]	477,8	144
Marine	(millier)	9	537,4[i]	37
Aviation	(millier)	13,5	352,3	11,77
Économie				
PIB total (PPA)[b]	(millard $)	856	9 613	884
Croissance annuelle 1990-2000	(%)	2,8	3,2	3,5
Croissance annuelle 2001	(%)	1,5	1,2	- 0,3
PIB par habitant (PPA)[b]	($)	27 840	34 142	9 023
Investissement (FBCF)[d]	(% PIB)	19,8	20,2	20,7
Recherche et Développement	(% PIB)	1,93[m]	2,70[b]	0,40[c]
Taux d'inflation	(%)	2,5	2,8	6,4
taux de chômage (fin d'année)	(%)	8,0	5,8	••
Énergie (consom./hab)[c]	(TEP)	7,929	8,159	1,543
Énergie (taux de couverture)[c]	(%)	151,6	74,4	148,9
Dépense publique Éducation[f]	(% PIB)	5,6	5,0	5,0[o]
Dépense publique Défense	(% PIB)	1,1	3,0	1,0[b]
Solde administrat. publiques	(% PIB)	2,3	0,6	••
Dettes administrat. publiques	(% PIB)	101,6	56,9	••
Dette extérieure totale[b]	(million $)	••	••	146 100[m]
Échanges extérieurs				
Importations (douanes)	(million $)	247 888	1 180 110	154 744
Principaux fournisseurs	(%)	E-U 63,6	Asie[p] 38,9	E-U 72,5
	(%)	Asie[p] 14,3	Alena 29,9	PED[p] 12,3
	(%)	UE 11,2	UE 19,2	UE 9,9
Exportations (douanes)	(million $)	258 093	730 906	145 784
Principaux clients	(%)	E-U 87,5	Alena 36,3	E-U 82,2
	(%)	UE 4,4	Asie[p] 27,8	AmL 5,1
	(%)	Asie[p] 5,1	UE 21,8	UE 3,9
Solde transactions courantes	(% PIB)	2,7	- 4,1	- 2,9

Définition des indicateurs, sigles et abréviations p. 23 et suivantes. Chiffres 2001 sauf notes. a. Derniers recensements utilisables : Canada, 2001; États-Unis, 2000; Mexique, 2000; b. 2000; c. 1999; d. 1999-2001; e. 1998-2000; f. 1998; g. 1996; h. Non compris 15700 h. non ventilés par arme; i. Dont 171300 marines; k. 1997-1999; m. 2001; o. 1993; p. Y compris Japon et Moyen-Orient.

Canada

Priorité à la sécurité

Les attentats islamistes du 11 septembre 2001 à New York et Washington ont eu un impact considérable au Canada. Économiquement, socialement et culturellement, aucun pays n'est plus proche des États-Unis. New York, à quelques heures d'une frontière jusque-là très poreuse et peu gardée, joue un rôle économique, culturel et symbolique de premier plan, pour le Canada comme pour les États-Unis. Le choc a donc été immédiat et a rapidement imposé de nouvelles priorités publiques. Les attentats ont notamment ramené au premier plan les enjeux de défense et de sécurité, dont les citoyens canadiens se souciaient assez peu auparavant.

Depuis quelques années déjà, le pays connaissait des taux de croissance économique solides, oscillant autour de 4 % (4,4 % en 2000). Le taux de chômage avait graduellement baissé, passant de 9,2 % en 1997 à 6,8 % en 2000, et l'indice des prix à la consommation demeurait stable à moins de 3 % (2,7 % en 2000). Le gouvernement fédéral, réélu en novembre 2000, et la plupart des provinces affichaient des surplus budgétaires. Sur le plan intérieur, les principaux enjeux politiques avaient trait à la qualité de la gestion publique, au financement des programmes sociaux et à l'équilibre des pouvoirs dans la fédération. En politique extérieure, le commerce, l'environnement et les nouveaux défis de la sécurité humaine prédominaient.

Après le choc du « 11 septembre »

La situation a rapidement changé après le 11 septembre. Comme aux États-Unis, le ralentissement économique fut immédiat et laissait craindre une récession majeure. Pendant le troisième trimestre de 2001, la croissance a été négative (−0,6 %) et le chômage a augmenté (7,2 %). Exceptionnellement, le gouvernement fédéral a présenté un budget le 10 décembre, et annoncé de nouvelles initiatives en matière de sécurité et de défense. Le budget prévoyait des dépenses de 7,7 milliards de dollars canadiens sur cinq ans pour renforcer la sécurité aérienne, les services de renseignement, la protection civile et la défense, ainsi que pour améliorer le contrôle des immigrants et des réfugiés. La modernisation des infrastructures frontalières était également prévue, afin d'améliorer la sécurité sans nuire à la fluidité des échanges avec les États-Unis.

Dans la même période, le gouvernement fédéral a annoncé deux projets de lois antiterroristes. Le premier a été adopté par la Chambre des communes à la fin novembre 2001, en dépit de l'opposition des partis du centre gauche (le Bloc québécois et le Nouveau parti démocratique) et de nombreux groupes et organismes de défense des libertés civiles. Il autorisait notamment les écoutes électroniques sans mandat, les arrestations préventives et l'espionnage électronique. Le second projet, plus controversé encore, donnait au ministre de la Défense le pouvoir de faire d'une région du pays une zone de sécurité contrôlée par les militaires. Il a été retiré par le gouvernement en avril 2002, pour revenir un peu plus tard dans une version amendée.

Après les attentats, le Canada a mis l'accent sur la nécessité d'assurer la sécurité des frontières. Les États-Unis souhaitaient aller un peu plus loin et ont évoqué l'idée d'un « périmètre de sécurité » nord-américain, pour mieux contrôler l'ensemble du continent. En principe, le gouvernement canadien s'opposait à une telle approche, perçue comme une atteinte à la souveraineté du pays. En pratique, cependant, plusieurs mesures ont été adoptées qui s'inscrivent dans une telle logique. La collaboration aux frontières a été accrue, des inspecteurs américains ont été postés dans les ports du Canada et, surtout, la mise en place d'un nouveau commandement continental a été annoncée en avril 2002. Baptisé « Northern Command », il s'agit d'une initiative américaine qui implique directement le Canada

Canada

© Éditions La Découverte & Syros

puisqu'il englobe le Centre canado-américain de surveillance aérienne de l'espace nord-américain (NORAD).

Étroite coopération avec les États-Unis

Un virage majeur avait d'ailleurs déjà été effectué par le gouvernement canadien. En janvier 2002, après avoir refusé de jouer un rôle mineur dans le cadre de la Force de stabilisation internationale mise en place à Kaboul sous l'autorité de l'ONU, le Canada avait décidé d'engager des troupes à Kandahar, sous commandement opérationnel américain, rompant avec une tradition qui privilégiait le multilatéralisme et les opéra-

Bilan de l'année / Canada

tions de maintien de la paix. Cette coopération a d'ailleurs posé des difficultés au gouvernement lorsqu'il est apparu que l'armée canadienne remettait des prisonniers aux États-Unis, en dépit du fait que ceux-ci ne respectaient pas la convention de Genève sur les prisonniers de guerre. La mort de quatre soldats canadiens provoquée par une bombe américaine larguée par erreur, le 17 avril, a également rappelé, dans l'opinion publique, la portée du nouveau rôle assumé en Afghanistan.

Ce rapprochement sur le plan de la sécurité n'a pas pour autant éliminé les conflits commerciaux. Le plus important concerne le bois d'œuvre. Le 21 mars 2002, les deux pays ont rompu les négociations à ce sujet et les Américains ont annoncé l'imposition aux producteurs canadiens d'un tarif douanier de 29 %, une sanction qui a immédiatement entraîné des mises à pied dans cette industrie très importante au Québec et en Colombie-Britannique. La situation économique s'est tout de même révélée moins difficile que prévu après le 11 septembre. Entraînée par les dépenses de consommation et l'investissement résidentiel, la croissance a repris dès le dernier trimestre de 2001 (2,0 %) et les perspectives semblaient bonnes pour l'ensemble de l'année 2002.

À Ottawa, plusieurs accrocs à l'éthique et aux règles administratives ont soulevé des doutes dans l'opinion publique et conduit au départ de plusieurs ministres. Par ailleurs, les tensions entre le Premier ministre Jean Chrétien et son ministre des Finances, Paul Martin, qui était populaire et aspirait depuis longtemps à lui succéder, ont culminé avec le congédiement du second le 2 juin 2002. Cette décision a engendré beaucoup de mécontentement chez les libéraux et placé J. Chrétien dans une situation difficile face à son propre parti. Le Parti libéral du Canada bénéficiait malgré tout d'une confortable majorité, l'opposition demeurant trop divisée pour constituer une menace. L'arrivée de Stephen Harper à la tête de l'Alliance canadienne, le parti de droite formant l'opposition officielle à la Chambre des communes, n'a guère changé la situation. S. Harper n'était disposé ni à unir la droite en collaborant avec le Parti progressiste conservateur de Joe Clark, ni à faire des concessions pour rendre son parti acceptable au Québec, et n'a eu qu'un im-

INDICATEUR	UNITÉ	1980	1990	2000	2001
Démographie[a]					
Population	million	24,5	27,7	30,8	31,0
Densité	hab./km²	2,7	3,0	3,3	3,4
Croissance annuelle	%	1,1[f]	1,3[g]	0,9[h]	0,8[i]
Indice de fécondité (ISF)		1,7[f]	1,7[g]	1,6[h]	1,6[i]
Indicateurs socioculturels					
Nombre de médecins	‰ hab.	1,78[q]	2,10	2,10[c]	••
Scolarisation 2e degré	%	••	88,7	91,1[s]	93,7[d]
Scolarisation 3e degré	%	57,1	94,7	87,2[e]	58,3[d]
Téléviseurs	‰ hab.	432	628	715	••
Livres publiés	titre	6 737	••	19 900[t]	••
Économie					
PIB total	milliard $	290,5	559,2	856,1	888,0
Croissance annuelle	%	2,8[k]	2,3[m]	4,4	1,5
PIB par habitant (PPA)	$	11 811	20 122	27 840	28 637
Investissement (FBCF)	% PIB	23,7[o]	21,0[p]	19,8	19,8
Recherche et Développement	% PIB	1,24[q]	1,53	1,84[b]	1,93[u]
Taux d'inflation	%	10,2	4,8	2,7	2,5
Population active	million	11,9	14,3	16,1	16,3
Agriculture	% ⎫	5,4	4,2	3,3	2,9
Industrie	% ⎬ 100 %	28,8	24,9	22,6	22,7
Services	% ⎭	65,7	70,9	74,1	74,4
Taux de chômage (fin année)	%	7,5	8,1	6,8	7,7[v]
Énergie (consom./hab.)	TEP	7,85	7,52	7,85[d]	7,93[c]
Énergie (taux de couverture)	%	107,5	130,9	155,2[d]	151,6[c]
Aide au développement (APD)	% PIB	0,43[w]	0,48[x]	0,25	0,23
Dépense publique Éducation	% PIB	6,7	6,5	6,6[y]	5,6[d]
Dépense publique Défense	% PIB	2,2[z]	1,8	1,2	1,1
Solde administrat. publiques	% PIB	– 3,9[A]	– 5,5[B]	2,5	2,3
Dette administrat. publiques	% PIB	84,2[z]	93,1	103,0	101,6
Échanges extérieurs		**1974**	**1986**	**2000**	**2001**
Importations de services	milliard $	5,73	15,86	41,77	40,02
Importations de biens	milliard $	32,52	82,92	244,61	226,73
Produits énergétiques	%	10,5	4,7	3,3[c]	5,2[b]
Produits manufacturés	%	70,1	80,9	85,2[c]	83,7[b]
dont machines et mat. de transport	%	45,6	55,8	53,3[c]	52,0[b]
Exportations de services	milliard $	4,16	11,81	37,25	35,60
Exportations de biens	milliard $	34,28	90,10	284,45	266,55
Produits agricoles	%	24,4	18,4	13,3[c]	12,2[b]
Produits miniers	%	33,6	20,2	10,3[c]	••[b]
Produits manufacturés	%	41,6	60,9	66,5[c]	63,5[b]
Solde des transactions courantes	% du PIB	– 2,7[C]	– 2,7[D]	2,5	2,7
Position extérieure nette	milliard $	– 42,6	– 142,6	– 187,6[c]	– 162,5[b]

Définition des indicateurs, sigles et abréviations p. 23 et suivantes. a. Dernier recensement utilisable : 2001 ;
b. 2000 ; c. 1999 ; d. 1998 ; e. 1997 ; f. 1975-1985 ; g. 1985-1995 ; h. 1995-2000 ; i. 2000-2005 ; k. 1980-1990 ;
m. 1990-2000 ; o. 1979-1981 ; p. 1989-1991 ; q. 1981 ; s. 1995 ; t. 1996 ; u. 2001 ; v. Mai 2002 ; w. 1982-1983 ;
x. 1987-1988 ; y. 1994 ; z. 1985 ; A. 1980-1982 ; B. 1990-1992 ; C. 1975-84 ; D. 1985-96.

pact négligeable dans les sondages. Au Québec, le Bloc québécois, souverainiste de centre gauche, conservait une mince majorité de sièges, alors qu'ailleurs au Canada le Nouveau parti démocratique demeurait une alternative sociale-démocrate marginale. Son chef, Alexa McDonough, a annoncé son départ, le 5 juin 2002.

Ententes historiques avec des nations autochtones

Au Québec, le gouvernement du Parti québécois (souverainiste et de centre gauche) a connu une année difficile. Secoué par des affaires de *lobbying*, par la démission de ministres et par plusieurs défaites lors d'élections partielles, le gouvernement de Bernard Landry a vu ses appuis populaires fléchir au profit des deux partis d'opposition, fédéralistes et de centre droit, le Parti libéral du Québec dirigé par Jean Charest et l'Action démocratique du Québec (ADQ) de Mario Dumont. L'ADQ, en particulier, a semblé tirer bénéfice de la désaffection des électeurs pour les deux grands partis ; au printemps 2002, elle a réussi une percée importante en faisant élire quatre députés à l'occasion d'élections complémentaires.

Le gouvernement de B. Landry a signé deux ententes historiques avec des nations autochtones du nord du Québec, les Cris et les Inuits du Nunavik, et une entente de principe avec les Innus de Mamuitun. Survenue la première, l'entente avec les Cris représentait un véritable déblocage, puisqu'elle a mis un terme à un long conflit et défini un nouveau modèle, susceptible d'être repris par d'autres nations. Il s'agissait d'une entente de « nation à nation », valable pour cinquante ans, respectueuse du droit à l'autodétermination. Les ententes subséquentes en sont inspirées. Ailleurs au Canada, la situation était beaucoup plus tendue. En Colombie-Britannique, notamment, le nouveau gouvernement libéral de Gordon Campbell a clairement indiqué qu'il n'avait pas l'intention de reproduire l'entente que

son prédécesseur avait signée avec les Nisga'a.

Dans les relations entre le gouvernement fédéral et les provinces, le financement des programmes sociaux, notamment des soins de santé, demeurait un objet majeur de désaccord. En mars 2002, une commission

Canada

Capitale : Ottawa.
Superficie : 9 976 139 km².
Population : 31 153 000.
Langues : anglais et français (off.).
Monnaie : dollar canadien (1 dollar canadien = 0,66 € et 0,64 dollar des États-Unis au 10.8.02).
Nature de l'État : fédération (10 provinces et 3 territoires). Les deux provinces les plus importantes, l'Ontario et le Québec, regroupent 63 % de la population canadienne. En 1999 est entré en fonction le gouvernement d'un nouveau territoire, le Nunavut (« Notre terre » en inuktitut), à majorité inuit.
Nature du régime : démocratie parlementaire.
Chef de l'État : reine Elizabeth II, représentée par une gouverneure générale, Adrienne Clarkson (depuis le 7.10.99). Le pouvoir exécutif est assuré par le Premier ministre.
Premier ministre : Jean Chrétien (depuis le 5.11.93).
Vice-premier ministre et ministre des Finances : John Manley.
Ministre des Affaires étrangères : William Graham.
Principaux partis politiques : *Au niveau fédéral et provincial :* Parti libéral ; Parti progressiste conservateur (conservateur) ; Nouveau parti démocratique (social-démocrate). *Au niveau fédéral seulement :* Alliance canadienne (très conservatrice) ; Bloc québécois, présent au Québec seulement (souverainiste). *Au niveau provincial seulement :* Parti québécois, Parti libéral du Québec, Action démocratique du Québec.
Échéances institutionnelles : élections provinciales au Québec (au plus tard à l'aut. 03).

Canada/Bibliographie

G. Bouchard, *Genèse des nations et cultures du nouveau monde*, Boréal, Montréal, 2000.

F. Dumont, *Genèse de la société québécoise*, Le Boréal, Montréal, 1993.

A.-G. Gagnon (sous la dir. de), *Québec : État et société*, Québec/Amérique, Montréal, 1994.

A.-G. Gagnon (sous la dir. de), *L'Union sociale sans le Québec*, Éditions Saint-Martin, Montréal, 2000.

A.-G. Gagnon, A. Noël (sous la dir. de), *L'Espace québécois*, Québec/Amérique, Montréal, 1995.

G. Laforest, R. Gibbins (sous la dir. de), *Sortir de l'impasse : les voies de la réconciliation*, Institut de recherche en politiques publiques, Montréal, 1998.

H. Lazar, (sous la dir. de), *Canada : The State of the Federation 1999-2000 : In Search of a New Mission Statement for Fiscal Federalism*, Institute of Intergovernmental Relations, Kingston, 2000.

J.-F. Lisée, *Sortie de secours : comment échapper au déclin du Québec*, Le Boréal, Montréal, 2000.

K. McRoberts, *Un pays à refaire. L'échec des politiques constitutionnelles*, Le Boréal, Montréal, 1999.

L. A. Pal (sous la dir. de), *How Ottawa Spends 2001-2002 : Power in Transition*, Oxford University Press, Don Mills, 2001.

J. J. Rice, M. J. Prince, *Changing Politics of Canadian Social Policy*, University of Toronto Press, Toronto, 2000.

D. J. Savoie, *Governing from the Centre : The Concentration of Power in Canadian Politics*, University of Toronto Press, Toronto, 1999.

Voir aussi la bibliographie sélective « Amérique du Nord », p. 359.

mise sur pied par le gouvernement du Québec confirmait l'existence d'un important déséquilibre fiscal et proposait un nouveau partage des moyens financiers dans la fédération. Bien reçu par les provinces, ce constat a été immédiatement rejeté par le gouvernement fédéral. - **Alain Noël** ∎

États-Unis

Nouveau positionnement sur la scène mondiale

Les attentats-suicides du 11 septembre 2001 perpétrés en détournant et en « crashant » des avions de ligne contre les tours jumelles du World Trade Centre (New York) et contre le Pentagone (Washington) ont entraîné le pays dans une « guerre d'un genre nouveau » contre un ennemi insaisissable. Au choc des attentats, qui ont fait 3 000 morts, s'est ajoutée la mystérieuse apparition de bacilles du charbon dans le courrier de dirigeants politiques, de vedettes des médias et de simples citoyens. Le 5 octobre, ces bacilles causaient un premier décès (il y en eut cinq autres avant la fin de l'année). Les alertes à répétition, ainsi que les évacuations presque quotidiennes d'immeubles ou d'aéroports ont entretenu un climat de panique et réveillé le spectre d'attaques inédites – bactériologiques, chimiques ou même nucléaires. C'est dans ce climat que les dirigeants américains ont pris des mesures modifiant profondément le paysage politique intérieur et les rapports de l'Amérique avec le reste de la planète.

Annihiler l'« axe du mal »

La lutte contre le terrorisme est ainsi devenue la priorité essentielle du gouvernement. Une vaste campagne militaire engagée contre l'Afghanistan, dès le 7 octobre 2001, a mis fin au régime des taliban, même si elle n'a permis ni de « capturer mort ou vif » l'ordonnateur présumé des attentats, Oussama ben Laden, ni de mettre fin à la menace présentée par les réseaux islamistes Al-Qaeda. En effet, au cours des mois suivants, un certain nombre de tentatives d'attentats ont été déjouées. Cette campagne fut néanmoins présentée par les médias et par la classe politique comme un éclatant succès. Cela favorisa la montée en flèche au sein de l'Administration des « faucons » – tels le secrétaire à la Défense, Donald Rumsfeld, son adjoint Paul Wolfowitz, théoricien de l'unilatéralisme, et la directrice du Conseil de Sécurité nationale, Condoleezza Rice – qui souhaitaient étendre l'aire géographique de la guerre, et en particulier attaquer, aussitôt que possible, l'Irak.

Les modérés – comme le secrétaire d'État Colin Powell – se sont retrouvés isolés dans un climat très favorable tant au manichéisme qu'à l'unilatéralisme guerrier. L'Amérique évoluait vers une nouvelle doctrine stratégique, formellement présentée le 1er juin par le président George W. Bush dans un discours prononcé à l'école militaire de West Point : l'Amérique ne se contenterait plus de répondre à des attaques, elle s'arrogeait désormais le droit de frapper à titre préventif tout « État voyou » (*rogue state*) qui pourrait menacer l'ordre mondial.

L'adhésion du président aux thèses des « faucons » est apparue clairement dans son discours sur l'état de l'Union (29 janvier 2002), lorsqu'il évoqua le besoin de vaincre un « axe du mal » réunissant l'Irak, l'Iran et la Corée du Nord, trois pays fort différents. L'Iran, vieil ennemi de l'Irak et des taliban, avait pourtant fait preuve depuis le 11 septembre d'une neutralité bienveillante, et la nouvelle politique américaine ne pouvait qu'embarrasser les modérés de la République islamique qui œuvraient pour la normalisation des rapports avec les États-Unis. Quant à la Corée du Nord, sa mise au ban des nations a soulevé l'inquiétude de la Corée du Sud ainsi que des autres pays de la région, qui misaient sur l'apaisement des tensions dans la péninsule coréenne.

Les rapports de Washington avec Cuba ont connu un même raidissement. Après la visite officielle de l'ancien président Jimmy Carter (1977-1981) dans l'île, le président Bush – dont le frère Jeb cherchait à être réélu au poste de gouverneur de la Floride, laquelle compte une population cubaine à la fois puissante et farouchement anticastriste – a réaffirmé le 20 mai 2002 que la détente n'était pas à l'ordre du jour : l'embargo ne serait levé qu'à condition que le régime cubain organise des élections parlementaires libres en 2003, qu'il relâche les prisonniers politiques, qu'il autorise l'avènement d'une opposition politique et qu'il effectue des réformes économiques. L'engagement militaire des États-Unis s'est, par ailleurs, étendu à de nouvelles régions, avec le déploiement de conseillers militaires dans une dizaine de pays (dont les Philippines, la Géorgie ou le Yémen), afin de les « aider » dans la lutte antiterroriste.

Priorité... aux intérêts américains

L'unilatéralisme s'est également manifesté dans le domaine de la coopération internationale. Le gouvernement américain est ainsi revenu sur des engagements antérieurs, et a maintenu son opposition à des accords faisant l'objet d'un vaste consensus international. Il a abrogé l'accord conclu en 1972 avec l'Union soviétique sur la limitation des systèmes missiles antibalistiques (ABM), s'est opposé à la création d'une Cour pénale internationale (CPI) (sous prétexte qu'elle promouvrait « une justice supranationale politisée ») et a maintenu son refus de ratifier le protocole de Kyoto sur le

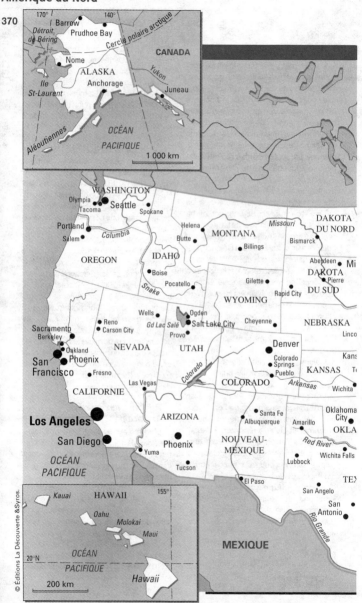

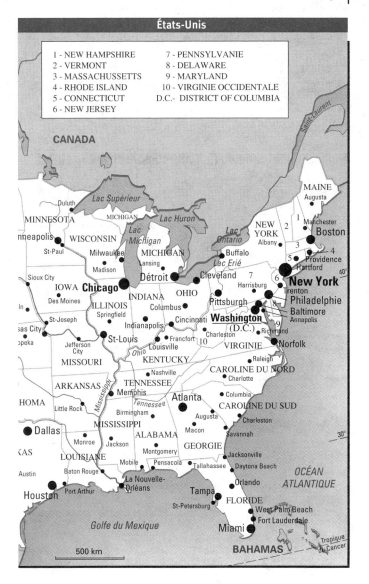

États-Unis

1 - NEW HAMPSHIRE
2 - VERMONT
3 - MASSACHUSSETTS
4 - RHODE ISLAND
5 - CONNECTICUT
6 - NEW JERSEY
7 - PENNSYLVANIE
8 - DELAWARE
9 - MARYLAND
10 - VIRGINIE OCCIDENTALE
D.C.- DISTRICT OF COLUMBIA

INDICATEUR	UNITÉ	1980	1990	2000	2001
Démographie[a]					
Population	million	230,4	254,8	283,2	285,9
Densité	hab./km²	25,2	27,8	30,9	31,2
Croissance annuelle	%	1,0[f]	1,0[g]	1,1[h]	0,9[i]
Indice de fécondité (ISF)		1,8[f]	2,0[g]	2,0[h]	1,9[i]
Indicateurs socioculturels					
Nombre de médecins	‰ hab.	1,83	2,40	2,70[d]	••
Scolarisation 2e degré	%	••	85,8	90,0[r]	90,2[d]
Scolarisation 3e degré	%	55,5	75,2	80,0[e]	77,0[d]
Téléviseurs	‰ hab.	562	772	854	••
Livres publiés	titre	85 287	••	68 175[s]	••
Économie					
PIB total	milliard $	2 957,1	5 848,5	9 612,7	9 944,2
Croissance annuelle	%	3,2[k]	2,8[m]	4,1	1,2
PIB par habitant (PPA)	$	13 014	23 447	34 142	34 986
Investissement (FBCF)	% PIB	20,5[o]	17,2[p]	20,4	19,7
Recherche et Développement	% PIB	2,34[t]	2,65	2,66[c]	2,70[b]
Taux d'inflation	%	13,5	5,4	3,4	2,8
Population active	million	109,0	128,0	142,1	143,0
Agriculture	% ⎫	3,6	2,9	2,6	2,4
Industrie	% ⎬ 100 %	30,5	26,2	22,9	22,4
Services	% ⎭	65,9	70,9	74,5	75,2
Taux de chômage (fin année)	%	7,1	5,6	4,0	5,8[u]
Énergie (consom./hab.)	TEP	7,97	7,72	8,02[d]	8,16[c]
Énergie (taux de couverture)	%	85,7	85,7	77,1[d]	74,4[c]
Aide au développement (APD)	% PIB	0,25[v]	0,21[w]	0,10	0,11
Dépense publique Éducation	% PIB	6,6	5,1	5,2[x]	5,0[d]
Dépense publique Défense	% PIB	6,1[y]	5,2	3,0	3,0
Solde administrat. publiques	% PIB	− 0,5[z]	− 4,6[A]	1,3	0,6
Dette administrat. publiques	% PIB	45,6	67,3	59,4	59,5
Échanges extérieurs		**1974**	**1986**	**2000**	**2001**
Importations de services	milliard $	21,66	79,84	217,07	204,96
Importations de biens	milliard $	103,82	368,75	1224,43	1147,50
Produits agricoles	%	14,7	9,2	5,5	5,4
Produits énergétiques	%	25,1	10,4	11,0	10,1
Produits manufacturés	%	46,4	72,6	77,4	77,1
Exportations de services	milliard $	20,77	85,95	290,88	280,81
Exportations de biens	milliard $	98,31	224,11	774,86	723,83
Produits agricoles	%	26,2	16,9	9,4	9,5
dont céréales	%	10,6	3,6	1,3	••
Produits manufacturés	%	61,2	71,5	83,5	82,9
Solde des transactions courantes	% du PIB	− 0,4[B]	− 2,0[C]	− 4,5	− 4,1
Position extérieure nette	milliard $	254,6[D]	100,8	− 1525,3[c]	− 2187,5[b]

Définition des indicateurs, sigles et abréviations p. 23 et suivantes. a. Dernier recensement utilisable : 2000 ;
b. 2000 ; c. 1999 ; d. 1998 ; e. 1997 ; f. 1975-1985 ; g. 1985-1995 ; h. 1995-2000 ; i. 2000-2005 ; k. 1980-1990 ;
m. 1990-2000 ; o. 1979-1981 ; p. 1989-1991 ; r. 1995 ; s. 1996 ; t. 1981 ; u. Mai 2002 ; v. 1982-1983 ; w. 1987-1988 ;
x. 1994 ; y. 1985 ; z. 1980-1982 ; A. 1990-1992 ; B. 1975-84 ; C. 1985-96 ; D. 1980.

réchauffement climatique, conclu en 1997. Sur le plan économique, le gouvernement américain a continué de demander aux autres pays d'ouvrir leurs marchés, même si des préoccupations électorales l'ont conduit à protéger ses producteurs d'acier et à augmenter les subventions à son agriculture de 70 % (190 milliards de dollars sur dix ans).

Aux alliés, en particulier européens, qui s'inquiétaient d'une telle escalade, le président américain a répondu qu'ils n'avaient sans doute pas réalisé l'ampleur de la menace. En visite au mai 2002 dans les capitales européennes, il a demandé à ses hôtes d'accroître leurs dépenses militaires et de se montrer plus vigilants. Ce périple a également été l'occasion de signer un traité de désarmement nucléaire avec la Russie (les arsenaux des deux pays seraient réduits des deux tiers en dix ans) et de présider à une réorganisation de l'OTAN (Organisation du traité de l'Atlantique nord). La Russie aurait désormais voix au chapitre sur toutes les questions de sécurité européenne, et serait associée aux 19 membres de l'Alliance atlantique dans les domaines de la lutte contre le terrorisme, de la gestion des crises, de la non-prolifération des armes de destruction massive, de la défense antimissile, de la réforme des politiques de défense ou du contrôle des armements.

G. W. Bush a justifié la priorité absolue accordée à la lutte contre le terrorisme par l'impératif de « clarté morale ». Pourtant, dans ce combat, les alliés les plus utiles n'étaient pas les plus présentables. Le Pakistan est devenu un allié indispensable, même si ce sont les services secrets de l'armée de ce pays (ISI) qui avaient parrainé le régime afghan des taliban, et que le réseau Al-Qaeda y disposait toujours de soutiens importants. Par ailleurs, dans un grand nombre de pays, la démocratisation comme le respect des droits de l'homme risquaient d'être pris en otage : pour combattre les mouvements d'opposition, il suffit de les accuser de terrorisme. Ainsi, le principe glo-

bal avait le mérite de la simplicité, mais son application apparaissait semée d'embûches : l'ennemi défini non par son identité mais par les moyens qu'il utilise, la liste des adversaires à combattre peut être étendue à l'infini, et le choix des cibles est variable et, par définition, arbitraire.

Le conflit israélo-palestinien livré à lui-même

Des amalgames douteux ont ainsi été opérés au sein de différentes régions du monde. Dans la tension persistante entre l'Inde et le Pakistan (tous deux détenteurs de l'arme nucléaire), chacun a justifié son bellicisme en invoquant la nécessité d'éliminer la menace terroriste. De même,

États-Unis d'Amérique

Capitale : Washington.

Superficie : 9 363 123 km^2.

Population : 285 926 000.

Langue : anglais (off.).

Monnaie : dollar des États-Unis (1 dollar = 1 € au 10.7.02).

Nature de l'État : république fédérale (50 États et District of Columbia).

Nature du régime : démocratie présidentielle.

Chef de l'État : George W. Bush, président, qui a succédé le 20.1.01 à Bill (William Jefferson) Clinton.

Vice-président : Richard (Dick) Cheney.

Secrétaire d'État : Colin Powell.

Président de la Chambre des représentants : Dennis Hastert (républicain).

Chef de la majorité au Sénat : Tom Daschle (démocrate).

Principaux partis politiques : Parti républicain et Parti démocrate.

Possessions. États associés et territoires sous tutelle : Porto Rico, îles Vierges américaines [Caraïbes], îles Marianne du Nord, Guam, Samoa américaines, Midway, Wake, Johnston [Pacifique].

Échéances institutionnelles : élections pour le renouvellement du tiers du Sénat et de l'ensemble de la Chambre des représentants (5.11.02).

États-Unis/Bibliographie

D. Brock, *Blinded by the Right : the Conscience of an Ex-Conservative,* Crown Publishers, New York, 2002.

N. Chomsky, *9-11,* Seven Stories Press, New York, 2002.

S. F. Cohen, *Failed Crusade : America and the Tragedy of Post-Communist Russia,* W. W. Norton & Co, New York, 2000.

M.-A. Combesque, I. Warde, *Mythologies américaines,* Éd. du Félin, Paris, 1996.

C. Johnson, *Blowback : the Costs and Consequences of American Empire,* Metropolitan Books, New York, 2000.

D. Lacorne, *La Crise de l'identité américaine. Du melting pot au multiculturalisme,* Fayard, Paris, 1997.

A. Lennk, M.-F. Toinet (sous la dir. de), *L'état des États-Unis,* La Découverte, coll. « L'état du monde », Paris, 1990.

« Le nouveau modèle américain », *Manière de voir/Le Monde diplomatique,* Paris, 1996.

J. R. Macarthur, *The Selling of Free Trade : Nafta, Washington and the Subversion of American Democracy,* Hill and Wang. New York, 2000.

J. Portes, *Histoire des États-Unis depuis 1945,* La Découverte, coll. « Repères », Paris, 1991.

M.-F. Toinet, *La Présidence américaine,* Montchrestien, Paris, 1996 (nouv. éd.).

A. Valladão, *Le XXe siècle sera américain,* La Découverte, Paris, 1993.

G. Vidal, *Perpetual War for Perpetual Peace,* Thunder's Mouth Press, New York, 2002.

I. Warde, R. Farnetti, *Le Modèle anglo-saxon en question,* Économica, Paris, 1997.

B. Vincent, *Histoire des États-Unis,* Presses universitaires de Nancy, Nancy, 1994.

Voir aussi la bibliographie sélective « Amérique du Nord », p. 359.

concernant la crise israélo-palestinienne, le carnage du 11 septembre a considérablement rapproché Israël des États-Unis. Le Premier ministre israélien Ariel Sharon a réussi à faire valoir que son combat contre les commandos-suicides palestiniens était identique à celui de l'Amérique, et à soumettre les mouvements islamistes à caractère nationaliste tels le Hamas palestinien ou le Hezbollah libanais (menant, selon leurs termes, une guerre de libération nationale) aux mêmes menaces que les terroristes d'Al-Qaeda.

À l'inverse de son prédécesseur Bill Clinton (1993-2001), qui s'était directement impliqué (en particulier lors de la rencontre de Camp David en juillet 2000) dans les négociations de paix israélo-palestiniennes, G. W. Bush n'a pas cherché à mettre le poids de l'Amérique dans la balance. Il a,

pour l'essentiel, laissé les mains libres au Premier ministre israélien, qu'il a qualifié d'« homme de paix », et tenu le président de l'Autorité palestinienne, Yasser Arafat (qu'il s'est toujours refusé à rencontrer), pour responsable de l'escalade de la violence depuis le déclenchement de l'*intifada* al-Aqsa (28 septembre 2000). Il a fallu le tollé international répondant à l'occupation des villes de Cisjordanie par les troupes israéliennes pour que le président Bush entreprenne, sans grand enthousiasme ni résultats tangibles, quelques efforts de médiation en dépêchant des envoyés spéciaux – le secrétaire d'État C. Powell, puis le général à la retraite Anthony Zinni et le directeur de la CIA George Tenet, qu'il demande (sans grand succès) à Israël de « retirer ses troupes sans délai », ou qu'il invoque la nécessité d'un État palestinien. Dans un discours prononcé le 24 juin 2002, le président Bush a précisé que l'Amérique accepterait la création d'un État palestinien « provisoire », et qu'elle l'aiderait financièrement, mais à condition que le peuple palestinien remplace d'abord Y. Arafat.

L'attitude américaine face au conflit du Proche-Orient a aggravé la rancœur accumulée contre les États-Unis dans le monde arabe et musulman. Car, même si le président Bush a souvent répété que la guerre contre le terrorisme islamiste n'était pas une guerre contre l'islam, « qui est une religion de paix », la « croisade » contre le terrorisme a souvent pris des allures de « conflit des civilisations » opposant l'Islam à l'Occident. Les tensions se sont accrues au sein de pays sommés de choisir entre la répression d'oppositions islamistes internes, parfois représentées au sein même de l'État, et la menace de sanctions internationales. Les principaux alliés de l'Amérique dans la région – Égypte, Jordanie, Arabie saoudite – ont fait part aux dirigeants américains de leurs inquiétudes à ce sujet et exprimé leur opposition au projet d'attaque militaire américaine contre l'Irak.

Soutien populaire et « Union sacrée » en politique

Dans le climat de fièvre patriotique dominant, l'esprit de combativité avait les faveurs du public, même s'il suscitait l'inquiétude des chancelleries étrangères. Au lendemain des attentats, la cote de popularité de G. W. Bush — pourtant mal élu et jusque-là objet de critiques et de dérision – dépassait les 90 %. Même neuf mois plus tard, après les révélations quotidiennes concernant l'incompétence des services de renseignement et l'incapacité du gouvernement à prévenir les attentats – dont la nouvelle que le président avait été lui-même avisé en août 2001 de la possibilité de détournements d'avions par Al-Qaeda –, la popularité du président restait supérieure à 70 %.

Le cataclysme terroriste a instauré l'« union sacrée » dans le pays. Au sein de la classe politique, les démocrates – qui contrôlent le Sénat – se sont rangés derrière le président. Ainsi, trois jours après les attentats, les élus, jusque-là très divisés sur la gestion des dépenses publiques, ont ratifié sans vote, par un rarissime « consensus unanime », une rallonge de 40 milliards de dollars destinée aux réparations et à la riposte militaire.

Invoquant l'impératif de sécurité, le ministre de la Justice a multiplié les initiatives restreignant les libertés publiques, ce qui en d'autres temps aurait soulevé des protestations massives : création de tribunaux militaires, arrestation de plus d'un millier de personnes (arabes ou musulmanes pour la plupart), généralisation des contrôles au faciès, écoutes téléphoniques, surveillance du courrier électronique, etc. Par ailleurs, le gouvernement a refusé l'application de la convention de Genève aux prisonniers capturés au terme de la campagne d'Afghanistan et soupçonnés d'être membres d'Al-Qaeda.

En cette année électorale (renouvellement du tiers du Sénat et de l'ensemble de la Chambre des représentants en novembre 2002), au cours de laquelle les républicains tentaient de reconquérir la majorité au Sénat, l'administration Bush a fait un usage habile du climat ambiant. Quiconque critiquait la conduite des affaires publiques pouvait se voir accuser de faire le jeu de l'ennemi. Aussitôt qu'une révélation embarrassante se faisait jour, le gouvernement ramenait le débat sur le terrain de la guerre contre le terrorisme – en annonçant par exemple de nouvelles menaces, des arrestations spectaculaires, ou la réorganisation majeure du système de renseignement.

Sur le plan économique, l'année a été marquée par le ralentissement économique et la prolifération des scandales. La récession, qui avait débuté en mars 2001, s'est amplifiée au lendemain du « 11 septembre ». Quelques signes de reprise sont apparus peu de temps après. Ainsi la croissance a-t-elle fait un bond de 5,8 % au premier tri-

mestre 2002. Mais après la succession des scandales financiers, une grave crise de confiance a éclaté en plein marasme boursier, laissant planer le doute quant à la durabilité de la reprise. La retentissante – et frauduleuse – faillite du géant de l'énergie Enron (2 décembre 2001), très proche de G. W. Bush et de son administration, a marqué le début d'une véritable série noire (Arthur Andersen, WorldCom, QWest, Global Crossing, Xerox, Merck, etc.). Le président a dû se rendre le 9 juillet 2002 à Wall Street pour sermonner les milieux d'affaires et proclamer son intention de sévir afin de « mettre fin au trucage des bilans, au maquillage de la vérité et aux malversations ».
- **Ibrahim A. Warde** ■

Mexique

Les grandes réformes freinées par la vie politique

Les dix-huit premiers mois du gouvernement du président Vicente Fox ont montré les limites immédiates des possibilités de changement politique au Mexique. Élu avec plus de 43 % des voix en juillet 2000, V. Fox n'avait cependant pas pu s'assurer une majorité au Congrès. Son parti de droite libérale, le PAN (Parti action nationale), n'était que la deuxième force politique à la Chambre des députés et au Sénat avec respectivement 207 et 46 représentants, derrière le PRI (Parti révolutionnaire institutionnel), qui était au pouvoir depuis soixante et onze ans, et qui comptait 209 députés et 60 sénateurs. Cette situation a freiné les grandes réformes promises par le premier président de l'alternance. La privatisation de l'industrie de l'électricité et de la pétrochimie, l'adoption d'une nouvelle loi régissant les relations de travail, la refonte du secteur public et la réforme des institutions politiques sont ainsi restées lettre morte. La loi visant l'amélioration des rentrées fiscales a été substantiellement modifiée au

moment de son adoption par le Congrès en décembre 2001, contrevenant ainsi aux objectifs initiaux du gouvernement.

La consolidation démocratique mexicaine a été marquée par le dur apprentissage de la vie politique dans des conditions de dispersion du pouvoir propres au pluralisme. Dans un premier temps, le président a cherché à tirer profit de sa grande popularité pour influencer les législateurs (en dix-huit mois au gouvernement, sa cote de popularité n'était pas descendue au-dessous de 48 %). Cette stratégie s'est cependant heurtée à une solide tradition de discipline partisane et les états-majors des grandes formations politiques (PRI, PAN et PRD – Parti de la révolution démocratique [gauche nationaliste]) ont privilégié leurs objectifs particuliers. Même les relations entre V. Fox et son propre parti, le PAN, ont été tendues. Cela explique pourquoi la loi sur les droits et culture indigènes (février-avril 2001), qui devait mettre fin au conflit du Chiapas, et la loi sur la réforme fiscale (mars-décembre 2001) ont été considérablement transformées lors de leur adoption.

L'année 2001 a été ponctuée de quatorze élections pour combler des postes de gouverneurs des États, de députés provinciaux et d'autorités municipales. Ce branle-bas électoral a beaucoup occupé les grands partis nationaux, affectant les négociations législatives. Le PAN a remporté deux élections au poste de gouverneur, dans le Yucatan et en Basse-Californie, tandis que le PRI gagnait au Tabasco et le PRD au Michoacan. Cependant, c'est le score enregistré par le PRI dans l'ensemble de ces scrutins qui a le plus surpris : avec en moyenne 40 % des voix, l'ancien parti dominant demeurait la première force politique du pays.

Les trois grands partis ont renouvelé leurs directions. En février 2002, le PRI a élu comme président Roberto Madrazo, ancien gouverneur du Tabasco, politicien pragmatique associé aux secteurs plus traditionnels de ce parti. En mars, le PAN a pour

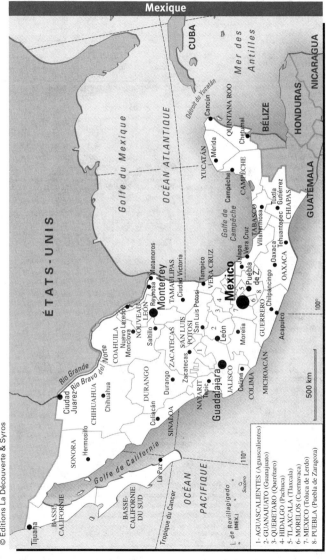

Mexique

1- AGUASCALIENTES (Aguascalientes)
2- GUANAJUATO (Guanajuato)
3- QUÉRÉTARO (Querétaro)
4- HIDALGO (Pachuca)
5- TLAXCALA (Tlaxcala)
6- MORELOS (Cuernavaca)
7- MEXICO (Toluca de Lerdo)
8- PUEBLA (Puebla de Zaragoza)

© Éditions La Découverte & Syros

INDICATEUR	UNITÉ	1980	1990	2000	2001
Démographie[a]					
Population	million	67,6	83,2	98,9	100,4
Densité	hab./km²	35,4	43,6	51,8	52,6
Croissance annuelle	%	2,5[f]	1,9[g]	1,6[h]	1,4[i]
Indice de fécondité (ISF)		4,8[f]	3,4[g]	2,8[h]	2,5[i]
Mortalité infantile	‰	51,9[f]	36,7[g]	31,0[h]	28,2[i]
Espérance de vie	année	66,3[f]	70,4[g]	72,2[h]	73,0[i]
Indicateurs socioculturels					
Nombre de médecins	‰ hab.	0,86[o]	1,10	1,70[c]	••
Analphabétisme (hommes)	%	13,1	9,2	6,6	6,4
Analphabétisme (femmes)	%	22,2	15,0	10,5	10,2
Scolarisation 12-17 ans	%	57,7[f]	61,9[s]	59,6[t]	••
Scolarisation 3e degré	%	14,3	14,5	16,8[e]	18,4[d]
Téléviseurs	‰ hab.	57	150	283	••
Livres publiés	titre	5 822	5 482	6 183[u]	••
Économie					
PIB total	milliard $	305,8	531,2	884,0	911,9
Croissance annuelle	%	1,9[k]	2,8[m]	6,6	– 0,3
PIB par habitant (PPA)	$	4 526	6 383	9 023	9 169
Investissement (FBCF)	% PIB	24,9[o]	17,9[p]	21,2	19,6
Recherche et Développement	% PIB	••	0,20[v]	0,46[d]	0,40[c]
Taux d'inflation	%	26,5	26,7	9,5	6,4
Population active	million	22,0	30,1[t]	38,5[c]	38,6[b]
Agriculture	% ⎫	26,7	25,8[t]	20,1[c]	17,5[b]
Industrie	% ⎬ 100 %	21,1	23,3[t]	25,4[c]	26,9[b]
Services	% ⎭	52,2	50,3[t]	54,0[c]	55,2[b]
Énergie (taux de couverture)	%	151,0	156,7	154,5[d]	148,9[c]
Dépense publique Éducation	% PIB	4,6	3,6	4,7[w]	4,9[x]
Dépense publique Défense	% PIB	0,7[s]	0,5	0,9[c]	1,0[b]
Dette extérieure totale	milliard $	57,4	104,4	149,3	146,1
Service de la dette/Export.	%	52,3[o]	25,6[p]	25,1[c]	30,2[b]
Échanges extérieurs		**1974**	**1986**	**2000**	**2001**
Importations de services	milliard $	4,90[y]	5,52[s]	17,36	17,19
Importations de biens	milliard $	13,65[y]	18,36[s]	174,46	168,40
Produits alimentaires	%	16,5	13,0	5,8[d]	5,8[b]
Produits manufacturés	%	62,1	73,8	84,6[d]	89,8[b]
dont machines et mat. de transport	%	37,1	42,0	47,8[d]	54,4[b]
Exportations de services	milliard $	5,19[y]	4,81[s]	13,75	12,70
Exportations de biens	milliard $	11,51[y]	26,76[s]	166,46	158,44
Produits agricoles	%	40,8	23,0	7,0[d]	5,4[b]
Produits énergétiques	%	4,2	48,3	5,9[d]	9,1[b]
Produits manufacturés	%	36,0	25,9	85,1[d]	84,0[b]
Solde des transactions courantes	% du PIB	– 1,8[z]	– 2,5[A]	– 3,1	– 2,9

Définition des indicateurs, sigles et abréviations p. 23 et suivantes. a. Dernier recensement utilisable : 2000 ;
b. 2000 ; c. 1999 ; d. 1998 ; e. 1997 ; f. 1975-1985 ; g. 1985-1995 ; h. 1995-2000 ; i. 2000-2005 ;
k. 1980-1990 ; m. 1990-2000 ; o. 1979-1981 ; p. 1989-1991 ; q. 1981 ; r. 1975 ; s. 1985 ; t. 1991 ; u. 1996 ;
v. 1989 ; w. 1994 ; x. 1995 ; y. 1979 ; z. 1979-84 ; A. 1985-96.

sa part reconduit Luis Felipe Bravo, qui avait maintenu lors des premiers mois du nouveau gouvernement une stratégie d'appui critique au président Fox. Toujours en mars 2002, le PRD choisissait Rosario Robles, ancien chef de gouvernement substitut de la Ville de Mexico. Son élection a été interprétée comme une légère radicalisation de cette organisation de centre gauche. L'absence presque totale d'échéances électorales en 2002 et les nouveaux équilibres au sein des grands partis auraient dû favoriser une meilleure coopération entre le pouvoir exécutif et le Congrès, ainsi qu'entre les partis. Cependant, la perspective des législatives de 2003 affectait déjà les calculs des grands acteurs politiques, incitant encore au freinage de l'activité législative.

Une économie en récession

Le président Fox avait promis un taux de croissance économique de 7 % au cours des six ans de son mandat. En 2001, le PIB a enregistré une diminution de 0,3 %, premier recul après cinq ans de croissance soutenue. Le ralentissement de l'activité économique aux États-Unis, dont le Mexique est le deuxième partenaire commercial, et la baisse du cours international du pétrole (18,57 dollars le baril en 2001 contre 24,62 en 2000) expliquent ce taux de croissance négatif. Ils ont eu une répercussion immédiate sur les exportations mexicaines qui ont chuté de 10,2 % au second semestre 2001. Après le pétrole, le secteur le plus touché a été celui de l'industrie manufacturière, et particulièrement celui des industries d'assemblage, mieux connues sous le nom de *maquiladoras*, situées à la frontière nord. La production y a connu une baisse de 9,2 % et 226 000 emplois, affectant 17,6 % de la main-d'œuvre, y ont été supprimés en 2001.

Ce bilan doit cependant être nuancé. Une saine gestion des finances publiques a permis au Mexique de faire face à ce ralentissement passager. Pour la troisième année consécutive, les objectifs de réduction de l'inflation ont été atteints. Celle-ci est passée de 9,5 % en 2000 à 6,4 % en 2001. Le gouvernement a effectué des coupures budgétaires importantes qui se sont traduites par une baisse de 9,6 % de l'investissement public. Les réserves monétaires internationales du pays ont atteint un sommet de 40,880 millions de dollars. Enfin, 2001 a été une très bonne année en matière d'investissements étrangers directs (plus de 24 milliards de dollars).

Une nouvelle politique étrangère

Le ministre des Affaires étrangères, Jorge Castañeda, a répété que le champ de la politique extérieure était celui où il était le plus facile d'entreprendre des changements, prônant une intégration plus poussée avec

États-Unis du Mexique

Capitale : Mexico.
Superficie : 1 967 183 km².
Population : 100 368 000.
Langues : espagnol (off.), 56 langues indiennes (nahuatl, otomi, maya, zapotèque, mixtèque, etc.).
Monnaie : nouveau peso (au taux officiel, 1 peso = 0,11 € au 31.5.02).
Nature de l'État : république fédérale (31 États et un district fédéral, la ville de Mexico).
Nature du régime : présidentiel.
Chef de l'État et du gouvernement : Vicente Fox, président de la République (depuis le 1.12.2000).
Ministre des Finances : Francisco Gil (depuis le 1.12.2000).
Ministre de l'Intérieur : Santiago Creel (depuis le 1.12.2000).
Ministre des Affaires étrangères : Jorge Castañeda (depuis le 1.12.2000).
Principaux partis politiques : Parti action nationale (PAN, droite libérale, au pouvoir) ; Parti révolutionnaire institutionnel (PRI) ; Parti de la révolution démocratique (PRD, gauche nationaliste) ; Parti des travailleurs (PT, social-démocrate) ; Parti vert (PVEM, écologiste).
Territoires outre-mer : îles Revillagigedo [Pacifique].

Mexique/Bibliographie

P. Gondard, J. Revel-Mouroz, *La Frontière États-Unis/Mexique. Mutations économiques, sociales et territoriales*, IHEAL, Paris, 1995.

S. Gruzinski, *Histoire de la ville de Mexico*, Fayard, Paris, 1996.

M. Humbert, *Le Mexique*, PUF, coll. « Que sais-je ? », Paris, 1994.

Y. Le Bot, *Le Rêve zapatiste*, Seuil, Paris, 1997.

« Le Mexique en recomposition : société, économie et politique », *Problèmes d'Amérique latine*, n° 27, La Documentation française, Paris, oct.-déc. 1997.

« Mexique : le Chiapas et l'EZLN », *Problèmes d'Amérique latine*, n° 25, La Documentation française, Paris, avr.-juin 1997.

J. Monnet, *Le Mexique*, Nathan, Paris, 1994.

A. Musset, *Le Mexique*, Armand Colin, Paris, 1996.

F. Roubaud, *L'Économie informelle au Mexique. De la sphère domestique à la dynamique macroéconomique*, ORSTOM/Karthala, Paris, 1994.

I. Rousseau, *Mexique : une révolution silencieuse. Élites gouvernementales et projet de modernisation*, L'Harmattan, Paris, 1999.

M.-F. Schapira, J. Revel-Mouroz (coord.), *Le Mexique à l'aube du 3ᵉ millénaire*, IHEAL, Paris, 1993.

M. Serrano (sous la dir. de), *Governing Mexico : Political Parties and Elections*, The Institute for Latin American Studies/University of London, Londres, 1998.

Voir aussi les bibliographies sélectives « Amérique du Nord » et « Amérique centrale et du Sud », p. 359 et 388.

les partenaires de l'ALENA (Accord de libre-échange nord-américain), le Canada et les États-Unis, et une participation plus active dans les forums internationaux multilatéraux. Quelques mois après son élection, V. Fox déclarait qu'il fallait aller de l'avant dans le processus d'intégration nord-américain. Cela signifiait notamment développer les institutions supranationales nord-américaines, permettre la libre circulation des personnes entre les trois pays et créer un fonds de cohésion sociale pour aider les régions les plus défavorisées. En réalité, c'est la situation des Mexicains résidant illégalement aux États-Unis (plus de trois millions) qui était prioritaire sur l'agenda international du gouvernement mexicain.

En février 2001, lors d'une visite de George W. Bush au Mexique, la création d'un groupe de négociation bilatéral concernant les Mexicains résidant illégalement aux États-Unis a été annoncée. Le 7 septembre 2001, à l'occasion de la première visite officielle d'un chef d'État étranger aux États-Unis sous le gouvernement Bush, V. Fox a mis au défi son vis-à-vis américain de signer un accord avant la fin de l'année. Cette visite officielle fut couronnée de succès, le président Bush qualifiant les rapports avec le Mexique de « relation bilatérale la plus importante » des États-Unis.

Les attentats terroristes du 11 septembre 2001 à New York et Washington changèrent la donne. Pour les États-Unis, le thème de la sécurité nationale devenait primordial, marquant le ton des rapports avec ses voisins. Pour le Mexique, cela signifiait que les négociations sur les questions de l'immigration étaient reportées et cédaient la place à des discussions sur le périmètre de sécurité nord-américain et la consolidation d'une « frontière intelligente ». Malgré les nombreuses manifestations de sympathie pour le peuple américain, les conséquences internationales de ces événements provoquèrent un débat sur les orientations de la nouvelle politique étrangère et particulièrement sur un trop grand rapprochement avec le puissant voisin.

À partir de janvier 2002, le Mexique a occupé un siège au Conseil de sécurité de l'ONU. En mars, une Conférence internationale sur le financement du développement s'est tenue à Monterrey. La doctrine de non-intervention dans les affaires intérieures de pays autres cédait la place à un principe de défense des droits humains universels. Ce changement d'orientation a engendré certains problèmes pour la diplomatie mexicaine. En avril 2002, l'appui donné à une résolution critiquant la situation des droits de la personne à Cuba, présentée à la Commission des droits de l'homme de l'ONU, a donné lieu à une réplique tragi-comique du président cubain, Fidel Castro. Une série d'épisodes a d'ailleurs témoigné de sérieuses tensions entre Cuba et le Mexique. Dans le passé, leur relation privilégiée avait servi à marquer l'autonomie de la diplomatie mexicaine dans l'hémisphère américain. - **Jean-François Prud'homme** ■

Amérique centrale & du Sud

Par **Alain Musset**
Géographe, EHESS

Dès le XVIe siècle, la conquête ibérique a donné une profonde unité culturelle et religieuse à des territoires marqués par l'extrême diversité des paysages et des populations. Deux langues latines (l'espagnol et le portugais) et une religion (le catholicisme) dominent un espace qui va du rio Grande à la Terre de Feu. Cependant, les guerres d'indépendance (1810-début des années 1820) n'ont pas réussi à forger une nation latino-américaine. En outre, le Brésil (42 % du territoire et 35 % de la population de l'Amérique latine) forme un monde à part, même s'il joue désormais un rôle moteur dans les organisations régionales comme le Mercosur (Marché commun du sud de l'Amérique, qui réunit l'Argentine, le Brésil, le Paraguay, l'Uruguay, et dont le Chili et la Bolivie sont membres associés).

Le métissage biologique ou culturel, conséquence directe de l'époque coloniale, touche très inégalement les différents pays de la région. Alors que les États du Cône sud (Argentine, Chili, Uruguay) se distinguent par une population majoritairement d'origine européenne, le Brésil et les Antilles révèlent d'importants apports africains (descendants d'esclaves). En revanche, en Amérique centrale et dans les pays andins (Bolivie, Colombie, Équateur, Pérou), les communautés indiennes sont restées importantes : en Bolivie ou au Guatémala, elles représentent la moitié de la population. Longtemps tenues à l'écart du pouvoir par les élites urbaines d'origine hispanique, elles commencent à faire valoir leurs droits. La question de la terre est toujours d'actualité dans des pays largement dominés par de grands propriétaires (hacendados) d'ascendance européenne ou par de grandes sociétés étrangères. Les richesses sont très inégalement réparties et les populations indiennes occupent systématiquement le bas de l'échelle sociale. Au cours des années 1990, la disparition progressive des régimes militaires n'a pas atténué les tensions sociales. Ces tensions économiques, culturelles et identitaires se manifestent par la montée en puissance des Églises et des sectes protestantes (plus du tiers de la population guatémaltèque) et par une augmentation alarmante de la criminalité. En outre, les catastrophes naturelles qui touchent les pays sud-américains (cyclone Mitch, phénomène climatique El Niño, tremblement de terre au Salvador…) révèlent périodiquement les fractures sociales et les carences des États.

Les disparités socio-économiques qui caractérisent le sous-continent s'inscrivent dans un contexte de forte pression démographique, malgré une baisse générale des taux de natalité. L'exode rural a fait gonfler les villes (plus de 70 % des Latino-Américains sont urbains) et accentué la métropolisation : parmi les cent premières villes du monde, douze sont situées en Amérique du Sud (dont six au Brésil).

LES GUERRES D'INDÉPENDANCE (1810-DÉBUT DES ANNÉES 1820) N'ONT PAS RÉUSSI À FORGER UNE NATION LATINO-AMÉRICAINE, ET LE BRÉSIL FORME UN MONDE À PART.

Les quartiers sous-intégrés et les bidonvilles se sont développés dans les périphéries urbaines et dans les centres historiques dégradés.

La faiblesse du tissu industriel, héritage de l'époque coloniale où les produits manufacturés étaient importés de la métropole, est particulièrement sensible dans le monde andin, en Amérique centrale et dans les Antilles. Elle n'a pas été compensée par les politiques économiques mises en œuvre au cours du XIXᵉ et du XXᵉ siècle pour développer les produits d'exportation : minerais bruts (cuivre et étain de Bolivie), pétrole du Vénézuela, café de Colombie, bananes du Honduras. Les cultures de plantation continuent à peser dans les balances commerciales, notamment dans les anciennes « îles à sucre » des Antilles, même si de nouvelles productions agricoles ont été développées pour répondre à la demande occidentale (viande de bœuf, soja, agrumes).

En ville, le sous-emploi et le chômage ont favorisé la croissance d'un important secteur informel qui permet à une large part de la population de survivre, tandis que, dans les campagnes mal contrôlées par les militaires (notamment au Pérou et en Colombie, mais aussi au Mexique et en Amérique centrale), la culture du chanvre ou de la coca remplace souvent des produits moins rémunérateurs (maïs ou café).

Ces disparités socio-économiques et culturelles se traduisent par de forts contrastes à l'intérieur des pays et entre les grands ensembles régionaux. Alors que le Brésil et les pays du Cône sud ont réussi à diversifier leurs activités et à harmoniser leurs politiques économiques dans le cadre du Mercosur, l'Amérique centrale, les pays andins et les Antilles sont toujours confrontés à la misère et au sous-développement, y compris dans les territoires qui dépendent encore d'une métropole européenne. Autour de la mer des Caraïbes, « Méditerranée américaine » devenue la chasse gardée des États-Unis, le relief tourmenté et l'exiguïté des territoires ont accentué les particularismes locaux et limité les processus d'intégration.

Dans cet ensemble, Cuba tente de préserver son image révolutionnaire, malgré les doutes liés à la succession à terme de Fidel Castro.

Les guerres civiles qui ont bouleversé la région centraméricaine pendant presque trente ans ont appauvri des nations déjà caractérisées par des revenus faibles et un fort endettement, même si le retour à la paix a permis de réactiver divers projets de coopération (entre autres, le Marché commun centraméricain, MCCA).

Cependant, la question sociale menace l'avenir des politiques économiques libérales et des tentatives d'intégration régionale menées par les gouvernements pour sortir l'Amérique centrale et du Sud du mal-développement. En outre, elle fragilise les processus de démocratisation engagés au cours des années 1990 qui, après la « décennie perdue » des années 1980, sont considérées par certains comme la « décennie des chimères ». ∎

MÊME DANS LES PAYS CONSIDÉRÉS COMME DES MODÈLES PAR LE FMI, LA QUESTION SOCIALE MENACE L'AVENIR DES POLITIQUES ÉCONOMIQUES LIBÉRALES ET DES TENTATIVES D'INTÉGRATION RÉGIONALE MENÉES PAR LES GOUVERNEMENTS POUR SORTIR L'AMÉRIQUE CENTRALE ET DU SUD DU MAL-DÉVELOPPEMENT.

Repères

Par **Olivier Dabène**
Politologue

*L*ongtemps perçu comme le continent des désordres économiques et politiques, l'Amérique latine apparaît en ce début de millénaire comme une zone particulièrement prometteuse, courtisée tant par l'Europe que par les États-Unis. Au plan politique la démocratie semble solidement stabilisée, comme en témoignent les nombreuses alternances de pouvoir.

Pourtant, les motifs de préoccupation demeurent nombreux. Le continent reste à la merci des crises financières internationales, un grand nombre de réformes restent à réaliser, et l'état de la démocratie ne satisfait guère les citoyens.

Après avoir connu une année 1997 exceptionnelle (5,4 % de croissance contre 3,0 % en moyenne entre 1989 et 1999 et 13,8 % d'inflation contre 439 % en 1990 et 37,9 % en 1995), l'Amérique latine est entrée dans l'ère des turbulences financières. La crise asiatique (été 1997) a d'abord limité la croissance en 1998 à 2,3 %, puis la crise brésilienne l'a totalement paralysée en 1999 (0,2 %). En 2000, la relance a été vigoureuse (4,1 %), avant que la crise argentine ne vienne à nouveau assombrir le paysage. Ouverte en 2000, cette dernière a débouché en 2001-2002 sur un climat d'explosion sociale et une grave crise politique. Mais les turbulences financières n'ont pas été seules en cause : la nature n'a pas été clémente en Amérique latine (phénomène climatique *El Niño*, cyclone *Mitch*, etc.).

En dépit de ces difficultés conjoncturelles, le commerce intrarégional a progressé, tout au long des années 1990, grâce au dynamisme des accords d'intégration. Dans le Mercosur (Marché commun du sud de l'Amérique, associant depuis 1991 l'Argentine, le Brésil, le Paraguay et l'Uruguay), la part du commerce intrarégional rapportée au total du commerce extérieur des quatre États membres était passée de 8,9 % en 1990 à 22,7 % en 1996. Le succès du Mercosur le porte à s'élargir. En 1996-1997, le Chili et la Bolivie ont acquis le statut d'associés. D'autres pays, comme le Vénézuela ou le Pérou, négociaient des conditions similaires. La crise argentine a toutefois mis un coup d'arrêt aux progrès de l'organisation.

Depuis le premier Sommet des Amériques (Miami, décembre 1994), la perspective d'une Zone de libre-échange des Amériques (ZLEA), réunissant les 34 démocraties du continent (c'est-à-dire tous les pays à l'exception de Cuba), semblait porter tort aux progrès de l'intégration régionale en Amérique latine. Les États-Unis envisageaient de construire cette ZLEA à partir d'un élargissement progressif de l'Accord de libre-échange nord-américain (ALENA, réunissant Canada, États-Unis et Mexique). Les Européens, de leur côté, encourageaient les accords latino-américains d'intégration à se consolider, afin de nouer un partenariat avec l'Union européenne. Le deuxième Sommet des Amériques (Santiago du Chili, avril 1998) a lancé la négociation pour la ZLEA sur la base des accords existants. Mais ni l'Europe ni les États-Unis ne semblaient désirer accélérer le démantèlement de leur arsenal de protection non tarifaire, d'où le piétinement des négociations, manifeste notamment au troisième Sommet des Amériques (avril 2001). Le Mercosur – comme la ZLEA – a été conçu pour être un instrument de consolidation de la démocratie. L'intégration devait apporter la prospérité, laquelle devait à son tour enraciner la démocratie. Or, sur ce plan, les Latino-Américains ont toutes les raisons d'être déçus. La progression des inégalités et de l'insécurité mine en effet les bases de la démo-

UN GRAND NOMBRE DE RÉFORMES RESTENT À RÉALISER, ET L'ÉTAT DE LA DÉMOCRATIE NE SATISFAIT GUÈRE LES CITOYENS.

cratie en Amérique latine. Les inégalités se creusent d'ailleurs aussi bien durant les crises économiques (années 1980), parce que les coûts des ajustements économiques sont mal répartis, qu'en phase de croissance (années 1990), parce que les bénéfices de la reprise sont mal distribués. Si la misère a reculé sur le continent depuis le début des années 1990, les écarts de richesse se sont creusés, contredisant l'égalité citoyenne. Par ailleurs, la prolifération d'une violence de nature délinquante délite le tissu social. Certains pays d'Amérique latine figurent parmi les plus inégalitaires (Brésil) et violents (Colombie) du monde.

APRÈS 1997, LE CONTINENT EST ENTRÉ DANS L'ÈRE DES TURBULENCES FINANCIÈRES. LA CROISSANCE A ÉTÉ LIMITÉE EN 1998 PAR LA CRISE ASIATIQUE, PUIS PARALYSÉE (1999) PAR LA CRISE BRÉSILIENNE. LA RELANCE A ÉTÉ VIGOUREUSE, VITE ASSOMBRIE CEPENDANT PAR LA TRÈS VIOLENTE CRISE ARGENTINE EN 2001-2002.

Les Latino-Américains sont donc majoritairement déçus par le fonctionnement de la démocratie, comme le révèlent une agitation sociale chronique et des comportements électoraux erratiques (abstentions massives ou sanction des partis au pouvoir). Il n'y a guère qu'au Mexique et au Pérou que l'état d'esprit de l'électorat a été positif. Les élections intermédiaires mexicaines du 6 juillet 1997 se sont soldées par une défaite historique pour le Parti révolutionnaire institutionnel (PRI, au pouvoir depuis 1929), puis l'alternance a été complétée par la victoire de Vicente Fox (Parti action nationale, PAN) à la présidentielle du 2 juillet 2000. Au Pérou, Alberto Fujimori n'avait été réélu une troisième fois qu'au prix de manœuvres frauduleuses, avant de démissionner en novembre 2000. Ailleurs, les élections ont parfois fait apparaître des situations de cohabitation risquant de paralyser les gouvernements. En Argentine, le Parti justicialiste de Carlos Menem a été battu lors de l'élection présidentielle du 24 octobre 1999, mais le nouveau président Fernando de la Rúa ne disposait pas de la majorité au Parlement (il a été emporté par la crise financière et politique en décembre 2001). Les chefs de l'État bolivien, Hugo Banzer (élu le 1er juin 1997, et démissionnaire en août 2001), et colombien, Andrés Pastrana (élu le 21 juin 1998) étaient dans la même situation. Au Chili, la Concertation s'est maintenue au pouvoir, mais c'est un socialiste, Ricardo Lagos, qui a été élu à la Présidence le 16 janvier 2000. Enfin, en Uruguay, le Parti colorado du président Sanguinetti (sortant) a conservé le pouvoir avec la victoire, le 28 novembre 1999, de Jorge Batlle, mais au prix d'un accord avec son rival historique, le Parti blanco.

Les élections présidentielles tenues au Honduras (novembre 2001) et en Colombie (mai 2002) ont connu des alternances, à la différence de celles du Nicaragua (novembre 2001) et du Costa Rica (février 2002).

Le discrédit qui frappe les classes politiques est tel que des tentatives de coups d'État se font à nouveau jour (Paraguay, Équateur) et que de nombreux outsiders émergent, à l'image du militaire putschiste Hugo Chavez, vainqueur de l'élection présidentielle au Vénézuela le 6 décembre 1998, puis, à nouveau, le 30 juillet 2000 et objet d'une tentative avortée de coup d'État en avril 2002. Les dérives populistes de ces candidats hors normes, comptant plusieurs militaires, sont apparues pouvoir déboucher sur une plus ample frustration des citoyens. De façon générale, la faiblesse des exécutifs risque de rendre problématique la mise en œuvre des réformes. Or l'Amérique latine, après s'être engagée dans cette voie au début des années 1990, semble paralysée, alors même qu'elle a devant elle un agenda chargé, concernant surtout la moderni-

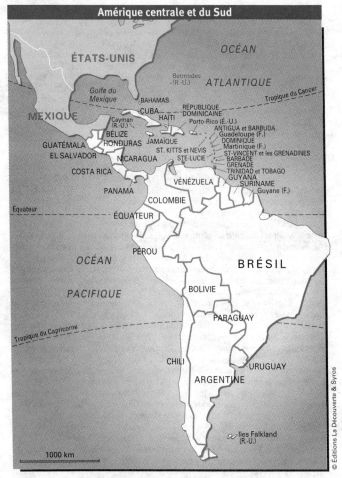

Amérique centrale et du Sud

© Éditions La Découverte & Syros

sation de ses appareils étatiques (justice, fiscalité) ou les réformes économiques. Les attentats islamistes contre le World Trade Centre et le Pentagone américains, le 11 septembre 2001, ont par ailleurs eu pour conséquence la réactivation du TIAR (traité interaméricain d'assistance réciproque) signé en 1947 par vingt-trois États américains, les États-Unis cherchant à renforcer la solidarité continentale contre le terrorisme. ■

2001

10 juillet. Argentine. L'ancien dictateur Jorge Videla est inculpé et placé en détention préventive pour sa participation présumée au plan Condor (visant à éliminer les opposants aux dictatures latino-américaines).

6 août. Bolivie. Le président Hugo Banzer, malade, démissionne (il décédera le 5 mai 2002). Le vice-président Jorge Quiroga assure l'intérim.

13 août. Pérou. Un second mandat d'arrêt international ayant été lancé contre l'ancien président Alberto Fujimori, le Japon, où il s'est réfugié (bénéficiant de la double nationalité), refuse à nouveau son extradition.

27 août. Bolivie. Mort, à 89 ans, de Juan Lechin, figure du syndicalisme.

7 septembre. Argentine. Le FMI accepte d'augmenter un prêt accordé en décembre 2000, le faisant passer de 13,7 à 21,7 milliards de dollars.

20 septembre. Vénézuela. Mort, à 86 ans, de l'ancien dictateur Marcos Pérez Jimenez.

14 octobre. Argentine. Élections législatives. Sévère défaite de l'Alliance pour le travail. L'opposition péroniste obtient la majorité absolue au Sénat et la majorité relative à l'Assemblée.

18 octobre. Cuba. Annonce de l'abandon par la Russie de la base de communications et de renseignement de Lourdes, qui était louée à Cuba pour 200 millions de dollars par an.

4 novembre. Nicaragua. Lors des élections présidentielle et législatives, l'ancien vice-président Enrique Bolaños Geyer (56,3 % des voix) devance nettement le candidat des sandinistes, l'ancien président Daniel Ortega (42,3 %).

20 novembre. Argentine. L'ancien président Carlos Menem, incarcéré depuis le 7 juin précédent et mis en examen sous l'accusation de ventes d'armes illicites à l'Équateur et à la Croatie pendant son mandat, est remis en liberté sur décision controversée de la Cour suprême de justice.

25 novembre. Honduras. À l'occasion des élections générales, le Parti national (PN) prend la relève du Parti libéral (PL). Ricardo Maduro est élu chef de l'État avec 53 % des suffrages.

1er décembre. Argentine. La fuite des capitaux conduit le gouvernement à renforcer le contrôle des changes et à restreindre les retraits bancaires pour 90 jours. Le 5, le FMI suspend un versement de 1,3 milliard de dollars, considérant que l'Argentine ne respecte pas son programme de réformes économiques et qu'elle est de fait en cessation de paiement.

10 décembre. Vénézuela. Grève générale à l'initiative du patronat avec l'appui des syndicats.

19 décembre. Argentine. Le président Fernando de la Rua décrète l'état de siège pour faire face à l'extension des troubles sociaux (pillages de supermarchés), déclenchés par l'annonce d'importantes coupes budgétaires et venant après cinq plans d'austérité successifs décidés depuis mars. Les manifestations et les « émeutes de la faim » se multiplient, acculant le chef de l'État à la démission. Le 30 décembre, le président intérimaire Adolfo Rodriguez Saa, qui avait proclamé un moratoire sur la dette externe, doit à son tour démissionner. Il est remplacé, le 1er janvier, par Eduardo Duhalde, un péroniste populiste traditionnel.

2002

2 janvier. Brésil. Mutinerie à la prison de Porto Velho, faisant 27 morts et des dizaines de blessés.

7 janvier. Argentine. Suspension de la parité peso/dollar, correspondant à une dévaluation d'environ 29 %.

31 janvier-5 février. 2e Forum social mondial. Réuni à Porto Alegre (Brésil), le deuxième Forum social mondial se déroule dans le contexte de critiques de la politique américaine et des institutions financières internationales (crise financière argentine et dette des pays en développement). Forte participation et fort écho médiatique.

3 février. Costa Rica. Élections présidentielle et législatives. Abel Pacheco, candi-

Bibliographie

Amérique centrale et du Sud/Bibliographie sélective

« Amériques, nations hispaniques », *Hérodote*, n° 99, La Découverte, Paris, nov. 2000.

C. Bataillon, J.-P. Deler, H. Théry, « Amérique latine », *in* R. Brunet (sous la dir. de), *Géographie universelle*, vol. III, Belin/RECLUS, Paris/Montpellier, 1994.

C. Bataillon, J. Gilard (sous la dir. de), *La Grande Ville en Amérique latine*, CNRS-Éditions, Paris, 1988.

P. Bovin (sous la dir. de), *Las Fronteras del istmo*, CIESAS/CEMCA, Mexico, 1997.

Cahier des Amériques latines (semestriel), CNRS-IHEAL, Paris.

Caravelle (semestriel), IPEALT, Université de Toulouse-Le Mirail.

J. Castañeda, *L'Utopie désarmée. L'Amérique latine après la guerre froide*, Grasset, Paris, 1996.

CEPAL (Commission des Nations unies pour l'Amérique latine), *Rapport annuel*, Santiago du Chili.

F. Chevallier, *L'Amérique latine de l'indépendance à nos jours*, PUF, Paris, 1993.

G. Couffignal, *Amérique latine. Tournant de siècle*, La Découverte, coll. « Les Dossiers de l'état du monde », Paris, 1997.

G. Couffignal (sous la dir. de), *Amérique latine 2002*, La Documentation française, Paris, 2002.

O. Dabène, *Amérique latine, la démocratie dégradée*, Complexe, coll. « Espace international », Bruxelles, 1997.

O. Dabène, *L'Amérique latine au xxe siècle*, Armand Colin, Paris, 1994.

O. Dabène, *La Région Amérique latine. Interdépendance et changement politique*, Presses de Sciences Po, Paris, 1997.

DIAL (Diffusion de l'information sur l'Amérique latine, bimensuel), Lyon.

Espaces latinos (revue, 10 numéros par an), Lyon.

Y. Le Bot, *Violence de la modernité en Amérique latine*, Karthala, Paris, 1994.

L'Ordinaire latino-américain (trimestriel), GRAL-CNRS/IPEALT, Université de Toulouse-Le Mirail.

S. Marti y Puig, « L'Amérique latine des années 1990 : la décennie des opportunités ou celle des chimères ? », *Cahier des Amériques latines*, n° 35, IHEAL-CREDAL, Paris, 2000.

M. Medeiros, *La Genèse du Mercosud*, L'Harmattan, Paris, 2000.

A. Musset, *L'Amérique centrale et les Antilles*, Armand Colin, Paris, 1998 (2e éd.)..

A. Musset, J. Santiso, H. Théry, S. Velut, *Les Puissances émergentes d'Amérique latine : Argentine, Brésil, Chili, Mexique*, Armand Colin, Paris, 1999.

M.-F. Prévot-Schapira, H. Rivière d'Arc (sous la dir. de), *Les Territoires de l'État-nation en Amérique latine*, Institut des hautes études de l'Amérique latine (IHEAL), Paris, 2001.

Problèmes d'Amérique latine, La Documentation française, Paris (jusqu'au n° 43, fin 2001) ; Institut européen de géoéconomie, Paris (à partir de 2002).

A. Rouquié, *Amérique latine. Introduction à l'Extrême-Occident*, Seuil, Paris, 1987.

South America, Central America and the Caribbean (annuel), Europa Publications, Londres.

A. Touraine, *La Parole et le Sang : politique et sociétés en Amérique latine*, Odile Jacob, Paris, 1988.

P. Vaissière, *Les Révolutions d'Amérique latine*, Seuil, Paris, 1991.

Voir aussi les bibliographies « Argentine » et « Brésil », p. 436 et 442, ainsi que la bibliographie « Mexique » p. 380.

dat du Parti de l'unité sociale-chrétienne (PUSC), obtient 36,8 % des suffrages contre 31 % à Rolando Araya présenté par le Parti de libération nationale (PLN). Il faudra un deuxième tour pour les départager, le 7 avril.

7 février. Vénézuela. Le colonel Pedro Soto appelle à la démission du président Chavez. D'autres gradés militaires rejoignent cette revendication.

12 février. Vénézuela. Annonce d'un plan d'austérité (coupes budgétaires et flottement du bolivar).

18 février. Mercosur. « Sommet » extraordinaire du Marché commun du sud de l'Amérique (Mercosur) – avec la Bolivie et le Chili –, débouchant sur un appel au FMI pour qu'il débloque une aide immédiate à l'Argentine.

20 février. Colombie. Rupture des négociations entre le gouvernement et les FARC (Forces armées révolutionnaires de Colombie). (Un an plus tôt, le 8 février 2001, un traité avait été signé entre le président Pastrana et le chef historique de la guérilla, Manuel Manulanda, et un nouvel accord avait été signé le 5 octobre à San Francisco de la Sombra.) Le 21, l'armée lance le plan *Thanatos* afin de reprendre le contrôle de la zone démilitarisée concédée aux FARC depuis 1998. Le 24, Irène Betancourt, candidate écologiste à l'élection présidentielle, est enlevée par la guérilla.

18-22 mars. Développement. Conférence des Nations unies sur le financement du développement réunie à Monterrey (Mexique). Le communiqué final préconise le recours aux investissements privés et au libre-échange et ne fixe aucun engagement précis aux pays industrialisés.

20 mars. Pérou. Attentats à la voiture piégée à proximité de l'ambassade des États-Unis à Lima (le président Bush est attendu pour une visite officielle le 23).

3 avril. Argentine. L'ancien ministre des Finances Domingo Cavallo est à son tour arrêté sous l'accusation de ventes illégales d'armes à l'Équateur et à la Croatie entre 1991 et 1995. L'ancien président Carlos Menem avait été lui-même accusé dans cette affaire [*voir 20 novembre 2001*].

7 avril. Costa Rica. Au second tour de l'élection présidentielle [*voir 3 février*], Abel Pacheco l'emporte avec 58 % des voix.

11 avril. Vénézuela. Grève générale à l'appel de la CTV (Confédération des travailleurs vénézuéliens) pour protester contre le limogeage de hauts responsables de la compagnie Pétroles du Vénézuela. Rébellion militaire et tentative de coup d'État, marquée par de violents affrontements de rue. On annonce que le président Chavez est destitué le 12 et un gouvernement provisoire est formé par Pedro Carmona Estanga, président de l'organisation patronale. Devant la résistance de certains militaires « chavistes » et des mouvements populaires, H. Chavez – qui n'avait pas signé sa démission – revient à son poste et reprend le contrôle du pouvoir (le 14). Cette tentative de putsch semble mettre en cause le rôle des États-Unis.

23 avril. Argentine. Démission du ministre de l'Économie Jorge Remes Lenicov.

26 mai. Colombie. Alvaro Uribe Vélez, libéral indépendant, tenant un discours de fermeté concernant les guérillas actives dans le pays, est élu président dès le premier tour avec 53 % des voix. Il succède à Andrès Pastrana qui aura échoué dans son projet de ramener la paix.

4 juin. Pérou. Décès, à 89 ans, de Fernando Belaunde, ancien président.

7 juin. Bolivie. Mort, à 93 ans, de Victorio Paz Estenssoro, ancien président.

17 juin. Pérou. L'état d'urgence est décrété pour trente jours à Arequipa, après plusieurs journées d'émeutes motivées par l'opposition à des privatisations de compagnies d'électricité.

30 juin. Bolivie. À l'élection présidentielle, l'ancien chef de l'État Gonzalo Sanchez de Lozada, du Mouvement nationaliste révolutionnaire (22,45 %), et Evo Morales, du Mouvement pour le socialisme (20,94 %), arrivent en tête. Au second tour, le 4 août suivant, G. Sanchez de Lozada l'emporte.

30 juin. Brésil. L'équipe du Brésil remporte une nouvelle fois la coupe du monde de football, qui se déroulait en Corée du Sud et au Japon. ■

Amérique centrale

Bélize, Costa Rica, Guatémala, Honduras, Nicaragua, Panama, El Salvador

Bélize

Sur le passage de l'ouragan « Iris »

En octobre 2001, pour la deuxième année consécutive, Bélize a été victime d'un ouragan. *Iris* a causé la mort de 19 personnes, laissé 13 000 personnes sans abri et provoqué pour 250 millions de dollars É-U de dégâts. Mais l'économie (sucre, agrumes, bananes, tourisme) restait saine. Le pays s'est mis d'accord avec Cuba, en févran 2002, pour promouvoir ensemble leurs industries touristiques. Le programme de « citoyenneté économique » (passeports pour les étrangers qui investissent dans le pays) a été supprimé en janvier par « dignité nationale ». - **Greg Chamberlain** ■

Bélize

Capitale : Belmopan.
Superficie : 22 960 km².
Population : 231 000.
Langues : anglais (off.), espagnol, langues indiennes (ketchi, mayamopan), garifuna.
Monnaie : dollar bélizéen (au taux officiel, 1 dollar = 0,53 € au 31.5.02).
Nature de l'État : unitaire.
Nature du régime : parlementaire.
Chef de l'État (nominal) : reine Elizabeth II, représentée par un gouverneur, Sir Colville Young (depuis le 17.11.93).
Chef du gouvernement : Said Musa, Premier ministre et ministre des Finances (depuis le 28.8.98).
Premier ministre adjoint, ministre de l'Environnement (depuis le 28.8.98) et de l'Industrie (depuis le 4.10.99) : John Briceño.
Ministre des Affaires étrangères : Assad Shoman (depuis le 4.1.02).

Costa Rica

Fin du bipartisme ?

Les élections présidentielles et législatives des 3 février et 7 avril 2002 ont marqué un tournant dans l'histoire politique de la démocratie costaricienne, fondée depuis 1949 sur l'hégémonie et l'alternance au pouvoir du Parti de libération nationale (PLN) et du Parti de l'unité sociale chrétienne (PUSC). Au premier tour, Rolando Araya, candidat à la présidence pour le PLN (opposition), obtenait 31 % des voix, Abel Pacheco, candidat du PUSC (parti du président sortant), 36,8 % et Otton Solis, ancien député et ancien ministre du PLN, représentant le tout nouveau Parti d'action citoyenne (PAC), 26 %. Aucun candidat n'ayant recueilli 40 % des voix, un second tour se révélait nécessaire (pour la première fois depuis cinquante ans). A. Pacheco l'emporta avec 58 % des voix contre 42 % pour R. Araya. La composition de la nouvelle Assemblée législative a également traduit l'érosion électorale des deux principaux partis. Sur 57 sièges, 19 sont allés au PUSC, 17 au PLN, 14 au PAC et 6 au Mouvement libertaire (ML).

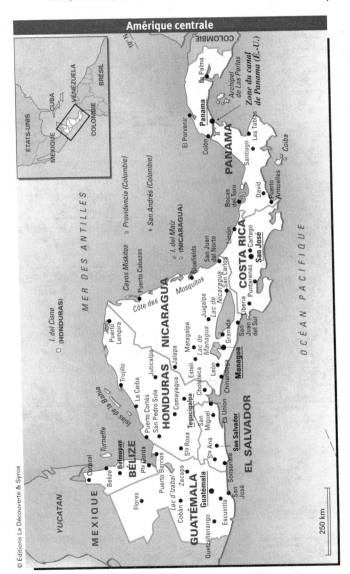

Amérique centrale

INDICATEUR	BÉLIZE	COSTA RICA	EL SALVADOR	GUATÉ-MALA
Démographie[a]				
Population *(millier)*	231	4 112	6 400	11 687
Densité *(hab./km²)*	10,1	80,5	308,9	107,8
Croissance annuelle (1995-2000) *(%)*	2,2	2,5	2,0	2,6
Indice de fécondité (ISF) (1995-2000)	3,41	2,83	3,17	4,93
Mortalité infantile (1995-2000) ‰	32,5	12,1	32,0	46,0
Espérance de vie (1995-2000) *(année)*	73,6	76,0	69,1	64,0
Population urbaine[c] *(%)*	53,5	47,6	46,3	39,5
Indicateurs socioculturels				
Développement humain (IDH)[b]	0,784	0,820	0,706	0,631
Nombre de médecins *(‰ hab.)*	0,55[g]	0,90[f]	1,07[h]	0,93[h]
Analphabétisme (hommes) *(%)*	6,4	4,4	18,0	23,3
Analphabétisme (femmes) *(%)*	6,7	4,2	23,4	38,1
Scolarisation 12-17 ans *(%)*	••	52,6[k]	56,1[k]	45,8[k]
Scolarisation 3e degré *(%)*	0,9[h]	31,3[h]	18,2[f]	8,4[h]
Accès à Internet *(‰ hab.)*	73,77	93,36	7,97	17,11
Livres publiés *(titre)*	107[g]	1 034[i]	103[g]	••
Armées (effectifs)				
Armée de terre *(millier)*	1,05	8,4[o]	15	29,2
Marine *(millier)*	••	••	0,7	1,5
Aviation *(millier)*	••	••	1,1	0,7
Économie				
PIB total (PPA)[b] *(million $)*	1 346	32 963	28 226	43 501
Croissance annuelle 1990-2000 *(%)*	4,3	5,0	4,5	4,1
Croissance annuelle 2001 *(%)*	2,4	0,4	2,0	1,8
PIB par habitant (PPA)[b] *($)*	5 606	8 650	4 497	3 821
Investissement (FBCF)[d] *(% PIB)*	25,5[e]	18,5[e]	16,5	16,7
Taux d'inflation *(%)*	1,2	11,0	3,8	8,7
Énergie (taux de couverture)[c] *(%)*	4,9[f]	43,3	53,3	75,2
Dépense publique Éducation[f] *(% PIB)*	4,9[g]	6,1	2,5[h]	2,0
Dépense publique Défense *(% PIB)*	2,4[b]	0,8[b]	1,6	0,6
Dette extérieure totale[b] *(million $)*	499	4 225[q]	3 425[q]	3 900[q]
Service de la dette/Export.[e] *(%)*	13,4	7,4	8,0	9,9
Échanges extérieurs				
Importations (douanes) *(million $)*	461	6 798	4 808	6 322
Principaux fournisseurs *(%)*	E-U 41,5	E-U 40,2	E-U 40,5	E-U 32,8
(%)	AmL 27,4	AmL 22,9	AmL 30,9	AmL 35,5
(%)	UE 13,0	UE 11,4	UE 13,8	UE 8,8
Exportations (douanes) *(million $)*	227	6 743	2 931	4 393
Principaux clients *(%)*	E-U 40,7	E-U 40,7	E-U 40,7	E-U 55,3
(%)	UE 30,4	UE 24,6	AmL 30,4	AmL 24,6
(%)	Asie[r] 20,3	AmL 17,9	UE 3,0	UE 6,5
Solde transactions courantes *(% PIB)*	– 18,4[b]	– 5,6	– 3,6	– 4,6

Définition des indicateurs, sigles et abréviations p. 23 et suivantes. Chiffres 2001 sauf notes.
a. Derniers recensements utilisables : Bélize, 1991 ; Costa Rica, 2000 ; El Salvador, 1992 ;
Guatémala, 1994 ; Honduras, 1988 ; Nicaragua, 1995 ; Panama, 2000 ; b. 2000 ; c. 1999 ;
d. 1999-2001 ; e. 1998-2000 ; f. 1998 ; g. 1996 ; h. 1997 ; i. 1995 ; k. 1991 ; m. 1993 ;

	HONDURAS	NICA-RAGUA	PANAMA
	6 575	5 208	2 899
	58,8	42,9	39,0
	2,6	2,7	1,6
	4,30	4,32	2,63
	37,1	39,5	21,4
	65,6	67,7	73,6
	51,7	55,8	56,0
	0,638	0,635	0,787
	0,83[h]	0,86[h]	1,67[i]
	24,9	33,4	7,3
	24,9	32,9	8,6
	49,5[k]	53,5[k]	63,5[k]
	13,0[f]	11,9[h]	33,0[h]
	6,17	9,85	31,70
	22[m]	••	••
	5,5	14	••
	1	0,8	•• [p]
	1,8	1,2	••
	15 743	11 999	17 137
	3,2	3,3	4,5
	2,5	3,0	2,0
	2 453	2 366	6 000
	26,7	37,1[e]	28,4[e]
	9,7	8,3	1,8
	55,6	55,6	30,0
	4,0	4,2	5,0[h]
	1,6[b]	0,8	1,4
	4 650[q]	6 340[q]	6 330[q]
	19,4	21,1	8,7
	4 957	1 836	14 511
	E-U 53,9	AmL 44,8	E-U 10,0
	AmL 23,3	E-U 25,8	AmL 11,6
	Asie[r] 10,8	Asie[r] 14,5	Asie[r] 66,3
	4 193	994	1 205
	E-U 70,1	E-U 55,4	UE 20,1
	AmL 15,2	UE 10,2	AmL 26,1
	UE 6,8	AmL 12,8	E-U 49,6
	− 5,9	− 38,7	− 4,9

o. Forces paramiliaires seulement (8400) ;
p. Forces paramilitaires seulement (11800 h.) ;
q. 2001 ; r. Y compris Japon et Moyen-Orient.

République du Costa Rica

Capitale : San José.
Superficie : 50 700 km².
Population : 4 112 000.
Langues : espagnol, anglais, créole.
Monnaie : colón costaricien
(au taux officiel, 100 colóns = 0,30 €
au 31.5.02).
Nature de l'État : république unitaire.
Nature du régime :
démocratie présidentielle.
Chef de l'État et du gouvernement :
Abel Pacheco, qui a succédé le 8.5.02
à Miguel Angel Rodriguez.
Vice-président : Lineth Saborio.
Ministre de l'Intérieur : Rogelio Vicente
Ramos Martinez.
Ministre des Affaires étrangères :
Roberto Tovar Faja.
**Ministre de l'Économie
et de l'Industrie :** Vilma Villalobos.

Cette situation inédite allait-elle marquer la fin du bipartisme et l'émergence durable de nouveaux courants politiques ? Une partie croissante des électeurs ont désavoué des partis jugés sclérosés, corrompus et déchirés par des luttes d'appareil, avec des orientations politiques finalement assez semblables. L'abstentionnisme croissant (30 % en 1998 contre 18 % à 20 % lors des élections antérieures, 31 % et 39 % en 2002) a d'ailleurs révélé un comportement nouveau des électeurs, moins sensibles au clientélisme politique, dans une société de plus en plus urbaine et individualiste, touchée depuis deux décennies par des mutations profondes.

Bien que le Costa Rica ait occupé en 2000 le 43e rang mondial et le 4e rang des pays d'Amérique latine au regard de l'Indice de développement humain (IDH), les Costariciens étaient de plus en plus préoccupés par la hausse du coût de la vie, la montée de l'insécurité, la précarité économique et sociale liée aux politiques libérales. Pour la deuxième année consécutive, la faible croissance du PIB (0,4 % en 2001), l'évolution négative du PIB par habitant, l'augmentation du déficit fiscal et la forte baisse des recettes d'exportations (café, sucre, bananes, produits textiles et électroniques) ont été autant de symptômes d'une récession économique aggravée par le poids de la dette. Si le nouveau président a affirmé qu'il n'y aurait pas de privatisations, une réforme fiscale s'imposait et il allait devoir gouverner sans l'appui d'une majorité à l'Assemblée. - **Noëlle Demyk ■**

Guatémala

Violences, corruption, récession

Durant la troisième année du mandat présidentiel d'Alfredo Portillo (élu en janvier 2000), de multiples scandales ont révélé la permanence des violences politico-mafieuses, de la corruption et de l'impunité jusqu'au cœur de l'État. Seule l'action résolue de quelques magistrats appuyés par certains secteurs de la société civile a permis l'aboutissement du procès des assassins

---

République du Guatémala

Capitale : Guatémala.
Superficie : 108 890 km².
Population : 11 687 000.
Langues : espagnol, 23 langues indiennes (quiché, cakchiquel, mam, etc.), garifuna.
Monnaie : quetzal (1 quetzal = 0,14 € au 31.5.02).
Nature de l'État : république unitaire.
Nature du régime : présidentiel.
Chef de l'État et du gouvernement :
Alfonso Portillo (depuis le 14.1.2000).
Vice-président :
Francisco Reyes Lopez.
Ministre des Affaires étrangères :
Gabriel Orellana.
Ministre de l'Intérieur :
Eduardo Arevalo Lacs.
Ministre de l'Économie :
Arturo Montenegro.
Échéances institutionnelles :
élections présidentielle, législatives et municipales (nov. 03).

---

de Mgr Juan José Gerardi, tué le 28 avril 1998, leur condamnation à de lourdes peines et la mise en évidence de l'implication de l'état-major présidentiel dans les faits, reconnus désormais comme politiques. Mais ce jugement exemplaire est demeuré un cas isolé. Dans un rapport du printemps 2002, l'envoyée spéciale de l'ONU, Hina Jilani, s'inquiétait de la réactivation de groupes terroristes clandestins au sein de l'armée et de la police, de la multiplication des actes d'intimidation et des agressions contre les défenseurs des droits de l'homme, les syndicalistes, les militants des mouvements indigènes.

Ce climat délétère ainsi que l'application très limitée des accords de paix de 1996 ayant mis fin à trente-six ans de guérilla expliquent la baisse de popularité d'un président qui s'était fait le champion de la lutte contre la criminalité et la corruption. Au sein du parti au pouvoir, le Front républicain guatémaltèque (FRG), l'antagonisme persistant entre les partisans du président Portillo et ceux du général Efrain Rios Montt, ancien dictateur, président de l'Assemblée législative et cacique du parti, entretenait une crise politique latente accentuant l'instabilité de l'action gouvernementale. Les mesures économiques et fiscales se sont également heurtées à l'opposition du patronat représenté par le Parti d'avancée nationale (PAN). Ainsi la réforme fiscale s'est-elle limitée à une augmentation des impôts indirects et n'a pas entraîné la croissance escomptée des recettes de l'État.

La détérioration de la situation économique s'est poursuivie avec le ralentissement de la croissance du PIB (1,8 % en 2001, contre plus de 3 % en 1999 et 2000), une évolution négative du PIB par habitant (– 0,6 % en 2001) et une inflation proche de 10 %. Outre la récession caféière (chute de 33 % des exportations) et la diminution des investissements (– 4 %), l'industrie *maquiladora* (entreprises industrielles de sous-traitance pour l'exportation) a été touchée par de nombreuses fermetures ou des délocalisations vers le Nicaragua voisin, où la main-d'œuvre est encore moins chère qu'au Guatémala. - **Noëlle Demyk** ∎

Honduras

Alternance politique toute relative

À la suite des élections générales de novembre 2001, le Parti national (PN) a pris la relève du Parti libéral (PL), au pouvoir depuis huit ans. Cette alternance était relative, car les deux partis historiques honduriens partagent la même culture politique, fondée sur le pouvoir des grandes familles oligarchiques et le jeu des allégeances clientélistes. Le bipartisme dominant a néanmoins subi un certain recul avec le renforcement des petits partis déjà présents lors des élections de 1997. Avec 12 députés, le Parti d'unification démocratique (PUD), le Parti démocrate chrétien (PDCH) et le Parti social-démocrate (PINU-SD) ont doublé le nombre de leurs sièges au Congrès national, alors que le PN et le PL ont obtenu respectivement 62 et 54 sièges. L'abstention a dépassé 30 %, confirmant une évolution commune aux pays de la région. Innovation de ce scrutin, les Honduriens résidant dans cinq grandes villes des États-Unis ont pu participer au vote.

Le président Ricardo Maduro a pris ses fonctions au début de l'année 2002. Il allait devoir, comme ses prédécesseurs, tenter d'apporter des solutions aux problèmes chroniques de l'un des pays les plus pauvres d'Amérique latine, alors même que le passage de l'ouragan *Mitch*, en 1998, a laissé des séquelles durables. Ancien président de la Banque centrale du Honduras, R. Maduro avait mis l'accent, durant la campagne, sur des réformes constitutionnelles concernant l'organisation des différents pouvoirs, sur la lutte contre la délinquance, et la priorité devant être accordée à l'éducation et à la santé. Il s'est entouré d'un gouvernement plus technique que politique, composé

République du Honduras

Capitale : Tegucigalpa.
Superficie : 112 090 km².
Population : 6 575 000.
Langues : espagnol, langues indiennes (miskito, sumu, paya, lenca, etc.), garifuna.
Monnaie : lempira (au taux officiel, 100 lempiras = 6,67 € au 30.4.02).
Nature de l'État : république unitaire.
Nature du régime : présidentiel.
Chef de l'État et du gouvernement : Ricardo Maduro, qui a succédé le 27.1.02 à Carlos Flores Facussé.
Vice-président : Vicente Williams.
Ministre de l'Intérieur : Jorge Hernandez Acerro.
Ministre des Affaires étrangères : Guillermo Perez.
Ministre de l'Industrie et du Commerce : Juliette Handal.

---

d'entrepreneurs prônant la relance économique par le marché.

La croissance économique n'a pas dépassé 2,5 % en 2001 en raison des effets conjugués de la chute des prix du café, de la baisse de la production vivrière due à une grave sécheresse et du ralentissement du rythme d'expansion des *maquiladoras* (usines de sous-traitance pour l'exportation). Dans le cadre de l'Initiative de réduction de la dette pour les pays pauvres très endettés (PPTE), le Honduras a bénéficié d'un allégement de 100 millions de dollars (l'équivalent de 40 % des intérêts payés en 2000). Le solde de la dette externe totale s'élevait alors à 4,6 milliards de dollars, soit presque le double des exportations de biens et de services. - **Noëlle Demyk** ∎

Nicaragua

Nouvelle victoire des conservateurs

Sur fond de corruption et de crise fiscale et financière aggravée, les électeurs nicaraguayens ont reconduit aux affaires le Parti libéral constitutionnel (PLC, conservateur), lors des élections présidentielle et législatives du 4 novembre 2001, caractérisées par une forte participation (10 % d'abstention). Avec 56,3 % des voix pour l'ancien vice-président Enrique Bolaños Geyer, candidat du PLC à la présidence, et 53 députés sur 92 à l'Assemblée législative (42 en 1996), le PLC a nettement devancé le Front sandiniste de libération nationale (FSLN) dont le candidat, Daniel Ortega, a subi avec 42,3 % des voix, sa troisième défaite depuis 1990, obtenant 38 sièges à l'Assemblée législative (35 en 1996).

Alors que les résultats des élections municipales de 2000 rendaient plausible une victoire du candidat sandiniste, le choix controversé de l'ancien président Daniel Ortega (1984-1990) et l'image politique brouillée de l'ancien mouvement révolutionnaire n'ont pu contrecarrer la campagne

République du Nicaragua

Capitale : Managua.

Superficie : 130 000 km².

Population : 5 208 000.

Langues : espagnol (off.), anglais, créole, langues indiennes (miskito, sumu, rama), garifuna.

Monnaie : cordoba or (au taux officiel, 100 cordobas or = 7,69 € au 30.4.02).

Nature de l'État : république unitaire.

Nature du régime : présidentiel.

Chef de l'État et du gouvernement : Enrique Bolaños, qui a succédé le 10.1.02 à Arnoldo Alemán.

Vice-président : José Rizo.

Ministre de l'Intérieur : Arturo Harding.

Ministre de la Défense : José Adan Guerra.

Ministre des Affaires étrangères : Norman Calderas.

Échéances institutionnelles : élections municipales (2004).

Contestation territoriale : îles de San Andrés, Providencia et Quita Sueño disputées à la Colombie par le Nicaragua.

libérale soutenue par l'oligarchie, l'Église catholique et l'administration nord-américaine. Mais les grands perdants de ces élections ont aussi été, à droite, le Parti conservateur (PC) qui, avec 1,4 % des suffrages pour le scrutin présidentiel et un seul siège de député, a vu se confirmer l'effacement de son rôle historique de rival du parti libéral, et, à gauche, les petits partis de la démocratie chrétienne, alliés de peu de poids du FSLN au sein de la Convergence nationale.

Le président Bolaños n'allait pas disposer pour autant d'une grande liberté d'action, car de multiples factions s'opposaient au sein de la droite libérale et conservatrice. Une épreuve de force s'est d'ailleurs engagée dans son propre parti avec les partisans de l'ancien président Arnoldo Aleman, désormais président de l'Assemblée législative et protégé par son immunité parlementaire des multiples accusations de corruption pesant sur lui. La lutte contre la corruption généralisée de l'appareil d'État était en effet l'une des priorités du nouveau gouvernement, qui devait par ailleurs s'engager plus avant dans les réformes d'ajustement imposées par le FMI afin de bénéficier de l'Initiative de réduction de la dette des pays pauvres très endettés (PPTE). La détérioration du niveau de vie a été sensible en 2001 en raison de la chute des exportations de café et des effets d'une forte sécheresse sur la production vivrière. Avec un fort taux de chômage (10 %) et de sous-emploi, le Nicaragua demeure le pays le plus pauvre d'Amérique centrale.
- **Noëlle Demyk** ∎

Panama

Dégradation économique

Le désenchantement a gagné la population panaméenne en 2001 face à la montée du chômage (16,9 % à la fin de l'année contre 13,7 % fin 2000), à la dégradation des conditions de vie, à l'absence de réformes structurelles susceptibles d'enrayer la décélération de l'économie – accentuée en 2001 : croissance du PIB de seulement 2,5 % et évolution négative du PIB par habitant pour la première fois en dix ans.

La forte contraction de la demande externe a entraîné la stagnation des activités de la zone franche de Colon, tant aux importations qu'aux réexportations vers les pays latino-américains, ainsi qu'une diminution du transit par le canal de Panama. Le boum des investissements enregistré en 1997-1998 lors des privatisations et des concessions effectuées dans l'ancienne zone du canal a fini de produire ses effets, y compris dans le domaine de la construction qui a enregistré une forte contraction après l'achèvement de nombreux travaux d'infrastructures et de chantiers immobiliers. De nouveaux projets devaient voir le jour, comme le Centre multimodal d'industries et de services de la zone franche de Colon, dont le financement par la BID (Banque interaméricaine de développement) a été suspendu à la levée d'accusa-

tions de corruption lors de la signature du contrat avec le consortium San Lorenzo.

La population a pris conscience du fait que la dévolution complète du canal aux autorités panaméennes, le 31 décembre 1999, était d'abord une victoire souverainiste mais ne pouvait créer mécaniquement les conditions du développement socioéconomique du pays. Les difficultés d'accès aux marchés européens ont contribué à réduire l'activité bananière, principale source d'exportations du Panama, tandis que l'agriculture et l'industrie nationales continuaient de pâtir de l'absence structurelle de crédit et de soutien public.

Dans ce contexte, la crédibilité de la présidente Mireya Moscoso, dans sa troisième année de mandat, a fortement diminué. Le gouvernement devait également faire face à une opposition de plus en plus agressive, y compris à l'intérieur de son propre parti, le Parti arnulfiste (PA). Les élections présidentielles de 2004 alimentaient déjà les attentes partisanes. En dépit de la condamnation du régime torrijiste (1968-1981) et du dénigrement de la gestion gouvernementale du Parti révolutionnaire démocratique (PRD), Martin Torrijos, fils du général Omar Torrijos, apparaissait, au printemps 2002, comme le présidentiable le mieux placé. Un doute planait cependant sur l'adhésion réelle des électeurs aux enjeux politiciens des futures élections. - **Noëlle Demyk** ■

République du Panama

Capitale : Panama.
Superficie : 77 080 km².
Population : 2 899 000.
Langues : espagnol (off.), langues indiennes (guaymi, kuna, etc.).
Monnaie : théoriquement le balboa (1 balboa = 1,07 € au 31.5.02), de fait le dollar.
Nature de l'État : république unitaire.
Nature du régime : présidentiel.
Chef de l'État et du gouvernement : Mireya Moscoso (depuis le 1.9.99).
Premier vice-président : Arturo Vallarino.
Ministre de l'Intérieur et de la Justice : Anibal Salas.
Ministre des Affaires étrangères : José Miguel Alemán.
Ministre de l'Économie et des Finances : Norberto Delgado.

El Salvador

Le coût des séismes

Le Salvador a dû affronter les conséquences des tremblements de terre des 13 janvier et 13 février 2001, qui avaient fait 1 200 morts, des dégâts matériels estimés à 2 milliards de dollars, et affecté le cinquième de la population. Financée en partie par l'aide internationale (1,3 milliard de dollars), la reconstruction a provoqué une forte augmentation des dépenses publiques

Amérique centrale/Bibliographie

A.-M. d'Ans, *Le Honduras, difficile émergence d'une nation, d'un État,* Karthala, Paris, 1997.

M. Barth, *L'Enfer guatémaltèque 1960-1996. Le rapport de la Commission « Reconstitution de la mémoire historique »,* Comité catholique contre la faim et pour le développement (CCFD)/Karthala, Paris, 2000.

V. Bulmer-Thomas, *Centroamérica en reestructuración. Integración régional en Centroamérica,* FLASCO, San Jose, 1998.

N. Demyk, « Le canal de Panama : le nouveau statut et les contraintes de la mondialisation », *Problèmes d'Amérique latine,* n° 35, La Documentation française, Paris, oct.-déc. 1999.

N. Demyk, « Vers un nouveau modèle d'intégration de l'isthme centraméricain ? », *Problèmes d'Amérique latine,* n° 30, La Documentation française, Paris, juil.-sept. 1998.

S. Jonas, *Of Centaurs and Doves. Guatemala's Peace Process,* Westview Press, Boulder (CO), 2000.

Y. Le Bot, *La Guerre en terre maya. Communauté, violence et modernité au Guatémala,* Karthala, Paris, 1992.

A. Rouquié, *Guerres et paix en Amérique centrale,* Seuil, Paris, 1992.

Voir aussi la bibliographie sélective « Amérique centrale et du Sud », p. 388.

et, par conséquent, du déficit fiscal, dans un contexte général de faible imposition des revenus. En augmentation sensible, les transferts de devises effectués par les Salvadoriens vivant aux États-Unis ont aussi contribué à la reconstruction.

L'économie salvadorienne a souffert de la récession de l'économie nord-américaine ainsi que de la chute des cours du café, à laquelle s'est ajoutée la baisse de la production céréalière due à une forte sécheresse. Toutefois, les indicateurs ont traduit, pour 2001, une stagnation de l'économie plutôt qu'une détérioration marquée : le taux de chômage s'est maintenu autour de 6 %, l'inflation a peu évolué, pour atteindre 3,8 %, la croissance du PIB a été à peine plus faible qu'en 2000. Le pays jouit d'une très bonne image de marque auprès de ses créanciers et le président Francisco Flores fut l'hôte remarqué des pays du G-8 lors du sommet de Gênes de juillet 2001. La dollarisation instaurée début 2001, la poursuite des privatisations d'entreprises publiques (télécommunications, énergie électrique), la suppression du contrôle des

mouvements de capitaux ou encore le refus de l'annulation de la dette ont témoigné de l'adhésion de l'administration salva-

République du Salvador

Capitale : San Salvador.
Superficie : 21 040 km².
Population : 6 400 000.
Langues : espagnol (off.), nahuatlpipil.
Monnaie : dollar des États-Unis, mais le colón salvadorien circule parallèlement (au taux officiel, 1 colón = 0,12 € au 31.5.02).
Nature de l'État : république unitaire.
Nature du régime : présidentiel.
Chef de l'État et du gouvernement : Francisco Flores Facussé (depuis le 1.6.99).
Vice-président : Carlos Quintanilla.
Ministre de l'Intérieur : Conrado Lopez Andreu.
Ministre de l'Économie : Miguel Lacayo.
Ministre des Affaires étrangères : Maria Eugenia Brizuela de Avila.
Échéances institutionnelles : élections législatives (mars 03) et présidentielle (mars 04).

dorienne aux règles d'une économie globalisée.

Au plan politique, les échéances électorales de 2003 (élections municipales et législatives) et de 2004 (présidentielle) ont animé les stratégies de recomposition interne des deux grands partis, l'Alliance républicaine nationaliste (Arena, droite), détenant la présidence depuis 1992, et le Front Farabundo Martí de libération nationale (FMLN), premier parti de l'Assemblée législative avec 31 sièges contre 29 à l'Arena. Les fondateurs et anciens hiérarques de l'Arena ont dû céder la direction du parti à des dirigeants plus jeunes, des entrepreneurs moins directement liés au passé extrémiste du parti fondé en 1980 par Robert d'Aubuisson. Le FMLN, organisé en parti politique depuis 1992, a connu des luttes internes aiguës entre « rénovateurs » et « orthodoxes ». Ces derniers, autour de Schafik Hándal (dirigeant du Parti communiste clandestin durant les années de guerre), contrôlaient désormais l'appareil du parti. - **Noëlle Demyk** ■

Grandes Antilles

Bahamas, Bermudes, Cayman, Cuba, Haïti, Jamaïque, Porto Rico, République dominicaine, Turks et Caicos

---

Bahamas

L'opposition au pouvoir

Perry Christie, chef du Parti progressiste libéral (PLP), est devenu Premier ministre à la suite de son écrasante victoire aux élections du 2 mai 2002, mettant ainsi fin aux dix ans de pouvoir du Mouvement national libre (FNM) de Hubert Ingraham. Le PLP a obtenu 29 des 40 sièges au Parlement contre 7 pour le FNM, qui s'est vu reprocher sa complaisance vis-à-vis de la corruption, d'avoir oublié les pauvres et les plus petites des 700 îles que compte ce riche archipel, ancienne colonie britannique vivant du tourisme et du secteur financier *offshore*. H. Ingraham avait déjà accusé une sévère défaite au référendum de février 2002 sur diverses réformes constitutionnelles. Les activités phares des Bahamas ont repris leur croissance en 2002, après le choc des at-

 Commonwealth des Bahamas

Capitale : Nassau.
Superficie : 13 930 km².
Population : 308 000.
Langue : anglais.
Monnaie : dollar bahaméen, aligné sur le dollar des États-Unis (1 dollar = 1 € au 10.7.02).
Nature de l'État : unitaire.
Nature du régime : parlementaire.
Chef de l'État (nominal) : reine Elizabeth II, représentée par un gouverneur, Dame Ivy Dumont, qui a succédé le 1.1.02 à Sir Orville Turnquest.
Chef du gouvernement : Perry Christie, Premier ministre et ministre des Finances, qui a succédé le 3.5.02 à Hubert Ingraham.
Vice-premier ministre et ministre de la Sécurité nationale : Cynthia Pratt (depuis mai 02).
Ministre des Affaires étrangères : Fred Mitchell (depuis mai 02).

INDICATEUR	BAHAMAS	CAYMAN	CUBA	HAÏTI
Démographie[a]				
Population *(millier)*	308	40	11 237	8 270
Densité *(hab./km²)*	30,8	152,1	102,3	300,1
Croissance annuelle (1995-2000) *(%)*	1,4	3,6	0,4	1,6
Indice de fécondité (ISF) (1995-2000)	2,40	1,30	1,55	4,38
Mortalité infantile (1995-2000) ‰	18,7	8,0	7,5	68,3
Espérance de vie (1995-2000) *(année)*	69,1	77,1	75,7	52,0
Population urbaine[c]*(%)*	88,1	100,0	75,2	35,1
Indicateurs socioculturels				
Développement humain (IDH)[b]	0,826	• •	0,795	0,471
Nombre de médecins (‰ hab.)	1,52[g]	1,63[h]	5,30[i]	0,16[k]
Analphabétisme (hommes) *(%)*	5,5	2,0[m]	3,1	47,1
Analphabétisme (femmes) *(%)*	3,7	2,0[m]	3,3	51,1
Scolarisation 12-17 ans *(%)*	77,6[o]	• •	73,5[h]	43,9[o]
Scolarisation 3ᵉ degré *(%)*	24,8[i]	• •	18,9[f]	1,2[i]
Accès à Internet *(‰ hab.)*	54,95	• •	10,68	3,63
Livres publiés *(titre)*	15[h]	• •	679[g]	340[k]
Armées (effectifs)				
Armée de terre *(millier)*		• •	35	• •
Marine *(millier)*	} 0,86	• •	3	• •
Aviation *(millier)*		• •	8	• •
Économie				
PIB total (PPA)[b] *(million $)*	5 154	930[q]	19 200[q]	11 677
Croissance annuelle 1990-2000 *(%)*	1,9	• •	− 1,8	0,0
Croissance annuelle 2001 *(%)*	− 1,0	• •	3,0	− 1,7
PIB par habitant (PPA)[b] *($)*	17 012	24 474[q]	1 714[q]	1 467
Investissement (FBCF)[d] *(% PIB)*	• •	• •	10,4[e]	27,0
Taux d'inflation *(%)*	1,0	• •	• •	16,7
Énergie (taux de couverture)[c] *(%)*	• •	• •	42,1	76,3
Dépense publique Éducation[f] *(% PIB)*	3,2	• •	6,7[g]	1,5[o]
Dépense publique Défense *(% PIB)*	0,5	• •	4,5[rb]	1,3
Dette extérieure totale[b] *(million $)*	386[q]	70[g]	11 200st	1 190[t]
Service de la dette/Export.[e] *(%)*	• •	• •	• •	8,5
Échanges extérieurs				
Importations (douanes) *(million $)*	3 310	432[i]	3 028	1 161
Principaux fournisseurs *(%)*	E-U 33,8	E-U 76,7[g]	UE 45,1	E-U 52,3
(%)	UE 19,2	• •	AmL 21,5	AmL 25,6
(%)	Asie[u] 34,1	• •	Chin 10,1	UE 9,3
Exportations (douanes) *(million $)*	834	2[i]	1 643	290
Principaux clients *(%)*	UE 45,0	E-U 34,6[g]	UE 22,2	E-U 84,9
(%)	E-U 35,5	T&T	Ex-CAEM[j] 24,5	UE 5,2
(%)	AmL 7,6	R-U	Can 11,1	AmL 5,7
Solde transactions courantes *(% PIB)*	− 8,2[b]	• •	− 3,2[b]	− 2,4

Définition des indicateurs, sigles et abréviations p. 23 et suivantes. Chiffres 2001 sauf notes. a. Derniers recensements utilisables : Bahamas, 1990 ; Cayman (îles), 1989 ; Cuba, 1981 ; Haïti, 1982 ; Jamaïque, 2001 ; Porto Rico, 1990 ; République dominicaine, 1993 ; b. 2000 ; c. 1999 ; d. 1999-2001 ; e. 1998-2000 ; f. 1998 ; g. 1996 ; h. 1991 ; i. 1997 ; k. 1995 ; m. 1970 ; o. 1990 ; p. 1992 ; q. Selon la CIA ; r. 1,9 % selon la Banque mondiale ; s. Sans compter 20 milliards de dollars

	JAMAÏQUE	PORTO RICO	RÉP. DOMINICAINE
	2 598	3 952	8 507
	239,9	445,5	175,8
	0,8	1,0	1,7
	2,50	1,97	2,88
	21,9	11,0	40,6
	74,8	74,9	67,3
	55,6	74,8	64,4
	0,742	••	0,727
	1,40[g]	1,75[k]	2,16[i]
	16,7	6,3	16,1
	9,0	5,9	16,0
	75,8[o]	79,1[p]	73,5[o]
	8,9[f]	41,4[i]	23,1[i]
	38,49	151,82	21,45
	••	••	2 219[o]
	2,5	••	15
	0,19	••	4
	0,14	••	5,5
	9 582	39 000[q]	50 515
	0,3	••	5,9
	3,0	••	3,0
	3 639	9 962[q]	6 033
	27,5	••	23,5[e]
	5,0	8,2	8,9
	15,5	0,1[f]	20,0
	6,3	7,7[h]	2,2[i]
	0,5	••	0,8
	3 200[t]	••	3 800[t]
	13,5	••	4,3
	3 478	29 206	11 532
	E-U 44,8	E-U 55,8[b]	E-U 60,7
	AmL 26,5	Irl 10,4[b]	UE 9,5
	UE 11,6	Jap 5,4[b]	AmL 19,4
	1 430	39 812	5 897
	E-U 31,0	E-U 87,8[b]	E-U 87,1
	UE 32,2	RD 2,0[b]	UE 5,0
	PED[w] 10,6	Jap 1,5	AmL 4,4
	− 3,1[b]	••	− 3,9

dus à la Russie ; t. 2001 ; u. Y compris Japon et Moyen-Orient ; v. Y compris républiques de l'ancienne Yougoslavie ; w. Y compris pays de l'ex-CAEM (Conseil d'assistance économique mutuelle, ou Comecon).

tentats du 11 septembre 2001 aux États-Unis et malgré un resserrement, sous la pression internationale, des règles bancaires concernant la transparence. - **Greg Chamberlain** ■

Une économie robuste

Le tourisme, deuxième activité de ce territoire autonome britannique en plein Atlantique, a été momentanément affecté par les attentats du 11 septembre 2001 aux États-Unis, mais la prospérité du secteur *offshore* (activité principale) a eu un effet compensatoire. Le Premier ministre, Jennifer Smith, cherchait à intégrer le pays dans la Communauté des Caraïbes (Caricom). Son gouvernement s'efforçait également de corriger les inégalités persistant entre la majorité noire et la minorité blanche (expatriés ou héritiers de la colonie). - **Greg Chamberlain** ■

Révolution de palais dans un paradis fiscal

Le ministre du Tourisme, McKeeva Bush, a organisé la chute du chef de gouvernement, Kurt Tibbetts, par un vote parlementaire intervenu trois jours après qu'il avait lancé sa propre formation politique, le Parti démocratique uni (UDP). Il a lui-même repris les rênes du gouvernement le 8 novembre 2001. La passation s'est déroulée calmement dans ce petit territoire britannique autonome qui vit de l'un des plus importants secteurs financiers *offshore* du monde (45 % des revenus budgétaires) et du tourisme (20 %, mais en forte augmentation). - **Greg Chamberlain** ■

Bahamas, Bermudes, Cayman, Cuba, Haïti, Jamaïque, Porto Rico,
République dominicaine, Turks et Caicos

Cuba

Une situation économique préoccupante

Après les attentats islamistes du 11 septembre 2001 contre le World Trade Centre et le Pentagone, les relations américano-cubaines ont connu une trêve de courte durée. Dans une déclaration officielle, le gouvernement cubain a condamné les attentats. L'utilisation de la base militaire de Guantánamo comme camp d'internement pour les détenus en provenance d'Afghanistan n'a suscité que peu de critiques de la part du gouvernement de Fidel Castro. Ce dernier dénonçait pourtant l'occupation de ce territoire par les États-Unis depuis 1903. Le Congrès américain a autorisé en 2001 l'exportation de médicaments et d'aliments à Cuba, à condition que le régime de F. Castro les paie comptant. En mai 2002, les achats d'aliments à des firmes américaines atteignaient 73 millions de dollars. Le gouvernement cubain a mis à profit la pression exercée au Congrès par le lobby des firmes agroalimentaires, favorables à la levée d'un embargo vieux de plus de quarante ans qui les prive d'un marché proche. Le pouvoir de ce nouveau lobby pourrait être un contrepoids à la puissante Fédération nationale cubano-américaine (FNCA), organisation anticastriste extrémiste très influente au sein de l'administration américaine. D'autant que le général américain Barry Mac Caffrey, chef du Southern Command au Panama de 1994 à 1996, en voyage à Cuba, a déclaré que l'île ne représentait « aucune menace » pour la sécurité nationale des États-Unis. Un jugement renforcé par la visite en mai 2002 de l'ancien président Jimmy Carter.

La nomination du Cubano-Américain Otto Reich, proche de la FNCA, comme secrétaire d'État adjoint aux Affaires hémisphériques a cependant ravivé les tensions. Le conflit s'est aggravé à la faveur de la réunion de la Commission des droits de l'homme de l'ONU en avril 2002 à Genève.

La motion condamnant Cuba, présentée par l'Uruguay, a été approuvée par sept gouvernements latino-américains, dont le Mexique pour la première fois (Cuba et le Vénézuela ont voté contre, le Brésil et l'Équateur se sont abstenus). Ce vote a provoqué la rupture des relations diplomatiques avec l'Uruguay et une violente dispute avec le gouvernement mexicain, seul pays d'Amérique latine à n'avoir jamais rompu ses relations diplomatiques avec l'île depuis la victoire de Fidel Castro en 1959. La tentative de coup d'État contre le président vénézuélien, en avril 2002, a inquiété La Havane

République de Cuba

Capitale : La Havane.
Superficie : 110 861 km².
Population : 11 237 000.
Langue : espagnol.
Monnaie : peso cubain (1 peso cubain = 1 € au 28.6.02).
Nature de l'État : république unitaire communiste (« État socialiste des ouvriers et des paysans », selon la Constitution de 1976).
Nature du régime : socialiste à parti unique (Parti communiste cubain, PCC).
Chef de l'État : Fidel Castro Ruz, président du Conseil d'État, président du Conseil des ministres, premier secrétaire du Parti communiste cubain (PCC), commandant en chef des Forces armées (au pouvoir depuis 1959).
Premier vice-président du Conseil d'État et ministre des Forces armées : Raúl Castro.
Vice-président du Conseil des ministres et ministre de l'Économie : Carlos Lage Dávila.
Président de l'Assemblée nationale : Ricardo Alarcón.
Échéances institutionnelles : l'Assemblée nationale populaire (589 membres) est élue au suffrage universel direct. Seul le PCC participe aux élections.
Concession territoriale : la base de Guantanamo fait l'objet d'une concession illimitée aux États-Unis.

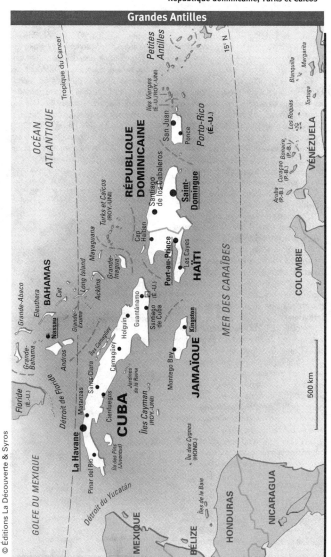

qui bénéficie de livraisons de pétrole avantageuses et d'un allié sûr en la personne de Hugo Chavez. Malgré l'échec du putsch – qui n'a pas été condamné par Washington –, la situation du pays n'était pas stabilisée.

La réalité économique et financière cubaine est d'autant plus préoccupante que les livraisons de pétrole vénézuélien ont été interrompues après le putsch. Le peso cubain, dont le change s'était stabilisé à 22 pesos pour un dollar, était échangé à 26 pesos pour un dollar en 2002. Aux effets de la mauvaise conjoncture internationale s'est ajoutée la chute du tourisme consécutive aux attentats du 11 septembre : le chiffre prévu de deux millions de visiteurs n'a pu être atteint.

L'abandon par la Russie de la base de communications et de renseignements de Lourdes, louée par Moscou 200 millions de dollars par an, a représenté un coup politique et économique. La renégociation de la dette cubaine avec le Club de Paris (environ 11,7 milliards de dollars) s'est heurtée aux exigences de Moscou qui veut inclure le paiement d'arriérés contestés par La Havane.

Selon la CEPALC (Commission économique de l'ONU pour l'Amérique latine et les Caraïbes), les réformes structurelles – plus grande autonomie dans les affaires et décentralisation renforcée dans la prise de décisions – ont progressé lentement, mais de manière significative. En 2001, on dénombrait 405 entreprises mixtes ; outre le tourisme, les investissements étrangers se concentraient dans les secteurs du pétrole, de l'énergie et du nickel. La diversification du commerce international se poursuit. Réévaluée à la baisse en 2002 (3 %), la prévision de croissance pourrait atteindre 5 % en 2003.

Sur le plan politique, l'Assemblée nationale a approuvé à l'unanimité un amendement inscrivant de manière intangible le socialisme dans la Constitution. Cet amendement avait auparavant été approuvé par

8,19 millions de votants lors d'un référendum répondant aux discours menaçants du président américain George W. Bush. Il s'agit aussi d'une réplique au « projet Varela » lancé par la dissidence, qui demandait que soient soumises à référendum de profondes réformes du système économique et politique, projet promu politiquement par J. Carter lors de sa visite. Dans un contexte international et régional troublé, le « leader màximo » (76 ans en août 2002) cherche à immortaliser le socialisme cubain à l'heure où Washington entend précipiter la fin du régime. - **Janette Habel** ∎

Blocage politique et violences partisanes

Les dérives des partisans du président Jean-Bertrand Aristide et les affaires ont continué à ternir l'image du gouvernement. L'impasse s'étant installée en 2000 entre le pouvoir et l'opposition fragmentée a per-

République d'Haïti

Capitale : Port-au-Prince.
Superficie : 27 750 km².
Population : 8 270 000.
Langues : créole, français.
Monnaie : gourde (100 gourdes = 3,95 € au 31.5.02).
Nature de l'État : république unitaire.
Nature du régime : présidentiel.
Chef de l'État : Jean-Bertrand Aristide, président, qui a succédé le 7.02.01 à René Préval.
Chef du gouvernement : Yvon Neptune, Premier ministre, qui a succédé le 15.3.02 à Jean-Marie Chérestal.
Ministre des Affaires étrangères : Joseph Antonio (depuis le 2.3.01).
Ministre des Finances : Gustave Faubert (depuis le 2.3.01).
Ministre de l'Intérieur : Jocelerme Privert (depuis le 15.3.02).

duré en 2002, avec des gestes de bonne volonté de part et d'autre, mais jamais concrétisés. Sans soutien populaire sérieux, l'opposition rêvait d'une aide extérieure pour débloquer la situation. En décembre 2001, un mystérieux groupe armé est entré dans le palais national (siège de la Présidence). En représailles, les locaux de l'opposition et les domiciles de ses leaders ont été mis à sac, et l'un des plus importants fonds documentaires du pays a été détruit.

Peu après, une quinzaine de journalistes ont fui le pays sous les menaces et les agressions des militants du Fanmi Lavalas (FL), parti au pouvoir), qui ont même lynché un journaliste de province. L'enquête sur l'assassinat, en 2000, du journaliste le plus connu du pays, Jean Dominique, est restée bloquée du fait de l'influence du principal suspect, Dany Toussaint, ancien militaire devenu sénateur FL dont les collègues refusaient de lever l'immunité parlementaire.

L'inaction du gouvernement, le gel de 500 millions de dollars d'aide étrangère – tant qu'aucune solution ne serait trouvée à la crise politique –, ainsi que la corruption (scandale relatif aux importations de riz) ont provoqué, en janvier 2002, la chute du Premier ministre, Jean-Marie Chérestal. Il a été remplacé en mars par le sénateur Yvon Neptune, ancien porte-parole du FL.

L'économie a accusé un recul de 1,7 % en 2001. La marge de manœuvre était étroite en raison du faible taux de rentrée des impôts (7,5 % du PIB) et de la quasi-absence d'investissements étrangers dans ce pays, restant le plus pauvre du continent. Les usines *offshore* fournissent 90 % des exportations (moyenne annuelle), suivies de la production de café et de cacao. Le gouvernement a fait des efforts dans la lutte contre l'analphabétisme et le sida, et, en décembre 2001, pour la première fois depuis 1996, il a soumis un budget au Parlement. Haïti est entré, en juillet 2002, dans le bloc politique et économique régional de la Caricom (Communauté des Caraïbes). - **Greg Chamberlain** ■

Jamaïque

Violence narcopolitique

Une vague de violence meurtrière, menée par des gangs de la capitale, a été le souci principal du gouvernement en 2001-2002, à l'approche des élections prévues pour fin 2002. Des affrontements triangulaires entre la police et les partisans des deux grandes formations politiques, le Parti national du peuple (PNP, au pouvoir) et le Parti travailliste jamaïcain (PLP), alimenté par le trafic de cocaïne (la Jamaïque se trouve sur la principale route entre la Colombie et les États-Unis), ont coûté la vie à 1 138 personnes en 2001 (+ 28 % par rapport à 2000). Le gouvernement s'est décidé début 2002 à renforcer et mieux armer la police. Le ministre de la Sécurité nationale, Peter Phillips, a même proposé de pendre ceux qui feraient entrer des armes dans le pays.

Jamaïque

Capitale : Kingston.
Superficie : 10 990 km^2.
Population : 2 598 000.
Langue : anglais.
Monnaie : dollar jamaïcain (au taux officiel, 100 dollars = 2,21 € au 31.5.02).
Nature de l'État : unitaire.
Nature du régime : parlementaire.
Chef de l'État (nominal) : reine Elizabeth II, représentée par un gouverneur, Sir Howard Cooke (depuis le 1.8.91).
Chef du gouvernement : P. J. Patterson, Premier ministre et ministre de la Défense (depuis le 26.3.92).
Ministre des Affaires étrangères et du Commerce extérieur : Keith Knight (depuis le 1.11.01).
Ministre des Finances et du Plan : Omar Davies (depuis le 3.12.93).
Ministre de la Sécurité nationale : Peter Phillips (depuis le 1.11.01).

Bahamas, Bermudes, Cayman, Cuba, Haïti, Jamaïque, Porto Rico,
République dominicaine, Turks et Caicos

Grandes Antilles/Bibliographie

B. W. Aronson, W. D. Rogers, *US-Cuban Relations in the XXIst Century*, Council on
Foreign Relations Press, New York, 1999.

G. Averill, *A Day for the Hunter, a Day for the Prey : Popular Music and Power in Haiti*,
University of Chicago Press, 1997.

G. Barthélémy, *L'Univers rural haïtien : le pays en dehors*, L'Harmattan, Paris, 1990.

Centre tricontinental, *Socialisme et marché : Chine, Vietnam, Cuba*, L'Harmattan,
Paris, 2001.

G. Chamberlain, T. Gunson, A. Thompson, *Dictionary of Contemporary Politics :
Central America and the Caribbean*, Routledge, Londres, 1991.

A. Colonomos, *La Modernité d'un archaïsme : l'embargo cubain au défi des critiques
adressées à la loi Helms-Burton*, Les Études du CERI, n° 63, Paris, 2000.

« Cuba : 170 años de presencia en Estados Unidos », *Encuentra de la Cultura Cubana*,
n° 15, Madrid, hiv. 1999-2000.

A. Dupuy, *Haiti in the New World Order : the Limits of the Democratic Revolution*,
Westview Press, Boulder (CO), 1997.

J. Habel, « Cuba : mutations sociales et défis politiques », *Pouvoirs dans la Caraïbe*
(revue du CRPLC), n° 11, Université Antilles-Guyane, Schœlcher, 1999.

J. Habel (sous la dir. de), « [iquest] Cuba si, Cuba no ? », *Cahier des Amériques latines*,
n° 31-32, IHEAL, Paris, 1999.

A. J. Jatar-Haussmann, *The Cuban Way*, Kumarian Press, West Hartford, 1999.

D.-C. Martin (avec F. Constant), *Les Démocraties antillaises en crise*, Karthala, Paris,
1996.

P. Mason, *Jamaica in Focus*, Latin America Bureau, Londres, 2000.

F. Moya-Pons, *The Dominican Republic : A National History*, Hispaniola Books,
New Rochelle, 1995.

« Revolución cubana : 40 años », *Temas*, n°s 16-17, La Havane, 1999.

M. Wucker, *Why the Cocks Fight : Dominicans, Haitians and the Struggle
for Hispaniola*, Hill & Wang, New York, 1999.

Le tourisme, au centre de l'économie de l'île, a été affecté par les attentats du 11 septembre 2001 aux États-Unis (pays d'origine de 70 % de ses clients), par les violences (pourtant éloignées des zones touristiques) et par des dysfonctionnements gouvernementaux. Une partie des cultures (sucre, banane, café), du bétail et des routes ont été dévastés par l'ouragan *Michelle* en novembre 2001, puis à nouveau par 11 jours de fortes pluies en mai 2002. La dette extérieure a été évaluée à 13,5 milliards de dollars É.-U. (soit 140 % du PIB) début 2002 et son service devait consommer deux tiers du budget 2002-2003. La croissance a cependant été de près de 3 % en 2001 et un solide appui financier international laissait augurer d'un taux favorable pour 2002. La production de bauxite a connu, en 2001, sa plus forte croissance depuis vingt ans. Un grand projet de construction routière a été lancé en avril 2002 ; la « renaissance » du réseau ferroviaire était quant à elle, envisagée. - **Greg Chamberlain** ∎

Bilan de l'année / **République dominicaine**

Porto Rico

Lutte contre la corruption

En 2002, Sila Calderon, gouverneur du territoire autonome américain de Porto Rico, a essuyé des critiques pour ne pas avoir obtenu du Congrès américain d'incitations fiscales à l'investissement et pour sa lenteur à mettre en place des projets d'infrastructures. L'activité économique (secteurs des produits pharmaceutiques et chimiques, du tourisme, etc.) s'est soldée par une croissance modeste (1,1 %) en 2001, du fait du ralentissement de l'économie américaine. Cependant, le déficit budgétaire de 700 millions de dollars dont S. Calderon avait hérité en 2001 est retombé à 190 millions de dollars en 2002. Enfin, la lutte des autorités contre la corruption a fait impression. Le président de la Chambre de commerce (Richard d'Acosta), un ancien ministre de l'Éducation, Victor Fajardo, et d'autres personnalités ont été inculpés en janvier 2002 pour avoir extorqué 4,3 millions de dollars en pots-de-vin. De nombreux autres anciens responsables du Nouveau parti progressiste (PNP, opposition) étaient impliqués dans cette affaire, mais l'ex-gouverneur Pedro Rossello, sous l'exercice duquel ces délits avaient été commis, est resté aux États-Unis.

Les protestations se sont poursuivies, en 2002, dans l'île dépendante de Vieques contre les bombardements d'entraînement effectués par la marine américaine, de crainte que le président George W. Bush ne tienne sa promesse de les en arrêter définitivement en mai 2003. En juillet 2001, les habitants ont voté à 68 % pour qu'ils cessent immédiatement et que la US Navy quitte l'île. S. Calderon s'est engagée à organiser un nouveau référendum sur le statut de Porto Rico articulé autour de trois propositions : s'intégrer aux États-Unis, devenir indépendante ou garder son autonomie actuelle qui lui rapporte une manne de 14 milliards de dollars par an de la part du gouvernement fédéral. - **Greg Chamberlain** ■

République dominicaine

Le pouvoir résiste aux urnes

Le Parti révolutionnaire dominicain (PRD) du président Hipolito Mejia a conservé le contrôle du Parlement au terme des élections du 16 mai 2002. Bien qu'il ait perdu 10 sièges à la Chambre des députés (73 sur un total de 150), il a gagné du terrain au Sénat (obtenant 29 sièges sur 32). Et une alliance avec le Parti réformiste social chrétien (PRSC) de l'ancien président Joaquin Balaguer lui a valu, en juin 2002, l'approbation d'un projet de loi qui lui permettra de prolonger son mandat à partir de 2004.

Le grand pôle touristique régional qu'est la République dominicaine a durement ressenti les conséquences des attentats du 11 septembre 2001 aux États-Unis, avec la perte de 200 000 emplois et une croissance limitée à 3,0 % en 2001. Mais, grâce à la vigueur de l'économie depuis plusieurs années, les effets en ont été de courte durée. Les télécommunications

République dominicaine

Capitale : Saint-Domingue.
Superficie : 48 730 km^2.
Population : 8 507 000.
Langue : espagnol.
Monnaie : peso (au taux officiel, 100 pesos = 5,96 € au 31.5.02).
Nature de l'État : république unitaire.
Nature du régime : présidentiel.
Chef de l'État et du gouvernement : Hipólito Mejía, président (depuis le 16.8.2000).
Vice-président et ministre de l'Éducation : Milagros Ortiz Bosch (depuis le 16.8.2000).
Ministre des Affaires étrangères : Hugo Tolentino Dipp (depuis le 16.8.2000).
Ministre de l'Intérieur et de la Police : Pedro Franco Badía (depuis oct. 01).
Ministre des Finances : José Lois Malkum (depuis mars 02).

(+ 24 % en 2001), l'électricité (+ 18 %), l'envoi d'argent par les émigrés (+ 7 %, atteignant 1,8 milliard de dollars) et l'agriculture – sucre, cacao, tabac, café – (+ 9 %) ont atténué le choc. Les usines implantées dans des « zones franches » ont fourni près de 80 % des exportations. La production de bananes bio était en hausse de 30 % (le pays en est le « numéro un » mondial). Les investissements étrangers ont progressé globalement de 25 % en 2001.

Le gouvernement a réorganisé le secteur de l'électricité, dont les graves dysfonctionnements avaient provoqué des violences de rue en juillet 2001, et il a lancé des projets d'infrastructures (construction de barrages hydroélectriques, de routes et même projet d'une première voie ferroviaire). Un accord de libre-échange avec les pays de la Communauté des Caraïbes (Caricom) est entré en vigueur en décembre 2001, mais ces derniers tentaient d'en exclure les agrumes dominicains pour protéger leurs propres exportations.

En janvier 2002, le président a destitué le chef de la police, Pedro de Jesus Candelier, critiqué de toute part pour les exactions et assassinats commis par ses hommes. Par ailleurs, les deux figures les plus emblématiques du pays ont disparu.

L'ancien président Joaquin Balaguer (1960-1962 ; 1966-1978 ; 1986-1996) est décédé en juillet 2002 à l'âge de 95 ans. Et son ancien rival, Juan Bosch, premier président démocratiquement élu et dont le renversement avait provoqué, en 1965, une guerre civile et l'invasion du pays par les troupes américaines, est mort en novembre 2001. - **Greg Chamberlain** ∎

Turks et Caicos

Soutenir les sources de la prospérité

L'Association hôtelière de cet archipel britannique autonome, dont les crustacés sont l'unique produit d'exportation significatif, a acquis, fin 2001, des actions dans plusieurs grandes compagnies aériennes américaines en crise, « par solidarité » avec ces dernières, dont dépend l'essor touristique (+ 11 % en 2001) du pays. En janvier 2002, le GAFI (Groupe d'action financière sur le blanchiment des capitaux) de l'OCDE (Organisation de coopération et de développement économiques) a rayé les îles de sa liste de « paradis fiscaux non coopératifs » en récompense d'une meilleure transparence. - **Greg Chamberlain** ∎

Petites Antilles

Îles Vierges, Anguilla, St. Kitts et Nevis, Antigua et Barbuda, Montserrat, Guadeloupe, Dominique, Martinique, Sainte-Lucie...

(Les îles sont présentées selon un ordre géographique en suivant l'arc qu'elles forment, du nord au sud, dans la mer des Caraïbes.)

Îles Vierges britanniques

Corruption autour d'un aéroport

Allen Wheatley, le secrétaire aux Finances de ce territoire dépendant britannique, a été arrêté et inculpé, en mars 2002, dans une affaire de corruption liée à l'aéroport international de Beef Island. L'extension de ce dernier est le principal projet du gouvernement de ce paradis fiscal touristique dirigé par un « ministre en chef », Ralph O'Neal. Ce dernier a destitué son adjoint, Alvin Christopher, en mai 2002, pour « incompétence ». - **Greg Chamberlain** ∎

Îles Vierges américaines

Persistants problèmes d'image

L'état des finances de ce territoire non incorporé américain (1 milliard de dollars de dettes), présidé par le gouverneur Charles W. Turnbull, a continué de peser lourdement sur le gouvernement qui, en décembre 2001, s'est octroyé le droit de puiser dans les fonds d'assurances publiques, nuisant ainsi à l'image d'un pays à investissement

sûr qu'il souhaite donner. Deux des grandes compagnies de bateaux de croisière, qui sont à la base de l'économie touristique de l'archipel, ont cessé leurs escales dans l'île de Saint Croix en mai 2002 en raison de la criminalité locale. - **Greg Chamberlain** ∎

Anguilla

Enfin la citoyenneté à part entière

Les habitants de cette petite île britannique autonome, vivant du tourisme et des remises de ses travailleurs émigrés, ont finalement (mai 2002) obtenu le droit à la citoyenneté britannique à part entière, en même temps que les cinq autres territoires du Royaume-Uni dans la région. Leur statut est passé de celui de « territoires dépendants » à celui de « territoires d'outre-mer ». Anguilla, dirigée par le « ministre en chef » Osbourne Fleming, exporte des fruits de mer et constitue surtout un paradis fiscal. - **Greg Chamberlain** ∎

St. Kitts et Nevis

Se blanchir du blanchiment

Le gouvernement a redoublé d'efforts, en 2001-2002, pour réformer le secteur *offshore* et s'attirer les bonnes grâces de la communauté internationale, préoccupée par le blanchiment d'argent sale pratiqué

Bilan de l'année / Antigua et Barbuda

Fédération de St. Kitts et Nevis (Saint-Christophe et Niévès)

Capitale : Basseterre.
Superficie : 267 km².
Population : 38 000.
Langue : anglais.
Monnaie : dollar des Caraïbes orientales (au taux officiel, 1 dollar EC = 0,39 € au 31.5.02).
Nature de l'État : fédérale.
Nature du régime : parlementaire.
Chef de l'État (nominal) : reine Elizabeth II, représentée par un gouverneur, Dr. Cuthbert Montroville Sebastian (depuis le 1.1.96).
Chef du gouvernement : Denzil Douglas, Premier ministre, ministre des Finances et de la Sécurité nationale (depuis le 4.7.95).
Vice-premier ministre, ministre du Commerce : Sam Condor (depuis le 4.7.95).
Ministre des Affaires étrangères et de l'Éducation : Timothy Harris (depuis le 13.8.01).
Premier ministre de Nevis : Vance Amory (depuis le 1.6.92).

Antigua et Barbuda

Capitale : St. John's.
Superficie : 442 km².
Population : 65 000.
Langue : anglais.
Monnaie : dollar des Caraïbes orientales (au taux officiel, 1 dollar EC = 0,39 € au 31.5.02).
Nature de l'État : unitaire.
Nature du régime : parlementaire.
Chef de l'État (nominal) : reine Elizabeth II, représentée par un gouverneur, Sir James Carlisle (depuis le 10.6.93).
Chef du gouvernement : Lester Bird, Premier ministre, ministre des Affaires étrangères (depuis le 9.2.94) et ministre des Finances (depuis le 5.1.01).
Ministre de l'Intérieur : John St. Luce (depuis le 5.1.01), également ministre de la Santé (depuis le 23.1.01).
Ministre de l'Agriculture : Vere Bird Jr. (depuis le 10.3.99).

dans l'archipel. Il a finalement été rayé de la « liste noire » du GAFI (Groupe d'action financière sur le blanchiment des capitaux) en juin 2002. Parallèlement, divers projets de construction étaient en cours pour développer le tourisme hôtelier et de croisière. L'équipe au pouvoir dans l'île sœur autonome de Nevis, dirigée par le Premier ministre Vance Amory, a été réélue aux élections du 8 septembre 2001. **- Greg Chamberlain** ■

puis des décennies, dans ce pays touristique « réputé » pour ses affaires et ses opérations *offshore* douteuses. A. Stanford possédait déjà les principales banques, une compagnie aérienne et le plus grand journal du pays, *Antigua Sun* ; il finance de nombreuses constructions et prête des millions de dollars au gouvernement. Un mélange de prospérité, de libertés démocratiques et de persécutions tend à étouffer l'indignation des habitants contre ce pouvoir démesuré. **- Greg Chamberlain** ■

Antigua et Barbuda

L'île des grands chefs

Le pouvoir du milliardaire texan Allen Stanford n'a cessé de s'accroître en 2002, sous l'œil bienveillant du Premier ministre Lester Bird, chef de la famille au pouvoir de-

Montserrat

Lente reconstruction

Le territoire dépendant britannique de Montserrat a poursuivi sa lente reconstruction dans la partie nord de l'île tandis que le sud restait dévasté par un volcan (Soufriere Hills) toujours en état d'éruption modérée. Le site du nouvel aéroport destiné à

Petites Antilles

Îles Vierges, Anguilla, St. Kitts et Nevis, Antigua et Barbuda, Montserrat, | 411
Guadeloupe, Dominique, Martinique, Sainte-Lucie...

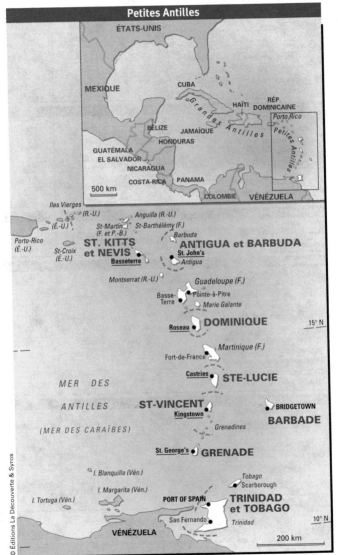

Petites Antilles

ÉTATS-UNIS

MEXIQUE

CUBA

HAÏTI

RÉP. DOMINICAINE

Grandes Antilles

Porto Rico

Petites Antilles

BÉLIZE

JAMAÏQUE

HONDURAS

GUATÉMALA

EL SALVADOR

NICARAGUA

COSTA-RICA   PANAMA

500 km

COLOMBIE   VÉNÉZUELA

Îles Vierges (R.-U.)
(É.-U.)

Anguilla (R.-U.)
St-Martin   St-Barthélémy (F.)
(F. et P.-B.)

Porto-Rico
(É.-U.)

St-Croix
(É.-U.)

**ST. KITTS
et NEVIS**

Basseterre

Barbuda

ANTIGUA et BARBUDA

St. John's

Antigua

Montserrat (R.-U.)

Guadeloupe (F.)

Basse-
Terre   Pointe-à-Pitre

Marie Galante

Roseau   **DOMINIQUE**   15° N

Martinique (F.)

Fort-de-France

Castries   **STE-LUCIE**

MER   DES

ANTILLES   **ST-VINCENT**

Kingstown

BRIDGETOWN

BARBADE

(MER DES CARAÏBES)   Grenadines

St. George's   **GRENADE**

I. Blanquilla (Vén.)

Tobago
Scarborough

I. Margarita (Vén.)

PORT OF SPAIN   **TRINIDAD
et TOBAGO**

I. Tortuga (Vén.)

San Fernando   Trinidad   10° N

VÉNÉZUELA

200 km

© Éditions La Découverte & Syros

INDICATEUR	UNITÉ	ANTIGUA ET BARBUDA	BARBADE	DOMINIQUE
Démographie[a]				
Population	(millier)	65	268	71
Densité	(hab./km²)	147,9	624,3	94,0
Croissance annuelle (1995-2000)	(%)	0,6	0,4	-0,1
Indice de fécondité (ISF) (1995-2000)		1,70	1,50	1,90
Mortalité infantile (1995-2000)	‰	17,3	12,4	15,8
Espérance de vie (1995-2000)	(année)	75,5	76,4	76,0
Population urbaine[c]	(%)	36,6	49,5	70,7
Indicateurs socioculturels				
Développement humain (IDH)[b]		0,800	0,871	0,779
Nombre de médecins	(‰ hab.)	1,14[g]	1,28[h]	0,45[f]
Analphabétisme (hommes)	(%)	10,0[k]	2,0[h]	6,0[m]
Analphabétisme (femmes)	(%)	12,0[k]	3,2[h]	6,0[m]
Scolarisation 12-17 ans	(%)	••	74,3[q]	••
Scolarisation 3e degré	(%)	••	31,0[i]	••
Accès à Internet	(‰ hab.)	65,20	37,38	77,78
Livres publiés	(titre)	••	77[r]	20[r]
Armées (effectifs)				
Armée de terre	(millier)	0,125	0,5	••
Marine	(millier)	0,045	0,11	••
Aviation	(millier)	••	••	••
Économie				
PIB total (PPA)[b]	(million $)	717	4 137	418
Croissance annuelle 1990-2000	(%)	3,1	1,4	1,9
Croissance annuelle 2001	(%)	– 0,6	– 2,1	1,1
PIB par habitant (PPA)[b]	($)	10 541	15 494	5 880
Investissement (FBCF)[d]	(% PIB)	31,7[e]	18,7[e]	28,3[e]
Taux d'inflation	(%)	1,0	2,2	1,8
Énergie (taux de couverture)[c]	(%)	••	32,9[f]	6,7[f]
Dépense publique Éducation[f]	(% PIB)	••	5,2	5,3
Dépense publique Défense	(% PIB)	0,6	0,5	••
Dette extérieure totale[b]	(million $)	357[tv]	425[v]	108
Service de la dette/Export.[e]	(%)	••	6,6[x]	6,8
Échanges extérieurs				
Importations (douanes)	(million $)	622	833	210
Principaux fournisseurs	(%)	E-U 17,2	E-U 42,0	UE 19,8
	(%)	UE 47,0	AmL 25,1	AmL 25,8
	(%)	Asie[y] 15,4	UE 16,6	Asie[y] 36,1
Exportations (douanes)	(million $)	305	275	64
Principaux clients	(%)	E-U 1,1	AmL 48,4	AmL 58,2
	(%)	UE 95,4	UE 15,6	UE 28,8
	(%)	AmL 2,7	E-U 14,9	E-U 8,2
Solde transactions courantes	(% PIB)	– 12,0[b]	– 5,6[b]	– 25,5[b]

Définition des indicateurs, sigles et abréviations p. 23 et suivantes. Chiffres 2001 sauf notes. a. Derniers recensements utilisables : Antigua et Barbuda, 1991; Barbade, 1990; Dominique, 1991; Grenade, 1991; Guadeloupe, 1999; Martinique, 1999; Sainte-Lucie, 1991; Trinidad et Tobago, 1990; b. 2000; c. 1999;

	GRENADE	GUADE-LOUPE	MARTINIQUE	SAINTE-LUCIE	ST-VINCENT ET GREN.	TRINIDAD ET TOBAGO
	94	431	386	149	114	1 300
	275,8	252,3	363,8	245,0	292,3	253,4
	0,3	0,9	0,6	1,1	0,7	0,5
	3,60	2,06	1,75	2,70	2,19	1,65
	19,2	8,3	7,0	14,3	17,7	14,3
	71,8	77,3	78,8	73,0	72,9	73,8
	37,5	99,6	94,3	37,7	53,5	73,6
	0,747	••	••	0,772	0,733	0,805
	0,49[i]	••	••	0,47[i]	0,88[i]	0,82[i]
	2,0[m]	10,0[o]	2,9	35,0[p]	4,0[m]	1,0
	2,0[m]	10,0[o]	2,1	31,0[p]	4,0[m]	2,2
	••	••	••	••	••	65,3[q]
	••	••	••	••	••	6,0[f]
	52,00	17,54	12,75	••	30,86	92,31
	••	••	••	63[s]	••	26[t]
	••	••	••	••	••	2
	••	••	••	••	••	0,7
	••	••	••	••	••	••
	743	3 700[g]	4 240[g]	890	639	11 663
	3,8	3,2[u]	2,5[u]	2,7	3,1	3,0
	3,5	••	••	0,5	0,3	4,5
	7 580	9 000[g]	10 700[g]	5 703	5 555	8 964
	36,7[e]	25,4[i]	21,1[i]	24,7[e]	30,8[e]	22,8[e]
	2,5	••	••	2,5	0,9	2,5
	••	••	••	••	3,5[f]	200,4
	4,6[g]	14,6[t]	12,4[t]	9,3	6,5	3,3[g]
	••	••	••	••	••	0,5[b]
	207	••	••	237	192	1 550[w]
	6,3	••	••	6,7	8,0	11,2
	195	1 618	1 662	360	309	3 265
	E-U 33,8	Fra 63,6	UE 76,0	E-U 26,7	UE 38,8	E-U 36,5
	AmL 45,6	AmL 9,4	Fra 63,5	AmL 50,1	E-U 14,0	AmL 29,6
	UE 11,4	Asie[y] 5,7	AmL 4,9	UE 12,8	AmL 20,7	UE 17,9
	70	149	272	82	161	4 168
	E-U 32,8	Fra 61,3	Fra 71,6	UE 48,9	UE 70,4	E-U 56,5
	AmL 26,3	Mart 22,9	AmL 20,4	E-U 33,7	E-U 12,7	AmL 28,3
	UE 36,9	E-U 4,5	E-U 1,9	AmL 17,2	AmL 15,6	UE 9,5
	– 19,3[b]	••	••	– 11,8[b]	– 7,8[b]	7,4[b]

d. 1999-2001 ; e. 1998-2000 ; f. 1998 ; g. 1996 ; h. 1995 ; i. 1997 ; k. 1960 ; m. 1970 ; o. 1982 ; p. 1980 ; q. 1991 ; r. 1990 ; s. 1994 ; t. 1993 ; u. 1987-1997 ; v. Selon la CIA ; w. 2001 ; x. 1997-1999 ; y. Y compris Japon et Moyen-Orient.

Petites Antilles

414 Îles Vierges, Anguilla, St. Kitts et Nevis, Antigua et Barbuda, Montserrat,
Guadeloupe, Dominique, Martinique, Sainte-Lucie...

Bilan de l'année / Guadeloupe

remplacer le précédent détruit par le volcan en 1997 est devenu un sujet de controverse. Le gouvernement du « ministre en chef » John Osborne espérait compenser son manque de revenus en développant le secteur des services financiers *offshore*. - **Greg Chamberlain** ■

Guadeloupe

Virage à droite

Ce département français d'outre-mer (DOM) a vu trois de ses quatre sièges de député passer à la droite lors des élections législatives des 9 et 16 juin 2002, dont celui du communiste Ernest Montoussamy, en place depuis vingt et un ans dans cet archipel souvent en grogne contre la métropole. Malgré une prospérité artificielle – trois quarts du PIB proviennent des transferts publics de la métropole, mais le PIB guadeloupéen représente la moitié de la moyenne française –, ce mécontentement a débouché, en juin 2001, sur des violences de rue à l'appel du syndicat indépendantiste très combatif UGTG (Union générale des travailleurs de Guadeloupe). Le patronat a fini par accepter de commémorer chaque année l'abolition de l'esclavage. En 2001-2002, des grèves ont frappé de nombreux secteurs. Autre signe de ce malaise identitaire : un animateur noir d'une chaîne de télévision privée (également élu local) a tenu quotidiennement des propos racistes sur les nombreux immigrés en provenance des pays plus pauvres de la région, notamment Haïti et la Dominique. Par ailleurs, trois élus de l'île – les sénateurs Lucette Michaux-Chevry et Dominique Larifla ainsi que le député Philippe Chaulet (battu aux législatives de juin 2002) – se sont retrouvés devant la justice pour des affaires de corruption. Les marchés des principaux secteurs de l'économie – le tourisme, la banane (50 % des exportations) et le sucre – étaient de nouveau en baisse en 2002 et le taux de chômage atteignait 25 %. - **Greg Chamberlain** ■

Dominique

Scandales sur la scène politique

Le ministre des Finances, Ambrose George, a été limogé fin décembre 2001 à cause de ses liens suspects avec un haut responsable du Parti travailliste (DLP, au pouvoir), Julien Giraud, arrêté par le FBI (Federal Bureau of Investigation) un mois auparavant à Porto Rico pour blanchiment d'ar-

Commonwealth de la Dominique

Capitale : Roseau.
Superficie : 750 km².
Population : 71 000.
Langues : anglais, créole.
Monnaie : dollar des Caraïbes orientales (au taux officiel, 1 dollar EC = 0,39 € au 31.5.02).
Nature de l'État : unitaire.
Nature du régime : parlementaire.
Chef de l'État (nominal) : Vernon Shaw, président (depuis le 6.10.98).
Chef du gouvernement : Pierre Charles, Premier ministre (depuis le 3.10.2000) et ministre des Finances (depuis déc. 01).
Ministre des Affaires étrangères : Osborne Rivière (depuis déc. 01).
Ministre de la Justice : Henry Dyer (depuis oct. 01).

gent sale. La privatisation de l'industrie bananière, pilier de l'économie (avec le tourisme et le secteur *offshore*), s'est achevée début 2002, mais la production n'en était pas moins en baisse. - **Greg Chamberlain** ■

Martinique

Ancrée à gauche

Lors des élections législatives des 9 et 16 juin 2002, le député de gauche Camille Darsières, héritier politique du poète-apôtre de la « négritude » et ancien maire (pendant 55 ans) de Fort-de-France Aimé Césaire, a perdu son siège au profit de l'ancien communiste controversé Pierre Samot. Dans un contexte de forte

Petites Antilles

Îles Vierges, Anguilla, St. Kitts et Nevis, Antigua et Barbuda, Montserrat, 415
Guadeloupe, Dominique, Martinique, Sainte-Lucie...

abstention (près de 65 %, comme la moyenne des DOM – département français d'outre-mer – des Amériques), l'indépendantiste Alfred Marie-Jeanne (président du conseil régional) a conservé son siège et l'île est restée à gauche. Elle jouit d'un PIB plus élevé que les autres DOM français et connaît moins de conflits sociaux que son île sœur, la Guadeloupe. Cependant le déclin de l'important secteur touristique s'est poursuivi en 2001 (– 18 %) et en 2002. La banane (45 % des exportations) domine l'économie, très dépendante de la métropole. Certains ont suggéré que l'île se consacre à l'agriculture biologique. En juillet 2001, le président français, Jacques Chirac, avait rejeté, au nom de la défense de l'« unité de la République », la proposition du Premier ministre, Lionel Jospin, qui aurait permis à ces DOM d'adhérer aux organisations régionales. **- Greg Chamberlain** ■

Sainte-Lucie

La majorité en place reconduite

Lors des élections législatives du 3 décembre 2001, le chef du gouvernement,

Kenny Anthony, a vu sa forte majorité diminuer, passant de 16 à 14 des 17 sièges à pourvoir. Mais sa victoire a surtout été due aux divisions de l'opposition, véritable champ de bataille pour deux vieux guerriers politiques, l'ancien Premier ministre Sir John Compton et l'homme de gauche George Odlum. Les résultats très médiocres de deux secteurs clés de l'économie, la banane et le tourisme, en 2001-2002, ont coûté au ministre de l'Agriculture et à son adjoint leur siège de député. **- Greg Chamberlain** ■

Saint-Vincent et les Grenadines

Contacts avec la Libye

Le Premier ministre, Ralph Gonsalves, s'est rendu en Libye en août 2001 avec ses homologues de Grenade et de la Dominique pour obtenir une aide globale de 21,5 millions de dollars É.-U. et un engagement du colonel Mouammar Kadhafi d'acheter une

Sainte-Lucie

Capitale : Castries.
Superficie : 620 km².
Population : 149 000.
Langues : anglais, créole.
Monnaie : dollar des Caraïbes orientales (au taux officiel, 1 dollar EC = 0,39 € au 31.5.02).
Nature de l'État : unitaire.
Nature du régime : parlementaire.
Chef de l'État (nominal) : reine Elizabeth II, représentée par un gouverneur, Dame Pearlette Louisy (depuis le 17.9.97).
Chef du gouvernement : Kenny Anthony, Premier ministre et ministre des Finances (depuis le 24.5.97).
Premier ministre adjoint et ministre de l'Éducation : Mario Michel (depuis le 24.5.97).
Ministre des Affaires étrangères : Julian Hunte (depuis le 29.3.01).

Saint-Vincent et les Grenadines

Capitale : Kingstown.
Superficie : 388 km².
Population : 114 000.
Langue : anglais.
Monnaie : dollar des Caraïbes orientales (au taux officiel, 1 dollar EC = 0,39 € au 31.5.02).
Nature de l'État : unitaire.
Nature du régime : parlementaire.
Chef de l'État (nominal) : reine Elizabeth II, représentée par un gouverneur, Sir Charles Antrobus (depuis juin 96).
Chef du gouvernement : Ralph Gonsalves, Premier ministre, qui a succédé le 29.3.01 à Arnhim Eustace. Également ministre des Finances (depuis le 30.3.01).
Vice-premier ministre et ministre des Affaires étrangères : Louis Straker (depuis le 30.3.01).
Ministre de la Sécurité nationale : Vincent Beache (depuis le 30.3.01).

Petites Antilles

416

Îles Vierges, Anguilla, St. Kitts et Nevis, Antigua et Barbuda, Montserrat,
Guadeloupe, Dominique, Martinique, Sainte-Lucie...

Bilan de l'année / Barbade

Petites Antilles/Bibliographie

N. Amand, *Histoire de la Martinique*, L'Harmattan, Paris, 1996.

G. Belorgey, G. Bertrand, *Les DOM-TOM*, La Découverte, coll. « Repères », Paris, 1994.

Caribbean Islands Handbook 2003, Trade and Travel Publications, Bath (R-U), 2002.

G. Drower, *Britain's Dependent Territories*, Dartmouth Publishing Co, Aldershot (R-U), 1992.

J.-C. Giacottino, « Guyane, Guadeloupe, Martinique », *in L'état de la France 2001-2002*, La Découverte, coll. « L'état du monde », Paris, 2001.

J. Gilmore, *Faces of the Caribbean*, Latin America Bureau, Londres, 2000.

H. Godard, *Les Outre-Mers, in* T. Saint-Julien (sous la dir. de), *Atlas de la France*, vol. XIII, RECLUS/La Documentation française, Montpellier/Paris, 1998.

D.-C. Martin (avec F. Constant), *Les Démocraties antillaises en crise*, Karthala, Paris, 1996.

G. Oostindie, « The Dutch Caribbean in the 1990s : decolonization, recolonization », *Annales des pays d'Amérique latine et des Caraïbes*, nos 11-12, IEP/CREALC, Aix-en-Provence, 1993.

J. H. Parry, P. Sherlock, A. Maingot, *A Short History of the West Indies,* Macmillan, Londres, 1987.

P. Pattullo, *Fire from the Mountain. The Tragedy of Montserrat*, Constable, Londres, 2000.

P. Pattullo, *Last Resorts : the Cost of Tourism in the Caribbean*, Cassell/Latin America Bureau, Londres, 1996.

F. Taglione, *Géopolitique des Petites Antilles*, Karthala, Paris, 1995.

grande partie de leur importante production bananière. Un mois plus tard, R. Gonsalves, ancien militant de gauche, se rendait à La Havane pour signer un large accord de coopération. En février 2002, le FMI a félicité le pays pour sa gestion économique, pourtant entravée par des problèmes dans les secteurs de l'agriculture et du tourisme.
- Greg Chamberlain ∎

Barbade

Le tourisme affecté par les attentats aux États-Unis

L'industrie touristique, sur laquelle – avec les industries manufacturière et sucrière – repose l'économie de ce pays le plus tranquille et le mieux organisé de

Barbade

Capitale : Bridgetown.
Superficie : 430 km².
Population : 268 000.
Langue : anglais.
Monnaie : dollar de la Barbade (au taux officiel, 1 dollar = 0,53 € au 31.5.02).
Nature de l'État : unitaire.
Nature du régime : parlementaire.
Chef de l'État (nominal) : reine Elizabeth II, représentée par un gouverneur, Monica Dacon, qui a succédé à Sir Clifford Husbands (décédé le 3.6.02).
Chef du gouvernement : Owen Arthur, Premier ministre et ministre des Finances (depuis le 7.9.94).
Vice-premier ministre, ministre des Affaires étrangères (depuis le 7.9.94) et du Tourisme : Billie Miller.
Ministre de l'Intérieur et de la Justice : Mia Motley (depuis sept.01).

Petites Antilles

Îles Vierges, Anguilla, St. Kitts et Nevis, Antigua et Barbuda, Montserrat, | 417
Guadeloupe, Dominique, Martinique, Sainte-Lucie...

la région, a fortement pâti des conséquences des attentats du 11 septembre 2001 aux États-Unis. Le gouvernement a pris une série de mesures pour amortir le choc mais l'économie a enregistré un recul de 2,1 % en 2001, le premier exercice négatif depuis douze ans. Le Parti travailliste démocratique (DLP, opposition) a porté à sa tête un nouveau chef, Clyde Mascoll, en novembre 2001. - **Greg Chamberlain** ∎

gouvernement a fermé trois banques *offshore* soupçonnées de fraudes massives. En juillet 2001, le FMI a cependant accordé une bonne note à l'économie fondée – outre le secteur bancaire – sur le tourisme, la noix de muscade et la banane. Le programme de « citoyenneté économique » (passeports pour les étrangers qui investissent dans le pays) a été suspendu en octobre 2001 afin d'« aider à la lutte contre le terrorisme ». - **Greg Chamberlain** ∎

Grenade

Un secteur financier véreux

L'« île aux épices » a été mise sur la « liste noire » du GAFI (Groupe d'action financière sur le blanchiment des capitaux) en septembre 2001 du fait de ses « graves insuffisances » dans la lutte contre le blanchiment de l'argent sale. En mai 2002, le

Trinidad et Tobago

Règlements de comptes

En 2002, le pays a été paralysé par la crise née, en octobre 2001, du départ du gouvernement de trois ministres en rébellion contre le Premier ministre, Basdeo Panday, privant ce dernier de sa majorité parlementaire. Le 10 décembre 2001, des

---

Grenade

Capitale : St.George's.
Superficie : 344 km².
Population : 94 000.
Langue : anglais.
Monnaie : dollar des Caraïbes orientales (au taux officiel, 1 dollar EC = 0,39 € au 31.5.02).
Nature de l'État : unitaire.
Nature du régime : parlementaire.
Chef de l'État (nominal) : reine Elizabeth II, représentée par un gouverneur, Sir Daniel Williams (depuis le 8.8.96).
Chef du gouvernement : Keith Mitchell, Premier ministre et ministre de la Sécurité nationale (depuis le 22.6.95).
Ministre des Finances : Anthony Boatswain (depuis le 1.11.99).
Ministre des Affaires étrangères et ministre des Affaires légales : Elvin Nimrod (respectivement depuis le 17.1.01 et le 2.1.02).

République de Trinidad et Tobago

Capitale : Port of Spain
Superficie : 5 130 km².
Population : 1 300 000.
Langues : anglais, hindi.
Monnaie : dollar de Trinidad et Tobago (au taux officiel, 1 dollar = 0,17 € au 31.5.02).
Nature de l'État : république unitaire.
Nature du régime : parlementaire.
Chef de l'État (nominal) : A. N. R. Robinson, président (depuis le 18.3.97).
Chef du gouvernement : Patrick Manning, Premier ministre, qui a succédé le 24.12.01 à Basdeo Panday. Également ministre des Finances (depuis le 24.12.01)
Ministre des Affaires étrangères : Knowlson Gift (depuis le 26.12.01).
Ministre de la Sécurité nationale : Howard Chinlee (depuis janv. 02).

élections législatives anticipées ont octroyé au parti de celui-ci (Congrès national uni) et au Mouvement national du peuple (PNM, opposition) 18 sièges chacun au Parlement. Le président A. N. R. Robinson, vieux rival de B. Panday, a nommé Patrick Manning, leader de l'opposition, pour le remplacer. Mais le chef déchu a refusé de coopérer, en bloquant l'activité du Parlement. Il a appelé à de nouvelles élections, ce que P. Manning, qui a lancé des enquêtes sur la corruption du gouvernement Panday, a exclu pour l'immédiat. Deux anciens ministres ont été arrêtés. Cette confusion politique, exacerbée par les pressions communautaires (africaine et indienne) des deux camps et par des conflits sociaux, n'a pas pour autant nui à l'activité économique, demeurée stable grâce aux ressources en pétrole et en gaz (70 % des exportations) et stimulée, en 2001 et 2002, par la découverte de nouveaux gisements. **- Greg Chamberlain** ■

Antilles néerlandaises et Aruba

Victoire électorale de la gauche

Le Front de libération ouvrier (FOL), dirigé par Anthony Godett, est sorti « victorieux » aux élections législatives du 18 janvier 2002, remportant 5 des 22 sièges à pourvoir au Parlement de cet archipel sous tutelle des Pays-Bas et vivant du tourisme, des services financiers et du raffinage du pétrole et dont le PIB est en baisse depuis 1995. La grande méfiance des autres partis envers le FOL, qui avait provoqué, en juillet 2001, la chute de la coalition du Premier ministre, Miguel Pourier, rendait problématique la constitution d'un nouveau gouvernement. Dans l'île plus autonome d'Aruba, le leader de l'opposition, Nelson Oduber, est devenu Premier ministre à la suite de sa victoire (12 sièges sur 21) aux élections législatives du 28 septembre 2001. **- Greg Chamberlain** ■

Vénézuela, Guyanes

Guyana, Guyane française, Suriname, Vénézuela

Guyana

Impasse politique persistante

Après plusieurs mois d'accalmie en 2001, les tensions communautaires entre Indiens et Noirs ont repris en 2002, aggravées par les activités des gangs criminels, des trafiquants de drogue et d'un « escadron de la mort » au sein de la police. Le chef du Congrès national du peuple (PNC, opposition afro-guyanaise), Desmond Hoyte, a annoncé en avril 2002 une politique de « non-coopération active » avec le gouvernement du président Bharrat Jagdeo, qu'il a accusé de mauvaise foi dans leurs discussions en vue d'une entente nationale. Deux militants du PNC ont été tués par la

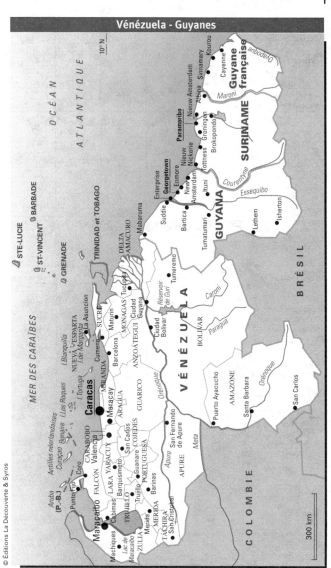

Vénézuela - Guyanes

Bilan de l'année / Statistiques

INDICATEUR	GUYANA	GUYANE FRANÇAISE	SURI-NAME	VÉNÉ-ZUELA
Démographie[a]				
Population *(millier)*	763	170	419	24 632
Densité *(hab./km²)*	3,9	1,9	2,7	27,9
Croissance annuelle (1995-2000) *(%)*	0,5	3,5	0,4	2,0
Indice de fécondité (ISF) (1995-2000)	2,45	4,05	2,21	2,98
Mortalité infantile (1995-2000) ‰	56,2	31,9	29,1	20,9
Espérance de vie (1995-2000) *(année)*	63,7	75,0	70,1	72,4
Population urbaine[c] *(%)*	37,6	76,5[g]	73,4	86,6
Indicateurs socioculturels				
Développement humain (IDH)[b]	0,708	• •	0,756	0,770
Nombre de médecins *(‰ hab.)*	0,18[h]	• •	0,25[i]	2,36[h]
Analphabétisme (hommes) *(%)*	1,0	1,1[b]	4,1[i]	6,7
Analphabétisme (femmes) *(%)*	1,8	1,9[b]	7,4[i]	7,6
Scolarisation 12-17 ans *(%)*	70,5[k]	• •	77,1[k]	59,8[m]
Scolarisation 3e degré *(%)*	11,6[h]	• •	7,5	28,2[h]
Accès à Internet *(‰ hab.)*	109,20	• •	33,00	52,78
Livres publiés *(titre)*	42[i]	• •	47[i]	3 468[i]
Armées (effectifs)				
Armée de terre *(millier)*	1,4	• •	1,6	34[o]
Marine *(millier)*	0,1	• •	0,24	18,3
Aviation *(millier)*	0,1	• •	0,2	7
Économie				
PIB total (PPA)[b] *(million $)*	3 016	1 000[f]	1 584	140 036
Croissance annuelle 1990-2000 *(%)*	5,0	7,0[p]	2,0	2,0
Croissance annuelle 2001 *(%)*	0,8	• •	3,4	2,7
PIB par habitant (PPA) *($)*	3 963	6 000[f]	3 799	5 794
Investissement (FBCF)[d] *(% PIB)*	25,2[e]	21,8[h]	14,9[e]	16,4[e]
Taux d'inflation *(%)*	2,4	• •	50,2	12,5
Énergie (taux de couverture)[c] *(%)*	• •	• •	58,7[f]	392,7
Dépense publique Éducation *(% PIB)*	4,6[i]	10,7[q]	3,6[q]	5,0[r]
Dépense publique Défense *(% PIB)*	0,8	• •	2,7[b]	1,9
Dette extérieure totale[b] *(million $)*	1 250[s]	• •	512[t]	30 000[s]
Service de la dette/Export.[e] *(%)*	17,1[u]	• •	• •	22,5
Échanges extérieurs				
Importations (douanes) *(million $)*	547	566	505	19 292
Principaux fournisseurs *(%)*	AmL 42,1	UE 61,2	E-U 34,5	E-U 32,3
(%)	E-U 28,4	Fra 52,2	UE 24,9	AmL 21,2
(%)	UE 14,1	AmL 14,8	AmL 26,7	UE 18,1
Exportations (douanes) *(million $)*	694	119	516	33 557
Principaux clients *(%)*	E-U&Can 40,3	UE 67,5	UE 24,2	E-U 43,6
(%)	UE 24,6	Fra 58,3	E-U 25,7	AmL 35,7
(%)	AmL 23,3	AmL 22,8	PED[v] 16,1	UE 6,3
Solde transactions courantes *(% PIB)*	− 15,4[b]	• •	5,3[b]	3,5

Définition des indicateurs, sigles et abréviations p. 23 et suivantes. Chiffres 2001 sauf notes. a. Derniers recensements utilisables : Guyana, 1991 ; Guyane française, 1999 ; Suriname, 1980 ; Vénézuela, 2001 ; b. 2000 ; c. 1999 ; d. 1999-2001 ; e. 1998-2000 ; f. 1998 ; g. 1995 ; h. 1997 ; i. 1996 ; k. 1990 ; m. 1991 ; o. Non compris Garde nationale (23000) ; p. 1987-1997 ; q. 1993 ; r. 1994 ; s. 2001 ; t. Selon la CIA ; u. 1996-1998 ; v. Y compris pays de l'ex-CAEM (Conseil d'assistance économique mutuelle, ou Comecon).

Bilan de l'année / Suriname

République coopérative de Guyana

Capitale : Georgetown.
Superficie : 214 970 km².
Population : 763 000.
Langue : anglais.
Monnaie : dollar de Guyana
(au taux officiel, 100 dollars = 0,57 €
au 30.4.02).
Nature de l'État : république unitaire.
Nature du régime : présidentiel.
Chef de l'État : Bharrat Jagdeo,
président (depuis le 11.8.99).
Premier ministre : Samuel Hinds
(depuis le 22.12.97).
Ministre des Affaires étrangères :
Rudy Insanally (depuis le 21.5.01).
Ministre de l'Intérieur : Ronald Gajraj
(depuis le 8.1.99).
Ministre des Finances : Saisnarine
Kowlessar (depuis le 10.4.01).

police en juillet quand des manifestants ont tenté d'attaquer les bureaux de la présidence.

L'économie a connu une légère amélioration en 2001 (0,8 % de croissance), notamment grâce au sucre, exportation principale (+ 4 %), au riz (+ 10 %) et à l'or (+ 3,5 %). L'industrie de la bauxite, coûteuse et peu rentable, a vu sa production chuter de 26 % et a subi un grand choc avec le départ du pays de la compagnie américaine Alcoa, préférant le climat plus serein du Suriname voisin. L'inflation est descendue à 2,4 %. Le différend concernant le tracé de la frontière maritime avec le Suriname a persisté, avec comme enjeu d'importantes ressources *offshore* présumées de pétrole et de gaz. La coopération avec le Vénézuela (avec lequel le contentieux frontalier est encore plus ancien) s'est améliorée en 2002. Le pays s'est davantage ouvert aux relations avec le Brésil, au sud, notamment avec un projet de pont et de première route goudronnée entre les deux pays. **- Greg Chamberlain** ■

Guyane française

Les trajectoires nationales de deux figures locales

Ce département français d'outre-mer (DOM) a fait parler de lui en 2002 avec la candidature à l'élection présidentielle d'avril-mai 2002 (pour une fraction de la gauche) de la députée guyanaise Christiane Taubira-Delannon (sous l'étiquette PRG – Parti radical de gauche). Celle-ci a remporté 2,32 % des suffrages et a été réélue députée lors des élections législatives de juin suivant. L'autre député réélu du DOM, Léon Bertrand, a été nommé secrétaire d'État au Tourisme dans le gouvernement issu de la victoire de la droite aux législatives de juin. En novembre 2001, Paris avait favorablement accueilli une proposition de l'ensemble des élus locaux visant à mettre en place une collectivité territoriale unique aux pouvoirs élargis. En revanche, en juillet, le pouvoir avait rejeté comme peu réaliste une autre proposition portant sur la création d'une industrie sucrière. L'économie, dominée par le Centre spatial de Kourou, est caractérisée par une dépendance chronique à l'égard de la métropole, compliquée d'un taux de chômage dépassant 20 % et d'une forte immigration clandestine émanant du Brésil et du Suriname voisin ; celle-ci a provoqué en juin 2001 des manifestations contre l'« insécurité ». Le gouvernement a lancé en 2001 des mesures pour maîtriser les exactions et les violences meurtrières sévissant parmi les milliers d'orpailleurs de l'intérieur du pays. **- Greg Chamberlain** ■

Suriname

Décès de deux figures politiques

La disparition de deux figures marquantes de la scène politique a ponctué le climat de calme dominant en 2001. Jaggernath Lachmon, patron de la communauté indienne (la moitié de la population), mort en octobre 2001, aura été l'éminence grise du pouvoir pendant un demi-siècle, la plupart du temps (et jusqu'à sa mort) en tant que président du Parlement. Il a été remplacé à ce poste par Ram Sardjoe, son héritier politique. En mai 2002, Fred Derby, qui était depuis plus de trente ans le principal leader syndicaliste du pays, est décédé à son tour. Début 2002, les puissants syndicats du secteur public (fonctionnaires, enseignants) ont obtenu, par des grèves, de fortes hausses de salaires, tout comme l'armée. L'enquête sur les exactions commises par celle-ci progressait lentement et l'ancien dictateur militaire Desi Bouterse (1980-1988), devenu par la suite chef de l'opposition, est resté en liberté.

La culture du riz, principal secteur agricole, a souffert, en 2002, d'une baisse des prix, de dettes importantes et de la sécheresse. Grâce aux cours plus avantageux dans le secteur minier, la production pétrolière a fait preuve d'un solide croissance et des investisseurs étrangers se sont montrés intéressés par les ressources en bauxite – principale exportation – et en or du pays.

République du Suriname

Capitale : Paramaribo.
Superficie : 163 270 km².
Population : 419 000.
Langues : néerlandais, anglais, sranan tongo.
Monnaie : florin du Suriname
(au cours officiel, 1 000 florins = 0,49 €
au 31.5.02).
Nature de l'État : république unitaire.
Nature du régime : présidentiel.
Chef de l'État et du gouvernement :
Ronald Venetiaan, président
(depuis le 12.8.2000).
Vice-président : Jules Ajodhia
(depuis le 12.8.2000).
Ministre des Affaires étrangères :
Marie Levens (depuis le 12.8.2000).
Ministre des Finances : Humphrey
Hildenberg (depuis le 12.8.2000).

Concernant le différend frontalier avec le Guyana, des pourparlers ont été entamés en janvier 2002, motivés par les importants gisements maritimes de pétrole sous le contrôle du Suriname. L'hostilité des syndicats et de l'opposition pesait dans la balance. Des accords de coopération dans divers domaines économiques ont cependant pu être signés entre les deux pays. **- Greg Chamberlain** ∎

Vénézuela

Tentative de coup d'État avortée

À la différence de l'année 2000, marquée par la réaffirmation de la « révolution bolivarienne » (« mégaélections » et réélection présidentielle), 2001 a été au Vénézuela le temps des questionnements, voire des remises en cause et des dissidences. Dans un contexte de crise de la représentation politique, de nouveaux acteurs se sont en effet affirmés, issus de la société civile ou jusqu'alors cantonnés dans un rôle mineur. La tentative de prise de contrôle du principal syndicat, la Confédération des travailleurs vénézuéliens (CTV), s'est soldée par l'échec de la « démocratie participative » prônée par le président Hugo Chavez depuis son arrivée au pouvoir en 1999. Ce fut le cas lors des élections syndicales d'octobre 2001, marquées par la victoire du syndicat non gouvernemental (Front unique des travailleurs, de Carlos Ortega) sur la Force bolivarienne des travailleurs (d'Aristobulo Isturiz) à la présidence de la CTV. Dans un premier temps, la perte de popularité du président Chavez et les divisions de son parti – le Mouvement Ve République (MVR) – ont cependant été éclipsées par les questions internationales.

Les événements les plus importants de 2001 ont ainsi fait la part belle au contexte international et au rôle que doit y jouer le Vénézuela, qu'il s'agisse du cas de Vladimir Montesinos (l'ancien assesseur du prési-

Bilan de l'année / **Vénézuela**

dent péruvien Alberto Fujimori, poursuivi dans son pays pour corruption, a trouvé refuge pendant plusieurs mois au Vénézuela), ou de la participation à des sommets tels que celui des pays andins, ceux de l'OPEP (Organisation des pays exportateurs de pétrole), organisé fin septembre à Caracas, ou de Québec (destiné à promouvoir le libre-échange dans les Amériques), sans compter les multiples voyages présidentiels en Amérique latine et dans le reste du monde (Europe, Moyen-Orient). Ont en particulier été évoquées les relations avec la guérilla colombienne (FARC – Forces armées révolutionnaires de Colombie), thème récurrent tout au long de l'année 2001 et du premier semestre 2002.

Autre aspect d'un leadership international mis à mal après les attentats islamistes du 11 septembre contre les États-Unis : les relations avec Cuba. Fidel Castro s'est rendu plusieurs fois au Vénézuela. En moins de deux ans, le Vénézuela est devenu le premier partenaire commercial de Cuba, lui fournissant du pétrole jusqu'aux premiers mois de 2002. Les cercles bolivariens, comités de défense de la révolution inspirés du modèle cubain, ont été mis en place à partir du mois de juin 2001, déclenchant une polémique durable. Dans le même temps, la politisation des forces armées, dont le rôle avait été renforcé par la Constitution bolivarienne (1999), est devenue un fait avéré. Après la promulgation de 49 décrets-lois en novembre 2001 et surtout de la loi sur la terre (expropriations), les phénomènes de « désobéissance civile » et les manifestations se sont multipliés. Le 10 décembre 2001, une grève nationale sans précédent était organisée à l'initiative du patronat (Fedecamaras) avec l'appui des organisations syndicales (CTV), des médias et même des banquiers.

Devant l'accentuation de la crise politique mais aussi économique et sociale (diminution des revenus tirés du pétrole de 43 % en 2001, dévaluation du bolivar en février 2002, inflation estimée à 26 % pour

2002 contre 12,6 % en 2001), plusieurs hauts gradés sont intervenus dans le débat début 2002, demandant même le départ du chef de l'État. Lors d'une nouvelle mobilisation et de l'annonce d'une grève générale par la CTV (11 avril 2002), faisant suite au limogeage de hauts responsables de l'entreprise PVDSA (Pétroles du Vénézuela), une tentative de coup d'État eut lieu, marquée par de violents affrontements. Le président Chavez fut destitué (le 12) et un gouvernement provisoire formé par le président de Fedecamaras, Pedro Carmona Estanga. Le revirement d'une partie de l'armée devant l'absence de légitimité de ce gouvernement et la résistance de certains militaires chavistes entraînèrent le retour de H. Chavez au pouvoir (à l'aube du 14). Extrêmement complexe, cette tentative de coup d'État pose à nouveau la question

République bolivarienne du Vénézuela

Capitale : Caracas.
Superficie : 910 250 km^2.
Population : 24 632 000.
Langue : espagnol.
Monnaie : bolivar (au cours officiel, 100 bolivars = 0,13 € au 30.4.02).
Nature de l'État : république fédérale.
Nature du régime : démocratie présidentielle.
Chef de l'État et du gouvernement : Hugo Chavez Frias (depuis le 2.2.99).
Vice-président : José Vicente Rangel (depuis mai 02).
Ministre de la Défense : général Lucas Rincon Romero (depuis mai 02).
Ministre de l'Énergie et des Mines : Alvaro José Silva Calderon (depuis mai 02).
Ministre des Affaires étrangères : Roy Chaderton (depuis mai 02).
Ministre de l'Intérieur et de la Justice : Diosdado Cabello (depuis mai 02).
Contestations territoriales : Essequibo (région guyanaise ; différend avec le Guyana) et golfe du Vénézuela (frontière maritime avec la Colombie).

Vénézuela, Guyanes/Bibliographie

G. Belorgey, G. Bertrand, *Les DOM-TOM,* La Découverte, coll. « Repères », Paris, 1994.

E. M. Dew, *The Trouble in Suriname 1975-95,* Praeger, Westpoint (CT)/Londres, 1994.

J.-C. Giacottino, « Guyane, Guadeloupe, Martinique », *in L'état de la France 2002,* La Découverte, Paris, 2002, coll. « L'état du monde ».

H. Godard, *Les Outre-Mers, in* T. Saint-Julien (sous la dir. de), *Atlas de la France,* vol. XIII, RECLUS/La Documentation française, Montpellier/Paris, 1998.

B. Iranzo, T. Patruyo, « Vénézuela : le syndicalisme face à la mondialisation », *Problèmes d'Amérique latine,* n° 42, La Documentation française, Paris, juil.-sept. 2001.

D. Irwin, « Balance y perspectivas de las relaciones civiles-militares en Venezuela », *L'Ordinaire latino-américain,* n° 186, IPEALT, Toulouse, sept.-déc. 2001.

F. Langue, *Histoire du Vénézuela de la conquête à nos jours,* L'Harmattan, Paris, 1999.

F. Langue, *Hugo Chávez et le Vénézuela,* L'Harmattan, Paris, 2002.

S. Mam-Lam-Fouck, *Histoire générale de la Guyane française,* Ibis rouge éditions, Cayenne, 1996.

J. McDonough « Guyana », « Suriname », *in South America, Central America and the Caribbean 2003,* Europa Publications, Londres, 2002.

C. Quenan, « L'économie du Vénézuela : amélioration conjoncturelle, faiblesses structurelles ».*Problèmes d'Amérique latine,* n° 39, La Documentation française, Paris, oct.-déc. 2000.

Voir aussi la bibliographie sélective « Amérique centrale et du Sud », p. 388.

des relations civils-militaires, mais aussi celle du rôle des États-Unis dans la région (le Vénézuela est leur 3e fournisseur de pétrole brut). En ont témoigné également les tensions persistantes, mais aussi les remaniements gouvernementaux intervenus dans les jours suivants, le changement le plus significatif étant la nomination du général Lucas Rincón comme ministre de la Défense, en remplacement de José Vicente Rangel (nommé début 2001), premier civil à avoir occupé ce poste depuis la chute de la dictature en 1958.

- Frédérique Langue ∎

Amérique andine

Bolivie, Colombie, Équateur, Pérou

Bolivie

Poussée protestataire

Malade, le président Hugo Banzer a été remplacé le 6 août 2001 par le vice-président Jorge Quiroga. Sur fond de crise économique – le PIB par habitant est passé de 994 dollars É.-U. en 2000 à 938 en 2001 –, le nouveau chef de l'État s'est trouvé confronté à des vagues de protestations, principalement paysannes. À peine avait-il réussi à débloquer l'altiplano en signant, fin août 2001, un accord avec le leader aymara Felipe Quispe, qu'un nouveau cycle de barrages routiers démarrait dans les zones de production de la coca, en raison de l'accélération de la politique d'arrachage des plants, et de mesures restreignant la commercialisation des feuilles. Après les heurts sanglants intervenus le 24 janvier 2002, le Parlement a décidé de destituer le député Evo Morales, dirigeant syndical des *cocaleros* (paysans cultivant la coca). En conséquence, une nouvelle vague de protestations a commencé, conduisant le gouvernement à abandonner les restrictions à la commercialisation.

À partir d'octobre 2001, on a aussi assisté à la naissance d'un Mouvement de paysans sans terres qui a envahi des propriétés et provoqué des luttes armées dans les départements de Santa Cruz et de Tarija. En juin 2002, une série de marches ont convergé vers La Paz pour obtenir la réunion d'une Assemblée constituante en vue de modifier le système de représentation politique en faveur des indigènes.

À l'élection présidentielle de juin 2002, l'ancien président Gonzalo Sanchez de Lozada (1993-1997), du Mouvement nationaliste révolutionnaire et, à la surprise générale, E. Morales (Mouvement pour le socialisme) sont arrivés en tête avec respectivement 22,45 % et 20,94 % des suffrages (contre 20,91 % à Manfred Reyes Villa de la Nouvelle force républicaine). Aucun candidat n'ayant d'emblée

République de Bolivie

Capitale : Sucre (La Paz est le siège du gouvernement).
Superficie : 1 098 581 km².
Population : 8 516 000.
Langues : espagnol, quechua, aymara (off.), guarani.
Monnaie : boliviano (au taux officiel, 1 boliviano = 0,15 € au 31.5.02).
Nature de l'État : république unitaire.
Nature du régime : démocratie présidentielle.
Chef de l'État et du gouvernement : Jorge Quiroga, qui a remplacé le 6.8.01 Hugo Banzer (démissionnaire).
Ministre des Relations extérieures : Gustavo Fernandez Saavedra.
Ministre du Développement économique : Carlos Kempff Bruno.
Ministre de la Défense : général Oscar Guillarte Lugan.
Contestation territoriale : litige avec le Chili sur l'accès à la mer.

INDICATEUR	BOLIVIE	COLOMBIE	ÉQUA-TEUR	PÉROU
Démographie[a]				
Population *(millier)*	8 516	42 803	12 880	26 093
Densité *(hab./km²)*	7,9	41,2	46,5	20,4
Croissance annuelle (1995-2000) *(%)*	2,3	1,8	2,0	1,7
Indice de fécondité (ISF) (1995-2000)	4,36	2,80	3,10	2,98
Mortalité infantile (1995-2000) ‰	65,6	30,0	45,6	45,0
Espérance de vie (1995-2000) *(année)*	61,4	70,4	69,5	68,0
Population urbaine[c]*(%)*	61,9	73,5	64,3	72,4
Indicateurs socioculturels				
Développement humain (IDH)[b]	0,653	0,772	0,732	0,747
Nombre de médecins *(‰ hab.)*	1,30[g]	1,16[g]	1,70[g]	0,93[g]
Analphabétisme (hommes) *(%)*	7,6	8,1	6,5	5,1
Analphabétisme (femmes) *(%)*	20,0	8,0	9,7	14,2
Scolarisation 12-17 ans *(%)*	43,4[h]	65,7[i]	73,4[h]	74,6[h]
Scolarisation 3e degré *(%)*	24,9[g]	19,8[g]	17,6[g]	28,8[f]
Accès à Internet *(‰ hab.)*	14,41	26,96	25,44	114,97
Livres publiés *(titre)*	447[k]	1 481[i]	8[m]	612[m]
Armées (effectifs)				
Armée de terre *(millier)*	25	136	50	60
Marine *(millier)*	3,5	15	5,5	25
Aviation *(millier)*	3	7	4	15
Économie				
PIB total (PPA)[b] *(million $)*	20 190	264 267	40 506	123 157
Croissance annuelle 1990-2000 *(%)*	3,8	2,7	1,8	4,0
Croissance annuelle 2001 *(%)*	1,0	1,5	5,2	- 0,5
PIB par habitant (PPA)[b] *($)*	2 424	6 248	3 203	4 799
Investissement (FBCF)[d] *(% PIB)*	16,9	14,5[e]	17,3[e]	19,8
Taux d'inflation *(%)*	1,6	8,0	37,0	2,0
Énergie (taux de couverture)[c] *(%)*	131,7	274,7	248,3	89,0
Dépense publique Éducation *(% PIB)*	4,8[m]	3,5[m]	3,2[m]	3,2[f]
Dépense publique Défense *(% PIB)*	1,4[b]	2,6	1,6	1,3
Dette extérieure totale[b] *(million $)*	4 465[o]	38 170[o]	13 440[o]	28 240[o]
Service de la dette/Export.[e] *(%)*	32,2	33,6	24,4	38,7
Échanges extérieurs				
Importations (douanes) *(million $)*	1 628	12 243	5 181	6 865
Principaux fournisseurs *(%)*	AmL 67,8	E-U 32,4	AmL 31,3	E-U 25,6
(%)	E-U 14,7	AmL 28,6	E-U 29,4	AmL 39,5
(%)	UE 9,9	UE 16,7	Asie[p] 17,7	UE 14,4
Exportations (douanes) *(million $)*	1 066	12 618	5 521	6 528
Principaux clients *(%)*	AmL 65,8	E-U 42,8	E-U 36,2	E-U 27,2
(%)	E-U 14,8	AmL 31,3	AmL 21,3	Asie[p] 20,8
(%)	UE 8,7	UE 16,2	PED[q] 35,5	AmL 20,6
Solde transactions courantes *(% PIB)*	- 4,6	- 2,1	- 4,6	- 2,0

Définition des indicateurs, sigles et abréviations p. 23 et suivantes. Chiffres 2001 sauf notes. a. Derniers recensements utilisables : Bolivie, 2001 ; Colombie, 1993 ; Équateur, 2001 ; Pérou, 1993 ; b. 2000 ; c. 1999 ; d. 1999-2001 ; e. 1998-2000 ; f. 1998 ; g. 1997 ; h. 1990 ; i. 1991 ; k. 1988 ; m. 1996 ; o. 2001 ; p. Y compris Japon et Moyen-Orient ; q. Y compris pays de l'ex-CAEM (Conseil d'assistance économique mutuelle, ou Comecon).

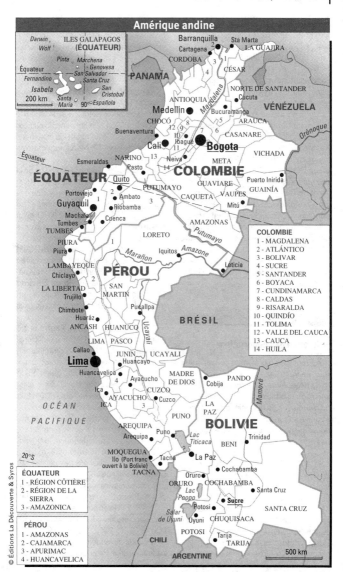

Amérique andine

ÎLES GALAPAGOS (ÉQUATEUR)
Darwin, Wolf
Pinta, Marchena
Équateur
Genovesa
San Salvador
Fernandina
Santa Cruz
Isabela
San Cristobal
200 km
Santa Maria
Española

Barranquilla
Cartagena
Sta Marta
LA GUAJIRA
CORDOBA
CÉSAR
PANAMA
NORTE DE SANTANDER
ANTIOQUIA
Cucuta
VÉNÉZUELA
Medellín
Bucaramanga
CHOCÓ
ARAUCA
Buenaventura
CASANARE
Cali
Ibagué
Bogota
VICHADA
Esmeraldas
NARINO
Neiva
META
Pasto
COLOMBIE
ÉQUATEUR
Quito
PUTUMAYO
GUAVIARE
Portoviejo
Ambato
CAQUETA
GUAINÍA
Guayaquil
Riobamba
Mitú
Machala
Cuenca
AMAZONAS
Tumbes
Putumayo
TUMBES
LORETO
PIURA
Iquitos
Amazone
Piura
Marañon
Leticia
LAMBAYEQUE
PÉROU
Chiclayo
SAN
LA LIBERTAD
MARTIN
Trujillo
BRÉSIL
Chimbote
Pucallpa
Huaráz
ANCASH
HUANUCO
LIMA
PASCO
Callao
JUNIN
UCAYALI
Lima
Huancayo
Huancavelica
MADRE
PANDO
DE DIOS
Ica
Ayacucho
Cobija
AYACUCHO
CUZCO
ICA
Cuzco
LA
OCÉAN
PUNO
PAZ
PACIFIQUE
BOLIVIE
AREQUIPA
Trinidad
Arequipa
Puno
Lac
20°S
Titicaca
BENI
MOQUEGUA
Ilo (Port franc
Tacna
La Paz
ouvert à la Bolivie)
TACNA
Oruro
Cochabamba
ORURO
COCHABAMBA
Santa Cruz
Lac
Poopo
Sucre
Potosi
SANTA CRUZ
Salar
CHUQUISACA
de Uyuni
Uyuni
POTOSI
CHILI
Tarija
TARIJA
500 km
ARGENTINE

COLOMBIE
1 - MAGDALENA
2 - ATLÁNTICO
3 - BOLIVAR
4 - SUCRE
5 - SANTANDER
6 - BOYACA
7 - CUNDINAMARCA
8 - CALDAS
9 - RISARALDA
10 - QUINDÍO
11 - TOLIMA
12 - VALLE DEL CAUCA
13 - CAUCA
14 - HUILA

ÉQUATEUR
1 - RÉGION CÔTIÈRE
2 - RÉGION DE LA
    SIERRA
3 - AMAZONICA

PÉROU
1 - AMAZONAS
2 - CAJAMARCA
3 - APURIMAC
4 - HUANCAVELICA

© Éditions La Découverte & Syros

passé la barre des 50 %, le nouveau président devait être élu par le Congrès le 4 août suivant. G. Sanchez de Lozada l'a emporté. Le Congrès a également renouvelé ses représentants le 30 juin. Avec les sièges obtenus par le Mouvement indien pachakuti, les paysans-indiens représentaient un quart du nouveau Congrès.

Dans un contexte de baisse des investissements étrangers, deux secteurs surnageaient : les télécommunications et les hydrocarbures. La construction d'un gazoduc débouchant dans un port du Chili ou du Pérou, où serait liquéfié le gaz en provenance des gisements du département de Tarija pour ensuite être exporté vers le Mexique et la Californie, était en cours de négociation, relançant le débat avec le Chili pour la récupération d'un accès à la mer. Parallèlement, la perspective d'une liaison biocéanique prenait corps grâce au financement de la route asphaltée Santa Cruz-Puerto Suarez. **- Jean-Pierre Lavaud** ■

Colombie

Rupture des négociations

Le mandat du président conservateur Andrés Pastrana s'achevait sur un bien triste bilan. Alors qu'il avait fait de la paix son objectif principal, il devait mettre fin à un processus de négociation qui n'avait abouti à aucun résultat substantiel. Si le gouvernement a donné l'impression de ne pas posséder de véritable stratégie de paix et de faire de trop grandes concessions aux FARC (Forces armées révolutionnaires de Colombie), la plus puissante organisation de guérilla (17 000 combattants), le manque de volonté politique des guérillas a lui aussi été évident. En outre, l'avancée territoriale des groupes paramilitaires, qui se sont emparés de villes entières, comme Barrancabermeja, a également freiné le processus. Malgré la signature du traité

de Los Pozos entre A. Pastrana et le chef historique des guérilleros Manuel Marulanda, le 8 février 2001, une série d'enlèvements et d'assassinats commis par les guérillas a paralysé les pourparlers durant l'été 2001.

Le rapport *ad hoc* d'une commission de notables (19 septembre 2001) et le nouvel accord de San Francisco de la Sombra (5 octobre 2001) étaient censés relancer le processus. Cependant, les exigences manifestées par M. Marulanda dans sa lettre du 7 novembre 2001 (notamment l'arrêt des contrôles aériens au-dessus de la zone démilitarisée) aboutissaient le 9 janvier 2002 à une première suspension des dialogues. Seules les interventions *in extremis* du représentant de l'ONU (Organisation des Nations unies) et des pays amis ont permis de le sauver, le 14 janvier 2002. Mais le détournement par les FARC, le 20 février 2001, d'un avion commercial en provenance de la zone démilitarisée et l'enlèvement d'un sénateur, Jorge Eduardo Gechem Turbay, ont cette fois mis un terme, de façon définitive, à plus de trois ans de pourparlers.

Les négociations avec l'autre organisation de guérilla, l'Armée de libération nationale (ELN, 5 000 combattants), n'avaient, elles non plus, guère progressé. Après avoir achoppé sur la question de la définition de la zone démilitarisée, elles ont été interrompues le 7 août 2001. Les deux parties ont repris les pourparlers à la suite de la réunion de La Havane (24 novembre 2001), mais le gouvernement annonçait une rupture définitive le 30 mai 2002. Au niveau international, le ton à l'égard des organisations de guérilla s'est durci. Tandis que les FARC, l'ELN et les groupes paramilitaires figuraient sur la liste des groupes terroristes publiée par les États-Unis, l'Union européenne décidait à son tour d'inscrire les FARC sur sa propre liste, le 13 juin 2002.

L'échec du modèle de négociation de l'administration Pastrana, l'intensification du conflit armé et la lassitude de la population ont sans aucun doute joué en la faveur du candidat présidentiel qui avait affiché, depuis le début de la campagne, le discours le plus ferme : le libéral indépendant Alvaro Uribe Vélez. Celui qui, un an avant le scrutin, était devancé par le candidat du parti libéral Horacio Serpa et par la candidate indépendante venue des rangs du Parti social conservateur (PSC d'A. Pastrana), Noemi Sanin, a remporté une large victoire dès le premier tour (26 mai 2002), avec plus de 53 % des suffrages.

La lutte contre la corruption, le renforcement de la sécurité et l'intransigeance à l'égard des guérillas faisaient partie des priorités de son gouvernement. La tâche s'annonçait rude tant les FARC, en exigeant la démission de nombreux maires et gouverneurs lors d'une violente campagne d'intimidation, semblaient déterminées à augmenter leur pression avant l'entrée en fonction du nouveau président. Jamais la Colombie n'avait traversé une crise institutionnelle aussi prononcée. Malgré certaines tentatives de résistance, la population civile demeurait la première victime de ce conflit et la situation des droits de l'homme continuait de se dégrader. Le massacre de 119 personnes réfugiées dans une église de Bojayá (département du Chocó), le 2 mai 2002, au cours d'affrontements armés entre les FARC et les paramilitaires – sans que les militaires interviennent – n'a été qu'une illustration supplémentaire du drame vécu par le pays. Le 12 août, le nouveau chef de l'État a décrété l'état d'urgence.

L'économie colombienne a connu une légère relance. Le taux d'inflation se situait à 8 % en décembre 2001 et les taux d'intérêt étaient plus bas que les années précédentes. La balance commerciale était légèrement positive (3,5 %) et la balance des comptes courants, quasi équilibrée. Cependant, le taux de chômage (plus de 20 %), le déficit public (4,3 % du PIB) et le poids de la dette publique (8,7 % du PIB) révélaient l'incertitude de l'évolution économique. - **Sophie Daviaud** ■

République de Colombie

Capitale : Bogota.
Superficie : 1 138 914 km².
Population : 42 803 000.
Langue : espagnol.
Monnaie : peso (au taux officiel, 1 000 pesos = 0,46 € au 31.5.02).
Nature de l'État : république unitaire.
Nature du régime : démocratie présidentielle.
Chef de l'État : Alvaro Uribe Vélez, qui a succédé le 7.8.02 à Andrés Pastrana.
Ministre de l'Économie : Roberto Junguito.
Ministre des Relations extérieures : Carolina Barco.
Ministre de l'Intérieur et de la Justice : Luis Fernando Londoño.
Ministre de la Défense : Marta Lucia Ramirez.
Contestations territoriales : îles de San Andrés, Providencia et Quita Sueño, revendiquées par le Nicaragua. Différend frontalier maritime avec le Vénézuela sur le golfe du même nom.

Équateur

Un oléoduc attendu

Tirée par des investissements en divers domaines, dont ceux consacrés à la construction d'un nouvel oléoduc, la croissance de ce pays pétrolier a augmenté de 5,2 % en 2001 (les prévisions étaient de 3,5 %), après 2,8 % en 2000 et – 9,5 % en 1999, ramenant le revenu national à son niveau de 1998. Pour sa part, l'inflation a baissé, passant de 96 % à 37 %. L'évolution défavorable des prix pétroliers souligne cependant la vulnérabilité de l'économie équatorienne, se traduisant par une dégradation de 8 % des termes de l'échange.

Amérique andine/Bibliographie

« Bilan politique de la décentralisation en Colombie », *Problèmes d'Amérique latine*, n° 37, La Documentation française, Paris, 2000.

J.-M. Blanquer, C. Gros, *La Colombie à l'aube du troisième millénaire*, IHEAL, Paris, 1996.

P. Burin des Rosiers, *Cultures mafieuses, l'exemple colombien*, Stock, Paris, 1995.

F. Campero Prudencio (sous la dir. de), *Bolivia en el siglo . La formación de la Bolivia contemporánea*, Harvard Club de Bolivio, La Paz, 1999.

G.-O. Châteaureynaud, *La Conquête du Pérou*, Le Rocher, Paris, 1999.

« Colombie : une guerre contre la société », *Problèmes d'Amérique latine*, n° 34, La Documentation française, Paris, 1999.

P. Condori, *Nous, les oubliés de l'Altiplano*, L'Harmattan, Paris, 1996.

G. Cortes, *Partir pour rester. Survie et mutation des sociétés paysannes andines*, IRD-Éditions, Paris, 2000.

J. Crabtree, L. Whitehead (sous la dir. de), *Towards Democratic Viability. The Bolivian Experience*, Palgrave, Londres, 2001.

« Équateur : de la crise bancaire de 1998 à la crise politique de 2000 » et « Équateur : la crise de l'État et du modèle néolibéral de développement », *Problèmes d'Amérique latine*, n° 36, La Documentation française, Paris, 2000.

« La décentralisation au Pérou : une réforme en panne », *Problèmes d'Amérique latine*, n° 37, La Documentation française, Paris, 2000.

J.-P. Minaudier, *Histoire de la Colombie : de la conquête à nos jours*, L'Harmattan, Paris, 1997.

D. Pécaut, *L'Ordre et la Violence, évolution sociopolitique de la Colombie entre 1930 et 1953*, EHESS, Paris, 1987.

« Pérou : l'agonie du fujimorisme », *Problèmes d'Amérique latine*, n° 37, La Documentation française, Paris, 2000.

N. Raymond, *Le Tourisme au Pérou. De Machu Pichu à Fujimori, aléas et paradoxe*, L'Harmattan, Paris, 2001.

C. Rudel, *L'Équateur*, Karthala, Paris, 1994.

R. Santana, *Les Indiens d'Équateur, citoyens de l'ethnicité*, CNRS-Éditions, Paris, 1992.

Voir aussi la bibliographie sélective « Amérique centrale et du Sud », p. 388.

La CEPALC (Commission économique des Nations unies pour l'Amérique latine et les Caraïbes) souligne dans son rapport annuel que le secteur financier reste la proie de difficultés, tandis que la réforme du système fiscal et de la sécurité sociale reste à l'ordre du jour. Elle remarque également que les fonds débloqués par le Fonds monétaire international (FMI) au titre du programme adopté en avril 2000 et poursuivi jusqu'à fin 2001 ont été essentiels à la consolidation de la dollarisation de l'éco-nomie par la banque centrale. Le 10 décembre 2001, 95 millions de dollars ont été débloqués, représentant la dernière tranche d'un crédit de 300 millions de dollars. Ce programme avait été conclu trois semaines après la dollarisation de l'économie, dans un contexte d'inflation galopante.

Les espoirs, quant à l'avenir, restaient placés dans l'Oleoducto de crudos pesados (oléoduc pour pétrole brut lourd) dont la construction a commencé en 2001 et

République de l'Équateur

Capitale : Quito.
Superficie : 283 561 km².
Population : 12 880 000.
Langues : espagnol (off.), quechua,
shuar et autres langues indiennes
reconnues par la Constitution.
Monnaie : sucre (au taux officiel,
10 000 sucres = 0,43 € au 31.5.02,
de fait le dollar É.-U.).
Nature de l'État : république unitaire.
Nature du régime : démocratie
présidentielle.
Chef de l'État et du gouvernement
(au 23.7.02) : Gustavo Noboa
(autoproclamé président le 22.1.2000).
Ministre des Relations extérieures
(au 23.7.02) : Heinz Moeller.
**Ministre de l'Économie et des
Finances** (au 23.7.02) : Carlos Julio
Emanuel.
Ministre de la Défense nationale
(au 23.7.02) : Hugo Unda Aguirre.
Échéances institutionnelles : élections
présidentielle et parlementaires (oct. 02).

qui devrait permettre, à partir de 2003, de
doubler les exportations. Le consortium
OCP Limited regroupe des entreprises
nord-américaines et européennes. - **Jorge
Larrain** ■

Pérou

Manifestations
contre les privatisations

Un an après avoir remporté l'élection présidentielle, Alejandro Toledo, un Indien quechua formé aux États-Unis, faisait face à une
perte de confiance de l'opinion et à des manifestations contre les privatisations. En juin
2001, il avait été élu (53 % des suffrages
exprimés) face au revenant Alain Garcia,
candidat de l'APRA (Alliance populaire révolutionnaire américaine). Ce dernier avait
été président de 1985 à 1990 et avait laissé
l'économie du pays dans une situation ca-

lamiteuse. Ces élections avaient pour objectif d'assurer une transition démocratique
après les années de pouvoir de plus en plus
autoritaire et corrompu d'Alberto Fujimori
(1990-2000). Ce dernier venait d'être réélu pour la seconde fois dans des conditions
fortement contestées. Son challenger,
A. Toledo, avait d'ailleurs refusé de participer au second tour du scrutin, estimant les
garanties de transparence insuffisantes. En
septembre 2000, la diffusion télévisée d'une
cassette vidéo montrant Vladimir Montesinos, homme de confiance et âme damnée
d'A. Fujimori, offrant un pot-de-vin à un député de l'opposition avait inauguré une série de révélations sur l'état de pourrissement
du régime. Un vaste réseau de corruption,
impliquant politiciens, hiérarques militaires
et hommes d'affaires s'était constitué et mettait le pays en coupe réglée. A. Fujimori finit
par s'enfuir et alla s'installer au Japon, bénéficiant de la double nationalité (Tokyo s'est
opposé à son extradition, malgré deux mandats d'arrêt internationaux).

A. Toledo allait devoir s'attaquer à de redoutables problèmes à la fois sur le plan politique et économique, tant la situation sociale était préoccupante. Les premières

République du Pérou

Capitale : Lima.
Superficie : 1 285 216 km².
Population : 26 093 000.
Langues : espagnol (off.), quechua,
aymara.
Monnaie : nouveau sol (au taux officiel,
1 nouveau sol = 0,34 € au 31.5.02).
Nature de l'État : république unitaire.
Nature du régime : démocratie
présidentielle.
Chef de l'État : Alejandro Toledo,
qui a succédé le 28.7.01 à Valentin
Paniagua.
Président du Conseil : Roberto Dañino
Zapata, Premier ministre.
Ministre des Relations extérieures :
Diego Garcia-Sayan.
Ministre de la Défense :
David Waisman.

mesures prises par le nouveau gouvernement – outre l'introduction remarquée des langues incas dans l'enseignement – visèrent à dynamiser la demande interne et à réduire le chômage. Les taux d'intérêt libres et le flottement de la monnaie furent maintenus. En août, le Congrès approuva une réduction de l'impôt pour l'aide d'urgence de 5 % à 2 % et une augmentation du salaire minimum des employés du secteur public de 9 %. Un programme d'urgence de 600 millions de dollars fut par ailleurs engagé, essentiellement financé par des aides extérieures. Le prix de l'électricité pour les petits consommateurs fut par ailleurs réduit, ainsi que certains impôts. La consommation intérieure resta cependant faible pendant toute l'année 2001, et l'investissement privé a continué à décliner. La croissance a été négative (– 0,5 % contre 3,6 % en 2000).

L'inflation, pour sa part, s'est établie à 2 %. Le premier semestre 2002 a essentiellement été marqué par deux événements, la visite du président américain Bush et l'état de siège décrété à Arequipa. Trois jours avant la visite du président américain, un attentat à l'explo-sif, près de l'ambassade des États-Unis à Lima fit une dizaine de morts et une trentaine de blessés. Les soupçons se sont tournés vers les organisations de guérilla (désormais très affaiblies) Sentier lumineux (maoïste) et Tupac Amaru (guévariste). L'une comme l'autre ont démenti en être à l'origine. Le président Bush maintint son voyage. Au cours de sa visite à Lima, il rencontra non seulement le président péruvien, mais aussi le Colombien Andrés Pastrana, le Bolivien Jorge Quiroga et le vice-président équatorien Pedro Pinto. Il fit devant eux l'apologie du libre-échange et tint réunion sur la question du narcotrafic et la situation en Colombie.

À Arequipa, deuxième ville du pays, située au sud, des manifestations de la population tournant à l'émeute pour s'opposer à la privatisation de deux compagnies d'électricité devant être vendues à la société belge Tractobel ont conduit, le 17 juin, le gouvernement à décréter l'état d'urgence pour trente jours. Le projet de privatisation a été ajourné. Cette situation a affecté un peu plus la popularité du président, à cinq mois des élections municipales et régionales.- **Jorge Larrain**. ∎

Sud de l'Amérique

Argentine, Brésil, Chili, Paraguay, Uruguay

Argentine

Effondrement

La crise économique, politique et institutionnelle qui a éclaté en Argentine en décembre 2001 semblait être la plus grave qu'ait connue le pays depuis l'indépendance en 1810.

Rappelé au ministère de l'Économie, le 20 mars 2001, par le président Fernando de la Rua, Domingo Cavallo, personnage clé des crises financières argentines depuis 1982, a tenté par tous les moyens d'assurer la solvabilité du pays sans toucher à la parité « 1 peso pour 1 dollar » qu'il avait fixée en 1991. Malgré le solde positif du commerce extérieur, le rééchelonnement fin juin

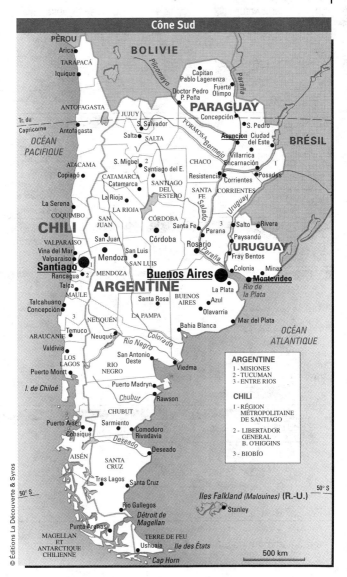

Cône Sud

ARGENTINE
1 - MISIONES
2 - TUCUMAN
3 - ENTRE RIOS

CHILI
1 - RÉGION
    MÉTROPOLITAINE
    DE SANTIAGO

2 - LIBERTADOR
    GENERAL
    B. O'HIGGINS

3 - BIOBÍO

500 km

© Éditions La Découverte & Syros

INDICATEUR	UNITÉ	ARGENTINE	BRÉSIL
Démographie[a]			
Population	(millier)	37 488	172 559
Densité	(hab./km²)	13,7	20,4
Croissance annuelle (1995-2000)	(%)	1,3	1,3
Indice de fécondité (ISF) (1995-2000)		2,62	2,27
Mortalité infantile (1995-2000)	‰	21,8	42,1
Espérance de vie (1995-2000)	(année)	72,9	67,2
Population urbaine[c]	(%)	89,6	80,7
Indicateurs socioculturels			
Développement humain (IDH)[b]		0,844	0,757
Nombre de médecins	(‰ hab.)	2,68[g]	1,27[h]
Analphabétisme (hommes)	(%)	3,1	14,6
Analphabétisme (femmes)	(%)	3,1	14,2
Scolarisation 12-17 ans	(%)	79,1[k]	74,3[k]
Scolarisation 3ᵉ degré	(%)	46,9[f]	13,6[f]
Accès à Internet	(‰ hab.)	80,03	46,36
Livres publiés	(titre)	9 850[h]	21 574[o]
Armées (effectifs)			
Armée de terre	(millier)	41,4	189
Marine	(millier)	16,2	48,6
Aviation	(millier)	12,5	50
Économie			
PIB total (PPA)[b]	(million $)	458 344	1 299 353
Croissance annuelle 1990-2000	(%)	4,2	2,7
Croissance annuelle 2001	(%)	– 3,7	1,5
PIB par habitant (PPA)[b]	($)	12 377	7 625
Investissement (FBCF)[d]	(% PIB)	16,1	19,3
Taux d'inflation	(%)	– 1,1	6,8
Énergie (taux de couverture)[c]	(%)	129,7	74,4
Dépense publique Éducation[f]	(% PIB)	3,7[h]	4,6
Dépense publique Défense	(% PIB)	1,7[b]	2,8[b]
Dette extérieure totale[b]	(million $)	142 300[q]	226 820[q]
Service de la dette/Export.[e]	(%)	68,3	92,8
Échanges extérieurs			
Importations (douanes)	(million $)	23 753	68 120
Principaux fournisseurs	(%)	AmL 41,3	UE 25,4
	(%)	UE 21,8	E-U 24,3
	(%)	E-U 18,3	AmL 20,4
Exportations (douanes)	(million $)	28 459	60 849
Principaux clients	(%)	AmL 48,9	UE 25,2
	(%)	UE 16,3	AmL 26,1
	(%)	Asie[r] 18,2	E-U 22,8
Solde transactions courantes	(% PIB)	– 2,1	– 4,6

Définition des indicateurs, sigles et abréviations p. 23 et suivantes. Chiffres 2001 sauf notes. a. Derniers recensements utilisables : Argentine, 2001 ; Brésil, 2000 ; Chili, 1992 ; Paraguay, 1992 ; Uruguay, 1996 ; b. 2000 ; c. 1999 ; d. 1999-2001 ; e. 1998-2000 ; f. 1998 ; g. 1995 ; h. 1996 ; i. 1997 ; k. 1991 ; m. 1992 ;

	CHILI	PARAGUAY	URUGUAY
	15 402	5 636	3 361
	20,6	14,2	19,2
	1,4	2,6	0,7
	2,44	4,17	2,40
	12,8	39,2	17,5
	74,9	69,6	73,9
	85,4	55,3	91,0
	0,831	0,740	0,831
	1,08^g	1,10^i	3,70^h
	3,9	5,5	2,6
	4,2	7,5	1,8
	86,6^k	46,6^k	84,4^m
	33,8^f	10,2^i	34,8^f
	200,20	10,64	119,01
	2 469^g	152^p	934^h
	51	14,9	15,2
	24	2	5,7
	12,5	1,7	3
	143 242	24 325	30 150
	6,4	2,0	3,1
	2,8	0,8	– 3,1
	9 417	4 426	9 035
	21,2	21,8^e	14,3^e
	3,6	7,7	4,4
	30,3	162,8	29,7
	3,7	4,5	2,6
	3,4^b	1,3	2,6^b
	37 060^q	2 450^q	5 800^q
	22,9	7,3	26,0
	17 246	3 077	3 975
	AmL 36,7	AmL 62,9	AmL 50,0
	E-U 17,6	E-U 14,2	UE 18,2
	UE 20,5	Asie^r 13,3	Asie^r 13,0
	18 107	1 237	2 455
	Asie^r 26,4	AmL 77,8	AmL 55,2
	UE 24,9	Bré 8,7	UE 15,4
	AmL 23,4	UE 16,5	Asie^r 12,1
	– 1,4	– 1,4	– 2,6

o. 1994 ; p. 1993 ; q. 2001 ; r. Y compris Japon et Moyen-Orient.

2001 de 29 milliards de dollars et un prêt du FMI de 6,3 milliards de dollars en août, la dette extérieure (147 milliards de dollars) restait inchangée par rapport à la fin 2000, du fait de la chute des recettes fiscales. La fuite de capitaux (estimé à 16 milliards de

République argentine

Capitale : Buenos Aires.
Superficie : 2 766 889 km².
Population : 37 488 000.
Langue : espagnol.
Monnaie : peso argentin (au taux officiel, 1 peso = 0,30 € au 31.5.02).
Nature de l'État : république fédérale (23 provinces et la Capitale fédérale de Buenos Aires).
Nature du régime : démocratie présidentielle.
Chef de l'État et du gouvernement : Eduardo Duhalde (PJ), élu par l'Assemblée législative président par intérim le 1.1.02, après la démission de Fernando de la Rúa (UCR) le 20.12.01 (brièvement remplacé par Adolfo Rodriguez Saa, démissionnaire le 30.12.01).
Chef du cabinet des ministres : Alfredo Atanasof, PJ (depuis le 3.5.02).
Ministre de l'Intérieur : Jorge Matzkin, PJ (depuis le 3.5.02).
Ministre des Relations extérieures et du Culte : Carlos Ruckauf, PJ (depuis le 3.1.02).
Ministre de l'Économie et de la Production : Roberto Lavagna (depuis le 27.4.02).
Ministre de la Défense : José Horacio Jaunarena, UCR.
Principaux partis politiques : Parti justicialiste (PJ, péroniste, présidé par Carlos Menem) ; Union civique radicale (UCR, présidée par Angel Rozas) ; Frepaso (Front pour un pays solidaire) ; Action pour la République (présidée par Domingo Cavallo) ; Argentins pour une république d'égaux (ARI, présidé par Elisa Carrio).
Échéances institutionnelles : élections présidentielle et parlementaires (oct. 03).
Contestation territoriale : îles (Malouines [Falkland] R-U).

Argentine/Bibliographie

Archivos del Presente, n° 23, Buenos Aires, janv.-mars 2001.

« Argentine : l'héritage de Carlos Menem », *Problèmes d'Amérique latine*, n° 35, La Documentation française, Paris, 4ᵉ trim. 1999.

E. Basualdo, *Sistema político y modelo de acumulación en la Argentina*, Universidad Nacional de Quilmes Ediciones, Bernal, 2001.

« Crise argentine », *Politique internationale*, n° 95, Paris, 2002.

P. Giordano, J. Santiso, *La Course aux Amériques : les stratégies des investisseurs européens en Argentine et au Brésil*, Les Études du CERI, n° 52, Paris, 1999.

J. Morales Solá, *El sueño eterno. Ascenso y caída de la Alianza*, Planeta-La Nación, Buenos Aires, 2001.

O. Mongin, M. O. Padis, « D'où vient la crise argentine ? Entretien avec Isidoro Cheresky », *Esprit*, n° 284, Paris, mai-juin 2002.

M. Rapoport *et alii*, *Historia económica política y social de la Argentina (1880-2000)*, Macchi, Buenos Aires, 2000.

J. C. Torre, M. Novaro, V. Palermo, I. Cheresky *Entre el abismo y la ilusión. Peronismo, democracia y mercado*, Grupo Editorial Norma, Buenos Aires, 1999.

Voir aussi la bibliographie « Cône sud », p. 446.

dollars en 2001) a contraint à restreindre les retraits bancaires pour 90 jours à partir du 1er décembre 2001. Quatre jours après, le FMI suspendait le versement prévu, considérant l'Argentine en cessation de paiement.

Le *corralito* (« parc à bébés » désignant l'impossibilité d'effectuer des retraits en liquide depuis les comptes bancaires au-delà d'un plafond fixé par les autorités) privant de rémunération les travailleurs non déclarés, majoritaires dans la population active, a aggravé des troubles sociaux déjà endémiques. Sur fond de pillages dans la banlieue de la capitale, encouragés par les péronistes maîtres de la province de Buenos Aires, D. Cavallo a ajouté à l'extrême tension en proposant, le 17 décembre, d'importantes coupes budgétaires. Resté sourd à l'urgence sociale, F. de la Rua a imposé l'état de siège, le 19 décembre au soir, sans aucun soutien des forces armées. Les manifestations, spontanées cette fois, immédiatement déclenchées dans les quartiers centraux de la capitale – les plus riches du pays –, puis leur brutale répression par la police fédérale dans la matinée du 20 décembre et le refus de l'opposition péroniste

de participer à un gouvernement de coalition ont acculé le président à la démission.

La mobilisation de la classe moyenne au cri de « tous dehors » a confirmé le vote protestataire des élections législatives du 14 octobre 2001 (21 % de votes blancs et nuls et 26 % d'abstentions), moins gagnées par les péronistes (37 % des voix à la Chambre des députés et 40 % au Sénat) que perdues par la défunte Alliance pour le travail, la justice et l'éducation (coalition sortante) (23 %). Pour la première fois depuis le retour de la démocratie en 1983, l'opposition au gouvernement en place remportait la majorité des sièges à l'Assemblée législative (nouveau nom du Congrès depuis 2001).

L'énorme pouvoir des gouverneurs

L'élection par les parlementaires du nouveau président, devant exercer jusqu'au terme du mandat commencé (décembre 2003), a respecté les dispositions de la Constitution de 1994. La brève présidence (21-30 décembre) du péroniste Adolfo Rodriguez Saa, gouverneur d'une petite province éloignée de la capitale, s'est soldée par l'annonce de la cessation de paiements, dans une allégresse parlementaire rappelant la ferveur nationale lors de l'invasion des îles Malouines le 2 avril 1982. Lâché par les gouverneurs péronistes (14 sur 24), il a été remplacé le 1er janvier 2002 par le sénateur Eduardo Duhalde, *caudillo* populiste traditionnel rompu aux manipulations clientélistes. Battu à la présidentielle d'octobre 1999, le patron du péronisme dans la province de Buenos Aires a bénéficié du « pacte de non-agression » conclu pour les législatives avec l'ancien président de la République (radical) Raúl Alfonsín (1983-1989) en étant élu par la totalité des parlementaires des deux grands partis historiques (Union civique radicale – UCR – et Parti justicialiste – PJ, péroniste), unis dans le refus des réformes politiques imposées par la crise de la représentation.

Dépourvu de la légitimité du suffrage universel, le président Duhalde a choisi, fin mars 2002, de suivre les indications du FMI, en se plaçant sous la coupe des gouverneurs, qui contrôlent les sénateurs (élus par province) et devaient consentir à un sévère ajustement budgétaire. À peine avait-il arraché fin mai aux codétenteurs du pouvoir leur acceptation des trois conditions initiales posées par le G-7 à l'ouverture de négociations avec le FMI (modification de la loi sur les faillites, signature du pacte d'ajustement budgétaire avec les provinces, abrogation de la loi contre la « subversion économique » qui permettait de poursuivre les entreprises contournant les mesures gouvernementales – de fait surtout utilisée pour empêcher le financement des groupes d'opposition que ceux-ci relançaient, le 14 mai, le projet d'élection présidentielle anticipée, dans l'espoir de balayer les personnalités issues de la révolte contre la cogestion péroniste et radicale du pouvoir. Malgré les sévères avertissements de l'Église catholique, ils refusaient la tenue d'élections générales et l'abandon de l'élection des députés à la proportionnelle à partir de listes, ainsi que la réforme de la gestion clientéliste des aides sociales. Incapables d'élaborer une véritable stratégie de sortie de crise, mais tablant sur l'absence traditionnelle d'union entre les classes moyennes et les secteurs populaires, ils semblaient considérer comme contrôlables à la fois les concerts de casseroles et les « assemblées de quartier » organisés par les classes moyennes – dénonçant à la fois la confiscation de l'épargne et la corruption politique – et les mouvements de chômeurs alliés aux syndicats non péronistes.

Le libre flottement du peso puis la conversion forcée de tous les avoirs en dollars, effectifs début février 2002 et assortis de l'extension du gel des dépôts bancaires, ont été décrétés dans la panique et sans concertation avec les décideurs économiques, parmi lesquels les banques et les entreprises étrangères massivement implantées en Argentine dans les années 1990. Les atermoiements du gouvernement et les tensions avec les gouverneurs n'ont pas permis de reprendre avant fin juin 2002 les négociations avec le FMI, pourtant limitées au refinancement des échéances dues aux institutions financières internationales, afin d'engager la restructuration de la dette extérieure et de recevoir une aide d'urgence en matière sociale.

Un besoin d'aide désespéré

Les recettes fiscales attendues du redémarrage des exportations agricoles grâce à la dévaluation sont restées faibles, les acteurs économiques anticipant la dégringolade du peso (le dollar avoisinait 4 pesos fin juin 2002). La Banque centrale a ainsi consacré une part importante de ses réserves au soutien du peso et atteint, dès mai 2002, son objectif d'émission monétaire pour l'année afin d'éviter la banqueroute brutale de l'État et des banques. La chute du PIB, de 16,3 % au premier trimestre 2002 par rapport au premier trimestre 2001, s'est traduite par l'explosion du chômage (23,8 % en avril 2002, comparés à 16,4 % en mai 2001) et de l'inflation (42,7 % pour les aliments de base entre janvier et mai 2002, 25,9 % pour l'indice général des prix). À la fin mai 2002, 51,4 % des Argentins étaient considérés comme pauvres (22 % indigents), contre 38,3 % (13,6 % indigents) en octobre 2001, la malnutrition faisant son apparition au pays de la pampa.

L'activité internationale de l'Argentine à compter du début 2001 a été consacrée à convaincre les pays du G-7 de se porter à son secours. Soutenu politiquement par les membres du Mercosur (Marché commun du sud de l'Amérique), par le Chili et par le Mexique, avant tout préoccupés d'éviter toute contagion, mais confronté au manque de confiance manifeste des États-Unis, le gouvernement Duhalde s'est déclaré prêt à contribuer à l'aide militaire destinée à la Colombie et a voté en faveur de la résolution sur Cuba présentée par l'Uruguay à la Commission des droits de l'homme de l'ONU, dénonçant néanmoins la tentative de coup d'État du 11 avril 2002 contre le président vénézuélien Hugo Chavez. Malgré la paralysie du Mercosur sous l'effet de la crise, les autorités argentines, qui en exerçaient la présidence au premier semestre 2002, ont manifesté leur volonté de maintenir ce projet stratégique. - **Sophie Jouineau** ∎

Brésil

Une politique monétaire à double tranchant

En 2001, année préélectorale (élections générales prévues pour octobre 2002), la croissance économique s'est ralentie, n'atteignant que 1,5 % (contre 4,2 % en 2000). Ce recul est apparu plus lié à des problèmes macroéconomiques internes qu'à un contexte international défavorable.

Le Brésil n'a, en effet, pas immédiatement souffert du ralentissement de l'activité aux États-Unis, aggravé par les attentats du 11 septembre 2001 dans ce pays. Grâce à sa politique de « dévaluation compétitive »,

mise en œuvre à partir de début 1999 et consistant à organiser un lent et continuel glissement de sa monnaie par rapport au dollar (– 18 % en 2001), le pays a rendu ses produits plus attractifs sur le marché international. Aussi, pour la première fois depuis 1995, sa balance commerciale s'est-elle améliorée en 2001. Les exportations ont atteint un volume de 67,5 milliards (soit 6 % de hausse par rapport à 2000). En direction des États-Unis, elles ont progressé de 7,6 % sur l'année. Cette stratégie monétaire a également mis le Brésil à l'abri de l'effondrement, prévisible, de son voisin argentin, premier partenaire commercial au sein du Mercosur (Marché commun du sud de

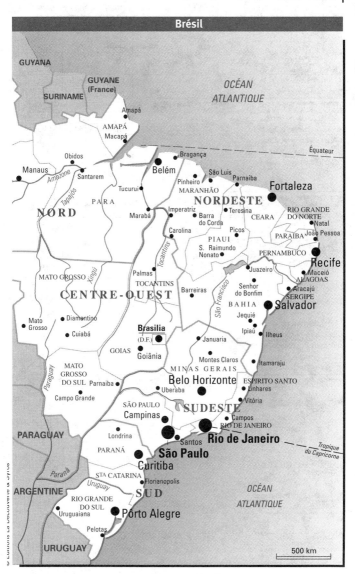

Brésil

INDICATEUR	UNITÉ	1980	1990	2000	2001
Démographie[a]					
Population	million	121,6	148,0	170,4	172,6
Densité	hab./km²	14,4	17,5	20,2	20,4
Croissance annuelle	%	2,3[f]	1,7[g]	1,3[h]	1,2[i]
Indice de fécondité (ISF)		4,0[f]	2,7[g]	2,3[h]	1,5
Mortalité infantile	‰	72,0[f]	51,1[g]	42,1[h]	38,3[i]
Espérance de vie	année	62,3[f]	65,3[g]	67,2[h]	68,3[i]
Indicateurs socioculturels					
Nombre de médecins	‰ hab.	1,20	1,36	1,27[v]	••
Analphabétisme (hommes)	%	22,5	18,4	14,9	14,6
Analphabétisme (femmes)	%	26,5	19,8	14,7	14,2
Scolarisation 12-17 ans	%	58,9[q]	69,1[r]	74,3[s]	••
Scolarisation 3e degré	%	11,2	11,2	14,8[e]	13,6[d]
Téléviseurs	‰ hab.	124	213	343	••
Livres publiés	titre	12 296	17 648	21 574[t]	••
Économie					
PIB total	milliard $	491,2	822,9	1 206,7[c]	1 299,4[b]
Croissance annuelle	%	1,5[k]	2,2[m]	4,4	1,5
PIB par habitant (PPA)	$	4 039	5 562	7 173[c]	7 625[b]
Investissement (FBCF)	% PIB	22,9[o]	21,2[p]	19,4	19,4
Recherche et Développement	% PIB	••	0,91[u]	0,91[u]	0,77[v]
Taux d'inflation	%	132,6	2947,7	7,0	6,8
Population active	million	47,7	65,5	78,3[c]	79,7[b]
Agriculture	%	30,9	22,8	24,2[e]	23,4[d]
Industrie	% } 100 %	26,3	22,7	20,0[e]	20,1[d]
Services	%	42,8	54,5	55,8[e]	56,5[d]
Énergie (taux de couverture)	%	56,0	73,3	71,8[d]	74,4[c]
Dépense publique Éducation	% PIB	••	••	5,0[u]	4,6[c]
Dépense publique Défense	% PIB	0,8[r]	1,8	2,6[c]	2,8[b]
Dette extérieure totale	milliard $	71,5	120,0	236,2	226,8
Service de la dette/Export.	%	64,1[o]	27,0[p]	112,8[c]	90,7[b]
Échanges extérieurs		**1974**	**1986**	**2000**	**2001**
Importations de services	milliard $	2,50[q]	4,39	16,96	17,07
Importations de biens	milliard $	12,04[q]	14,04	55,78	55,58
Produits énergétiques	%	23,8	26,8	11,7[e]	9,3[d]
Produits manufacturés	%	48,2	49,1	73,9[e]	76,3[d]
dont machines et mat. de transport	%	24,2	24,7	42,5[e]	43,8[d]
Exportations de services	milliard $	1,06[q]	1,82	9,38	9,32
Exportations de biens	milliard $	8,49[q]	22,35	55,09	58,22
Produits agricoles	%	63,9	37,2	33,4[d]	23,2[b]
Produits miniers	%	12,0	10,9	10,7[d]	••
Produits manufacturés	%	22,3	47,9	53,9[d]	58,0[b]
Solde des transactions courantes	% du PIB	− 4,0[w]	− 0,5[x]	− 4,1	− 4,6

Définition des indicateurs, sigles et abréviations p. 23 et suivantes. a. Dernier recensement utilisable : 2000;
b. 2000 ; c. 1999 ; d. 1998 ; e. 1997 ; f. 1975-1985 ; g. 1985-1995 ; h. 1995-2000 ; i. 2000-2005 ;
k. 1980-1990 ; m. 1990-2000 ; o. 1979-1981 ; p. 1989-1991 ; q. 1975 ; r. 1985 ; s. 1991 ; t. 1994 ; u. 1995 ;
v. 1996 ; w. 1975-84 ; x. 1985-96.

l'Amérique). Malgré la division par deux de la valeur du peso argentin, les exportations brésiliennes vers l'Argentine n'ont diminué que de 20 %. Alors qu'au début des années 1990 le Brésil exportait ce qu'il ne consommait pas, ses entreprises, qui ont réalisé d'importants gains de productivité, tendent de plus en plus à investir pour exporter (même si 54 % de toutes les exportations brésiliennes n'étaient encore le fait, en 2001, que d'une petite centaine d'entreprises). Cette conquête des marchés extérieurs a évidemment facilité le redressement de la balance des paiements : en 2001, elle a enregistré un excédent de 6,9 milliards de dollars, alors qu'elle était déficitaire de 3,7 milliards de dollars l'année précédente. Les réserves monétaires ont donc continué à gonfler pour atteindre 37 milliards de dollars fin 2001 (ce « matelas » ne suffisait cependant pas à rassurer les marchés, très inquiets de la dette et de l'issue du scrutin présidentiel).

Ralentissement de la croissance et alourdissement de la dette

Cette politique de baisse contrôlée du taux de change a cependant deux effets pervers qui ont handicapé la croissance. D'une part, elle est inflationniste (les prix à la consommation ont augmenté de 7,7 % en 2001, soit près d'un point de plus qu'en 2000) et tend donc, en réduisant le pouvoir d'achat des Brésiliens, à freiner la consommation des ménages. D'autre part, et plus gravement, elle oblige à conserver un taux d'intérêt élevé sous peine de voir les capitaux étrangers se détourner du Brésil ou s'en retirer. Or, si ce taux (en moyenne de 19 % en 2000 et en 2001) a effectivement attiré les capitaux étrangers (22,6 milliards de dollars), il a considérablement renchéri le coût du crédit des entreprises brésiliennes (freinant donc leurs investissements) et alourdi le service de la dette nationale. Ainsi, non seulement la production industrielle a été bridée (seules la branche pharmaceutique et celle des tabacs ont progressé en

2001), mais la dette publique s'est révélée préoccupante. Début 2002, la dette interne s'élevait à 49 % du PIB (soit cinq fois plus qu'en 1995). Quant à la dette extérieure (227 milliards de dollars), elle continuait d'être la plus élevée de tous les pays émergents. En 2001, le Brésil a dû payer plus de 42 milliards de dollars à ses créanciers internationaux, dont 16 milliards à titre d'intérêts. Le montant de ces remboursements est devenu tel que l'État devait compresser au maximum ses dépenses budgétaires, y compris dans les secteurs où les besoins sont considérables. Ainsi, en 2001, il n'a consacré que douze milliards de dollars à l'éducation et neuf milliards à la santé.

La pénurie d'eau a été une autre cause du ralentissement de la croissance. Certes, l'absence de pluies abondantes au cours de

République fédérative du Brésil

Capitale : Brasilia.
Superficie : 8 511 965 km².
Population : 172 559 000.
Langue : portugais du Brésil.
Monnaie : real (1 real = 0,42 € au 31.5.02).
Nature de l'État : république fédérale (26 États et le district fédéral de Brasilia).
Nature du régime : démocratie présidentielle.
Chef de l'État (au 23.7.02) : Fernando Henrique Cardoso, président de la République (depuis le 1.1.95, réélu le 4.10.98).
Ministre de l'Économie (au 23.7.02) : Pedro Malan.
Président du Sénat (au 23.7.02) : Ramez Tebet.
Président de la Chambre des députés (au 23.7.02) : Aécio Neves.
Principaux partis politiques : Parti du mouvement démocratique brésilien (PMDB) ; Parti du front libéral (PFL) ; Parti de la social-démocratie brésilienne (PSDB) ; Parti des travailleurs (PT) ; Parti progressiste brésilien (PPB).
Échéances institutionnelles : élections générales (oct. et nov. 02).
Carte : p. 438-439.

Brésil/Bibliographie

F. H. Cardoso, « Brésil, un nouveau miracle » (interview), *Politique internationale,* n° 84, Paris, 1999.

M. Droulers, *Brésil, une géo-histoire,* PUF, Paris, 2001.

C. Goirand, *La Politique des favelas,* Karthala, Paris, 2000.

M. Gret, Y. Sintomer, *Porto Alegre : l'espoir d'une autre démocratie,* La Découverte, Paris, 2002.

J. Marques Pereira, (sous la dir. de), « Dossier sur la stabilisation et le travail au Brésil », *Cahier des Amériques latines,* n° 30, CNRS-IHEAL, Paris, 1999.

S. Monclaire, « Indicateurs et tendances », *Infos-Brésil,* (chronique mensuelle depuis 1999), Paris.

« Redécouvrir le Brésil » (dossier), *Cahier des Amériques latines,* n° 34, Paris, 2000.

D. Rolland, *Le Brésil et le monde,* L'Harmattan, Paris, 1998.

P. Salama, B. Destremau, « Brésil : de nouvelles causes au maintien de la pauvreté ? », *Lusotopie,* Paris, 2001.

H. Théry, *Le Brésil,* Masson, Paris, 2000 (nouv. éd.).

P. Waniez, V. Brustlein, D. R. Hees, « La géographie de la mortalité au Brésil », *Lusotopie,* Paris, 2000.

Voir aussi la bibliographie « Cône sud », p. 446.

l'année 2001 n'a pas empêché d'excellentes récoltes (la production du secteur primaire a progressé de 5,9 %). Mais en faisant baisser dangereusement le niveau des lacs de retenue, elle a réduit considérablement le potentiel de production d'énergie hydroélectrique. Cela a conduit les autorités à soumettre d'urgence population et entreprises à un sévère plan de rationnement. Celui-ci a freiné l'activité industrielle au long du second semestre 2001. La pénurie d'électricité aurait pu être évitée si l'État avait fait les investissements nécessaires (construction de nouveaux barrages et amélioration du réseau haute tension) dans les années 1990. Pour satisfaire la demande grandissante en électricité, liée notamment à l'augmentation de la population et à l'urbanisation croissante du pays, il puisait, au fil des ans, dans les réserves des lacs de retenue, au risque d'exposer tout le système aux caprices des pluies.

Insatisfaction de la population

Les couches moyennes ont fortement critiqué le gouvernement pour cette imprévoyance. Leur réaction a été d'autant plus vive que le chômage n'a pas reculé (en 2001 il est resté à 17,6 %) et que l'État, pour honorer la dette, a une nouvelle fois accru la pression fiscale sur elles. Si le plan de rationnement d'électricité a peu gêné ni guère choqué les couches populaires (car moins équipées en appareils ménagers que les classes moyennes), celles-ci ont plus souffert que les autres groupes sociaux de la baisse du PIB par habitant depuis 2000 (−3,9 %) puisque les revenus du travail ont à peine progressé, contrairement aux revenus du capital. Aussi, plus que jamais, le Brésil est-il l'un des pays où les inégalités sont les plus fortes. On estimait en 2001 que 1,6 million de Brésiliens (les plus riches) détenaient autant de richesses que les 80 millions les plus pauvres (sur un total de 170 millions d'habitants).

Le mécontentement social, à peine atténué par la conquête du cinquième titre de champion du monde de football le 30 juin 2002, s'est aussi nourri du climat d'insécurité. Dans les zones urbaines, le nombre d'homicides, d'enlèvements et surtout de vols à main armée a, une nouvelle fois, progressé. En zone rurale, les conflits pour la terre ont, à plusieurs reprises, dégénéré. Quant au narcotrafic, son extension est devenue patente. Toutefois, si la peur à l'encontre de cette hausse continuelle de la violence a continué d'éroder le lien social en poussant les habitants à des replis individualistes, elle n'avait toujours pas trouvé de traduction politique.

Quatrième campagne présidentielle pour « Lula »

À l'approche des scrutins décisifs de 2002 (élections du président de la République, des gouverneurs, du Congrès et des assemblées législatives des États fédérés), le débat public portait surtout sur les inégalités sociales. Si, pour les réduire, la plupart des candidats défendaient des thèses d'inspiration néolibérale, le Parti des travailleurs (PT, gauche radicale, mais moins marquée que par le passé) a proposé de renégocier la dette et de multiplier les budgets dits « participatifs », comme ceux pratiqués par la mairie de Porto Alegre (d'où le choix de cette ville pour le Forum social – antimondialisation – qui s'est tenu en parallèle du Forum économique de Davos, fin février 2001), et qui consistent à associer les entités de la société civile à la définition des politiques publiques. Le PT, fort de ses nombreuses mairies (dont celle de São Paulo) conquises en 2000, a présenté une nouvelle fois à la présidence de la République son chef historique, Luis Inacio « Lula » da Silva, ancien syndicaliste ouvrier. En juin 2002, celui-ci dominait largement les intentions de vote du premier tour (37 %), grâce notamment à une inédite et surprenante alliance avec les mouvements évangéliques. Certes, lors des scrutins de 1994 et 1998, il avait longtemps mené avant de se faire dépasser par le social-démocrate Fernando Henrique Cardoso. Mais la Constitution ne permettait pas à celui-ci de briguer un troisième mandat et son poulain, l'ancien ministre de la Santé, José Serra, tardait à « décoller » dans les sondages, tant

nombre de Brésiliens avaient été déçus par l'action du gouvernement et par les prévisions économiques pour 2002 (4 % de croissance, mais avec une énorme dette). De sorte que le Parti du front libéral et le Parti du mouvement démocratique brésilien (grosses formations de centre droit, toujours associées au pouvoir fédéral depuis 1985) se cherchaient en vain, au printemps 2002, un champion susceptible de battre Lula. Un temps, la fille de l'ancien président Sarney (1985-1989) a eu leur faveur, mais elle dut renoncer, en avril 2002, à cause de soupçons de corruption. Puis, ils ont pesé les avantages à se rallier à la candidature de Ciro Gomes (centre gauche, arrivé troisième au scrutin présidentiel de 1998 avec 11 % des voix). Aussi imprévisible qu'incontrôlable, rappelant l'ancien président Collor (1990-1992), C. Gomes semblait savoir mieux s'attirer leurs faveurs, surtout au sein du PFL. À l'été 2002, il se détachait nettement de J. Serra. Pour Lula restait alors le plus difficile : remporter le second tour contre tous les conservatismes. - **Stéphane Monclaire** ■

Chili

Îlot de stabilité

Les élections tenues le 16 décembre 2001, pour renouveler 18 des 38 sièges de sénateurs élus (sur 48) et la totalité des 120 sièges de députés, ont confirmé la montée en puissance de la droite héritière du « pinochétisme » et la baisse de la participation, observées depuis les élections parlementaires de 1997. Pour la première fois depuis le rétablissement des élections libres en 1989, la Concertation (coalition de centre gauche, au pouvoir) a obtenu moins de 50 % de suffrages (47,9 %). Ses 9 candidats au Sénat ont tous été élus, mais sa majorité à la Chambre des députés est passée de 69 à 63 sièges.

L'Union démocrate indépendante

– UDI – (+ 14 sièges) a progressé aux dépens de Rénovation nationale, sa partenaire de l'Alliance pour le Chili (– 5 sièges), mais surtout du Parti démocrate-chrétien – PDC, participant à la Concertation – (– 15 sièges), auquel elle a ravi la position de premier parti en suffrages (25 % contre 19 %). Sans rien renier du modèle économique néolibéral créé sous le régime autoritaire, l'UDI a réussi son implantation dans l'électorat populaire, construite sur le discours « apolitique » et l'action sociale promus par Joaquin Lavin, maire de Santiago Centre depuis octobre 2000 et candidat à l'élection présidentielle de 2005. Au sein de la Concertation, le PDC a pris acte de son déclin électoral en portant à la présidence du parti, le 26 janvier 2002, le sénateur Adolfo Zaldivar, partisan de la sortie de la coalition. Le pôle progressiste a été conforté par le succès du PPD (Parti pour la démocratie) auprès des électeurs déçus par le PDC, malgré le léger déclin en voix du Parti socialiste. Le Parti communiste, extérieur à la Concertation, n'a

République du Chili

Capitale : Santiago du Chili.
Superficie : 756 945 km^2.
Population : 15 402 000.
Langue : espagnol.
Monnaie : peso chilien
(au cours officiel, 100 pesos = 0,16 €
au 31.5.02).
Nature de l'État : république.
Nature du régime : démocratie
« restreinte » présidentielle.
Chef de l'État et du gouvernement :
Ricardo Lagos Escobar
(depuis le 11.3.2000).
Ministre de l'Intérieur : José Miguel
Insulza, PS (depuis le 11.3.2000).
Ministre des Relations extérieures :
Maria Soledad Alvear Valenzuela, PDC
(depuis le 11.3.2000).
Ministre de la Défense : Michelle
Bachelet Jeria, PS (depuis le 7.1.02).
Échéances institutionnelles :
élections présidentielle (premier tour)
et parlementaires (déc. 05).

obtenu aucun siège, perdant du terrain au profit de l'UDI (5,2 % des voix).

La nouvelle donne politique a favorisé les projets de réforme du président social-démocrate Ricardo Lagos, l'Alliance voyant désormais tous les avantages d'une attitude plus constructive au Sénat, verrou législatif. L'extinction progressive de l'« affaire Pinochet », – d'abord par la suspension « temporaire » des poursuites pour raisons médicales, en juillet 2001, puis définitive le 1er juillet 2002 –, puis le renouvellement sans heurt de la hiérarchie de trois corps d'armées entre juin et décembre 2001 ont permis de relancer les négociations sur la démocratisation.

Fort du soutien de l'opinion publique à la poursuite des réformes par consensus, le 27 décembre 2001, le président Lagos a convié tous les partis à la présentation de son « agenda de croissance et de bien-être » pour le reste du mandat. Le remaniement ministériel du 7 janvier 2002 a exprimé sa volonté d'inscrire les réformes dans la continuité du modèle libéral. Le socialiste José Miguel Insulza, ministre de l'Intérieur chargé de négocier les réformes constitutionnelles, et le très libéral ministre des Finances Nicolas Eyzaguirre (PPD) ont été reconduits. Michelle Bachelet (PS, fille d'un général mort en détention sous la dictature) a pris le portefeuille de la Défense et laissé au démocrate chrétien Osvaldo Artaza la conduite de la réforme de la Santé.

Afin de limiter les effets de la crise argentine et de préserver l'image de sérieux du Chili, le gouvernement Lagos a poursuivi les réformes graduelles de libéralisation en concertation avec le patronat. En 2001, la croissance, bien que descendue à 2,8 %, est restée supérieure à la moyenne de l'Amérique latine, et les investissements directs ont augmenté de près de 50 %. Le chômage demeurant élevé (officiellement 9,1 % en 2001), la faiblesse de la demande interne (– 0,7 % en 2001) a permis le maintien de l'excédent commercial en dépit de la baisse des exportations (– 7,7 % sur les deux premiers mois de 2002 en tendance annuelle) et la modération de l'inflation (3,6 % pour le quatrième trimestre 2001 en rythme annuel, 2,6 % en mars 2002). Grâce à de meilleures rentrées fiscales, au recours au Fonds de compensation du cuivre, à des concessions de services publics (routes nouvelles, eau, etc.) et parfois à des privatisations partielles, le déficit budgétaire est resté limité à 0,3 % du PIB.

Le Chili a poursuivi en 2001 sa politique d'ententes commerciales tous azimuts. Le Traité de libre-échange entre le Chili et l'Amérique centrale (signé le 18 octobre 1999) est entré en vigueur en février 2002. Le volet commercial de l'accord avec l'Union européenne (UE) a été conclu à la mi-avril 2002, mais les négociations avec les États-Unis, bien avancées, ont été suspendues en mars 2002 par l'administration Bush dans l'attente de l'approbation par le Congrès américain de l'Autorisation de promotion du commerce.

Partisan de l'intégration politique latino-américaine, le gouvernement Lagos a encore amélioré en 2001 les relations bilatérales avec l'Argentine (harmonisation de la présentation des dépenses militaires, soutien auprès des membres du G-7), le Pérou (discussions sur des mesures de confiance en matière militaire) et la Bolivie (exportation de gaz *via* un port chilien). - **Sophie Joineau** ∎

Paraguay

L'espoir d'une consolidation démocratique

Parent pauvre du Mercosur (Marché commun du sud de l'Amérique), le Paraguay a connu une sorte de crise de langueur de son économie à compter du début des années 1980 : en 2001, il n'a même pas atteint la croissance prévue de 2 % (0,8 %). Du fait d'une population en augmentation régulière (de 2,5 % à 3 % par an), la croissance économique prévue pour 2002 (environ 0,5 %) est insuffisante. Pourtant, le pays se mo-

dernise peu à peu : si 35,2 % de la population active travaille dans le secteur de l'agroalimentaire, les services représentaient en 2000 52 % du PIB. Mais le taux de chômage (7 % en 2000) est apparu en augmentation (si tant est qu'il soit signifiant dans le contexte d'un secteur informel très important) et 42 % des jeunes de moins de 14 ans vivent en dessous du seuil de pauvreté.

La vie politique a également semblé suivre un chemin lent (et insatisfaisant sur bien des plans), mais en restant résolument dans le cadre démocratique, lequel s'est renforcé. Le président Luis González Macchi (nommé en 1999, à la suite de la démission de son prédécesseur, Raúl Cubas Grau, élu mais compromis dans l'assassinat de son vice-président) n'a pas beaucoup gagné en crédibilité mais sa légitimité institutionnelle s'est consolidée avec le temps. Malgré l'élection à la vice-présidence de Julio César Franco, un opposant issu du Parti libéral radical authentique (PLRA) en 2000, les municipales

République du Paraguay

Capitale : Asunción.
Superficie : 406 752 km^2.
Population : 5 636 000.
Langues : espagnol, guarani.
Monnaie : guarani (au taux officiel, 1 000 guaranis = 0,20 € au 31.5.02).
Nature de l'État : république unitaire.
Nature du régime : démocratie présidentielle.
Chef de l'État et du gouvernement : Luis González Macchi, Parti colorado (depuis le 28.3.99).
Vice-président : Julio César Franco, PLRA (depuis le 13.8.2000).
Ministre des Affaires extérieures : José Antonio Moreno Ruffinelli (Parti colorado).
Ministre de l'Économie et des Finances : James Spalding (Parti colorado).
Ministre de l'Industrie et du Commerce : Euclides Acevedo (Rencontre nationale).
Échéances institutionnelles : élections générales (mai 03).

Cône sud/Bibliographie

A. Alfonso, *El Revés de la trama. La historia secreta de la salida de la dictadura*, Fin de siglo, Montevideo, 2001.

A. Cavallo, *La Historia oculta de la transición, memoria de una época*, Grijalbo, Santiago du Chili, 1998.

L. Costa Bonino, *Las Crises del sistema político uruguayo. Partidos políticos y democracia hasta 1973*, FCU, Montevideo, 1995.

J. Del Pozo, *Le Chili contemporain*, Éditions Notabene, Québec, 2000.

R. Frégosi, *Le Paraguay au XXe siècle. Naissance d'une démocratie*, L'Harmattan, Paris, 1997.

R. Frégosi, « Paraguay : la nation »guaranie »», *Hérodote*, La Découverte, Paris, 4e trim. 2000.

C. González Laurino, *La Constitución de la identidad uruguaya*, Taurus, Montevideo, 2001.

C. Huneeus, *El Régimen de Pinochet,* Sudamericana, Santiago, 2001.

T. Moulian, *Chile actual, Anatomía de un mito,* LOM Ediciones, Santiago du Chili, 1997.

P. Politzer, *El Libro de Lagos,* Ediciones B, Santiago du Chili, 1999.

C. Real de Azúa, *Uruguay [¿quest] una sociedad amortiguadora ?,* Banda oriental, Montevideo, 2000 (rééd.).

C. Rudel, *Le Paraguay,* Karthala, Paris, 1990.

G. Salazar, J. Pinto, *Historia contemporánea de Chile* (2 vol.), LOM editores, Santiago du Chili, 1999.

« Uruguay : changements politiques récents et contexte socio-économique » et « L'Uruguay des années 1990 : institutions et résultats économiques », *Problèmes d'Amérique latine*, n° 42, La Documentation française, Paris, juil.-sept. 2001.

Voir aussi les bibliographies « Argentine » et « Brésil », p. 436 et 442.

de novembre 2001 ont vu la victoire de l'ANR (Association nationale républicaine – ou Parti colorado) avec plus de 49 %, tandis que le gouvernement composite poursuivait son travail tant bien que mal.

Bien que timides, certains signes permettaient de diagnostiquer une consolidation démocratique : d'une part, dans le parti dominant, l'élimination progressive de la vieille garde *colorada* de l'ère du dictateur Alfredo Stroessner (1954-1989) et la marginalisation du courant du général putschiste (tentatives avortées en 1996, 1999 et 2000) Lino César Oviedo toujours réfugié au Brésil ; d'autre part, dans l'opposition, la renaissance autour de l'ancien maire d'Asunción (1991-1996), Carlos Filizzola, d'un véritable mouvement populaire, País Solidario (« Pays solidaire », PS), à connotation social-démocrate, et son bon score dans la capitale lors des municipales (41,20 %) laissaient espérer un renouvellement salutaire du panorama politique que le parti néo-clientéliste Encuentro Nacional (« Rencontre nationale ») avait un temps retardé. Encore restait-il au PS à « sortir » de la capitale pour s'implanter dans l'ensemble du pays.
- Renée Fregosi ■

Uruguay

Solidité politique face aux effets de la crise argentine

Menacé d'abandon par le Parti national, partenaire minoritaire de la coalition gouvernementale, et en perte de popularité depuis octobre 2001, le président colorado Jorge Batlle avait dû transiger sur ses projets de privatisations, combattus par l'opposition de gauche du Front élargi, associé à la centrale syndicale PIT-CNT (Intersyndicale plénière des travailleurs-Convention nationale des travailleurs). Face aux effets récessifs sur la croissance uruguayenne de l'effondrement argentin intervenu fin 2001, les forces politiques et sociales ont su conclure les accords nécessaires à l'obtention de soutiens extérieurs. L'ajustement budgétaire de février 2002 a permis l'octroi d'une ligne de crédit *stand-by* du FMI, fin mars 2002 (743 millions de dollars). La crise financière d'avril suivant a ensuite conduit à l'approbation rapide de nouvelles mesures (augmentations d'impôts par la « loi de stabilité fiscale » du 29 mai, réduction drastique des dépenses publiques), favorisant un soutien accru des institutions financières internationales (1,5 milliards de dollars annoncés par le FMI le 18 juin). La confirmation, le 19 mars 2002, de l'identité du fils d'une Uruguayenne opposante à la dictature (1973-1985), considéré comme « disparu » depuis l'enlèvement de sa mère en 1976 et adopté en Argentine, est ainsi passée au second plan.

En 2001, la baisse des exportations (– 11,2 %), due à la détérioration de la situation économique en Argentine et au Brésil (41 % des exportations) ainsi qu'à une épizootie de fièvre aphteuse, s'est traduite par un recul du PIB de 3,1 %, un taux de chômage à 14,9 % et un déficit budgétaire s'élevant à 4,4 % du PIB. L'importante chute des réserves au premier trimestre 2002 (réduction des recettes du tourisme, retraits bancaires effectués par les détenteurs de dépôts argentins, puis uruguayens en avril) a privé de financement la production agricole et industrielle. L'accélération de la dépréciation du peso (– 18 % en 2001) et la révision à la baisse de la cotation des titres de la dette ont contribué à en alourdir le service (aug-

République orientale d'Uruguay

Capitale : Montevideo.
Superficie : 176 215 km².
Population : 3 361 000.
Langue : espagnol.
Monnaie : peso uruguayen (au taux officiel, 100 pesos = 6,40 € au 31.5.02).
Nature de l'État : république.
Nature du régime : démocratie présidentielle.
Chef de l'État et du gouvernement : Jorge Batlle Ibañez, Parti colorado (depuis le 1.3.2000).
Vice-président et président du Parlement : Luis Hierro López, Parti colorado.
Ministre de l'Intérieur : Guillermo Stirling, Parti colorado tendance J. M. Sanguinetti (depuis le 1.3.2000).
Ministre des Relations extérieures : Didier Opertti, Parti colorado tendance J. M. Sanguinetti (depuis le 1.3.2000).
Ministre de l'Économie et des Finances : Alberto Bension, Parti colorado tendance J. Battle (depuis le 1.3.2000).
Échéances institutionnelles : élections présidentielle et législatives (oct-nov. 04).

mentation de 7,6 % par rapport à 2000, soit l'équivalent de 28,6 % de la valeur des exportations).

Le rapprochement avec les États-Unis, entrepris à la mi-2001 afin de protéger l'Uruguay de la crise argentine et d'équilibrer ses relations avec le puissant voisin brésilien, a permis la réactivation de la commission bilatérale sur les échanges en avril 2002, au prix cependant de la rupture des relations diplomatiques avec Cuba le 23 avril, après l'approbation par la Commission des droits de l'homme de l'ONU du projet uruguayen de résolution défavorable au régime castriste (celle-ci demandait que le représentant spécial pour les droits de l'homme du secrétaire général puisse se rendre à Cuba).
- Sophie Jouineau ∎

Europe occidentale & médiane

L'Europe, province d'un monde relationnel, est ce continent où le doute et la critique structurent le discours que les Européens tiennent sur eux-mêmes. Cette posture philosophique décrit un aspect original de l'esprit de ceux-ci, attachés au primat de l'individu et de la liberté d'agir, de croire et de juger. Mais elle dessine aussi une géographie aux contours flous et une pratique qui allie la diversité sans cesse revendiquée – paysages, langues, nations et peuples, trajectoires historiques, cultures et visions à une rhétorique de rassemblement – recherche d'unité des États nationaux et, parfois, des peuples dissociés, convergence accrue de la gestion économique, extension des procédures démocratiques. Il y a place pour le doute, en effet, sur les frontières de cet espace aux marges incertaines, car voici un ensemble fragmenté en plus de 45 États, avec au moins 50 nations ou entités ethnolinguistiques à vocation nationale. En 2001, il comptait 735 millions d'habitants, Russes inclus ; quant à l'Union européenne, elle regroupait déjà un peu plus de la moitié des Européens (380 millions). La construction européenne brouille les représentations de l'Europe en dissociant les quinze États membres des non-membres aspirant à s'y agréger. La difficulté s'accroît avec l'emploi du mot « Europe » dans le sens d'association volontaire et durable de quinze États liés par des traités d'union (Maastricht, 1992 ; Amsterdam, 1997, Nice 2000). Il constitue aussi un critère d'adhésion : « tout État européen peut en devenir membre », selon le traité de Rome (1957), sans que le terme « européen » y soit officiellement défini. Si l'Union s'élargissait à 27 États, incluant les douze candidats avec lesquels les négociations ont commencé, sa superficie augmenterait d'un tiers, sa population de 30 % mais son PIB de 8 % seulement.

L'Union est le pôle de prospérité et de réorganisation, consolidé par l'euro (monnaie unique de douze États) et la mise en place effective d'une capacité autonome de défense. Mais les contraintes d'une convergence accrue en matière de politique économique et d'une extension impérative renforcent son introversion au moment où il conviendrait de s'ouvrir aux nouvelles réalités géopolitiques. De là viennent les critiques, multiples et incessantes dans les parlements et les chroniques, portant tour à tour sur l'absence de visions communes du devenir de l'Europe, la quête d'un modèle conciliant justice sociale et efficacité économique, la lenteur des processus d'élargissement à l'Est, l'impuissance diplomatique supposée de l'Union en matière d'intervention dans les crises et les guerres civiles de son « arrière-cour », l'incapacité à construire un système de sécurité crédible sans la présence du « grand frère » américain, l'illusion, enfin, de maintenir un projet géopolitique autonome dans un monde globalisé. L'Europe, comme discours géopolitique, sert de

SOUS L'EUROPE DES ÉTATS SE DESSINE DÉJÀ UNE EUROPE DES RÉSEAUX ET DES ALLIANCES ENTRE DES RÉGIONS, DES CITÉS, DES FIRMES ET AUTRES ACTEURS.

possibilités de recours à l'avortement (55 % de « non »).

14 mars. Yougoslavie. Alors que les autorités serbes et monténégrines avaient accepté le 26 octobre 2001 la perspective d'un référendum sur l'indépendance du Monténégro, l'intervention de l'Union européenne (UE) aboutit à un accord sur une union minimale pour une période de trois ans.

17 mars. Portugal. Aux élections législatives anticipées, le PSD (Parti social-démocrate, centre-droit) l'emporte avec 40,12 % des suffrages contre 37,85 % au PS (Parti socialiste), au pouvoir depuis 1995. Le 17 décembre précédent, le PS avait déjà perdu douze municipalités, dont la capitale Lisbonne.

19 mars. Italie. Assassinat de Marco Biagi, conseiller du ministre du Travail, revendiqué par les Brigades rouges.

23 mars. Italie. Manifestation sans précédent à Rome de deux à trois millions de personnes à l'appel des confédérations syndicales contre le projet phare du gouvernement Berlusconi visant à réformer le marché du travail.

7 et 21 avril. Hongrie. Le Parti socialiste, en coalition avec l'Alliance des démocrates libres (SzDSz) obtient la majorité contre la coalition de droite sortante.

16 avril. Turquie. Le gouvernement suggère d'abandonner la peine de mort dans le but de rapprocher le pays des critères exigés par l'UE pour accepter la candidature turque à l'adhésion. En octobre 2000, 37 articles constitutionnels avaient été modifiés dans ce sens. Le 3 août 2002, le Parlement votera en faveur de la suppression de la peine de mort et de la reconnaissance de droits culturels pour la population kurde.

21 avril. France. Au premier tour de l'élection présidentielle, le démagogue d'extrême droite Jean-Marie Le Pen se classe au deuxième rang avec 16,86 % des suffrages exprimés, derrière le président sortant Jacques Chirac (droite, 19,88 %) et devant le Premier ministre sortant, le socialiste Lionel Jospin (16,18 %). Cet événement a un profond retentissement dans le pays et à l'étranger. Il suscite en réaction une extraordinaire mobilisation civique – notamment des jeunes, lycéens et étudiants. Cette mobilisation permet à J. Chirac d'être réélu avec 82,2 % des suffrages exprimés. Le report des voix qui s'étaient portées au premier tour sur les candidats de gauche a été massif. Jean-Pierre Raffarin est nommé Premier ministre.

30 avril. Espagne. Le juge Baltazar Garzon ordonne l'arrestation de 11 personnes liées à Batasuna, vitrine légale de l'organisation séparatiste et terroriste ETA, qui a tué 39 personnes entre janvier 2000 et mai 2002.

6 mai. Pays-Bas. Le leader populiste Pim Fortuyn, dont la liste avait obtenu plus d'un tiers des suffrages lors de l'élection municipale de Rotterdam en mars, est assassiné par un militant environnementaliste. Considérable émotion dans le pays. Les élections législatives, prévues pour les 9 et 16 juin, sont toutefois maintenues. Les listes P. Fortuyn obtiennent 17 % des voix et 26 sièges. Un gouvernement sera formé incluant les populistes, les libéraux du VVD et les démocrates chrétiens du CDA.

17 mai. Irlande. Les élections législatives donnent la majorité absolue aux partis soutenant le Premier ministre Bertie Ahern (80 sièges pour le Fianna Fail et pour les Démocrates progressistes).

28 mai. OTAN-Russie. Le « sommet » de Rome, qui réunit les 19 pays membres de l'OTAN (Organisation du traité de l'Atlantique nord) et la Russie, crée un Conseil OTAN-Russie habilité à prendre des décisions communes.

29 mai. Russie-Union européenne. La Russie reçoit le statut de « pays à économie de marché », mais ne parvient pas à obtenir de concessions de l'Union européenne sur le dossier de l'exclave de Kaliningrad : la circulation des Russes entre cette région et le reste de la Russie nécessitera un visa de transit dès l'entrée de la Lituanie dans l'espace Schengen.

14 et 15 juin. République tchèque. Aux élections législatives, Le Parti social-démocrate est vainqueur avec 30,20 % des suffrages exprimés, l'ODS (Parti démocratique civique) obtenant 14,27 % et le Parti communiste de Bohème et de Moravie 18,51 %. ∎

Europe occidentale et médiane

mythe organisateur de la complexité du continent. Pour la Commission européenne, celui-ci combine des éléments géographiques, historiques et culturels qui, ensemble, contribuent à l'identité européenne. L'expérience partagée ne peut être condensée en une formule simple et reste sujette à révision à chaque génération. Il n'est ni possible ni opportun d'établir maintenant les frontières de l'Union, dont les contours se construiront au fil du temps. Il s'agit bien d'un processus de convergence des États, où la diversité n'est pas niée, la poursuite des intérêts nationaux se faisant au nom de l'Europe. Les « petits » États disposent d'un poids décisionnel supérieur à leur taille économique ou démographique ; le maintien de la diversité sauvegarde des équilibres. Les États plus peuplés se ménagent des marchés élargis et trouvent dans le projet européen les relais d'une puissance accrue, mais acceptable par les autres.

Si l'État national demeure le trait géographique le plus structurant du continent – l'Union n'est encore que la somme de quinze États –, il n'est pas unique. En Suisse, l'équilibre tient au fait que les limites linguistiques ne coïncident pas avec les limites religieuses ; ce pays illustre ainsi la mosaïque européenne. Le contraste

L'EXPÉRIENCE EUROPÉENNE NE PEUT ÊTRE CONDENSÉE EN UNE FORMULE SIMPLE. IL N'EST NI POSSIBLE NI OPPORTUN D'ÉTABLIR MAINTENANT LES CONTOURS DE L'UNION, QUI SE CONSTRUIRONT AU FIL DU TEMPS. IL S'AGIT BIEN D'UN PROCESSUS DE CONVERGENCE DES ÉTATS, OÙ LA DIVERSITÉ N'EST PAS NIÉE, LA POURSUITE DES INTÉRÊTS NATIONAUX SE FAISANT AU NOM DE L'EUROPE.

entre l'Europe occidentale des sociétés formées dans la matrice du catholicisme et du protestantisme, et celle, orientale, de l'orthodoxie, demeure d'actualité ; l'Union s'élargira d'abord vers cette Europe centrale. L'Europe orientale, de la Russie à la Serbie, se débat avec son identité et ses frontières, dont l'un des aspects est justement la nature du rapport à l'Europe.

Relevons aussi en Europe des différences plus géo-économiques, selon le degré de l'intervention de l'État ou d'intimité entre banques et entreprises. L'Europe gagnante insérée dans l'économie-monde voit ses métropoles du Nord-Ouest, de Londres à Paris, Amsterdam et Francfort, s'affirmer ; les façades de la mer du Nord s'imposer sur les routes Rotterdam-New York-Singapour ; les régions situées au nord et au sud de l'arc alpin prospérer autour de villes historiques dynamiques et de régions high tech, de Munich à Milan. Les surplus commerciaux des grands États européens sont partiellement transférés, par les fonds communautaires, vers les régions périphériques : arc atlantique de l'Irlande au sud du Portugal, arc méditerranéen de l'Andalousie aux îles grecques, à leur tour affectés par une modernisation accélérée.

Quant au champ politique, qui dans certains pays a subi les effets de la fin de la Guerre froide (en Italie notamment), il est marqué depuis un quart de siècle par l'avancée démocratique : Espagne, Portugal, Grèce, puis Europe centrale et plus lentement Europe du Sud-Est et Europe orientale. La transition démocratique en Serbie et en Croatie est un facteur de stabilisation, les tensions s'étant déplacées vers les Balkans du Sud.

L'espace public européen reste dominé par les alternances et les compromis entre les deux grands courants social-démocrate et conservateur (libéral ou chrétien-démocrate selon les cas). Mais les aléas de la croissance, les lacunes de la gestion des régions et villes, attirant les populations plus que les emplois, et les doutes sur l'identité nationale dans des sociétés où partis, syndicats, entreprises et parfois écoles ne sont plus d'efficaces laboratoires d'intégration civique affectent celles-ci à des degrés divers. Les discours xénophobes et les réflexes de repli ne sont pas rares. Les frontières extérieures de l'Union se ferment. Des ruptures de solidarité entre régions prospères et régions plus dépendantes de l'action publique s'énoncent comme projet politique (Italie du Nord, Allemagne du Sud, Espagne du Nord, Belgique de l'Ouest...).

Sous l'Europe des États se dessine déjà une Europe des réseaux et des alliances entre des régions, des cités, des firmes et autres acteurs.

L'esprit de liberté traverse le continent européen depuis 1989 : ce faisant, il l'unifie mais son souffle fait ployer identités et certitudes. Dans les vents de l'histoire, l'Europe figure un bien commun. ∎

Les tendances de la période

Par **Gilles Lepesant**
Géographe, CNRS, Collège d'Europe

L'Europe est plus que jamais un sujet controversé. Ses promoteurs peinent à démontrer qu'elle est l'instrument idoine pour réguler les effets de la mondialisation contemporaine, tandis que les difficultés économiques et sociales ainsi que le doute qui saisit les Européens quant à leur capacité à relever les défis modernes incitent beaucoup d'entre eux à se replier sur le cadre qui leur est le plus familier : celui de l'État et de la nation. Une tendance au repli sur soi et au rejet d'une Europe plus forte s'est affirmée ces dernières années, révélée par des élections (Autriche, Danemark, France, Norvège, Pays-Bas, Pologne), des référendums (Irlande, 7 juin 2001) ou des contentieux publics entre la Commission et certains États membres (Allemagne sur la distribution automobile par exemple). En 2002, les partis populistes étaient au pouvoir dans plusieurs États membres. S'ils correspondent à des traditions nationales différentes et hésitent à se rassembler (les difficultés à créer en 2004 un groupe commun, Nouvelle Europe, au Parlement européen en témoignent), tous fondent leur audience sur un rejet des élites en place, sur les défaillances de l'État, sur la peur qu'inspirent le contexte international et sur une stigmatisation de l'immigration ou de l'islam. Leur électorat est populaire, leur mot d'ordre la rupture. Dans ces circonstances, l'exposé par différents dirigeants européens de leurs visions de l'Europe (Jacques Chirac le 4 juillet 2000 à Strasbourg, Tony Blair le 6 octobre 2000 à Varsovie, Gerhard Schröder le 30 avril 2001 à Berlin, Lionel Jospin le 28 mai 2001 à Paris) n'a en rien relancé la dynamique communautaire déjà fragilisée lors de la Conférence intergouvernementale (CIG) de Nice (décembre 2000).

Ces évolutions n'ont toutefois pas remis en cause le calendrier de l'élargissement de l'UE (Union européenne) même si, en Autriche, le discours du FPÖ (Parti libéral d'Autriche, populiste) explique en partie les exigences exprimées par le gouvernement au sujet des décrets Benes (expulsion hors de Tchécoslovaquie des Allemands des Sudètes après 1945), de la centrale nucléaire tchèque de Temelin ou de la libre circulation des personnes au lendemain de l'élargissement. Selon le calendrier arrêté au Conseil européen de Göteborg (juin 2001), la fin des négociations est fixée à décembre 2002, le processus de ratification dans les 15 États membres et dans les 10 États candidats devait intervenir en 2003 et les adhésions étant prévues pour la mi-2004 (2007 pour la Roumanie et la Bulgarie). Les pays candidats tiennent à ce calendrier car il les assure d'une participation aux élections européennes de 2004 et leur accorde une chance d'être associés à la CIG prévue la même année. Pour qu'ils obtiennent satisfaction, trois conditions au moins devront être remplies : que les négociations des chapitres agriculture, politique régionale, budget soient conclues à temps ; que la solution apportée au problème chypriote satisfasse la Grèce et que les référendums irlandais (automne 2002) et polonais (2003) soient des succès. En Pologne, les élections législatives de septembre 2001 ont consacré le retour au pouvoir de la gauche sociale-démocrate, l'effondrement du centre et de la droite, avec l'apparition, pour la première fois depuis 1989, d'une force antieuropéenne au Parlement à travers

UNE TENDANCE AU REPLI ET AU REJET D'UNE EUROPE PLUS FORTE S'EST AFFIRMÉE DANS DES ÉLECTIONS, DES RÉFÉRENDUMS OU DES CONTENTIEUX ENTRE LA COMMISSION ET DES ÉTATS MEMBRES.

Par **Gilles Lepesant**
Géographe, CNRS, Collège d'Europe

LA COOPÉRATION
ANTITERRORISTE,
QUI BUTAIT SUR
DES PROCÉDURES
D'EXTRADITION
RENDUES
FASTIDIEUSES ET
ALÉATOIRES PAR DES
ÉTATS JALOUX DE
LEUR SOUVERAINETÉ
JUDICIAIRE, A ÉTÉ
RELANCÉE PAR
L'ADOPTION,
EN DÉCEMBRE 2001,
DU MANDAT
D'ARRÊT EUROPÉEN.
LE DÉFI ÉTAIT
DE TENIR
L'ENGAGEMENT PRIS
À AMSTERDAM
EN 1997 DE CRÉER,
D'ICI À 2004, UN
« ESPACE DE LIBERTÉ,
DE SÉCURITÉ ET
DE JUSTICE ».

notamment la résurgence du courant agrarien. Tant sur le plan social que géographique, ces élections ont traduit la forte polarisation qui ne cesse de s'affirmer dans tous les pays d'Europe centrale depuis les débuts de la transition. À des régions qui acquièrent des avantages comparatifs dans des secteurs à forte valeur ajoutée (électronique, automobile) s'opposent des espaces en proie à de lourdes restructurations inachevées (à l'est de la Pologne et de la Hongrie notamment), où les taux de chômage se sont élevés largement au-delà de 30 %.

À cet égard, les « fruits » de l'adhésion risquent de ne pas répondre aux attentes des opinions centre-européennes. Du côté de l'UE, l'accent a été mis sur la nécessité et l'urgence d'une refonte des politiques communes, notamment dans le secteur de l'agriculture. La PAC (Politique agricole commune) représente 45 % du budget total européen. L'élargissement augmentera le nombre des terres cultivées de 42 % et celui des paysans de 120 %. L'UE intervient au moyen d'interventions sur le marché (12 % du budget européen), d'aides directes (30 % du budget européen) et d'un fonds pour le développement rural (5 % du budget européen). Les États candidats ne s'opposent pas *a priori* à une refonte de la PAC – qui renforcerait notamment le volet du développement rural au détriment de la logique « productiviste » –, mais tiennent à disposer dans l'immédiat du même statut que celui de leurs homologues ouest-européens. Or, pour ne pas remettre en cause le cadre financier convenu à Berlin en 1999 pour la période 2004-2006, la Commission leur propose une montée en puissance progressive des paiements directs étalée sur une décennie. L'UE a par ailleurs souligné l'ampleur de l'aide financière accordée à l'Europe centrale (40 milliards € prévus pour la période 2004-2006) et les difficultés considérables que rencontrent les administrations des États candidats à absorber les moyens déjà accordés. La redéfinition de la politique régionale a également été engagée. Mais, même si l'élargissement augmentera la superficie de l'UE de 35 %, sa population de 25 % et son PIB de 8 % seulement, il ne s'accompagnera probablement pas d'une relance des politiques de cohésion similaire à celle qu'avait permise l'adhésion de l'Espagne et du Portugal.

L'Europe se découvre ainsi des tendances schizophrènes. D'un côté, elle entreprend l'élargissement le plus ambitieux de son histoire, affirme sa volonté de peser sur les affaires du monde, tire les conclusions de l'Union monétaire en instituant le corset du pacte de croissance et de stabilité (ce dernier interdit des déficits publics supérieurs à 3 % du PIB et prévoit l'équilibre budgétaire pour 2004). De l'autre, elle refuse d'accroître son budget, peine à déployer une politique économique proprement européenne et n'hésite plus à suggérer la renationalisation de certaines politiques par la répétition incantatoire du vague principe de subsidiarité.

Dans le domaine de la technologie, les avancées ne sont toutefois pas anodines, même si elles ont donné lieu à des tergiversations. En mars 2002, les Européens ont, malgré les pressions américaines, lancé le programme européen de localisation et de navigation par satellite Galileo (550 millions € accordés par la seule UE pour la période 2002-2005). Ce système prévoit la mise en orbite d'une trentaine de satellites et assurera l'indépendance de l'Europe vis-à-vis du système américain GPS. À la dimension stratégique mise en avant par les responsables américains et européens s'ajoute une dimension commerciale sans doute plus significative : le projet prévoit un ratio bénéfice/coût estimé à 4,6 sur vingt ans et annonce une vive concurrence euro-américaine. En décembre 2001, les Européens ont par ailleurs passé commande de 190 exemplaires de l'A-400M, un avion quadriturbopropulseur à hélices rapides, permettant d'acheminer 120 soldats et leurs équipements jusqu'à 5 500 kilomètres. Ce programme, le plus important en matière d'armement jamais conçu en Europe, associe l'Espagne (27 exemplaires), le Royaume-Uni (25), la Turquie (10), la Belgique (7), le Portugal (3), le Luxembourg (1) et la France (50).

MÊME SI L'ÉLARGISSEMENT AUGMENTERA LA SUPERFICIE DE L'UE DE 35%, SA POPULATION DE 25% ET SON PIB DE 8% SEULEMENT, IL NE S'ACCOMPAGNERA PROBABLEMENT PAS D'UNE RELANCE DES POLITIQUES DE COHÉSION SIMILAIRE À CELLE QU'AVAIT PERMISE L'ADHÉSION DE L'ESPAGNE ET DU PORTUGAL.

Les relations avec les États-Unis ne semblent pas avoir profité du réflexe de solidarité suscité par les attentats islamistes du 11 septembre 2001. L'unilatéralisme, qui pouvait se pratiquer en début de mandat aux États-Unis, se nourrit d'une supériorité technologique qui ne cesse de s'affirmer vis-à-vis du reste du monde. Il se traduit par des conflits commerciaux que les États-Unis provoquent pour éviter les conséquences sociales du déclin de secteurs non restructurés (acier) ou pour apaiser les États agricoles du Midwest (hausse des subventions à l'agriculture). En revanche, les attentats du 11 septembre ont suscité une prise de conscience de la part des pays européens – dont plusieurs avaient « hébergé » les groupes en charge de la conception des attaques contre le World Trade Centre.

La coopération antiterroriste, qui butait sur des procédures d'extradition rendues fastidieuses et aléatoires par des États jaloux de leur souveraineté judiciaire, a été relancée par l'adoption, en décembre 2001, du mandat d'arrêt européen qui concerne 32 infractions. Le défi était de tenir l'engagement pris à Amsterdam en 1997, à savoir créer d'ici à 2004 un « espace de liberté, de sécurité et de justice ». Pour cela, les États membres devront accepter de revoir leur législation, d'harmoniser leurs normes (notamment en matière de sanction pénale) dans des domaines comme le droit d'asile, l'immigration, le trafic de drogue, auxquels les opinions publiques nationales sont particulièrement sensibles.

Confiée à l'ancien président français Valéry Giscard d'Estaing lors du Conseil européen de Laeken (décembre 2001), la Convention européenne est chargée de proposer des solutions aux difficultés institutionnelles de l'UE et de suggérer des propositions dans la perspective de la CIG de 2004. Largement ouvert aux acteurs non étatiques, aux futurs États membres (39 de leurs

Par **Gilles Lepesant**
Géographe, CNRS, Collège d'Europe

Bibliographie

Europe occidentale et médiane/Bibliographie sélective

R. Brunet (sous la dir. de), *Géographie universelle*, Belin/RECLUS, Paris/Montpellier : voir **D. Pumain, T. Saint-Julien, R. Ferras**, « France, Europe du Sud » (vol. II, 1994) ; **J.-P. Marchand, P. Riquet** (sous la dir. de), « Europe médiane, Europe du Nord » (vol. IX, 1996) ; **V. Rey**, « Europes orientales » (*in* vol. X, 1996).

D. Colas (sous la dir. de), *L'Europe post-communiste*, PUF, Paris, 2000.

F. Féron, A. Thoraval (sous la dir. de), *L'état de l'Europe*, La Découverte, coll. « L'état du monde », Paris, 1992.

J.-M. Ferry, *La Question de l'État européen*, Gallimard, Paris, 2000.

M. Foucher (sous la dir. de), *Fragments d'Europe, atlas de l'Europe médiane et orientale*, Fayard, Paris, 1998 (3e éd.).

M. Foucher *La République européenne*, Belin, Paris, 1998 (2e éd. 2000).

M. Foucher (sous la dir. de), *Les Défis de sécurité en Europe orientale*, Fondation des Études de défense, Paris, janv. 1998.

C. Hen, J. Léonard, *L'Union européenne*, La Découverte, coll. « Repères », Paris, 2001 (nouv. éd.).

T. Kuceva, O. V. Kucerova *et alii*, *New Demographic Face of Europe. The Changing Population Dynamics of Countries of Central and Eastern Europe*, Springer, Stuttgart, 2000.

F. de La Serre, C. Lequesne (sous la dir. de), *Quelle Union pour quelle Europe ? L'après-traité d'Amsterdam*, Complexe, coll. « Espace international », Bruxelles, 1997.

A. Pouliquen, *Compétitivité et revenus agricoles dans les secteurs agro-alimentaires des PECO. Implications avant et après adhésion pour les marchés et politiques de l'UE*, Rapport à l'attention de la Direction générale de l'Agriculture de la Commission européenne, Bruxelles, oct. 2001.

A. et J. Sellier, *Atlas des peuples d'Europe centrale*, La Découverte, Paris, 2002 (nouv. éd.).

J. et A. Sellier, *Atlas des peuples d'Europe occidentale*, La Découverte, Paris, 2000 (nouv. éd.).

Uniting Europe. The European Integration Bulletin for Central and Eastern Europe and the NIS (hebdo.), Éd. de l'Agence Europe SA, Bruxelles.

représentants figurent parmi les 105 participants), l'exercice peut aboutir à une refonte appréciable du projet européen dès lors que la Convention parviendra à imposer ses vues aux États. La première phase vise à clarifier les « projets d'Europe » qu'ont les Européens et à imaginer des aménagements susceptibles de rendre l'UE plus familière à chacun. La seconde phase doit être consacrée à l'avenir financier de l'Union, à la répartition des compétences en son sein. Certains souhaitaient en la matière un catalogue strict, ce que d'autres considé- raient par avance comme illusoire. Le débat devait également porter sur les différents modèles institutionnels, des propositions devant être adressées aux chefs des exécutifs. L'objet de cette Convention est d'organiser le débat de fond que les CIG, par leur mode de fonctionnement, ne permettent pas. Elle doit, en outre, inspirer une action pédagogique sur la construction européenne dont les responsables politiques nationaux ont longtemps préféré minimiser les en- jeux quitte à priver une large partie de leurs opinions publiques d'une grille d'analyse appropriée aux défis contemporains. ■

2001

1er juillet. UE. La présidence de l'Union européenne revient à la Belgique, pour six mois.

7 juillet. Croatie. La décision de transférer au Tribunal pénal international pour l'ex-Yougoslavie (TPIY) deux généraux croates soupçonnés de crimes de guerre provoque une importante crise gouvernementale.

20-22 juillet. Gênes. Lors du « sommet » du G-7/G-8 à Gênes (Italie) des pays les plus industrialisés, les manifestations « antimondialisation » sont très violemment réprimées, faisant un mort.

3 août. Allemagne. Le ministre de l'Intérieur Otto Schily présente le projet de loi gouvernemental de réforme de la loi fédérale sur l'immigration. Ce projet, critiqué à la fois par les conservateurs et par les Verts, sera largement amendé avant d'être adopté le 22 mars 2002.

13 août. Macédoine. Un accord-cadre est conclu à Ohrid accordant aux Albanais de Macédoine des droits politiques et culturels. Le mouvement de guérilla engagé à partir de mars 2001 prend fin.

10 septembre. Norvège. Défaite des sociaux-démocrates aux élections législatives qui, avec 24,3 % des suffrages, obtiennent leur plus mauvais score de l'après-guerre. Kjell Magne Bondevik redevient Premier ministre à la tête d'une coalition « bourgeoise ».

23 septembre. Allemagne. Les élections régionales mettent fin à 44 ans de suprématie sociale-démocrate dans la ville-État de Hambourg.

23 septembre. Pologne. Pour la deuxième fois depuis la chute du communisme, le SLD (Alliance de la gauche démocratique, issue de l'ancien Parti communiste) remporte les élections législatives – avec son alliée l'Union du travail (UP), socialiste).

26 septembre. Suisse. Un déséquilibré tue 14 députés du parlement du canton de Zoug.

2 octobre. Suisse. Les avions de la Swissair en débâcle restent au sol dans le monde entier, la compagnie aérienne n'ayant plus les moyens de payer le kérosène.

17 novembre. Kosovo. Les élections pour le Parlement du Kosovo sont remportées par la Ligue démocratique du Kosovo (LDK), présidée par Ibrahim Rugova, mais avec une majorité relative seulement. Le nouveau président, I. Rugova ne sera élu que le 4 mars 2002.

18 novembre. Bulgarie. Le socialiste Georgi Parvanov l'emporte à l'élection présidentielle, avec 54,13 % des voix.

14-15 décembre. UE. Le Conseil européen de Laeken décide la création d'une Convention sur l'avenir de l'Union européenne chargée de préparer la réforme des institutions en vue de l'élargissement aux dix nouveaux États membres ; celle-ci s'ouvrira le 28 février 2002, présidée par l'ancien président français Valéry Giscard d'Estaing [*sur les enjeux et débats relatifs à l'avenir des institutions de l'UE, voir article p. 40*]. Accord sur la mise en œuvre d'un mandat d'arrêt européen en janvier 2004.

2002

1er janvier. Euro. Réussite technique de la mise en circulation de l'euro dans les pays de l'Union monétaire européenne (le Danemark, la Suède et le Royaume-Uni n'en font pas partie, par choix politique). La création de l'euro, c'est-à-dire le passage à une monnaie unique datait du 1er janvier 1999.

1er janvier. UE. La présidence de l'Union européenne revient à l'Espagne, pour six mois.

1er janvier. Roumanie. Levée de l'obligation de visas pour l'entrée de Roumains dans l'espace Schengen.

11 janvier. Allemagne. Edmund Stoiber, président de la CSU (Union chrétienne sociale) bavaroise est désigné comme candidat de la démocratie chrétienne à la chancellerie.

28 février. Bosnie-Herzégovine. Radovan Karadzic, ancien dirigeant serbe inculpé de génocide par le Tribunal pénal international pour l'ex-Yougoslavie (TPIY) échappe à une tentative d'arrestation.

3 mars. Suisse. Par consultation, le principe d'adhésion à l'ONU est accepté par le peuple (55 % des voix) et par les cantons suisses.

7 mars. Irlande. Le gouvernement soumet à référendum un projet réduisant encore les

Europe germanique

Allemagne, Autriche, Liechtenstein, Suisse

Allemagne

Fin de mandat en demi-teinte pour G. Schröder

L'année 2001 et le premier semestre 2002 ont été fortement marqués par la préparation des élections générales de septembre 2002. Face aux difficultés de fin de législature, aux critiques d'une opposition réorganisée et à un ralentissement perceptible de la croissance économique, le gouvernement SPD (Parti social-démocrate)-Verts dirigé par Gerhard Schröder (SPD) a fait preuve d'une moindre ambition dans la poursuite des réformes. Dans le même temps, les événements de l'année 2001-2002 ont encore renforcé la volonté allemande de s'affranchir sensiblement du poids du passé pour s'affirmer sur la scène internationale. Néanmoins, ce volontarisme, lié à un changement d'époque, de génération et de culture politique, restait encore empreint de prudence, d'hésitation et d'inquiétude quant à l'avenir. Cette perplexité était manifeste au sein de l'opinion publique et de l'électorat allemands.

Des signaux économiques négatifs

L'année économique a été placée sous le signe du ralentissement conjoncturel et de la remontée tendancielle du chômage. Après le taux de croissance très modéré de 2001 (+ 0,6 %), les prévisions pour l'année 2002 demeuraient peu optimistes (+ 0,7 %).

Le nombre de chômeurs, qui avait baissé de juin 2000 à juin 2001, a repassé, début 2002, la barre des 4 millions et excédait, en avril, de 4 % sa valeur de l'année précédente. Alors qu'il s'était assigné de faire descendre le nombre de chômeurs à 3,5 millions durant son mandat, le chancelier Schröder a donc été obligé de reconnaître publiquement son échec. Ces chiffres ont aussi fait l'objet d'une polémique avec la révélation, début 2002, de manipulations statistiques au sein de l'Office du travail (Bundesanstalt für Arbeit), lesquelles ont entraîné le remplacement de son président Bernhard Jagoda par Florian Gerster, fin février 2002.

Particulièrement préoccupante a aussi été la vague de faillites enregistrées en 2001, qui a concerné plus de 200 000 emplois. Cette tendance s'est poursuivie en 2002 avec la mise en cessation de paiement de plusieurs grandes entreprises comme Holzmann (bâtiment), Fairchild Dornier (construction aéronautique), Herlitz (matériel de bureau) et de la filiale médias du groupe Kirch.

Plusieurs petites banques ont connu de graves difficultés, menant certaines d'entre elles à la faillite et, après une période d'expansion, les grandes banques sont entrées dans une logique de restructuration. Enfin, après avoir accepté la modération salariale durant les deux années précédentes, le syndicat IG Metall (métallurgie) a déclenché, début mai 2002, une grève qui a abouti le 15 mai à un accord avec le patronat pour une augmentation annuelle des salaires de

Statistiques / Rétrospective

INDICATEUR	UNITÉ	1980	1990	2000	2001
Démographie[a]					
Population	million	78,3	79,4	82,0	82,0
Densité	hab./km²	219,5	222,7	229,9	229,9
Croissance annuelle	%	− 0,1[f]	0,5[g]	0,1[h]	0,0[i]
Indice de fécondité (ISF)		1,5[f]	1,4[g]	1,3[h]	1,3[i]
Indicateurs socioculturels					
Nombre de médecins	‰ hab.	2,21	3,10	3,50[d]	••
Scolarisation 2e degré	%	••	88,4[e]	13,4[e]	87,8[d]
Scolarisation 3e degré	%	••	33,9	47,9[e]	46,1[d]
Téléviseurs	‰ hab.	439	525	586	••
Livres publiés	titre	46 416	60 660	71 515[s]	••
Économie					
PIB total	milliard $	812,1	1 447,6	2 062,2	2 111,0
Croissance annuelle	%	2,3[k]	1,6[m]	3,0	0,6
PIB par habitant (PPA)	$	10 372	18 224	25 103	25 699
Investissement (FBCF)	% PIB	22,4[o]	22,3[p]	21,4	20,2
Recherche et Développement	% PIB	2,47[t]	2,75	2,48[b]	2,52[u]
Taux d'inflation	%	5,4	5,4	2,1	2,4
Population active	million	37,5	39,6[v]	40,1	40,1
Agriculture	% ⎫	5,3	3,4	2,7	2,6
Industrie	% ⎬ 100 %	43,7	38,6	33,4	32,5
Services	% ⎭	51,0	57,9	63,9	64,8
Taux de chômage (fin année)	%	2,7[w]	5,6[v]	7,9	8,1[x]
Énergie (consom./hab.)	TEP	4,60	4,48	4,20[d]	4,11[c]
Énergie (taux de couverture)	%	51,5	52,2	38,2[d]	39,4[c]
Aide au développement (APD)	% PIB	0,48[y]	0,39[z]	0,27	0,27
Dépense publique Éducation	% PIB	••	4,7[A]	4,7[s]	4,7[d]
Dépense publique Défense	% PIB	3,2[B]	2,8	1,6	1,5
Solde administrat. publiques	% PIB	− 3,1[C][w]	− 1,8[D][w]	− 1,3	− 2,0
Dette administrat. publiques	% PIB	31,7[w]	40,4[v]	60,3	59,8
Échanges extérieurs		**1974**	**1986**	**2000**	**2001**
Importations de services	milliard $	13,58	43,76	134,02	133,88
Importations de biens	milliard $	70,54	186,84	491,87	487,76
Produits agricoles	%	21,2	16,2	8,0	8,4
Produits énergétiques	%	19,3	11,5	8,7	8,5
Produits manufacturés	%	44,3	61,1	68,5	70,1
Exportations de services	milliard $	10,14	39,33	83,89	83,74
Exportations de biens	milliard $	89,13	241,52	549,17	570,59
Produits manufacturés	%	76,3	83,5	84,6	85,2
dont machines et mat. de transport	%	42,6	48,9	51,2	52,0
Produits miniers	%	16,5	8,3	3,8	2,4
Solde des transactions courantes	% du PIB	••	− 0,9[E]	− 1,0	0,2
Position extérieure nette	milliard $	33,4[F]	96,3	90,6[c]	69,0[b]

Définition des indicateurs, sigles et abréviations p. 23 et suivantes. a. Dernier recensement utilisable : 1987G ; b. 2000 ; c. 1999 ; d. 1998 ; e. 1997 ; f. 1975-1985 ; g. 1985-1995 ; h. 1995-2000 ; i. 2000-2005 ; k. 1980-1990 ; m. 1990-2000 ; o. 1979-1981 ; p. 1989-1991 ; q. 1985-1996 ; r. 1992 ; s. 1996 ; t. 1981 ; u. 2001 ; v. 1991 ; w. Allemagne de l'Ouest seulement ; x. Mai 2002 ; y. 1982-1983 ; z. 1987-1988 ; A. 1993 ; B. 1985 ; C. 1980-1982 ; D. 1990-1992 ; E. 1991-96 ; F. 1980 ; G. Ancienne RFA 1987, RDA, 1981.

Bilan de l'année / **Suisse**

d'experts indépendants, rend compte de l'attitude du pays et de ses autorités pendant la Seconde Guerre mondiale. Il en ressort que les dirigeants de l'époque ont commis des fautes que la situation difficile dans laquelle se trouvait la Suisse n'excuse pas. Le refoulement d'un certain nombre de réfugiés aux frontières suisses ainsi que la coopération de certaines entreprises suisses avec l'économie nazie sont notamment condamnés dans ce rapport qui a été accueilli de manière contrastée.

De nombreux événements tragiques ont frappé le pays en 2001. Le 26 septembre, un déséquilibré a tué quatorze députés du Parlement du canton de Zoug (Suisse centrale) avant de se donner la mort. Quinze personnes ont, par ailleurs, été blessées au cours de cette tuerie sans équivalent récent dans l'histoire suisse. Moins d'un mois plus tard, un accident provoqué par un camion dans le tunnel routier du Saint-Gothard tuait onze personnes et conduisait à la fermeture pendant plusieurs semaines de cet important axe routier entre le nord et le sud de l'Europe. La série noire a continué avec le crash d'un avion de la compagnie suisse Crossair dans une forêt proche de l'aéroport de Zurich-Kloten, le 24 novembre 2001, faisant 24 morts.

Sur le plan économique, l'année 2001-2002 a surtout été marquée par la débâcle de la compagnie d'aviation Swissair et par les efforts – notamment financiers – consentis pour reconstruire une compagnie aérienne nationale, qui a pris son envol le 31 mars 2002 sous la nouvelle appellation Swiss. Fondée en 1931, la compagnie Swissair avait été déclarée en faillite. Cette crise a connu son apogée le 2 octobre 2001, lorsque les avions de la compagnie ont été cloués au sol dans le monde entier, Swissair n'ayant plus les liquidités suffisantes pour payer le kérosène. Pour les observateurs, les dirigeants de Swissair avaient mené au cours des dernières années une politique mégalomane en achetant nombre de compagnies aériennes étrangères qui se trouvaient elles-mêmes en difficultés

Confédération suisse

Capitale : Berne.
Superficie : 41 288 km².
Population : 7 170 000.
Langues : allemand, français, italien, romanche.
Monnaie : franc suisse (1 franc suisse = 0,68 € au 10.7.02).
Nature de l'État : confédéral.
Nature du régime : parlementaire, avec des instruments de démocratie directe.
Chef de l'État et du gouvernement (pour un an) : Kaspar Villiger, qui a succédé le 1.1.02 à Moritz Leuenberger.
Chef du département fédéral de l'Intérieur : Ruth Dreifuss (depuis le 1.4.93).
Chef du département fédéral de l'Économie : Pascal Couchepin (depuis le 1.4.98).
Chef du département fédéral des Affaires étrangères : Joseph Deiss (depuis le 1.4.99).

financières. L'affaire Swissair a passablement terni l'image de la Suisse à l'étranger, la compagnie en faillite n'ayant pu honorer ses engagements envers des compagnies belge, française, portugaise ou allemande.

Estimant qu'il était important pour le pays de conserver une compagnie nationale, le gouvernement a contribué, en collaboration avec les milieux économiques, au financement d'une nouvelle compagnie née des cendres de la défunte Swissair. Moins grande, Swiss entend néanmoins reprendre son flambeau et se profile comme une compagnie orientée plutôt vers le haut de gamme. Son activité a commencé le 31 mars 2002 avec 26 destinations intercontinentales et 26 destinations européennes.

Les Suisses se sont consolés de leurs malheurs en vibrant aux exploits de leur nouveau héros Simon Amman. Ce jeune homme de vingt ans a remporté, à la surprise générale, les deux épreuves de saut à ski des jeux Olympiques de Salt Lake City (février 2002). **- Jean-Marc Crevoisier** ∎

Europe germanique

DANEMARK

MER DU NORD

MER BALTIQUE

SCHLESWIG-HOLSTEIN
Kiel

Lübeck

MECKLEMBOURG POMÉRANIE OCC.

Hambourg

Schwerin   Neubrandenbourg

Oldenbourg   Brême
BASSE-SAXE

PAYS-BAS

ALLEMAGNE

BRANDEBOURG

Hanovre   Berlin
Postdam   1

Francfort-sur-l'Oder

Rhin   Bielefeld   Brunswick   Oder   POLOGNE

Essen   2
Duisbourg   Dortmund   Magdebourg
SAXE-ANHALT   Cottbus
Düsseldorf   Cassel   Halle
Cologne   Leipzig   Dresde
Bonn   HESSE   THURINGE   SAXE
Coblence   Suhl   Erfurt   Gera   Chemnitz

BELG.

RHÉNANIE PALATINAT   Francfort-sur-le-Main

LUX.   Wurtzbourg   RÉP. TCHÈQUE

SARRE   Nuremberg
Sarrebruck   Mannheim
Karlsruhe   BAVIÈRE

ALLEMAGNE (Länder)
1 - BERLIN
2 - RHÉNANIE DU NORD-WESTPHALIE

AUTRICHE (Länder)
1 - VORARLBERG
2 - TYROL
3 - CARINTHIE
4 - SALZBOURG
5 - STYRIE
6 - HAUTE-AUTRICHE
7 - BURGENLAND

FRANCE   Stuttgart   Danube
BADE-WURTEMBERG
Fribourg   Munich   Linz   Vienne
BASSE-AUTRICHE
Salzbourg   Eisenstadt

Rhin   St-Gall   Bregenz   6
Bienne   Zurich   Innsbruck   AUTRICHE   7
Neuchâtel   Berne   Lucerne   1   2   4
Lausanne   SUISSE   2   Graz   HONGRIE
Genève   Rhône   3   Klagenfurt

ITALIE   SLOVÉNIE   CROATIE

100 km

SUISSE (Cantons)
1 - BÂLE-VILLE
2 - BÂLE-CAMPAGNE
3 - SOLEURE
5 - FRIBOURG
7 - OBWALD
8 - NIDWALD
9 - SCHWYZ
10 - ZOUG
11 - SCHAFFHOUSE
12 - APPENZEL (Rhodes ext.)
13 - APPENZEL (Rhodes int.)
14 - ST-GALL
15 - GLARIS

Suisse

FRANCE   ARGOVIE   THURGOVIE
JURA   ZURICH   LIECHTENSTEIN
NEUCHÂTEL   LUCERNE
VAUD   BERNE   URI   GRISONS
GENÈVE   VALAIS   TESSIN
ITALIE

1. Lac Léman
2. Lac de Constance
3. Lac de Neuchâtel
4. Lac des Quatre Cantons
5. Lac Majeur

50 km

© Éditions La Découverte & Syros

4 % dans le *Land* de Bade-Wurtemberg. Celle-ci devrait, comme à l'accoutumée, s'étendre aux autres *Länder* et donner le ton pour les autres négociations salariales de branche à venir.

Le dernier grand chantier de ce gouvernement Schröder aura été la réforme de la loi fédérale sur l'immigration. Le projet, présenté le 3 août 2001 par le ministre de l'Intérieur Otto Schily (SPD), a subi de nombreuses critiques venues de l'opposition, en particulier de la CSU (Union sociale chrétienne) d'Edmund Stoiber, mais également des rangs écologistes. L'adoption définitive par le Bundesrat (Chambre des *Länder*) de la nouvelle loi largement amendée le 22 mars 2002 s'est faite dans des conditions constitutionnelles controversées. La hâte peu conventionnelle manifestée par le gouvernement a quelque peu atténué la portée d'une loi qui modernise et simplifie la législation allemande sur ce sujet, en favorisant une immigration économique ciblée et en réformant le droit d'asile. Enfin, le 20 juin 2001, un accord définitif est intervenu concernant l'abandon à terme de l'énergie nucléaire, après un an de négociations : durée de vie des 19 centrales allemandes limitée à 32 ans, fin du retraitement des déchets en 2005. La poursuite de la péréquation financière entre *Länder* au-delà de 2004 a aussi été garantie, de concert avec une réforme du pacte de solidarité avec l'est du pays.

Revers électoraux pour le SPD

À l'échelle des *Länder*, l'événement majeur aura été la mise en place d'une coalition gouvernementale SPD-PDS (Parti du socialisme démocratique, ex-Parti communiste en RDA), dirigée par Klaus Wowereit (SPD), dans le *Land* de Berlin (janvier 2002). L'ancien Sénat (gouvernement régional) de coalition CDU (Union démocrate chrétienne)-SPD ayant été renversé le 16 juin 2001, un Sénat de transition SPD-Verts, toléré par le PDS (soutien sans participation), a géré les affaires jusqu'aux élec-

tions anticipées. Celles-ci se sont soldées, le 23 octobre 2001, par un effondrement de la CDU au profit du SPD dans la zone ouest et du PDS dans la zone est. Après plusieurs mois de négociations infructueuses du SPD avec le FDP (Parti libéral) et les Verts, un accord de coalition a finalement été signé avec le PDS qui permettait à celui-ci d'être une nouvelle fois associé à un exécutif régional.

À Hambourg, les élections régionales du 23 septembre 2001 ont mis fin à 44 ans de suprématie du SPD dans la ville-État en permettant l'élection d'une coalition hétéroclite et fragile unissant la CDU, le FDP et le « parti du juge Ronald Schill » (Parti de l'offensive pour l'État de droit). L'apparition de cette nouvelle formation assimilée au populisme de droite était révélatrice d'une tendance européenne qui avait jusque-là épargné l'Allemagne, même si ce phénomène y restait encore limité à un niveau régional. Les élections en Saxe-Anhalt du 21 avril 2002 ont consacré l'effondrement du SPD et la fin du « modèle de Magdebourg » (gouvernement SPD toléré par le PDS) en permettant la constitution d'une coalition CDU-FDP dirigée par Wolfgang Boehmer (CDU). Enfin, la carrière politique de Kurt Biedenkopf (CDU) en Saxe a pris fin. Impliqué dans de nombreux scandales, le « roi Kurt » a été contraint d'abandonner la présidence du *Land* de Saxe au profit de Georg Milbradt (18 avril 2002). Pour les élections fédérales de 2002, ces multiples scrutins régionaux ont confirmé l'importance des enjeux à l'est du pays, où l'électorat apparaît très volatil. Signe révélateur, le très populaire ministre-président du *Land* de Brandebourg, Manfred Stolpe (SPD), abandonnait son poste, le 22 juin 2002, au profit de Matthias Platzeck (SPD) pour rejoindre l'équipe de campagne de G. Schröder.

Dans ce contexte préélectoral, le SPD a continué de resserrer les rangs autour du candidat-chancelier Schröder mais a dû affronter la révélation d'une affaire de financement occulte à Cologne. Les Verts, ses partenaires de gouvernement, semblaient poursuivre un déclin lié au renouvellement des générations et à la trop brusque mutation idéologique du parti. Dans l'opposition, le désistement volontaire d'Angela Merkel, présidente de la CDU depuis 2000, a permis à la CDU/CSU de faire taire ses querelles de personnes avec la désignation de E. Stoiber (11 janvier 2002), président de la CSU bavaroise, comme candidat à la chancellerie. Le FDP est parvenu à enrayer son déclin au cours des derniers scrutins électoraux, malgré la compétition opposant son président et premier candidat à la chancellerie dans l'histoire du parti, Guido Westerwelle, et son vice-président, Jürgen Moellemann, désignés à ces fonctions en mai 2001. L'« affaire Karsli », née des déclarations anti-israéliennes d'un transfuge des Verts rallié au Parti libéral (avril-mai 2002), a pu entretenir une certaine suspicion d'antisémitisme au sein du FDP, qui devrait rejeter l'éventualité d'une coalition SPD-FDP à la tête de la Fédération. Le PDS a confirmé son intégration durable au sein du paysage politique fédéral. Au-delà de son pragmatisme local, il s'est affirmé à l'Est comme partenaire d'appoint pour le SPD et peaufinait, à l'échelon fédéral, son profil de parti alternatif de gauche « anti-guerre ». L'élection à la chancellerie de septembre 2002 s'annonçait très serrée. Si les sondages ont donné l'avantage à la CDU-CSU (39 % à 41 % d'intentions de vote fin juin 2002), le SPD semblait remonter (34 % à 36 %). Les libéraux étaient crédités d'environ 10 %, les Verts et le PDS respectivement de 6 % et de 5 %.

Enfin, la procédure d'interdiction du parti d'extrême droite NPD (Parti national-démocrate d'Allemagne) lancée au début 2001 a été retardée après la révélation, dès l'été 2001, de la présence au sein de la direction du parti incriminé de nombreux informateurs employés par l'Office de protection de la Constitution (Bundesamt für Verfassungsschutz, chargé de la surveillance des groupes extrémistes).

S'affirmer davantage sur la scène internationale

Sur la scène internationale, la diplomatie allemande continuait de s'affirmer sous l'autorité partagée – voire concurrente – du

République fédérale d'Allemagne

Capitale : Berlin (Bonn a été le siège du gouvernement fédéral et du Parlement jusqu'à l'été 1999).
Superficie : 357 050 km².
Population : 82 007 000.
Langue : allemand.
Monnaie : l'Allemagne fait partie de la Zone euro. Le 1.1.02, le mark a disparu au profit de l'euro (sur la base de 1 € = 1,95583 mark). 1 € = 0,99 dollar au 10.7.02.
Nature de l'État : république fédérale (16 *Länder*). Les deux États issus de la Seconde Guerre mondiale ont été réunifiés politiquement le 3.10.90.
Nature du régime : démocratie parlementaire.
Chef de l'État : Johannes Rau (SPD), président de la République (depuis le 23.5.99).
Chef du gouvernement (au 12.7.02) : Gerhard Schröder, SPD (depuis le 27.10.98).
Ministre des Finances (au 12.7.02) : Hans Eichel, SPD (depuis mi-mars 99).
Ministre des Affaires étrangères (au 12.7.02) : Joschka Fischer, Verts (depuis le 27.10.98).
Principaux partis politiques :
Gouvernement fédéral : Parti social-démocrate (SPD) ; Die Grünen/Bündnis 90 (Verts/Alliance 90) ; Union chrétiennne démocrate (CDU) ; Union chrétienne sociale (CSU) ; Parti libéral (FDP) ; Parti du socialisme démocratique (PDS, ex-parti communiste en RDA) ; Parti de l'offensive pour l'État de droit (« Parti du juge Schill ») ; Deutsche Volksunion (Union du peuple allemand – DVU –, extrême droite, non représentée au Bundestag).
Échéances institutionnelles : élections régionales en Hesse (début 03), en Basse-Saxe (févr. 03) et en Bavière (aut. 03), ainsi qu'à Brême (mai 03).

Allemagne/Bibliographie

J.-P. Gougeon, *Où va l'Allemagne ?,* Flammarion, Paris, 1997.

« L'Allemagne de Gerhard Schröder » (dossier constitué par S. Lemasson), *Problèmes politiques et sociaux,* n° 837, La Documentation française, Paris, avr. 2000.

« La nouvelle Allemagne » (dossier sous la dir. de S. Martens), *Revue internationale et stratégique,* n° 35, IRIS, Paris, aut. 1999.

A.-M. Le Gloannec (sous la dir. de), *L'Allemagne après la guerre froide. Le vainqueur entravé,* Complexe, coll. « Espace international », Bruxelles, 1993.

A.-M. Le Gloannec (sous la dir. de), *L'état de l'Allemagne,* La Découverte, coll. « L'état du monde », Paris, 1995.

A.-M. Le Gloannec (sous la dir. de), *L'État en Allemagne,* Presses de Sciences Po, Paris, 2001.

D. Marsh, *Germany and Europe, the Crisis of Unity,* Heinemann, Londres, 1994.

J. Rovan, *Histoire de l'Allemagne, des origines à nos jours,* Seuil, Paris, 1994.

Sachverständigenrat zur Begutachtung der gesamtwirtschaftlichen Entwicklung, Wirtschaftspolitik und Reformdruck, Rapport annuel 1999-2000, Metzler-Poeschel, Wiesbaden, 1999.

D. Vernet, *La Renaissance allemande,* Flammarion, Paris, 1992.

ministre des Affaires étrangères Joschka Fischer (Verts) et de G. Schröder. En a témoigné l'engagement de Berlin dans le règlement de la crise afghane et dans la lutte contre le terrorisme. La solidarité sans réserves exprimée par le chancelier à l'égard des États-Unis au lendemain des attentats du 11 septembre 2001 aux États-Unis s'est toutefois accompagnée d'un relâchement perceptible du lien transatlantique entre Berlin et Washington face à l'attitude « unilatéraliste » de l'administration américaine sur certaines questions sensibles. Le gouvernement allemand a aussi surpris par certaines prises de positions plus critiques à l'égard d'Israël, à propos du conflit israélo-palestinien, traduisant une évolution sensible de la politique allemande au Proche-Orient. Cette prise de responsabilité sur la scène internationale s'est également manifestée par une présence renforcée de la Bundeswehr (armée fédérale) sur les théâtres d'opérations extérieures (plus de 10 000 hommes). Mais cet engagement a ranimé la question de l'adaptation des forces armées fédérales au nouveau contexte de sécurité (difficile abandon de la conscription) et celle d'un bud-

get de la Bundeswehr s'accordant mal avec le volontarisme international manifesté par le chancelier. Les atermoiements allemands sur le financement du programme européen d'avion de transport stratégique (A400M) témoignaient aussi de ce paradoxe. Concernant les autres dossiers de la construction européenne, Berlin s'impliquait tout particulièrement dans le chantier des évolutions institutionnelles de l'Union et dans celui, connexe, de l'élargissement. À cet égard, le problème des rapatriés allemands (*Aussiedler*) expulsés après 1945 pourrait peser sur le processus d'adhésion de certains pays candidats d'Europe centrale et orientale. Cette question, qui touche notamment les Allemands des Sudètes, a récemment envenimé les relations germano-tchèques.
- Pierre-Yves Boissy, Jean-Daniel Weisz ∎

Autriche

Atmosphère de chahut

Le gouvernement de coalition formé par le Parti populaire d'Autriche (ÖVP, conser-

Bilan de l'année / **Autriche**

vateur) et le Parti libéral d'Autriche (FPÖ, populiste) est entré en 2001 dans sa deuxième année d'existence. Après une année 2000 dominée par les mesures bilatérales (« sanctions ») prises en février puis abandonnées par les quatorze États partenaires de l'Union européenne (UE) en septembre suivant, la politique intérieure du gouvernement autrichien s'est faite plus nette et plus marquante.

Les élections parlementaires du *Land* de Vienne en mars 2001 (succédant à celles de Styrie et du Burgenland organisées en 2000) ont confirmé la tendance au déclin du FPÖ, alors que l'ÖVP – comme dans le Burgenland – ne tirait pas davantage profit de sa participation au gouvernement. Les grands vainqueurs de ces scrutins ont été le SPÖ (Parti social-démocrate d'Autriche) remportant à nouveau la majorité absolue des sièges, et les Verts, tandis que l'échec viennois du Forum libéral semblait devoir écarter pour longtemps cette formation de la scène politique.

L'instabilité de l'équipe FPÖ au sein du gouvernement a conduit à une crise. La liste des ministres de cette formation ayant quitté le cabinet de Wolfgang Schüssel (Michael Krüger, Elisabeth Sickl, Manfred Schmidt, Monika Forstinguer) était déjà longue. Vivement critiquée par la base du FPÖ et l'ancien chef du parti, Jörg Haider, pour avoir accepté le report d'une baisse d'impôts, Suzanne Riess-Passer, vice-chancelier, a démissionné le 8 septembre 2002. Cela conduit le chancelier Wolfgang Schüssel à dissoudre le gouvernement et à recourir à des élections anticipées. J. Haider faisait ainsi à la fois son retour sur la scène politique et reprenait en mains un FPÖ en proie à des dissensions.

Au cours de l'année précédente, J. Haider a fait réagir l'opinion publique par ses attaques antisémites à l'encontre du président du Consistoire juif, Ariel Muzicant, dans son traditionnel discours politique du mercredi des Cendres (2001). Il a, de plus, perdu le procès très médiatisé au niveau international qui l'opposait au politologue Anton Pe-

linka : la cour d'appel a retenu qu'on pouvait reprocher à J. Haider d'« entretenir une certaine proximité avec le national-socialisme ainsi qu'un certain flou lui permettant de ne pas reconnaître dans leurs véritables dimensions les atrocités du régime nazi ».

J. Haider a violemment critiqué, fin 2001, un jugement de la Cour constitutionnelle allant jusqu'à demander la démission de son président, Ludwig Adamovitch. La Cour avait expressément stipulé que dans les régions où les minorités atteignent 10 % de la population, les indications topographiques doivent être bilingues. En Carynthie notamment, une discrimination s'est exercée de fait pendant plusieurs décennies envers la minorité de langue slovène.

En 2001, le gouvernement ÖVP-FPÖ a

République d'Autriche

Capitale : Vienne.
Superficie : 83 850 km².
Population : 8 075 000.
Langues : allemand (off.), serbo-croate, hongrois, tchèque, slovène.
Monnaie : l'Autriche fait partie de la Zone euro. Le 1.1.02, le schilling a disparu au profit de l'euro (sur la base de 1 € = 13,7603 schillings). 1 € = 0,99 dollar au 10.7.02.
Nature de l'État : république fédérale.
Nature du régime : parlementaire avec des instruments de démocratie directe.
Chef de l'État : Thomas Klestil, président de la République (depuis le 8.7.92).
Chef du gouvernement : Wolfgang Schüssel, chancelier fédéral (démission le 9.9.2002).
Vice-chancelier : Susanne Riess-Passer (démission le 9.9.2002).
Ministre des Affaires étrangères : Benita Ferrero-Waldner (jusqu'au 9.9.2002).
Ministre de l'Intérieur : Ernst Strasser (jusqu'au 9.9.2002).
Ministre de la Défense : Herbert Scheibner (jusqu'au 9.9.2002).
Échéances électorales : élections parlementaires fédérales anticipées (2002) et présidentielle (2004).

INDICATEUR	ALLE-MAGNE	AUTRICHE	LIECHTEN-STEIN	SUISSE
Démographie[a]				
Population *(millier)*	82 007	8 075	33	7 170
Densité *(hab./km²)*	229,9	97,6	206,3	181,3
Croissance annuelle (1995-2000) *(%)*	0,1	0,1	1,3	0,1
Indice de fécondité (ISF) (1995-2000)	1,33	1,36	1,60	1,47
Mortalité infantile (1995-2000) ‰	5,0	5,4	5,0	5,1
Espérance de vie (1995-2000) *(année)*	77,3	77,7	78,0	78,6
Population urbaine[c] *(%)*	87,3	64,6	22,3[g]	67,7
Indicateurs socioculturels				
Développement humain (IDH)[b]	0,925	0,926	••	0,928
Nombre de médecins *(‰ hab.)*	3,50[c]	3,00[c]	••	3,40[c]
Espérance de scolarisation[f] *(année)*	16,8	16,0	••	16,2
Scolarisation 3e degré *(%)*	46,1[f]	50,2[f]	••	35,4[f]
Accès à Internet *(‰ hab.)*	364,25	319,41	••	404,02
Livres publiés *(titre)*	71 515[h]	8 056[h]	••	15 371[h]
Armées (effectifs)				
Armée de terre *(millier)*	211,8	34,6[i]	••	321[k]
Marine *(millier)*	26,05	••	••	••
Aviation *(millier)*	70,55	••	••	30,6[k]
Économie				
PIB total (PPA)[b] *(milliard $)*	2 062	217	730[f]	207
Croissance annuelle 1990-2000 *(%)*	1,9	2,3	••	0,9
Croissance annuelle 2001 *(%)*	0,6	1,0	••	1,3
PIB par habitant (PPA)[b] *($)*	25 103	26 765	23 000[f]	28 769
Investissement (FBCF)[d] *(% PIB)*	21,0	23,3	••	20,7
Recherche et Développement *(% PIB)*	2,52[m]	1,86[m]	••	2,64[b]
Taux d'inflation *(%)*	2,4	2,3	••	1,0
taux de chômage (fin d'année) *(%)*	8,0	3,9	••	2,6[o]
Énergie (consom./hab)[c] *(TEP)*	4,108	3,513	••	3,738
Énergie (taux de couverture)[c] *(%)*	39,4	33,5	••	44,2
Dépense publique Éducation[f] *(% PIB)*	4,7	6,3	••	5,5
Dépense publique Défense *(% PIB)*	1,5	0,8	••	1,1
Solde administrat. publiques *(% PIB)*	− 2,0	0,4	••	••
Dettes administrat. publiques *(% PIB)*	59,8	61,7	••	••
Dette extérieure totale[b] *(million $)*	••	••	••	••
Échanges extérieurs				
Importations (douanes) *(million $)*	492 585	74 438	855[f]	99 765
Principaux fournisseurs *(%)*	UE 52,1	UE 68,7	UE	UE 72,2
(%)	Ex-CAEM[p] 15,3	RFA 43,7	••	PED[q] 12,4
(%)	Ex-CAEM[p] 12,8	Ex-CAEM[p] 14,8	••	E-U 10,7
Exportations (douanes) *(million $)*	570 269	70 329	2 507[f]	85 263
Principaux clients *(%)*	UE 55,2	UE 62,3	E-U 49,5	UE 58,6
(%)	PED[q] 25,2	RFA 32,5	Sui 12,7	PED[q] 23,9
(%)	E-U 10,6	Ex-CAEM[p] 16,6	••	E-U 10,5
Solde transactions courantes *(% PIB)*	0,2	− 2,1	••	10,2

Définition des indicateurs, sigles et abréviations p. 23 et suivantes. Chiffres 2001 sauf notes. a. Derniers recensements utilisables : Allemagne, 1987 ; Autriche, 2000 ; Liechtenstein, 1990 ; Suisse, 2000 ; c. 1999 ; d. 1999-2001 ; e. 1998-2000 ; f. 1998 ; g. 1994 ; h. 1996 ; i. Les forces aériennes (6500) font partie de l'armée de terre ; k. Sur mobilisation ; m. 2001 ; o. En milieu d'année ; p. Y compris républiques de l'ancienne Yougoslavie ; q. Y compris pays de l'ex-CAEM (Conseil d'assistance économique mutuelle, ou Comecon).

bouclé un dossier important, à savoir celui des « travailleurs forcés » de la période nazie, en accordant des indemnités aux travailleurs forcés sous le régime hitlérien. Le dédommagement des victimes s'effectue par l'intermédiaire d'un Fonds pour la réconciliation, la paix et la coopération, alimenté par l'État et les entreprises à hauteur de 436 millions €. Pour le reste, l'action du gouvernement s'est révélée peu constructive ; qu'il s'agisse du financement des pensions aux invalides victimes d'accident, des soins ambulatoires en hôpital de jour ou des droits universitaires introduits à l'automne 2001, il a privilégié la politique du « fait accompli » mais a perdu toute rigueur au moment de concrétiser ses décisions. Un exemple en a été le projet de réforme des universités, qui prévoit une réduction de la participation aux prises de décisions pour une grande partie des enseignants et du personnel de recherche des établissements universitaires, portant ainsi largement atteinte au principe de fonctionnement démocratique de l'enseignement supérieur.

Début 2002, la question de l'immigration a fait l'objet d'initiatives. Le FPÖ, connu depuis longtemps pour ses idées xénophobes, voire racistes, a présenté avec ses partenaires gouvernementaux un projet de loi visant, certes, à encourager l'intégration des immigrés en Autriche, mais qui consiste en tout et pour tout à prescrire des cours d'allemand obligatoires aux immigrés (en partie à leur charge), et, en cas d'échec, à appliquer des sanctions pouvant aller jusqu'à l'expulsion. La politique autrichienne en matière d'intégration, l'une des plus restrictives d'Europe, ne pouvait qu'être confirmée dans cet état de fait par ce projet de loi.

Le printemps 2002 a été marqué par deux consultations populaires, l'une a massivement rejeté la mise en activité de la centrale nucléaire tchèque de Temelin, l'autre a approuvé le maintien du système social. Dans le cas de celle portant sur la centrale de Temelin – et de fait contre l'élargissement de l'UE –, pour la première fois un parti au pouvoir, le FPÖ, a utilisé le vote référendaire, outil de démocratie directe, à ses propres fins, n'hésitant pas à s'éloigner du sujet premier de la consultation.

En avril 2002, on pouvait lire à fort juste titre dans l'hebdomadaire allemand *Die Zeit* : « En Autriche gouverne une coalition qui a dû – ironie de l'histoire de l'après-guerre – assurer par écrit le président de la République de sa fidélité à la Constitution avant d'accéder officiellement aux affaires du pays. À mi-parcours de la législature, l'Autriche offre une image singulière. Il y règne une atmosphère de chahut, le pays se trouvant comme dans un état de constante excitation populiste ». **- Reinhold Gaertner** ∎

Liechtenstein

Mesures contre le blanchiment d'argent sale

Considéré depuis plusieurs années comme un « mouton noir » de la communauté internationale en raison des accusations de blanchiment d'argent sale pesant sur nombre de ses sociétés fiduciaires, le Liechtenstein a poursuivi ses efforts en 2001-2002 pour

Principauté du Liechtenstein

Capitale : Vaduz.
Superficie : 157 km^2.
Population : 33 000.
Langue : allemand.
Monnaie : franc suisse (1 franc suisse = 0,68 € au 10.7.02).
Nature de l'État :
monarchie constitutionnelle.
Nature du régime : parlementaire.
Chef de l'État : prince Hans-Adam II (depuis le 13.11.89).
Chef du gouvernement :
Otmar Hasler, qui a succédé le 5.4.01 à Mario Frick.
Vice-premier ministre, ministre de la Justice, de l'Éducation, des Transports et des Communications :
Rita Kieber-Beck.

Autriche-Liechtenstein-Suisse/Bibliographie

A. Bergmann, Le « Swiss Way of management », Eska, Paris, 1994.

CH 95, Journal suisse de l'année, Eiselé SA, CH-Prilly.

H. Dachs *et alii, Handbuch des Politischen Systems Österreichs. Die Zweite Republik*, 3 vol., Manz, Vienne, 1997.

F. Heer, *Der Kampf um die Österreichische Identität*, Böhlau, Vienne, 1996.

M. Kopeinig, C. Kotanko, *Eine Europaeische Affaere. Der Weisen-Bericht und die Sanktionen Österreich*, Czernin, Vienne, 2000.

H. Kriesi, *Le Système politique suisse*, Économica, Paris, 1995.

V. Lauber (sous la dir. de), *Contemporary Austrian Politics*, Westview, Boulder (CO), 1996.

Österreichisches Jahrbuch für Politik verschiedene Jahrgänge, Vienne.

P. Pasteur, *L'Autriche : de la libération à l'intégration européenne*, Les Études de La Documentation française, Paris, 1999.

A. Pelinka, F. Plasser (sous la dir. de), *Die Zukunft der österreichischen Demokratie*, Signum, Vienne, 2000.

R. Seider, H. Steinert, E. Talos, *Österreich 1945-1995*, Verlag für Gesellschaftskritik, Vienne, 1995.

R. Steininger, M. Gehler, *Österreich im 20. Jahrhundert. Vom Zweiten Weltkrieg bis zur Gegenwart*, Böhlau, Vienne, 1997.

E. Talos, G. Falner, *EU-Mitglied Österreich*, Manz, Vienne, 1996.

Voir aussi la bibliographie « Allemagne », p. 462.

retrouver sa réputation de place financière propre. Ses efforts ont rencontré certains succès puisque le pays a notamment été rayé, en juin 2001, de la liste des pays non coopératifs par le Groupe d'action financière sur le blanchiment de capitaux (GAFI). Le Liechtenstein a adopté, en mars 2002, une loi réglant les tâches et les compétences de l'autorité de contrôle en matière de blanchiment (Financial Intelligence Unit), mise en place en mars 2001 sur pression du GAFI.
- Jean-Marc Crevoisier ■

Suisse

Année noire

La Suisse a connu une année 2001 difficile avec de nombreux événements tragiques qui ont endeuillé le pays. Sur le plan économique, c'est la faillite de la compagnie nationale d'aviation Swissair qui a marqué l'actualité, alors que sur le plan politique,

les débats ont surtout porté sur la question de l'adhésion du pays à l'ONU ; proposition qui fut acceptée par le peuple (55 % des suffrages exprimés) et par les cantons suisses (de justesse), lors de la consultation du 3 mars 2002.

Si l'adhésion de la Suisse à l'ONU (fixée au 10 septembre 2002) n'était contestée que par l'un des quatre partis membres de la coalition gouvernementale (Union démocratique du centre, droite nationaliste), le débat a partagé le pays en deux camps de forces relativement égales et le verdict du peuple est resté incertain jusqu'à la dernière minute. Comme dans les précédentes consultations sur les relations du pays avec l'étranger, le camp des opposants a joué la carte de l'indépendance, affirmant que l'adhésion à l'ONU remettrait en cause la neutralité helvétique. De la neutralité de la Suisse, il a également été beaucoup question lors de la publication définitive du rapport Bergier (22 mars 2002). Cet ouvrage de près de 600 pages, réalisé par une commission

Benelux

Belgique, Luxembourg, Pays-Bas

Belgique

Une nouvelle réforme de l'État

L'année 2001-2002 aura connu trois temps forts en Belgique. Durant le premier semestre 2001, l'État fédéral belge a franchi une nouvelle étape dans la dévolution de prérogatives aux régions et communautés qui le composent. Dans la deuxième partie de l'année, le pays a exercé la présidence tournante de l'Union européenne (UE) au

> ### Royaume de Belgique
>
> **Capitale :** Bruxelles.
> **Superficie :** 30 500 km².
> **Population :** 10 264 000.
> **Langues :** français, néerlandais (flamand), allemand.
> **Monnaie :** la Belgique fait partie de la Zone euro. Le 1.1.02, le franc belge a disparu au profit de l'euro (sur la base de 1 € = 40,3399 francs belges). 1 € = 0,99 dollar au 10.7.02.
> **Nature de l'État :** monarchie fédérale (3 régions).
> **Nature du régime :** parlementaire.
> **Chef de l'État :** roi Albert II (depuis le 9.8.93).
> **Chef du gouvernement :** Guy Verhofstadt (depuis le 11.7.99).
> **Ministre de l'Intérieur :** Antoine Duquesne (depuis le 11.7.99).
> **Ministre des Finances :** Didier Reynders (depuis le 11.7.99).
> **Vice-premier ministre et ministre des Affaires étrangères :** Louis Michel (depuis le 11.7.99).

terme de laquelle a été adoptée la « déclaration de Laeken ». Enfin, la compagnie aérienne nationale Sabena a fait faillite, provoquant un traumatisme national et un drame social très important.

Un projet de nouvelle réforme de l'État a été défini au terme des accords dits « de la Saint-Polycarpe » ou « du Lambermont ». L'essence de ces accords réside en un équilibre nouveau entre les velléités d'une très grande partie du monde politique flamand, demandeur de nouvelles compétences régionales, et la volonté des élites francophones de modifier la loi de financement de 1989 en vue d'assurer structurellement un financement décent des communautés. La teneur de l'« échange » intervenu se présente donc sous une forme relativement simple : un refinancement des communautés (française, flamande, germanophone) et l'acceptation de la régionalisation de certaines compétences.

La négociation entre partis, autorité fédérale et entités fédérées a débouché en janvier 2001 sur un compromis global. De manière plus précise, il établit, *sur le plan financier*, que les communautés, principalement compétentes dans les matières culturelle et éducative, seront refinancées sur une base forfaitaire. Par ailleurs, les régions, principalement compétentes dans les domaines économique et social, auront la possibilité de lever des centimes additionnels ou soustractionnels à l'Impôt sur le revenu. *Sur le plan institutionnel*, il pose le principe que l'agriculture sera régionalisée, de même

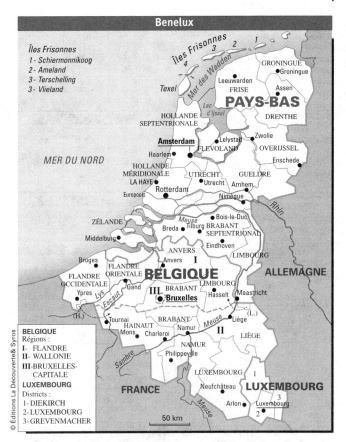

Benelux

Îles Frisonnes
1 - Schiermonnikoog
2 - Ameland
3 - Terschelling
3 - Vlieland

Îles Frisonnes

GRONINGUE • Groningue
Leeuwarden
FRISE
Assen
Texel
DRENTHE
Lac d'Ijssel
PAYS-BAS
HOLLANDE SEPTENTRIONALE

MER DU NORD

Amsterdam • Lelystad • Zwolle
Haarlem • FLEVOLAND OVERIJSSEL
Enschede
HOLLANDE MÉRIDIONALE UTRECHT GUELDRE
LA HAYE • Utrecht Arnhem
Rotterdam Nimègue
Europoort Rhin

ZÉLANDE Meuse • Bois-le-Duc
Breda • Tilburg BRABANT SEPTENTRIONAL
Middelburg • Eindhoven
ANVERS LIMBOURG
Bruges • FLANDRE Anvers I
FLANDRE ORIENTALE BELGIQUE ALLEMAGNE
OCCIDENTALE LIMBOURG
Ypres Gand III BRABANT Maastricht
Lys Bruxelles Hasselt
Escaut (L.)
(H.) Tournai BRABANT Meuse • Liège
HAINAUT Namur
Mons Charleroi II LIÈGE
NAMUR
Philippeville
Sambre LUXEMBOURG 1
FRANCE Neufchâteau LUXEMBOURG
3
Arlon • Luxembourg
50 km 2

BELGIQUE
Régions :
I- FLANDRE
II- WALLONIE
III- BRUXELLES-
CAPITALE
LUXEMBOURG
Districts :
1- DIEKIRCH
2- LUXEMBOURG
3- GREVENMACHER

© Éditions La Découverte& Syros

que le commerce extérieur. Il a toutefois été prévu de maintenir une agence fédérale du commerce extérieur. Enfin, la régionalisation de la coopération au développement extérieur a été programmée pour 2004. La tutelle des communes et des provinces sera également régionalisée.

Cet accord scellé, le gouvernement allait être confronté à la difficulté de son adoption parlementaire. En effet, une majorité spéciale des deux tiers dans les deux assemblées est requise en la matière. Ensemble, les partis de la majorité ne disposaient pas de cette majorité. Ils espéraient l'appoint du parti régionaliste flamand, Volksunie, présent au niveau de l'exécutif de la région flamande. Mais cette formation s'est déchirée sur la question, au point d'imploser et de donner naissance à deux nouvelles formations : la Nouvelle alliance flamande

INDICATEUR	UNITÉ	BELGIQUE	LUXEM-BOURG	PAYS-BAS
Démographie[a]				
Population	(millier)	10 264	442	15 930
Densité	(hab./km²)	312,7	171,0	470,2
Croissance annuelle (1995-2000)	(%)	0,2	1,3	0,5
Indice de fécondité (ISF) (1995-2000)		1,55	1,72	1,54
Mortalité infantile (1995-2000)	‰	4,4	6,6	4,6
Espérance de vie (1995-2000)	(année)	77,9	77,0	77,9
Population urbaine[c]	(%)	97,2	91,0	89,3
Indicateurs socioculturels				
Développement humain (IDH)[b]		0,939	0,925	0,935
Nombre de médecins	(‰ hab.)	3,80[c]	3,10[c]	3,10[c]
Espérance de scolarisation[f]	(année)	17,3	••	17,2
Scolarisation 3e degré	(%)	58,8[g]	9,7[f]	49,0[f]
Accès à Internet	(‰ hab.)	279,93	226,60	329,17
Livres publiés	(titre)	13 913[h]	681[i]	34 067[k]
Armées (effectifs)				
Armée de terre	(millier)	26,4	0,900	23,1[m]
Marine	(millier)	2,56	••	12,13
Aviation	(millier)	8,6	••	10
Économie				
PIB total (PPA)[b]	(milliard $)	279	22	408
Croissance annuelle 1990-2000	(%)	2,1	5,9	2,9
Croissance annuelle 2001	(%)	1,1	5,1	1,1
PIB par habitant (PPA)[b]	($)	27 178	50 061	25 657
Investissement (FBCF)[d]	(% PIB)	21,2	21,7	22,3
Recherche et Développement	(% PIB)	1,96[c]	••	2,02[c]
Taux d'inflation	(%)	2,4	2,7	5,1
taux de chômage (fin d'année)	(%)	6,7	2,5	2,4
Énergie (consom./hab)[c]	(TEP)	5,735	8,083	4,686
Énergie (taux de couverture)[c]	(%)	23,5	1,3	79,7
Dépense publique Éducation	(% PIB)	3,1[o]	4,0[o]	4,9[f]
Dépense publique Défense	(% PIB)	1,4	0,8[b]	1,7
Solde administrat. publiques	(% PIB)	− 0,4	3,6	− 0,3
Dettes administrat. publiques	(% PIB)	108,2	5,5	52,9
Dette extérieure totale[b]	(million $)	••	••	••
Échanges extérieurs				
Importations (douanes)	(million $)	175 740	12 937	206 930
Principaux fournisseurs	(%)	UE 67,7	UE 79,3	UE 50,4
	(%)	PED[p] 18,0	Belg 30,1	PED[p] 28,4
	(%)	E-U 7,5	RFA 22,2	E-U 9,8
Exportations (douanes)	(million $)	171 264	9 186	228 876
Principaux clients	(%)	UE 74,9	UE 78,7	UE 78,6
	(%)	Asie[q] 9,3	RFA 22,9	PED[p] 12,3
	(%)	E-U 5,9	Fra 18,4	E-U 4,2
Solde transactions courantes	(% PIB)	5,7	4,5	3,3

Définition des indicateurs, sigles et abréviations p. 23 et suivantes. Chiffres 2001 sauf notes. a. Derniers recensements utilisables : Belgique, 2001 ; Luxembourg, 1991 ; Pays-Bas, 2001 ; b. 2000 ; c. 1999 ; d. 1999-2001 ; e. 1998-2000 ; f. 1998 ; g. 1997 ; h. 1991 ; i. 1994 ; k. 1993 ; m. Non compris Gendarmerie royale (5200 h.) ; o. 1996 ; p. Y compris pays de l'ex-CAEM (Conseil d'assistance économique mutuelle, ou Comecon) ; q. Y compris Japon et Moyen-Orient.

(NVA), regroupant les opposants à cet accord, et Spirit, rassemblant ses partisans. Au terme de discussions serrées, le Parti social chrétien (PSC), pourtant dans l'opposition, a pris la décision, en juin 2001, de s'abstenir. Deux raisons déterminantes ont justifié cette attitude. Premièrement, les sociaux-chrétiens francophones estimaient les acquis engrangés pour les francophones suffisamment importants pour ne pas risquer de compromettre l'aboutissement de l'accord. Par ailleurs, ils ont négocié leur abstention en obtenant certaines garanties sur l'affectation d'une partie des ressources nouvelles promises à la communauté française. En conséquence, les deux lois spéciales découlant de l'accord ont été adoptées à la Chambre et au Sénat en juin 2001.

Du 1er juillet 2001 au 31 décembre 2001, la Belgique a exercé la présidence de l'UE. Les autorités belges ont tenté d'engager la réflexion sur le futur des institutions européennes. Elles y sont largement parvenues en réussissant à faire adopter la « déclaration de Laeken », en décembre 2001. Celle-ci pose le principe d'une réforme institutionnelle de l'UE et de l'élaboration d'une Constitution européenne. Elle lance le processus de Convention sur l'avenir de l'Union, qui allait être piloté par l'ancien président de la République française Valéry Giscard d'Estaing. La Convention rassemble des représentants des exécutifs des États membres de l'UE et des pays candidats à l'adhésion, des parlementaires nationaux, des parlementaires européens et des représentants de la Commission européenne. Elle a pour mission principale de préparer la prochaine Conférence intergouvernementale consacrée à la réforme des institutions européennes.

Cette présidence de l'Union européenne a toutefois été marquée par deux difficultés importantes. Sur le plan extérieur, par les attentats du 11 septembre 2001 aux États-Unis. Sur le plan interne, par la faillite de la Sabena, la compagnie aérienne nationale. Depuis vingt ans, la Sabena se portait mal

et allait de « plans de succession » en « plans de rigueur ». Les autorités belges croyaient avoir trouvé la solution, dans les années 1990, en créant un partenariat fort avec Swissair, qui devait à terme absorber quasi complètement la compagnie belge. Las, les choix aventureux de Swissair l'ont, elle-même, conduite à la disparition et ont accéléré la faillite de la Sabena. Une nouvelle compagnie a été mise sur pied, la SN Brussels Airlines. Mais ses ambitions et ses moyens sont nettement plus modestes que ceux de la défunte Sabena. **- Pascal Delwit** ■

Luxembourg

Les crispations de la succession

Pendant plusieurs mois sur la sellette, le grand-duché de Luxembourg a fait l'objet d'interrogations relatives au rôle de banques luxembourgeoises dans le blanchiment d'argent sale. Cette affaire a été portée sur la scène publique pour la première fois en mai 2001, date à laquelle la très importante so-

Grand-duché de Luxembourg

Capitale : Luxembourg.
Superficie : 2 586 km^2.
Population : 442 000.
Langues : français, allemand, luxembourgeois.
Monnaie : le Luxembourg fait partie de la Zone euro. Le 1.1.02, le franc luxembourgeois a disparu au profit de l'euro (sur la base de 1 € = 40,3399 francs luxembourgeois). 1 € = 0,99 dollar au 10.7.02.
Nature de l'État : monarchie.
Nature du régime : parlementaire.
Chef de l'État : grand-duc Henri (depuis le 7.10.2000).
Chef du gouvernement : Jean-Claude Juncker, également ministre des Finances (depuis le 26.1.95).
Vice-premier ministre et ministre des Affaires étrangères : Lydie Polfer.

Benelux/Bibliographie

J.-C. Boyer, *Pays-Bas, Belgique, Luxembourg*, Masson, Paris, 1994.

P. Dayez-Burgeon, *Belgique, Nederland, Luxembourg*, Belin, Paris, 1994.

P. Delwit, J.-M. De Waele (sous la dir. de), *Les Partis politiques en Belgique*, Éd. de l'Université de Bruxelles, Bruxelles, 1997.

P. Delwit, J.-M. De Waele, P. Magnette (sous la dir. de), *Gouverner la Belgique. Clivages et compromis dans une société complexe*, PUF, Paris, 1999.

J. De Vries, K. Yesilkagit, « Core Executives and Party Policies : Privatisation in the Netherlands », *West European Politics*, 22.1, Frank Cass Publishers, Londres, 1999.

A. Dieckhoff (sous la dir. de), *Belgique : la force de la désunion*, Complexe, coll. « Espace international », Bruxelles, 1996.

L'Année sociale en Belgique 2001, De Boeck, Bruxelles, 2002.

X. Mabille, *Histoire politique de la Belgique*, Éditions du CRISP, Bruxelles, 1998.

H.-M. ten Napel, « The Netherlands : Resilience amidst Change », *in* D. Broughton, M. Donovan (sous la dir. de), *Changing Party Systems in Western Europe*, Pinter, New York, 1999.

S. J. Nickell, J. Van Ours, « The Netherlands and the United Kingdom : an European Unemployment Miracle ? », *Economic Policy*, n° 4, 2000.

G. Vanthemsche, *La Sabena. 1923-2001. Des origines au krach*, De Boeck, Bruxelles, 2001.

G. Voerman, *Politick zonder partijen ? Over de horizon van de partijpolitiek*, Het Spinhuis, Amsterdam, 1994.

M. Wierink, « Pays-Bas - temps de travail : le droit de choisir », *Chronique internationale de l'IRES*, n° 3, IRES, Noisy-le-Grand, 2000.

ciété de compensation Clearstream a été accusée de blanchiment et de double comptabilité. Son président, André Lussi, a été suspendu de ses fonctions et remplacé par André Roelants. Compte tenu du poids de cette entreprise – 1 400 employés et 2 500 clients –, ce scandale a fait très grand bruit dans le calme grand-duché. À la suite des attentats du 11 septembre 2001 aux États-Unis, les thèmes du blanchiment d'argent et des placements bancaires du « terrorisme » sont revenus à la « une », l'attention se focalisant fréquemment sur l'opacité de la place financière luxembourgeoise.

Sur le plan interne, les petits grippages de la succession du grand-duc Jean au profit de son fils aîné Henri ont retenu l'attention. Plusieurs personnalités et responsables politiques, sous couvert d'anonymat, se sont dits étonnés et agacés par l'interventionnisme politique dans la conduite des affaires du couple grand-ducal. Ces légères frictions, peu fréquentes au grand-duché, ont surpris, tout comme la révélation, fin juin 2002, de différends existant entre la grande-duchesse Maria Teresa et sa belle-mère Joséphine-Charlotte – Maria Teresa a été jusqu'à convoquer la presse à ce sujet…
- Pascal Delwit ■

Pays-Bas

Une société secouée

En l'espace de quelques mois en 2002, l'image positive des Pays-Bas – réputés pour leur croissance économique soutenue et pour leur modèle socioéconomique dit « des polders » – s'est volatilisée sous les effets conjugués d'événements inattendus qui se sont révélés traumatiques. Les Pays-

Bas ont été une première fois secoués lors de l'élection municipale de mars 2002. Dans la deuxième ville du pays, Rotterdam, la liste populiste Leefbaar Rotterdam (Rotterdam vivable), conduite par Pim Fortuyn, a obtenu plus d'un tiers des suffrages, soit 17 sièges. Administrée depuis des décennies par les socialistes (Parti du travail, PVDA), la ville allait désormais être dirigée par une nouvelle coalition rassemblant les démocrates chrétiens du CDA (Parti démocrate chrétien), les libéraux de droite du VVD (Parti populaire pour la liberté) et la liste d'extrême droite. Quelques semaines avant les élections législatives de mai 2002, cette percée inattendue a fait l'effet d'une bombe. P. Fortuyn avait notamment déclaré que les « Pays-Bas étaient pleins » et que l'islam était une « religion arriérée ». Il avait même affirmé sa volonté d'abolir l'article 1 de la Constitution, qui garantit l'égalité et la non-discrimination entre les citoyens.

À la mi-avril, le gouvernement fut pris dans une tourmente liée à la publication d'un rapport de l'Institut néerlandais pour la documentation sur la guerre (NIOD) extrêmement critique sur l'attitude des autorités néerlandaises envers le comportement des soldats hollandais présents, sous mandat de l'ONU (Organisation des Nations unies), dans l'enclave de Srebrenica (Bosnie-Herzégovine). En juillet 1995, les « casques bleus » des Pays-Bas avaient en effet contribué à séparer les hommes bosniaques musulmans des femmes et de leurs enfants. Les hommes avaient ensuite été livrés aux milices serbes qui les avaient assassinés. Cet événement, qui a bouleversé la population néerlandaise, avait été jugé de manière nuancée par l'ONU en 1999. Le rapport fut finalement plus critique envers le gouvernement de l'époque. Sa publication a conduit le Premier ministre socialiste Wim Kok à remettre la démission de son exécutif, malgré la proche échéance des élections législatives.

La campagne électorale était donc empreinte de ces deux événements, auxquels

s'est ajouté le retrait de la vie politique de W. Kok. Les sondages prévoyaient un recul sensible des partis présents au gouvernement (le VVD, le PVDA et les libéraux de gauche Démocratie 66 – D66) au profit du CDA et des Listes Pim Fortuyn (LPF). C'est dans ce contexte trouble qu'est intervenu l'assassinat de ce dernier. Lundi 6 mai, à Hilversum, le dirigeant populiste succombait sous les coups de revolver d'un militant environnementaliste. L'émotion a été énorme. Jamais une personnalité politique n'avait été assassinée. Des dizaines de milliers de citoyens ont signé les registres de condoléances et participé aux funérailles. Après quelques heures de réflexion, le gouvernement a choisi de maintenir les élections à la date prévue initialement. Ce scrutin a marqué une victoire posthume de P. Fortuyn et une défaite cinglante pour les trois formations de la majorité. Les listes

---

Royaume des Pays-Bas

Capitale : Amsterdam.
Superficie : 34 000 km².
Population : 15 930 000.
Langue : néerlandais.
Monnaie : les Pays-Bas font partie de la Zone euro. Le 1.1.02, le florin a disparu au profit de l'euro (sur la base de 1 € = 2,20371 florins). 1 € = 0,99 dollar au 10.7.02.
Nature de l'État : monarchie.
Nature du régime : parlementaire.
Chef de l'État : reine Beatrix Ire (depuis 1980).
Chef du gouvernement : Jan-Pieter Balkenende (CDA), qui a succédé le 22.7.02 à Wim Kok (démissionnaire).
Ministre des Affaires étrangères : Jaap de Hoop Scheffer, CDA (depuis le 22.7.02).
Ministre de l'Immigration, des Affaires asiatiques et de l'Intégration : Hilbrand Nawijn, LPF (depuis le 22.7.02).
Ministre des Finances : Gerrit Zalm, VVD (depuis le 22.8.94).
Territoires outre-mer : Aruba-Antilles néerlandaises [Caraïbes].

P. Fortuyn ont en effet obtenu 17 % des suffrages exprimés, soit 26 sièges. Avec 28 % des voix et 43 sièges, le CDA a été l'autre grand gagnant. En revanche, le PVDA a perdu presque 14 points, le VVD 9 points et D66, 3,3 points. Groen Links, le parti Vert, est resté stable.

À l'issue d'un mois et demi de discussions, un accord gouvernemental est intervenu entre les populistes des listes P. Fortuyn, les libéraux du VVD et les démocrates chrétiens du CDA. Parmi les axes principaux de cet accord, figuraient un plan d'économie de 6,5 milliards €, une diminution des accises sur les carburants et des précomptes mobiliers, un engagement à réformer le Fonds d'incapacité de travail (WAO) – réputé « généreux » –, à freiner l'immigration et à lutter contre la criminalité.
- **Pascal Delwit** ■

Europe du Nord

Danemark, Finlande, Groenland, Islande, Norvège, Suède

Danemark

Mesures anti-immigration

Après cinq années de croissance, le Danemark a connu un fléchissement en 2001, mais a réussi à contenir le taux de chômage aux environs de 4 %, et à conserver un excédent budgétaire (2 % du PIB en 2001). Fort de ces bons résultats économiques et persuadé que les craintes nées des attentats du 11 septembre 2001 aux États-Unis dissuaderaient les électeurs de risquer l'aventure, le Premier ministre social-démocrate Poul Nyrup Rasmussen a donc convoqué des élections législatives anticipées le 20 novembre 2001. Or, l'effet du « 11 septembre » a contribué à focaliser la campagne sur le thème de l'immigration et non sur celui de l'économie et l'échec du référendum proposant l'adhésion du pays à la Zone euro (28 septembre 2000) a vraisemblablement pénalisé le Premier ministre.

En effet, les sociaux-démocrates (29,1 % des suffrages) ont été dépassés par le Parti libéral (31,2 %) et un gouvernement « bourgeois » emmené par le libéral Anders Fogh Rasmussen et regroupant les libéraux et les conservateurs (9,1 %) a pris les commandes du pays. Cette coalition proeuropéenne demeurait toutefois minoritaire au Parlement et avait besoin de l'appoint des voix du Parti du peuple danois (DF, 12 %), très hostile à l'Union européenne (UE) et stigmatisant l'immigration. Le nouveau gouvernement a, de fait, présenté au Parlement en mars 2002 un projet de loi visant notamment à réduire les possibilités de regroupement familial et à faire passer de trois à sept ans le temps de séjour nécessaire à l'obtention d'un permis permanent de résidence, déclenchant de nombreuses protestations internationales, en particulier dans les autres pays nordiques.

En prévision de l'exercice par le Danemark de la présidence de l'UE au second

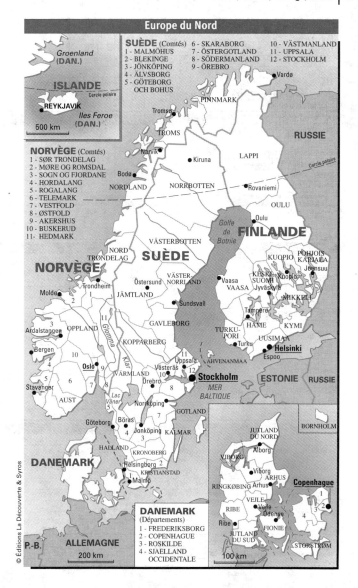

Europe du Nord

SUÈDE (Comtés)
1 - MALMÖHUS
2 - BLEKINGE
3 - JÖNKÖPING
4 - ÄLVSBORG
5 - GÖTEBORG OCH BOHUS
6 - SKARABORG
7 - ÖSTERGOTLAND
8 - SÖDERMANLAND
9 - ÖREBRO
10 - VÄSTMANLAND
11 - UPPSALA
12 - STOCKHOLM

Groenland (DAN.)

ISLANDE

Cercle polaire

REYKJAVIK

Iles Feroe (DAN.)

500 km

NORVÈGE (Comtés)
1 - SØR TRONDELAG
2 - MØRE OG ROMSDAL
3 - SOGN OG FJORDANE
4 - HORDALANG
5 - ROGALANG
6 - TELEMARK
7 - VESTFOLD
8 - ØSTFOLD
9 - AKERSHUS
10 - BUSKERUD
11- HEDMARK

Vardø

FINNMARK

Tromsø

TROMS

Narvik

Kiruna

LAPPI

RUSSIE

Cercle polaire

Bodø

NORDLAND

NORRBOTTEN

Rovaniemi

OULU

Oulu

Golfe de Botnie

FINLANDE

VÄSTERBOTTEN

NORD TRONDELAG

SUÈDE

NORVÈGE

Molde

Trondheim

VÄSTER-NORRLAND

KUOPIO

POHJOIS-KARJALA

Östersund

JÄMTLAND

Vaasa
VAASA

KESKI-SUOMI
Jyväskylä

Kuopio

Joensuu

MIKKELI

Ardalstangen

OPPLAND

Sundsvall

GAVLEBORG

Tampere

HÄME

KYMI

Bergen

Glomma

KOPPARBERG

TURKU-PORI

UUSIMAA

Oslo

Klar

VÄRMLAND

Uppsala

Västerås

Turku

ÅHVENANMAA

Helsinki

Espoo

Stavanger

AUST

Lac Väner

Örebro

Stockholm

MER BALTIQUE

ESTONIE

RUSSIE

Norrköping

GOTLAND

BORNHOLM

Göteborg

Borås

Jönköping

KALMAR

KRONOBERG

JUTLAND DU NORD

HALLAND

DANEMARK

Helsingborg

KRISTIANSTAD

Malmö

VIBORG

Alborg

Viborg

RINGKØBING

Århus

ARHUS

Copenhague

DANEMARK (Départements)
1 - FREDERIKSBORG
2 - COPENHAGUE
3 - ROSKILDE
4 - SJAELLAND OCCIDENTALE

VEJLE

RIBE

Vejle
Odense

Ribe

FIONIE

JUTLAND DU SUD

STORSTRØM

P.-B.

ALLEMAGNE

200 km

100 km

© Éditions La Découverte & Syros

INDICATEUR	UNITÉ	DANE-MARK	FINLANDE	GROEN-LAND
Démographie[a]				
Population	(millier)	5 333	5 178	56
Densité	(hab./km²)	125,7	17,0	0,2
Croissance annuelle (1995-2000)	(%)	0,4	0,2	0,1
Indice de fécondité (ISF) (1995-2000)		1,74	1,71	2,22
Mortalité infantile (1995-2000)	‰	5,9	4,4	23,8
Espérance de vie (1995-2000)	(année)	75,9	77,2	68,1
Population urbaine[c]	(%)	85,3	66,7	81,8[g]
Indicateurs socioculturels				
Développement humain (IDH)[b]		0,926	0,930	••
Nombre de médecins	(‰ hab.)	3,40[c]	3,10[c]	1,14[h]
Espérance de scolarisation[f]	(année)	17,5	17,9	••
Scolarisation 3e degré	(%)	55,1[f]	83,3[f]	••
Accès à Internet	(‰ hab.)	447,18	430,28	356,57
Livres publiés	(titre)	12 352[i]	13 104[j]	••
Armées (effectifs)				
Armée de terre	(millier)	12,90	24,55	••
Marine	(millier)	4	5	••
Aviation	(millier)	4,5	2,7	••
Économie				
PIB total (PPA)[b]	(milliard $)	147	129	1,1[m]
Croissance annuelle 1990-2000	(%)	2,3	2,2	••
Croissance annuelle 2001	(%)	0,9	0,7	••
PIB par habitant (PPA)[b]	($)	27 627	24 996	••
Investissement (FBCF)[d]	(% PIB)	21,1	19,2	••
Recherche et Développement	(% PIB)	2,09[c]	3,37[b]	••
Taux d'inflation	(%)	2,1	2,6	••
taux de chômage (fin d'année)	(%)	4,2	9,2	••
Énergie (consom./hab)[c]	(TEP)	3,773	6,461	3,127[f]
Énergie (taux de couverture)[c]	(%)	117,8	46,2	••
Dépense publique Éducation	(% PIB)	8,2	7,1[i]	14,0[p]
Dépense publique Défense	(% PIB)	1,5	1,2	••
Solde administrat. publiques	(% PIB)	2,6	3,6	••
Dettes administrat. publiques	(% PIB)	44,7	43,6	••
Dette extérieure totale[b]	(million $)	••	••	••
Échanges extérieurs				
Importations (douanes)	(million $)	46 833	32 020	513
Principaux fournisseurs	(%)	UE 69,6	UE 46,8	Dnk 68,9
	(%)	PED[q] 16,1	Ex-CAEM[r] 14,0	Nor 10,1
	(%)	Ex-CAEM[r] 5,3	Asie[s] 7,6	Esp 6,1
Exportations (douanes)	(million $)	43 035	42 948	340
Principaux clients	(%)	UE 59,4	UE 48,3	Dnk 54,8
	(%)	PED[q] 18,1	Asie[s] 11,7	Asie[s] 26,2
	(%)	E-U 7,3	Ex-CAEM[r] 12,3	E-U 7,9
Solde transactions courantes	(% PIB)	2,5	5,4	••

Définition des indicateurs, sigles et abréviations p. 23 et suivantes. Chiffres 2001 sauf notes. a. Derniers recensements utilisables : Danemark, 2001 ; Finlande, 1995 ; Groenland, 1976 ; Islande, 1976 ; Norvège, 2001 ; Suède, 1990 ; b. 2000 ; c. 1999 ; d. 1999-2001 ; e. 1998-2000 ; f. 1998 ; g. 1995 ; h. 1980 ; i. 1996 ; k. Forces paramilitaires seulement ; m. Selon la CIA ; o. 2001 ; p. 1993 ; q. Y compris pays de l'ex-CAEM (Conseil

	ISLANDE	NORVÈGE	SUÈDE
	281	4 488	8 833
	2,8	14,6	21,5
	0,9	0,5	0,0
	2,05	1,83	1,51
	4,7	4,8	3,5
	78,9	78,1	79,3
	92,3	75,1	83,3
	0,936	0,942	0,941
	3,40c	2,80c	3,10c
	17,7	17,7	19,4
	40,4f	65,2f	62,7f
	679,44	596,29	516,27
	1 527i	6 900i	13 496i
	• •k	14,7	19,1
	• •	6,1	7,1
	• •	5	7,7
	8,3	134	215
	2,6	3,4	1,8
	2,1	1,4	1,2
	29 581	29 918	24 277
	22,4	20,2	17,1
	2,33c	1,46o	3,78c
	6,7	3,0	2,6
	• •	3,7	5,1
	11,434	5,965	5,769
	71,7	788,4	67,5
	7,1	7,7	8,0
	0,2	1,7	2,2
	• •	– 2,9	4,2
	47,0	26,8	55,9
	• •	• •	• •
	2 275	31 990	69 965
	UE 54,8	UE 67,2	UE 63,3
	E-U 11,4	Asies 11,1	Asies 8,8
	Asies 9,8	E-U 6,9	Ex-CAEMr 7,3
	2 016	57 624	74 087
	UE 68,6	UE 77,1	UE 49,3
	E-U 10,5	E-U 8,0	PEDq 24,5
	Asies 5,2	PEDq 8,2	E-U 10,9
	– 6,9	14,7	3,2

d'assistance économique mutuelle, ou Comecon) ;
r. Y compris républiques de l'ancienne Yougoslavie ;
s. Y compris Japon et Moyen-Orient.

semestre 2002, le gouvernement a défini comme prioritaires les dossiers de l'élargissement, de la réforme de la PAC (Politique agricole commune), du développement de la « dimension septentrionale » (organiser la coopération, notamment en matière de transports, de protection de l'environnement et de technologies de l'information, entre pays riverains de la Baltique et de la mer de Barents) et de l'ouverture d'une « fenêtre arctique » (même problématique concernant la zone Arctique), indiquant qu'il n'y aurait probablement pas de nouveau référendum sur l'adoption de l'euro au Danemark avant que le Royaume-Uni et la Suède (hors Zone euro eux aussi) n'ouvrent la voie.

Le nouveau pouvoir a aussi dû se pencher sur l'avenir des territoires autonomes (Groenland, îles Féroé), alors que les autorités groenlandaises étudiaient les moyens d'élargir leurs compétences, et, surtout,

Royaume du Danemark

Capitale : Copenhague.
Superficie : 43 070 km².
Population : 5 333 000.
Langue : danois.
Monnaie : couronne danoise (1 couronne = 0,13 € au 10.7.02).
Nature de l'État : monarchie constitutionnelle.
Nature du régime : parlementaire.
Chef de l'État : reine Margrethe II (depuis le 15.1.72).
Chef du gouvernement : Anders Fogh Rasmussen, qui a succédé le 27.11.01 à Poul Nyrup Rasmussen.
Ministre de l'Intérieur : Lars Loekke Rasmussen (depuis le 27.11.01).
Ministre des Affaires étrangères : Per Stig Moeller (depuis le 27.11.01).
Ministre des Réfugiés, de l'Immigration et de l'Intégration, également en charge des Affaires européennes : Bertel Haarder (depuis le 27.11.01).
Territoires autonomes : Groenland ; îles Féroé (communautés autonomes au sein du royaume).

que le Parlement du territoire autonome des îles Féroé convoquait un référendum sur l'indépendance le 26 mai 2001. Mais la consultation a été annulée car le succès du « oui » apparaissait improbable et parce que le gouvernement danois refusait de maintenir ses subventions au-delà d'une période transitoire de quatre ans (au lieu des douze souhaités). Le Premier ministre A. Fogh Rasmussen s'est toutefois déclaré, en février 2002, disposé à considérer les demandes pour une plus grande autonomie des territoires. Les élections parlementaires du 30 avril 2002 aux îles Féroé ont, en outre, été marquées par un recul des indépendantistes et la suppression du ministère de l'Indépendance - **Vincent Simoulin** ■

Finlande

Perspectives assombries

La Finlande a parié sur les nouvelles technologies dans les années 1990 avec un succès – illustré par celui de la firme Nokia – qui lui a permis de conquérir en 2001 la première place au classement mondial de la compétitivité, publié chaque année par le Forum économique mondial. Le gouvernement a cherché à utiliser les années de forte croissance pour réduire la dette publique (43,6 % du PIB à la fin de 2001) et le chômage, lequel a baissé en restant toutefois élevé (9,2 % à la fin 2001). Les débats majeurs des premiers mois de 2001 ont, de ce fait, porté sur l'opportunité de poursuivre cette politique, beaucoup au sein même des partis au pouvoir plaidant pour un accroissement de la taxation des fortunes construites grâce aux *stock-options* levées dans les entreprises liées aux nouvelles technologies et pour des investissements dans les services publics. La crise de la « nouvelle économie » et les attentats du 11 septembre 2001 aux États-Unis ont assombri les perspectives et, si l'inflation est restée contenue (1,8 % en rythme annuel en mars

République de Finlande

Capitale : Helsinki.
Superficie : 337 010 km².
Population : 5 178 000.
Langues : finnois, suédois.
Monnaie : la Finlande fait partie de la Zone euro. Le 1.1.02, le mark finlandais a disparu au profit de l'euro (sur la base de 1 € = 5,94573 marks).
1 € = 0,99 dollar au 10.7.02.
Nature de l'État : république unitaire.
Nature du régime : parlementaire.
Chef de l'État : Mme Tarja Halonen (depuis le 1.3.2000).
Chef du gouvernement : Paavo Lipponen (depuis le 13.4.95).
Vice-premier ministre et ministre de l'Intérieur : Ville Itälä (depuis le 1.9.2000).
Ministre des Affaires étrangères : Erkki Tuomioja (depuis le 25.2.2000).
Ministre de la Défense : Jan-Erik Enestam (depuis le 15.4.99).

2002), la Finlande n'a connu en 2001 qu'une croissance de 0,7 % (1,6 % prévu pour 2002). Le monde a changé, et Jorma Ollila, le P-DG de Nokia, a déclaré que sa société ne pourrait supporter à long terme une fiscalité trop élevée.

Les attentats du « 11 septembre » ont été également perçus comme la cause d'un net rapprochement entre la Russie et les États-Unis, et donc comme une opportunité d'adhésion de la Finlande à une OTAN (Organisation du traité de l'Atlantique nord) présentée comme destinée à devenir une organisation politique de lutte contre le terrorisme. Le Premier ministre, Paavo Lipponen, et le ministre de la Défense, Jan-Erik Enestam, ont présenté cette perspective d'adhésion à l'OTAN à partir de 2006 comme probable si la Suède faisait de même.

Dans un pays où, depuis l'indépendance acquise en 1917, la durée de vie moyenne d'un gouvernement ne dépassait guère un an, la coalition « arc-en-ciel » menée par le social-démocrate P. Lipponen a entamé en avril 2002 sa huitième année au pouvoir. Cependant, le vote favorable du Parlement, le 24 mai 2002 (par 107 voix contre 92), à la construction d'une cinquième centrale nucléaire, proposition soutenue par le Premier ministre, a entraîné la démission, le 27 mai, du seul ministre « Vert », celui en charge de l'Environnement. Il est vrai que tous les partis avaient commencé à se préparer pour les élections législatives de mars 2003 et à renouveler leurs dirigeants. Bien que la présidente du pays, Tarja Halonen, ait refusé à la surprise générale de le nommer au Conseil des gouverneurs de la Banque de Finlande, Esko Aho, leader du principal parti d'opposition, le Parti du centre, a annoncé sa retraite politique à la fin de cette législature. **- Vincent Simoulin ■**

Groenland

Scandales politiques

Royal Greenland a accru ses pertes en 2001 et ainsi symbolisé l'état de crise de l'industrie de la pêche. Les critiques sur la gestion de cette entreprise publique, exercée par le gouvernement de Jonathan Motzfeldt, ont coûté à celui-ci la présidence du parti social-démocrate Siumut, en septembre 2001, au profit de Hans Enoksen. Un scandale dû à l'augmentation que les membres du Parlement s'étaient accordée a, en outre,

rompu la coalition gouvernementale des sociaux-démocrates avec le parti indépendantiste Inuit Ataqatigiit et a poussé les sociaux-démocrates à une alliance avec le parti conservateur Atassut, le 7 décembre 2001. **- Vincent Simoulin ■**

Islande

Entrée dans l'espace Schengen

Le 25 mars 2001, l'Islande a mis en application la convention de Schengen sur la libre circulation des ressortissants des pays associés et le contrôle de l'immigration des non-ressortissants, grâce à un accord d'association signé en 1996. Elle n'était plus tout à fait une île désormais et les sondages ont confirmé que la majorité de la population, plus europhile que les autorités politiques, souhaitait entamer des négociations d'adhésion à l'Union européenne. La question a divisé la coalition au pouvoir, puisque le Parti de l'indépendance y demeurait opposé tandis que le Parti du progrès s'y montrait favorable. Sur le plan économique, la pénurie de main-d'œuvre s'est traduite par une envolée des coûts du travail (+ 8,7 % sur un an en mars 2002), et des prix à la consommation (+ 7,5 % sur un an en avril 2002). La réaction gouvernementale a été,

Groenland

Capitale : Godthab.
Superficie : 2 186 000 km².
Population : 56 000.
Langues : groenlandais, danois.
Monnaie : couronne danoise
(1 couronne = 0,13 € au 10.7.02).
Statut : territoire autonome rattaché à la couronne danoise.
Chef de l'État : reine Margrethe II.
Chef de l'exécutif : Jonathan Motzfeldt (depuis sept. 97).

République d'Islande

Capitale : Reykjavik.
Superficie : 103 000 km².
Population : 281 000.
Langue : islandais.
Monnaie : couronne islandaise
(100 couronnes = 1,17 € au 31.5.02).
Nature de l'État : république unitaire.
Nature du régime : parlementaire.
Chef de l'État : Olafur Ragnar Grimsson (depuis le 29.6.96).
Chef du gouvernement :
David Oddsson (depuis le 24.4.91).
Ministre des Affaires étrangères :
Halldor Asgrimsson (depuis le 10.4.95).

en 2001, de laisser flotter la couronne islandaise. Celle des milieux économiques a été d'entamer en 2002 une campagne pour assouplir les lois linguistiques qui imposent de traduire tous les termes étrangers en créant des néologismes, ce qui limite les possibilités d'embauche des travailleurs étrangers. - **Vincent Simoulin** ∎

Norvège

Crainte de marginalisation par rapport à l'UE

La Norvège a vu la défaite des sociaux-démocrates aux élections législatives du 10 septembre 2001. Recueillant 24,3 % des suffrages, ceux-ci ont obtenu leur pire score de l'après-guerre et ont dû abandonner le pouvoir à une coalition « bourgeoise » menée par le démocrate chrétien Kjell Magne Bondevik (Premier ministre de 1997 à 2000) et comprenant les conservateurs (21,8 %), les libéraux (3,7 %) et les démocrates chrétiens (12,8 %). Les débats ont porté sur la baisse des impôts et

Royaume de Norvège

Capitale : Oslo.
Superficie : 324 220 km².
Population : 4 488 000.
Langue : norvégien.
Monnaie : couronne norvégienne
(1 couronne = 0,14 € au 10.7.02).
Nature de l'État : monarchie
constitutionnelle.
Nature du régime : parlementaire.
Chef de l'État : Harald V
(depuis le 21.1.91).
Chef du gouvernement : Kjell Magne
Bondevik qui a succédé le 17.10.01
à Jens Stoltenberg.
Ministre des Affaires étrangères :
Jan Petersen (depuis le 19.9.01).
Ministre du Pétrole et de l'Énergie :
Einar Steensnaes (depuis le 19.9.01).
Ministre de la Défense : Kristin Krohn
Devold (depuis le 19.9.01).

sur l'amélioration des services publics, en particulier en matière d'éducation et de santé. On a constaté, lors de ce scrutin, une nouvelle poussée de formations plus marquées à gauche et à droite : le Parti de la gauche socialiste (extrême gauche, 12,4 %) et le Parti du progrès (extrême droite, 14,3 %), qui ont respectivement presque rattrapé en audience le Parti social-démocrate et le Parti conservateur.

En 2001, la Norvège a souffert de la baisse des cours du pétrole et du fort ralentissement de l'activité dans les pays occidentaux. La croissance économique est restée modérée (1,4 %), alors que le chômage atteignait 3,7 % et l'inflation 3 %. La question économique dominante est restée celle de l'ouverture du capital des entreprises norvégiennes à des intérêts étrangers. Un pas notable a été franchi le 18 juin 2001 avec l'introduction de 17,5 % du capital de la compagnie pétrolière Statoil à la Bourse d'Oslo et à celle de New York. Pour accélérer la croissance, le nouveau gouvernement s'est engagé à injecter une part plus grande des ressources pétrolières dans l'économie norvégienne (au lieu d'épargner massivement pour abonder le fonds pétrolier) et a présenté, le 19 avril 2002, un nouveau programme de privatisations comprenant un abaissement de la participation de l'État dans les sociétés Norsk Hydro, Telenor (opérateur téléphonique) et Den Norske Bank.

Mais c'est encore et toujours l'Union européenne (UE) qui a représenté le défi le plus aigu et le plus pressant pour la Norvège dans ses relations avec le reste du monde. Comme les autres pays nordiques, et bien qu'elle ne soit pas membre de l'UE, elle a mis en application, le 25 mars 2001, grâce à un accord d'association signé en 1996, la convention de Schengen sur la libre circulation des ressortissants des pays associés et le contrôle aux frontières des non-ressortissants, mais elle a présenté sa coopération comme purement technique (limitant le risque de voir l'accord dénoncé comme une adhésion à l'UE officieuse et au rabais par ses opposants). Le fait que l'Islande ait envisagé de plus en plus ouvertement des négociations d'adhésion à l'Union européenne a pourtant préoccupé la Norvège, celle-ci redoutant une mise en cause de la viabilité de l'EEE (Espace économique européen), qui ne comprendrait plus dès lors que la Norvège et le Lichtstenstein. De même, l'annonce de la tenue prochaine d'un référendum sur l'adhésion à la Zone euro par le gouvernement suédois et la perspective de voir de nombreux PECO (Pays d'Europe centrale et orientale) adhérer avant elle ont rendu la position norvégienne encore plus inconfortable. - **Vincent Simoulin** ■

Suède

Réconcilier la population avec l'UE

La Suède a exercé, au premier semestre 2001, sa première présidence de l'Union européenne (UE), fixant comme dossiers prioritaires les questions de l'élargissement, de l'emploi, de l'égalité entre hommes et femmes et de l'environnement. Sa présidence a été assez généralement considérée comme terne. Le gouvernement suédois a toutefois pu se féliciter du bon avancement des négociations d'adhésion avec les pays candidats. De façon typiquement suédoise, c'est-à-dire pragmatique et concrète, un objectif était aussi de réconcilier la population suédoise avec l'UE, notamment en organisant de nombreuses réunions communautaires en province pour démentir ou au moins atténuer le sentiment prévalent de distance entre les élites communautaires et la population. Cette tentative a été compromise par les affrontements entre les forces de l'ordre et des centaines de casseurs lors des manifestations contre la mondialisation qui ont accompagné le « sommet » européen de Göteborg (15 juin 2001). Ces affrontements ont choqué un pays où la générosité de l'État-providence,

même si elle a baissé depuis le début des années 1990, a limité les tensions sociales, et dont la principale crainte était précisément de voir son modèle social remis en cause par sa participation à l'UE. Enfin, le 25 mars 2001, la Suède a mis en application la convention de Schengen sur la libre-circulation des ressortissants des pays associés et le contrôle de l'immigration des non-ressortissants.

Contrairement aux ententes conclues avec le Royaume-Uni et le Danemark, aucun traité n'a accordé à la Suède une dispense de participation à la troisième phase de l'Union économique et monétaire (UEM). Elle a respecté les critères de convergence et c'est à cause de l'hostilité de sa population qu'elle n'a pas adhéré à la Zone euro. Après l'introduction réussie, le 1er janvier 2002, de l'euro comme monnaie courante dans les pays signataires, tous les sondages montraient une sensible augmentation des opinions positives envers l'euro et plus largement envers la participation à l'UE. Cela a permis au Premier ministre Göran Persson d'évoquer la tenue d'un référendum sur l'adoption de la monnaie européenne avant

---

🌐 Royaume de Suède

Capitale : Stockholm.
Superficie : 449 960 km².
Population : 8 833 000.
Langue : suédois.
Monnaie : couronne suédoise
(1 couronne = 0,11 € au 10.7.02).
Nature de l'État : monarchie
constitutionnelle.
Nature du régime : parlementaire.
Chef de l'État : roi Carl XVI Gustaf
(depuis le 15.9.73).
Chef du gouvernement :
Göran Persson (depuis le 22.3.96).
Vice-premier ministre :
Lena Hjelm-Wallen (depuis 1998).
Ministre des Affaires étrangères :
Anna Lindh (depuis le 7.10.98).
Ministre de la Défense :
Bjørn von Sydow (depuis le 1.2.97).

Europe du Nord/Bibliographie sélective

D. Arter, *Scandinavian Politics Today*, Manchester University Press, Manchester, 1999.

J.-F. Battail, R. Boyer, *Les Sociétés scandinaves de la Réforme à nos jours*, PUF, Paris, 1992.

J.-P. Durand (sous la dir. de), *La Fin du modèle suédois*, Syros, coll. « Alternatives économiques », Paris, 1994.

J. Goetschy, *Les Modèles sociaux nordiques à l'épreuve de l'Europe*, La Documentation française, Paris, 1994.

A. Grjebine, *Norvège : la social-démocratie à l'épreuve de la mondialisation et de l'enrichissement*, Les Études du CERI, n° 67, Paris, juin 2000.

A. Grjebine, *Suède, le modèle banalisé ?*, Les Études du CERI, n° 50, Paris, mars 1999.

A. Helle, *Histoire du Danemark*, Hatier, Paris, 1992.

J. Mer, *La Finlande*, Les Études de La Documentation française, Paris, 1999.

J. Mer, *L'Islande. Une ouverture obligée, mais prudente*, Les Études de La Documentation française, Paris, 1994.

J. Mer, *La Norvège. Entre tradition et ouverture*, Les Études de La Documentation française, Paris, 1997.

A. Michalski, *Le Danemark et sa politique européenne*, Les Études du CERI, n° 16, Paris, juin 1996.

L. Miles, *Sweden and European Integration*, Aldershot, Ashgate, 1997.

L. Miles, *The European Union and the Nordic Countries*, Routledge, Londres, 1996.

M. Nuttall, *Arctic Homeland : Kinship, Community and Development in Northwest Greenland*, Belhaven Press, Londres, 1992.

V. Simoulin, *La Coopération nordique. L'organisation régionale de l'Europe du Nord depuis la tentative autonome jusqu'à l'adaptation à l'Europe*, L'Harmattan, Paris, 1999.

V. Simoulin, *L'Union européenne au regard des pays nordiques*, Les Études du CERI, n° 66, Paris, juin 2000.

2004, en vue d'une introduction au 1er janvier 2006. En 2001-2002, la participation à l'UE n'était plus présentée par les autorités suédoises comme seulement un atout économique ou une protection dans le commerce avec la Russie et comme le socle d'organisation de la région de la Baltique, mais comme un espace de lutte contre le terrorisme et le crime organisé, évolution amplifiée par les attentats du 11 septembre 2001 aux États-Unis.

Le gouvernement a apporté un soutien total à Washington à cette occasion et n'a émis aucune réserve quant à l'intervention militaire en Afghanistan. Cette position a toutefois suscité des débats animés entre les formations composant la coalition tripartite au pouvoir, les écologistes et la gauche socialiste critiquant vigoureusement ce blanc-seing donné aux bombardements américains en Afghanistan et accusant les sociaux-démocrates de renoncer à la traditionnelle politique suédoise de neutralité. À tel point que les trois partis ont publiquement fait état de leurs doutes de pouvoir former une nouvelle coalition après les élections législatives du 15 septembre 2002. Inversement, les conservateurs, les chrétiens-démocrates, les libéraux et le Parti du centre, nettement distancés dans les sondages, ont publié le 8 avril 2002 un manifeste commun plaidant pour des baisses d'impôts et des privatisations.

Sur le plan économique, l'année 2001 a

été marquée par un net ralentissement de la croissance (1,2 % en 2001 et 1,5 % prévus pour 2002), tandis que l'inflation atteignait un taux de 2,9 % (en rythme annuel, en mars 2002). La consommation est, de fait, restée soutenue et le chômage a conservé un niveau très bas (3,8 % – selon les sources nationales officielles qui ne comptent pas les nombreuses personnes sans emploi suivant une formation – en mars 2002). La population aura davantage été impressionnée par les annonces de suppression de dizaines de milliers d'emplois par Ericsson, Volvo ou ABB.

Pire, les Suédois ont vu un scandale écorner l'image du manager très respecté Percy Barnevik. On a tout d'abord reproché à celui qui a été le principal artisan de la fusion du groupe suédois Asea avec le groupe suisse Brown Boveri en 1988, donnant naissance à ABB, d'être à l'origine des pertes colossales (793 millions € pour l'exercice 2001) annoncées par ABB en février 2002, du fait de sa stratégie tournée vers les nouvelles technologies. ABB a, en outre, annoncé qu'il allait engager des négociations avec son ancien président pour se faire rétrocéder tout ou partie de l'indemnité de 98 millions € que ce dernier avait reçue lors de son départ à la retraite en novembre 2001. Cette affaire a illustré la contradiction entre l'attachement du pays au principe d'égalité des conditions et sa fierté pour le secteur des nouvelles technologies qui ont permis l'accumulation de fortunes individuelles considérables en quelques années. Contradiction devenue hors propos avec la crise de la « nouvelle économie ». - **Vincent Simoulin** ∎

Îles Britanniques

Irlande, Royaume-Uni

Irlande

Reconduction de la majorité sortante

Dans une période marquée par le ralentissement économique, ponctuée par quatre référendums (dont celui sur le traité de Nice relatif à l'Union européenne), et dans l'incertitude de ce que deviendra l'accord du Vendredi saint, les Irlandais de la République lors des élections législatives de mai 2002, ont reconduit le gouvernement sortant.

Le 7 juin 2001 ont été organisés trois référendums, portant sur la ratification du traité de Nice, devant modifier les institutions européennes et le Protocole sur l'élargissement de l'UE (54 % de « non »), sur la ratification du protocole européen d'abolition de la peine de mort (62 % de « oui ») et sur la ratification de la Cour pénale internationale (64 % de « oui »). On a expliqué le rejet du Traité de Nice par la crainte d'une perte d'influence dans les institutions réformées de l'UE, mais aussi par une volonté de sauvegarder la neutralité irlandaise. Le 7 mars 2002, le gouvernement a soumis à la population, dans le cadre d'un nouveau référendum, un projet d'amendement réduisant encore les possibilités du recours

INDICATEUR	UNITÉ	IRLANDE	ROYAUME-UNI
Démographie[a]			
Population	(millier)	3 841	59 542
Densité	(hab./km²)	55,8	247,2
Croissance annuelle (1995-2000)	(%)	1,0	0,3
Indice de fécondité (ISF) (1995-2000)		1,92	1,70
Mortalité infantile (1995-2000)	‰	6,6	5,9
Espérance de vie (1995-2000)	(année)	76,1	77,2
Population urbaine[c]	(%)	58,8	89,4
Indicateurs socioculturels			
Développement humain (IDH)[b]		0,925	0,928
Nombre de médecins	(‰ hab.)	2,30[c]	1,80[c]
Espérance de scolarisation[f]	(année)	15,9	17,1
Scolarisation 3e degré	(%)	45,3[f]	58,1[f]
Accès à Internet	(‰ hab.)	233,14	399,50
Livres publiés	(titre)	2 679[g]	107 263[h]
Armées (effectifs)			
Armée de terre	(millier)	8,5	113,95
Marine	(millier)	1,1	43,53
Aviation	(millier)	0,86	53,95
Économie			
PIB total (PPA)[b]	(milliard $)	113	1 404
Croissance annuelle 1990-2000	(%)	7,3	2,3
Croissance annuelle 2001	(%)	6,0	2,2
PIB par habitant (PPA)[b]	($)	29 866	23 509
Investissement (FBCF)[d]	(% PIB)	23,4	17,5
Recherche et Développement	(% PIB)	1,21[c]	1,86[b]
Taux d'inflation	(%)	4,0	2,1
Taux de chômage (fin d'année)	(%)	4,1	5,1
Énergie (consom./hab.)[c]	(TEP)	3,726	3,871
Énergie (taux de couverture)[c]	(%)	18,0	122,3
Dépense publique Éducation	(% PIB)	4,5	4,7
Dépense publique Défense	(% PIB)	0,8	2,4
Solde administrat. publiques	(% PIB)	− 0,1	0,6
Dettes administrat. publiques	(% PIB)	36,3	39,0
Dette extérieure totale[b]	(million $)	••	••
Échanges extérieurs			
Importations (douanes)	(million $)	50 639	322 838
Principaux fournisseurs	(%)	UE 60,1	UE 47,1
	(%)	Asie[i] 12,5	Asie[i] 19,2
	(%)	E-U 15,0	E-U 14,0
Exportations (douanes)	(million $)	82 555	268 536
Principaux clients	(%)	UE 59,9	UE 54,4
	(%)	E-U 16,8	PED[k] 18,8
	(%)	Asie[i] 10,2	E-U 15,9
Solde transactions courantes	(% PIB)	− 1,0	− 1,8

Définition des indicateurs, sigles et abréviations p. 23 et suivantes. Chiffres 2001 sauf notes. a. Derniers recensements utilisables : Irlande, 1996 ; Royaume-Uni, 2001 ; b. 2000 ; c. 1999 ; d. 1999-2001 ; e. 1998-2000 ; f. 1998 ; g. 1985 ; h. 1996 ; i. Y compris Japon et Moyen-Orient ; k. Y compris pays de l'ex-CAEM (Conseil d'assistance économique mutuelle, ou Comecon).

Îles Britanniques

Écosse
(Régions)
1 - CENTRE
2 - FIFE
3 - LOTHIAN
4 - STRATHCLYDE
5 - BORDERS
6 - DUMFRIES ET
   GALLOWAY

SHETLAND

60°

ORCADES

Thurso

HÉBRIDES

Ullapool

Inverness
HIGHLAND

GRAMPIAN
Aberdeen

ÉCOSSE

TAYSIDE
Perth   Dundee

Oban   1   2   Edimbourg
                        Glasgow   3
OCÉAN
ATLANTIQUE   4   5
                        Hawick
ULSTER   Londonderry   6   Dumfries

IRLANDE
DU NORD
         Belfast   Carlisle
                        NORD
CONNAUGHT   ULSTER
                        Kendal
                Île
                de Man   YORKSHIRE
        MER   ET HUMBERSIDE
        D'IRLANDE   NORD-
IRLANDE   Dublin   OUEST   York
                Bradford   Beverley
        LEINSTER   Liverpool   Leeds
                        Sheffield
Limerick   Caernarvon   Manchester
MUNSTER   Waterford   MIDDLAND
                        DE L'EST
                PAYS-DE-   Nottingham
Cork   GALLES   MIDDLAND
                        DE L'OUEST   Leicester
                        Birmingham   Norwich
                        Coventry   EST-ANGLIE
                        ANGLETERRE   Cambridge
                Cardiff   Oxford   SUD-EST
                        Bristol   Londres

ROYAUME-
UNI

MER
DU NORD
Newcastle

SUD-OUEST   Southampton   Douvres
        Plymouth   Brighton
                Île   Pas de Calais
                de Wight
                        MANCHE   50°

        Îles
        Anglo-Normandes
        Guernesey
                Jersey   FRANCE

Canal Saint-Georges

100 km

© Éditions La Découverte & Syros.

Irlande/Bibliographie

P. Brennan, *La Civilisation irlandaise*, Hachette, Paris, 1994

P. Brennan, R. Deutsch, *L'Irlande du Nord : chronologie, 1968-1991*, Presses de la Sorbonne nouvelle, Paris, 1993.

P. Brennan, W. Hutchinson, « Irlande du Nord : un nouveau départ ? », *Problèmes politiques et sociaux*, n° 845, La Documentation française, Paris, sept. 2000.

M.-C. Considère-Charon, *Irlande : une singulière intégration européenne*, Economica, Paris, 2002.

R. Faligot, *La Résistance irlandaise, 1916-1992*, Terre de Brume, Rennes, 1993.

« L'État en Irlande », *Études irlandaises*, PUL, Lille, print. 1995.

V. Peyronel, *Économie et conflit en Irlande du Nord*, Ellipses, Paris, 2001.

à l'avortement (50,42 % de « non »). Le pays attendait donc toujours une loi répondant aux attentes des Irlandaises, dont plusieurs milliers, tous les ans, se font avorter en Angleterre.

Au terme des élections législatives du 17 mai 2002, le Premier ministre Bertie Ahern disposait de la majorité absolue à l'Assemblée (80 sièges et 41,5 % des voix pour son parti de centre droit, le Fianna Fail, et 8 sièges

République d'Irlande

Capitale : Dublin.

Superficie : 70 280 km².

Population : 3 841 000.

Langues : anglais, irlandais.

Monnaie : l'Irlande fait partie de la Zone euro. Le 1.1.02, la livre irlandaise a disparu au profit de l'euro (sur la base de 1 € = 0,787564 livre). 1 € = 0,99 dollar au 10.7.02.

Nature de l'État : république unitaire.

Nature du régime : parlementaire.

Chef de l'État : Mary McAleese (depuis le 30.10.97).

Chef du gouvernement : Bertie Ahern (depuis le 6.6.97, reconduit le 17.5.02).

Vice-premier ministre, ministre du Commerce, des Entreprises et de l'Emploi : Mary Harney.

Ministre des Finances : Charlie McCreevy.

Ministre des Affaires étrangères : Brian Cowen.

et 4 % des voix pour son allié, les Démocrates progressistes – PD). Le bilan économique exceptionnel – avec un taux de croissance de près de 8 % en moyenne entre 1994 et 2000, un taux de chômage très bas (3,8 % en 2000) et une baisse importante des impôts – a joué en faveur des sortants. Les partis de l'opposition n'ont pas su exploiter les côtés négatifs du bilan : l'accroissement de la pauvreté, la redistribution de plus en plus inégalitaire des revenus de la croissance, le mauvais état des services publics et l'important ralentissement de l'économie en 2001 et 2002 qui a entraîné une baisse de la croissance (6 % en 2001), une augmentation du chômage (4 %) et de l'inflation.

Quant à l'Irlande du Nord, les crises s'y sont succédé et l'avenir de l'accord du Vendredi saint sur le processus de paix (entériné en avril 1998) restait incertain. À partir de la fin 2001, les institutions, dont l'activité a été interrompue pendant un temps, ont fonctionné à nouveau. Les élections législatives et locales ont enregistré un affaiblissement du Parti unioniste d'Ulster (UUP) du Premier ministre David Trimble, ainsi que du Parti social-démocrate et travailliste (SDLP, nationaliste et républicain) de John Hume. Le DUP (Parti unioniste démocratique, formation protestante extrémiste) du pasteur Ian Paisley et le Sinn Féin (républicain proche de l'IRA – Armée républicaine irlandaise) de Gerry Adams ont, en revanche, accru leur assise. Très inquiétant a été le regain de violence intercommunautaire qui, partant du nord de Belfast en 2001, s'est étendu à l'est et, en milieu d'année 2002, a gagné le sud. **- Paul Brennan** ∎

Royaume-Uni

Remises en question

Les services publics ont occupé la place centrale de l'agenda politique britannique. La question n'était certes pas nouvelle, mais après avoir dominé les élections législatives du 7 juin 2001, elle a progressivement pris une tournure inédite. Longtemps avait prévalu, chez le gouvernement travailliste comme chez ses prédécesseurs conservateurs, l'idée que le progrès dans ce domaine était affaire d'efficacité plutôt que de masse financière, et que les nouveaux investissements, pour autant qu'ils fussent nécessaires, devaient venir en priorité du secteur privé. L'objectif d'une privatisation partielle du métro de Londres était emblématique de cette approche. Au printemps 2002, ses modalités pratiques et sa faisabilité politique restaient encore incertaines. Une approche similaire était retenue en matière de financement des infrastructures scolaires et hospitalières, avec des résultats également mitigés.

Dans ce contexte, certaines décisions majeures intervenues en 2001-2002 ont paru constituer une véritable volte-face. Ainsi, prenant acte, en octobre 2001, de l'absence de progrès depuis 1997 en matière ferroviaire et de difficultés financières persistantes, le gouvernement a placé en liquidation Railtrack, la société privatisée gestionnaire du réseau. À sa place a été constituée une entité à but non lucratif et au statut juridique spécifique. Il n'y aura pas eu renationalisation au sens strict, mais tout de même remise en cause fondamentale du modèle de « partenariat public-privé » qu'avait longtemps vanté le nouveau travaillisme.

Nouveau financement du système de santé

C'est toutefois en matière de santé que l'évolution a été la plus frappante. Le programme électoral du Parti travailliste promettait déjà au printemps 2001 un accroissement important de l'investissement. Le Premier ministre Tony Blair a clarifié cet objectif : atteindre en 2007 un niveau de dépenses publiques de santé égal à la moyenne de l'Union européenne (UE). L'argent apparaissait ainsi, à l'inverse du dogme thatchérien, comme un aspect de la solution – encore fallait-il préciser quel argent pour quels usages. Profitant de l'existence de capacités de soin inutilisées dans certains pays européens, dont la France, le ministère de la Santé britannique a annoncé, en août 2001, des accords visant à faire soigner à l'étranger les malades britanniques figurant sur des listes d'attente qui n'avançaient pas. L'impact sur l'opinion de cette reconnaissance implicite des limites du Système national de santé (NHS) a été très négatif. D'où une réorientation spectaculaire, formellement annoncée lors de la présentation du budget par le ministre des Finances Gordon Brown, en avril 2002. Pour financer l'investissement dans la santé, les cotisations sociales ont été à la fois augmentées et partiellement déplafonnées. Une telle hausse des prélèvements obligatoires rompait au bon sens politique du nouveau travaillisme : l'effet d'annonce n'en a pas moins été très positif.

Au-delà des enjeux de finances publiques, le rôle de l'Europe dans ces débats – comme point de comparaison pertinent, voire obligé – avait son importance propre. Le Parti conservateur est en effet resté paralysé par la question européenne. Margaret Thatcher – dans un ouvrage paru en mars 2002 qui représenta l'une de ses dernières interventions politiques avant que sa santé la contraigne à quitter la vie publique – a appelé, en termes à peine voilés, au retrait britannique de l'UE. De façon symptomatique des clivages internes, le nouveau leader

Statistiques / Rétrospective

INDICATEUR	UNITÉ	1980	1990	2000	2001
Démographie[a]					
Population	million	56,3	57,6	59,4	59,5
Densité	hab./km²	233,9	239,0	246,7	247,2
Croissance annuelle	%	0,1[f]	0,3[g]	0,3[h]	0,2[i]
Indice de fécondité (ISF)		1,8[f]	1,8[g]	1,7[h]	1,6[i]
Indicateurs socioculturels					
Nombre de médecins	‰ hab.	1,64[q]	1,40	1,80[c]	••
Scolarisation 2e degré	%	79,2	79,1	91,5[s]	93,7[d]
Scolarisation 3e degré	%	19,1	30,2	53,6[e]	58,1[d]
Téléviseurs	‰ hab.	401	433	1	••
Livres publiés	titre	35 526	52 861	107 263[t]	••
Économie					
PIB total	milliard $	510,8	961,6	1 404,4	1 463,1
Croissance annuelle	%	2,7[k]	2,0[m]	3,0	2,2
PIB par habitant (PPA)	$	9 067	16 706	23 509	24 440
Investissement (FBCF)	% PIB	18,4[o]	20,0[p]	17,8	17,0
Recherche et Développement	% PIB	2,38[q]	2,15	1,88[c]	1,86[b]
Taux d'inflation	%	18,6	8,1	2,1	2,1
Population active	million	26,8	28,9	29,5	29,7
Agriculture	% ⎫	2,6	2,1	1,5	1,4
Industrie	% ⎬ 100 %	37,6	32,3	25,1	24,9
Services	% ⎭	59,7	65,5	73,2	73,5
Taux de chômage (fin année)	%	5,6	7,1	5,3	5,1[u]
Énergie (consom./hab.)	TEP	3,57	3,70	3,89[d]	3,87[c]
Énergie (taux de couverture)	%	97,8	97,1	117,9[d]	122,3[c]
Aide au développement (APD)	% PIB	0,36[v]	0,30[w]	0,32	0,32
Dépense publique Éducation	% PIB	5,6	4,8	5,2[s]	4,7[d]
Dépense publique Défense	% PIB	5,1[x]	4,0	2,4	2,4
Solde administrat. publiques	% PIB	− 1,0[y]	− 3,9[z]	1,5	0,9
Dette administrat. publiques	% PIB	54,7	35,0	42,4	39,0
Échanges extérieurs		**1974**	**1986**	**2000**	**2001**
Importations de services	milliard $	13,19	27,97	96,27	94,08
Importations de biens	milliard $	50,35	120,49	330,03	322,87
Produits alimentaires	%	17,9	12,5	7,8	8,3
Produits énergétiques	%	20,0	7,4	4,2	4,4
Produits manufacturés	%	44,1	69,1	80,0	80,3
Exportations de services	milliard $	15,44	37,07	117,20	110,94
Exportations de biens	milliard $	38,11	106,43	284,60	275,33
Produits énergétiques	%	4,6	11,9	8,5	8,2
Produits agricoles	%	9,0	9,3	6,0	5,7
Produits manufacturés	%	75,4	70,2	81,6	82,8
Solde des transactions courantes	% du PIB	0,6[A]	− 1,5[B]	− 1,8	− 1,8
Position extérieure nette	milliard $	43,2[C]	147,0	− 111,7	− 134,6

Définition des indicateurs, sigles et abréviations p. 23 et suivantes. a. Dernier recensement utilisable : 2001 ;
b. 2000 ; c. 1999 ; d. 1998 ; e. 1997 ; f. 1975-1985 ; g. 1985-1995 ; h. 1995-2000 ; i. 2000-2005 ; k. 1980-1990 ;
m. 1990-2000 ; o. 1979-1981 ; p. 1989-1991 ; q. 1981 ; s. 1995 ; t. 1996 ; u. Mars 2002 ; v. 1982-1983 ;
w. 1987-1988 ; x. 1985 ; y. 1980-1982 ; z. 1990-1992 ; A. 1975-84 ; B. 1985-96 ; C. 1980.

Bilan de l'année / Royaume-Uni

conservateur Iain Duncan Smith, qui a succédé à William Hague en septembre 2001, est resté silencieux. Pourtant, la position officielle des tories écartait sans ambiguïté la perspective d'un retrait britannique.

Ces incohérences n'ont pas été sans conséquences dans l'évolution des équilibres politiques : la fragilité de la victoire travailliste en juin 2001 a été sans réel effet et, un an plus tard, le gouvernement semblait au contraire renforcé. Dans un contexte où la droite progressait dans nombre de pays européens, le phénomène était intéressant, d'autant qu'il coïncidait avec un relatif gauchissement de la politique travailliste ou, en tout cas, avec la disparition de l'ambition d'une « troisième voie » en rupture avec le social-démocratie.

Plus grande proximité avec les choix européens

Le choix de l'Europe, visible dès l'alternance de 1997, n'a pas été seulement rhétorique. Si l'adhésion britannique à l'Union monétaire a progressé à pas lents, la voie demeurait tracée et les divergences précédemment visibles au sein du gouvernement se sont progressivement atténuées en 2001-2002. La réussite technique de l'introduction de l'euro dans douze des quinze États membres de l'UE, le 1er janvier 2002, ainsi que l'émergence spontanée d'une zone euro informelle dans les secteurs de l'économie britannique particulièrement exposés aux échanges internationaux – la City, mais aussi les grands commerces londoniens – y ont sans doute puissamment contribué. Surtout, le Royaume-Uni est apparu moins isolé que par le passé sur les grandes questions de fond. L'échec du Conseil européen de Nice et de la Conférence intergouvernementale (CIG), censée réformer les institutions et préparer les élargissements (décembre 2000), n'avait pas été de son fait, et ses positions sur le processus de réforme constitutionnel lancé en 2002 [voir article p. 40] ont été assez proches de celles d'autres États comme la France.

Il en fut de même dans les circonstances difficiles des attentats de septembre 2001 contre les États-Unis. Tout en souscrivant à l'analyse générale du gouvernement américain sur la nécessité de lutter contre un « axe du mal » qui serait le véritable creuset des

Royaume-Uni de Grande-Bretagne et d'Irlande du Nord

Capitale : Londres.

Superficie : 244 046 km^2.

Population : 59 542 000.

Langues : anglais, gallois et gaélique écossais (off.).

Monnaie : livre sterling (1 livre = 1,56 € au 10.7.02)

Nature de l'État : monarchie constitutionnelle.

Nature du régime : démocratie parlementaire.

Chef de l'État : reine Elizabeth II (depuis le 6.2.52).

Premier ministre : Tony Blair (depuis le 2.5.97).

Premier ministre adjoint : John Prescott.

Chancelier de l'Échiquier (ministre des Finances) : Gordon Brown.

Ministre des Affaires étrangères : Jack Straw.

Ministre de l'Intérieur : David Blunkett.

Principaux partis politiques : *Gouvernement :* Parti travailliste. *Opposition :* Parti conservateur ; Parti libéral démocrate ; Parti unioniste d'Ulster (UUP, Irlande du Nord) ; Parti unioniste démocratique (DUP, Irlande du Nord) ; Parti social-démocrate et travailliste (SDLP, Irlande du Nord) ; Sinn Féin (Irlande du Nord) ; Parti nationaliste écossais ; Plaid Cymru (nationaliste gallois). *Non représentés au Parlement :* British National Party (extrême droite) ; les Verts.

Possessions, territoires et États associés : Gibraltar [Europe], îles Anglo-Normandes [Europe], îles Bermudes [Atlantique nord], îles Falkland, Sainte-Hélène [Atlantique sud], Anguilla, Cayman, Montserrat, Turks et Caïcos, îles Vierges britanniques [Caraïbes], Pitcairn [Océanie].

Royaume-Uni/Bibliographie

E. Avril, R. Davis (sous la dir. de), *Comprendre la Grande-Bretagne de Tony Blair : bilan d'une alternance politique,* Presses universitaires du Septentrion, Villeneuve-d'Ascq, 2001.

T. Blair, *La Nouvelle Grande-Bretagne : vers une société de partenaires,* Éditions de l'Aube, La Tour-d'Aigues, 1996.

C. Charlot, M. Charlot, *Glossaire des institutions politiques au Royaume-Uni,* Nathan, Paris, 1999.

M. Charlot, *Le Pouvoir politique en Grande-Bretagne,* PUF, Paris, 1998 (2ᵉ éd.).

P. Chassaigne, *Histoire de l'Angleterre,* Aubier, Paris, 1996.

J. Crowley, *Sans épines, la rose. Tony Blair, un modèle pour l'Europe ?,* La Découverte, Paris, 1999.

J. Leruez (sous la dir. de), *Les Institutions du Royaume-Uni,* La Documentation française, Paris, 1999.

J. Leruez, *Le Système politique britannique depuis 1945,* Armand Colin, coll. « Cursus », Paris, 1994.

P. Lurbe, *Le Royaume-Uni aujourd'hui,* Hachette, Paris, 2000 (nouv. éd.).

R. Marx, *De l'Empire au Commonwealth : 1850-1994,* Ophrys/Ploton, Paris, 1995.

R. Marx, *Histoire de la Grande-Bretagne : du vᵉ siècle à nos jours,* Armand Colin, Paris, 1996 (4ᵉ éd.).

V. Riches, *L'Économie britannique depuis 1945,* La Découverte, coll. « Repères », Paris, 1992.

P. Schnapper, *La Grande-Bretagne et l'Europe : le grand malentendu,* Presses de Sciences Po, Paris, 2000.

« Tony Blair, le nouveau travaillisme et la troisième voie » (dossier présenté par J. Crowley), *Problèmes politiques et sociaux,* n° 824, La Documentation française, Paris, 1999.

réseaux terroristes, et tout en profitant du désarroi initial de l'administration Bush pour reconstituer à Washington le capital dont il disposait sous Bill Clinton, T. Blair n'a pas cherché à se démarquer de l'UE. Il est vrai que celle-ci a également été moins divisée – tout au moins ses milieux officiels – à propos de l'intervention militaire en Afghanistan qu'elle ne l'avait été pour les opérations en Irak ou pour la guerre au Kosovo (1999).

Retour à un discours d'intégration des immigrés

Les nouvelles formes du terrorisme international et les nouveaux débats à son sujet ont eu, au Royaume-Uni comme ailleurs, des retombées internes. Le discours d'un certain islamisme extrémiste a trouvé un écho chez certains jeunes musulmans britanniques, durement touchés par le chômage, surtout dans les villes du nord de l'Angleterre. Pendant l'été 2001, des incidents violents avaient déjà opposé des groupes de jeunes gens, tantôt à la police, tantôt à des militants d'extrême droite. Le British National Party, formation d'extrême droite traditionnellement groupusculaire, a profité de ce contexte pour réaliser quelques percées électorales.

Paru en décembre 2001, le rapport officiel sur ces incidents a révélé l'ampleur de la ségrégation, du racisme et des crispations communautaires dans certaines zones urbaines. En partie du fait qu'il est entré en résonance avec l'après-« 11 septembre », en partie parce que l'immigration en général est redevenue depuis le milieu des années 1990 un thème politique majeur, le gouvernement a tenu à donner à ce rapport un retentissement considérable. Contre le multiculturalisme ambiant un peu hypocrite, le ministre de l'Intérieur David Blunkett, avec l'appui explicite du Premier ministre, a cherché à réhabiliter le discours de l'intégration.

La présence avérée de Britanniques parmi les combattants du réseau terroriste Al-Qaeda en Afghanistan ne signifiait évidemment pas qu'un défaut d'intégration équivalait à une déclaration de guerre contre l'Occident. Il n'empêche que la présence à Londres d'importants groupes exilés et de médias arabophones radicaux, y compris dans la mouvance islamiste, créait les conditions d'une contagion. Longtemps, ce furent plutôt d'autres gouvernements européens qui s'en soucièrent. Progressivement – et avec une accélération imputable au « 11 septembre » –, c'est également devenu une préoccupation britannique. À côté de mesures nouvelles contre l'incitation à la haine religieuse, destinées à rassurer les musulmans britanniques, le gouvernement a donc fait voter, au dernier trimestre 2001, différentes dispositions facilitant la répression des activités politiques jugées indésirables des exilés.

Certains, à droite, auraient voulu que la situation nord-irlandaise soit relue à la lumière du « 11 septembre ». Mais, malgré le statut incertain du « cessez-le-feu » de l'IRA (Armée républicaine irlandaise) et l'insatisfaction persistante des partis unionistes, l'accord dit « du vendredi saint » (avril 1998) était encore intact à la mi-2002.

Le pays en deuil de la reine mère

Enfin, s'est produit, le 30 mars 2002, un événement symbolique à l'importance incertaine : le décès de la reine mère (Elizabeth), veuve centenaire de l'ancien roi George VI et mère de la reine Elizabeth II. Sans portée constitutionnelle, la disparition d'un des personnages les plus populaires de la famille royale n'en donnait pas moins l'occasion d'apprécier l'état du royalisme sentimental des Britanniques, ébranlé par les scandales des années 1990 et éclipsé, en 1997, par les réactions étonnantes au décès de la princesse Diana. L'existence d'un débat public sur les formes du deuil national a suffi à démontrer la formidable érosion de la déférence à l'égard de la monarchie, mais, inversement, la mobilisation populaire lors des funérailles de la reine mère a dépassé les attentes. Le succès de la commémoration des cinquante ans de règne d'Elizabeth II, en juin 2002, est venu renforcer ce sentiment. Dans un pays à l'identité nationale incertaine, la monarchie, quoique ébranlée, n'a pas cessé d'être un point d'ancrage. - **John Crowley** ∎

Europe latine

Andorre, Espagne, France, Italie, Monaco, Portugal, Saint-Marin, Vatican

Andorre

Sur la « liste noire » de l'OCDE

Célèbre dans la région pour son rôle de *duty free shop*, la principauté d'Andorre attire les consommateurs frontaliers et les touristes. Elle est officiellement devenue indépendante en 1993, s'étant dotée d'une Constitution qui devrait faire évoluer ses institutions jusqu'alors féodales. Formellement, la suzeraineté, exercée en indivision depuis sept siècles par les deux coprinces – le président de la République française et l'évêque d'Urgel – a été abolie quand la principauté a été admise à l'ONU en 1993.

Principauté d'Andorre

Capitale : Andorre-la-Vieille.
Superficie : 468 km².
Population : 90 000.
Langues : catalan (off.), français, espagnol et portugais.
Monnaie : euro (monnaie d'usage).
Nature de l'État : principauté avec deux coprinces : le président de la République française et l'évêque d'Urgel. Andorre est devenue un État souverain le 14.3.93 (approbation de la Constitution).
Nature du régime : parlementaire.
Président du Parlement : Francesc Areny Casal, syndic (depuis le 16.2.97).
Chef du gouvernement : Marc Forné Molné (depuis le 6.12.94).

Déjà recensé en juin 2000 dans la « liste noire » des paradis fiscaux ayant refusé de coopérer avec l'OCDE (Organisation de coopération et de développement économiques) dans la lutte contre l'évasion fiscale, Andorre figurait à nouveau dans la liste publiée en avril 2002, s'exposant à des sanctions après 2003 si son attitude récalcitrante perdurait. - **Nicolas Bessarabski** ■

Espagne

Départ annoncé de José María Aznar

Réélu à une quasi-unanimité à la tête du Parti populaire (PP) lors de son quatorzième congrès fin janvier 2002, José María Aznar a annoncé qu'il ne serait candidat ni à une troisième présidence du gouvernement espagnol en 2004, ni, en 2005, à celle de sa formation de droite libérale. Il a ainsi ouvert la course à sa succession, dans laquelle le ministre de l'Intérieur Mariano Rajoy, son prédécesseur Jaime Mayor Oreja, devenu responsable du PP au Pays basque, et le ministre de l'Économie Rodrigo Rato figuraient parmi les dauphins potentiels. Cette renonciation apparaissait comme un argument contre les accusations de césarisme dont a fait l'objet le chef du gouvernement, alors même que les sondages de popularité étaient désormais favorables à José Luis Rodríguez Zapatero, secrétaire général du

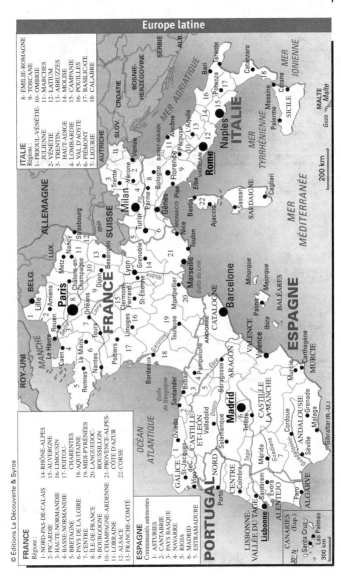

© Éditions La Découverte & Syros

INDICATEUR	UNITÉ	1980	1990	2000	2001
Démographie[a]					
Population	million	37,5	39,3	39,9	39,9
Densité	hab./km²	75,2	78,7	79,9	79,9
Croissance annuelle	%	0,8[f]	0,3[g]	0,1[h]	0,0[i]
Indice de fécondité (ISF)		2,2[f]	1,4[g]	1,2[h]	1,1[i]
Indicateurs socioculturels					
Nombre de médecins	‰ hab.	2,77[q]	3,80	3,10[c]	••
Scolarisation 2e degré	%	74,2	••	••	91,6[d]
Scolarisation 3e degré	%	23,2	36,7	54,6[e]	55,7[d]
Téléviseurs	‰ hab.	255	389	591	••
Livres publiés	titre	23 527	34 684	46 330[s]	••
Économie					
PIB total	milliard $	258,8	499,0	768,5	802,1
Croissance annuelle	%	2,9[k]	2,2[m]	4,1	2,8
PIB par habitant (PPA)	$	6 922	12 848	19 472	20 320
Investissement (FBCF)	% PIB	23,0[o]	25,5[p]	25,5	25,1
Recherche et Développement	% PIB	0,41[q]	0,81	0,94[b]	0,96[t]
Taux d'inflation	%	15,4	6,7	3,5	3,2
Population active	million	13,5	15,3	17,0	17,1
Agriculture	% ⎫	19,3	11,8	6,8	6,6
Industrie	% ⎬ 100 %	36,0	33,4	30,9	31,2
Services	% ⎭	44,7	54,8	62,3	62,2
Taux de chômage (fin année)	%	11,6	16,2	11,3	11,4[u]
Énergie (consom./hab.)	TEP	1,83	2,33	2,86[d]	3,01[c]
Énergie (taux de couverture)	%	22,8	37,5	28,3[d]	25,9[c]
Aide au développement (APD)	% PIB	0,09[v]	0,08[w]	0,22	0,30
Dépense publique Éducation	% PIB	2,2	4,2	4,7[s]	4,5[d]
Dépense publique Défense	% PIB	2,4[x]	1,8	1,3	1,3
Solde administrat. publiques	% PIB	− 5,9[y]	− 6,1[z]	− 0,4	0,1
Dette administrat. publiques	% PIB	16,8	43,5	60,4	57,2
Échanges extérieurs		**1974**	**1986**	**2000**	**2001**
Importations de services	milliard $	2,54[A]	5,98	31,28	33,52
Importations de biens	milliard $	15,21[A]	34,95	151,03	149,06
Produits agricoles	%	22,1	17,8	10,4	11,7
Produits énergétiques	%	25,4	18,9	12,6	11,6
Produits manufacturés	%	41,0	54,7	72,6	72,6
Exportations de services	milliard $	5,43[A]	17,84	53,54	57,77
Exportations de biens	milliard $	7,82[A]	27,76	116,21	117,56
Produits agricoles	%	26,1	18,6	14,7	15,6
Produits manufacturés	%	60,3	64,9	77,8	78,2
dont machines et mat. de transport	%	22,3	30,9	42,8	41,8
Solde des transactions courantes	% du PIB	− 1,8[B]	− 1,2[C]	− 3,4	− 2,6
Position extérieure nette	milliard $	− 16,5[q]	− 15,3	− 115,4[c]	− 113,9[b]

Définition des indicateurs, sigles et abréviations p. 23 et suivantes. a. Dernier recensement utilisable : 2001 ; b. 2000 ; c. 1999 ; d. 1998 ; e. 1997 ; f. 1975-1985 ; g. 1985-1995 ; h. 1995-2000 ; i. 2000-2005 ; k. 1980-1990 ; m. 1990-2000 ; o. 1979-1981 ; p. 1989-1991 ; q. 1981 ; s. 1996 ; t. 2001 ; u. Mai 2002 ; v. 1982-1983 ; w. 1987-1988 ; x. 1985 ; y. 1980-1982 ; z. 1990-1992. A. 1975 ; B. 1975-84 ; C. 1985-96.

Parti socialiste ouvrier espagnol (PSOE) depuis juillet 2000, lequel s'est montré partisan d'une opposition constructive et s'est fait le défenseur d'un *cambio tranquilo* (changement tranquille).

Parmi les difficultés auxquelles le gouvernement Aznar s'est heurté figurait la mise en application, le 23 janvier 2001, de la *Ley de extranjeria* prévoyant l'expulsion immédiate des immigrés illégaux et de lourdes amendes pour leurs employeurs. Privant les quelque 150 000 travailleurs irréguliers d'emploi et les exploitants agricoles de main-d'œuvre, elle a poussé le gouvernement à favoriser la régularisation d'Équatoriens sans papiers et à s'engager dans une politique d'immigration légale avec quotas.

Convergence accrue avec l'Union européenne

Les bons résultats économiques ont permis une relance du dialogue social, avec la conclusion par la Confédération du patronat espagnol (CEOE) et les deux grandes centrales syndicales (CCOO – Commissions ouvrières, proche des communistes, et UGT – Union générale des travailleurs, proche des socialistes), en décembre 2001, d'un accord de modération des salaires pour 2002, le premier de ce genre depuis 1983. Le ralentissement économique observé en Europe n'a, en effet, que modérément affecté l'Espagne, tout en imposant un ajustement des prévisions. Ainsi le déficit public n'a-t-il pu être totalement résorbé – 0,7 % du PIB, contre – 0,8 % en 2000 – mais l'équilibre budgétaire a été atteint pour la première fois grâce à une Sécurité sociale excédentaire depuis 2000 en raison de l'augmentation du nombre de ses cotisants. La dette publique, ramenée à 60,6 % en 2000, s'est établie à 57,2 % en 2001, et une rigueur équivalente était attendue des communautés autonomes auxquelles le nouveau système de financement, adopté en juillet 2001, a conféré plus d'autonomie. Le taux

Royaume d'Espagne

Capitale : Madrid.

Superficie : 504 782 km².

Population : 39 921 000.

Langues : officielle nationale : espagnol (ou castillan) ; officielles régionales : basque (euskera) ; catalan ; galicien ; valencien.

Monnaie : l'Espagne fait partie de la Zone euro. Le 1.1.02, la peseta a disparu au profit de l'euro (sur la base de 1 € = 166,386 pesetas). 1 € = 0,99 dollar au 10.7.02.

Nature de l'État : monarchie constitutionnelle. 17 communautés autonomes et deux villes autonomes (Ceuta et Metilla) dans une Espagne « unie et indissoluble ».

Nature du régime : parlementaire.

Chef de l'État : roi Juan Carlos Ier de Bourbon (depuis le 22.11.75).

Chef du gouvernement : José Maria Aznar (depuis le 4.5.96, réélu le 12.3.2000).

Ministre des Affaires étrangères : Ana de Palacio (depuis le 8.7.02).

Ministre de la Défense : Federico Trillo-Figueroa y Martinez Conde (depuis avr. 2000).

Ministre de l'Intérieur : Angel Acebes (depuis juil. 02).

Principaux partis politiques : *Audience nationale :* Parti populaire (PP, centre droit, au pouvoir) ; Parti socialiste ouvrier espagnol (PSOE, gauche) ; Gauche unie (IU, coalition à majorité communiste). *Audience dans les autonomies :* Convergence et Union (CiU, conservateur, au pouvoir en Catalogne) ; Parti nationaliste basque (PNV, conservateur, au pouvoir au Pays basque) ; Coalition canarienne (CC, nationaliste) ; Bloc nationaliste galicien (BNG, gauche). *Non représenté à l'Assemblée :* Batasuna (anciennement « Herri Batasuna », HB, coalition séparatiste basque, considérée comme la vitrine politique de l'ETA, dont la plate-forme électorale élargie est Euskal Herritarrok, EH).

Échéances institutionnelles : élections municipales (2003) et législatives (2004).

Contestation territoriale : Gibraltar, dépendant du Royaume-Uni.

Espagne/Bibliographie

A. **Angoustures**, *Histoire de l'Espagne au XXᵉ siècle*, Complexe, Bruxelles, 1993.

A. **Broder**, *Histoire économique de l'Espagne contemporaine*, Économica, Paris, 1998.

G. **Couffignal**, *Le Régime politique de l'Espagne*, Montchrestien, Paris, 1993.

G. **Dufour**, J.-F. **Dufour**, *L'Espagne, un modèle pour l'Europe des régions ?*, Gallimard, Paris, 2000.

A. **Dulphy**, *Histoire de l'Espagne de 1814 à nos jours*, Nathan, Paris, 1999 (rééd.).

A. **Huez de Lemps**, *L'Économie de l'Espagne*, Armand Colin, Paris, 1998.

« La question de l'Espagne », *Hérodote*, n° 91, La Découverte, Paris, 4ᵉ trim. 1998.

B. **Loyer**, *Géopolitique du Pays basque : nations et nationalismes en Espagne*, L'Harmattan, Paris, 1997.

V. **Pérez-Diaz**, *La Démocratie espagnole vingt ans après*, Complexe, Bruxelles, 1996.

M. et M.-C. **Zimmermann**, *La Catalogne*, PUF, coll. « Que sais-je ? », Paris, 1998.

de croissance a été revu à la baisse (2,6 % au troisième trimestre 2001 contre 3,2 % annoncés) mais demeurait supérieur à la moyenne de la Zone euro. Cette évolution ne pouvait que rendre plus sensibles les points névralgiques persistants, comme le dérapage de l'inflation (3,2 % environ) observé depuis 1999, malgré la réduction du différentiel avec le taux moyen de l'Union européenne (UE), et les déséquilibres du marché du travail auxquels le ralentissement des créations d'emploi ne permettait pas de remédier. Pour autant, le reflux du chômage observé depuis plusieurs années s'est poursuivi, avec 12,9 % en fin d'année 2001, contre 15,9 % en 1999 et 13,6 % en 2000. L'année 2001 a donc été marquée par une convergence accrue de l'économie espagnole avec celle de ses principaux partenaires. Seule la crise en Argentine semblait pouvoir la fragiliser, menaçant ses investissements, ainsi que la stabilisation de son déficit commercial après deux ans de forte dégradation.

Le premier semestre de l'année 2002 a été marqué par la troisième présidence espagnole de l'UE. S'érigeant en promoteur d'une Europe libérale, l'Espagne entendait accélérer la déréglementation, même si le sommet de Barcelone de mars 2002 n'a pu ouvrir les marchés de l'électricité et du gaz qu'aux entreprises (et non aux particuliers), afin de tenir compte des réserves françaises. Elle a veillé au bon déroulement des négociations d'élargissement, tout en manifestant sa volonté de ne pas être le pays le plus pénalisé, du fait de la diminution des aides structurelles du Fonds européen de développement régional (Feder) dont elle a été la bénéficiaire majoritaire (63 %) en 2001. J. M. Aznar, utilisant l'onde de choc des attentats du 11 septembre 2001 aux États-Unis, a par ailleurs fait de la lutte contre le terrorisme l'un des axes de cette présidence, en donnant de l'élan à l'espace judiciaire et au projet de mandat d'arrêt européen, en obtenant l'élaboration d'une définition unique du terrorisme et l'adoption d'une liste d'individus et d'organisations terroristes comprenant, à côté de l'ETA (Euskadi ta askatasuna, « Le Pays basque et sa liberté »), un certain nombre de membres du mouvement et de groupes de sa mouvance.

La mobilisation de la société espagnole et basque contre les actions de l'ETA est demeurée forte en 2001-2002, mais la situation politique n'a pas permis une stratégie commune de la classe politique en vue de la paix et du nécessaire rétablissement des libertés. Les divergences entre le Parti nationaliste basque (PNV) et les deux principaux partis nationaux, PP et PSOE, sont restées fortes.

Le PNV, au pouvoir au Pays basque, a pourtant choisi de gouverner avec Izquierda Unida (IU, « Gauche unie »), sans l'appui des voix de Euskal Herritarok, la plate-forme de Batasuna, considérée comme la vitrine politique légale de l'ETA. Cependant, Juan José Ibarretxe, pour la deuxième fois *lehendakari* (chef du gouvernement basque), a inscrit l'autodétermination du Pays basque, revendication constante et centrale de l'ETA rejetée par les gouvernements centraux, dans ses objectifs à long terme. Aussi les socialistes ont-ils souligné que le PNV, plutôt que de se diriger, comme toujours, vers plus de nationalisme, devait opter pour plus de liberté et de démocratie.

Vers l'interdiction de Batasuna

Parmi toutes les mesures adoptées ou préparées par le gouvernement central dans le cadre du projet antiterroriste, le point de friction essentiel a été, au printemps 2002, le projet de modification de la loi sur les partis politiques de 1978. Celui-ci vise à permettre des poursuites judiciaires contre les partis ne respectant pas les principes démocratiques essentiels et à ouvrir la voie à leur interdiction en dépit des changements de nom successifs adoptés. Ce projet a été conçu pour déclarer illégal le parti Herri Batasuna, devenu Batasuna, et ce avant les élections municipales de 2003 au Pays basque. Le PSOE, soumis à une importante pression pour l'amener à manifester son soutien au projet gouvernemental, estimait, au printemps 2002, que le PP mettait scandaleusement en doute sa solidarité. Le PNV et l'exécutif basque s'opposaient clairement à la proposition de loi. Le 26 août, le Parlement a voté (295 voix « pour », 10 « contre » et 29 abstentions) une motion demandant au gouvernement de faire interdire Batasuma. Enfin, dans le cadre des poursuites judiciaires visant à démanteler les réseaux de soutien financier à l'ETA, le juge Baltazar Garzón a ordonné, le 30 avril 2002, l'arrestation de onze personnes liées à Batasuna, pour leur participation à un réseau destiné à blanchir l'argent de l'organisation terroriste. Il a déclaré, en mai suivant, que son enquête permettait d'affirmer que Batasuna faisait organiquement partie de la structure de l'ETA.

Le PNV, que l'on estimait tiraillé entre « extrémistes » et modérés, a été soumis à une campagne de pressions intenses de la part de l'ETA afin de le rallier à ses objectifs en dépit de la déroute électorale de Euskal Herritarok. C'est ainsi qu'ont été interprétés les assassinats d'un haut responsable de la Ertzainza (police autonome basque) et d'un conseiller de l'Union du peuple navarrais (UPN) perpétrés le jour même de la formation du nouveau gouvernement basque.

L'ETA, qui semble avoir beaucoup recruté parmi de jeunes activistes non connus de la police, a eu pour cibles prioritaires, en 2001-2002, la police autonome basque, les responsables politiques du PP, de l'UPN et du Parti socialiste du Pays basque et, dans la continuité des années précédentes, les journalistes. L'organisation a tué 39 personnes entre janvier 2000 et mai 2002. On a pu constater, enfin, une extension de la violence en France : des *etarras* (activistes de l'ETA) ont tiré sur des gendarmes et des actes s'apparentant à la *kale borroka* – la guérilla urbaine du Pays basque espagnol – ont été commis contre des policiers français. Ces opérations semblaient liées au renforcement de la coopération policière entre les deux pays, encore marquée, en novembre 2001, par l'accélération de la remise des *etarras* à la police espagnole pour audition ou par l'arrestation, en avril 2002, de cinq membres présumés de l'ETA et la saisie d'archives de Batasuna.

Aline Angoustures, Anne Dulphy ∎

France

L'onde de choc du 21 avril

L'année 2001-2002 restera en France marquée par l'énorme surprise de la qualification pour le second tour de l'élection présidentielle du démagogue d'extrême droite Jean-Marie Le Pen (Front national) et de l'élimination, dès le premier tour, le 21 avril 2002, du candidat socialiste Lionel Jospin, Premier ministre depuis cinq ans. Cet événement considérable a eu un profond retentissement dans tout le pays et à l'étranger. Il a suscité en réaction une extraordinaire mobilisation civique – notamment des jeunes, lycéens et étudiants, des associations et des autres corps intermédiaires, ainsi que des médias – pour faire « barrage à l'extrême droite ». Cette mobilisation s'est très puissamment exprimée le 1er mai à Paris (500 000 manifestants) et dans de nombreuses autres villes. Elle a permis au candidat républicain de droite Jacques Chirac, président sortant, d'être réélu avec 82,2 % des suffrages exprimés, lui qui avait recueilli à peine 20 % des voix deux semaines plus tôt (19,9 % contre 16,7 % à J.-M. Le Pen et 16,2 % à L. Jospin). Le report des voix qui s'étaient portées au premier tour sur les candidats de gauche a été massif.

Ce scrutin aura été en tous points exceptionnel : par le score historique de l'extrême droite (19,2 % des suffrages exprimés et 4 804 713 voix au premier tour ; 17,8 % et 5 526 907 voix au second), par le nombre des candidats (seize), par le niveau record de l'abstention le 21 avril (28,7 %) et par les effets d'une cohabitation entre un président et un Premier ministre appartenant à des alliances politiques opposées, elle aussi sans précédent, puisque longue de cinq ans. Par ailleurs, geste peu commun pour un homme politique français, L. Jospin avait annoncé dès le soir du 21 avril qu'il se retirait de la vie publique.

Le « miraculé » de l'Élysée

J. Chirac restait donc au palais présidentiel de l'Élysée, pour un second mandat. À près de soixante-dix ans, celui qui fut élu député pour la première fois en 1967, plusieurs fois ministre, Premier ministre à deux reprises (1974-1976 et 1986-1988), maire de Paris (1977-1995) apparaissait comme un véritable miraculé de ces urnes, ayant grandement profité de la mauvaise et illisible campagne de L. Jospin. Le président sortant n'avait en effet pu présenter aucun bilan du fait de sa dissolution désastreuse de l'Assemblée nationale en 1997. Les élections législatives anticipées qu'il avait voulues par tactique politicienne avaient ainsi été gagnées par la « gauche plurielle » – coalition associant notamment socialistes, communistes et Verts –, alors qu'il disposait d'une majorité pléthorique dans la précédente Assemblée. Il apparaissait aussi comme un rescapé parce qu'il avait été mêlé à d'innombrables affaires politico-financières. Certes, il avait bénéficié de l'impunité grâce à sa fonction, mais son image dans l'opinion, et plus encore à l'étranger, en était gravement affectée.

J. Chirac aura une nouvelle fois prouvé ses grandes capacités de candidat en campagne. Dans un contexte de montée des populismes en Europe, il a ainsi fait du sentiment d'insécurité l'axe privilégié de sa campagne, poussant L. Jospin à occuper pendant un temps le « créneau sécuritaire ». J.-M. Le Pen n'eut aucun mal à tirer profit de cette polarisation, lui qui de longue date avait fait de l'insécurité (et de l'immigration) l'un de ses thèmes favoris.

Élu en protecteur de la République, J. Chirac se trouvait devant une opportunité historique. Il avait en effet l'occasion, s'il le souhaitait, de marquer enfin le pays de son empreinte et d'opérer d'ambitieuses réformes. Il a immédiatement montré qu'il entendait renforcer le rôle présidentiel dans la gouvernance de l'exécutif. Les élections législatives qui ont suivi l'élection présidentielle, les 9 et 16 juin, ont par ailleurs donné la majorité absolue à l'Union pour la majorité présidentielle (UMP), parti en constitution visant à absorber, non seulement le RPR (Rassemblement pour la République, fondé par J. Chirac en 1976), mais aussi DL (Démocratie libérale) et une partie de l'UDF (Union pour la démocratie française, démocrate chrétienne). Le « parti du président », avec 33,30 % des suffrages exprimés au premier tour, a remporté 309 sièges, contre 138 (24,11 % au premier tour) au Parti socialiste (PS). Le Front national (FN) de J.-M. Le Pen n'a obtenu aucun siège malgré 11,34 % des suffrages, effet du mode de scrutin majoritaire. L'UDF de François Bayrou, bien que très affaiblie par les ralliements à l'UMP, a pour sa part obtenu 23 sièges (4,85 % des voix, après 6,84 % à la présidentielle) ; le PCF (Parti communiste français), en déclin très prononcé, 21 (4,82 %, après 3,37 % à la présidentielle où il avait été devancé par deux candidats trotskistes) ; les Verts, 3 (4,82 %, après 5,25 % à la présidentielle).

La fin d'un cycle politique

Les élections de 2002 ont conclu un cycle politique. La gauche avait su en 1995 bâtir une nouvelle alliance et programmer par la suite des réformes pour certaines ambitieuses, notamment dans le domaine sociétal. Ce fut le cas de la réduction de la durée légale hebdomadaire du travail à 35 heures, de la mise en œuvre de la parité hommes-femmes dans les assemblées politiques, de l'adoption du Pacte civil de solidarité (statut pour les couples non mariés le souhaitant, qu'ils soient homo- ou hétérosexuels). Elle avait par ailleurs bénéficié d'une conjoncture économique exceptionnelle, étant revenue au gouvernement au moment précis où s'amorçait une reprise significative et durable de la croissance. Le ralentissement de celle-ci (le chômage, qui restait élevé, a interrompu sa décrue à compter de juin 2001), l'autosatisfaction affichée

par certains de ses dirigeants face à une droite alors en proie aux pires divisions ont sans nul doute contribué à la dispersion des voix et à l'abstention lors du premier tour de la présidentielle. À cela se sont ajoutés un discours politique peu audible par les milieux populaires et le fait d'avoir fondé toute la campagne présidentielle sur le seul second tour.

La « gauche plurielle » avait vécu. Il restait à ses composantes à redéfinir projets et stratégie et à régler les problèmes de *leadership*. Ses référents historiques apparaissaient en voie d'essoufflement. La question d'une recomposition de la gauche face à la réorganisation de la droite ne manquerait pas de se poser.

Les premières mesures de la droite

Le nouveau Premier ministre, Jean-Pierre Raffarin, issu des rangs de DL, a voulu se distinguer de la classe politique en se présentant comme un homme nouveau, soucieux de la « France d'en bas ». Il s'est délibérément donné un air patelin et « provincial ». Ce sénateur du Poitou, fils d'un secrétaire d'État de la IVe République, avait effectivement la réputation d'être un homme d'écoute, mais n'était guère novice en politique, y ayant assumé des responsabilités dès le milieu des années 1970 (d'abord dans le mouvement de jeunesse du parti soutenant l'ancien président Valéry Giscard d'Estaing).

Les premières mesures votées par le Parlement ont prolongé les engagements du candidat Chirac. Sur le plan de la sécurité (dont le ministère a été confié à Nicolas Sarkozy), les moyens des forces de l'ordre ont été renforcés. L'impôt sur le revenu des personnes a été réduit de 5 %, la baisse devant se poursuivre au cours des cinq années de la législature (cette mesure a été critiquée comme étant très inégalitaire, seule la moitié des ménages français – les moins défavorisés – étant imposés). Également très controversée, no-

INDICATEUR	UNITÉ	1980	1990	2000	2001
Démographie[a]					
Population	million	53,9	56,7	59,2	59,5
Densité	hab./km²	97,9	103,1	107,7	108,1
Croissance annuelle	%	0,5[f]	0,5[g]	0,4[h]	0,4[i]
Indice de fécondité (ISF)		1,9[f]	1,8[g]	1,7[h]	1,8[i]
Indicateurs socioculturels					
Nombre de médecins	‰ hab.	2,17[q]	2,60	3,00[d]	• •
Scolarisation 2e degré	%	78,7	85,8[s]	94,8[t]	94,2[d]
Scolarisation 3e degré	%	25,3	39,7	51,8[e]	50,8[d]
Téléviseurs	‰ hab.	370	539	628	• •
Livres publiés	titre	29 371	37 860	34 766[u]	• •
Économie					
PIB total	milliard $	546,8	1 019,3	1 426,5	1 487,9
Croissance annuelle	%	2,4[k]	1,4[m]	3,6	2,0
PIB par habitant (PPA)	$	10 148	17 966	24 223	25 174
Investissement (FBCF)	% PIB	23,3[o]	22,4[p]	19,6	19,7
Recherche et Développement	% PIB	1,93[q]	2,37	2,19[c]	2,15[b]
Taux d'inflation	%	13,1	3,4	1,8	1,8
Population active	million	23,5	24,8	26,6	26,8
Agriculture	% ⎫	8,6	5,7	3,9	3,7
Industrie	% ⎬ 100 %	35,7	29,7	24,2	24,1
Services	% ⎭	55,6	64,6	72,0	72,2
Taux de chômage (fin année)	%	6,2	9,0	9,3	9,2[v]
Énergie (consom./hab.)	TEP	3,48	3,98	4,36[d]	4,35[c]
Énergie (taux de couverture)	%	24,9	49,0	49,4[d]	50,0[c]
Aide au développement (APD)	% PIB	0,56[w]	0,59[x]	0,32	0,34
Dépense publique Éducation	% PIB	4,9	5,3	6,0[t]	5,9[d]
Dépense publique Défense	% PIB	4,0[y]	3,5	2,6	2,4
Solde administrat. publiques	% PIB	− 2,4[z]	− 3,2[A]	− 1,2	− 1,7
Dette administrat. publiques	% PIB	19,6	34,8	57,7	57,6
Échanges extérieurs		**1974[B]**	**1986**	**2000**	**2001**
Importations de services	milliard $	13,99[B]	33,03	62,63	62,48
Importations de biens	milliard $	49,39[B]	121,88	294,40	288,56
Produits énergétiques	%	23,0	12,6	9,0	8,6
Produits manufacturés	%	48,2	65,3	78,9	79,3
Produits alimentaires	%	10,9	11,7	7,2	7,4
Exportations de services	milliard $	18,19[B]	43,08	81,74	80,39
Exportations de biens	milliard $	50,42[B]	120,53	295,53	291,41
Produits agricoles	%	20,5	18,7	11,1	10,7
Produits manufacturés	%	62,8	70,4	83,4	84,1
dont machines et mat. de transport	%	30,2	• •	48,8	49,1
Solde des transactions courantes	% du PIB	− 0,3[C]	0,1[D]	1,6	2,0
Position extérieure nette	milliard $	• •	26,0[E]	10,9[c]	60,2[b]

Définition des indicateurs, sigles et abréviations p. 23 et suivantes. a. Dernier recensement utilisable : 1999 ; b. 2000 ; c. 1999 ; d. 1998 ; e. 1997 ; f. 1975-1985 ; g. 1985-1995 ; h. 1995-2000 ; i. 2000-2005 ; k. 1980-1990 ; m. 1990-2000 ; o. 1979-1981 ; p. 1989-1991 ; q. 1981 ; s. 1991 ; t. 1996 ; u. 1995 ; v. Mai 2002 ; w. 1982-1983 ; x. 1987-1988 ; y. 1985 ; z. 1980-1982 ; A. 1990-1992 ; B. 1975 ; C. 1975-84 ; D. 1985-96 ; E. 1989.

tamment parmi les magistrats, une loi d'orientation et de programmation sur la justice a été votée qui augmente les moyens de celle-ci, réforme en profondeur la procédure pénale et renforce considérablement la répression des délits commis par des mineurs. La Ligue des droits de l'homme a cru pouvoir parler, à propos de cette loi, « d'une politique de pénalisation et de guerre aux pauvres ». Par ailleurs, une exonération totale des charges sociales a été décidée pour les entreprises embauchant des jeunes de 16 à 22 ans sans qualification, sans exigence de formation. Sur le plan de la réforme des retraites, le gouvernement a semblé en revanche vouloir se montrer plus prudent. Il est vrai que la tendance baissière de la Bourse et les faillites aussi retentissantes que frauduleuses d'Enron [*voir article p. 67*] et de WorldCom aux États-Unis sont venues conforter les critiques portées aux régimes par capitalisation ayant recours aux fonds de pension.

Un environnement incertain

Le gouvernement a effectué ses premiers pas dans un environnement très incertain. Le ralentissement de la croissance, marqué en 2001 (2,0 % contre 3,3 % en 2000), allait encore s'aggraver en 2002, pesant sur le chômage (9,2 % en mai 2002), sur les rentrées fiscales et sur les comptes sociaux. Par ailleurs, le nouveau contexte géopolitique créé par les attentats contre le World Trade Centre et le Pentagone américains, le 11 septembre 2001, a précisé deux nouveaux défis. Le premier concerne les affaires de sécurité, des ressortissants français ayant été directement impliqués dans la préparation de ces attentats (l'un d'entre eux, Zacharias Moussaoui étant même soupçonné de s'être entraîné pour être l'un des pilotes-suicides) ; l'autre, la place future de la France dans un monde de plus en plus marqué par l'unilatéralisme américain [*voir article p. 30*].

République française

Capitale : Paris
Superficie : 547 026 km².
Population : 59 453 000.
Langues : français (off.), breton, catalan, corse, occitan, basque, alsacien, flamand.
Monnaie : la France fait partie de la Zone euro. Le 1.1.02, le franc a disparu au profit de l'euro (sur la base de 1 € = 6,55957 FF).
1 € = 0,99 dollar au 10.7.02.
Nature de l'État : république unitaire avec une faible décentralisation.
Nature du régime : démocratie parlementaire combinée à un pouvoir présidentiel.
Chef de l'État : Jacques Chirac, président de la République (depuis le 17.5.95, réélu le 5.5.02).
Premier ministre : Jean-Pierre Raffarin (depuis le 6.5.02, reconduit le 17.6.02).
Ministre de l'Intérieur, de la Sécurité intérieure et des Libertés locales : Nicolas Sarkozy (depuis le 7.5.02).
Ministre des Affaires sociales, du Travail et de la Solidarité : François Fillon (depuis le 7.5.02).
Ministre de l'Économie, des Finances et de l'Industrie : Francis Mer (depuis le 7.5.02).
Ministre des Affaires étrangères : Dominique Galouzeau de Villepin (depuis le 7.5.02).
Principaux partis politiques : *Gouvernement :* Rassemblement pour la République (RPR, droite) ; Union pour la démocratie française (UDF, centre droit) ; Démocratie libérale (DL, droite). Un regroupement de l'essentiel de ces forces dans l'Union pour la majorité présidentielle – UMP – a été engagé en 2002, l'UDF conservant un appareil. *Oppositions :* Parti socialiste (PS, social-démocrate) ; Parti communiste français (PCF) ; parti Radical de gauche (PRG), Les Verts. Front national (FN, extrême droite).
DOM-TOM et CT : *Départements d'outre-mer* (DOM) : Guadeloupe, Martinique, Guyane, Réunion. *Territoires d'outre-mer* (TOM) : Wallis et Futuna, Terres australes et antarctiques françaises (TAAF). « *Entité territoriale* »: Nouvelle-Calédonie ; *Pays d'outre-mer* (POM) : Polynésie française. *Collectivités territoriales* (CT) : Saint-Pierre-et-Miquelon, Mayotte.

France/Bibliographie

R. Castel, *Les Métamorphoses de la question sociale*, Fayard, Paris, 1995.

O. Donnat, *Les Pratiques culturelles des Français. Enquête 1997*, La Documentation française, Paris, 1998.

O. Duhamel, *Vive la VIe République*, Seuil, Paris, 2002.

L'état de la France 2002, La Découverte, Paris, 2002 (annuel). (Cet ouvrage collectif traite à la fois des mutations de la société, de l'économie, de la politique, de la culture.)

L'état des régions françaises 2002, La Découverte, Paris, 2002 (annuel).

OFCE, *L'Économie française 2002*, La Découverte, coll. « Repères », Paris, 2002.

J. Sellier, *Atlas historique des provinces et régions de France, Genèse d'un peuple*, La Découverte, Paris, 1997.

« Splendeurs et misères de la vie intellectuelle », *Esprit*, Paris, (I., mars-avr. 2000 ; II., mai 2000).

En vérité, cela pose surtout la question de l'avenir de l'Europe. Les débats à son propos – comme, au demeurant, tout ce qui concerne les affaires extérieures – ont été totalement absents de la campagne électorale. C'est pourtant là que se situent des enjeux majeurs pour le futur. Cette situation est apparue d'autant plus paradoxale que l'ex-président V. Giscard d'Estaing a été choisi pour présider la Convention sur l'avenir de l'Union créée pour préparer la réforme des institutions [*voir article p. 40*]. - **Serge Cordellier** ■

Italie

Confiance et désillusion

La révolution berlusconienne n'a pas eu lieu et les promesses électorales du magnat de la télévision tardaient à se concrétiser : un an après l'arrivée au pouvoir de Silvio Berlusconi et de sa coalition de centre droit (juin 2001), l'Italie observait avec un mélange de confiance et de désillusion l'action du gouvernement. Les conflits sociaux ou la crise de Fiat, le plus grand groupe industriel du pays, ont été des événements bien plus significatifs que l'activité gouvernementale, souvent marquée par le conflit entre les intérêts privés et l'action publique du président du Conseil.

Réformes en plan

Pas de révolution, donc, preuve que dans les sociétés européennes toute réforme, de droite ou de gauche, demande dialogue social et consensus.

L'une des mesures phares du gouvernement Berlusconi, la réforme du marché du travail, a été l'objet d'un long bras de fer avec les trois grandes organisations syndicales, CGIL (Confederazione Generale Italiana del Lavoro), CISL (Confederazione Italiana Sindacati Lavoratori) et UIL (Unione Italiana del Lavoro). Soutenues par l'opinion publique et fortes de presque 10 millions d'inscrits, les trois confédérations ont su mobiliser leurs troupes, surtout sous l'impulsion de Sergio Cofferati, leader du syndicat le plus à gauche, la CGIL. Le 23 mars 2002, une manifestation sans précédent a vu défiler à Rome entre deux et trois millions de personnes. Une autre grande manifestation, le 16 avril suivant, a été suivie par une grève générale (la première depuis celle de

Bilan de l'année / Italie

1982 contre la suppression de l'échelle mobile des salaires). La révision de l'article 18 du « statut de travailleurs », qui protège les salariés contre les licenciements, était au cœur du conflit. Le gouvernement a insisté pour introduire des dérogations dans le cas des nouvelles embauches. Un compromis a été trouvé en juillet 2002, mais seulement avec la CISL et l'UIL, tandis que la CGIL entendait organiser une nouvelle grève générale à l'automne 2002.

En marge de ce conflit, on a assisté au retour sanglant des Brigades rouges : un conseiller du minitre du Travail, Marco Biagi, a été assassiné le 19 mars 2002. Il avait fait l'objet de menaces, mais on lui avait refusé une protection policière. Les polémiques sur cette affaire ont contraint à la démission le ministre de l'Intérieur, Claudio Scajola, qui avait tenu des propos injurieux sur M. Biagi.

Outre la modification de la législation portant sur le marché du travail qui n'avait pas abouti à la mi-2002, la baisse des impôts, deuxième volet de la révolution libérale promise pendant la campagne électorale, a été reportée. Une croissance trop lente (1,5 % prévu pour 2002 par l'OCDE – Organisation de coopération et de développement économiques) et la nécessité de respecter le Pacte de stabilité européen ont contraint le ministre des Finances, Giulio Tremonti, à surseoir à son projet, qui prévoit l'introduction de seulement deux barèmes pour l'impôt sur le revenu (23 % jusqu'à 100 000 €, 33 % au-delà). Les premières mesures d'allégement fiscal étaient prévues pour 2003. L'impôt sur la succession et sur les donations a, en revanche, été supprimé (comme promis) dès octobre 2001.

Le ministre des Finances G. Tremonti, chef de file de l'aile droite de la majorité, a constaté avec satisfaction l'incontestable succès de son amnistie fiscale pour le rapatriement des capitaux exportés illégalement : 59 milliards € sont rentrés dans le pays, moyennant une amende d'à peine

2,5 %. Une loi analogue pour régulariser les entreprises travaillant clandestinement, surtout dans le sud du pays, a eu peu de succès : les demandes ont été très peu nombreuses. Le gouvernement a aussi supprimé la vignette auto pour tout achat d'une nouvelle voiture, une mesure prise pour répondre à la crise de Fiat, lourdement endettée suite à la chute vertigineuse de ses ventes sur tous les marchés européens.

Trébuchements sur la scène européenne

Sur le plan politique, le gouvernement s'est efforcé de surmonter la méfiance que le président du Conseil et homme d'affaires S. Berlusconi continuait à susciter en Europe et, sur le front intérieur, de donner un gage à son électorat avec une loi sur l'immigration particulièrement répressive. Au sein de l'Union européenne (UE), S. Berlusconi a commis plusieurs bévues dans ses premiers mois d'exercice du pouvoir. Après les attentats du 11 septembre 2001 aux États-Unis, ses déclarations concernant la prétendue supériorité de la civilisation occidentale sur l'Islam ont été très mal perçues et un véritable malaise s'est installé en novembre-décembre 2001 quand l'Italie a hésité à approuver l'instauration d'un mandat d'arrêt européen. Ce malaise a été porté à son comble en janvier 2002, lorsque le ministre des Affaires étrangères, le très européen Renato Ruggiero, a démissionné du gouvernement à cause des déclarations contre l'euro et l'UE prononcées par quelques ministres. Dès lors, c'est S. Berlusconi qui a pris la tête de la diplomatie italienne. Travailleur infatigable et efficace communicateur face aux caméras, le président du Conseil est parvenu, malgré le scepticisme général, à assumer sa double charge et à éviter tout conflit avec les partenaires européens. Il a notamment réussi certains « coups », comme la signature à Rome fin mai 2002 de l'accord de création d'un Conseil OTAN-Russie. Sa position sur l'élar-

INDICATEUR	UNITÉ	1980	1990	2000	2001
Démographie[a]					
Population	million	56,4	56,7	57,5	57,5
Densité	hab./km²	191,9	192,9	195,6	195,5
Croissance annuelle	%	0,2[f]	0,1[g]	0,1[h]	− 0,1[i]
Indice de fécondité (ISF)		1,7[f]	1,3[g]	1,2[h]	1,2[i]
Indicateurs socioculturels					
Nombre de médecins	‰ hab.	1,33[q]	4,70	5,90[c]	••
Scolarisation 2e degré	%	66,6[r]	••	••	88,3[d]
Scolarisation 3e degré	%	27,0	32,1	49,3[e]	47,3[d]
Téléviseurs	‰ hab.	390	420	494	••
Livres publiés	titre	9 187	15 545	34 470[s]	••
Économie					
PIB total	milliard $	536,6	989,1	1 363,0	1 414,2
Croissance annuelle	%	2,2[k]	1,3[m]	2,9	1,8
PIB par habitant (PPA)	$	9 509	17 438	23 626	24 524
Investissement (FBCF)	% PIB	25,0[o]	21,3[p]	19,6	19,8
Recherche et Développement	% PIB	0,88[q]	1,29	1,07[d]	1,04[c]
Taux d'inflation	%	21,3	6,5	2,6	2,7
Population active	million	22,6	24,5	23,7	23,9
Agriculture	% ⎫	14,3	8,9	5,4	5,3
Industrie	% ⎬ 100 %	37,9	32,3	32,4	32,1
Services	% ⎭	47,8	58,8	62,2	62,6
Taux de chômage (fin année)	%	7,1	9,0	10,4	9,0[t]
Énergie (consom./hab.)	TEP	2,46	2,67	2,88[d]	2,93[c]
Énergie (taux de couverture)	%	14,2	16,3	17,4[d]	16,4[c]
Aide au développement (APD)	% PIB	0,20[u]	0,37[v]	0,13	0,14
Dépense publique Éducation	% PIB	4,8[w]	3,1	4,7[x]	4,7[d]
Dépense publique Défense	% PIB	2,2[y]	2,2	1,9	1,8
Solde administrat. publiques	% PIB	− 11,2[z]	− 11,9[A]	− 1,1	− 1,4
Dette administrat. publiques	% PIB	58,2	97,3	110,6	109,4
Échanges extérieurs		**1974**	**1986**	**2000**	**2001**
Importations de services	milliard $	6,74	20,19	56,17	59,61
Importations de biens	milliard $	38,56	92,16	228,02	224,48
Produits agricoles	%	25,0	21,3	12,4	12,3
Produits énergétiques	%	26,6	17,4	9,8	9,1
Produits manufacturés	%	34,2	51,6	68,0	68,6
Exportations de services	milliard $	6,91	23,65	56,12	59,58
Exportations de biens	milliard $	30,50	97,21	238,74	242,29
Produits énergétiques	%	7,8	2,8	2,3	1,9
Produits manufacturés	%	75,1	83,2	88,4	88,5
Produits agricoles	%	9,4	8,3	6,8	7,0
Solde des transactions courantes	% du PIB	− 0,4[B]	− 0,1[C]	− 0,5	0,1
Position extérieure nette	milliard $	− 3,6	− 9,6	53,4[c]	43,6[b]

Définition des indicateurs, sigles et abréviations p. 23 et suivantes. a. Dernier recensement utilisable : 2001 ; b. 2000 ; c. 1999 ; d. 1998 ; e. 1997 ; f. 1975-1985 ; g. 1985-1995 ; h. 1995-2000 ; i. 2000-2005 ; k. 1980-1990 ; m. 1990-2000 ; o. 1979-1981 ; p. 1989-1991 ; q. 1981 ; r. 1975 ; s. 1995 ; t. Avril 2002 ; u. 1982-1983 ; v. 1987-1988 ; w. 1983 ; x. 1996 ; y. 1985 ; z. 1980-1982 ; A. 1990-1992 ; B. 1975-84 ; C. 1985-96.

gissement de l'Europe et la réforme des institutions communautaires demeurait toutefois floue. Certains de ses partenaires, notamment les dirigeants de la Ligue Nord, n'ont pas mâché leurs mots à propos de la Commission de Bruxelles ; d'autres affichaient clairement leur vision d'une Europe réduite au marché unique et à l'euro. Le président du Conseil préférait, pour lors, ne pas entrer dans les détails.

Parallèlement, S. Berlusconi a donné son « feu vert » à une loi sur l'immigration fortement souhaitée par ses deux partenaires, la Ligue Nord et Alliance nationale. Cette loi, signée par les chefs des deux formations – Umberto Bossi (ministre des Réformes) et Gianfranco Fini (vice-président du Conseil) – se révélait très marquée à droite : en plus de mesures plus répressives prévues contre les illégaux, elle édicte des règles plus strictes concernant l'octroi des permis de séjour et surtout l'instauration, pour les ressortissants des pays qui ne font pas partie de l'UE, d'une carte de séjour avec empreintes digitales. L'approbation par le Parlement de cette mesure a suscité un tollé et l'opposition a obligé la majorité à voter une motion engageant le gouvernement à étendre cette mesure à tous les citoyens. Depuis longtemps, on envisageait l'introduction d'une carte d'identité avec empreintes digitales et cette initiative démontre combien le débat sur la sécurité est devenu central en Italie comme dans les autres pays européens.

Le panorama ne serait pas complet sans évoquer la création de deux autres lois, qui ont fait couler beaucoup d'encre : celle qui dépénalise le faux en bilan et celle qui rend plus difficiles les commissions rogatoires internationales, freinant ainsi les enquêtes de la magistrature. Ces deux lois étaient taillées sur mesure pour le président du Conseil, dont les mésaventures judiciaires n'étaient pas encore terminées. D'ailleurs, l'affrontement entre la majorité de centre droit et les magistrats se poursuivait, ne

concernant pas seulement les procès encore ouverts contre le président du Conseil et certains de ses proches collaborateurs, pour corruption de magistrats, mais aussi la réforme de la Justice, qui prévoit, entre autres, la séparation des carrières entre « magistrature debout » et « magistrature assise », un choix vivement contesté par les intéressés.

Malgré le retard dans l'application de certaines promesses électorales, malgré les

République italienne

Capitale : Rome.
Superficie : 301 225 km².
Population : 57 503 000.
Langues : italien (off.) ; allemand, slovène, ladin, français, albanais, occitan.
Monnaie : l'Italie fait partie de la Zone euro. Le 1.1.02, la lire a disparu au profit de l'euro (sur la base de 1 € = 1 936,27 lires). 1 € = 0,99 dollar au 10.7.02.
Nature de l'État : république, accordant une certaine autonomie aux régions.
Nature du régime : démocratie parlementaire.
Chef de l'État : Carlo Azeglio Ciampi, président de la République (depuis le 18.5.99).
Chef du gouvernement (également en charge des Affaires étrangères) : Silvio Berlusconi, qui a succédé le 11.6.01 à Giuliano Amato.
Ministre de l'Intérieur : Giuseppe Pisanu.
Ministre de la Défense : Antonio Martino.
Ministre de l'Économie et des Finances : Giulio Tremonti.
Principaux partis politiques : *Majorité :* Forza Italia ; Alliance nationale (AN) ; Centre des chrétiens démocrates (CDD) ; Chrétiens démocrates unis (CDU) ; Ligue Nord. *Opposition :* La Marguerite ; les Démocrates de gauche (DS) ; Südtiroler Volkspartei (SVP) ; Refondation communiste.
Échéances institutionnelles : élections régionales (print. 04) et législatives (print. 06).

Italie/Bibliographie

G. Balcet, *L'Économie de l'Italie,* La Découverte, coll. « Repères » Paris, 1995.

M. Baudrez (sous la dir. de), *La Réforme constitutionnelle en Italie,* Économica/Presses universitaires d'Aix-Marseille, Paris/Aix-en-Provence, 2002.

S. Cassese (sous la dir. de), *Portrait de l'Italie actuelle,* La Documentation française, Paris, 2001.

I. Diamanti, M. Lazar, *Politique à l'italienne,* PUF, Paris, 1997.

J. Georgel, *L'Italie au XXᵉ siècle, 1919-1999,* Les Études de La Documentation française, Paris, 1999 (2ᵉ éd.).

P. Ginsborg, *Storia d'Italia 1943-1996. Famiglia, società, Stato,* Einaudi, Turin, 1998.

Italie 2001-2002, Études économiques de l'OCDE, Paris, 2002.

« Italie, la question nationale », *Hérodote,* n° 89, La Découverte, Paris, 2ᵉ trim. 1998.

E. Jozsef, *Main basse sur l'Italie. La résistible ascension de Silvio Berlusconi,* Grasset, Paris, 2001.

M.-A. Matard-Bonucci, *Histoire de la mafia,* Complexe, Bruxelles, 1999.

S. Palombarini, *La Rupture du compromis social italien. Un essai de macroéconomie politique,* CNRS-Éditions, Paris, 2001.

G. Procacci, *Histoire des Italiens,* Fayard, Paris, 1998.

B. Teissier, *Géopolitique de l'Italie,* Complexe, Bruxelles, 1996.

S. Toutain, *Les Systèmes de retraite en Italie. Une interminable réforme,* L'Harmattan, Paris, 2001.

V. Travaglio, E. Veltri, *L'Odeur de l'argent. Les origines et les dessous de la fortune de Silvio Berlusconi,* Fayard, Paris, 2001.

conflits sociaux et les polémiques que suscite régulièrement sa personnalité, S. Berlusconi restait solidement ancré au pouvoir. Sa large majorité parlementaire et sa popularité lui permettaient de conduire le gouvernement à sa guise. L'opposition de gauche s'était montrée jusque-là incapable de contraster l'action du gouvernement, et surtout d'offrir au pays une alternative crédible. Encore sous le choc de sa défaite aux législatives de 2001, minée par les rivalités personnelles, hésitante sur la stratégie à adopter, la coalition de L'Olivier apparaissait en quête d'identité. L'aile centriste (Marguerite) et la gauche modérée (Démocrates de gauche, DG) s'en disputaient le leadership sans vrai projet à présenter au pays.

Une gauche engourdie

Pendant plusieurs mois, les dirigeants de L'Olivier ont préféré se cacher derrière la mobilisation syndicale pour masquer la faiblesse de leurs propositions. Mais leur peu d'empressement à attaquer le gouvernement Berlusconi sur certains dossiers, en particulier ceux liés à la justice, ont alimenté la contestation de la base et d'un certain nombre d'intellectuels, parmi lesquels le cinéaste Nanni Moretti. Un débat animé s'est ainsi ouvert sur le sort de la gauche, sur ses propositions, sur le rôle de L'Olivier. Beaucoup de gens espéraient un retour sur la scène politique nationale de Romano Prodi (président du Conseil de 1996 à 1998), dont le mandat à la tête de la Commission européenne devrait finir juste un an avant les futures élections législatives (2006). Mais celui qui a fait figure de leader de l'opposition durant l'année a été le très populaire S. Cofferati, qui devait quitter ses fonctions à la CGIL à l'automne 2002 et pourrait bien devenir l' « homme fort » de L'Olivier.

Il restait à connaître l'attitude des électeurs face à l'affrontement entre la Maison des libertés de S. Berlusconi et L'Olivier. Les élections municipales qui se sont déroulées en mai-juin 2002 dans un certain nombre de grandes villes ont été un succès pour l'opposition, sans toutefois désavouer la majorité : la gauche a perdu Reggio de Calabre au Sud, mais dans le Nord, qui depuis longtemps lui était défavorable, elle a arraché au centre droit les mairies d'Alexandrie, Asti, Gorizia, Plaisance et Vérone. Leur résultat en demi-teinte a semblé conforter l'image du pays transmise par certains sondages : les Italiens apparaissaient suivre S. Berlusconi et être majoritairement disposés à voter pour lui, mais ils ne se faisaient pas d'illusions et n'entendaient pas donner un chèque en blanc à son gouvernement.
- **Giampiero Martinotti** ◼

Monaco

Paradis fiscal

Longtemps la petite principauté de Monaco, enclavée dans la France méridionale, s'est offusquée d'être présentée comme un paradis fiscal et plus encore d'être soupçonnée d'abriter des pratiques de blanchiment d'argent sale. Depuis le milieu des années 1990 pourtant, les affaires scabreuses se sont multipliées, alimentant des rapports

Principauté de Monaco

Capitale : Monaco.
Superficie : 1,81 km².
Population : 34 000.
Langues : français, monégasque.
Monnaie : euro.
Nature de l'État : monarchie.
Nature du régime : constitutionnel.
Chef de l'État : prince Rainier III (depuis le 9.5.49).
Ministre d'État (chef du gouvernement) : Patrick Leclercq (depuis janv. 2000).

officiels peu amènes. C'est ainsi que, déjà porté en juin 2000 sur la « liste noire » de l'OCDE (Organisation de coopération et de développement économiques) recensant les paradis fiscaux refusant de coopérer pour lutter contre l'évasion fiscale, le « Rocher » figurait à nouveau sur la liste publiée en juin 2002.

C'est ainsi aussi que, le 22 octobre 2001, deux personnes affichant l'honorable profession d'« hommes d'affaires », Robert Feliciaggi et Michel Tomi, par ailleurs proches du politicien français Charles Pasqua ont été inculpés pour blanchiment d'argent sale.
- **Nicolas Bessarabski** ◼

Portugal

Virage à droite

Le Parti social-démocrate (PSD), qui, comme son nom ne l'indique pas, est un mouvement de droite et centre droit, a remporté les élections législatives anticipées du 17 mars 2002 avec 40,12 % des suffrages, contre 37,85 % pour le Parti socialiste (PS) qui gouvernait le pays depuis 1995. N'ayant pas obtenu la majorité absolue, le nouveau Premier ministre, José Manuel Durão Barroso, a choisi de former un gouvernement de « convergence démocratique » avec le parti de droite ultra-conservatrice CDS-PP (Centre démocrate social-Parti populaire), qui a obtenu 8,75 % des voix.

Le PP était né en 1992 des décombres du CDS, le parti de la démocratie chrétienne portugaise que le populiste Manuel Monteiro avait pris en main pour lui donner une inflexion doctrinaire antieuropéenne, radicale et systématiquement opposée aux partis parlementaires. En mars 1998, les fondateurs chrétiens-démocrates du CDS ont repris le contrôle du PP lors du congrès de Braga. M. Monteiro a été remplacé par Paulo Portas et la logique populiste et extrémiste a cédé la place à une synthèse très conservatrice de la démocratie chrétienne

INDICATEUR	ANDORRE	ESPAGNE	FRANCE	ITALIE
Démographie[a]				
Population *(millier)*	90	39 921	59 453	57 503
Densité *(hab./km²)*	199,4	79,9	108,1	195,5
Croissance annuelle (1995-2000) *(%)*	3,9	0,1	0,4	0,1
Indice de fécondité (ISF) (1995-2000)	1,21	1,16	1,73	1,20
Mortalité infantile (1995-2000) ‰	4,1	5,7	5,5	5,6
Espérance de vie (1995-2000) *(année)*	83,5	78,1	78,1	78,2
Population urbaine[c]*(%)*	93,0[g]	77,4	75,4	66,9
Indicateurs socioculturels				
Développement humain (IDH)[b]	• •	0,913	0,928	0,913
Nombre de médecins *(‰ hab.)*	2,23[g]	3,10[c]	3,00[f]	5,90[c]
Espérance de scolarisation[f] *(année)*	• •	17,3	16,6	15,7
Scolarisation 3e degré *(%)*	• •	55,7[f]	50,8[f]	47,3[f]
Accès à Internet *(‰ hab.)*	89,74	182,75	263,77	275,78
Livres publiés *(titre)*	57[k]	46 330[m]	34 766[g]	35 236[m]
Armées (effectifs)				
Armée de terre *(millier)*	• •	92	150[o]	137
Marine *(millier)*	• •	26,95	45,6	38
Aviation *(millier)*	• •	24,5	63	55,35
Économie				
PIB total (PPA)[b] *(milliard $)*	1 200[m]	768	1 427	1 363
Croissance annuelle 1990-2000 *(%)*	• •	2,6	1,8	1,6
Croissance annuelle 2001 *(%)*	• •	2,8	2,0	1,8
PIB par habitant (PPA)[b] *($)*	18 000[m]	19 472	24 223	23 626
Investissement (FBCF)[d] *(% PIB)*	• •	24,9	19,4	19,5
Recherche et Développement *(% PIB)*	• •	0,96[q]	2,15[b]	1,04[c]
Taux d'inflation *(%)*	• •	3,2	1,8	2,7
Taux de chômage (fin d'année) *(%)*	• •	12,9	8,9	9,1
Énergie (consom./hab)[c] *(TEP)*	• •	3,005	4,351	2,932
Énergie (taux de couverture)[c] *(%)*	• •	25,9	50,0	16,4
Dépense publique Éducation[f] *(% PIB)*	• •	4,5	5,9	4,7
Dépense publique Défense *(% PIB)*	• •	1,3	2,4	1,8
Solde administrat. publiques *(% PIB)*	• •	– 0,7	– 1,7	– 1,5
Dettes administrat. publiques *(% PIB)*	• •	57,2	57,6	109,4
Dette extérieure totale[b] *(million $)*	• •	• •	• •	• •
Échanges extérieurs				
Importations (douanes) *(million $)*	1 226[b]	142 624	325 719	232 738
Principaux fournisseurs *(%)*	Fra 26,6[b]	UE 64,5	UE 63,6	UE 56,5
(%)	Esp 48,6[b]	PED[r] 26,3	PED[r] 19,3	Asie[s] 14,8
(%)	RFA 4,4[b]	E-U 4,2	E-U 7,3	Ex-CAEM[t] 10,1
Exportations (douanes) *(million $)*	55[b]	108 951	321 332	240 760
Principaux clients *(%)*	Fra 26,1[b]	UE 69,0	UE 59,8	UE 53,8
(%)	Esp 60,9[b]	PED[r] 20,7	PED[r] 22,6	PED[r] 28,4
(%)	HK 2,4[b]	E-U 4,6	E-U 8,5	E-U 9,7
Solde transactions courantes *(% PIB)*	8,7[k]	-2,6	2,0	0,1

Définition des indicateurs, sigles et abréviations p. 23 et suivantes. Chiffres 2001 sauf notes. a. Derniers recensements utilisables : Andorre, 1954 ; Espagne, 2001 ; France, 1999 ; Italie, 2001 ; Monaco, 1990 ; Portugal, 2001 ; Saint-Marin, 1976 ; b. 2000 ; c. 1999 ; d. 1999-2001 ; e. 1998-2000 ; f. 1998 ; g. 1995 ; h. 1990 ; i. 1987 ; k. 1994 ; m. 1996 ; o. Non compris Forces nucléaires stratégiques (8400 h.) ; p. Selon la CIA ; q. 2001 ;

	MONACO	PORTUGAL	SAINT-MARIN
	34	10 033	27
	17 300,0	109,7	447,1
	1,1	0,2	1,3
	1,70	1,46	1,50
	7,0	6,6	5,0
	78,4	75,2	81,4
	100,0	62,8	89,8g
	• •	0,880	• •
	2,50h	3,20c	2,65i
	16,9	14,5	• •
	• •	44,6f	• •
	13,67	349,41	• •
	41h	7 868m	• •
	• •	25,40	• •
	• •	10,8	• •
	• •	7,4	• •
	0,87c	173	0,86p
	• •	2,7	• •
	• •	1,6	• •
	26 364p	17 290	31 852p
	• •	27,5	• •
	• •	0,75b	• •
	• •	4,4	• •
	• •	4,2	• •
	• •	2,365	• •
	• •	8,2	• •
	• •	5,7	• •
	• •	2,2	• •
	• •	– 3,2	• •
	• •	55,5	• •
	• •	• •	• •
	• •	37 925	1652k
	UE	UE 74,2	UE
	• •	PEDr 16,5	• •
	• •	E-U 3,8	• •
	UE	23 892	1416k
	UE	UE 79,7	UE
	• •	PEDr 10,3	• •
	• •	E-U 5,8	• •
	• •	– 9,2	• •

r. Y compris pays de l'ex-CAEM (Conseil d'assistance économique mutuelle, ou Comecon) ; s. Y compris Japon et Moyen-Orient ; t. Y compris républiques de l'ancienne Yougoslavie.

portugaise, mâtinée de l'opportunisme politique du PP, prompt à exploiter les mécontentements de la population dictés par l'actualité. En 2002, le nouveau CDS-PP a fait campagne contre le droit à l'avortement et contre l'insécurité.

La déroute des socialistes avait commencé lors des élections municipales du 17 décembre 2001, quand le PS a perdu douze municipalités, dont la capitale, Lisbonne. Prenant acte du désaveu des électeurs, le Premier ministre socialiste António Guterres avait démissionné. La défaite du PS s'explique par l'immobilisme de l'exécutif face à la dégradation de l'économie.

Le taux de croissance est descendu à 1,6 % en 2001, contre 3 % en 2000 et ne devait pas dépasser 1,5 % en 2002. D'autres indicateurs étaient au rouge : l'inflation s'est élevée à 4,4 % en 2001 contre 2,8 % en 2000, et le chômage est passé de 4,3 % en 2000 à 4,2 % en 2001. Le dérapage du déficit budgétaire avoisinait les 2,7 % du PIB en 2001 (2,6 % prévus pour 2002), alors que les autorités avaient tablé

République du Portugal

Capitale : Lisbonne.
Superficie : 92 080 km².
Population : 10 033 000.
Langue : portugais.
Monnaie : le Portugal fait partie de la Zone euro. Le 1.1.02, l'escudo a disparu au profit de l'euro (sur la base de 1 € = 200,482 escudos).
1 € = 0,99 dollar au 10.7.02.
Nature de l'État : république unitaire.
Nature du régime : parlementaire.
Chef de l'État : Jorge Sampaio, président de la République (depuis le 9.3.96).
Chef du gouvernement : José Manuel Durão Barroso, qui a succédé le 17.3.02 à António Guterres.
Ministre des Affaires étrangères : Antonio Martins da Cruz.
Ministre des Finances : Manuela Ferreira Leite.
Ministre de la Défense : Paulo Portas.

Europe latine/Bibliographie

« *Andorre* », *Revue géographique des Pyrénées et du Sud-Ouest*, 62/2, Universités de Toulouse Le Mirail, Bordeaux, Pau, Perpignan, avr.-juin 1991.

C. Auscher, *Portugal*, Seuil, Paris, 1992.

J.-L. Bianchini, *Mafia, argent et politique. Enquête sur des liaisons dangereuses dans le Midi*, Seuil, Paris, 1995.

J.-L. Bianchini, *Monaco : une affaire qui tourne*, Seuil, Paris, 1992.

A.-A. Bourdon, *Histoire du Portugal*, Éd. Chandeigne, Paris, 1994.

M. Drain, *L'Économie du Portugal*, PUF, coll. « Que sais-je ? », Paris, 1994.

G. Dos Santos, *Le Spectacle dénaturé. Le théâtre portugais sous le règne de Salazar (1933-1961)*, CNRS-Éditions, Paris, 2002.

I. Ferin Cunha, « Immigrations africaine et est-européenne au Portugal. Deux traitements médiatiques », *Lusotopie 2001*, Karthala, Paris, 2002.

J. Georgel, *La République portugaise (1974-1998)*, Apogée, Paris, 1998.

J.-F. Labourdette, *Histoire du Portugal*, Fayard, Paris, 2000.

J.-F. Labourdette, *Histoire du Portugal*, PUF, coll. « Que sais-je ? », Paris, 2000.

P. M. Lamet, *Jean-Paul II, le pape aux deux visages*, Éd. Golias, Lyon, 1998.

Y. Léonard, « La lusophonie dans le monde », *Problèmes politiques et sociaux*, n° 803, La Documentation française, Paris, 1998.

P. Levillain (sous la dir. de), *Dictionnaire historique de la papauté*, Fayard, Paris, 1994.

M. J. Lluelles, *La Transformació economica d'Andorra*, L'Avenç, Barcelone, 1991.

A.-H. Oliveira Marques, *Histoire du Portugal et de son empire colonial*, Karthala, Paris, 1998.

« Portugal, du Tage à la mer de Chine », *Ethnologie française*, vol. 2, PUF, Paris, 2000.

A. Vircondelet, *Jean-Paul II*, Julliard, Paris, 1994.

Voir aussi les bibliographies « Espagne », « France » et « Italie », p. 496, 502 et 506.

sur 1,1 % et 1,2 %. Lisbonne risquait de ne pas respecter l'objectif de « zéro déficit » en 2004 établi par le Pacte de stabilité de la Zone euro de l'Union européenne (UE).

Le PSD avait espéré obtenir la majorité absolue au Parlement en faisant campagne sur les questions économiques, mais il en a été privé par le nouvel homme fort du PS, Eduardo Ferro Rodrigues, qui a repositionné son parti à gauche en développant, notamment, le thème de la justice sociale.

Dès le 17 mars 2002, le risque de voir le Portugal manquer à ses obligations européennes a obligé le PSD et le CDS-PP à des compromis rapides pour une plate-forme économique de gouvernement. Chaque parti a ainsi mis de côté ses projets de réformes dans des domaines qui les opposaient, comme la sécurité ou la justice. J. M. Durão Barroso, qui a dû son poste à une promesse de baisse des impôts, a adopté un programme de relèvement de 2 points de la TVA – taxe à la valeur ajoutée – (jusqu'alors à 17 %) et décidé de restrictions budgétaires ainsi que d'une baisse de l'investissement public. **- Ana Navarro Pedro** ∎

Saint-Marin

Une enclave souveraine

Traditionnellement présentée comme « la plus ancienne république libre du

République de Saint-Marin

Capitale : Saint-Marin.
Superficie : 61 km².
Population : 27 000.
Langue : italien.
Monnaie : euro.
Nature de l'État : république unitaire.
Nature du régime : parlementaire.
Chef de l'État : deux capitaines-régents élus tous les six mois président le Grand Conseil général (10 membres), qui assure le gouvernement.

État de la cité du Vatican (également appelé Saint-Siège)

Superficie : 0,44 km².
Population : 780.
Langues : italien (off.), latin (pour les actes off.).
Monnaie : euro.
Statur : État souverain exerçant son autorité sur l'Église catholique.
Chef de d'État : Karol Wojtyla (Jean-Paul II, pape depuis oct. 78).
Secrétaire d'État : cardinal Angelo Sodano (depuis déc. 90).

monde », Saint-Marin est une entité politique d'origine médiévale. Elle est enclavée, au nord-est de l'Italie, entre l'Émilie-Romagne et les Marches. Dotée d'une Constitution dès le XVIIᵉ siècle, le suffrage universel y est appliqué depuis 1906 pour désigner le Grand Conseil général (Parlement, dont le renouvellement a lieu tous les cinq ans). Deux capitaines-régents sont élus tous les six mois par ce Grand Conseil et président le Conseil d'État (exécutif de dix membres). Les trois principales forces politiques sont la démocratie chrétienne (PDCS), les socialistes, et les ex-communistes du Parti progressiste démocratique saint-marinais.

Pleinement souveraine en matière administrative et diplomatique, la république est liée à l'Italie par une union douanière.
- Nicolas Bessarabski ∎

Vatican

Un pape très affaibli

Très fatigué et affaibli par la maladie, le pape n'en a pas moins poursuivi en 2001-2002 ses activités, parmi lesquelles de nombreux voyages à l'étranger, de l'Azerbaïdjan au Canada (pour les Journées mondiales de la jeunesse), en passant par la Bulgarie et la Pologne. Il a continué à jouer un rôle géopolitique remarqué, en dénonçant par exemple le non-respect des Lieux saints chrétiens de Bethléem par les Israéliens dans leur réoccupation des villes palestiniennes de Cisjordanie.

Il a aussi continué à prêcher en faveur d'une morale très conservatrice, appelant les avocats chrétiens à refuser de plaider dans les affaires de divorces et réclamant la reconnaissance juridique de l'embryon humain pour interdire l'avortement. Il a par ailleurs excommunié cinq femmes qui s'étaient fait ordonner prêtresses en Autriche par un archevêque catholique schismatique. Par ailleurs, il a eu à blâmer des pratiques pédophiles répandues dans l'Église catholique des États-Unis. Pour cela, il a convoqué treize cardinaux à Rome. **- Nicolas Bessarabski** ∎

Europe centrale

Hongrie, Pologne, République tchèque, Slovaquie

Hongrie

De nouveau l'alternance

Sur fond de climat politique tendu et de léger ralentissement de la croissance, une nouvelle alternance politique a vu le jour, marquée par la victoire des socialistes.

Au terme des élections législatives des 7 et 21 avril 2002, le Parti socialiste en coalition avec la libérale SzDSz (Alliance des

République de Hongrie

Capitale : Budapest.
Superficie : 93 030 km².
Population : 9 917 000.
Langue : hongrois.
Monnaie : forint (au cours officiel, 100 forints = 0,41 € au 31.5.02).
Nature de l'État : république unitaire.
Nature du régime : démocratie parlementaire.
Chef de l'État (au 26.7.2000) : Ferenc Madl, président de la République (depuis le 6.6.2000).
Premier ministre : Peter Medgyessy, qui a succédé le 27.5.02 à Viktor Orbán.
Ministre des Finances : Csaba Laszlo.
Ministre des Affaires étrangères : Laszlo Kovacs.
Ministre de l'Intérieur : Monika Lamperth.
Ministre de la Défense : Ferenc Juhasz.
Échéances institutionnelles : élections municipales (oct. 02) et présidentielle (juin 05).

démocrates libres) a remporté la majorité des sièges (respectivement 178 et 19 députés sur 386). La majorité sortante de droite du Premier ministre Victor Orban (FIDESz – Fédération des jeunes démocrates libres –, alliée au parti de centre droit Forum démocratique hongrois – MDF), a remporté 188 sièges, constituant une opposition d'une importance jamais égalée depuis 1989. Ce gouvernement, dirigé par le plus jeune Premier ministre d'Europe, s'était caractérisé par ses tendances antidémocratiques, son acoquinement avec l'extrême droite de Istvan Csurka ainsi que par son intérêt démesuré pour les symboles de la nation (retour de la couronne hongroise au Parlement). V. Orban avait accordé son soutien aux médias d'extrême droite (aide financière et participation à leurs émissions), en qui il voyait un allié pour les élections.

Le nouveau Premier ministre, Péter Medgyessy, ancien directeur de la compagnie financière Paribas en Hongrie, a mis en avant la poursuite et la fin des négociations pour l'intégration de la Hongrie à l'Union européenne (UE). La totalité des dossiers devaient être clos pour la fin 2002, un référendum était prévu en 2003 pour une adhésion en 2004. Si la population attendait de l'UE une aide économique, le « coût social » de la transition n'était pas peu en entraver la dénatalité. Selon le recensement de 2001, la population totale aurait diminué de 177 704 personnes depuis 1990 malgré une légère augmentation des naissances en 2001. En 2001, la croissance du

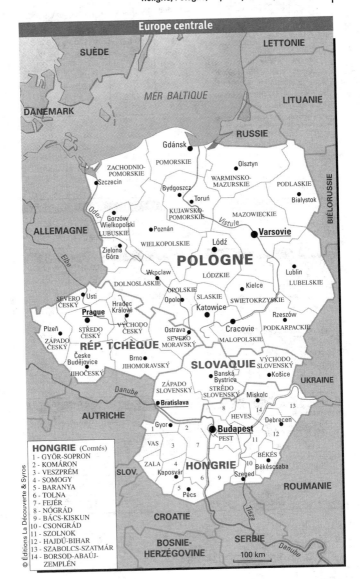

Europe centrale

SUÈDE

LETTONIE

MER BALTIQUE

DANEMARK

LITUANIE

RUSSIE

Gdánsk

POMORSKIE

Olsztyn

ZACHODNIO-
POMORSKIE

WARMINSKO-
MAZURSKIE

PODLASKIE

Szczecin

Bydgoszcz

Toruń

Bialystok

BIÉLORUSSIE

Oder

Gorzów
Wielkopolski

KUJAWSKO-
POMORSKIE

Vistule

MAZOWIECKIE

ALLEMAGNE

LUBUSKIE

Poznán

Varsovie

Elbe

Zielona
Góra

WIELKOPOLSKIE

Lódź

POLOGNE

Wrocław

LÓDZKIE

Lublin

DOLNOSLASKIE

OPOLSKIE

Kielce

LUBELSKIE

SEVERO
ČESKÝ

Usti

Hradec
Králové

Opole

SLASKIE

SWIETOKRZYSKIE

Prague

Katowice

Rzeszów

Plzeň

STŘEDO
ČESKÝ

VÝCHODO
ČESKÝ

Ostrava

Cracovie

PODKARPACKIE

ZÁPADO
ČESKÝ

SEVERO
MORAVSKÝ

MALOPOLSKIE

RÉP. TCHÈQUE

České
Budějovice

Brno

JIHOMORAVSKÝ

SLOVAQUIE

VÝCHODO
SLOVENSKÝ

JIHOČESKÝ

Banská
Bystrica

Košice

Danube

ZÁPADO
SLOVENSKÝ

STŘEDO
SLOVENSKÝ

Miskolc

UKRAINE

AUTRICHE

Bratislava

8

HEVES

14

13

Györ

2

Budapest

Debrecen

1

PEST

11

12

VAS

3

7

BÉKÉS

ZALA

4

HONGRIE

10

Békéscsaba

SLOV.

Kaposvár

6

9

Szeged

ROUMANIE

5

Pécs

Tisza

CROATIE

SERBIE

Danube

BOSNIE-
HERZÉGOVINE

100 km

HONGRIE (Comtés)
1 - GYÖR-SOPRON
2 - KOMÁRON
3 - VESZPRÉM
4 - SOMOGY
5 - BARANYA
6 - TOLNA
7 - FEJÉR
8 - NÓGRÁD
9 - BÁCS-KISKUN
10 - CSONGRÁD
11 - SZOLNOK
12 - HAJDÚ-BIHAR
13 - SZABOLCS-SZATMÁR
14 - BORSOD-ABAÚJ-
     ZEMPLÉN

© Éditions La Découverte & Syros

INDICATEUR	HONGRIE	POLOGNE	RÉP. TCHÈQUE	SLO-VAQUIE
Démographie[a]				
Population *(millier)*	9 917	38 577	10 260	5 403
Densité *(hab./km²)*	107,4	126,7	132,8	112,4
Croissance annuelle (1995-2000) *(%)*	− 0,5	0,0	− 0,1	0,1
Indice de fécondité (ISF) (1995-2000)	1,37	1,46	1,18	1,40
Mortalité infantile (1995-2000) ‰	9,6	10,0	5,8	8,6
Espérance de vie (1995-2000) *(année)*	70,7	72,8	74,3	72,8
Population urbaine[c]*(%)*	63,8	65,2	74,7	57,3
Indicateurs socioculturels				
Développement humain (IDH)[b]	0,835	0,833	0,849	0,835
Nombre de médecins *(‰ hab.)*	3,20[c]	2,30[c]	3,00[c]	3,53[f]
Espérance de scolarisation[f] *(année)*	15,6	15,6	15,1	••
Scolarisation 3[e] degré *(%)*	33,7[f]	44,3[g]	26,1[f]	26,6[f]
Accès à Internet *(‰ hab.)*	148,40	98,37	136,27	120,33
Livres publiés *(titre)*	9 193[h]	14 104[h]	10 244[h]	3 800[h]
Armées (effectifs)				
Armée de terre *(millier)*	13[i]	120,30[k]	23,8[m]	19,9[o]
Marine *(millier)*	••	16,76	••	••
Aviation *(millier)*	7,5	43,735	11,6	10,2
Économie				
PIB total (PPA)[b] *(million $)*	124 431	349 838	143 734	60 735
Croissance annuelle 1990-2000 *(%)*	0,8	3,6	1,6[p]	3,5[p]
Croissance annuelle 2001 *(%)*	3,8	1,1	3,6	3,3
PIB par habitant (PPA)[b] *($)*	12 416	9 051	13 991	11 243
Investissement (FBCF)[d] *(% PIB)*	23,8	24,1	27,8	30,9
Taux d'inflation *(%)*	9,2	5,4	4,7	7,3
Taux de chômage(fin d'année) *(%)*	5,8	19,0	8,0	18,6[q]
Énergie (taux de couverture)[c] *(%)*	45,4	89,3	72,4	28,6
Dépense publique Éducation[f] *(% PIB)*	4,6	5,4	4,2	4,3
Dépense publique Défense *(% PIB)*	1,7[b]	2,1	2,0	1,9
Dette extérieure totale *(million $)*	33 386[r]	71 781[r]	21 825[r]	10 973[r]
Service de la dette/Export.[e] *(%)*	25,6	17,0	14,6	15,5
Échanges extérieurs				
Importations (douanes) *(million $)*	33 967	51 819	39 013	14 715
Principaux fournisseurs *(%)*	UE 55,7	UE 61,1	UE 65,9	UE 45,3
(%)	Ex-CAEM[s] 15,3	RFA 26,0	RFA 35,5	Ex-CAEM[s] 34,0
(%)	Asie[t] 14,5	Ex-CAEM[s] 16,2	Ex-CAEM[s] 17,2	Asie[t] 2,8
Exportations (douanes) *(million $)*	29 985	31 789	30 797	12 078
Principaux clients *(%)*	UE 71,6	UE 62,4	UE 64,6	UE 54,0
(%)	RFA 34,5	RFA 31,3	RFA 37,0	RFA 27,3
(%)	Ex-CAEM[s] 13,7	Ex-CAEM[s] 18,1	Ex-CAEM[s] 21,3	Ex-CAEM[s] 34,9
Solde transactions courantes *(% PIB)*	− 2,4	− 4,0	− 4,4	− 9,1

Définition des indicateurs, sigles et abréviations p. 23 et suivantes. Chiffres 2001 sauf notes. a. Derniers recensements utilisables : Hongrie, 2001 ; Pologne, 1988 ; République tchèque, 1991 ; Slovaquie, 1991 ; b. 2000 ; c. 1999 ; d. 1999-2001 ; e. 1998-2000 ; f. 1998 ; g. 1997 ; h. 1996 ; i. Non compris services centraux (12700 h.) ; k. Non compris services d'états-majors et unités rattachées au commandement central (25250 h.) ; m. Non compris 18200 h. non ventilés par arme ; o. Non compris services d'états-majors et unités rattachées au commandement central (3000 h.) ; p. 1992-2000 ; q. Définition nationale, non-harmonisée ; r. En 2001, selon l'ONU ; s. Y compris républiques de l'ancienne Yougoslavie ; t. Y compris Japon et Moyen-Orient.

PIB a été de 3,8 % (5,3 % en 2000) et l'inflation est passée de 9,8 % à 7,3 %. Le chômage est descendu à 5,8 % fin 2001 (6,3 % un an plus tôt), et enfin le déficit budgétaire est resté stable (3,8 % du PIB en 2001 contre 3,4 % en 2000).

Une « loi du statut » a été votée le 19 juin 2001 par la majorité des partis à l'attention des minorités magyares des pays voisins. Elle vise à attribuer la double citoyenneté aux membres de ces minorités, avec les mêmes droits en Hongrie qu'aux autres citoyens hongrois concernant l'emploi, la santé, les services sociaux et l'éducation. Son application à la Roumanie, où vit la minorité magyare la plus importante (1,7 million), a été rendue possible par un accord incluant dans la loi tous les citoyens roumains qui le demanderaient. Cette loi a été jugée trop interventionniste (portant notamment sur une partie de la population d'autres États) et donc contraire à la politique européenne et les Autrichiens se sont exclus de son rayon d'action.

Le mandat de V. Orban s'est terminé avec l'ouverture d'un Musée des atrocités à la mémoire des victimes des régimes fasciste (régime des Croix fléchées, 1944-1945) et communiste faisant espérer que le temps des dictatures appartienne définitivement au passé pour cet État d'Europe centrale. - **Élisabeth Robert** ∎

Pologne

Dégradation économique et démagogie politique

Le 23 septembre 2001, pour la deuxième fois en Pologne postcommuniste, la formation issue de l'ancien POUP (Parti ouvrier unifié polonais), le SLD (Alliance de la gauche démocratique, issue de l'ancien régime), et son alliée l'Union du travail (UP, socialiste) remportaient les élections législatives. N'ayant pas obtenu la majorité absolue (216 sièges sur 460, 41,04 %), ils allaient devoir partager le pouvoir avec le Parti agrarien (PSL, 8,98 %), produit d'une conversion politique de l'ancien parti satellite (ZSL). Les deux formations issues de Solidarité – AWSP (Action électorale Solidarité de droite), droite classique, et l'Union pour la liberté (UW), du centre – n'étaient plus présentes au Parlement. L'Union pour la liberté, parti des intellectuels et des dirigeants de Solidarité, a été partiellement désertée par ses militants, passés dans un autre courant libéral, moins attaché à la tradition morale anticommuniste et plus conservateur, la Plate-forme civique (PO, 12,68 %), disposant d'un groupe parlementaire. Un nouveau parti, Droit et Justice (PiS, 8,98 %), axé sur la lutte contre la corruption et une décommunisation résolue, a accru la division de la droite en obtenant une représentation parlementaire.

Ce scrutin a reflété, outre l'usure du gouvernement de droite, miné par des dissensions internes et incapable de mener à bien des réformes cohérentes, la grande fatigue

---

République de Pologne

Capitale : Varsovie.
Superficie : 312 677 km².
Population : 38 577 000.
Langue : polonais.
Monnaie : zloty (au taux officiel, 1 zloty = 0,27 € au 31.3.02).
Nature de l'État : république unitaire.
Nature du régime : démocratie parlementaire.
Chef de l'État : Aleksander Kwasniewski, président de la République (élu le 19.11.95, réélu le 8.10.2000).
Premier ministre : Leszek Miller, qui a succédé à l'aut. 01 à Jerzy Buzek.
Ministre des Affaires étrangères : Wlodzimierz Cimoszewicz.
Vice-premier ministre, ministre de l'Économie et des Finances : Marek Belka.
Ministre de l'Intérieur : Krzysztof Janik.
Ministre de la Défense : Jerzy Szmajdzinski.

d'une population partagée entre le désengagement civique (le taux de participation n'a été que de 46,29 %, le plus faible de toutes les élections législatives depuis 1989) et le soutien aux partis protestataires antiréformistes et antieuropéens. Deux formations ont ainsi obtenu des scores importants. L'Autodéfense paysanne (Samoobrona, 10,2 %) combine habilement l'électoralisme et l'extraparlementarisme (y compris par le recours à la violence). Son leader, Andrzej Lepper, mobilise le mythe du paysan patriote antieuropéen défenseur de sa terre devant la « colonisation allemande ». À cela s'ajoute l'exaltation de la virilité, de l'action directe, de la xénophobie qui donnent à ses partisans le sentiment de prendre en main leur sort, mis à mal par les transformations postcommunistes. La Ligue des familles polonaises (LRP, 7,87 %), mouvement catholique intégriste, prétend pour sa part que l'adhésion de la Pologne à l'Union européenne (UE) équivaut à la déchristianisation du pays. La radicalisation des partis ouvertement antieuropéens est liée à l'approche de l'échéance de l'élargissement européen. L'exécutif, la présidence de la République comme le gouvernement ont lancé en mai 2002 une campagne d'information et de propagande, le référendum de ratification devant avoir lieu pendant leur mandat.

En toile de fond, des indices de dégradation de la situation économique ont alimenté l'angoisse d'importants secteurs de la population, dès lors sensibles à un discours démagogique, radical et antieuropéen. Ce sont le tassement de la croissance (1,1 % en 2001), le creusement du déficit budgétaire dû aux dépenses exceptionnelles (autour de 9 % du PIB en 2001) pour les réformes administratives et aux dépenses d'encadrement du chômage, ce dernier connaissant une progression continue (10,5 % en 1997, 16,3 % en 2000, environ 19 % en 2001), la différenciation sociale avec un pôle de pauvreté incompressible. La confiance des investisseurs étrangers a

fléchi parallèlement à la raréfaction des privatisations (7 milliards de dollars en 2001, soit 30 % de moins qu'en 2000). Le nouveau gouvernement allait devoir poursuivre des réformes avant et après l'adhésion à l'UE, sachant que la restructuration agricole serait la plus coûteuse. Le chômage caché dans l'agriculture avoisinerait un million de personnes.

Au plan international, la Pologne a maintenu sa contribution à la mission de la paix au Kosovo et soutenu le plan américain de lutte contre le terrorisme en envoyant des militaires en Afghanistan et au Caucase. Malgré deux importantes visites, l'une du Premier ministre Leszek Miller en Russie en décembre 2001, l'autre du président russe Vladimir Poutine en Pologne en janvier 2002, les relations russo-polonaises achoppent sur le statut de l'enclave russe de Kaliningrad. Les Russes font ainsi pression tantôt sur la Commission européenne, tantôt sur les gouvernements de la Lituanie et de la Pologne pour qu'après l'adhésion de ces pays à l'UE les accords de Schengen sur les visas ne s'appliquent pas aux citoyens russes devant voyager entre Kaliningrad et la Russie. Le spectre du corridor russe traversant les deux pays a resurgi à plusieurs reprises, au grand dam des autorités polonaises. - **Georges Mink** ■

République tchèque

Un certain réveil du nationalisme

La sensibilité parfois maladive des Tchèques envers leurs voisins s'est une nouvelle fois manifestée, à la fois dans la représentation politique et dans la population, surtout la plus âgée. Les attaques de l'extrême droite autrichienne ou celles des Bavarois conservateurs relatives à l'expulsion des Allemands de la région des Sudètes après la Seconde Guerre mondiale ont provoqué de gros remous et un réveil certain des démons du nationalisme. L'exploitation

Bilan de l'année / **Slovaquie**

conservatrice de la « défense des intérêts nationaux » dans la campagne en vue des législatives de juin 2002 et dans la préparation de l'intégration de la République tchèque à l'Union européenne (UE) n'a guère amené d'eau au moulin de la culture démocratique dans le pays. Peu de courants politiques se sont souciés de ce que supposait la défense des réels intérêts nationaux, par exemple une réforme substantielle de l'éducation nationale : en 2002, le budget de l'enseignement représentait 3,8 % du PIB (contre 6 % pour la moyenne européenne) ; l'accès à l'enseignement supérieur ne concernait que 35 % de bacheliers ; et seulement 60 % de jeunes entre 15 et 19 ans pouvaient être scolarisés dans des établissements du second degré.

Toutefois, l'évolution économique du pays a été plutôt favorable : en 2001, le PIB a augmenté de 3,6 %, surtout grâce à l'accroissement des investissements étrangers ; l'inflation était réduite à 3,2 % en avril 2002 ; au cours du premier trimestre 2002, la croissance de la production industrielle a été de 4,1 % ; et les salaires réels ont augmenté régulièrement. Mais le nombre de chômeurs a continué à progresser, atteignant en avril 2002 8,8 % des actifs. Par ailleurs, la population a continué de vieillir, le nombre des décès étant depuis huit ans supérieur à celui des naissances.

En 2001, une grande réforme de l'administration est entrée en vigueur avec la suppression des districts et la création de quatorze régions, dirigées par des conseils régionaux élus et disposant d'un budget décentralisé. L'« ouragan législatif » s'est poursuivi et il ne manquait plus que le vote de trente-trois lois, objectif accessible avant la fin de 2002, pour que s'harmonise complètement la législation du pays avec celle de l'UE.

Le résultat des élections législatives de juin 2002 pouvait considérablement modifier la façon de gouverner le pays. Le Parti social-démocrate tchèque (CSSD), qui en est sorti vainqueur, avait pendant quatre ans dirigé un gouvernement minoritaire qui s'était maintenu au pouvoir grâce à un étrange accord conclu avec son principal adversaire, le Parti démocratique civique (ODS). Avec 30,20 % des voix et 70 députés, a pu créer un gouvernement majoritaire de centre gauche, en se liant avec la Coalition des démocrates-chrétiens et de l'Union de la liberté qui a recueilli 14,27 % des voix (31 députés). Ainsi l'ODS, avec ses 24,47 % (58 sièges), et le Parti communiste de Bohême et de Moravie (18,51 %, 41 sièges) ont-ils formé l'opposition. - **Karel Bartošek** ■

République tchèque

Capitale : Prague.

Superficie : 78 864 km².

Population : 10 260 000.

Langues : tchèque, slovaque, allemand, rom.

Monnaie : couronne tchèque (au cours officiel, 100 couronnes tchèques = 3,29 € au 31.5.02).

Nature de l'État : république unitaire.

Nature du régime : démocratie parlementaire.

Chef de l'État : Vaclav Havel (depuis le 2.2.93).

Chef du gouvernement : Vladimir Spidla, qui a remplacé le 12.7.02 Milos Zeman (démissionnaire).

Vice-premier ministre et ministre de la Justice : Pavel Rychetsky.

Ministre des Affaires étrangères : Cyril Svoboda.

Vice-premier ministre et ministre de l'Intérieur : Stanislav Gross.

Slovaquie

Manque de cohésion au sein du gouvernement

Le gouvernement de coalition de Mikulas Dzurinda s'est consacré à la stabilisation de l'économie et de la vie politique, condition pour qu'augmentent les chances,

Europe centrale/Bibliographie

C. Delsol, M. Maslowski, J. Nowicki (sous la dir. de), *Mythes et Symboles politiques en Europe centrale*, PUF, Paris, 2002.

M.-E. Ducreux, A. Marès (sous la dir. de), *Enjeux de l'histoire politique en Europe centrale*, L'Harmattan, Paris, 2001.

T. Kuceva, O. V. Kucerova *et alii*, *New Demographic Face of Europe. The Changing Population Dynamics of Countries of Central and Eastern Europe*, Springer, Stuttgart, 2000.

La Nouvelle Alternative (semestriel), Paris. Voir notamment : « Les relations de voisinage dans l'Europe centrale et du Sud-Est post-communiste », n° 2 (54), print. 2001 ; « L'environnement en Europe centrale », vol. 16, n° 55, aut. 2001.

Le Courrier des pays de l'Est (périodique, 10 numéros par an), La Documentation française, Paris. Voir notamment « Les agricultures des PECO face à leur entrée dans l'UE », n° 441, juil.-août 1999 ; « Europe centrale et orientale 2000-2001. Vers l'intégration européenne et régionale », n° 1016, juil. 2001.

É. Lhomel (sous la dir. de), *Europe centrale et orientale : dix ans de transformations*, Les Études de la Documentation française, Paris, 1999 (nouv. éd. 2000).

L. Lipták, *Petite histoire de la Slovaquie*, Institut d'études slaves, coll. « IRENISE », Paris, 1996.

G. Mink, « Le vote en Pologne », *in* P. Perrineau, D. Reynié, *Dictionnaire du vote*, PUF, Paris, 2001.

G. Mink, « Société post-communiste : théories et données sociologiques », *in* D. Colas (sous la dir. de), *L'Europe postcommuniste*, PUF, Paris, 2002.

G. Mink, J.-C. Szurek, *La Grande Conversion. Le retour des communistes en Europe centrale*, Seuil, Paris, 1999.

M. Molnar, *Histoire de la Hongrie*, Hatier, Paris, 1996.

J.-P. Pagé (sous la dir. de), *Tableau de bord des pays de l'Europe centrale et orientale 2001. Dix ans de transition*, t. 1 : *Europe centrale*, Les Études du CERI, n° 82, Paris, déc. 2001.

P. Petruf, *La Slovaquie*, PUF, coll. « Que sais-je ? », Paris, 1998.

V. Rey (sous la dir. de), *Les Territoires centre-européens. Dilemmes et défis. L'Europe médiane en question*, La Découverte, coll. « Lectio », Paris, 1998.

T. Szende (sous la dir. de), *La Hongrie au XXᵉ siècle : regards sur une civilisation*, L'Harmattan, Paris, 2000.

O. Urban, *Petite histoire des pays tchèques*, Institut d'études slaves, coll. « IRENISE », Paris, 1996.

J.-M. de Waele (sous la dir. de), *Partis politiques et démocratie en Europe centrale et orientale*, Éd. de l'université de Bruxelles, Bruxelles, 2002.

pour la Slovaquie, d'entrer dans l'OTAN (Organisation du traité de l'Atlantique nord) et l'Union européenne (UE). Il a réussi le remaniement de la Constitution de 1992 devant faciliter l'harmonisation de la législation avec celle de l'UE. Avec les élections de décembre 2001 aux conseils régionaux a débuté la décentralisation progressive du pouvoir décisionnel du centre vers les communes et les régions. La fin des privatisations des grandes banques et des assurances a permis la stabilisation de l'économie, l'élimination du clientélisme politique et de la corruption. La privatisation de Gaz de Slovaquie, important outil de transport du gaz russe vers l'Europe occidentale, pour 2,7 milliards de dollars, a fourni les moyens de réformer l'assurance retraite. Cepen-

République slovaque

Capitale : Bratislava.
Superficie : 49 016 km².
Population : 5 403 000.
Langues : slovaque, hongrois, tchèque, ukrainien, ruthène, rom.
Monnaie : couronne slovaque (au cours officiel, 100 couronnes slovaques = 2,29 € au 28.2.02).
Nature de l'État : république unitaire.
Nature du régime : démocratie parlementaire.
Chef de l'État : Rudolf Schuster (depuis mai 99).
Chef du gouvernement : Mikulas Dzurinda (depuis le 30.10.98).
Ministre de l'Intérieur : Ivan Simko.
Ministre des Affaires étrangères : Eduard Kukan.

dant, le niveau de vie ne s'est pas sensiblement modifié, le taux de chômage dépassait 19 % début 2002 et la baisse des salaires réels n'a cessé qu'au début de 2002. La crise des services de santé et de l'enseignement s'est poursuivie.

Les réformes ont été freinées par le manque de cohésion de la coalition au pouvoir. À l'approche des législatives de septembre 2002, tous les partis du gouvernement se sont ou effondrés ou scindés, à l'exception du Parti de la coalition hongroise. La scission a marqué aussi le Parti national slovaque, d'opposition. Deux nou-

velles formations gagnaient du terrain, Orientation de Robert Fico, populiste se réclamant de la « troisième voie » de Tony Blair, et l'Alliance du nouveau citoyen de Pavel Rusko, située au centre. Mais le parti préféré des Slovaques (autour de 30 % de faveurs dans les sondages) restait le Mouvement pour une Slovaquie démocratique de l'ancien Premier ministre Vladimir Meciar. Celui-ci regroupe des tendances très hétérogènes si bien qu'il ne peut trouver de formation partenaire au Parlement européen. Inacceptable pour les dirigeants occidentaux, V. Meciar n'allait probablement pas diriger le futur gouvernement.

Au cours des discussions préliminaires à l'entrée dans l'UE, la Slovaquie a réussi à combler son retard par rapport aux trois autres pays de Visegrad (Hongrie, Pologne, République tchèque). Une certaine tension avec la Hongrie a été provoquée par l'adoption unilatérale, à Budapest, d'une loi sur les Hongrois de l'étranger (qui leur confère certains privilèges en Hongrie), et par la revendication par la droite nationaliste hongroise de l'abolition des décrets de 1945 du président Eduard Benes ordonnant l'expropriation des Allemands et des Magyars, ce que la Slovaquie et la République tchèque refusent catégoriquement. La défaite électorale de cette droite en avril 2002 allait contribuer à la détente entre les deux peuples voisins. **- Lubomír Lipták** ∎

Balkans

Albanie, Bosnie-Herzégovine, Bulgarie, Croatie, Macédoine, Roumanie, Slovénie, Yougoslavie

Albanie

Crises énergétique et politique

Les élections parlementaires du 24 juin 2001, remportées par le Parti socialiste (PS, 73 sièges sur 140), ont été contestées par une partie de l'opposition, regroupée autour du Parti démocratique (PD) dans l'Union pour la victoire (UV, 46 sièges), qui a refusé d'entrer au Parlement. Le nouveau Parti démocrate (PDr, 6 sièges), issu en février 2001 d'une scission du PD, était le seul parti d'opposition à siéger. La majorité socialiste a confirmé Ilir Meta au poste de Premier ministre (août 2001), mais deux mois plus tard le président du PS, Fatos Nano, lançait une vaste

République d'Albanie

Capitale : Tirana.
Superficie : 28 748 km².
Population : 3 145 000.
Langues : albanais, grec.
Monnaie : nouveau lek (au cours officiel, 100 nouveaux leks = 0,77 € au 31.3.02).
Nature de l'État : république unitaire.
Nature du régime : parlementaire.
Chef de l'État : Alfred Moisiu, qui a succédé le 24.7.02 à Rexhep Mejdani.
Chef du gouvernement : Pandeli Majko, qui a remplacé le 6.2.02 Ilir Meta (démissionnaire).
Président du Parlement : Servet Pëllumbi (depuis le 30.4.02).
Ministre de l'Intérieur : Stefan Cipa (depuis mars 02).

campagne contre I. Meta, accusant le gouvernement de corruption et de clientélisme.

Le duel culmina lors d'une réunion exceptionnelle du comité directeur général du PS en décembre 2001. Quatre ministres démissionnèrent alors, suivis par I. Meta en janvier 2002. Celui-ci a été remplacé par Pandeli Majko, jusqu'alors ministre de la Défense, sans que le fossé entre les partisans de F. Nano et ceux de I. Meta ne se comble. Après une réunion à Bruxelles en vue de l'ouverture des négociations avec l'Union européenne (UE, janvier 2002), au cours de laquelle la majorité et l'opposition ont cherché à régler la crise née des élections, l'UV faisait son entrée au Parlement (février 2002).

L'une des accusations portées contre le gouvernement Meta était sa mauvaise gestion de la crise énergétique. Déjà problématique l'hiver précédent, elle a empiré pendant l'été 2001, puis pendant l'hiver 2001-2002, privant le pays d'électricité plus de douze heures par jour. Provoquée par la baisse de niveau des lacs de barrage, elle a été aggravée par un hiver rigoureux, en particulier dans le nord-est du pays, ainsi que par la mauvaise gestion des autorités. L'activité économique s'en est ressentie, mais la crise a surtout érodé le moral de la population et sa confiance dans la classe politique. L'Albanie a pourtant été épargnée par la crise de l'année 2001 en Macédoine (rébellion albanaise dans le nord et l'ouest du pays), pays qui est resté, avec la Grèce et l'Italie, l'un de ses principaux partenaires économiques. **- Gilles de Rapper** ■

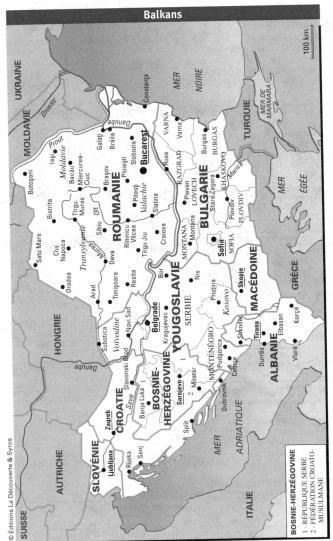

Balkans

INDICATEUR	ALBANIE	BOSNIE-HERZÉGOVINE	BULGARIE
Démographie[a]			
Population *(millier)*	3 145	4 067	7 867
Densité *(hab./km²)*	114,8	79,7	71,2
Croissance annuelle (1995-2000) *(%)*	− 0,3	3,0	− 1,1
Indice de fécondité (ISF) (1995-2000)	2,60	1,35	1,14
Mortalité infantile (1995-2000) ‰	28,3	15,0	15,2
Espérance de vie (1995-2000) *(année)*	72,8	73,3	70,8
Population urbaine[c] *(%)*	41,0	42,6	69,3
Indicateurs socioculturels			
Développement humain (IDH)[b]	0,733	••	0,779
Nombre de médecins *(‰ hab.)*	1,29[f]	1,43[f]	3,45[c]
Espérance de scolarisation[f] *(année)*	••	••	12,0
Scolarisation 3ᵉ degré *(%)*	10,9[g]	15,8[g]	42,7[f]
Accès à Internet *(‰ hab.)*	2,52	11,07	74,63
Livres publiés *(titre)*	381[i]	1 008[k]	4 840[m]
Armées (effectifs)			
Armée de terre *(millier)*	20	24[o]	42,4[p]
Marine *(millier)*	2,5	••	5,26
Aviation *(millier)*	4,5	••	18,3
Économie			
PIB total (PPA)[b] *(million $)*	11 959	6 500[r]	46 630
Croissance annuelle 1990-2000 *(%)*	1,0	28,1[s]	− 4,3
Croissance annuelle 2001 *(%)*	7,0	5,6	4,5
PIB par habitant (PPA)[b] *($)*	3 506	1 634[r]	5 710
Investissement (FBCF)[d] *(% PIB)*	17,1[e]	24,4[e]	16,6
Taux d'inflation *(%)*	3,1	3,3	7,5
Taux de chômage(fin d'année) *(%)*	15,0[u]	40,0[u]	17,3[u]
Énergie (taux de couverture)[c] *(%)*	82,2	35,1	49,8
Dépense publique Éducation[f] *(% PIB)*	3,1[v]	••	3,4
Dépense publique Défense *(% PIB)*	3,0[b]	3,7[b]	2,7
Dette extérieure totale *(million $)*	1 139[x]	2 800[x]	9 894[x]
Service de la dette/Export.[e] *(%)*	2,3	13,3[y]	18,6
Échanges extérieurs			
Importations (douanes) *(million $)*	1 257	2 826	7 182
Principaux fournisseurs *(%)*	UE 77,0	Ex-CAEM[z] 52,0	UE 49,8
(%)	Ita 35,2	UE 41,9	Ex-CAEM[z] 32,6
(%)	Ex-CAEM[z] 9,5	E-U 1,6	Asie[A] 6,3
Exportations (douanes) *(million $)*	298	774	5 062
Principaux clients *(%)*	UE 92,0	Ex-CAEM[z] 26,6	UE 55,2
(%)	Ita 66,4	UE 64,3	Ex-CAEM[z] 21,5
(%)	Ex-CAEM[z] 3,2	MO 2,3	E-U 5,6
Solde transactions courantes *(% PIB)*	− 10,1	− 22,4	− 6,9

Définition des indicateurs, sigles et abréviations p. 23 et suivantes. Chiffres 2001 sauf notes. a. Derniers recensements utilisables : Albanie, 1989 ; Bosnie-Herzégovine, 1991 ; Bulgarie, 1992 ; Croatie, 2001 ; Macédoine, 1994 ; Roumanie, 1992 ; Slovénie, 1991 ; Yougoslavie, 1991 ; b. 2000 ; c. 1999 ; d. 1999-2001 ; e. 1998-2000 ; f. 1998 ; g. 1997 ; h. 1995 ; i. 1991 ; k. 1989 ; m. 1996 ; o. Non compris les forces de la république serbe de Bosnie-Herzégovine (14000 h.) ; p. Non compris services d'états-majors, unités rattachées

	CROATIE	MACÉDOINE	ROUMANIE	SLOVÉNIE	YOUGO-SLAVIE
	4 655	2 044	22 388	1 985	10 538
	83,2	80,4	97,2	98,7	103,1
	0,1	0,7	− 0,2	0,0	0,0
	1,68	1,92	1,32	1,24	1,77
	10,1	18,2	22,1	6,1	14,8
	73,3	72,7	69,8	75,0	72,2
	57,3	61,6	55,9	50,3	52,0
	0,809	0,772	0,775	0,879	••
	2,29[f]	2,25[g]	1,84[f]	2,28[f]	2,02[h]
	11,5	11,0	12,0	••	••
	29,0[g]	22,1[f]	24,4[g]	53,3[f]	24,2[g]
	55,89	34,25	44,66	300,75	56,18
	1 718[m]	892[m]	7 199[m]	3 441[m]	5 367[m]
	51	15	53[q]	8	79
	3	••	10,2	••	7
	4,6	••	18,9	••	19,5
	35 441	10 329	144 098	34 526	24 200[r]
	2,8[t]	0,6[t]	− 1,7	4,2[t]	− 7,0
	4,2	− 4,6	5,3	3,0	6,2
	8 091	5 086	6 423	17 367	2 293[r]
	22,0	15,9[e]	18,5	26,3	5,1[e]
	4,9	5,3	34,5	8,4	16,6
	23,1[u]	30,5[u]	8,6[u]	11,8[u]	27,9[u]
	45,6	68,6[f]	76,5	45,9	75,5
	5,1[h]	4,5[m]	4,4	5,8	4,2
	2,5	2,1	2,5	1,3	10,0[wb]
	11002[x]	1 440[x]	11 820[x]	6 717[x]	11 980[x]
	22,6	10,0	26,7	10,3[y]	3,0[y]
	8 891	2 510	16 156	10 194	3 839
	UE 51,7	Ex-CAEM[z] 35,9	UE 58,5	UE 66,0	UE 61,9
	Asie[A] 8,5	UE 43,2	Ex-CAEM[z] 17,9	Ex-CAEM[z] 17,4	Ex-CAEM[z] 23,6
	Ex-CAEM[z] 23,9	Asie[A] 3,2	Asie[A] 4,2	Asie[A] 6,1	Asie[A] 7,0
	4 464	1 279	11 820	9 221	1 261
	UE 53,0	UE 40,8	UE 63,3	UE 59,7	UE[c] 70,6
	Afr 2,9	Ex-CAEM[z] 41,8	Ex-CAEM[z] 11,7	RFA 25,1	Ex-CAEM[z] 16,6
	Ex-CAEM[z] 29,1	E-U 8,3	Asie[A] 7,0	Ex-CAEM[z] 27,8	Asie[A] 5,1
	− 3,1	− 11,9	− 5,9	− 0,3	− 5,5

au commandement central et services médicaux militaires (10000 h.) ; q. Non compris services d'états-majors et unités rattachées au commandement central (21000) ; r. Selon la CIA ; s. 1994-2000 ; t. 1992-2000 ; u. Définition nationale, non-harmonisée ; v. 1994 ; w. 5 % selon la Banque mondiale ; x. En 2001, selon l'ONU ; y. 1999-2001, source BERD ; z. Y compris républiques de l'ancienne Yougoslavie ; A. Y compris Japon et Moyen-Orient.

524

Bilan de l'année / **Bosnie-Herzégovine**

Bosnie-Herzégovine

Importantes réformes constitutionnelles

Le 19 avril 2002, le haut représentant de l'ONU, Wolfgang Petritsch, a amendé les Constitutions des deux entités qui composent la Bosnie-Herzégovine (Fédération de Bosnie-Herzégovine – bochniaque – et République serbe). En République serbe, un Conseil des nations a été créé ; en Fédération, des députés serbes ont été adjoints aux députés bochniaques (musulmans) et croates qui siégeaient déjà au sein de la Chambre des nations. Dans les deux cas ont été institués des quotas assurant la représentation des nations bochniaque, serbe et croate au sein des pouvoirs exécutif, législatif et judiciaire. Ces importantes réformes ont représenté l'aboutissement d'un processus entamé en juillet 2000, avec la décision de la Cour constitutionnelle d'étendre le caractère constitutif des trois nations à l'ensemble du territoire bosniaque et, s'ajoutant à la nouvelle loi électorale adoptée le 23 août 2001, sont venues modifier l'édifice institutionnel complexe mis en place par les accords de Dayton (14 décembre 1995).

L'imposition de ces réformes par le haut représentant a souligné le renforcement constant de son pouvoir, et contredit le processus de désengagement que les organisations internationales ont par ailleurs amorcé. En 2001, l'OSCE (Organisation pour la sécurité et la coopération en Europe) a mis fin à son rôle d'organisatrice des scrutins locaux, l'ONU a confié à l'Union européenne (UE) le contrôle de la police, et l'OTAN (Organisation du traité de l'Atlantique nord) a de nouveau réduit les effectifs de la Sfor (Force de stabilisation), ramenés à 12 000 hommes. Enfin, le 6 décembre 2001, le Conseil de suivi de l'application des accords de paix a décidé de fondre les diverses administrations internationales présentes en Bosnie-Herzé-

govine au sein de quatre groupes de travail (économie, déplacés, institutions, justice) placés sous l'autorité du haut représentant. La mise en œuvre de cette réforme a été confiée au nouveau haut représentant entré en fonctions en juin 2002, le Britannique Paddy Ashdown.

Bosnie-Herzégovine

Capitale : Sarajevo.
Superficie : 51 129 km².
Population : 4 067 000.
Langues : bosniaque, serbe et croate (une même langue).
Monnaie : Mark convertible (KM) (au cours officiel, 1 KM = 0,51 €).
Nature de l'État : la Bosnie-Herzégovine a été partagée en deux entités confédérées, la Fédération de Bosnie-Herzégovine (croato-bochniaque) et la République serbe, par les accords de Dayton signés le 14.12.95. La ville de Brcko a un statut de district autonome, placé sous la tutelle d'un superviseur international.
Nature du régime : constitutionnel, sous tutelle du haut représentant des Nations unies (Paddy Ashdown depuis juin 02).
Chefs de l'État : la Bosnie-Herzégovine a une présidence collégiale tricéphale (Zivko Radisic élu en sept. 98, Beriz Belkic et Jozo Krizanovic, désignés par le Parlement en mars 01).
La Fédération est présidée par Safet Halilovic (depuis janv. 02) et la République serbe par Mirko Sarovic (depuis févr. 2000).
Premiers ministres : Zlatko Lagumdzija (depuis juil. 01) et, respectivement pour la Fédération et pour la République serbe, Alija Behmen (depuis mars 01) et Mladen Ivanic (depuis déc. 2000).
Contestations territoriales : plusieurs partis bochniaques et croates exigent la suppression des deux entités et une cantonalisation de la Bosnie-Herzégovine. Cette idée est soutenue implicitement par la Croatie et l'International Crisis Group, très influent *think tank* lié à l'*establishment* démocrate aux États-Unis. Elle est farouchement rejetée par la Yougoslavie et les principaux partis de la République serbe.

Le long blocage des réformes constitutionnelles a aussi montré la fragilité de la coalition gouvernementale formée au niveau central par le Parti social-démocrate (SDP) et l'Alliance pour le changement de Zlatko Lagumdzija, d'une part, le Parti du progrès démocratique (PDP) de Mladen Ivanic, d'autre part. Plus largement, le processus de normalisation politique de la Bosnie-Herzégovine s'est poursuivi de manière toujours aussi erratique. En Fédération, la tentative conduite par la Communauté démocratique croate (HDZ) de créer une « auto-administration » croate a échoué, et plusieurs institutions fédérales ou municipalités encore divisées entre les secteurs bochniaque et croate ont pu être réunifiées. À la suite de sa courte victoire électorale en novembre 2000, l'Alliance pour le changement s'est emparée des principaux leviers de commande, mais les deux partis nationalistes évincés du pouvoir, le Parti de l'action démocratique (SDA) et le HDZ, ont gardé une influence décisive dans les forces armées et certaines entreprises publiques. En République serbe, de très fortes pressions internationales ont forcé le PDP et le Parti démocratique serbe (SDS) à accepter les modifications de la Constitution et de la loi électorale, et à adopter, en octobre 2001, une loi sur la coopération avec le Tribunal pénal international pour l'ex-Yougoslavie (TPIY), mais Radovan Karadzic, ancien dirigeant serbe inculpé de génocide, a échappé à une tentative d'arrestation en février 2002.

La normalisation progressive de la vie institutionnelle et politique s'est traduite par l'entrée de la Bosnie-Herzégovine au sein du Conseil de l'Europe en avril 2002. En revanche, les attentats du 11 septembre 2001 aux États-Unis ont ravivé les craintes du « fondamentalisme islamique » et suscité plusieurs rafles dans les milieux liés aux *mujahiddin* arrivés au cours des années 1990. Surtout, cette relative normalisation politique ne s'est pas doublée d'un processus équivalent sur le plan économique et social.

La « grande privatisation » a enfin été lancée en 2001, mais s'est doublée d'une très forte dévaluation des certificats de privatisation (*voucher*) distribués à la population, et la vente directe de la production des entreprises considérées comme les plus rentables a été freinée par le manque d'intérêt des investisseurs étrangers. Le salaire moyen a peu progressé et le chômage est resté très élevé (40 %). Enfin, le retour des minorités s'est poursuivi à un rythme accéléré (92 000 en 2001, contre 67 000 en 2000), mais le réenregistrement des déplacés effectué en 2001 a montré que bon nombre d'entre eux s'étaient désormais établis dans leur nouveau lieu de résidence. Dès lors, la disposition des réformes constitutionnelles selon laquelle les administrations publiques de chaque entité devaient retrouver une composition ethnique correspondant aux résultats du recensement de 1991 apparaissait difficilement réalisable.
- **Xavier Bougarel** ∎

Bulgarie

Division au sommet de l'État

Après avoir soutenu l'ancien roi Siméon de Saxe-Cobourg Gotha, nommé au poste de Premier ministre en juillet 2001, les électeurs bulgares ont de nouveau créé la surprise à l'élection présidentielle, le 18 novembre 2001, en donnant la victoire (54,13 %) des voix au socialiste Georgi Parvanov. Cet historien de 45 ans avait choisi pour vice-président le général Angel Marin, connu pour son opposition aux réformes militaires engagées en 1998. Divisé au sommet, le pays a cependant poursuivi la politique extérieure modérée de l'Union des forces démocratiques (UFD, centre droit, avril 1997-juin 2001). À l'approche du sommet de Prague (novembre 2002), le nouveau chef de l'État s'est ainsi engagé à soutenir la candidature de la Bulgarie à l'OTAN (Organisation du traité de l'Atlantique nord) tout en prônant un rapprochement avec la Russie et l'Ukraine. En parallèle, Sofia a multiplié les gestes d'ouverture envers Washington, autorisant l'utilisation, par l'armée américaine, des facilités du port de Varna lors de la campagne en Afghanistan à l'automne 2001, et décidant, en décembre 2001, de démanteler son dispositif de missiles SS-23.

L'hétérogénéité et l'inexpérience de la nouvelle majorité ont obéré la poursuite des transformations économiques, par-delà quelques mesures chocs comme la restructuration partielle de la dette bulgare, en mars 2002, ou la réforme des douanes bulgares confiée à la firme britannique Crown Agents. Si la stabilité macroéconomique a été préservée (croissance de 4,5 % en 2001), les investissements étrangers ont chuté (688,5 millions de dollars contre 1 001,5 millions de dollars en 2001), la contraction du secteur industriel s'est poursuivie, tandis que s'approfondissait le déficit des échanges extérieurs (1,56 milliard de dollars). Sur fond de hausse des prix de l'énergie, le niveau de vie moyen a continué à se dégrader et le taux de chômage est resté élevé (17,8 %).

Dans ces conditions, l'espoir suscité par l'arrivée au pouvoir de Siméon II est retombé. Une défiance du politique prévaut, moteur et reflet de la crise des élites dirigeantes. Le 4 avril 2002, le Premier ministre a transformé le Mouvement national Siméon II (MNSII) en parti politique et en a pris la direction pour contrer les forces centrifuges. Après sa défaite électorale, l'UFD a souffert de défections et l'élection de Nadejda Mihajlova, ex-ministre des Affaires étrangères, à sa tête, le 11 mars 2002, n'a pas suffi à lui rendre confiance. Dirigé par Serguei Stanichev depuis le 13 décembre 2001, le Parti socialiste bulgare (PSB) a entrepris une modernisation sociale-démocrate. La consolidation de la démocratie bulgare est restée inachevée, les réformes n'ayant pas été porteuses de dividendes sociaux. - **Nadège Ragaru** ∎

République de Bulgarie

Capitale : Sofia.
Superficie : 110 912 km².
Population : 7 867 000.
Langues : bulgare (off.), turc.
Monnaie : nouveau lev
(au cours officiel, 1 nouveau lev =
0,51 € au 31.05.02).
Nature de l'État : république unitaire.
Nature du régime : parlementaire.
Chef de l'État : Georgi Parvanov,
président de la République, qui a
succédé le 22.1.02 à Petar Stojanov.
Chef du gouvernement : Siméon
de Saxe-Cobourg-Gotha, Premier
ministre, qui a succédé le 12.7.01
à Ivan Kostov.
Ministre des Affaires étrangères :
Solomon Isaac Passi (depuis juil. 01).
Ministre de la Défense : Nikolaj
Avramov Svinarov (depuis juil. 01).
Ministre de l'Intérieur : Georgi Petrov
Petkanov (depuis juil. 01).
Échéances institutionnelles :
élections municipales (aut. 03).

Croatie

Un équilibre fragile

En juillet 2001, le transfert au Tribunal pénal international pour l'ex-Yougoslavie de La Haye (TPIY) de deux Croates soupçonnés de crimes de guerre a provoqué une importante crise gouvernementale. En invoquant le spectre de l'« isolement » de la Croatie et de sa plongée dans l'« obscurité des Balkans » en cas de non-coopération avec La Haye, le Premier ministre Ivica Racan a finalement obtenu une large confiance du Parlement face à l'opposition nationaliste du HDZ (Communauté démocratique croate), et ce malgré les réticences initiales du Parti social libéral croate (HSLS) et de son président Drazen Budisa. Après avoir été évincé de la scène politique à l'occasion des élections générales de janvier 2000, le

République de Croatie

Capitale : Zagreb.
Superficie : 56 538 km^2.
Population : 4 655 000.
Langues : croate (off.), serbe, italien, hongrois.
Monnaie : kuna (au cours officiel, 1 kuna = 0,13 € au 31.5.02).
Nature de l'État : république unitaire.
Nature du régime : présidentiel.
Chef de l'État : Stipe Mesic (depuis le 7.2.2000).
Premier ministre : Ivica Racan (depuis le 26.1.2000).
Ministre de la Défense : Jozo Rados (depuis le 26.1.2000).
Ministre des Affaires étrangères : Tonino Picula (depuis le 26.1.2000).

HDZ avait obtenu contre toute attente un très bon résultat aux élections locales de mai 2001, arrivant en tête dans 14 des 21 régions de Croatie. En octobre 2001, 10 000 personnes répondaient en outre à l'appel des anciens combattants, proches du HDZ, contre le gouvernement et sa volonté de collaboration avec le TPIY.

Si la vie politique a été marquée, au début de l'année 2002, par la démission du maire de Zagreb, Milan Bandic, qui avait provoqué un léger accident de la route alors qu'il conduisait en état d'ivresse, une nouvelle crise gouvernementale liée aux querelles intestines du HSLS a secoué la Croatie en février-mars 2002. Elle a abouti, le 21 mars, à un léger remaniement ministériel, incluant la nomination de Drazen Budisa à la fonction de vice-premier ministre.

D'un point de vue économique, malgré un redressement notable, le gouvernement croate a entamé en août 2001 une cure d'austérité sous la pression du FMI, en réponse à l'octroi d'un crédit *stand-by* de 255 millions de dollars. Centrés sur la réduction des dépenses publiques, les ajustements structurels se révèlent très lourds pour la population, confrontée notamment à un taux de chômage de plus de 23 %.

Sur le plan international, le Conseil des ministres de l'Union européenne (UE) a ratifié, le 28 janvier 2002 à Bruxelles, un accord provisoire entre l'UE et la Croatie, permettant d'appliquer les principes de l'Accord de stabilisation et d'association (ASA) signé en 2000. Le réchauffement des relations entre la Croatie et la Yougoslavie (RFY) a été confirmé par la visite du ministre des Affaires étrangères yougoslave Goran Svilanovic à Zabreb (décembre 2001) et de son homologue Tonino Picula à Belgrade (avril 2002), ainsi que par la signature d'un protocole d'accord. - **Diane Masson** ∎

Macédoine

Révision de la Constitution

La Macédoine a vu se déployer sur son sol, en mars 2001, une guérilla albanaise opérant à partir des montagnes limitrophes du Kosovo et reprenant le sigle UÇK (mais avec le sens d'« Armée de libération nationale » et non plus d'« Armée de libération du Kosovo »). Ce mouvement armé repre-

République de Macédoine

Capitale : Skopje.
Superficie : 25 713 km^2.
Population : 2 044 000.
Langues : macédonien (off.), albanais, serbe, turc, valaque, rom.
Monnaie : denar (au cours officiel, 100 denars = 1,61 € au 30.4.02).
Nature de l'État : république unitaire.
Nature du régime : multipartiste.
Chef de l'État : Boris Trajkovski, président de la République (depuis le 14.11.99).
Premier ministre : Ljubco Georgievski (depuis nov.98).
Ministre des Affaires étrangères : Slobodan Casule (depuis le 30.11.01).
Ministre de l'Intérieur : Ljube Boskovski (depuis mai 01).
Ministre de la Défense : Vlado Popovski (depuis le 30.11.01).

naît à son compte des revendications que les partis politiques de la minorité albanaise (23 % de la population au recensement de 1994, 30 % à 40 % selon elle-même), successivement associés aux majorités de gouvernement depuis l'indépendance (1991), n'avaient guère fait avancer : statut de la seconde nation constitutive de l'État, usage officiel de l'albanais, reconnaissance de l'université albanophone de Tetovo, meilleur accès à la fonction publique. S'inspirant de l'expérience du Kosovo (1998-1999), il espérait obtenir gain de cause en alarmant la communauté internationale. De fait, l'Union européenne et les États-Unis ont réagi sans délai, condamnant l'insurrection mais incitant les autorités de Skopje à la modération et à la recherche d'une solution politique. Ils ont inspiré la formation d'un gouvernement de grande coalition : le VMRO-DPMNE (Organisation révolutionnaire intérieure macédonienne-Parti démocratique pour l'unité nationale macédonienne), au pouvoir depuis décembre 1998, et son allié le Parti démocratique des Albanais (PDSh) ont été rejoints par l'Alliance sociale-démocrate de Macédoine (SDSM) et le Parti de la prospérité démocratique (PPD, albanais), précédemment ensemble au pouvoir. La tactique était d'isoler politiquement les rebelles, que les partis albanais du Kosovo condamnaient également, et de dégager un consensus en vue d'une solution politique.

Après des succès partiels de l'UÇK, un moment parvenue aux abords de Skopje, un accord-cadre a été conclu à Ohrid, début août 2001. Sur cette base, le Parlement a adopté en novembre suivant quinze amendements constitutionnels faisant de l'albanais la seconde langue officielle, augmentant la proportion d'Albanais dans la fonction publique, notamment dans la police, précisant les droits des minorités, accroissant les pouvoirs municipaux. En même temps, l'UÇK a consenti à livrer ses armes à la mission *Moisson essentielle*, mise en place à cette fin par l'OTAN (Organisation du traité de l'Atlantique nord). Toutefois, les relations entre Macédoniens slaves et albanais se sont dégradées. Les premiers estimaient que la communauté internationale favorisait les seconds, qu'ils soupçonnaient de visées séparatistes propres à détruire l'État. Dans l'immédiat, ils devaient consentir à un nouveau partage des emplois et des ressources dans un contexte de récession économique et de chômage massif, que les privatisations pourraient encore accroître. Cependant, la conférence internationale des donateurs de Bruxelles (mars 2002) avait promis à la Macédoine 307 millions € pour l'année en cours. À savoir : plus qu'elle ne l'espérait…
- **Michel Roux** ∎

Roumanie

Des réformes récompensées

Bien que minoritaire, le gouvernement d'Adrian Nastase a su faire preuve d'une cohésion, d'un pragmatisme et d'une efficacité suffisants pour parvenir à convaincre la communauté internationale, jusqu'alors sceptique quant à sa détermination à conduire des réformes toujours très coûteuses sur le plan social. L'obtention, après de laborieuses négociations avec le FMI, d'un nouveau crédit *stand-by* de 683 millions de dollars sur dix-huit mois, l'amélioration de la crédibilité financière du pays sur les marchés internationaux, et l'évaluation nettement moins critique de l'Union européenne (UE) en octobre 2001 ont récompensé le zèle réformateur du pouvoir. De sensibilité sociale-démocrate, celui-ci est parvenu, à l'égard de l'extérieur du moins, à se défaire de son encombrante étiquette d'ex-communiste.

Ce changement d'image ne signifiait pas, loin s'en faut, que les réseaux politiques ne reposaient plus sur les affinités d'antan et que la corruption sévirait moins ; mais l'évidente capacité d'encadrement au niveau local restait un atout décisif du Parti de la démocratie sociale (PDS, ex-PDSR – Parti pour la démocratie sociale de Roumanie –, ainsi rebaptisé après sa fusion avec le petit Parti social-démocrate) pour non seulement l'emporter sur ses adversaires mais surtout maîtriser une situation sociale souvent tendue, mais pas explosive. Disposant au Parlement de l'appui circonspect mais constant de l'Union démocratique des Magyars de Roumanie (UDMR, porte-parole de la minorité magyare), le PDS a eu l'habileté de modérer son discours, abandonnant à une opposition faible, divisée et toujours dominée par le parti extrémiste Romania Mare (Grande Roumanie) le terrain de la surenchère nationaliste.

Certains de ses voisins n'ont pourtant pas contribué à lui faciliter la tâche, qu'il s'agisse de la Moldavie – dont le gouvernement communiste a expulsé, en avril 2002, l'attaché militaire roumain et accusé Bucarest d'ingérence dans ce pays à population majoritairement de langue roumaine –, ou encore de la Hongrie. Le 22 décembre 2001, le Premier ministre A. Nastase signait avec son homologue hongrois un « mémorandum d'en-

tente » destiné à atténuer certaines conséquences de la loi votée par le Parlement hongrois le 19 juin 2001 qui, pour accorder en Hongrie des avantages spécifiques aux ressortissants des minorités magyares (dont celle de Roumanie), avait été considérée par Bucarest comme discriminatoire à l'égard de la population roumaine.

La consolidation de la reprise économique (+ 5,3 % en 2001) – au prix d'un déficit budgétaire équivalent à 4 % du PIB et de soldes négatifs inquiétants de la balance commerciale et de la balance des paiements –, ajoutée au ralentissement d'une inflation demeurant très élevée (34,5 % en 2001), a attesté une certaine amélioration. Les étapes à franchir d'ici l'adhésion à l'UE (envisagée pour 2007) n'en restaient pas moins considérables, même si Bucarest espérait ouvrir la totalité des trente et un chapitres de négociations d'ici la fin de l'année 2002 alors que seulement onze d'entre eux étaient jusque-là « provisoirement clos ».

La levée de l'obligation de visas pour l'entrée des Roumains dans l'espace Schengen, le 1er janvier 2002, a revêtu une portée hautement encourageante, même si l'adhésion à l'UE ne comportera pas que des avantages, notamment pour le secteur agricole. Il en allait de même d'une éventuelle intégration dans l'OTAN (Organisation du traité de l'Atlantique nord), en novembre 2002 lors du sommet de Prague, que le gouvernement appelait pourtant de tous ses vœux. 35 000 licenciements étaient en effet déjà annoncés dans le secteur de la défense et les dépenses militaires devaient augmenter sensiblement. - **Édith Lhomel** ∎

République de Roumanie

Capitale : Bucarest.
Superficie : 237 500 km².
Population : 22 388 000.
Langues : roumain ; les différentes minorités parlent également le hongrois, l'allemand et le rom.
Monnaie : leu, pluriel lei (au cours officiel, 10 000 lei = 0,32 € au 31.5.02).
Nature de l'État : république unitaire.
Nature du régime : parlementaire à tendance présidentielle.
Chef de l'État : Ion Iliescu (depuis le 10.12.2000).
Chef du gouvernement : Adrian Nastase (depuis le 28.12.2000).
Ministre des Affaires étrangères : Mircea Geoana (depuis le 28.12.2000).
Ministre de la Défense : Ioan Mircea Pascu (depuis le 28.12.2000).
Président du Sénat : Nicolae Vacaroiu (depuis le 8.12.2000).

Slovénie

Janez Drnovsek, homme clé de la scène politique

L'année 2001 a été relativement calme pour la coalition gouvernementale, constituée au terme des élections législatives du

Albanie, Bosnie-Herzégovine, Bulgarie, Croatie, Macédoine, Roumanie, Slovénie, Yougoslavie

Balkans/Bibliographie

« Albanie » (dossier), *Cahiers d'études sur la Méditerranée orientale et le monde turco-iranien (CEMOTI)*, n° 29, AFEMOTI, Paris, janv.-juin 2000.

Balkanologie (périodique, 2 numéros par an), Paris.

X. Bougarel, *Bosnie. Anatomie d'un conflit*, La Découverte, coll. « Les Dossiers de l'état du monde », Paris, 1995.

X. Bougarel, N. Clayer (sous la dir. de), *Le Nouvel Islam balkanique. Les musulmans, acteurs du post-communisme (1990-2000)*, Maisonneuve & Larose, Paris, 2001.

G. Castellan, *La Croatie*, PUF, coll. « Que sais-je ? », Paris, 1997.

C. Chiclet, B. Lory, *La République de Macédoine*, L'Harmattan, Paris, 1998.

J. A. Derens, *Balkans : la crise*, Gallimard, coll. « Folio », Paris, 2000.

Diagonales, Est-Ouest (périodique), Lyon.

V. Dimitrov, *Bulgaria : the Uneven Transition*, Routledge, Londres, 2001.

I. Goldstein, *Croatia - a History*, Hurst & Co, Londres, 1999.

J. Gow, C. Carmichael, *Slovenia and the Slovens. A Small State and the New Europe*, Hurst & Co, Londres, 2000.

E. Kalinova, I. Baeva, *La Bulgarie contemporaine : entre l'est et l'ouest*, L'Harmattan, Paris, 2001.

J. Krulic, *Histoire de la Yougoslavie. De 1945 à nos jours*, Complexe, Bruxelles, 1993.

La Nouvelle Alternative, Paris (semestriel, nouv. série).

Le Courrier des pays de l'Est, La Documentation française, Paris. Voir notamment « Europe centrale et orientale 2000-2001. Vers l'intégration européenne et régionale », n° 1016, juin-juil. 2001.

É. Lhomel (sous la dir. de), *Europe centrale et orientale : dix ans de transformations (1989-1999)*, Les Études de la Documentation française, Paris, 2000.

J.-P. Pagé (sous la dir. de), *Tableau de bord des pays d'Europe centrale et orientale 2001*, Les Études du CERI, n°s 81-82, Paris, 2001.

H. Poulton, *Who are the Macedonians ?*, Hurst, Londres, 1995.

N. Ragaru, « Quel islam en Bulgarie post-communiste ? », *Archives de sciences sociales des religions*, n° 115, CNRS-Éditions, Paris, juil.-sept. 2001.

V. Rey, O. Groza, I. Ianos, M. Patroescu, *Atlas de Roumanie*, CNRS-Éditions/GDR-Libergéo/La Documentation française, Paris, 2000.

A. Roger, *Fascistes, communistes et paysans. Sociologie des mobilisations identitaires roumaines (1921-1989)*, Éditions de l'Université, Bruxelles.

S. D. Roper, *Romania, the Unfinished Revolution*, Harwood Academic Publishers, Amsterdam, 2000.

S. Schwanders-Sievers, B. Fischer (sous la dir. de), *Albanian Identities : Myth, Narratives and Politics*, Hurst & Co, Londres, 2001.

S. Yérasimos (sous la dir. de), *Le Retour des Balkans, 1991-2001*, Autrement, Paris, 2002.

Voir aussi la bibliographie « Yougoslavie », p. 532.

15 octobre 2000 et composée de Démocratie libérale de Slovénie (LDS), Liste unie des sociaux-démocrates, du Parti populaire slovène et du Parti démocratique des retraités. Certains doutes concernant la stabilité de l'équipe au pouvoir ont cependant commencé à se faire jour vers la fin de l'année, principalement en raison de l'état de

santé du Premier ministre Janez Drnovsek (opéré d'un cancer en 1999), également chef de LDS, le parti le plus important de la coalition. Les spéculations concernant sa succession à la tête de LDS ont momentanément cessé lorsqu'il s'est porté candidat à l'élection pour la présidence du parti lors d'un congrès tenu en janvier 2002. Seul candidat, il a été réélu à une majorité écrasante (97 %).

Le second et, selon la Constitution, dernier mandat du président de la République Milan Kucan devait arriver à son terme en décembre 2002. J. Drnovsek, qui a très massivement contribué à l'accession à l'indépendance du pays (1991) et, ensuite, à sa stabilité politique et économique en favorisant le consensus social et une transition graduelle, était largement considéré comme le mieux placé pour succéder à M. Kucan à la magistrature suprême. Les sondages d'opinion plaçaient J. Drnovsek en tête des intentions de vote, en juin 2002, devant son principal rival France Arhar, ancien gouverneur de la Banque centrale slovène.

La Slovénie, dont le PIB par habitant (en parité de pouvoir d'achat) avait atteint 69 % du niveau moyen des quinze États membres de l'Union européenne (UE) en 2000 et qui, selon ce critère, représentait le pays le plus riche parmi les dix pays de l'Est candidats à l'adhésion à l'UE, avait clôturé provisoirement 26 des 30 chapitres de négociations sur l'acquis communautaire (le corps des lois communautaires), fin avril 2002. Ljubljana envisageait de faire de même pour les autres chapitres (agriculture, politique régionale, institutions, dispositions financières et budgétaires) durant l'année 2002, en espérant fortement adhérer à l'UE en 2004. La Slovénie souhaitait également être invitée à devenir membre de plein droit de l'OTAN (Organisation du traité de l'Atlantique nord), lors du « sommet » de l'organisation à Prague, fixé aux 21-22 novembre 2002. - **Liliane Petrovic** ■

Yougoslavie

Entre démocratie et ancien régime

Si la chute du président serbe et yougoslave Slobodan Milosevic, le 5 octobre 2000, a bien constitué un tournant politique dans l'histoire de la Serbie contemporaine, elle n'a pas pour autant marqué une rupture totale avec l'ancien régime. En effet, les structures de ce dernier n'ont pas été complètement démantelées, en particulier dans l'appareil sécuritaire. En novembre 2001, la mutinerie des Bérets rouges, formation paramilitaire créée dans les années 1990 pendant la guerre en Croatie et en Bosnie-Herzégovine et passée ensuite sous le contrôle du ministère de l'Intérieur de Serbie, a constitué un sérieux avertissement au gouvernement serbe de Zoran Djindjic. Le président yougoslave, Vojislav Kostunica, a empêché les purges pourtant nécessaires de l'armée et des services de sécurité. Se prévalant du légalisme pour, en fait, défendre

Yougoslavie/Bibliographie

B. Anzulovic, *Heavenly Serbia*, Hurst & Co., Londres, 1999.

P. E. Auerswald, D. P. Auerswald, *The Kosovo Conflict. A Diplomatic History through Documents*, Kluwer Law International, Cambridge/La Haye, 2000.

L. J. Cohen, *Serpent in the Bosom : The Rise and Fall of Slobodan Milosevic*, Westview Press, Boulder (CO), 2000.

L. Gervereau, Y. Tomic (sous la dir. de), *De l'unification à l'éclatement : l'espace yougoslave, un siècle d'histoire*, BDIC, Nanterre, 1998.

T. Judah, *The Serbs : History, Myth and the Destruction of Yugoslavia*, Yale University Press, New Haven/Londres, 1997.

H. Krieger, *The Kosovo Conflicts and International Law, an Analytical Documentation, 1974-1999*, Cambridge University Press, Cambridge, 2001.

S. K. Pavlowitch, *Serbia : the History behind the Name*, Hurst, Londres, 2001.

N. Popov, *Radiographie d'un nationalisme : les racines serbes du conflit yougoslave*, L'Atelier, Paris, 1998.

S. P. Ramet, *Balkan Babel. The Disintegration of Yugoslavia from the Death of Tito to Ethnic War*, Westview Press, Boulder (CO), 1996.

M. Roux, *Le Kosovo. Dix clés pour comprendre*, La Découverte, coll. « Sur le vif », Paris, 1999.

M. Roux, « Le Kosovo. Géographie et géopolitique d'un conflit centenaire », *Bulletin de la Société de géographie de Toulouse*, 280, Toulouse, 2000.

M. Roux, *Les Albanais en Yougoslavie. Minorité nationale, territoire et développement*, Éd. de la MSH, Paris, 1999.

R. Thomas, *Serbia under Milosevic : Politics in the 1990s*, Hurst & Co, Londres, 1999.

Y. Tomić, « La dérive autoritaire et nationaliste en Serbie : 1987-2000 », *in* S. Yérasimos (sous la dir. de), *Le Retour des Balkans*, Autrement, Paris, 2002.

M. Vickers, *Between Serb and Albanian : A History of Kosovo*, Columbia University Press, New York, 1998.

Voir aussi la bibliographie « Balkans », p. 530.

l'héritage nationaliste de la décennie passée, V. Kostunica apparaissait comme l'homme qui, tout en symbolisant les changements démocratiques, assurait la continuité avec le passé immédiat.

L'Opposition démocratique de Serbie (DOS), qui, bien que devenue majoritaire à l'Assemblée de Serbie, a conservé son nom, est une coalition hétérogène rassemblant dix-huit mouvements qui s'étaient unis dans le but d'obtenir la chute de S. Milosevic. Ses protagonistes sont conscients des différences idéologiques et programmatiques qui les divisent, mais savent aussi que l'unité de la DOS est nécessaire jusqu'à l'instauration d'un système politique démocratique stable en Serbie. À l'intérieur de cet ensemble hétéroclite, le Parti démocrate (DS) et le Parti démocrate de Serbie (DSS) sont les formations les plus puissantes. Le DS compte le plus grand nombre d'élus, en particulier dans les grands centres urbains (Belgrade, Novi Sad, Nis, etc.). Mais, bénéficiant de l'« effet Kostunica », le DSS serait devenu, si l'on en croit les enquêtes d'opinion, la principale force politique du pays. Les tensions se sont multipliées au sein de la DOS au cours de l'année 2001, principalement du fait de la rivalité entre le chef du gouvernement serbe, Z. Djindjic, homme pragmatique ouvert sur l'Occident, et le président Kostunica, moins enclin à coopérer avec les pays occidentaux. Arguant de sa forte popularité, le DSS a revendiqué plus d'influence au sein du gouvernement serbe et souhaitait provoquer des élections anticipées (des élections à la présidence de la Serbie ont été convoquées pour septembre-octobre 2002). Bien que formellement lié à la DOS, le parti du président yougoslave (DSS) a quitté le gouvernement serbe, le 17 août 2001, pour constituer son propre groupe à l'Assemblée de Serbie. De fait, ce groupe politique se comporte comme un parti d'opposition vis-à-vis du gouvernement de Z. Djindjic et la DOS ne semblait plus exister que sur le papier.

Les autorités divisées à propos de la collaboration avec le TPIY

S'il est un domaine où les choses ont clairement changé, c'est celui de la diplomatie. Isolée depuis 1992, la République fédérale de Yougoslavie (RFY) a pu réintégrer la communauté internationale. Elle est devenue membre de l'ONU et a été admise à l'OSCE (Organisation pour la sécurité et la coopération en Europe) en novembre 2000, au FMI en décembre suivant, et a adhéré à la Banque mondiale en mai 2001. L'Union européenne (UE) est intervenue activement pour réinsérer le pays dans le concert des nations. La RFY a par ailleurs normalisé ses relations avec ses voisins immédiats (Bosnie-Herzégovine, Macédoine, Albanie, Slovénie). L'une des conditions de la réintégration pleine de la Serbie dans le système des relations internationales a été la mise en place d'une coopération avec le Tribunal pénal international pour l'ex-Yougoslavie de La Haye (TPIY). Afin de répondre partiellement aux attentes des pays occidentaux, le gouvernement serbe a procédé, le 1er avril 2001, à l'arrestation de S. Milosevic. Face à l'incapacité du Parlement fédéral d'adopter une loi sur la coopération avec le TPIY, du fait de l'opposition des anciens alliés monténégrins de S. Milosevic, le gouvernement serbe a pris l'initiative de livrer l'ancien président yougoslave, le 28 juin 2001, au TPIY,

Bilan de l'année / Yougoslavie

République fédérale de Yougoslavie

Capitale : Belgrade.
Superficie : 102 200 km^2.
Population : 10 538 000.
Langues : serbe (off.), albanais, hongrois et rom en Serbie.
Monnaie : nouveau dinar (au cours officiel, 100 nouveaux dinars = 1,65 € au 4.7.02)
Nature de l'État : la République de Serbie et celle du Monténégro, composantes depuis 1992 de la République fédérale de Yougoslavie (RFY), ont conclu un accord, le 14.3.02, sur la transformation du pays en une union entre elles pour une durée de trois ans, sous le nom de « Serbie-Monténégro ».
Nature du régime : parlementaire.
Chef de l'État : Vojislav Kostunica, (depuis le 7.10.2000).
Chef du gouvernement : Dragisa Pesic, qui a remplacé le 17.7.01 Zoran Zizic.
Ministre de l'Intérieur : Zoran Zivkovic.
Ministre de la Défense : Velimir Radojevic.

RÉPUBLIQUE DE SERBIE

Nature du régime : officiellement démocratique.
Chef de l'État (au 24.7.02) : Milan Milutinovic (depuis le 21.12.97).
Chef du gouvernement (au 24.7.02) : Zoran Djindjic, qui a succédé le 25.1.01 à Mirko Marjanovic.
Principaux partis politiques : Parti démocrate de Serbie (DSS) ; Parti démocrate (DS) ; Nouvelle démocratie (ND) ; Ligue des sociaux-démocrates de Voïvodine (LSV) ; Parti socialiste de Serbie (SPS).

RÉPUBLIQUE DU MONTÉNÉGRO

Nature du régime : officiellement démocratique, en fait dominé le Parti démocratique socialiste (ex-communiste).
Chef de l'État (au 24.7.02) : Milo Djukanovic (depuis le 13.1.98).
Chef du gouvernement (au 24.7.02) : Filip Vujanovic (depuis le 4.2.98).
Principaux partis politiques : Parti démocratique des socialistes du Monténégro (DPSCG) ; Parti populaire socialiste du Monténégro (SNPCG) ; Parti populaire (NS) ; Alliance libérale (LS).

Bilan de l'année / Yougoslavie

à la veille d'une conférence de donateurs devant attribuer des crédits (pour un montant de 1 280 000 dollars) à la RFY et plus particulièrement à la Serbie. L'arrestation et le transfèrement de S. Milosevic au TPIY ont creusé les fractures au sein de la DOS, entre le courant nationaliste, représenté par le Parti démocrate de Serbie du président Kostunica, et les autres formations de la coalition. Le président yougoslave a qualifié de « coup d'État » le transfèrement à La Haye de son prédécesseur. En outre, cette décision a provoqué la démission du chef du gouvernement fédéral, Z. Zizic, le 29 juin 2001. Si un nouveau gouvernement a été formé le 17 juillet 2001 sous la présidence de Dragisa Pesic, jusqu'alors ministre des Finances fédéral, la loi sur la coopération avec le TPIY n'a été adoptée que le 11 avril 2002.

L'union entre la Serbie et le Monténégro pour trois ans

Depuis sa création, en avril 1992, la RFY ne fonctionnait pas correctement. De surcroît, à partir de 1997, les autorités monténégrines conduites par le président Milo Djukanovic et le Parti démocratique des socialistes (DPS-CG) n'ont plus reconnu la légitimité des institutions fédérales. Alors que les autorités serbes et monténégrines avaient accepté le 26 octobre 2001 la perspective d'un référendum sur l'indépendance du Monténégro, l'UE a imposé une renégociation entre les deux parties. L'intervention de l'UE a abouti à l'accord du 14 mars 2002 établissant une union minimale entre la Serbie et le Monténégro pour une période de trois ans (le pays devant prendre le nom de « Serbie-Monténégro » et adopter une nouvelle Charte constitutionnelle au second semestre 2002). Cette initiative a permis à l'UE de gagner du temps dans la gestion de la question du Kosovo (province peuplée en majorité d'Albanais et qui fut l'objet d'un conflit et d'une crise internationale en 1999). Cette région, qui a été dotée d'un cadre constitutionnel le 15 mai 2001, est toujours arrimée à l'union serbo-monténégrine, mais sans aucun lien institutionnel avec cet État. Les élections pour le Parlement du Kosovo, le 17 novembre 2001, ont été remportées par la Ligue démocratique du Kosovo (LDK), présidée par Ibrahim Rugova. Toutefois, ce parti n'a pas obtenu la majorité au parlement provincial et ce n'est qu'après trois mois de crise qu'a pu être élu le nouveau président du Kosovo, I. Rugova, le 4 mars 2002, et formé le gouvernement. - **Yves Tomić** ∎

Méditerranée orientale

Chypre, Grèce, Malte, Turquie

Chypre

Situation fragile

Les indicateurs économiques et les efforts consentis pour adapter ses lois et règlements rendaient possible l'adhésion de Chypre à l'Union européenne (UE), cette dernière n'y opposant plus le préalable de sa réunification. La situation économique demeurait cependant fragile et les inégalités entre le nord et le sud persistaient. Les pluies de 2001-2002, les plus abondantes depuis dix ans, n'ont procuré qu'un soulagement passager dans cette île sèche. La politique des prix de l'eau n'a pas été réformée et les choix de la production agricole (qui n'occupe plus qu'une minorité de la population) n'ont pas été révisés. Après l'automne 2002, la fréquentation touristique – plus de 2,6 millions de visiteurs par an pour plus de 85 000 lits – a diminué malgré la diversification de l'offre, rappelant combien l'économie de services de Chypre dépend, à court et à moyen termes, de la conjoncture internationale.

Cependant, si à partir de janvier 2002 les représentants des Chypriotes grecs et turcs (séparés après l'invasion du tiers nord de l'île par la Turquie en 1974) acceptaient, les uns, la présence de troupes turques et, les autres, une banque centrale unique, les négociations achoppaient sur le choix des institutions (fédérales ou confédérales), sur le statut des propriétés abandonnées entre 1963 et 1975 et sur le droit au retour

République de Chypre

Capitale : Nicosie.
Superficie : 9 521 km².
Population : 790 000.
Langues : grec, turc, anglais (officielles).
Monnaie : livre chypriote (1 livre = 1,72 € au 31.5.02).
Nature de l'État : république unitaire, mais de fait n'exerçant plus ses prérogatives que sur la partie dite « grecque » de l'île depuis 1974.
Nature du régime : démocratie présidentielle. Un quota de sièges est réservé aux Chypriotes turcs au Parlement (il n'est pas pourvu).
Chef de l'État et du gouvernement : Glafkos Cléridès (depuis le 14.2.93, réélu le 15.2.98).
Ministre des Affaires étrangères : Ioannis Kasoulidès.
Ministre de l'Intérieur : Andreas Panayotou.
Ministre de la Défense : Socratès Hassikos (depuis le 25.8.99).
Délégué aux pourparlers pour l'adhésion à l'Union européenne : George Vassiliou (ancien chef de l'État, 89-93).
Échéances institutionnelles : élection présidentielle (févr. 03).
Contestation de souveraineté : le tiers nord de l'île et la partie nord de Nicosie (capitale) sont occupés depuis août 74 par la Turquie, qui y soutient une administration locale présentée depuis 1983 comme le gouvernement d'une « république turque du nord de Chypre », non reconnue, sauf par la Turquie.

INDICATEUR	CHYPRE	GRÈCE	MALTE	TURQUIE
Démographie[a]				
Population *(millier)*	790	10 623	392	67 632
Densité *(hab./km²)*	85,5	82,4	1 224,2	87,9
Croissance annuelle (1995-2000) *(%)*	1,1	0,3	0,6	1,6
Indice de fécondité (ISF) (1995-2000)	1,98	1,30	1,91	2,70
Mortalité infantile (1995-2000) ‰	8,1	6,6	7,7	45,7
Espérance de vie (1995-2000) *(année)*	77,8	78,0	77,6	69,0
Population urbaine[c] *(%)*	56,3	59,9	90,3	74,1
Indicateurs socioculturels				
Développement humain (IDH)[b]	0,883	0,885	0,875	0,742
Nombre de médecins *(‰ hab.)*	2,55[g]	4,10[h]	2,61[f]	1,20[c]
Analphabétisme (hommes) *(%)*	1,2	1,4	8,4	6,2
Analphabétisme (femmes) *(%)*	4,3	3,9	7,0	22,7
Scolarisation 12-17 ans *(%)*	••	••	••	••
Scolarisation 3e degré *(%)*	19,4[f]	49,9[f]	20,1[f]	14,0[f]
Accès à Internet *(‰ hab.)*	221,57	132,13	252,55	37,72
Livres publiés *(titre)*	930[g]	4 225[g]	404[i]	6 546[g]
Armées (effectifs)				
Armée de terre *(millier)*	} 10[k]	110	} 2,14	402
Marine *(millier)*		19		53
Aviation *(millier)*		30,17		60,1
Économie				
PIB total (PPA)[b] *(million $)*	15 764	174 252	6 736	455 336
Croissance annuelle 1990-2000 *(%)*	4,2	2,3	4,9	3,6
Croissance annuelle 2001 *(%)*	4,0	4,1	0,5	− 6,2
PIB par habitant (PPA)[b] *($)*	20 824	16 501	17 273	6 974
Investissement (FBCF)[d] *(% PIB)*	12,5[e]	22,8	24,3	21,4
Taux d'inflation *(%)*	2,0	3,7	2,9	54,4
Énergie (taux de couverture)[c] *(%)*	1,9	36,5	••	38,3
Dépense publique Éducation[f] *(% PIB)*	5,8	3,1[g]	4,8	2,3[i]
Dépense publique Défense *(% PIB)*	3,6	4,7	0,7	5,2[b]
Dette extérieure totale[b] *(million $)*	••	57 000[m]	130[h]	116 209
Service de la dette/Export.[e] *(%)*	••	••	12,0[o]	31,8
Échanges extérieurs				
Importations (douanes) *(million $)*	6 306	28 578	4 532	47 180
Principaux fournisseurs *(%)*	UE 32,9	UE 50,8	UE 53,0	UE 39,7
(%)	Asie[p] 22,5	Asie[p] 20,5	Asie[p] 30,9	Asie[p] 18,0
(%)	PNS[q] 19,3	Ex-CAEM[r] 11,4	E-U 6,2	Ex-CAEM[r] 14,1
Exportations (douanes) *(million $)*	1 402	9 137	2 223	29 749
Principaux clients *(%)*	UE 54,5	UE 44,1	UE 43,7	UE 51,8
(%)	M-O 17,8	Ex-CAEM[r] 25,2	Asie[p] 23,0	Asie[p] 12,0
(%)	Ex-CAEM[r] 7,0	Asie[p] 7,7	E-U 15,2	Ex-CAEM[r] 10,3
Solde transactions courantes *(% PIB)*	− 4,3	− 8,0	− 4,9	2,3

Définition des indicateurs, sigles et abréviations p. 23 et suivantes. Chiffres 2001 sauf notes. a. Derniers recensements utilisables : Chypre, 1992 ; Grèce, 2001 ; Malte, 1995 ; Turquie, 1997 ; b. 2000 ; c. 1999 ; d. 1999-2001 ; e. 1998-2000 ; f. 1998 ; g. 1996 ; h. 1997 ; i. 1995 ; k. Chiffres concernant la Garde nationale ; m. Selon la CIA ; o. 1997-1999 ; p. Y compris Japon et Moyen-Orient ; q. Pays non spécifiés ; r. Y compris républiques de l'ancienne Yougoslavie.

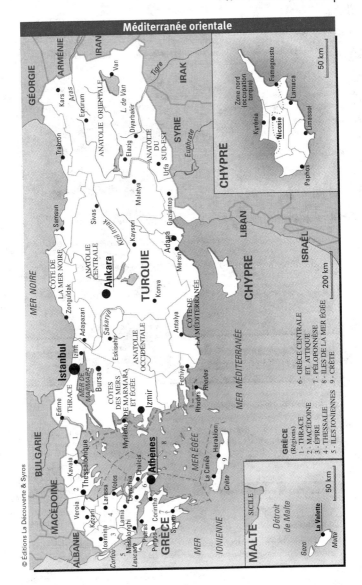

Méditerranée orientale

GÉORGIE
ARMÉNIE
IRAN
IRAK
SYRIE
LIBAN
ISRAËL

MER NOIRE

Kars
Aras
Erzurum
Trabzon
Van
Tigre
L. de Van
ANATOLIE ORIENTALE
Elazig
Diyarbakir
ANATOLIE DU SUD-EST
Urfa
Euphrate

Samsun
Sivas
Kayseri
Malatya
Gaziantep
CÔTE DE LA MER NOIRE
ANATOLIE CENTRALE
Ankara
Kizil Irmak
Adana
Mersin

Zonguldak
Adapazari
Sakarya
Eskisehir
TURQUIE
Konya
Antalya
CÔTE DE LA MÉDITERRANÉE

MER MÉDITERRANÉE

CHYPRE

Istanbul
Izmit
MER DE MARMARA
Bursa
CÔTES DES MERS DE MARMARA ET ÉGÉE
ANATOLIE OCCIDENTALE
Fethiye

Edirne
THRACE
Izmir
Rhodes
Rhodes

BULGARIE
MACÉDOINE
ALBANIE
GRÈCE

Kavala
Mytilène
Thessalonique
Veroia
Kozani
Ioannina
Larissa
Missolonghi
Leucade
Corfou
Pyrgos
Patras
Sparte
Corinthe
Lamia
Levadhia
Volos
Chalcis
Athènes
La Canée
Héraklion
Crète

MER ÉGÉE
MER IONIENNE

GRÈCE
(Régions)
1 · THRACE
2 · MACÉDOINE
3 · ÉPIRE
4 · THESSALIE
5 · ILES IONIENNES
6 · GRÈCE CENTRALE ET ATTIQUE
7 · PÉLOPONNÈSE
8 · ILES DE LA MER ÉGÉE
9 · CRÈTE

200 km
50 km

CHYPRE

Zone nord (occupation turque)
Famagouste
Kyrénia
Nicosie
Larnaca
Limassol
Paphos
50 km

MALTE
SICILE
Détroit de Malte
Gozo
La Valette
Malte
50 km

© Éditions La Découverte & Syros

Méditerranée orientale/Bibliographie

A. Cassola, *An alternative Approach to Maltese International Politics (1990-1995)*, Layout Publications, La Valette, 1996.

G. Contogeorgis, *Histoire de la Grèce*, Hatier, Paris, 1992.

É. Copeaux, « Le thème chypriote dans la presse turque (mars 1996-février 1997) », *Travaux de la Maison de l'Orient méditerranéen*, 31, Lyon, 2000.

J. Dalègre, *Grecs et Ottomans 1453-2001*, L'Harmattan, Paris, 2002.

R. Darques, *Salonique au xxe siècle*, CNRS-Éditions, Paris, 2000.

J.-F. Drevet, *Chypre en Europe*, L'Harmattan, Paris, 2000.

« Grèce. Identités, territoires, voisinages, modernisations », *Cahiers d'études sur la Méditerranée orientale et le monde turco-iranien (CEMOTI)*, n° 17, Paris, 1994.

« Le carrefour maltais », *REMMM (Revue du monde musulman et de la Méditerranée)*, n° 71, Édisud, Aix-en-Provence, 1994.

D. Lombardi, *Cipro-Dinamiche spaziali recenti di un'isola mediterranea*, Verasas, Lucques, 2000.

M.-P. Masson-Vincourt, *Paul Calligas (1814-1896) et la fondation de l'État grec*, L'Harmattan, Paris, 1997.

P.-Y. Péchoux, « Cyprus as a European border and borders in Cyprus », in L. Léontidou (sous la dir. de), *Launching Greek Geography on the Eastern EU Border*, University of the Aegean, Lesbos, 2000.

P.-Y. Péchoux, « La zone tampon ou *Buffer Zone* des Nations unies à Chypre », *Guerres mondiales et conflits contemporains*, n° 205, PUF, Paris, 2002.

P.-Y. Péchoux, « Le cas de Chypre : recomposition de l'espace méditerranéen ou décomposition des territoires méditerranéens ? », *Les Méditerranées dans le monde*, Arras, 1999.

C. C. Vella (sous la dir. de), *The Maltese Islands on the Move : a Mosaic of Contributions marking Malta's Entry into the 21st Century*, Central Office of Statistics, La Valette, 2000.

E. Weibel, *Histoire et Géopolitique des Balkans de 1800 à nos jours*, Ellipses, Paris, 2002.

Voir aussi la bibliographie « Turquie », p. 544.

des réfugiés. Dans le nord, très affecté par la débâcle financière de la Turquie, une partie de l'opinion était favorable au rapprochement avec le sud. **- Pierre-Yves Péchoux** ■

Grèce

Une influence nouvelle au sud-est de l'Europe

Alors que la Grèce avait obtenu, grâce à la fermeté et aux succès du gouvernement socialiste dirigé par Kostas Simitis, d'entrer dans la Zone euro en janvier 2001, les Grecs s'accoutumaient bien, depuis janvier 2002, en dépit de l'attachement sentimental qu'ils affichaient pour leur monnaie nationale, la drachme, à l'usage de la monnaie européenne. L'euro souligne symboliquement à la fois leur ancrage dans l'Union européenne (UE), que la Grèce devait de nouveau présider au premier semestre 2003, et la diminution de l'influence politique exercée par les États-Unis pendant la Guerre froide, et au cours de la période de dictature des colonels (1967-

1974), puis pendant la crise de 1974 à Chypre.

En juillet 2002, le démantèlement engagé du groupe terroriste du « 17 novembre », responsable d'une cinquantaine d'attentats et d'une vingtaine d'assassinats depuis 1975, a mis fin à son impunité et opéré sur ce plan une normalisation attendue.

La Grèce réunit donc de bonnes conditions pour développer ses atouts au sud-est de l'UE. Banques, compagnies d'assurances, entreprises de commerce ou d'ingénierie ont en effet multiplié leurs implantations et leurs activités dans un voisinage géographique reconnu comme « culturel-

lement proche ». Outre Chypre, moins importante pour le volume des affaires qu'en raison de ses affinités électives, la Macédoine, la Roumanie et la Bulgarie sont apparues comme des objectifs assez prometteurs, tandis qu'étaient explorées et évaluées les possibilités de l'Albanie, du Monténégro, de la Serbie et même de la Turquie. La géographie des succursales des entreprises grecques à l'étranger, qui se calquait naguère discrètement sur celle des centres de décision d'importance mondiale et directement sur celle de la dispersion des Grecs de l'émigration, illustre le nouveau réseau d'influences édifié par la Grèce dans le sud des Balkans, la mer Noire et la Méditerranée orientale.

La situation dans la mer Égée est demeurée difficile. Cependant, les raisons n'en étaient plus tant les contentieux entre la Grèce et la Turquie – d'autant que le gouvernement grec, acquis aux principes des contacts et des négociations diplomatiques, se refusait à exagérer l'importance des provocations auxquelles se livraient, aux frontières de l'État grec, des éléments des forces aéronavales turques –, que les trafics en contrebande et surtout les transferts de migrants clandestins entre le Proche-Orient et les rivages de l'UE. Une fraction minoritaire de l'opinion publique est cependant restée attachée à un chauvinisme illustré par le saccage de quelques ouvrages macédoniens, bulgares et roumains au Salon du livre de Salonique, fin mai 2002.

La Grèce offre toutefois l'exemple d'une économie et d'une société qui utilisent sans heurts graves les ressources de l'immigration étrangère. Une partie des emplois peu qualifiés de la marine marchande, des services touristiques, de l'agriculture et de l'élevage et du bâtiment sont en effet confiés à des immigrés d'Asie, du Proche-Orient, de l'Europe orientale et surtout à près d'un demi-million d'Albanais dont une partie se fixe en Grèce. **- Pierre-Yves Péchoux** ■

République de Grèce

Capitale : Athènes.

Superficie : 131 944 km².

Population : 10 623 000.

Langues : grec moderne (off.), turc (langue reconnue de la minorité musulmane), albanais, valaque, bulgare.

Monnaie : la Grèce fait partie de la Zone euro. Le 1.1.02, la drachme a disparu au profit de l'euro (sur la base de 1 € = 340,71 drachmes). 1 € = 0,99 dollar au 10.7.02.

Nature de l'État : république unitaire.

Nature du régime : parlementaire monocaméral.

Chef de l'État : Costis Stéphanopoulos, président de la République (depuis le 8.3.95, réélu le 8.2.2000).

Chef du gouvernement : Kostas Simitis, Premier ministre (depuis 1996, reconduit en avr. 2000).

Ministre des Affaires étrangères : George Papandréou.

Ministre de l'Intérieur et de la Décentralisation : Vasso Papandréou.

Ministre de la Défense : Akis Tsohatzopoulos.

Ministre de l'Économie nationale : Yannos Papantoniou.

Contestation territoriale : différends avec la Turquie à propos de l'usage de l'espace aérien et maritime en mer Égée et de la possession de quelques îlots et récifs.

Malte

Préparation de l'adhésion à l'Union européenne

Peu affectée par le chômage (moins de 5 % des actifs), très fréquentée par les touristes, gouvernée par des conservateurs peu favorables à la hausse des salaires et des libéraux qui veillent à limiter l'inflation, le déficit public et celui de la balance commerciale, Malte disposait en 2002 d'un cor-

🌐 République de Malte

Capitale : La Valette.
Superficie : 316 km².
Population : 392 000.
Langues : maltais, anglais (officielles), italien.
Monnaie : livre maltaise (au cours officiel, 1 livre = 2,43 € au 31.5.02).
Nature de l'État : république unitaire.
Nature du régime : parlementaire.
Chef de l'État : Guido de Marco, président de la République (depuis le 5.4.99).
Chef du gouvernement : Edward Fenech Adami, Premier ministre (depuis le 6.9.98).
Ministre des Affaires étrangères : Joe Borg.
Ministre de l'Intérieur : Tonio Borg.
Ministre des Finances : John Dalli.

pus réglementaire et tarifaire à peu près conforme aux directives européennes. Son adhésion à l'Union européenne (UE) lors du Conseil européen de Copenhague (décembre 2002) devait donc être assurée.
- Pierre-Yves Péchoux ■

Turquie

Entre rigidité et adaptation aux critères européens

Derrière les deux questions qui, en 2001-2002, ont dominé l'actualité turque, la crise économique et les relations avec l'Union européenne (UE), se profilait un enjeu de continuité politique : la Turquie pouvait-elle encore opposer l'exception nationale et la prééminence d'un État autoritaire aux injonctions de libéralisation de ses interlocuteurs en matière économique (FMI, Banque mondiale) et politique (UE) pour prix d'une aide indispensable à son développement ? La crise économique en cours figurait pour la Turquie un état de quasi-cessation de paiements, où l'économie ne peut plus fonctionner sans une nouvelle aide extérieure massive, malgré le prometteur plan de stabilisation du FMI de décembre 1999 (aide de 15 milliards de dollars). Deux ébranlements successifs (novembre 2000 et février 2001) ont révélé la défaillance d'un système bancaire dont l'État se portait caution et qu'il a dû recapitaliser d'urgence, entraînant une chute de plus de 50 % de la livre turque, la panique des petits épargnants, une fuite des capitaux estimée à 7 milliards de dollars et l'annonce de 20 milliards de dollars de pertes par les banques d'État sur crédits subventionnés. Ni la capacité productive du pays ni les entrepreneurs n'étaient en cause mais, pour la première fois, l'État lui-même, qui s'est accommodé de forts déséquilibres (inflation, déficit public) et a géré l'économie de manière corruptive et « politicienne ». À partir d'arguments financiers, c'est un fonctionnement politique qu'incriminent ses partenaires étrangers, déjà sensibles aux questions de droits de l'homme, de libertés individuelles et d'absence d'État de droit.

La réponse à la quête d'argent frais a été la mise en place d'un « super-ministère » de l'Économie et des Finances confié à Kemal Dervis, vice-président de la Banque mondiale, qui, en quinze réformes, le 14 avril 2001, a proposé l'indépendance de la Banque centrale (adoptée le 25), une nouvelle loi bancaire (12 mai), la privatisation de grandes firmes d'État (compagnie aérienne et Telekom, en avril-mai), la transparence des finances publiques et une diminution drastique des subventions d'État. L'accord n'a été trouvé au sein de la coalition au pouvoir, fin juillet 2001, qu'au prix de la démission de ministres (Privatisations et Transports) et d'administrateurs (Telekom). Le FMI a pesé dans la décision, alternant promesses et menaces. De fait, l'effort a restauré la confiance, inversé les tendances, avec une réévaluation régulière de la monnaie jusqu'au début 2002 face au dollar, permettant au FMI de réinjecter d'abord 3 milliards de dollars (28 novembre) puis d'annoncer (4 février 2002) un nouveau programme, sur trois ans, de 16,5 milliards, dont 9 immédiatement cessibles. Cette bouffée d'air faisait néanmoins de la Turquie un pays surendetté (dette interne évaluée à 57 % du PIB et dette externe à 116 milliards de dollars en 2001), avec une santé économique encore incertaine. Les chiffres définitifs de 2001 pointaient une chute du PIB de – 6,2 % et une inflation de 65 %, compensées par un essor des exportations de 15 %. En mai 2002, c'est au contraire une hausse imprévue de la production industrielle (+ 18,7 %) qui faisait espérer une croissance globale de 3,5 % pour 2002. Et, déjà, le FMI recommandait une diminution des effectifs du secteur public de 100 000 postes.

Un rôle de stabilisateur régional

La Turquie a su assez rapidement saisir l'occasion des attentats du 11 septembre 2001 aux États-Unis pour justifier une lutte antiterroriste qui n'apparaissait plus tout à fait comme un déni des libertés. Face au radicalisme religieux, ce pays allié de culture musulmane a réaffirmé sa laïcité, possible relais occidental vers un islam oriental (visite officielle au Pakistan dès le 25 octobre 2001, réouverture au 14 novembre des missions diplomatiques à Kaboul et envoi d'un contingent militaire le 1er novembre 2001). Un accord, conclu le 18 mars 2002, lui a d'ailleurs confié (avec aide financière américaine) la direction future de la Force internationale de pacification en Afghanistan. Si-

---

République de Turquie

Capitale : Ankara.
Superficie : 780 576 km².
Population : 67 632 000.
Langues : turc (off.), kurde. Les publications sont autorisées dans toutes les langues maternelles depuis le 3.10.01.
Monnaie : livre turque (au taux officiel, 1 million de livres = 0,81 € au 30.4.02).
Nature de l'État : république centralisée, contrôlée par l'armée *via* le Conseil de sécurité nationale (MGK).
Nature du régime : parlementaire.
Chef de l'État : Ahmet Necdet Sezer, président de la République (depuis le 5.5. 2000).
Chef du gouvernement : Bulent Ecevit, DSP (depuis le 12.1.99).
Vice-premiers ministres : Devlet Bahçeli, Sukru Sina Gurel et Mesut Ylmaz (ANAP).
Ministre de la Défense nationale : Sabahattin Cakmakoglu (MHP).
Ministre de l'Intérieur : Rustu Kazim Yucelen (ANAP).
Ministre des Affaires étrangères : Sukru Sina Gurel (depuis juil. 02).
Principaux partis politiques : *Représentés au Parlement :* Parti de la gauche démocratique (DSP) ; Parti nationaliste du mouvement (MHP, extrême droite) ; Parti de la mère patrie (ANAP, conservateur) ; Parti de la juste voie (DYP, conservateur) ; Grand parti de l'union (BBP, extrême droite). *Non représentés au Parlement :* Parti républicain du peuple (CHP, centre gauche) ; Parti démocratique du peuple (HADEP, pro-kurde) ; Parti de la liberté et de la solidarité (ÖDP, gauche pacifiste) ; Parti de l'Eurasie (AP).
Mouvements activistes clandestins : Congrès pour la liberté et la démocratie du Kurdistan (KADEK, ex-Parti des travailleurs du Kurdistan, PKK, marxiste-léniniste) ; Gauche révolutionnaire (Dev-Sol) ; Parti révolutionnaire de la libération du peuple-front (DHKP-C).
Échéances institutionnelles : élections législatives et municipales (avr. 2004), présidentielle (2007).
Contestations territoriales : le PKK, accusé de séparatisme, a affronté l'armée turque dans le sud-est du pays de 1984 à févr. 2000. Le Hatay (sud) est revendiqué par la Syrie depuis 1938.

Statistiques / Rétrospective

INDICATEUR	UNITÉ	1980	1990	2000	2001
Démographie[a]					
Population	million	44,6	56,1	66,7	67,6
Densité	hab./km²	58,0	72,9	86,6	87,9
Croissance annuelle	%	2,3[f]	2,0[g]	1,6[h]	1,3[i]
Indice de fécondité (ISF)		4,4[f]	3,4[g]	2,7[h]	2,3[i]
Mortalité infantile	‰	111,0[f]	67,8[g]	45,7[h]	38,5[i]
Espérance de vie	année	61,3[f]	65,7[g]	69,0[h]	70,5[i]
Indicateurs socioculturels					
Nombre de médecins	‰ hab.	0,61	0,90	1,20[c]	••
Analphabétisme (hommes)	%	17,1	10,8	6,5	6,2
Analphabétisme (femmes)	%	46,0	33,5	23,5	22,7
Scolarisation 12-17 ans	%	43,3[q]	53,6[r]	43,1[s]	••
Scolarisation 3e degré	%	5,4	13,1	20,9[e]	14,0[d]
Téléviseurs	‰ hab.	78	230	449	••
Livres publiés	titre	6 320[t]	6 685	6 546[u]	••
Économie					
PIB total	milliard $	112,1	271,3	455,3	430,4
Croissance annuelle	%	5,2[k]	2,9[m]	7,4	− 6,2
PIB par habitant (PPA)	$	2 520	4 834	6 974	6 499
Investissement (FBCF)	% PIB	15,4[o]	23,2[p]	22,5	20,0
Recherche et Développement	% PIB	••	0,32	0,50[d]	0,63[c]
Taux d'inflation	%	110,2	60,3	54,9	54,4
Population active	million	17,7	20,7	23,7[c]	22,5[b]
Agriculture	% ⎫	53,2	46,9	43,4[d]	45,8[c]
Industrie	% ⎬ 100 %	20,4	20,7	22,4[d]	20,5[c]
Services	% ⎭	26,4	32,4	34,2[d]	33,7[c]
Énergie (taux de couverture)	%	54,3	48,4	39,8[d]	38,3[c]
Dépense publique Éducation	% PIB	2,3	2,2	3,4[y]	2,3[w]
Dépense publique Défense	% PIB	4,6[r]	3,5	5,2[c]	5,2[b]
Dette extérieure totale	milliard $	19,1	49,4	102,1[c]	116,2[b]
Service de la dette/Export.	%	28,3[o]	31,3[p]	35,3[c]	36,1[b]
Échanges extérieurs		**1974**	**1986**	**2000**	**2001**
Importations de services	milliard $	0,37	1,43	8,15	6,10
Importations de biens	milliard $	3,59	10,66	54,04	40,86
Produits agricoles	%	13,1	9,1	8,1[c]	7,6[b]
Produits énergétiques	%	20,5	19,7	13,2[c]	17,5[b]
Produits manufacturés	%	48,3	59,1	74,2[c]	70,9[b]
Exportations de services	milliard $	0,55	3,00	19,48	16,18
Exportations de biens	milliard $	1,53	7,58	31,66	34,96
Produits agricoles	%	65,3	34,6	17,2[c]	13,9[b]
Minerais et métaux	%	8,2	14,7	3,0[c]	3,0[b]
Produits manufacturés	%	20,9	48,1	79,1[c]	82,0[b]
Solde des transactions courantes	% du PIB	− 3,1[x]	− 0,7[y]	− 4,9	2,3

Définition des indicateurs, sigles et abréviations p. 23 et suivantes. a. Dernier recensement utilisable : 1997 ;
b. 2000 ; c. 1999 ; d. 1998 ; e. 1997 ; f. 1975-1985 ; g. 1985-1995 ; h. 1995-2000 ; i. 2000-2005 ;
k. 1980-1990 ; m. 1990-2000 ; o. 1979-1981 ; p. 1989-1991 ; q. 1975 ; r. 1985 ; s. 1991 ; t. 1976 ; u. 1996 ;
v. 1994 ; w. 1995 ; x. 1975-84 ; y. 1985-96.

tuée à la convergence de l'Asie centrale, du Caucase et d'un Proche-Orient en feu, la Turquie a aussi accepté de jouer le rôle de stabilisateur. De bonnes relations avec Israël (accord sur des missiles de défense en juin 2001, vente d'eau douce en mars suivant), le rapprochement avec la Géorgie (aide militaire) et la conclusion d'un accord antiterroriste incluant l'Azerbaïdjan (30 avril 2002) y ont contribué, alors qu'une présence américaine dans le Caucase (mai 2002) garantissait encore mieux le projet d'oléoduc Bakou-Ceyhan (début des travaux fixé au second semestre 2002).

En revanche, les relations avec l'Europe sont restées tendues : déficit démocratique, condamnations de la Cour européenne des droits de l'homme (169 en 2001) et surtout intégration prochaine de Chypre au sein de l'UE, laquelle fait très peu de cas de la « république turque du Nord » (non reconnue internationalement). En novembre 2001, une menace d'annexion a été formulée. Par la suite, la Turquie a poussé à la reprise des négociations entre les deux parties. Le 2 décembre 2001, elle a levé tout obstacle à la création d'une force européenne de défense. D'un côté, l'inéluctable rapprochement a aiguisé les préventions réciproques, nourries d'attaques indirectes (début 2002 : étalage public du courriel de la représentante officielle à Ankara de l'Union et mise en doute d'une utilité de l'UE par le secrétaire du Conseil de sécurité nationale). De l'autre, l'Europe est le seul cadre d'intégration à offrir une parité avec les pays développés, que même les États-Unis ne sauraient garantir. Ankara savait qu'une « croisade » américaine pouvait l'impliquer dans une intervention en Irak, perspective qu'elle a publiquement rejetée. Elle restait aussi sensible au sort des Palestiniens, à propos duquel elle a même parlé de « génocide ». Cela constituait de sa part une accusation pour le moins risquée (Ankara refuse de reconnaître comme un « génocide » le massacre des Arméniens par les autorités ottomanes en 1915), mais témoigne d'une sensibilité nouvelle à la question palestinienne.

Réformes institutionnelles

L'actualité intérieure aura, en 2001-2002, mis en scène ces tensions, dans un contexte de coalition gouvernementale tripartite, d'une difficile gestion de la crise économique chère en popularité et d'une atmosphère croissante de fin de règne où chacun se prépare aux échéances futures. Le « programme national », devant rapprocher la Turquie des critères européens, a fait l'objet d'un long affrontement aboutissant à une première modification de 37 articles constitutionnels (octobre 2001) dans le sens d'une « diminution des restrictions » aux droits fondamentaux, suivie, en mars 2002, d'un toilettage des grandes lois concernées (partis politiques, syndicats et associations, loi électorale, tribunaux d'exception, etc.). Le gouvernement a aussi dû faire face à des contestations de type économique (manifestations contre la précarité, automne 2001) puis culturelles, liées à une demande d'enseignement de la langue kurde (février 2002) en conformité avec la réhabilitation, par la réforme constitutionnelle, de l'usage des langues maternelles. Notons qu'en l'absence du leader emprisonné Abdullah Öcalan et de stratégie précise de sa part, la question kurde semblait évoluer vers une revendication plus diffuse et plus intégrative, formulée en termes culturels et démocratiques.

La dissolution de l'ancien parti islamiste Fazilet, ordonnée par la Cour constitutionnelle le 22 juin 2001, a donné naissance à deux nouveaux partis, dont l'un (Parti de la justice et du développement, AKP) se distingue par une critique populiste officiellement combattue au nom de la laïcité et pourtant créditée, dans un sondage datant d'avril 2002, de succès électoral en cas d'élection anticipée. Par ses fréquents veto, le président de la République Ahmed Necdet Sezer, est demeuré un arbitre apprécié d'une scène politique où d'autres acteurs comme

Turquie/Bibliographie

V. Amiraux, *Acteurs de l'Islam entre Allemagne et Turquie,* L'Harmattan, Paris, 2001.

H. Bozarslan, *La Question kurde : États et minorités au Moyen-Orient,* Presses de Sciences Po, Paris, 1997.

Cahiers d'études sur la Méditerranée orientale et le monde turco-iranien (CEMOTI), Paris.

É. Copeaux, *Espaces et temps de la nation turque,* CNRS-Éditions, Paris, 1997.

É. Copeaux, *Une vision turque du monde à travers les cartes,* CNRS-Éditions, Paris, 2000.

G. Daniel, *Atatürk, une certaine idée de la Turquie,* L'Harmattan, Paris, 2000.

G. Dorronsoro, *Les Kurdes de Turquie : revendications identitaires, espace national et globalisation,* Les Études du CERI, n° 62, Paris, 2000.

G. Groc (sous la dir. de), « Formes nouvelles de l'islam en Turquie », *Les Annales de l'autre islam,* n° 6, INALCO-ERISM, Paris, 1999.

R. Mantran (sous la dir. de), *Histoire de l'Empire ottoman,* Fayard, Paris, 1989.

I. Rigoni (sous la dir. de), *Turquie : les mille visages. Politique, religion, femmes, immigration,* Syllepse, Paris, 2000.

J.-P. Touzanne, *L'Islamisme turc,* L'Harmattan, Paris, 2001.

G. Turunç, *La Turquie aux marches de l'Union européenne,* L'Harmattan, Paris, 2001.

S. Vaner, D. Akagül, B. Kaleagasi, *La Turquie en mouvement,* Complexe, Bruxelles, 1995.

S. Yérasimos (sous la dir. de), *Les Turcs,* Autrement, Paris, 1994.

S. Yerasimos, G. Seufert, K. Vorhoff (sous la dir. de), *Civil Society in the Grip of Nationalism,* Orient-Institut, Istanbul, 2000.

Voir aussi la bibliographie « Méditerranée orientale », p. 538.

le patronat (Tüsiad) promeuvent l'ouverture démocratique. Toutefois, l'abolition de la peine de mort (suggérée par le gouvernement le 16 avril 2002), les publications en « langues maternelles » et les concessions aux revendications minoritaires rencontraient encore la résistance des militaires et des nationalistes.

Le 3 août 2002, le Parlement votait cependant en faveur d'un ensemble de réformes, dont l'abolition de la peine de mort et la reconnaissance de droits culturels pour la population kurde, rapprochant sensiblement le pays des exigences européennes.

Curieusement, l'actualité s'est partagée entre une adaptation croissante aux critères de Copenhague et le maintien d'une coercition pour tout ce qui « attente » à la puissance de l'État (célébration du Newruz – nouvel an kurde –, état d'exception renouvelé dans quatre provinces orientales, poursuite d'intellectuels pour insulte au gouvernement et refonte restrictive de l'Autorité de contrôle des médias – loi du 15 mai 2002). Aucune mansuétude ne s'est non plus exercée à l'égard des grévistes de la faim, dont on dénombrait la cinquantième victime en février 2002. **- Gérard Groc** ■

La Moscovie avait atteint les rives du Pacifique et les contreforts du Caucase dès le XVIIᵉ siècle. Un siècle plus tard, des frontières de la Prusse à celles de l'empire du Milieu, la nouvelle « puissance européenne » voulue par Pierre le Grand avait dimension d'empire eurasiatique. La « Troisième Rome », qui devait reprendre le glorieux flambeau de Byzance, ne vit jamais le jour. Mais, jusqu'à l'effondrement de l'URSS, cet immense pays d'un seul tenant se distinguait fortement des autres empires. Au XIXᵉ siècle, alors que peuples et ethnies de Russie accédaient à l'idée nationale, l'homme russe, ébloui par ce territoire à l'échelle d'un continent, caressait l'illusion d'un espace littéralement cosmique. Hésitant entre un Occident symbole de progrès et un Orient détenteur de la tradition, il s'engageait dans une quête qu'il n'a toujours pas achevée.

Le « géant aux pieds d'argile » se révéla incapable d'accompagner dans la modernité la multitude de peuples et ethnies qui peuplaient tant ses terres de l'intérieur que ses marches, Babel où cohabitaient cultes animistes et grandes religions révélées : Esquimaux du Grand Nord, Turcs de la Volga, de Sibérie, d'Asie centrale ou du Caucase ; Finno-Ougriens, peuples caucasiques aux langues multiples et singulières, Baltes, Polonais, Ukrainiens ou Juifs. Il laissa bientôt la place à l'ensemble soviétique, qui se voulait alors le premier jalon de la «*république mondiale des travailleurs*».

Plusieurs siècles d'administration tsariste avaient profondément marqué régions et populations de l'empire ; les soixante-dix années de système soviétique y provoquèrent un véritable bouleversement. Industrialisation, collectivisation forcée des terres, famines, déportations de peuples entiers transformèrent radicalement l'ensemble soviétique. La société, soumise par une répression systématique, subit un implacable maelström ; brisé, le monde rural en sortit désintégré. En Sibérie, au Kazakhstan, le Goulag imposa un effroyable aménagement du territoire.

En quelques années, la « *sixième partie du monde* » se couvrit de républiques fédérées, de républiques et de régions autonomes : aux uns, le régime offrait l'illusion d'un renouveau national, aux autres la chance d'accéder au statut de nation. La perestroïka, puis l'effondrement de l'URSS (1991) mirent à nu les réalités et les contradictions d'un empire décidément complexe.

Le discours de l'»amitié des peuples » cachait de fortes disparités culturelles et économiques. Engagées aujourd'hui dans un vertigineux processus de recomposition, ses composantes doivent affronter les réalités d'un monde dont elles avaient été « protégées » par Moscou, présentant enfin un visage plus proche d'une réalité hier encore occultée par les vertus décrétées du « socialisme réel ». Grisés par une indépendance si longtemps espérée, fascinés par la perspective d'adhérer à l'Union européenne (UE), les États baltes célèbrent leur « retour à l'Europe » en frappant à la porte de l'OTAN (Organisation du traité de l'Atlantique nord). Malgré l'importance des minorités russophones, on y proclame une fa-

Une identité en mutation

546 | *Par* **Charles Urjewicz**
Historien, INALCO

rouche volonté de tourner le dos à l'espace russe, comme pour mieux s'assurer d'une fragile liberté. La région qui fut la plus développée et la plus prospère de l'URSS vit aujourd'hui une mutation difficile, mais pleine de promesses. L'Asie centrale avait été présentée comme l'exemple de la capacité du régime à sortir peuples et régions de la fatalité du sous-développement. Elle doit aujourd'hui faire l'apprentissage d'une indépendance qu'elle n'avait pas réellement souhaitée, gérer le lourd passif légué par un système qui la sacrifia à la monoculture du coton. Aujourd'hui, la région bruisse des échos de la sourde lutte opposant ces États indépendants en quête de puissance et de reconnaissance, alors que les canons se sont à peine tus en Afghanistan. Aujourd'hui, la présence militaire américaine en Ouzbékistan et au Kirghizstan répond aux tentations de trouver des partenaires plus prometteurs, voire d'écarter l'ancienne puissance tutélaire, encore active sur la scène régionale.

Hier encore terre de villégiature, la Transcaucasie est aujourd'hui une région sinistrée par les conflits, les guerres et les nettoyages ethniques. Ses atouts d'hier, une agriculture diversifiée qui trouvait en Russie un marché captif, un climat clément, n'ont pas résisté à l'ouverture des frontières. Les potentialités de la mer Caspienne en feront-elles la réserve stratégique d'un Occident en quête de sécurité ? Alors que la Russie déploie au Caucase une combativité émoussée par la présence américaine en Géorgie, le rêve pétrolier de Bakou et de Tbilissi pourra-t-il s'accomplir ?

Détentrices d'une longue histoire et d'une culture communes, les terres slaves constituées par la Biélorussie, la Russie et l'Ukraine restent très intégrées, voire dominées par un « grand frère » qui a joué habilement de ses atouts énergétiques. Mais cet ensemble vit une évolution rapide. Certes, la Biélorussie, à la recherche d'une improbable identité, frappe à la porte de la Russie. L'Ukraine, dont l'émergence a donné à l'Europe centrale le sentiment d'élargir son espace politique,

Espace post-soviétique

AR.	Arménie
AZ.	Azerbaïdjan
EST.	Estonie
G.	Géorgie
KIR.	Kirghizstan
LET.	Lettonie
LIT.	Lituanie
MOLD.	Moldavie
OUZ.	Ouzbékistan
TADJ.	Tadjikistan
TURK.	Turkménistan

Espace post-soviétique/Bibliographie sélective

BERD, *Transition Report 1999. Ten Years of Transition in Central and Eastern Europe, the Baltic States and the CIS,* La Documentation française, Paris, 1999.

R. Berton-Hogge, M.-A. Crosnier (sous la dir. de), *Les Pays de la CEI. Édition 1999,* Les Études de La Documentation française, Paris, 2000.

R. Brunet, « Russie, Asie centrale », *in* R. Brunet (sous la dir. de), *Géographie universelle,* vol. X, Belin/RECLUS, Paris/Montpellier, 1995.

R. Brunet, D. Eckert, V. Kolossov, *Atlas de la Russie et des pays proches,* RECLUS/La Documentation française, Montpellier/Paris, 1995.

D. Colas (sous la dir. de), *L'Europe post-communiste,* PUF, Paris, 2000.

M. Ferro (sous la dir. de, avec la collab. de M.-H. Mandrillon), *L'état de toutes l es Russies. Les États et les nations de l'ex-URSS,* La Découverte, coll. « L'état du monde », Paris, 1993.

La Nouvelle Alternative (nouv. série, semestrielle), Paris.

Le Courrier des pays de l'Est (10 numéros par an), La Documentation française, Paris. Voir notamment « Les pays de la CEI : 1999-2000. Reconduction du pouvoir, embellie économique, sécurité : l'activisme russe », n° 1010, 2001 ; « Gains et risques de l'ouverture économique », n° 1012, 2001.

M. Lewin, *Russia, USSR, Russia, The Drive and Drift of a Superstate,* The New Press, New York, 1995.

B. Nahaylo, V. Swoboda, *Après l'Union soviétique. Les peuples de l'espace post-soviétique,* PUF, Paris, 1994.

D. Piazolo, *The Integration Process between Eastern and Western Europe,* Kieler Studie 310, Springer-Verlag, Berlin/Heidelberg, 2001.

J. Radvanyi (sous la dir. de), *De l'URSS à la CEI : douze États en quête d'identité,* INALCO/Ellipses, Paris, 1997.

Voir aussi la bibliographie « Russie », p. 568.

tente d'imposer la réalité de son existence. Avec prudence, elle s'efforce de rééquilibrer avec l'Occident des relations trop longtemps exclusives avec une Russie très active. Rude tâche que d'établir fermement l'identité européenne dont elle se réclame pour cette « terre des confins », ambivalente et fragile.

Devenue indépendante, la Russie a changé de visage dans sa configuration territoriale. Après des siècles de centralisation, l'importance grandissante des républiques et des régions qui constituent la Fédération de Russie a marqué une véritable rupture avec toutes les traditions de l'État russe et soviétique. Malgré la reprise en main opérée par Vladimir Poutine, l'espace et les représentations russes ont été profondément transformés par cette véritable restructuration à « échelle humaine » du territoire d'une Fédération que républiques et régions ont tenté de faire évoluer vers des formes confédératives, donnant une légitimité renouvelée à la dimension impériale de cet espace. Empire puissant ou puissance moyenne ? Alors que son économie reste fragile, tandis que se poursuit la guerre en Tchéchénie, ce géant trouvera-t-il, hors d'une politique de force imposée à ses régions et à ses marches, les ressources pour fonder une nouvelle identité ? ■

Les tendances de la période

Par **Charles Urjewicz**
Historien, INALCO

Quel sera le nouveau visage de la Communauté d'États indépendants (CEI) ? Trouvera-t-elle une place et un rang dans un monde bouleversé par les attentats du 11 septembre 2001 aux États-Unis ?

À la veille de ces attaques, les voix les plus sceptiques, à Moscou, se faisaient plus feutrées, comme pour ne pas faire obstacle à la reprise en main engagée par le Kremlin.

Pour les Russes, la CEI ne se contente plus, en effet, de remplir le vide institutionnel provoqué par l'effondrement de l'URSS en 1991, elle représente le dernier pilier d'un empire dont ils ne parviennent toujours pas à faire le deuil, la plate-forme à partir de laquelle Moscou voudrait recouvrer son influence. Cette communauté aux contours flous, complexe maillage eurasiatique, vivait sous la menace des regroupements régionaux, en particulier le GUUAM (Géorgie, Ukraine, Ouzbékistan, Azerbaïdjan et Moldavie). Tirant parti de l'affaiblissement de beaucoup de ses partenaires, le Kremlin entendait faire de la CEI un élément essentiel de sa politique extérieure : il en allait des équilibres internes de la Fédération russe. La guerre en Tchétchénie a mis à rude épreuve les marches méridionales de la Russie, complexifiant encore les relations avec la Géorgie et l'Azerbaïdjan et présentant des effets déstabilisateurs sur les États et les républiques de la région.

Après les années de politique brouillonne et improductive – voire destructive – de l'ère Eltsine (1991-1999), Moscou est apparu à la recherche de structures et d'actes unificateurs. Maniant habilement la carotte et le bâton, le président Vladimir Poutine a tenté de jouer la carte qui lui avait permis de se hisser au pouvoir en Russie, en 1999, en centrant son discours sur la sécurité et son corollaire, la « lutte antiterroriste ». Le Kremlin tirait parti des inquiétudes des États d'Asie centrale confrontés à des menées islamistes. Le Tadjikistan, l'Ouzbékistan et le Kirghizstan apparaissaient préoccupés par l'action déstabilisatrice des talibans afghans. Tadjiks, Kirghizes et Kazakhs comptaient sur le soutien actif, voire l'implication directe d'une Russie dont les troupes assuraient déjà la protection de la frontière tadjiko-afghane, tandis que le Kremlin proposait d'équiper les forces de sécurité de ces pays à des prix « préférentiels ».

Conséquence de la guerre en Afghanistan et de la présence alléguée de « terroristes » d'Al-Qaeda aux côtés des combattants tchétchènes, des troupes étrangères ont pris pied au Kirghizstan, en Ouzbékistan et en Géorgie. Le président Poutine semblait donc conforté dans son action « sécuritaire ». Mais il devait assumer un partenariat paradoxal avec les États-Unis. Alors que la puissance américaine s'imposait sur les marches orientales et méridionales de l'empire avec l'apparente connivence de Moscou – présence durable, aboutissement d'une stratégie de *containment* de la Russie accélérée par le « 11 septembre », ou stationnement provisoire motivé par les nécessités du combat engagé contre l'« axe du mal » –, que restait-il du *leadership* de la Russie ? Une CEI à peine convalescente serait-elle en mesure de faire face à un tel défi ?

Le 29 mai 2002, tandis qu'il signait à Rome un accord de partenariat avec l'OTAN (Organisation du traité de l'Atlantique nord),

À L'INSTAR DE LA STRATÉGIE RUSSE EN TCHÉTCHÉNIE, LA « LUTTE CONTRE LE TERRORISME » A RENFORCÉ LA RÉPRESSION, EN PARTICULIER EN OUZBÉKISTAN ET AU KIRGHIZSTAN.

V. Poutine soulignait que la Russie, puissance européenne, n'en plaçait pas moins l'Asie, en particulier la CEI, au centre de ses priorités stratégiques. Le Kremlin n'avait, de fait, jamais cessé de promouvoir le Traité de sécurité collective, signé par l'Arménie, la Biélorussie, le Kazakhstan, le Kirghizstan, la Russie et le Tadjikistan, tandis qu'il faisait une publicité active à la Communauté économique eurasienne rassemblant la Biélorussie, le Kazakhstan, le Kirghizstan, la Russie et le Tadjikistan. Le départ annoncé de l'Ouzbékistan du GUUAM (organe de coopération associant la Géorgie, l'Ukraine, l'Azerbaïdjan et la Moldavie), à la mi-juin 2002, est apparu comme une victoire stratégique pour Moscou, qui ne désespérait désormais plus d'entraîner l'Ukraine. Largement dépendante de la Russie pour ses approvisionnements énergétiques, Kiev opérait un rapprochement stratégique avec Moscou, dont l'enjeu est la construction d'un nouveau gazoduc en direction de l'Union européenne. Mais, dans le même temps, V. Poutine donnait un sérieux coup de frein à l'Union russo-biélorusse en rejetant les revendications économiques de Minsk.

Redevenue un acteur majeur sur le front énergétique, la Russie a élaboré une stratégie qui passe par un développement et un contrôle dynamiques des voies de communication et de transport, en particulier des oléoducs et des gazoducs chargés d'acheminer les richesses de la mer Caspienne. Au printemps 2002, des navires de guerre russes patrouillaient ostensiblement sur une mer dont le statut continuait à diviser les pays riverains, en particulier l'Azerbaïdjan et le Turkménistan. Le « sommet » des pays riverains tenu à Achkhabad (24 avril 2002) n'a donné aucun résultat. Tandis que la Russie parvenait à un accord avec le Kazakhstan sur la délimitation des gisements *offshore* situés au large de leurs côtes et opérait un rapprochement vers l'Azerbaïdjan, l'Iran et le Turkménistan campaient sur des positions irréductibles.

Alors que ses relations avec la Géorgie restaient tendues, la Russie avait singulièrement pacifié ses relations avec l'Azerbaïdjan, donnant même durant un moment l'impression de prendre sa part dans la construction de l'oléoduc Bakou-Ceyhan (Turquie), destiné à éviter le réseau russe. Jouant sur une apparente neutralité dans les conflits déchirant la Transcaucasie (Haut-Karabakh et Abkhazie), Moscou ne semblait toujours pas en mesure de jouer un rôle modérateur, laissant cette tâche à la communauté internationale, en particulier à l'OSCE (Organisation pour la sécurité et la coopération en Europe). À l'instar de la stratégie russe en Tchétchénie, où la guerre se poursuivait avec son cortège de destructions et de violations des droits de l'homme, la « lutte contre le terrorisme » a permis un renforcement de la répression, en particulier en Ouzbékistan et au Kirghizstan. Dans toute la CEI, les tendances autoritaires continuaient à se renforcer.■

APRÈS LES ANNÉES DE POLITIQUE BROUILLONNE ET IMPRODUCTIVE DE L'ÈRE ELTSINE, MOSCOU EST APPARU À LA RECHERCHE DE STRUCTURES ET D'ACTES UNIFICATEURS. MANIANT HABILEMENT LA CAROTTE ET LE BÂTON, LE PRÉSIDENT POUTINE A TENTÉ DE JOUER LA CARTE QUI L'AVAIT PROPULSÉ AU POUVOIR EN 1999, EN CENTRANT SON DISCOURS SUR LA SÉCURITÉ ET SON COROLLAIRE, LA «LUTTE ANTITERRORISTE».

2001

12 juillet. Lituanie. Le nouveau gouvernement de centre gauche, dirigé par le chef du Parti social-démocrate Algirdas Brazauskas, obtient l'investiture du Parlement.

19 août. Azerbaïdjan. Heidar Aliev (78 ans) annonce qu'il se représentera pour un troisième mandat à l'élection présidentielle de 2003 ; dans ce cas, la Constitution devra être amendée.

9 septembre. Biélorussie. Le président sortant, Alexandre Loukachenko, remporte l'élection présidentielle au premier tour avec 75,5 % des suffrages. Le candidat de l'opposition, Vladimir Gontcharik, considère que les résultats de la consultation ont été falsifiés, les observateurs de l'OSCE (Organisation pour la sécurité et la coopération en Europe) déclarant pour leur part que le scrutin a été peu démocratique.

12 septembre. Russie/États-Unis. Le président Vladimir Poutine est le premier chef d'État à exprimer sa sympathie au peuple américain et à condamner les attentats de la veille contre le World Trade Centre et le Pentagone.

24 septembre. Asie centrale/États-Unis. Alors que les États-Unis se préparent à exercer des représailles contre les taliban, le Turkménistan, invoquant son statut de neutralité, déclare consentir à n'ouvrir son espace aérien aux avions américains que si ces derniers acheminent une aide humanitaire à l'Afghanistan. Le 28 décembre suivant, les présidents du Kazakhstan, du Kirghizstan, du Tadjikistan et de l'Ouzbékistan, réunis à Tachkent, soutiennent le gouvernement provisoire afghan et s'engagent à lutter contre le terrorisme international et le trafic de drogue.

19 septembre. Géorgie. À la suite d'une descente de police dans les locaux de la chaîne privée de télévision *Roustavi 2*, en délicatesse avec le pouvoir, le ministre de la Sécurité, Mikhaïl Saakachvili, est contraint de démissionner. Le 1er novembre, le président Édouard Chevardnadzé démet l'ensemble du gouvernement ; la nouvelle équipe, conduite par le « ministre d'État » (Premier ministre) Avtandil Djorbenadzé, respecte l'équilibre des fractions parlementaires.

6 décembre. Kirghizstan. Le Parlement décide de conférer au russe le statut de langue officielle à égalité avec le kirghize.

2002

7 janvier. OCS. Réunie à Pékin, l'Organisation de coopération de Shanghaï (OCS), qui entend contribuer à la lutte contre le terrorisme et le trafic de la drogue en provenance de l'Afghanistan, se prononce contre toute imposition d'un ordre politique à ce pays par des puissances extérieures.

9 janvier. Moldavie. Suspension pour un mois du Parti populaire chrétien-démocrate (PPCD) qui conteste la décision du gouvernement Tarlev de rendre obligatoire l'enseignement du russe dans les écoles primaires. Cette mesure, ainsi que celle concernant l'enseignement de l'histoire, est annulée le 22 février en raison des nombreuses manifestations de protestation. Le 24 avril, l'Assemblée parlementaire du Conseil de l'Europe appelle à la fin des manifestations et des pressions sur le PPCD, qui accepte ce compromis.

22 janvier. Estonie. Siim Kallas, candidat du Parti de la réforme, obtient l'investiture du Parlement ; il remplace Mart Laar, Premier ministre démissionnaire.

25 janvier. Azerbaïdjan. En reconnaissance du soutien apporté par Bakou à la coalition antiterroriste, les États-Unis mettent fin aux sanctions qu'ils lui avaient infligées après son blocus de l'Arménie dans le cadre du conflit du Haut-Karabakh.

26 janvier. Azerbaïdjan. La station radar de Gabala est donnée en location à la Russie pour une période de dix ans ; cet accord est critiqué par le Parlement turc.

27 janvier. Ouzbékistan. Référendum portant le mandat du président de cinq à sept ans (91,78 % de « oui ») et créant un Parlement bicaméral (93,65 % de « oui »).

28 janvier. Kazakhstan. Démission du Premier ministre Kasymjomart Tokaiev ; il sera remplacé par son adjoint, Imamgaly Tasmagambetov.

11 mars. Tadjikistan. Reconduction définitive de l'accord de réconciliation nationale, qui avait été conclu pour la première fois en 1997 entre le président Imamali Rahmanov et l'Opposition tadjike unie pour mettre fin à cinq années de guerre civile.

17-18 mars. Kirghizstan. Manifestations demandant la libération du député de la région de Djalal-Abad, Azimbek Beknazarov, accusé d'avoir abusé de sa position pour entraver la justice. La police ouvre le feu sur les manifestants, faisant 5 morts et de nombreux blessés. Le 24 mai, A. Beknazarov est condamné à un an de prison avec sursis, décision qui peut le priver de son mandat parlementaire alors qu'il a mis en route une procédure de destitution du président Askar Akaiev, accusé d'avoir violé la Constitution en cédant un morceau du territoire kirghize (95 000 km^2) à la Chine. Devant la montée de la crise et l'intervention de l'OSCE, le Premier ministre Kurmanbek Bakiev démissionne ; le 30 mai, il est remplacé par son premier adjoint, Nikolaï Tanaev. Le 28 juin, alors que la cour de la région de Djalal-Abad annule la condamnation d'A. Baknazarov, l'Assemblée législative amnistie les policiers responsables des pertes humaines.

31 mars. Ukraine. Lors des élections législatives, le bloc Notre Ukraine de l'ancien Premier ministre Viktor Youchtchenko remporte 23,57 % des suffrages au scrutin de liste et, compte tenu des sièges obtenus au scrutin uninominal, 112 élus dans la nouvelle Assemblée ; le Parti communiste ukrainien : 19,98 % des voix (66 sièges) ; Pour une Ukraine unie : 11,77 % des voix (102 sièges) ; le Bloc Ioulia Tymochenko : 7,26 % des voix (22 sièges) ; le Parti socialiste d'Ukraine : 6,87 % des voix (24 sièges) et le Parti social-démocrate unifié [SDPU(o)] : 6,27 % des voix (23 élus). Bien que le décompte des voix ait été très contesté, le scrutin est validé par la Commission électorale centrale.

12 avril. Géorgie. Ratification par le Parlement de l'accord de coopération militaire avec les États-Unis, qui avaient débloqué 65 millions de dollars pour moderniser l'armée géorgienne, notamment en équipant et en entraînant les unités chargées des opérations de sécurité dans la vallée de Pankissi.

19 avril. Arménie. Manifestations contre l'acquisition de la chaîne de télévision indépendante *A 1+* par des proches du président Robert Kotcharian, l'opposition demande la démission de ce dernier.

24 mai. Russie/États-Unis. Au terme de la visite en Russie du président américain George W. Bush, Washington et Moscou décident d'instaurer un « partenariat stratégique » pour affronter ensemble les défis globaux, notamment la lutte contre le terrorisme international, et contribuer à résoudre les conflits régionaux. Par ailleurs, les parties se reconnaissent des « intérêts communs » en Asie centrale et au Sud-Caucase où elles affirment vouloir maintenir la souveraineté et l'intégrité territoriale des États. Signature d'un traité de réduction des armement stratégiques offensifs : à partir de 2004, le nombre des têtes nucléaires devra être ramené dans une fourchette de 1 700 à 2 200. Le 14 juin, Moscou se retire du traité START II, les États-Unis ayant refusé de reconduire le traité ABM (sur les missiles antibalistiques) de 1972 afin de déployer sur leur sol un « bouclier antimissile ».

28 mai. Russie-OTAN. Moscou et l'Alliance atlantique établissent à Rome les modalités d'un nouveau partenariat, notamment pour combattre la menace terroriste, en installant un Conseil OTAN-Russie.

29 mai. Russie-Union européenne. La Russie reçoit le statut de « pays à économie de marché », mais ne parvient pas à obtenir de concessions de l'Union européenne sur le dossier de l'enclave de Kaliningrad : la circulation des Russes entre cette région et le reste de la Russie nécessitera un visa de transit dès l'entrée de la Lituanie dans l'espace Schengen.

6 juin. Russie/États-Unis. Washington accorde à la Russie le statut de « pays à économie de marché ».

11 juin. Russie-Biélorussie. Alors que le président biélorusse Loukachenko expose à Moscou son projet d'intégration dans le cadre de l'Union de la Russie et de la Biélorussie, le président russe Poutine émet de profondes réticences, invoquant notamment le hiatus entre les opinions publiques des deux pays sur cette question.

13 juin. Ouzbékistan. Tachkent annonce la « suspension » de sa participation au GUUAM (groupe de coopération régionale réunissant la Géorgie, l'Ukraine, l'Ouzbékistan, l'Azerbaïdjan et la Moldavie), qu'il avait rejoint en avril 1999.

26-27 juin. Russie/G-7/G-8. Les sept pays les plus riches de la planète, réunis à Kananaskis (Canada), décident d'octroyer à la Russie le statut de membre de plein droit en lui confiant la présidence du « sommet » de 2006 et de lui allouer 20 milliards de dollars pour éliminer les stocks d'armes de destruction massive hérités de l'ex-URSS. ∎

Pays baltes

Estonie, Lettonie, Lituanie

Estonie

A. Rüütel élu président de la République

L'élection, en septembre 2001, d'Arnold Rüütel à la tête de l'État estonien a pu surprendre les observateurs : cet ancien communiste, président du présidium du Soviet suprême de 1983 à 1990, qui a supervisé la déclaration d'indépendance de l'Estonie en 1990 et le rétablissement de l'État en 1991, s'est pourtant clairement engagé à poursuivre la politique de son prédécesseur, Lennart Meri.

Peu après la présidentielle, la politique gouvernementale est entrée dans une phase d'instabilité, marquée par la chute de la coalition de centre droit en décembre 2001. Composée de trois partis, cette coalition a été déstabilisée notamment par les prévisions de ralentissement de la croissance (5,0 % en 2001) et le débat sur l'élimination des exigences linguistiques imposées aux candidats à la députation et aux élections locales (maîtrise de l'estonien, y compris pour les russophones). Des alliances conclues entre partis dans le but d'écarter certains hommes politiques en place à la mairie de Tallinn ont conduit le Premier ministre, Mart Laar, à démissionner, entraînant automatiquement la dissolution de la coalition. Le nouveau gouvernement a été constitué autour de deux partis opposés, le Parti de la réforme (néolibéral) et le Parti du centre (populiste) ; ceux misant sur sa lon-

République d'Estonie

Capitale : Tallinn.
Superficie : 45 100 km².
Population : 1 377 000.
Langues : estonien (off.), russe.
Monnaie : couronne estonienne (EEK) (au cours officiel, 100 EEK = 6,38 € au 31.5.02).
Nature de l'État : république unitaire.
Nature du régime : démocratie parlementaire.
Chef de l'État : Arnold Rüütel, qui a succédé le 21.9.01 à Lennart Meri.
Chef du gouvernement : Siim Kallas, qui a succédé le 28.1.02 à Mart Laar.
Ministre de l'Intérieur : Ain Seppik (depuis le 28.1.02).
Ministre de la Défense : Sven Mikser (depuis le 28.1.02).
Ministre des Affaires étrangères : Kristiina Ojuland (depuis le 28.1.02).
Contestation territoriale : l'Estonie s'est résignée à ne pas récupérer les parcelles de territoire de Petseri (Petchori) et Joanilinn (Ivangorod), que la Russie avait annexées en 1945.

gévité étaient d'autant plus rares que ces deux partis ne détenaient pas la majorité au Parlement. L'instabilité politique apparaissait toute relative puisque toutes les priorités économiques et de politique étrangère ont été maintenues, les critères de Maastricht restant le point de référence de la politique monétaire et fiscale du pays. - **Céline Bayou** ■

Bilan de l'année / Lettonie

Pays baltes

FINLANDE

Helsinki   St-Pétersbourg

Golfe de Finlande   Kohtla-Järve

Hiiumaa

Tallinn

ESTONIE   Lac Peipous

Pärnu   Tartu

Kuressaare   Viljandi

Saare

MER BALTIQUE   RUSSIE

G. de Riga   Cesis

Ventspils   **LETTONIE**

Riga   Daugawa

Liepaïa   Daugavpils

Siauliai   Panevejis

Klaïpéda

LITUANIE

Niemen

Kaliningrad   Kaunas   **Vilnius**

RUSSIE

BIÉLORUSSIE

POLOGNE

100 km

© Éditions La Découverte & Syros

Lettonie

Au-delà des dissensions de la majorité...

Les partenaires de la coalition au pouvoir ont eu beau afficher leurs différends, le gouvernement de centre droit (en exercice depuis avril 2000) semblait devoir se maintenir au pouvoir jusqu'aux élections législatives d'octobre 2002. En effet, cette échéance électorale condamnait le gouvernement à un quasi-immobilisme jusqu'à la date fatidique. Surtout, le manque d'alternative apparaissait flagrant, les trois partis de la coalition occupant 64 des 100 sièges du Parlement actuel. Enfin, malgré leurs désaccords, les partis présentaient entre eux plus de points communs qu'avec les partis d'op-

position. Pourtant, l'équilibre politique pouvait changer en octobre 2002, notamment du fait de l'entrée en lice de la Nouvelle ère, parti réformiste de centre droit créé par l'ancien gouverneur de la Banque centrale lettone, E. Repse, en novembre 2001.

Le pas des réformes économiques s'est donc trouvé réduit en 2001-2002 : les privatisations, notamment, étaient en attente, du fait du calendrier électoral mais aussi des protestations émises par la communauté d'affaires lettone contre les modalités de ces privatisations, qui ont provoqué le mécontentement des organisations internationales auprès desquelles le gouvernement avait pris des engagements. Ces mêmes organisations, reconnaissant les bons résultats économiques de la Lettonie en 2001, ont mis en garde Riga face au risque de surchauffe de l'économie (le FMI a demandé au gouvernement de resserrer sa politique monétaire).

République de Lettonie

Capitale : Riga.
Superficie : 64 500 km².
Population : 2 406 000.
Langues : letton (off.), russe.
Monnaie : lat letton (au cours officiel, 1 lat = 1,72 € au 31.5.02).
Nature de l'État : république unitaire.
Nature du régime : démocratie parlementaire.
Chef de l'État : Vaira Vike-Freiberga, présidente de la République (depuis 8.7.99).
Chef du gouvernement : Andris Berzins (depuis le 5.5.2000).
Ministre des Affaires étrangères : Indulis Berzins (depuis le 16.7.99).
Ministre de la Défense : Girts Valdis Kristovskis (depuis le 16.7.99).
Ministre de l'Intérieur : Marek Seglins.
Contestation territoriale : la Lettonie a abandonné ses revendications vis-à-vis de la Russie sur le sujet du tracé de leur frontière commune et sur la reconnaissance du traité signé par les deux États en 1920. La région d'Abrene (« Pitalovo » en russe) avait été rattachée à la république socialiste soviétique de Russie en 1945.

Bilan de l'année / Statistiques

INDICATEUR	UNITÉ	ESTONIE	LETTONIE	LITUANIE
Démographie[a]				
Population	(millier)	1 377	2 406	3 689
Densité	(hab./km²)	32,6	38,8	56,9
Croissance annuelle (1995-2000)	(%)	– 1,3	– 0,8	– 0,1
Indice de fécondité (ISF) (1995-2000)		1,24	1,12	1,38
Mortalité infantile (1995-2000)	(‰)	11,1	15,6	10,7
Espérance de vie (1995-2000)	(année)	70,0	69,6	71,4
Population urbaine[c]	(%)	68,9	69,1	68,3
Indicateurs socioculturels				
Développement humain (IDH)[b]		0,826	0,800	0,808
Nombre de médecins	(‰ hab.)	2,97[f]	2,82[f]	3,95[f]
Scolarisation 2e degré	(%)	77,5[fq]	83,2[fr]	85,4[fr]
Scolarisation 3e degré	(%)	47,5[f]	50,9[f]	41,1[f]
Accès à Internet	(‰ hab.)	300,46	72,31	67,92
Livres publiés	(titre)	2 628[g]	1 965[g]	3 645[g]
Armées (effectifs)				
Armée de terre	(millier)	4,04	3,1[h]	7,50[i]
Marine	(millier)	0,3	0,84	0,58
Aviation	(millier)	0,11	0,21	0,8
Économie				
PIB total (PPA)[b]	(million $)	13 780	16 711	26 257
Croissance annuelle 1990-2000	(%)	– 1,4	– 4,8	– 3,7
Croissance annuelle 2001	(%)	5,0	7,0	4,5
Croissance agriculture 2001	(%)	4,0	3,9	– 8,5
Croissance industrie 2001	(%)	7,5	8,4	16,9
PIB par habitant (PPA)[b]	($)	10 066	7 045	7 106
Investissement (FBCF)[d]	(% PIB)	24,6	25,8	20,1
Taux d'inflation	(%)	5,8	2,5	1,3
Taux de chômage (fin d'année)	(%)	7,2[k]	7,7[k]	12,9[k]
Énergie (taux de couverture)[c]	(%)	60,6	39,2	44,8
Dépense publique Éducation[f]	(% PIB)	6,8	6,8	6,4
Dépense publique Défense	(% PIB)	1,7	1,0	1,8[b]
Dette extérieure totale	(million $)	3 358[m]	5 040[m]	5 209[m]
Service de la dette/Export.[e]	(%)	9,7	12,1	13,9
Échanges extérieurs				
Importations (douanes)	(million $)	6 590	4 483	6 591
Principaux fournisseurs	(%)	UE 48,9	UE 50,6	UE 49,8
	(%)	Asie[o] 13,7	RFA 17,3	Ex-CAEM[p] 41,8
	(%)	Ex-CAEM[p] 32,5	Ex-CAEM[p] 40,2	Asie[o] 2,9
Exportations (douanes)	(million $)	4 268	2 479	4 386
Principaux clients	(%)	UE 68,6	UE 67,3	UE 51,6
	(%)	E-U 5,7	E-U 3,1	E-U 4,1
	(%)	Ex-CAEM[p] 16,6	Ex-CAEM[p] 22,6	Ex-CAEM[p] 36,7
Solde transactions courantes	(% PIB)	– 6,5	– 9,8	– 4,8

Définition des indicateurs, sigles et abréviations p. 23 et suivantes. Chiffres 2001 sauf notes. a. Derniers recensements utilisables : Estonie, 2000 ; Lettonie, 2000 ; Lituanie, 2001 ; b. 2000 ; c. 1999 ; d. 1999-2001 ; e. 1998-2000 ; f. 1998 ; g. 1996 ; h. Non compris Garde nationale (2350) ; i. Non compris Forces de défense nationale (1500 h.) et services d'états-majors et unités rattachées au commandement central (1810 h.) ; k. Définition nationale, non-harmonisée ; m. En 2001, selon l'ONU ; o. Y compris Japon et Moyen-Orient ; p. Y compris républiques de l'ancienne Yougoslavie ; q. 11-12 ans ; r. 11-18 ans.

Pays baltes/Bibliographie

A. Bertricau (sous la dir. de), *L'Estonie, identité et indépendance*, L'Harmattan, Paris, 2001.

M. Cabouret, B. Kostrubiec, « L'espace baltique, problématique et enjeux », *Revue française de géoéconomie*, n° 11, 1999.

S. Champonnois, F. de Labriolle, *Dictionnaire historique de la Lituanie*, Armeline, Crozon, 2001.

S. Champonnois, F. de Labriolle, *La Lettonie*, Karthala, Paris, 1999.

S. Champonnois, F. de Labriolle, *L'Estonie, des Estes aux Estoniens*, Karthala, Paris, 1997.

L. Hedegaard *et alii*, *The NEBI Yearbook 2000. North European and Baltic Sea Integration*, Springer, 2000.

La Nouvelle Alternative (nouv. série, semestrielle), Paris.
Voir notamment les dossiers « Diversité des pays baltes », n° 47, sept. 1997 ;
« L'Union européenne vue d'Europe centrale et orientale », n° 49, mars 1998.

T. Lane, *Lithunia. Stepping Westward*, Routledge, Londres, 2001.

M. Lauristin, P. Vihalemm, *Return to the Western World. Cultural and Political Perspectives on the Estonian Post-communist Transition*, Tartu University Press, Tartu, 1997.

A. Lieven, *The Baltic Revolution. Estonia, Latvia, Lithuania and the Path to Independence*, Yale University Press, New Haven/Londres, 1993.

E. Mathias, *Dix ans d'indépendance balte. D'une Union à l'autre*, Les Études du CERI, n° 76, Paris, mai 2001.

R. Misiunas, R. Taagepera, *The Baltic States. Years of Dependence 1940-1990*, Hurst & Co, Londres, 1993.

A. Pabriks, A. Purs, *Latvia. The Challenges of Change*, Routledge, Londres, 2001.

Y. Plasseraud, *Les États baltes*, Montchrestien, Paris, 1996.

A. et J. Sellier, *Atlas des peuples d'Europe centrale*, La Découverte, Paris, 2002 (nouv. éd.).

D. J. Smith, *Estonia. Independence and European Integration*, Routledge, Londres, 2001.

Voir aussi la bibliographie sélective « Espace post-soviétique », p. 547.

Les négociations d'adhésion à l'Union européenne (UE), priorité de la politique étrangère lettone avec la candidature à l'OTAN (Organisation du traité de l'Atlantique nord), ont progressé en 2001, les problèmes liés à la corruption et à la réforme administrative restant les plus importants. La question de l'intégration de la population russophone semblait en voie de résolution, même si le rythme des naturalisations était demeuré lent. En revanche, le Parlement a fini par modifier, en mai 2002, une loi électorale qui imposait aux candidats des exigences linguistiques (maîtrise du letton pour tous les candidats, y compris russophones) unanimement jugées trop restrictives à l'étranger. - **Céline Bayou** ∎

Lituanie

Train de réformes

L'engagement du gouvernement lituanien dans des réformes nécessaires mais peu populaires a réduit le soutien dont ce-

République de Lituanie

Capitale : Vilnius.
Superficie : 65 200 km².
Population : 3 689 000.
Langues : lituanien (off.), russe, polonais.
Monnaie : litas (au cours officiel, 1 litas = 0,29 € au 31.5.02).
Nature de l'État : république unitaire.
Nature du régime : démocratie parlementaire.
Chef de l'État et président du Parlement : Valdas Adamkus (depuis janv. 98).
Chef du gouvernement : Algirdas Brazauskas, qui a remplacé le 25.6.01 Rolandas Paksas (démissionnaire).
Ministre des Finances : Dalia Grybauskaite.
Ministre de la Défense nationale : Linas Antanas Linkevicius.
Ministre des Affaires étrangères : Antanas Valionis.

lui-ci jouissait jusqu'alors. L'échéance présidentielle de décembre 2002 semblait devoir entraîner un ralentissement de ces mesures, dans un contexte où la demande de soutien social se faisait de plus en plus forte. De nombreux députés du Parti social-démocrate, membre de la coalition gouvernementale, avaient déjà exprimé en 2002 leur inquiétude face aux projets d'augmentation des taxes à la consommation, celles-ci devant rejoindre le niveau en vigueur dans les pays de l'Union européenne (UE). De

plus, le gouvernement a adopté une loi autorisant la vente des terres agricoles aux étrangers, très impopulaire dans le monde rural qui forme une partie non négligeable de l'électorat (20 % de la population).

De son côté, l'opposition de centre droit a échoué à améliorer sa cohésion, ce qui a profité au gouvernement. Mais la donne pouvait changer, puisqu'il était probable que les leaders des deux partis membres de la coalition et le président sortant Valdas Adamkus se présenteraient à l'élection présidentielle ; les tensions au sein de l'équipe dirigeante pouvaient entraver le bon fonctionnement de l'équipe gouvernementale.

L'effritement de la confiance de la population dans son gouvernement à partir de 2001, le léger ralentissement de la croissance (4,5 % en 2001), l'augmentation du chômage, la stagnation de salaires déjà peu élevés, le report de la réforme du système de retraites à la fin de 2004 ont terni un tableau par ailleurs positif : la Commission européenne a noté, fin 2001, que la Lituanie remplissait déjà deux des quatre exigences de l'UE, à savoir garantir une démocratie stable et une économie de marché viable, et n'était pas loin d'atteindre les dernières (capacité à résister aux pressions concurrentielles du marché unique et reprise de l'acquis communautaire). En revanche, la fermeture de la centrale nucléaire d'Ignalina, exigée par Bruxelles, est demeurée un problème, la Lituanie attendant un engagement financier clair de l'UE. **- Céline Bayou** ■

Europe orientale

Biélorussie, Moldavie, Russie, Ukraine

Biélorussie

Tensions avec les pays de l'OTAN

L'élection présidentielle du 9 septembre 2001 a permis la réélection d'Alexandre Loukachenko avec officiellement 75,5 % des suffrages. Selon plusieurs observateurs, ce scrutin a été marqué par de nombreuses irrégularités, mais la dynamique de rassemblement autour du leader syndicaliste Vladimir Gontcharik, soutenu par les oppositions communiste et libérale, ne s'est pas traduite par une mobilisation populaire.

Les rapports de Minsk avec les pays de l'OTAN (Organisation du traité de l'Atlantique nord) sont restés tendus malgré la rencontre, le 10 mars 2002, des ministres des Affaires étrangères biélorusse et polonais. Sous la pression de l'Union européenne (UE), Varsovie a prévu d'introduire, en juillet 2003, un régime de visas pour tous les habitants de la CEI (Communauté d'États indépendants). A. Loukachenko a déclaré l'installation de troupes américaines en Asie centrale contraire au traité de sécurité conclu entre les États de la CEI et critiqué la position de Moscou sur ce sujet. Washington accusait Minsk de vendre illégalement des armes à l'Irak.

Malgré la persistance des pressions des autorités sur les médias, des disparitions d'opposants et la condamnation de Youri Bandajevski, spécialiste de la contamination provoquée par la catastrophe de Tcher-

nobyl, le représentant de l'OSCE (Organisation pour la sécurité et la coopération en Europe) à Minsk a déclaré en décembre 2001 que la situation des droits de l'homme avait tendance à s'améliorer.

Alors que la situation économique et sociale restait marquée par la précarité (plus de 10 % des habitants vit dans un état de pauvreté absolue), le pouvoir a lancé une

---

République de Biélorussie (« Belarus »)

Capitale : Minsk.
Superficie : 207 600 km².
Population : 10 147 000.
Langues : biélorusse (off.), russe (off.), polonais, ukrainien.
Monnaie : rouble biélorusse (au cours officiel, 1 000 roubles = 0,65 € au 31.3.02).
Nature de l'État : république unitaire.
Nature du régime : présidentiel fort.
Chef de l'État : Alexandre Loukachenko, président de la République (depuis le 10.7.94).
Chef du gouvernement : Guenady Novitsky, qui a succédé le 1.10.01 à Vladimir Yermochine.
Vice-premier ministre et ministre des Affaires étrangères : Mikhail M. Khvostov (depuis le 27.11.2000).
Ministre de la Défense nationale : Leonid Maltsov (depuis le 26.3.01).
Ministre de l'Intérieur : Vladimir V. Naumov (depuis le 25.9.2000).
Président du Comité pour la sécurité d'État (KGB) : Leonid T. Erin (depuis le 27.11.2000).

INDICATEUR	BIÉLO-RUSSIE	MOLDAVIE	RUSSIE	UKRAINE
Démographie[a]				
Population *(millier)*	10 147	4 285	144 664	49 112
Densité *(hab./km²)*	48,9	130,2	8,6	84,8
Croissance annuelle (1995-2000) *(%)*	– 0,3	– 0,2	– 0,4	– 0,8
Indice de fécondité (ISF) (1995-2000)	1,27	1,61	1,23	1,26
Mortalité infantile (1995-2000) ‰	12,5	20,5	16,7	15,3
Espérance de vie (1995-2000) *(année)*	68,5	66,6	66,1	68,1
Population urbaine[c] *(%)*	70,9	46,1	77,3	67,9
Indicateurs socioculturels				
Développement humain (IDH)[b]	0,788	0,701	0,781	0,748
Nombre de médecins *(‰ hab.)*	4,43[f]	3,50[f]	4,21[f]	2,99[f]
Scolarisation 2e degré *(%)*	84,0[gu]	80,5[hv]	85,2[hw]	93,0[hv]
Scolarisation 3e degré *(%)*	45,2[g]	27,8[g]	40,7[g]	42,1[g]
Accès à Internet *(‰ hab.)*	41,19	••	29,30	11,93
Livres publiés *(titre)*	3 809[h]	921[h]	36 237[h]	6 460[h]
Armées (effectifs)				
Armée de terre *(millier)*	44[i]	7,1[k]	321[m]	151,2[o]
Marine *(millier)*	••	••	171,5	13
Aviation *(millier)*	12	0,8	184,6	96
Économie				
PIB total (PPA)[b] *(million $)*	75 477	9 032	1 219 358	188 876
Croissance annuelle 1990-2000 *(%)*	– 0,9	– 10,1	– 5,1	– 8,2
Croissance annuelle 2001 *(%)*	4,1	4,0	5,0	9,1
Croissance agriculture 2001 *(%)*	5,0	– 5,5	6,8	9,9
Croissance industrie 2001 *(%)*	5,4	14,2	4,9	14,1
PIB par habitant (PPA)[b] *($)*	7 544	2 109	8 377	3 816
Investissement (FBCF)[d] *(% PIB)*	23,7	15,8	15,9	19,0
Taux d'inflation *(%)*	61,3	9,8	20,7	12,0
Taux de chômage(fin d'année) *(%)*	2,3[p]	1,7[p]	9,0[p]	3,7[p]
Énergie (taux de couverture)[c] *(%)*	14,5	2,2	157,7	55,2
Dépense publique Éducation[f] *(% PIB)*	5,6	10,2[h]	3,6[q]	4,5
Dépense publique Défense *(% PIB)*	4,0[b]	1,7[b]	6,0	3,4[b]
Dette extérieure totale *(million $)*	2 251[r]	1 532[r]	167 000[r]	10 282[r]
Service de la dette/Export.[e] *(%)*	2,7	22,4	12,2	15,5
Échanges extérieurs				
Importations (douanes) *(million $)*	8 046	1 640	36 889	17 154
Principaux fournisseurs *(%)*	Ex-CAEM[s] 83,1	Ex-CAEM[s] 63,0	UE 40,8	Ex-CAEM[s] 57,7
(%)	Asie[t] 1,1	UE 29,1	Ex-CAEM[s] 27,5	Asie[t] 5,1
(%)	UE 9,5	E-U 2,9	Asie[t] 13,3	UE 29,9
Exportations (douanes) *(million $)*	7 525	884	82 535	16 678
Principaux clients *(%)*	Ex-CAEM[s] 66,5	Ex-CAEM[s] 59,9	UE 38,9	Ex-CAEM[s] 426,0
(%)	UE 6,3	UE 23,6	Ex-CAEM[s] 29,5	UE[t] 19,1
(%)	Asie[t] 3,6	E-U 8,3	Asie[t] 15,2	Asie[t] 18,4
Solde transactions courantes *(% PIB)*	– 1,6	– 8,2	11,3	3,7

Définition des indicateurs, sigles et abréviations p. 23 et suivantes. Chiffres 2001 sauf notes. a. Derniers recensements utilisables : Biélorussie, 1999 ; Moldavie, 1989 ; Russie, 1989 ; Ukraine, 2001 ; b. 2000 ; c. 1999 ; d. 1999-2001 ; f. 1998-2000 ; f. 1998 ; g. 1997 ; h. 1996 ; i. Non compris services d'états-majors et unités rattachées au commandement central (17100) ; k. Non compris services d'états-majors et unités rattachées au commandement central (300 h.) ; m. Non compris Forces stratégiques de dissuasion (149000 h.) ainsi que services d'états-majors et unités rattachées au commandement central (200000 h.) ; o. Non compris services d'états-majors et unités rattachées au commandement central (43600 h.) ; p. Définition nationale, non-harmonisée ; q. 1995 ; r. En 2001, selon l'ONU ; s. Y compris républiques de l'ancienne Yougoslavie ; t. Y compris Japon et Moyen-Orient ; u. Taux brut, 10-16 ans ; v. 11-17 ans ; w. 10-16 ans.

Europe orientale

OCÉAN ATLANTIQUE
NORVÈGE
MER DE BARENTS
Cercle polaire arctique
Mourmansk
Presqu'île de Kola
MER BLANCHE
Arkhangelsk
Carélie
KOMIS
SUÈDE
Golfe de Botnie
FINLANDE
Dvina sept.ale
Petrozavodsk
Lac Onega
Åland
G. de Finlande
Lac Ladoga
Saint-Pétersbourg
ESTONIE
Lac Peïpous
Novgorod
Réservoir de Rybinsk
RUSSIE
MER BALTIQUE
LETTONIE
Rybinsk
Kostroma
Volga
Iaroslav
Iochkar-Ola
Nijni-Novgorod
MARIS
Kaliningrad
LITUANIE
Niemen
Ivanovo
Moscou
Vladimir
Oka
Kazan
TATAR-STAN
RUSSIE
Vitebsk
Smolensk
TCHOUVACHIE
Minsk
Orsha
Riazan
MORDOVIE
POLOGNE
Baranovitchi
Moguilev
Toula
Brest
Pinsk
BIÉLORUSSIE
Gomel
Briansk
Penza
Samara
Orel
Rivne
Tchernobyl
Koursk
Voronej
Saratov
Lviv
Jitomir
Kiev
Dniepr
Kharkiv
Don
Volga
SLOV.
UKRAINE
HONG.
Ivano-Frankovsk
Kamenets-Podolski
Dniestr
Bug
Dniepropetrovsk
Lougansk
Volgograd
KAZAKH-STAN
Balti
Krivoï Rog
Donetsk
Makiïvka
Prut
MOLDAVIE
Zaporijia
Rostov
Astrakhan
Chisinau
Tiraspol
Odessa
Marioupol
KALMOUKIE
ROUMANIE
Mer d'Azov
Crimée
ADYGHÉENS
OSSÉTIE DU NORD
Danube
Simferopol
Krasnodar
KABARDINO-BALKARIE
INGOUCHE
TCHISTCHÉNIE
Sébastopol
Novorossiisk
KARATCHEVO-TCHERKESSIE
BULGARIE
Balaklava
DAGHESTAN
GRÈCE
MER NOIRE
GÉORGIE
TUR.
Bosphore
TURQUIE
300 km
ARM.
AZERB.
Dardanelles

© Éditions La Découverte & Syros

Bilan de l'année / Moldavie

campagne anti-corruption contre des directeurs d'entreprises, mis en accusation et arrêtés. Le nouveau Premier ministre, Guenady Novitsky, a présenté, en décembre 2001, un programme de privatisations censé s'accompagner d'une amélioration des conditions sociales et de logement. Des entrepreneurs russes négociaient le rachat d'usines pétrochimiques et chimiques. L'État allait cependant continuer à soutenir directement l'activité économique, y compris le secteur privatisé, refusant d'imiter la politique économique suivie à Moscou depuis 1991. La politique d'union avec la Russie s'est cependant poursuivie, sans déboucher sur la constitution d'une véritable entité supranationale. **- Bruno Drweski** ■

Moldavie

Exacerbation des tensions politiques

L'introduction de l'enseignement obligatoire de la langue russe dans les écoles (65 % de la population est roumanophone) et sa promotion au rang de langue officielle dans la Constitution, ainsi que la réforme de l'enseignement de l'histoire (remplacement du programme « Histoire des Roumains » par « Histoire de la Moldavie »), ont provoqué, du 9 janvier à la fin avril 2002, des manifestations quotidiennes organisées par le Parti populaire chrétien-démocrate (PPCD, droite) de Iurie Rosca. L'antagonisme entre roumanophones et russophones trouve en effet toute son expression dans la question de l'histoire, car elle donne lieu à des prolongements politiques dans le domaine de la construction de l'identité (volonté d'ancrage en Europe occidentale ou vers le monde slave). Outre les slogans aux accents anticommunistes et nationalistes, les manifestants ont appelé au renversement du pouvoir, à la démission du président communiste Vladimir Voronine et à de nouvelles

élections législatives. Le gouvernement a dès lors annulé ces réformes. Dans ce climat délétère disparut de façon inexpliquée, le 21 mars, le député Vlad Cubreacov, vice-président du PPCD. C'est finalement avec le concours du Conseil de l'Europe que le pays a pu entrevoir une sortie de cette crise. V. Voronine a accepté d'envisager la tenue d'un référendum sur la poursuite des réformes. Pourtant, la marge de manœuvre était étroite car la promotion du russe comme langue officielle figurait dans le traité

République de Moldavie (« Moldova »)

Capitale : Chisinau.
Superficie : 33 700 km².
Population : 4 285 000.
Langues : roumain (off.), russe, ukrainien, bulgare, gagaouze.
Monnaie : leu, pluriel : lei (au cours officiel, 100 lei = 8,03 € au 30.4.02).
Nature de l'État : république unitaire.
Nature du régime : parlementaire à forte dominante présidentielle.
Chef de l'État : Vladimir Voronine, président de la République, qui a succédé le 4.4.01 à Petru Lucinschi.
Chef du gouvernement : Vasile Tarlev, qui a succédé le 11.4.01 à Dumitru Braghis.
Ministre de l'Intérieur : Gheorghe Papuc (depuis avr. 02).
Ministre de la Défense : Victor Gaiciuc (depuis le 19.4.01).
Ministre des Affaires étrangères : Nicolae Dudau (depuis le 3.9.01).
Ministre des Finances : Zianida Grecianii (depuis le 26.2.02).
Gouverneur de la région autonome de Gagaouzie : Dumitru Croitor (depuis le 5.9.99).
Échéances institutionnelles : élections locales (2003).
Contestations de souveraineté : les négociations sur le statut de la « république moldave de Transdniestrie » (autoproclamée) étaient au point mort depuis l'aut. 01. Litige sur la partie sud de la frontière avec l'Ukraine : 7,7 km de route au niveau du village de Palanca contre l'accès à la mer Noire.

d'amitié et de coopération signé avec la Russie le 19 novembre 2001.

Les rapports étaient très tendus avec les autonomistes gagaouzes (minorité turque chrétienne), dont les demandes d'une autonomie financière complète ont relancé le débat sur la clarification du statut juridique de la Gagaouzie.

La situation en « république moldave de Transdniestrie » (RMT) autoproclamée (sécession de fait de ce territoire oriental, absence de tout État de droit, présence de troupes russes, existence d'un système de type mafieux) n'était pas sans lien avec les événements dans le reste du pays, entretenant la fiction d'un État unitaire. Malgré plusieurs accords et le début du retrait de l'armement militaire russe (« déclaration d'Istanbul » faite lors du « sommet » de l'OSCE – Organisation pour la sécurité et la coopération en Europe – en novembre 1999 : engagement de la Russie de retirer ses forces armées et son matériel militaire de Transdniestrie d'ici la fin de 2002), les négociations étaient au point mort depuis septembre 2001. Chisinau a renforcé le contrôle de ses frontières, mis en place de nouveaux sceaux douaniers et a retiré à la Transdniestrie le droit d'utiliser ceux qu'elle lui avait attribués en 1996. Igor Smirnov a été « réélu » président de la « république moldave de Transdniestrie », le 8 décembre 2001. La question du statut futur de ce territoire était au centre des négociations entre la Moldavie, la Russie, l'Ukraine et la Transdniestrie : « État commun » (une notion institutionnelle nouvelle et pas encore définie), avec sa propre Constitution, ses organes législatifs, judiciaires et exécutifs, ses symboles, son armée…, ou intégration dans une sorte de confédération avec une autonomie plus large, compromis accepté par le président V. Voronine.

Si le projet de rejoindre l'Union russobiélorussienne n'était plus d'actualité, le discours pro-européen restait ambigu. Enfin, la Moldavie a adhéré au Pacte de stabilité dans l'Europe du Sud-Est (PSESE), le 28 juin 2001.

Malgré certains signes de reprise économique, 54 % de la population vit au-dessous du seuil de pauvreté et le pays est confronté à une émigration massive. L'espérance de vie est descendue à 67 ans (contre 68,5 ans en 1990). Le FMI a gelé ses prêts à compter de 1999. La dette du pays obérait toujours le budget national : 75 % du budget 2002 était consacré au seul service de la dette. - **Hervé Dupouy** ∎

Russie

Les ambiguïtés du « phénomène Poutine »

Deux ans après l'accession au pouvoir du successeur de Boris Eltsine, le « phénomène Poutine » persistait, 70 % des Russes interrogés déclarant leur intention d'accorder au président en exercice leur suffrage lors des prochaines élections. Si Vladimir Poutine n'avait pas opéré de miracles, il n'engendrait pas non plus de crises majeures, et ses actions, en dépit de leur caractère parfois contradictoire, introduisaient une clarté que la population appréciait après les années de transition convulsives. Certaines ambiguïtés n'en demeuraient pas moins.

Une démocratie maîtrisée ou dirigée ?

La transformation du paysage politique s'est poursuivie. Les proches du président, issus du « groupe de Saint-Pétersbourg » ou des services spéciaux, ont continué de remplacer des personnalités associées au « clan Eltsine », que ce soit à des fonctions ministérielles (Sergueï Ivanov à la Défense, mars 2001), à des postes de contrôle (Mikhaïl Fradkov à la police fiscale, mars 2001), ou à des missions économiques (Alekseï Miller à la tête du conglomérat Gazprom).

La « verticale du pouvoir » (autrement dit

Républiques membres de la Fédération de Russie

1- MORDOVIE (Saransk)
2- TCHOUVACHIE (Tcheboksary)
3- Rép. des MARIS (Iochkar-Ola)
4- TATARSTAN (Kazan)
5- OUDMOURTIE (Ijevsk)
6- BACHKORTOSTAN (Oufa)
7- Rép. des ADYGHÉENS ((Maïkop)
8- KARATCHAEVO-TCHERKESSIE (Tcherkessk)
9- KABARDINO-BALKARIE (Naltchik)
10-OSSÉTIE DU NORD (Vladikavkaz)
11-INGOUCHIE (Nazran)
12-TCHÉTCHÉNIE (Groznyi)

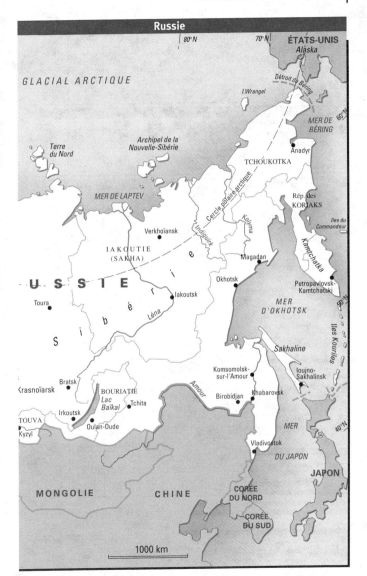

Russie

GLACIAL ARCTIQUE

80° N   70° N

ÉTATS-UNIS
Alaska

Détroit de Béring

I.Wrangel

MER DE
BÉRING

Terre
du Nord

Archipel de la
Nouvelle-Sibérie

Anadyr

TCHOUKOTKA

Cercle polaire arctique

MER DE LAPTEV

Rép. des
KORIAKS

Îles du
Commandeur

Verkhoïansk

Indiguirka

Kolyma

Kamtchatka

I A K O U T I E
(SAKHA)

e

Magadan

R - U S S I E

r

Iakoutsk

Okhotsk

Petropavlovsk-
Kamtchatski

Toura

b

é

Léna

MER
D'OKHOTSK

Îles Kouriles

S   i

Sakhaline

Krasnoïarsk

Bratsk

Amour

Komsomolsk-
sur-l'Amour

Ioujno-
Sakhalinsk

BOURIATIE
*Lac
Baïkal*

Tchita

Birobidjan

Khabarovsk

TOUVA

Irkoutsk

Oulan-Oude

MER

40° N

Kyzyl

Vladivostok

DU JAPON

JAPON

MONGOLIE

CHINE

CORÉE
DU NORD

CORÉE
DU SUD

1000 km

Statistiques / Rétrospective

INDICATEUR	UNITÉ	1980	1990	2000	2001
Démographie[a]					
Population	million	138,7	148,3	145,5	144,7
Densité	hab./km²	8,2	8,8	8,6	8,6
Croissance annuelle	%	0,7[f]	0,3[g]	− 0,4[h]	− 0,6[i]
Indice de fécondité (ISF)		2,0[f]	1,8[g]	1,2[h]	1,1[i]
Mortalité infantile	‰	27,7[f]	22,1[g]	16,7[h]	16,8[i]
Espérance de vie	année	68,7[f]	68,5[g]	66,1[h]	66,0[i]
Indicateurs socioculturels					
Nombre de médecins	‰ hab.	4,03	4,06	4,12[c]	● ●
Scolarisation 2e degré	%	95,7	93,3	85,8[r]	85,2[s]
Scolarisation 3e degré	%	46,2	52,1	41,3[s]	40,7[e]
Téléviseurs	‰ hab.	● ●	365	389	● ●
Livres publiés	titre	● ●	34 050[t]	36 237[s]	● ●
Économie					
PIB total	milliard $	● ●	1 494,6	1 120,7[c]	1 219,4[b]
Croissance annuelle	%	● ●	− 5,9[m]	9,0	5,0
PIB par habitant (PPA)	$	● ●	10 079	7 660[c]	8 377[b]
Investissement (FBCF)	% PIB	● ●	27,9[p]	15,7	17,8
Recherche et Développement	% PIB	● ●	2,03	1,01[c]	1,09[b]
Taux d'inflation	%	● ●	5,6	20,8	20,7
Population active	million	76,0	77,2	77,7[c]	77,7[b]
Agriculture	%	16,0	13,9	11,2[d]	11,8[c]
Industrie	% } 100 %	43,7	40,1	29,4[d]	29,4[c]
Services	%	40,2	41,0	59,1[d]	58,8[c]
Énergie (taux de couverture)	%	● ●	144,4[u]	159,7[d]	157,7[c]
Dépense publique Éducation	% PIB	● ●	● ●	3,6[r]	● ●
Dépense publique Défense	% PIB	● ●	7,6[w]	5,0	6,0
Dette extérieure totale	milliard $	4,1[x]	59,3	171,8	167,0
Service de la dette/Export.	%	● ●	● ●	12,1	12,3
Échanges extérieurs		**1974**	**1986**	**2000**	**2001**
Importations de services	milliard $	15,29[y]	18,64[s]	17,61	21,08
Importations de biens	milliard $	50,45[y]	68,09[s]	44,86	53,76
Produits alimentaires	%	● ●	● ●	18,6[e]	17,2[d]
Produits manufacturés	%	● ●	● ●	44,6[e]	42,1[d]
dont machines et mat. de transport	%	● ●	● ●	21,9[e]	21,1[d]
Exportations de services	milliard $	8,43[y]	13,28[s]	9,98	10,90
Exportations de biens	milliard $	67,83[y]	90,56[s]	105,57	103,19
Produits agricoles	%	● ●	● ●	4,9[e]	5,0[d]
Produits miniers	%	● ●	● ●	56,9[e]	53,7[d]
Produits manufacturés	%	● ●	● ●	23,3[e]	27,9[d]
Solde des transactions courantes	% du PIB	● ●	1,5[z]	17,9	11,3

Définition des indicateurs, sigles et abréviations p. 23 et suivantes. a. Dernier recensement utilisable : 1989 ; b. 2000 ; c. 1999 ; d. 1998 ; e. 1997 ; f. 1975-1985 ; g. 1985-1995 ; h. 1995-2000 ; i. 2000-2005 ; k. 1980-1990 ; m. 1990-2000 ; o. 1979-1981 ; p. 1989-1991 ; r. 1995 ; s. 1996 ; t. 1991 ; u. 1992 ; v. 1985 ; w. 1992,0 ; x. 1981 ; y. 1994 ; z. 1992-96.

la reprise en main des régions par le Centre) réaffirmée en 2000 a fait son chemin. La fronde des gouverneurs a été mise en sourdine, même si l'harmonisation des législations régionales et centrales n'était pas achevée ; et si certains d'entre eux ont arraché l'autorisation de briguer un troisième mandat, ils ont perdu leur principale tribune, le Conseil de la Fédération, passé sous la direction d'un proche du chef de l'État, Sergueï Mironov (décembre 2001).

Les autorités régionales n'y siègent plus en personne, mais désignent des représentants dont le profil (hauts fonctionnaires ou émissaires de grands groupes financiers et industriels) confirme que la Chambre haute a pour vocation de remplir des fonctions de *lobbying*, le débat politique n'étant décidément pas à l'ordre du jour. La docilité est devenue également le lot de la Douma (Parlement) qui adopte, plus ou moins rapidement, tous les projets de loi gouvernementaux. L'alliance des anciens rivaux de la campagne électorale de 1999 assure une majorité présidentielle (238 sièges sur 450), avec la fusion des partis Edinstvo (« Unité », dirigé par Sergueï Choïgou, ministre des Situations d'urgence) et Patrie-Toute la Russie (avec notamment le maire de Moscou, Iouri Loujkov) en un groupe, Russie unitaire, qui a pu être qualifié de « parti du pouvoir ». L'échiquier politique a été clarifié avec, en théorie, une coalition centriste, une aile gauche constituée par le Parti communiste, et une aile droite représentée par l'Union des forces de droite. En pratique, le parti labloko, qui joua longtemps le rôle d'une opposition libérale soucieuse d'équité sociale, a été marginalisé, la base de l'Union des forces de droite s'est effritée et les transfuges de ces deux partis, traversés par de nombreuses scissions, ne sont pas arrivés à constituer un vrai groupe d'opposition. Quant au Parti communiste, il a vu en mars 2002 ses positions fragilisées par la perte de ses présidences de commissions à la Douma, tandis que le refus du président (communiste) de l'Assemblée, Guennadi

Seleznev, de démissionner de son poste comme le lui demandait le chef de son parti, Guennadi Ziouganov (ce qui lui a valu d'être exclu du parti) soulignait les dissensions le parcourant. En fait, le pays entrait déjà, avec un an et demi d'avance, en campagne électorale, à cette nuance près que les partis semblaient plus briguer les suffrages du Kremlin que ceux de l'électorat. La faible cote de popularité de « Russie unitaire » justifiait en effet les tentatives de création d'autres partis « pro-présidentiels », tel le Parti de la vie, initié par Sergueï Mironov, président du Conseil de la Fédération.

Dans le même temps, la mise au pas des médias s'est poursuivie. La presse écrite a été en butte à de nombreux procès pour diffamation. *TV6*, où avaient trouvé refuge les grandes figures de *NTV* (la chaîne de Vladimir Gussinski, passée aux mains de Gazprom au printemps 2001), est tombée à son tour sous le prétexte de son bilan commercial négatif. Si l'équipe de son présentateur vedette, Evgueni Kisselev, est revenue à l'écran (avec le sigle *TVC*), c'est sous la houlette d'un consortium consacrant une alliance entre des entrepreneurs proches du Kremlin et les représentants des anciennes élites économiques tels qu'Arkadi Volski (chef de l'Union des industriels et des entrepreneurs) et Evgueni Primakov (ex-Premier ministre, devenu président de la Chambre de commerce et d'industrie russe).

Cet épisode a consacré la fin – dans une indifférence certaine – d'une télévision frondeuse, certes écoutée, mais réprouvée pour ses liens avec les oligarques. L'opinion publique a semblé s'accommoder de ces divers « arrangements » avec les principes démocratiques qui, au prix d'un affaiblissement des contre-pouvoirs, assurent la stabilité politique, fût-elle très liée à la personne du président. Selon certains analystes, ce nouvel avatar de la « modernisation par en haut » conviendrait à une société devenue politiquement léthargique, épuisée d'avoir couru après le mirage démocratique.

À défaut donc d'un vrai partenariat avec la société, Vladimir Poutine a multiplié les opérations de communication, que ce soit en dialoguant avec les internautes ou en réunissant une centaine d'ONG (organisations non gouvernementales) russes au sein d'un « forum civil » (novembre 2001). Le président a proclamé son souci de la santé morale et physique de ses compatriotes : il a lancé un programme pour résoudre le problème des enfants abandonnés, affirmé son désir de revaloriser les activités sportives (les stades, devenus marchés de plein air, devant être rendus à leur vocation première), pris la tête d'un « comité pour la science » ayant pour mission de sauver ce fleuron de l'héritage soviétique, convoqué une réunion gouvernementale sur les manuels d'histoire, rappelé la nécessité de l'« éducation patriotique » des jeunes… Ce paternalisme énergique a sans doute alimenté la comparaison de Vladimir Poutine avec le tsar réformateur Alexandre II, les évolutions autoritaires étant acceptées au nom d'hypothétiques vraies réformes.

« Normalisation » ou stagnation ?

Le travail législatif a en effet poursuivi son cours, facilité par la fin des escarmouches entre la Douma et le pouvoir exécutif. Les cadres réglementaires de l'activité économique ont été mis en place. Le nouveau Code foncier, objet de débats passionnés, a été finalement adopté (légalisant successivement la pratique, déjà largement répandue, des ventes de terrains – septembre 2001 –, puis des terres agricoles – juin 2002), et le nouveau Code du travail l'a été en février 2002. La seconde partie du Code fiscal, avec notamment la réduction à 24 % du taux de l'impôt sur les bénéfices (au lieu de 35 %), a été signée par Vladimir Poutine en août 2001.

La débureaucratisation de l'économie devrait être le prochain grand chantier. L'importance accordée par le ministre du Développement économique Guerman Gref à cette dérégulation (avec notamment la diminution sensible du nombre d'activités soumises à licence) ne doit pas faire oublier que le principal problème demeurait le respect des règles par les opérateurs économiques. Les activités qui devraient alimenter le tissu, toujours très faible, des PMI (petites et moyennes industries) demeurent massivement dans l'illégalité (un train de mesures incitatives, notamment fiscales, annoncé en mars 2002, devait contribuer à les faire sortir de l'ombre). L'État, en dépit du discours officiel, n'a pas encore réussi à imposer sa loi aux grands potentats qui avaient su profiter du flou de la période de transition. Le contrôle par les autorités politiques de l'usage de la rente que constitue le secteur des matières premières n'était notamment pas encore acquis. La fuite des capitaux n'était toujours pas endiguée. Les réformes structurelles des grands monopoles se faisaient toujours attendre, qu'il s'agisse de Gazprom (en dépit du changement de direction), du Réseau unifié d'électricité (toujours régenté par Anatoli Tchoubaïs), ou des Chemins de fer. Le lobby des pétroliers est resté très puissant (les taxes sur les exportations d'hydrocarbures constituent la principale recette du budget fédéral).

Il ne s'agit en fait pas seulement d'imposer les règles, mais également d'empêcher certains acteurs économiques de les détourner à leur profit. On a pu voir la loi sur les faillites (ou du moins ses lacunes) utilisée pour s'approprier, moyennant quelques manipulations, les actifs d'entreprises convoitées. Le rôle qu'a pu jouer la corruption de certaines cours d'arbitrage dans ces affaires a souligné l'urgence de la réforme judiciaire (pour laquelle un important crédit de la Banque mondiale a été accordé). Il importe d'assurer l'indépendance d'une justice qui est souvent aux mains des autorités locales (plus encore, sans doute, que centrales). Le projet mis en débat prévoit à cet effet une augmentation substantielle du budget de cette institution, mais il n'est pas dépourvu d'ambiguïtés (il met en question l'inamovibilité des juges).

La croissance de l'économie réelle (5,0 % en 2001), pendant ce temps, a semblé marquer le pas. Seul le secteur de l'armement (avec l'Inde, la Chine et l'Iran comme principaux clients) est apparu florissant : il a enregistré pour 2001 une progression représentant plus du double de la croissance industrielle globale (10,8 % au lieu de 4,9 %). Le chef de l'État, dans ce domaine également, a démontré son volontarisme en critiquant le plan gouvernemental de développement, jugé trop modeste avec une augmentation du PIB prévue dans une fourchette de 2,5 % à 4,5 %, selon l'évolution du cours du baril de pétrole. Or les principaux problèmes sont restés, notamment celui des investissements. Après la démission, en mars 2002, du directeur de la Banque centrale, Victor Gueratchenko (réfractaire à l'assujettissement de cette institution aux contrôles extérieurs), la réforme bancaire tant attendue a semblé pouvoir être facilitée. En attendant, les capitaux étrangers sont restés frileux, ce qui n'a fait qu'alimenter la rancœur à l'égard d'un Occident qui, décidément, ne justifie pas les espoirs naguère mis en lui.

Nouvelle donne internationale ou vieux antagonismes ?

C'est donc à rebours de l'opinion et de l'appareil militaire que Vladimir Poutine a amorcé, après les attentats du 11 septembre 2001 contre le World Trade Center et le Pentagone américains, une réorientation de la politique extérieure de la Russie. Il fut en effet l'un des premiers à adresser au président Bush un message de condoléances et une offre de coopération. Il a ensuite accepté la présence militaire américaine dans des zones traditionnellement « réservées », l'Asie centrale et même, avec plus de réticences, la Transcaucasie. Il a aussi ouvert l'espace aérien russe et accepté les échanges de renseignements.

Proclamer, à l'occasion de ce rapprochement, que pour la première fois depuis plus de cinquante ans la Russie et les États-Unis avaient un ennemi commun, le terrorisme, revenait implicitement à imposer le qualificatif de terroriste à la rébellion séparatiste tchétchène, ce à quoi la communauté internationale s'était jusqu'alors refusée. La pression internationale à cet égard a en effet diminué, bien que l'intervention militaire ait été maintenue, avec son cortège d'exactions et de pertes humaines, hors de toute transparence, et en dépit d'une opinion de plus en plus favorable à une solution politique négociée.

Fédération de Russie

Capitale : Moscou.
Superficie : 17 075 400 km².
Population : 144 664 000.
Langues : russe (langue off. d'État), bachkir, tatar, tchétchène, etc.
Monnaie : nouveau rouble russe (au taux officiel, 100 nouveaux roubles = 3,18 € au 10.7.02).
Nature de l'État : république fédérale, comportant 89 »sujets de la Fédération ».
Nature du régime : présidentiel fort.
Chef de l'État : Vladimir Poutine, président par intérim (1999), puis président élu (depuis le 26.3.2000).
Premier ministre : Mikhaïl Kasianov (depuis mai 2000).
Ministre du Développement économique et du Développement : Guerman Gref.
Ministre des Affaires étrangères : Igor Ivanov.
Ministre de la Défense : Sergueï Ivanov.
Principaux partis politiques : Russie unie (parti du pouvoir) ; Parti communiste de Russie (KPRF, de G. Ziouganov) ; Iabloko (G. Iavlinski) ; Union des forces de droite (B. Nemtsov).
Territoire exclavé : région de Kaliningrad.
Souveraineté contestée : la république de Tchétchénie s'est autoproclamée indépendante le 1.11.91.
Contestation territoriale : îles Kouriles [Pacifique], revendiquées par le Japon.
Carte : p. 562-563 ; voir aussi p. 559.

Russie/Bibliographie

R. Berton-Hogge, M.-A. Crosnier (sous la dir. de), *Les Pays de la CEI. Édition 1999*, Les Études de la Documentation française, Paris, 2000.

R. Brunet, D. Eckert, V. Kolossov, *Atlas de la Russie et des pays proches*, La Documentation française/RECLUS, Paris/Montpellier, 1995.

M. Ferro (sous la dir. de, avec la collab. de M.-H. Mandrillon), *L'état de toutes les Russies. Les États et nations de l'ex-URSS*, La Découverte, coll. « L'état du monde », Paris, 1993.

« La Caspienne. Une nouvelle frontière », *Cahiers d'études sur la Méditerranée orientale et le monde turco-iranien (CEMOTI)*, n° 23, Paris, 1997.

« La Sibérie et l'Extrême-Orient russe », *Le Courrier des pays de l'Est*, n° 422, La Documentation française, Paris, sept. 1997.

Le Courrier des pays de l'Est, La Documentation française, Paris. Voir notamment « Dettes et solvabilité des régions russes », n° 1002, févr. 2000 ; « La Russie de Poutine. Le triomphe de l'ordre établi », n° 1004, avr. 2000 ; « Le Nord-Caucase dans la crise », n° 1009, 2001.

M. Mendras, « La préférence pour le flou », *Le Débat*, Paris, nov.-déc. 1999.

J.-P. Pagé, *Peut-on aider la Russie ? Une économie entre déconstruction et renouveau*, Les Études du CERI, n° 64, mars 2000.

J.-P. Pagé (sous la dir. de), *Tableau de bord des pays de l'Europe centrale et orientale 2001. Dix ans de transition*, t. 2 : *Europe orientale*, Les Études du CERI, n° 82, Paris, déc. 2001.

Problèmes politiques et sociaux. Série « Russie », La Documentation française, Paris. Voir notamment : « La société civile en Russie : de l'utopie à l'engagement civique ? » (dossier constitué par A. Le Huérou et K. Rousselet), n° 814, 1999 ; « La corruption » (dossier constitué par G. Favarel Guarrigue), n° 833, 2000.

« Qui gouverne en Russie ? » (dossier coord. par M. Mendras), *La Revue Tocqueville*, XIX-1, 1998.

J. Radvanyi, *La Nouvelle Russie*, Masson/Armand Colin, Paris, 1995 (nouv. éd. 2000).

J. Radvanyi, A. Berelowitch, *Les 100 Portes de la Russie*, L'Atelier, Paris, 1999.

« Russie : dix ans après, la société rompue », *Revue nouvelle*, 1999.

J. Sapir, *Le Krach russe*, La Découverte, Paris, 1998.

A. de Tinguy, *L'Effondrement de l'empire soviétique*, Bruylant, Bruxelles, 1998.

A. Vichnevski, *La Faucille et le Rouble : la modernisation conservatrice en Russie*, Gallimard, Paris, 2000.

N. Werth, *L'Histoire de l'Union soviétique. De l'Empire russe à l'Union soviétique 1900-1990*, PUF, Paris, 1991.

Y. Zlotowski, *L'Économie et la société russes après le choc d'août 1998 : rupture ou enlisement ?*, Les Études du CERI, n° 51, Paris, 1999.

Voir aussi la bibliographie sélective « Espace post-soviétique », p. 547, ainsi que la bibliographie « Biélorussie-Moldavie-Ukraine », p. 570.

Quelques autres dividendes étaient sans doute escomptés de ces concessions. Dans le domaine des échanges économiques, il s'agissait notamment d'obtenir le statut de « pays à économie de marché », susceptible de mettre la Russie à l'abri des mesures antidumping. Ce fut chose faite seulement en juin (soit trois mois plus tard que pour le Kazakhstan). Qui plus est, l'introduction par Washington, au début 2002, de taxes douanières prohibitives sur les importations d'acier, avait entre-temps porté un nouveau coup aux exportations russes. Et la procédure d'adhésion à l'OMC (Organisation mondiale du commerce), pourtant inscrite comme prioritaire par le président Poutine, n'a pas enregistré de véritable avancée.

Le retour de la Russie comme interlocuteur essentiel sur la scène internationale aura été la principale percée de la période. Douze ans après son départ peu glorieux d'Afghanistan, elle a pu à nouveau affirmer sa présence « militaro-humanitaire » à Kaboul après la chute du régime des taliban consécutive à l'intervention américaine. Si, en décembre 2001 après l'annonce américaine de la décision unilatérale de sortir du traité ABM (sur les missiles antibalistiques), le partenariat entre les deux puissances avait pu paraître bien illusoire, elles signaient en mai 2002 un accord de désarmement stratégique, quelques jours avant la création du Conseil OTAN-Russie qui consacrait la décision d'associer plus étroitement l'ex-ennemi de la Guerre froide. Par-delà la solennité voulue de l'événement, les observateurs ont pu néanmoins souligner le caractère limité des droits octroyés à la Russie.

Les États-Unis seront-ils disposés à laisser la Russie s'affirmer comme grande puissance, notamment dans l'espace eurasien ? La richesse en pétrole de cette zone, les nouvelles perspectives de trajet d'oléoducs qu'ouvre la « pacification » de l'Afghanistan sont autant de facteurs géo-économiques qui contribuent à pérenniser les vieux antagonismes, ce qu'atteste un renforcement de l'antiaméricanisme dans l'opinion publique russe. Avant de souscrire au rapprochement avec l'Alliance atlantique, Vladimir Poutine avait de son côté renforcé l'ancrage à un autre pôle, en signant en juillet 2001 un traité d'amitié et de coopération avec la Chine, tandis que, à la suite de la Biélorussie, l'Ukraine et la Moldavie revenaient chercher protection dans le giron russe, réanimant l'espoir de renaissance d'un espace de coopération suscitant de plus en plus de nostalgie. - **Myriam Désert** ∎

Ukraine

Crise politique aggravée

L'atmosphère politique a continué à se dégrader en Ukraine avant les élections parlementaires du 31 mars 2002, sans freiner la reprise économique. Des journalistes ont été victimes d'intimidations alors que les soupçons convergeaient vers la présidence de l'État à propos de plusieurs assassinats et disparitions. Les pays occidentaux, qui avaient soutenu la politique d'indépendance menée après 1991, portaient désormais un regard plus sévère sur les dirigeants ukrainiens. Les États-Unis ont ainsi accusé le président Leonid Koutchma de violations des droits de l'homme et de ventes d'armes à l'Irak.

La destruction par erreur d'un avion civil russe par un missile ukrainien, le 4 octobre 2001, n'a pas eu de conséquences sur la politique de rapprochement entre Moscou et Kiev. Des compagnies russes ont continué à acheter des parts dans les entreprises ukrainiennes en cours de privatisation, surtout dans les domaines de l'extraction, de la métallurgie et de l'énergie. Lors d'une réunion à Odessa, le 17 mars 2002, avec les présidents russe et moldave, L. Koutchma a envisagé que son pays puisse adhérer à la Communauté économique eurasienne, sans renoncer officiellement à rejoindre à terme l'Union européenne (UE). La visite du pape en juin 2001 a permis au président de témoigner son intérêt pour les catholiques uniates et les orthodoxes indépendantistes, tout en maintenant des contacts suivis avec l'Église orthodoxe majoritaire liée au patriarcat de Moscou.

Les élections parlementaires se sont déroulées sous la pression du pouvoir, dont la propagande a dominé les médias. De nombreuses violations ont pu être constatées lors du scrutin. Diverses pressions exercées sur les électeurs et la législation qui prévoit l'élection de la moitié des 450 députés au scrutin uninominal à un tour ont fait élire au moins 146 députés proches de la

Biélorussie-Moldavie-Ukraine/Bibliographie

« Belarus, Moldova », *Country Report*, The Economist Intelligence Unit, Londres (trim.).

A. Bon, G. Duchêne, (avec la coll. de V. Denysyuk), « Ukraine. Reprise de la croissance sur fond de scandales politiques », *Le Courrier des pays de l'Est*, n° 1020, La Documentation française, Paris, 2002.

M. Cazacu, N. Trifon, « La Moldavie ex-soviétique, histoire et enjeux actuels », suivi de « Notes sur les Aroumains en Grèce, Macédoine et Albanie », *Cahiers d'Iztok*, 2/3 Akratie, Paris, 1993.

J.-C. Ditter, S. Smessow, *Moldavie,* Centre français du commerce extérieur (CFCE), Paris, 1996.

B. Drweski, « Biélorussie : les limites d'un système », *Le Courrier des pays de l'Est*, n° 1010, La Documentation française, Paris, nov.-déc. 2000.

B. Drweski, *La Biélorussie,* PUF, coll. « Que sais-je ? », Paris, 1993.

B. Drweski, (sous la dir. de), « L'Ukraine, un État indépendant en chantier », *La Nouvelle Alternative*, n° 1 (nouv. série), Paris, sept. 1999.

H. Dupouy, « Facts and figures on Central and Eastern Europe, Moldova », *Central European Quaterly*, III, Creditanstalt, Vienne, 1999.

A. Goujon, J.-C. Lallemand, V. Symaniec, *Chroniques sur la Biélorussie contemporaine,* L'Harmattan, Paris, 2001.

A. Kappeler, *Petite histoire de l'Ukraine,* Institut d'études slaves, coll. « IRENISE », Paris, 1997.

C. King, *The Moldovans,* Hoover Institutions Press, Stanford, 1999.

L. Kossikova, « Ukraine. En voie de rétablissement », *Le Courrier des pays de l'Est*, n° 1010, La Documentation française, Paris, 2001.

T. Kuzio, *Ukraine. State and Nation Building,* Routledge, Londres, 1998.

J.-C. Lallemand, « Biélorussie. Un président à l'heure des choix », *Le Courrier des pays de l'Est*, n° 1020, La Documentation française, Paris, 2002.

A. Lapatniova, *Biélorussie : les mises en scène du pouvoir,* L'Harmattan, Paris, 2001.

La Tribune ukrainienne, Paris (bimestriel).

D. Marples, *Belarus. A Denationalized Nation,* Harwood University Press, Amsterdam, 1999.

A. Meredith Dalton, « Ukraine », *Culture Shock Guides,* Graphic Arts Center Publishing Compagny, Portland, sept. 2001.

Perspectives biélorussiennes, Paris (trimestriel).

A. Ruzé, *La Moldova entre la Roumanie et la Russie : de Pierre le Grand à Boris Eltsine,* L'Harmattan, Paris, 1997.

A. et J. Sellier, *Atlas des peuples d'Europe centrale,* La Découverte, Paris, 2002 (nouv. éd.).

V. Symaniec, A. Goujon, *Parlons biélorussien, langue et culture,* L'Harmattan, Paris, 1998.

A. de Tinguy (sous la dir. de), *L'Ukraine, nouvel acteur du jeu international,* Bruylant, Bruxelles, 2001.

Voir aussi la bibliographie sélective « Espace post-soviétique », p. 547.

Présidence. Les réseaux de notables locaux liés au pouvoir ont toutefois été affaiblis. Les blocs électoraux de l'ancien Premier ministre Viktor Youchtchenko et de l'ancienne ministre Ioulia Timochenko ont respectivement conquis 112 et 22 sièges. La percée des partisans de V. Youchtchenko dans presque toutes les régions du pays a marqué l'émergence d'une frange importante de la population tentée de soutenir un programme libéral censé dépasser les clivages traditionnels entre nationalistes, communistes et proches du pouvoir. Les partis de gauche (communistes, socialistes, socialistes progressistes), qui ont vu leurs positions s'effriter légèrement lors du vote proportionnel au scrutin uninominal à un tour.

L. Koutchma n'allait pas pouvoir s'appuyer sur une majorité stable et encore moins réformer la Constitution pour lui permettre de briguer un troisième mandat. Le bloc présidentiel, affaibli, tentait désormais de poursuivre la mise en place d'un « capitalisme oligarchique » et bénéficiait du soutien du Kremlin. Les partisans de V. Youchtchenko prônaient des réformes libérales plus transparentes et un rapprochement plus net avec l'Occident. Ils ont bénéficié de l'appui de certaines compagnies russes comme le pétrolier Lukoil, ce qui pouvait les amener à rechercher un *modus vivendi* avec L. Koutchma. Les partis de gauche allaient pouvoir tenter de jouer un rôle soit d'intermédiaire incontournable entre ces deux blocs, soit d'opposition radicale aux élites.

La reprise économique, dont a témoigné l'augmentation régulière du taux de croissance à partir de 2000 (9,1 % en 2001), paraissait devoir se poursuivre pour la troisième année consécutive. Les entrepreneurs ukrainiens semblaient désormais moins dépendants des cercles politiques. L'amélioration de la situation était en partie due à une reprise sur le marché intérieur mais peut-être aussi à la reprise perceptible en Russie. Kiev a continué les privatisations d'entreprises industrielles et de terres. L'assainissement des comptes de nombreuses firmes a été mené à bien, la monétarisation de l'économie s'est poursuivie, l'importance des relations de troc diminuant. L'économie est devenue plus transparente, même si la corruption freinait toujours le développement des activités et des échanges. Malgré l'augmentation du niveau de vie, pour la première fois depuis la

Ukraine

Capitale : Kiev.
Superficie : 603 700 km².
Population : 49 112 000.
Langues : ukrainien (off.), russe, turco-tatar, roumain, hongrois, bulgare, polonais, allemand, slovaque, biélorusse, grec.
Monnaie : hrivna (au cours officiel, 1 hrivna = 0,20 € au 31.5.02).
Nature de l'État : république unitaire.
Nature du régime : présidentiel fort.
Chef de l'État : Leonid Koutchma (depuis le 10.7.94).
Chef du gouvernement : Anatoli Kinakh, qui a succédé le 29.5.01 à Viktor Youchtchenko.
Ministre des Affaires étrangères : Anatoly Zlenko (depuis le 2.10.2000).
Ministre de l'Intérieur : Youri Smirnov (depuis le 26.3.01).
Ministre de la Défense nationale : Volodomir Chkidchenko (démissionnaire le 27.7.02).
Secrétaire du Conseil de sécurité nationale auprès de la chancellerie du président : Jevhen Martchouk (depuis le 10.11.99).
Litige de souveraineté : la presqu'île de Crimée a fait l'objet d'âpres négociations avant que la Russie ne reconnaisse son appartenance à l'Ukraine. Sébastopol a aussi été reconnue comme ukrainienne, contre la location à Moscou d'une partie de la base navale. Litige en voie de règlement sur la partie sud de frontière avec la Moldavie.

fin de l'Union soviétique (1991), la précarité restait la règle (environ 29 % de citoyens vit dans un état de pauvreté absolue) et des incertitudes pesaient sur l'avenir des services sociaux et des secteurs économiques protégés qui peinaient à trouver leurs marques dans le nouvel environnement régional. Une partie des Ukrainiens semblait désormais tentée de s'engager dans des réformes libérales, mais les méfiances restaient fortes et les équilibres instables régnant aux sommets du pouvoir risquaient de ralentir le rythme de sortie de la crise. - **Bruno Drweski** ■

Transcaucasie

Arménie, Azerbaïdjan, Géorgie

Arménie

À l'écart des grandes manœuvres internationales

Comment se positionner dans le monde de l'après-« 11 septembre » ? Tenue à l'écart des grands projets d'oléoducs et de gazoducs, qui devraient à terme acheminer les riches ressources de la Caspienne, à cause du conflit du Haut-Karabakh (territoire de l'Azerbaïdjan peuplé très majoritairement d'Arméniens), l'Arménie se trouvait en position difficile, alors que ses voisins,

République d'Arménie

Capitale : Erevan.
Superficie : 29 800 km².
Population : 3 788 000.
Langues : arménien (off.), russe.
Monnaie : dram (au cours officiel, 100 drams = 0,18 € au 31.5.02).
Nature de l'État : république unitaire.
Nature du régime : présidentiel.
Chef de l'État : Robert Kotcharian, président de la République (depuis avr. 98).
Chef du gouvernement : Andranik Markarian (depuis le 20.5.2000).
Président du Parlement : Armen Khatcharian (depuis le 2.11.99).
Ministre des Affaires étrangères : Vardan Oskanian (depuis le 11.6.99).
Contestation territoriale : le Haut-Karabakh, situé en Azerbaïdjan, est peuplé en majorité d'Arméniens qui réclament son rattachement à l'Arménie.

l'Azerbaïdjan et la Géorgie, affichaient une étroite connivence avec Washington. Entravé par son alliance stratégique avec Moscou, Erevan est resté à l'écart des grandes manœuvres qui semblaient annoncer un profond bouleversement régional. Un moment réticentes devant la perspective d'un survol de leur territoire, les autorités arméniennes se sont progressivement alignées. Au printemps 2002, un contingent arménien devait participer à des manœuvres de l'OTAN (Organisation du traité de l'Atlantique nord) en Géorgie, aux côtés de militaires azerbaïdjanais, tandis que des contacts plus étroits s'établissaient avec les États-Unis. Restée proche de la Russie, l'Arménie conservait des relations actives et amicales avec un Iran caressant l'espoir de faire aboutir ses projets d'oléoducs dont certains pourraient transiter par le territoire arménien malgré l'hostilité des États-Unis. Les relations d'Erevan avec son voisin turc sont demeurées tendues, voire hostiles, le poids de l'histoire (le génocide de 1915 non reconnu par la Turquie) et l'alliance d'Ankara avec Bakou entretenant une méfiance tenace aux effets destructeurs.

Malgré les initiatives du groupe de Minsk de l'OSCE (Organisation pour la sécurité et la coopération en Europe), le conflit du Haut-Karabakh (durant depuis la fin des années 1980) n'avait toujours pas trouvé de solution. L'état de guerre restait un enjeu de politique intérieure dans les deux pays, servant par ailleurs de paravent aux activités de seigneurs de la guerre de la « république »

autoproclamée du Haut-Karabakh. En avril 2002, le refus du Parlement géorgien d'inscrire la question du génocide à son ordre du jour a fait monter la tension entre l'Arménie et la Géorgie, laquelle semblait sur le point d'accueillir une présence militaire américaine sur son territoire. La visite du pape, le 25 septembre 2001, devait braquer les projecteurs sur l'Arménie, « premier État chrétien de l'histoire », mais l'actualité internationale en a décidé autrement.

Le débat politique est lui aussi resté marqué par la violence. La condamnation à un an d'emprisonnement avec sursis (février 2002) d'un garde du corps du président de la République accusé du meurtre, en septembre 2001, d'un homme qui s'était adressé de manière trop familière au chef de l'État a provoqué malaise et indignation dans le pays. La discussion sur la réforme constitutionnelle achoppait, quant à elle, sur les prérogatives présidentielles (dont les excès étaient dénoncés par l'opposition). La dérive autoritaire du pouvoir s'est poursuivie, en particulier en direction des médias.

Selon les premières données du recensement d'octobre 2001 (très discutées), la population totale de l'Arménie dépasserait à peine les trois millions. Depuis 1989, le pays aurait perdu quelque 950 000 habitants. Malgré les bons indicateurs affichés en 2001 (7,4 % d'augmentation du PIB en 2001), l'émigration vers la Russie et les États-Unis n'a pas cessé, seule une petite frange de la population semblant tirer profit du dynamisme retrouvé de l'économie.
- Charles Urjewicz ■

INDICATEUR	UNITÉ	ARMÉNIE	AZER-BAÏDJAN	GÉORGIE
Démographie[a]				
Population	(millier)	3 788	8 096	5 239
Densité	(hab./km²)	134,3	93,5	75,2
Croissance annuelle (1995-2000)	(%)	0,1	0,9	− 0,3
Indice de fécondité (ISF) (1995-2000)		1,39	1,94	1,58
Mortalité infantile (1995-2000)	‰	16,9	32,5	19,4
Espérance de vie (1995-2000)	(année)	72,4	71,0	72,7
Population urbaine[c]	(%)	69,7	57,0	60,2
Indicateurs socioculturels				
Développement humain (IDH)[b]		0,754	0,741	0,748
Nombre de médecins	(‰ hab.)	3,16[f]	3,60[f]	4,36[f]
Scolarisation 2e degré	(%)	89,6[gr]	81,7[fs]	78,0[fs]
Scolarisation 3e degré	(%)	12,0[h]	22,0[f]	34,3[f]
Accès à Internet	(‰ hab.)	14,21	3,21	4,57
Livres publiés	(titre)	396[g]	542[g]	581[g]
Armées (effectifs)				
Armée de terre	(millier)	38,9	62,0	8,6[i]
Marine	(millier)	••	2,2	1,04
Aviation	(millier)	3,16	7,9	1,33
Économie				
PIB total (PPA)[b]	(million $)	9 733	23 634	13 386
Croissance annuelle 1990-2000	(%)	− 6,4	− 5,2	− 9,4
Croissance annuelle 2001	(%)	7,4	9,0	4,5
Croissance agriculture 2001	(%)	11,6	9,7	− 12,6
Croissance industrie 2001	(%)	3,8	5,0	− 1,2
PIB par habitant (PPA)[b]	($)	2 559	2 936	2 664
Investissement (FBCF)[d]	(% PIB)	17,3	32,9[e]	17,8[e]
Taux d'inflation	(%)	3,4	1,5	4,7
Taux de chômage (fin d'année)	(%)	9,8[k]	1,3[k]	10,3[kb]
Énergie (taux de couverture)[c]	(%)	35,0	151,4	28,7
Dépense publique Éducation[f]	(% PIB)	2,0	3,4	7,7[m]
Dépense publique Défense	(% PIB)	8,0[b]	4,5[b]	2,5
Dette extérieure totale	(million $)	930[o]	1 250[o]	1 690[o]
Service de la dette/Export.[e]	(%)	10,8	5,6	14,8
Échanges extérieurs				
Importations (douanes)	(millions $)	723	1 279	939
Principaux fournisseurs	(%)	UE 32,2	Ex-CAEM[p] 28,2	Ex-CAEM[p] 33,7
	(%)	Ex-CAEM[p] 20,0	UE 27,1	UE 29,3
	(%)	M-O 23,3	Turq 12,4	E-U 13,0
Exportations (douanes)	(million $)	315	1 799	625
Principaux clients	(%)	UE 31,1	UE 57,1	Ex-CAEM[p] 28,9
	(%)	Ex-CAEM[p] 32,9	Ex-CAEM[p] 18,4	UE 41,5
	(%)	Asie[q] 17,2	M-O 10,3	Turq 14,5
Solde transactions courantes	(% PIB)	− 10,4	− 0,9	− 5,7

Définition des indicateurs, sigles et abréviations p. 23 et suivantes. Chiffres 2001 sauf notes. a. Derniers recensements utilisables : Arménie, 1989 ; Azerbaïdjan, 1999 ; Géorgie, 1999 ; b. 2000 ; c. 1999 ; d. 1999-2001 ; e. 1998-2000 ; f. 1998 ; g. 1996 ; h. 1997 ; i. Non compris services d'états-majors et unités rattachées au commandement central (5800) ; k. Définition nationale, Non-harmonisée ; m. 1994 ; o. En 2001, selon l'ONU ; p. Y compris républiques de l'ancienne Yougoslavie ; q. Y compris Japon et Moyen-Orient ; r. Taux brut, 10-16 ans ; s. 10-16 ans.

Bilan de l'année / **Azerbaïdjan**

Azerbaïdjan

Contestation significative du régime Aliev

Le 27 avril 2002, Bakou et plusieurs villes de province ont été le théâtre d'importants rassemblements appelés par le Mouvement uni de l'opposition, fédération de trente partis et groupes politiques. Dans une capitale en état de siège, les manifestants, dont l'unité restait problématique, exigeaient la démission du président Heidar Aliev et la tenue de nouvelles élections afin d'effacer le souvenir des précédentes élections législatives (5 novembre 2000) entachées de nombreuses irrégularités. Alors que la question du Haut-Karabakh (peuplé majoritairement d'Arméniens et ayant fait l'objet d'un conflit dans les années 1990) n'était toujours pas réglée et qu'un million de réfugiés subsistait dans des conditions de vie précaires, le pouvoir était accusé de « trahir les intérêts nationaux » face à la partie arménienne. On comptait des dizaines de blessés et de nombreuses interpellations. La veille, des dizaines de militants avaient été préventivement arrêtés et souvent condamnés à de courtes peines de prison. La question de l'âge de H. Aliev (79 ans), un homme de santé fragile, demeurait au centre de l'attention, mais sa succession s'annonçait difficile et opaque ; le caractère népotique du régime, au sein duquel le fils et le frère du président jouent un rôle croissant, inquiétait de nombreux Azerbaïdjanais. Le caractère autoritaire du régime s'est notamment exercé sur les médias, malgré l'annonce d'un projet de loi plus libéral.

Riche de ses potentialités pétrolières, l'Azerbaïdjan a pu se targuer d'indicateurs économiques flatteurs en 2001 (9,0 % de croissance). Les investissements étrangers se sont poursuivis malgré les déconvenues rencontrées sur certains forages. Les « majors » russes se sont faites plus présentes, envisageant même un moment de participer au financement de l'oléoduc Bakou-Ceyhan, dont l'avenir, en dépit des incertitudes, semblait plus prometteur. Malgré la hausse globale du PIB, les retombées de la croissance n'ont bénéficié qu'à une petite partie de la population, urbaine et vivant essentiellement dans la capitale. Certaines régions ont été le théâtre de véritables révoltes de la pauvreté, tel le Nakhitchevan, une république autonome exclavée entre Arménie et Iran, et fief du président. Ailleurs, notamment en milieu rural, la contestation a parfois pris une connotation islamiste qui a inquiété les dirigeants, s'affichant comme farouchement laïques et qui s'étaient placés au premier rang de la « coalition antiterroriste » constituée après les attentats du 11 septembre 2001 aux États-Unis.

Après une période de tension, Bakou a tenté de mener une politique équilibrée qui ménagerait une Russie présente sur sa frontière septentrionale et à laquelle l'at-

---

République azerbaïdjanaise

Capitale : Bakou.
Superficie : 86 600 km².
Population : 8 096 000.
Langues : turc (off.), russe, arménien.
Monnaie : manat (au cours officiel, 1 000 manats = 0,22 € au 31.5.02).
Nature de l'État : république fédérale.
Nature du régime : présidentiel.
Chef de l'État : Heidar Aliev (depuis le 3.10.93, réélu le 11.10.98).
Chef du gouvernement : Artor Rasizadé (depuis 96).
Président du Parlement : Mourtouz Aleskerov (depuis fin 96).
Ministre des Affaires étrangères : Vilayet Gouliev (depuis le 29.10.99).
Contestation territoriale : le Haut-Karabakh, peuplé en majorité d'Arméniens revendiquant son rattachement à l'Arménie.

Bilan de l'année / Géorgie

Transcaucasie/Bibliographie

M. Bennigsen-Broxup (sous la dir. de), *The North Caucasian Barrier ; The Russian Advance toward Muslim World,* Hurst & Co, Londres, 1992.

R. Berton-Hogge, M.-A. Crosnier (sous la dir. de), *Arménie, Azerbaïdjan, Géorgie : l'an V des indépendances,* Les Études de la Documentation française, Paris, 1996.

M.-R. Djallili (sous la dir. de), *Le Caucase post-soviétique : la transition dans le conflit,* Bruylant/LGDJ, Bruxelles/Paris, 1995.

« La Caspienne, une nouvelle frontière », *Cahiers d'études sur la Méditerranée et le monde turco-iranien (CEMOTI),* n° 23, Paris, 1997.

« Le Nord-Caucase dans la crise », *Le Courrier des pays de l'Est,* n° 1009, La Documentation française, Paris, oct. 2000.

C. Mouradian, *L'Arménie,* PUF, coll. « Que sais-je ? », Paris, 1995.

J. et A. Sellier, *Atlas des peuples d'Orient. Moyen-Orient, Caucase, Asie centrale,* La Découverte, Paris, 1994 (nouv. éd. 1999).

T. Swietochowski, *Russia and Azerbaijan. A Borderland in Transition,* Columbia University Press, New York, 1995.

C. Urjewicz, « Abkhazie », « Adjarie », « Arménie », « Azerbaïdjan », « Géorgie », *in* Y. Lacoste (sous la dir. de), *Dictionnaire de géopolitique,* Flammarion, Paris, 1993.

Voir aussi la bibliographie sélective « Espace post-soviétique », p. 547.

tachent de nombreux liens, et maintiendrait son orientation pro-occidentale. Fin janvier 2002, H. Aliev s'est rendu à Moscou afin de régler les contentieux accumulés entre les deux pays. Tandis que la partie azerbaïdjanaise s'engageait à observer une neutralité positive sur le dossier tchétchène, Moscou acceptait de payer (8 millions de dollars annuels) la location de la station radar de Gabala avec un effet rétroactif à compter de 1997. Enfin, les deux parties se sont entendues sur le principe d'un règlement du contentieux de la mer Caspienne. En février 2002, Washington a accordé à l'Azerbaïdjan, pour prix de son engagement dans la lutte contre le terrorisme international, le statut commercial de la « nation la plus favorisée ». Alors que les rapports avec Téhéran restaient tendus, la diplomatie azerbaïdjanaise s'inscrivait résolument dans la perspective d'une coopération régionale, en particulier avec la Turquie et la Géorgie, afin de mieux assurer le transit du pétrole de la Caspienne. - **Charles Urjewicz** ∎

Géorgie

Crise interne et tensions avec la Russie

La démission, le 19 septembre 2001, du ministre de la Justice Mikhaïl Saakachvili, qui s'était fait fort d'éradiquer la corruption, a accéléré la crise qui couvait au sein de l'équipe au pouvoir. Deux jours plus tôt, le président de la République avait quitté la direction de l'Union des citoyens de Géorgie, sanctionnant ainsi la crise qui minait le « parti du président » ; en quelques semaines, le groupe parlementaire est passé de 98 à 50 députés. Le 30 octobre 2001, l'intrusion d'une escouade de la police financière au siège de *Roustavi 2*, une télévision indépendante fustigeant la corruption, a provoqué un véritable électrochoc. La rue s'est enflammée et Zurab Jvania, président du Parlement et longtemps dauphin du président Édouard Chevardnadzé, a donné sa démission afin de rejoindre les rangs de l'opposition. Le 1er novembre, le président renvoyait un gouvernement dont plusieurs ministres (Sécurité,

Bilan de l'année / Géorgie

Intérieur) faisaient figure d'accusés. Le 11, après plusieurs tours de scrutin, le Parlement portait à sa tête Nino Bourdjanadzé. Le 21 décembre, Avtandil Djorbenadzé était élu « ministre d'État » (Premier ministre).

Le 4 octobre 2001, l'attaque d'un village de la république séparatiste d'Abkhazie par une troupe de plusieurs centaines de Tchétchènes et de quelques dizaines de « partisans » géorgiens, a fait monter la tension avec la Russie. Tandis que Moscou accusait Tbilissi de « complicité » avec les « terroristes » tchétchènes, les médias et la classe politique géorgiens dénonçaient une « nouvelle provocation » du Kremlin. Sur le terrain, les affrontements se sont multipliés : hélicoptère d'observateurs de l'ONU abattu, bombardements de villages frontaliers sur le territoire géorgien. Le 8 octobre, tandis que de nombreuses voix exigeaient le renvoi des forces d'interposition russes, É. Chevardnadzé, de retour des États-Unis où il avait envisagé la sortie de la Géorgie de la CEI (Communauté d'États indépendants), revenait sur ses déclarations. Le 12, le président russe Vladimir Poutine affirmait la neutralité de la Russie.

Malgré sa volonté affichée de tirer parti de la nouvelle conjoncture internationale, É. Chevardnadzé n'a pas su gérer l'après-« 11 septembre ». Tentant de compenser ses faiblesses internes par un succès militaire aux dépens des séparatistes abkhazes, il a perdu une partie de sa crédibilité. Washington a repris à son compte les accusations de Moscou selon lesquelles les gorges de Pankissi, une zone échappant au contrôle de Tbilissi où vivent 7 000 réfugiés tchétchènes, abritaient des combattants du réseau terroriste Al-Qaeda. Crainte fondée ou complaisance motivée par la perspective de l'oléoduc Bakou-Ceyhan (Turquie), les États-Unis se sont engagés sur le principe d'une aide multiforme afin de « combattre les terrorismes » (envoi d'experts militaires, fourniture d'hélicoptères de combat à l'armée géorgienne).

Les résultats économiques, en 2001-2002, ont été en demi-teinte ; la pauvreté

République de Géorgie

Capitale : Tbilissi.
Superficie : 69 700 km².
Population : 5 239 000.
Langues : géorgien (off.), russe, abkhaze, ossète, arménien, turc.
Monnaie : lari (au cours officiel, 1 lari = 0,48 € au 31.5.02).
Nature de l'État : république unitaire.
Nature du régime : présidentiel.
Chef de l'État : Édouard Chevardnadzé (depuis le 7.3.92, élu président de la République le 5.11.95, réélu le 9.4.2000).
Chef du gouvernement : Avtandil Djobenadzé, qui a remplacé le 21.12.01 Guia Arsenichvili.
Président du Parlement : Nino Bourdjanadzé.
Ministre des Affaires étrangères : Irakli Menagarachvili.
Ministre de la Défense : David Tevzadzé.
Souveraineté contestée : séparatisme en Abkhazie ; l'Ossétie du Sud a demandé son rattachement à l'Ossétie du Nord, laquelle relève de la Fédération de Russie.

a continué de frapper une population soumise à l'arbitraire des forces de l'ordre et de l'administration. Plusieurs événements sombres (assassinat d'un journaliste, suicide d'un proche du président) ont marqué une opinion perplexe face à l'inertie des autorités, tandis que des groupes d'orthodoxes intégristes agissaient en toute impunité, s'en prenant aux « sectes sataniques », tels les baptistes – victimes d'un autodafé de plusieurs milliers de bibles.

Les élections locales du 2 juin 2002 se sont déroulées dans une atmosphère délétère donnant lieu à de très nombreuses irrégularités. De l'aveu du président de la Commission électorale, « jamais scrutin ne s'était déroulé dans une atmosphère aussi tendue ». Dans la capitale, les partis de l'opposition (Parti travailliste et Mouvement national-Front démocratique de M. Saakachvili) ont remporté une victoire écrasante sur le « parti du président ». - **Charles Urjewicz** ∎

Asie centrale

Kazakhstan, Turkménistan, Ouzbékistan, Tadjikistan, Kirghizstan

(Les républiques sont présentées ici selon un axe géographique ouest/est.)

Kazakhstan

Nouvelle opposition

En 2001, le combat pour la succession du président Noursultan Nazarbaiev sem-

République du Kazakhstan

Capitale : Astana.
Superficie : 2 717 300 km².
Population : 16 095 000.
Langues : kazakh (langue d'État) et russe (off.), ukrainien, allemand, coréen, ouzbek.
Monnaie : tengue (au cours officiel, 100 tengues = 0,70 € au 31.5.02).
Nature de l'État : république unitaire
Nature du régime : présidentiel, Parlement bicaméral.
Chef de l'État : Noursultan Nazarbaiev, président de la République (depuis déc. 91, réélu le 10.1.99).
Chef du gouvernement : Kasymjomart Tokaiev, Premier ministre (depuis oct. 99).
Ministre des Finances : Mazhit Yesenbaiev (depuis août 2000).
Ministre de l'Intérieur : Kaïrbek Souleymenov (depuis oct. 95).
Ministre de la Défense : Sat Tokpakbaiev (depuis oct. 99).
Ministre des Affaires étrangères : Yerlan Idrissov (depuis oct. 99).
Échéances institutionnelles : élections législatives (2005) et présidentielle (2006).

blait avoir déjà commencé, dans un paysage politique très confus. Le sérail était partagé entre les deux gendres du président, Rahmat Aliev, qui dirigeait la police politique (KNB – Comité de sécurité nationale) tandis que sa femme tenait la télévision, et Timur Kulibaev qui était à la tête de la Compagnie des hydrocarbures.

Dans le même temps, une organisation appelée Choix démocratique du Kazakhstan s'est formée autour d'hommes d'affaires et d'anciens partisans du Premier ministre évincé en 1997, Akajan Kazhageldin. Plusieurs ministres l'ont rejointe, la plupart de ses membres appartenant à la génération d'après l'indépendance et faisant partie des réseaux complexes unissant appareil d'État et milieux d'affaires et s'opposant à la monopolisation croissante du pouvoir économique par la famille du président. Les enjeux économiques semblaient plus importants que la question de la démocratisation ou de l'appartenance clanique (la plupart des membres de Choix démocratique appartiennent à la Horde moyenne, mais c'est aussi le cas de Rahmat Aliev).

En novembre 2001, la crise éclata : Kasymjomart Tokaiev, le Premier ministre, dénonça cette nouvelle opposition et les ministres qui y étaient favorables furent contraints à la démission. Lui-même fut cependant remplacé début février 2002 par Imamgaly Tasmagambetov. Le 29 mars, l'un des fondateurs de Choix démocratique, Galimjan Zhaqianov, ancien gouverneur de la province de Pavlodar, se réfugiait dans les locaux de l'ambassade de France à Almaty, avant de se livrer.

L'accusation de corruption est le moyen utilisé par la Présidence pour inculper ses adversaires, avec un risque d'effet boomerang : des enquêtes ont été ouvertes en Suisse et aux États-Unis sur la corruption entourant des contrats passés avec des entreprises occidentales. Malgré la reprise en main engagée par le président, il est clair que le Kazakhstan connaît un jeu politique plus ouvert que les autres républiques d'Asie centrale, d'autant que les différentes factions s'appuient sur des organes de presse écrite (la télévision restant contrôlée par la famille du président).

Le Kazakhstan a certes rejoint la coalition antiterroriste après les attentats islamistes du 11 septembre 2001 aux États-Unis, mais il n'a pas joué de rôle crucial dans la campagne américaine en Afghanistan. Éloigné géographiquement, il est resté en seconde ligne. **- Olivier Roy** ■

Turkménistan

Purges dans l'appareil d'État

Le Turkménistan est un des rares pays d'Asie centrale à ne pas avoir tiré bénéfice des conséquences des attentats du 11 septembre 2001 aux États-Unis, confirmant son isolement croissant. Achkhabad entretenait de bonnes relations avec le régime des taliban, dans la perspective de l'exportation de son gaz naturel vers le sud grâce à un accord avec Kaboul. Pris à contre-pied par l'offensive américaine de l'hiver 2001-2002, le Turkménistan n'a même pas été sollicité par Washington pour servir de base arrière aux troupes alliées, d'autant que l'implantation des taliban dans la partie de l'Afghanistan frontalière avec le Turkménistan

Turkménistan

Capitale : Achkhabad.
Superficie : 488 100 km^2.
Population : 4 835 000.
Langues : turkmène, russe.
Monnaie : manat (au cours officiel, 1 000 manats = 0,23 € en juil. 01).
Nature de l'État : république unitaire.
Nature du régime : présidentiel.
Chef de l'État : Separmourad Nyazov, président de la République depuis l'indépendance (27.10.91).
Président du Parlement : Tagandurdy Haliev.
Ministre de la Défense : Rejepbay Arazov.
Responsable de la Sécurité : Poran Berdyaev.

était faible et n'a pas donné lieu à des combats significatifs. Pour tenter de redorer son blason, le président Separmourad Nyazof a organisé à Achkhabad fin avril 2002 une conférence des États riverains de la mer Caspienne, mais aucun accord n'a été trouvé sur le statut de cette mer recelant d'importantes richesses naturelles.

En février 2002, l'ambassadeur turkmène en Israël et en Turquie, Nurmuhammet Hanamov, a fait défection. Une série de purges s'est ensuivie dans l'appareil d'État. Tagandurdy Haliev a été nommé président du Parlement, Rejepbay Arazov, ministre de la Défense et Poran Berdyaev chef de la Sécurité. La fréquence des changements intervenant dans l'appareil semblait indiquer une certaine nervosité dans la direction politique, d'autant que l'opposition, très affaiblie par la répression, s'est trouvé un porte-parole en la personne de l'ancien ministre des Affaires étrangères, Boris Cheykhmouradov, qui a effectué durant l'année plusieurs tournées dans les pays occidentaux. **- Olivier Roy** ■

INDICATEUR	UNITÉ	KAZAKHSTAN	KIRGHIZ-STAN
Démographie[a]			
Population	(millier)	16 095	4 986
Densité	(hab./km²)	6,0	26,0
Croissance annuelle (1995-2000)	(%)	− 0,5	1,5
Indice de fécondité (ISF) (1995-2000)		2,10	2,89
Mortalité infantile (1995-2000)	‰	44,8	43,2
Espérance de vie (1995-2000)	(année)	64,1	66,9
Population urbaine[c]	(%)	56,4	33,6
Indicateurs socioculturels			
Développement humain (IDH)[b]		0,750	0,712
Nombre de médecins	(‰ hab.)	3,53[f]	3,01[f]
Scolarisation 2e degré	(%)	74,1[fu]	86,4[fu]
Scolarisation 3e degré	(%)	23,0[f]	30,5[f]
Accès à Internet	(‰ hab.)	6,16	10,57
Livres publiés	(titre)	1 226[h]	351[h]
Armées (effectifs)			
Armée de terre	(millier)	45	6,6
Marine	(millier)	••	••
Aviation	(millier)	19	2,4
Économie			
PIB total (PPA)[b]	(million $)	87 293	13 324
Croissance annuelle 1990-2000	(%)	− 3,6	− 4,0
Croissance annuelle 2001	(%)	13,2	5,0
Croissance agriculture 2001	(%)	16,9	6,8
Croissance industrie 2001	(%)	13,6	5,6
PIB par habitant (PPA)[b]	($)	5 871	2 711
Investissement (FBCF)[d]	(% PIB)	16,3	15,6[e]
Taux d'inflation	(%)	8,3	7,0
Taux de chômage(fin d'année)	(%)	2,8[k]	3,1[k]
Énergie (taux de couverture)[c]	(%)	182,5	53,1
Dépense publique Éducation	(% PIB)	4,4[g]	5,4
Dépense publique Défense	(% PIB)	2,0[b]	2,9
Dette extérieure totale[b]	(million $)	14 148[q]	1 808[q]
Service de la dette/Export.[e]	(%)	16,8	22,8
Échanges extérieurs			
Importations (douanes)	(millions $)	6 244	526
Principaux fournisseurs	(%)	Ex-CAEM[s] 55,3	Ex-CAEM[s] 56,0
	(%)	UE 25,2	UE 12,9
	(%)	Asie[t] 10,7	Asie[t] 17,9
Exportations (douanes)	(million $)	11 810	453
Principaux clients	(%)	Ex-CAEM[s] 25,6	Ex-CAEM[s] 51,5
	(%)	UE 23,7	UE 26,2
	(%)	Asie[t] 13,8	Asie[t] 9,7
Solde transactions courantes	(% PIB)	− 7,8	− 6,0

Définition des indicateurs, sigles et abréviations p. 23 et suivantes. Chiffres 2001 sauf notes. a. Derniers recensements utilisables : Kazakhstan, 1999 ; Kirghizstan, 1999 ; Ouzbékistan, 1989 ; Tadjikistan, 2000 ; Turkménistan, 1995 ; b. 2000 ; c. 1999 ; d. 1999-2001 ; e. 1998-2000 ; f. 1998 ; g. 1997 ; h. 1996 ; i. 1994 ; k. Définition nationale, non-harmonisée ; m. 1991 ; o. 1,7 % selon la Banque mondiale ; p. 1,3 % selon la Banque

	OUZBÉKI-STAN	TADJIKI-STAN	TURKMÉNI-STAN
	25 257	6 135	4 835
	61,0	43,6	10,3
	1,8	1,2	2,4
	2,85	3,72	3,60
	41,0	56,6	54,8
	68,3	67,2	65,4
	37,2	27,5	44,7
	0,727	0,667	0,741
	3,09[f]	2,01[f]	3,00[g]
	94,2[hv]	78,2[hu]	112,0[hv]
	37,4[g]	20,5[g]	19,5[g]
	5,94	0,52	1,66
	1 003[h]	132[h]	450[i]
	40,0	6	14,5
	••		••
	12,5		3
	60 431	7 105	20 567
	− 0,3	− 7,4	− 2,7
	4,9	10,0	20,5
	6,2	11,0	15,0
	5,8	15,0	11,0
	2 441	1 152	3 956
	15,2[e]	16,2[e]	42,8[e]
	27,2	38,6	16,8
	0,4[k]	2,6[k]	••
	111,6	41,3	193,0
	7,7[h]	2,2[h]	3,9[m]
	8,0[o]	6,5[p]	3,8[b]
	3 800[q]	1 127[q]	2 015[f]
	18,3	12,1	21,3[r]
	2 523	711	1 986
	Ex-CAEM[s] 44,1	Ex-CAEM[s] 84,8	Ex-CAEM[s] 36,9
	Asie[t] 22,2	UE 5,0	E-U 14,6
	UE 21,6	E-U 5,0	Asie[t] 19,6
	2 315	600	1 222
	Ex-CAEM[s] 58,7	Ex-CAEM[s] 51,9	Ex-CAEM[s] 29,8
	Asie[t] 13,4	UE 8,8	Iran 20,3
	UE 19,4	Turq[t] 19,3	Turq 19,7
	− 0,3	− 7,0	− 13,0[b]

mondiale ; q. En 2001, selon l'ONU ; r. 1996-1998 ; s. Y compris républiques de l'ancienne Yougoslavie ; t. Y compris Japon et Moyen-Orient ; u. Taux brut, 11-17 ans ; v. Taux brut, 10-16 ans.

Ouzbékistan

L'opposition armée anéantie avec les taliban

Au début de l'année 2001, l'Ouzbékistan se trouvait isolé sur la scène internationale. Les États-Unis critiquaient l'autoritarisme croissant du régime du président Islam Karimov, engagé dans une répression tous azimuts contre son opposition, le FMI avait fermé son bureau de Tachkent et la Russie avait accru son soutien au Kirghizstan, avec qui les tensions frontalières avaient augmenté (en particulier à propos du statut des enclaves ouzbèkes de Sokh et de Shaimardan). Pour sortir de son isolement, le 14 juin 2001, Tachkent a rejoint le groupe dit « Shanghaï cinq » (rebaptisé OCS – Organisation de la coopération Shanghaï), créé en 1996 par la Russie, le Kazakhstan, le Kirghizstan, le Tadjikistan et la Chine pour débattre des questions de frontières et de stabilité régionale. Mais le 11 septembre 2001, en Ouzbékistan comme ailleurs, a tout changé. Par sa position centrale, l'Ouzbékistan était indispensable à Washington pour utiliser l'espace aérien d'Asie centrale et positionner des troupes en vue d'intervenir en Afghanistan. Dès le 27 septembre,

République d'Ouzbékistan

Capitale : Tachkent.
Superficie : 447 400 km².
Population : 25 257 000.
Langues : ouzbek, russe, tadjik.
Monnaie : som (au cours officiel, 100 soms = 0,13 € au 28.6.02).
Nature de l'État : république.
Nature du régime : présidentiel fort.
Chef de l'État : Islam Karimov, depuis l'indépendance (1.9.91).
Chef du gouvernement : Outkour Soultanov (depuis déc. 95).
Ministre de la Défense : Kodyr Goulomov.
Ministre des Affaires étrangères : Abdulaziz Kamilov.

Bilan de l'année / Tadjikistan

le général américain Tommy Franks, chef du Centcom (Commandement central américain), débarquait à Tachkent pour mettre au point la coopération. Les forces américaines se sont établies à Karshi et à Termez, dans le sud du pays. L'Ouzbékistan a ainsi pu faire réduire par les bombardiers américains l'opposition armée islamiste ouzbèke retranchée en Afghanistan.

Les troupes du Mouvement islamique d'Ouzbékistan (MIO), qui avaient quasiment fusionné avec les volontaires arabes du chef de réseau terroriste Oussama ben Laden, se sont trouvées en effet « coincées » à Kunduz et ont été écrasées sous les bombes américaines autour du 25 novembre 2001. Leur chef, Joma Namangani, a été tué. L'Ouzbékistan s'est ainsi trouvé sans coup férir débarrassé de son opposition armée, tandis que l'ancien protégé de Tachkent, le général afghan d'ethnie ouzbèke, Rachid Doustom, reprenait en partie le pouvoir à Mazar-i-Charif. Mais Tachkent ne s'est jamais départi d'une grande réserve envers l'Afghanistan. Ni l'aide humanitaire occidentale à destination des Afghans ni les troupes françaises qui ont atterri en Ouzbékistan en novembre 2001 n'ont été autorisées à franchir le pont de Termez sur l'Amou-Daria. En même temps, l'Ouzbékistan n'a guère bénéficié de l'état de grâce lié à sa collaboration avec les États-Unis, se retrouvant, dès le printemps 2002, sous le feu des critiques américaines pour son refus de toute ouverture politique. Enfin le second parti d'opposition islamique, le Hizb ul-Tahrir, qui a refusé de se lancer dans l'action armée, a gardé toute son influence dans la jeunesse ouzbèke. - **Olivier Roy** ■

Tadjikistan

Liquidation de deux commandants islamistes

En août 2001, le gouvernement du président Imamali Rahmanov a lancé une of-

fensive armée pour mettre fin à l'activité de deux anciens commandants de l'opposition islamistes, Rahman Sanginov (surnommé « Gitler ») et Mansour Muakkalov, qui s'étaient retranchés avec leurs troupes dans leurs bastions à l'est de la capitale Douchanbé. Tous deux ont été tués dans l'opération, sans que cela n'entraîne de réaction

© Éditions La Découverte & Syros

de la part de l'ancienne opposition, ralliée au gouvernement. La position d'Akbar Tourajanzadé, patron politique des deux commandants, s'est affaiblie, du fait que celui-ci n'a rien fait pour empêcher leur liquidation. Fort de sa précédente audace, le président Rahmanov s'est efforcé d'établir un pouvoir présidentiel fort comme dans les pays voisins, utilisant à cette fin la célébration du dixième anniversaire de l'indépendance (9 septembre 2001). Mais la tâche apparaissait d'autant plus difficile qu'il devait à la fois ménager une opposition ralliée et plutôt docile (menée par Abdallah Nuri) et gérer une rivalité croissante avec le maire de Douchanbé, Mohammed Saïd Obeydul-

Asie centrale

Asie centrale/Bibliographie

« Au cœur de l'Asie centrale », *Globe Mémoires* (cédérom + magazine), n° 1, Paris, hiv. 1999.

M. R. Djalili, T. Kellner, *Géopolitique de la nouvelle Asie centrale,* PUF, Paris, 2001.

V. Fourniau, *Histoire de l'Asie centrale,* PUF, coll. « Que sais-je ? », Paris, 1994.

« La Caspienne : une nouvelle frontière », *Cahiers d'études sur la Méditerranée et le monde turco-iranien (CEMOTI),* n° 23, Paris, 1997.

S. Nunn, B. Rubin, N. Lubin, *Calming the Ferghana Valley,* The Century Foundation Press, Washington, 1999.

C. Poujol (sous la dir. de), *Asie centrale. Aux confins des empires, réveil et tumulte,* Autrement, Paris, 1992.

A. Rashid, *Asie centrale. Champs de guerres,* Autrement, Paris, 2002.

O. Roy, *La Nouvelle Asie centrale ou la fabrication des nations,* Seuil, Paris, 1997.

O. Roy (sous la dir. de), « Des ethnies aux nations en Asie centrale », *REMMM (Revue du monde musulman et de la Méditerranée),* n°s 59-60, Édisud, Aix-en-Provence, 1992.

H. Ruffin, D. Waugh, *Civil Society in Central Asia,* University of Washington Press, Seattle, 1999.

J. et A. Sellier, *Atlas des peuples d'Orient, Moyen-Orient, Caucase, Asie centrale,* La Découverte, Paris, 2002 (nouv. éd.).

Voir aussi la bibliographie sélective « Espace post-soviétique », p. 547.

layev, à la tête d'un empire financier et de milices armées. Les bénéfices du trafic de drogue venus d'Afghanistan jouent un grand rôle dans une économie parallèle bien plus florissante que l'officielle.

République du Tadjikistan

Capitale : Douchanbé.
Superficie : 143 100 km².
Population : 6 135 000.
Langues : tadjik, russe.
Monnaie : samani (au taux officiel, 1 samani = 0,49 € en juil. 01).
Nature de l'État : république.
Nature du régime : présidentiel autoritaire (Constitution de 1994).
Chef de l'État : Imamali Rahmanov (président du Parlement, faisant fonction de chef de l'État depuis le 25.11.92).
Chef du gouvernement : Yahya Azimov (depuis févr. 96).
Ministre des Affaires étrangères : Talbeg Nazarof.

Les conséquences des attentats du 11 septembre 2001 ont permis au Tadjikistan de sortir de son isolement diplomatique. L'ambassade américaine a rouvert ses portes et la France a envoyé pour la première fois un chargé d'affaires. Des troupes américaines, françaises et britanniques ont été autorisées à se positionner afin d'intervenir en Afghanistan, mais les autorités tadjikes ont gardé une attitude très prudente, malgré leur hostilité aux taliban, s'efforçant de renvoyer les réfugiés afghans établis sur leur territoire. **- Olivier Roy ■**

Kirghizstan

Dure répression de l'opposition

Bien qu'éloigné de l'Afghanistan, le Kirghizstan est devenu l'un des principaux points d'appui pour les opérations aériennes des troupes de l'alliance antiterroriste internationale en Afghanistan. L'aéroport de

République kirghize

Capitale : Bichkek.
Superficie : 198 500 km^2.
Population : 4 986 000.
· **Langues :** kirghize, russe.
Monnaie : som (au cours officiel, 100 soms = 2,22 € au 31.5.02).
Nature de l'État : république unitaire.
Nature du régime : présidentiel.
Chef de l'État : Askar Akaiev, président de la République (depuis l'indépendance, le 31.8.91).
Chef du gouvernement : Nikolaï Tanaev, qui a remplacé le 30.5.02 Kurmanbek Salievich Bakiev (démissionnaire).

Manas, près de la capitale Bichkek, est devenu une base aérienne pour l'aviation américaine mais aussi française, et il s'y trouvait également des contingents australiens, danois, espagnols et coréens. En fait, l'éloignement du théâtre des opérations, ainsi que l'absence de militantisme islamique dans le nord du pays faisaient apparaître le Kirghizstan comme le plus sûr des pays de la zone, face à un éventuel terrorisme islamique.

Au Kirghizstan comme ailleurs, le président Askar Akaiev a tenté de profiter de ce soutien à la coalition internationale pour renforcer son pouvoir, mais il restait confronté à une forte opposition, sur des bases plus régionalistes que politiques. En janvier 2002, l'ancien candidat à l'élection présidentielle et président du Parti démocratique Almaz Atambaev s'est enfui en Turquie pour fuir la répression. L'ancien vice-

président et opposant principal Félix Kulov a été condamné à sept ans de prison en mars 2002, tandis que le député de la province de Djalal-Abad, Azimbek Beknazarov, arrêté en janvier, passait lui aussi en jugement, événement à l'origine de manifestations. Les 17 et 18 mars 2002, la répression d'une contestation de rue a provoqué la mort de plusieurs personnes à Djalal-Abad, phénomène inhabituel pour le pays mais qui soulignait la coupure entre le Nord (fief du président) et le Sud (plus soumis à l'influence de l'islam et de l'Ouzbékistan).

Les relations avec les États voisins se sont également tendues. Durant toute l'année 2001, l'Ouzbékistan a procédé à la matérialisation des frontières et à leur fermeture régulière, bloquant les livraisons de gaz naturel (le Kirghizstan a fini par payer ses dettes énergétiques en janvier 2002). Plusieurs citoyens kirghizes ont été tués sur la frontière. La question la plus épineuse portait sur les enclaves ouzbèkes en territoire kirghize, Sokh et Shaimardan, pour lesquelles Tachkent exige un droit de passage. Les incursions du Mouvement islamique d'Ouzbékistan (MIO) ont cessé en 2001, car les troupes du MIO, d'abord engagées en Afghanistan contre le commandant Ahmed Shah Massoud (juin), ont été détruites par l'aviation américaine lors de la campagne d'Afghanistan en octobre et novembre 2001. En mars, le Kazakhstan a refusé d'entériner un accord de coopération régional. Mais, récompense du soutien antiterroriste, la dette externe a été rééchelonnée en février 2002 par le Club de Paris.- **Olivier Roy** ■

Documents annexes

Tables et index

L'indicateur du « développement humain »

L'état du monde présente dans les pages 586 et suivantes et dans les synthèses statistiques des ensembles géopolitiques un « Indicateur du développement humain » (IDH). Cet indicateur composite est calculé chaque année, depuis 1990, par le Programme des Nations unies pour le développement (PNUD).

Une telle initiative est venue du fait que l'indicateur de développement le plus couramment utilisé, le produit intérieur brut (PIB) par habitant est, dans de nombreux cas, une très mauvaise mesure du niveau de bien-être atteint. Même lorsque le revenu *per capita* est mesuré à parité de pouvoir d'achat (PPA, voir ci-contre), il mesure mal de nombreux aspects du bien-être humain. Ainsi, au Mexique, où ce PIB *per capita* est presque identique à celui du Costa Rica, la mortalité infantile n'en est pas moins trois fois plus élevée. Et au Qatar, qui bénéficie de 19 000 dollars de PIB *per capita*, le nombre d'analphabètes est d'environ 20 %, tandis qu'en République tchèque, où le PIB est de 13 000 dollars seulement, l'analphabétisme est presque inexistant.

Dans l'idéal, un indicateur du « développement humain » devrait pouvoir tenir compte de nombreux facteurs. Le PNUD a préféré ne retenir que trois éléments pour construire son indice : l'espérance de vie à la naissance ; le niveau d'instruction, représenté par le taux d'alphabétisation des adultes et le taux brut de scolarisation tous niveaux confondus (avec une pondération de deux tiers pour le premier et d'un tiers pour le second) ; et enfin le revenu représenté par le PIB par habitant après une double transformation tenant compte de la différence des prix relatifs d'un pays à l'autre et du fait que le revenu n'augmente pas le développement humain d'une manière linéaire (lorsqu'on passe de 1 000 à 2 000 dollars de revenu annuel par habitant, la diversité des nouveaux choix qui s'ouvrent augmente beaucoup plus que lorsqu'on passe de 14 000 à 15 000 dollars).

Des valeurs minimales et maximales sont fixées pour chacun de ces éléments :
– espérance de vie à la naissance : 25 ans à 85 ans ;
– alphabétisation des adultes : 0 % à 100 % ;
– taux de scolarisation : 0 % à 100 % ;
– PIB réel par habitant : 100 dollars PPA à 40 000 dollars PPA.

Chacun de ces indicateurs est d'abord exprimé sur l'échelle de 0 à 1. Ainsi, à l'espérance de vie à la naissance en Espagne (78,5 ans) est attachée la valeur :

$$0{,}892 = \frac{78{,}5 - 25}{(85 - 25)}$$

A l'espérance de vie au Qatar (69,6 années) est attachée la valeur :

$$0{,}743 = \frac{69{,}6 - 25}{(85 - 25)}$$

Le même calcul est réalisé pour l'indicateur de niveau d'instruction et pour l'indicateur de niveau de revenu. Dans une seconde étape, on effectue la moyenne des trois chiffres ainsi obtenus. On obtient ainsi l'indice composite du développement humain. On aboutit pour l'Espagne à un IDH de 0,913 et pour le Qatar de 0,803. Par ce moyen, il est possible d'opérer un classement de tous les pays. - **Francisco Vergara** ∎

Modes de calcul et définitions

PIB–PPA et PIB aux taux de change courants

Lorsqu'on cherche à comparer le niveau de richesse des différents pays, le chiffre le plus souvent cité dans les médias est le Produit intérieur brut (PIB) exprimé en dollars courants. Il est obtenu en multipliant la production nationale (évaluée aux prix intérieurs) par le taux de change du dollar *au cours de l'année considérée*. Cette méthode présente néanmoins plusieurs inconvénients, notamment le fait que les taux de change fluctuent énormément.

Afin d'éviter ce problème, certaines institutions préfèrent multiplier la valeur de la production nationale par une moyenne pondérée du taux de change du dollar *des trois dernières années* (méthode dite « de la Banque mondiale »). Cette méthode élimine les fluctuations à court terme, mais elle donne, elle aussi, une image déformée car les taux de change (même lorsqu'ils sont « lissés ») ne reflètent pas nécessairement le niveau des prix relatifs d'un pays à l'autre.

Les institutions internationales calculent désormais un Produit intérieur brut « à parité de pouvoir d'achat » (PIB-PPA). Cet indicateur est obtenu en multipliant le PIB calculé aux prix nationaux par un *taux de change fictif* qui rend équivalent le prix d'un panier de marchandises dans chaque pays. La méthode des PIB-PPA permet une comparaison plus réaliste du niveau de la production et du pouvoir d'achat d'un pays à l'autre. Elle montre que certains pays ne sont pas aussi pauvres que ne le laisse croire le taux de change courant de leur monnaie, tandis que d'autres ne sont pas aussi riches. Les Russes, par exemple, n'ont pas un revenu moyen dix fois plus faible que celui des Français mais seulement trois fois. De même, les Suisses ne sont pas 60 % plus riches que les Français (comme peut le laisser croire leur très forte monnaie) mais 18 % seulement.

Les séries longues de PIB-PPA (de 1980 à 2000) permettent de se représenter la vitesse à laquelle le pouvoir d'achat par habitant des différents pays a progressé. Le champion mondial toutes catégories aura été la Chine, dont le pouvoir d'achat a été multiplié par quatre et demi. Elle est suivie par la Corée du Sud.

Parmi les pays industrialisés, les États-Unis (dont on vante pourtant le dynamisme) sont loin d'être les plus performants. Le pouvoir d'achat par habitant y a augmenté, pendant cette période, de 26 % (à peine plus que dans la moyenne de la Zone euro où il a augmenté de 24 %). La palme d'or va au Luxembourg, où le pouvoir d'achat a doublé, suivi par la Norvège, le Japon et la Finlande.

En Amérique latine le seul pays ayant eu une bonne performance est le Chili. Dans son *World Development Indicators 2000*, la Banque mondiale a sévèrement révisé à la baisse le PIB-PPA par habitant de ce pays : il ne serait pas de 20 % supérieur au niveau de l'Argentine (comme on l'a répété depuis plusieurs années) mais de 25 % *inférieur*. Malgré cette révision, le pouvoir d'achat chilien par habitant a doublé depuis 1975. Hormis quelques îles caraïbes, le niveau de vie de tous les autres pays d'Amérique latine a reculé par rapport à la moyenne mondiale.

Plusieurs institutions ont mis en œuvre des programmes pour calculer les PPA par habitant. La Banque mondiale, les Nations unies et la CIA font des estimations pour tous les pays du monde ou presque. Les estimations sont parfois très différentes, notamment pour les pays « sensibles » (Corée du Nord, Cuba, etc.).
- **Francisco Vergara** ∎

Pour lire les tableaux suivants					
Pays	Rang dans le tableau IDH (p. 592 et suiv.)	Rang dans le tableau PIB (p. 596 et suiv.)	Pays	Rang dans le tableau IDH (p. 592 et suiv.)	Rang dans le tableau PIB (p. 596 et suiv.)
Afghanistan		179	Côte-d'Ivoire	156	156
Afrique du Sud	107	57	Croatie	48	67
Albanie	92	120	Cuba	55	149
Algérie	106	94	Danemark	14	10
Allemagne	17	19	Djibouti	149	182
Andorre		33	Dominique	61	106
Angola	161	138	Égypte	115	116
Antigua et Barbuda	52	53	El Salvador	104	101
Arabie saoudite	71	50	Émirats arabes unis	46	34
Argentine	34	49	Équateur	93	121
Arménie	76	128	Érythrée	157	188
Australie	5	16	Espagne	21	32
Autriche	15	12	Estonie	42	54
Azerbaïdjan	88	123	États-Unis	6	2
Bahamas	41	40	Éthiopie	168	195
Bahreïn	39	45	Fidji	72	100
Bangladesh	145	157	Finlande	10	20
Barbade	31	44	France	12	23
Belgique	4	11	Gabon	117	83
Bélize	58	91	Gambie	160	153
Bénin	158	177	Gaza		175
Bermudes		3	Géorgie	81	126
Bhoutan	140	165	Ghana	129	144
Biélorussie	56	72	Grèce	24	42
Bolivie	114	132	Grenade	83	71
Bosnie-Herzég.		155	Groenland		31
Botswana	126	73	Guadeloupe		62
Brésil	73	69	Guatémala	120	112
Brunéi	32	41	Guinée	159	143
Bulgarie	62	89	Guinée équatoriale	111	92
Burkina Faso	169	178	Guinée-Bissau	167	193
Burundi	171	197	Guyana	103	110
Cambodge	130	163	Haïti	146	162
Cameroun	135	150	Honduras	116	130
Canada	3	9	Hong Kong (Chine)	23	18
Cap-Vert	100	98	Hongrie	35	48
Cayman		21	Inde	124	134
Centrafrique	165	171	Indonésie	110	122
Chili	38	56	Irak		129
Chine	96	107	Iran	98	86
Chypre	26	28	Irlande	18	6
Cisjordanie		146	Islande	7	7
Cisjordanie et Gaza		168	Israël	22	29
Colombie	68	82	Italie	20	24
Comores	137	158	Jamaïque	86	115
Congo (-Brazza)	136	189	Japon	9	13
Congo (-Kinshasa)	155	192	Jordanie	99	109
Corée du Nord		161	Kazakhstan	79	87
Corée du Sud	27	36	Kénya	134	176
Costa Rica	43	64	Kirghizstan	102	125

Pays	Rang dans le tableau IDH (p. 592 et suiv.)	Rang dans le tableau PIB (p. 596 et suiv.)	Pays	Rang dans le tableau IDH (p. 592 et suiv.)	Rang dans le tableau PIB (p. 596 et suiv.)
Kiribati		181	Qatar	51	14
Koweït	45	43	Rép. dominicaine	94	84
Laos	143	159	Rép. tchèque	33	46
Lésotho	132	140	Roumanie	63	79
Lettonie	53	76	Royaume-Uni	13	25
Liban	75	105	Russie	60	66
Libéria		174	Rwanda	162	180
Libye	64	65	Sainte-Lucie	66	90
Liechtenstein		27	Saint-Marin		4
Lituanie	49	74	Salomon	121	154
Luxembourg	16	1	Samoa	101	96
Macédoine	65	95	São Tomé et P.	119	169
Madagascar	147	187	Sénégal	154	160
Malaisie	59	58	Seychelles	47	70
Malawi	163	196	Sierra Léone	173	200
Maldives	84	103	Singapour	25	26
Mali	164	190	Slovaquie	36	51
Malte	30	39	Slovénie	29	37
Maroc	123	118	Somalie		201
Marshall		152	Soudan	139	147
Martinique		52	Sri Lanka	89	119
Maurice	67	55	St. Kitts et Nevis	44	47
Mauritanie	152	151	St-Vincent et les G.	91	93
Mexique	54	61	Suède	2	22
Micronésie		141	Suisse	11	8
Moldavie	105	139	Suriname	74	114
Monaco		15	Swaziland	125	102
Mongolie	113	148	Syrie	108	117
Mozambique	170	186	Tadjikistan	112	173
Myanmar	127	166	Taïwan		35
Namibie	122	78	Tanzanie	151	199
Nauru		97	Tchad	166	185
Népal	142	167	Thaïlande	70	80
Nicaragua	118	133	Timor oriental		198
Niger	172	194	Togo	141	164
Nigéria	148	183	Tonga		137
Norvège	1	5	Trinidad et Tobago	50	63
Nouvelle-Zélande	19	30	Tunisie	97	81
Oman	78	68	Turkménistan	87	111
Ouganda	150	170	Turquie	85	77
Ouzbékistan	95	131	Tuvalu		172
Pakistan	138	145	Ukraine	80	113
Palau		75	Uruguay	40	60
Panama	57	85	Vanuatu	131	124
Papouasie-N.-G.	133	136	Vénézuela	69	88
Paraguay	90	104	Vietnam	109	142
Pays-Bas	8	17	Yémen	144	184
Pérou	82	99	Yougoslavie		135
Philippines	77	108	Zambie	153	191
Pologne	37	59	Zimbabwé	128	127
Portugal	28	38			

Indicateur du développement humain (IDH)					
Classement selon l'IDH	Indicateur du développement humain 2000	Espérance de vie à la naissance (années) 2000	Taux d'alphabétisation des adultes (%) 2000	Taux brut de scolarisation (%) 2000	PIB réel par habitant (PPA) 2000
1 Norvège	0,942	78,5	99,0	97	29 918
2 Suède	0,941	79,7	99,0	101	24 277
3 Canada	0,940	78,8	99,0	97	27 840
4 Belgique	0,939	78,4	99,0	109	27 178
5 Australie	0,939	78,9	99,0	116	25 693
6 États-Unis	0,939	77,0	99,0	95	34 142
7 Islande	0,936	79,2	99,0	89	29 581
8 Pays-Bas	0,935	78,1	99,0	102	25 657
9 Japon	0,933	81,0	99,0	82	26 755
10 Finlande	0,930	77,6	99,0	103	24 996
11 Suisse	0,928	78,9	99,0	84	28 769
12 France	0,928	78,6	99,0	94	24 223
13 Royaume-Uni	0,928	77,7	99,0	106	23 509
14 Danemark	0,926	76,2	99,0	97	27 627
15 Autriche	0,926	78,1	99,0	90	26 765
16 Luxembourg	0,925	77,4	99,0	72	50 061
17 Allemagne	0,925	77,7	99,0	94	25 103
18 Irlande	0,925	76,6	99,0	91	29 866
19 Nouvelle-Zélande	0,917	77,6	99,0	99	20 070
20 Italie	0,913	78,5	98,4	84	23 626
21 Espagne	0,913	78,5	97,6	95	19 472
22 Israël	0,896	78,7	94,6	83	20 131
23 Hong Kong, Chine	0,888	79,5	93,5	63	25 153
24 Grèce	0,885	78,2	97,2	81	16 501
25 Singapour	0,885	77,6	92,3	75	23 356
26 Chypre	0,883	78,0	97,1	68	20 824
27 Corée du Sud	0,882	74,9	97,8	90	17 380
28 Portugal	0,880	75,7	92,2	96	17 290
29 Slovénie	0,879	75,5	99,6	83	17 367
30 Malte	0,875	78,0	92,0	80	17 273
31 Barbade	0,871	76,8	98,0	77	15 494
32 Brunéi	0,856	75,9	91,5	76	16 779
33 Rép. tchèque	0,849	74,9	99,0	70	13 991
34 Argentine	0,844	73,4	96,8	83	12 377
35 Hongrie	0,835	71,3	99,3	81	12 416
36 Slovaquie	0,835	73,3	100,0	76	11 243
37 Pologne	0,833	73,3	99,7	84	9 051
38 Chili	0,831	75,3	95,8	78	9 417
39 Bahreïn	0,831	73,3	87,6	80	15 084
40 Uruguay	0,831	74,4	97,7	79	9 035
41 Bahamas	0,826	69,2	95,4	74	17 012
42 Estonie	0,826	70,6	99,8	86	10 066
43 Costa Rica	0,820	76,4	95,6	67	8 650
44 St. Kitts et Nevis	0,814	70,0	97,8	70	12 510
45 Koweït	0,813	76,2	82,0	59	15 799
46 Émirats arabes unis	0,812	75,0	76,3	68	17 935
47 Seychelles	0,811	72,7	88,0	••	12 508

Source : PNUD (voir définition de l'IDH p. 588). Pour retrouver facilement un pays, voir p. 590-591.

Indicateur du développement humain (IDH)

Classement selon l'IDH		Indicateur du développement humain 2000	Espérance de vie à la naissance (années) 2000	Taux d'alphabétisation des adultes (%) 2000	Taux brut de scolarisation (%) 2000	PIB réel par habitant (PPA) 2000
48	Croatie	0,809	73,8	98,3	68	8 091
49	Lituanie	0,808	72,1	99,6	80	7 106
50	Trinidad et Tobago	0,805	74,3	93,8	65	8 964
51	Qatar	0,803	69,6	81,2	75	18 789
52	Antigua et Barbuda	0,800	73,9	86,6	69	10 541
53	Lettonie	0,800	70,4	99,8	82	7 045
54	Mexique	0,796	72,6	91,4	71	9 023
55	Cuba	0,795	76,0	96,7	76	••
56	Biélorussie	0,788	68,5	99,6	77	7 544
57	Panama	0,787	74,0	91,9	74	6 000
58	Bélize	0,784	74,0	93,2	73	5 606
59	Malaisie (Féd. de)	0,782	72,5	87,5	66	9 068
60	Russie	0,781	66,1	99,6	78	8 377
61	Dominique	0,779	72,9	96,4	65	5 880
62	Bulgarie	0,779	70,8	98,4	72	5 710
63	Roumanie	0,775	69,8	98,1	69	6 423
64	Libye	0,773	70,5	80,0	92	7 570
65	Macédoine	0,772	73,1	94,0	70	5 086
66	Sainte-Lucie	0,772	73,4	90,2	70	5 703
67	Maurice	0,772	71,3	84,5	63	10 017
68	Colombie	0,772	71,2	91,7	73	6 248
69	Vénézuela	0,770	72,9	92,6	65	5 794
70	Thaïlande	0,762	70,2	95,5	60	6 402
71	Arabie saoudite	0,759	71,6	76,3	61	11 367
72	Fidji	0,758	69,1	92,9	83	4 668
73	Brésil	0,757	67,7	85,2	80	7 625
74	Suriname	0,756	70,6	94,0	82	3 799
75	Liban	0,755	73,1	86,0	78	4 308
76	Arménie	0,754	72,9	98,4	80	2 559
77	Philippines	0,754	69,3	95,3	82	3 971
78	Oman	0,751	71,0	71,7	58	13 356
79	Kazakhstan	0,750	64,6	98,0	77	5 871
80	Ukraine	0,748	68,1	99,6	77	3 816
81	Géorgie	0,748	73,2	100,0	70	2 664
82	Pérou	0,747	68,8	89,9	80	4 799
83	Grenade	0,747	65,3	94,4	65	7 580
84	Maldives	0,743	66,5	96,7	77	4 485
85	Turquie	0,742	69,8	85,1	62	6 974
86	Jamaïque	0,742	75,3	86,9	62	3 639
87	Turkménistan	0,741	66,2	98,0	81	3 956
88	Azerbaïdjan	0,741	71,6	97,0	71	2 936
89	Sri Lanka	0,741	72,1	91,6	70	3 530
90	Paraguay	0,740	70,1	93,3	64	4 426
91	St-Vincent et les G.	0,733	69,6	88,9	58	5 555
92	Albanie	0,733	73,2	84,7	71	3 506
93	Équateur	0,732	70,0	91,6	77	3 203
94	Rép. dominicaine	0,727	67,1	83,6	72	6 033

Source : PNUD (voir définition de l'IDH p. 588). Pour retrouver facilement un pays, voir p. 590-591.

Indicateur du développement humain (IDH)

Classement selon l'IDH	Indicateur du développement humain 2000	Espérance de vie à la naissance (années) 2000	Taux d'alphabétisation des adultes (%) 2000	Taux brut de scolarisation (%) 2000	PIB réel par habitant (PPA) 2000
95 Ouzbékistan	0,727	69,0	99,2	76	2 441
96 Chine	0,726	70,5	84,1	73	3 976
97 Tunisie	0,722	70,2	71,0	74	6 363
98 Iran	0,721	68,9	76,3	73	5 884
99 Jordanie	0,717	70,3	89,7	55	3 966
100 Cap-Vert	0,715	69,7	73,8	77	4 863
101 Samoa	0,715	69,2	80,2	65	5 041
102 Kirghizstan	0,712	67,8	97,0	68	2 711
103 Guyana	0,708	63,0	98,5	66	3 963
104 El Salvador	0,706	69,7	78,7	63	4 497
105 Moldavie	0,701	66,6	98,9	72	2 109
106 Algérie	0,697	69,6	66,7	72	5 308
107 Afrique du Sud	0,695	52,1	85,3	93	9 401
108 Syrie	0,691	71,2	74,4	63	3 556
109 Vietnam	0,688	68,2	93,4	67	1 996
110 Indonésie	0,684	66,2	86,9	65	3 043
111 Guinée équatoriale	0,679	51,0	83,2	64	15 073
112 Tadjikistan	0,667	67,6	99,2	67	1 152
113 Mongolie	0,655	62,9	98,9	58	1 783
114 Bolivie	0,653	62,4	85,5	70	2 424
115 Égypte	0,642	67,3	55,3	76	3 635
116 Honduras	0,638	65,7	74,6	61	2 453
117 Gabon	0,637	52,7	71,0	86	6 237
118 Nicaragua	0,635	68,4	66,5	63	2 366
119 São Tomé et P.	0,632	65,1	83,1	58	1 792
120 Guatémala	0,631	64,8	68,6	49	3 821
121 Salomon	0,622	68,3	76,6	50	1 648
122 Namibie	0,610	44,7	82,0	78	6 431
123 Maroc	0,602	67,6	48,9	52	3 546
124 Inde	0,577	63,3	57,2	55	2 358
125 Swaziland	0,577	44,4	79,6	72	4 492
126 Botswana	0,572	40,3	77,2	70	7 184
127 Myanmar (Birmanie)	0,552	56,0	84,7	55	1 027
128 Zimbabwé	0,551	42,9	88,7	65	2 635
129 Ghana	0,548	56,8	71,5	42	1 964
130 Cambodge	0,543	56,4	67,8	62	1 446
131 Vanuatu	0,542	68,0	34,0	• •	2 802
132 Lésotho	0,535	45,7	83,4	61	2 031
133 Papouasie-N.-G.	0,535	56,7	63,9	38	2 280
134 Kénya	0,513	50,8	82,4	51	1 022
135 Cameroun	0,512	50,0	75,8	43	1 703
136 Congo (-Brazza)	0,512	51,3	80,7	63	825
137 Comores	0,511	59,8	55,9	35	1 588
138 Pakistan	0,499	60,0	43,2	40	1 928
139 Soudan	0,499	56,0	57,8	34	1 797
140 Bhoutan	0,494	62,0	47,0	33	1 412
141 Togo	0,493	51,8	57,1	62	1 442

Source : PNUD (voir définition de l'IDH p. 588). Pour retrouver facilement un pays, voir p. 590-591.

Indicateur du développement humain (IDH)

Classement selon l'IDH	Indicateur du développement humain 2000	Espérance de vie à la naissance (années) 2000	Taux d'alphabétisation des adultes (%) 2000	Taux brut de scolarisation (%) 2000	PIB réel par habitant (PPA) 2000
142 Népal	0,490	58,6	41,8	60	1 327
143 Laos	0,485	53,5	48,7	58	1 575
144 Yémen	0,479	60,6	46,3	51	893
145 Bangladesh	0,478	59,4	41,3	37	1 602
146 Haïti	0,471	52,6	49,8	52	1 467
147 Madagascar	0,469	52,6	66,5	44	840
148 Nigéria	0,462	51,7	63,9	45	896
149 Djibouti	0,445	43,1	64,6	22	2 377
150 Ouganda	0,444	44,0	67,1	45	1 208
151 Tanzanie	0,440	51,1	75,1	32	523
152 Mauritanie	0,438	51,5	40,2	40	1 677
153 Zambie	0,433	41,4	78,1	49	780
154 Sénégal	0,431	53,3	37,3	36	1 510
155 Congo (-Kinshasa)	0,431	51,3	61,4	31	765
156 Côte-d'Ivoire	0,428	47,8	46,8	38	1 630
157 Érythrée	0,421	52,0	55,7	26	837
158 Bénin	0,420	53,8	37,4	45	990
159 Guinée	0,414	47,5	41,0	28	1 982
160 Gambie	0,405	46,2	36,6	45	1 649
161 Angola	0,403	45,2	42,0	23	2 187
162 Rwanda	0,403	40,2	66,8	40	943
163 Malawi	0,400	40,0	60,1	73	615
164 Mali	0,386	51,5	41,5	28	797
165 Centrafrique	0,375	44,3	46,7	24	1 172
166 Tchad	0,365	45,7	42,6	31	871
167 Guinée-Bissau	0,349	44,8	38,5	37	755
168 Éthiopie	0,327	43,9	39,1	27	668
169 Burkina Faso	0,325	46,7	23,9	23	976
170 Mozambique	0,322	39,3	44,0	23	854
171 Burundi	0,313	40,6	48,0	18	591
172 Niger	0,277	45,2	15,9	16	746
173 Sierra Léone	0,275	38,9	36,0	27	490
Pays en développement	0,654	64,7	73,7	61	3 783
Pays les moins avancés	0,445	51,9	52,8	38	1 216
Pays arabes	0,653	66,8	62,0	62	4 793
Asie de l'Est et Pacifique	0,726	69,5	85,9	71	4 290
Amérique latine et Caraïbes	0,767	70,0	88,3	74	7 234
Asie du Sud	0,57	62,9	55,6	53	2 404
Afrique subsaharienne	0,471	48,7	61,5	42	1 690
Europe centrale et orientale et CEI	0,783	68,6	99,3	77	6 930
Pays de l'OCDE	0,905	76,8	..	87	23 569
Monde	0,722	66,9	..	65	7 446

		Produit intérieur brut (PIB)						
		PIB par habitant (2000, en dollars)		Part dans le total mondial 2000 (en %)	Taux de croissance annuel			Taux d'investissement (en % du PIB) 1999-2001
Rang	Pays*	à parité de pouvoir d'achat	aux taux de change courants**		1980-90	90-2000	2001	
1	Luxembourg	50 061	43 093	0,04	4,6	5,9	5,1	21,7
2	États-Unis	34 142	34 940	21,61	3,2	3,2	1,2	19,5ᶠ
3	Bermudes	33 000ᶠ	⋅⋅	⋅⋅	⋅⋅	⋅⋅	⋅⋅	⋅⋅
4	Saint-Marin	31 852ᶠ	0,00					
5	Norvège	29 918	36 021	0,30	2,4	3,4	1,4	20,2
6	Irlande	29 866	24 740	0,24	2,9	7,3	6,0	23,4
7	Islande	29 581	30 338	0,02	2,7	2,6	2,1	22,4
8	Suisse	28 769	33 393	0,46	2,1	0,9	1,3	20,7
9	Canada	27 840	22 370	2,00	2,8	2,8	1,5	19,8
10	Danemark	27 627	30 424	0,34	1,9	2,3	0,9	21,1
11	Belgique	27 178	22 108	0,61	3,4	2,1	1,1	21,2
12	Autriche	26 765	23 307	0,47	2,2	2,3	1,0	23,3
13	Japon	26 755	38 162	7,49	4,1	1,4	− 0,4	26,0
14	Qatar	26 705ᶠ	24 744	0,04	− 1,9	6,5	7,2	31,9ᵘ
15	Monaco	26 364ᶠ	⋅⋅	0,00	⋅⋅	⋅⋅	⋅⋅	⋅⋅
16	Australie	25 693	20 337	1,13	3,6	3,5	2,4	22,3
17	Pays-Bas	25 657	22 914	0,91	2,2	2,9	1,1	22,3
18	Hong Kong (Chine)	25 153	23 928	0,41	4,4	0,1	26,1	
19	Allemagne	25 103	22 800	4,58	2,3	1,9	0,6	21,0
20	Finlande	24 996	23 463	0,29	3,1	2,2	0,7	19,2
21	Cayman	24 474ⁱ	⋅⋅	0,00	⋅⋅	⋅⋅	⋅⋅	⋅⋅
22	Suède	24 277	25 631	0,49	2,3	1,8	1,2	17,1
23	France	24 223	21 977	3,22	2,4	1,8	2,0	19,4
24	Italie	23 626	18 616	3,11	2,2	1,6	1,8	19,5
25	Royaume-Uni	23 509	23 679	3,13	2,7	2,3	2,2	17,5
26	Singapour	23 356	22 960	0,25	7,3	7,9	− 2,1	30,8
27	Liechtenstein	23 000ᵇᵈ	⋅⋅	0,00	⋅⋅	⋅⋅	⋅⋅	⋅⋅
28	Chypre	20 824	11 490	0,03	6,2	4,2	4,0	12,5ᵠ
29	Israël	20 131	17 709	0,26	3,5	5,2	− 0,6	18,6
30	Nouvelle-Zélande	20 070	13 027	0,17	2,5	2,8	2,4	12,9
31	Groenland	20 000ᶠ		0,00	⋅⋅	⋅⋅	⋅⋅	⋅⋅
32	Espagne	19 472	14 153	1,75	2,9	2,6	2,8	24,9
33	Andorre	18 000ᵈᶠ	⋅⋅	0,00	⋅⋅	⋅⋅	⋅⋅	⋅⋅
34	Émirats arabes unis	17 935ᵇ	17 063ᵇ	0,14	0,8	4,9	5,0	27,9ʷ
35	Taïwan	17 394ᶠ	1,04	7,9	6,4	− 1,9	21,5	
36	Corée du Sud	17 380	9 671	1,68	8,6	6,2	3,0	27,7
37	Slovénie	17 367	9 119	0,08	4,2	k	3,0	26,3
38	Portugal	17 290	10 497	0,38	2,9	2,7	1,6	27,5
39	Malte	17 273	9 140	0,01	3,9	4,9	0,5	24,3
40	Bahamas	17 012	15 901	0,01	2,8	1,9	− 1,0	⋅⋅
41	Brunéi	16 779ᵇ	15 065ᵇ	0,01	⋅⋅	⋅⋅	⋅⋅	⋅⋅

* Pour retrouver facilement un pays, voir la liste alphabétique de ces dernier, p. 590-591.

Produit intérieur brut (PIB)

Rang	Pays*	PIB par habitant (2000, en dollars) à parité de pouvoir d'achat	aux taux de change courants**	Part dans le total mondial 2000 (en %)	Taux de croissance annuel 1980-90	90-2000	2001	Taux d'investissement (en % du PIB) 1999-2001
42	Grèce	16 501	10 667	0,38	1,6	2,3	4,1	22,8
43	Koweït	15 799	19 040	0,07	– 2,7	3,5	2,7	12,0
44	Barbade	15 494	9 736	0,01	0,9	1,4	– 2,1	18,7q
45	Bahreïn	15 084a	11 535	0,03	3,6	4,6	3,3	13,7q
46	Rép. tchèque	13 991	4 943	0,32	··	1,6k	3,6	27,8
47	St. Kitts et Nevis	12 510	7 661	0,00	5,7	4,4	1,8	41,8q
48	Hongrie	12 416	4 553	0,27	1,1	0,8	3,8	23,8
49	Argentine	12 377	7 695	0,88	– 1,2	4,2	– 3,7	16,1
50	Arabie saoudite	11 367	8 362	0,51	0,5	2,0	2,2	17,2
51	Slovaquie	11 243	3 540	0,13	··	3,5k	3,3	30,9
52	Martinique	10 700df	13 153	0,01	··	··	··	21,1c
53	Antigua et Barbuda	10 541	10 125	0,00	6,7	3,1	– 0,6	31,7q
54	Estonie	10 066	3 630	0,03	– 1,4	5,0	24,6	
55	Maurice	10 017	3 694	0,03	4,8	5,3	6,7	24,8
56	Chili	9 417	4 638	0,49	3,1	6,4	2,8	21,2
57	Afrique du Sud	9 401	2 941	0,77	1,5	1,7	2,2	15,6q
58	Malaisie	9 068	3 853	0,45	6,0	7,0	0,4	24,3
59	Pologne	9 051	4 081	0,82	– 0,2	3,6	1,1	24,1
60	Uruguay	9 035	5 908	0,07	0,5	3,1	– 3,1	14,3q
61	Mexique	9 023	5 864	1,97	1,9	3,5	– 0,3	20,7
62	Guadeloupe	9 000df	11 540	0,01	··	··	··	25,4c
63	Trinidad et Tobago	8 964	5 620	0,03	– 2,9	3,0	4,5	22,8q
64	Costa Rica	8 650	4 159	0,07	2,8	5,0	0,4	18,5q
65	Libye	8 583f	··	0,18	– 3,8	2,2	0,6	11,6q
66	Russie	8 377	1 725	2,54	··	– 5,1	5,0	15,9
67	Croatie	8 091	4 345	0,08	··	2,8k	4,2	22,0
68	Oman	7 722f	6 500b	0,06	8,6	4,5	6,5	
69	Brésil	7 625	3 494	2,66	1,5	2,7	1,5	19,3
70	Seychelles	7 625f	7 554	0,00	3,6	2,4	– 1,0	34,8q
71	Grenade	7 580	4 187	0,00	4,2	3,8	3,5	36,7q
72	Biélorussie	7 544	2 993	0,17	··	– 0,9	4,1	23,7
73	Botswana	7 184	3 299	0,03	10,8	5,3	7,1	21,0q
74	Lituanie	7 106	3 062	0,06	··	– 3,7	4,5	20,1
75	Palau	7 100	7 600	0,00	··	··	··	··
76	Lettonie	7 045	3 014	0,04	··	– 4,8	7,0	25,8
77	Turquie	6 974	3 062	0,99	5,2	3,6	– 6,2	21,4
78	Namibie	6 431	1 980	0,02	– 1,1	4,2	2,7	23,6q
79	Roumanie	6 423	1 637	0,32	0,8	– 1,7	5,3	18,5
80	Thaïlande	6 402	2 012	0,94	7,9	4,4	1,8	22,1
81	Tunisie	6 363	2 035	0,13	3,6	4,7	5,0	25,9
82	Colombie	6 248	1 922	0,65	3,4	2,7	1,5	14,5q

** Taux de change moyen de l'année sauf pour les pays où le taux de change effectivement pratiqué dans le commerce international ne correspond pas au taux de change officiel (voir p. 589).

Produit intérieur brut (PIB)

Rang	Pays*	PIB par habitant (2000, en dollars) à parité de pouvoir d'achat	aux taux de change courants**	Part dans le total mondial 2000 (en %)	Taux de croissance annuel 1980-90	90-2000	2001	Taux d'investissement (en % du PIB) 1999-2001
83	Gabon	6 237	4 010	0,02	1,6	1,6	1,5	30,5q
84	Rép. dominicaine	6 033	2 349	0,12	2,4	5,9	3,0	23,5q
85	Panama	6 000	3 463	0,05	1,4	4,5	2,0	28,4q
86	Iran	5 884	1 648	0,96	2,8	4,5	5,1	20,5q
87	Kazakhstan	5 871	1 226	0,20	··	– 3,6	13,2	16,3
88	Vénézuela	5 794	4 985	0,47	0,9	2,0	2,7	16,4q
89	Bulgarie	5 710	1 469	0,10	12,8	– 4,3	4,5	16,6
90	Sainte-Lucie	5 703	4 533	0,00	6,8	2,7	0,5	24,7q
91	Bélize	5 606	3 419	0,00	4,8	4,3	2,4	25,5q
92	Guinée équatoriale	5 600	2 934	0,01	2,2	20,8	46,5	61,3q
93	St-Vincent et les Grenadines	5 555	2 895	0,00	6,6	3,1	0,3	30,8q
94	Algérie	5 308	1 754	0,35	2,8	1,7	3,5	24,7q
95	Macédoine	5 086	1 759	0,02	··	0,6k	– 4,6	15,9q
96	Samoa	5 041	1 387	0,00	12,9	3,0	5,1	
97	Nauru	4 917f		0,00				
98	Cap-Vert	4 863	1 266	0,00	5,2	6,3	3,0	20,0q
99	Pérou	4 799	2 084	0,28	0,1	4,0	– 0,5	19,8
100	Fidji	4 668	1 842	0,01	2,5	2,5	0,0	12,7q
101	El Salvador	4 497	2 105	0,04	0,1	4,5	2,0	16,5
102	Swaziland	4 492	1 415	0,01	7,7	3,1	1,6	20,3q
103	Maldives	4 485	2 015	0,00	10,2	7,6	4,9	32,6q
104	Paraguay	4 426	1 369	0,04	3,1	2,0	0,8	21,8q
105	Liban	4 308	3 810	0,06	– 5,8	7,2	1,3	22,9q
106	Dominique	4 085f	3 700	0,00	5,4	1,9	1,1	28,3q
107	Chine	3 976	855	11,49	9,3	10,1	7,3	36,6
108	Philippines	3 971	989	0,66	1,7	2,9	3,4	18,1
109	Jordanie	3 966	1 707	0,04	2,3	4,8	4,2	26,1
110	Guyana	3 963	936	0,01	– 2,5	5,0	0,8	25,2q
111	Turkménistan	3 956	847	0,06	··	– 2,7	20,5	42,8q
112	Guatémala	3 821	1 668	0,12	0,9	4,1	1,8	16,7
113	Ukraine	3 816	642	0,41	··	– 8,2	9,1	19,0
114	Suriname	3 799	2 029	0,01	– 0,8	2,0	3,4	14,9q
115	Jamaïque	3 639	2 812	0,02	3,1	0,3	3,0	27,5
116	Égypte	3 635	1 543	0,52	5,2	4,0	3,3	21,9
117	Syrie	3 556	1 049	0,12	2,2	5,0	3,5	20,0q
118	Maroc	3 546	1 162	0,23	3,9	2,2	6,3	23,2q
119	Sri Lanka	3 530	842	0,13	4,3	5,2	0,4	25,7
120	Albanie	3 506	1 100	0,03	1,2	1,0	7,0	17,1q
121	Équateur	3 203	1 076	0,13	2,1	1,8	5,2	17,3q
122	Indonésie	3 043	728	1,54	5,4	4,2	3,3	15,7

a. 1999 ; b. 1998 ; c. 1997 ; d. 1996 ; e. 1993 ; f. Selon la CIA ; g. Selon A. Madison (OCDE) ; h. 1986-1990 ; i. 1994-2000 ; k. 1992-2000 ; m. 1973-1998 ; o. Le PIB est tombé de 35 % en 1989 et a ensuite augmenté de

Produit intérieur brut (PIB)

Rang	Pays*	PIB par habitant (2000, en dollars)		Part dans le total mondial 2000 (en %)	Taux de croissance annuel			Taux d'investissement (en % du PIB) 1999-2001
		à parité de pouvoir d'achat	aux taux de change courants**		1980-90	90-2000	2001	
123	Azerbaïdjan	2 936	654	0,05	··	– 5,2	9,0	32,9q
124	Vanuatu	2 802	1 074	0,00	2,8	1,8	4,0	27,3q
125	Kirghizstan	2 711	265	0,03	··	– 4,0	5,0	15,6q
126	Géorgie	2 664	603	0,05	··	– 9,4	4,5	17,8q
127	Zimbabwé	2 635	585	0,06	4,4	1,5	– 8,4	15,0q
128	Arménie	2 559	503	0,02	··	– 6,4	7,4	17,3
129	Irak	2 484f	··	0,12	··	··	··	··
130	Honduras	2 453	924	0,03	2,4	3,2	2,5	26,7
131	Ouzbékistan	2 441	310	0,13	··	– 0,3	4,9	15,2q
132	Bolivie	2 424	994	0,06	0,1	3,8	1,0	16,9
133	Nicaragua	2 366bf	473	0,03	– 1,4	3,3	3,0	37,1q
134	Inde	2 358	450	4,59	5,8	5,6	4,3	24,1
135	Yougoslavie	2 293f	794	0,05	··	– 7,0	6,2	5,1q
136	Papouasie-N-G	2 280	744	0,03	1,5	4,8	– 3,4	13,7t
137	Tonga	2 273f	1 529	0,00	1,6	2,9	2,6	16,5s
138	Angola	2 187	672	0,06	··	0,7	··	30,2q
139	Moldavie	2 109	300	0,02	··	– 10,1	4,0	15,8
140	Lésotho	2 031	442	0,01	4,6	3,8	2,9	43,1
141	Micronésie	2 000af	1 932	0,00	··	··	··	··
142	Vietnam	1 996	399	0,35	5,9	7,1	4,7	27,3
143	Guinée	1 982	406	0,03	3,1	4,0	2,9	20,2q
144	Ghana	1 964	269	0,08	2,1	4,3	4,0	22,6q
145	Pakistan	1 928	446	0,55	6,0	3,9	3,4	15,3
146	Cisjordanie	1 924f		0,01				
147	Soudan	1 797	370	0,13	2,5	5,2	5,4	14,9q
148	Mongolie	1 783	404	0,01	5,3	0,0	1,1	28,0
149	Cuba	1 714f		0,04	··	– 1,8	3,0	10,4q
150	Cameroun	1 703	597	0,07	3,3	1,4	5,3	17,8q
151	Mauritanie	1 677	351	0,01	4,5	4,0	4,6	22,3q
152	Marshall	1 670f	1 844	0,00	··	··	··	··
153	Gambie	1 649	324	0,00	3,4	3,9	5,8	17,8q
154	Salomon	1 648	614	0,00	1,3	2,7	– 3,0	··
155	Bosnie-Herzég.	1 634f	1 105	0,01	··	28,1i	5,6	24,4q
156	Côte-d'Ivoire	1 630	585	0,07	1,0	2,6	– 0,9	15,3q
157	Bangladesh	1 602	359	0,36	4,3	4,9	4,5	23,1
158	Comores	1 588	362	0,00	1,9	1,3	1,9	11,4q
159	Laos	1 575	324	0,02	5,6	6,0	5,2	21,4
160	Sénégal	1 510	459	0,04	2,5	3,4	5,7	19,0q
161	Corée du Nord	1 480g	··	0,07	··	– 2,1gm	··	··
162	Haïti	1 467	509	0,02	– 0,7	0,0	– 1,7	27,0
163	Cambodge	1 446	265	0,04	6,2h	5,4	5,3	15,8

15 % en 2000 ; p. 1988-1995 ; q. 1998-2000 ; r. 2000-2001 ; s. 1990-1992 ; t. 1997-1999 ; u. 1995-1997 ; v. 1996-1998 ; w. 1997-1998 ; x. 1993-1995.

Produit intérieur brut (PIB)

Rang	Pays*	PIB par habitant (2000, en dollars)		Part dans le total mondial 2000 (en %)	Taux de croissance annuel			Taux d'investissement (en % du PIB) 1999-2001
		à parité de pouvoir d'achat	aux taux de change courants**		1980-90	90-2000	2001	
164	Togo	1 442	269	0,02	1,1	1,2	2,7	20,0q
165	Bhoutan	1 412	605	0,00	7,3	5,9	5,9	41,9q
166	Myanmar	1 334f	· ·	0,15	1,3	6,3	4,8	12,4t
167	Népal	1 327	239	0,07	4,8	5,0	5,3	19,2
168	Cisjordanie et Gaza	1 319f	1 470	0,01	· ·	1,6	· ·	35,9q
169	São Tomé et P.	1 290f	314	0,00	– 1,5	1,8	4,0	38,4q
170	Ouganda	1 208	278	0,07	3,6	6,7	4,9	16,6q
171	Centrafrique	1 172	259	0,01	2,0	1,7	0,0	9,9
172	Tuvalu	1 160f	· ·	0,00	· ·	· ·	· ·	50,7v
173	Tadjikistan	1 152	161	0,02	· ·	– 7,4	10,0	16,2q
174	Libéria	1 150f	· ·	0,01	· ·	· ·	· ·	· ·
175	Gaza	1 031f	0,00					
176	Kénya	1 022	344	0,08	4,3	1,7	1,1	13,1q
177	Bénin	990	346	0,02	1,1	4,8	5,8	18,4q
178	Burkina Faso	976	194	0,03	2,7	4,2	5,7	26,9
179	Afghanistan	965f	· ·	0,04	· ·	· ·	· ·	· ·
180	Rwanda	943	211	0,02	2,2	0,1	6,2	15,1q
181	Kiribati	916f	475	0,00	0,0	3,2	1,8	· ·
182	Djibouti	908f	875	0,00	1,0	– 1,8	2,0	12,3q
183	Nigéria	896	324	0,27	2,0	2,9	4,0	23,4q
184	Yémen	893	487	0,04	· ·	4,3	3,3	24,4q
185	Tchad	871	183	0,02	5,0	3,4	8,9	17,0q
186	Mozambique	854	212	0,04	0,1	5,6	12,9	29,6q
187	Madagascar	840	250	0,04	0,5	1,7	6,7	13,8q
188	Érythrée	837	148	0,01	· ·	3,1k	6,4	31,5q
189	Congo (-Brazza)	825	1 065	0,01	5,8	1,4	3,3	29,5
190	Mali	797	212	0,02	1,9	3,9	0,1	21,6q
191	Zambie	780	289	0,02	1,0	– 0,2	5,2	16,0q
192	Congo (-Kinshasa)	765b	116b	0,08	0,0	– 6,7	– 4,4	4,8f
193	Guinée-Bissau	755	180	0,00	2,4	0,7	4,0	15,8q
194	Niger	746	169	0,02	0,0	1,8	5,1	10,5q
195	Éthiopie	668	99	0,08	1,4	3,0	7,8	15,8q
196	Malawi	615	165	0,02	2,2	3,5	– 0,5	11,6q
197	Burundi	591	101	0,01	4,5	– 1,9	3,3	9,4
198	Timor oriental	528	· ·	0,00	· ·	0	18,3	· ·
199	Tanzanie	523	268	0,05	3,3	2,9	5,1	15,5q
200	Sierra Léone	490	126	0,00	0,8	– 7,6	5,4	5,4q
201	Somalie	490f	· ·	0,01	· ·	· ·	· ·	· ·

Sources : *World Development Indicators* de la Banque mondiale et base des données de *World Economic Outlook* du FMI (sauf indication contraire).

La population mondiale

L'évolution démographique des différentes régions du monde souligne les phénomènes de transition démographique, le passage d'un régime démographique caractérisé par une natalité et une mortalité élevées (qui « s'équilibrent ») à un régime de natalité et mortalité basses. Dans un premier temps, dans l'histoire des populations, les progrès sanitaires et économiques font baisser sensiblement la mortalité sans que la natalité ne suive le même mouvement, et la population croît alors de manière accélérée. C'est ce fort déséquilibre que l'on nomme souvent l'« explosion démographique ». Ensuite, ce

n'est que progressivement que la modernisation provoque une baisse de la fécondité (par la transformation de l'organisation familiale, la scolarisation des filles, la salarisation des femmes…) qui permet de rétablir l'équilibre démographique. Les pays industrialisés ont achevé cette transition et connaissent une croissance démographique faible, voire nulle ou négative, tandis que les pays en développement sont en général encore dans la phase de transition caractérisée par des croîts de population élevés. Toutes les données présentées ci-après ont l'ONU pour source (Division de la population, Révision 2000).

Population						
	1970	1980	1990	1995	2001	2025[b]
Monde (en millions)	3 691	4 430	5 255	5 662	6 134	7 937
En % du total						
Afrique	9,7	10,5	11,8	12,4	13,2	17,1
Amérique latine	7,7	8,2	8,4	8,5	8,6	8,8
Amérique du Nord[a]	6,3	5,8	5,4	5,3	5,2	4,8
Asie[c]	58,0	59,4	60,2	60,5	60,7	60,2
Europe[c]	17,8	15,6	13,7	12,9	11,8	8,6
Océanie	0,5	0,5	0,5	0,5	0,5	0,5
Pays développés	27,3	24,4	21,9	20,7	19,5	15,4
Pays en dévelop.	72,7	75,6	78,1	79,3	80,5	84,6

a. Mexique non compris ; b. Projection ; c. Les républiques de l'ex-URSS sont classées pour les unes en Europe et pour les autres en Asie.

Taux de croissance de la population (en % annuel)						
	1975-80	1980-85	1985-90	1990-95	95-2000	2005-10[b]
Monde	1,72	1,71	1,71	1,49	1,35	1,16
Afrique	2,79	2,87	2,78	2,54	2,41	2,23
Amérique latine	2,32	2,08	1,88	1,72	1,56	1,29
Amérique du Nord[a]	0,93	1,03	1,02	1,08	1,04	0,82
Asie[c]	1,86	1,85	1,85	1,58	1,41	1,16
Europe[c]	0,49	0,38	0,43	0,18	− 0,04	− 0,21
Océanie	1,12	1,55	1,57	1,59	1,37	1,16
Pays développés	0,65	0,59	0,59	0,44	0,30	0,12
Pays en dévelop.	2,07	2,06	2,03	1,78	1,62	1,39

a. Mexique non compris ; b. Projection ; c. Les républiques de l'ex-URSS sont classées pour les unes en Europe et pour les autres en Asie.

Indice synthétique de fécondité[c]						
	1975-80	1980-85	1985-90	1990-95	95-2000	2005-10[b]
Monde	3,90	3,56	3,35	3,01	2,82	2,59
Afrique	6,56	6,40	6,05	5,61	5,27	4,63
Amérique latine	4,49	3,86	3,35	2,97	2,69	2,37
Amérique du Nord[a]	1,78	1,80	1,89	2,02	2,00	1,87
Asie[d]	4,17	3,66	3,38	2,95	2,70	2,42
Europe[d]	1,97	1,88	1,83	1,58	1,41	1,32
Océanie	2,78	2,59	2,52	2,51	2,41	2,36
Pays développés	1,91	1,85	1,83	1,69	1,57	1,50
Pays en dévelop.	4,62	4,12	3,80	3,37	3,10	2,79

a. Mexique non compris ; b. Projection ; c. Nombre d'enfants qu'une femme mettrait au monde, en moyenne, du début à la fin de sa vie, en supposant que prévalent pendant cette vie, les taux de fécondité par tranche d'âge observés pendant la période indiquée ; d. Les républiques de l'ex-URSS sont classées pour les unes en Europe et pour les autres en Asie.

Mortalité infantile[c]						
	1975-80	1980-85	1985-90	1990-95	95-2000	2005-10[b]
Monde	87,9	78,6	69,9	64,2	59,6	49,0
Afrique	122,9	112,8	103,0	97,8	91,2	75,0
Amérique latine	69,0	57,6	48,1	40,1	35,6	28,4
Amérique du Nord[a]	13,9	11,2	9,8	8,4	7,4	6,1
Asie[d]	94,5	83,4	72,8	65,2	59,3	46,7
Europe[d]	21,7	18,0	15,6	12,3	9,8	8,8
Océanie	40,3	35,5	33,0	29,1	26,1	22,3
Pays développés	18,3	15,0	13,0	10,3	8,3	7,2
Pays en dévelop.	98,6	87,7	77,4	70,7	65,3	53,2

a. Mexique non compris ; b. Projection ; c. Nombre de décès d'enfants âgés de moins de un an pour mille enfants nés vivants ; d. Les républiques de l'ex-URSS sont classées pour les unes en Europe et pour les autres en Asie.

Espérance de vie[c]						
	1975-80	1980-85	1985-90	1990-95	95-2000	2005-10[b]
Monde	59,8	61,4	63,0	63,9	65,0	67,3
Afrique	48,3	50,1	51,7	51,4	51,4	52,6
Amérique latine	63,0	64,9	66,6	68,1	69,3	71,4
Amérique du Nord[a]	73,4	74,6	75,1	75,5	76,7	78,5
Asie[d]	58,4	60,4	62,3	64,1	65,8	69,0
Europe[d]	71,5	72,0	73,1	72,6	73,2	74,8
Océanie	67,7	69,6	70,8	72,2	73,5	75,2
Pays développés	72,3	73,1	74,1	74,1	74,9	76,7
Pays en dévelop.	56,8	58,6	60,4	61,7	62,9	65,5

a. Mexique non compris ; b. Projection ; c. Nombre d'années que vivrait, en moyenne, un enfant né pendant la période indiquée, en supposant que les taux de mortalité par tranche d'âge demeurent durant toute sa vie inchangés par rapport à la période de naissance ; d. Les républiques de l'ex-URSS sont classées pour les unes en Europe et pour les autres en Asie.

Taux brut de natalité (pour 1 000 habitants)[b]					
	1975-80	1980-85	1985-90	1990-95	95-2000	2005-10[b]
Monde	28,0	27,3	26,7	24,3	22,5	20,3
Afrique	45,6	44,8	42,7	40,3	38,7	35,7
Amérique latine	33,2	30,2	27,6	25,1	23,1	20,0
Amérique du Nord[a]	15,1	15,6	15,8	15,5	14,2	12,6
Asie[c]	29,3	28,2	27,6	26,4	22,3	19,3
Europe[c]	14,8	14,3	13,7	11,5	10,1	9,1
Océanie	20,9	20,3	20,0	19,8	18,2	16,7
Pays développés	14,9	14,5	13,9	12,3	11,2	10,1
Pays en dévelop.	32,4	31,3	30,4	27,6	25,4	22,5

Taux brut de mortalité (pour 1 000 habitants)					
	1975-80	1980-85	1985-90	1990-95	95-2000	2005-10
Monde	10,9	10,3	9,6	9,4	9,0	8,7
Afrique	17,5	16,0	14,6	14,3	14,1	13,1
Amérique latine	8,8	7,9	7,2	6,7	6,5	6,4
Amérique du Nord[a]	8,5	8,5	8,6	8,8	8,4	8,3
Asie[c]	10,4	9,7	8,9	8,5	7,9	7,4
Europe[c]	10,4	10,7	10,6	11,2	11,5	11,9
Océanie	8,8	8,3	8,2	7,7	7,5	7,6
Pays développés	9,5	9,6	9,6	10,1	10,2	10,5
Pays en dévelop.	11,4	10,5	9,6	9,2	8,8	8,3

Taux d'accroissement naturel (pour 100 habitants)					
	1975-80	1980-85	1985-90	1990-95	95-2000	2005-10
Monde	1,72	1,71	1,71	1,49	1,35	1,16
Afrique	2,82	2,88	2,81	2,60	2,47	2,26
Amérique latine	2,44	2,23	2,04	1,84	1,66	1,36
Amérique du Nord[a]	0,66	0,72	0,72	0,67	0,58	0,43
Asie[c]	1,88	1,86	1,87	1,62	1,44	1,19
Europe[c]	0,44	0,37	0,31	0,03	− 0,14	− 0,28
Océanie	1,21	1,20	1,18	1,21	1,06	0,90
Pays développés	0,55	0,49	0,43	0,23	0,10	− 0,04
Pays en dévelop.	2,11	2,08	2,08	1,83	1,66	1,43

Mortalité des enfants de moins de 5 ans (pour 1 000 naissances)		
	1990-1995	1995-2000	2000-2005
Monde	93,3	86,4	78,9
Afrique	161,5	151,6	138,3
Amérique latine	50,3	44,9	40,3
Amérique du Nord[a]	10,1	9,0	8,1
Asie[c]	90,0	80,1	70,6
Europe[c]	15,3	12,1	11,7
Océanie	39,9	35,4	32,5
Pays développés	12,8	10,3	9,7
Pays en dévelop.	103,1	94,9	86,1

a. Mexique non compris ; b. Projection ; c. Les républiques de l'ex-URSS sont classées pour les unes en Europe et pour les autres en Asie.

Tous les pays du monde								
Pays (de plus de un million d'habitants)	Population totale (millions)	Taux moyen d'accrois. de pop.	Taux total de fécondité	Mortalité infantile	Espérance de vie Hommes	Espérance de vie Femmes	Pourcentage de la population ayant moins de 15 ans	Pourcentage de la population ayant 65 ans et plus
	(2001)			(1995-2000)				
Total mondial	**6 134,14**	**1,3**	**2,82**	**59,6**	**62,9**	**67,1**	**28,2**	**7,3**
Régions plus développées	1 193,86	0,3	1,57	8,3	71,1	78,6	16,8	15,3
Régions moins développées	4 940,27	1,6	3,10	65,3	61,4	64,5	30,9	5,5
Afrique	**812,60**	**2,4**	**5,27**	**91,2**	**50,3**	**52,4**	**41,7**	**3,3**
Afrique orientale	**256,67**	**2,7**	**6,09**	**103,1**	**44,8**	**46,5**	**44,7**	**2,9**
Burundi	6,50	0,9	6,80	120,0	39,6	41,5	44,6	2,7
Érythrée	3,82	2,7	5,70	89,3	50,1	53,0	42,9	3,1
Éthiopie	64,46	2,5	6,75	114,8	43,6	45,4	45,2	3,1
Kénya	31,29	2,3	4,60	64,7	51,2	53,2	41,1	2,9
Madagascar	16,44	2,9	6,10	100,2	50,5	52,8	44,3	3,0
Malawi	11,57	2,4	6,75	139,8	40,7	40,7	45,8	3,1
Maurice (île)	1,17	0,8	2,00	18,5	66,9	74,8	24,3	6,6
Mozambique	18,64	2,3	6,30	136,7	39,4	41,8	43,9	3,3
Ouganda	24,02	2,9	7,10	106,5	41,4	42,5	49,8	2,3
Rwanda	7,95	8,5	6,20	121,9	38,7	40,2	43,5	2,7
Somalie	9,16	3,6	7,25	122,3	45,4	48,5	48,5	2,4
Tanzanie	35,97	2,6	5,48	81,3	50,0	52,3	43,7	2,6
Zambie	10,65	2,5	6,05	93,6	40,9	40,1	46,4	3,0
Zimbabwé	12,85	1,9	5,00	65,0	43,2	42,7	43,7	3,2
Afrique centrale	**98,15**	**2,6**	**6,41**	**98,2**	**47,5**	**50,2**	**47,2**	**3,1**
Angola	13,53	2,9	7,20	126,2	43,3	46,0	48,5	2,7
Cameroun	15,20	2,3	5,10	87,3	49,1	50,8	41,7	3,7
Centrafrique	3,78	2,1	5,30	101,2	42,7	46,0	42,8	4,1
Congo (-Brazza)	3,11	3,0	6,29	72,1	48,8	53,1	46,8	3,3
Congo (-Kinshasa)	52,52	2,6	6,70	90,6	49,2	51,9	49,0	2,9
Gabon	1,26	2,6	5,40	87,7	51,2	53,7	41,1	5,7
Guinée équatoriale	0,47	2,7	5,89	107,7	48,4	51,6	44,1	3,7
São Tomé et Principe	0,14	1,8	• •	• •	• •	• •	• •	• •
Tchad	8,13	3,2	6,65	122,5	43,9	46,4	46,9	3,0
Afrique septentrionale	**177,39**	**1,9**	**3,58**	**57,7**	**63,0**	**66,1**	**33,1**	**4,3**
Algérie	30,84	1,8	3,25	50,0	67,5	70,3	31,8	4,3
Égypte	69,08	1,8	3,40	50,8	64,7	67,9	32,0	4,3
Libye	5,41	2,1	3,80	27,8	68,3	72,2	32,3	3,8
Maroc	30,43	1,9	3,40	52,2	64,8	68,5	32,5	4,4
Soudan	31,81	2,1	4,90	85,9	53,6	56,4	39,1	3,7
Tunisie	9,56	1,1	2,31	30,3	68,4	70,7	26,4	6,0
Afrique australe	**50,13**	**1,6**	**3,29**	**63,0**	**52,9**	**57,9**	**33,9**	**4,0**
Afrique du Sud	43,79	1,6	3,10	58,2	53,9	59,5	32,9	4,0
Botswana	1,55	1,6	4,35	73,9	43,8	44,7	40,7	3,4
Lésotho	2,06	1,7	4,75	108,1	50,7	51,6	38,7	4,7
Namibie	1,79	2,1	5,30	78,5	44,9	45,3	42,6	3,9
Swaziland	0,94	2,0	4,80	86,9	49,3	52,2	40,7	3,8
Afrique de l'Ouest	**230,26**	**2,7**	**5,95**	**96,0**	**49,3**	**50,7**	**43,9**	**3,1**
Bénin	6,45	2,7	6,10	87,7	51,8	55,3	44,8	2,7
Burkina Faso	11,86	2,3	6,89	99,1	44,2	46,2	48,3	3,0
Cap-Vert	0,44	2,3	3,56	55,6	65,5	71,3	37,3	4,6
Côte-d'Ivoire	16,35	2,1	5,10	89,0	47,4	48,1	40,0	3,4
Gambie	1,34	3,1	5,20	125,3	44,0	46,8	39,6	3,4

Pays (de plus de un million d'habitants)	Population totale (millions)	Taux moyen d'accrois. de pop.	Taux total de fécondité	Mortalité infantile	Espérance de vie Hommes	Femmes	Pourcentage de la population ayant moins de 15 ans	65 ans et plus
	(2001)				(1995-2000)			
Ghana	19,73	2,2	4,60	68,6	55,0	57,6	39,0	3,5
Guinée	8,27	2,1	6,27	124,2	46,0	47,0	43,4	2,8
Guinée-Bissau	1,23	2,1	5,99	130,8	42,7	45,5	43,9	3,5
Libéria	3,11	7,1	6,80	111,4	47,1	49,0	45,2	2,6
Mali	11,68	2,7	7,00	130,3	49,8	51,8	46,4	4,1
Mauritanie	2,75	3,2	6,00	105,6	48,9	52,1	44,3	3,0
Niger	11,23	3,5	8,00	136,1	43,9	44,5	50,2	2,0
Nigéria	116,93	2,7	5,92	88,1	51,0	51,5	44,0	3,1
Sénégal	9,66	2,5	5,57	62,4	50,5	54,2	43,1	2,5
Sierra Léone	4,59	1,5	6,50	165,4	36,0	38,6	45,0	2,9
Togo	4,66	3,3	5,80	83,1	50,1	52,6	43,4	3,2
Asie	**3 720,70**	**1,4**	**2,7**	**59,3**	**64,3**	**67,4**	**28,0**	**6,4**
Asie orientale	**1 491,77**	**0,8**	**1,76**	**38,5**	**68,7**	**73,4**	**21,1**	**8,6**
Chine	1 284,97	0,9	1,80	41,4	67,9	72,0	21,8	7,5
Corée du Nord	22,43	0,8	2,05	45,1	60,5	66,0	25,1	7,2
Corée du Sud	47,07	0,8	1,51	7,9	70,6	78,1	19,6	8,7
Hong Kong, Chine	6,96	2,0	1,17	4,2	76,5	82,0	14,9	11,4
Japon	127,33	0,3	1,41	3,5	77,0	83,8	14,1	19,6
Mongolie	2,56	1,0	2,70	65,8	59,9	63,9	30,2	3,8
Asie méridionale	**1 506,73**	**1,8**	**3,58**	**76,1**	**61,0**	**62,0**	**33,1**	**4,9**
Afghanistan	22,47	2,6	6,90	164,7	42,3	42,8	43,4	2,9
Bangladesh	140,37	2,1	3,80	78,8	58,1	58,2	36,7	3,3
Bhoutan	2,14	2,6	5,50	62,9	59,5	62,0	41,0	4,4
Inde	1 025,09	1,7	3,32	72,5	61,9	62,6	31,4	5,4
Iran	71,37	1,7	3,20	44,0	67,3	68,8	32,0	3,7
Kazakhstan	16,09	− 0,5	2,10	44,8	58,6	70,0	23,7	8,2
Kirghizstan	4,99	1,3	2,89	43,2	62,8	71,1	29,7	6,6
Népal	23,59	2,4	4,83	82,6	57,6	57,1	40,3	3,8
Ouzbékistan	25,26	1,8	2,85	41,0	65,3	71,3	31,2	5,2
Pakistan	144,97	2,7	5,48	95,3	59,2	58,9	40,8	3,8
Sri Lanka	19,10	1,0	2,10	22,9	69,0	74,7	24,4	6,9
Tadjikistan	6,14	1,2	3,72	56,6	64,2	70,2	33,8	5,0
Turkménistan	4,84	2,4	3,60	54,8	61,9	68,9	34,3	4,6
Asie du Sud-Est	**529,76**	**1,6**	**2,83**	**47,5**	**63,2**	**67,5**	**30,0**	**5,1**
Cambodge	13,44	2,8	5,25	83,4	54,3	58,5	41,6	2,8
Indonésie	214,84	1,4	2,60	48,4	63,3	67,0	28,3	5,4
Laos	5,40	2,4	5,30	96,6	51,3	53,8	40,8	3,7
Malaisie (Fédération de)	22,63	2,1	3,26	11,6	69,6	74,5	32,4	4,7
Myanmar (Birmanie)	48,36	1,5	3,30	92,2	53,6	58,3	30,9	4,7
Philippines	77,13	2,0	3,64	34,4	66,5	70,7	35,3	3,9
Singapour	4,11	2,9	1,60	4,9	74,9	79,3	19,9	8,4
Thaïlande	63,58	1,3	2,10	25,4	66,7	72,6	25,2	6,0
Vietnam	79,17	1,4	2,50	40,1	64,9	69,6	29,2	5,4
Asie occidentale	**192,44**	**2,3**	**3,86**	**48,9**	**65,8**	**70,0**	**34,7**	**5,0**
Arabie saoudite	21,03	3,5	6,15	25,0	69,9	72,2	41,0	3,2
Arménie	3,79	0,1	1,39	16,9	69,3	75,4	18,1	10,2
Azerbaïdjan	8,10	0,9	1,94	32,5	67,2	74,5	23,6	8,2
Bahreïn	0,65	2,2	2,63	16,4	71,1	75,3	25,0	3,5

Pays (de plus de un million d'habitants)	Population totale (millions)	Taux moyen d'accrois. de pop.	Taux total de fécondité	Mortalité infantile	Espérance de vie		Pourcentage de la population ayant	
					Hommes	Femmes	moins de 15 ans	65 ans et plus
	(2001)				(1995-2000)			
Émirats arabes unis	2,65	2,0	3,17	12,0	73,3	77,6	22,6	4,1
Gaza et Cisjordanie	3,31	3,8	5,99	24,0	69,8	73,0	45,5	3,1
Géorgie	5,24	– 0,3	1,58	19,4	68,5	76,8	17,4	14,9
Irak	23,58	2,7	5,25	91,7	57,2	60,3	39,8	3,1
Israël	6,17	2,4	2,93	6,3	76,3	80,2	27,4	10,0
Jordanie	5,05	2,9	4,69	26,6	68,5	71,0	39,4	3,1
Koweït	1,97	2,5	2,89	12,3	74,1	78,2	24,0	3,4
Liban	3,56	2,0	2,29	20,0	71,1	74,1	28,2	6,2
Oman	2,62	3,3	5,85	26,6	69,2	72,0	42,1	2,8
Syrie	16,61	2,6	4,00	26,9	69,4	71,6	37,1	3,2
Turquie	67,63	1,6	2,70	45,7	66,5	71,7	29,1	6,2
Yémen	19,11	4,2	7,60	73,8	58,2	60,4	51,1	2,2
Europe	**726,31**	**0,0**	**1,41**	**9,8**	**69,1**	**77,4**	**15,6**	**15,9**
Europe orientale	**302,62**	**– 0,4**	**1,28**	**15,1**	**63,0**	**73,6**	**15,0**	**14,2**
Biélorussie	10,15	– 0,3	1,27	12,5	62,8	74,4	15,4	14,3
Bulgarie	7,87	– 1,1	1,14	15,2	67,1	74,8	13,6	16,4
Hongrie	9,92	– 0,5	1,37	9,6	66,3	75,1	15,5	15,1
Moldavie	4,28	– 0,2	1,61	20,5	62,8	70,3	19,2	9,8
Pologne	38,58	0,0	1,46	10,0	68,6	77,0	16,3	12,9
République tchèque	10,26	– 0,1	1,18	5,8	70,9	77,7	14,6	14,2
Roumanie	22,39	– 0,2	1,32	22,1	66,5	73,3	15,7	14,3
Russie	144,66	– 0,4	1,23	16,7	60,2	72,5	14,5	14,0
Slovaquie	5,40	0,1	1,40	8,6	68,8	76,8	17,0	11,7
Ukraine	49,11	– 0,8	1,26	15,3	62,7	73,5	14,7	15,7
Europe septentrionale	**95,24**	**0,2**	**1,67**	**6,0**	**73,9**	**79,6**	**17,5**	**15,9**
Danemark	5,33	0,4	1,74	5,9	73,4	78,3	18,1	15,4
Estonie	1,38	– 1,3	1,24	11,1	64,3	75,6	14,5	15,8
Finlande	5,18	0,2	1,71	4,4	73,4	80,7	16,8	15,9
Irlande	3,84	1,0	1,92	6,6	73,5	78,8	20,8	11,4
Islande	0,28	0,9	2,05	4,7	76,6	81,3	21,8	11,8
Lettonie	2,41	– 0,8	1,12	15,6	63,7	75,4	13,7	16,5
Lituanie	3,69	– 0,1	1,38	10,7	66,1	76,7	16,1	14,7
Norvège	4,49	0,5	1,83	4,8	75,2	81,1	18,9	15,1
Royaume-Uni	59,54	0,3	1,70	5,9	74,7	79,7	17,7	16,1
Suède	8,83	0,0	1,51	3,5	76,8	81,8	16,0	17,9
Europe méridionale	**145,05**	**0,2**	**1,32**	**8,4**	**73,7**	**80,2**	**14,9**	**17,6**
Albanie	3,15	– 0,3	2,60	28,3	69,9	75,9	27,2	6,7
Bosnie-Herzégovine	4,07	3,0	1,35	15,0	70,5	75,9	15,8	11,8
Croatie	4,66	0,1	1,68	10,1	69,3	77,3	17,3	15,7
Espagne	39,92	0,1	1,16	5,7	74,6	81,8	13,9	17,7
Grèce	10,62	0,3	1,30	6,6	75,4	80,7	14,1	19,1
Italie	57,50	0,1	1,20	5,6	75,0	81,4	13,8	19,6
Macédoine	2,04	0,7	1,92	18,2	70,6	74,8	20,0	11,0
Portugal	10,03	0,2	1,46	6,6	71,6	78,8	16,6	16,4
Slovénie	1,99	0,0	1,24	6,1	71,1	78,6	13,8	15,4
Yougoslavie	10,54	0,0	1,77	14,8	69,9	74,6	18,1	14,1
Europe occidentale	**183,41**	**0,2**	**1,49**	**5,2**	**74,3**	**80,9**	**15,9**	**17,4**
Allemagne	82,01	0,1	1,33	5,0	74,0	80,3	14,1	18,7

Tables démographiques

Pays (de plus de un million d'habitants)	Population totale (millions) (2001)	Taux moyen d'accrois. de pop.	Taux total de fécondité	Mortalité infantile	Espérance de vie Hommes	Espérance de vie Femmes	Pourcentage de la population ayant moins de 15 ans	Pourcentage de la population ayant 65 ans et plus
				(1995-2000)				
Autriche	8,08	0,1	1,36	5,4	74,4	80,7	15,1	16,6
Belgique	10,26	0,2	1,55	4,4	74,7	81,1	16,1	17,8
France	59,45	0,4	1,73	5,5	74,2	82,0	18,1	16,4
Pays-Bas	15,93	0,5	1,54	4,6	75,1	80,5	17,4	14,2
Suisse	7,17	0,1	1,47	5,1	75,4	81,8	15,2	17,3
Amérique latine et Caraïbes	**526,53**	**1,6**	**2,69**	**35,6**	**66,1**	**72,6**	**29,5**	**5,9**
Caraïbes	**38,33**	**1,1**	**2,50**	**37,9**	**65,0**	**70,2**	**27,4**	**7,4**
Cuba	11,24	0,4	1,55	7,5	74,2	78,0	18,8	10,8
Haïti	8,27	1,6	4,38	68,3	49,1	55,0	37,7	3,8
Jamaïque	2,60	0,8	2,50	21,9	72,9	76,8	29,3	7,2
Porto Rico	3,95	1,0	1,97	11,0	70,4	79,6	22,8	11,1
Rép. dominicaine	8,51	1,7	2,88	40,6	65,3	69,9	31,2	4,8
Trinidad et Tobago	1,30	0,5	1,65	14,3	71,5	76,2	21,0	7,3
Amérique centrale	**137,48**	**1,8**	**3,04**	**32,9**	**68,2**	**73,9**	**32,7**	**5,0**
Costa Rica	4,11	2,5	2,83	12,1	74,3	78,9	30,1	5,6
El Salvador	6,40	2,0	3,17	32,0	66,5	72,5	34,0	5,3
Guatémala	11,69	2,6	4,93	46,0	61,4	67,2	42,0	3,6
Honduras	6,57	2,6	4,30	37,1	63,2	68,7	39,3	3,6
Mexique	100,37	1,6	2,75	31,0	69,5	75,5	30,8	5,2
Nicaragua	5,21	2,7	4,32	39,5	65,7	70,4	40,8	3,2
Panama	2,90	1,6	2,63	21,4	71,8	76,4	29,0	6,1
Amérique du Sud	**350,72**	**1,5**	**2,57**	**36,7**	**65,5**	**72,5**	**28,5**	**6,1**
Argentine	37,49	1,3	2,62	21,8	69,7	76,8	26,7	9,9
Bolivie	8,52	2,3	4,36	65,6	59,8	63,2	38,2	4,2
Brésil	172,56	1,3	2,27	42,1	63,5	71,4	26,6	5,8
Chili	15,40	1,4	2,44	12,8	72,3	78,3	26,6	7,7
Colombie	42,80	1,8	2,80	30,0	67,3	74,3	31,0	5,0
Équateur	12,88	2,0	3,10	45,6	67,3	72,5	31,5	5,1
Guyana	0,76	0,5	2,45	56,2	59,8	67,8	29,3	5,1
Paraguay	5,64	2,6	4,17	39,2	67,5	72,0	37,4	3,7
Pérou	26,09	1,7	2,98	45,0	65,9	70,9	30,8	5,3
Uruguay	3,36	0,7	2,40	17,5	70,5	78,0	24,3	13,0
Vénézuela	24,63	2,0	2,98	20,9	70,0	75,7	31,6	4,9
Amérique du Nord	**317,07**	**1,0**	**2,00**	**7,4**	**73,8**	**79,6**	**20,3**	**12,4**
Canada	31,02	0,9	1,60	5,5	75,7	81,3	17,7	13,1
États-Unis	285,93	1,1	2,04	7,6	73,6	79,4	20,6	12,3
Pacifique sud	**30,91**	**1,4**	**2,41**	**26,1**	**71,0**	**76,1**	**24,6**	**10,1**
Australie Nouvelle-Zélande	**23,15**	**1,1**	**1,80**	**5,6**	**75,6**	**81,2**	**19,9**	**12,6**
Australie	19,34	1,1	1,77	5,4	75,9	81,5	19,5	12,7
Nouvelle-Zélande	3,81	0,9	1,97	6,6	74,5	79,9	21,8	12,0
Mélanésie	**6,63**	**2,3**	**4,39**	**57,9**	**57,6**	**60,0**	**38,6**	**2,9**
Papouasie-N.-G.	4,92	2,3	4,60	69,0	54,8	56,7	39,5	2,6
Micronésie	**0,53**	**2,2**	**4,26**	**21,5**	**69,7**	**74,2**	**38,0**	**4,8**
Polynésie	**0,61**	**1,1**	**3,22**	**19,5**	**67,7**	**73,3**	**32,6**	**4,9**

Source : Division de la population du Sécrétariat de l'ONU, *World Population Prospects : The 2000 Revision.*

L'ONU et son système

L'ONU (Organisation des Nations unies), fondée en 1945, s'est vue assigner des objectifs très vastes par la Charte signée à San Francisco. Elle comporte six organes principaux : l'Assemblée générale, le Conseil de sécurité, le Conseil économique et social, le Conseil de tutelle, la Cour internationale de justice et le Secrétariat.

Par ailleurs, une trentaine d'organisations spécialisées formant ce qu'on appelle le système des Nations unies couvrent pratiquement tous les champs du développement. Encore doit-on distinguer, d'une part, les institutions appartenant au système des Nations unies qui sont autonomes (FAO, UNESCO, FIDA, OMS, OIT, ONUDI, etc.), ainsi que le FMI, le groupe de la Banque mondiale – BIRD, AID, SFI) et, d'autre part, les organes proprement dits des Nations unies (PNUD, CNUCED, UNICEF, HCR, PAM, UNITAR, FNUAP, etc.). Du fait de leur caractère et influence propres, le FMI et la Banque mondiale ont acquis une grande indépendance.

ONU Organisation des Nations unies (UNO United Nations Organization)
http://www.un.org

Système des Nations unies (United Nations System of Organizations)
http://www.unsystem.org

Les principaux organes de l'ONU

L'ASSEMBLÉE GÉNÉRALE DE L'ONU

C'est le principal organe de délibération. Chaque État membre (190 en 2002 : adhésions en 2000 de Tuvalu et en 2002 de la Suisse) dispose d'une voix. L'Assemblée se réunit en sessions. Le fonctionnement repose sur les séances plénières et sur sept grandes commissions.
– Première commission : questions politiques et de sécurité.
– Commission politique spéciale : questions politiques diverses.
– Deuxième commission : questions économiques et financières.
– Troisième commission : questions sociales, humanitaires et culturelles.
– Quatrième commission : territoires sous tutelle et territoires non autonomes.
– Cinquième commission : questions administratives et judiciaires.

– Sixième commission : questions juridiques.

Assemblée générale (General Assembly)
http://www.un.org/ga/56

LE CONSEIL DE SÉCURITÉ DE L'ONU

La fonction principale du Conseil de sécurité (Security Council) est de maintenir la paix et la sécurité internationales. Depuis 1963, il est composé de quinze membres (onze à l'origine), dont cinq membres permanents : la Chine, les États-Unis, la France, le Royaume-Uni et la Russie qui a hérité du siège de l'URSS à la disparition de celle-ci en décembre 1991. Ces pays peuvent exercer un droit de veto sur les décisions du Conseil. Les dix autres membres sont élus pour une période de deux ans par l'Assemblée générale. Le Conseil de sécurité est le seul organe de l'ONU habilité à prendre des décisions. Selon la Charte des Nations unies, tous les États membres sont dans l'obligation d'accepter et d'appliquer les décisions du Conseil.

Conseil de sécurité (Security Council)
http://www.un.org/Docs/scinfo.htm

LE CONSEIL ÉCONOMIQUE ET SOCIAL DE L'ONU

Placé sous l'autorité de l'Assemblée

générale, le Conseil économique et social coordonne les activités économiques et sociales des Nations unies et des institutions spécialisées. Depuis 1971, il est composé de 54 membres, dont 18 sont élus chaque année pour une période de trois ans. Les décisions sont prises à la majorité simple. Le Conseil, qui se réunit deux fois par an, à Genève et à New York, est composé de plusieurs organes subsidiaires :

– Les comités permanents qui traitent des questions de programme et coordination, organisations non gouvernementales, ressources naturelles, sciences et techniques au service du développement, etc. La Commission des sociétés transnationales et la Commission des établissements humains sont, elles aussi, des organes permanents.

– Les commissions économiques régionales :

Commission économique pour l'Afrique CEA (Economic Commission for Africa ECA), siège à Addis-Abéba.
http://www.uneca.org/

Commission économique pour l'Amérique latine et les Caraïbes CEPALC (Economic Commission for Latin America and Carribean ECLAC), siège à Santiago du Chili.
http://www.eclac.org/

Commission économique et sociale pour l'Asie occidentale CESAO (Economic and social Commission for Western Asia ESCWA), siège à Beyrouth.
http://www.escwa.org.lb/

Commission économique et sociale pour l'Asie et le Pacifique CESAP (Economic and Social Commission for Asia and the Pacific ESCAP), siège à Bangkok.
http://www.unescap.org/

Commission économique pour l'Europe CEE (Economic Commission for Europe ECE), siège à Genève.
http://www.unece.org/

– Les commissions techniques : Commission de la statistique, Commission de la population, Commission du développement social, Commission des droits de l'homme, Commission de la condition de la femme, Commission des stupéfiants.

Conseil économique et social (Economic and Social Council, ou Ecosoc)
http://www.un.org/esa/coordination/ecosoc

LE CONSEIL DE TUTELLE DE L'ONU

Le Conseil de tutelle (Trusteeship Council) est chargé de superviser l'administration des territoires sous tutelle dans le but de favoriser leur évolution progressive vers l'autonomie et l'indépendance. Le dernier territoire relevant de la compétence de ce Conseil, Palau, qui était sous la tutelle des États-Unis, étant devenu indépendant, en 1994, le Conseil est voué à disparaître.

Conseil de tutelle (Trusteeship Council)
http://www.un.org/documents/tc.htm

LA COUR INTERNATIONALE DE JUSTICE DE L'ONU

Principal organe judiciaire des Nations unies, la Cour (siège à La Haye) regroupe tous les États membres de l'ONU. Les États non membres peuvent l'intégrer sur recommandation du Conseil de sécurité. L'Assemblée générale ainsi que le Conseil de sécurité peuvent demander un avis consultatif à la Cour sur les questions juridiques. Elle règle aussi les différends juridiques entre États dont elle est saisie. Elle est composée de 15 magistrats indépendants des États, élus pour neuf ans (et rééligibles) par l'Assemblée générale et le Conseil de sécurité, indépendamment de leur nationalité.

CIJ Cour internationale de Justice (ICJ International Court of Justice)
http://www.icj-cij.org/

LE SECRÉTARIAT DE L'ONU

Le Secrétariat assume les fonctions administratives de l'ONU, sous la direction d'un secrétaire général nommé par l'Assemblée générale sur recommandation du Conseil de sécurité pour une période de cinq ans. Il peut attirer l'attention du Conseil de sécurité sur toute affaire pouvant mettre en danger le maintien de la paix et de la sécurité internationales. Le secrétaire général nomme le personnel de l'administration des Nations unies et présente chaque année un rapport sur l'activité de l'organisation. Depuis sa fondation, l'ONU a connu sept secrétaires généraux successifs :

– Trygre Lie (Norvège) de 1946 à 1953.

– Dag Hammarskjöld (Suède) de 1953 à 1961.

– U Thant (Birmanie) de 1961 à 1971.

– Kurt Waldheim (Autriche) de 1972 à 1981.

– Javier Perez de Cuellar (Pérou) de 1982 à 1991.

– Boutros Boutros-Ghali (Égypte) de 1991 à 1996.

– Kofi Annan (Ghana) à compter de 1997 (second mandat à partir de 2002).

Secrétariat
http://www.un.org/News/ossg/sg/index.shtml

Autres organes de l'ONU

LE CMA

Créé en 1974 à Rome, à l'occasion de la Conférence mondiale de l'alimentation, le Conseil mondial de l'alimentation (CMA, WFC-United Nations World Food Council, siège à Rome) est composé des représentants de 36 membres des Nations unies, de rang ministériel. Il est chargé d'examiner périodiquement la situation alimentaire mondiale et d'exercer une influence sur les gouvernements et les organes compétents de l'ONU.

LA CNUCED

Créée en 1964 parce que les pays en développement jugeaient le GATT (Accord général sur les tarifs douaniers et le com-

merce) trop exclusivement préoccupé par les positions des pays industrialisés, la Conférence des Nations unies sur le commerce et le développement (CNUCED, siège à Genève) est une organisation qui a fait progresser l'analyse et le débat Nord-Sud. Elle a pour organe permanent le Conseil du commerce et du développement.

Secrétaire général : Rubens Ricupero (Brésil).

CNUCED Conférence des Nations unies sur le commerce et le développement (UNCTAD United Nations Conference on Trade and Development)
http://www.unctad.org

LE FNUAP

Créé en 1967, le Fonds des Nations unies pour les activités en matière de population (FNUAP, siège à New York) est financé par des contributions volontaires gouvernementales et privées. Il est chargé d'entreprendre des activités de coopération dans le domaine démographique : collecte de données de base, étude de l'évolution de la population, service de planification familiale, programme de régulation de la fécondité, etc.

Directeur exécutif : Mme Thoraya Obaid (Arabie saoudite).

FNUAP Fonds des Nations unies pour les activités en matière de population (UNFPA United Nations Population Fund)
http://www.unfpa.org/

LE HAUT-COMMISSARIAT DES NATIONS UNIES AUX DROITS DE L'HOMME

Créé en 1993 par une résolution de l'Assemblée générale, le Haut-Commissariat des Nations unies aux droits de l'homme (siège à Genève) assure, sous la direction du secrétaire général, la responsabilité des activités des Nations unies dans le domaine des droits de l'homme.

Haut-commissaire : Sergio Vieira de Mollo (Brésil).
http://www.unhchr.ch/

LE HCR

Créé en 1951, le Haut-Commissariat des Nations unies pour les réfugiés (HCR, siège à Genève) assure protection juridique et aide matérielle aux réfugiés sur des bases strictement humanitaires. Le HCR compte 60 bureaux dans le monde entier pour s'occuper des quelque 20 millions de réfugiés et environ 25 millions de personnes déplacées dans leur propre pays.

Haut-commissaire : Ruud Lubbers (Pays-Bas).

HCR Haut-Commissariat des Nations unies pour les réfugiés (UNHCR United Nations High Commissioner for Refugees) http://www.unhcr.ch

LE PAM

Le Programme alimentaire mondial (PAM, siège à Rome) a été créé en 1963 à la fois pour répondre aux besoins des pays déficitaires en produits vivriers et pour écouler les surplus céréaliers. Le PAM, parrainé conjointement par l'ONU et la FAO, aide aussi à répondre aux besoins alimentaires d'urgence créés par les catastrophes naturelles.
Directeur exécutif : James T. Morris (É-U)

PAM Programme alimentaire mondial (WFP World Food Program) http://www.wfp.org/

LE PNUD

Créé en 1965, le Programme des Nations unies pour le développement (PNUD, siège à New York) est le principal organe d'assistance technique du système. Il aide – sans restriction politique – les pays en développement à se doter de services administratifs et techniques de base, forme des cadres, cherche à répondre à certains besoins essentiels des populations, prend l'initiative de programmes de coopération régionale, et coordonne, en principe, les activités sur place des ensembles des programmes opérationnels des Nations unies. Le PNUD s'appuie généralement sur un savoir-faire et des techniques occidentales, mais parmi son

fort contingent d'experts, un tiers est originaire du tiers monde.
Le PNUD publie annuellement un *Rapport sur le développement humain* (diffusion Économica, Paris) qui classe notamment les pays selon l'Indicateur du développement humain (IDH). [*À ce sujet, voir p. 588 et 592 et suiv.*].
Administrateur : Mark Malloch Brown (R-U).

PNUD Programme des Nations unies pour le développement (UNDP United Nations Development Programme) http://www.undp.org

LE PNUE

Créé en 1972, le Programme des Nations unies pour l'environnement (PNUE, siège à Nairobi) est chargé de surveiller les modifications notables de l'environnement, d'encourager et de coordonner des pratiques positives en la matière.
Directeur exécutif : Klaus Topfer (Allemagne).

PNUE Programme des Nations unies pour l'environnement (UNEP United Nations Environment Programme) http://www.unep.org

LE TPIR

Organe subsidiaire du Conseil de sécurité créé par la résolution 955 du Conseil de sécurité du 8 novembre 1994, le Tribunal pénal international pour le Rwanda est composé de 11 juges (élus par l'AG de l'ONU) siégeant à Arusha (Tanzanie), chargés de juger les responsables du génocide rwandais de 1994.
Procureur général : Mme Carla del Ponte (Suisse) ; président : Claude Jorda (France).

TPIR Tribunal pénal international pour le Rwanda (ICTR International Criminal Tribunal for Rwanda) http://www.ictr.org

LE TPIY

Organe subsidiaire du Conseil de sécurité créé par la résolution 827 du Conseil de

sécurité (25 mai 1993), le Tribunal pénal international pour l'ex-Yougoslavie siège à La Haye. Composé de 14 juges, il poursuit les personnes coupables de crimes de guerre, de crimes contre l'humanité et de génocide en ex-Yougoslavie depuis le 1er janvier 1991.
Procureur général : Mme Carla del Ponte (Suisse) ; président : Claude Jorda (France).

TPIY Tribunal pénal international pour l'ex-Yougoslavie (ICTY International Criminal Tribunal for Former Yugoslavia)
http://www.un.org/icty

L'UNICEF

Créé en 1946, le Fonds des Nations unies de secours d'urgence à l'enfance (UNICEF ou FISE, siège à New York) avait à l'origine pour but d'apporter d'urgence un secours massif aux enfants et adolescents victimes de la Seconde Guerre mondiale. Le Fonds aide aujourd'hui les gouvernements à mettre au point des « services de base » dans les domaines de la santé, de la nutrition, de l'hygiène, de l'enseignement, du contrôle des naissances, etc. Dépendant entièrement de contributions volontaires, l'UNICEF peut aussi intervenir rapidement en cas de catastrophe naturelle, conflit civil ou épidémie. Son Conseil d'administration est composé de représentants de trente pays désignés par le Conseil économique et social.
Directeur exécutif : Mme Carol Bellamy (É.-U.).

UNICEF (ou FISE) Fonds des Nations unies pour l'enfance (United Nations Children's Emergency Fund) http://www.unicef.org

L'UNITAR

L'Institut des Nations unies pour la formation et la recherche (UNITAR, siège à Genève depuis 1993), créé en 1965, est un organisme autonome de l'ONU financé par des contributions volontaires. L'Institut prépare des fonctionnaires nationaux, en particulier des pays en développement, aux travaux dans le domaine de la coopération internationale. Il a aussi un vaste programme de recherches, notamment sur l'instaura-

tion d'un nouvel ordre économique international.
Directeur exécutif : Marcel Boisard (Suisse).

UNITAR Institut des Nations unies pour la formation et la recherche (United Nations Institute for Training and Research)
http://www.unitar.org/

L'UNU

Instituée en 1973 sous le patronage conjoint de l'ONU et de l'UNESCO, l'Université des Nations unies (UNU) a ouvert ses portes en septembre 1976, à Tokyo. L'UNU ne forme pas d'étudiants, elle est surtout une communauté de recherche visant à trouver des solutions aux problèmes mondiaux de la survie, du développement et du bien-être de l'humanité.
Recteur : Hans Van Ginkel (Pays-Bas).

UNU Université des Nations unies (United Nations University) http://www.unu.edu/

L'UNRWA

L'Office des secours et des travaux des Nations unies pour les réfugiés de Palestine au Proche-Orient (siège à Amman et à Gaza depuis 1996), créé en 1949 pour venir en aide aux réfugiés victimes du conflit israélo-arabe de 1948, étend son action à la Jordanie, au Liban, à la Syrie et aux Territoires occupés – Cisjordanie et Gaza.
Commissaire général : Peter Hansen (Danemark).

UNRWA Office des secours et des travaux des Nations unies pour les réfugiés de Palestine au Proche-Orient (United Nations Relief and Works Agency for Palestine Refugees in the Near East)
http://www.un.org/unrwa/

Les institutions spécialisées de l'ONU

LA BANQUE MONDIALE

La création de la Banque mondiale (siège à Washington) a été décidée en même temps que celle du FMI, lors de la conférence monétaire et financière de Bretton Woods en 1944. Le groupe de la Banque mondiale comprend aujourd'hui :

– la BIRD Banque internationale pour la reconstruction et le développement (IBRD International Bank for Reconstruction and Development), créée en 1945.
http://www.worldbank.org

– l'AID Association internationale pour le développement (IDA International Development Association), fonds créé en 1960.
http://www.worldbank.org/ida/

– la SFI Société financière internationale (IFC International Finance Corporation), créée en 1956.
http://www.ifc.org/

– l'AMGI Agence multilatérale de garantie des investissements (MIGA Multilateral Investment Guarantee Agency), créée en 1988.
http://www.miga.org/

– le CIRDI Centre international pour le règlement des différends relatifs aux investissements (ICSID International Centre for Settlement of Investment Dispute).
http://www.worldbank.org/icsid
Président : James D. Wolfensohn (É-U)

LA FAO

Créée en 1945, l'Organisation des Nations unies pour l'alimentation et l'agriculture (FAO, siège à Rome) a pour mission d'élever le niveau de nutrition et les conditions de vie, d'améliorer le rendement et l'efficacité de la distribution des produits agricoles, d'améliorer les conditions des populations rurales et de contribuer à l'élimination de la faim dans le monde.
Directeur général : Jacques Diouf (Sénégal).

FAO Organisation des Nations unies pour l'alimentation et l'agriculture (Food and Agriculture Organization of the United Nations)
http://www.fao.org

LE FIDA

Créé en 1977, le Fonds international de développement agricole (FIDA, siège à Rome)

cherche à mobiliser de nouveaux fonds pour le développement agricole dans les pays en développement.
Président : Lennart Bage (Suède).

FIDA Fonds international de développement agricole (IFAD International Fund for Agricultural Development)
http://www.ifad.org/

LE FMI

Créé en 1945, en même temps que la Banque mondiale, en application des décisions de la conférence monétaire et financière de Bretton Woods en 1944, le Fonds monétaire international (FMI, siège à Washington) conseille les gouvernements dans le domaine financier. Le Fonds peut aussi vendre des devises et de l'or à ses membres afin de faciliter leur commerce international. Il a créé une monnaie internationale, le DTS (droits de tirage spéciaux), que les membres peuvent utiliser pour leurs paiements internationaux. Le Fonds comprend un Conseil des gouverneurs nommés par chacun des États membres, les administrateurs et un directeur général.
Directeur général : Hörst Köhler (Allemagne).

FMI Fonds monétaire international (IMF International Monetary Fund)
http://www.imf.org

L'OACI

Créée en 1947, l'Organisation de l'aviation civile internationale (OACI, siège à Montréal) est chargée des questions relatives à l'aviation civile : principes et techniques de la navigation aérienne internationale, développement et planification des transports aériens.
Secrétaire général : Renato Claudio Costa-Pereira (Brésil).

OACI Organisation de l'aviation civile internationale (ICAO International Civil Aviation Organization) http://www.icao.int

L'OIT

Créée en 1919 par le traité de Versailles, l'Organisation internationale du travail (OIT,

siège à Genève) est devenue, en 1946, la première institution spécialisée des Nations unies. L'OIT réunit les représentants des gouvernements, des employeurs et des travailleurs, dans le but de recommander des normes internationales minimales et de rédiger des conventions internationales touchant le domaine du travail. L'OIT comprend une conférence générale annuelle, un conseil d'administration composé de 56 membres (28 représentants des gouvernements, 14 des employeurs et 14 des travailleurs) et le Bureau international du travail (BIT) qui assure le secrétariat de la conférence et du conseil.
Directeur général : Juan Somavia (Chili).

OIT Organisation internationale du travail (ILO International Labour Organization) http://www.ilo.org

L'OMI

Née en 1975, l'Organisation maritime internationale (OMI, siège à Londres) a pris la succession de l'OMCI (Organisation intergouvernementale consultative de la navigation maritime), elle-même née en 1958. Elle est concernée par les questions relatives au commerce international par mer, à la sécurité maritime, aux restrictions nationales, aux pratiques déloyales des entreprises de navigation, à la préservation du milieu marin et à la lutte contre la pollution marine.
Secrétaire général : William A. O'Neil (Canada).

OMI Organisation maritime internationale (IMO International Maritime Organization) http://www.imo.org

L'OMM

Née en 1950, l'Organisation météorologique mondiale (OMM, siège à Genève) organise l'échange international des rapports météorologiques et aide les pays à créer des services dans ce domaine. Il existe six associations météorologiques régionales.
Secrétaire général : Godwin Obasi (Nigéria).

OMM Organisation météorologique mon-

diale (WMO World Meteorological Organization) http://www.wmo.ch/

L'OMPI

En 1967, l'Organisation mondiale de la propriété intellectuelle (OMPI, siège à Genève) succéda au Bureau international réuni pour la propriété intellectuelle (BIRPI) fondé en 1893. L'OMPI devint une institution spécialisée de l'ONU en 1974. Elle encourage la conclusion de nouveaux traités internationaux et l'harmonisation des législations en matière de propriété intellectuelle et de patentes.
Directeur général : Kamil Idris (Soudan).

OMPI Organisation mondiale de la propriété intellectuelle (WIPO World Intellectual Property Organization) http://www.wipo.int

L'OMS

Née en avril 1948, l'Organisation mondiale de la santé (OMS, siège à Genève) a pour but d'amener tous les peuples au niveau de santé le plus élevé possible. L'OMS comprend une Assemblée mondiale de la santé qui se réunit annuellement et un Conseil exécutif élu par l'Assemblée.
Directeur général : Mme Gro Harlem Brundtland (Norvège).

OMS Organisation mondiale de la santé (WHO World Health Organization) http://www.who.int/

L'ONUDI

Créée en 1967, l'Organisation des Nations unies pour le développement industriel (ONUDI, siège à Vienne) est chargée de promouvoir le développement industriel et d'aider dans ce domaine les pays en développement qui souhaitent élaborer des politiques industrielles, créer de nouvelles industries ou améliorer des industries existantes. L'ONUDI est devenue une institution spécialisée de l'ONU en 1986. Les États-Unis s'en sont retirés le 31 décembre 1997.
Directeur général : Carlos Magarinos (Argentine).

ONUDI Organisation des Nations unies pour le développement industriel (UNIDO United Nations Industrial Development Organization) http://www.unido.org/

L'UNESCO

Créée en 1945, l'Organisation des Nations unies pour l'éducation, la science et la culture (UNESCO, siège à Paris) vise à diffuser l'éducation, à établir les bases scientifiques et techniques nécessaires au développement, à encourager et préserver les valeurs culturelles nationales, à développer les communications dans un échange équilibré, et à promouvoir les sciences sociales. L'UNESCO comprend une conférence générale se réunissant tous les deux ans et un Conseil exécutif élu pour quatre ans qui se réunit au moins deux fois par an. Les États-Unis ont quitté l'organisation en décembre 1984. Le Royaume-Uni, qui en était sorti en décembre 1985, l'a réintégrée en juillet 1997.
Directeur général : Koïchiro Matsuura (Japon).

UNESCO Organisation des Nations unies pour l'éducation, la science et la culture (United Nations Educational, Scientific and Cultural Organization)
http://www.unesco.org

L'UPU

Créée en 1874, l'Union postale universelle (siège à Berne) est devenue une institution spécialisée de l'ONU en 1948. L'Union vise à former un seul espace postal pour l'échange réciproque des correspondances entre les pays membres.
Directeur général : Tom Leavey (É-U).

UPU Union postale universelle (Universal Postal Union) http://www.upu.int

L'UIT

Fondée en 1865 à Paris (sous le nom d'Union télégraphique internationale), l'Union internationale des télécommunica-

tions (UIT, siège à Genève) est devenue une institution spécialisée de l'ONU en 1947. Son objectif est de promouvoir la coopération internationale en matière de télégraphie, téléphonie et radiocommunications. En particulier, l'UIT attribue les fréquences de radiocommunications et enregistre les assignations de fréquences.
Secrétaire général : Yoshio Utsumi (Japon).

UIT Union internationale des télécommunications (ITU International Telecommunication Organization) http://www.itu.int

Organisations à statut spécial

L'AIEA

Née en 1957, l'Agence internationale de l'énergie atomique (AIEA, siège à Vienne) est une organisation autonome liée à l'ONU par un accord spécial. L'Agence s'efforce de hâter et d'accroître la contribution de l'énergie atomique pour la paix, la santé et la prospérité du monde et s'assure que son aide n'est pas utilisée à des fins militaires.
Directeur général : Mohamed El Baradei (Égypte).

AIEA Agence internationale de l'énergie atomique (IAEA International Atomic Energy Agency)
http://www.iaea.org/worldatom/

L'OMT

L'Organisation mondiale du tourisme (siège à Madrid) bénéficie d'un statut spécial auprès de l'ONU depuis 1977. Elle est chargée des questions relatives au développement mondial du tourisme.
Secrétaire général : Francisco Frangialli (France).

OMT Organisation mondiale du tourisme (WTO World Tourism Organization) http://www.world-tourism.org

Organisations « régionales »

Vastes aires géopolitiques ou culturelles

LA BID

Créée en 1974, la Banque islamique de développement (siège à Jeddah) comptait à la mi-2002 53 États membres. Elle finance des projets de développement dans les pays islamiques.

BID Banque islamique de développement (IDB Islamic Development Bank)
http://www.isdb.org

BRI

La Banque des règlements internationaux (siège à Bâle) a été créée en 1930. Elle regroupait à la mi-2002 50 banques centrales (49 pays et la Banque centrale européenne). Elle agit comme banque des banques centrales et joue un rôle de coopération financière et monétaire internationale.

BRI Banque des règlements internationaux (BIS Bank for International Settlements)
http://www.bis.org/

LE COMMONWEALTH

Le Commonwealth (secrétariat à Londres) comptait à la mi-2002 54 États depuis la réintégration des Fidji, exclues dix ans plus tôt, et avec l'adhésion du Cameroun et du Mozambique en novembre 1995 ; le Nigéria a été suspendu pour deux ans à cette même date. Le Pakistan a été suspendu en 1999 à la suite d'un coup d'État militaire. Le Zimbabwé a été suspendu pour un an en mars 2002, à la suite de fraudes électorales lors de l'élection présidentielle. Avec la disparition de l'Empire britannique, en 1949, est apparue une nouvelle entité politique et culturelle qui regroupe autour du Royaume-Uni les anciens territoires de la Couronne.

Divers organes et structures coordonnent les activités de l'organisation.
Secrétaire général : Hon Donald C. McKinnon (Nouvelle-Zélande).

Commonwealth
http://www.thecommonwealth.org

LA CPI

La Cour pénale internationale, dont le statut a été adopté à Rome en juillet 1998, est un tribunal permanent avec une compétence globale pour juger les individus (la juridiction de la Cour internationale de justice étant réservée aux États) inculpés de crimes contre l'humanité, génocides et crimes de guerre. À la différence des tribunaux internationaux pour le Rwanda et l'ex-Yougoslavie, sa compétence ne sera limitée ni temporellement ni géographiquement. En décembre 2001, la convention instituant la CPI avait été signée par 139 États. La ratification par 60 d'entre eux a permis l'entrée en vigueur de la CPI le 1er juillet 2002.

CPI Cour pénale internationale (ICC International Criminal Court)
http://www.un.org/law/icc/

LA CPLP

La Communauté des pays lusophones a été créée le 17 juillet 1996 par le Portugal, l'Angola, la Guinée-Bissau, le Cap-Vert, le Mozambique, São Tomé et Principe et le Brésil pour promouvoir la langue portugaise. Timor oriental, indépendant à compter de mai 2002, a un statut d'observateur.
Secrétaire exécutif : Dulce Maria Pereira (Brésil).

CPLP Communauté des pays lusophones (Comunidade dos paises de lingua portuguesa) http://www.cplp.org

L'OCI

L'Organisation de la conférence islamique (siège à Jeddah) a été fondée en 1969. Elle regroupait à la mi-2002 57 États membres, d'Afrique (adhésion de la Côte-d'Ivoire en 2001), du Moyen-Orient, d'Asie et d'Europe. Secrétaire général : Abdelouhed Belkziz (Maroc).

OCI Organisation de la conférence islamique (OIC Organisation of the Islamic Conference) http://www.oic-oci.org/

L'OIM

L'Organisation internationale pour les migrations (siège à Genève) porte ce nom depuis 1989. C'est l'héritière du Comité intergouvernemental pour les mouvements migratoires d'Europe, lui-même successeur, en 1952, de l'Organisation internationale des réfugiés créée après la Seconde Guerre mondiale. À la mi-2002, elle comptait 91 États membres.
Directeur général : Brunson McKinley (É.-U.).

OIM Organisation internationale pour les migrations (IOM International Migration Organization) http://www.iom.int/

L'OMC

L'Organisation mondiale du commerce est entrée en vigueur le 1er janvier 1995 (siège à Genève). Cette organisation internationale ne fait pas partie du système des Nations unies. Elle a remplacé le GATT (Accord général sur les tarifs douaniers et le commerce) et a pour vocation de fixer les règles du commerce international et de se saisir des différends commerciaux. Elle comptait 144 États-membres à la mi-2002. Directeur général : Mike Moore (Nouvelle-Zélande), a été remplacé le 1er sept. 2002 par Supachai Panitchpakdi (Thaïlande).

OMC Organisation mondiale du commerce (WTO World Trade Organization) http://www.wto.org

ORGANISATION INTERNATIONALE DE LA FRANCOPHONIE

Elle réunissait à la mi-2002 55 pays francophones (ou dont une partie de la population utilise la langue française) et entités membres d'une fédération comme le Québec ou le Nouveau-Brunswick au Canada. L'Agence intergouvernementale de la francophonie (qui a remplacé en 1996 l'ACCT – Agence de coopération culturelle et technique – créée en 1970) est le principal opérateur de la francophonie qui a pris le nom d'Organisation internationale de la francophonie en 1998. Tous les deux ans a lieu un « sommet des chefs d'État et de gouvernement ayant le français en partage ». Un poste de secrétaire général, occupé par Boutros Boutros-Ghali, a été institué en 1997.

OIF Organisation internationale de la francophonie
http://www.francophonie.org/oif.cfm

Agence intergouvernementale de la francophonie
http://agence.francophonie.org/

LE SOMMET IBÉRO-AMÉRICAIN

Depuis 1991 se tient une réunion annuelle des chefs d'État et de gouvernement d'Amérique centrale et du Sud, d'Espagne et du Portugal, sur la coopération politique et le développement économique.

Pays industrialisés

LE G-7, G-8

Le groupe des sept pays les plus industrialisés rassemble, depuis 1975, les États-Unis, le Japon, l'Allemagne, la France, le Royaume-Uni, l'Italie et le Canada. Le président de l'Union européenne est associé à ses « sommets ». À compter de 1994, la Russie a été invitée aux réunions politiques du sommet annuel. En juin 1997, le G-7 a accueilli officiellement la Russie, se transformant en G-8, sauf pour les questions économiques et financières. Le G-7 ne dispose pas de secrétariat permanent.

Site de l'université de Toronto (Canada) : Centre d'information sur le G-8 (G8 Information Centre)
http://www.g7.utoronto.ca

L'OCDE

En 1948 avait été créée l'Organisation européenne de coopération économique (OECE) visant à favoriser la reconstruction de l'Europe *via* l'aide américaine. L'Organisation de coopération et de développement économiques (siège à Paris) a pris sa succession en 1960. Elle comptait à la mi-2002 30 membres : Allemagne, Australie, Autriche, Belgique, Canada, Corée du Sud, Danemark, Espagne, États-Unis, Finlande, France, Grèce, Hongrie (depuis mai 1996), Irlande, Islande, Italie, Japon, Luxembourg, Mexique (depuis 1994), Norvège, Nouvelle-Zélande, Pays-Bas, Pologne (depuis juillet 1996), Portugal, République tchèque (depuis 1995), Royaume-Uni, Slovaquie (depuis 2000), Suède, Suisse, Turquie. La Yougoslavie possédait un statut spécial. La Russie a fait acte de candidature.
Secrétaire général : Donald Johnston (Canada).

OCDE Organisation de coopération et de développement économiques (OECD Organization for Economic Cooperation and Development) http://www.oecd.org

– L'AEN Agence pour l'énergie nucléaire (NEA Nuclear Energy Agency) de l'OCDE a été créée en 1972. Elle comptait 27 États membres à la mi-2002.
http://www.nea.fr

– L'AIE Agence internationale de l'énergie de l'OCDE (IEA International Energy Agency) a été créée en 1974, après le premier choc pétrolier. Elle comptait 26 États membres à la mi-2002.
http://www.iea.org

– Le Centre de développement de l'OCDE, créé en 1962, mène par ailleurs des activités de recherche et d'édition.

– Le CAD Comité d'aide au développement de l'OCDE (DAC Development Assistance Committee) a été créé en 1961 dans le but d'aider les pays en développement. Il comptait 23 membres à la mi-2002.
http://www.oecd.org/dac/

– Le GAFI Groupe d'action financière sur le blanchiment des capitaux (FATF Financial Action Task Force on Money Laundering) a été créé en 1989. En octobre 2001, à la suite des attentats terroristes du 11 septembre aux États-Unis, le GAFI a étendu sa mission à la lutte contre le financement du terrorisme. Il comptait 31 États membres à la mi-2002.
http://www1.oecd.org/fatf/

Pays en développement

LES ÉTATS ACP

Le Groupe des États ACP (secrétariat général à Bruxelles), qui regroupait 78 pays à la mi-2002 (adhésion de Cuba en décembre 2000), s'est constitué de manière formelle en 1992, pour promouvoir le développement de ses membres (d'Afrique, des Caraïbes et du Pacifique) dans le cadre de la convention de Lomé, puis de l'accord de Cotonou signé en juin 2000, qui règlemente les relations commerciales avec l'Union européenne.
Secrétaire général : Jean-Robert Goulongana (Gabon).

ACP Groupe des États d'Afrique, des Caraïbes et du Pacifique
http://www.acpsec.org/

LE G-15

Le Groupe des quinze, ou Groupe au sommet de coopération Sud-Sud, a été constitué en 1989 à Belgrade par quinze pays en développement pour promouvoir un dialogue avec le G-7 des pays industrialisés. À la mi-2002, le G-15 comptait 19 membres : Algérie, Argentine, Brésil, Chili, Colombie (adhésion en 2000), Égypte, Inde, Indonésie, Iran (adhésion en 2000), Jamaïque, Kénya, Fédération de Malaisie,

Mexique, Nigéria, Pérou, Sénégal, Sri Lanka (adhésion en 1998), Vénézuela, Zimbabwé.

Groupe des quinze
http://www.sittdec.org.my/g15/

LE GROUPE DES 77

Le groupe des 77 fut constitué par les pays en développement qui étaient alors soixante-dix-sept à la fin de la 1re CNUCED (Conférence des Nations unies pour le commerce et le développement) en 1964. Il réunit 133 membres à la mi-2002.

Groupe des 77 http://www.g77.org

LE MOUVEMENT DES NON-ALIGNÉS

Forum aux structures souples, le mouvement des non-alignés, fondé lors de la première conférence des pays non alignés à Belgrade en 1961, a regroupé après la décolonisation les pays soucieux d'échapper à la logique des blocs Est-Ouest et de favoriser une indépendance effective pour les pays du Sud. Son impact politique a décliné dans les années 1970 et il ne représente plus, aujourd'hui que la bipolarité a disparu, qu'une survivance symbolique. Il comptait 114 membres à la mi-2002.

MNA Mouvement des non-alignés (NAM Non Aligned Movement)
http://www.nam.gov.za

L'OPEP

L'Organisation des pays exportateurs de pétrole (secrétariat à Vienne) fut fondée à Bagdad en 1960 à l'initiative du Vénézuela. Membres : Algérie, Arabie saoudite, Indonésie, Irak, Iran, Qatar, Koweït, Libye, Nigéria, Émirats arabes unis, Vénézuela. L'Équateur, auparavant membre, a quitté l'Organisation en 1992 ; le Gabon, en 1995. Secrétaire général : Alí Rodríguez Araque (Vénézuela).

OPEP Organisation des pays exportateurs de pétrole (OPEC Organization of the Petroleum Exporting Countries)
http://www.opec.org

LES PMA

Les pays les moins avancés (PMA) correspondent à la catégorie des pays les plus pauvres dans la nomenclature de l'ONU. Ils étaient au nombre de 49 à la mi-2002 (le Sénégal étant ainsi classé depuis janvier 2001).

Héritage Est-Ouest

LA BERD

La Banque européenne pour la reconstruction et le développement (siège à Londres) vise à favoriser la transition des 27 pays de l'Est vers l'économie de marché. Elle a été fondée en 1990 par 30 pays (Canada, États européens, États-Unis, Japon, Mexique, Corée du Sud, Australie, Nouvelle-Zélande, Israël, Égypte, Maroc) ainsi que par la Banque européenne d'investissement et la Commission européenne. Elle comptait 60 pays membres et deux organisations à la mi-2002.
Président : Jean Lemière (France).

BERD Banque européenne pour la reconstruction et le développement (EBRD European Bank for Reconstruction and Development) http://www.ebrd.org

L'OSCE

La Conférence sur la sécurité et la coopération en Europe (CSCE) a été initiée en 1975 par la conférence d'Helsinki (35 États parties). La CSCE a donné naissance en décembre 1994 à l'OSCE (Organisation pour la sécurité et la coopération en Europe, secrétariat à Vienne). À la mi-2002, elle comptait 55 membres, soit tous les États européens avec l'adhésion de la Yougoslavie en novembre 2000, ainsi que les États issus de l'ex-URSS, les États-Unis et le Canada. En mars 1995 a été adopté le Pacte de stabilité en Europe dont le suivi est confié à l'OSCE. Secrétaire général : Ján Kubis (Slovaquie).

OSCE Organisation pour la sécurité et la coopération en Europe (Organization for Security and Cooperation in Europe) http://www.osce.org

L'OTAN

L'Organisation du traité de l'Atlantique nord (siège à Bruxelles) a été fondée en 1949 à Washington par douze États occidentaux. Elle comptait à la mi-2002 19 États membres (Allemagne, Belgique, Canada, Danemark, Espagne, États-Unis, France, Grèce, Islande, Italie, Luxembourg, Norvège, Pays-Bas, Portugal, Royaume-Uni, Turquie, ainsi que, depuis mars 1999, Hongrie, Pologne et République tchèque) et neuf pays candidats (Albanie, Bulgarie, Estonie, Lettonie, Lituanie, Macédoine, Roumanie, Slovaquie et Slovénie). En 1994, l'OTAN a proposé à ses partenaires de l'ex-pacte de Varsovie l'adhésion au « partenariat pour la paix », dans l'attente d'un élargissement de l'Alliance. La France a réintégré le Comité militaire en 1996. Le 27 mai 1997 a été signé à Paris, entre les seize membres de l'Alliance et la Russie, l'Acte fondateur OTAN-Russie et créé un conseil permanent conjoint transformé en Conseil OTAN-Russie le 28 mai 2002. Le 29 mai 1997 a été paraphée à Sintra (Portugal) une charte de partenariat Ukraine-OTAN.

Secrétaire général (au 15.7.02) : George Robertson (R-U).

OTAN Organisation du traité de l'Atlantique nord (NATO North Atlantic Treaty Organization) http://www.nato.int

PARTENARIAT EURO-ATLANTIQUE

Le CPEA (Conseil de partenariat euro-atlantique, EAPC Euro-Atlantic Partnership Council) a fait suite, à partir de 1997, au Conseil de coopération nord-atlantique (Cocona), créé en 1991 et rassemblant les 19 pays de l'Alliance et les 27 pays de l'ex-pacte de Varsovie.

Afrique

LA BAD

La Banque africaine de développement (siège à Abidjan, Côte-d'Ivoire) a été créée en 1963. Elle regroupait à la mi-2002 77 États d'Afrique, d'Asie et d'Europe.

BAD Banque africaine de développement (ADB African Development Bank) **http://www.afdb.org**

LA CEDEAO

La Communauté économique des États de l'Afrique de l'Ouest (siège à Abuja, Nigéria) est entrée en vigueur en 1977. À la mi-2002, elle comptait 15 membres : Bénin, Burkina Faso, Cap-Vert, Côte-d'Ivoire, Gambie, Ghana, Guinée, Guinée-Bissau, Libéria, Mali, Niger, Nigéria, Sénégal, Sierra Léone, Togo (la Mauritanie ayant quitté l'organisation en 2001).

CEDEAO Communauté économique des États de l'Afrique de l'Ouest (ECOWAS Economic Community of West African States) http://www.ecowas.int/

LA CEEAC

La Communauté économique des États d'Afrique centrale (ECCAS Economic Community of Central African States, siège à Libreville, Gabon) a été créée en 1983. Elle comptait 11 membres à la mi-2002 : Angola (adhésion en 1998), Burundi, Cameroun, Congo, Gabon, Guinée équatoriale, Rwanda, São Tomé et Principe, Centrafrique, Tchad et Congo-Kinshasa.

LA CEMAC

La Communauté économique et monétaire en Afrique centrale (CEMAC, siège à Bangui, Centrafrique), ou EMCCA (Economic and Monetary Community of Central Africa), a officiellement succédé à l'Union douanière et économique de l'Afrique centrale (UDEAC) en 1998. Celle-ci avait elle-même été créée en 1964 en remplacement de l'Union douanière de l'Afrique équatoriale. Membres à la mi-2002 : Cameroun, Congo, Gabon, Guinée équatoriale, Centrafrique, Tchad. La BEAC (Banque des États d'Afrique centrale) en est la banque centrale.

CEMAC Communauté économique et monétaire en Afrique centrale (EMCCA Economic and Monetary Community of Central Africa)
http://www.icicemac.com

LE COMESA

Le Marché commun de l'Afrique australe et orientale (siège à Lusaka, Zambie) s'est substitué en 1994 à la PTA (Preferential Trade Areas, ou ZEP, Zone d'échanges préférentiels), créée en 1981 à Lusaka. 20 pays d'Afrique en étaient membres à la mi-2002. Une discussion a été engagée en vue d'une fusion avec la SACU.

Marché commun de l'Afrique australe et orientale (Comesa Common Market for Eastern and Southern Africa)
http://www.comesa.int

LA COMMISSION DE L'OCÉAN INDIEN

La COI (siège à Maurice) a été créée en 1984. Membres à la mi-2002 : Comores, France (Réunion), Madagascar, Maurice, Seychelles.

COI Commission de l'océan Indien (IOC Indian Ocean Commission)
http://www.coi-info.org

COMMUNAUTÉ DES ÉTATS SAHÉLO-SAHARIENS

Créée à l'initiative de la Libye en 1998 pour développer la coopération économique dans la région, la COMESSA (Communauté des États sahélo-sahariens ou Community of Sahel-Saharan States) comptait à la mi-2002 18 États membres.

L'EAC

La Communauté d'Afrique de l'Est, créée en 1967 et dissoute en 1977, a été relancée en 1994 et a fait l'objet d'un nouveau traité en novembre 1999. Elle a pour objectif la coopération entre le Kénya, l'Ouganda et la Tanzanie.

Communauté d'Afrique de l'Est (EAC East African Community)
http://www.eachq.org

L'IOR-ARC

L'Association pour la coopération régionale des pays riverains de l'océan Indien (secrétariat à Maurice) a été lancée par Maurice en 1995. Elle comptait 19 membres à la mi-2002 : Afrique du Sud, Australie, Bangladesh, Émirats arabes unis, Fédération de Malaisie, Inde, Indonésie, Iran, Kénya, Madagascar, Maurice, Mozambique, Oman, Seychelles, Singapour, Sri Lanka, Tanzanie, Thaïlande et Yémen. La France et le Pakistan restent candidats.

Association pour la coopération régionale des pays riverains de l'océan Indien (IOR-ARC Indian Ocean Rim Association for Regional Cooperation)
http://www.iornet.com

LA SACU

L'Union douanière de l'Afrique australe (Southern African Customs Union, siège à Prétoria, Afrique du Sud) a été créée en 1969. Membres à la mi-2002 : Afrique du Sud, Botswana, Lésotho, Namibie, Swaziland.

LA SADC

La Communauté de développement de l'Afrique australe (siège à Gaborone, Botswana) s'appelait SADCC (Southern African Development Coordination Conference) avant d'être transformée en 1992. Elle a été créée en 1979 à Lusaka (Zambie) et comptait à la mi-2002 quatorze membres depuis l'entrée de l'Afrique du Sud en 1994, puis celle du Congo-Kinshasa et des Seychelles en 1997 : Angola, Botswana, Lésotho, Malawi, Maurice, Mozambique, Namibie, Swaziland, Tanzanie, Zambie, Zimbabwé.

SADC Communauté de développement de l'Afrique australe (Southern African Development Community)
http://www.sadc.int

L'UA

L'Union africaine, dont l'acte constitutif a été signé en juillet 2000, est entrée en vigueur le 26 mai 2001 et s'est substituée, en juillet 2002, à l'OUA (Organisation de l'unité africaine, siège à Addis-Abéba, Éthiopie), qui avait été fondée en 1963. Elle comptait à la mi-2002 53 États membres, soit tous les États africains et le Sahara occidental, mais non le Maroc, lequel a suspendu sa participation depuis 1984 pour des raisons diplomatiques liées à la crise du Sahara occidental. Secrétaire général : Amara Essy (Côte-d'Ivoire).

UA Union africaine (AU African Union)
http://www.africa-union.org

L'UEMOA

L'Union économique et monétaire ouest-africaine remplace, depuis le 1er août 1994, l'UMOA (Union monétaire ouest-africaine, siège de la commission à Ouagadougou), qui avait été créée en 1962. Membres à la mi-2002 : Bénin, Burkina Faso, Côte-d'Ivoire, Guinée-Bissau, Mali, Niger, Sénégal, Togo. L'UEMOA a la BCEAO (Banque centrale des États d'Afrique de l'Ouest) pour banque centrale.

UEMOA Union économique et monétaire ouest-africaine http://www.uemoa.int

L'UMA

L'Union du Maghreb arabe (siège à Rabat, Maroc) a été créée en février 1989 entre l'Algérie, la Libye, le Maroc, la Mauritanie et la Tunisie. Elle est en sommeil du fait notamment de l'aggravation de la crise politique en Algérie.

UMA Union du Maghreb arabe (AMU Arab Maghreb Union)
http://www.maghrebarabe.org

LA ZONE FRANC

Fondée en 1946, elle regroupe la France, les Comores et 14 États africains : Bénin, Burkina Faso, Côte-d'Ivoire, Guinée-Bis-sau (depuis 1997), Mali, Niger, Sénégal, Togo (pays membres de l'UEMOA) et Cameroun, Congo, Gabon, Guinée équatoriale, République centrafricaine et Tchad (pays membres de la CEMAC). Depuis le 1er janvier 1999, l'euro a remplacé le franc français comme référence du franc CFA et du franc comorien.

http://www.banquefrance.fr/fr/zonefr/main.htm

Amériques

L'AEC

L'Association des États de la Caraïbe, créée en 1994 (secrétariat à Trinidad et Tobago), comprenait à la mi-2002 25 pays de la région, dont le Mexique, le Vénézuela et la Colombie. La France est membre associé pour la Guyane française, la Guadeloupe et la Martinique.
Secrétaire général : Norman Girvan (Jamaïque)

AEC Association des États de la Caraïbe (ACS Association of Caribbean States)
http://www.acs-aec.org

L'ALENA

L'Accord de libre-échange nord-américain est entré en vigueur le 1er janvier 1994 entre les États-Unis, le Canada et le Mexique.

ALENA Accord de libre-échange nord-américain (NAFTA North American Free Trade Agreement)
http://www.nafta-sec-alena.org

LA BID

La Banque interaméricaine de développement (siège à Washington), créée en 1959, comptait, à la mi-2002, 46 États membres américains et européens ainsi que le Japon. Son objectif est le développement économique de l'Amérique latine et des Caraïbes. Président : Enrique V. Iglesias (Uruguay)

BID Banque interaméricaine de développement (IDB Inter-American Development Bank) http://www.iadb.org

LA CARICOM

La Communauté des Caraïbes (siège à Georgetown, Guyana) a été créée en 1973 par la Barbade, le Guyana, la Jamaïque et Trinidad et Tobago. Outre les fondateurs, elle regroupait à la mi-2002 dix autres pays en majorité anglophones : Antigua-Barbuda, Bahamas, Bélize, Dominique, Grenade, Montserrat, St. Kitts et Nevis, Sainte-Lucie, Saint-Vincent et les Grenadines, le Suriname, et Haïti.
Secrétaire général : Edwin Carrington.

Caricom Communauté des Caraïbes (Caribbean Community) http://www.caricom.org

LA COMMUNAUTÉ ANDINE (OU PACTE ANDIN)

Créé en 1969 par l'accord de Carthagène, le Pacte andin a été relancé en avril 1996 sous le nom de Communauté andine (siège à Lima). États membres à la mi-2002 : Bolivie, Colombie, Équateur, Vénézuela et Pérou. Objectifs : union douanière, réalisation d'un Marché commun.

Communauté andine (Comunidad andina, CAN, Andean Community) http://www.comunidadandina.org

LE GROUPE DE RIO

Créé en 1986, le groupe de Rio (secrétariat à Asuncion, Paraguay) a d'abord eu une vocation politique en tant que dispositif permanent de consultation et de concertation politique, puis de plus en plus économique. Des réunions ministérielles ont régulièrement lieu avec l'Union européenne. Il comptait à la mi-2002 douze membres : Argentine, Bolivie, Brésil, Chili, Colombie, Équateur, Mexique, Panama, Paraguay, Pérou, Uruguay, Vénézuela, ainsi que deux représentants par roulement, respectivement de l'Amérique centrale et des Caraïbes.

Groupe de Rio (Rio Grup) http://www.emcolbru.org/Gruporio.htm

LE MCCA

Le Marché commun centre-américain (CACM, Central American Common Market, siège au Guatémala) a été créé en 1960. Cinq pays membres : Costa Rica, Guatémala, Honduras, Nicaragua, El Salvador.

LE MERCOSUR

Le Marché commun du sud de l'Amérique (secrétariat à Montevideo, Uruguay) regroupant à la mi-2002 l'Argentine, le Brésil, le Paraguay et l'Uruguay est entré en vigueur le 1er janvier 1995.
Membres associés : Chili et Bolivie.

Mercosur Marché commun du sud de l'Amérique (Mercado Común del Sur, Mercado Comum do Sud, Mercosul) http://www.mercosur.org.uy/ et http://www.mercosur.com/

L'OEA

L'Organisation des États américains (siège à Washington) a été fondée en 1948. Elle regroupait à la mi-2002 les 34 États américains indépendants, à l'exception de Cuba (expulsé en 1962).

OEA Organisation des États américains (OAS Organization of American States) http://www.oas.org

LA ZLEA

Le projet de Zone de libre-échange des Amériques, lancé en décembre 1994 lors du « sommet des Amériques » à Miami, concerne tous les pays du continent américain, à l'exclusion de Cuba.

ZLEA Zone de libre-échange des Amériques (FTAA Free Trade Area of the Americas) http://www.ftaa-alca.org/

Europe

L'ACCORD DE LIBRE-ÉCHANGE CENTRE-EUROPÉEN

Fondé en 1992 par les pays du Groupe de Visegrad, l'Accord de libre-échange centre-européen regroupait à la mi-2002 les pays fondateurs (Hongrie, Pologne, République tchèque, Slovaquie) rejoints par la Bulgarie, la Roumanie et la Slovénie.

ACELE Accord centre-européen de libre-échange (CEFTA Central European Free Trade Agreement) http://www.cefta.org/

L'AELE

L'Association européenne de libre-échange (siège à Genève) a regroupé à partir de 1960 et à l'initiative du Royaume-Uni les pays européens ne souhaitant pas adhérer au traité de Rome (Communautés européennes). À la mi-2002, il ne comptait plus que quatre membres : Islande, Liechtenstein, Norvège, Suisse.
Secrétaire général : William Rossier (Suisse).

AELE Association européenne de libre-échange (EFTA European Free Trade Association) http://www.efta.int

LE CONSEIL DES ÉTATS DE LA MER BALTIQUE

Le Conseil des États de la mer Baltique a été créé en mars 1992 (secrétariat à Stockholm). Membres à la mi-2002 : Allemagne, Danemark, Estonie, Finlande, Islande, Lettonie, Lituanie, Norvège, Pologne, Russie, Suède, Commission européenne.

Conseil des États de la mer Baltique (CBSS Council of the Baltic Sea States) http://www.baltinfo.org

LE CONSEIL DE L'EUROPE

Fondé en 1949 par dix États, le Conseil de l'Europe (siège à Strasbourg) en comptait 44 à la mi-2002 avec l'adhésion de la Bos-

nie-Herzégovine (avril 2002) : Allemagne, Albanie, Andorre, Arménie (janvier 2001), Autriche, Azerbaïdjan (janvier 2001), Belgique, Bulgarie, Chypre, Croatie, Danemark, Espagne, Estonie, Finlande, France, Géorgie (avril 1999), Grèce, Hongrie, Irlande, Islande, Italie, Lettonie, Liechtenstein, Lituanie, Luxembourg, Macédoine, Malte, Moldavie, Norvège, Pays-Bas, Pologne, Portugal, République tchèque, Roumanie, Royaume-Uni, Russie, Saint-Marin, Suède, Suisse, Slovaquie, Slovénie, Turquie, Ukraine.
Secrétaire général : Walter Schwimmer (Autriche).

Conseil de l'Europe (Council of Europe) http://www.coe.int

Assemblée parlementaire du Conseil de l'Europe (Parliamentary Assembly) http://stars.coe.fr/

LE CONSEIL NORDIQUE

Le Conseil nordique (siège à Copenhague) a été créé en 1952 par le Danemark (ainsi que les îles Féroé et le Groenland), la Finlande, l'Islande, la Norvège et la Suède. Il a pour vocation la coopération économique, sociale et culturelle.

Conseil nordique (Nordic Council) http://www.norden.org

LA COOPÉRATION ÉCONOMIQUE DE LA MER NOIRE

La CEMN (secrétariat à Istanbul) a été fondée en 1992 à l'initiative de la Turquie. Elle regroupait à la mi-2002 : Albanie, Arménie, Azerbaïdjan, Bulgarie, Géorgie, Grèce, Moldavie, Roumanie, Russie, Turquie et Ukraine. Observateurs : Italie, Autriche.
Secrétaire général : Valeri Chechelashvili (Géorgie).

CEMN Coopération économique de la mer Noire (BSEC Black Sea Economic Cooperation) http://www.bsec.gov.tr

L'EEE

L'Espace économique européen, créé par le traité de Porto (1992), est entré en vigueur le 1er janvier 1994. Il associait à la mi-2002 les quinze membres de l'Union européenne et trois pays de l'AELE, l'Islande, le Liechtenstein et la Norvège, à l'exception de la Suisse.

EEE Espace économique européen (EEA European Economic Area)

L'INITIATIVE CENTRO-EUROPÉENNE

D'abord forum informel, réunissant l'Autriche, l'Italie, la Hongrie et la Yougoslavie, l'ICE (secrétariat à Trieste, Italie) a été créée en 1992 pour favoriser la coopération économique et politique. À la mi-2002, elle comptait 17 membres : Albanie, Autriche, Bosnie-Herzégovine, Bulgarie, Biélorussie, Croatie, Hongrie, Italie, Macédoine, Moldavie, Pologne, République tchèque, Roumanie, Slovaquie, Slovénie, Ukraine et Yougoslavie.

ICE Initiative centro-européenne (CEI Central European Initiative) http://ceinet.org

PACTE DE STABILITÉ POUR L'EUROPE DU SUD-EST

Le Pacte de stabilité pour l'Europe du Sud-Est (PSESE) a été lancé en juillet 2000 pour œuvrer à la reconstruction des Balkans. Coordonné par l'Union européenne, il regroupe les quinze pays de l'Union européenne, les pays de la région (Albanie, Bosnie-Herzégovine, Bulgarie, Croatie, Hongrie, Macédoine, Moldavie, Pologne, République tchèque, Roumanie, Slovaquie, Slovénie, Turquie, Yougoslavie), ainsi que les États-Unis, le Canada, le Japon, la Norvège, la Russie, la Suisse et une vingtaine d'organisations internationales.
Coordinateur : Erhard Busek (Autriche).

PSESE Pacte de stabilité pour l'Europe du Sud-Est (Stability Pact for South Eastern Europe) http://www.stabilitypact.org/

L'UEO

L'Union de l'Europe occidentale (siège à Bruxelles) a été créée en 1955 dans le but de promouvoir l'intégration de l'Europe, la défense collective et la sécurité. Elle a fait suite au traité de Bruxelles de 1948. À la mi-2000, en étaient membres : Allemagne, Belgique, Espagne, France, Grèce, Italie, Luxembourg, Pays-Bas, Portugal, Royaume-Uni. En novembre 2000, la « dissolution » de l'organisation a été entérinée, le relais étant pris par la PESC (Politique étrangère et de sécurité commune), mais certains organes sont maintenus compte tenu des engagements pris au titre de l'article V du traité de Bruxelles.
Secrétaire général : Javier Solana (Espagne), également nommé en 1999 haut représentant de la Politique étrangère et de sécurité commune (PESC) de l'UE.

UEO Union de l'Europe occidentale (WEU Western European Union)
http://www.weu.int

L'UNION EUROPÉENNE

(Commission à Bruxelles, Parlement à Luxembourg). Au 1er janvier 1995, l'Union européenne (UE, depuis l'entrée en vigueur du traité de Maastricht, le 1er novembre 1993) comptait quinze membres : Allemagne, Belgique, Danemark, Espagne, France, Grèce, Irlande, Italie, Luxembourg, Pays-Bas, Portugal, Royaume-Uni, auxquels sont venues s'ajouter Autriche, Suède et Finlande. Un processus d'élargissement a été officiellement lancé en décembre 1997 concernant l'Estonie, la Hongrie, la Pologne, la République tchèque, la Slovénie et Chypre, et avec la Bulgarie, la Lettonie, la Lituanie, Malte, la Roumanie et la Slovaquie en février 2000, la Turquie étant reconnue comme candidat officiel.
L'UE a regroupé les trois communautés que sont la Communauté européenne (CE, anciennement CEE), la Communauté européenne du charbon et de l'acier (CECA, éteinte en 2002) et Euraton, qui constituent le « premier pilier » ; la Politique étrangère et de sécurité commune (PESC, « deuxième pilier ») ; la coopération en matière de justice et d'affaires intérieures (JAI, « troisième pilier »).
Les principales institutions de l'UE sont : la

Les organisations « régionales »

L'état du monde 2003

Pour en savoir plus

L. Burgogue Larsen, « L'ONU : les activités », *Documents d'études*, n° 3.03, La Documentation française, Paris, 2001.

International Geneva Yearbook 1995, vol. IX, Georg Éditeur, Genève.

Organisations internationales à vocation universelle, La Documentation française, coll. « Les Notices », Paris, 1993.

Organisations internationales à vocation régionale, La Documentation française, coll. « Les Notices », Paris, 1994.

Union of International Association, *Yearbook of International Organizations*, Éd. Saur. Munich, 2001-2002.

Par ailleurs, on peut consulter sur rendez-vous les dossiers du Centre de documentation internationale sur l'activité des organisations internationales et régionales, régulièrement mis à jour.

(CDI, La Documentation française, 29, quai Voltaire, 75344 Paris Cedex 07. Tél. 01 40 15 72 18. **http://www.ladocumentationfrancaise.fr/ documentation/documentation_internationale**)

Commission européenne, qui comprend 20 commissaires nommés pour 5 ans (derniers présidents de la Commission : Jacques Delors 1985-1994 – France –, Jacques Santer 1995-1999 – Luxembourg –, Romano Prodi nommé en 1999 – Italie) ; le Parlement européen (626 députés élus pour 5 ans), dont c'est la cinquième législature depuis l'élection au suffrage universel en 1979 (présidents des dernières législatures : Enrique Baron Crespo 1989-1992 – Espagne, PSE –, Egon A. Klepsh 1992-1994 – Allemagne, PPE –, Klaus Hänsch 1994-1997 – Allemagne, PSE –, José Maria Gil-Roblès 1997-1999 – Espagne, PPE –, Nicole Fontaine 1999-2002 – France, PPE –, Patrick Cox (– Irlande, ELDR) ; le Conseil européen (réunion des chefs d'État et de gouvernement qui se tient au moins deux fois par an) ; le Conseil de l'Union européenne (réunion des ministres) et la Cour européenne de justice. Autres institutions : Banque centrale européenne, Cour des comptes, Comité économique et social, Comité des régions, Banque européenne d'investissement. Javier Solana (Espagne) a été nommé en 1999 haut représentant de la Politique étrangère et de sécurité commune (PESC).

UE : http://www.europa.eu.int

Commission européenne : http://www.europa.eu.int/comm/

Parlement européen : http://www.europarl.eu.int

Conseil de l'Union européenne : http://ue.eu.int

Cour de justice des Communautés européennes : http://curia.eu.int

Banque centrale européenne : http://www.ecb.int

Comité des régions de l'Union européenne : http://www.cor.eu.int/

Comité économique et social : http://www.ces.eu.int

Cour des comptes européenne : http://www.eca.eu.int

Banque européenne d'investissement : http://bei.eu.int

LA ZONE EURO

Elle est entrée en vigueur le 1er janvier 1999, réunissant douze des quinze pays de l'Union européenne : Allemagne, Autriche, Belgique, Espagne, Finlande, France, Irlande, Italie, Luxembourg, Pays-Bas, Portugal (Grèce en janvier 2001). Le SEBC, Système européen de banques centrales (ESCB European System of Central Banks), mis en place en juin 1998, regroupe les banques centrales des pays, sous l'au-

torité de la BCE, Banque centrale européenne (ECB European Central Bank, siège à Francfort).
Président : Wim Duisenberg (Pays-Bas).

http://www.ecb.int/

Espace post-soviétique

LA CEI

La Communauté d'États indépendants (siège à Minsk) est issue du démantèlement de l'URSS fin 1991 (secrétariat à Minsk, Biélorussie). À l'exclusion des trois pays baltes, elle regroupait à la mi-2002 toutes les anciennes républiques : Arménie, Azerbaïdjan, Biélorussie, Géorgie, Kazakhstan, Kirghizstan, Moldavie, Ouzbékistan, Russie, Tadjikistan, Turkménistan, Ukraine.

CEI Communauté d'États indépendants (CIS Commonwealth of Independent States) http://www.cis.minsk.by/

GUUAM

Lancé en 1996 par l'Azerbaïdjan, la Géorgie, la Moldavie et l'Ukraine pour renforcer la coopération politique, économique et stratégique entre ces pays, le GUAM est devenu GUUAM avec l'adhésion de l'Ouzbékistan en 1999 (retrait annoncé à la mi-2002).

GUUAM (Georgia, Ukraine, Uzbekistan, Azerbaïdjan, Moldova)
http://www.guuam.org

Pacifique

L'APEC

La Coopération économique en Asie-Pacifique (siège à Singapour) a été initiée par l'Australie à la conférence de Canberra (Australie) de 1989. Membres à la mi-2000 : Australie, Brunéi, Canada, Chili, Chine, Corée du Sud, États-Unis, Fédération de Malaisie, Hong Kong, Indonésie, Japon, Mexique, Nouvelle-Zélande, Papouasie-Nouvelle-Guinée, Philippines, Singapour, Taïwan, Thaïlande, ainsi que Pérou, Russie et Vietnam (adhésions en 1998).

Directeur exécutif : Alejandro de la Peña Navarrete (Mexique).

Coopération économique en Asie-Pacifique (APEC Asia Pacific Economic Cooperation) http://www.apecsec.org.sg

LA COMMUNAUTÉ DU PACIFIQUE

La Commission du Pacifique sud (créée en 1947, siège à Nouméa, Nouvelle-Calédonie) a pris le nom de Communauté du Pacifique en 1998. Elle regroupe 22 pays et territoires de la région et cinq des six membres fondateurs : Australie, États-Unis, France, Nouvelle-Zélande et Royaume-Uni.

Communauté du Pacifique (Pacific Community) http://www.spc.org.nc/

LE FORUM DU PACIFIQUE SUD

Créé en 1971 par les États riverains (à l'exclusion des grandes puissances), le Forum (siège à Suva, Fidji) a été à l'initiative du traité de Rarotonga sur la dénucléarisation du Pacifique sud et de l'équateur. La France a été réadmise comme partenaire en 1996 (elle avait été exclue en 1995 lors de la reprise de ses essais nucléaires).
Secrétaire général : Noël Levi (Papouasie-Nouvelle-Guinée).

Forum du Pacifique sud (SPF South Pacific Forum) http://www.forumsec.org.fj/

Asie

L'ANSEA

L'Association des nations du Sud-Est asiatique (siège à Jakarta, Indonésie) a été créée en 1967. Membres à la mi-2002 : Birmanie, Brunéi, Cambodge (admis en avril 1999), Fédération de Malaisie, Indonésie, Laos, Philippines, Singapour, Thaïlande, Vietnam (depuis juillet 1995). La Papouasie-Nouvelle-Guinée a le statut d'observateur, tandis que la Corée du Sud dispose d'un statut spécial.
Secrétaire général : Rodolfo Certeza Severino jr. (Philippines).

Les organisations « régionales »

ANSEA Association des nations du Sud-Est asiatique (ASEAN Association of South East Asian Nations)
http://www.asean.or.id

L'ANZUS

Pacte militaire signé en 1951 entre l'Australie, la Nouvelle-Zélande et les États-Unis.

LA BAsD

(siège à Manille, Philippines). La Banque asiatique de développement a été créée en 1965. Elle comptait à la mi-2002 60 États membres d'Asie, d'Europe et d'Amérique et intervenait dans 40 États d'Asie et du Pacifique.

BAsD Banque asiatique de développement (ADB Asian Development Bank)
http://www.adb.org

LE FRA

Le Forum régional de l'ANSEA créé en 1996 réunissait à la mi-2002 les dix pays de l'ANSEA, ainsi que : Australie, Canada, Chine, Corée du Nord, États-Unis, Inde, Japon, Mongolie, Nouvelle-Zélande, Papouasie-Nouvelle-Guinée, Russie, Taïwan et Union européenne sur les questions de sécurité dans la zone Asie-Pacifique.

FRA Forum régional de l'ANSEA (ARF Asian Regional Forum)
http://www.asean.or.id/amm/pro_arf.htm

L'OCE

L'Organisation de coopération économique (siège à Téhéran) a été créée en 1985 par la Turquie, l'Iran et le Pakistan. Elle regroupe aussi, depuis 1992, l'Afghanistan et six républiques héritières de l'URSS : Azerbaïdjan, Kazakhstan, Ouzbékistan, Kirghizstan, Turkménistan, Tadjikistan.

OCE Organisation de coopération économique (ECO Economic Cooperation Organization) http://www.ecosecretariat.org/

L'OCS

L'OCS (Organisation de coopération de Shanghai) rassemble la Chine, la Russie, le Kazakhstan, le Kirghizstan, le Tadjikistan et l'Ouzbékistan depuis 2001. Elle a pris formellement la relève du Groupe de Shanghaï, créé en 1996 pour régler des problèmes frontaliers, puis des problèmes de sécurité et favoriser les relations économiques entre membres. En juin 2002, l'OCS est dotée d'une charte et d'un siège basé à Pékin.

LA SAARC

L'Association d'Asie du Sud pour la coopération régionale (siège à Katmandou, Népal) a été fondée en 1985. Membres à la mi-2002 : Bangladesh, Bhoutan, Inde, Maldives, Népal, Pakistan, Sri Lanka.

SAARC Association d'Asie du Sud pour la coopération régionale (South Asian Association for Regional Cooperation)
http://www.saarc-sec.org/

Moyen-Orient et Maghreb

LE CCG

Le Conseil de coopération du Golfe (siège à Riyad, Arabie saoudite) a été fondé en 1981 en réaction à la révolution iranienne. Il regroupait à la mi-2002 l'Arabie saoudite, Bahreïn, les Émirats arabes unis, le Koweït, Oman et Qatar.

CCG Conseil de coopération du Golfe (GCC Gulf Cooperation Council)
http://www.xrules.com/qatar/gcc/

LA LIGUE DES ÉTATS ARABES

Fondée en 1945 au Caire par l'Égypte, l'Irak, le Yémen, le Liban, l'Arabie saoudite, la Syrie et la Transjordanie, la Ligue arabe (siège au Caire) regroupait 22 membres à la mi-2002.

LEA Ligue des États arabes (LAS League of Arab States)
http://www.leagueofarabstates.org/

Dossier réalisé
avec la collaboration
de Véronique Chaumet.

Le monde sur Internet

Voir aussi les sites référencés dans le répertoire des organisations internationales et régionales

Afrique

Africa Intelligence
(site français parmi les plus complets et les plus spécialisés)
http://www.africaintelligence.fr

Africa News Online
(site couplé avec l'agence PANA ; le plus grand volume d'informations sur le continent)
http://www.africanews.org

Africa Online
(information économique, politique et sociale sur les pays africains, mise à jour quotidienne)
http://www.africaonline.com

Africa Server
(information par pays et par thèmes)
http://www.africaserver.nl

Africa-South of Sahara
(recherches sur l'Africa Internet Guide et dans les Stanford University libraries)
http://www-sul.stanford.edu/depts//ssrg/africa/guide.html

Africa Wire
(liste de services d'information)
http://www.africawire.com/africawire.html

Afrik.com
(portail pour l'Afrique et le Maghreb)
http://www.afrik.com

African Studies, Université de Pennsylvanie (É-U)
(répertoire de ressources pour de nombreux pays d'Afrique)
http://www.sas.upenn.edu/African_Studies/

Afrique francophone, Lehman College (New York)
(page de liens très complète)
http://www.lehman.cuny.edu/depts/langlit/french/afrique.html

AllAfrica.com
(portail de presse)
http://allafrica.com

Banque internationale d'information sur les États francophones
http://www.acctbief.org/

CEAN (Centre d'étude de l'Afrique noire), CNRS/IEP-Bordeaux (Université Montesquieu)
http://www.cean.u-bordeaux.fr

CLIO en Afrique
(revue électronique d'histoire de l'Afrique, GDR 1118 du CNRS)
http://newsup.univ-mrs.fr/~wclio-af/

CREPAO (Centre de recherche sur les pays d'Afrique orientale), Université de Pau et des Pays de l'Adour
(site du principal centre de recherche français sur l'Afrique orientale).
http://www.univ-pau.fr/ser/CR/CO REJE/CREPAO

Habari
(répertoire de ressources sur l'Afrique et les études africaines)
http://www.africa.u-bordeaux.fr

H-AFRICA
(réseau américain des études africaines)
http://h-net2.msu.edu/~africa/

Index on Africa
(répertoire de sites d'information et de recherche sur les pays africains)
http://www.africaindex.africainfo.no/

Institut africain - CEDAF (Belgique)
http://cedaf-asdoc.africamuseum.be

Institute of African Studies, Columbia University (É-U)
(informations académiques sur les pays, leurs universités, leurs médias)
http://www.columbia.edu/cu/sipa/REGIONAL/IAS

Investir en Zone franc
http://www.izf.net

Mbolo
(portail de sites anglophones et francophones)
http://www.mbolo.com

PANA (Pan African News Agency)
http://www.rapide-pana.com/rapide/sommaire.htm

Reliefweb
(site du département des Affaires humanitaires

des Nations unies, voir notamment les statistiques et les cartes)
http://www.notes.reliefweb.int/

SEDET (laboratoire « Sociétés en développement dans l'espace et le temps », études africaines), Université Paris-VII
http://www.sedet.jussieu.fr

Afrique australe

Africaustral
(site francophone sur la région)
http://www.africaustral.com

Afrique centrale

Observatoire de l'Afrique centrale
http://www.obsac.com

Afrique de l'Est

Région des Grands Lacs
(répertoire des principaux sites sur la région)
http://www.grandslacs.net

Réseau documentaire international sur la région des Grands Lacs, *CD-Rom n° 8*, avril 2000, [CP 136, 1211 Genève 21, Suisse].

Afrique du Sud

South Africa Online (répertoire de sites)
http://www.southafrica.co.za

Site du gouvernement et de l'ANC (Congrès national africain)
http://www.anc.org.za

Mail and Guardian (hebdomadaire)
http://www.mg.co.za

Sunday Independent (hebdomadaire)
http://www.Sunday.co.za

South African Institute of Race Relations
http://www.sairr.org.za

Site des services statistiques
http://www.statsa.org.za

Conseil pour la recherche en sciences humaines (HRSC)
http://www.hsrc.ac.za

Université d'Afrique du Sud (Prétoria)
http://www.unisa.ac.za

Algérie

Algeria Watch
http://www.algeria-watch.de/francais.htm

Algeria Interface
http://www.algeria-interafce.com

CSSI (Commission socialiste de solidarité internationale, Genève)
(bulletin d'information sur l'Algérie)
http://site.ifrance.com/troubles/algerie/htm

Algérie Presse Service (agence officielle)
http://www.aps.dz/fr/

MAOL (Mouvement algérien des officiers libres)
http://www.anp.org

Algeria Interfax
http://www.algeriainfo.com/ACTUALITES_
ET_MEDIAS/more2.htm

CERIST (Centre de recherche sur l'information scientifique et technique)
http://www.cerist.dz

Angola

Sites donnant accès à divers instruments (bibliographies, rapports, sites)
http://www.columbia.edu/cu/libraries/
indiv/area/Africa/Angola.html

http://www.synapse.net/~acdi20/country/
angola.htm

Reliefweb - IRIN sur l'Angola
http://www.reliefweb.int/IRIN/archive/
angola/phtml

Site de l'Unita (Union nationale pour l'indépendance totale de l'Angola)
http://members.nbci.com/copazdangola/
index.html

ANGOP (agence de presse officielle)
http://www.Angolapress-Angop.Ao

Ecclesia (radio catholique)
http://ecclesia.snet.co.ao/noticias.htm

Bénin

Information et actualités
http://www.multimedia.com/papajo/
lienben.htm

Botswana

MMEGI (hebdomadaire en anglais)
http://www.mmegi.bw

The Botswana Gazette (en anglais)
http://www.gazette.bw

Site du gouvernement
http://www.gov.bw

Burkina Faso

Burkinet
(banque d'informations, actualité, annuaire)
http://www.burkinet.com

Burkina Faso Home Page
http://www.iie.cnam.fr/~castera/burkina/

Trade Point Burkina
(environnement des affaires, annuaires
d'entreprises)
http://www.tradepoint.bf

Site de la Présidence
http://www.primature.gov.bf/

Cameroun

Presse camerounaise en ligne
http://www.wagne.net

Cap-Vert

http://www.erols.com/kauberdi/

Centrafrique

Site d'information générales
http://www.sangonet.com/

Centrafrique-Presse
(revue de presse en ligne)
http://www.centrafrique-presse.com

Site de la République centrafricaine
http://www.rca-gouv.com/etoile.html

Congo (-Brazza)

Portail généraliste
http://www.congopage.com

Annuaire internet du Congo et des Congolais
(information généraliste)
http://www.congoweb.net/français.html

Association des démocrates congolais en France
http://www.mwinda.org

Congo (-Kinshasa)

Droits de l'homme
http://www.neomedia.it/personnal/Congo
sol/html

Dialogue intercongolais
http://www.chezcom/debatnationalrdc/

Site officiel
http://www.rdcongo.info

Côte-d'Ivoire

Portail ivoirien
http://www.abidjan.net

Institutions et partis politiques
http://gksoft.com/govt/en/ci-html

Djibouti

DjibNet (actualités et médias)
http://www.djibnet.com/index/default.asp?
c=1

ARDHD (Association pour le respect des droits
de l'homme à Djibouti)
http://www.liberte-aref.com/

Égypte

CEDEJ (Centre d'études et de documentation
économiques, juridiques et sociales)
(études en ligne sur la situation politique, économique et sociale en Égypte)
http://www.cedej.org.eg

Al Ahram Weekly
http://www.ahram.org.eg/weekly

Cairo Times
(hebdomadaire anglophone affichant une grande
liberté de ton et aux approches originales)
http://www.cairotimes.com

Arab Social Science Research. Virtual Library
for Arab Countries
http://assr.org/vlibrary/country.html

Érythrée

http://www.asmarino.com

http://www.awate.com

Éthiopie

Walta Information Center
(service d'information générale et sur
l'actualité)
http://www.waltainfo.com

Ethiopia Daily
http://www.ethiopiadaily.com

Press Digest (Phoenix Universal)
http://pressdigest.phoenixuniversal.com

Gambie

http://www.gambia.com/gambia.html

Grands Lacs

http://www.grandslacs.net

Ghana

http://www.ghana.com/politics

Sites d'information et d'actualités
http://www.ghanamedia.com

http://www.c-allen.dircon.co.uk/Countries/Ghana.htm

http://www.politicalresources.net/ghana/htm

Guinée

http://www.myna.com/~boubah/faq_fr.htm

Kénya

Kenya web (informations générales)
http://www.kenyaweb.com

Revues de presse du groupe *Nation*
http://www.nation.co.ke

Lésotho

http://www.lesoff.co.za

Public Eye Daily
http://www.publiceye.co.ls

Site de la Commisssion électorale indépendante
http://www.iec.org.ls

Portail du gouvernement
http://www.lesotho.gov.ls

Libéria

http://groove.mit.edu/LiberiaPages/index.htm

http://www.gis.net/~toadoll/

Libye

Information politique
http://libyaweb.com/news.htm

http://www.libyanet.com

Madagascar

Serveur proposant des sites d'informations pratiques sur le pays
http://www.madagascar-contacts.com

Portail (presse, télévision, tourisme)
http://www.dts.mg

Bulletin d'informations quotidien
http://www.madaneus.com

Maghreb

Site consacré à la défense des droits de l'homme au Maghreb
http://www.maghreb-ddh.sgdg.org

Groupe de discussion (mot clé : subscribe)
Maghreb-ddh-l-request@ras.eu.org

Mali

Info-Matin
(site d'information hébergeant notamment
Le Canard libéré)
http://www.info-matin.com

Site Media Mali
(revue de la presse malienne et informations hebdomadaires)
http://www.cefib.com/presse

Malinet
(sites de la diaspora)
http://callisto.si.usherb.ca/~malinet/index_fr.html

Maroc

Ambassade de France à Rabat
(informations institutionnelles, revue de presse quotidienne)
http://www.ambafrance-ma.org/public/webmaroc.htm

Canal Maroc
(large sélection de sites)
http://www.indigo-net.com/canaux/ai/canal-maroc.htm

Maroc Hebdo
http://www.maroc-hebdo.press.ma

Vie économique
http://www.marocnet.net.ma/vieeco/

Maurice

L'Express (quotidien)
http://lexpress-net.com

Le Mauricien (quotidien)
http://lemauricien.com/mauricien/

Mozambique

Site généraliste
http://www.mol.co.mz

Site officiel
http://www.mozambique.mz

Coopératives indépendantes de journalistes
http://www.sadirectory.co.za/mediacoop

Namibie

Site gouvernemental
http://www.republicofnamibia.com

Université de Namibie
http://www.unam.na

The Namibian
http://www.namibian.com.na

Niger

NSRC (Network Sartup Resource Center), sur le Niger
http://www.nsrc.org/db/lookup/ISO=NE

Focus on Niger
http://www.txdirect.net/users/jmayer/fon.html

Kakaki (journal télématique hebdomadaire)
http://www.txdirect.net/users/jmayer/kakaki

Nigéria

Répertoire de ressources très complet
http://odili.net/nigeria.html

Nigeria World
http://nigeriaworld.com

Site d'informations financières et commerciales
http://www.expdisc.com/

Post Express (quotidien)
http://www.postexpresswired.com/

Guardian (quotidien)
http://www.ngrguardiannews.com

Vanguard (quotidien)
http://www.vanguardngr.com

Présidence du Nigéria
(site des principales institutions, liens avec des partis politiques et avec le Bureau des privatisations)
http://www.nopa.net

Océan Indien

La Lettre de l'océan Indien
http://www.lalettredeloceanindien.fr

Portail de Mayotte
http://www.malango.net

Ouganda

Bureau ougandais des statistiques
http://www.ubos.org

Monitor (quotidien)
http://www.africanews.com/monitor

Site du gouvernement
http://www.government.go.ug

Réunion

Portail de l'île
http://www.reunion.wanadoo.fr

Université de La Réunion
http://www.univ-reunion.fr/

Le Journal de l'île
http://www.jir.fr

Sénégal

http://www.earth2000.com/sénégal/

http://www.metissacana.sn/

Somalie et Somaliland

http://www.banadir.com/

http://www.allpuntland.com

http://www.hiiraan.com

http://www.somalilandnet.com

Soudan

http://www.sudan.net/

http://www.nubasurvival.com/index.htm

http://www.listserv.emory.edu/archives/sudan-l-html

http://www.newsudanweb.com

Swaziland

The Swazi News (portail de presse)
http://www.swazinews.co.sz

Portrait officiel du pays
http://www.swazi.com

Tanzanie

Banque de données
http://www.tz.orientation.com

The Guardian (quotidien)
http://www.ippmedia.com

The East African (quotidien)
http://www.nationaudio.com

Site gouvernemental
http://www.tanzania.go.tz

Tchad

Page de liens sur le Tchad
http://www.strategic-road.com/pays/afrique/tchad01.htm

Site officiel de la République du Tchad
http://www.yaltchad.com

FNTR (Front national du Tchad rénové)
http://maxpages.com/tchad/Le_FNTR

Togo

World Wide Gazeteer (sur le Togo)
http://www.c-allen.dircon.co.uk/Countries/Togo.htm

Sites togolais
http://www.aipcr.lcpc.fr/w3perl/Pays/Togo.htm

Tunisie

Kalima (journal d'opposition)
http://www.kalimatunisie.com

Alternatives citoyennes (journal indépendant)
http://www.alternatives-citoyennes.sgdg.org

Zambie

http://www.zamnet.zm

Zimbabwé

The Herald
http://www.zimsurf.co.zw/theherald

The Financial Gazette
http://www.africaonline.co.zw/fingaz/

The Independent
http://www.samara.co.zw/zimin/index.cfm

Proche et Moyen-Orient

Arab Net
http://www.arab.net/

Arab Social Science Research. Virtual Library for Arab Countries
http://assr.org/vlibrary/country.html

Arab World Online
http://www.awo.net/

Arab World's Sites
http://www.dm.net.lb/tmalouli/links/arbsites.htm

Bar-Ilan University (Israël)
(sur l'ensemble du Moyen-Orient)
http://www.biu.ac.il/SOC/besa/meria

CERMOC (Centre d'études et de recherches sur le Moyen-Orient contemporain)
http://www.jo.refer.org/cermoc

CRP (Centre de recherche pluridisciplinaire) d'Ivry-Monde iranien
http://www.ivry.cnrs.fr/iran

EurasiaNews (Eurasia Research Center)
http://eurasianews.com

Harvard's Center of Middle Eastern Studies (répertoire très complet de sites)
http://www.fas.harvard.edu/%7Emideast/inMEres/inMEres.html

INALCO (Institut national des langues et civilisations orientales)
http://www.inalco.fr

Middle East Economic Survey (hebdomadaire)
http://www.mees.com

Middle East Research on International Affairs (MERIA)
http://www.biu.ac.il/SOC/besa/meria/links.html

School of Oriental and African Studies (SOAS), University of London
http://www.soas.ac.uk/home.html

Afghanistan

Afghanistan Information Management Service (AIMS)
http://www.aims.org.pk

Afghanistan's Web Site
http://www.afghanistans.com

Arabie saoudite

All Saudi (répertoire de sites)
http://www.all-saudi.com/en/

Ministère de l'Information
http://www.saudinf.com

Autonomie palestinienne

Guide de la Palestine sur le web et Guide de l'*intifada* sur le web (J.-F. Legrain)
http://www.mom.fr/guides

Jerusalem Media and Communication Centre (JMCC)
http://www.jmcc.org

Palestinian Academic Society for the Study of International Affairs (PASSIA)
http://www.passia.org/

Palestinian National Authority Official Website
http://www.pna.net/

Bahreïn

Site gouvernemental
http://www.bahrain.gov.bh/

Voice of Bahrain (quotidien publié par le Mouvement pour la liberté et la promotion des droits de l'homme et des droits constitutionnels)
http://www.vob.org

Émirats arabes unis

Portail sur les EAU
http://www.emirates.org

Centre émirien d'étude et de recherche stratégiques
http://www.ecssr.ac.ae

Site gouvernemental
http://www.uae.gov.ae/

Irak

Congrès national irakien
(accès aux sites institutionnels et de l'opposition notamment)
http://www.inc.org.uk

http://auto-.cs.tu-berlin.de/fb13ini/-main/cia.html

Iran

Actualité, économie, culture
http://www.iranmania.com

IRNA (agence de presse officielle)
http://www.irna.com

Iran Online-Newsroom
http://www.iranonline.com/newsroom

Institute for International and Political Studies
http://www.ipis.org

Politique, économie, commerce extérieur, pétrole
http://www.atiehbahar.com

Iranology Foundation
(accès à une encyclopédie très détaillée)
http://www.iranologyfo.or.ir

Israël

Haaretz (quotidien, édition anglaise)
http://www3.haaretz.co.il/eng/htmls/1_1.htm

Globes (quotidien économique, en anglais)
http://www.globes.co.il

Revue quotidienne de la presse israélienne
(disponible en anglais)
http://www.math.technion.ac.il/israeline

Jerusalem Post (quotidien de droite en anglais ; un point de vue orienté sur Israël)
http://www.jpost.com

Jordanie

National Information Center (portail officiel accueillant les sites institutionnels, des médias, des universités…)
http://www.nic.gov.jo

Jordan Times (quotidien)
http://www.jordantimes.com

The Star (hebdomadaire)
http://www.star.com.jo

Rapport annuel du Département d'État américain sur les droits de l'homme en Jordanie
http://www.state.gov/g/drl/rls/hrrpt/2001/nea/8266

Koweït

Site de l'ambassade de Koweït aux États-Unis
http://www.kuwait-info.org/

Kuwait News Agency (agence de presse officielle)
http://www.kuna.net.kw/

Liban

Portail généraliste
http://almashriq.hiof.no

Site de l'opposition chrétienne libanaise aux États-Unis (très bien informé)
http://www.meib.org

The Daily Star (quotidien anglophone)
http://www.dailystar.com.lb

CERMOC (Centre d'études et de recherches sur le Moyen-Orient contemporain), sur le Liban
http://www.lb.refer.org/cermoc

Oman

Ministère de l'Information (site officiel du pays)
http://www.omanet.com

Oman News Agency (agence de presse officielle)
http://www.omannews.com/

Pakistan

Principaux quotidiens et agences pakistanais et indiens (en anglais)
http://www.dawn-usa.com

Site gouvernemental
http://www.pak.gov.pk

Qatar

Internet Qatar
(répertoire de sites d'information politique ou d'intérêt général)
http://www.qatar.net.qa/html/

Qatar News Agency (agence de presse officielle)
http://www.qatarnewsagency.com

Al-Jazeera (télévision la plus iconoclaste du monde arabe)
http://www.al-jazeera.net

Syrie

Portail de sites
http://www.al-sham.net/rank

Al-Thawra
http://www.thawra.com

Tichrine-Syria Times
http://www.teshreen.com/syriatimes

Site gouvernemental
http://www.moi-syria.com

Yémen

Centre de recherche français au Yémen
(recherches, archéologie, bibliographie)
http://www.univ-aix.fr/cfey

Yemen Gateway
(documents, chronologies et analyses)
http://www.ndirect.co.uk/~brian.w

Portail de sites
http://www.y.net.ye

Institut de recherche américain au Yémen
http://aiys.org

Asie

Asiaweek (hebdomadaire)
(couvre l'actualité du Sud-Est asiatique en temps
réel)
http://www.asiaweek.com

Banque de données générales sur l'Asie-
Pacifique
http://www.sources-asie.tm.fr

Far Eastern Economic Review (Hong Kong)
http://www.feer.com

INALCO (Institut national des langues et civilisations orientales)
http://www.inalco.fr

Informations sur les relations Asie-Europe
http://www.asef.org

International Institute of Asian Studies, Université de Leyde (Pays-Bas)
(bases de données ; programme de recherche
européen sur l'Asie)
http://iias.leidenuniv.nl

The Washington Post (pages Asie-Pacifique)
http://washingtonpost.com/wp-dyn/world/
asia

Bangladesh

Bangladesh Institute of Development Studies
http://www.bids-bd.org

Bangladesh Institute of International and
Strategic Studies
http://bliss.org

Centre for Policy Dialogue
http://www.cpd-bangladesh.org/cpdnet.
html

Bhoutan

Journal de l'agence de presse officielle
http://kuensel.com.bt

http://www.msh-paris.fr/labos/himalaya/

Cambodge

http://www.cambodia.org

Chine

The South China Morning Post (quotidien hong-
kongais)
http://www.scmp.com

Inside China Today
(presse et actualité chinoises en anglais)
http://www.insidechina.com

Le Quotidien du peuple (officiel)
http://www.peopledaily.com.cn

Le Poste d'expansion économique (Chine)
http://www.dree.org/chine/

Corée du Nord-Corée du Sud

Korea Cenrural News Agency
(banque de données établie par l'Agence
centrale de presse de Corée du Nord)
http://kcna.co.jp

Welcome to Unikorea
(banque de données établie par le ministère de
la Réunification de la Corée du Sud)
http://www.unikorea.go.kr

Korea Herald (quotidien, Séoul)
http://www.koreaherald.co.kr

Fédération de Malaisie

The Star
http://www.thestar.com.my/

Inde

Portail des quotidiens indiens en anglais
http://www.samachar.com

Times of India (principal quotidien du nord de
l'Inde)
http://www.timesofindia.com

India Today (hebdomadaire)
http://india-today.com

Frontline (hebdomadaire d'actualité politique et économique publié à Madras)
http://www.frontline.com

Indonésie

Ressources académiques sur l'Indonésie (Université d'Auckland)
http://www.arts.auckland.ac.nz/indo/links/html

Forum international des ONG sur le développement indonésien
http://nusa.or.id/index.htm

Ministère des Affaires étrangères
http://www.dfa-deplu.go.id/

Japon

Fondation du Japon (en anglais)
(informations sur les recherches concernant le Japon ; base de données bibliographiques)
http://www.jpf.go.jp/

National Clearinghouse for US-Japan Studies
http://www.indiana.edu/~japan/

Agence de planification économique
(nombreux liens avec des sites d'économie, en anglais)
http://www.epa.go.jp/html/depts.html

News On Japan
http://www.newsonjapan.com

Statistiques
http://micro.ier.hit-u.ac.jp/

Laos

Actualités en français et en anglais
http://membres:tripod.fr/ssihavong/default.html

Vientiane Times
http://www.vientianetimes.com

Macao

La Revista de Macau (en portugais)
http://revista.macau.gov.mo

Agence Lusa
(actualité en anglais, pays lusophones)
http://www.lusa.pt/lusanews

Macau Hoje (en portugais)
http://www.macauhoje.ctm.net/

Maldives

Themaldives (portail)
http://www.themaldives.net

Mongolie

Agence de presse nationale mongole (en mongol, anglais et russe)
http://www.montsame.mn

Information politique sur la Mongolie (en anglais)
http://www.gksoft.com/govt/en/mn.html

Myanmar (Birmanie)

Projet sur la Birmanie de l'Open Society Institute
http://www.soros.org/burma.html

Népal

Sélection de quotidiens et hebdos de toutes tendances
http://www.nepalnews.com

Philippines

Portail généraliste
http://philippines.asiadragons.com

Presse nationale
http://www.philnews.com

Presse régionale
http://philippines.newstrove.com

Singapour

Singapore Infomap
(page d'introduction à divers sites)
http://www.sg

Asia One
(site de ressources, notamment sur la presse locale)
http://www.asia1.com.sg

Sri Lanka

Bee
(moteur de recherche spécialisé sur Sri Lanka)
http://www.bee.lk

Lanka Academic Network
(informations universitaires et générales, presse locale, liens avec les autres sites)
http://www.lacnet.org

LankaPage
(résumés d'articles de presse et dépêches)
http://www.lankapage.com

Tamil Times
(accès aux sites séparatistes tamouls)
http://tamiltimes.com

Taïwan

Représentation de Taïwan à New York
(services gouvernementaux)
http://www.taipei.org

Tigernet
(articles du *Hong Kong Standard* sur Taïwan)
http://www.hkstandard.com

Central News Agency (agence officielle
d'actualités en anglais)
http://www.taipei.org/teco/cicc/news/english/index.htm

Les Échos et *La Chine libre*
(deux publications officielles en français)
http://publish.gio.gov.tw

Thaïlande

http://www.inet.co.th

http://nectec.or.th

Timor oriental

Observatoire de Timor oriental
http://homepage.esoterica.pt/~cdpm

Site gouvernemental
http://www.easttimor.com

Vietnam

Vietnam Economic Times (en vietnamien et
anglais)
http://www.vneconomy.com.vn

Agence vietnamienne d'information – VNA –
(en vietnamien, anglais, français et espagnol)
http://www.vnagency.com.vn

VASC Orient
(informations économiques en vietnamien et en
anglais)
http://www.vnn.vn

Site soutenant les séparatistes des hauts-
plateaux du Sud
http://www.montagnard-foundation.org

Alliance Vietnam liberté (opposition)
http://www.lmvntd.org

Pacifique sud

Centre culturel Jean-Marie Tjibaou (Nouméa)
http://www.adck.nc/

Centre for Pacific and Asian Studies
(Université de Nijmegen, Pays-Bas)
http://www.kun.nl/cps/index.html

Coombsweb ANU Social Science/Asian Studies
(répertoire de ressources sur les sciences
sociales dans la région Asie-Pacifique)
http://coombs.anu.edu.au/

Pacific Islands Development Program (PIDP)
(répertoire de ressources ; recherche, éducation, formation, informations pays)
http://pidp.ewc.hawaii.edu/

Pacific Islands Internet Resources
(informations institutionnelles, culturelles et
touristiques sur les îles du Pacifique)
http://www2.hawaii.edu/~ogden/piir/index.html

South Pacific Information Network (SPIN)
(répertoire de ressources)
http://sunsite.anu.edu.au/region/spin/

Australie

Australian Bureau of Statistics
http://www.abs.gov.au

Sydney Morning Herald (quotidien)
http://smh.com.au

Site du groupe australien News, avec notamment
The Australian (quotidien national)
http://www.news.com.au

Ministère des Affaires étrangères et du
Commerce extérieur
http://www.dfat.gov.au

Amérique du Nord

Base de données politiques des Amériques
(Université de Georgetown/Organisation des
États américains)
http://www.georgetown.edu/pdba

Groupe de recherche sur l'intégration continentale, Université du Québec (Montréal)
http://www.unites.uqam.ca/gric/index.htm

Ministère canadien des Affaires étrangères et
du Commerce international
(documentation de base, en français, sur
l'ALENA, le projet de Zone de libre-échange
des Amériques – AFTA – et d'autres accords
commerciaux impliquant le Canada)
http://www.dfait-maeci.gc.ca/trade/menu-f.asp

Secrétariat d'État américain au Commerce
extérieur (sur l'ALENA)
http://infoserv2.ita.doc.gov/tic/nafta

University of Texas - Latin American Network
Information Center (UT-LANIC)
(répertoire de tous les sites concernant l'Amérique latine ; voir notamment les sections sur le
Mexique et sur le commerce)
http://lanic.utexas.edu/

Canada

Site gouvernemental du Canada (en français)
http://canada.gc.ca/main_f.html

Site gouvernemental du Québec
http://www.gouv.qc.ca/

Canadiana
(répertoire des ressources canadiennes)
http://www.cs.cmu.edu/Unofficial/ Canadiana/lisez.html

Toile du Québec
(répertoire de référence pour tous les sites du Québec)
http://www.toile.qc.ca/

Réseau canadien d'études sur le fédéralisme
http://www.rcef-cnfs.net

Conseil pour l'unité canadienne
(site fédéraliste de référence ; actualité, dossiers, liens)
http://www.ccu-cuc.ca/fran/index.html

Vigile (site souverainiste de référence)
http://www.vigile.net

Le Devoir
http://www.ledevoir.com/

The Globe and Mail
http://www.theglobeandmail.com/

États-Unis

CIA (Central Intelligence Agency) - World Factbook
http://www.odci.gov/cia/publications/ factbook/index.html

Bibliothèque du Congrès (Washington), Country Handbook
http://lcweb2.loc.gov/frd/cs/cshome.html# toc/
Liste de sites du gouvernement fédéral
http://www.fie.com/www/us_gov.htm

Maison-Blanche (site présidentiel)
http://www.whitehouse.org

Cable News Network
http://www.cnn.com

Los Angeles Times
http://www.latimes.com

New York Times
http://www.nytimes.com

Washington Post
http://www.washingtonpost.com

Mexique

Banamex (portail financier et commercial)
http://www.banamex.com.mx

Infosel (agence d'information)
http://www.infosel.com.mx

INEGI (Institut national de statistiques, géographie et informatique)
http://www.inegi.gob.mx

Amérique centrale et du Sud

Banques de données spécialisées (accès à des sources diversifiées) :

Banque interaméricaine de développement
(données socio-économiques actualisées sous forme de tableaux statistiques, par pays)
http://www.iadb.org/statistics/socioe.htm

SG-SICA (Système de l'intégration centraméricaine)
(informations officielles et documents sur l'intégration institutionnelle et économique de l'Amérique centrale)
http://www.sgsica.org

Handbook of Latin American Studies
(répertoire bibliographique élaboré à partir des collections de la bibliothèque du Congrès à Washington)
http://lcweb2.loc.gov/hlas

Political Database of the Americas
(données politico-institutionnelles)
http://www.georgetown.edu/LatAmer Political/home.html

IHEAL (Institut des hautes études sur l'Amérique latine)
http://www.iheal.univ-paris3.fr

INCP (Institut centraméricain d'études politiques)
http://www.incep.org

Internet Resources for Latin America
http://lib.nmsu.edu/subject/bord/laguia

Latin American Network Information Center, Université du Texas (Austin)
(informations par pays, notamment)
http://lanic.utexas.edu

Latin World - Latin America on the Net
http://latinworld.com

Mundo Latino
http://www.Mundolatino.org

Université de Toulouse-Le-Mirail/CNRS serveur Amérique latine
http://www.univ-tlse2.fr/amlat/

Argentine

La Nación (conservateur)
http://www.lanacion.com

Clarín (radical)
http://www.clarin.com

Página 12 (Frepaso)
http://www.pagina12.com

Université de Buenos Aires
(nombreux liens avec d'autres serveurs argentins et des groupes de discussion)
http://www.uba.ar.

Antilles

Caribbean Supersite
(informations sur chaque pays de la région)
http://www.caribbeansupersite.com

Ministère français des DOM-TOM
http://www.outre-mer.gouv.fr

Journaux de la Caraïbe
(une trentaine de journaux en ligne)
http://www.caribbeannewspapers.com

Bélize

BelizeNet
(actualité et informations)
http://www.belize.net

Bolivie

Presse nationale et régionale en ligne
http://www.boliviahoy.com

Instituto nacional de estadísticas (INE)
http://www.ine.gov.bo

Brésil

Actualité politique, économique et culturelle (en français)
http://www.infosbresil.org

Brazil Center, Université du Texas (Austin)
(principal répertoire de recherche au monde sur le Brésil)
http://lanic.utexas.edu/brazctr/

Institut brésilien de géographie et de statistiques
(données démographiques et économiques)
http://www.ibge.org/

A Folha de São Paulo (quotidien)
http://www.uol.com.br/fsp/indices/htm

O Estado de São Paulo (quotidien)
http://www.estado.com.br/edicao/pano/pol.html

O Jornal do Brasil (quotidien)
http://www.jb.com.br

Catalogues des principales bibliothèques universitaires brésiliennes
http://www.usp.br/sibi.html

Chili

Index de sites chiliens
http://www.brujula.cl

El Mercurio (quotidien conservateur, édition complète)
http://www.emol.com/diario_elmercurio/portada_v/index.asp

Qué pasa? (hebdomadaire, sensibilité proche des forces armées)
http://www.quepasa.cl

Primera Línea (quotidien électronique, gauche de la Concertation)
http://www.primeralinea.cl

Asuntos públicos
(éditoriaux sur l'actualité, tendance « libérale » de la Démocratie chrétienne)
http://www.asuntospublicos.org

Colombie

Portail d'information générale
http://www.uol.com.co/

Site de ressources des ONG colombiennes
http://www.colnodo.apc.org

El Tiempo (quotidien)
http://www.eltiempo.com

Cambio (hebdomadaire)
http://www.cambio.com.co

Institut d'études politiques et de relations internationales de l'Université nationale de Colombie
http://www.unal.edu.co/un/institutos/iepri

Costa Rica

La Nación
http://www.nacion.com

Cuba

Université de Pittsburgh
http://www.pitt.edu/~clas/

Florida International University (Miami)
http://lacc.fiu.edu/

Cuban Research Institute
http://lacc.fiu.edu/cri/

Cuban Studies Institute
http://www.cuba.tulane.edu

National Website of the Republic of Cuba
http://www.cubaweb.cu/

Équateur

Répertoire de ressources
http://www.nic.ec/

Guatémala

Prensa libre
http://www.prensalibre.com

Guyana

Actualité, analyses, documents
http://www.guyanacaribbeanpolitics.com

Haïti

Ambassade de Haïti aux États-Unis
(liste de toutes les ressources Internet sur Haïti)
http://www.haiti.org

Haiti Global Village
http://www.haitiglobalvillage.com

Windows on Haiti
(actualité, culture)
http://windowsonhaiti.com

Groupe de discussion Corbett
http://corbetre@webster.edu

Honduras

Tiempo
http://www.tiempo.hn

La Prensa de Honduras
http://www.laprensahn.com

Jamaïque

Jamaica Gleaner (quotidien)
http://www.jamaica-gleaner.com

Nicaragua

La Prensa
http://www.laprensa.com.ni

Ciber Diario
http://www.ciberdiario.com.ni

Panama

El Panama America
http://www.elpanamaamerica.com.pa

Paraguay

Université nationale d'Asunción
http://www.una.py

ABC Color (quotidien)
http://www.abc.com.py

Présidence
http://www.presidencia.gov.py

Pérou

Centre de recherche indépendant (revues de
presse, dossiers de références)
http://www.desco.org.pe/

République dominicaine

Dominican Republic One (actualités)
http://www.dr1.com

El Salvador

El Diario de Hoy
http://www.elsalvador.com

El Prensa Gráfica de El Salvador
http://www.laprensa.com.sv

Suriname

Gateway Suriname
(informations complètes sur le pays, dont
actualité, économie, culture, histoire)
http://www.surinam.net

Uruguay

Red Académica Uruguaya
http://www.rau.edu.uy

El Observador (quotidien libéral, édition
complète)
http://www.observador.com.uy/elobservador

Revue de presse quotidienne
http://www.montevideo.com.uy/prensa.htm

Vénézuela

DOID (Departemento de Orientación, Infor-
mación y Documentación), Université centrale
du Vénézuela
http://www.geocities.com/collegepark/
library/3146

Venezuela analítica
(revue électronique d'information et d'analyse
conjoncturelle ; bibliothèque essentielle pour
l'histoire du pays et du continent)
http://www.analitica.com

Visión venezolana
(site des spécialistes des relations internationales)
http://www.visionvenezolana.com

Europe

Élargissement de l'Union européenne
http://www.europa.eu.int/pol/enlarg/index_fr.htm

Eurostat
http://europa.eu.int/eurostat.html

Galileo
http://www.galileo-pgm.org

Pacte de stabilité pour l'Europe du Sud-Est
http://www.stabilitypact.org

Albanie

Albanian Studies (School of Slavic and East-European Studies, University of London)
http://www.ssees.ac.uk/albstud.htm

Shekulli (quotidien en ligne, en albanais et en anglais)
http://www.shekulli.com.al

Balkanweb (portail sur les Albanais dans les Balkans)
http://www.balkanweb.com

Allemagne

Office fédéral des statistiques (statistiques générales sur le pays, résultats électoraux)
http://www.statistik-bund.de/

Conseil économique
http://www.sachverstaendigenrat wirtschaft.de/

Centre fédéral d'information politique
http://www.bpb.de/

Deutsche Bibliothek (bibliographie)
http://www.ddb.de

Ancienne Yougoslavie

Alternativna informativna mreza (AIM, réseau alternatif d'information sur les États issus de l'ancienne Yougoslavie)
http://www.aimpress.ch

Autriche

Österreichische Nationalbibliothek (Bibliothèque nationale)
http://www.onb.ac.at

Österreichischer Bibliothekenverbund « bib-o-pac »
http://bibopac.univie.ac.at

Institut für Höhere Studien (Institut d'études supérieures)
http://www.ihs.ac.at

Österreichische Akademie der Wissenschaft (Académie autrichienne des Sciences)
http://www.oeaw.ac.at

Österreichischer Rundfunk
http://www.orf.at

Der Standard (quotidien)
http://DerStandard.at

Die Presse (quotidien)
http://www.DiePresse.at

Profil (hebdomadaire)
http://www.profil.at

Balkans

Association française d'études sur les Balkans et *Balkanologie* (revue semestrielle, Paris)
http://www.afebalk.org

International Information Center on Sources on Balkan and Mediterranean History (CIBAL)
http://www.balcanica.org/cibal/index.html

Le Courrier des Balkans
http://www.bok.net/balkans/index.html

Balkan Neighbours
(analyse des images et des stéréotypes des nations et des peuples balkaniques véhiculés ou construits par la presse en Albanie, Bulgarie, Grèce, Macédoine, Roumanie, Serbie et Monténégro, Turquie)
http://www.online.bg/access

ESI (European Stability Initiative – think tank) (analyses et recommandations sur les Balkans)
http://www.esiweb.org

Bosnie-Herzégovine

Moteurs de recherche
http://www.bosnia.ba/

http://www.bosnia-online.com/

Site du haut représentant de l'ONU
http://www.ohr.int

International Crisis Group
(analyses de fond sur la Bosnie et le sud des Balkans)
http://www.crisisweb.org

Réseau d'information indépendant AIM (couvre tous les États de l'ancienne Yougoslavie)
http://www.aimpress.org

Bulgarie

Moteurs de recherche:

Online-Bg
http://www.online.bg.com

Eunet-bg
http://www.digsys.bg

American University in Bulgaria
http://www.aubg.bg

Nouvelle université bulgare
http://www.nbu.acad.bg

Bulgarian Telegraph Agency (agence de presse officielle)
http://bta-bg.net

Daily Chronicle (quotidien en anglais)
http://www.cit.bg/capital/

Chypre

République de Chypre
http://www.pio.gov.cy

Négociations avec l'Europe des Quinze
http://www.cyprus-eu.org.cy

Croatie

Moteur de recherche
http://www.hr/hrvatska/www_s.html

Hina (agence de presse)
http://www.hina.hr

Danemark

Berlingske (quotidien)
http://www.berlingske.dk

Politiken (quotidien)
http://www.politiken.dk

The Copenhaguen Post (hebdomadaire)
http://www.cphpost.dk

Espagne

Moteurs de recherche
http://www.ole.es

http://ozu.es

Gouvernements espagnol et autonomiques
http://www.la-moncloa.es

Centro de Investigaciones Sociológicas (CIS) (banques de données, catalogue de publications, enquêtes d'opinion)
http://www.cis.es

Bibliothèque nationale d'Espagne
http://www.bne.es

Basta Ya
http://www.geoticies.com/bastayaonline

Admi Web (lien avec le Bulletin officiel notamment)
http://www.admiweb.org

Europe du Nord

Politik i Norden
(périodique édité par le Conseil nordique, informations générales, politiques, sociales, culturelles et économiques)
http://www.norden.org.

Mensuel lapon
http://www.samefolket.se

Finlande

Portail généraliste tenu par le ministère des Affaires étrangères
http://virtual.finland.fi

Helsingin Sanomat (quotidien)
http://www.helsinginsanomat.fi

Office national des statistiques
http://www.stat.fi

France

CEVIPOF (Centre d'étude de la vie politique française)
http://www.cevipof.msh-paris.fr

INSEE (Institut national de la statistique et des études économiques)
http://www.insee.fr

OFCE (Observatoire français des conjonctures économiques)
http://www.ofce.sciences-po.fr

La Documentation française
http://www.ladocumentationfrancaise.fr

Grèce

Site du bureau du Premier ministre
http://www.primeminister.gr/

Hongrie

Répertoire des sites de Hongrie
http://www.fsz.bme.hu/hungary/home page.html

MTI (Agence de presse hongroise ; en plusieurs langues, dont français et anglais)
http://www.mti.hu/

Magyar Hirlap (quotidien national)
http://www.mhirlap.hu

Magyar Nemzet (quotidien)
http://www.magyarnemzet.hu/

EUnet Hungary
(sur les questions de l'intégration à l'Union
européenne)
http://www.eunet.hu/

Irlande

Répertoire de ressources
http://www.browseireland.com

Central Statistics Office (Bureau central des
statistiques)
http://www.cso.ie

The Irish Times
http://www.ireland.com

Gaeilge ar an Ghréasan
http://www.smo.uhi.ac.uk/saoghal/gaeilge.
html

Doras
http://doras.tinet.ie

Islande

Revue de la presse quotidienne (en anglais)
http://www.icelandreview.com

Italie

Répertoire de sites politiques et institutionnels
http://www.gksoft.com/govt/en/it.html

Site de ressources sur les partis, les résultats
électoraux, les médias
http://www.agora.stm.it/politic/italy1.htm

Censis (Centro studi investimenti sociali)
(recherches sociologiques)
http://www.censis.it

La Repubblica (quotidien)
http://www.repubblica.it

France-Italie
http://www.france-italia.it

Liechtenstein

Liechtenstein OnLine
http://www.lol.li

Macédoine

Moteur de recherche
http://directory.rmacedonia.org/

Ministère de l'Information
http://www.sinf.gov.mk

Norvège

Portail généraliste
http://odin.dep.no

Dagbladet (quotidien)
http://www.telepost.no/dagbladet.no

Aftenposten (quotidien)
http://www.aftenposten.no

Bureau central des statistiques
http://www.ssb.no

Pologne

Gazeta Wyborcza (quotidien)
http://www.gazeta.pl

Rzeczpospolita (quotidien, en anglais)
http://www.rzeczpospolita.pl

Centre de recherche de l'opinion sociale
(CBOS)
http://www.cbos.pl

Portugal

Moteur de recherche
http://www.sapo.pt

http://www.clix.pt

Ministère des Finances-Direction générale des
études et de la prévision
http://www.dgep.pt

Banque de données de l'Institut national de statistiques (en portugais et en anglais)
http://www.ine.pt

Roumanie

Poste d'expansion économique de l'ambassade de France à Bucarest
http://www.dree.org/Roumanie

Rompres (agence nationale de presse)
http://www.rompres.ro

Site des principaux journaux de Roumanie (en
roumain)
http://www.ziareromanesti.com

Revue de la presse roumaine (en français)
http://www.roumanie-quotidien.org

Royaume-Uni

Ministère des Finances
http://www.hm-treasury.gov.uk/

The Guardian/The Observer
http://www.newsunlimited.co.uk

The Daily Telegraph
http://www.telegraph.co.uk

BBC
http://www.bbc.co.uk

Conflit nord-irlandais
http://cain.ulst.ac.uk

Slovaquie

Bibliothèque nationale
http://www.snk.sk

Office des statistiques
http://www.statistics.sk

Slovénie

Moteur de recherche
http://www.ijs.si:90/slo/resources/

Office des statistiques
http://www.gov.si/zrs

Suède

Swedish Institute (agence gouvernementale de promotion et d'information sur la Suède ; accès au bulletin d'informations politiques, économiques et sociales *Wired from Sweden*)
http://www.si.se

Suisse

Moteur de recherche
http://www.search.ch

Swissinfo
http://www.swissinfo.org/sfr

Commission indépendante d'experts suisse - Seconde Guerre mondiale
http://www.uek.ch

Turquie

Turkish Daily News (quotidien en anglais)
http://www.turkishdailynews.com

Devlet Istatistik Enstitüsü (Institut de statistiques de l'État)
http://www.die.gov.tr

Annuaire des médias de Turquie
http://www.topeuro.com/media/turquie.asp

Site du gouvernement
http://www.mfa.gov.tr

Bibliographie sur la politique étrangère turque
http://www.mfa.gov.tr/grupa/sam/6.97/uc.htm

Yougoslavie (RFY)

Site officiel de la République fédérale de Yougoslavie
http://www.gov.yu

Gouvernement de Serbie
http://www.serbia-info.com/index.html

Présidence du Monténégro
http://www.predsjednik.cg.yu/

Gouvernement du Monténégro
http://www.vlada.cg.yu

Espace post-soviétique

EurasiaNet
(actualités de l'Asie centrale et du Caucase, ainsi que de l'Afghanistan, du Moyen-Orient et de la Mongolie)
http://www.eurasianet.org

INALCO (Institut national des langues et civilisations orientales)
http://www.inalco.fr

Le web franco-russe
(la presse spécialisée sur la Russie et la CEI, en français)
http://www.russie.net/presse.htm

Radio Free Europe/Radio Liberty
(agence de nouvelles ; chronologies, sujets d'actualité politiques et économiques sur les pays d'Europe centrale et orientale et de l'ex-URSS)
http://www.rferl.org

Arménie

http://www.armeniaonline.com

Armenian News Network
http://groong.usc.edu

Asie centrale

http://www.soros.org/central_eurasia.html

http://www.chalidze.com/cam.htm

http://www.cpss.org/casianw/canews.htm

http://www.angelfire.com

Azerbaïdjan

http://www.azer.com

Latest News on Azerbaïdjan
http://soros.org/azerbjan/azernews.html

Biélorussie

Opposition libérale
http://www.charter97.org

Site d'information
http://www.belarus.net

Minsk Economic News
http://www.css.minsk.by/Publications/
MinskEconomicNews/

Site de la Présidence
http://www.president.gov.by

Géorgie

Georgian Times (Tbilissi)
http://www.geotimes.ge

Moldavie

Sites de recherche
http://ournet.md

http://www.iatp.md

Site de la république de Moldavie
http://moldova.md

Presse (quotidiens)
http://www.presa.md

http://www.yam.ro

Pays baltes

The Baltic Times (hebdomadaire d'actualité en
anglais)
http://www.baltictimes.com

Bureau national des statistiques (Estonie)
http://www.stat.ee

Institut estonien
(histoire, culture, traditions)
http://www.einst.ee

Ministère des Affaires étrangères estonien
http://www.vm.ee/francais

Gouvernement de Lettonie
http://www.mk.gov.lv/

List Home Pages in Lithuania
(répertoire de sites institutionnels, scientifiques,
culturels)
http://neris.mii.lt/serveriai/bendra/servers.
html

Ministère des Affaires étrangères lituanien
http://www.urm.lt/about/

Agence lettone de développement
http://www.ida.gov.lv

Russie

Moteur de recherche
http://www.aport.ru

Site de recherche russe
http://www.rambler.ru

Itar-Tass
http://www.itar-tass.com/tassnews/rs1

Russia Today
http://www.russiatoday.com

Russia Online
http://www.online.ru/channel

Groupe Izvestia
http://www.izvestia.ru

Ministère de la Statistique
http://www.minstp.ru

Sites tchétchènes
http://www.amina.com

http://www.kavkaz.com

Transcaucasie

Caucasus report (RFE/RL)
(Arménie, Azerbaïdjan, Géorgie)
http://www.rferl.org

Université de Hokkaido (Japon), sur le Caucase
http://src-home.slav.hokudai.ac.jap/eng/
fsu/caucasus-e-fr.html

Ukraine

Sites d'information
http://www.ukraine.org/

http://www.ukrania.com

http://www.ukrainenews.com

Site du gouvernement
http://www.kmu.gov.ua

Ministère des Affaires étrangères
http://www.mfa.gov.ua

Index général

*2 500 entrées
permettant une recherche ciblée*

Liste alphabétique des pays

*États souverains
et territoires sous tutelle*

□ *Territoire non souverain au 15.9.2oo2 (colonie, territoire associé à un État, territoire sous tutelle, territoire non incorporé, territoire d'outre-mer, etc.).*
• *État non membre de l'ONU au 15.9.2oo2 Les **pays** en caractères gras bénéficient d'informations plus détaillées (statistiques, notamment).*

a. Au 31.7.2002, l'Autonomie palestinienne ne possédait pas les attributs complets d'un État.

Liste des cartes

Un témoin
incontournable

LE DEVOIR,
un journal indépendant